KB039618

정보법
판례백선(II)

Informemedia Law Precedents II

지식재산권

—
한국정보법학회

통신 IT

정보

방송

박영사

추천사

"아무나 골라낼 수 없고, 아무나 써낼 수 없다." 판례평석집을 세상에 내어 놓는 일은 이 문장으로 요약될 수 있을 것입니다. 일정 기간 동안 축적된 특정 분야의 판례들에 대해서 평석집을 만들어 내는 일은 아시다시피 쉬운 일이 아닙니다. 중요한 판례가 평석의 대상으로 엄격히 선발될 수 있어야 하고, 권위 있는 전문가에 의해 해당 판례의 의의가 충분히 설명되어야 합니다. 그 과정에서 독자의 눈높이까지도 신중히 고려되어야 합니다. 그래서 판례평석집 발간작업은 편집위원들과 평석자들이 협력하여 평석 대상 판결 하나하나에 생명력을 불어넣는 일이기도 합니다. 이렇게 생명력을 부여받은 판결은 이후 해당 사안에 있어서 훌륭한 기준이 되게 됩니다. 출범 20주년을 맞은 사단법인 한국정보법학회가 『정보법 판례백선(Ⅱ)』를 10년만에 발간한다는 소식을 듣고, 다시 한번 모두(冒頭)의 문장을 떠올렸습니다. 한국정보법학회가 만들었다면 그 결과물을 기대할 만하기 때문입니다.

학회 출범 10주년을 기념하여 편찬된 『정보법 판례백선(Ⅰ)』 발간사에서 '정보혁명이 있었고 정보법학회의 출범이 있었다'라고 이야기를 한 이후, 다시 10년의 시간이 흘렀습니다. 증기(蒸氣)나 전기(電氣)를 이용한 산업혁명을 넘어서 '제3차 산업혁명'이라는 정보혁명의 시대가 도래한 것이 그리 오래되지 않은 것 같은데, 어느새 '제4차 산업혁명'이라는 단어가 심심치 않게 들립니다. 뿐만 아니라, 모바일(mobile), 소셜 네트워크 서비스(SNS, Social Network Services), 빅데이터(Big Data), 사물지능통신(IOT, Internet of Things) 등의 용어들도 훨씬 자주 접하게 되었습니다. 이제 정보통신(IT)이라는 용어는 이제 전문용어가 아니라 생활용어라 해도 과언이 아닙니다.

법조와 학계를 선도하는 첨단 분야의 많은 인재들이 그동안 한국정보법학회에 합류하였고, 거의 매월 개최되는 사례연구회와 정기학술세미나를 통하여, 연구하는 학회로서의 전통을 꾸준히 계승·발전시켰습니다. 그렇게 최근 10년 동안 누적된 통찰력을 바탕으로 중요한 판례들을 엄선하였고 그 결실로 『정보법 판례백선(Ⅱ)』가 세상에 나오게 되었습니다.

『정보법 판례백선(II)』는 '특허, 저작권 등 지식재산권', '정보보호 및 정보공개', '통신 및 IT', '방송 등 미디어' 크게 4개 분야의 판례들에 대한 평석으로 이루어져 있습니다. 역사상 가장 과학기술이 발전한 시대에 주요한 법적 관심사들을 4개 분야로 나누어 묶은 것입니다. 10년 전의 『정보법 판례백선(I)』이 다루었던 분야인 '특허', '상표, 디자인, 부정경쟁행위, 상호', '저작권, 컴퓨터프로그램 저작권, 온라인디지털콘텐츠산업발전법', '인터넷', '도메인 이름', '심판, 심결취소소송', '방송, 언론', '형사' 등과 비교해보면, 지난 10년간 학문과 실무의 중점 분야가 어떻게 변천해 오고 있는지, 참신하던 분야가 어떻게 통상적인 분야로 바뀌었는지, 또 한편 새롭게 조명되고 있는 분야는 무엇인지 등 목차만 일별해도 그 흐름을 느낄 수 있습니다.

기술수준의 발전으로 지식과 정보에의 접근수단이나 방법도 다양해진 탓에 사회 전반의 수준도 상향평준화되고 있습니다. 이제는 정책입안자들이나 법전공자들뿐 아니라 해당산업에 종사하는 일반인들도 특정 유형의 사안에 대한 판례를 궁금해 하고 그 당부(當否)나 파급력에 관하여 토론하는 시대가 되었습니다. 이제는 판례가 소송의 결과물로서 향후 재판의 전거(典據)가 되는 데서 더 나아가 국가정책수립이나 사업전략구축의 필수 참조 근거로서의 기능까지 수행하고 있습니다.

정보(information)와 매체(media)의 융합을 예견하여 작명했던 정보법(InforMedia Law) 분야의 전문가들이 모인 한국정보법학회에서 그 이름을 걸고 세상에 선보이는 이 책은, 많은 사람들이 이 분야의 현재와 미래를 조감하는 데 필독서가 되리라 확신합니다.

2016. 6. 13.

감사원장 黃贊鉉

발간사

    우리 (사)한국정보법학회가 2006년에 창립 10주년을 기념하는 『정보법 판례백선(Ⅰ)』을 발간하고 나서, 다시 10년의 세월이 흐른 2016년에 그 후속의 『정보법 판례백선(Ⅱ)』를 세상에 내어 놓게 되었습니다. 판례백선(Ⅰ)의 발간사에서 황찬현 초대회장이 "제2, 제3의 판례백선으로 이어질 것"을 다짐했던 약속을 지키게 되었습니다.

    (사)한국정보법학회는 디지털 정보혁명과 신기술이 국가사회에 가져다 준 변화와 충격을 규범적으로 수용하면서 관련 법제도와 판례를 분석·연구하고, 그리고 미래 정책과 입법의 방향을 제시하는 학술연구단체입니다. 본 학회의 연구영역은 크게 4가지 분야로 구성됩니다. 특허·저작권 등의 지식재산 분야, 통신과 IT 분야, 방송 등의 미디어 분야, 그리고 정보보호와 정보공개 분야가 그것입니다.

    우리 학회는 이들 분야의 법제를 아우르는 개념으로 '정보법(Informedia Law)'을 창안해내고, 지난 20년간 매년 4차례의 정기학술세미나와 6차례의 사례연구회를 운영하면서 끊임없이 새롭게 생겨나는 정보기술들과 새로운 사회현상들을 규범적으로 어떻게 담아낼 것인지를 고민해 왔습니다. 이 과정에서 정보산업계의 현장의 목소리를 경청하고자 노력했고, 갓 나온 뜨끈뜨끈한 판례들을 치밀하게 분석했으며, 새로운 사회현상에 대한 타당한 입법방향을 제시해 왔습니다. 이를 위해서는 법학의 전문분과 상호 간의 교류가 필수적이며, 인적 구성 또한 개방되어 섞이지 않을 수 없습니다. 그리하여 우리 학회는 정보법 분야의 다양한 전문지식과 경험을 가진 법조인(판사, 검사, 변호사), 법학자, 정책입안자, 그리고 정보산업계의 현장전문가들이 서로의 지식과 경험을 공유하는 실로 융합과 통섭의 학회를 지향해 왔습니다.

    올해 2016년은 우리 학회의 회원들이 뜨거운 열정으로 한국의 정보법을 선도해온 지 20주년이 되는 해입니다. 이를 기념하여 6월에 《정보법의 미래: 인간 중심 ICT와 문화》라는 대주제로 국제학술대회를 기획하였으며, 아울러 『정보법 판례백선(Ⅱ)』를 준비하였습니다.

　　『정보법 판례백선(Ⅱ)』는 2006년 이후 10년 동안 축적된 정보법 분야 관련 판결들 중 한국사회의 정보법과 정보산업에 중요한 영향을 미친 100건의 판결을 엄선하였습니다. 크게 4개 영역으로 나누어서 지식재산 분야 52건, 정보보호와 정보공개 분야 17건, 통신·IT 분야 17건, 그리고 방송 분야 14건을 각 선정하였습니다. 집필진의 구성에서는 회원들 중 그 분야 최고의 전문가를 섭외하거나 신청을 받아 모두 92명을 엄선하였습니다. 판사, 변호사, 검사, 법학자 등 인적 구성도 매우 다양하며, 핀란드 한켄대학교에서도 집필에 동참해 주었습니다. 이들 전문가들이 근 6개월에 걸쳐 대상 판결에 대한 분석을 담은 평석 초고를 작성하였고, 편집위원회의 수차례에 걸친 편집회의와 각 분과별 편집위원들의 감수, 그리고 재수정의 엄정한 과정을 거쳤습니다. 이제 그 결과를 세상에 내어 놓게 되었으니, 평석에 담긴 소중한 분석과 혜안이 한국사회의 법조계, 학계, 정부, 산업계에 두루 미쳐 그 빛을 발하기를 소망합니다.

　　지난 근 1년에 걸쳐 『정보법 판례백선(Ⅱ)』를 구상하고 기획하는 것에서부터 판례의 엄선, 집필자 선정, 감수와 교정에 이르기까지 열정과 시간과 땀을 흘리신 15분의 판례백선 편집위원회 위원들께 깊은 감사를 드립니다. 특히 두 분의 책임편집위원인 강영수 서울고등법원 부장판사와 이규홍 서울중앙지방법원 부장판사의 탁월한 기획력과 조정력이 있었기에 오늘의 결실이 가능했습니다. 아울러 편집위원회 간사를 맡아 모든 과정을 꼼꼼히 챙겨준 권창환 서울중앙지방법원 판사, 학회 정기세미나의 학술부분을 책임지는 최경진 가천대학교 교수, 톡톡 튀는 아이디어로 학회를 날로 새롭게 만드는 김상순 방송통신위원회 정책보좌관, 이 세 분 총무이사들의 헌신이 없었더라면 불가능한 일이었을 것입니다. 다시 한번 편집위원회 위원들과 집필자로 참여해 주신 모든 분들에게 심심한 감사의 말씀을 올립니다. 마지막으로 판례백선(Ⅰ)에 이어 판례백선(Ⅱ)의 출판을 기꺼이 허락해 주고 멋진 책으로 탄생시켜 준 박영사와 임직원들에게 깊은 감사를 전합니다.

2016. 6. 12.

(사)한국정보법학회

공동회장　金容大, 李仁皓

편집위원회

▎편집위원장

- 김용대(서울중앙지방법원 민사수석부장판사)
- 이인호(중앙대학교 법학전문대학원 교수)

▎책임편집위원

- 강영수(서울고등법원 부장판사)
- 이규홍(서울중앙지방법원 부장판사)

▎편집위원

■ 지식재산권 분야

- 김병일(한양대학교 법학전문대학원 교수)
- 박태일(대법원 재판연구관(지방법원 부장판사))
- 최정열(법무법인(유한) 율촌 변호사)

■ 통신 IT 분야

- 윤종수(법무법인 광장 변호사)
- 이인석(서울고등법원 고법판사)
- 황창근(홍익대학교 법과대학 교수)

■ 정보 분야

- 김진환(김·장 법률사무소 변호사)
- 이완희(서울고등법원 고법판사)
- 최경진(가천대학교 법과대학 교수)

■ 방송 분야

- 권동주(특허법원 고법판사)
- 김상순(방송통신위원회 정책보좌관, 변호사)
- 박종수(고려대학교 법학전문대학원 교수)

▎간사

- 권창환(서울중앙지방법원 판사)

집필진

강경태	김지현	윤종수	정진근
강명수	김진환	이규호	정찬모
강영수	김창권	이규홍	정태호
강태욱	남상봉	이나리	정택수
계승균	남현	이대희	정필운
고학수	노태악	이민영	조소영
구민승	박경신	이상정	주민철
구태언	박병삼	이상직	지성우
권동주	박상구	이숙연	차상육
권영준	박성호	이완희	최경진
권창환	박영규	이응세	최성우
권헌영	박종수	이인석	최승수
김동규	박준석	이인호	최승재
김민호	박준용	이정환	최정열
김병일	박태일	이창범	최종선
김봉식	손금주	이철남	최진원
김상순	손승우	임상혁	한지영
김성천	손형섭	장낙원	함석천
김용대	안재형	장재옥	황성기
김원오	안정민	장철준	황창근
김일환	염호준	전응준	(이상 가나다순)
김재광	오병철	전지원	
김정아	오충진	정경오	
김종근	유영선	정연덕	

차례

● ● ● 제2편 통신 IT 분야

● ● ● 제4편 방송 분야

제 1 편

지식재산권 분야

01 의약의 투여용법과 투여용량의 발명의 성립성

대법원 2015. 5. 21. 선고 2014후768 전원합의체 판결[1]

차상육(경북대학교 법학전문대학원 교수)

1. 사안의 개요

이 사건은 "저용량의 엔테카비르(entecavir) 제재 및 그의 용도"를 발명의 명칭으로 한 등록특허권(제757155호)에 관하여 확인대상발명이 그 권리범위에 속하는지 여부를 쟁점으로 한 것이다.

피고 겸 피상고인(심판청구인)은 2012. 9. 13. 특허심판원에 원고 겸 상고인(피심판청구인)을 상대로 "엔테카비르와 부형제를 단순 혼합하여 제조한 확인대상발명은 청구항 1의 보호범위에서 의식적으로 제외한 발명이고, 확인대상발명은 통상의 기술자가 비교대상발명 1 및 주지관용기술에 의하여 용이하게 실시할 수 있는 자유실시기술에 해당하며, 청구항 1의 보호범위에 속하지 아니한다"는 점을 이유로 이 사건 소극적권리범위확인심판(2012당2418)을 청구하였다.

심판청구대상이 된 특허청구항 1과 확인대상발명의 내용은 이하와 같다.

[청구항 1] 담체 기질의 표면에 부착된 0.5 내지 1.0mg의 엔테카비르를 포함하는, B형 간염 바이러스 감염을 치료하기 위한 1인 1회 투여에 효과적인 제약 조성물.

---

1) [참조 및 관련 판례] 대법원 2009. 5. 28. 선고 2007후2933 판결; 특허법원 2013. 9. 27. 선고 2013허686 판결; 대법원 2012. 5. 24. 선고 2012후153, 191(병합) 판결 등.
[관련 평석 및 문헌] 차상육, "의약의 투여용법과 투여용량의 특허대상적격성", 법학논고 제51집, 경북대학교 법학연구원, 2015. 8, 163－195면; 이혜진, "의약조성물 발명에서 투여용법과 투여용량의 구성요소 여부－대법원 2015. 5. 21. 선고 2014후768 전원합의체 판결－", 2015 TOP 10 특허판례 세미나, 한국특허법학회 정기공개세미나(2016. 2. 20.), 169－179면; 신혜은, "투여용량·용법에 특징이 있는 의약발명의 특허성", 산업재산권 제45호, 한국지식재산학회, 2014. 12, 41－85면; 신혜은, "투여용법한정발명의 권리범위－특허법원 2014. 4. 11. 선고 2013허5759, 8871, 8888 판결－", 2014 TOP 10 특허판례 세미나, 한국특허법학회 정기공개세미나(2015. 3. 7.), 1－16면; 신혜은, "투여용법·용량을 포함하는 의약용도발명의 권리범위", 산업재산권 제48호, 한국지식재산학회, 2015. 12, 201－241면 등 참조.

[확인대상발명] 엔테카비르 일수화물을 1.065mg(엔테카비르 1mg에 해당한다)/1정의 함량으로 포함하는 1일 1회 투여 가능한 B형 간염 바이러스 감염 치료용 정제로, 상기 주성분인 엔테카비르와 함께 담체 및 점착성 물질인 결합제를 포함하는 분말 상태의 혼합물을 바로 압축 성형하여 타정된 정제.

특허심판원은 2013. 4. 3. "확인대상발명은 통상의 기술자가 비교대상발명 1, 2 및 주지관용기술에 의하여 용이하게 실시할 수 있는 자유실시기술에 해당하므로, 이 사건 특허발명과 대비할 필요 없이 그 보호범위에 속하지 않는다"는 이유로 피고의 소극적권리범위확인심판청구를 인용하는 심결을 하였다.

이에 원고는 자유실시기술 여부를 판단함에 있어 투여용량 및 투여주기가 고려되어야 하고, 확인대상발명은 통상의 기술자가 비교대상발명들로부터 용이하게 도출할 수 없다는 점 등을 주장하면서 위 심결의 취소를 특허법원에 구하였다. 그러자 특허법원은 아래 원심판결과 같은 이유로 원고의 심결취소청구를 기각하였고, 원고가 이에 불복하여 대법원에 상고하였으나 상고기각되었다.

2. 판결의 요지

가. 원심판결

[본문] "확인대상발명의 구성1(엔테카비르 일수화물을 1.065mg(엔테카비르 1mg에 해당한다)/1정의 함량으로 포함하는 1일 1회 투여 가능한 B형 간염 바이러스 감염 치료제)은 엔테카비르의 투여용량을 1mg, 투여주기를 1일 1회로 하여 그 투여방법을 한정한 것임을 알 수 있다. (…중략…) 의약발명 분야에서 … 약효 증대와 부작용 감소라는 과제를 해결하기 위하여 독성이나 부작용 등의 문제가 발생하지 않는 범위 내에서 소망하는 치료 효과가 나타나도록 투여용량, 투여주기 등 투여방법을 최적화 하는 것은 통상의 기술자의 통상의 창작능력의 범위 내라고 할 것인바, 종래 공지된 의약조성물발명에서 투여방법만을 한정한 기술은 그 투여방법에 의한 유리한 효과가 … 통상의 기술자가 예측할 수 있는 범위 내인 경우에는 자유실시기술이라고 할 것이다. … 확인대상발명의 구성1은 B형 간염 치료제로 효과가 있다고 알려진 엔테카비르의 투여용량을 1mg으로, 투여주기를 1일 1회로 한정한 것으로, 독성이나 부작용 등의 문제가 발생하지 않는 범위 내에서 소망하는 치료 효과가 나타나도록 투여용량, 투여주기 등 투여방법을 최적화 하는 것은 통상의 기술자의 통상의 창작능력의 범위 내라고 할 것인바, 통상의 기술자는 비교대상발 1, 2로부터 약리효과는 유지하면서 독성이나 부작용이 나타

나지 않는 범위 내라고 보여지는 엔테카비르 1mg을 1일 1회 투여하는 것을 통상적이고 반복적인 시험을 통하여 용이하게 도출할 수 있다고 할 것이고, 그 효과 역시 통상의 기술자가 비교대상발명 1,2로부터 예측할 수 있는 정도에 불과하다.

통상의 기술자라면 주지관용기술을 기초하여 비교대상발명 1,2에 의하여 구성2(주성분인 엔테카비르와 함께 담체 및 점착성 물질인 결합제를 포함하여 상기 물질들을 포함하는 분말 상태의 혼합물을 압축 성형하여 타정하는 직접분말 압축법으로 제조된 정제)를 용이하게 도출할 수 있다고 할 것이고, 그 효과 역시 통상의 기술자가 비교대상발명 1,2로부터 예측할 수 있는 정도에 불과하다.

확인대상발명은 … 비교대상발명 1,2와 주지관용기술로부터 용이하게 도출할 수 있는 것이어서 구성의 곤란성이 없고, 그 효과 역시 … 예측할 수 있는 정도에 불과하여 효과의 현저성도 없다. 따라서 확인대상발명은 통상의 기술자가 비교대상발명 1, 2 및 주지관용기술에 의하여 용이하게 실시할 수 있는 자유실시기술에 해당하므로, 청구항 1과 대비할 필요 없이 그 보호범위에 속하지 않는다."

나. 대법원판결

대상판결은 다음과 같은 이유로 상고를 기각하였다.

(1) 의약의 투여용법과 투여용량이 발명의 구성요소인지 여부(적극)

의약이라는 물건의 발명에서 대상 질병 또는 약효와 함께 투여용법과 투여용량을 부가하는 경우에 이러한 투여용법과 투여용량은 의료행위 그 자체가 아니라 의약이라는 물건이 효능을 온전하게 발휘하도록 하는 속성을 표현함으로써 의약이라는 물건에 새로운 의미를 부여하는 구성요소가 될 수 있다고 보아야 하고, 이와 같은 투여용법과 투여용량이라는 새로운 의약용도가 부가되어 신규성과 진보성 등의 특허요건을 갖춘 의약에 대해서는 새롭게 특허권이 부여될 수 있다.

이러한 법리는 권리범위확인심판에서 심판청구인이 심판의 대상으로 삼은 확인대상발명이 공지기술로부터 용이하게 실시할 수 있는지를 판단할 때에도 마찬가지로 적용된다.

이와 달리 투여주기와 단위투여량은 조성물인 의약물질을 구성하는 부분이 아니라 의약물질을 인간 등에게 투여하는 방법이어서 특허를 받을 수 없는 의약을 사용한 의료행위이거나, 조성물 발명에서 비교대상발명과 대비 대상이 되는 그 청구범위 기재에 의하여 얻어진 최종적인 물건 자체에 관한 것이 아니어서 발명의 구성요소로 볼 수 없다는 취지로 판시한 대법원 2009. 5. 28. 선고 2007후2926 판결, 대법원 2009. 5. 28. 선고 2007후2933 판결을 비롯한 같은 취지의 판결들은 이 판결의 견해에 배치되는 범위 내에서 이를 모두 변경하기로 한다.

(2) 확인대상발명이 자유실시기술인지 여부

쟁점이 되는 구성 1 부분이 '엔테카비르 일수화물을 1.065mg(엔테카비르 '1mg'에 해당한다)/1정의 함량으로 포함하는 1일 1회 투여 가능한 B형 간염 바이러스 감염치료제'인 확인대상발명에서 '엔테카비르'라는 화합물이 B형 간염 치료제로 효과가 있음이 공지되어 있음을 전제로 하여 그 투여주기와 투여용량을 발명의 구성요소로 본 다음 비교대상발명들과 주지관용기술로부터 확인대상발명을 용이하게 실시할 수 있다고 판단하였다.

(3) 별개의견(소수의견)

이에 대하여 의약용도발명은 의약물질과 그 의약용도로서의 대상 질병 또는 약효를 구성요소로 할 뿐이고, 의사는 그의 전문지식에 따라 자유롭게 의약물질의 투여용법이나 투여용량을 결정할 수 있어야 할 것이므로, 의약물질의 투여용법이나 투여용량은 특허대상으로 인정할 수 없다는 등의 측면에서 볼 때 물건의 발명인 의약용도발명의 청구범위에 투여용법과 투여용량을 기재하더라도 이는 발명의 구성요소로 볼 수 없다.

(4) 다수의견에 대한 보충의견

의약이 효능을 발휘하기 위한 쓰임새라는 측면에서 파악되는 의약용도는 대상 질병 또는 약효뿐만 아니라 투여용법과 투여용량을 포괄하는 개념으로 보아야 하고, 의약용도발명의 물건의 발명으로서의 성격에 비추어 볼 때 의약용도발명에 특허를 부여한다고 하여 의료행위 자체에 특허를 부여하는 것이라고 볼 수는 없으며, 투여용법과 투여용량의 특허대상성을 인정하더라도 현저하거나 이질적인 효과를 발휘하기 때문에 특허로써 보호할 만한 가치가 있다고 인정되는 특정한 투여용법과 투여용량에 대하여만 특허를 주어야 한다.

3. 해설

가. 문제의 소재

의약의 투여용법과 투여용량이 발명의 구성요소에 해당할 수 있는지 여부, 즉 발명의 성립성의 충족여부 내지 특허대상적격성(patent eligibility)을 긍정할 수 있는지 여부가 이 사건 주요한 쟁점이다. 이와 관련하여 입법례를 우선 비교법적으로 검토한 후 우리 학설의 대립을 살펴본 뒤, 대상판결의 의미를 고찰하고자 한다.

나. 의약의 투여용법과 투여용량의 발명의 성립성 해당 여부에 관한 입법례

(1) 유럽

유럽의 경우에는 인간 또는 동물을 치료하는 방법의 발명에 대해서는 발명의 성립성 내지 특허대상적격성을 부정하였지만 의약용도발명에 대해서는 널리 특허대상적격성을 인정하면서, 의약의 투여용법과 투여용량도 의약용도발명과 관련한 문제로 처리하였다. 특히 EPC(유럽특허조약) 2000에서는 물질이 공지되고 의약용도가 공지되었다 하더라도 "특정한 용도(specific use)"가 알려진 바가 없다면 이에 대하여 신규성이 부정되지 않는다고 한다. 나아가 유럽특허청 확대심판부는 2010년 2월 19일 제2의약용도에 대해 규정하는 유럽특허조약 제54조(5)의 해석에 대해, "용도에는 신규질환의 치료 이외의 것이 포함되는 경우가 있고 기지 의약의 신규한 투여 형태(dosage regime)도 보호대상"이라고 판시했다(G 0002/08 심결).[2]

(2) 일본

일본의 경우에는 인간을 치료하는 방법의 발명에는 발명의 성립성 내지 특허대상적격성을 인정하지 않지만 의약용도발명에 대해서는 발명의 성립성 내지 특허대상적격성을 인정하고 있다. 나아가 일본의 舊 의약발명 심사기준(2005년 의약발명 심사기준)에 의하면, 의약품의 투여간격, 투여량도 의약발명의 구성요소로 인정되었지만 투여량과 투여방법은 그 자체로는 신규성을 담보하는 구성요소가 아니고 대상 환자군이나 적용부위가 다를 것을 조건으로 하는 이른바 '조건부 구성요소'가 된다고 하였다.

그러나 일본의 新 의약발명 심사기준(2009년 의약발명 심사기준; 2009. 11. 1.이후 출원부터 적용)에 의하면, "의약용도란 (ⅰ) 특정 질병에의 적용 또는 (ⅱ) 투여시간, 투여순서, 투여량, 투여부위 등의 용법 또는 용량(이하 '용법 또는 용량'이라 한다)이 특정된 특정 질병에의 적용을 의미한다."라고 규정하여 의약용도 발명에 대한 정의를 새롭게 규정하였다. 이러한 새로운 심사실무기준에 의하면, 종래 용법은 달라도 치료대상질환은 변하지 않는 의약발명에 대해서도 개정 후 심사기준에 의하여 신규성 및 진보성을 인정받아 특허등록 내지 등록거절결정의 불복심판을 인정받는 심결을 받을 수 있게 되었다.[3]

즉, 일본에서는 2009년 개정된 新 의약발명 심사기준에 의하면, 청구항에 관련된 의약발명의 화합물 등과 인용발명의 화합물 등이 차이가 없고, 또 적용하는 질병에서 차이가 없

---

2) 신혜은, "투여용량·용법에 특징이 있는 의약발명의 특허성"(주 1), 58-62면.
3) 위의 글, 62-68면.

는 경우라 하더라도, 청구항에 관한 의약발명과 인용발명이 그 화합물 등의 속성에 기하여 특정한 용법 또는 용량으로 특정한 질병에 적용한다는 의약용도(발명)에 있어서 차이가 있는 경우에는 청구항에 관한 의약발명의 신규성은 부정되지 않는다고 한다.

2009년 개정된 의약발명에 관한 新 의약발명 심사기준에 의하면 특정의 용법 및 용량으로 특정의 질병에서 현저한 효과를 보인 경우의 진보성 판단기준을 이하와 같이 예시를 통하여 구체적으로 설명하고 있다.[4]

즉, 청구항의 기재가 "1회당 400~450μg/kg 체중의 화합물 A가 사람에 대하여 1일 1회 경구(經口) 투여되어 이용되는 것을 특징으로 하는, 화합물 A를 함유하는 진해약(鎭咳藥)"의 경우이어서, 1회당 400~450μg/kg 체중의 화합물 A를 사람에 대하여 1일 3회 경구투여하는 것에 진해(鎭咳)효과가 나타나는 것은 알려져 있지만, 이 사건 발명에는 1회당 400~450μg/kg 체중의 화합물 A가 사람에 대하여 1일 1회 경구 투여함으로써 종래보다도 진해효과가 향상되는 것을 볼 수 있다. 실시례에서, 1회당 400~450μg/kg 체중의 화합물 A가 사람에 대하여 1일 1회 경구 투여함으로써, 1회당 160μg/kg 체중의 화합물 A를 1일 3회 경구 투여하는 것보다 진해효과가 향상되는 것을 나타내는 약리시험결과가 기재되어 있다. 또한 1일당 투여 횟수가 감소하기 때문에 복약(服藥)의 환자의 수용상태(compliance)가 향상되는 것도 기재되어 있다.

일본에서는 이 경우에는 의약의 용법 또는 용량을 최적화(最適化)하는 것은 당업자의 통상의 창작능력의 발휘이고, 화합물 A의 최적화한 용법 또는 용량을 실험적으로 결정하는 것은 당업자가 용이하게 이룰 수 있는 것으로서 특허성이 부정된다.

(3) 미국[5]

미국의 경우 최근 관련 생명공학산업과 제약산업 사이에 적지 않은 파장을 가져온 Mayo v. Prometheus 사건 판결[6]과 AMP v. Myriad Genetics 사건 판결[7]의 양대 판결에서 본 바와 같이, 의약의 투여용법과 투여용량을 포함하여 치료방법의 발명의 성립성 내지 특

---

4) 三村 淳一, "米国における特許適格性要件の研究", 日本大学知財ジャーナル, 日本大学法学部国際知的財産研究所, 2015.3, 21면.

5) 차상육, "의약의 투여용법과 투여용량의 특허대상적격성"(주 1), 172-183면.

6) Mayo Collaborative Services v. Prometheus Laboratories, Inc., 566 U.S.__, 132 S.Ct. 1289, 101 USPQ2d 1961(2012); 이 사건의 판례평석으로서는, 송재섭, "미국 판례상 발명의 성립성-연방대법원의 Prometheus 판결을 중심으로-", 지식재산연구 제7권 제4호, 한국지식재산연구원, 2012. 12, 47-78면 및 이정아·배대헌, "Mayo Collaborative Services v. Prometheus Laboratories, Inc. 사건 판결에서 나타난 미국 연방대법원의 판결 경향", 창작과 권리 2012년 가을호(제68호), 세창출판사, 2012. 9, 71-110면 참조.

7) Association for Molecular Pathology v. Myriad Genetics, Inc., 133 S. Ct. 2107(2013); 이 판결에 대해서는, 박준석, "미국특허법상 발명의 개념-자연법칙의 이용성을 다룬 최신 판례들이 주는 시사점-", 산업재산권 제41호, 한국산업재산권법학회, 2013. 8, 122-129면 참조.

허대상적격성 여부를 둘러싼 쟁점의 문제로 파악하였다. 이러한 판결례들은 소프트웨어 관련 발명과 비즈니스방법 관련 발명의 특허대상적격성 문제와 달리, 의약 관련 발명에 있어서 특허대상적격성에 관하여 그 발명이 추상적 아이디어인가 여부를 쟁점으로 파악하지 않았다. 즉, 법적 예외물로서 '자연법칙의 예외(law of nature exception)'에 해당하는지 여부가 쟁점으로 되었다.

　　우선 Mayo v. Prometheus 사건에서, 미국 연방대법원은 Prometheus의 인체 내에 적절한 수치의 씨오퓨린(thiopurine) 농도를 측정하고 알려주는 특허가 단지 인체의 반응을 알려주는 것에 불과한 것인가 아니면 그 자연법칙에 적용과정을 더해서 특허를 받을 만한 상태로 바꾸어 놓은 것인가를 이 사건의 쟁점으로 정의하면서, Prometheus의 특허는 그 단계까지 가지 못했다고 결론을 내렸다. 연방대법원은 자연법칙이 특허대상에 포함되지 않는다면 그 자연법칙을 단순히 되풀이하는 과정 역시 특허대상이 될 수 없으며 그 이상의 과정을 더한 것이라는 확신을 줄 필요가 있다고 설시하였다.8) 연방대법원은 Prometheus의 청구항들의 진단, 판단, 처방의 세 단계는 각 자연법칙을 주장하는 것은 아니지만, 그렇다고 자연법칙을 변환하는 요구에 맞는 것도 아니라고 보았다. 따라서 Bilski 사건 판결9)에서 밝혔듯이 어떤 경우에도 추상적 개념에 대한 특허권 주장을 할 수 없다는 원칙을 깨트릴 이유가 보이지 않는다고 설시하였다.10)

　　또, AMP v. Myriad Genetics 사건에서, 미연방대법원의 Breyer 대법관은 이하와 같이 판단하였다. 즉 연방대법원은 미국특허법 제101조에 명시하지 않았지만, 중요한 묵시적 예외로서 자연법칙의 예외이론이 존재한다. 또 특허법의 목적이 발명에 특허독점권을 부여함으로써 동기부여를 한다는 점과 정보의 자유로운 유통을 촉진하여 타인들도 더 나은 발명을 할 수 있도록 배려한다는 점, 이 두 가지 관점의 균형을 달성하는 데 있다.11) 이러한 입장에 서서, Myriad가 비록 수고스럽게 DNA 중 다른 부분과 공유결합을 끊어 BRCA 유전자를 분리하였다 하더라도 그런 분리만으로는 어떤 화학적 변화가 수반되지 않는 한, Chakrabarty 판결12)이 제시한 '두드러지게 차이 있는(markedly different)' 기준 혹은 '차별성을 갖는(distinctive)' 기준을 충족하지 않았다.13) 나아가 연방대법원은 이 점과 관련하여 발명에서 자연법칙 등이나 (비록 탁월하더라도) 발견을 각각 제외한 선례들을 언급하면서 인체 내부로부터 분리되었을 뿐인 DNA는 미국특허법 제101조의 발명의 개념에 해당하지 않음을 명백히 하

---

8) Mayo Collaborative Services v. Prometheus Laboratories, Inc., 132 S.Ct. 1289, 1294(2012).

9) Bilski v. Kappos, 561 U.S. 593(2010).

10) Mayo, at 1297.

11) Id.

12) Diamond v. Chakrabarty, 447 U.S. 303(1980).

13) Mayo, at 1297.

였다. 다만, 연방대법원은 1) cDNA의 경우에는 위 유전자와 달리, Chakrabarty 판결이 제시한 '두드러지게 차이 있는(markedly different)' 기준을 충족할 수 있다는 점, 2) 만일 BRCA 유전자의 역할과 위치 및 서열정보를 창조적으로 찾는 방법(innovative method) 혹은 서열정보 등의 새로운 응용(new application), 또는 기존 서열정보와 달리 변형된(altered) 것이라면 발명이 될 수 있다는 점을 부언하였다. 요컨대, 이 AMP v. Myriad Genetics 사건의 연방대법원판결은 Bilski 판결이 방법의 발명이 되기 위한 특허대상적격성의 요건을 분명히 한 점과 대비하여, 물건의 발명이 성립될 수 있는 특허대상적격성을 명백히 하였다는 점에 있다.14)

2012년 Mayo v. Prometheus 사건 판결15)의 영향으로, 미국특허상표청(USPTO)은 특허심사지침으로서 2012. 7. 3.자 가이던스(guidance)16)를 발표하였다. 이 가이던스는 자연법칙을 포함한 방법청구항(process claim)의 주제의 적격성을 결정하는 절차를 심사관에게 제시하였다. 또, AMP v. Myriad Genetics 사건 판결의 영향으로 2014년 3월 4일 특허청은 Mayo 사건을 포함한 포괄적인 2014. 3. 4.자 가이던스(guidance)17)를 발표하였다. 이 2014. 3. 4.자 myriad-mayo_guidance에서는 미국특허청은 자연법칙, 자연원칙, 자연현상 및 자연물을 참조하거나 또는 포함한 모든 청구항(예를 들면, 기계, 조성물, 제조물 및 방법 청구항)에 관한 특허대상적격성(특허성)을 판단함에 있어서 이 가이던스를 사용하도록 지시하고 있다.

요컨대 Mayo 사건과 Myriad 사건을 함께 평가하면, 1) 새롭게 발견된 것이더라도 자연법칙 자체는 만인의 공유재산인 점에서 특허대상적격성을 가지지 못하고, 2) 특허받을 수 없는 자연법칙이 특허가능한 "법칙의 적용"으로 변하기 위해서는 자연법칙을 단순히 말하는 것 이상의 것을 만들어야 한다는 것이다. 또한 예를 들어 과거 CAFC의 MoT기준에서 특허의 대상물이 변형하더라도 그것이 자연법칙 그 자체라면 법적 예외물의 원칙이 우선적으로 적용되어 특허대상적격성을 잃게 된다는 것이다. 다만, 자연법칙을 포함한 발명이더라도 특허취득의 여지는 남아 있다. 결국 발명이 단순히 자연의 관계를 기재한 이상의 것을 하고 있는 경우 즉, 자연법칙을 적용하여 단계(step)의 충분한 추가 즉, 청구항을 특정분야에 한정하고 있는 경우이다. 이 경우 추가적 스텝이 보다 잘 알려져, 관용적인 종래의 활동에서만 구성되는 경우는 충분한 추가라고 말할 수 없다. 특허할 수 없는 자연적인 상관관계를 특허가능한 그들 규칙성이 있는 적용물로 변환하는 것으로는 불충분하다.18)

---

14) 박준석, "미국특허법상 발명의 개념-자연법칙의 이용성을 다룬 최신 판례들이 주는 시사점-"(주 6), 128면.
15) Mayo Collaborative Services v. Prometheus Laboratories, Inc., 566 U.S. __, 132 S.Ct. 1289, 101 USPQ2d 1961(2012).
16) <http://www.uspto.gov/sites/default/files/patents/law/exam/2012_interim_guidance.pdf>.
17) <http://www.uspto.gov/patents/law/exam/myriad-mayo_guidance.pdf>.
18) 따라서 미국에서 해당 분야에서 특허를 취득하기 위해서는 발명자는 자기의 발명에 이용된 자연법칙은 어떠한 것인가를 이해하고, 그 자연법칙에 적용한 수단은 일반적으로 알려진 관용적인 것이지만 새롭게 적용한 것이라고 볼 수 있고 그 자연법칙의 실용적인 적용에 제한하는 다양한 청구항을 작성할 필요가 있다.

(4) 비교법적 고찰의 정리

의약의 투여용법과 투여용량에 대해서 의약용도발명의 구성요소로 삼을 수 있는지 여부의 쟁점과 관련하여, 외국 입법례는 다소간 방법론에 차이를 보인다. 즉, 미국에서는 특허대상적격성으로서 판단의 쟁점으로 삼고 있음에 반하여, 유럽과 일본에서는 특허(등록)요건의 쟁점으로 삼고 있는 것으로 사료된다.

다. 의약의 투여용법과 투여용량의 발명의 성립성 해당여부에 관한 학설의 대립[19]

(1) 적극설(특허대상적격성을 긍정하는 견해)

의약용도발명의 본질, 의약품개발환경의 변화, 우리나라 제약기업들의 개량신약 개발능력, 최근의 의약용도발명 개발추이, 미국과 유럽 및 일본을 비롯한 선진국들의 해당 기술에 대한 보호동향 등을 고려해 볼 때, 투여용량·투여용법에만 특징이 있는 의약발명이라도 해당 용량·용법으로 인해 기존의 발명(공지의 발명)의 의약용도에 비해 현저한 효과(상승적 효과)를 나타내는 경우에는, 비록 해당 발명의 특징이 특정투여간격·투여량에만 있는 경우라도 적극적으로 특허성을 인정하여, 결국 특허등록을 허용하는 것이 바람직하다는 견해가 있다.[20][21]

(2) 소극설(특허대상적격성을 부정하는 견해)

대상판결이 변경한 대법원 2009. 5. 28. 선고 2007후2926 판결 및 대법원 2009. 5. 28. 선고 2007후2933 판결을 지지하는 견해로서 특허대상적격성에 관하여 원칙상 소극적인 태도를 볼 수 있다.[22][23] 즉, 위 2026판결 내지 2933판결에서 이 사건 출원발명과 같이 투여주기를 변화시켜 환자의 복약 순응성을 높인다든지, 약물주입 부위를 한정하여 신속한 효과를 거둔다든지, 투여시간 조절로 약효증대를 가져오는 기술들은 환자의 성공적 치료와 직결되는 문제로서 이들을 개발하는 것에는 많은 시간과 경비가 요구되고, 이들 연구에 대한 인센

---

19) 이에 관하여는 의약의 투여용법과 투여용량에 대해서 의약용도발명의 구성요소로 삼을 수 있다는 적극설과 구성요소로 볼 수 없다는 소극설 및 조성물 자체의 구성을 변화시키는지에 따라서 달리 보아야 한다는 견해(절충설)가 있으나, 이하 적극설과 소극설의 내용을 구체적으로 대비하여 살펴본다.

20) 신혜은, "투여용량·용법에 특징이 있는 의약발명의 특허성"(주 1), 80면, 82면.

21) 김종석, "'투여방법한정발명의 권리범위'에 대한 토론문", 2014 TOP 10 특허판례 세미나, 한국특허법학회 정기공개세미나(2015. 3. 7.), 17-19면.

22) 조명선, "투여주기와 단위투여량에 특징이 있는 의약발명의 진보성 판단", 한국특허법학회 편, 특허판례연구 개정판, 박영사, 2012, 204-205면.

23) 박길채, "'토론문: 신혜은 교수님의 "투여방법한정발명의 권리범위"라는 주제의 발표에 대하여", 2014 TOP 10 특허판례 세미나, 한국특허법학회 정기공개세미나(2015. 3. 7.), 20-25면.

티브가 요구되는 것임에는 틀림없다. 하지만, 청구하는 의약조성물의 다른 구성요소는 변화시키지 않고 단지 투여주기를 바꾼다든지, 약을 주입하는 위치나 투여시점(공복 시, 또는 아침에 눈뜨자마자 등)을 특정하는 것은 그러한 목적을 달성하기 위해서 청구하는 물건(의약조성물)에 기술적으로 새로이 더한 것은 없고 단지 용법만 달리 한 것으로, 그러한 용법은 의사 또는 환자가 기존의 제품(또는 특허)에 관하여 처방, 시술, 또는 복용 등의 의료행위를 행함으로써 구현되는 것이지 그 물건에 의해 구현되는 것이 아니다. 만일 이런 방법적인 사항을 물건발명의 특징적 구성으로 인정한다면 특허성 판단은 물론 권리범위 해석에 있어서도 물건발명의 권리범위에 그의 사용방법까지 포함시켜야 하는 문제가 발생하게 된다. 결국 이러한 점들을 고려할 때 위 2026판결 내지 2933판결은 의료행위에 관련한 특징만이 선행기술과 차이가 있는 발명들에 대한 특허성 판단기준을 제시한 점에 의의가 있다고 한다. 다만, 이 견해는 위 2026판결 내지 2933판결은 최근의 일본이나 유럽의 움직임과는 다소 차이가 있는데 각국별로 앞으로 어떠한 논리로 이런 형태의 발명들을 취급해 나갈지 주목해서 지켜볼 일이라고 지적하면서 여운을 남기고 있다.

(3) 학설의 검토[24]

의약용도발명에 표시되는 용법이나 용량은 의약용도발명의 본질이 아니다. 또 혁신적 신개념 기술로 볼 수 있는 여지는 거의 없다. 결국 의약용도발명에 표시되는 용법이나 용량은 그 의약용도발명의 사용형태에 다름 아니다. 이러한 사용은 실질적으로 의사의 의료행위를 구성하는 것이어서 원칙상 특허대상적격성을 인정해서는 안 될 것이다. 가사 예외적으로 투여용량 및 투여주기를 모두 발명의 구성요소로 볼 필요가 있는 경우(예컨대, 기존에 사용해 왔던 단위투여량보다 현저하게 낮은 용량을 함유하여 부작용을 감소시킨 의약조성물이라면 최종 물건에 그러한 구성이 반영되는 것이므로 진보성이 인정될 여지는 있다. 우리 특허등록실무에서도 특허등록번호 제769786호는 당뇨병치료제로 알려진 약제들의 복합제제인데 선행기술과 비교되는 저용량으로 한정하여 특허등록을 받은 바 있다)[25]가 있다 할지라도, 그 특허성 기준은 일반 발명에 대비할 때 엄격하게 판단하여야 할 것이고, 특허성 판단의 재량권이 남용되는 실무 운영은 지극히 피해야 할 것이다. 이런 점에서 소극설이 원칙상 타당하다고 본다. 이와 달리 적극설을 취하여, 투여용량 및 투여주기를 모두 발명의 구성요소로 볼 경우에는 다국적 기업의 특허연장전략에 그 기반이 약한 제약산업을 가진 우리나라와 같은 경우에는 희생당할 수밖에 없는 운명에 처할 수 있음을 각인해야 할 것이다.

---

24) 차상육, "의약의 투여용법과 투여용량의 특허대상적격성"(주 1), 185면.
25) 조명선, "투여주기와 단위투여량에 특징이 있는 의약발명의 진보성 판단"(주 22), 205면.

4. 판결의 의의[26]

　　대상판결의 다수의견은 확인대상발명의 투여용량 및 투여주기를 모두 발명의 구성요소로 보고, 비교대상발명과 대비할 때 구성의 곤란성 및 효과의 현저성을 판단한 후, 확인대상발명이 비교대상발명의 자유실시기술에 해당함을 이유로 권리범위에 속하지 않는다고 판시하였다. 이런 점에서, 종래 대법원판결[27]과 달리 의약용도발명에 있어서 선행기술과 구별되는 유일한 특징이 확인대상발명의 투여용량 및 투여주기라는 의료행위 해당하는 것이라 하더라도, 이를 모두 발명의 구성요소로 볼 수 있다고 최초로 판시한 점에서 대상판결은 그 의의가 있다.[28] 대상판결은 입법예상으로 최근의 일본이나 유럽의 움직임과 그 보조를 같이하고 있다고 할 수 있으나, 미국의 태도와는 그 접근방법에 차이점이 드러나고 국내 제네릭 관련 의약산업에 있어서 적지 않은 파장을 초래할 것이 예상된다.

　　의약관련발명에서 투여용량 및 투여주기는 의약산업계에서 확실히 중요하고 유용한 발견이다. 그렇지만, 투여용량 및 투여주기는 전통적인 특허법상 발명의 개념의 범주에 있는 자연법칙의 예외로서, 보호받아야 할 법적 가치가 있는 발명 행위는 되지 못할 수 있다. 그러므로, 투여용량 및 투여주기의 법적 평가는 그 단계상 발명의 성립성 내지 특허대상적격성 유무 즉 발명의 정의규정에 포함되는지 여부부터 검토를 받아야 할 필요성이 있다. 이런 점에 비추어 보면, 종래 대법원판결[29] 및 미국의 태도와 대비할 때 대상판결의 다수의견은 적지 않은 의문점을 던져주고 있다. 즉 최근 미국 연방대법원 Mayo v. Prometheus 사건 판결이 적시한 바와 같이, 발명의 개념이란 요건이 없더라도 미국 특허법상 신규성요건이나 진보성요건 혹은 명세서기재요건 등이 무분별한 특허등록과 특허권독점을 충분히 방지할 것이라는 취지의 이 사건 상고인의 주장을 배척한 점과 그러한 취지를 미국특허청이 수용한 가이던스의 입법동향에 비추어 보면, 대상판결의 다수의견은 명백히 부조화스럽다고 여겨지기 때문이다. 나아가 이러한 투여용법과 투여용량이 의약발명의 구성요소가 될 수 있다고 판단한다면, 결국 권리범위 해석에 있어서 방법적인 부분을 배제하면 선행 특허의 권리범위와 동일한 권리범위를 다시 인정하는 것이므로 이는 존속기간의 부당한 연장을 초래하고 결국 다국적기업이 거대자본을 이용하여 특허를 연장하려는 전략의 일환에 이용당할 수 있는

---

26) 차상육, "의약의 투여용법과 투여용량의 특허대상적격성"(주 1), 185－191면.
27) 대법원 2009. 5. 28. 선고 2007후2933 판결; 특허법원 2013. 9. 27. 선고 2013허686 판결 등.
28) 왜냐하면 종래 대법원판결은 투여방법 및 투여주기를 원칙상 의약용도발명의 구성요소로 인정하지 않거나, 가사 인정한다 하더라도 일단은 물건 자체를 구성하는 요소가 아니라 투여하는 간격에 관한 것이어서 고려할 필요가 없다고 전제한 후, 가사 고려한다 하더라도 통상의 기술자가 예측할 수 있는 정도에 불과하다고 단정한 점에서 이 사건 대상판결과 구별되기 때문이다.
29) 대법원 2009. 5. 28. 선고 2007후2933 판결; 특허법원 2013. 9. 27. 선고 2013허686 판결 등.

위험에 노출되는 것을 피할 수 없어서 우리의 제약현실과 향후 발전방향에 비추어 커다란 문제점을 던져주는 판결이라는 비판을 면키 어렵다 할 것이다.

요컨대 대상판결의 다수의견은 향후 그 실무상 적용에 있어서 이하와 같이 해결하여야 할 과제를 던져주고 있다.

첫째, 해당발명의 유일한 특징이 있는 투여용법과 투여용량만을 구성요소로 한 의약발명에 있어서 어느 정도로 현저한 작용효과(상승효과)가 있어야 진보성을 인정할 수 있는지 여부 및 권리범위확인심판에 있어서 권리범위와 관련한 구성요소에 투여용량과 투여용법을 어디까지 인정하여 대비할 수 있는지 여부에 대해서는 과제가 아니라 할 수 없다. 이런 점에서 일본의 2009년 개정 의약발명 심사기준과 같이 투여용량 및 투여용법도 의약용도발명에 포함되도록 의약용도발명에 관한 정의규정을 신설할 것을 제안하는 견해30)도 있으나 아래에서 보듯이 문제점도 없지 않다. 앞으로 우리 특허청의 의약발명심사기준이 어떻게 개정될지 그 향방에 관심이 모아진다.

둘째, 투여용법과 투여용량만으로도 의약발명의 구성요소가 될 수 있다고 판단한다면, 특허보호대상으로 삼을 수 없는 실질상 치료방법과 매우 가깝다고 평가하는 것이 적절한 것도 있을 수 있기 때문에 문제된다.31) 그 구별기준의 불명성은 향후 해결해야 할 과제로 남아 있다. 일본에서도 투여용법과 투여용량의 특허대상적격성과 관련하여 새로운 형식의 의약용도발명으로서 보호대상의 확대의 관점을 중시하여 실체적으로는 '방법의 발명'인 발명을 형식적으로 '물(物)의 발명'으로 취급하고 있지만, 여전히 의문이 제기되고 있는 점도 고려해야 한다. 이것은 발명의 원래 취지와 발명의 종류(카테고리) 중 방법의 발명으로 보호되어야 할 것이지만, 이러한 방법의 발명에 관하여 특허의 대상으로 하면 의사의 행위에 관한 기술 다시 말해 의료행위와의 구별이 운영상 명확할 수 있는지 나아가 '물의 발명'으로서 권리행사의 실효성을 충분히 확보할 수 있는지 여부 등에 대해 의문이 생길 수밖에 없기 때문이다.32) 일본 내에서도 이런 점을 고려하여 이와 같은 발명에 관해서는 일본의 의료심사기준이 정하듯이 카테고리 분류상 항상 '물의 발명'에 해당하는 것으로 이해할 수 있는 것은 아니므로 이 점 이론적 정합성과 실무상 취급의 조화가 바람직하다고 지적하고 있다.33)

셋째, 현행법상 정의규정을 종전과 같이 그대로 두고, 대상판결의 다수의견에 따른 해석이 자리잡기 위해서는 무엇인가 대안이 마련되어야 할 것이다. 투여용법과 투여용량과 같은 치료방법 등에 특허가 부여된다면 긴급한 환자의 치료에도 의사는 특허권자의 허락을 받

30) 신혜은, "투여용량·용법에 특징이 있는 의약발명의 특허성"(주 1), 80-81면.
31) 中山信弘·小泉直樹 編, 新·注解 特許法[上卷], 靑林書院, 2011, 33면(平嶋竜太 집필부분).
32) 加藤志麻子, "用途発明及び用途限定を含む発明の権利行使に関する一考察~物の発明の視点から~", 片山英二先生還暦記念論文集, 知的財産法の新しい流れ, 靑林書院, 2010. 11, 203-204면.
33) 中山信弘·小泉直樹 編, 新·注解 特許法[上卷](주 31), 33-34면(平嶋竜太 집필부분).

아야 하고 환자의 생명이나 신체를 위험에 빠트릴 염려가 있으며, 적정·공평·신속한 치료에 방해가 된다는 지적을 고려해야 한다. 이와 같은 치료현장의 혼란을 막기 위해서는 반드시 특허대상적격성(내지 특허능력)을 부정하는 사전적 규제보다는 일단 특허대상적격성을 인정한 뒤, 의사의 행위에 대해서 법정실시권제도를 규정하든지 또는 조제행위(우리 특허법 제96조 제2항, 일본 특허법 제69조 제3항)와 같이 특허권의 효력을 제한하는 사후적 규제도 있을 수 있다고 본다.[34]

넷째, 이러한 새로운 유형의 발명으로서의 보호 유형이 등장할 때마다 제기되는 논의로서 발명의 정의조항의 개정론 내지 삭제론과 같은 입법논쟁[35]의 재점화이다. 새로운 기술발달에 따른 특허보호대상 확대 논쟁의 반복은 사회적 에너지의 소비를 야기하고 적지 않은 문제를 양산할 것이다. 주지하다시피 우리나라와 일본만 발명의 개념을 명확히 규정하여 별도의 정의규정을 두고 있고, 대부분의 국가에서는 발명의 개념에 대해서 명확한 정의규정을 두고 있지 않고 학설이나 판례에 맡기고 있다.[36] 그런데 새로운 유형의 발명이나 발견, 예컨대 투여용법과 투여용량 같은 유형의 의약용도발명, 생명공학 발명, 나노기술분야의 발명이나 소프트웨어 관련 발명 내지 컴퓨터프로그램 관련 발명이 등장할 때마다 발명의 개념에 해당하는지 여부가 문제된다. 이러한 새로운 기술들은 산업상 발전에 기여할 수 있음이 자명함에도 불구하고 기존 특허법상 정의규정 중 자연법칙을 이용한 기술적 사상이라는 요건으로 인해 적절한 보호가 이루어지지 않을 수 있다는 것은 바람직하지 않다. 결국 이런 점을 고려하여 특허법 제2조의 정의조항 중 '자연법칙의 이용성' 문구를 삭제 또는 수정하거나 아예 제2조 전체를 삭제하는 방안을 주창하는 견해[37]도 언제든지 나타날 수 있다. 이런 경우마다 제2조 발명의 정의조항이 심각한 도전에 직면할 수밖에 없는 운명에 놓여 있는 것은 입법론상으로도 바람직하지 않다. 이러한 입법론에 대해서 신중한 접근과 사회적 합의가 필요한 시점이라고 생각한다.

---

34) 竹田和彦, 特許の知識(第8版), ダイヤモンド社, 2006, 116면; 中山信弘, 特許法, 弘文堂, 2010, 113면; 김기영, "의료행위 관련 발명의 특허성", 한국특허법학회 편, 특허판례연구(개정판), 박영사, 2012, 61−62면.
35) 윤선희, 특허법(제5판), 법문사, 2012, 108−109면, 정상조·박성수 공편, 특허법 주해 I, 박영사, 2010, 56−58면(서계원 집필부분).
36) 윤선희, 특허법(제5판)(주 35), 88면.
37) 정상조·박성수 공편, 특허법 주해 I(주 35), 58면(서계원 집필부분). 이 책에서는 정의규정을 두는 경우에 발명의 개념을 명확히 함으로써 법적 안정성을 기할 수는 있겠으나, 발명에 대한 유연한 해석을 기대하기 어렵다는 점에서 제2조에 대한 신중한 검토가 필요하다고 주장한다.

02 무권리자의 특허출원에 대한 판단기준

대법원 2011. 9. 29. 선고 2009후2463 판결[1]

권창환(서울중앙지방법원 판사)

1. 사안의 개요

가. '초코찰떡파이'를 생산·판매하는 개인업체인 원고는 '찰떡쿠키'를 생산·판매하는 법인인 피고의 특허권(등록번호 제626971호, 떡을 내장하는 과자 및 그 제조방법)에 대하여 무효소송을 제기하였는데, 주된 쟁점은 원고의 연구개발부장이었던 자가 피고 회사로 전직한 후 누설한 원고의 영업비밀을 피고 회사가 변형하여 특허등록을 받은 것이 모인(冒認)출원[2]에 해당하는지 여부이다.

나. 원고는 2007. 9. 21. 미완성발명이고, 명세서의 기재불비라는 이유로 등록무효심판(2007당2658)을 청구하였으나, 2008. 6. 13. 청구기각심결이 내려졌고, 이에 원고는 2008. 7. 17. 심결취소소송을 제기하였다.

다. 원심인 특허법원은 2009. 7. 15. 모인출원에 해당하고, 진보성이 없어[3] 등록무효가 되어야 한다는 이유에서 심결취소의 판결을 선고하였고, 이에 피고가 2009. 7. 28. 상고를 제기하였으나, 대법원에서는 상고기각판결이 선고되었다.

---

1) [참조 및 관련 판례] 대법원 2012. 12. 27. 선고 2011다67705, 67712 판결.
   [관련 평석 및 문헌] 손천우, "무권리자의 특허출원에 대한 새로운 판단기준", 사법논집 제58집, 2015; 성창익, "모인대상발명을 변형 또는 개량하여 특허등록한 경우 모인출원이 성립하는지 여부 등", 특허판례연구, 박영사, 2012; 최승재, "특허법 제33조의 '발명을 한 자'의 의미", 법률신문 4088호(2012. 12. 17.); 박창수, "강학상의 모인출원－기술적 사상의 창작에 실질적으로 기여하지 않은 경우－", 한국특허법학회 42차 정기학회(2012. 10. 20.); 김관식, "발명의 동일성에 관한 연구", 서울대학교 대학원 박사학위 논문, 2013; 정차호, 특허법의 진보성, 박영사, 2014.
2) 강학상 표현으로, 특허법에서는 이를 무권리자의 특허출원(예컨대, 특허법 제34조 무권리자의 특허출원과 정당한 권리자의 보호)이라고 표현하고 있다. 우리나라 대법원판결에서도 일부 모인출원이라는 용어를 사용하고 있고, 일본 지적재산고등재판소 판결에서도 모인출원이라는 용어를 사용하고 있다.
3) 원심에서 새로이 주장한 무효사유들이다.

2. 판결의 요지

가. 원심판결(특허법원 2009. 7. 15. 선고 2008허8907 판결)

특허법 제1조는 "발명을 보호·장려하고 그 이용을 도모함으로써 기술의 발전을 촉진하여 산업발전에 이바지"하는 데 특허법의 목적이 있다고 밝히고 있고, 특허법 제33조 제1항 본문은 "발명을 한 자"와 그 "승계인"만이 특허를 받을 권리를 갖는 것으로 규정하고 있다. 그리고 특허법 제2조 제1호는 "발명"의 개념과 관련하여, "발명이라 함은 자연법칙을 이용한 기술적 사상의 창작으로서 고도한 것"이라고 정의하고 있다. 따라서 결국, 피고가 이 사건 특허발명의 "발명을 한 자"로 인정받기 위해서는, 이 사건 특허발명이 특허법 제29조의 신규성과 진보성이라는 특허요건 등을 구비하고, 특허법 제32조의 불특허사유에 해당하지 아니하여야 할 뿐 아니라, 피고 스스로 자연법칙을 이용한 기술적 사상의 창작을 거쳐서 이 사건 특허발명을 직접 "발명을 한 자"이거나, 그 발명을 한 자로부터 특허를 받을 수 있는 권리나 특허권을 승계받은 자이어야 한다.

나. 대법원판결(대법원 2011. 9. 29. 선고 2009후2463 판결)

(1) 특허법 제33조 제1항 본문은 발명을 한 사람 또는 그 승계인은 특허법에서 정하는 바에 따라 특허를 받을 수 있는 권리를 가진다고 규정하고, 특허법 제133조 제1항 제2호는 특허법 제33조 제1항 본문의 규정에 의한 특허를 받을 수 있는 권리를 가지지 아니한 사람이 출원하여 특허받은 경우를 특허무효사유의 하나로 규정하고 있다. 한편 특허법 제2조 제1호는 '발명'이란 자연법칙을 이용하여 기술적 사상을 고도로 창작한 것을 말한다고 규정하고 있으므로, 특허법 제33조 제1항에서 정하고 있는 '발명을 한 자'는 바로 이러한 발명행위를 한 사람을 가리킨다고 할 것이다. 따라서 발명자가 아닌 사람으로서 특허를 받을 수 있는 권리의 승계인이 아닌 사람(이하 '무권리자'라 한다)이 발명자가 한 발명의 구성을 일부 변경함으로써 그 기술적 구성이 발명자의 발명과 상이하게 되었더라도, 변경이 그 기술분야에서 통상의 지식을 가진 사람이 보통으로 채용하는 정도의 기술적 구성의 부가·삭제·변경에 지나지 않고 그로 인하여 발명의 작용·효과에 특별한 차이를 일으키지 않는 등 기술적 사상의 창작에 실질적으로 기여하지 않은 경우에 그 특허발명은 무권리자의 특허출원에 해당하여 등록이 무효이다.

(2) 한편 발명자에 해당하기 위해서는 기술적 사상의 창작에 실질적으로 기여할 것이

요구되나, 이는 발명의 특허요건으로서 요구되는 신규성·진보성을 갖추어야 한다는 것과는 구분되는 것임에도, 이와 달리 원심이 발명자가 되기 위하여 그 발명이 신규성·진보성 등의 특허요건까지 구비하여야 한다고 판단한 것은 잘못이라고 할 것이다.[4]

3. 해설

가. 모인출원의 태양

(1) 모인출원의 태양으로는, ① 정당한 발명자 내지 승계인의 동의 없이 무단으로 제3자가 출원하는 경우, ② 출원인의 동의 없이 서류를 위조하는 등 무단으로 출원인 명의를 변경하는 경우, ③ 특허를 받을 수 있는 권리의 승계약정에 취소, 무효 등의 하자가 있어 출원인이 무권리자가 되는 경우, ④ 공동발명에 있어서 공동발명자 중 일부를 누락하고 출원하는 경우[5] 등을 들 수 있다.[6]

(2) 본 사안의 경우에는 피고가 원고의 영업비밀을 무단으로 이용하여 특허등록을 한 사안으로, 정당한 발명자 내지 승계인의 동의 없이 무단으로 제3자가 출원하는 경우에 해당한다.

나. 모인출원 관련 규정

(1) 특허법 제33조 제1항 본문에서는 '발명을 한 사람 또는 그 승계인은 이 법에서 정하는 바에 따라 특허를 받을 수 있는 권리를 가진다.'라고 규정하고 있고,[7] 특허법 제33조 제1항 본문에 따른 특허를 받을 수 있는 권리를 가지지 아니하는 경우는 특허법 제62조 제2호의 특허거절결정 사유 및 특허법 제133조 제1항 제2호의 특허무효사유에 해당한다.

(2) 한편 발명자가 아닌 자로서 특허를 받을 수 있는 권리의 승계인이 아닌 자(이하 '무권리자'라 한다)가 한 특허출원이 특허법 제62조 제2호에 따라 특허를 받지 못하게 된 경우나 무권리자의 특허권이 특허법 제133조 제1항 제2호에 따라 무효심결이 확정된 경우에는, 정당한 권리자의 특허출원은 무권리자의 특허출원시에 특허출원한 것으로 소급하여 보호하고

---

4) "다만 판결의 결과에 영향을 미치지 아니하여 원심판결을 파기할 사유가 되지 않는다."라고 판시하면서 상고기각판결을 선고하였다.
5) 공동발명의 예는 다른 경우와 달리 특허법 제44조(공동출원)에서 규율하고 있다. 하지만 발명의 실질적 동일성 내지 창작에 대한 실질적 기여의 판단 필요성은 다른 모인출원의 경우와 동일하다.
6) 박성수, 정상조 공편, 특허법 주해 I, 박영사, 2010, 483면.
7) 발명자의 결정이 문제가 되는 국면은 ① 모인출원임을 다투는 경우와 ② 직무발명과 관련한 보상금청구소송에서 종업원이 발명자에 해당하는지 여부를 다투는 경우 등이 있다.

있다(특허법 제34조, 제35조).

다. 모인출원의 판단기준

(1) 대상판결 이전의 판단기준

1) 대법원은 대상판결이 내려지기 전까지 모인출원(내지 모인특허, 이하 같다)인지 여부에 관하여는 ① 특허발명 및 출원발명과 모인대상발명(정당한 권리자의 발명)이 실질적으로 동일한지 및 ② 모인행위가 있었는지의 2가지 요건을 중심으로 판단하였다(대법원 2005. 2. 18. 선고 2003후2218 판결 등).

2) 대법원은 모인출원, 분할출원, 선출원, 신규성 등 양 발명의 동일성에 대한 판단을 함에 있어 '양 발명의 기술적 구성이 동일한가 여부에 의하여 판단하되 그 효과도 참작하여야 할 것인바, 기술적 구성에 차이가 있더라도 그 차이가 주지·관용기술의 부가, 삭제, 변경 등으로 새로운 효과의 발생이 없는 정도에 불과하다면 양 발명은 서로 동일하다고 하여야 한다.'라는 기준을 적용하고 있다(대법원 2004. 3. 12. 선고 2002후2778 판결, 대법원 2005. 2. 18. 선고 2003후2218 판결 등).

대법원은 확대된 선출원에 대하여는 '양 발명의 기술적 구성이 동일한가 여부에 의하되 발명의 효과도 참작하여 판단할 것인데, 기술적 구성에 차이가 있더라도 그 차이가 과제해결을 위한 구체적 수단에서 주지·관용기술의 부가·삭제·변경 등에 지나지 아니하여 새로운 효과가 발생하지 않는 정도의 미세한 차이에 불과하다면 양 발명은 서로 실질적으로 동일하다고 할 것이나, 양 발명의 기술적 구성의 차이가 위와 같은 정도를 벗어난다면 설사 그 차이가 그 발명이 속하는 기술분야에서 통상의 지식을 가진 자(통상의 기술자)가 용이하게 도출할 수 있는 범위 내라고 하더라도 양 발명을 동일하다고 할 수 없다.'라고 판시하였다(대법원 2012. 9. 13. 선고 2012후1644 판결, 대법원 2011. 4. 28. 선고 2010후2179 판결). 선출원 등의 경우와 비교할 때 추가적인 설시를 하였지만, 이는 실질적 동일성의 개념을 변경한 것으로 볼 것이 아니라, 확대된 선출원의 기준이 진보성과 구별된다는 측면을 강조한 취지로 이해된다.[8]

(2) 대상판결에서의 판단기준

1) 대상판결에서는 모인출원인지 여부를 판단함에 있어 '기술적 사상의 창작에 실질적으로 기여하지 않은 경우에 그 특허발명은 무권리자의 특허출원에 해당하여 등록이 무효'라는 기준을 제시하였고, '무권리자가 발명자가 한 발명의 구성을 일부 변경함으로써 그 기술

---

8) 유영선, "특허법 제29조 제3항(확대된 선출원) 규정에서의 '발명의 동일성' 판단 기준", 대법원 판례해설 제88호(2011년 상), 법원도서관, 2011.

적 구성이 발명자의 발명과 상이하게 되었더라도, 변경이 그 기술분야에서 통상의 지식을 가진 사람이 보통으로 채용하는 정도의 기술적 구성의 부가·삭제·변경에 지나지 않고 그로 인하여 발명의 작용·효과에 특별한 차이를 일으키지 않는 등'은 '기술적 사상의 창작에 실질적으로 기여하지 않은 경우'에 해당한다고 보았다.

2) 또한 대상판결은 '이 사건 제1항 발명의 핵심적인 기술적 과제는 떡의 보존기간의 연장에 있는데 이는 구성 2에 의하여 해결되고, 이 사건 제1항 발명의 출원 전에 빵 내부에 찰떡이 들어있는 구성이나 내층은 팥류로 하고 외층은 쿠키, 빵 등으로 하는 구성이 개시되어 있는 점을 고려하면, 모인대상발명과 실질적으로 차이가 없는 구성 2에 모인대상발명에 없는 구성 1, 3, 4를 새로 부가하는 것은 통상의 기술자가 보통으로 채용하는 정도의 변경에 지나지 아니하며, 그 변경으로 인하여 발명의 작용·효과에 특별한 차이를 일으킨다고 할 수 없으므로 등록무효가 되어야 한다.'라고 판단하였다.

3) '발명을 한 자'에 해당하기 위하여 신규성·진보성 등의 특허요건을 갖추어야 하는지 여부

① 원심판결은 발명을 한 자에 해당하기 위해서는 '특허법 제29조의 신규성과 진보성이라는 특허요건 등을 구비하고, 특허법 제32조의 불특허사유에 해당하지 아니하여야 한다.'라고 판시한 반면, 대상판결은 '발명자가 되기 위하여 그 발명이 신규성·진보성 등의 특허요건까지 구비하여야 하는 것은 아니'라고 판시하였다.

② 원심판결은 모인대상발명도 선행기술이 될 수 있음을 전제로 판단한 것으로 보이고, 이는 2011년 AIA(Leahy-Smith America Invents Act)로 특허법을 개정하기 전 미국에서 선발명자주의하에서 무권리자의 특허출원을 통제하기 위하여 사용되었던 방법[9][10]과도 동일하나, 이와 같은 판단은 공지·공용의 기술만을 신규성과 진보성의 선행기술로 규정하고 있는 특허법의 태도에 반한다 할 것이고, 또한 '특허를 받을 권리'는 발명과 동시에 발생하는 권리로서 신규성, 진보성 등 특허등록요건을 만족하지 못하는 경우에도 권리이전 등을 할 수 있는 재산권이라는 점 등을 고려할 때 대상판결의 판시가 타당하다 할 것이다.

(3) 외국의 판단기준

1) 일본의 경우

우리의 '대상판결 이전의 판단기준'과 동일하게 ① 특허발명 내지 출원발명과 모인대상발명이 실질적으로 동일한지 및 ② 모인행위가 있었는지의 2가지 요건을 중심으로 판단하고

---

9) ODDZON PRODUCTS, INC. v. JUST TOYS, INC., 122 F.3d 1396, 1402-1403(Fed. Cir. 1997).
10) 영업비밀을 도용하여 '실질적 동일성의 범위를 넘어서나 진보성이 없는 발명'을 한 경우에도 모인을 한 자에게 제재를 가할 수 있다는 긍정적인 측면이 있기는 하다.

있다.[11]

2) 미국의 경우

모인(derivation)출원은 특허법 제102조 (f)항 '출원인이 특허받고자 하는 발명의 발명자가 아닌 경우'에 해당하여 특허를 받을 수가 없는데, 모인출원의 성립요건으로 ① 타인에 의한 발명의 선착상(先着想)(prior conception of the invention by another) 및 ② 특허권자가 발명을 구성하고 성공적으로 실시하기에 충분할 정도로 선착상이 특허권자에게 전달되었을 것(communication of that conception to the patentee that is sufficient to enable him to construct and successfully operate the invention)을 요구한다.[12] 여기서 선착상이란 청구항에 기재된 발명에 대한 완전한 착상(a complete conception of the claimed invention)을 의미한다.[13]

3) 영국의 경우

영국은 특허법 제7조 (3)항에서 발명자라 함은 발명의 실제 창안자(actual deviser of the invention)라고 정의하고 있고, 발명자의 확정은 ① 발명개념의 확정(identifying the inventive concept) 및 ② 발명개념의 창안자 결정(determining who devised the inventive concept)이라는 2단계 접근법을 취한다.

라. 대상판결에 대한 검토

(1) 긍정적 견해

모인출원과 모인대상발명의 실질적 동일성 여부를 중심으로 한 판단기준에 비하여 '기술적 사상의 창작에 대한 실질적 기여'라는 탄력적 기준에 따라 정당한 권리자의 보호가 강화될 수 있다는 견해[14], 특허법의 원칙으로 돌아가 실제로 창작하였는지 여부를 중심으로 판단한 최초의 의미있는 판결이라는 견해[15], 실질적 동일성의 개념을 통해 무권리자의 등록특허가 무효인지 판단하는 것은 한계가 있으므로, 실질적 동일성(객관적 요건)의 범위를 넘는 부가구성이 추가되거나 종전 구성을 변경한 경우에도 창작에 대한 실질적 기여 여부(주관적 요건)를 중점적으로 판단하여야 한다고 하면서 대상판결을 지지하는 견해[16] 등이 있다.

---

11) 牧野利秋 [外]編, 知的財産法の理論と實務 1: 特許法Ⅰ. 新日本法規, 2007, 332면.
12) International Rectifier Corp. v. IXYS Corp., 361 F.3d 1363, 1376 (Fed. Cir. 2004).
13) Amax Fly Ash Corp. v. U. S., 514 F.2d 1041, 1048-50 (Ct.Cl. 1975).
14) 성창익, "모인대상발명을 변형 또는 개량하여 특허등록한 경우 모인출원이 성립하는지 여부 등"(주 1), 332면.
15) 박창수, "강학상의 모인출원-기술적 사상의 창작에 실질적으로 기여하지 않은 경우-"(주 1), 7면.
16) 손천우, "무권리자의 특허출원에 대한 새로운 판단기준"(주 1), 549면.

(2) 부정적 견해

정당한 권리자의 모인특허에 대한 이전청구제도가 인정되는 것을 전제로 대상판결과 같이 영업비밀을 모인한 경우에도 개량발명 전체에 대하여 단순히 모인대상발명을 발명하였다는 이유로 전체 모인출원발명에 대하여 특허권이 부여하는 것은 공개의 대가로 독점권을 부여한다는 특허제도의 취지에 반하고, 영업비밀의 부당이용은 부정경쟁방지 및 영업비밀보호에 관한 법률(이하 '부경법'이라 한다) 등으로 규율할 문제라는 등의 이유로 반대하는 견해[17]가 있다.

(3) 검토(긍정견해)

아래의 각 점을 고려할 때, 대상판결의 판시는 타당하다 할 것이다.

① 반대하는 견해는, 일본(2011년 개정 특허법)이나 미국(2011년 시행된 AIA)과 달리 정당한 권리자의 모인특허에 대한 이전청구제도를 전제로 하는 것이나, 이는 우리 특허법은 법 제34조, 제35조의 출원시점 소급의 특례가 있을 뿐 정당한 권리자가 '자신이 한 발명'에 대하여 새로이 특허출원을 하여야만 한다는 점을 간과한 점,[18] 모인출원을 변형 내지 개량하여 특허등록을 한 경우 부경법에 의한 형사적 처벌 등이 가능할지라도 모인한 자로 하여금 특허권 자체를 보유하도록 하는 것은 현저히 부당하다는 점, 영업비밀로 유지하여 영구적으로 보호받을 것인지 아니면 공개하여 특허권으로 제한된 기간 동안만 독점적으로 보호받을 것인지 여부는 특허법과 부경법이 병존하는 이상 기술보유자의 정당한 권리임에도 이를 적정하게 보호하지 못하게 된다는 점 등을 고려할 때, 쉽게 받아들이기는 어렵다.

② 종래 판결은 '기술적 구성에 차이가 있더라도 그 차이가 주지·관용기술의 부가, 삭제, 변경 등으로 새로운 효과의 발생이 없는 정도에 불과하다면 양 발명은 서로 동일하다고 하여야 한다.'라고 판시하여, 모인대상발명의 변형을 위한 참조기술을 '주지·관용기술'로 한정하고 있고, 또 이를 위한 입증에도 어려움이 있는 등의 한계가 있었다.

③ 반면, 대상판결은 '변경이 그 기술분야에서 통상의 지식을 가진 사람이 보통으로 채용하는 정도의 기술적 구성의 부가·삭제·변경에 지나지 않고 그로 인하여 발명의 작용·효과에 특별한 차이를 일으키지 않는 등'을 '기술적 사상의 창작에 실질적으로 기여하지 않은 경우'의 예로 들고 있어, 변형을 위한 참조기술을 주지·관용기술에만 국한하지 않는 등 탄력적 판단의 가능성[19]이 열렸고, 이로 인해 정당한 권리자의 보호를 강화할 수 있게 되었다.

---

17) 김관식, "발명의 동일성에 관한 연구"(주 1), 437-438면.
18) 집행면탈을 위하여 회사를 설립하여 가장양도한 것은 통정허위표시로 무효라는 이유에서 민법상 부당이득의 법리를 적용하여 특허권이전등록청구를 인정한 판례(대법원 2014. 5. 16. 선고 2012다11310 판결)도 있으나, 이는 모인출원과는 사안을 달리한다.
19) 대상판결에서는 구성 1, 3, 4가 주지·관용기술인지에 대한 판단을 하지 않았다.

④ 종래 모인출원에 대한 판단은 선출원, 분할출원, 신규성, 확대된 선출원 등에서와 동일하게 양 발명의 실질적 동일성을 판단기준으로 삼았으나, 모인출원은 위 사안들과 달리 법문상 양 발명의 비교를 전제로 하지 않고 있어, 대상판결의 판단기준은 특허법 제33조의 법문(발명을 한 사람은 특허를 받을 수 있는 권리를 가진다)에 충실한 해석이라 할 것이다.

마. 대상판결 이후의 판결

(1) 대상판결 이후 대법원은 발명을 한 자인지 여부 즉, 기술적 사상의 창작에 실질적으로 기여하였는지 여부에 대한 구체적인 기준을 제시하였다.

(2) 발명자(공동발명자를 포함한다)에 해당한다고 하기 위해서는 단순히 발명에 대한 기본적인 과제와 아이디어만을 제공하였거나 연구자를 일반적으로 관리하고 연구자의 지시로 데이터의 정리와 실험만을 한 경우 또는 자금·설비 등을 제공하여 발명의 완성을 후원·위탁하였을 뿐인 정도 등에 그치지 않고, 발명의 기술적 과제를 해결하기 위한 구체적인 착상을 새롭게 제시·부가·보완하거나, 실험 등을 통하여 새로운 착상을 구체화하거나, 발명의 목적 및 효과를 달성하기 위한 구체적인 수단과 방법의 제공 또는 구체적인 조언·지도를 통하여 발명을 가능하게 한 경우 등과 같이 기술적 사상의 창작행위에 실질적으로 기여하기에 이르러야 한다. 한편 이른바 실험의 과학이라고 하는 화학발명의 경우에는 당해 발명 내용과 기술수준에 따라 차이가 있을 수는 있지만 예측가능성 내지 실현가능성이 현저히 부족하여 실험데이터가 제시된 실험례가 없으면 완성된 발명으로 보기 어려운 경우가 많이 있는데, 그와 같은 경우에는 실제 실험을 통하여 발명을 구체화하고 완성하는 데 실질적으로 기여하였는지의 관점에서 발명자인지 여부를 결정해야 한다(대법원 2012. 12. 27. 선고 2011다67705 판결).

4. 대상판결의 의의

가. 실질적 동일성 여부를 중심으로 모인출원 여부를 판단하는 것에서 나아가 특허법의 조문에 충실하면서도 모인출원에 대하여 탄력적인 대처를 가능하도록 하는 판단기준을 제시한 최초의 사례라는 점에서 그 의의가 있다. 다만 추상적인 기준으로 인한 실무의 혼선을 막기 위해서는 앞서 언급한 후속판결에서와 같은 구체적인 기준의 제시가 필요하다.

나. 한편 개정 특허법(법률 제14035호, 2016. 2. 29. 개정, 2017. 3. 1. 시행)에서는 정당한 권리자의 편의를 도모하기 위하여 특허권 이전청구 제도를 도입하였다. 즉, 특허가 모인출원에 해당하는 경우 정당한 권리자가 법원에 해당 특허권의 이전(공유인 경우에는 그 지분의 이전을 말하고, 다른 공유자의 동의를 요하지 않는다)을 청구할 수 있도록 하고, 위 청구에 기초하여 특허

권이 이전등록된 경우에는 해당 특허권과 제65조 제2항 및 제207조 제4항에 따른 보상금지급청구권은 그 특허권이 설정등록된 날부터 이전등록을 받은 자에게 있는 것으로 보도록 하였다(제99조의2 신설). 또한 특허권의 이전청구에 따른 이전등록 전의 선의 실시자에 대하여는 유상의 통상실시권을 인정하였다(제103조의2 신설). 실질적 동일성의 범위 내에 있는 모인출원에 대한 정당한 권리자의 보호를 강화하였다는 점에서는 환영할 일이다.

　　다. 다만 앞서 본 대상판결에 대한 부정적인 견해에서 지적한 바와 같이 모인출원이 실질적 동일성의 범위를 벗어났으나 진보성은 없는 등의 경우에도 개량발명을 그대로 이전등록 받도록 허용하는 것은 정당한 권리자의 창작 범위를 넘어 부당한 이익을 귀속시키는 불합리한 결과를 가져오므로, 이에 대한 주의가 필요하다. 이 경우에는 새로운 출원을 하여 특허법 제34조, 제35조에 따른 보호를 받도록 함이 마땅하다. 개정 특허법에서는 제35조에 관하여 특허무효심결이 지연되어 무권리자의 특허가 등록공고 후 2년이 지난 후에 무효심결이 확정되면 정당한 권리자가 보호받지 못하는 문제점을 해결하기 위하여 등록공고 후 2년의 요건을 삭제하고, 무권리자의 특허를 무효로 한다는 심결이 확정된 날부터 30일까지만 정당한 권리자가 출원을 하면 정당한 권리자의 특허 출원시기가 소급되도록 함으로써 정당한 권리자의 보호를 강화하였다.

03 특허권이전등록청구의 허용

대법원 2014. 5. 16. 선고 2012다11310 판결[1]

강경태(변호사, 전 서울고등법원 고법판사)

1. 사안의 개요

원고 회사는 1개의 휴대폰 단말기에 2개 이상의 전화번호를 부여하여 사용할 수 있는 '투폰 서비스' 시스템을 개발한 후, 2007. 1. 22. '투폰 서비스'에 관하여 특허출원을 하였고, 보정절차 등을 거쳐 2008. 6. 18. '다중 번호 휴대폰의 멀티유저 인터페이스 지원 방법'이라는 명칭으로 특허등록을 마쳤다. 피고 회사는 2008. 3. 6. '다중번호 서비스를 위한 다중 인터페이스를 갖는 이동통신단말기 및 그 제어방법'이란 발명에 관하여 특허등록을 마쳤다(피고 회사의 등록특허를 이하 '이 사건 특허'라 한다).

원고는, 이 사건 특허발명이 원래 원고 회사의 직원이 발명한 것으로서 원고 회사가 출원할 권리를 가지고 있는데, 원고 회사가 피고에게 위 발명을 기초로 한 사업을 제안하면서 발명의 내용을 알려준 것을 기화로 피고가 무단으로 출원하여 특허등록결정을 받은 것인바, 피고 회사는 법률상 원인 없이 원고 회사가 취득해야 할 이 사건 특허권을 취득함으로써 부당한 이득을 얻었으므로 원고에게 이 사건 특허권을 반환(이전등록)하여야 할 의무가 있다고 주장하며, 이 사건 특허에 대한 이전등록절차의 이행을 구하는 소송을 제기하였다.

---

1) [참조 및 관련 판례] 대법원 2004. 1. 16. 선고 2003다47218 판결.
   [관련 평석 및 문헌] 강기중, "무권리자의 특허출원에 의하여 등록된 특허권에 대한 이전등록청구의 허용 여부", 정보법 판례백선(Ⅰ), 박영사, 2004; 강기중, "무권리자의 특허출원(모인출원)과 정당한 권리자의 보호", 법조 제53권 제5호(572호), 법조협회, 2004; 조영선, "모인출원의 법률관계", 특허판례연구, 한국특허법학회, 2009.

2. 판결의 요지

발명을 한 자 또는 그 승계인은 특허법에서 정하는 바에 의하여 특허를 받을 수 있는 권리를 가진다(특허법 제33조 제1항 본문). 만일 이러한 정당한 권리자 아닌 자가 한 특허출원에 대하여 특허권의 설정등록이 이루어지면 특허무효사유에 해당하고(특허법 제133조 제1항 제2호), 그러한 사유로 특허를 무효로 한다는 심결이 확정된 경우 정당한 권리자는 그 특허의 등록공고가 있는 날부터 2년 이내와 심결이 확정된 날부터 30일 이내라는 기간 내에 특허출원을 함으로써 그 특허의 출원 시에 특허출원한 것으로 간주되어 구제받을 수 있다(특허법 제35조). 이처럼 특허법이 선출원주의의 일정한 예외를 인정하여 정당한 권리자를 보호하고 있는 취지에 비추어 보면, 정당한 권리자로부터 특허를 받을 수 있는 권리를 승계받은 바 없는 무권리자의 특허출원에 따라 특허권의 설정등록이 이루어졌더라도, 특허법이 정한 위와 같은 절차에 의하여 구제받을 수 있는 정당한 권리자로서는 특허법상의 구제절차에 따르지 아니하고 무권리자에 대하여 직접 특허권의 이전등록을 구할 수는 없다고 할 것이다.

3. 해설

가. 모인출원[2)]의 유형과 구제방법

(1) 모인출원의 유형

모인출원은, ① 처음부터 특허출원할 정당한 권리를 가진 발명자 또는 그 승계인(이하 '정당한 권리자'라 한다)이 아닌 무권리자가 무단으로 특허출원한 경우, ② 정당한 권리자의 출원 이후에 제3자가 무단으로 출원인 명의변경을 한 경우, ③ 정당한 권리자와 승계인 사이의 특허를 출원할 권리 또는 출원인의 지위에 관한 계약관계에 하자가 있어 결과적으로 무권리자에 의한 출원으로 되는 경우로 크게 나누어 볼 수 있다. 이러한 모인출원의 상황이 발생한 경우, 모인출원을 특허법적으로 어떻게 취급할 것인지와 정당한 권리자를 어떻게 보호할 것인지의 문제가 발생한다.

---

2) 이른바 '모인출원'은 특허출원을 할 수 있는 정당한 권리자(발명자 또는 그 승계인)가 아닌 무권리자가 특허출원을 하거나, 특허출원인이 무권리자로 된 경우를 의미하는 것으로서, "모인(冒認)"은 원래 일본의 형법에서 유래된 '횡령'을 의미하는 것이나, 일본 1921년 특허법에서 특허를 받을 권리의 승계인이 아닌 자 또는 특허를 받을 권리를 모인한 자에 의하여 출원된 경우를 규정하면서 사용되었다고 한다(강기중, 주1의 논문 참조). 한편, 공동발명 등의 경우 공동출원의 요건을 결한 경우도 마찬가지의 문제가 발생하므로 동일한 선상에서 논의되는 것이 보통이다.

(2) 모인출원의 특허법적 취급

특허출원에 대한 심사는 특허받고자 하는 발명이 신규성, 진보성, 기재불비 등 특허법적 요건을 갖추었는지에 관한 객관적 요건뿐만 아니라, 특허출원을 할 수 있는 정당한 권리자에 의한 출원인지 여부에 관한 주관적 요건에 대하여도 이루어지는바, 모인출원은 적법한 출원요건을 갖추지 못한 것으로서 심사단계에서는 거절이유가 된다(특허법 제62조 제2호, 제33조 제1항). 모인출원에 해당하는지는 발명의 동일성, 발명에 대한 기여 등 기술적 사항에 관한 판단도 필요하지만, 특허출원할 권리의 양도, 상속 등 승계효력 여부 등 순수한 민사법적 판단도 필요할 뿐만 아니라, 출원 단계에서 문제되는 경우는 드물기 때문에 모인출원임을 이유로 거절결정되는 경우는 흔하지 않다고 한다.

모인출원이 심사를 통과하여 특허로 등록되었다 하더라도 그 특허는 무효사유를 가진 것이므로, 심사관, 정당한 권리자뿐만 아니라 특허발명의 존속에 관하여 이해관계가 있는 자는 무효심판을 청구하여 그 특허등록을 무효로 할 수 있다(특허법 제133조 제1항 제2호).

(3) 모인출원에 관한 정당한 권리자의 보호

모인출원이 제62조 제2호의 규정에 의하여 거절된 경우, 정당한 권리자가 모인출원으로 특허를 받지 못하게 된 날부터 30일을 경과하기 전에 동일한 발명에 관하여 특허출원한 때에는 정당한 권리자의 특허출원일이 무권리자의 특허출원일로 소급한다(특허법 제34조). 또한, 모인출원임을 이유로 특허취소결정이 확정된 경우 또는 특허를 무효로 한다는 심결이 확정된 경우에도, 취소결정 또는 심결 확정일로부터 30일 이내인 한, 그 출원일이 모인출원의 출원일로 소급한다(특허법 제35조). 한편, 모인출원은 동일한 발명에 대한 정당한 권리자의 출원에 대하여 선원으로서의 지위를 가지지 못하고(특허법 제36조 제5항), 만일 모인출원에 의하여 발명의 내용이 공지되고 그것이 정당한 권리자의 의사에 반한 것이라고 인정되면 정당한 권리자가 12개월 이내에 특허출원을 하면 공지되지 아니한 발명으로 인정된다(특허법 제30조 제1항 제2호).[3]

위와 같이 특허법이 정당한 권리자의 출원에 대하여 모인출원의 선원으로서의 지위를 배제하고, 정당한 권리자의 출원일을 소급하도록 규정한 것은, 모인출원에 의하여 정당한 권리자의 특허출원이 잠탈됨으로써 정당한 권리자가 특허등록 받을 수 있는 권리를 상실하지 않도록 하기 위한 것이다. 그러나 정당한 권리자 스스로 특허출원을 하여야 하고, 일정한 기간제한이 있으며, 모인출원 이후에 동일한 발명에 대한 기술이 공지되었고 그 공지일 이후

---

3) 의사에 반한 출원공개에 대한 유예기간은 원래 6개월이었다가 2011. 12. 2. 법률 제11117호로 개정되면서 12개월로 확장되었다.

에 정당한 권리자가 특허출원을 하였는데 모인출원이 거절되지 않은 상태에서 그 출원자체가 무효 또는 취하되면, 정당한 권리자에 의한 출원일이 소급되지 않기 때문에 모인출원일과 정당한 권리자의 출원일 사이에 공지된 선행기술이나 제3자의 특허출원으로 인하여 특허를 받지 못하게 될 가능성이 있는 등 정당한 권리자의 보호로는 한계가 있다.[4]

(4) 모인출원으로 취득한 법적 이익의 이전

모인출원으로부터 정당한 권리자를 보다 직접적으로 보호하는 방법으로는, 모인출원인이 취득한 출원인의 지위 또는 등록특허권을 직접 정당한 권리자가 이전받을 수 있도록 하는 것이다. 그러나 발명자가 가지는 권리는 '특허출원할 수 있는 권리'에 불과하고 특허권 자체는 아니다. 발명의 사상은 동일하다고 하더라도, 어떠한 카테고리로 청구할 것인지, 청구항의 구성을 어떻게 할 것인지, 독립항과 종속항의 관계는 어떻게 설정할 것인지, 발명의 상세한 설명은 어떻게 작성할 것인지에 따라 등록된 특허권이 가지는 권리범위에는 큰 차이가 있을 수 있고, 출원에 따른 심사의 과정에서 제시되는 선행기술 및 거절이유에 대응하여 보정, 분할 등을 통해 특허의 모습이 상당히 달라질 수 있다. 이러한 심사과정을 통해 등록된 특허가 과연 정당한 권리자가 상실한 권리와 동일성을 가진다고 할 수 있는지, 또한 새롭고 진보한 발명을 한 발명자라 하더라도, 자신의 선택에 따라 특허출원을 할 수도 있고 이를 영업비밀로 유지할 수도 있으므로, 반드시 발명자가 특허출원을 할 것이라는 전제에서 논의할 수 있는지 의문을 제기할 수 있다.

한편, 정당한 권리자로서는, 모인출원이 없었더라면 특허출원을 하여 특허권을 취득할 수도 있었음에도, 자신도 모르는 사이에 아무런 과실 없이 모인출원으로 인하여 발명이 공개되어 스스로 특허권을 취득할 수도 없을 뿐만 아니라(출원일이 소급되는 일정한 경우를 제외하고), 모인출원인이 가지는 법적 지위를 이전받지도 못하게 된다면 이 또한 불합리할 것이다. 따라서 위와 같은 이론적인 문제점과 현실적인 필요성을 조화할 수 있는 방법이 필요하다.

나. 출원인 명의 변경의 허용

(1) 정당한 권리자가 특허출원을 한 이후 사정에 따라 모인출원이 된 경우, 정당한 권리자가 무권리자를 상대로 출원인 명의변경절차의 이행을 명하는 판결을 받아 단독으로 출원인 명의변경 신고를 할 수 있다는 견해가 있다.[5] 처음부터 무권리자가 출원한 경우와 같

---

4) 강기중, "무권리자의 특허출원(모인출원)과 정당한 권리자의 보호"(주 1), 20면; 조영선, "모인출원의 법률관계"(주 1), 319면.
5) 강기중, "무권리자의 특허출원(모인출원)과 정당한 권리자의 보호"(주 1), 23면; 조영선, "모인출원의 법률관계"(주 1), 321면.

은 불합리한 문제가 없고, 모인출원을 둘러싼 당사자 사이의 분쟁을 1회적으로 해결할 수 있는 장점이 있다.

아직 이에 관한 대법원 판례는 없으나, 아래의 대법원 2003다47218 판결과 같이, 정당한 권리자의 출원 후 모인출원 상황이 발생하였다가 특허가 등록된 사안에서 부당이득으로 특허권이전등록청구를 인정한 입장에 따른다면, 출원인 명의변경 역시 허용될 것으로 보인다.

일본의 경우는 학설, 판례 모두 정당한 권리자가 자신이 특허를 받을 수 있는 권리를 갖는다는 취지의 확인판결을 받아 출원인 명의변경 신청서에 첨부하여 명의변경하는 것을 허용하고 있다.[6]

(2) 출원 당시부터 무자격자가 특허출원을 한 경우에는, 권리회복방법으로서는 과도한 측면이 있고, 모인출원은 무효임에도 유효한 것처럼 취급하여 명의변경을 허용하는 것은 문제지만, 달리 정당한 권리자를 구제할 방법이 없다는 점에서 이를 허용해야 한다는 견해가 있다.[7] 일본에서도 이와 같이 취급하는 것이 통설, 판례이다.[8]

다. 특허권이전등록의 허용

(1) 정당한 권리자가 출원한 경우

정당한 권리자가 출원하였지만 승계 등의 문제로 무권리자 명의로 특허등록된 것은 전적으로 권리관계의 법률적 고장(故障)으로서, 이를 바로잡기 위해 '특허의 등록무효 및 정당한 권리자의 재출원'이라는 우회적인 방법을 택하는 대신 '정당한 권리자에게로 등록명의 이전'을 명함이 보다 간명한 해결책이므로, 정당한 권리자 명의로 출원된 발명과 실제로 특허등록된 발명 사이에 동일성이 인정되는 것을 전제로 특허명의를 정당한 권리자 앞으로 이전하도록 명하는 것이 가능하며, 경우에 따라 이전등록을 받은 정당한 권리자는 등록특허의 가치 중 모인출원자의 노력에 기인한 부분에 대한 대가를 반환해야 하는 경우도 있다는 견해가 있다.[9] 또한, 최초의 특허출원은 정당한 권리자에 의하여 행하여진 것이므로, 비록 특허결정 당시의 출원인 명의가 무권리자였다고 하더라도, 정당한 권리자 명의로 특허권이전등록이 된다면 실체 권리관계에 부합하게 되므로, 특허권 이전등록을 청구함에 있어서는 그 특허권을 유효한 것으로 취급하더라도 제3자들에게 예측하지 않았던 불이익을 주는 것이 아니라 정당

6) 中山信弘편, 注解特許法(제3판), 상권, 322면.
7) 강기중, "무권리자의 특허출원(모인출원)과 정당한 권리자의 보호"(주 1), 26면.
8) 진정한 권리자는 특허받을 권리를 가진다는 점에 관한 확인소송을 제기하여 인용판결을 받은 후 단독으로 출원인명의를 변경할 수 있다. 竹田稔監修, 特許審査・審判の法理と課題, 社團法人發明協會(2002), 516면; 東京地判 昭和 38. 6. 5. 下民集 14권 6호, 1074면〔自動連続給粉機事件〕, 方式審査便覧 45.25면
9) 조영선, "모인출원의 법률관계"(주 1), 323면

한 발명자의 보호에 충실한 것이므로, 이전등록을 허용하여야 한다는 견해도 있다.[10]

대법원은 2004. 1. 16. 선고 2003다47218 판결을 통해 부당이득반환의 법리로써 특허권 이전등록을 인정함으로써 문제를 해결하였다.[11]

일본에서는, 모인출원과 정당한 권리자 사이의 합의가 없는 한 비록 정당한 권리자가 출원한 후에 모인출원 상황이 발생하였다 하더라도, 등록된 특허권의 이전청구를 인정하는데 다수설은 부정적이었다. 그러나 최고재판소는 2001. 6. 12. 종래의 다수설인 부정설과 달리 정당한 권리자에게 특허권 이전을 허용하는 판결을 하였다.[12]

(2) 모인출원의 경우

1) 유럽 및 미국

처음부터 무권리자가 특허출원하여 특허가 등록된 경우에 관하여, 독일 특허법 제8조는 무권리자에 의한 출원이 이미 특허를 받은 경우에는 정당한 권리자는 특허 부여의 공표 후 2년 사이에 한하여 권리양도를 청구할 수 있고(다만, 명의인이 특허 취득 당시 선의가 아니었을 경우에는 그 기간제한이 없다), 프랑스 지적재산권법 L611-8은 권리부여 공고 후 3년 사이에 한하여 정당한 권리자가 소유권을 주장할 수 있으며(다만, 정당한 권리자가 권리소유자의 부실을 증명하는 경우에는 출소제한은 3년으로 된다), 영국 특허법 제37조 제9항은 특허를 부여하는 처분 후 2년 사이에 한하여 소구할 수 있다(다만 명의인이 악의였다는 것이 명백한 경우에는 그 기간제한은 없다)고 각 규정함으로써 정당한 권리자가 무권리자의 출원으로 등록된 특허권을 이전받을 수 있도록 규정하고 있다.[13] 미국은 모인출원에 대한 구제책으로 이전청구권을 인정하는 명문의 규정은 없지만 법원이 형평법상 진정한 권리자의 구제수단으로서 특허등록 명의의 이전을 명할 수 있다고 한 판례들이 상당수 존재한다.[14]

2) 일본

일본에서는 종래에 긍정설로서, 특허를 받을 수 있는 권리를 당해 발명에 관하여 '배타적으로 특허를 받는 기대권'으로 구성하여 특허권의 반환청구를 인정하는 견해, 출원권의 배

---

10) 강기중, "무권리자의 특허출원(모인출원)과 정당한 권리자의 보호"(주 1), 41면.

11) "양도인이 특허 또는 실용신안(이하 '특허 등'이라 한다)을 등록출원한 후 출원중인 특허 등을 받을 수 있는 권리를 양수인에게 양도하고, 그에 따라 양수인 명의로 출원명의변경이 이루어져 양수인이 특허권 또는 실용신안권(이하 '특허권 등'이라 한다)의 설정등록을 받은 경우에 있어서 그 양도계약이 무효나 취소 등의 사유로 효력을 상실하게 되는 때에 그 특허 등을 받을 수 있는 권리와 설정등록이 이루어진 특허권 등의 동일한 발명 또는 고안에 관한 것이라면 그 양도계약에 의하여 양도인은 재산적 이익인 특허 등을 받을 수 있는 권리를 잃게 됨에 대하여 양수인은 법률상 원인 없이 특허권 등을 얻게 되는 이익을 얻었다고 할 수 있으므로, 양도인은 양수인에 대하여 특허권 등에 관하여 이전등록을 청구할 수 있다."

12) 일본 최고재판소 平成 13. 6. 12. 민집 55권 4호, 793면(생고무처리장치 사건).

13) 강기중, "무권리자의 특허출원(모인출원)과 정당한 권리자의 보호"(주 1), 27면.

14) 조영선, "모인출원의 법률관계"(주 1), 320면.

타효를 근거로 방해배제청구로서 반환청구권을 구성하는 견해, 모인을 준사무관리로 구성하여 관리자의 인도의무를 근거로 특허권의 인도를 긍정하는 견해, 준점유의 개념을 이용하여 점유회수의 소의 규정을 유추 적용하는 견해, 부당이득반환으로 보는 견해 등이 있었다. 이에 반하여 부정설은, 무권리자가 받은 등록특허는 무효사유가 있을 뿐만 아니라 특허출원조차 하지 않은 정당한 권리자가 권리를 주장할 수 없다는 점, 정당한 권리자가 가지는 특허받을 수 있는 권리와 등록특허권은 동일성을 인정할 수 없다는 점, 특허등록을 받기까지 모인출원자가 기여한 부분을 당연히 정당한 권리자에게 귀속시킬 수 없다는 점 등을 이유로, 해석론으로서는 정당한 권리자에게 특허권의 이전등록청구권을 인정할 수 없다는 입장이었다.[15] 하급심 판례로서 부정설을 따른 것이 있었다.[16]

　　그러나 복수의 기업이나 대학 등이 공동하여 기술개발이나 제품개발을 하는 경우가 점차 많아져 모인출원의 사례가 자주 발생함에도, 우리 특허법과는 달리 출원일 소급규정이 없는 특허법의 규정만으로는 정당한 권리자의 피해를 구제하는 데 한계가 있다는 인식에 따라, 2011년 특허법을 개정하여(2012. 4. 1.부터 시행), 진정한 권리자가 스스로 출원하였는지를 가리지 않고 모인출원 등에 의한 특허권의 특허권자에 대하여 그 특허권의 이전을 청구할 수 있는 제도를 도입하였다.

3) 우리나라

　　우리나라 학설로는, 특허법의 해석론으로서 특허권이전등록은 원칙상 허용될 수 없다는 견해가 있다.[17] 발명이 특허청의 심사를 거쳐 특허등록에 이르면 특허명의자는 정당한 법률상 권리자로 추정되는바, 스스로 출원을 하거나 등록을 받은 바도 없는 제3자가 뒤늦게 자신이 정당한 권리자라고 주장하면서 특허등록 명의를 자신 앞으로 변경해 달라는 청구를 받아들인다면, 실질적으로 법원이 발명에 대한 새로운 특허부여를 하는 것이 되어, 특허의 심사와 부여에 법원과 특허청의 권한을 분장한 법 취지에 반하고, 특허법이 모인출원을 독립한 등록무효의 사유로 삼고 있는 취지를 몰각시키며, 또한, 정당한 권리자가 창출한 '원초적 정보'인 발명의 실체와 실제로 출원을 거쳐 권리화한 특허발명 사이에는 대상성(代償性)을 인정할 정도의 동일성이 상실된 경우도 많아 섣불리 '부당이득반환'이라는 명분 아래 이를 정당한 권리자에게 그대로 이전시키는 것은 합당치 않은 경우가 많다는 점을 근거로 한다.[18] 우리나라

---

15) 강기중, "무권리자의 특허출원(모인출원)과 정당한 권리자의 보호"(주 1), 32면.
16) 동경지재 2002. 7. 17. 선고 평13(ワ) 제13678호, 판례タイムズ, 1107호(2003. 2. 1.), 291면.
17) 조영선, "모인출원의 법률관계"(주 1), 322면.
18) 그러나 위 견해는 예외적으로, 공동발명자 중 일부가 누락된 경우에는 최초의 공동발명과 실제 등록된 발명 사이의 동일성이 인정됨을 전제로, 출원 과정에서의 A가 누락된 경위, A가 사후적으로 절차에 무임승차 하는 정도 등 제반사정을 고려하여 특허권 지분이전을 허용하는 것이 타당하다고 한다(조영선, "모인출원의 법률관계"(주 1), 323면).

하급심 판례 중에는 위 부정설을 따른 것이 있다.[19]

이에 반하여, 발명자가 특허권을 획득하기 위해서는 특허출원을 하여야 함이 당연하기는 하지만, 발명자가 어떤 발명을 한 다음 이를 다시 개량하여 특허를 받고자 그 발명에 대하여 특허출원을 보류할 수도 있는 것이므로, 특허출원을 하지 않았다는 사정을 들어 특허권이전등록을 허용하지 않는 것은, 발명자에게 지나친 책임을 지우는 것이며, 특허권에 이해관계가 있는 제3자들의 입장에서 보더라도, 누가 특허권자가 되든지 별다른 차이가 없으므로 특허출원의 유무라는 우연한 사정에 따라 특허를 받을 수 있는 권리의 보호범위가 달라진다고 하는 것은 곤란하다는 것을 이유로, 긍정설을 취하는 견해도 있다.[20]

4. 판결의 의의

대상판결은, 정당한 권리자가 출원하였다가 모인출원상태에서 등록된 특허권에 대하여 이전등록청구권을 인정한 대법원 2003다47218 판결에 이어, 무권리자에 의하여 출원되어 등록된 특허권에 대하여 정당한 권리자가 이전등록청구를 할 수 있는지에 관하여, 특허법이 예정하고 있지 않은 구제방법이므로 특허법의 해석론으로서는 허용되지 않는다는 점을 분명히 하였다. 그동안 이에 관한 대법원의 명확한 판단이 없어 여러 가지 논란이 있었으나 대상판결로써 대법원의 분명한 입장을 확인하였다는 점에 의의가 있다.

그러나 2016. 2. 4. 특허권이전청구를 허용하는 특허법 개정안이 국회를 통과하였다. 즉, 정당한 권리자는 법원에 모인출원에 의하여 등록된 특허권(공유인 경우 그 지분)의 이전을 청구할 수 있고, 특허권이 이전등록된 경우에는 특허권, 제65조 제2항 및 제207조 제4항에 따른 보상금 지급 청구권은 특허권이 설정등록된 날부터 이전등록을 받은 자에게 있는 것으로 간주되며, 공유지분을 이전하는 경우 다른 공유자의 동의를 받지 않아도 가능하도록 한 것이다(특허법 제99조의2). 또한, 이전청구권 행사에 의한 특허권의 이전등록이 행해지기 전에, 특허가 모인 등에 해당하는 것을 모르고 발명의 실시인 사업 또는 그 사업의 준비를 하고 있는 전용실시권자 또는 통상실시권자는 그 실시 또는 준비를 하고 있던 발명 또는 사업의 목적 범위 내에서 통상실시권을 가지는 것으로 하고, 한편 진정한 권리자는 당해 통상실시권자로부터 상당한 대가를 받을 권리를 가지는 것으로 규정하였다(특허법 제103조의2).[21] 위와 같은 특허법의 개정에 따라 이제 우리나라도 모인출원으로부터 정당한 권리자를 보다 직접적으로 보호할 수 있게 되었다.

---

19) 서울지방법원 2003. 7. 25. 선고 2002가합73213 판결.
20) 강기중, "무권리자의 특허출원(모인출원)과 정당한 권리자의 보호"(주 1), 46면.
21) 이는 일본의 개정 특허법 제79조의2와 동일한 것이다.

04 공유 특허권에 대한 분할청구권 인정 여부 및 그 분할방법

대법원 2014. 8. 20. 선고 2013다41578 판결[1]

염호준(광주지방법원 부장판사)

1. 사안의 개요

피고들(상고인)은 망인과 함께 이 사건 각 특허권 및 디자인권(이하 '이 사건 특허권 등'이라 한다)을 공유하고 있었는데, 망인의 사망으로 원고(피상고인)가 망인의 이 사건 특허권 등 공유지분을 상속 취득하였다. 원고는 이 사건 특허권 등에 대하여 경매에 의한 대금분할을 청구하였고, 제1심 및 항소심은 원고의 청구를 인용하였다.

2. 판결의 요지

가. 원심판결(창원지방법원 2013. 5. 9. 선고 2012나2197 판결)

공유인 특허권 등의 분할을 금지하는 법률규정이 없는 점, 우리 민법은 소유권의 공동소유의 형태로서 공유, 합유, 총유에 관하여 규정하고 이를 다른 재산권에도 준용하고 있는 점, 특허권 등도 환가 가능한 재산권인 점, 특허권 등의 등록령 제26조 제2항에 '등록권리자가 둘 이상인 경우에는 민법 제268조 제1항 단서에 따른 약정(공유물 분할금지 약정)이 있을 때에는 등록신청서에 그 약정을 적을 수 있다'는 취지의 규정이 있는데, 이는 특허권 등의 분할을 전제로 하고 있다고 해석되는 점 등에 비추어 보면, 공유인 특허권 등의 분할이 법률

---

1) [참조 및 관련 판례] 대법원 1999. 3. 26. 선고 97다41295 판결; 대법원 2004. 12. 9. 선고 2002후567 판결 등.
[관련 평석 및 문헌] 장낙원, "특허권 등의 공유자에게 분할청구권이 인정되는지 여부", 대법원 판례해설 제102호(2014년 하), 법원도서관, 2014; 한지영, "공유 특허의 분할청구에 관한 비교법적 고찰", 산업재산권 제47호, 한국산업재산권법학회, 2015; 김지수, "공유 특허의 공유물분할청구권 인정 여부", 2014 TOP10 특허판례 세미나, 한국특허법학회 2015 등.

상 또는 성질상 금지된다고 할 수 없다.

이 사건 특허권 등의 분할방법에 관하여 보건대, 공유물의 원칙적인 분할방법은 현물분할이라 할 것이나, 현물분할이 불가능한 경우 민법이 예정하고 있는 분할방법은 경매에 의한 대금분할인바(민법 제269조 제2항), 특허권 등은 그 객체의 무체성으로 인하여 현물분할이 불가능하므로 공유인 특허권 등은 그 성질상 현물로 분할할 수 없는 경우에 해당하여 이 사건 특허권 등의 분할방법은 경매에 의한 대금분할로 함이 상당하다.

나. 대법원판결

특허권이 공유인 경우에 각 공유자는 다른 공유자의 동의를 얻지 아니하면 그 지분을 양도하거나 그 지분을 목적으로 하는 질권을 설정할 수 없고 또한 그 특허권에 대하여 전용실시권을 설정하거나 통상실시권을 허락할 수 없는 등[특허법(2014. 6. 11. 법률 12753호로 개정되기 전의 것. 이하 같다) 제99조 제2항, 제4항 참조] 그 권리의 행사에 일정한 제약을 받아 그 범위에서는 합유와 유사한 성질을 가진다. 그러나 일반적으로는 특허권의 공유자들이 반드시 공동 목적이나 동업관계를 기초로 조합체를 형성하여 특허권을 보유한다고 볼 수 없을 뿐만 아니라 특허법에 특허권의 공유를 합유관계로 본다는 등의 명문의 규정도 없는 이상, 특허법의 다른 규정이나 특허의 본질에 반하지 아니하는 등의 특별한 사정이 없는 한 공유에 관한 민법의 일반규정이 특허권의 공유에도 적용된다고 할 것이다(상표권의 공유에 관한 대법원 2004. 12. 9. 선고 2002후567 판결 등 참조).

그런데 앞에서 본 특허법 제99조 제2항 및 제4항의 규정 취지는, 공유자 외의 제3자가 특허권 지분을 양도받거나 그에 관한 실시권을 설정받을 경우 그 제3자가 투입하는 자본의 규모·기술 및 능력 등에 따라 그 경제적 효과가 현저하게 달라지게 되어 다른 공유자 지분의 경제적 가치에도 상당한 변동을 가져올 수 있는 특허권의 공유관계의 특수성을 고려하여, 다른 공유자의 동의 없는 지분의 양도 및 실시권 설정 등을 금지한다는 데에 있다. 그렇다면 특허권의 공유자 상호간에 이해관계가 대립되는 경우 등에 그 공유관계를 해소하기 위한 수단으로서 각 공유자에게 민법상의 공유물분할청구권을 인정하더라도 공유자 이외의 제3자에 의하여 다른 공유자 지분의 경제적 가치에 위와 같은 변동이 발생한다고 보기 어려워서 위 특허법 제99조 제2항 및 제4항에 반하지 아니하고, 달리 분할청구를 금지하는 특허법 규정도 없으므로, 특허권의 공유관계에 민법상 공유물분할청구에 관한 규정이 적용될 수 있다. 다만 특허권은 발명실시에 대한 독점권으로서 그 대상은 형체가 없을 뿐만 아니라 각 공유자에게 특허권을 부여하는 방식의 현물분할을 인정하면 하나의 특허권이 사실상 내용이 동일한 복수의 특허권으로 증가하는 부당한 결과를 초래하게 되므로, 특허권의 성질상 그러한 현물분할은 허용되지 아니한다고 봄이 상당하다.

　　이러한 법리에 비추어 보면, 원심이 이 사건 특허권 등의 공유자인 원고의 분할청구를 받아들여, 이 사건 특허권 등에 대하여 경매에 의한 대금분할을 명한 것은 정당하다. 거기에 상고이유의 주장과 같이 특허권 등의 공유자의 분할청구에 관한 법리를 오해하는 등의 위법이 있다고 할 수 없다.

3. 해설

가. 특허권의 공동소유관계의 법적 성질

(1) 합유설

　　특허권의 공유자들이 반드시 공동목적이나 동업관계를 기초로 조합체를 형성하여 특허권을 소유하는 것은 아니지만, 특허권의 공유자의 행위가 조합체에 준하는 정도로 제한되어 있어서 민법상의 합유에 준하는 성질을 가진다거나,[2] 특허법 제37조, 제44조, 제99조를 근거로 민법상 합유 또는 합유에 가까운 성질을 가진다는 견해이다.[3]

(2) 공유설

　　공동발명을 통하여 원시적으로 특허권을 공동취득하였다는 사정만으로 공동발명자 사이에 조합 혹은 이와 유사한 신뢰관계나 인적 결합이 성립한다고 볼 수 없고, 공동발명이 아닌 지분의 양도나 강제집행, 상속, 회사의 합병 등에 의해 특허권의 공동소유관계에 놓인 당사자 사이에 그러한 인적 결합을 의제하기 어려우며, 오히려 공동소유자들이 조합이라는 특수한 단체관계에 있지 않는 이상 민법의 원칙으로 돌아가 그 공동소유의 본질은 '공유'라고 봄이 마땅하다거나,[4] 공동소유물에 대해 공유나 합유를 결정하는 것은 공동소유자간의 인적 결합이 어떤 관계인가를 살펴야 하는 것이 우선인데, 공유 특허권자 사이에 반드시 공동의 목표를 가진 조합관계가 있다고 보는 것은 경험적으로 맞지 않을 뿐만 아니라, 오히려 특허법 제99조 제3항은 각 공유자가 각자 특허발명을 실시할 권리가 있다고 규정함으로써 공유 특허권자 사이는 경쟁관계에 있을 수도 있음을 명시하고 있으므로 특허권의 공동소유는 합유보다 공유로 보아야 할 것이라는 견해,[5] 공동특허권의 법적 성질은 공유에 해당하며, 단지 특허권의 특수성으로 인하여 합유적 성질을 요하는 경우에 한하여 특허법에 별도의 특별

2) 정상조·박성수 공편, 특허법주해 I, 박영사, 2010, 1225면(박정희 집필부분).
3) 이상경, 지적재산권소송법, 육법사, 1998, 66면.
4) 조영선, "특허권 공유의 법률관계", 법조 제654호, 법조협회, 2011, 66면.
5) 김지수, "공유 특허의 공유물분할청구권 인정 여부"(주 1), 34면.

규정을 두고 있다거나,6) 특허권의 공유관계의 법적 성격은 민법상의 공유에 준하며(준공유), 특허권의 특성을 반영한 특허법 제99조가 적용되는 외에 민법의 공유에 관한 규정이 유추적용된다는 견해7)가 이에 해당하며, 현재의 다수설이라고 할 수 있다.

(3) 절충설

특허권의 공유는 공유의 성격과 합유의 성격을 공유하고 있으므로 사안에 따라 합목적적으로 해당 쟁점을 해석하여야 한다거나,8) 특허권을 공동소유하는 경우 그 성질은 합유적 성질과 공유적 성질을 함께 가지는 특허법상 특유의 공동소유 형태로 보아야 할 것이라는 견해9) 및 특허권의 '공유'의 의미는 특허권의 '준공동소유'를 의미하고 특허권이 특별한 인적 결합 없이 수인에게 귀속한 경우에는 준공유, 합수적 조합재산에 귀속한 경우에는 준합유, 법인격 없는 사단에 속한 경우에는 준총유라는 견해10)는 절충설에 해당한다고 볼 수 있다.

(4) 판례

대법원은 종래 특허권이 공유인 경우에 각 공유자는 타 공유자의 동의없이 그 지분을 양도 또는 그 지분을 목적으로 하는 질권을 설정할 수 없으며 그 특허권에 대하여 전용실시권 또는 통상실시권을 허여할 수 없다고 규정하고 있으므로 특허권의 공유관계는 민법 제273조에 규정된 합유에 준하는 것이라고 판시하여 왔다.11)

그러나 상표권에 관한 사안에서 대법원은, 상표권이 공유인 경우에 각 공유자는 다른 공유자의 동의를 얻지 아니하면 그 지분을 양도하거나 그 지분을 목적으로 하는 질권을 설정할 수 없고 그 상표권에 대하여 전용사용권 또는 통상사용권을 설정할 수도 없는 등 일정한 제약을 받아 그 범위에서 합유와 유사한 성질을 가지지만, 이러한 제약은 상표권이 무체재산권인 특수성에서 유래한 것으로 보일 뿐이고, 상표권의 공유자들이 반드시 공동목적이나 동업관계를 기초로 조합체를 형성하여 상표권을 소유한다고 볼 수 없을 뿐만 아니라 상표법에 상표권의 공유를 합유관계로 본다는 명문의 규정도 없는 이상, 상표권의 공유에도 상표법의 다른 규정이나 그 본질에 반하지 아니하는 범위 내에서는 민법상의 공유의 규정이 적용될 수 있다고 판시하였다.12)

---

6) 최영덕, "특허권의 공동소유에 관한 법률관계", 비교사법 제14권 제3호(상), 한국비교사법학회, 2007, 648면.
7) 김현호, "특허권의 공유, 이전", 발명특허 제34권 제4호, 한국발명진흥회, 2009, 55면.
8) 정차호, "공동발명자 결정방법 및 관련 권리의 연구", 특허소송연구 제3집, 특허법원, 2005, 148면.
9) 강신하, "특허권 공유", 중앙법학 제11집 3호, 중앙법학회, 2009, 448면.
10) 김기현, "특허권의 준공동소유", 창작과 권리 제22호, 세창출판사, 2001, 35면.
11) 대법원 1999. 3. 26. 선고 97다41295 판결; 대법원 1987. 12. 8. 선고 87후111 판결; 대법원 1982. 6. 22. 선고 81후43 판결 등 참조.
12) 대법원 2004. 12. 9. 선고 2002후567 판결.

나. 공유 특허권에 대한 분할청구권 인정 여부

(1) 부정설

만약 분할청구권을 인정하게 되면 그 분할청구권의 행사에 따라 같은 날 출원한 동일한 발명이 여러 개 존재하게 되어 특허법 제36조 제2항[13] 위반 여부가 문제되고, 특허권의 공유관계에 따른 여러 제한을 분할청구권의 행사에 의하여 벗어날 수 있게 되는 등의 특허법에서 당초 예정할 수 없었던 곤란한 문제를 발생시키므로, 특허권의 지분에 대한 분할청구권을 인정하여서는 아니 된다는 견해이다.[14]

(2) 긍정설

다수설은 특허 공유의 본질을 민법상 공유로 보는 이상, 각 공유자는 자신의 지분에 대한 분할청구권을 가짐은 당연하다거나,[15] 특허등록령 제29조 제2항[16]은 등록권리자가 2인 이상인 경우 민법 제268조 제1항 단서[17]에 의한 약정이 있을 때에는 등록신청서에 이를 기재할 수 있다고 규정하고 있는데, 이 규정은 분할이 가능한 것을 전제로 하고 있는 것이라거나,[18] 공유자 상호간에 이해관계가 대립될 경우 그 공유관계를 해소하기 위한 수단으로서 특허권의 각 공유자에게 민법상 인정되는 공유물분할청구권을 인정하여도 공유자 외의 제3자에 의하여 다른 공유자 지분의 경제적 가치에 어떠한 변동을 가져오지도 아니한다거나,[19] 투하자본을 회수하려는 공유자는 다른 공유자가 동의하지 않으면 지분을 양도할 수 없는데, 공유물분할도 인정되지 않는다면 투하자본을 회수할 방법이 없다는[20] 등의 이유로 특허권의 분할청구가 가능한 것으로 보고 있다.

---

13) 제36조(선출원)
   ② 동일한 발명에 대하여 같은 날에 2 이상의 특허출원이 있는 때에는 특허출원인의 협의에 의하여 정하여진 하나의 특허출원인만이 그 발명에 대하여 특허를 받을 수 있다.
14) 정상조·박성수 공편, 앞의 책(주 2), 1227-1228면(박정희 집필부분).
15) 조영선, 앞의 글(주 4) , 75면; 김지수, 앞의 글(주 1), 35면.
16) 현행 특허권 등의 등록령 제26조 제2항 제4호.
17) 제268조(공유물의 분할청구) ① 공유자는 공유물의 분할을 청구할 수 있다. 그러나 5년 내의 기간으로 분할하지 아니할 것을 약정할 수 있다.
18) 정차호, 앞의 글(주 8), 170-171면; 강신하, 앞의 글(주 9), 457면; 김현호, 앞의 글(주 7), 57면.
19) 장낙원, 앞의 글(주 1), 413면.
20) 김기현, 앞의 글(주 10), 47면.

다. 공유 특허권의 분할방법

(1) 분할방법의 선택

공유물분할의 소는 형성의 소로서 공유자 상호간의 지분의 교환 또는 매매를 통하여 공유의 객체를 단독 소유권의 대상으로 하여 그 객체에 대한 공유관계를 해소하는 것을 말하므로, 법원은 공유물분할을 청구하는 자가 구하는 방법에 구애받지 아니하고 자유로운 재량에 따라 공유관계나 그 객체인 물건의 제반 상황에 따라 공유자의 지분 비율에 따른 합리적인 분할을 하면 된다.[21]

(2) 현물분할 불허

재판에 의하여 공유물을 분할하는 경우 현물분할[22]이 원칙인데, 현물로 분할할 수 없거나 분할로 인하여 현저히 그 가액이 감손될 염려가 있는 때에는(민법 제269조 제2항) 경매에 의한 대금분할[23]도 가능하다. 한편, 공유관계의 발생원인과 공유지분의 비율 및 분할된 경우의 경제적 가치, 분할 방법에 관한 공유자의 희망 등의 사정을 종합적으로 고려하여 당해 공유물을 특정한 자에게 취득시키는 것이 상당하다고 인정되고, 다른 공유자에게는 그 지분의 가격을 취득시키는 것이 공유자 간의 실질적인 공평을 해치지 않는다고 인정되는 특별한 사정이 있는 때에는 공유물을 공유자 중의 1인의 단독소유 또는 수인의 공유로 하되 현물을 소유하게 되는 공유자로 하여금 다른 공유자에 대하여 그 지분의 적정하고도 합리적인 가격을 배상시키는 방법에 의한 분할도 현물분할의 하나로 허용된다.[24]

공유 특허권의 분할이 인정된다는 견해에서는 특허권이 유형의 물건이 아닌 무체재산권이기 때문에 현물분할이 불가능하고,[25] 특허권의 현물분할을 인정하면 하나의 특허권이 사실상 동일한 복수의 특허권으로 증가하는 부당한 결과를 초래하게 되므로,[26] 특허권의 본질상 현물분할은 인정되지 아니한다고 한다. 따라서 법원으로서는 공유 특허권의 분할방법으로 대금분할 또는 가격배상을 선택할 수 있을 것이다.

---

21) 대법원 1993. 12. 7. 선고 93다27819 판결; 대법원 1997. 9. 9. 선고 97다18219 판결 등 참조.
22) 공유물을 있는 그대로 분량적으로 분할하는 것을 말한다.
23) 공유물을 제3자에게 매각하여 그 대금을 분할하는 것을 말한다.
24) 대법원 2004. 10. 14. 선고 2004다30583 판결.
25) 정차호, 앞의 글(주 8), 170면; 김기현, 앞의 글(주 10), 46면; 조영선, 앞의 글(주 4), 76면; 강신하, 앞의 글(주 9), 457면; 김지수, 앞의 글(주 1), 36면.
26) 장낙원, 앞의 글(주 1), 413면.

4. 판결의 의의

대상판결은 특별한 사정이 없는 한 공유에 관한 민법의 일반규정이 특허권의 공유에도 적용됨을 전제로 하여 특허권의 공유관계에 민법상 공유물분할청구에 관한 규정이 적용될 수 있다고 하면서도 분할방법 중 현물분할은 특허권의 성질상 허용되지 아니한다고 판시하였는데, 이는 공유 특허권에 대한 분할청구권 인정 여부 및 그 분할방법에 관한 최초의 판례이다. 앞서 살펴본 바와 같이 법원으로서는 공유물분할을 청구하는 자가 구하는 방법에 구애받지 아니하고 자유로운 재량에 따라 공유 특허권의 분할방법을 정할 수 있으므로, 일방 특허권 공유자가 경매에 의한 대금분할을 청구하더라도 가격배상에 의한 분할을 적절히 선택함으로써 특허권 공유자간의 이해관계를 조정하는 화해적 해결을 모색할 수 있을 것이다.

5. 보론

가. 특허법 개정안[27]의 주요내용

본 판결에 대하여는, 업계를 중심으로 대금분할을 위한 경매에 의하여 특허권이 제3자에게 매각되면, 분할청구의 상대방인 공유자가 특허권자에서 갑자기 특허침해자가 될 수 있으므로 공유 특허권자의 권리가 심각하게 침해될 수 있다는 우려가 제기되었고, 이를 해소하기 위하여 특허법 제99조에 관한 특허법 개정안이 발의되었는데, 그 주요내용은 특허권의 공유자가 계약으로 약정한 경우를 제외하고는 다른 공유자의 동의 없이 특정인에게 자신의 지분 전부를 양도하거나, 그 지분의 전부를 목적으로 하는 질권을 설정할 수 있도록 하되, 이러한 약정은 특허원부에 등록한 경우에 한하여 제3자에게 대항할 수 있도록 하고, 민법 제268조 제1항[28]의 기간을 초과하는 분할금지약정을 체결할 수 있도록 하는 것이다.

나. 검토

현행법에서 특허권 공유자는 다른 공유자의 동의 없이 그 특허발명을 자신이 실시할 수는 있으나, 공유자 전원의 동의가 없는 한 지분양도, 질권 설정, 전용실시권 및 통상실시권

---

27) 2015. 8. 10.자 제1916353호 특허법 일부개정법률안(정부안). 2015. 11. 23.자로 폐기되었다.
28) 제268조(공유물의 분할청구)
　　① 공유자는 공유물의 분할을 청구할 수 있다. 그러나 5년 내의 기간으로 분할하지 아니할 것을 약정할 수 있다.

설정이 불가능하여, 실시능력이 부족한 대학 및 연구기관 등으로서는 해당 특허를 활용하여 수익을 창출하는 것이 쉽지 않은데, 본 판결에서는 이러한 사정도 감안하여 공유 특허권에 대한 분할청구권을 인정한 것으로 보인다. 만일 개정안과 같이 공유자의 동의 없이 지분양도가 가능하도록 한다면, 대학 및 연구기관 등으로서는 경매 등 복잡한 절차를 거쳐야 하는 대금분할청구보다는 지분양도를 통한 수익 창출을 우선적으로 도모할 가능성이 높다고 판단된다. 다만 분할금지약정의 경우 기간의 상한이 없으므로 사실상 특허권 존속기간 동안 분할을 금지하는 특약도 유효하게 되는데, 지분양도가 용이하지 않을 경우 상대적으로 협상력이 부족한 공유자로서는 해당 특허를 활용하는 것이 더욱 곤란하게 될 수 있고, 특허권 존속기간 동안 분할을 금지하는 약정은 사적 재산권의 행사에 대한 과도한 제약으로서, 특히 상대적으로 우월한 지위에 있는 공유자에 의한 계약관행으로 정착될 우려가 있다는 점에서 신중히 검토할 필요가 있다.

입법론으로서 경매에 의한 대금분할의 경우 다른 공유자들의 우선매수권 제도를 도입하여야 한다는 견해가 있는데,[29] 판례에 의하면 공유물분할판결에 기하여 공유물 전부를 경매에 붙여 그 매득금을 분배하기 위한 환가의 경우에는 공유물의 지분경매에 있어 다른 공유자의 우선매수권을 규정한 민사소송법 제650조는 적용이 없다.[30]

다만, 공유자의 동의 없이 지분양도가 가능하도록 하더라도 다른 공유자의 불측의 손해를 방지하고 공유 특허권의 안정적인 활용을 보장하기 위한 방편으로 다른 공유자의 지분우선매수권을 검토해볼 수 있을 것이다. 프랑스 지적재산권법에서는 각 지분권자가 자신의 지분권을 제3자에게 양도할 수 있지만, 양도의 대상이 되는 지분권에 관하여는 다른 지분권자들이 우선매수권을 가지는데, 지분권을 제3자에게 양도하고자 하는 공유자는 그와 같은 사정을 다른 지분권자에게 통지하여야 하고 그 통지를 받은 지분권자는 통지를 받은 날부터 3개월 이내에 우선매수권을 행사할 수 있으며, 매수 가격에 관하여 당사자 사이에 합의가 성립되지 않으면 법원이 이를 정하도록 규정하고 있는데,[31] 이를 참고할 만하다.

---

29) 한지영, 앞의 글(주 1), 78면.
30) 대법원 1991. 12. 16.자 91마239 결정.
31) Code de la Propriété Intellectualle Article L613-29.

대법원 2015. 6. 11. 선고 2014다79488 판결
김창권(대법원 재판연구관)

1. 사안의 개요

가. 분쟁의 경과

피고는 1995년경 소나무 품종의 하나인 곰솔의 변이종인 '안수황금송'(이하 '이 사건 품종'이라 한다)을 개발하였고, 2009. 6. 3. 국립산림품종관리센터에 이 사건 품종에 대한 품종보호를 출원하여 2012. 4. 19. 품종보호권을 등록받았다.

원고들은 2006년 내지 2007년경 사이에 피고로부터 이 사건 품종의 묘목이나 접순을 구입하여 피고가 알려준 방법에 따라 증식하여 이를 판매해 왔다.

피고는 이 사건 품종에 대한 품종보호 출원 이후 원고들에게 이 사건 품종을 더 이상 증식하지 말고 그 증식·판매에 대하여 피고와 협의할 것을 요구하였다.

이에 원고들은 위 품종보호권에 대하여 식물신품종 보호법 제64조[1])에 기한 선사용에 의한 통상실시권(이하 '선사용권'이라 한다)이 있다고 주장하면서 피고를 상대로 위 선사용권이 있음의 확인을 구하는 이 사건 소를 제기하였다.

나. 제1심과 원심의 판단

(1) 제1심은 "품종보호 출원된 보호품종의 내용을 알지 못하고 그 보호품종을 육성하거

---

1) 식물신품종 보호법 제64조(선사용에 의한 통상실시권)
품종보호 출원 시에 그 품종보호 출원된 보호품종의 내용을 알지 못하고 그 보호품종을 육성하거나 육성한 자로부터 알게 되어 국내에서 그 보호품종의 실시사업을 하거나 그 사업을 준비하고 있는 자는 그 실시 또는 준비를 하고 있는 사업의 목적 범위에서 그 품종보호 출원된 품종보호권에 대하여 통상실시권을 가진다.

나 육성한 자로부터 알게 된 자"에는 품종보호권자로부터 보호품종의 내용을 알게 된 자도 포함된다고 해석하여 원고들이 선사용권자에 해당한다고 판단하였다.

(2) 원심은, 위 규정은 품종보호 출원된 보호품종의 육성자와는 그 기원을 달리하는 별개의 독립된 육성자 또는 그 승계인에 대하여 선사용권을 인정하는 것으로 봄이 타당하므로, 품종보호를 출원한 육성자로부터 그 보호품종을 알게 된 경우에는 선사용권이 인정되지 아니한다고 판단하였다.

2. 판결의 요지

대법원은 원심의 판단을 지지하여 다음과 같이 설시하였다.

"식물신품종 보호법상의 선사용권 규정은 같은 품종에 대하여 먼저 품종보호 출원을 한 자만이 품종보호를 받을 수 있는 선출원제도 아래에서 품종보호 출원 시에 그 대상인 보호품종의 실시사업을 하거나 그 사업을 준비하고 있는 선사용자와 품종보호권자 사이의 공평의 관점에 따른 이해관계 조정 등을 위한 것이다. 이와 같은 규정취지와 그 문언의 내용 등에 비추어 볼 때, 특별한 사정이 없는 한 위 규정에 따라 선사용에 의한 통상실시권을 취득할 수 있는 선사용자는 품종보호 출원된 보호품종의 육성자와는 기원을 달리하는 별개의 육성자이거나 이러한 별개의 육성자로부터 보호품종을 알게 된 자를 의미한다고 보는 것이 타당하다."

3. 해설

가. 식물신품종 보호법 제64조의 해석론

위 규정에 따른 선사용권의 의미에 관하여 논하는 견해는 찾기 어려우나 특허법 제103조[2]는 위 조문과 거의 유사한 선사용권을 규정하고 있다. 식물신품종보호제도는 특허권과 같은 지적재산권의 한 형태로서 식물신품종을 육성한 자의 권리를 특별법으로 보호하기 위한 것이므로[3] 그 선사용권에 관한 해석론도 특허법의 해석론을 차용할 수 있을 것이다. 따라서 이하에서는 특허법상의 선사용권의 의의와 요건을 중심으로 대상판결을 분석해 본다.

---

2) 특허법 제103조(선사용에 의한 통상실시권)
  특허출원 시에 그 특허출원된 발명의 내용을 알지 못하고 그 발명을 하거나 그 발명을 한 사람으로부터 알게 되어 국내에서 그 발명의 실시사업을 하거나 이를 준비하고 있는 자는 그 실시하거나 준비하고 있는 발명 및 사업목적의 범위에서 그 특허출원된 발명의 특허권에 대하여 통상실시권을 가진다.
3) 권오희, "식물신품종보호제도 고찰", 지식재산 21 제67호, 특허청, 2001, 183면.

(1) 의의

특허법이 규정하고 있는 선출원주의하에서는 특허발명을 출원하여 특허권을 취득한 자와 별개로 동일한 발명을 한 사람이라도 특허권자의 허락 없이 그 발명을 실시하는 경우 특허권침해에 해당될 수 있다. 그러나 발명의 출원 이전에 선의로 발명을 사실상 지배하여 이용하고 있는 자(이하 '선사용자'라 한다)의 발명 이용행위를 특허침해에 해당한다고 하여 금지시키는 것은 선사용자에게 불측의 손해를 줄 염려가 있음을 고려하여 이 경우 선사용자에게 통상실시권을 인정하고 있다.

그 이론적 근거로는, 출원 당시 특허의 대상인 발명을 선의로 사실상 지배하여 이용하고 있는 자가 그 후에 출원한 특허권자 때문에 그 실시를 못하게 되는 것은 특허권자를 지나치게 보호하는 것이어서 공평하지 못하므로 선사용자와 특허권자의 이해를 공평의 견지에서 조정하기 위한 것이라는 공평설, 선사용자의 이용행위를 금지하면 선사용자가 발명의 실시를 위하여 투자한 설비 등을 무용지물로 만들게 되어 국민경제상으로도 불이익하다는 경제설 등이 주장되고 있다.[4]

경제설은 사업설비가 노후화되거나 양도된 경우에도 실시사업은 계속할 수 있다는 점을 설명하기 곤란하다는 난점이 있고, 현재는 공평설이 다수의 견해를 차지하고 있다.[5] 일본의 최고재판소 판례도 "선사용권제도의 취지가 주로 특허권자와 선사용권자 사이의 공평을 도모하는 데 있다는 점에 비추어 보면…"이라고 설시하여 기본적으로는 공평설에 기초하고 있는 것으로 보인다.[6]

(2) 요건

1) 특허출원시

이는 선사용권자로 인정되기 위하여 실시사업이나 그 준비를 하고 있어야 하는 시점을 규정한 것이다.

2) 특허출원된 발명의 내용을 알지 못하고 그 발명을 하거나 그 발명을 한 사람으로부터 알게 될 것

위 조문의 문언상 특허출원을 한 발명자와는 다른 경로로 중복발명을 한 자(이하 '별도발명자'라 한다)가 보호의 대상이 된다는 점은 의문이 없다. 그런데, 발명자로부터 발명의 내용

4) 정상조·박성수, 특허법 주해 I, 박영사, 2010, 1258−1259면(이회기 집필부분); 中山信弘·小泉直樹 공편, 新·注解 特許法(上), 1248면.
5) 정상조·박성수, 위의 글, 1258−1259면; 中山信弘·小泉直樹 공편, 위의 글, 1248면.
6) 일본 최고재판소 昭和 61. 10. 3. 判時 1219호, 116면; 中山信弘·小泉直樹 공편, 新·注解 特許法(上)(주 4), 1248면.

을 알게 되어 이를 실시하는 자는 별도발명자로부터 발명의 내용을 알게 된 자만을 의미하는 것인지, 아니면 특허출원을 한 발명자로부터 발명의 내용을 알게 된 자도 포함하는 것인지 문제가 된다.

이에 대한 각국의 법률 규정은 동일하지 아니하다. 프랑스처럼 출원을 한 자의 발명에 기초하여 그 내용을 알게 된 경우라도 선의인 경우[7]에는 선사용권이 인정되는 나라도 있으나,[8] 일본처럼 특허권자와는 별도의 발명자로부터 알게 된 자만을 선사용권의 주체로 인정하는 나라도 있는데,[9] 이는 결국 정책결정의 문제라고 보인다.

1990. 1. 13. 법률 제4207호로 개정되기 이전의 특허법 제47조(선사용자의 통상실시권)는 "특허출원 당시에 선의로 국내에서 그 발명의 실시 사업을 하거나 사업설비를 하고 있는 자는 그 특허발명에 대하여 사업의 목적의 범위내에서 통상실시권을 가진다."고 규정하고 있었는데, 이는 선사용자가 타인의 특허출원시에 그 타인에 귀속되어야 하는 발명을 알고 있는지 여부의 문제라고 해석되었다.[10] 그런데 위 1990년 개정법률 제103조(선사용에 의한 통상실시권)는 "선의로"라는 문구를 삭제하는 대신 "특허출원시에 그 특허출원된 발명의 내용을 알지 못하고 그 발명을 하거나 그 발명을 한 자로부터 지득하여"라는 문구를 넣었는데, 이는 그 문언상 특허출원된 발명과는 별개로 우연히 중복발명을 한 경우 이를 이용하여 사업을 하려는 자를 보호하려는 규정이라고 해석하는 것이 타당하다고 보인다.

우리나라의 학설상으로도 선사용되는 발명의 과도한 보호를 방지하기 위하여 위 후자의 경우는 제외하고 전자의 경우만 이에 해당한다고 해석하는 것이 일반적이다.[11] 일본의 경우도 구 특허법에서 선사용권의 성립요건으로서 '특허출원시에 선의로…'라는 문구를 사용하고 있었는데, 이는 타인의 특허출원시 그 타인에게 귀속되어야 하는 발명이 있는지에 관한 선사용자의 지(知)·부지(不知)의 문제라고 생각되어 왔으나, 현행법(주 9 참조)과 같이 개정된

---

7) 특허권자로부터 적법하지 않게 발명의 내용을 알게 된 제3자를 통하여 그러한 사정을 알지 못하고 발명을 알게 된 경우를 예로 들 수 있을 것이다.

8) 윤선희, "선사용에 의한 통상실시권(선사용권: 특§103)", 특허소송연구 제3집, 특허법원, 2005, 217-218면.

9) 일본 특허법은 법조문의 해석상 논란의 소지가 없도록 '별도발명자 또는 그러한 별도발명자로부터 발명을 알게 된 자'라고 명백히 규정하고 있다.
   일본 특허법 제79조(先使用による通常実施権) 特許出願に係る発明の内容を知らないで自らその発明をし、又は特許出願に係る発明の内容を知らないでその発明をした者から知得して、特許出願の際現に日本国内においてその発明の実施である事業をしている者又はその事業の準備をしている者は、その実施又は準備をしている発明及び事業の目的の範囲内において、その特許出願に係る特許権について通常実施権を有する。(특허출원에 있어서 그 발명의 내용을 알지 못하고 스스로 그 발명을 하거나 또는 특허출원에 있어서 그 발명의 내용을 알지 못하고 그 발명을 한 자로부터 알게 되어 특허출원시 일본국내에서 그 발명의 실시로서 사업을 하고 있는 자 또는 그 사업의 준비를 하고 있는 자는 … 통상실시권을 가진다).

10) 정상조·박성수, 특허법 주해 I (주 4), 1259-1260면.

11) 정상조·박성수, 특허법 주해 I (주 4), 1259면; 특허청 조문별 특허법 해설(2007. 5.), 561면; 김원준, "선사용에 의한 통상실시권 인정 여부", 특허판례연구, 2012, 179면.

이후에는 선사용자가 특허출원 시점에 위와 같이 타인에게 귀속되어야 하는 발명의 존재를 알았는지 여부와 상관 없이 중복발명에만 선사용권이 인정되는 것으로 해석되고 있다.[12]

다만, 일본에서는 특허출원된 발명과 동일한 발명의 경우에 선사용권이 절대 발생할 수 없다고 해석하는 경우 불합리한 결과가 발생할 수 있다는 점을 들어 동일발명에 해당하여도 선사용권을 인정하여야 한다는 논의가 존재한다. 학설이 이러한 예로 들고 있는 사례는, ⓐ 발명자가 특허를 받을 수 있는 권리를 양도한 이후 그 발명을 실시하고 있는 경우, ⓑ 모인 출원에 대하여 특허가 부여된 사안에서 진실한 발명자의 경우, ⓒ 공지기술에 대하여 특허가 부여된 사안에서 해당 공지기술을 실시하는 경우가 대표적이다.[13]

이에 대하여 ⓐ, ⓑ, ⓒ 모두에 대하여 선사용권을 인정함이 타당하다는 견해,[14] ⓑ, ⓒ에 대하여 인정해야 한다는 견해[15] 등이 있다. 우리나라에서도 조리에 입각하여 ⓐ, ⓑ의 경우에 선사용권을 인정해야 한다는 견해가 있다.[16]

중복발명이 아니라도 선사용권을 인정하는 것이 형평이나 정의의 관념에 맞는 사안이 존재할 가능성을 완전히 배제할 수는 없으므로 향후 이에 관한 논의의 여지가 있다고는 보인다. 다만 구 특허법이 '선의'를 요건으로 하다가 현재와 같이 조문을 변경한 이상 선사용권이 발생할 수 있는 발명은 특허출원된 발명과는 기원을 달리하는 중복발명을 뜻하는 것이라고 해석하는 것이 원칙이라고 보이고, 학설들이 들고 있는 위와 같은 사례들이 선사용권을 인정하지 않는다면 도저히 형평과 정의의 관념에 맞는 결론을 낼 수 없어서 법조문의 문리적 해석 범위를 넘어서서 선사용권을 인정해야 하는 부득이한 경우라고 단정할 수 있는지 의문의 여지가 있으며, 선사용권을 인정하는 것보다 특허권의 남용이나 효력의 제한 또는 당사자들 사이의 의사해석이라는 방향으로 접근하는 것이 바람직한 이론구성이라고 볼 여지도 있는 점 등을 종합적으로 고려할 때 법조문의 문리해석에도 불구하고 중복발명이 아닌 발명에 관하여 선사용권을 부여하는 예외를 인정할 수 있는 것인지, 이를 인정한다면 어떠한 논리적 근거를 들 수 있는지에 관하여는 향후 이에 관한 판례와 연구가 축적되어야 할 것으로 보인다.

3) 사업의 준비

사업의 준비는 적어도 사업에 필요한 기계를 발주하여 설비를 갖추었다든지 고용계약을 체결하여 상당한 선전활동을 하고 있는 경우 등과 같이 객관적으로 이를 인정할 수 있는

---

12) 中山信弘·小泉直樹 共編, 新·注解 特許法(上)(주 4), 1249면.

13) 윤선희, "선사용에 의한 통상실시권(선사용권:특§103)"(주 8), 222면; 中山信弘·小泉直樹 共編, 新·注解 特許法(上)(주 4), 1250면.

14) 中山信弘, 特許法, 弘文堂, 2012, 491−492면; 吉藤幸朔, 特許法概說, 有斐閣, 1998, 579−580면.

15) 中山信弘·小泉直樹 共編, 新·注解 特許法(上)(주 4), 1250면.

16) 윤선희, "선사용에 의한 통상실시권(선사용권: 특§103)"(주 8), 222면.

정도의 행위가 필요하다고 보는 견해가 있고,17) 일본의 통설은 사업의 실시 준비는 해당 발명을 즉시 실시할 의사가 있고, 즉시 실시할 수 있는 객관적 요건이 갖추어져 있을 것을 의미한다고 한다.18)

이에 대하여 선사용권의 성립요건을 완화하여야 한다는 전제에서 선사용자가 장차 그 발명의 내용을 실시하기 위해 행하거나 계획하는 일체의 직·간접적 준비행위가 여기에 포섭되는 것으로 해석하여 사실상 프랑스 등의 입법례처럼 선발명만으로 선사용권이 인정되는 것과 유사하도록 해석할 필요가 있다는 견해도 있다.19)

4) 실시하거나 준비하고 있는 발명 및 사업목적의 범위

선사용권이 인정되는 '발명의 범위'를 이와 같이 한정한 것은 현실적으로 실시하고 있는 발명이 특허출원의 일부에 지나지 않는다면 그 일부에 대하여만 선사용권을 가질 뿐 특허출원에 포함된 발명 전체에 대하여 선사용권을 가지지는 않는다는 의미이다. '사업목적의 범위'란 예를 들어 음료수 제조를 위해 해당 발명을 실시하고 있는 경우 타이어 제조를 위해 사용하는 경우까지 선사용권을 가지지는 않는다는 의미인데, 다만 같은 음료수 제조를 위해 사용하는 한에서는 설비의 확장은 허용된다고 본다.20)

(3) 선사용권의 발생 및 효과

선사용권은 법정의 통상실시권으로서 앞서 본 요건을 모두 충족하는 경우 효력이 발생하고, 등록하지 않더라도 그 후에 특허권·전용실시권을 취득한 자에 대하여 대항할 수 있다.21) 선사용권자가 특허권자의 동의 없이 해당 특허발명을 실시하더라도 특허권의 침해에 해당하지 않고, 특허권자에게 실시료를 지급할 필요도 없는 것으로 해석된다.22) 이에 대하여 입법적으로 선사용권을 유상화함으로써 특허권자의 희생을 줄이고 선사용권자와 사이에 형평을 도모할 수 있도록 할 필요가 있고, 특히 발명의 성격상 특허출원의 내용을 공개하여 공중이 공유할 수 있도록 유도할 필요가 큰 기술 분야나 개발 사안에서 선발명자의 선의가 의심스러운 경우 등에는 선사용권의 성립 자체를 엄격하게 판단하는 한편 그 대가로 지급되는 실시료를 높게 책정함으로써 구체적인 타당성을 도모할 수 있다는 견해가 있다.23)

---

17) 정상조·박성수, 특허법 주해 I (주 4), 1259면.
18) 조영선, "특허법상 선사용권(先使用權)제도의 운용에 대한 검토", 인권과 정의 2011. 11. Vol 421, 62-63면.
19) 조영선, 위의 글, 62-63면.
20) 윤선희, 특허법, 법문사, 2012, 695면.
21) 특허법 제118조 제2항.
22) 윤선희, "선사용에 의한 통상실시권(선사용권:특§103)"(주 8), 225면.
23) 조영선, "특허법상 선사용권(先使用權)제도의 운용에 대한 검토"(주 18), 64면.

(4) 이전 및 포기

선사용권은 일반승계를 제외하고는 특허권자의 승낙이 있거나 실시사업과 함께할 경우에만 양도할 수 있다(특허법 제102조 제5항). 통상실시권의 이전에 있어서 등록이 대항요건이므로 이를 등록하지 아니하면 제3자에게 대항할 수 없다고 해석하는 것이 일반적인 견해이나 반대설도 있다.[24] 선사용권의 포기도 가능하나 질권이 설정되어 있을 경우 질권자의 동의가 필요하다.

나. 이 사건의 검토

앞서 본 바와 같이 선사용권을 가지기 위해서는 원칙적으로 특허발명을 출원한 자가 아니라 별도발명자로부터 특허의 내용을 알게 되어 이를 실시하거나 사업의 준비를 하여야 한다.

식물신품종 보호법의 규정이 특허법의 규정과 동일하지는 아니하나 "품종보호 출원 시에 그 품종보호 출원된 보호품종의 내용을 알지 못하고 그 보호품종을 육성하거나 육성한 자로부터 알게 되어"라는 문장의 구조상 "육성한 자"는 그 직전에 기재된 "보호품종을 육성(한 자)"를 지칭하는 것으로 해석함이 자연스러움은 특허법의 해석과 다르지 아니하다. 또한 특허에 있어서 '특허출원자로부터 발명을 지득하여 실시하고 있는 자'가 선사용권을 취득하지 못한다고 해석하는 이유 중 하나는, 선사용권은 선출원주의 하에서 선사용자와 특허권자의 이해를 공평의 견지에서 조정하기 위한 것이지만, 특허출원자로부터 발명을 지득하여 실시하고 있는 자에게까지 선사용권을 인정하면 선사용권의 범위가 너무 넓어질 우려가 있다는 것인데[25] 이는 식물신품종 보호법의 해석에서도 마찬가지라고 보아야 한다.

따라서 이 사건에서 원고들이 품종보호권자인 피고로부터 보호품종의 내용을 알게 되어 이를 실시한 이상 원고들에게는 선사용권이 인정되지 아니한다고 보아야 하고, 같은 취지에서 원고들의 청구를 기각한 대법원의 판단은 타당하다고 할 것이다.

4. 판결의 의의

우리나라의 판례 중에는 선사용권에 관한 사례가 별로 많지 아니하고, 더욱이 실체적으로 그 성립요건에 관하여 설시한 대법원 판례는 존재하지 아니하였다. 대상판결은 선사용권

---

24) 정상조·박성수, 특허법 주해 I (주 4), 1261면.
25) 정상조·박성수, 특허법 주해 I (주 4), 1259면.

이 성립하기 위한 실체적인 요건 중 보호품종의 지득경로에 관하여 원칙적으로 품종보호권을 취득한 출원자로부터 발명을 알게 된 경우가 아니라 이와는 별개의 독립된 육성자 혹은 그로부터 보호품종을 알게 된 자만이 선사용권을 취득할 수 있음을 명시적으로 밝힌 점에서 의의가 있다. 식물신품종 보호법상의 선사용권에 관한 위 판례는 특허, 실용신안 등에 관한 선사용권에도 그대로 적용될 수 있다고 할 것이다.

　　본 사건은 선사용권의 성립요건 중 발명의 계통에 관한 사항이 쟁점이 되었고, 식물신품종 보호법의 규정취지와 그 문언에 비추어 원칙적으로 중복발명의 경우에만 선사용권이 발생할 수 있다는 것을 밝힌 점에서 의의가 있지만, 동일계통의 발명의 경우에도 선사용권이 인정될 수 있는 경우가 있는지, 있다면 이를 인정할 수 있는 근거는 무엇인지 등에 관하여는 향후 적절한 사건에서 문제가 될 경우 심도있게 논의될 수 있을 것으로 보인다.

　　우리나라에서는 아직까지 선사용권에 관한 논의가 활발하지 아니하고 이를 본격적으로 다루는 문헌도 그다지 많지 아니하다. 그런데 발명을 특허로 출원하여 특허권을 취득하더라도 특허침해로부터 효과적으로 보호받는 것이 용이하지 않은 경우도 존재할 수 있다는 점을 감안하여 이를 영업비밀로 유지하는 경향도 증가하고 있는 실정이다.[26] 이러한 종류의 선발명에 관하여 선사용권으로 보호함으로써 발명의 공개와 기술의 발전이라는 이념에 역행하는 경향을 초래할 우려가 있다는 지적도 있지만 기업이 자신이 개발한 기술을 어떻게 보호받을 것인가를 선택할 자유는 존중할 필요가 있고 나아가 발명의 분야에 따라서는 그 공개에 따른 적절한 보호가 이루어지지 않을 우려가 있는 분야도 존재한다는 점을 고려하면 이러한 선발명에 대한 선사용권에 의한 보호를 부정할 수는 없다고 할 것이다. 우리나라에서는 아직 선사용권이 본격적으로 문제가 되고 있지는 아니하지만 기업의 영업비밀 선호 경향 등에 따라 향후 관련 사례가 증가할 수 있다고 보인다. 앞으로 구체적인 사례에 관한 판례와 연구의 축적으로 선사용권 제도의 합리적이고 효율적인 운용방식이 정착될 수 있기를 기대해 본다.

---

26)　中山信弘・小泉直樹 共編, 新・注解 特許法(上)(주 4), 1248면; 조영선, "특허법상 선사용권(先使用權)제도의 운용에 대한 검토"(주 18), 56-57면.

06 균등침해요건 중 과제해결원리의 동일성

대법원 2014. 7. 24. 선고 2013다14361 판결[1]

이나리(핀란드 한켄대학교 교수, 전 독일막스프랑크 연구소 상임연구원)

1. 사안의 개요

가. 원고의 특허 발명은 '구이김 자동 절단 및 수납장치'를 명칭으로 하며, 가미·가공한 적층형태의 구이김을 취식하기에 좋은 크기로 절단하는 공정과 이를 포장용기에 수납하는 공정을 자동화하는 것을 목적으로 한다.

나. 피고 실시제품은 특허청구범위 제1항의 '프레임, 절단용 실린더 유닛, 승강판, 가압절판, 가압봉, 가이드 케이스 및 포장용기 이송 유닛' 등의 구성을 그대로 포함하고 있다.

다. 그러나 특허청구범위 제1항은 '가이드케이스의 하부에 고정 배치되고 아래로 갈수록 그 두께가 선형적으로 넓어지는 격자형의 절단날'을 가지는데, 이는 가이드케이스의 하부에 고정 배치되고 아래로 갈수록 그 두께가 선형적으로 넓어지는 '격자형 부재'와 그러한 격자형 부재와 같은 위치에 고정 배치되는 '격자형 칼날'이 일체로 형성되어 있다. 이에 반해, 피고 실시제품은 위 '격자형 부재' 구성처럼 가이드케이스의 하부에 고정 배치되고 아래로 갈수록 그 두께가 선형적으로 넓어지는 경사면을 구비한 '격자형 박스' 구성을 그대로 가지되, 다만 위 '격자형 칼날' 구성을 상하로 이동되는 절단용 실린더에 연동하고 각 가압절판에 인접하여 수직으로 형성되는 '격자형 절단날' 구성으로 변경한 것이다. 즉 피고 실시제품은 특허청구범위 제1항의 구성인 '격자형 부재'와 일체로 형성되어 가이드케이스의 하부에 고정 배치되는 '격자형 칼날'과 달리, '격자형 절단날'이 '격자형 박스'와 분리되어 상하로 이

---

1) [관련 판례] 대법원 2014. 7. 24 선고 2012후1132 판결. [따름판례] 대법원 2015. 5. 14. 선고 2014후 2788 판결. [참조판례] 대법원 2009. 6. 25 선고 2007후3806 판결; 대법원 2011. 9. 29 선고 2010다65818 판결 등.
   [관련 평석 및 문헌] 한동수, "균등침해의 요건 중 '양 발명에서 과제의 해결원리가 동일한 것'의 의미와 판단 방법", 대법원 판례해설, 80호(2009 상반기), 12면; 구대환, "대법원이 제시한 균등요건에서 과제해결 원리의 동일 요건의 의미", 인하대학교 법학연구 16집 2호(2013. 7), 199면; 김병필, "균등침해 요건에서 과제해결원리의 동일성요건에 대한 고찰", 지식재산연구 제8권 1호(2013. 3), 1면.

동되도록 가이드케이스의 위쪽에 별도로 배치되는 점에서 차이가 있다.

　　라. 제1심판결[2] 및 원심판결[3]은 균등침해 부정을 전제로 원고 패소판결 및 항소기각판결을 선고하였으나, 대법원에서는 균등침해 인정을 전제로 파기환송 판결이 선고되었다.

2. 판결의 요지

가. 원심판결(서울고등법원 2013. 1. 16. 선고 2012나38362 판결)

　　원심은 피고의 실시제품이 특허발명의 청구범위기재의 구성요소의 일부를 그대로 포함하고, 일부는 치환하여 실시하고 있으나, 그 구성이 다르고 균등관계에 있지도 않음을 이유로 침해금지청구의 항소를 기각하였다. 원심판결은 '구이김 자동 절단 및 수납장치'를 명칭으로 하는 특허발명의 특허권자가 이를 실시하는 피고의 실시제품에 대한 특허권 침해금지의 소에서 제1심의 특허침해를 부정하는 판결에 불복, 항소한 사건이다. 원심은 1심판결의 결론에 따라 원고의 항소를 기각하면서 균등침해의 적용여부에 대하여는 이를 다시 검토하였다.

　　원심은 기존의 대법원 판례[4]에 의거, 침해가 주장되는 실시제품이 특허발명의 권리범위에 속하기 위하여서는 특허발명의 '각 구성요소와 구성요소 간의 유기적 결합관계가 특허발명과 대비되는 발명에 그대로 포함되어야 하고, 대비되는 발명에서 구성요소의 치환 내지 변경이 있더라도, 양 발명에서 과제의 해결원리가 동일하며, 그러한 치환원리에 의하더라도 특허발명에서와 같은 목적을 달성할 수 있고, 실질적으로 동일한 작용효과를 나타내며, 그와 같이 치환하는 것을 그 발명이 속하는 기술 분야에서 통상의 지식을 가진 사람이 용이하게 낼 수 있을 정도로 자명하다면…(중략)… 특별한 사정이 없는 한, 대비되는 발명의 치환된 구성요소는 특허발명과 대비되는 구성요소와 균등관계에 있는 것으로 보아서, 발명은 여전히 특허발명의 권리범위에 속한다고 보아야 할 것'[5]이라는 법리에서 출발하였다. 기존 판례에서 판시된 법리를 따라서 균등침해의 제1요건인 과제의 해결원리의 동일성을, '치환된 구성이 특허발명의 비본질적인 부분이어서 대비되는 발명이 특허발명의 특징적 구성을 가지는 것을 의미'한다고 정의한 후에, 그 특징적 구성을 파악함에 있어서도 기존의 판례[6]를 참조하여 '특허청구범위에 기재된 구성의 일부를 형식적으로 추출할 것이 아니라 명세서의 발명

---

2) 서울중앙지방법원 2012. 4. 27. 선고 2011가합4396 판결.
3) 서울고등법원 2013. 1. 16. 선고 2012나38362 판결.
4) 대법원 2005. 2. 25. 선고 2004다29194 판결 등.
5) 서울고등법원 2013. 1. 16. 선고 2012나38362 판결(2면).
6) 대법원 2011. 7. 28. 선고 2010후67 판결 참조.

의 상세한 설명의 기재와 출원 당시의 공지기술 등을 참작하여 선행기술과 대비하여 볼 때 특허발명에 특유한 해결수단이 기초하고 있는 과제의 해결원리가 무엇인가를 실질적으로 탐구하여 판단하여야 한다'[7]라고 보았다.

이러한 법리적 전제하에, 원심은 제1항 발명이 해결하고자 하는 기술적 과제를 구이김의 '절단공장으로부터 수납공정에 이르는 부분공정의 (기존의 공지기술보다 효율적인 방식으로) 자동화'로 판단한 후, 공지기술과 선행발명에 기반하여 그 문제를 파악, 이를 해결하기 위한 원고의 발명의 구성을 피고의 실시제품의 구성과 비교한 후, 피고 실시제품은 원고발명의 구성 중 '하부의 격자형 절단날과 상부의 일체화된 가압절판의 구성을 하부의 격자형 박스와 상부의 이원화된 절단날 및 가압절판의 구성으로 치환한 것'으로 파악하였다.[8] 이에 대비하여 특허발명은 일회의 단일한 수직 하강만으로 절단공정과 수납공정이 단절됨이 없이 거의 동시에 진행되도록 한 특성'을 가지고 있으므로 실시제품이 치환한 부분, 즉, '격자형 절단날'과 '가압절판'이 특허발명의 특징적 구성인지 여부와 그 구성이 실시제품에서 비본질적인지 여부에 의하여 과제의 해결원리의 동일성을 판단할 수 있다고 보았다.

원심은 그 구성의 차이가 비본질적인 것으로 볼 수 없고 그로 인하여 장치제작, 작업수행상의 공정 및 결과의 차이를 가져오고 있는 점을 종합하여 '피고 실시제품은 이 사건 제1항 발명의 특징적 요소를 구비하지 않고 있고, 치환된 구성요소 역시 본질적인 부분에서 차이가 있으므로' 그 과제 해결 원리가 다르다고 판단하였다. 이에 덧붙여 균등침해의 제2요건인 치환가능성 혹은 용이성의 여부 또한 판단하였다. 치환의 가능성은 긍정하면서도 구성의 차이로 인한 추가적인 해결과제의 발생, 이로 인한 절단 및 수납공정의 원리와 방식의 차이와 그 작용효과의 실질적 차이 및 그 치환된 이원적 구성의 복잡성 등을 근거로 치환의 용이한 자명성은 부인하고, 원심은 균등침해의 적용을 결론적으로는 부인하는 판결을 내렸다.

나. 대법원판결

특허권침해소송의 상대방이 제조 등을 하는 제품 또는 사용하는 방법(이하 '침해제품 등'이라 한다)이 특허발명의 특허권을 침해한다고 할 수 있기 위해서는 특허발명의 특허청구범위에 기재된 각 구성요소와 그 구성요소 간의 유기적 결합관계가 침해제품 등에 그대로 포함되어 있어야 한다. 한편 침해제품 등에 특허발명의 특허청구범위에 기재된 구성 중 변경된 부분이 있는 경우에도, 특허발명과 과제의 해결원리가 동일하고, 그러한 변경에 의하더라도 특허발명에서와 실질적으로 동일한 작용효과를 나타내며, 그와 같이 변경하는 것이 그

---

7) 서울고등법원 2013. 1. 16. 선고 2012나38362 판결(3면).
8) 서울고등법원 2013. 1. 16. 선고 2012나38362 판결(7면).

발명이 속하는 기술 분야에서 통상의 지식을 가진 사람(이하 '통상의 기술자'라 한다)이라면 누구나 쉽게 생각해낼 수 있는 정도라면, 특별한 사정이 없는 한 침해제품 등은 특허발명의 특허청구범위에 기재된 구성과 균등한 것으로서 여전히 특허발명의 특허권을 침해한다고 보아야 한다. 그리고 여기서 '과제의 해결원리가 동일'한지 여부를 가릴 때에는 특허청구범위에 기재된 구성의 일부를 형식적으로 추출할 것이 아니라, 명세서에 적힌 발명의 상세한 설명의 기재와 출원 당시의 공지기술 등을 참작하여 선행기술과 대비하여 볼 때 특허발명에 특유한 해결수단이 기초하고 있는 기술사상의 핵심이 무엇인가를 실질적으로 탐구하여 판단하여야 한다.

3. 해설

가. 균등침해의 의의

(1) 특허권은 무체적인 발명을 보호하므로, 그 재산권적인 보호범위를 엄격히 물리적으로 정의할 수도 없고 물리적으로 그 보호대상인 발명을 점유할 수도 없다. 그러므로 특허제도는 그 권리범위의 한계를 특허 청구항의 기재사항을 중심으로 파악하도록 하여서 무체적인 발명의 기술적 범위를 권리자가 출원 시에 문언으로 스스로 그 핵심적인 사상을 기재하고, 이를 기준으로 특허출원을 심사하고 권리를 부여, 이를 공지함으로서 제3자 및 공중에게 그 기술의 내용을 통지하여 재산권의 목적물인 기술적 사상의 발현인 특허발명을 문언적 기재를 바탕으로 의제적으로 파악할 수 있도록 하는 제도적인 특징을 가지고 있다. 특허권의 침해의 판단은 이러한 무체재산권의 범위의 기준이 되는 특허청구항의 기재사항을 근거로 그 보호범위를 파악하고 구체적으로는 실시행위 및 실시제품 혹은 확인대상발명에 이를 비교하여, 구체적으로 파악한다.

(2) 특허권침해에 있어서 균등침해 혹은 균등론의 법리는 특허권의 보호범위의 파악을 특허명세서상의 청구항을 기준으로 하는 특허법 제도하에서 엄격한 문언적 해석으로 인하여 발생할 수 있는 제도적인 결함을 보완하기 위해 발달된 특허침해의 법리이다.[9] 균등론은 특허침해소송에 있어서 특허발명의 보호 범위를 권리자의 입장에서 청구항에 의거하여 문언적으로 엄격하게 해석하였을 경우 객관적으로 자명하게 특허권의 권리보호 범위에 해당하여

---

9) 균등론에서 일반적으로 지도적인 판례로 보는 Graver Tank & Manufacturing Co v. Linde Air Products Co, 339 U.S. 605(1950)에서 미국 대법원은 동일한 방법, 동일한 기능을 통한 동일한 결과라는 소위 3부 동일의 요건(tri-partite test)을 균등의 판단의 기준으로 삼고 있다. 미국 대법원은 후속 판례 Warner-Jenkins Co v. Hilton Davis Chemical Co. 520 U.S 187b(1997)에서 동일성 판단의 기준을 청구항 기재사항의 일부 구성부분이 아니라 구성요소의 전부(all element rule)에서의 균등의 요건으로 판시했다.

침해로 보아야 할 행위가 구성요소의 치환이나 문언적·언어적 상이점에 의하여 권리범위에서 벗어나게 되는 불합리한 상황을 해결하기 위한 법리이다. 이는 특허권의 보호대상은 본질적으로 기술적 사상의 발명인데 보호범위는 특허청구항의 문언적인 기재에 의하여 확정되는 제도적인 취약점을 보완하는 측면에서 기원한 특허권리범위를 위한 청구항해석에 관한 법리라고 할 수 있다.

(3) 또한 현행법은 청구항 다항제를 채택하고, 주변한정주의적 관점을 취하고 있는데, 특허청구범위 기재사항에서 다소 벗어나지만, 엄격한 주변한정주의적 관점에서는 특허발명의 핵심적인 기술적 사상을 그대로 이용하고 있는 실시제품은 그 보호범위에서 벗어나게 되어 침해의 책임을 피할 수 있다. 그에 반하여 청구항 해석에서 기술사상의 핵심의 개념적인 기재만을 요구하는 중심한정주의를 채택한다면 청구범위의 엄격한 해석은 피할 수 있지만 특허범위의 기술적인 사상의 중핵적인 부분만이 추상적으로 공개되어 침해소송 없이는 그 권리관계가 불명확해질 수 있다는 단점이 있다. 균등침해의 법리는 이를 조정할 수 있는 법리로서 다항제 및 주변한정주의적인 제도를 채택하고 있는 국내법상 특허권의 권리범위는 청구항 기재사항을 중심으로 파악하되 그 해석에 있어서 권리범위를 구성요소를 변경함으로서 청구항 기재사항에서 문언적으로는 벗어나지만 균등관계에 있는 것까지 확장할 수 있도록 하여서 재산권의 권리관계의 명확성과 실질적인 침해에 대한 보호라는 융통성을 보완해주는 법리이다.

나. 균등론의 적용조건

(1) 국내법상 균등침해의 법리는 판례상 그 적용 요건이 ① 기술적 사상 내지 과제의 해결원리의 동일성, ② 치환, 변경된 구성요소의 실질적으로 동일한 목적 및 ③ 동일한 작용·효과, ④ 치환의 가능성 및 자명한 용이성이며, ⑤ 공지 기술이나 출원절차 중 의식적·특단의 사정에 의해 그 적용이 배제될 수 있는 법리로 이해되어 왔다. 이 5가지 요건은 대법원의 2000년 97후2200 판결[10]과 이를 수정한 2007후3806 판결[11]로 인하여 정비되었다고 할 수 있다. 이전의 판례들은 청구범위가 권리범위확정의 기초가 되지만 해석론적으로는 발명의 상세한 설명과 도면을 참작하여야 함을 판시한 바 있으며[12] 다수의 특허법원 판례들이 그 요건을 제시하여 왔으나, 과제 해결원리의 동일성의 요건은 97후2200 판결에 의하여 균등관계 성립의 첫 번째 요건으로 제시되었다.[13] 이후 구체적으로 구성요소를 중심으로 판단

---

10) 구대환, 앞의 글(주 1), 202－203면 참조.
11) 한동수, 앞의 글(주 1), 12－13면.
12) 대법원 91후1908, 96후1118 판결 등.
13) 구대환, 앞의 글(주 1), 204면.

이 가능한 균등의 적용요건 및 그 적용배제의 요건에 대비하여 다소 추상적이라고 볼 수 있는 기술적 사상 내지 과제해결원리의 동일성의 요건의 의미과 그 판단방법에 대한 논란은 지속적으로 있어 왔다.

(2) 특허 대법원은 2009년 과제해결원리의 동일성의 판단 기준으로 치환된 구성의 비본질성이라는 개념을 도입하여 발명의 특징적 구성의 의미를 '확인대상발명에서 치환된 구성이 특허발명의 비본질적인 부분이어서 확인대상발명이 특허발명의 특징적 구성을 가지는 것을 의미하고, 특허발명의 특징적 구성을 파악함에 있어서는 특허청구범위에 기재된 구성의 일부를 형식적으로 추출할 것이 아니라 명세서의 발명의 상세한 설명의 기재와 출원 당시의 공지기술 등을 참작하여 선행기술과 대비하여 볼 때 특허발명에 특유한 해결수단이 기초하고 있는 과제의 해결원리가 무엇인가를 실질적으로 탐구하여 판단하여야 한다'라고 판시하여, 청구범위에 기재된 구체적인 구성을 본질적인 부분과 비본질적인 부분인 구성으로 분리하여서 이해할 수 있는 여지를 제공하였다.[14]

다. 대상판결의 분석

(1) 대법원은 균등침해의 요건과 그 개념을 재정비하고, 이에 따라서 원심의 균등침해 부정의 판결을 파기했다.[15]

(2) 대상판결은 우선, 균등침해의 제1요건에 대하여 문언적으로 원심의 치환 및 변경이라는 요건 대신 변경이라는 표현을 사용하면서, 실시제품에서 치환이 없는 경우에도 균등침해의 법리를 적용할 수 있는 가능성을 제시했다. '과제해결원리의 동일성'의 의미의 구체적인 요건에 있어서는 원심 및 대상판례의 참조판례[16]등이 사용해왔던 '치환된 구성의 비본질성의 개념 및 발명의 특징적 구성 즉, 특허발명에 특유한 해결수단이 기초하고 있는 과제의 해결원리'라는 중복적인 정의를 피하고 그 대신 통합적으로 '특허발명에 특유한 해결수단이 기초하고 있는 기술사상의 핵심'이라는 개념을 사용, 과제해결 원리의 동일성의 의미를 재정비하였다.

(3) 대법원은 이에 따라, 명칭을 '구이김 자동 절단 및 수납장치'로 하는 특허발명의 특허권자 甲이 乙 주식회사를 상대로 특허권침해금지 등을 구한 사안에서, 1항 발명에 특유한

---

14) 대법원 2009. 6. 25. 선고 2007후3806 판결요지 참조. 유사한 판단기준을 도입한 판례로 일본 최고재판소 平成 10. 2. 24 볼스플라인 축수 판결 비교 참조.

15) 또한 대법원은 동일 특허발명의 특허권자인 원고가 동일한 피상고인을 대상으로 한 권리범위확인 심판의 상고심 판결에서도 특허법원의 판결을 파기하고 균등에 의한 특허발명의 권리범위의 귀속을 판시했다. 대법원 2014. 7. 24. 선고 2012후1132 판결.

16) 대법원 2009. 6. 25. 선고 2007후3806 판결.

해결수단이 기초하고 있는 기술사상의 핵심을 '절단된 각각의 적층 김들이 하강하면서 가이드케이스의 하부에 고정배치되는 격자형 부재의 외측경사면을 따라 서로 사이가 벌어지도록 유도'하는 것으로 파악하여, 실시제품도 이러한 기술사상의 핵심의 차이가 없으므로 과제의 해결원리가 동일하다고 판시하였다.[17] 또한 원심이 중시한 이원화된 구성상의 차이에 대해서는, 그 구성의 변경에도 불구하고 실질적으로 동일작용효과를 나타낸다는 점과 구성의 변경은 통상의 기술자라면 누구나 쉽게 그와 같은 구성의 변경을 생각해 낼 수 있다고 보고, 변경으로 야기된 구조상의 복잡성과 차이에 대해서는 '기술사상의 핵심과 관련 없는 관용적 기술수단을 채택함에 따른 부수적인 것에 불과'하다고 보아 실시제품이 특허발명과 동일하거나 균등한 구성요소들과 그 구성요소들 간의 유기적 결합관계를 그대로 포함하고 있으므로 특허발명의 특허권을 침해한다고 하면서, 원심판결을 파기하였다.

4. 판결의 의의

가. 특허발명의 보호범위를 특정함에 있어서 청구범위의 엄격한 문리적 해석에서는 그 보호범위에 속하지 않는 구성요소를 포함하고 있는 실시제품의 침해여부를 판단하는 기준인 균등침해의 요건을 재정리한 판결이다. 대상판결은 특허권 침해소송에서 특허발명의 청구범위에 의거한 특허발명의 보호범위의 특정에 있어서, 침해가 주장되고 있는 실시제품이 청구범위에 기재된 구성의 일부를 그대로 포함하고 있으나 일부는 치환 혹은 변경된 부분이 있는 경우, 특허발명의 특허권의 보호범위에 속하는 것으로 판단할 수 있도록 하는 균등침해의 법리의 적용요건의 일부인 과제 해결원리의 동일성의 요건을 기존판례보다 명확히 재정리한 판결로서 의의가 있다.

나. 과제해결원리의 동일성은 기존 판례에 의하면 그 기준을 발명의 기술적 특징 부분 내지 특징적 구성을 중심으로 파악하고, 그 특징적 구성이 본질적인 부분의 구성인지 여부에 따라 판단하도록 하고 있다. 본질적인 부분이라는 개념을 채택하면 치환된 구성이 본질적인 부분이면, 실시제품 혹은 확인대상발명은 특허발명의 특징적인 구성을 가지지 않고 과제의 해결원리는 동일하지 않고, 치환된 부분이 비본질적인 부분이라면, 이는 특허발명의 특징적인 구성을 가질 수 있고 과제의 해결원리 또한 동일한 것으로 볼 수 있게 된다. 다시 말하자면 특허청구범위에 기재된 구성 중 과제 해결수단의 핵심이 되는 구성과 그렇지 않은 구성으로 나누어 구체적으로 청구범위에 기재된 구성을 중심으로 이해할 수도 있다. 이는 실무상으로는 청구범위에 기재된 발명의 구성을 본질적이며 특징적인 부분에 해당하는 구성과 그렇지 않은 부분으로 형식적으로 구분하여서 파악하여, 자칫 발명의 보호범위를 그 전

---

17) 대법원 2014. 7. 24. 선고 2013다14361 판결(2면).

체보다는 부분을 위주로 판단하게 할 수 있다는 단점이 있다.

다. 기존 판결들은 동일성의 판단에 있어서 특징적 구성에 근거하여 발명의 보호범위를 파악하여 특허청구범위에 기재된 구성 중에서 특징적인 구성을 특정한 후 실시제품이나 확인대상 발명의 구성을 이에 대비하여 판단하는 판결과, 한편으로는 기술적 사상의 관점에서 과제 해결원리를 확정한 후 이를 실시 제품이나 확인 대상발명에 대비 적용하는 판결이 혼재하여 왔다. 이에 비하여, 대상판결은 균등침해 판단의 제1요건인 과제 해결원리의 동일성에 대하여, 기존 판례가 채택하여 실무상 논란이 되어온 '치환된 구성부분의 비본질성' 및 특허발명의 '특징적 구성'의 요건이라는 표현 대신 '특허발명에 특유한 해결수단이 기초하고 있는 기술사상의 핵심'이라는 기준을 사용하고 있다. 이는 특징적 구성의 동일성을 청구사항에 기재된 구성요소를 중심으로 파악, 특허청구항을 형식적으로 특징적인 본질적인 부분과 그렇지 않은 부분으로 나누어 균등물을 파악해 왔던 기존의 판례 및 실무상의 이해를 지양하고, 기술사상의 핵심을 중심으로 기술사상의 원리를 바탕으로 파악할 수 있도록 균등물의 기준을 재정리하였다는 데 의미가 있다. 또한 대상판결은 명세서에 적힌 발명의 상세한 설명의 기재와 출원 당시의 공지기술 등을 참작하여 선행기술과 대비, 실질적으로 탐구하여 판단하도록 요구한 기존 판례의 요건을 따름으로써, 기술사상의 원리중심적인 관점을 취하는 동시에 기술사상의 핵심의 순환적·추상적인 정의는 피하고 있다. 또한 실시제품의 균등침해를 인정하면서 균등론의 법리의 판례에서 기존에 사용되어 왔던 치환 및 변경이라는 개념을 상위 개념인 변경으로 통합하고, 구성요소의 치환이 없는 생략 실시 등에도 균등침해의 법리를 적용할 수 있는 가능성을 열어 놓았다는 데에 의의가 있다고 할 것이다.

라. 관련 판례로는 특허발명의 적극적 권리범위확인 청구에 대한 특허법원 상고심에서도 대법원은 동일한 판단기준을 적용하여, 균등론에 의한 특허발명의 보호범위 판단의 법리를 오해한 원심을 파기 환송하는 판결을 내린 판례가 있다.[18] 후속 따름 판례로는, '변경'이라는 표현과 '특허발명에 특유한 해결수단이 기초하고 있는 기술사상의 핵심'의 기준을 적용하여 균등한 발명과 이용관계의 발명에 동일한 요건을 적용한 대법원 2015. 5. 14. 선고 2014후2788 판결이 있다.

---

18) 대법원 2014. 7. 24. 선고 2012후1132 판결.

07 국외에서의 생산 행위와 간접침해

대법원 2015. 7. 23. 선고 2014다42110 판결[1)

강명수(제주대학교 법학전문대학원 교수)

1. 사안의 개요

원고는 양방향 멀티슬라이드 휴대단말기에 대해 2004. 8. 5. 출원하여 2007. 5. 10. 등록을 받은 특허권자이며 피고는 2007년부터 2010년 무렵까지 휴대전화 단말기 제품으로서 N95를 미완성 제품, 반제품, 완성품으로, N96을 반제품으로 생산하여 수출하였다. 이에 원고는 2012. 7. 12. 피고를 상대로 원고의 특허 발명을 모두 포함하는 실시제품을 각 생산하여 수출함으로써 원고의 특허권을 침해하였다고 주장하면서 특허법 제128조 제3항(예비적으로 같은 법 제128조 제5항)에 따라 제품들을 수출하여 얻은 매출액 중 이 사건 발명이 업계에서 통상적으로 사용되는 실시료율인 0.5% 비율 상당의 금액의 지급을 청구하는 소를 제기하였다.

피고는 2012. 9. 25. 원고를 상대로 원고의 특허발명이 비교대상발명과 대비하여 진보성이 없다는 등의 사유를 들어 특허무효심판을 청구하였고, 원고는 2012. 11. 22. 무효심판 절차에서 청구항 1에 청구항 2를 병합하여 청구항 1의 특허청구 범위를 다음과 같이 정정하고, 청구항 2를 삭제하는 내용으로 정정청구를 하였다.

• 정정청구 전 특허청구범위

[청구항 1] 슬라이드형 휴대단말기로서 디스플레이 창을 구비한 상부 본체와 서로 다른 기능을 갖는 두 개 이상의 키패드를 갖는 하부 본체, 상부 본체가 하부 본체에 대해 어느 한 방향으로 이동할 때, 하부 본체의 다른 방향에 있는 키패드 중 적어도 어느 하나가 개방되는 것을 특징으로 하는 양방향 멀티슬라이드 휴대단말기.

[청구항 2] 제1항에 있어서 상부 본체가 하부 본체에 대해 하측으로 상대 슬라이딩될

---

1) [관련 평석 및 문헌] 최승재, "반제품 수출의 간접침해 여부 – 대법원 2015. 7. 23. 선고 2014다42110 판결 – ", 한국특허법학회 정기공개세미나 자료집(2016. 2. 20.).

때, 디스플레이 창의 양쪽에 대칭이 되어 양손 조작이 가능하게 상부 본체의 하측부에 제1기능 키패드부를 구비하는 것을 특징으로 하는 양방향 멀티슬라이드 휴대단말기(이하 원고의 특허권의 특허청구범위 청구항 1의 발명을 '특허발명 1', 청구항 2의 발명을 '특허발명 2'라 하고, 이를 합쳐 '원고의 특허발명'이라 한다)

• 정정 후 청구항 1

슬라이드 형 휴대단말기로서 디스플레이창을 구비한 상부 본체와 서로 다른 기능을 갖는 두 개 이상의 키패드를 갖는 하부 본체, 상부 본체가 하부 본체에 대해 어느 한 방향으로 이동할 때, 하부 본체의 다른 방향에 있는 키패드 중 적어도 어느 하나가 개방되고, 상부 본체가 하부 본체에 대해 하측으로 상대 슬라이딩될 때, 디스플레이 창의 양쪽에 대칭이 되어 양손 조작이 가능하게 상부 본체의 하측부에 제1기능 키패드 부를 구비하는 것을 특징으로 하는 양방향 멀티슬라이드 휴대단말기

이후 특허심판원은 2013. 1. 22. 원고의 정정청구를 받아들이면서 피고의 무효심판청구를 기각하는 내용의 심결을 내렸고,[2] 이에 피고는 특허법원에 심결에 대한 취소소송을 제기하였는데 특허법원은 2013. 9. 12. 정정 후 특허발명의 진보성이 부정되어 특허등록이 무효가 되어야 한다는 이유로 특허심판원의 심결을 취소하는 판결을 선고하였다.[3] 원고가 특허법원의 판결에 불복하여 대법원에 상고를 제기하였고(2013후2620), 대법원판결이 선고되기 전에 침해 사건에 대한 1심 및 2심 판결이 선고되었다.

이 사건에서 피고는 원고의 특허발명이 무효사유가 있는 것으로서 이에 기초한 손해배상청구는 권리남용에 해당하며, 실시제품 중 일부는 특허발명의 구성요소를 결여한 것으로서 특허권 침해가 아니고, 반제품 및 미완성품들은 외국에서 완성품으로 생산되었으므로 속지주의 원칙상 간접침해도 성립하지 않는다고 주장하였다.

---

2) 특허심판원 2013. 1. 22. 2012당2544호.

3) 특허법원 2013. 9. 12. 선고 2013허1351 판결은 정정청구는 독립된 정정심판청구와 달리 무효심판절차에 편면적으로 결합되어 그에 관한 판단이 특허등록무효 여부의 선결문제가 되는 특수한 형태임을 전제로, 정정 후 특허발명이 모두 그 진보성이 부정되어 특허등록이 무효가 되어야 하는 이상, 이와 결론을 달리한 이 사건 심결은 이 사건 정정청구에 관한 부분을 포함하여 그 전체가 일체로서 취소를 면할 수 없다고 판시하였다.

2. 판결의 요지

가. 제1심판결(서울중앙지방법원 2013. 10. 4. 선고 2012가합63163 판결)

1심에서는 N95와 N96의 각 반제품에 대한 간접침해 성립여부에 대해 따로 판단함이 없이 다음과 같은 이유로 원고의 청구를 기각하였다.

"이 사건 발명은 기술분야가 동일한 비교대상발명 1, 4와 대비할 때 그 구성의 곤란성 및 효과의 현저성이 있다고 볼 수 없으므로, 결국 통상의 기술자가 비교대상발명 1, 4에 의하여 용이하게 발명할 수 있는 것으로서 그 진보성이 부정된다. 따라서 이 사건 발명이 진보성이 없어 그 특허가 무효가 됨이 명백하여 이 사건 특허권에 기초한 원고의 손해배상 청구는 권리남용에 해당하여 허용되지 아니하므로, 이와 다른 전제에 선 나머지 점들에 대해서는 더 나아가 살펴보지 아니한다."

나. 항소심판결(서울고등법원 2014. 5. 29. 선고 2013나70790 판결)

항소심에서는 N95와 N96의 각 반제품에 대해서는 직접침해가 성립하지 않고 또한 직접침해가 국내에서 발생하지 않는 경우에는 간접침해도 성립할 수 없다고 하였으며, 다만 피고의 N95 완성품은 특허발명의 보호범위에 속한다고 전제하면서도 1심과 마찬가지로 원고의 특허발명에는 무효사유가 있다고 하여 결국 원고의 항소를 기각하였다.[4]

"특허법 127조 1호에 따르면, 특허가 물건의 발명인 경우에는 그 물건의 생산에만 사용하는 물건을 생산·양도·대여 또는 수입하거나 그 물건의 양도 또는 대여의 청약을 하는 행위를 업으로서 하는 경우에 특허권 또는 전용실시권을 침해한 것으로 본다. 이러한 간접침해에서의 생산은 특허법 2조 3호에서 규정하는 생산을 말하고, 그 생산은 특허법의 속지주의에 따라 국내에서의 생산을 말하는 것이므로 직접침해가 국내에서 발생하지 않는 경우에

---

4) 항소심은 피고가 제기한 특허무효심판 사건이 아직 확정되지 않았다는 이유로 정정전 특허청구범위를 기초로 무효사유를 판단하면서도, 정정 후 특허발명은 정정 전 특허발명 1, 2의 청구항 구성을 결합한 것에 불과하므로 그 구성요건이 실질적으로 같고 따라서 정정을 받아들이는 내용의 심결이 확정되어 특허발명 1, 2가 원래부터 정정 후 특허발명으로 된다고 하더라도 정정 후 특허발명에 기초하여 손해배상을 구하는 것도 권리남용에 해당하여 허용되지 않으므로 피고의 권리남용의 항변을 배척할 특별한 사정이 있다고 볼 수도 없다고 하였다.

는 간접침해도 성립할 수 없다고 보아야 한다.

앞서 본 전제사실과 위 인정사실에 의하면, 피고의 대상제품 N95와 N96 완성품의 구성 중 (a), (b), (c), (d), (e)는 각각 특허발명 1, 2의 구성요건 (A), (B), (C), (D), (E)와 실질적으로 같으므로 그 보호범위에 속한다(…).

그러나 피고가 생산하여 수출한 N95와 N96의 반제품과 N95의 미완성 제품은 특허발명 1, 2의 구성요건 일부를 갖추고 있지 않으므로 직접침해가 성립하지 않고, 모두 외국에서 완성품으로 생산되었으므로 특허법의 속지주의에 따라 특허법 127조에 정해진 간접침해도 성립하지 않는다. 또한 피고는 N96의 완성품을 생산하지 않았다. 그러므로 피고의 대상제품 중 N95의 완성품만 특허발명 1, 2의 보험범위에 속한다. 원고의 위 주장은 위 인정 범위 내에서 이유 있고, 나머지 주장은 이유 없다."

다. 대법원판결

대법원은 다음과 같이 판시하여 간접침해의 성립여부에 관한 원심의 판단을 수긍하면서도, 이 사건 특허발명이 비교대상발명들에 의하여 진보성이 부정되어 무효로 될 것임이 명백하다고 할 수 없다는 이유로 이와 달리 판단한 원심을 파기하였다.[5] 그리고 이후의 파기환송심(2015나21853)에서는 2016. 2. 3. 화해권고결정이 내려져 그대로 확정되었다.

"특허법 제127조 제1호는 이른바 간접침해에 관하여 '특허가 물건의 발명인 경우 그 물건의 생산에만 사용하는 물건을 생산·양도·대여 또는 수입하거나 그 물건의 양도 또는 대여의 청약을 하는 행위를 업으로서 하는 경우에는 특허권 또는 전용실시권을 침해한 것으로 본다.'고 규정하고 있다. 이는 발명의 모든 구성요소를 가진 물건을 실시한 것이 아니고 그 전 단계에 있는 행위를 하였더라도 발명의 모든 구성요소를 가진 물건을 실시하게 될 개연성이 큰 경우에는 장래의 특허권 침해에 대한 권리 구제의 실효성을 높이기 위하여 일정한 요건 아래 이를 특허권의 침해로 간주하려는 취지이다. 이와 같은 조항의 문언과 그 취지에 비추어 볼 때, 여기서 말하는 '생산'이란 발명의 구성요소 일부를 결여한 물건을 사용하여 발명의 모든 구성요소를 가진 물건을 새로 만들어내는 모든 행위를 의미하는 개념으로서, 공업적 생산에 한하지 아니하고 가공·조립 등의 행위도 포함한다(대법원 2009. 9. 10. 선고 2007후3356 판결 등 참조). 한편 간접침해 제도는 어디까지나 특허권이 부당하게 확장되지 아

---

5) 참고로 무효심판사건에 대한 상고심 판결도 이 사건 대법원판결과 같은 날 선고되었는데(대법원 2015. 7. 23. 선고 2013후2620 판결), 같은 취지에서 이 사건 특허발명의 진보성이 부정되지 않는다고 보아 원심을 파기하였다.

니하는 범위에서 그 실효성을 확보하고자 하는 것이다. 그런데 특허권의 속지주의 원칙상 물건의 발명에 관한 특허권자가 그 물건에 대하여 가지는 독점적인 생산·사용·양도·대여 또는 수입 등의 특허실시에 관한 권리는 특허권이 등록된 국가의 영역 내에서만 그 효력이 미치는 점을 고려하면, 특허법 제127조 제1호의 '그 물건의 생산에만 사용하는 물건'에서 말하는 '생산'이란 국내에서의 생산을 의미한다고 봄이 타당하다. 따라서 이러한 생산이 국외에서 일어나는 경우에는 그 전 단계의 행위가 국내에서 이루어지더라도 간접침해가 성립할 수 없다.

　　위 법리와 기록에 비추어 원심판결 이유를 살펴보면, 원심이, 피고가 국내에서 생산하여 수출한 N95와 N96의 각 반제품은 모두 국외에서 완성품으로 생산되었으므로 이 사건 제1항 및 제2항 발명의 각 특허권에 대하여 특허법 제127조 제1호에 정한 간접침해 제품에 해당하지 아니한다고 판단한 것은 정당하고, 거기에 상고이유 주장과 같이 특허발명의 청구범위 해석과 간접침해의 성립요건에 관한 법리를 오해하고 필요한 심리를 다하지 아니하여 판결에 영향을 미친 잘못이 없다."

이하에서는 간접침해에 대한 판단 부분을 중심으로 검토해 보기로 한다.

3. 해설

가. 간접침해 일반

(1) 법 규정

　　특허법 제127조에서는 '침해로 보는 행위'라는 제목하에 "특허가 물건의 발명인 경우에는 그 물건의 생산에만 사용하는 물건을 생산·양도·대여 또는 수입하거나 그 물건의 양도 또는 대여의 청약을 하는 행위", "특허가 방법의 발명인 경우에는 그 방법의 실시에만 사용하는 물건을 생산·양도·대여 또는 수입하거나 그 물건의 양도 또는 대여의 청약을 하는 행위"를 업으로 하는 경우 특허권 또는 전용실시권을 침해한 것으로 본다는 규정을 두고 있으며, 이를 소위 '간접침해'라고 한다. 이러한 간접침해에 대해서는 그동안 입법론 및 해석론의 다양한 논의들이 전개되어 왔는데, 미국의 Wallace 사건[6]이 시초가 되어[7] 각국의 상황에 따라 입법을 통해 도입이 되었다는 것으로 정리할 수 있다.[8]

---

6) Wallace v Holmes. 29 F. Cas. 74(1871 C. C. Conn.).

7) Charles W. Adams, "Brief History of Indirect Liability for Patent Infringement", Santa Clara Computer & High Technology Law Journal, Vol. 22, Issue 3(2006), p.372.

8) 永井義久, "間接侵害規定の改正", パテント Vol. 55 No. 11, 日本辨理士會(2002), 13면; 角田政芳·辰

이러한 연혁적인 과정에 대해서는 달리 의문이 없으나, 문제는 각 국가별로 간접침해 규정이 상이하다는 것과[9] 우리나라 특허법 제127조와 같은 규정을 두고 있는 국가는 찾아보기 어렵다는 것이다. 물론 일본의 1959년 특허법에서는 우리 특허법 제127조와 같은 규정을 두었었으나, 이후 2002년과 2006년 2차례 개정을 통해 간접침해 규정을 상당히 보완하였기 때문에 우리나라와 많은 차이가 있다.

(2) 간접침해 규정의 해석에 대한 일반적인 의문

발명의 모든 구성요소를 가진 물건을 실시한 것이 아니고 그 전 단계에 있는 행위를 하였더라도 발명의 모든 구성요소를 가진 물건을 실시하게 될 개연성이 큰 경우에는 장래의 특허권 침해에 대한 권리 구제의 실효성을 높이기 위하여 일정한 요건 아래 이를 특허권의 침해로 간주하는 간접침해 제도의 취지[10]는 각 국가별로 다르지 않겠지만, 국가별로 구체적인 요건이 상이하고 특히 우리나라 특허법 제127조는 매우 특유한 입법이라는 점에서 우리 특허법상 간접침해 규정의 해석에 있어 외국의 입법론이나 해석론을 차용하는 것이 바람직한 것인지에 대한 근본적인 의문이 제기될 수 있다.

특허법 제127조에는 규정되어 있지 않음에도 간접침해가 성립하기 위해 주관적 요건이 필요하다고 보는 견해[11]나 직접침해의 성립이 전제되어야 한다고 보는 견해[12] 등은 입법 연혁을 고려한 해석론으로 볼 수 있는데, 특허법의 직접침해와 달리 간접침해는 특허권의 실효적 보호를 위한 각 국가의 입법정책적 판단이기 때문에 입법 연혁을 고려하더라도 궁극적으로는 고유한 입법 규정에 충실한 해석론이 중시되어야 할 것으로 생각된다. 따라서 우리 특허법 제127조의 규정에 충실한 해석을 우선하고 이에 따른 보호상의 공백 문제가 발생하는 영역이 있다면 향후 입법론적 개정을 통해 보완해야 하며, 현재의 상황에서 외국의 입법

巳直彦, 知的財産法(第6版), 有斐閣(2012), 170면; 한국지식재산연구원, 해외 주요국의 IP 법제도 및 정책동향 조사·분석 보고서, 2011. 12., 58면 이하.

9) 우리나라와 일본, 미국, 영국의 간접침해 요건의 비교 정리는 한국지식재산연구원, 위의 보고서(주 8), 64면에 도표로 정리되어 있으며, 독일의 간접침해 규정에 대해서는 中山信弘 編著, 註解 特許法(上)(第3版), 靑林書院(2000), 956면; 中島基至, "ドイツ特許法の間接侵害に基づく損害の意義 － ドイツ 最高裁 2005年 6月 7日 判決(X ZR 247/02)[綱車式エレベーター事件]－", Law & Technology No. 58, 民事法研究会(2013. 1.), 26면 참고.

10) 대법원 2009. 9. 10. 선고 2007후3356 판결.

11) 김종윤, "특허권에 대한 간접침해", 창작과 권리 제2호, 세창출판사, 1996년 봄호, 10－11면; 권태복, "특허권의 간접침해에 관한 고찰(하)", 변시연구, 한빛지적소유권센터, 1994. 4., 22면에서는 전용성 요건과 관련하여 다른 용도에 사용되고 있어도 주관적인 의도를 가지고 침해물건을 생산하는 행위의 규제 필요성을 언급하고 있다.

12) 홍광식, "특허권 등 침해의 제유형", 재판자료 제56집, 법원행정처, 1992, 320면; 정상조, "특허권의 간접침해", 민사판례연구 21권, 박영사, 1999, 296면에서는 직접침해의 존재 또는 직접침해의 상당한 가능성이 필요하다고 한다.

또는 해석론을 바로 차용하는 것에는 신중을 기할 필요가 있을 것이다.

나. 대상판결에 대한 검토

(1) 직접침해의 성부와 간접침해

간접침해가 성립하기 위한 전제로 직접침해의 성립이 전제되어야 하는지에 대해 대법원이 명확하게 판시한 것은 찾아보기 어렵고 다만 토너 카트리지 사건에서 대법원은 직접침해를 고려함이 없이 간접침해의 성립을 인정하여[13] 독립설을 따른 것으로 보여진다.[14] 특허법 제127조에 의할 때 독립설이 타당해 보이며 이러한 견해가 통설적 입장이다.[15] 특허법 제127조의 취지에 대해 대상판결에서는 "간접침해 제도는 어디까지나 특허권이 부당하게 확장되지 아니하는 범위에서 그 실효성을 확보하고자 하는 것"이라고 하였는데, 투자비용 회수의 관점에서 볼 때 최종 생산행위가 개인들에 의해 발생하는 경우에도 그 전단계 행위에 대한 특허권자 보호의 필요성은 부정할 수 없기 때문에, 직접침해가 전제되어야 간접침해가 성립한다고 볼 이유는 없다고 생각된다.

대상판결에서는 국외에서 생산행위가 일어나는 경우 간접침해가 성립될 수 없다고 하여 간접침해 성립에 관한 종래의 독립설과 달리 종속설의 입장을 취한 것으로 해석될 여지도 있겠지만, 판시에서 간접침해 성립을 위해 직접침해가 전제되어야 한다고 명시적으로 밝히지 않았고 단지 속지주의 원칙을 근거로 제시하였기 때문에 이 판례가 종속설의 입장을 따른 것이라고 보기는 무리가 있어 보인다.

(2) 속지주의와 간접침해

대상판결에서는 위와 같은 간접침해 제도의 취지에도 불구하고 특허권의 속지주의 원칙을 고려하면 특허법 제127조 제1호의 '그 물건의 생산에만 사용하는 물건'에서 말하는 '생산'이란 국내에서의 생산을 의미한다고 봄이 타당하고 따라서 이러한 생산이 국외에서 일어나는 경우에는 그 전 단계의 행위가 국내에서 이루어지더라도 간접침해가 성립할 수 없다고 판시하였다.

특허권의 효력범위를 속지주의 원칙에 기초하여 판단한 것은 타당하지만, 간접침해가 직접침해와 무관하게 성립한다는 독립설의 입장을 충실히 따른다면 직접침해가 국외에서 발생하는 경우에도 국내에서의 간접침해 성립을 긍정할 여지는 있어 보인다. 즉, 비록 속지주

---

13) 대법원 1996. 11. 27.자 96마365 결정.
14) 정상조, 지적소유권법, 홍문사, 2004, 193면.
15) 조영선, 특허법(제5판), 박영사, 2015, 448면.

의 원칙이라는 제한이 있긴 하지만 특허법 제127조에서는 국내에서 발생하는 일부 구성요소의 실시행위도 침해로 보는 규정을 두고 있어 그에 따른 침해 책임을 인정하는 것일 뿐 국외에서 발생하는 직접침해 행위 자체를 문제 삼는 것이 아닌 점(따라서 속지주의 원칙을 위반한 것으로 보기는 어렵다), 특허권의 실효적인 보호는 결국 특허권자로 하여금 투자수익의 확보를 보장해 주는 것에 있는데 간접침해의 경우 일부 구성요소의 제조판매가 수익보장의 주된 부분이어서 국외에 수출된다는 이유만으로 특허권 보호에서 배제해야 할 필연적인 이유는 찾아보기 어려운 점 등을 고려해 볼 때 대상판결의 타당성에 대해서는 의문이 제기될 수 있다.

4. 판결의 의의

대상판결은 특허권의 직접침해가 국외에서 발생하는 경우의 반제품 수출은 간접침해에 해당할 수 없다는 점을 최초로 밝힌 점에서 의의가 있다. 판례 변경이나 법령 개정이 되지 않는 한 이러한 판결 결과는 그대로 유지될 것으로 생각되는바, 향후 실무적으로나 이론적으로 중요한 기준이 될 것으로 생각된다.

다만 앞에서 언급한 바와 같이 특허법 제127조의 명문 규정과 간접침해 제도의 취지를 고려해 볼 때 대상판결의 결론이 타당한지에 대해서는 의문이 제기될 수 있다. 이와 관련하여 미국 특허법 제271조(f)를 참고한 입법적 개정의 검토 필요성을 언급하는 견해도 있는데,[16] 이에 대한 논의가 필요할 것으로 생각된다. 뿐만 아니라 특허법 제127조에서는 '침해로 보는 행위'라고 되어 있음에도 이를 '간접침해'라는 표현으로 사용하는 것이 타당한지의 용어상 문제(간접'침해'라는 표현으로 인해 직접침해와의 관련성이 부각되는 문제가 있다고 판단됨)부터 제도의 취지(직접침해의 전단계 행위에 대한 규제보다는 투자수익 확보의 보장이 강조될 필요가 있어 보임), 개별 요건에 대한 우리법 특유의 해석론 등 특허법 제127조에 관한 전반적인 검토가 필요할 것으로 생각된다.

---

16) 최승재, 앞의 글(주 1).

대법원 2012. 1. 19. 선고 2010다95390 전원합의체 판결[1]

노태악(서울고등법원 부장판사)

1. 사안의 개요

가. 사실관계

'드럼세탁기의 구동부 구조'라는 명칭을 가진 발명(상세한 청구항의 내용은 생략하고, 이하에서는 '이 사건 발명'이라고만 한다)의 특허권자인 원고 회사가 드럼세탁기를 제조·판매하는 피

---

1) [변경된 판례 및 따름 판례] 대상판결에 따라 변경된 판례로 대법원 1992. 6. 2.자 91마540 결정(공1992하, 2109)(변경), 대법원 2001. 3. 23. 선고 98다7209 판결(공2001상, 926)(변경)이 있고, 대상판결에 따른 대법원 2012. 7. 12. 선고 2010다42082 판결, 대법원 2013. 3. 15. 선고 2010다63133 판결 등이 있다.
   [관련 평석 및 문헌] 대상판결 선고 후 많은 판례 평석이 나왔다. 대표적인 글로는 유영선, "침해소송법원에서 진보성의 심리·판단 가능 여부", 사법 제21호, 사법발전재단(2012)이 있다. 이 글에서도 저자의 허락을 받아 이하 많은 부분을 참조, 인용하였음을 밝혀둔다. 다만 인용에 따른 오류는 전적으로 필자의 책임이다. 그 외 법관(작성 당시)들에 의한 글로서는 김태현, "특허침해소송에서 진보성 판단 문제", 재판과 판례 제21집, 대구판례연구회(2012); 박원규, "특허침해소송에서의 진보성 판단", 특허판례연구 개정판, 박영사(2012); 박정희, "특허침해소송 등에서의 당해 특허의 무효사유에 대한 심리판단", 특허판례연구 개정판, 박영사(2012); 설민수, "특허결정에 대한 특허침해소송 법원의 진보성 판단의 범위와 그 개선방향 — 대법원 2010다95390 전원합의체 판결을 중심으로—", 법조 통권 제673호(2012.); 유영선, "침해소송법원에서 특허발명의 진보성에 대한 심리·판단 가능 여부", 양승태 대법원장 재임 3년 주요판례평석, 사법발전재단(2014); 정희영, "무효사유 있음이 명백한 지식재산권에 기한 권리행사의 가부", LAW & TECHNOLOGY 제8권 제1호(2012), 서울대학교 기술과 법센터 등이 있다. 학자나 변호사들에 의한 평석으로는 구대환, "권리범위확인심판에서는 법원이 진보성 판단을 할 수 없는가?", 정보법학 제16권 제3호, 한국정보법학회(2012); 김태수, "특허분쟁 이원화 구조 관점에서 살펴본 대법원판결", 발명특허 제37권 11호, 한국발명진흥회(2012); 도두형, "진보성 없는 특허에 기한 특허권의 행사와 권리남용", 판례연구 제26집 1, 서울지방변호사회(2012); 박준석, "무효사유 있는 특허권에 기한 권리행사와 권리남용", LAW & TECHNOLOGY 제9권 제3호(2013); 안원모, "특허에 진보성 결여가 명백한 경우의 침해소송법원에서의 처리", 법조 통권 제676호(2013); 전성태·전수정, "특허침해소송에서의 무효의 항변 — 문제점과 해결방향을 중심으로—", 창작과 권리 제69호, 세창출판사(2012); 정태호·김혁중, "특허침해소송에서의 권리남용의 적용에 대한 비판적 고찰", 한양대 법학논총 제29집 제4호, 한양대 법학연구소(2012); 조영선, "특허권 남용 법리의 재구성", 저스티스 통권 제135호(2013) 등이 있다(필자 이름의 가나다순으로 정리하였다).

고 회사를 상대로 피고 실시제품이 원고 회사의 특허권을 침해하였다고 주장하면서 그 침해
금지와 손해배상의 소를 제기한 사안이다.[2]

나. 쟁점

이 사건의 쟁점은 특허발명이 등록무효심판 절차에서 등록무효로 확정되기 전에 침해
소송법원에서 특허발명의 진보성이 부정된다는 이유로 그 특허권에 기초한 침해금지 및 손
해배상 등의 청구를 기각할 수 있는지 여부이다.

2. 판결의 요지

가. 제1심 및 원심의 판단

제1심은 피고 실시제품이 원고 회사의 특허권을 침해하였다는 이유로, 침해금지 청구
부분은 전부 인용하고 손해배상 청구 부분은 일부 인용하였다.[3] 그러나 원심은 이 사건 발
명이 그 기술분야에서 통상의 지식을 가진 사람이 선행기술을 결합하여 용이하게 발명할 수
있어 그 진보성이 부정되는 무효사유가 있음이 명백하다고 한 다음 이러한 특허권에 기초한
침해금지 및 손해배상 청구는 권리남용에 해당하여 허용되지 않는다는 이유로 제1심판결을
취소하고, 원고의 청구를 모두 기각하였다.[4]

나. 대상판결

대상판결의 요지는 다음과 같이 두 부분으로 크게 나누어 볼 수 있다.

(1) 진보성이 부정되는 특허발명의 소송상 취급

특허법은 특허가 일정한 사유에 해당하는 경우에 별도로 마련한 특허의 무효심판절차
를 거쳐 무효로 할 수 있도록 규정하고 있으므로, 특허는 일단 등록된 이상 비록 진보성이
없어 무효사유가 존재한다고 하더라도 이와 같은 심판에 의하여 무효로 한다는 심결이 확정
되지 않는 한 대세적으로 무효로 되는 것은 아니다. 그런데 특허법은 제1조에서 발명을 보

2) 이 사건 특허 발명과 피고의 실시제품 및 선행기술에 대한 자세한 설명은 생략한다. 기술에 관한 자세한
내용은 유영선, "침해소송법원에서 진보성의 심리·판단 가능 여부"(주 1), 394-397면 이하 참조.
3) 서울중앙지방법원 2009. 10. 14. 선고 2007가합63206 판결(제1심).
4) 서울고등법원 2010. 9. 29. 선고 2009나112741 판결(원심).

호·장려하고 그 이용을 도모함으로써 기술의 발전을 촉진하여 산업발전에 이바지함을 목적으로 한다고 규정하여 발명자뿐만 아니라 그 이용자의 이익도 아울러 보호하여 궁극적으로 산업발전에 기여함을 입법목적으로 하고 있는 한편 제29조 제2항에서 그 발명이 속하는 기술분야에서 통상의 지식을 가진 자가 특허출원 전에 공지된 선행기술에 의하여 용이하게 발명할 수 있는 것에 대하여는 특허를 받을 수 없다고 규정함으로써 사회의 기술발전에 기여하지 못하는 진보성 없는 발명은 누구나 자유롭게 이용할 수 있는 이른바 공공영역에 두고 있다. 따라서 진보성이 없어 본래 공중에게 개방되어야 하는 기술에 대하여 잘못하여 특허등록이 이루어져 있음에도 별다른 제한 없이 그 기술을 당해 특허권자에게 독점시킨다면 공공의 이익을 부당하게 훼손할 뿐만 아니라 특허법의 입법 목적에도 정면으로 배치된다. 또한, 특허권도 사적 재산권의 하나인 이상 그 특허발명의 실질적 가치에 부응하여 정의와 공평의 이념에 맞게 행사되어야 할 것인데, 진보성이 없어 보호할 가치가 없는 발명에 대하여 형식적으로 특허등록이 되어 있음을 기화로 그 발명을 실시하는 자를 상대로 침해금지 또는 손해배상 등을 청구할 수 있도록 용인하는 것은 특허권자에게 부당한 이익을 주고 그 발명을 실시하는 자에게는 불합리한 고통이나 손해를 줄 뿐이므로 실질적 정의와 당사자들의 형평에도 어긋난다.

(2) 진보성이 부정되는 특허권 청구와 권리남용

따라서 특허발명에 대한 무효심결이 확정되기 전이라고 하더라도 특허발명의 진보성이 부정되어 그 특허가 특허무효심판에 의하여 무효로 될 것임이 명백한 경우에는 그 특허권에 기초한 침해금지 또는 손해배상 등의 청구는 특별한 사정이 없는 한 권리남용에 해당하여 허용되지 아니한다고 보아야 하고, 특허권침해소송을 담당하는 법원으로서도 특허권자의 그러한 청구가 권리남용에 해당한다는 항변이 있는 경우 그 당부를 살피기 위한 전제로서 특허발명의 진보성 여부에 대하여 심리·판단할 수 있다고 할 것이다.[5]

---

5) 다만 이 사건 발명의 진보성 판단에 대하여는 원심과 달리 각각의 구성이 유기적으로 결합한 전체로 볼 때 선행기술들보다 구성의 곤란성 및 효과의 현저성이 인정되므로, 그 진보성이 부정되어 특허가 무효로 될 것임이 명백하다고 할 수 없고 따라서 이 사건 발명의 특허권에 기초한 원고의 청구는 권리남용에 해당하지 아니한다고 판단하고 원심판결을 파기환송하였다.

3. 해설

가. 대상판결 이전의 판례와 학설

(1) 대상판결 이전의 판례

그동안 대법원은 등록특허의 무효사유인 신규성, 기재불비 및 진보성 등에 따라 각각의 개별적인 법리를 적용하여 사안을 해결해 왔다.[6] 즉 신규성과 관련하여서는, "등록된 특허 발명 전부가 출원 당시 공지공용의 것이었다면 특허무효의 심결 유무에 관계없이 그 권리 범위를 인정할 근거가 상실된다"고 판시하였다(이른바 '공지기술 제외설').[7] 기재불비와 관련하여서는 "특허청구범위의 기재나 발명의 상세한 설명 기타 도면의 설명에 의하더라도 특허출원 당시 발명의 구성요건 일부가 추상적이거나 불분명하여 그 발명 자체의 기술적 범위를 특정할 수 없을 때는 특허권자는 그 특허발명의 권리범위를 주장할 수 없다"[8]는 논리(이른바 '기술적 범위 확정 불능설')로 특허침해를 부정하였다.

그런데 진보성과 관련해서는, 종래 상반된 취지의 대법원 판례가 공존해 오고 있었다. 무효판단을 부정하는 입장[9]과 권리남용설에 따라 무효판단을 긍정하는 입장[10]이 있었다.

(2) 대상판결 이전의 학설 개관

침해소송에서 진보성 판단을 할 수 있는지 여부에 관하여, 종래의 학설은 크게 특허의 하자를 직접 주장, 판단할 수 있게 하자는 입장(무효항변설, 권리남용설), 특허의 하자를 직접 다루지는 않되 보호범위를 확정하는 과정에서 이른바 '청구범위 해석론'으로 하자 있는 부분을 제외하거나(한정해석론, 공지기술 제외 또는 출원경과금반언의 원칙 등), 상대방의 침해대상물 자체가 자유실시기술이라고 판단하는 입장 등이 있었다.[11]

---

6) 이러한 주류적인 판례들과는 달리, 일본 최고재판소의 平成 12(2000). 4. 11. 선고 이른바 'キルビ' 판결의 영향을 받아 모든 무효사유에 대하여 권리남용이론을 적용한 것으로 보이는 대법원 2004. 10. 28. 선고 2000다69194 판결도 있었다.

7) 대법원 1983. 7. 26. 선고 81후56 전원합의체 판결.

8) 대법원 2002. 6. 14. 선고 2000후235 판결 등.

9) 대법원 1992. 6. 2.자 91마540 결정, 대법원 2001. 3. 23. 선고 98다7209 판결도 실용신안에 관하여 같은 취지로 판시하였다.

10) 대법원 2004. 10. 28. 선고 2000다69194 판결; 대법원 2008. 5. 15. 선고 2008다11832 판결.

11) 자세한 것은 유영선, "침해소송법원에서 진보성의 심리 · 판단 가능 여부"(주 1), 405 – 409면 이하 참조.

(3) 외국의 경우

특허침해 소송과 특허무효 소송이 엄격히 분리되어 있는 독일을 제외하고는 미국, 프랑스 및 일본에서는 모두 침해사건에서 그 범위에서 다소 차이가 있으나 대체로 무효판단이 가능하다고 본다.12)13)

나. 대상판결의 분석

(1) 권리남용설의 채택

대상판결은 침해소송법원이 특허발명의 진보성을 심리·판단할 수 있는 근거로 권리남용설을 채택하였다.14)

(2) 진보성에 관한 민사침해소송에 한정

대상판결은 민사침해소송에서 진보성의 판단에 한정됨을 분명히 하였다. 권리범위확인심판에서는 여전히 무효의 판단을 할 수 없으며, 이 점은 최근 대법원 전원합의체판결을 통하여 밝혔다.15) 또 이러한 권리남용론에 기하여 무효판단을 할 수 있는 것은 특허의 요건 중 진보성 요건에 국한하고, 신규성과 기재불비의 사유의 경우는 종전의 입장을 그대로 유지하였다.16)

---

12) 상세한 것은 유영선, 위의 글, 402-404, 409-415면 참조.

13) 다만 유럽법원(European Court of Justice)은 2006. 7. 13. GAT v Luk(C-4/03) 판결과 Roche v. Primus (C-539/03) 판결을 통하여 침해소송에서는 반소나 항변으로도 무효의 주장을 할 수 없다는 판단을 하였고 위 판결의 취지는 유럽연합(European Union)의 브뤼셀 규칙(Brussel Regulation I)에 그대로 반영되었다(Art. 24(4)). 그런데 2014년 유럽특허법원(Unified Patent Court)이 출범하면서 위 추가된 개정문은 다시 삭제된 것으로 보인다. 자세한 것은 Chhausz & Florack, Cross-border patent litigation in Europe: change is coming, <http://www.lexology.com/library/detail.aspx?g=49be9a38-fa93-4750-9ecb-1058 3543df33> June 17. 2015.

14) 상세한 것은 유영선, "침해소송법원에서 진보성의 심리·판단 가능 여부"(주 1), 426-434면 참조. 대상판결이 위와 같은 태도를 보인 것은, i) 이 설에 의하면 특허침해소송 분쟁의 해결기관인 법원이 권리관계 해석에 관한 권한의 범위 내에서 특허침해소송 당사자들 사이의 대인적인 권리관계만 판단할 뿐 직접 대세적으로 특허등록무효를 선언하는 것은 아니므로, 권한분배의 원칙과 공정력 이론에 반하지 않고, 실정법(민법 제2조 제2항)에 근거하고 있다는 장점이 있는 점, ii) 기존의 대법원 2004. 10. 28. 선고 2000다69194 판결도 권리남용설을 취한 적이 있고 이를 따르는 것이 하급심의 일반적인 실무 예이었으며 학설도 대체로 이에 긍정적이었던 점 등을 고려한 것으로 보인다.

15) 대법원 2014. 3. 20. 선고 2012후4162 전원합의체 판결.

16) 무권리자 출원(제33조 제1항), 명세서 보정에서 신규사항 추가(제47조 제2항), 산업상 이용 가능성 없음 (제29조 제1항) 등과 같은 그 이외의 무효사유가 추후 문제 되는 경우에는, 위 2000다69194 판결이 설시한 법리를 그대로 따르거나 위 판결을 기초로 하여 문제 된 특허무효 사유에 맞는 새로운 법리를 선언할 수도 있을 것이다.

한편 대상판결에서 설시한 '특별한 사정'이란, 진보성이 부정되는 특허무효 사유가 존재하더라도 정정심판청구로 진보성이 부정된다고 할 수는 없는 상황이 도래할 가능성이 있는 경우 등을 염두에 둔 것으로 정정이 인정될 가능성이 있는 경우 등에는 권리남용의 항변은 인정될 수 없을 것이다. 또 '명백성'은 침해소송법원이 진보성이 부정된다는 점과 관련하여 가지는 심증의 정도를 말하는 것이므로, 행정행위의 당연무효 요건으로서 중대·명백성에서 말하는 명백성과는 전혀 다른 개념으로 보아야 할 것이다.[17]

(3) 상표침해소송과 권리범위확인심판의 경우

특허침해 관련 사건인 대상판결이 선고된 이후 상표침해소송에서도 같은 취지의 판결이 선고되었다.[18] 다만 대법원은 특허의 경우 모든 무효사유를 포섭하지 아니하고 문제된 '진보성 결여'의 무효사유에 국한하여 판시한 것과 달리, 상표침해소송에서는 대법원이 각각의 무효사유에 대하여 개별적인 법리를 적용하지 않고, 각각의 상표등록 무효 사유별로 침해소송법원이 이를 심리·판단할 수 있는 근거를 다르게 논리 구성해야 할 아무런 이유가 없다고 보아 모든 상표등록 무효사유를 포괄하여 권리남용설을 적용하였다.[19] 한편 대법원은 최근 전원합의체판결을 통하여 권리범위확인심판에서는 특허발명의 진보성이 부정된다는 이유로 그 권리범위를 부정하여서는 안 된다고 판시하였다.[20] 그 논거는 다음과 같다. 즉, 특허법은 특허가 일정한 사유에 해당하면 별도로 마련한 특허의 무효심판절차를 거쳐 무효로 할 수 있도록 규정하고 있으므로, 특허는 일단 등록이 되면 비록 진보성이 없어 당해 특허를 무효로 할 수 있는 사유가 있더라도 특허무효심판에 의하여 무효로 한다는 심결이 확정되지 않는 한 다른 절차에서 그 특허가 무효임을 전제로 판단할 수는 없다. 나아가 특허법이 규정하고 있는 권리범위확인심판은 심판청구인이 그 청구에서 심판의 대상으로 삼은 확인대상발명이 특허권의 효력이 미치는 객관적인 범위에 속하는지 여부를 확인하는 목적을 가진 절차이므로, 그 절차에서 특허발명의 진보성 여부까지 판단하는 것은 특허법이 권리범위확인심판 제도를 두고 있는 목적을 벗어나고 그 제도의 본질에 맞지 않다. 특허법이 심판이라는 동일한 절차 안에 권리범위확인심판과는 별도로 특허무효심판을 규정하여 특허발명의 진보성 여부가 문제 되는 경우 특허무효심판에서 이에 관하여 심리하여 진보성이 부정되면 그 특허를 무효로 하도록 하고 있음에도 진보성 여부를 권리범위확인심판에서까지 판단할 수 있게 하는 것은 본래 특허무효심판의 기능에 속하는 것을 권리범위확인심판에 부여함으로써 특허무효심판의 기능을 상당 부분 약화시킬 우려가 있다는 점에서도 바람직하지 않다. 따라서

---

17) 상세한 것은 유영선, "침해소송법원에서 진보성의 심리·판단 가능 여부"(주 1), 426−434면 참조.
18) 대법원 2012. 10. 18. 선고 2010다103000 전원합의체 판결.
19) 유영선, "침해소송에서 상표등록 무효를 심리·판단할 수 있는지 여부"(주 1), 123면.
20) 대법원 2014. 3. 20. 선고 2012후4162 전원합의체 판결.

권리범위확인심판에서는 특허발명의 진보성이 부정된다는 이유로 그 권리범위를 부정하여서는 안 된다. 다시 말하면, 단순히 상대방이 실시하고 있는 구체적인 발명과의 관계에서 특허발명의 권리가 미치는 범위를 객관적으로 확정하는 권리범위확인심판에서는 권리남용 등의 대인적인 권리행사 제한사유를 주장할 수 없다고 하여 권리범위확인심판에서는 권리남용설을 채택하지 않은 것이다.[21)22)]

4. 판결의 의의

대상판결이 선고된 후 학계를 중심으로 주로 권리남용설의 적용과 그 기준에 관한 지적과 비판 및 침해소송의 법관이 민사소송의 원칙인 변론주의 한계 내에서 이러한 통상의 기술자 수준이나 용이성 여부를 적절하게 판단하는 것은 매우 어렵고, 진보성 관련 판단은 규범적 요소의 개입으로 판단의 미묘함이 있고 진보의 폭을 결정하는 것이기 때문에 판단 주체가 달라지면 그 판단에 차이가 발생할 가능성이 매우 높게 된다는 등의 우려와 비판이 있다.[23)]

그러나 권리남용이 되는지 여부는 각각의 발명에 대한 기술적 분석을 개별적·구체적으로 판단하여 진보성이 부정되는지를 살피는 것이므로 이를 획일적·일률적 적용이라고 할 수는 없다. 진보성이 부정되어 특허법상 보호할 가치가 없고 특허제도의 목적이나 당사자들 간의 정의와 공평의 이념에도 반하는 이상 일반조항으로서 권리남용을 적용해야 할 불가피한 사정이 있는 것이므로, 반드시 위 견해들이 주장하는 것처럼 부당하다고 보기 어렵다. 한편 특허침해법원에서 기술적인 전문지식이 없는 법관들에 의한 진보성 판단을 우려하는 비판에 대하여는, 현재 침해소송법원 판사의 기술적 이해도를 높이기 위한 다양한 제도적 방안을 모색하고 있으며, 전문심리위원제도와 특허청 기술전문가의 파견 등을 받아 법원 내·외부의 기술전문가로부터 충분한 기술적 조언을 받을 수 있는 시스템도 차츰 강화하고 있고, 이를 뒷받침하는 여러 제도가 도입된다면 장차 해결될 수 있으리라고 본다. 그뿐만 아니라 현재도 침해사건을 심리함에 있어 적절한 운용의 묘를 발휘할 수 있다. 예컨대 만일 진보성 관련 무효사유의 존재가 의심은 되지만 그것이 명백하지 않은 경우에는 당해 항변을 기각하고 원고의 청구를 받아들일 것이 아니라, 당해 소송절차를 중지하고 무효심판의 결과를 기

---

21) 이에 대하여 특허가 진보성이 없어 무효로 될 것임이 명백한 경우라면 권리범위확인심판을 청구할 이익이 없으므로 그러한 청구는 부적법하여 각하되어야 한다는 소수의견이 있었다.

22) 위 판결에 대한 평석으로 장낙원, "권리범위확인심판에서의 진보성 판단 여부", 대법원 판례해설 제100호 (2014년 상), 법원도서관(2014) 참조.

23) 예컨대, 구대환, "권리범위확인심판에서는 법원이 진보성 판단을 할 수 없는가?"; 김태수, "특허분쟁 이원화 구조 관점에서 살펴본 대법원판결"; 박준석, "무효사유 있는 특허권에 기한 권리행사와 권리남용"; 정태호·김혁중, "특허침해소송에서의 권리남용의 적용에 대한 비판적 고찰" 등이 있다(각 주 1 참조).

다리는 것이 타당하다. 이 경우 무효사유의 존재가 명백하지 않다고 하여 당해 항변을 기각하게 되면 오히려 명백성 요건이 무효심판절차에서의 판단과 차이를 발생시키는 위험요인으로 작용하게 된다. 이 경우에는 소송절차를 중지하고 무효심판절차에서의 판단을 기다리는 것이 오히려 분쟁의 조기해결에 도움이 되고 분쟁의 실효적 해결을 기할 방법이 된다.[24]

어찌하였든 대상판결 이전에는 신규성 결여 및 기재불비는 침해소송법원이 이를 심리·판단할 수 있다고 함이 대법원의 확고한 입장으로서 별다른 논란이 없었으나, 진보성 결여의 경우는 상반된 취지의 대법원 판례가 정리되지 않은 채 오랫동안 병존해 오고 있어 전원합의체 판결로 대법원의 입장을 정리해야 한다는 학계와 실무계의 요구가 많았다. 대상판결은 이처럼 논란이 되어왔던 침해소송법원의 진보성 심리·판단의 문제를 명확히 정리하였다는 점에서 큰 의의가 있다. 다만 앞으로 남은 과제는 앞서 비판적인 입장에서 지적하는 것처럼, 특허권의 집행에 예측가능성을 부여하고 개별사건에서 법관의 자의적 판단을 방지하기 위한 특허권 남용에 관하여 객관적이고 체계적인 판단준칙을 확립하고,[25] 예컨대 전문심리위원의 확충과 특허재판의 관할 집중 등을 통하여 특허침해법원 법관의 전문적이고 기술적인 지식의 부족이라는 우려에 대한 불식이 필요할 것이다. 한편 법원조직법 및 민사소송법의 일부 개정으로 2016. 1. 1.부터 특허권, 실용신안권, 디자인권, 상표권 및 품종보호권의 침해에 따른 손해배상을 구하는 민사 등에 관한 소의 항소심은 특허법원의 전속관할로 함으로써 어느 정도의 관할 집중이 이루어지게 되었다. 앞으로 특허법원에서 진행될 침해 사건 항소심의 운용을 관심 있게 지켜볼 필요가 있다.

---

24) 안원모, "특허에 진보성 결여가 명백한 경우의 침해소송법원에서의 처리"(주 1), 125면.
25) 조영선, "특허권 남용법리의 재구성", 저스티스 통권 제135호(2013), 137면 이하 참조.

09 특허무효심결의 확정과 특허발명 실시계약

대법원 2014. 11. 13. 선고 2012다42666 판결[1]

남현(서울남부지방법원 판사)

1. 사안의 개요

가. 특허발명 실시계약의 주요 내용

원고(반소피고, 이하 '원고'라 한다)와 피고(반소원고, 이하 '피고'라 한다)들은, 원고가 원고 또는 그 대표이사가 보유하는 "폐타이어, 폐우레탄 컬러고무칩을 이용한 투수성탄성포장재" 특허(특허번호 제497253호) 및 위 포장재의 시공방법에 관한 특허(특허번호 제441861호) 등 11개 특허권 및 2개의 실용신안권에 관하여 피고 2 회사(피고 1은 위 회사의 대표이사이다)에 그 특허기술의 사용권한을 부여하고, 피고 회사는 총 매출액(원고의 특허기술을 사용하였는지 여부와 관련 없이 피고 회사에 발생한 총 매출액을 의미하는 것임)의 일부를 원고에게 지급하며, 피고 회사나 피고 1이 계약상 의무를 위반하거나 원고의 동의 없이 피고 회사를 폐업·휴업하는 등으로 그 영업을 중단·해태하는 경우 원고는 피고들이 계약 체결 당일 발행하기로 하는 액면금 20억 원의 약속어음 공정증서에 의한 강제집행을 실시할 수 있고, 이 경우 원고가 요구하는 즉시 피고 1은 원고에게 피고 1이 보유하고 있는 피고 회사의 주식 33.5%를 양도하기로 하는 것 등을 주요 내용으로 하는 특허발명 실시계약(이하 '이 사건 계약'이라 한다)을 체결하였다.

---

1) [참조 및 관련 판례] 대법원 2010. 12. 9. 선고 2010다67319 판결.
　　[관련 평석 및 문헌] 김창권, "특허의 무효와 기지급 실시료의 반환 여부", 사법 제32호, 2005, 332면 이하; 김태현, "특허 무효가 기존 실시계약에 미치는 영향", 재판과 판례 제24집, 2015, 527면 이하; 박종학, "실시계약의 대상인 특허의 무효와 기지급 특허실시료 반환의무", 경기법조 제22호, 2015, 415면 이하; 임상민, "특허의 소급 무효와 기지급 실시료의 반환 여부", 과학기술과 법 제6권 제2호, 2015, 29면 이하 등.

나. 원고의 본소청구 및 피고의 반소청구

원고는 본소로써, 피고들이 계약상의 의무를 위반하였음을 주장하면서 피고 1을 상대로 원고에게 피고 1이 보유하는 피고 회사의 주식 33.5%를 양도할 것을 청구하고, 피고 회사를 상대로 위 주식의 명의개서절차 이행을 청구하였다.

이에 대하여 피고들은 제1심에서 반소로써, 이 사건 계약이 무효이거나 이 사건 계약에 취소·해제 사유가 있어 피고들이 이 사건에서 제출한 준비서면 또는 반소장 부본의 송달로 이를 취소·해제하였다고 주장하면서 이 사건 계약의 무효 확인을 청구하였다가, 항소심에서 피고 1은 반소를 취하하고 피고 회사는 이 사건 계약이 무효이거나 취소·해제·해지되었음을 원인으로 원고를 상대로 이미 지급받은 특허기술사용료 중 무효로 된 특허의 나머지 특허들에 대한 동질성 비율에 상응하는 금액을 부당이득으로 반환할 것을 청구하는 것으로 반소 청구취지를 교환적으로 변경하였다.

다. 이 사건의 주요 쟁점

이 사건 소송에서 원·피고는 여러 가지 주장과 항변을 하였으나, 본고 평석의 대상인 대법원판결에서 주요한 쟁점으로 된 것은 아래 두 가지이므로, 본고에서는 이를 중심으로 살펴본다.

(1) 특허발명 실시계약 체결 이후 계약 대상인 특허가 무효로 확정된 경우, 특허권자가 실시권자로부터 이미 지급받은 특허실시료 중 특허발명 실시계약이 유효하게 존재하는 기간에 상응하는 부분을 부당이득으로 반환할 의무가 있는지 여부

(2) 특허발명 실시계약 체결 이후 계약 대상인 특허가 무효로 확정된 경우, 착오를 이유로 특허발명 실시계약을 취소할 수 있는지 여부

2. 판결의 요지

가. 제1심판결(서울중앙지방법원 2011. 1. 21. 선고 2010가합25600(본소), 2010가합96947(반소) 판결)

제1심 법원은 피고 회사의 특허기술사용료 지급의무 위반 등 본소 청구원인사실 주장을 모두 배척하여 원고의 본소청구를 기각하고, 이 사건 계약이 무효이거나 이 사건 계약에 취소·해제 사유가 있다는 피고들의 주장을 모두 배척하여 피고들의 반소청구도 기각하였다.

특허 제1심 법원은, 이 사건 계약에서 사용권한을 부여한 위 제497253호 및 제441861호 2개의 특허들에 관하여 무효심결이 확정되었는바 위 특허들은 이 사건 계약의 중요 부분에 해당하는 것으로서 무효사유를 지닌 사정을 알았더라면 피고들은 이 사건 계약을 체결하지 아니하였을 것이므로 착오를 이유로 이 사건 계약을 취소한다는 피고들의 주장에 대하여, 원고는 이 사건 계약에서 피고 회사에 사용권한을 부여한 13개의 특허 또는 실용신안 외에도 15건의 특허권 또는 실용신안권을 보유하고 있었고 이 사건 계약상 피고 회사의 요청 시이들에 대하여 통상실시권 설정절차를 이행하여 주도록 되어 있었던 점 등에 비추어 피고들이 제출한 증거들 등만으로는 이 사건 계약의 중요부분에 관한 착오가 있는 때에 해당한다고 인정하기에 부족하다는 이유로 피고들의 위 주장을 배척하였다.

나. 항소심판결(서울고등법원 2012. 4. 19. 선고 2011나20142(본소), 2011나20159(반소) 판결)

항소심 법원은 원고의 본소에 대한 항소를 기각하고, 피고 회사의 교환적으로 변경된 반소청구도 기각하였는데, 특히 이 사건의 쟁점과 관련된 부분들에 대한 판단은 아래와 같다.

즉, 피고 회사는 항소심 감정인의 감정결과를 토대로 위 2개의 특허들은 나머지 특허들과 70% 이상의 동질성을 갖는 것으로서 이 사건 계약의 중요 부분에 해당하고 위 특허들의 유효성은 피고 회사가 이 사건 계약을 체결함에 있어 주요 동기가 되었다고 주장하면서 제1심에서 한 이 사건 계약에 대한 착오 취소 주장을 보충하였는데, 항소심 법원은 제1심판결에서 설시한 사정에 더하여, 발명의 구성요소 중복 정도만을 가지고 특허의 유무효 및 경제적 가치를 단정할 수 없고 특히 이 사건 계약에서 사용권한을 부여한 나머지 11개 특허 또는 실용신안 중 4개는 위 2개 특허들의 구성요소와 동질성이 10~40%에 불과한 점 등의 사정을 들면서, 위 2개 특허들의 유효성이 이 사건 계약의 중요내용이라거나 피고 회사가 이 사건 계약을 체결한 동기였다는 피고 회사의 주장을 받아들이지 아니하였다.

또한 항소심 법원은 항소심에서 교환적으로 변경된 부당이득반환청구에 대하여, 특허를 무효로 한다는 심결이 확정되었다고 하더라도 특허법 제133조 제3항 본문의 규정에 불구하고 해당 특허의 특허권자와 특허실시권자 사이의 특허실시계약(또는 특허기술사용계약)이라는 사법상의 법률관계까지 소급하여 무효로 된다고 볼 수 없고, 위와 같은 특허실시계약은 무효심결의 확정시로부터 후발적으로 이행불능에 빠진다고 전제한 다음, 따라서 특허실시권자가 특허권자에게 특허에 대한 무효심결 확정 전에 지급한 특허기술사용료(실시료)가 있다 하더라도 이는 특허권자가 그때까지 특허실시권자에게 제공하였던 '특허를 배타적으로 사용할 수 있도록 하는 채무의 이행'이라는 급부에 대하여 무효심결 확정 전 또는 특허실시계약 해지 전까지 유효하게 존속되는 특허실시계약에 기하여 지급받은 정당한 반대급부이므로 법률상 원인이 없다 할 수 없고, 특허실시권자는 그때까지 특허를 배타적으로 사용함에 따른 경제적 이익을 향유하므로 '손해'가 발생하였다 할 수 없다는 이유로, 특허권자는 이미 지급받은 특허기술사용료를 부당이득으로 반환할 의무가 없다고 판단하였다.

다. 대법원판결

대법원은 원심의 본소에 관한 부분에 대한 판단(피고 회사가 원고의 특허기술을 사용하였는지 여부와 관련 없이 피고 회사에 발생한 총 매출액의 일부를 원고에게 지급하는 것으로 규정하고 있는 이 사건 계약서의 조항을 그 문언에도 불구하고 원고의 특허를 사용하여 발생한 매출에 한하는 것으로 해석한 판단)에 잘못이 있다고 보아 원심판결 중 본소에 관한 부분을 파기하고 이 부분 사건을 원심법원에 환송하였으나, 피고 회사의 상고는 기각하였는데, 이 사건 주요 쟁점에 대한 설시 부분은 아래와 같다(밑줄은 필자).

"특허발명 실시계약이 체결된 이후에 그 계약 대상인 특허가 무효로 확정되면 특허권은 특허법 제133조 제3항의 규정에 따라 같은 조 제1항 제4호의 경우를 제외하고는 처음부터 없었던 것으로 간주된다. 그러나 특허발명 실시계약에 의하여 특허권자는 실시권자의 특허발명 실시에 대하여 특허권 침해로 인한 손해배상이나 그 금지 등을 청구할 수 없게 될 뿐만 아니라 특허가 무효로 확정되기 이전에 존재하는 특허권의 독점적·배타적 효력에 의하여 제3자의 특허발명 실시가 금지되는 점에 비추어 보면, <u>특허발명 실시계약의 목적이 된 특허발명의 실시가 불가능한 경우가 아닌 한 특허무효의 소급효에도 불구하고 그와 같은 특허를 대상으로 하여 체결된 특허발명 실시계약이 그 계약의 체결 당시부터 원시적으로 이행불능 상태에 있었다고 볼 수는 없고,</u> 다만 특허무효가 확정되면 그때부터 특허발명 실시계약은 이행불능 상태에 빠지게 된다고 보아야 한다. 따라서 특허발명 실시계약 체결 이후에 특허가 무효로 확정되었더라도 앞서 본 바와 같이 특허발명 실시계약이 원시적으로 이행불능 상태에 있었다거나 그 밖에 특허발명 실시계약 자체에 별도의 무효사유가 없는 한 <u>특허권자가 특허발명 실시계약에 따라 실시권자로부터 이미 지급받은 특허실시료 중 특허발명 실시계약이 유효하게 존재하는 기간에 상응하는 부분을 실시권자에게 부당이득으로 반환할 의무가 있다고 할 수 없다.</u>"

"특허는 그 성질상 특허등록 이후에 무효로 될 가능성이 내재되어 있는 점을 감안하면, <u>특허발명 실시계약 체결 이후에 계약의 대상인 특허의 무효가 확정되었더라도 그 특허의 유</u>

효성이 계약 체결의 동기로서 표시되었고 그것이 법률행위의 내용의 중요부분에 해당하는 등의 사정이 없는 한, 착오를 이유로 특허발명 실시계약을 취소할 수는 없다고 할 것이다."

3. 해설

가. 특허무효심결의 확정과 실시권자의 부당이득반환청구

(1) 특허무효심결의 확정과 소급효

이해관계인 또는 심사관은 특허에 일정한 하자가 있는 경우 특허권자를 피청구인으로 하여 특허심판원장에게 무효심판을 청구할 수 있다.[2] 여기에서 일정한 하자 즉 무효사유란 대부분 특허거절사유와 동일한 것으로, 신규성이나 진보성이 없는 발명에 대하여 특허가 부여된 경우, 기재불비의 경우, 발명을 한 사람 또는 그 승계인이 아닌 사람이 특허를 출원한 경우 등 다양하다.

무효심판이 청구되면 특허심판원장은 3명 또는 5명의 심판관으로 구성되는 합의체에 심판하게 하고,[3] 심판은 원칙적으로 심결로써 종결하는데,[4] 심결의 유형으로는 ① 청구인이 무효를 주장하는 청구항 모두를 무효로 하는 심결, ② 청구인이 무효를 주장하는 청구항들 중 일부 청구항을 무효로 하는 심결,[5] ③ 청구인이 무효를 주장하는 청구항 모두를 무효로 하지 아니하는 심결, ④ 심판청구를 각하하는 심결 등이 가능하다.[6]

특허를 무효로 한다는 심결이 확정된 경우에는, 제1항 제4호[7]에 따라 특허를 무효로 한다는 심결이 확정된 경우를 제외하고는, 그 특허권은 처음부터 없었던 것으로 본다.[8]

(2) 특허에 관한 전용실시권 설정계약과 통상실시권 설정계약

특허무효심결이 확정된 경우 실시권자에게 부당이득반환청구권을 인정할 것인지 여부에 관하여, 그 실시권이 전용실시권인지 통상실시권인지에 따라 결론이 달라질 수 있으므로, 우선 특허에 관한 전용실시권 설정계약과 통상실시권 설정계약의 성격이 어떻게 다른지를

---

2) 특허법 제133조 제1항 제1문, 제140조.
3) 특허법 제143조, 제146조.
4) 특허법 제162조.
5) 주의할 것은, 하나의 청구항의 일부를 무효로 하는 심결은 있을 수 없다(대법원 1994. 4. 15. 선고 90후1567 판결 참조).
6) 그 밖에, 무효심판절차에서 특허발명의 명세서 또는 도면에 대하여 정정청구가 있는 경우(특허법 제133조의2)에는 심결문의 주문(主文)에 정정의 인정 여부에 대한 내용이 추가되어야 할 것이다.
7) 특허된 후 그 특허권자가 제25조(외국인의 권리능력에 관한 규정)에 따라 특허권을 누릴 수 없는 자로 되거나 그 특허가 조약을 위반한 경우.
8) 특허법 제133조 제3항.

간략히 살펴본다.

특허권자는 그 특허권에 대하여 타인에게 전용실시권을 설정할 수 있고, 전용실시권자는 그 설정행위로 정한 범위에서 그 특허발명을 업으로서 실시할 권리를 '독점'한다.[9] 전용실시권의 설정은 등록하여야만 효력이 발생한다.[10] 전용실시권자는 권리 침해에 대한 금지 또는 예방 청구권(법 제126조), 손해배상청구권(법 제128조), 신용회복청구권(법 제131조)을 가지는 등 특허권자와 거의 같은 정도의 보호를 받는다.

한편, 특허권자는 그 특허권에 대하여 타인에게 통상실시권을 허락할 수도 있는데, 통상실시권의 등록은 그 효력발생요건이 아니라 대항요건에 불과하다. 통상실시권자는 특허법에 따라 또는 설정행위로 정한 범위에서 특허발명을 업으로서 실시할 수 있는 권리를 가진다. 이러한 통상실시권의 성격은 채권 즉, 채권자 등에 대하여 방해배제 또는 손해배상청구권을 행사하지 못하게 하는 부작위청구권으로 이해되는데, 복수의 통상실시권을 중첩적으로 허락할 수 있다는 점이 임차권 등과 다른 특징이다.[11]

(3) 특허무효심결이 확정된 경우 실시권자의 부당이득반환청구 가부

특허를 무효로 하는 심결이 확정된 경우 해당 특허는 소급하여 무효로 보므로, 이 경우 해당 특허를 대상으로 하는 실시권 설정계약상의 실시권자가 이미 지급한 실시료 등을 부당이득으로 반환받을 수 있는지가 문제된다.

1) 일본에서의 논의

일본에서는, (ⅰ) 원칙적으로 부당이득반환청구권을 인정하는 학설[12]로서, ① 특허무효심결에 소급효가 있는 이상 해당 특허를 대상으로 하는 전용실시권 또는 전용실시권 설정계약도 당연히 소급하여 무효로 되므로 특허권자가 이미 지급받은 특허실시료는 부당이득으로서 실시권자에게 반환하여야 한다는 견해,[13] ② 특허권자는 원칙상 이를 부당이득으로 반환할 책임이 있다고 하면서도 특허권자가 특허의 무효 사유를 알지 못한 때에는 민법상 선의점유자의 과실수취권 규정을 유추하여 이미 지급받은 실시료를 반환하지 않아도 된다는 견해,[14] ③ 무단으로 발명을 실시한 자의 경우 통상실시료 상당의 손해배상금만을 지급하면

9) 특허법 제100조 제1항, 제2항.
10) 특허법 제101조 제1항 제2호.
11) 정상조·박성수 공편, 특허법 주해 I, 박영사, 2010, 1248면(이회기 집필부분).
12) 특별히 이유를 밝히지 않고 부당이득으로서 반환하여야 한다는 견해로서 網野誠, 商標(第6版), 有斐閣, 平成 14(2002), 961면.
13) 萼優美, (改正)工業所有權法解說, 帝国地方行政学会, 1972, 285면; 瀧野文三, 学說判例 總攬, 工業所有權法 新版(上), 中央大学出版部, 1979, 474면. 다만 이 학설은, 실시권자가 입게 된 그 밖의 손해는 특허권자가 특허의 무효 사유를 알았거나 알지 못한 데 과실이 있는 경우에 한하여 배상책임이 있다고 한다.
14) 兼子·染野, 工業所有權法, 日本評論社, 1968, 290면(이 견해는 부정설로 분류되기도 한다); 豊崎光衛, 工業所有權法(法律学全集), 有斐閣, 1975, 202면.

되고 그마저 특허가 무효로 된 경우에는 손해배상을 하지 않아도 되는 점과의 균형을 고려할 때 실시권자에게 부당이득반환청구을 인정하여야 한다는 견해[15] 등이 있고, (ⅱ) 특허권자는 무효의 확정시까지 계속하여 대외적으로 발명에 관한 독점·배타적 권리를 가지고 있고 무효가 확정되더라도 그와 같은 상태가 존재하였다는 사실이 바뀌는 것은 아니며, 통상실시권자로서는 실시계약을 근거로 발명의 실시를 하고 특허권자의 위와 같은 배타권에 힘입어 이미 독점적인 이익을 얻었기 때문에 비록 나중에 특허권이 소급하여 무효로 된다고 하더라도 부당이득의 한 요건인 '손해'를 입었다 할 수 없어 결국 부당이득이 성립하지 않는다는 견해(부정설)[16][17]가 있으며, (ⅲ) 그 밖에, ① 손해가 발생하지 아니하였다는 입장을 전제로 하면서도 특허권이 실질상 유명무실했다는 등의 사유로 실시권자가 기대한 만큼 이익을 볼 수 없었던 경우에는 이미 지급한 실시료를 부당이득으로서 반환받을 수 있다는 견해,[18] ② 실시자의 입장에서 볼 때 실시권 설정계약은 권리자로부터 침해의 경고를 받고 나서 체결하는 '적대적 실시계약'이든, 장래 분쟁의 소지를 없애기 위하여 미리 특허의 유효를 수긍하면서 능동적으로 체결하는 '우호적 실시계약'이든 권리자로부터 아무런 대항을 받음이 없이 기술을 실시할 목적으로 소정의 대가를 지급하는 것이어서 이는 결국 '평화를 위하여 하는 출연행위'라고 볼 수 있고, 그와 같은 실시권자의 내심에는 특허의 유·무효를 다투지 않겠다는 화해와 유사한 의사가 있는 것으로 해석할 필요가 있으며, 실제로 적대적 실시계약이든 우호적 실시계약이든 실시권자의 입장에서 향후 특허가 무효로 될 가능성이 전혀 없다고 확신한다는 것은 비현실적이므로, 실시권자로서는 향후 특허가 무효로 되는 경우까지 고려에 넣고 계약에 임하는 경우가 대부분이어서 이미 지급한 실시료는 향후 특허가 무효로 되더라도 반환청구를 하지 않겠다는 의사 또한 가지고 있다고 봄이 상당한바, 위와 같이 대가를 치르고 평화로운 상태에서 기술을 실시한 이상, 실시권자로서는 나중에 그 특허

---

15) 近藤惠嗣, "実用新案登録の無効確定と既払実施料の返還請求", 判例ライセンス法: 山上和則先生還暦記念, 発明協会, 2000. 1., 395−396면.

16) 石川義雄, "実施契約中の権利の無効と不当利得返還請求権", ジュリスト　別冊 86호(85. 12): 特許判例百選(제2版), 有斐閣, 1985, 154−155면. 특히 石川義雄(이시카와 요시오) 변리사는, 실시료는 비용으로 판매가격에 전가되기 때문에 특허권자의 이익에 상응하는 실시료 상당의 손해는 없는 것이고 특허권자는 무효가 확정될 때까지 독점적 상태를 보유함으로써 통상실시권자와의 사이에 실시계약을 이행하고 있는 셈이 되어 실시권자가 실시료를 지급하였다고 해서 부당이득으로 이를 반환해야 할 이유는 없고, 이와 같은 결과는 특허권자의 선의·악의와도 관계가 없으며, 오히려 부당이득반환청구권을 가지는 것은 실시료가 제품가격에 전가됨으로 인하여 정상가격보다 비싼 값에 제품을 구입한 일반 수요자로서, 무효인 특허권자와 실시권자는 그에 대한 반환의무를 지게 된다고까지 하고 있다.

17) 부정설을 취하는 견해로는, 吉田和彦(설범식 역), "권리무효인 경우 기불 실시료의 반환요부", 특허판례백선(제3판, 中山信弘외2 編, 비교특허판례연구회 역), 박영사, 2005, 620−621면; 小松陽一郎·村林隆一, 特許実用新案の法律相談(1増補版), 靑林書院, 2002, 518면; 吉藤幸朔(YOU ME 특허법률사무소 역), 특허법개설(제13판), 대광서림, 2000, 680면; 中山信弘 編, 注解特許法(第三版)下卷, 靑林書院, 2000, 1350면(荒垣恒輝 집필부분) 등 참조.

18) 馬瀬文夫, "工業所有権と不当利得", 註解民法 18권, 573면.

가 무효로 되었다고 하여 이미 지급한 실시료의 반환을 청구할 수는 없다는 견해[19]가 있다. 위 견해는, 실시권자는 미지급 실시료의 청구에 대하여 언제라도 특허 무효의 항변을 제출할 수 있고, 법원도 실시료 지급청구 소송의 사실심 변론종결 시 당해 특허의 무효가 확정된 상태라면 실시료 지급청구를 기각할 것이나, 임의로 지불한 실시료에 대하여는 권리의 무효를 이유로 반환청구를 할 수 없는바, 무효인 특허에 대한 실시료 지급의무는 일종의 자연채무라고 설명한다.[20]

2) 우리나라의 학설

우리나라에서는, ① 실시권자는 특허가 무효로 되기까지는 제3자의 자유로운 실시로 인한 경쟁에서 보호 내지 이익을 받고 있었으므로 실시료 상당의 손해를 입었다고 단정하기 어려운 점을 고려하면 특허권자가 특허의 명백한 무효 사유 등을 알고 있었고 그로 인하여 실시권자가 실질적으로 아무런 보호를 받지 못했다는 등의 특별한 사정이 없는 한 실시권자가 이미 지급한 실시료에 대하여 부당이득반환청구권을 행사할 수는 없다고 보는 견해,[21] ② 일본의 위 학설들이 모두 특허무효심결의 확정에 따라 이를 기초로 한 특허의 양도계약이나 실시권 설정계약 등도 당연히 무효로 되는 것을 전제로 하고 있음을 비판하면서, 경우를 나누어, 특허권 양도계약이나 전용실시권 설정계약에서 그 대상으로 삼은 특허 전부가 무효로 확정된 경우에는 해당 계약은 존재하지 아니하는 권리를 급부의 목적으로 한 것으로서 이행이 원시적으로 불능이므로 무효로 되어 이미 지급받은 양도 대금이나 실시료 등을 반환하여야 하고(다만, 계약의 대상이 된 복수의 특허 또는 청구항 중 일부만이 무효로 된 경우라면 계약 전부가 무효로 되지는 아니하고 특허권자가 실시권자에 대하여 하자담보책임을 부담하게 된다고 한다), 통상실시권의 경우에는 특허권자의 배타적 권리를 행사하지 아니할 부작위의무가 원시적 불능에 빠지는 것이 아니어서 통상실시권 설정계약이 소급하여 무효로 된다고 볼 근거가 없으므로 실시권자는 특허권자를 상대로 이미 지급한 실시료의 반환을 청구할 수 없다는 견해[22] 등이 있다.

3) 대상판결의 해설

대상판결은 특허무효심결이 확정되었다고 하더라도 원칙적으로 해당 특허발명의 실시계약이 소급하여 체결 당시부터 원시적으로 이행불능 상태에 있었다고 볼 수 없고, 다만 특허무효 확정시부터 이행불능 상태에 빠지게 되는 것이며, 따라서 <u>특허권자는 실시계약에 따라 이미 지급받은 실시료 중 특허가 무효로 확정되기 이전의 기간에 해당하는 부분은 실시권자에게 부당이득으로 반환할 의무가 없다</u>는 취지로 판시하였는데, 그 설시 내용을 보면

---

19) 近藤惠嗣, "実用新案登録の無効確定と既払実施料の返還請求"(주 15), 389–390면.
20) 위의 글, 393면.
21) 정상조·박성수 공편, 특허법 주해 I (주 11), 399면(최정열 집필부분).
22) 조영선, "특허의 무효를 둘러싼 민사상의 법률관계", 법조 55권3호, 법조협회, 2006, 77–95면.

실시계약에 의하여 특허권자는 실시권자에 대하여 방해배제나 손해배상의 청구를 할 수 없는 부작위의무를 부담하게 되는 점, 특허가 무효로 확정되기 이전에는 특허권의 독점적·배타적 효력에 의하여 제3자로부터 실시권자가 보호되는 점 등을 근거로 하였다고 할 수 있다.

한편 대상판결은, 예외적으로, 특허발명 실시계약의 목적이 된 특허발명의 실시가 불가능한 경우라면 실시계약이 원시적으로 이행불능 상태에 있었다고 볼 수도 있음을 시사하면서, 이와 같이 실시계약이 원시적으로 이행불능 상태에 있었던 경우 등 실시계약 자체에 별도의 무효사유가 있었다면 특허권자가 이미 지급받은 실시료를 부당이득으로 반환하게 될 수 있는 당연한 법리도 설시하였다.

그러나 대상판결은 전용실시권과 통상실시권을 구분하여 설시하지는 아니하였는바, 문언 그대로라면 전용실시권에 관하여도 동일한 법리를 적용할 수 있을 것이나, 이 사안은 통상실시권을 설정한 것으로 보이는 사안이어서, 향후 전용실시권 설정계약이 있었던 사안에 관하여 동일한 논점이 다투어지는 경우, 특히 실시계약의 목적인 복수의 발명이나 청구항 중 일부만이 무효로 된 경우에도 대법원이 같은 법리를 적용할지 여부는 지켜보아야 할 것으로 생각된다. 이 사안도 계약의 목적이 된 여러 특허발명 또는 실용신안 중 일부 특허만이 무효로 된 것이기는 하나, 당사자가 하자담보책임 등을 주장하지는 아니하였기에 대법원은 이에 관한 판단은 하지 아니하였다.

나. 특허무효심결의 확정과 특허발명 실시계약의 착오 취소

(1) 착오로 인한 의사표시

의사표시는 법률행위의 내용의 중요부분에 착오가 있는 때에는 취소할 수 있다(민법 제109조 본문). 여기에서 말하는 '착오'의 의미와, '동기의 착오'를 이유로 의사표시를 취소할 수 있는지 여부에 관하여 여러 해석론이 있으나, 판례는 일반적으로 착오를 '의사표시의 내용과 내심의 의사가 일치하지 않는 것을 표시자가 모르는 것'이라고 하고,[23] 동기의 착오에 관하여는 '동기의 착오가 법률행위의 내용의 중요 부분의 착오에 해당함을 이유로 표의자가 법률행위를 취소하려면 그 동기를 당해 의사표시의 내용으로 삼을 것을 상대방에게 표시하고 의사표시의 해석상 법률행위의 내용으로 되어 있다고 인정되면 충분하고 당사자들 사이에 별도로 그 동기를 의사표시의 내용으로 삼기로 하는 합의까지 이루어질 필요는 없지만, 그 법률행위의 내용의 착오는 보통 일반인이 표의자의 입장에 섰더라면 그와 같은 의사표시를 하지 아니하였으리라고 여겨질 정도로 그 착오가 중요한 부분에 관한 것이어야' 한다고 한다.[24]

---

23) 대법원 1985. 4. 23. 선고 84다카890 판결.
24) 대법원 1997. 9. 30. 선고 97다26210 판결; 대법원 1998. 2. 10. 선고 97다44737 판결; 대법원 2000. 5.

(2) 특허의 무효와 실시계약의 착오 취소 가부

특허발명 실시계약에서 그 목적이 된 특허발명에 무효 사유가 있음을 알지 못하고 계약을 체결하였다는 주장은 동기의 착오에 관한 주장에 해당할 것이다. 무효 사유가 있었던 특허에 대하여 결국 무효심결이 확정된 경우 이러한 착오를 이유로 실시권 설정계약에 관한 의사표시를 착오로 취소할 수 있는가에 대하여, 이를 특허권의 양도 또는 전용실시권 설정계약의 경우와 통상실시권 설정계약의 경우로 나누어, 전자에 관하여는 계약의 목적인 특허 또는 청구항 전부가 무효로 된 때에는 계약 전부가 원시적 이행불능으로 무효로 되고 일부가 무효로 된 때에는 결국 하자담보책임과 착오 취소권의 경합을 인정할지 여부의 논의로 귀결되며, 후자에 관하여는 특허권이 유효하다는 것이 계약의 동기로 명시적으로 표시되거나 당사자의 의사해석을 통해 그와 같은 동기가 표시되었다고 볼 수 있고 그와 같은 동기가 의사표시의 중요한 부분으로 되는 경우에만 실시권자는 특허의 무효가 확정되었음을 이유로 착오에 의한 의사표시 취소를 주장할 수 있다는 견해가 있다.[25]

대상판결은 전용실시권과 통상실시권 등 경우를 나누지 아니하고 그 특허의 유효성이 계약 체결의 동기로서 표시되었고 그것이 법률행위의 내용의 중요부분에 해당하는 등의 사정이 없는 한 착오를 이유로 특허발명 실시계약을 취소할 수는 없다고 판시하였는데, 이는 동기의 착오에 관한 위와 같은 기존의 판례이론을 그대로 적용한 것으로 파악된다. 한편 대상판결은 '특허는 그 성질상 특허등록 이후에 무효로 될 가능성이 내재되어 있는 점'을 위와 같은 판시를 도출하는 고려요소로 설시하고 있는데, 이는 실시계약의 목적인 특허발명에 관하여 특허무효심결이 있었던 사유 자체만으로는 법률행위의 내용의 중요부분에 착오가 있었다고 인정할 수 없음을 표현한 것으로 이해되고, 따라서 이와 같은 판례이론에 따르면 실시권자는 '유효한 특허만을 대상으로 계약을 체결하려는 내심의 의사와 외부적으로 표현된 의사표시의 내용이 불일치하므로 착오에 해당한다'라는 등의 주장을 할 수 없게 될 것이다.

4. 판결의 의의

대상판결은 특허를 무효로 하는 심결이 확정된 경우 해당 특허발명을 목적으로 하는 실시계약의 효력과 이미 지급한 실시료에 대한 부당이득반환청구권에 대하여 대법원의 입장을 밝힌 최초의 판결로서 그 의의가 크다고 할 것이다. 다만, 앞에서도 언급한 바와 같이, 향후 특허권의 양도계약이나 전용실시권 설정계약에 관하여 같은 논점이 다투어지는 경우, 특허

---

12. 선고 2000다12259 판결 등.
25) 조영선, "특허의 무효를 둘러싼 민사상의 법률관계"(주 22), 96-98면.

계약의 목적이 여러 개의 발명이나 청구항인 때로서 그중 일부만이 무효로 된 경우에도 대법원이 같은 법리를 적용할지 여부 등에 관하여는 관심을 가지고 지켜볼 필요가 있다고 하겠다.

10 직무발명 이중양도와 사용자의 특허권이전청구

대법원 2014. 11. 13. 선고 2011다77313, 77320 판결[1)]

박태일(대법원 재판연구관, 지방법원 부장판사)

1. 사안의 개요

甲 회사는 2007. 4. 30. 정밀 알루미늄 다이캐스팅 부품의 제조, 공급 등을 목적으로 설립된 법인으로서, 2007년 10월경 피인수회사로부터 그 자산을 양수하고(이 사건 자산양도계약), 정보통신기기용 부품의 제조 및 판매 등을 목적으로 하는 피인수회사의 사업을 그대로 영위하고 있다.

乙은 화학공학 박사로 피인수회사의 최대주주였고, 2004. 11. 5.부터 2007. 10. 29.까지 피인수회사의 대표이사로 재직하였으며, 甲 회사 설립 이후 2009. 10. 16.까지 甲 회사에서 등기이사로 재직하였다.

甲 회사는 이 사건 자산양도계약을 통하여 乙을 등기이사로 고용하면서 비밀유지 및 경업금지약정(이 사건 발명약정)을 체결하였는데, 이 사건 발명약정에 따르면 乙은 甲 회사에서 재직하는 기간 중 독자적으로 또는 타인과 함께 개발한 모든 발명을 발명 즉시 甲 회사에 서면으로 공개하여야 하고, 乙의 그 발명에 대한 일체의 권리는 甲 회사에 독점적·배타적으로 귀속되는 것으로 규정되어 있다.

丙은 2007년 11월경부터 甲 회사의 알루미늄 합금 개발과 관련한 성분테스트, 물성분석 등과 관련된 업무를 위임받아 처리한 경험이 있던 사람으로 2009. 3. 3. 특허청에 새로운 합금(이 사건 합금)에 관한 특허를 출원하여 2010. 5. 25. 특허등록(이 사건 특허)을 받았다.

또한 丙은 별도로 사업자등록을 하여 위 사업체 명의로 甲 회사의 경쟁업체와 이 사건 합금에 대한 라이선스계약을 체결한 다음 그 기술료로 15,658,814원을 받아 이를 乙과 나누

---

1) [참조 및 관련 판례] 대법원 2012. 11. 15. 선고 2012도6676 판결.
　　[관련 평석 및 문헌] 김관식, "정당한 권리자에 의한 특허권 이전청구의 허부", 2014 TOP 10 특허판례 세미나, 한국특허법학회 정기공개세미나(2015. 3. 7.); 박태일, "직무발명의 이중양도에 관한 연구", 한양대학교 대학원 박사학위논문, 2015 등.

어 가졌다.[2]

　　甲 회사는 먼저 乙, 丙을 상대로 하여 공동불법행위를 주장하면서 이 사건 특허권에 대한 위 기술료 상당의 손해배상을 청구하였다. 또한 丙을 상대로 하여 甲 회사가 이 사건 특허의 정당한 권리자임을 주장하면서 특허권이전을 청구하였다.

2. 판결의 요지

가. 특허권에 대한 손해배상청구 부분

　　대상판결은 이 사건 합금의 발명자는 乙과 丙이고, 이 사건 발명약정은 乙의 직무발명에 관하여 미리 甲 회사에 특허 등을 받을 수 있는 권리나 특허권 등을 승계시키고자 하는 직무발명 사전승계 약정의[3] 범위 내에서 유효하며, 이 사건 합금 발명 중 乙의 기여 부분은 甲 회사와의 관계에서 乙의 직무발명에 해당한다고 보았다.

　　그리고 직무발명 사전승계 약정의 적용을 받는 종업원 등은[4] 사용자 등이[5] 이를 승계하지 아니하기로 확정되기 전까지 임의로 위 약정 등의 구속에서 벗어날 수 없는 상태에 있는 것이고, 위 종업원 등은 사용자 등이 승계하지 아니하는 것으로 확정되기까지는 그 발명의 내용에 관한 비밀을 유지한 채 사용자 등의 특허권 등 권리의 취득에 협력하여야 할 신임관계에 있으므로, 종업원 등이 이러한 신임관계에 의한 협력의무에 위배하여 직무발명을 완성하고도 그 사실을 사용자 등에게 알리지 아니한 채 그 발명에 대한 특허를 받을 수 있는 권리를 제3자에게 이중으로 양도하여 제3자가 특허권 등록까지 마치도록 하였다면, 이는 사용자 등에 대한 배임행위로서 불법행위가 된다고 판단하였다.

　　이러한 판단에 따라 乙, 丙은 공동불법행위자로서 위 기술료 가운데 甲 회사가 배임행위로 얻지 못한 이익 상당액인 乙 지분에 상응하는 금액을 甲 회사에 지급할 의무가 있다고 판결하였다.

---

2) 실제 사건에는 乙 외에 피인수회사의 주주이자 등기이사였다가 甲 회사의 공장장으로 재직하였던 당사자도 함께 위 기술료를 함께 나누어 가졌으나, 평석 목적에 직접 관련이 없으므로 위 당사자에 대한 언급은 생략한다.

3) 직무발명에 대한 특허를 받을 수 있는 권리 등을 사용자 등에게 승계시킨다는 취지를 정한 약정 또는 근무규정을 말한다.

4) 발명진흥법상 '종업원, 법인의 임원 또는 공무원'을 "종업원 등"으로 약칭하고 있다.

5) 발명진흥법상 '사용자·법인 또는 국가나 지방자치단체'를 "사용자 등"으로 약칭하고 있다.

나. 특허권이전청구 부분

대상판결은 직무발명 사전승계 약정을 위반한 이중양도의 경우 사용자가 채권자대위의 법리에 따라 이중양수인으로부터 특허권이전을 받을 수 있는 법리를 설시하였다. 또한 이에 앞서 정당한 권리자가 특허출원을 한 후 출원인 지위를 양도하였다가 그 양도계약이 무효·취소로 되어 무권리자 명의의 특허권 등록이 이루어진 사안에서 특허권이전청구를 인정한 대법원 2004. 1. 16. 선고 2003다47218 판결의 법리를, 특허를 받을 수 있는 권리가 양도된 경우이면 그 양도 전 정당한 권리자에 의한 특허출원이 없었더라도 적용될 수 있도록 확장하였다.

이러한 법리들을 기초로 하여, 乙, 丙 사이의 乙 지분의 이중양도는 丙의 적극 가담 아래 이루어진 것으로서 민법 제103조에서 정한 반사회질서의 법률행위에 해당하여 무효라고 보면서, 甲 회사는 乙에게 이 사건 합금 발명에 대한 권리 중 乙 지분에 관하여 직무발명 사전승계 약정에 따른 승계 의사를 문서로 알리고, 위 발명에 대하여 丙 앞으로 등록된 특허권 중 乙 지분에 관하여 丙을 상대로 乙을 대위하여 乙에게 이전등록할 것을 청구하고, 동시에 乙을 상대로 甲 회사에 순차 이전등록할 것을 청구할 수 있음은 별론으로 하고, 위 특허권에 관하여 직접 甲 회사에 이전등록할 것을 청구할 수는 없다고 판결하였다.

3. 해설

가. 논의의 범위

대상판결은 회사(甲)의 임원(乙)과 회사 외부인(丙)이 공동으로 발명을 완성하였고, 그 발명이 회사의 임원과 회사의 관계에서는 직무발명 사전승계 약정의 적용을 받는 것임에도, 회사의 임원이 그의 지분을 회사 외부인에게 양도하여 회사 외부인 단독 명의로 특허출원·등록이 이루어진 이중양도 상황에서 사용자의 민사적 구제에 관한 문제를 다루고 있다.[6] 이에 관하여 다양한 법리적 쟁점을 살펴볼 수 있으나, 이 평석은 사용자의 특허권이전청구에 집중하여 검토하고자 한다.

세부적으로는 乙과 丙 사이의 특허권지분양도의 효력, 甲 회사가 특허권지분을 취득할 수 있는 구체적인 논리구성이 문제되고, 무권리자의 특허권 등록에 대한 정당한 권리자의

---

6) 한편 대법원 2012. 11. 15. 선고 2012도6676 판결은 같은 상황에서 사용자의 형사적 구제에 관한 문제를 다루고 있다.

이전청구 인정 여부도 살펴볼 필요가 있다.

나. 乙과 丙 사이의 특허권지분양도의 효력

이중양도 행위의 사법(私法)적 효력에 관하여 부동산의 이중양도가 그 매수인이 매도인의 배임행위에 적극 가담함으로써 이루어진 때에는 반사회적 법률행위로서 무효라는 대법원 판례가 확립되어 있다.[7] 또한 특허를 받을 수 있는 권리의 이중양도에 대하여도 부동산 이중양도에 관한 대법원 판례의 법리와 같은 취지로 이중양수인의 적극 가담으로 인하여 무효로 되어 그의 출원이 모인출원으로 된다고 설명되고 있으며,[8] 이러한 취지의 하급심판결들도 있다.[9]

대상판결은 乙, 丙의 일련의 공동불법행위에 비추어 이들 사이의 乙 지분의 이중양도는 丙의 적극 가담 아래 이루어진 것으로서 민법 제103조에서 정한 반사회질서의 법률행위에 해당하여 무효라고 판단하였다. 그 결과 丙 명의로 특허출원·등록이 이루어진 것은 특허법상 특허 무효사유인 모인출원에 해당하게 된다.

다. 甲 회사가 특허권지분을 취득할 수 있는 구체적인 논리구성

乙의 특허를 받을 수 있는 권리가 甲 회사에 현실적으로 승계되지는 않았으므로 그 정당한 권리자는 아직 乙이다. 乙을 정당한 권리자로 보는 이상 乙이 丙에 대하여 지분 이전청구권을 가진다고 보아야 하므로, 甲 회사로서는 乙에 대하여 가지는 사전승계 약정에 기한 채권에 의하여 채권자대위권 행사로 위 지분 이전청구권을 대위 행사하여 乙 앞으로 이전등록을 마치고, 다시 乙로부터 甲 회사에게로 이전등록을 마치는 방법으로 대상 발명에 대한 특허권 중 乙의 지분을 취득할 수 있다는 이론구성이 가능하다.

구체적으로는 직무발명 사전승계 약정에 따라 사용자가 종업원에게 권리승계 의사 통지를 하는 것을 매매예약완결권 행사와 유사하게 볼 수 있으므로, 종업원이 직무발명 완성 사실 통지를 한 경우에는 위 예약완결권 행사기간이 4개월로 제한되나, 그러한 통지가 없었던 경우에는 일반적인 형성권의 소멸시효를 적용하여 10년(이 경우 기산점은 사용자가 어떠한 경위로든 직무발명 완성사실을 안 때라고 볼 수밖에 없을 것이다)이 된다고 이론구성을 할 수 있다. 이를 대상판결의 사안에 대입하면 甲 회사가 乙을 상대로 위와 같은 직무발명 승계 의사 통지

---

7) 대법원 1970. 10. 23. 선고 70다2038 판결; 대법원 1981. 12. 22. 선고 81다카197 판결; 대법원 1995. 3. 17. 선고 94다48721 판결 등.

8) 권택수, 요건사실 특허법, 진원사, 2010, 306면.

9) 특허법원 2006. 12. 28. 선고 2005허9282 판결; 특허법원 2009. 1. 23. 선고 2008허3018 판결 등.

를 한 바가 없으니, 장차 그러한 통지를 하고 그로써 乙에 대하여 대상 발명에 대한 특허권 중 乙의 지분에 관한 이전청구권을 취득하게 되며, 위 청구권을 피보전채권으로 삼아 丙을 상대로 채권자대위권 행사로써 위 乙의 지분을 乙 앞으로 이전하도록 청구하고, 동시에 乙을 상대로 위 이전받는 지분을 甲 회사 앞으로 이전하도록 청구할 수 있다고 보는 것이다.

대상판결은 "발명진흥법 제12조 전문, 제13조 제1항, 제3항 전문, 발명진흥법 시행령 제7조가 종업원 등으로 하여금 사용자 등에게 직무발명 완성사실을 문서로 통지하도록 하고, 사용자 등이 위 통지를 받은 날부터 4개월 이내에 그 발명에 대한 권리의 승계 여부를 종업원 등에게 알리지 아니한 경우 그 승계를 포기한 것으로 간주되는 효과가 부여되는 점 등에 비추어 보면, 사용자 등이 종업원 등의 위 통지가 없음에도 다른 경위로 직무발명 완성사실을 알게 되어 직무발명 사전승계 약정 등에 따라 그 발명에 대한 권리를 승계한다는 취지를 종업원 등에게 문서로 알린 경우에는 종업원 등의 직무발명 완성사실 통지 없이도 같은 법 제13조 제2항에 따른 권리승계의 효과가 발생한다고 보아야 한다. 그렇다면 직무발명 사전승계 약정 등의 적용을 받는 종업원 등이 직무발명을 완성하고도 그 사실을 사용자 등에게 알리지 아니한 채 그 발명에 대한 특허를 받을 수 있는 권리를 제3자의 적극 가담 아래 이중으로 양도하여 제3자가 특허권 등록까지 마친 경우에, 위 직무발명 완성사실을 알게 된 사용자 등으로서는 위 종업원 등에게 직무발명 사전승계 약정 등에 따라 권리승계의 의사를 문서로 알림으로써 위 종업원 등에 대하여 특허권 이전청구권을 가지게 된다고 봄이 상당하다. 그리고 위 이중양도는 민법 제103조에서 정한 반사회질서의 법률행위로서 무효라고 할 것이므로, 사용자 등은 위 특허권 이전청구권을 피보전채권으로 하여 종업원 등의 그 제3자에 대한 특허권 이전청구권을 대위행사할 수 있다고 할 것이다."라고 판시하여 이러한 법리를 최초로 설시하였다.

한편 이와 관련하여 피대위권리의 존부 역시 살펴보아야 하는데, 이는 '무권리자 명의의 특허등록이 이루어진 경우 정당한 권리자에게 특허권 이전청구권을 인정할 것인지 여부'에 관한 문제이다. 항목을 바꾸어 검토한다.

라. 무권리자의 특허권 등록에 대한 정당한 권리자의 이전청구 인정 여부

특허법에는 모인출원의 경우 정당한 권리자 보호를 위한 별도의 특별규정이 마련되어 있다. 그런데 그 외에 민사적인 특허권(또는 그 지분을 지칭하는 의미로 사용한다. 이하 같다)의 이전청구까지 허용하여야 하는지, 이를 허용하더라도 최소한 정당한 권리자 명의의 특허출원이 있은 후 다른 사정에 의해 모인출원으로 된 경우(예를 들면 정당한 권리자의 특허출원 후 특허를 받을 수 있는 권리를 양도하여 양수인 명의로 특허등록이 이루어졌는데 그 양도계약이 소급적으로 효력을 상실한 경우 등)에 한정하여야 하는 것은 아닌지 등이 논의되어왔다. 이와 관련하여 일찍이 대법원 2004. 1. 16. 선고 2003다47218 판결이 정당한 권리자가 특허출원을 한 후 출원인 지위를 양도하였다가 그 양도계약이 무효·취소로 되어 무권리자 명의의 특허권 등록이 이루어진 사안에서[10] 부당이득반환청구의 법리에 의하여 정당한 권리자 앞으로 특허권 이전등록을 명한 바 있다.

이 문제에 관한 학설을 살펴보면, '정당한 권리자 명의로 특허출원이 이루어지지 않은 채 모인출원인 명의로 특허등록이 이루어진 경우 정당한 권리자가 모인출원인을 상대로 이전청구권을 가지는가'에 관하여, ① 우리 특허법이 모인출원의 경우 정당한 권리자 보호를 위한 특별보호규정을 두고 있으므로, 그에 따라 정당한 권리자를 보호하면 족하고, 이를 넘어서 이전청구권까지 인정하는 것은 곤란하다고 보는 부정설,[11] ② 기본적으로는 부정설의 입장이나 다만 특허법상 보호규정으로는 보호가 되지 않는 ㉠ 직무발명 사전승계 약정 또는 발명자가 발명 완성 후 양도하기로 하는 약정을 위반하여 발명자가 스스로 출원·등록받은 경우,[12] ㉡ 공동발명자 중 일부를 누락하고 출원·등록된 경우는[13] 이전청구권을 인정하여야 한다고 보는 부분적 긍정설, ③ 정당한 권리자가 특허법상 보호규정과 별도로 이전청구에 의하여도 보호될 수 있도록 봄이 타당하다고 하는 긍정설[14] 등으로 정리할 수 있다. 또한 입법론만을 제시하고 있는 견해나[15] 현행 특허법상의 구제방법을 비판하면서 특허권 이전청구소송을 통한 해결이 바람직하다고 하는 견해[16] 역시 특허권이전등록에 의한 정당한 권리자 보호가 요망된다는 취지를 제시하고 있어 긍정설과 일맥상통한다. 단독발명의 경우를 배제하지 아니하고서 누락된 공동발명자의 지분 이전청구를 인정해야 한다고 하는 견해[17] 역시 긍정설과 같은 취지로 보인다.

비교법적 현황을 보면, 종래부터 우리나라와 같은 선출원주의를 취하고 있었던 주요국

---

10) 당초에는 모인출원이 아니었으나 이와 같이 결과적으로 무권리자에 의한 특허등록으로 되는 경우 역시 처음부터 무권리자에 의한 출원에 의하여 특허등록된 경우와 마찬가지로 특허거절·무효사유로 되는 모인출원에 해당한다(강기중, "무권리자의 특허출원(모인출원)과 정당한 권리자의 보호", 법조 제572호, 2004, 6-7면).

11) 김민배, "영업비밀로서의 직무발명", 창작과 권리 제46호, 2007, 17면 이하.

12) 윤선희, "특허를 받을 수 있는 권리에 관한 연구-특허법 제33, 34, 35조를 중심으로-", 산업재산권 제24호, 2007, 84면 이하.

13) 조영선, 특허법(제4판), 박영사, 2013, 237면 이하.

14) 강기중, "무권리자의 특허출원(모인출원)과 정당한 권리자의 보호"(주 10), 53면 이하; 정상조·박성수 공편(김운호 집필부분), 특허법 주해 I, 박영사, 2010, 487면 이하; 지현수, 특허법강의(전정4판), 월비스, 2012, 127면 이하.

15) 강헌, "모인출원에서의 정당한 권리자의 이전청구에 관한 연구", 산업재산권 제42호, 2013, 143면 이하.

16) 박희섭·김원오, 특허법원론(제4판), 세창출판사, 2009, 253면 이하; 사법연수원, 특허법연구, 2011, 157면 이하.

17) 박종학, "공동발명의 법률관계", 특허소송연구 제5집, 2011, 17면 이하.

가운데 독일, 영국, 프랑스 등은 이미 이전청구 제도를 두고 있었고, 일본도 2011년 특허법 개정을 통해 이 제도를 신설하였다. 또한 미국도 선출원주의로 전환하는 2011년 AIA(Leahy-Smith America Invents Act)에서 모인출원의 경우 정당한 권리자 보호 장치로서 일종의 특허권 이전청구를 인정하는 제도를 마련하였다.

한편 대상판결에 앞서 최근 선고된 대법원 2014. 5. 16. 선고 2012다11310 판결은 '정당한 권리자로부터 특허를 받을 수 있는 권리를 승계받은 바 없는 무권리자의 특허출원에 따라 특허권의 설정등록이 이루어진 경우'에 대하여 "발명을 한 자 또는 그 승계인은 특허법에서 정하는 바에 의하여 특허를 받을 수 있는 권리를 가진다(특허법 제33조 제1항 본문). 만일 이러한 정당한 권리자 아닌 자가 한 특허출원에 대하여 특허권의 설정등록이 이루어지면 무효사유에 해당하고(특허법 제133조 제1항 제2호), 그러한 사유로 특허를 무효로 한다는 심결이 확정된 경우 정당한 권리자는 특허의 등록공고가 있는 날부터 2년 이내와 심결이 확정된 날부터 30일 이내라는 기간 내에 특허출원을 함으로써 특허의 출원 시에 특허출원한 것으로 간주되어 구제받을 수 있다(특허법 제35조). 이처럼 특허법이 선출원주의의 일정한 예외를 인정하여 정당한 권리자를 보호하고 있는 취지에 비추어 보면, 정당한 권리자로부터 특허를 받을 수 있는 권리를 승계받은 바 없는 무권리자의 특허출원에 따라 특허권의 설정등록이 이루어졌더라도, 특허법이 정한 위와 같은 절차에 의하여 구제받을 수 있는 정당한 권리자로서는 특허법상의 구제절차에 따르지 아니하고 무권리자에 대하여 직접 특허권의 이전등록을 구할 수는 없다."라고 판시하였다. 이 판결은 대법원이 특허권 이전청구가 불허되는 경우를 설시한 최초 판결이다. 다만 '정당한 권리자로부터 특허를 받을 수 있는 권리를 승계받은 바 없는 무권리자'의 특허출원에 관한 사안에 한정되는 법리임을 분명히 하고 있다.[18]

'무권리자 명의로 특허등록된 경우 정당한 권리자 앞으로 특허권 이전등록을 명할 수 있는지 여부'에 관한 선례인 2003다47218 판결(이전등록 허용), 2012다11310 판결(이전등록 불허)은 모두 사례형 법리로서 해당 사안에 한정된 법리를 설시하고 있다. 그런데 대상판결의 사안과 위 선례들을 비교하면 아래와 같이 2003다47218 사건의 사안과는 매우 유사하고, 2012다11310 사건의 사안과는 분명하게 구별된다.

먼저 2003다47218 사건의 사안은 '양도인이 특허출원 후 그의 채권자로부터 강제집행

---

18) 대법원 2014. 5. 16. 선고 2012다11310 판결에 대하여는 '모인출원인의 특허권 설정등록공고일로부터 2년 이내에 정당한 권리자의 특허출원이 이루어지지 않아 현실적으로 소급의 이익을 누릴 수 없는 경우에도 특허권 이전청구가 허용되는지 여부가 위 판결의 판시내용 자체로는 명확하지 않다. 그런데 위 판결 사안의 경우에는 정당한 권리자가 위 기간 이내에 특허출원을 하고 있어 특허법 소정의 구제절차에 의한 출원일 소급의 이익을 누릴 수 있으므로 위 판결의 판시가 타당하다고 볼 수 있으나, 위 기간을 도과하면 소급의 이익을 누릴 수 없게 된다는 점을 상기하면, 특허권 이전청구를 전면적으로 허용하는 방안에 대해서도 추후 검토가 필요할 것으로 생각된다.'라는 취지의 평석이 있다(김관식, "정당한 권리자에 의한 특허권 이전청구의 허부"(주 1), 159-160면).

을 당할 위험에 처하자 그의 재산을 은닉하기 위한 의도로 양수인과 공모하여 특허를 받을 수 있는 권리를 양도한 경우'이다. 이에 비하여 대상판결의 사안은 '직무발명 사전승계 약정에 의하여 사용자에게 직무발명에 대한 권리를 이전할 의무가 있는 이사가 이를 피하기 위한 의도로 양수인과 공모하여 이사 자신의 특허를 받을 수 있는 권리 지분을 양도한 경우'이다. 반면에 2012다11310 사건의 사안은 '정당한 권리자로부터 특허를 받을 수 있는 권리를 승계받은 바 없는 무권리자의 특허출원에 따라 특허권의 설정등록이 이루어진 경우'이다. 2003다47218 사건의 사안과 대상판결의 사안은 모두 특허를 받을 수 있는 권리의 정당한 권리자가 그의 채권자를 속일 의도로 타인과 공모하여 위 권리를 타인에게 양도한 사안이라는 점에서 매우 유사하다. 두 사안 모두 실질적으로는 '채권자'의 권리 구제를 위하여 '채권자 대위의 방법'에 의하여 특허권이전등록을 허용하고 있다는 점에서 그 기본 구조도 같다. 다만 특허를 받을 수 있는 권리 양도 전 양도인이 특허출원을 한 바 있느냐 여부에서만 차이가 있다.

또한 2012다11310 판결이 전제한 사안에서 정당한 권리자는 특허출원을 한 바도 없고, 그의 특허를 받을 수 있는 권리를 특허등록 명의인에게 양도한 바도 없었다. 나아가 위 사건에서는 특허법상의 특별구제장치(특별보호규정)가 그대로 적용될 수 있었다. 반면 대상판결의 사안은 비록 정당한 권리자(乙)가 스스로 특허출원을 하지 아니하였지만, 그의 특허를 받을 수 있는 권리를 양도하여 그 양수인(丙)이 특허출원을 하도록 하였다는 점, 甲 회사는 특허법상 특별보호규정에 의해서는 구제받을 수 없다는 점에서 2012다11310 사건과는 다르다.

따라서 대상판결의 사안에 대해서는 2014다47218 판결의 취지에 따라 특허권이전등록이 허용될 수 있다고 봄이 타당하고 이러한 결론이 2012다11310 판결과 저촉된다고 할 수 없다. 이러한 견지에서 대상판결은 특허를 받을 수 있는 권리를 정당한 권리자가 양도한 사안에서는 2003다47218 판결의 법리를 정당한 권리자가 특허출원한 바 없는 경우에도 확대 적용할 수 있다는 입장을 선언한 것으로 이해된다.

4. 판결의 의의

대상판결은 특히 직무발명 사전승계 약정을 위반한 이중양도 상황에서 특허권 명의인인 제2양수인으로부터 사용자가 특허권이전등록을 받을 수 있는 법리를 처음으로 설시한 판결로서 의의가 있다.[19] 무권리자의 특허권 등록에 대한 정당한 권리자의 이전청구 인정 여

---

19) 이 외에도 대상판결과 관련 형사판결은 발명자 판단기준, 종업원발명 회사 귀속 약정의 효력, 이사가 행한 발명의 직무해당성, 종업원 등과 회사 외부인 공동발명에서 직무발명 사전승계 약정에 따른 종업원 등의 지분 이전에 공동발명자의 동의가 필요한지 여부, 직무발명 사전승계 약정을 위반한 이중양도에 대한 민사상 불법행위 및 형사상 배임죄의 인정 근거, 이러한 이중양도가 사용자의 영업비밀침해에 해당하는지

부는 오랫동안 학계와 실무에서 논란의 대상이었고, 근본적으로는 입법적 해결이 필요한 문제이다. 마침 대상판결 선고 후인 2015. 3. 19. 특허청이 모인출원에 대한 정당한 권리자 구제방안으로 특허권 이전청구 제도를 도입하는 특허법 개정안을 입법예고하였고, 2016. 2. 4. 국회 본회의를 통과하였다(2017년 3월 1일 이후 설정등록된 무권리자의 특허권부터 적용).[20] 이러한 특허법 개정이 추진되었다는 점에서 보더라도 정당한 권리자의 특허권 이전청구를 확대해 나가는 방향을 제시한 대상판결이 현실적 타당성을 가진다고 생각된다. 대상판결에 대한 연구가 향후 개정 법률의 바람직한 해석론 정립과 원활한 실무 운용에 기여할 수 있기를 기대한다.

여부, 특허를 받을 수 있는 권리를 공유하는 공동발명자 사이의 공유지분 산정 방법 등에 관하여 중요한 법리를 담고 있다.

20) 2016. 2. 29. 법률 제14035호(시행일 2017. 3. 1.)는 특허법에 제99조의2(특허권의 이전청구)를 신설하였고, 부칙 제8조에 의하여 위 개정규정은 개정법 시행 이후 설정등록된 무권리자의 특허권부터 적용된다.

11 직무발명에 관한 통상실시권의 취득에 대한 국제사법적 쟁점

대법원 2015. 1. 15. 선고 2012다4763 판결[1]

이규호(중앙대학교 법학전문대학원 교수)

1. 사안의 개요

가. 당사자

갑 주식회사(원고)는 자동차 부품 중 와이퍼를 전문으로 제조, 판매하는 회사이고, 을(피고)은 2004. 3. 25. 원고 회사에 입사하여 2005. 6. 23. 퇴직한 사람으로서, 원고가 경기지방중소기업청(이하 '중기청'이라 한다)의 지원을 받아 다기능 와이퍼개발사업자로 선정되자, 위 사업의 과제책임자로서 다기능 와이퍼개발사업을 총괄하였다.

나. 피고의 출원 및 등록

피고는 원고 회사를 퇴직한 직후인 2005. 7. 1.경 및 그로부터 4개월가량 경과한 2005. 11. 4.경 자동차 부품에 관한 발명 및 고안(이하 '이 사건 발명 및 고안'이라 한다)에 관하여 자신을 단독 발명자(또는 고안자)로 하여 특허 및 실용신안등록 출원을 하여, 이 사건 발명 및 고안에 대해 특허등록 및 실용신안권 등록을 받았다. 한편 피고는 위 각 출원에 기초하여 우선권을 주장하여 외국(캐나다 등)에 특허출원 또는 실용신안등록출원을 하여 현재에 이르고 있다.

---

1) [원심판결] 서울고등법원 2011. 12. 8. 선고 2011나20210 판결; [참조 판례] 대법원 2010. 7. 15. 선고 2010다18355 판결; 대법원 2011. 4. 28. 선고 2009다19093 판결.
   [관련 문헌] 노태악, "한국 국제재판관할법에 있어 합의관할, 변론관할, 전속관할, 반소관할", 국제사법연구, 제18호, 2012. 12. 87−114면; 김언숙, "직무발명 및 업무상 저작물에 관한 국제사법상의 문제", 국제사법연구, 제17호, 2011. 12. 323−354면; 김동원, "외국에서 출원된 직무발명의 권리관계에 대한 준거법", Law & Technology, 제10권 제1호, 2014. 1. 19−31면; 박혜림, "직무발명에 있어서 직무해당성에 대한 판단기준", Law & technology, 제8권 제2호, 2012. 3.

다. 원고의 실시기술

원고는 자동차의 윈도우 글래스면에 밀착되는 고무블레이드와 이를 지지하는 프레임을 포함하는 차량용 와이퍼를 생산, 판매하고 있다. 위 제품의 특징은 ① 고무블레이드는 상부가 원호 형상인 헤드부와 헤드부 아래에 형성되어 프레임이 삽입되는 홈 및 그 아래쪽에 형성되어 글래스면과 접촉하는 접촉부를 포함하고, 상기 헤드부는 차량의 진행방향쪽으로 기울어지도록 수평축에 대하여 소정의 각도를 이루도록 형성되는 반면, 접촉부는 수직방향으로 형성되어 차량이 진행함으로써 발생하는 공기 유동에 의해 헤드부가 가압되어 접촉부는 윈도우 글래스면에 수직방향으로 접촉하거나, ② 위 프레임에는 길이방향으로 고무블레이드가 끼워지는 슬롯이 형성되고, 프레임의 길이방향 일단부와 중앙부 근처에 고무블레이드를 슬롯으로 안내하는 안내홈이 형성되어 고무블레이드가 프레임의 한방향으로 결합가능한 것이다.

라. 소의 제기

피고가 자신의 명의로 국내외에 특허 및 실용신안등록한 사실을 인지하지 못한 원고는 외국 A국에 소재하는 고객사 B에게 이 사건 발명 및 고안이 구현된 와이퍼 제품을 판매하기 시작하였고, 피고는 B에 대해 원고의 제품은 A국에 등록되어 있는 피고 자신의 특허권을 침해하는 것이므로 구매를 중단할 것을 요청하는 경고장을 발송하였다. 이에 법적 분쟁을 우려한 B가 원고와의 거래를 중단하자, 원고는 피고를 상대로 2010년에 서울중앙지방법원에 영업방해금지청구의 소를 제기하였다. 원고는 이 소의 청구취지로서 "피고는 제3자에게 구두 또는 문서로 원고의 와이퍼 제품이 피고의 이 사건 발명 및 고안에 대한 피고의 특허권 및 실용신안권을 침해한다는 취지의 허위사실을 유포하여서는 아니 된다."라고 기재하였다.

마. 당사자의 주장

(1) 원고의 주장 요지

이 사건 발명 및 고안에 대하여 피고가 발명자로서 기여한 바가 없음에도 피고는 이를 모인출원하여 특허권 및 실용신안권 설정등록을 받았으므로 이 사건 특허권 및 실용신안권에는 무효사유가 존재한다. 설령 피고가 이 사건 발명 및 고안을 단독으로 창작하였다고 하더라도, 이를 출원할 권리는 중기청과 원고 사이에 체결된 협약서 제8조에 따라 원고와 대한민국에 귀속되었다. 이에 해당하지 않더라도 이 사건 발명 및 고안은 피고가 직무상 창작한 결과물이므로 원고는 이를 무상으로 실시할 수 있는 통상실시권을 가진다. 요컨대 원고가 위와 같은 와이퍼 제품을 생산, 판매하는 행위는 이 사건 특허권 및 실용신안권의 침해로 되지 않으므로, 피고가 원고의 거래처에 구두 또는 문서로 원고의 와이퍼 제품이 이 사건 특허권 및 실용신안권을 침해한다는 허위사실을 유포하는 행위는 금지되어야 한다.

(2) 피고의 주장 요지

이 사건 발명 및 고안에 대한 정당한 발명자이고 A국에 등록된 이 사건 특허에 대해서는 A국의 특허법이 적용되는바, A국의 특허법에 따르면 사용자인 원고에게 무상의 통상실시권이 부여되지 않으므로 원고의 주장은 이유 없다.

2. 판결의 요지

가. 제1심판결(서울중앙지방법원 2011. 1. 27. 선고 2010가합27248 판결)

무효사유의 존부 및 이 사건 특허권 등이 원고에게 귀속되는지 여부에 대하여 "피고가 이 사건 특허발명 및 고안의 발명자가 아님에도 모인출원을 하였다거나, 이 사건 발명 및 고안에 관한 권리가 원고 및 대한민국에 귀속되었다고 인정하기에 부족하고 달리 이를 인정할 증거가 없으므로, 원고의 위 주장은 이유 없다."라고 판시하였다.

직무발명에 의한 통상실시권의 존부에 관련해서는 "특허에 관하여 파리조약상의 속지주의의 원칙이 적용되는지 여부에 관계없이, 직무발명에 관한 실시권의 귀속 문제는 종업원과 사용자가 속한 나라의 법률이 그 준거법으로 적용되어야 할 것인바, 우리나라의 특허법 및 실용신안법에 의하여 원고가 이 사건 특허권 및 실용신안권에 대하여 통상실시권을 갖는 이상, 원고는 우리나라에 국한되지 않고 피고가 권리를 가지는 외국에서도 이를 자유롭게 실시할 수 있다."고 하면서 우리나라 특허법 및 실용신안법을 준거법으로 하여 "이 사건 발명 및 고안은 직무발명의 요건을 모두 갖추고 있으므로, 앞서 인정한 바와 같은 특징을 가지는 원고의 와이퍼 제품이 이 사건 특허발명 및 등록고안과 동일성이 인정된다고 하더라도, 피고가 퇴직한 시점에 시행 중이던 구 특허법 및 실용신안법의 관련 규정에 의하여 원고는 이 사건 특허권 및 실용신안권에 대하여 무상의 통상실시권을 가진다. 그러므로 원고가 위 원고의 제품을 제조, 판매하는 행위는 이 사건 특허권 및 실용신안권에 대한 침해가 되지 않으므로, 피고는 원고의 제품이 이 사건 특허권 및 실용신안권에 대한 침해라는 허위사실을 제3자에게 유포함으로써 원고의 적법한 실시행위를 방해하여서는 안 된다."라고 판시하였다. 따라서 서울중앙지방법원은 원고의 청구를 인용하였다.

나. 원심판결(서울고등법원 2011. 12. 8. 선고 2011나20210 판결)

(1) 추가판단사항: 항소인(피고) 주장의 요지

이 사건 발명 및 고안 중 한국의 특허권 및 실용신안권이 원고와 피고 사이의 고용관계에 기한 직무발명인 점은 다투지 않는다. 이 사건 소송은 이 사건 발명 및 고안 중 우리나라에서 등록한 특허권 및 실용신안권의 우선권을 기초로 하여 외국에서 출원하여 등록되었거나 공개된 특허권 및 실용신안권에 대하여도 원고가 통상실시권을 주장하면서 피고의 권리를 제한하는 청구를 하는 것이므로 각 등록국의 특허권 및 실용신안권의 효력이 그 심판대상이어서 각 등록국에 전속적 국제재판관할이 있다. 따라서 외국의 특허권 및 실용신안권에 관한 소송을 우리나라 법원에 제기한 이 사건 소는 부적법하다. 특허의 속지주의의 성격상 이 사건 발명 및 고안에 대한 원고의 통상실시권은 우리나라에서만 인정될 뿐, 캐나다 등 외국에서 출원 및 등록된 발명 및 고안에는 미치지 않으므로 원고의 이 사건 청구는 이유 없다.

(2) 판단

국제재판관할권의 존부와 관련하여 "이 사건 소는 특허권 및 실용신안권 효력을 직접적인 대상으로 삼는 소송이 아니라 원고 영업에 대한 '방해배제청구'에 관한 소송이며 다만, 원고 주장의 방해행위가 있었는지 여부, 구체적으로는 피고의 행위가 허위사실 유포에 해당되는지를 가리기 위해서 이 사건 발명 및 고안에 관하여 원고가 통상실시권을 가지는지를 심리하여야 하는 문제가 있을 뿐이다. 특허권의 효력 여부가 직접적인 심판대상이 되는 소송의 경우 등록국에 전속관할이 있는 것으로 보아야 하나, 단지 일반 민사소송의 선결문제에 불과한 경우에는 그 민사소송에 관하여 관할권을 가지는 법원이 심리·판단할 수 있다고 보아야 한다."라고 하면서 원고의 이 사건 '영업 방해금지 청구소송'에 관하여 국내 법원은 국제재판관할권을 가진다고 판시하였다.

통상실시권 취득의 준거법과 관련하여 "어떠한 특허권 및 실용신안권에 관하여 통상실시권을 가지는지 여부는 통상실시권을 발생시키는 원인관계의 존부 또는 효력 여부에 의하여 결정되고 따라서 위 원인관계인 '통상실시권 설정계약' 또는 '직무발명의 기초가 되는 고용관계'에 관한 준거법이 적용되어야 한다. 이 사건에서 원고가 이 사건 발명 및 고안에 관하여 주장하는 통상실시권의 원인관계는 '직무발명'이고, 직무발명의 성립 여부는, 국내법인인 원고와 내국인인 피고 사이의 우리나라에서의 고용관계를 직접적으로 심리·판단하여야 하므로 이를 규율하는 국내법을 적용하여야 한다."라고 판시하면서 국내법을 적용하여 "원고가 이 사건 발명 및 고안 중 국내의 특허권 및 실용신안권에 관하여 직무발명에 기초한 통상실시권을 가지는 한, 위 특허권 및 실용신안권의 우선권에 기초하여 외국에서 출원되어 등록되거나 공개된 특허권 및 실용신안권 역시 동일한 고용관계에 따른 직무발명이라고 보아야 하므로 원고는 이에 대하여 통상실시권을 가진다."라고 판시하였다. 결과적으로 원심법원은 항소인(피고)의 항소를 기각하였다.

다. 대법원판결(대법원 2015. 1. 15. 선고 2012다4763 판결)(상고기각)

(1) 갑 주식회사의 을에 대한 영업방해금지청구의 선결문제로서, 을이 갑 회사와 맺은 근로계약에 따라 완성되어 대한민국에서 등록한 특허권 및 실용신안권에 관한 직무발명에 기초하여 외국에서 등록되는 특허권 또는 실용신안권에 대하여 갑 회사가 통상실시권을 취득하는지가 문제된 이 사건에서, 대법원은 "을이 직무발명을 완성한 곳이 대한민국이고, 갑 회사가 직무발명에 기초하여 외국에 등록되는 특허권이나 실용신안권에 대하여 통상실시권을 가지는지는 특허권이나 실용신안권의 성립이나 유·무효 등에 관한 것이 아니어서 그 등록국이나 등록이 청구된 국가 법원의 전속관할에 속하지도 아니하므로, 위 당사자 및 분쟁이 된 사안은 대한민국과 실질적인 관련성이 있어 대한민국 법원이 국제재판관할권을 가진다."고 본 원심판결을 수긍하였다.

(2) 통상실시권의 취득과 관련하여 대법원은 "직무발명에서 특허를 받을 권리의 귀속과 승계, 사용자의 통상실시권의 취득 및 종업원의 보상금청구권에 관한 사항은 사용자와 종업원 사이의 고용관계를 기초로 한 권리의무 관계에 해당한다. 따라서 직무발명에 의하여 발생되는 권리의무는 비록 섭외적 법률관계에 관한 것이라도 성질상 등록이 필요한 특허권의 성립이나 유·무효 또는 취소 등에 관한 것이 아니어서, 속지주의의 원칙이나 이에 기초하여 지식재산권의 보호에 관하여 규정하고 있는 국제사법 제24조의 적용대상이라 할 수 없다. 직무발명에 대하여 각국에서 특허를 받을 권리는 하나의 고용관계에 기초하여 실질적으로 하나의 사회적 사실로 평가되는 동일한 발명으로부터 발생한 것이며, 당사자들의 이익보호 및 법적 안정성을 위하여 직무발명으로부터 비롯되는 법률관계에 대하여 고용관계 준거법 국가의 법률에 의한 통일적인 해석이 필요하다. 이러한 사정들을 종합하여 보면, 직무발명에 관한 섭외적 법률관계에 적용될 준거법은 발생의 기초가 된 근로계약에 관한 준거법으로서 국제사법 제28조 제1항, 제2항 등에 따라 정하여지는 법률이라고 봄이 타당하다. 그리고 이러한 법리는 실용신안에 관하여도 마찬가지로 적용된다."라고 판시하였다.

3. 해설

가. 국제재판관할

국제사법 제2조 제1항은 "법원은 당사자 또는 분쟁이 된 사안이 대한민국과 실질적 관련이 있는 경우에 국제재판관할권을 가진다. 이 경우 법원은 실질적 관련의 유무를 판단함에 있어 국제재판관할 배분의 이념에 부합하는 합리적인 원칙에 따라야 한다."고 규정하고, 제2항은 "법원은 국내법의 관할 규정을 참작하여 국제재판관할권의 유무를 판단하되, 제1항의 규정의 취지에 비추어 국제재판관할의 특수성을 충분히 고려하여야 한다."고 규정하고 있다. 따라서 법원은 당사자 사이의 공평, 재판의 적정, 신속 및 경제를 기한다는 기본이념에 따라 국제재판관할을 결정하여야 하고, 구체적으로는 소송당사자들의 공평, 편의 그리고 예측 가능성과 같은 개인적인 이익뿐만 아니라 재판의 적정, 신속, 효율 및 판결의 실효성 등과 같은 법원 내지 국가의 이익도 함께 고려하여야 하며, 이러한 다양한 이익 중 어떠한 이익을 보호할 필요가 있을지는 개별 사건에서 법정지와 당사자의 실질적 관련성 및 법정지와 분쟁이 된 사안과의 실질적 관련성을 객관적인 기준으로 삼아 합리적으로 판단하여야 한다.[2]

그런데 특허권이전등록청구의 소와 관련하여 대법원 2011. 4. 28. 선고 2009다19093 판결에서는 "당해 사건이 외국 법원의 전속관할에 속하는지 여부와 관련하여 특허권은 등록국법에 의하여 발생하는 권리로서 법원은 다른 국가의 특허권 부여행위와 그 행위의 유효성에 대하여 판단할 수 없으므로 등록을 요하는 특허권의 성립에 관한 것이거나 유·무효 또는 취소 등을 구하는 소는 일반적으로 등록국 또는 등록이 청구된 국가 법원의 전속관할에 속하는 것으로 볼 수 있으나, 그 주된 분쟁 및 심리의 대상이 특허권의 성립, 유·무효 또는 취소와 관계없는 특허권 등을 양도하는 계약의 해석과 효력 유무일 뿐인 그 양도계약의 이행을 구하는 소는 등록국이나 등록이 청구된 국가 법원의 전속관할에 속하는 것으로 볼 수 없다."라고 판시하여 특허권에 관하여 국내법원이 전속적 국제재판관할권을 가지는 경우를 설시하였다. 특허권의 설정 등록에 의하여 발생하는 지식재산권은 각국의 행정처분에 의하여 부여되는 것이 많고 그 권리의 존부와 유효성은 등록국의 법원이 가장 판단할 수 있다는 점에서 특허권의 성립, 유·무효 또는 취소 등을 구하는 소에 대해서는 등록국 또는 등록이 청구된 국가 법원의 전속관할에 속하는 것으로 볼 것이라고 판시한 것이 위 판결이다.[3]

이 사건에서 (i) 원고는 대한민국 법률에 의하여 설립된 법인이고 피고는 대한민국 국민

---

2) 대법원 2010. 7. 15. 선고 2010다18355 판결.

3) 노태악, 앞의 글(주 1), 105면.

으로서 대한민국에 거주하고 있는 사실 및 (ii) 이 사건은 원고의 피고에 대한 영업방해금지 청구의 선결문제로서 피고가 원고와 맺은 근로계약에 따라 완성되어 대한민국에서 등록한 원심판시 특허권 및 실용신안권에 관한 직무발명(이하 '이 사건 직무발명'이라 한다)에 기초하여 외국에서 등록되는 특허권 또는 실용신안권에 대하여 원고가 통상실시권을 취득하는지 여부 가 문제가 되고 있는데, 피고가 이 사건 직무발명을 완성한 곳이 대한민국인 사실이 인정된 다. 따라서 원고의 영업배제금지청구의 소에 대해 이 사건의 당사자 및 분쟁이 된 사안은 대 한민국과 실질적인 관련성이 있어 대한민국 법원은 이 사건에 대하여 국제재판관할권을 가 진다. 다만, 원고의 영업배제금지청구의 소에 대한 선결문제로서 직무발명에 관한 통상실시 권 취득여부가 문제된 경우, 이 선결문제에 대한 국제재판관할이 외국의 전속적인 국제재판 관할에 해당하지 아니하는 한 영업배제금지청구의 소에 대한 국제재판관할권을 가지는 우리 나라 법원이 국제재판관할권을 가진다. 이와 관련하여 대법원은 "원고가 이 사건 직무발명 에 기초하여 외국에 등록되는 특허권이나 실용신안권에 대하여 통상실시권을 가지는지 여부 는 특허권이나 실용신안권의 성립이나 유·무효 등에 관한 것이 아니어서 그 등록국이나 등 록이 청구된 국가 법원의 전속관할에 속하지도 아니한다."라고 판시하였다.

나. 직무발명에 관한 통상실시권 취득에 대한 준거법

직무발명에 관한 통상실시권 취득에 대한 준거법과 관련해서는 보호국법설[4]과 고용관 계준거법설[5] 등이 존재한다. 보호국법설은 지식재산권의 속지주의 원칙에 근거를 두는 것으 로 지식재산권의 성립, 효력, 소멸, 침해에 관한 문제를 보호국법에 연결하는 것과 마찬가지 로 직무발명 및 업무상 저작물에 관련된 문제도 보호국법을 준거법으로 하여야 한다고 주장 한다.

고용관계준거법설에 따르면, 고용관계 또는 고용계약을 전제로 하지 않는 권리의 원시 취득의 경우와 직무발명과 같이 고용관계가 전제되어 있는 경우를 구분하여 후자에 대해서 는 고용관계에서 비롯되는 법률적 특수성을 배제할 수 없으므로 고용관계와 가장 밀접한 관 계가 있는 고용계약의 준거법에 따르는 것이 타당하다고 주장한다.

그 밖에 (i) 직무발명에서 특허를 받을 수 있는 권리의 귀속 문제는 출원받은 국가의 속 지주의에 따라야 한다는 견해[6] 및 (ii) 직무발명의 경우 특허권 등의 원시적 귀속주체에 관 한 것으로서 달리 취급할 수 있는 특성이 있지만 이것만을 예외로 다룰 필요가 있을지 의문

---

4) J. Raynard, Droit d'auteur et conflits de lois 536 (Litec, 1990).
5) 김언숙, 앞의 글(주 1), 346−348면; 김동원, 앞의 글(주 1), 24면.
6) 정상조·박성수 편, 특허법 주해Ⅰ, 박영사, 2010, 480면(조영선 집필부분).

이라고 주장하는 견해7) 등 속지주의 적용설이 존재한다. 속지주의 적용설은 실제로는 보호국법설과 구별하기가 용이하지 않을 것으로 판단된다.

지식재산권 분야에서 국제적인 조약을 체결하려는 시도는 각 국의 이해관계가 첨예하여 무산된 관계로 현재로서는 학계가 각 대륙별로 조약보다는 원칙을 제정하는 추세에 있다.

이에 관련하여 지식재산에 관한 저촉법에 대한 유럽 막스프랑크 그룹(European Max Planck Group on Conflict of Laws in Intellectual Property)이 제정한 '지식재산에 관한 저촉법 원칙(Conflict of Laws in Intellectual Property Principles; 이하 'CLIP 원칙'이라 한다)' 제3:201조 제3항에 따르면 고용계약과 관련해서는 등록지식재산권의 최초귀속에 대하여 적용되는 준거법은 고용계약준거법이다. 제3:401조에 따르면, 직무발명의 원시적 공유취득에 대하여 적용되는 준거법은 고용계약준거법이 된다. 다만, 이 원칙은 특이하게도 고용관계로부터 발생한 지식재산권의 이전 또는 실시를 규율하는 준거법에 관한 별도 조문(CLIP 원칙 제3:503조 제1항)을 두고 있다. 이 조문에 따르면, 이 쟁점에 대해 당사자자치를 우선적으로 존중하고 있다. 사용자와 종업원 사이에 위 쟁점에 대해 준거법을 지정하지 않은 경우에는 지식재산권의 이전 또는 실시에 관한 당사자의 권리 및 의무는 종업원의 주된 의무이행지법으로 하고(CLIP 원칙 제3:503조 제2항), 전반적인 상황을 고려할 때 종업원의 주된 의무이행지보다 고용계약과 밀접한 국가가 존재하는 경우에는 그 국가의 법률을 준거법으로 한다(CLIP 원칙 제3:503조 제3항).

미국법률가협회(American Law Institute)가 2008년 제정한 '국제분쟁에서 재판관할, 준거법 및 판결을 규율하는 원칙'(Principles Governing Jurisdiction, Choice of Law, and Judgments in Transnational Disputes) 제311조 제2항에서는 계약 그 밖의 기존의 관계로부터 발생하는 등록지식재산권 쟁점은 그 계약 또는 관계를 규율하는 준거법에 따른다고 하여 직무발명에 대해 고용관계준거법을 적용하도록 하고 있다.

2010년 10월 14일 출판된 '지적재산권에 관한 국제사법원칙(한일공동제안)' 제308조 제4항에서도 직무발명의 최초귀속에 대해서는 고용관계준거법을 적용하고 있다.

2009년 3월 26일 한국국제사법학회가 승인한 국제지적재산소송 원칙 제25조 제2항에서는 특이하게도 직무발명에 의하여 발생한 지적재산에 관한 최초 권리귀속 또는 승계는 당사자 간에 다른 합의가 없는 한 사용자의 상거소지국법에 따르도록 하고 있다.

전술한 원칙 중 고용관계로 인한 통상실시권의 취득 문제를 규율하고 있는 원칙은 CLIP 원칙뿐이다.

---

7) 강영수, "국제 지적재산권침해소송에 있어서 국제사법적 문제에 관한 연구－속지주의 원칙의 한계 및 그 수정을 중심으로－", 서울대학교 법학박사학위논문, 2005. 2., 21－22면.

4. 판결의 의의

가. 근로계약의 경우에 사용자가 근로자에 대하여 제기하는 소는 근로자의 상거소가 있는 국가 또는 근로자가 일상적으로 노무를 제공하는 국가에서만 제기할 수 있다(국제사법 제28조 제4항). 이 사건에서는 영업배제금지청구의 소가 주가 된 점을 감안할 때, 설사 근로자가 외국인이었더라도 국제사법 제28조 제4항을 적용하기보다는 국제사법 제2조의 일반조항을 적용하여 판단하게 될 것이다.

나. 직무발명의 통상실시권 취득이 문제된 사안에서 대법원이 판시한 대로, 직무발명에 대하여 각국에서 특허를 받을 권리는 하나의 고용관계에 기초하여 실질적으로 하나의 사회적 사실로 평가되는 동일한 발명으로부터 발생한 것이며, 당사자들의 이익보호 및 법적 안정성을 위하여 직무발명으로부터 비롯되는 법률관계에 대하여 고용관계 준거법 국가의 법률에 의한 통일적인 해석이 필요하다. 따라서 직무발명에 관한 통상실시권 취득에 대한 준거법으로서 근로계약에 관한 준거법을 적용하는 것은 타당하다. 다만, 대법원 판시내용 중 "직무발명에 의하여 발생되는 권리의무는 비록 섭외적 법률관계에 관한 것이라도 성질상 등록이 필요한 특허권의 성립이나 유·무효 또는 취소 등에 관한 것이 아니어서, 속지주의의 원칙이나 이에 기초하여 지식재산권의 보호에 관하여 규정하고 있는 국제사법 제24조의 적용대상이라 할 수 없다."라고 설시한 부분은 되짚어볼 필요가 있다. 종업원이 사용자와 공동발명한 경우와 같이 공유특허권의 원시취득이 발생한 때에는 등록이 필요한 특허권의 성립에 관한 것임에도 불구하고 보호국법(국제사법 제24조)을 적용하지 않고 고용관계 준거법(국제사법 제28조)을 적용할 것인지 여부가 문제될 수 있다. 즉 등록을 요하는 특허권의 원시적 귀속에 대해서는 직무발명을 별도로 취급할 것인지 여부와 관련해서 대상판결이 해답을 제시한 것인지 여부가 불명확하다. 직무발명으로부터 비롯되는 법률관계에 대해서는 고용관계 준거법 국가의 법률에 의한 통일적인 해석이 필요하므로 직무발명의 특허권의 원시적 귀속에 대해서도 고용관계 준거법을 적용하는 것이 타당할 것이다. 그리고 근로관계에 해당하는지 여부가 법률관계성질결정과 관련하여 문제될 수도 있다. 법률관계의 성질결정을 법정지의 실질법에 의할 것인지(법정지법설), 법정지의 국제사법에 따른 준거법에 의해 정할 것인지(준거법설) 아니면 법정지의 국제사법 자체에 의해 정할 것인지(국제사법자체설) 여부가 문제된다.

법률관계의 성질을 정하지 않고서는 준거법이 정하여지지 않는 것이 논리의 순서이므로 준거법설을 취하는 것은 논리적으로 모순이다. 따라서 준거법설을 취하는 것이 무리가 따른다.

국제사법의 입장에서 보는 법률관계의 성질이 특정국가의 실질법에서 보는 입장과는 다를 수도 있을 것이다. 따라서 법정지의 실질법을 무조건적으로 적용하는 것도 문제가 있다. 따라서 법정지의 국제사법 자체에 의거하여 법률관계의 성질을 결정하는 것이 타당하다.[8]

　이 경우에도 (i) 여러 나라의 실질법을 비교하여 공통적인 법률개념을 도출하는 방법에 의하여 국제사법상 개념을 정립하자는 비교법설, (ii) 각각의 저촉규정이 추구하는 목적이 무엇인지 여부를 파악하여 그에 맞추어 단위법률개념을 해석하려는 저촉규정목적설 및 (iii) 국제사법상 법률개념을 법정지 국제사법의 해석문제로 파악하여 먼저 법정지의 국제사법의 정신과 목적이나 지도원리를 파악한 후, 법정지의 문제된 국제사법규정과 다른 규정과의 상호관계, 법정지의 실질법, 그 법과 동일법계에 있는 타국의 실질법 및 타국의 국제사법 등을 비교법적으로 검토하여 개념을 도출하려는 신법정지법설[9]로 나뉜다. 국제사법 자체설에 따르더라도 그 기준을 어떻게 정할 것인지 여부를 고민하여 보면, 신법정지법설이 가장 현실적이고 실효적인 견해임을 알 수 있다. 이는 우리 법정지법으로부터 출발하되, 연결대상을 법정지법상의 체계개념이 아니라 비교법적으로 획득된 기능개념으로 이해하면서 실질규범의 목적과 함께 당해 저촉규범의 기능과 법정책적 목적을 고려해야 한다고 주장하는 기능적 성질결정론과 유사한 개념이다.[10]

　다만, 신법정지법설을 취하더라도 현실적으로는 법정지의 국제사법 자체에 의거한 법률관계의 성질결정이 법정지의 실질법에 의거한 법률관계의 성질결정과 유사한 결론에 도달하는 경우가 많을 것으로 예상된다.

---

8) 김연·박정기·김인유, 국제사법, 법문사, 2003, 111면; 국제사법자체설이 일본의 통설이자 판례의 입장이다(松岡 博 編, 國際關係私法入門, 有斐閣, 2007, 36면).
9) 김연·박정기·김인유, 위의 책, 112-113면.
10) 석광현, 국제사법해설, 박영사, 2013, 31면.

12 디자인등록의 요건으로서 창작비용이성

대법원 2010. 5. 13. 선고 2008후2800 판결[1)

오충진(법무법인 광장 변호사)

1. 사안의 개요

가. 원고는 명칭을 "전력계 박스"로 하는 이 사건 등록디자인(2006. 9. 23. 출원, 2006. 12. 20. 등록, 등록번호 제435126호)의 디자인권자이다. 이 사건 등록디자인은 건물의 외벽에 부착되는 전력계 외부 박스의 형상과 모양의 결합을 디자인 창작 내용의 요점으로 한다.

나. 피고는 이 사건 등록디자인이 그 출원 전에 공지된 전력계 박스에 관한 비교대상디자인(2000. 3. 22. 출원, 2001. 7. 10. 등록, 등록번호 제280430호)과 유사하여 그 등록이 무효로 되어야 한다고 주장하면서 등록무효심판을 청구하였다. 특허심판원은 2008. 1. 30.자 2007당217 심결로 이 사건 등록디자인이 비교대상디자인과 유사하여 구 디자인보호법(2004. 12. 31. 법률 제7289호로 개정된 것; 이하 '2004년 디자인보호법'이라 한다) 제5조 제1항 제3호에 해당한다는 이유로 그 등록이 무효로 되어야 한다고 판단하였다.

다. 원고는 위 특허심판원의 심결에 대하여 특허법원에 심결취소소송을 제기하였으나, 특허법원은 2008. 7. 9. 선고 2008허2664 판결로, "2004년 디자인보호법 제5조 제2항·제1항 제1, 2호에 의하면, 디자인등록출원 전에 그 디자인이 속하는 분야에서 통상의 지식을 가진 사람이 디자인등록출원 전에 공지되거나 반포된 간행물에 게재된 디자인들의 결합에 의하여 용이하게 창작할 수 있는 디자인은 등록을 받을 수 없다. 이 사건 등록디자인과 비교대상디자인을 대비하여 보면, 정면도를 기준으로 볼 때, (1) 세로로 긴 직사각형의 몸통에서 모

---

1) [참조 및 관련 판례] 대법원 1990. 7. 24. 선고 89후728 판결; 대법원 1991. 11. 8. 선고 91후288 판결; 대법원 1996. 6. 25. 선고 95후2091 판결; 대법원 1999. 11. 26. 선고 98후706 판결; 대법원 2001. 6. 29. 선고 2000후3388 판결; 대법원 2006. 7. 28. 선고 2005후2915 판결; 대법원 2008. 9. 25. 선고 2008도3797 판결; 대법원 2011. 9. 29. 선고 2011후873 판결 등.
[관련 평석 및 문헌] 유영선, "디자인보호법 제5조 제2항이 규정한 '용이하게 창작할 수 있는 디자인'의 의미", 대법원 판례해설 제84호(2010 상반기), 법원도서관 2010. 5. 13.; 정상조 등 공편, 디자인보호법 주해, 박영사, 2015, 299-317면(유영선 집필부분).

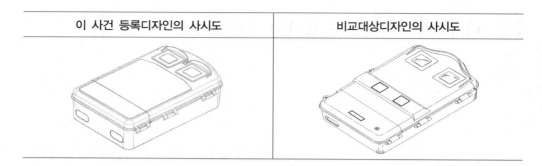

이 사건 등록디자인의 사시도	비교대상디자인의 사시도

서리와 윗부분을 원형의 곡선으로 부드럽게 처리한 점, (2) 두 개의 다소 돌출된 정사각형 투시창을 상부 쪽에 치우친 곳에 나란히 형성한 점, (3) 투시창 위에 돌출된 빗물 또는 햇빛 가리개를 두고 있는 점, (4) 전력계함을 상부와 하부의 개폐창으로 분리하고 있고 그 구분선이 하부 쪽에 치우치게 위치하고 있는 점 등에서 동일하고, 또한 배면도를 기준으로 볼 때, (5) 윗부분의 고정용 리브 등으로 형성되는 격자 창 모양이 극히 유사하고 그 아래의 모양들이 작은 사각형으로 구성된 점에서 동일하다. 다만, 이 사건 등록디자인과 비교대상디자인은, (1) 투시창 위에 돌출된 빗물 또는 햇빛 가리개의 모양에 있어서, 비교대상디자인은 상단부의 굴곡을 따라서 모자의 챙처럼 1개로 형성되어 있는 데에 비하여, 이 사건 등록디자인은 투시창에 근접하여 투시창 별로 눈썹과 같이 2개로 형성되어 있는 점, (2) 투시창의 외곽선 모양에 있어서, 비교대상디자인은 1개의 선으로 되어 있는 데에 비하여, 이 사건 등록디자인은 2개의 선으로 되어 있는 점, (3) 몸통 부분의 장식에 있어서, 비교대상디자인은 중간 아래 쪽에 띠 모양의 돌출부를 두고 그 돌출부 위에 정사각형 모양 2개를 배치하고 있는 데에 비하여, 이 사건 등록디자인은 투시창 바로 아래에서부터 하부에 이르기까지 넓은 범위에 직사각형의 돌출부를 배치하고 있는 점, (4) 좌측면도를 기준으로 볼 때, 이 사건 등록디자인에서는 확인대상디자인과 다르게 상단 부분에 가느다란 3개의 선을 두고 있는 점 등에서 차이가 있다. 이 사건 등록디자인과 비교대상디자인이 속하는 전력계함의 전체적인 구조와 용도 및 사용 상태를 고려하고, 위에서 살펴본 바와 같은 양 디자인의 동일·유사한 점과 차이점 및 전체적인 심미감 등을 고려하면, 이 사건 등록디자인은 그 디자인이 속하는 분야에서 통상의 지식을 가진 사람이 그 출원 전에 공지된 비교대상디자인의 빗물 또는 햇빛 가리개를 투시창별로 분리하고 기타 장식의 모양을 바꾸는 등의 방법을 통하여 용이하게 변경하여 창작할 수 있는 디자인에 해당하는 것으로 판단된다. 따라서 이 사건 등록디자인은 2004년 디자인보호법 제5조 제2항, 제1항 제1호·제2호의 용이하게 창작할 수 있는 디자인에 해당하여 그 등록이 무효로 되어야 할 것이다."라고 판단하였다.

　라. 위 특허법원 판결에 대하여 원고가 상고하였다.

2. 판결의 요지

가. 2004년 디자인보호법 제5조 제2항은 그 디자인이 속하는 분야에서 통상의 지식을 가진 자가 제1항 제1호 또는 제2호에 해당하는 디자인의 결합에 의하여 용이하게 창작할 수 있는 것은 디자인등록을 받을 수 없도록 규정하고 있는데, 여기에는 위 각 호에 해당하는 디자인의 결합뿐만 아니라 위 디자인 각각에 의하여 용이하게 창작할 수 있는 디자인도 포함된다고 봄이 타당하고, 그 규정의 취지는 위 각 호에 해당하는 디자인의 형상·모양·색채 또는 이들의 결합을 거의 그대로 모방 또는 전용하였거나, 이를 부분적으로 변형하였다고 하더라도 그것이 전체적으로 볼 때 다른 미감적 가치가 인정되지 않는 상업적·기능적 변형에 불과하거나, 또는 그 디자인 분야에서 흔한 창작수법이나 표현방법에 의해 이를 변경·조합하거나 전용하였음에 불과한 디자인 등과 같이 창작수준이 낮은 디자인은 그 디자인이 속하는 분야에서 통상의 지식을 가진 자가 용이하게 창작할 수 있는 것이어서 디자인등록을 받을 수 없다는 데 있다.

나. 대상물품을 '전력계 박스'로 하는 등록디자인은 그 디자인이 속하는 분야에서 통상의 지식을 가진 자가 비교대상디자인의 빗물 또는 햇빛 가리개를 투시창별로 분리하고 기타 장식의 모양을 바꾸는 등의 방법을 통하여 용이하게 변경하여 창작할 수 있는 디자인에 해당한다는 이유로, 그 등록이 무효로 되어야 한다고 한 원심의 판단을 수긍한 사례이다.

3. 해설

가. 디자인등록의 요건으로서 창작비용이성

디자인보호법 제33조 제1항이 규정하고 있는 신규성 요건을 갖춘 디자인이라고 하더라도, 그 디자인이 속하는 분야에서 통상의 지식을 가진 사람이 국내 또는 국외에서 공지 등이 된 디자인 또는 이들의 결합이나 널리 알려진 형상·모양·색채 또는 이들의 결합에 의하여 용이하게 창작할 수 있는 디자인에 대하여는 제33조 제2항에서 디자인등록을 받을 수 없도록 규정하고 있다. 이를 디자인등록의 창작비용이성 요건이라고 하는데, 특허에서의 진보성 요건에 대응하는 것이다.

나. 관련 규정의 입법 연혁[2]

(1) 2004년 디자인보호법(2004. 12. 31. 법률 제7289호로 개정, 2005. 7. 1. 시행)

2004년 디자인보호법은 제5조 제2항으로 '국내 주지디자인'에 의해 용이하게 창작할 수 있는 디자인 이외에, '제1항 제1호 또는 제2호에 해당하는 디자인(즉, 공지디자인)의 결합'에 의하여 용이하게 창작할 수 있는 디자인도 등록받을 수 없는 것으로 규정하였다.[3]

위 개정법률안은 그 개정 취지에 대하여, "종전의 규정이 요구하는 창작성의 수준이 낮기 때문에 이미 공지된 디자인의 특정 구성요소의 단순한 치환, 복수 공지디자인의 조합, 공지된 디자인의 구성요소들의 배치를 변경하는 등의 방법으로 창작성 낮은 디자인이 다수 출원·등록되어 디자인권 분쟁발생 등과 같은 폐해가 있고 그만큼 권리의 실효성도 저하되었으므로, 개정안에서는 디자인등록에 대한 창작성의 요건을 강화하여 창작수준이 높은 디자인만 적정하게 보호함으로써 높은 수준의 디자인 개발을 유도하고, 새로운 경쟁환경을 조성하여 제품경쟁력의 우위를 확보하는 데 기여하도록 하기 위한 것"이라고 설명하고 있다.

(2) 현행 디자인보호법(2013. 5. 28. 법률 제11848호로 전부 개정, 2014. 7. 1. 시행)

현행 디자인보호법은 제33조 제2항으로 디자인등록출원 전에 국내뿐만 아니라 국외에서 널리 알려진 형상·모양·색채 또는 이들의 결합에 의하여 쉽게 창작할 수 있는 디자인도 창작성이 없는 것으로 보아 디자인등록을 받을 수 없도록 요건을 강화하였다.[4]

---

2) 1961. 12. 31. 법률 제951호로 제정된 구 의장법, 1973. 2. 8. 법률 제2507호로 전부 개정된 구 의장법, 1980. 12. 31. 법률 제3327호로 개정된 구 의장법, 1990. 1. 13. 법률 제4208호로 전부 개정된 구 의장법 등의 입법 연혁 및 관련 대법원 판례의 흐름에 대해서는 위 유영선 판례 평석에 상세히 정리되어 있음.

3) 제5조(디자인등록의 요건)
① 공업상 이용할 수 있는 디자인으로서 다음 각 호의 1에 해당하는 것을 제외하고는 그 디자인에 대하여 디자인등록을 받을 수 있다.
1. 디자인등록출원 전에 국내 또는 국외에서 공지되었거나 공연히 실시된 디자인
2. 디자인등록출원 전에 국내 또는 국외에서 반포된 간행물에 게재되었거나 전기통신회선을 통하여 공중이 이용가능하게 된 디자인
3. 제1호 또는 제2호에 해당하는 디자인에 유사한 디자인
② 디자인등록출원 전에 그 디자인이 속하는 분야에서 통상의 지식을 가진 자가 제1항 제1호 또는 제2호에 해당하는 디자인의 결합에 의하거나 국내에서 널리 알려진 형상·모양·색채 또는 이들의 결합에 의하여 용이하게 창작할 수 있는 디자인(제1항 각호의 1에 해당하는 디자인을 제외한다)에 대하여는 제1항의 규정에 불구하고 디자인등록을 받을 수 없다.

4) 제33조(디자인등록의 요건)
① 생략 (실질적 변동 없음)
② 디자인등록출원 전에 그 디자인이 속하는 분야에서 통상의 지식을 가진 사람이 다음 각 호의 어느 하나에 따라 쉽게 창작할 수 있는 디자인(제1항 각 호의 어느 하나에 해당하는 디자인은 제외한다)은 제1항에도 불구하고 디자인등록을 받을 수 없다.
1. 제1항 제1호·제2호에 해당하는 디자인 또는 이들의 결합

다. 창작비용이성의 판단기준

(1) 시간적 기준

신규성 판단과 마찬가지로 출원시를 기준으로 판단한다.

(2) 판단 주체

디자인보호법에서 '신규성'과 '창작비용이성'은 구분되는 개념이다. 디자인의 신규성을 규정한 공지디자인 등과의 유사성 여부(제33조 제1항 제3호)는 창작자나 평균적 디자이너가 아닌 디자인을 관찰하는 평균적인 사회인(일반 수요자)의 입장에서 심미감이 같은지 여부를 판단하는 것이라고 보는 것이 통설, 판례이다.[5] 반면 공지디자인 등으로부터의 창작비용이성 여부(제33조 제2항)는 그 디자인이 속하는 분야에서 통상의 지식을 가진 사람, 즉 평균적인 디자이너의 입장에서 판단해야 한다는 것이 법 조항에 명백하게 규정되어 있고, 본건 대법원판결에서도 이를 분명하게 판시하고 있다.

(3) 공지디자인 또는 이들의 결합으로부터 쉽게 창작할 수 있는 디자인(제1호)

2004년 디자인보호법 제5조 제2항에서는 "제1항 제1호 또는 제2호에 해당하는 디자인의 결합에 의하거나"라고만 규정되어 있었고, 이에 공지디자인의 결합이 아니라 하나의 공지디자인으로부터 용이하게 창작할 수 있는 디자인도 창작비용이성이 없어서 디자인등록을 받을 수 없는지 여부에 관하여 학설상 논란이 있었다. 본건 대법원판결에서 "여기에는 위 각 호에 해당하는 디자인의 결합뿐만 아니라 위 디자인 각각에 의하여 용이하게 창작할 수 있는 디자인도 포함된다"고 판시하여 논란을 정리하였다. 현행 디자인보호법은 이를 반영하여 "제1항 제1호·제2호에 해당하는 디자인 또는 이들의 결합"이라고 규정을 개정하였다.

한편 2004년 디자인보호법은 입법연혁에서 본 바와 같이 제5조 제2항에서 공지디자인에 의하여 용이하게 창작할 수 있는 디자인도 등록받을 수 없는 것으로 규정하였다. 위 개정이 이루어진 이후 2010년에 본건 대법원판결이 선고될 때까지 상당한 시간이 흘렀음에도 위 조항에 대해 직접적으로 판시한 대법원 판례가 없었다. 따라서 본건 대법원판결은 이에 관한 판단기준을 처음으로 설시하고 구체적인 적용사례를 제시한 것으로서 의의가 있다. 본건 대법원판결에서 제시한 판단기준을 살펴보면, "디자인보호법 제5조 제2항 … 규정의 취지는 제1항 제1호 또는 제2호에 해당하는 디자인의 형상·모양·색채 또는 이들의 결합을 거의 그

---

2. 국내 또는 국외에서 널리 알려진 형상·모양·색채 또는 이들의 결합

5) 대법원 1996. 1. 26. 선고 95후1135 판결; 대법원 2009. 1. 30. 선고 2007후4830 판결 등.

대로 모방 또는 전용하였거나, 이를 부분적으로 변형하였다고 하더라도 그것이 전체적으로 볼 때 다른 미감적 가치가 인정되지 않는 상업적·기능적 변형에 불과하거나, 또는 그 디자인 분야에서 흔한 창작수법이나 표현방법에 의해 이를 변경·조합하거나 전용하였음에 불과한 디자인 등과 같이 창작수준이 낮은 디자인은 그 디자인이 속하는 분야에서 통상의 지식을 가진 자가 용이하게 창작할 수 있는 것이어서 디자인등록을 받을 수 없다는 데 있다."는 것이다.

특허청의 디자인 심사기준에 의하면, 그 디자인 분야에서 흔한 창작수법이나 표현방법에 의하여 ① 디자인 구성요소의 일부분을 다른 디자인으로 치환한 디자인(치환디자인), ② 복수의 디자인을 하나로 조합한 디자인(조합디자인), ③ 디자인 구성요소의 배치를 변경한 디자인(배치변경디자인), ④ 디자인의 구성요소 비율의 변경 또는 구성단위 수의 증감 디자인 등이 용이창작 디자인에 해당한다고 보고 있다.6)

현행 디자인보호법을 적용한 대법원 판례는 아직 없으나, 그 규정 내용이 2004년 디자인보호법과 실질적인 차이가 없으므로 같은 판단기준을 적용할 수 있을 것이다.

(4) 주지디자인 또는 이들의 결합으로부터 쉽게 창작할 수 있는 디자인(제2호)

일반인이 이를 알 수 있을 정도로 간행물이나 TV 등을 통하여 국내 또는 국외에서 널리 알려진 형상·모양·색채 또는 이들의 결합으로부터 쉽게 창작할 수 있는 디자인을 말하는 것이다. 2004년 디자인보호법에서는 제1항 제1호·제2호의 공지디자인의 경우에는 국내 또는 국외에서 공지된 것도 포함하였지만, 제2항의 주지디자인의 경우에는 국내에 널리 알려진 것 또는 이들의 결합에 의하여 용이하게 창작할 수 있는 디자인에 한하여 디자인등록을 받을 수 없는 것으로 한정하였다. 그러나 현행 디자인보호법은 제33조 제2항에서 국내뿐만 아니라 국외에서 널리 알려진 형상·모양·색채 또는 이들의 결합에 의하여 쉽게 창작할 수 있는 디자인도 창작성이 없는 것으로 보아 디자인등록을 받을 수 없도록 요건을 강화하였다.

현행 디자인보호법이나 2004년 디자인보호법에 관한 대법원 판례는 아직 없으나, 그 규정 내용이 1980년 의장법 및 1990년 의장법과 실질적인 차이가 없으므로, 이에 관한 대법원 판례들7)에서 설시한 것으로서 "주지의 형상이나 모양을 거의 그대로 이용하거나 전용하여 물품에 표현하였거나 이들을 물품에 이용 또는 전용함에 있어서 그 의장이 속하는 분야에서 통상의 지식을 가진 자라면 누구나 그 의장이 그 물품에 맞도록 하기 위하여 가할 수 있을 정도의 변화에 지나지 아니하는 것은 의장등록을 받을 수 없다"는 판단기준을 적용하면 될

---

6) 대법원 1996. 1. 26. 선고 95후1135 판결; 대법원 2009. 1. 30. 선고 2007후4830 판결 등.
7) 특허청, 디자인 심사기준(2014. 7. 1.), 141–143면.

것이다.

4. 판결의 의의

　대상판결은 디자인보호법의 입법 연혁 및 취지, 기존 대법원 판례 등을 종합하여, 2004년 디자인보호법 제5조 제2항(현행 디자인보호법 제33조 제2항)의 규정이 정하고 있는 '용이하게 창작할 수 있는 디자인'의 의미에 대한 법리를 처음으로 설시하고, 구체적인 적용사례를 제시한 것으로서 의의가 있다.

13 부분디자인에서의 단일성 판단기준

대법원 2013. 2. 15. 선고 2012후3343 판결[1]

김원오(인하대학교 법학전문대학원 교수)

1. 사안의 개요

가. 디자인 출원의 개요

이 사건 출원디자인 ' '은 대상물품(휴대폰 케이스)의 상부인 ' '(이하 '상부 부분'이라 한다)과 하부 돌출 부분인 ' '만(하부 부분)을 보호받고자 출원된 부분디자인으로서 하나의 물품 중에 물리적으로 분리된 2이상의 부분에 대한 디자인을 대상으로 하여 출원된 디자인 이며, 디자인의 설명란에 "1. 재질은 합성수지 및 섬유재임. 2. 본 디자인은 도면에 도시된 바와 같이, 휴대폰을 경사지게 지지하는 것임. 3. 본 디자인의 상부에 형성된 토끼의 귀 모양의 내부에는 전화 또는 메시지 수신 시 빛을 발광하도록 램프가 내장될 수도 있으며, 토끼의 귀 모양에는 이어폰의 와이어를 감을 수 있는 것임. 4. 본 물품의 도면 중 회색으로 표현된 케이스 본체의 점선부분을 제외한 나머지 부분을 부분디자인으로서 디자인등록을 받고자하는 부분임"이라고 기재하고, 디자인 창작 내용의 요점란에는 "본 디자인 휴대폰 케이스의 형상과 모양의 결합을 디자인창작내용의 요점으로 함"이라고 기재한 디자인등록출원서 및 도면을 제출하였다.

---

1) [참조 및 관련 판례] 대법원 2005. 9. 29. 선고 2004후486 판결; 대법원 2009. 9. 10. 선고 2007후3356 판 결(공2009하, 1690) 등.
   [관련 평석 및 문헌] 안원모, "디자인의 단일성 판단": 대법원 2013. 2. 15. 선고 2012후3343 판결을 중심으로, 산업재산권 통권 제41호(2013. 8.), 217-251면.

나. 이 사건의 진행 경과

(1) 특허청은 원고의 위 출원디자인이 하나의 출원에 2 이상의 형상·모양·색채 또는 그 결합을 표현한 것이어서 디자인보호법 제11조 제1항에 위배된다는 이유로 등록거절결정을 하였다.

(2) 원고는 위 거절결정에 대한 불복심판을 청구하였으나, 특허심판원도 거절불복심판에서 등록거절결정을 지지하였다.[2]

(3) 원고는 2012. 6. 5. 특허법원에 이 사건 심결의 취소소송을 제기하였으나(2012허4872), 특허법원은 2012. 9. 14. 같은 이유로 원고의 청구를 기각하는 환송 전 판결을 선고하였다.

(4) 이에 원고는 2012. 10. 2. 대법원에 상고하였고(2012후3343), 대법원은 2013. 2. 15. 위 환송 전 판결을 파기하여 특허법원으로 환송하는 취지의 환송판결을 선고하였으며 환송 후 특허법원은 대법원판결의 취지대로 선고[3]하여 확정되었다.

2. 판결의 요지

가. 하나의 물품 중에 물리적으로 떨어져 있는 둘 이상의 부분에 관한 부분디자인이더라도 그들 사이에 형태적으로나 기능적으로 일체성이 있어서 보는 사람으로 하여금 그 전체가 일체로서 시각을 통한 미감을 일으키게 한다면, 그 디자인은 (구)디자인보호법 제11조 제1항에서 규정한 '1디자인'에 해당한다고 할 것이므로, 1디자인등록출원으로 디자인등록을 받을 수 있다.

나. 이 사건 출원디자인 중 '하부부분'이 휴대폰 케이스에서 차지하는 비율이 다소 크기는 하지만 실물을 디자인화하는 과정에서 어느 정도의 변형이나 과장 또는 추상화가 수반되기 마련이고, 하부부분은 휴대폰 케이스의 하단 뒷면에 위치하고 있는 반면 '토끼 귀' 형상의 상부부분은 휴대폰 케이스의 상부에 위치하고 있어서, 이 사건 출원디자인을 보는 사람으로서는 하부부분을 '토끼 꼬리' 형상으로 인식할 여지가 충분히 있으므로, 위 상부부분과 하부부분이 비록 물리적으로 떨어져 있다고 하더라도 그들 사이에 형태적으로 일체성이 인

정되고, 그로 인하여 보는 사람으로 하여금 그 전체가 '토끼 형상'과 유사한 일체로서 시각을 통한 미감을 일으키게 하므로, 이 사건 출원디자인은 디자인보호법 제11조 제1항에서 규정한 '1디자인'에 해당한다.

3. 해설

가. 서설

2001년 법 개정에 의하여 시행된 부분디자인 제도는 독창적인 물품 부분의 디자인에 대한 창작적 가치를 보호하고 부분디자인의 도용으로 인한 권리간의 분쟁을 방지하여 디자인창작자가 효율적으로 디자인보호가 가능하도록 한 제도이다. 물품성을 의제한 부분디자인은 그 특유한 성립요건의 문제도 있고, 또 전체디자인과의 관계를 고려하지 않을 수 없으므로 용이창작성 판단, 신규성 판단, 확대된 선원의 적용 등 등록요건 심사에 있어서도 특유한 쟁점[4]을 안고 있다. 나아가 디자인의 특정과 파선부분의 해석에 따라 등록 후 권리범위해석(유사판단)[5]과 침해판단에 있어서도 고유한 문제를 야기할 수 있다. 이러한 부분디자인의 특수한 문제 중에 이 사건에서 문제된 것은 부분디자인의 단일성 판단(1디자인 1출원)과 관련된 것이라 할 수 있다.

나. 이 사건의 쟁점

(1) 본 사건은 거절결정에 대한 심결취소소송 판결이 원심인 사건으로 물리적으로 떨어져 있는 둘 이상의 부분에 관한 부분디자인으로 출원된 디자인이 (구)디자인보호법 제11조 제1항[6]의 '1디자인'으로 등록을 받기 위한 요건을 구비한 것인지 여부가 핵심쟁점이다. 기본적으로 디자인의 단일성 판단기준이 문제이지만 부분디자인 형태로 출원된 것이어서 부분디자인과 관련하여 제기될 수 있는 쟁점사항을 함께 고려하면서 판결의 당부를 검토할 필요가 있다.

(2) 디자인 출원의 단일성과 관련하여서 1디자인의 개념 중 '하나의 물품'에 해당 여

---

4) 안원모, "부분디자인의 성립 및 등록에 있어서의 특유한 문제점 고찰", 창작과 권리(제61호), 세창출판사, 2010. 12. 36면 이하.
5) 안원모, "부분디자인의 유사판단에 관한 연구", 산업재산권(제29호), 한국산업재산권법학회, 2009.8., 87면 이하.
6) 현행 디자인보호법 제40조(1디자인 1디자인등록출원)
　① 디자인등록출원은 1디자인마다 1디자인등록출원으로 한다.
　② 디자인등록출원을 하려는 자는 산업통상자원부령으로 정하는 물품류 구분에 따라야 한다.

부[7])는 문제되지 아니한 사안이었고 '하나의 형태'에 해당하는지 여부가 문제된 사안이다. 특히 물리적으로 떨어져 있는 둘 이상의 부분에 관한 부분디자인 출원의 단일성 판단에 있어 '형태적 일체성' 또는 '기능적 일체성'이 인정되는지 여부가 관건이었다.

다. 부분디자인 출원의 단일성 파악의 기초적 문제

(1) 부분의 의의

부분디자인에서 부분이란 다른 디자인과 대비할 때 대비의 대상이 될 수 있는 최소의 창작단위이므로 대비의 대상이 될 수 있는 창작단위가 나타나 있지 아니한 것은 부분디자인으로 성립하지 않는다.[8]) 또한 물품 형태를 그 측면만을 투영시킨 실루엣만 표현한 것은 일정범위를 차지하는 부분의 구체적 형태를 표시하는 것이 아니므로 물품의 부분으로 인정되지 않는다. 대상판결은 부분디자인의 성립성을 문제 삼지 않았지만 디자인의 단일성을 판단하려면 먼저 부분디자인을 어떻게 파악하고 그 특정은 누가 어떤 방식으로 하도록 되어 있으며 특정의 책임은 누가 부담하는지의 문제와 직결된다.

(2) 부분디자인의 특정과 파악

부분디자인을 출원할 때에는 도면에 부분디자인으로서 디자인등록을 받고자 하는 부분을 특정하여야 하고, 그 특정하는 방법에 대해서는 도면의 '디자인의 설명'란(별표2)에 기재하도록 되어 있다.[9]) 통상 부분디자인 출원에 있어서는 도면에는 등록을 받고자 하는 부분을 실선으로, 그 이외 부분은 파선으로 도시하여 명확히 구분하는 것이 일반적이나 반드시 이에 한정하지 않고 있으므로 디자인등록을 받고자 하는 부분을 일점쇄선으로 둘러싸거나 디자인등록을 받고자 하는 부분 이외의 부분에 착색을 하거나 하는 등의 방법도 가능하다. 특히 경계가 불명확한 경우 경계선을 1점쇄선으로 도시할 수 있다.[10]) 다만 그 특정의 방법을 '디자인의 설명'란에 기재하면 족하다.

---

7) 대법원 1994. 9. 9. 선고 93후1247 판결(의장등록무효)에서 구 의장법 제9조 소정의 1디자인 1출원 원칙에 따라 1디자인의 대상이 되는 1물품의 판정기준을 제시한 바 있다. 1물품이란 물리적으로 1개의 것을 의미하는 것이 아니라 물품의 용도, 구성, 거래실정 등에 따라 1물품으로 취급되고 있는 물품을 말하는 것이다.
8) 노태정 · 김병진, 디자인보호법(3정판), 세창출판사, 2009.7. 329면.
9) 디자인보호법 시행규칙 제35조 제4항으로 개정: 별표2의 기재사항을 적고 같은 도면의 창작내용의 요점란은 별표3의 기재방법에 따라 적도록 되어 있다.
10) 디자인 심사기준(특허청예규 제84호; 2015. 9.16.자) 제4부 제2장 21).

(3) 이 사건에서 디자인 특정의 문제

이 사건 출원 디자인의 설명란에는 재질과 용도와 귀부분의 기능과 역할에 대한 기재가
있고 부분디자인으로서의 신청취지와 특정방법도 명시하고 있으나 꼬리부분에 관한 설명이
누락되어 있고 양자가 창작과정상 일체성을 띠는 토끼의 귀와 꼬리부분에 해당한다는 설명
도 누락되어 있어 양자가 형태적 일체성을 띠는 것인지가 불분명하여 야기된 사안이라 할
수 있다.

라. 부분디자인의 단일성 판단 기준

(1) 부분디자인의 단일성 판단

부분디자인과 관련한 디자인심사기준[11]에서 원칙적으로 하나의 물품 중에 물리적으로
분리된 2 이상의 부분디자인이 표현된 경우에 원칙적으로 제40조 제1항 위반이지만[12] '형태
적 일체성' 또는 '기능적 일체성'이 인정되어 전체로서 디자인 창작상의 일체성이 인정되는
경우에는 예외로 한다고 하여 부분디자인의 단일성을 판단하는 기준을 제시하고 있다.

(2) 형태적 일체성

통상 형태적 일체성이 인정되는 물품이란 막대가 달린 초콜릿이나 캔디, 막대가 달린
어묵 등과 같이 물품의 각각의 구성부분은 개성을 가지고 있으나 형태상 단일한 일체를 이
루는 것을 이른다.[13] 이러한 형태의 단일성 파악에 있어 디자인은 물품의 형태이므로 물품
과의 관련성을 고려하여야 한다. 물품과의 관련성을 고려한다는 것은 물품의 기능과 용도를
고려하여 형태의 단일성을 파악하여야 한다는 것이다.[14] 부분디자인의 형태적 일체성 판단
에 있어서 각각의 구성 부분은 개성을 가지고 있으나 형태상 단일한 일체를 이루는 것으로
일체적 심미감을 주면 형태적 단일성을 인정할 수 있다. 심사기준에서는 물리적으로 분리된
부분으로서 대칭이 되거나 한 쌍이 되는 등 관련성을 가지고 있는 것이면 인정되며 귀저귀
디자인을 그 예로 들고 있다.[15] 개정 디자인심사기준에서는 대상판결을 반영하여 '하나의

---

11) 디자인심사기준 제2부 제3장 제1절 6)(특허청예규 제84호 2015. 9. 16. 개정).
12) 부분디자인인 경우에는 1물품의 1부분에 관한 형태인 경우에만 1디자인으로 인정되고, 디자인의 대상이
   되는 물품은 1물품을 기재했더라도 도면 등에 2 이상의 전체형태 또는 2 이상의 부분의 형태를 도시한 경
   우는 1디자인 1출원 원칙에 위반된다고 보는 것이 원칙이다(조국현, 의장법, 법경사, 2002, 296면).
13) 齊藤瞭二 著, 정태련 역, 意匠法, 세창출판사, 1993, 306면.
14) 寒河江 孝允 外孝允 外 2, 意匠法 コンメンタール(第2版), LexisNexis, 2012.3., 237면 참조.
15) 위의 디자인심사기준 제2부 제3장 제1절 6) (1): 물리적으로 분리된 부분으로서 대칭이 되거나 한 쌍이
   되는 등 관련성을 가지고 있는 것.

대상을 인식하게 하는 관련성'을 가진 경우도 포함하고 있다.

(3) 기능적 일체성

기능적 일체성이란 물리적으로 분리된 부분들이 전체로서 하나의 기능을 수행함으로써 일체적 관련성을 가지고 있는 것을 말한다.[16) 부분디자인에 있어서는 가위의 손잡이부분 또는 전화기의 버튼부분 등과 같이 전체로서 하나의 기능을 수행함으로써 일체적 관련성을 가지고 있는 경우를 들 수 있다.[17) 우리 심사기준에서는 "잉크젯프린터용 잉크스틱"[18)을 그 예로 들고 있다.

마. 부분 디자인 단일성 판단 기준에 대한 검토

(1) 디자인의 제도적 보호이념에 따른 판단의 기본관점

물리적으로 분리된 2 이상의 부분이 하나의 디자인으로 인정받기 위해서는 그것이 단일의 디자인으로 보호받을 적격이 있어야 하는데 이는 디자인보호 이념에 따라 그 판단기준이 달라질 수 있다. 디자인의 제도적 보호이념으로는 디자인의 창작적 가치 보호가 우선이라는 창작설, 수요촉진 기능을 보호하고자 하는 수요설, 부정경쟁방지(혼동방지)에 초점을 두는 경업설 등의 다양한 이념이 존재한다.[19) 창작설의 관점에서는 각 부분이 하나의 창작단위로 인정될 수 있거나 창작의 일체성이 있으면 디자인의 단일성을 인정할 수 있을 것이고, 수요설의 입장에서는 2 이상의 부분이 통합하여 단일의 수요촉진 기능을 일으키는 것이라면 디자인의 단일성을 인정할 수 있다.[20)

대상판결에서 부분디자인에서의 단일성 판단기준으로 삼은 이념이 무엇인지 분명하지는 않지만 후술하는 바와 같이, 물리적으로 분리된 2 이상의 부분이 하나의 창작적 가치단위로 존재하느냐는 관점보다는 수요자의 대상적 인식 기준에 더 치중하여 판단한 결과 두 부분이 통합하여 하나의 수요촉진 기능을 수행하는지 여부가 기준이 된 판결로 여겨진다. 한편 2 이상의 부분이 창작상의 일체성을 이루는 것이라면 그것이 곧 하나의 창작단위로 인정

(예) "기저귀"

16) 위의 디자인심사기준, 같은 절 6) (2) 기능적일체성이 인정되는 것
17) 일본의장심사기준 71.7.1.2; 김인배, 理智 디자인보호법, 한빛지적소유권센터, 2014, 253−254면.
18)   (예) "잉크젯프린터용 잉크스틱"
[디자인의 설명] "정면에 있는 2개의 홈과 배면에 있는 한 개의 홈이 전체로서 프린터에 카트리지가 장착할 때 정확한 위치를 알 수 있도록 하는 기능을 수행하는 것임"
19) 노태정 외, 디자인보호법(주 8), 109−110면; 齊藤暸.二 著, 意匠法概說, 有悲閣 1991, 35면 이하.
20) 안원모, "디자인의 단일성 판단"(주 1), 241면.

됨과 동시에 하나의 수요촉진기능을 담당하는 것으로 볼 수 있기 때문에 양설의 입장이 동시에 충족되고 '창작의 일체성'은 출원인의 주관적 창작의도를 충분히 고려하여 판단하여야 한다는 견해도 있다.[21]

(2) 창작자의 주관적 창작의도 고려여부(창작의 일체성 vs 객관적 대상 인식의 일체성)

대상판결의 원심인 특허법원 판결[22]에서는 '부분디자인에 있어 물리적으로 분리된 부분들이 일체적 심미감을 가졌는지 여부는 대상물품의 각 부분이 결합된 전체형상을 객관적으로 관찰하여 판단하여야 하며 디자인 창작자의 주관적인 창작 모티브를 기준으로 판단할 수 없다'고 밝히고 있다. 대법원은 이 쟁점에 관한 원심의 판단에 대해서 아무런 언급이나 판단을 하지 않았다. 반면 부분디자인 제도의 도입에 의하여 객관적 관찰에 의하여 파악되는 물품의 부분적인 특징 외에도 출원인이 임의로 정한 물품의 부분까지도 보호의 대상에 포함되게 되었다는 점에서, 부분디자인의 단일성을 판단함에 있어서도 출원인의 주관적 창작의도를 고려하여야 한다는 견해가 있다.[23] 부분디자인 제도는 종래 객관적 관찰을 통하여 요부로 파악할 수 없었던 물품의 부분에 대하여도 출원인의 주관적인 창작의도를 보호하고자 하는 취지를 포함하고 있으므로 단일성 판단에서도 출원인의 주관적인 창작의도를 고려하는 것이 필요하며 특히 심사과정에서는 '창작내용의 요점란' 기재를 통하여 출원인의 주관적인 창작의도를 파악하기가 용이하다는 점에서 더욱 그렇다는 것이다.[24] 이 문제는 디자인 특정의 책임을 출원인이 아니라 심사관에게 전가함으로써 심사상의 과도한 부담을 줄 수 있으며 앞서 살펴본 디자인보호 이념상의 균형적 관점과 판단기준의 통일성과 법적안정성 유지차원에서 볼 때 창작자의 주관적 의도를 우선기준으로 삼기 어려운 측면이 있다. 디자인보호법에서 디자인을 독점하는 권리 성립의 기초는 어디까지나 객관적 창작성이며 이점에서 주관적인 창작성에 기초하여 권리 성립을 인정하는 저작권법적 어프로치와 명백히 차이가 있다. 대상판결이 이 점에 대해 원심의 판단을 터치하지 아니한 것은 원심이 객관적 인식대상의 일체성과 관련성 기준을 제시한 것을 일응 수긍한 것으로 보아야 할 것이다. 다만 '창작내용의 요점란' 기재를 포함한 디자인 특정을 통해 창작의도가 객관적으로 드러난 경우에는 당연히 고려하여야 할 것이다.

(3) 판단의 주체적 기준

대상판결은 부분디자인에서의 형태적 일체성을 인정하기 위한 주체적 기준으로 '당해

---

21) 안원모, "디자인의 단일성 판단"(주 1), 245면.
22) 특허법원 2012. 9. 14. 선고 2012허4872 판결.
23) 안원모, "디자인의 단일성 판단"(주 1), 238-239면 참조.
24) 위의 글, 238면.

출원디자인을 보는 사람'이라는 표현을 사용하고 있다. 여기서 '보는 사람'의 의미가 당업자인지 또는 수요자를 의미하는 것인지 명확하지 않으나 이러한 표현을 사용한 선례[25])에 비추어 볼 때 디자인의 유사 여부 판단의 경우와 마찬가지로 '일반 수요자'를 기준으로 판단하고 있는 것으로 여겨진다. 이러한 법원의 태도에 대하여 디자인은 창작성을 디자인등록의 중심이 되는 적용요건으로 하는 것이지 상표처럼 수요자의 인식만을 기준으로 판단하는 것이 아니므로, 디자인의 단일성 판단시 단지 디자인을 보는 수요자만을 기준으로 하고 창작자의 창작의도 등을 고려할 필요가 없다는 듯이 판단한 대법원판결의 판시내용은 디자인의 근본적인 특성을 고려할 때 다소 비판의 소지가 있다는 견해가 있고[26]) 더욱 적극적으로, 부분디자인의 출원에 있어서도 출원서 기재 전체에 의하여 창작자의 창작의도를 고려하여야 함에도 수요자 입장에서의 객관적인 관찰을 전제로, 출원인의 주관적인 창작의도를 의도적으로 고려대상에서 배제해 버린 것은 부분디자인 제도의 취지를 오해한 데서 비롯된 것으로 보인다고 비판하는 견해도 있다.[27]) 부분디자인의 단일성 판단은 부분간 창작의 관련성과 창작의 일체성을 파악하는 것이 관건이므로 (용이)창작성 판단과 마찬가지로 당업자의 관점에서 판단하는 것이 타당하다고 생각된다.

4. 판결의 의의

대상판결은 물리적으로 분리된 2 이상의 부분이 표현된 경우 원칙적으로 1디자인 1출원의 원칙에 위반되는 것으로 취급하지만, 전체로서 형태적 일체성 또는 기능적 일체성이 인정되는 경우에는 예외로 인정해 온 기준 중 형태적 일체성 판단에 대해 구체적 판단기준을 제시하고 있다는 점에서 우선 그 의의가 있다. 형태적 일체성이 인정되는 것으로는 분리된 부분이 서로 대칭이 되거나 한 쌍이 되는 등 관련성을 가지고 있는 것뿐 아니라 토끼의 머리와 꼬리라는 전체적으로 하나의 대상을 관념시켜 인식하게 하는 등의 관련성을 가지고 있는 경우에도 단일성을 인정한 것이다. 다만, 단일성 판단에서 주관적 창작의도의 고려나 판단의 주체적 기준과 디자인의 특정책임론 등과 관련하여 명확하게 판단하여 그 기준을 제

---

25) 대법원 2010. 7. 22. 선고 2010 후913(공보불게재) 판결에서는 "디자인의 유사 여부는 이를 구성하는 각 요소를 분리하여 개별적으로 대비할 것이 아니라 그 외관을 전체적으로 대비 관찰하여 보는 사람으로 하여금 상이한 심미감을 느끼게 하는지의 여부에 따라 판단하여야 하고, 이 경우 디자인을 보는 사람의 주의를 가장 끌기 쉬운 부분을 요부로서 파악하고 이것을 관찰하여 심미감에 차이가 생기게 하는지 여부의 관점에서 그 유사 여부를 결정하여야 한다. 이 판결에서 '일반 수요자'를 단순히 그 디자인을 '보는 사람'으로 표현하여 온 점을 감안하여 본다면, '보는 사람'이라는 표현은 '일반 수요자'를 나타내는 것으로 해석될 수 있다(정태호, 1디자인 1디자인등록출원의 법제 분석과 개선방안에 관한 고찰, 法學硏究 제26권 제1호(2015. 6)의 각주 55 참고).
26) 정태호, 위의 글, 323면.
27) 안원모, "디자인의 단일성 판단"(주 1), 240면.

시하지 못한 아쉬움이 있다. 한편 이 판결은 외국에 비해 너무 과도하게 부분디자인 특정 의무를 부과하고 엄격하게 그 충족여부를 심사하거나 해석해 온 관행[28]에 변화를 촉구한 의미도 있다.[29] 특히 디자인의 단일성 요건은 절차편의를 도모하기 위한 형식적 요건이고 이미 단일성의 예외를 인정하는 여러 가지 제도적 장치가 인정되고 있다는 점에서 심사기준과 관행의 변화도 요구되는 바이다. 대상판결의 부분디자인의 단일성 판단기준에 대해 비판적인 입장을 취한 견해들도 이러한 맥락에서 일리가 있다. 그러나 대상판결이 객관적 관찰에만 의하고 출원인의 주관적인 창작의도를 의도적으로 고려대상에서 배제해 버린 것은 아니라고 여겨진다. 나아가 부분디자인 제도 자체는 출원인의 편의를 도모하기 위한 제도가 아니라 효과적인 권리구제를 위해 도입된 제도이므로 '창작의 일체성' 내지 동일한 창작 컨셉의 일괄적 보호라는 관점보다는 창작의도가 객관적으로 드러난 도면과 그 부속서류의 파악을 통해 '일체적 심미감'을 느낄 수 있는 관련성이 있는지 여부가 단일성 판단의 기준이 되어야 함을 확인한 판결로 평가된다. 다만 부분디자인의 특정의 책임은 출원인에게 있지만 창작의도를 포함한 명확한 특정을 위해 심사관과 출원인이 긴밀하게 협조하고 소통할 수 있는 제도적 기반이 마련된다면 더할 나위없을 것이다. 이러한 점에서 출원디자인에 대한 거절이유의 구체적 지적과 면담제도의 적극 활용, 창작의 요점란의 기재란의 활용 등이 요구된다고 하겠다.

---

28) 진선태, "부분디자인권리의 디자인보호요건에 관한 외국 사례 비교연구", 한국디자인학회 학술발표 논문집 2014, 82−83면.
29) 대상판결 이후 최근(2015. 9. 16.자) 특허청은 (부분)디자인의 단일성을 보다 명확히 판단할 수 있도록 구체적 예를 다수 첨가하고 이를 탄력적으로 인정할 수 있는 심사기준 개정을 단행한 바 있다.

14 위치상표의 개념과 판단 기준

대법원 2012. 12. 20. 선고 2010후2339 전원합의체 판결[1]

김지현(법무법인(유한)태평양 변호사)

1. 사안의 개요

원고는 2007. 6. 12. 스포츠셔츠 등을 지정상품(제25류)으로 하고 일점쇄선으로 표시된 상의(上衣) 형상에 옆구리에서 허리까지의 위치에 실선으로 세 개의 굵은 선을 표시한 표장인 '　'를 출원하였는데(출원번호 40-2007-31449호, 이하 '이 사건 출원상표'라 한다), 특허청은 상표법 제6조 제1항 제3호, 제7호에 해당한다는 이유로 거절결정을 하였고, 원고는 특허심판원에 위 거절결정에 대한 불복심판청구를 제기하였는데, 이에 대하여 특허심판원은 심판청구를 기각하는 심결을 하였고, 원고는 특허법원에 상표등록거절결정 취소소송을 제기하였다.

2. 판결의 요지

가. 원심판결

특허법원은, 이 사건 출원상표는 점선으로 표시된 운동복 상의 모양의 형상에 옆구리에서 허리까지 연결된 세 개의 굵은 선이 결합된 도형상표인바, 점선으로 표시된 운동복 상의

---

1) [참조 및 관련 판례] 대법원 1990. 9. 25. 선고 90후168 판결(공1990, 2161)(변경); 대법원 2004. 7. 8. 선고 2003후1970 판결(변경); 대법원 2004. 7. 8. 선고 2003후1987 판결(변경).
[관련 평석 및 문헌] 박태일, "위치상표가 상표법상 상표의 한 가지로서 인정될 수 있는지 여부", 사법 제24호, 사법발전재단, 2013; 박성호, "출원된 상표를 위치상표로 파악하는 판단기준", 대한변협신문, <http://news.koreanbar.or.kr/news/articleView.html?idxno=8367>, 2013. 2. 18.자; 이철승, "위치상표의 출원 및 등록적격 심사를 둘러싼 제 문제", 창작과 권리(제73호), 세창출판사, 2013; 박윤석, "사례분석을 통한 위치상표의 식별력에 대한 고찰", 고려법학(제71호), 고려대학교 법학연구원, 2013; 이규호, "위치상표(Position Mark)에 대한 비교법적 연구", 법학논총(제20집 제2호), 2013; 최성우, "싱표법상 위치상표의 인정과 향후 과제", 제1회 KOTA 브랜드&디자인 조찬세미나, 2013.

모양의 형상은 그 지정상품인 스포츠셔츠 등의 일반적인 형상을 나타낸 것에 지나지 아니하여 자타상품의 식별력이 있다고 할 수 없고, '옆구리에서 허리까지 연결된 세 개의 굵은 선' 부분도 독립적인 하나의 식별력 있는 도형이라기보다는 상품을 장식하기 위한 무늬의 하나 정도로 인식될 뿐이어서 식별력이 인정되지 아니하므로, 상표법 제6조 제1항 제3호 및 제7호에 해당한다고 판단하였다. 또한 이 사건 출원상표를 원고만이 독점하여 사용하여 원고의 상표로 널리 알려졌다고 인정하기에 부족하다고 보고 상표법 제6조 제2항에서 정한 사용에 의한 식별력을 취득하였다고 할 수 없다고 판단함으로써 원고의 청구를 기각하였다.

나. 대법원판결

대법원은, 상표법상 '기호·문자·도형 각각 또는 그 결합이 일정한 형상이나 모양을 이루고, 이러한 일정한 형상이나 모양이 지정상품의 특정 위치에 부착되는 것에 의하여 자타상품을 식별하게 되는 표장'을 위치상표라고 하고, 이는 상표의 한 가지로서 인정될 수 있다고 보았고, 출원된 표장을 위치상표로 파악할 수 있는 구체적 판단 기준을 제시하였다.

위 판단 기준에 따라 이 사건 출원상표의 전체적인 구성 및 표장의 각 부분에 사용된 선의 종류, 지정상품의 종류 및 특성 등에 비추어 보면, 이 사건 출원상표를 출원한 출원인의 의사는 지정상품의 형상을 표시하는 부분에 대하여는 세 개의 굵은 선이 부착되는 위치를 나타내기 위한 설명의 의미를 부여한 것뿐임을 쉽사리 알 수 있으므로, 이 사건 출원상표는 세 개의 굵은 선이 지정상품의 옆구리에서 허리까지의 위치에 부착되는 것에 의하여 자타상품을 식별하게 되는 위치상표이고, 위 일점쇄선 부분은 이 사건 출원상표의 표장 자체의 외형을 이루는 도형이 아니라고 봄이 상당한 데도, 원심은 이 사건 출원상표의 일점쇄선으로 표시된 운동복 상의 형상 부분이 표장 자체의 외형을 이루는 도형이라고 보는 잘못된 전제에서 이 사건 출원상표의 식별력 유무 및 사용에 의한 식별력 취득 여부를 판단하였고, 이러한 원심에는 상표의 식별력 판단에 관한 법리를 오해하여 판결에 영향을 미친 위법이 있다고 보고 원심판결을 파기하였다.

3. 해설

가. 쟁점

대상판결은, 비전형상표의 하나인 위치상표의 상표등록 가능성과 위치상표의 구체적 판단 기준을 인정한 최초의 판결[2][3]이다. 구체적으로 이 사건 출원상표의 사용에 의한 식별력 취득 여부 판단의 전제가 되는 법리로서 이 사건 출원상표가 상표법적으로 어떠한 유형의 상표에 해당하는지 여부와 관련하여 위치상표의 개념과 그 인정근거를 밝히고, 위치상표의 구체적인 판단 기준을 제시하였다. 이하에서는 대상판결에서 살펴본 위치상표의 법리적 쟁점들을 살펴본다.

나. 위치상표의 개념과 근거

상표법은, '자기의 상품을 타인의 상품과 식별되도록 하기 위하여 사용하는 기호·문자·도형 또는 그 결합'을 상표의 정의로 규정하고 있다가 그 보호대상을 확대하여 몇 차례의 개정을 거쳐 색채상표, 입체상표의 등록을 허용하였고, 그 후 시각적으로 인식할 수 있는 상표 전반에까지 확대되었다가 최근 비시각적 상표의 보호까지 인정하고 있다[4]. 또한, 2016년 9월 시행예정인 개정 상표법에서는, 상표를 자기의 상품 또는 서비스 등과 타인의 상품 또는 서비스 등을 식별하기 위하여 사용하는 표장(標章)으로 정의하고, 표장을 그 구성이나 표현방식에 상관없이 상품의 출처를 나타내기 위하여 사용하는 모든 표시로 정의하기에까지 이르렀다.[5]

상표법상 상표의 정의 규정 속에 '위치'란 용어가 명시되어 있지는 아니하나, 상표법상 상표의 개념에 기초하여 대상판결에서는 '기호·문자·도형 각각 또는 그 결합이 일정한 형상이나 모양을 이루고, 이러한 일정한 형상이나 모양이 지정상품의 특정 위치에 부착되는 것에 의하여 자타상품을 식별하게 되는 표장'도 상표의 한 가지로서 인정될 수 있고 이러한 표장을 '위치상표'라고 판시하여 형상 위치상표, 모양위치상표의 정의를 법리로 구성하고, 위치상표가 상표법상 상표 정의규정에 의하여도 인정할 수 있는 상표의 유형에 속한다는 점을 분명히 하였다.[6][7]

특히, 대상판결에서는 '기호·문자·도형 각각 또는 그 결합'이라는 가장 협의의 상표 정의 규정에서 그 근거를 찾고 있는데, 이러한 대상판결의 입장에 따라 위치상표를 '지정상

---

2) 박성호, 위의 글.
3) 이규호, 앞의 글(주 1), 199면.
4) 박태일, 앞의 글(주 1), 681면.
5) 개정상표법(법률 제14033호 전부개정 2016. 2. 29.자) 제2조 제1항
   1. "상표"란 자기의 상품(지리적 표시가 사용되는 상품의 경우를 제외하고는 서비스 또는 서비스의 제공에 관련된 물건을 포함한다. 이하 같다)과 타인의 상품을 식별하기 위하여 사용하는 표장(標章)을 말한다.
   2. "표장"이란 기호, 문자, 도형, 소리, 냄새, 입체적 형상, 홀로그램·동작 또는 색채 등으로서 그 구성이나 표현방식에 상관없이 상품의 출처(出處)를 나타내기 위하여 사용하는 모든 표시를 말한다.
6) 박태일, 앞의 글(주 1), 685면.
7) 박성호, 앞의 글(주 1).

품의 형상이 실선이 아닌 점선 또는 쇄선 등으로 표시되고 그 내부의 특정 위치에 실선으로 표시된 형상이나 모양 등이 부착되어 있는 형태의 표장'으로 정의하면서 '실선으로 표시된 형상이나 모양이 기호이면 기호로 된 표장, 문자이면 문자로 된 표장, 도형이면 도형으로 된 표장, 이들의 결합이면 결합 표장이 될 것'이라고 설명하고 있는 견해도 있다.[8]

한편, 대상판결 이후 특허청은 상표심사기준을 개정하여 대상판결의 취지에 따라 비전형상표의 하나로서 '위치상표'의 개념을 규정하고 위치상표의 출원 및 심사와 관련한 구체적인 절차 규정과 예시 사항들을 상세히 마련하여 시행하고 있다.[9]

다. 위치상표의 판단 기준

(1) 대상판결에서는, 위치상표의 개념 및 인정 근거와 함께 출원된 표장을 위치상표로 파악하는 판단 기준을 제시하고 있다.[10] 구체적으로, "위치상표에서는 지정상품에 일정한 형상이나 모양 등이 부착되는 특정 위치를 설명하기 위하여 지정상품의 형상을 표시하는 부분을 필요로 하게 된다. 이때 표장의 전체적인 구성, 표장의 각 부분에 사용된 선의 종류, 지정상품의 종류 및 그 특성 등에 비추어 출원인의 의사가 지정상품의 형상을 표시하는 부분에 대하여는 위와 같은 설명의 의미를 부여한 것뿐임을 쉽사리 알 수 있는 한 이 부분은 위치상표의 표장 자체의 외형을 이루는 도형이 아니라고 파악하여야 한다"고 판시하였다.

즉, 대상판결에서는, 지정상품에 일정한 형상이나 모양 등이 부착되는 특정위치를 설명하기 위하여 지정상품의 형상을 표시하는 부분[11]과 위치상표에 해당하는 부분을 구별하는 기준을 제시하고 있다. 나아가 위치상표에서 지정상품의 형상을 표시하는 부분은 표장 자체의 외형을 이루는 도형이 아니므로 위치상표는 상표법 제6조 제1항 제3호의 '지정상품의 형상을 보통으로 사용하는 방법으로 표시한 상표'에 해당하지 않는다는 점을 분명히 하면서 표장에 표시된 지정상품의 형상 부분의 구체적인 의미를 따져보지 아니하고 일률적으로 표장 자체의 외형을 이루는 도형이라고 보고, 이를 포함하는 상표는 그 지정상품의 형상을 보통으로 사용하는 방법으로 표시한 상표에 해당한다는 취지로 판시한 종전의 대법원판결들[12]을 변경하였다.

(2) 한편, 대상판결에서 출원된 표장을 위치상표로 파악하는 판단 기준은 '출원인의 의

---

8) 박태일, 앞의 글(주 1), 686면.
9) 특허청, 상표심사기준 제8부(비전형상표에 대한 심사) 제5장.
10) 현재는 상표심사기준이 구체적으로 마련되어 위치상표로 출원할 수 있는 절차가 마련되어 있으나, 대법원판결 당시는 위치상표로서 출원하는 절차가 없었다.
11) 이를 매개체라고 지칭하는 견해도 있다. 이규호, 앞의 글(주 1), 205면.
12) 대법원 1990. 9. 25. 선고 90후168 판결; 대법원 2004. 7. 8. 선고 2003후1970 판결; 대법원 2004. 7. 8. 선고 2003후1987 판결.

사가 지정상품에 일정한 형상이나 모양 등이 부착되는 특정 위치를 설명하기 위해서 지정상품의 형상을 표시한 것이었는지 여부'에 있다고 보고, 출원인이 심사과정 중에 특허청 심사관에게 위와 같은 의사를 의견제출통지에 대한 의견서 제출 등의 방법으로 밝힌 바가 있는지 등의 사정도 고려되어야 한다는 점을 분명히 하였다. 나아가 "현재 우리나라에서 상표의 출원 및 그 심사의 과정에서 출원인이 위치상표라는 취지를 별도로 밝히는 상표설명서를 제출하는 절차 또는 위 지정상품의 형상 표시는 상표권이 행사되지 아니하는 부분임을 미리 밝히는 권리 불요구 절차 등에 관한 규정이 마련되어 있지 아니하다는 사유는 위와 같은 위치상표의 인정에 방해가 되지 아니한다"고 하여 이 사건 출원상표의 출원 당시 절차와 관련하여서는 위치상표의 출원에 대한 구체적 절차가 마련되어 있지 않다는 사정이 고려되어서는 아니 된다는 점 역시 분명히 하였다.

(3) 따라서, 위치상표에 대한 구체적인 출원절차가 마련되어 있지 않은 상황에서 위치상표인지 여부에 대한 직접적인 판단 기준으로 출원인의 의사를 확인할 수 있는 요소들로서 '표장의 전체적인 구성, 표장의 각 부분에 사용된 선의 종류, 지정상품의 종류 및 그 특성 등'이 있고, 나아가 출원인이 심사과정 중에 특허청 심사관에게 위와 같은 의사를 의견제출통지에 대한 의견서 제출 등의 방법으로 밝힌 바가 있는지 등의 간접적인 사정 역시 보충적인 판단 기준으로서 고려될 수 있을 것이다.[13]

이러한 판단 기준 하에 대상판결에서는, 구체적으로(이 사건 출원상표의 형태는 각주 참조)[14] "이 사건 출원 상표는 실선이 아닌 일점쇄선으로 표시된 상의 형상의 옆구리에서 허리까지의 위치에 실선으로 표시된 세 개의 굵은 선이 부착되어 있는 형태의 표장으로 이루어져 그 표장 중 상의 형상 부분과 세 개의 굵은 선 부분이 서로 확연하게 구분되어 있다. 또한 그 지정상품은 스포츠셔츠, 스포츠재킷, 풀오버로서 모두 의류에 속하므로 실제 상품들의 옆구리에서 허리까지의 위치에 위 표장에 도시된 바와 같은 형태로 일정한 형상이나 모양이 부착될 수 있다. 위와 같은 표장의 전체적인 구성 및 표장의 각 부분에 사용된 선의 종류, 지정 상품의 종류 및 그 특성 등에 비추어 보면, 이 사건 출원상표를 출원한 원고의 의사는 위와 같이 지정상품의 형상을 표시하는 부분에 대하여는 위 세 개의 굵은 선이 부착되는 위치를 나타내기 위한 설명의 의미를 부여한 것뿐임을 쉽사리 알 수 있다고 할 것이다"라고 판시하여 이 사건 출원 상표의 형상 및 구체적 출원 내용에서 확인되는 객관적인 요소들을 통하여 출원인의 의사를 확인하고 이를 통하여 위치상표인지 여부를 판단할 수 있음을 밝히고 있다.

---

13) 박태일, 앞의 글(주 1), 690면.

14)

나아가 대상판결에서는 "기록에 의하면, 원고는 이 사건 출원상표의 심사과정에 이 사건 출원상표의 표장 중 점선(원고는 일점쇄선을 점선으로 표현하고 있다)으로 표시한 상의 형상은 세 개의 굵은 선이 정확히 어디에 표시되는지를 나타내기 위한 부분이라는 취지를 밝힌 바도 있었던 것으로 보인다"15)고 언급하여 간접적, 보충적 판단 기준에 의하더라도 출원인의 의사는 위치상표로서 이 사건 출원상표를 출원하는 것이었음이 확인되었던 사정을 언급하고 있다.

라. 위치상표와 식별력 취득 여부에 대하여

대상판결에서는, "위치상표는 비록 일정한 형상이나 모양 등이 그 자체로는 식별력을 가지지 아니하더라도 지정상품의 특정 위치에 부착되어 사용됨으로써 당해 상품에 대한 거래자 및 수요자 대다수에게 특정인의 상품을 표시하는 것으로 인식되기에 이르렀다면, 사용에 의한 식별력을 취득한 것으로 인정받아 상표로서 등록될 수 있다"라고 판시하여 위치상표가 사용에 의한 식별력을 취득하였는지 여부를 판단하는 기준을 명확히 하고 있다.

즉, 위치상표가 그 자체로서 식별력을 가지는 경우도 있으나, 이는 예외적인 경우일 것이고, 대부분은 그 자체로서 식별력을 갖추지 못하고 있을 것이어서 구체적으로 어떤 경우에 위치상표가 식별력을 갖추었다고 평가할 수 있을지 여부는 위치상표로서의 출원한 것인지 여부의 판단 기준 못지않게 위치상표를 상표로서 등록함에 있어 중요한 고려사항이 되어야 할 것이다. 결국 이 사건 출원상표를 위치상표로 파악하는 이상 일점쇄선으로 표현한 운동복 상의의 구체적인 형상은 고려할 필요 없이 널리 그 지정상품의 옆구리에서 허리까지 위치에 세 개의 굵은 선이 사용되어 옴으로써 당해 상품의 거래자 및 수용자에게 특정인의 상품을 표시하는 것으로 인식되기에 이르렀다고 평가할 수 있을지 여부에 따라 이 사건 출원 상표가 위치상표로서의 식별력을 갖추었는지를 평가할 수 있을 것이다.16)17)

---

15) 이 사건 출원 상표의 심사 과정에서 특허청 담당 심사관의 의견제출통지에 대하여 원고가 제출한 의견서에는 "이 사건 출원상표의 구성 중 점선으로 표시된 상의 형상은 출원인의 3선 상표가 정확히 어디 표시되는지를 나타내기 위함입니다. 즉, 상의 형상을 점선으로 표시한 이유는 일정의 사용상태로서 출원인이 등록받고자 하는 3선 상표가 의류의 양쪽 겨드랑이에서 허리까지 표시될 것임을 정확히 나타내고자 함이지, 상의 형상 그 자체까지 출원인의 상표로서 권리화하기 위함이 결코 아닙니다"라고 언급하고 있다.

16) 박태일, 앞의 글(주 1), 691면.

17) 상표심사 기준 제8부 제5장 참조.

4. 판결의 의의

대상판결은, 새로운 유형의 상표로서의 위치상표의 개념과 위치상표로서의 적격에 대한 구체적인 판단 기준을 최초로 제시한 판결이다. 대상판결에서는 상표법상 상표의 정의 규정에 기초하여 위치상표가 상표로서 인정될 수 있다는 점을 분명히 하였고, 지정상품에 일정한 형상이나 모양 등이 부착되는 특정위치를 설명하기 위하여 지정상품의 형상을 표시하는 부분과 위치상표에 해당하는 부분을 구별하는 구체적 기준을 제시하였다. 대상판결을 계기로 이후 위치상표의 출원 및 심사 절차가 구체적으로 논의되어 비전형상표의 한 유형으로서의 위치상표의 출원 및 심사 절차가 확립되는 계기가 되었다.

15 등록 이후 사용에 의한 식별력 취득의 효력

대법원 2014. 3. 20. 선고 2011후3698 전원합의체 판결(뉴 발란스 사건)[1]
김동규(특허법원 고법판사)

이 사건 등록상표

이 사건 실사용표장

원고 상품

확인대상표장

피고 상품

1. 사안의 개요

원고는 1981. 5. 28. 이 사건 등록상표에 관하여 상품류 구분 제18류의 '우산, 지팡이', 제20류의 '부채', 제25류의 '운동화'를 그 지정상품으로 하는 상표등록을 출원하여 1984. 9. 15. 등록결정을 받았으며, 1975년경부터 세계 각국에서 원고 상품과 같이 이 사건 등록상표의 형상과 유사하게 운동화에 이 사건 실사용표장을 표시하여 판매하였다. 원고의 국내매출액은 2004년부터 2010년까지 합계 약 2,820억 원에 달하였고, 원고의 브랜드는 2009년에 어패럴뉴스사가 선정한 스포츠 부분 '베스트 브랜드' 및 '올해의 브랜드'로 각각 선정된 바도 있다.

피고는 '𝒩' 도형 표장 하단에 'UNISTAR'라는 영문자를 부기한 확인대상표장을 주로 피고 상품과 같이 운동화 측면 갑피에 표시하여 사용하였다.

피고가 원고를 상대로 확인대상표장이 이 사건 등록상표의 권리

1) [참조 및 관련 판례] 대법원 1996. 5. 13.자 96마217 결정; 대법원 2007. 12. 13. 선고 2005후728 판결 등. [관련 평석 및 문헌] 박영규, "등록 이후 사용에 의해 식별력을 취득한 상표 구성 부분의 법적 취급 - 대법원 2011후3698 전원합의체 판결의 의미와 전망을 중심으로", 지식재산연구 제9권 제2호, 한국지식재산학회(2014. 6.); 구대환, "권리범위확인심판에서 상표의 사용에 의한 식별력 판단에 관한 고찰 - 대법원 2011후3698 전원합의체판결을 중심으로", 선진상사법률연구 통권 68호, 법무부(2014. 10.); 양대승, "착오 등록 후 사용에 의해 식별력을 취득한 상표의 법률적 쟁점에 관한 검토 - 대법원 2014. 3. 30. 선고 2011후3698 판결을 중심으로 -", 과학기술법연구 21권 3호, 한남대학교 과학기술법연구원(2015); 김동규, "등록상표의 구성 중 등록 이후 사용에 의한 식별력을 취득한 부분의 효력", 기념논문집: 양승태 대법원장 재임 3년 주요 판례 평석, 사법발전재단(2014).

범위에 속하지 아니한다는 확인을 구하는 '소극적 권리범위확인심판'을 청구하여 그 심판청구를 인용하는 심결을 받자, 원고는 특허법원에 심결취소소송을 제기하였고, 그 후 특허법원에서 청구기각 판결이 선고되었으나, 상고심인 대법원에서는 파기환송판결이 선고되었다.

2. 판결의 요지

가. 심결(특허심판원 2011. 7. 27.자 2011당564 심결)과 원심판결(특허법원 2011. 11. 4. 선고 2011허8242 판결)

심결과 원심판결은 모두 이 사건 등록상표와 확인대상표장이 식별력이 없거나 미약하고, 이 사건 실사용표장이 이 사건 등록상표의 등록결정 당시 사용에 의한 식별력을 취득하였음을 인정할 증거도 없어 이를 이 사건 등록상표의 요부로 볼 수도 없으므로, 양자의 유사 여부는 전체관찰 방법에 의하여 판단하여야 하는데, 이에 의할 경우 이 사건 등록상표와 확인대상표장은 일부 유사한 점이 있으나, 외관, 호칭, 관념이 서로 달라 유사하지 아니하므로, 확인대상표장은 이 사건 등록상표의 권리범위에 속하지 아니한다고 판단하였다.

나. 대법원판결

상표의 유사 여부 판단에서는 식별력의 유무와 강약이 주요한 고려요소가 되는데, 상표의 식별력은 상표가 가지고 있는 관념, 상품과의 관계, 당해 상품이 거래되는 시장의 성질, 거래 실태 및 거래 방법, 상품의 속성, 수요자의 구성, 상표 사용의 정도 등에 따라 달라질 수 있는 상대적·유동적인 것이므로, 상표 유사 여부 판단과 같은 시점을 기준으로 그 유무와 강약을 판단하여야 한다. 따라서 상표권의 권리범위확인심판 및 그 심결취소청구 사건에서 등록상표와 확인대상표장의 유사 여부를 판단하기 위한 요소가 되는 등록상표의 식별력은 상표 유사 여부를 판단하는 기준시인 심결시를 기준으로 판단하여야 한다. 그러므로 등록상표의 전부 또는 일부 구성이 등록결정 당시에는 식별력이 없거나 미약하였다고 하더라도 등록상표를 전체로서 또는 일부 구성 부분을 분리하여 사용함으로써 권리범위확인심판의 심결 시점에 이르러서는 수요자 사이에 누구의 상품을 표시하는 것인지 현저하게 인식될 정도가 되어 중심적 식별력을 가지게 된 경우에는, 이를 기초로 상표의 유사 여부를 판단하여야 한다.[2]

---

2) 대상판결에서 원심판결을 파기환송하여야 한다는 결론에는 관여 대법관 전원의 의견이 일치하였으나, 그 이유에 관하여는 위와 같은 취지의 다수의견과 '등록이 무효로 될 것이 명백한 등록상표에 관한 권리범위

3. 해설

가. 종래의 논의

상표등록 이후 사용에 의한 식별력을 취득한 경우에 그 효력의 문제는 크게 ① '전체로서 식별력이 없던 상표'가 출원심사 미비 등으로 상표등록이 된 이후에 그 상표 전체 또는 그 구성 중 일부가 사용에 의한 식별력을 취득한 경우(이하 '① 경우'라 한다)와 ② '전체로서는 식별력이 있는 상표'가 그 구성 중 등록결정 당시 식별력 없던 부분이 등록 이후 사용에 의한 식별력을 취득한 경우(이하 '② 경우'라 한다)로 구분할 수 있다. ① 경우에는 권리범위확인사건 및 상표권 침해사건에서 상표 유사 여부 판단 시 등록 이후 식별력을 취득한 부분을 등록상표의 요부로 인정할 것인지뿐만 아니라 등록무효사건 및 상표권 침해사건에서 등록상표의 등록무효사유가 치유된 것으로 볼 것인지도 문제가 되나, ② 경우에는 등록상표가 등록결정 당시 이미 전체로서는 식별력이 있어 등록무효사유가 존재하지 아니하므로, 주로 권리범위확인사건이나 상표권 침해사건 등에서 상표 유사 여부 판단 시 등록 이후 식별력을 취득한 부분을 등록상표의 요부로 인정할 것인지가 문제가 되는바, 이러한 문제는 결국 해당 등록상표의 식별력 또는 등록상표 구성의 식별력을 일률적으로 그 상표의 등록결정시를 기준으로 판단할 것인지, 아니면 각 사건 유형별로 적용되는 판단기준시를 기준으로 판단할 것인지의 문제로 귀결된다.

이에 관해서 종래 ① 경우는 물론 ② 경우에도 사용에 의한 식별력을 취득한 부분은 등록상표의 요부가 될 수 없다는 부정설(등록무효설),[3] ① 경우에는 사용에 의한 식별력을 취득한 부분이 등록상표의 요부가 될 수 없으나, ② 경우에는 등록상표의 요부가 될 수가 있다는 절충설,[4] 이와 반대로 ① 경우에는 식별력 취득 시점을 상표등록원부에 공시할 수 있도록 하는 보완입법을 전제로 사용에 의한 식별력을 취득한 부분이 등록상표의 요부가 될 수 있으나, ② 경우에는 그러한 공시를 할 수 없으므로 제3자의 법적 안정성 보호를 위하여 등록

확인심판은 심판청구의 이익이 없어 부적법하므로 이를 각하하여야 한다'는 취지의 반대의견이 대립하였다. 반대의견에서 내세운 쟁점에 관하여 명시적으로 판단한 선례는 없었으나, 기존 실무는 대법원 1989. 3. 28. 선고 87후139 판결의 취지를 참작하여 등록무효사유가 존재하는 등록상표에 관한 권리범위확인심판청구도 적법한 것으로 보고 권리범위 속부 판단을 하였다. 이 글에서는 논의의 집중을 위하여 '등록결정 당시 식별력 없던 부분이 상표등록 이후 사용에 의한 식별력을 취득한 경우의 효력'으로 한정하여 살펴본다. 반대의견에서 내세운 쟁점에 관해서는 김동규, 위 논문, 753−756면 참조.
3) 이해완, "사용에 의하여 식별력을 취득한 상표에 관한 주요 쟁점 연구", 성균관법학 23권 1호, 성균관대학교 비교법연구소(2011. 4.), 613−614면.
4) 강동세, "사용에 의한 식별력을 취득한 상표의 효력", 법조(2007. 6.), 법조협회, 133−134면.

상표의 요부가 될 수가 없다는 절충설5)6) 등 다양한 견해가 주장되었다. 또한, 판례도 등록
상표와 확인대상표장 간의 유사 여부 판단에서 상표등록 이후 사용에 의한 식별력을 취득한
부분이 등록상표의 요부가 될 수 있다는 취지로 판시한 대법원 1996. 5. 13.자 96마217 결
정7)과 요부가 될 수 없다는 취지로 판시한 대법원 2007. 12. 13. 선고 2005후728 판결8)로
나뉘었다.

나. 검토

(1) 상표 유사 여부 판단에서 등록상표의 식별력 존부 판단의 기준시

위와 같이 학설이 여러 가지로 대립하고, 배치되는 대법원 판례도 존재하게 된 주된 이
유는 '등록결정 당시 식별력이 없던 등록상표 그 자체의 등록 유·무효 판단 국면에서의 식
별력 문제'와 '그 등록상표와 다른 상표(확인대상상표, 후출원상표, 침해상표 등을 말함, 이하 '대상
상표'라 한다) 간의 유사 여부 판단 국면에서의 식별력 문제'를 구분하지 않고 모두 같은 기준
에 따라 식별력 유무를 판단하려 하였기 때문으로 보인다.

등록상표 자체의 등록 유·무효 판단 국면에서의 식별력 문제에 관하여 본다면, ① 경
우에는 등록 이후에 사용에 의한 식별력을 취득하더라도 상표법 제71조 제1항 제1호에 따라
등록무효로 될 수밖에 없다는 것이 다수설9)이며 대법원 판례의 태도10)인바, 상표법 제71조
제1항 제1호의 문언해석상 이는 타당하다. 반면 ② 경우에는 등록상표에 제71조 제1항 제1
호 소정의 등록무효사유가 존재하지 아니하므로 등록무효가 될 수 없다. 즉, 상표법 제71조
제1항 제1호의 문언해석상 동호에 기한 등록무효사건에서 등록상표의 등록 유·무효를 판단

---

5) 김원오, "등록 후 비로소 사용에 의한 식별력을 취득한 상표에 대한 법적 취급: 하자치유의 인정과 무효심
   판청구 제한의 필요성을 중심으로", 산업재산권 40호, 한국산업재산권법학회(2013. 4.), 298-307면.
6) 명확하지는 아니하나 이 견해도 보완입법이 없는 한 현행법 해석상으로는 ① 경우에 상표 유사 여부 판단
   시 사용에 의한 식별력을 취득한 부분이 등록상표의 요부가 될 수 없다는 취지인 것으로 보인다.
7) 대법원 1996. 5. 13.자 96마217 결정(재능교육 사건). 이 판례는 기술적 상표가 등록 이후에 사용에 의하
   여 구 상표법 제6조 제2항에서 규정한 특별현저성을 취득한 경우에도 구 상표법 제51조 제2호 소정의 상
   표에 그 상표권의 효력이 미칠 수 있다고 판시하였다.
8) 대법원 2007. 12. 13. 선고 2005후728 판결(A6 사건) "등록상표의 구성 중 일부분이 등록결정 당시 식별
   력이 없었다면 그 부분은 상표법이 정한 일정한 요건과 절차를 거쳐 등록된 것이 아니어서 그 부분만을
   분리하여 보호할 수 없고, 그 등록상표의 등록결정 이후 그 부분만을 분리하여 사용한 실태를 고려할 수
   있는 것도 아니어서, 식별력이 없던 부분은 등록상표의 등록결정 이후 사용에 의한 식별력을 취득하였더
   라도 등록상표에서 중심적 식별력을 가지는 부분이 될 수 없다."
9) 이해완, 앞의 글(주 3), 611-614면; 강동세, 앞의 글(주 4), 122-123면; 송영식 외 7인 공저, 송영식 지
   적소유권법(제2판) 하권, 육법사(2013), 107면.
10) 대법원 2008. 11. 13. 선고 2006후3397, 3403, 3410, 3427 판결 등 참조.

할 때에는 등록상표가 상표법 제6조를 위반하여 등록된 것인지를 판단하여야 하므로, 당연히 등록결정시를 기준으로 등록상표가 전체로서 식별력이 있었는지를 판단하게 된다.

반면 등록상표와 대상상표 간의 유사 여부 판단 국면에서의 식별력 문제는, 등록상표가 등록무효심판에 의하여 무효로 되지 아니한 이상 일응 유효한 등록상표임을 전제로 등록상표와 대상상표의 저촉 여부를 판단할 때 등록상표의 객관적 권리범위를 확정하는 주요 요소 중 하나로서 고려되는 것이므로, 등록상표의 등록 유·무효 판단 국면에서의 식별력 문제와는 구별할 필요가 있다. 이때 등록상표의 객관적 권리범위가 등록결정시를 기준으로 항정(恒定)된다고 보는 견해에 선다면 등록결정시를 기준으로 등록상표의 식별력 유무와 정도를 판단하게 될 것이지만, 등록상표의 객관적 권리범위가 유동적·가변적이라는 견해에 선다면 상표의 유사 여부는 상표 저촉 여부 판단 기준 시점을 기준으로 판단하여야 하므로, 등록상표의 식별력 유무와 정도 역시 그 시점을 기준으로 판단하게 될 것이다.

살피건대, 다음과 같은 점들을 고려하면 상표 유사 여부 판단 국면에서 등록상표의 식별력 유무와 강약은 상표 유사 여부 판단기준시를 기준으로 판단하는 것이 타당하다.[11]

㉠ 상표 유사 여부는 거래상 일반 수요자나 거래자가 상표에 대하여 느끼는 직관적 인식을 기준으로 판단하여야 하는데, 상표의 식별력 유무와 강약은 수요자의 위와 같은 직관적 인식에 큰 영향을 주는 것으로서 상표 유사 여부 판단의 주요한 고려요소 중 하나이다. 그런데 상표의 식별력 유무와 강약은 지정상품 또는 사용상품에 관한 거래사회에서 '일반 수요자와 거래자의 인식'에 따라 결정되는 것으로서 상표 구성 자체의 외관·호칭·관념뿐만 아니라 상표의 사용실적, 상품과의 관계, 거래사회의 실정, 일반 수요자나 거래자의 인식 정도 등의 변화에 따라 끊임없이 변하는 상대적·동태적인 것이지, 추상적·객관적으로 고정된 것은 아니며, 이는 등록상표나 미등록상표 모두 마찬가지이다. 상표법 제71조 제1항 제5호에서 상표등록 이후 식별력을 상실한 경우를 후발적 등록무효사유로 규정하는 것 역시 상표의 식별력 유무와 강약은 가변적임을 전제로 한 것이다. 따라서 상표 유사 여부 판단 국면에서 상표의 식별력 유무와 강약은 상표 유사 여부 판단기준시에서의 일반 수요자와 거래자의 인식을 기준으로 판단하는 것이 타당하다.

㉡ 상표 유사 여부 판단 국면에서 등록상표의 식별력 유무를 그 등록상표의 등록결정시를 기준으로 판단한다면, 등록결정 당시와 상표 유사 판단기준시 사이에 등록상표의 식별력에 변화가 생긴 경우에 상표 유사 여부 판단의 고려요소 중 다른 것들은 모두 상표 유사 판단기준시를 기준으로 판단하면서 식별력만은 등록결정시를 기준으로 판단하게 되므로, 상표 유사 여부 판단이 제대로 이루어질 수 없다.

㉢ 상표 유사 여부를 판단할 때 지정상품이나 지정서비스업을 둘러싼 거래실정도 함께

---

11) 대상판결의 반대의견도 이 점에 관해서는 이의가 없었던 것으로 보인다.

고려하여야 한다는 것이 대법원 판례[12]이므로 선출원등록상표와 후출원상표 간의 유사 여부를 판단할 때에는 후출원상표의 출원 당시 거래실정을 고려하여야 하는데, 이때 후출원상표 출원 당시의 거래실정에는 당시 선출원등록상표의 식별력 유무와 정도도 포함되므로, 결국 기존 대법원 판례의 태도는 선출원등록상표의 식별력이 등록결정 당시 상태로 고정되어 있지 아니함을 전제로 후출원상표의 출원 당시 선출원등록상표의 식별력을 고려하여 선출원등록상표와 후출원상표의 유사 여부를 판단하여야 한다는 것으로 볼 수 있다.[13] 이렇게 보는 것이 등록무효사유가 있는 선등록상표라고 하더라도 등록무효심결이 확정되기 전까지는 상표법 제7조 제1항 제7호 소정의 선출원 등록상표의 지위가 인정된다고 판시한 대법원 1991. 11. 8. 선고 91후868 판결의 취지에도 부합한다.

　㉣ 상표 유사 여부 판단에서는 그 판단기준시에서의 등록상표의 식별력을 고려하여야 등록상표가 주지상표인 경우에 등록상표로서의 유사 여부 판단과 주지상표로서의 유사 여부 판단이나 부정경쟁방지법상 주지표지의 유사 여부 판단 사이에 모순이 없다. 오히려 부정설을 따를 경우 동일한 상표들에 대하여 등록상표로서의 유사 여부 판단에서는 등록결정 당시 식별력이 없다는 이유로 유사하지 않다고 판단하면서도 주지상표나 주지표지로서의 유사 여부 판단에서는 그 판단기준시에 식별력이 있음을 이유로 유사하다고 판단하게 되므로, 동일한 상표 간의 유사 여부 판단이 달라지는 문제가 발생한다.

　㉤ 상표법 제52조는 상표권의 보호범위는 출원서에 기재된 상표 및 상품과 동일성 있는 범위로 한정된다는 취지이지, 등록상표 전체 또는 각 구성의 식별력 유무와 정도 내지 상표권의 권리범위까지 출원시 또는 등록결정시를 기준으로 결정하여야 한다거나 그때를 기준으로 항정(恒定)된다는 취지는 아니다.[14]

(2) 등록상표의 구성 중 일부만을 따로 떼어 내어 사용한 경우

　등록상표를 전체로서 그대로 사용하여 등록 이후 사용에 의한 식별력을 취득한 경우에는 위에서 본 바와 같이 상표 유사 여부 판단에서 사용에 의한 식별력을 취득한 부분을 등록상표의 요부로 보는 데 별문제가 없다. 이와 달리 등록상표를 전체로서 사용하지 아니하고 그 구성 중 일부를 분리하여 독립적으로 사용함으로써 그 부분이 사용에 의한 식별력을 취득한 경우에도 그 부분을 등록상표의 요부로 볼 수 있는지에 관하여 논란이 있을 수 있

---

12) 대법원 1996. 7. 30. 선고 95후1821 판결; 대법원 1996. 9. 24. 선고 96후153, 96후191 판결; 대법원 1997. 10. 10. 선고 97후594 판결; 대법원 2006. 10. 26. 선고 2005후2250 판결 등.
13) 대법원 2006. 12. 8. 선고 2005후674 판결(홍초불닭 사건)은 후출원등록서비스표가 선출원등록서비스표와의 관계에서 상표법 제7조 제1항 제7호 소정의 동일·유사 상표에 해당하는지를 판단할 때 그 전제로서 후출원등록서비스표의 구성 중 선출원등록상표와 동일·유사한 부분이 식별력이 있는지는 후출원등록서비스표의 출원 당시를 기준으로 판단하여야 한다고 판시하였다.
14) 網野誠, 商標(第6版), 有斐閣(2002), 740-741면.

다.[15) 그러나 '등록상표의 구성 중 식별력이 없거나 미약한 부분과 동일한 표장이 거래사회에서 오랜 기간 사용된 결과 상표의 등록 전부터 수요자 간에 누구의 업무에 관련된 상품을 표시하는 것인가 현저하게 인식되어 있는 경우에는 그 부분은 사용된 상품에 관하여 식별력을 가지게 되므로, 위와 같이 식별력을 취득한 부분을 그대로 포함함으로써 그 이외의 구성부분과의 결합으로 인하여 이미 취득한 식별력이 감쇄되지 않는 경우에는 그 등록상표는 전체적으로 볼 때에도 그 사용된 상품에 관하여는 자타상품의 식별력이 없다고 할 수 없(다)'고 판시한 대법원 2012. 11. 15. 선고 2011후1982 판결(경남대학교 사건) 및 '등록상표가 전체로서 사용되는 동시에 그 구성 중 일부가 독립적으로 사용되어 온 경우에도 등록상표의 구성 중 해당 부분이 사용에 의한 식별력을 취득할 수 있고, 그러한 경우에 그 해당 부분은 사용에 의한 식별력을 취득한 이후에 추가등록된 지정상품에 관해서는 등록상표의 요부가 될 수 있다'고 판시한 대법원 2012. 11. 29. 선고 2011후774 판결(슈페리어 사건)의 취지 등을 고려한다면, 등록상표의 구성 중 일부가 등록상표와 분리되어 독립적으로 사용됨으로써 등록 이후 사용에 의한 식별력을 취득한 경우에도, 그 부분이 그 등록상표에 포함되어 있고 다른 구성 부분과의 결합으로 이미 취득한 식별력이 감쇄되지 않는다면 그 등록상표도 전체적으로 사용에 의한 식별력을 취득하였고, 사용에 의한 식별력을 취득한 그 구성 부분은 등록상표의 요부가 된다고 보아야 할 것이다.

(3) 소결

대상판결에서 다수의견으로 설시된 법리는 등록 결정 당시 등록상표 전체로서 식별력이 있었는지를 불문하고 등록상표의 구성 중 등록 결정 당시 식별력이 없던 부분이 등록 이후 사용에 의한 식별력을 취득한 경우에 ㉠ 등록상표를 전체로서 사용하여 등록상표와 실사용표장이 동일한 때에는 그 구성 부분은 상표 유사 여부 판단에서 등록상표의 요부가 될 수 있고, ㉡ 그 구성 부분만을 분리하여 사용한 때에는 등록상표와 실사용표장이 동일하지 아니하므로 원칙적으로 그 구성 부분은 상표 유사 여부 판단에서 등록상표의 요부가 될 수 없으나, 실사용표장이 등록상표의 구성 중 일부를 분리하여 사용한 것이어서 그 실사용표장과 동일한 구성이 등록상표에 포함되어 있고, 그 구성 부분이 등록상표에서 다른 구성 부분과 결합하여도 그로 인하여 이미 취득한 식별력이 감쇄되지 않는 때에는 예외적으로 그 구성 부분은 상표 유사 여부 판단에서 등록상표의 요부가 될 수 있다는 취지이다.

그러나 대상판결이 ① 경우와 같이 등록 당시 전체로서 식별력이 없던 상표가 등록 이

---

15) 대법원 2006. 11. 23. 선고 2005후1356 판결(구루텐 사건)에서 "상표법 제6조 제2항에서 말하는 '상표를 사용한 결과 수요자 간에 그 상표가 누구의 업무에 관련된 상품을 표시하는 것인가 현저하게 인식되어 있는 것'은 실제로 사용된 상표 그 자체이고 그와 유사한 상표까지 식별력을 취득하는 것은 아니다"라고 판시한 점과 관련하여 문제가 될 수 있다.

후 사용에 의한 식별력을 취득하였다고 하여 등록결정 당시 하자가 치유되었음을 인정하는 것은 아니다. 따라서 ① 경우에는 비록 등록 이후 사용에 의한 식별력을 취득하였음이 인정되더라도 여전히 등록무효사유가 존속하므로 등록무효심판이 제기된 경우에 현행 상표법 해석상 등록무효를 면할 수 없으며, 상표권침해소송에서도 권리남용항변에 의하여 상표권 침해가 부정될 수 있다. 이 점과 관련하여 권리범위확인심판에서는 권리범위에 속한다고 판단하면서도 침해소송에서는 상표권 침해를 부정하는 것은 모순이라며 대상판결을 비판하는 견해도 있으나, 이러한 결론은 권리범위확인심판과 침해소송의 절차적 성격과 특성에 기인하는 것일 뿐 서로 모순되는 것은 아니다. 권리범위확인심판에서는 선사용권의 존부나 상표권자의 상표등록출원 행위가 상대방에 대한 관계에서 사회질서에 위반한 것이라는 등의 대인적 상표권 행사 제한사유까지 판단할 수 없으므로(대법원 2012. 3. 15. 선고 2011후3872 판결 등 참조), 권리범위확인심판에서 상표가 유사하여 권리범위에 속한다고 인정되더라도 상표권침해소송에서 인적 항변에 기하여 침해가 부정되는 경우는 대상판결과 같은 사례 외에도 다양하게 존재할 수 있다.[16] 오히려 대상판결에 따를 경우에 권리범위확인심판과 상표권침해소송에서 상표 유사 여부 판단 자체는 같은 결론에 이르게 된다.

앞서 본 바와 같이 상표의 유사 여부는 상표 저촉 여부 판단 기준 시점을 기준으로 판단하여야 하므로, 대상판결에 따를 경우 (선출원)등록상표의 식별력 유무는 상표법 제7조 제1항 제7호 위반을 이유로 하는 후출원상표의 등록거절사건이나 등록무효사건에서는 후출원상표의 등록출원시를 기준으로, 권리범위확인사건에서는 심결시를 기준으로, 상표권 침해사건 중 손해배상청구 및 신용회복청구, 상표권침해 형사사건에서는 침해행위시를 기준으로, 금지청구에서는 사실심 변론종결시를 기준으로 각각 판단하게 된다. 다만 상표권 침해사건에서는 권리남용 항변이 가능하므로, 침해상표가 등록상표와 유사하다고 인정되더라도 상표권 침해가 부정될 수 있으나, 그러한 경우에도 사용에 의한 식별력을 취득한 상표라면 통상 부정경쟁방지법상 주지표지에도 해당하므로 상표권자는 부정경쟁방지법에 따른 보호를 받을 수 있다. 그러나 ② 경우에는 등록상표에 등록무효사유가 존재하지 아니하므로 당해 등록상표가 등록무효로 되거나, 상표권침해소송에서 권리남용항변이 인정될 수 없다. 이 점에서 대상판결은 상표권의 보호범위를 보다 확대한 것으로 평가할 수 있다.

---

16) 예를 들어 확인대상표장이 등록상표와의 관계에서 상표법 제57조의3 소정의 '선사용 상표'에 해당할 경우에 권리범위확인심판에서는 권리범위에 속한다고 인정되더라도 상표권침해소송에서는 상표권 침해가 부정될 수 있다.

4. 판결의 의의

대상판결은, 상표의 식별력이 상대적·유동적임을 명시하고, 상표 유사 판단 국면에서의 사용에 의한 식별력 취득 문제와 등록 무효 판단 국면에서의 사용에 의한 식별력 취득 문제를 구분하여, 대상상표권이 무효가 될 가능성이 있는지는 별론으로 하고 상표 유사 여부 판단에서 상표의 식별력 유무 및 강약은 상표 유사 여부 판단 기준시를 기준으로 판단하여야 하므로, 등록상표의 전부 또는 일부 구성이 등록결정 당시에는 식별력이 없거나 미약하였다고 하더라도 등록상표를 전체로서 또는 일부 구성 부분을 분리하여 사용함으로써 권리범위확인심판의 심결 시점에서는 사용에 의한 식별력을 취득한 경우에는 이를 기초로 상표의 유사 여부를 판단하여야 한다는 취지로 판시함으로써 이에 관하여 상호 배치되었던 선례들을 정리하였을 뿐만 아니라, 상표법상 상표 유사 여부 판단과 부정경쟁방지법상 표지 유사 여부 판단에서 일관성을 도모할 수 있도록 하였다는 점에서 큰 의의가 있다.

또한, 대상판결에 의하면 ② 경우에는 다시 상표등록을 하지 않더라도 등록 이후 사용에 의한 식별력을 취득한 부분이 유효하게 등록상표의 요부로 인정될 수 있다는 점 및 등록상표 중 일부 구성 부분을 분리하여 사용한 결과 그 부분이 사용에 의한 식별력을 취득한 경우에도 일정한 경우에는 그 부분을 등록상표의 요부로 보아 이를 기초로 상표 유사 여부를 판단할 수 있다고 한 점에서 상표권의 보호범위를 실질적으로 확대하였다고 할 것이다.

16 수요자기만상표와 저명상표

대법원 2015. 10. 15. 선고 2013후1207 판결[1)]

정택수(대법원 재판연구관)

1. 사안의 개요

원고의 이 사건 등록상표서비스표	피고의 선사용상표	피고의 선사용서비스표
소녀시대	소녀시대	소녀시대
지정상품: 면제 코트 등 지정서비스업: 화장서비스업 등	사용상품: 음반, 음원	사용서비스업: 가수공연업, 음악공연업, 방송출연업, 광고모델업

가. 사건의 경과

피고가 2011. 12. 28. 원고를 상대로 등록무효심판을 청구하였고(2011당3287), 특허심판원은 2012. 8. 7. 특허심판원, 이 사건 등록상표서비스표가 선사용상표와의 관계에서 상표법 제7조 제1항 제11호(수요자기만상표)에 해당한다는 이유로 전부인용 심결을 하였다. 이에 원고가 2012. 9. 6. 심결의 취소를 구하는 소를 제기하였고(2012허8225), 특허법원(원심)은 2013. 5. 3. 원고의 청구를 인용하여 심결을 취소하는 판결을 하였다.[2)] 이에 피고가 2013. 5. 15. 상고하였다. 대법원은 2015. 10. 15. 원심판결 중 피고 패소 부분을 파기하고, 이 부분 사건을 특허법원에 환송하였다.

---

1) [참조판례] 대법원 2000. 2. 8. 선고 99후2594 판결; 대법원 2010. 1. 28. 선고 2009후3268 판결; 대법원 1991. 2. 26. 선고 90후1413 판결; 대법원 1999. 2. 26. 선고 97후3975 판결.
2) 원고가 심결취소소송 제기 후 2013. 2. 28. 일부 지정서비스업에 관한 서비스표권을 포기하였고, 그에 따라 원심은 포기 부분에 대한 소가 부적법하다며 일부 소 각하 판결을 하였다.

나. 원심판결의 요지

선사용상표와 선사용서비스표가 이 사건 등록상표서비스표의 등록결정일(2009. 2. 9.) 당시 '음반, 음원' 등의 사용상품 및 이와 연계된 '가수공연업, 음악공연업, 방송출연업, 광고모델업' 등의 사용서비스업과 관련하여 피고의 상품·서비스업을 표시하는 식별표지로 인식되었다고 할 것이나, 특정인의 상표·서비스표로 알려진 정도를 넘어서 주지·저명한 정도에까지 이르렀다고 볼 수 없으므로, 위 사용상품 및 사용서비스업과 유사하거나 경제적 견련관계가 밀접하지 아니한 이종의 이 사건 등록상표서비스표의 지정상품·서비스업에 대해서까지 출처의 오인·혼동을 일으켜 수요자를 기만할 염려가 있다고 볼 수 없다는 취지로 판단하였다.3)

2. 대법원판결의 요지

가. 판단기준

대상판결은 선사용상표가 사용상품에 대한 관계거래자 외에 일반공중 대부분에까지 널리 알려지게 됨으로써 저명성을 획득한 경우, 어떤 상표가 선사용상표의 사용상품과 다른 상품에 사용되더라도 수요자에게 상품의 출처를 오인·혼동하게 하여 수요자를 기만할 염려가 있는지 여부 및 선사용상표가 저명상표인지 판단하는 기준에 관하여 다음과 같이 판시하였다.

등록상표가 상표법 제7조 제1항 제11호에서 규정하고 있는 수요자를 기만할 염려가 있는 상표에 해당하려면, 그 등록상표나 지정상품과 대비되는 선사용상표나 그 사용상품이 적어도 국내 수요자나 거래자에게 그 상표나 상품이라고 하면 곧 특정인의 상표나 상품이라고 인식될 수 있을 정도로 알려져 있어야 하고, 이러한 경우 그 선사용상표와 동일·유사한 상표가 그 사용상품과 동일·유사한 상품에 사용되고 있거나, 또는 어떤 상표가 선사용상표와 동일·유사하고, 선사용상표의 구체적인 사용실태나 양 상표가 사용되는 상품 사이의 경제적인 견련의 정도, 기타 일반적인 거래실정 등에 비추어, 그 상표가 선사용상표의 사용상품과 동일·유사한 상품에 사용된 경우에 못지않을 정도로 선사용상표의 권리자에 의하여 사용되고 있다고 오인될 만한 특별한 사정이 있으면 수요자로 하여금 출처의 오인·혼동을 일으켜

---

3) 심결은 선사용상표가 이 사건 등록상표서비스표의 등록결정일 무렵 국내의 수요자 사이에 특정인의 상표로 알려진 정도를 넘어 현저하게 인식되어 주지성을 획득하였다고 보았다.

수요자를 기만할 염려가 있다고 할 것이다. 한편 선사용상표가 그 사용상품에 대한 관계거래자 이외에 일반공중의 대부분에까지 널리 알려지게 됨으로써 저명성을 획득하게 되면, 그 상표를 주지시킨 상품 또는 그와 유사한 상품뿐만 아니라 이와 다른 종류의 상품이라고 할지라도 그 상품의 용도 및 판매거래의 상황 등에 따라 저명상표권자나 그와 특수한 관계에 있는 자에 의하여 생산 또는 판매되는 것으로 인식될 수 있고 그 경우에는 어떤 상표가 선사용상표의 사용상품과 다른 상품에 사용되더라도 수요자로 하여금 상품의 출처를 오인·혼동하게 하여 수요자를 기만할 염려가 있다고 보아야 한다(대법원 2000. 2. 8. 선고 99후2594 판결, 대법원 2010. 1. 28. 선고 2009후3268 판결 등 참조). 여기서 선사용상표가 저명상표인가의 여부는 그 상표의 사용, 공급, 영업활동의 기간·방법·태양 및 거래범위 등을 고려하여 거래실정 또는 사회통념상 객관적으로 널리 알려졌느냐의 여부를 기준으로 판단하여야 한다(대법원 1991. 2. 26. 선고 90후1413 판결, 대법원 1999. 2. 26. 선고 97후3975 판결 등 참조).

나. 파기이유

먼저 대상판결은 원심이 확정한 사실관계에 의하면 ① 비록 이 사건 그룹가수 소녀시대가 활동을 시작한 때로부터 이 사건 등록상표서비스표의 등록결정일까지의 기간이 약 1년 6개월에 불과하지만, 같은 기간 일반공중에 대한 전파력이 높은 대중매체를 통한 가수공연·음악공연·방송출연·광고모델 등의 활동과 음반·음원의 판매가 집중적으로 이루어졌던 점, ② 이 사건 그룹가수의 명칭 '소녀시대'는 피고의 전체적인 기획·관리에 따라, 이 사건 그룹가수 음반들에서 각 음반 저작물의 내용 등을 직접적으로 표시하는 것이 아니라 음반이라는 상품의 식별표지로 사용되었을 뿐만 아니라, 이 사건 그룹가수의 가수공연·음악공연·방송출연·광고모델 등의 활동에서 지속적이고 일관되게 사용되었던 점, ③ 그리고 위 명칭은 이 사건 그룹가수 음반들의 판매량과 그에 수록된 곡들의 방송횟수 및 인기순위를 비롯하여 이 사건 그룹가수의 관련 기사보도, 수상경력 및 다양한 상품의 광고모델 활동 등에서 보는 것처럼, 통상의 연예활동에서 예상되는 것보다 상당히 높은 수준의 인지도를 가지게 된 점 등을 알 수 있다고 보았다.

대상판결은 위와 같은 사정들을 앞서 본 판단기준에 관한 법리에 비추어 보면, 이 사건 그룹가수의 명칭과 같은 구성의 선사용상표 및 선사용서비스표는 피고의 '음반, 음원' 등의 사용상품 및 '가수공연업, 음악공연업, 방송출연업, 광고모델업' 등의 사용서비스업에 대하여 관계거래자 이외에 일반공중의 대부분에까지 널리 알려지게 됨으로써 저명성을 획득하였다고 보아야 하고, 사정이 이러한 이상 그와 유사한 이 사건 등록상표서비스표가 위 사용상품·서비스업과 다른 '면제 코트' 등의 지정상품이나 '화장서비스업' 등의 지정서비스업에 사용되더라도 그러한 상품이나 서비스업이 피고나 그와 특수한 관계에 있는 자에 의하여 생산·판매되거나 제공되는 것으로 인식됨으로써 그 상품·서비스업의 출처를 오인·혼동하게 하여 수요자를 기만할 염려가 있다고 판결하였다.

3. 해설

가. 상표법 제7조 제1항 제11호의 수요자기만상표에 해당하기 위한 요건

본 호에는 상품출처의 오인을 초래할 염려가 있는 상표도 포함한다.[4] 제7호, 제9호 등의 규정은 일반적 출처의 혼동이 있으면 구체적 출처의 혼동이 일어날 가능성이 있는 것으로서 등록을 거절할 수 있는 경우를 열거한 것인데, 제11호는 그 밖의 경우로서 구체적 출처의 혼동이 일어날 염려가 있는 것을 모두 등록할 수 없도록 한 규정으로 볼 수 있고,[5] 최근 대법원판결은 종전 판례가 제시하였던 기준에 구체적 출처의 혼동에 관한 개념을 도입함으로써 제11호를 탄력성 있게 해석하고 있다.[6][7]

먼저 대법원 판례는 선사용상표가 적어도 특정인의 상표로 인식되는 정도인 경우, 그 선사용상표와 동일·유사한 상표가 그 사용상품과 동일·유사한 상품에 사용되고 있거나, 또는 어떤 상표가 선사용상표와 동일·유사하고, 선사용상표의 구체적인 사용실태나 양 상표가 사용되는 상품 사이의 경제적인 견련의 정도, 기타 일반적인 거래실정 등에 비추어, 그 상표

---

4) 상품의 품질과 관계없이 상품 출처의 오인을 초래함으로써 수요자를 기만할 염려가 있는 경우도 포함되고 (대법원 1989. 11. 10. 선고 89후353 판결), 이미 특정인의 상표라고 인식된 상표를 사용하는 상품의 출처 등에 관한 일반 수요자의 오인·혼동을 방지하여 이에 대한 신뢰를 보호하고자 하는 것이 규정목적이다 (대법원 1997. 3. 14. 선고 96후412 판결 등 다수).

5) 일반적 출처의 혼동이란 대비된 두 개의 상표품이 시장에 유통된다고 가정할 때 거래계의 일반적인 경험칙에 비추어 동일한 생산자(판매자)에 의하여 생산판매되는 것으로 인정되는 경우를 뜻하며, 구체적 출처의 혼동이라 함은 대비된 상표품이 현실로 시장에서 유통되고 있고 그들 상표품에 대한 구체적인 거래실정에 비추어 동일 출처로 인정되느냐 아니냐 하는 관점에서 판단하는 경우를 말한다.

6) 신성기, "대법원 판례에 나타난 수요자 기만 상표에 대하여", 한국산업재산권법학회지 제6호, 한국산업재산권법학회(1997), 175면.

7) 먼저 대법원 판례는 1980년 상표법(1980. 12. 31. 법률 제3326호) 개정 이후 제11호 후단의 수요자 기만 상표에 출처오인을 초래하는 상표도 포함된다고 선언하였다(대법원 1989. 11. 10. 선고 89후353 판결). 한편 대법원 판례는 제11호 적용을 위한 선사용상표 및 그 사용상품에 관하여 "주지·저명상표 + 이종상품" 유형의 판례(대법원 1987. 3. 10. 선고 86후156 판결; 대법원 1993. 1. 13. 선고 92후797 판결 등)와 "특정인의 상표로 인식되는 상표(주지·저명 불요) + 동일·유사상품" 유형의 판례(대법원 1990. 12. 7. 선고 90후649 판결; 대법원 1995. 9. 26. 선고 95후262 판결)로 나뉘었고, 위 유형들을 종합한 판례(대법원 1995. 6. 13. 선고 94후2186 판결)가 있었다. 그러다가 대법원 판례는 제11호의 적용 범위를 "특정인의 상표로 인식되는 상표(주지·저명 불요) + 상품 간의 경제적 견련성 등에 의한 특별한 사정(상품유사 불요)"의 유형까지 확장하였다(대법원 1997. 3. 14. 선고 96후412 판결; 대법원 1999. 2. 26. 선고 97후3975, 3982 판결; 대법원 2000. 2. 8. 선고 99후2594 판결 등).

가 선사용상표의 사용상품과 동일·유사한 상품에 사용된 경우에 못지않을 정도로 선사용상표의 권리자에 의하여 사용되고 있다고 오인될 만한 특별한 사정이 있으면 수요자로 하여금 출처의 오인·혼동을 일으켜 수요자를 기만할 염려가 있다고 보아야 한다고 판시해 왔다(대법원 2010. 1. 28. 선고 2009후3268 판결 등). 이때 선사용상표가 등록상표인지 미등록상표인지는 불문하고, 여기서 말하는 특정인의 상표나 상품이라고 인식된다고 하는 것은 기존의 상표에 관한 권리자의 명칭이 구체적으로 알려져야 하는 것은 아니며, 누구인지 알 수 없다고 하더라도 동일하고 일관된 출처로 인식될 수 있으면 충분하다(대법원 2007. 6. 28. 선고 2006후3113 판결 등). 위 "특별한 사정"을 판단함에 있어서는, 단순히 일반적인 사정 하에서의 양 상표의 사용상품 사이의 경제적 견련성뿐만 아니라, 선사용상표의 구체적인 사용실태 등 선사용상표의 알려진 정도가 중요한 판단요소가 된다.

그리고 대법원 판례는 선사용상표가 저명한 상표로까지 인식되는 경우, 그 상표를 주지시킨 상품 또는 그와 유사한 상품뿐만 아니라 이와 다른 종류의 상품이라고 할지라도 그 상품의 용도 및 판매거래의 상황 등에 따라 저명상표권자나 그와 특수한 관계가 있는 자에 의하여 생산 또는 판매되는 것으로 인식될 수 있고 그 경우에는 어떤 상표가 인용상표의 사용상품과 다른 상품에 사용되더라도 수요자로 하여금 상품의 출처를 오인·혼동케 하여 수요자를 기만할 염려가 있다고 보게 된다고 판시하였다(대법원 2000. 2. 8. 선고 99후2594 판결 등).

선사용상표가 국내의 일반거래에서 수요자나 거래자에게 어느 정도로 알려졌는지에 관한 사항은 일반수요자를 표준으로 하여 거래의 실정에 따라 인정하여야 하는 객관적인 상태를 말하는 것이고(대법원 2004. 3. 11. 선고 2001후3187 판결 등), 그 판단 기준시점에 관한 명문의 규정은 없으나 대법원 판례는 등록결정 시로 보고 있다(대법원 2006. 7. 28. 선고 2004후1304 판결 등).

나. 선사용상표·서비스표의 저명성 유무

상표는 어느 영업자가 상표를 최초로 선정, 사용하기 시작한 무명의 존재인 단계, 당해 상품이 어느 정도 유통되고 상표주가 상당한 정도 광고선전비를 투자하여 이른바 가치 있는 점유상태를 형성한 단계, 당해 상품의 관계거래권 안에 있는 구성원의 상당 부분에 당해 상표가 특정 출처의 상품 표지인 것으로 인식되게 된 단계, 당해 상품에 관한 수요자, 거래자 중의 압도적 다수 부분에 당해 상표의 존재가 인식되는 정도에 이른 단계, 당해 상표에 관하여 일정의 양질감이 표창되고 당해 상품에 대한 관계거래자 이외에 일반 공중의 대부분에까지 널리 알려지게 됨으로써 저명성을 획득한 단계의 발전 단계를 가진다고 설명된다.[8] "저

---

8) 송영식 외 6인, 제2판 송영식 지적소유권법(하), 육법사(2013), 155면.

명상표"라 함은 그 상표가 수요자에게 널리 알려져 있을 뿐 아니라 그 상표품이 갖는 품질의 우수성 때문에 상표의 수요자뿐만 아니라 일반 대중에게까지 양질감을 획득하고 있어 상품의 출처뿐만 아니라 그 영업주체를 표시하는 힘까지 갖게 된 상표를 의미한다.9)

대법원 판례는 상표법 제7조 제1항 제10호의 저명상표인가의 여부는 그 상표의 사용, 공급, 영업활동의 기간, 방법, 태양 및 거래범위 등과 그 거래실정 또는 사회통념상 객관적으로 널리 알려졌느냐의 여부 등이 기준이 된다고 판시하였다(대법원 1999. 2. 26. 선고 97후3975 판결). 위 법리는 제11호에서 선사용상표가 저명상표에 해당하는가의 판단에서도 마찬가지로 적용될 수 있고, 선사용상표가 저명상표의 경우에는 제10호와 제11호가 중복하여 적용될 수 있다(대법원 1995. 6. 13. 선고 94후2186 판결). 대법원 판례는 특정인의 상표나 상품으로 인식된 상표, 주지상표와 저명상표의 판단 기준에 관하여 엄격하게 구분하고 있지 않다.10) 이는 그 차이가 어느 정도 알려져 있는가에 관한 양적인 차이의 문제로 보기 때문이라고 보인다. 즉 인식의 정도에 의하여 구분될 뿐 판단 기준이 달라질 것은 아니라고 할 것이다.11) 대상판결이 이 사건 등록상표서비스표의 등록결정일(2009. 2. 9.) 당시 선사용상표 · 서비스표가 그 사용상품 · 서비스업에 대한 관계거래자 이외에 일반 공중의 대부분에까지 널리 알려지게 됨으로써 저명성을 획득하였다고 본 것은, 원심이 확정한 다음과 같은 사실관계에 기초한다.12) 즉 ① 국내에서 유명한 연예기획사인 피고는 피고에 소속된 남성그룹 가

---

9) 특허법원 지적재산소송 실무연구회, 지적재산소송실무, 박영사(2014), 582면.

10) 제11호: 대법원 2006. 7. 13. 선고 2005후70 판결
    등록무효 심판청구의 대상이 된 등록상표가 상표법 제7조 제1항 제11호에서 규정하고 있는 '수요자를 기만할 염려가 있는 상표'에 해당하기 위해서는 그 등록상표나 지정상품과 대비되는 타인의 상표나 그 사용상품이 등록상표의 등록결정 당시에 적어도 국내의 일반거래에 있어서 수요자에게 그 상표나 상품이라고 하면 곧 특정인의 상표나 상품이라고 인식될 수 있을 정도로는 알려져 있어야 하고, … 여기에 해당하는지 여부는 타인의 상표의 사용기간 · 방법 · 태양 및 이용범위 등과 거래실정 또는 사회통념상 객관적으로 널리 알려졌느냐의 여부 등을 기준으로 판단하여야 할 것이다(대법원 1991. 2. 26. 선고 90후1413 판결 참조).
    제9호(주지상표): 대법원 1991. 2. 26. 선고 90후1413 판결
    구 상표법(1990. 1. 13. 법률 제4210호로 개정되기 전의 것) 제9조 제1항 제9호 소정의 이른바 주지상표인지의 여부를 판단함에 있어서는 그 상표의 사용, 공급, 영업활동의 기간, 방법, 태양 및 거래의 범위 등을 고려하여 거래실정 또는 사회통념상 널리 알려졌느냐의 여부를 일응의 기준으로 삼아야 할 것이다.
    제6호(저명한 성명, 명칭 등): 대법원 2013. 10. 31. 선고 2012후1033 판결
    상표법 제7조 제1항 제6호는 저명한 타인의 성명 · 명칭 또는 상호 · 초상 · 서명 · 인장 · 아호 · 예명 · 필명 또는 이들의 약칭을 포함하는 상표는 등록을 받을 수 없다고 규정하고 있다. 여기서 타인의 명칭 등이 저명한지는 그 사용기간, 방법, 태양, 사용량 및 거래의 범위와 상품거래의 실정 등을 고려하여 사회통념상 또는 지정상품과 관련한 거래사회에서 타인의 명칭 등이 널리 인식될 수 있는 정도에 이르렀는지 여부에 따라 판단하여야 한다.

11) 전지원, "상표법 제7조 제1항 제4호 및 제11호의 판단 기준", 대법원 판례해설 92호(2012 상), 법원도서관(2012), 472−473면.

12) 원심은 같은 사실관계를 두고서, 동일하고 일관된 출처를 표시하는 정도를 넘어서 구체적으로 그 권리자인 '피고'의 출처 표지로 인식되었다고 보면서도 저명한 정도에까지 이르렀다고 보기 어렵다고 판단하였다.

수인 '슈퍼주니어'의 성공을 계기로 그와 같은 여성그룹 가수도 기획하기로 하고, 2007년 7월경 '소녀시대'라는 명칭의 피고 소속 9인조 여성으로 구성된 이 사건 그룹가수의 각 구성원을 인터넷에 공개한 다음, 같은 해 8월부터 피고가 제작한 이 사건 그룹가수의 첫 번째 음반인 '다시 만난 세계'를 판매하기 시작하였는데, 위 음반에 수록된 '다시 만난 세계'라는 곡은 위 음반 발매 직후 방송집계에서 1위를 차지하거나 음악방송 인기순위에서 1위를 차지하였다. ② 피고는 또 2007년 11월 이 사건 그룹가수의 음반 '소녀시대'를 제작·판매하였는데, 그 주제곡 '소녀시대'는 텔레비전 방송에서 인기가요로 선정되었고, 후속곡 'Kissing You'도 각종 음악방송 인기순위 1위를 차지하였다. 피고는 또 2008년 3월 이 사건 그룹가수의 음반 'Baby Baby'를 제작·판매하였고, 이 사건 그룹가수가 활동을 시작한 지 1년 만에 위 음반 '소녀시대' 및 'Baby Baby'의 판매량이 합계 12만 장 이상을 기록하였다. 피고는 또 2009년 1월 이 사건 그룹가수의 음반 'Gee'를 제작·판매하였는데, 그 주제곡인 'Gee'는 공개 후 2일 만에 각종 음원 순위에서 1위를 차지하면서 벨 소리와 통화연결음으로 120만 건 이상 판매되고 총 1,500회 이상 방송되었으며, 위 음반 'Gee'는 연간 판매순위 1위를 차지하였다. 한편 위 '다시 만난 세계', '소녀시대', 'Baby Baby' 및 'Gee' 등 총 4장의 음반들 전면에는 모두 '소녀시대' 또는 그 영문 표기인 'Girls' Generation'이라는 제목이 표시되어 있다. ③ 이 사건 그룹가수는 피고의 전체적인 기획·관리에 따라 2009년 2월경까지, 위 음반들과 관련하여 다양한 음악공연 활동을 하면서 MTV, Mnet 및 MBC 등의 다수 방송프로그램에 출연하였고, 위와 같은 음악공연·방송출연 활동에서 얻은 높은 인지도를 바탕으로 의류, 식품, 디지털 가전, 게임 등 다양한 상품의 광고모델로 활동하였으며, 같은 기간 이 사건 그룹가수와 관련된 기사가 다양한 매체에 여러 차례 보도되었다. 한편 이 사건 그룹가수는 2007년 골든디스크 시상식 신인상 및 2008년 대한민국연예예술상 그룹가수상 등 다수의 상을 받았다.[13]

다. 출처의 오인·혼동의 우려

관련 판단사례를 보면, 대법원 2006. 5. 12. 선고 2004후820 판결은 "NANTA"로 구성된 등록상표의 등록결정 당시에 "NANTA 난타"로 구성된 피고의 인용서비스표가 '연극공연업'에 관하여 특정인의 표장으로 널리 알려지게 되었음을 전제로, 등록상표가 그 지정상품 '휴대용

---

13) 대법원 2013. 10. 31. 선고 2012후1033 판결은 제6호에 관한 사안에서 '2NE1'이라는 명칭의 저명성을 인정하였는데, 대상판결의 '소녀시대'와 비교할 때, 그 명칭의 성격(여성그룹 가수 명칭), 사용 기간, 사용 태양(국내 유명 연예기획사에 의하여 데뷔한 점, 음원 공개 이후 단기간에 판매 및 방송 집계에서 1위를 차지한 점, 높은 인지도를 바탕으로 다수의 방송출연과 광고모델 활동이 이루어진 점, 신인 가수상 등 다수의 수상을 한 점 등)에서 별다른 차이가 없다.

화장품케이스(내용물이 채워지지 않은 것), 가죽제 열쇠케이스, 비금속제 지갑, 서류가방, 여행가방, 핸드백, 양산, 우산, 지팡이, 가죽끈'에 사용될 경우 인용서비스표의 서비스표권자나 그와 특수한 관계에 있는 자에 의하여 생산 또는 판매되는 것으로 수요자로 하여금 상품의 출처에 관하여 오인·혼동케 하거나 수요자를 기만할 염려가 있다고 본 원심을 수긍하였다. 그리고 특허청 상표심사기준에서는, 널리 알려진 방송프로그램 명칭, 영화나 노래 제목 등과 동일 또는 유사한 상표를 출원하여 수요자를 기만할 염려가 있는 경우 제11호에 해당하는 것으로 보고, 이 경우 지정상품은 방송, 영화, 음악 등과 직·간접적으로 경제적 견련관계가 있다고 인정되는 상품뿐만 아니라, 후원관계나 거래실정상 상품화 가능성이 높은 상품까지 포함하여 수요자기만이 일어날 염려가 있는지를 판단한다고 정하고 있다.[14]

대상판결은 상품·서비스업 사이의 경제적인 견련성이나 상품화 가능성 등에 비추어, 선사용상표 및 선사용서비스표와 유사한 이 사건 등록상표서비스표가 '음반, 음원' 등의 사용상품 및 '가수공연업, 음악공연업, 방송출연업, 광고모델업' 등의 사용서비스업과 다른 '면제 코트' 등의 지정상품이나 '화장서비스업' 등의 지정서비스업에 사용되더라도 그러한 상품이나 서비스업이 피고나 그와 특수한 관계에 있는 자에 의하여 생산·판매되거나 제공되는 것으로 인식됨으로써 그 상품·서비스업의 출처를 오인·혼동하게 하여 수요자를 기만할 염려가 있다고 보았다.

4. 판결의 의의

대상판결은 상표법 제7조 제1항 제11호에서 선사용상표가 저명상표인지를 판단하는 기준을 설시하면서, 또한 같은 호에 해당하기 위한 요건에 관하여 선사용상표가 특정인의 상표로 인식되는 정도인 경우와 이를 넘어서 저명한 상표로까지 인식되는 경우를 모두 아우르는 판단 기준을 새롭게 설시하였다. 사안의 구체적인 측면에서는 유명 연예인의 명칭으로 구성된 선사용상표·서비스표가 저명한 것인지에 관해 그 사용, 공급, 영업활동의 기간·방법·태양 및 거래범위 등을 고려하여 거래실정 또는 사회 통념상 객관적으로 널리 알려졌느냐를 기준으로 판단한 선례적 가치가 있다.

---

14) 특허청 상표심사기준 5부 11장 3.5.

17 도형 표장의 유사 및 제품 형상의 상표적 사용 여부 판단기준

대법원 2013. 1. 24. 선고 2011다18802 판결[1]

전지원(서울중앙지방법원 부장판사)

1. 사안의 개요

가. 표장의 대비

	원고의 이 사건 등록상표	피고 제품
표장		
지정/사용상품	귀금속제목걸이 등	목걸이용 펜던트(pendant)

나. 사건의 경위

원고는 '피고가 형상이 원고의 등록상표와 유사할 뿐만 아니라, 상품(목걸이용 펜던트) 역시 이 사건 상표권의 지정상품과 동일 또는 유사한 제품을 생산하여 국내에서 판매함으로써 원고의 이 사건 상표권을 침해하였다'는 이유로 상표권침해금지 및 손해배상 청구의 소를 제기하였다.

---

1) [참조 및 관련 판례] 대법원 2004. 10. 15. 선고 2004도5034 판결; 대법원 2011. 1. 13. 선고 2010도5994 판결 등.
[관련 평석 및 문헌] 김병식, "도형상표의 유사", 대법원 판례해설 제98호(2013 하), 법원도서관 2014; 김범희, "도형상표의 유사범위와 디자인적 사용과의 구별 기준", 판례연구 25집(2)(2011. 12), 서울지방변호사회, 2012; 박상한, "상표적 사용과 상표권 침해", Law & technology 제10권 제1호(2014. 1), 서울대학교 기술과법센터, 2014.

2. 판결의 요지

가. 제1심판결(서울중앙지방법원 2010. 4. 29. 선고 2008가합130448 판결)

제1심은 '양 표장은 외관 및 관념이 유사하여 거래상 상품의 출처에 관하여 오인·혼동을 초래할 우려가 있으며, 피고 제품은 디자인으로서의 기능뿐만 아니라 상품출처표시로서의 기능도 수행하고 있다'는 이유로 원고의 청구를 일부 인용하였다.

나. 원심판결(서울고등법원 2011. 1. 19. 선고 2010나51989 판결)

원심은 '원고 등록상표와 피고 제품 형상은 일반 수요자나 거래자가 양자를 전체적으로 이격하여 접하였을 때 거래상 상품의 출처에 관하여 오인·혼동을 초래할 우려가 없고, 피고 제품의 강아지 형상은 디자인으로만 사용된 것일 뿐 상품의 출처표시 또는 식별표지로 사용된 것도 아니다'는 이유로 제1심판결 중 피고 패소부분을 취소하고 그 부분 원고의 청구를 기각하였다.

다. 대법원판결(대법원 2013. 1. 24. 선고 2011다18802 판결)

대법원은, '원고의 등록상표와 피고 제품의 형상은 모두 강아지를 형상화한 도형으로서 '강아지'로 관념되고 '강아지 표'로 호칭될 수 있으나, 위 등록상표의 지정상품과 동일·유사한 상품에 관하여 강아지를 주제로 한 다양한 모양의 도형상표가 다수 등록되어 있는데, 수많은 종류의 유사 또는 상이한 형상을 통칭하는 용어에 의하여 호칭되고 관념되는 도형상표의 경우에 그 외관의 유사에 관계없이 호칭과 관념이 유사하다는 이유만으로 대비되는 양 상표가 전체적으로 유사한 상표라고 한다면 상표의 유사 범위가 지나치게 확대되어 제3자의 상표선택의 자유를 부당하게 제한하는 불합리한 결과를 가져오는 점 등에 비추어 볼 때, 통칭적인 호칭 및 관념이 유사하다는 점만으로 서로 유사하다고 단정할 수는 없을 뿐만 아니라 외관도 차이가 있으므로, 결국 원고 등록상표와 피고 제품의 형상은 전체적으로 상품출처의 오인·혼동을 피할 수 있는 것이어서 유사하지 않고, 한편 목걸이용 펜던트의 특성 및 위 상품을 둘러싼 거래실정, 원고 등록상표와 피고 등록상표의 주지저명의 정도, 피고의 의도와 피고 제품의 제조·판매 형태 및 경위 등을 종합하여 살펴보면, 피고 제품의 형상은 디자인으로만 사용된 것일 뿐 상품의 식별표지로 사용된 것이라고는 볼 수 없다'는 이유로 상고를 기각하였다.

3. 해설

가. 상표의 유사 여부

(1) 도형상표의 유사 여부 판단방법

도형만으로 구성되거나 도형과 문자의 결합상표 중에서 도형 부분이 현저하게 구성된 상표의 경우에는 외관의 유사 여부에 따라 상표의 유사 여부가 결정되는 경우가 많다.[2] 대법원 2002. 4. 12. 선고 2001후683 판결에서는 '수많은 종류의 유사 또는 상이한 형상을 통칭(通稱)하는 용어에 의하여 호칭되고[3] 관념되는[4] 도형상표의 경우에는, 그 외관의 유사에 관계없이 호칭과 관념이 유사하다는 이유만으로 대비되는 양 상표가 전체적으로 유사한 상표라고 한다면 상표의 유사 범위가 지나치게 확대되어 제3자의 상표선택의 자유를 부당하게 제한하는 불합리한 결과를 가져온다'는 이유로, 상표를 대비함에 있어 추상적, 통칭적인 호칭 및 관념의 유사보다 외관에 더 중점을 두어 판단한 바 있다.[5] 서울고등법원 2009. 7. 3.자 2008라951 결정(대법원 2009. 11. 20.자 20099마1255 결정: 심리불속행 기각)도 마찬가지이다.

이와 관련하여, 최근 법원은 도형상표의 지정상품이나 그 지정상품이 속하는 상품류에 다수의 유사한 도형이 상표로 등록되어 있거나 캐릭터 등으로 사용되는 경우에는 그 유사범위를 좁혀 판단하는 경향이 있는데, 그러한 경우에는 일반적으로 동종 상품 사업자 간에 당해 도형을 사용하고자 하는 요구가 크고, 그와 같은 상품군에 유사한 도형이 많이 사용되는 경우에는 소비자들도 그 도형의 외관상 차이를 잘 인식할 수 있다는 점에서 타당하다는 견해가 있다.[6]

하지만 도형상표가 상품류와 관련하여 식별력이 없는 것이 아닌 한 등록상표는 어느 정

---

2) 특허법원 지적재산소송실무연구회, 지적재산소송실무(전면개정판), 박영사(2010), 638면(대법원 2000. 12. 26. 선고 98도2743 판결, 대법원 2001. 12. 27. 선고 2001후577 판결 등도 같은 취지이다).

3) 도형만으로 구성된 상표의 경우에 그 도형에 대하여 보통으로 불리는 자연적 호칭이 있는 때에는 그 호칭에 따르게 될 것이다. 따라서 예컨대 나비도형은 "나비표"로(대법원 1990. 10. 16. 선고 90후687 판결), 말 전체 도형은 "말표"로(대법원 1990. 12. 11. 선고 90후1000 판결), 토끼머리 도형은 "토끼머리표"로(대법원 1988. 3. 8. 선고 87후24 판결), 귀신 또는 도깨비 등의 모양을 형상화하여 전래되어 오는 귀면(鬼面) 문양은 "귀면, 귀신 또는 도깨비"로(대법원 2002. 4. 12. 선고 2001후683 판결) 각 호칭된다.

4) 동물의 이름이나 도형으로 구성된 상표인 경우에는 같은 종류의 짐승이면 호칭과 외관이 약간 다르더라도 관념이 같은 경우가 보통이다[불곰: 곰표(대법원 1989. 6. 27. 선고 88후332 판결)]. 그러나 동물의 종류가 다르거나 도형의 외관이 현저하게 다른 경우에는 관념이 다르다[앉은 매도형(매표): 나는 독수리 도형 (대법원 1972. 2. 29. 선고 71후46 판결)].

5) 특허법원 지적재산소송실무연구회, 앞의 글(주 2), 641-642면.

6) 김병희, 앞의 글(주 1), 37-38면.

도의 유사 범위를 가지는 것이고, 경우에 따라서는 같은 상품류에 등록된 다른 동종상표가 대비되는 두 도형상표와 크게 유사하지 않은 경우도 있으므로, 이러한 경우에는 다른 동종 상표가 등록되어 있다는 사정은 상표의 유사 판단에 별다른 영향이 없을 것이어서, 언제나 유사 범위를 좁혀서 판단할 것은 아니라는 견해도 있다.[7] 대법원 2013. 7. 25. 선고 2011후 1548 판결도 같은 취지이다.

(2) 이 사건의 경우

원고의 등록상표와 피고 제품의 형상은 모두 강아지 또는 개(이하 '강아지'라고만 한다)를 형상화한 것으로, 머리 부분이 몸통에 비하여 비교적 크게 표현되어 있고, 강아지의 눈, 코, 입, 털 등 구체적인 모습을 생략하고 그 외형을 머리, 몸통, 다리, 꼬리로만 단순화하였으며, 좌우 귀 부분이 서로 포개어진 형태라는 점에서 서로 유사한 특징이 있으나, 원고 등록상표 는 2차원의 평면 형태인 반면 피고 제품의 형상은 크리스털을 커팅하여 제작된 제품의 특성 으로 인하여 3차원의 입체감을 주는 형태인 점, 원고 등록상표의 강아지 양발은 지면에 부착 되어 가만히 서있는 모습인 반면 피고 제품 형상의 강아지 양발은 서로 벌어져 뛰고 있는 모습인 점, 원고 등록상표의 강아지에는 목줄이 있고 그 목줄의 색상이 몸통의 색상과 구별 되는 반면 피고 제품 형상의 강아지에는 목줄이 없는 점에서 차이가 있고, 그 밖에 강아지의 꼬리, 눈썹(이마), 귀, 엉덩이 부위의 형태도 세부적인 점에서 차이가 있어, 원고의 등록상표 와 피고 제품의 형상은 그 외관에 있어서 유사하다고 할 수 없다.

다음 호칭 및 관념을 보면, 원고의 등록상표와 피고 제품의 형상은 모두 강아지를 형상 화한 도형으로서 '강아지'로 관념되고, '강아지 표'로 호칭될 수 있다. 그러나 원고 등록상표 의 지정상품과 동일·유사한 상품에 관하여 강아지를 주제로 한 다양한 모양의 도형상표가 다수 등록되어 있는데, 수많은 종류의 유사 또는 상이한 형상을 통칭하는 용어에 의하여 호 칭되고 관념되는 도형상표의 경우에 그 외관의 유사에 관계없이 호칭과 관념이 유사하다는 이유만으로 대비되는 양 상표가 전체적으로 유사한 상표라고 한다면 상표의 유사 범위가 지 나치게 확대되어 제3자의 상표선택의 자유를 부당하게 제한하는 불합리한 결과를 가져오는 점에 비추어 볼 때, 비록 양자가 모두 '강아지'로 관념되고 '강아지 표'로 호칭될 수 있다 하 더라도, 그와 같이 통칭적인 호칭 및 관념이 유사하다는 점만으로 서로 유사하다고 단정할 수는 없을 뿐만 아니라 외관도 차이가 있으므로, 결국 원고의 등록상표와 피고 제품의 형상 은 전체적으로 상품출처의 오인·혼동을 피할 수 있는 것이어서 유사하지 아니하다고 할 것 이다.

그 밖에 원심은 원고 등록상표는 스콧테리어 종의 개를 형상화한 것임이 인정되므로,

---

7) 김병식, 앞의 글(주 1), 254면.

원고 등록상표를 이미 알고 있는 사람들에게는 원고 등록상표가 '아가타' 또는 '스콧테리어'
로 관념되고, '아가타'로 호칭될 것이어서, 이러한 경우에는 양자의 관념 및 호칭이 상이하다
고도 판단하였다. 상품 출처의 혼동 우려를 판단하기 위하여 고려될 거래실정 중의 하나로
'상표의 거래상의 호칭 또는 관념을 인정하기 위하여 고려될 거래실정'이 있고, 그와 같은
거래실정으로서는 수요자의 사이에 장기간 사용되어 온 호칭, 함께 사용되는 상호 기타 명
칭의 주지 · 저명성, 상표가 선택된 때의 사정 등이 있다.[8] 원고 등록상표가 원심인정과 같이
호칭 또는 관념되어 온 거래실정 내지 경험칙의 존재가 입증되었다고 볼 경우 호칭 또는 관
념도 상이하다고 볼 수 있을 터이나, 대법원은 이 부분에까지 나아가 판단하지는 않았다.

나. 상표적 사용 여부

(1) 일반론

1) 문제의 제기

상표의 본래적인 기능은 자타 상품의 출처를 식별하도록 하는 데 있다. 그러나 상표가
단순히 자타 상품의 출처를 식별하는 데 그치지 않고 해당 상품의 디자인적 · 장식적 기능을
수행하도록 쓰이는 경우를 흔히 볼 수 있다. 이 경우에 그와 같은 표지의 사용을 상표로서의
사용으로 보느냐 단순히 디자인으로서의 사용으로 보느냐에 따라 상표권 침해의 성립 여부,
불사용취소심판 등에서의 정당사용 성립 여부, 상품표지로서의 주지성 인정 여부 등이 결정
된다.[9]

특히 1997. 8. 22. 개정된 상표법은 상품의 형상을 상표 자체의 형상으로 하는 행위 또
는 상품의 포장을 상표 자체의 형상으로 하는 행위도 상품 또는 상품의 포장에 상표를 표시
한 것으로 보고, 상품에 관한 광고, 간판 또는 표찰을 상표자체의 형상으로 하는 행위도 상
품에 관한 광고, 간판 또는 표찰에 상표를 표시한 것으로 본다고 규정하고 있다(구 상표법 제2

---

8) 中山信弘 외 3인 공편, 비교상표판례연구회 역, 상표판례백선, 박영사(2011), 100-101면.
9) 대법원 2013. 2. 28. 선고 2012후3206 판결에서는, "불사용으로 인한 상표등록취소심판제도는 등록상표의
사용을 촉진하는 한편 그 불사용에 대한 제재를 가하려는 데에 목적이 있으므로, 상표법 제73조 제1항 제
3호, 제4항에서 규정하는 '등록상표의 사용' 여부 판단에서는 상표권자 또는 사용권자가 자타상품의 식별
표지로서 사용하려는 의사에 터 잡아 등록상표를 사용한 것으로 볼 수 있는지가 문제될 뿐 일반 수요자나
거래자가 이를 상품의 출처표시로서 인식할 수 있는지는 등록상표의 사용 여부 판단을 좌우할 사유가 되
지 못한다. 반면에 상표권의 권리범위확인심판에서는 확인대상표장에 대하여 그 표장과 동일 또는 유사한
등록상표의 상표권의 효력이 미치는가를 거래상 상품 출처의 오인 · 혼동의 염려가 있는지에 의하여 확정
하는 것이므로, 애당초 일반 수요자나 거래자가 확인대상표장을 장식용 디자인으로 인식할 뿐 상품의 출
처표시로서 인식하기 어렵다면 확인대상표장이 상표로서 사용된 것이라고 볼 수 없다."고 판시하여 불사
용으로 인한 상표등록취소심판과 권리범위확인심판에 있어 상표 사용 여부의 판단방법에 차이를 두고 있
다. 이하 본고에서는 침해사건 내지 권리범위확인심판에 있어 상표 사용 여부의 판단방법에 관하여 보기
로 한다.

조 제2항). 위 규정의 입법적 배경은 1998. 3. 1.부터 도입한 입체상표를 상정한 것이지만, 해석론으로는 반드시 입체상표의 경우에만 적용될 수 있는 규정은 아니므로, 원고 등록상표와 같이 평면적 상표를 상품의 형상이나 모양의 구성요소로서 사용하는 경우 이를 법률적으로 어떻게 취급할 것인가가 더욱 문제된다.

2) 상표적 사용과 디자인(의장)적 사용의 구별 기준

대법원은 "의장과 상표는 배타적, 선택적인 관계에 있는 것이 아니므로 의장이 될 수 있는 형상이나 모양이라고 하더라도 그것이 상표의 본질적인 기능이라고 할 수 있는 자타상품의 출처표시를 위하여 사용되는 것으로 볼 수 있는 경우에는 위 사용은 상표로서의 사용이라고 보아야 할 것이지만[10]", "타인의 등록상표를 이용한 경우라고 하더라도 그것이 상표의 본질적인 기능이라고 할 수 있는 출처표시를 위한 것이 아니어서 상표의 사용으로 인식될 수 없는 경우에는 등록상표의 상표권을 침해한 행위로 볼 수 없다고 할 것이고, 그것이 상표로서 사용되고 있는지의 여부를 판단하기 위하여는, 상품과의 관계, 상품 등에 표시된 위치, 크기 등 당해 표장의 사용 태양, 등록상표의 주지저명성 그리고 사용자의 의도와 사용 경위 등을 종합하여 실제 거래계에서 그 표시된 표장이 상품의 식별표지로서 사용되고 있는지 여부를 종합하여 판단하여야 하며, 타인의 등록상표와 유사한 표장을 이용한 경우라고 하더라도 그것이 상표의 본질적인 기능이라고 할 수 있는 출처표시를 위한 것이 아니라 순전히 의장적으로만 사용되는 등으로 상표의 사용으로 인식될 수 없는 경우에는 등록상표의 상표권을 침해한 행위로 볼 수 없다.[11]"고 판시한 바 있다.

3) 관련 판례 분석

우선 판례는 사용상품을 둘러싼 거래계의 실정 등을 감안하여, '신발류[12]', '지갑(가방류)[13]', '행주[14]', '헤어밴드', '목걸이'[15] 등에의 사용 표장을 상표로서의 사용으로 인정하였고, '가구류[16]', '캐릭터 상품(봉제완구, 의류)[17]' 등에의 사용 표장을 디자인으로서의 사용으로 인정하였다. 다만 이 경우에도 상품에 따라 일률적으로 상표적 사용인지 디자인적 사용인지 여부를 판단하는 것이 아니라, 해당 상품 거래계에서의 상품출처표시 방법, 사용자의 의도, 관련 상품의 수요자가 당해 표시를 출처표시로서 인식할 가능성 등 다양한 요소를 종

---

10) 대법원 2000. 12. 26. 선고 98도2743 판결.

11) 대법원 2004. 10. 15. 선고 2004도5034 판결.

12) 대법원 2000. 12. 26. 선고 98도2743 판결; 특허법원 2007. 6. 22. 선고 2006허9074 판결(대법원 2008. 10. 9. 선고 2007후2834 판결로 상고기각).

13) 서울고등법원 2004. 5. 12. 선고 2003나57101 판결(대법원 2004. 9. 23.자 2004다27129 판결로 심리불속행 기각).

14) 특허법원 2001. 5. 12. 선고 99허9526 판결(확정).

15) 대법원 2012. 1. 26. 선고 2010다36124 판결.

16) 대법원 2004. 10. 28. 선고 2003후2027 판결; 대법원 2003. 2. 14. 선고 2002후1324 판결.

17) 대법원 1997. 2. 14. 선고 96도1424 판결; 대법원 1996. 9. 6. 선고 96도139 판결.

합적으로 고려하여 판단하고 있다.

그 밖에도 앞서 본 판례들을 살펴보면, 등록상표 자체가 주지 저명하거나, 상표권자가 그 등록상표를 상품의 문양으로 오랜 기간 독립적, 배타적, 계속적으로 사용함으로써 상품의 출처를 표시하는 식별 표지로서 일반 수요자나 거래자에게 널리 알려진 경우 상표적 사용에 해당한다고 판단하는 경향을 발견할 수 있다. 침해사건 및 권리범위확인심판사건의 경우, 상표적 사용 여부는 상품출처의 혼동을 파악하기 위한 개념으로 파악되고 이때 출처 혼동의 판단은 어디까지나 일반수요자를 판단주체로 보는 것이 타당하므로, 이는 당연한 귀결이다. 다만 등록상표가 국내 일반수요자에게 어느 정도 알려져 있는 경우라도, 상대방이 그 보다 주지저명의 정도가 높은 다른 식별표지를 보유하고 있고, 사용 표장이 다른 식별표지와 결합되어 그 상품의 출처표시를 명확하게 할 경우에는 상표적 사용이라기보다는 디자인적 사용으로 보아야 할 경우가 많이 있을 것이다.[18]

디자인적 사용을 상표적 사용으로 볼 경우에는 신규성과 창작비용이성을 디자인 등록 요건으로 하고 그 권리의 존속기간도 일정한 디자인등록제도의 취지에 어긋날 수 있을 뿐만 아니라 신규성이나 창작비용이성의 결여로 디자인등록 대상이 되지 않거나 디자인등록 후 그 존속기간 경과로 공중의 자유로운 이용에 개방되어야 할 디자인마저 상표권이라는 반영구적인 권리의 장벽에 가로막혀 그 이용이 제한되는 것은 공공의 이익에 반하는 것이다. 반대로 상품출처표시기능을 하는 표장의 사용을 디자인적 사용으로 볼 경우에는 상표권자의 업무상의 신용유지를 해할 수 있을 뿐만 아니라 수요자를 상품출처의 오인 혼동으로부터 보호하지 못함으로써 결국 공공의 이익을 저해할 수 있게 될 것이다. 어느 한쪽에 치우칠 경우, 관계 당사자의 사익을 제대로 보호하지 못할 뿐만 아니라 공익을 해하는 결과를 초래할 수 있기 때문에, 상표권자의 신용유지라는 사익과 상품 출처에 관한 수요자 보호와, 신규성이나 창작비용이성을 결여한 디자인의 자유로운 이용이라는 공익을 조율하는 균형감각으로 출처표시기능과 장식적 기능 중 어느 쪽이 더 지배적인지를 구체적인 사실관계에 따라 합목적적으로 결정하고 지배적인 기능에 따라 상표적 사용인지 디자인적 사용인지 여부를 판단하여야 할 것이라는 견해[19]가 있다. 앞서 본 판례들의 저변에도 상표권자의 신용유지라는 사익과 수요자 보호, 디자인의 자유로운 이용이라는 공익을 비교형량하여 구체적 사건에서 상표적 사용에 해당하는지 여부를 판단하는 태도가 자리잡고 있는 것으로 보인다.

(2) 이 사건의 경우

피고 제품과 같은 목걸이용 펜던트에 있어 그 펜던트의 형상은 주로 시각적, 심미적 효

---

18) 남호현, "상표의 상표로서의 사용과 의장으로서의 사용", 창작과 권리 38호(2005. 봄), 70면.
19) 남호현, 위의 글, 68 – 70면.

과를 통해 소비자의 구매 욕구를 자극하는 요소이고, 펜던트의 형상 자체가 당해 상품의 출처를 표시하기 위한 목적으로 사용되는 것이 일반적이라고 보기 어렵다. 피고 제품은 피고가 판매하는 미니 펜던트 시리즈 제품군 중 한 종류로서, 피고는 원고 등록상표의 출원 이전부터 강아지를 비롯한 다양한 동물을 형상화한 크리스털 재질의 펜던트 등을 제조·판매하여 왔으며, 피고 이외의 장신구업체들도 강아지 형상을 이용한 목걸이 펜던트 등을 널리 제조·판매하여 오고 있다. 원고의 등록상표가 국내 일반 수요자들에게 어느 정도 알려진 것으로 보이기는 하나, 별개 식별표지인 피고의 등록상표 역시 국내 일반 수요자들에게 상당히 알려진 것으로 보이는데, 피고 제품의 이면은 물론 피고 제품의 포장 및 보증서에 피고의 등록상표가 표시되어 있고, 피고의 주요매장은 모두 피고의 상품들만을 판매하는 점포로서 그 간판 등에 피고의 등록상표를 표시하고 있으며, 인터넷 사이트에서도 피고 제품을 비롯한 피고의 상품 판매 시 피고의 등록상표를 표시하고 있다. 위와 같은 사실관계에 나타난 목걸이용 펜던트의 특성 및 위 상품을 둘러싼 거래실정, 원고 등록상표와 피고 등록상표의 주지저명의 정도, 피고의 의도와 피고 제품의 제조·판매 형태 및 경위 등을 종합하여 살펴보면, 피고 제품의 형상은 디자인으로만 사용된 것일 뿐 상품의 식별표지로 사용된 것이라고는 볼 수 없다.

4. 판결의 의의

대상판결은 도형 상표의 두 가지 쟁점, 즉 표장의 유사 여부와 상표적 사용 여부를 어떻게 판단하는지를 구체적으로 보여준 사례이다. 도형상표의 표장 유사 여부 판단에 있어서는 제3자의 상표 선택의 자유라는 측면에서 외관의 유사 여부에 대한 비중을 보다 높게 평가해야 하는 점을 분명히 하면서, 도형상표의 지정상품이나 그 지정상품이 속하는 상품류에 다수의 유사한 도형이 상표로 등록되어 있거나 캐릭터 등으로 사용되는 경우에는 그 유사범위를 좁혀 판단하는 경향을 취하고 있다. 또한 상표적 사용 여부의 판단에 있어, 상표권자의 신용유지라는 사익과 수요자 보호, 디자인의 자유로운 이용이라는 공익을 조율하는 균형감각 위에서, 사용상품을 둘러싼 거래계의 실정, 등록상표와 상대방 별개 식별표지의 주지저명의 정도 등까지도 고려하여 제품형상의 상표적 사용 여부를 판단한 사례라는 점에 그 의의가 있다.

18 기업그룹의 분리와 그 사용표장의 귀속

대법원 2015. 1. 29. 선고 2012후3657 판결[1]

최종선(특허법원 판사)

1. 사안의 개요

가. '현대'는 1998년부터 2002년까지 대규모로 계열분리가 이루어지기 이전에는 국내의 대표적인 기업그룹이었던 구(舊) 현대그룹 및 그 계열사들이 상표 또는 서비스표 등으로 사용해 온 저명한 표장(이하 '이 사건 선사용표장'이라 한다)이었다.

나. 그런데 구 현대그룹의 대규모 계열분리 이후 '컴퓨터주변기기, 워드프로세서, 전자계산기' 등을 지정상품으로 하고 '**현   대**'와 같이 구성된 이 사건 등록상표의 권리자인 피고가 위 등록상표에 대하여 제1차 지정상품 추가등록을 출원한 2003. 10. 14.(추가 지정상품: 가이거계산기, 광디스크, 광학식 문자판독장치 등, 등록일: 2004. 10. 26.) 및 제2차 지정상품 추가등록을 출원한 2008. 9. 5.(추가 지정상품: 감열식 프린터, 개인용 컴퓨터, 광스캐너 등, 등록일: 2009. 11. 17.) 당시에는 이미 구 현대그룹의 주요 계열사이던 원고 현대중공업 주식회사, 현대자동차 주식회사, 주식회사 현대백화점, 현대산업개발 주식회사 등이 자신들의 계열사와 함께 현대중공업그룹, 현대자동차그룹, 현대백화점그룹, 현대산업개발그룹 등의 개별그룹들을 형성하고 있었고, 그 이후 이들 개별그룹들은 이른바 '범 현대그룹'을 이루고 있다. 이들 개별그룹들은 그 자산규모가 상당한 정도에 이르러 국내 기업순위에서 상당히 상위권에 들고, 해당 각 사업분야를 장기간 선도해 온 대기업들을 중심으로 다수의 계열사를 보유하면서 각자의 상표 및 서비스표 등으로 이 사건 선사용표장을 계속 사용해 오고 있다.

다. 반면, 피고는 2000. 5.경 상호를 '현대이미지퀘스트 주식회사'로 하여 구 현대그룹의 계열사이던 현대전자산업 주식회사의 자회사로 설립되었는데, 2001. 3.경 '이미지퀘스트

---

1) [참조 판례] 대법원 1995. 10. 12. 선고 95후576 판결; 대법원 2010. 5. 27. 선고 2008후2510 판결; 대법원 2016. 1. 28. 선고 2013다76635 판결; 대법원 2016. 1. 28. 선고 2014다24440 판결.
   [관련 평석] 정태호, "기업그룹의 분리에 따른 저명한 선사용표장과의 혼동에 관한 문제", 사법 32호(2015).

주식회사'로 상호를 변경하였고, 상호를 '주식회사 하이닉스 반도체'로 변경한 현대전자산업 주식회사와 함께 2001. 7.경 구 현대그룹으로부터 계열분리되었다. 피고는 이 사건 제1, 2차 지정상품 추가등록결정일 당시 범 현대그룹을 이루는 개별그룹들과는 경제적·조직적으로 아무런 관계도 맺고 있지 않다.

　　라. 범 현대그룹의 주요 계열사인 원고들은 2010. 7. 14. 특허심판원에 피고를 상대로 하여 이 사건 등록상표의 지정상품 중 제1, 2차 추가등록 지정상품은 우리나라 재계 30위 안에 있는 대규모기업집단인 현대중공업그룹, 현대건설그룹, 현대자동차그룹 등을 상징하는 이 사건 선사용표장 '현대' 또는 'HYUNDAI'와의 관계에서 구 상표법(2014. 6. 11. 법률 제 12751호로 개정되기 전의 것, 이하 같다) 제7조 제1항 제10호에 해당하는 등의 등록무효사유가 있다면서 무효심판을 청구하였다.

2. 심결 및 판결의 요지

가. 이 사건 심결(특허심판원 2011. 9. 29.자 2010당1801 심결)

　　(1) 구 현대그룹은 2000년도에는 국내 재벌 1위에 속하는 대규모기업집단이었으나, 2001년 그룹이 계열 분리되어 운영되었고, 계열분리된 이후에도 현대중공업그룹, 현대건설 그룹, 현대자동차그룹 등은 이 사건 제1, 2차 추가등록 지정상품의 출원시인 2003년 10월 및 2008년 9월 당시 재계순위 30위 이내의 기업집단으로서 국내에서 누구나가 잘 알 수 있 는 주지·저명한 회사들임은 인정된다. 그러나 '현대' 또는 'HYUNDAI'만의 표장은 현대그 룹에서 어느 특정인 회사의 표장이라고 직감되거나 인식되었다고 볼 수 없고, 단지 일반 수 요자들은 구 현대그룹과 관련된 기업이거나 관련이 있었던 기업의 출처로 인식하는 표장이 라 할 수 있다. 더구나 각 계열그룹기업들은 '현대 및 HYUNDAI'의 명칭에 개별 기업의 업 종을 나타내는 명칭을 결합하여 상호나 표장으로 사용하거나 구 현대그룹의 로고 등을 결합 하여 사용하고 있음을 종합하여 볼 때, '현대' 또는 'HYUNDAI'만으로 된 표장은 구 현대 그룹이 계열 분리된 후 타인의 상품과 오인·혼동의 대상으로서 현대계열그룹들은 대규모 기업집단으로 그 실체가 특정되지 않는다고 할 수 있어 타인의 상품출처로서 기능을 하고 있다고 볼 수 없는바, 결국 상품의 출처 또는 영업주체로서 특정할 수 없는 표장이라 할 것 이다.[2]

　　(2) 원고가 주장하는 오인·혼동의 대상으로서 '현대'는 위에서 살핀 바와 같이 대규모

---

[2] 특허법원 2006. 12. 29. 2006허8620호 판결은 '범 현대그룹'에 속하는 기업들 사이에 있어서는 일반 수요 자나 거래자에게 '현대' 부분은 출처표시기능이 미약하다고 보았다.

계열별 기업집단으로 그 실체가 특정되지 않고 있으므로 저명한 특정인으로서 상품출처 또는 영업주체로서의 기능을 하고 있다고 볼 수 없다. 따라서 상품출처나 영업주체로서 특정인의 표장으로 특정되지 않은 '현대'의 표장을 이 사건 등록상표의 이 사건 제1, 2차 추가등록 지정상품에 사용한다 해도 상품출처의 오인·혼동의 우려는 없다고 보이므로 이 사건 등록상표는 상표법 제7조 제1항 제10호에 해당되지 않는다.

나. 원심판결(특허법원 2012. 10. 25. 선고 2011허10597 판결)

(1) ① 이 사건 선사용표장 '현대'는 위 대규모로 계열분리 이전까지 … 구 현대그룹 및 그 계열사들의 상호 또는 상표 등으로 사용된 저명한 표장이었던 점, ② 위 대규모 계열분리 이후인 이 사건 등록상표에 대한 제1차 지정상품 추가등록 출원일 및 제2차 지정상품 추가등록 출원일 당시에는, 구 현대그룹으로부터 분리되어 나와 상호로 '현대'를 계속 쓰던 대부분 회사들이 독자적으로도 저명한 대기업인 현대자동차 주식회사, 현대중공업 주식회사, 주식회사 현대백화점, 현대산업개발 주식회사 등을 중심으로 범 현대그룹들을 이미 형성하고 있었던 상황인 점, ③ 범 현대그룹들의 개별 그룹은 개별적인 자산규모가 … 국내에서 상당히 상위권에 들고, 해당 각 사업분야를 장기간 선도해온 대기업들을 중심으로 다수의 계열사를 보유하고 있으며, 그룹명 및 주요 계열사의 상호 및 상표 등으로 '현대'를 계속 사용하는 한편, 새롭게 형성된 그룹명 또한 그룹의 중심이 되는 저명한 대기업의 이름 뒤에 '그룹'이라는 단어를 붙인 것인 데다가 그 대기업의 이름도 '현대'라는 표장 뒤에 사업부문을 지칭하는 보통명사를 붙인 것에 지나지 않아 여전히 '현대'로 약칭될 수 있고, 관련 사업분야에서 꾸준히 사세를 확장하는 등으로 이 사건 선사용표장 '현대'가 구 현대그룹 시절 지니고 있었던 저명성을 유지 또는 강화하는 등 구 현대그룹과 유사한 특성을 공유하고 있던 점, ④ 범 현대그룹들에 포함되는 그룹의 숫자도 5~7개에 불과했던 점 등을 두루 종합할 때, 이 사건 선사용표장 '현대'는 이 사건 등록상표에 대한 제1차 지정상품 추가등록 출원일 및 제2차 지정상품 추가등록 출원일 당시 구 현대그룹 시절과 달리 지칭되는 그룹이 다소 늘어나기는 했지만, 일반 수요자나 거래자들에게 구 현대그룹과 유사한 특성을 공유하는 저명한 대기업들을 중심으로 한 5~7개의 특정한 대규모기업집단으로 그 대상이 일정하게 한정된 범 현대그룹들의 상호나 상표 등을 표시하는 것으로 널리 인식된 저명한 표장이었다 할 것이다.[3]

(2) 한편, 피고는 한때 범 현대그룹들과 같이 구 현대그룹의 계열사였지만, 제1, 2차 지정상품 추가등록일 당시에는 범 현대그룹들의 계열사가 아니었고, 인지도가 그리 높지 않은 중소기업에 불과하여 일반 수요자나 거래자들이 이 사건 선사용표장 '현대'가 표시하는

---

3) 특허법원 2013. 5. 30. 선고 2012허1330호 판결도 '현대'라는 표장에 관하여 유사한 견해를 취하였다.

영업주체로 범 현대그룹들 이외에 피고까지도 인식하고 있었다고 보기는 어려우므로, 피고
는 제1, 2차 지정상품 추가등록일 당시를 기준으로 하는 한 이 사건 선사용표장 '현대'가 표
시하는 영업주체에 포함되지 않는 타인이라고 봄이 타당하다.

    (3) 나아가, 이 사건 등록상표의 제1, 2차 추가등록 지정상품인 전자응용기계기구 등이
이 사건 선사용표장 '현대'를 상표 또는 상호 등으로 사용하는 범 현대그룹들의 계열사의 상
품과 경제적 견련관계도 있다.

    (4) 이상을 종합하면, 이 사건 등록상표의 제1, 2차 추가등록 지정상품은 그 등록 당시
범 현대그룹들의 계열사의 상품을 쉽게 연상시켜 출처에 관하여 오인·혼동을 일으키게 할
염려가 있었다고 보기에 충분하므로, 결국 구 상표법 제7조 제1항 제10호에 해당한다.

다. 대법원판결(대법원 2015. 1. 29. 선고 2012후3657 판결)

    (1) 구 상표법 제7조 제1항 제10호에서 수요자 간에 현저하게 인식되어 있는 타인의 상
품이나 영업과 혼동을 일으키게 할 염려가 있는 상표의 상표등록을 받을 수 없게 하는 것은
일반 수요자에게 저명한 상품이나 영업과 출처에 오인·혼동이 일어나는 것을 방지하려는
데 그 목적이 있으므로(대법원 1995. 10. 12. 선고 95후576 판결 참조), 위 규정에 따라 상표등록
을 받을 수 없는 상표와 대비되는 저명한 상표 또는 서비스표(이하 '선사용표장'이라 한다)의 권
리자는 상표등록 출원인 이외의 타인이어야 한다. 여기서 선사용표장의 권리자는 개인이나
개별 기업뿐만 아니라 그들의 집합체인 사회적 실체도 될 수 있다. 그리고 경제적·조직적으
로 밀접한 관계가 있는 계열사들로 이루어진 기업그룹이 분리된 경우에는, 그 기업그룹의
선사용표장을 채택하여 등록·사용하는 데 중심적인 역할을 담당함으로써 일반 수요자들 사
이에 그 선사용표장에 화체된 신용의 주체로 인식됨과 아울러 그 선사용표장을 승계하였다
고 인정되는 계열사들을 선사용표장의 권리자로 보아야 한다.

    한편, 구 상표법 제7조 제1항 제10호에 의하여 상표등록을 받을 수 없는지 여부를 판단
하는 기준시는 그 상표의 등록출원시이고, 위 규정의 타인에 해당하는지 여부는 등록 결정
시를 기준으로 판단하여야 한다(구 상표법 제7조 제2항 참조).

    나아가 상품의 출처 등에 관한 일반 수요자의 오인·혼동이 있는지 여부는 타인의 선사
용표장의 저명 정도, 등록상표와 타인의 선사용표장의 각 구성, 상품 혹은 영업의 유사성 또
는 밀접성 정도, 선사용표장 권리자의 사업다각화 정도, 이들 수요자 층의 중복 정도 등을
비교·종합하여 판단하여야 한다(대법원 2010. 5. 27. 선고 2008후2510 판결 참조).

    (2) 범 현대그룹을 이루는 개별그룹들은 구 현대그룹의 주요 계열사들을 중심으로 형성
된 기업그룹으로서 이 사건 선사용표장의 채택과 등록 및 사용에 중심적인 역할을 담당함으

로써 일반 수요자들 사이에 이 사건 선사용표장에 화체된 신용의 주체로 인식됨과 아울러 이 사건 선사용표장을 승계하였다고 인정되므로, 이들 개별그룹들은 이 사건 선사용표장의 권리자라고 할 것이다. 반면, 이 사건 제1, 2차 지정상품 추가등록결정일 당시 구 현대그룹은 계열분리되어 사회적 실체가 없게 되었고, 구 현대그룹의 계열사이던 피고는 이 사건 선사용표장의 채택과 등록 및 사용에 중심적인 역할을 담당하지 못하였을 뿐만 아니라 '현대'라는 명칭이 포함되지 않은 상호로 변경한 적도 있는 점을 고려할 때, 일반 수요자들 사이에 피고가 이 사건 선사용표장에 화체된 신용의 주체로 인식된다거나 이 사건 선사용표장을 승계하였다고 인정된다고 볼 수 없으므로, 피고는 이 사건 선사용표장의 권리자가 될 수 없다.

(3) 나아가, 이 사건 선사용표장은 이 사건 제1, 2차 지정상품 추가등록출원일 당시 우리나라의 대표적인 기업그룹들을 나타내는 저명한 상표 또는 서비스표로서 이 사건 등록상표 '현 대'와 그 외관, 호칭, 관념이 동일하거나 유사하고, 범 현대그룹을 이루는 개별그룹들은 수많은 계열사를 거느리고 그 사업영역이 자동차, 건설, 조선, 백화점 등 다양한 분야에 걸쳐 다각화되어 있으며, 실제로 일부 계열사가 이 사건 제1, 2차 추가등록 지정상품들과 밀접한 경제적 견련성을 가지고 있는 IT 관련 사업을 운영하고 있는 점 등에 비추어 보면, 이 사건 제1, 2차 지정상품 추가등록은 일반 수요자로 하여금 그 추가 지정상품이 범 현대그룹을 이루는 개별그룹들이나 그와 특수한 관계에 있는 자에 의하여 생산 또는 판매되는 것으로 그 출처에 혼동을 일으키게 할 염려가 있다.

(4) 따라서 이 사건 제1, 2차 지정상품 추가등록은 구 상표법 제7조 제1항 제10호에 해당하여 그 등록이 무효로 되어야 하므로, 같은 취지의 원심판단은 정당하다.

3. 해설

가. 구 상표법 제7조 제1항 제10호

(1) 의의 및 입법 취지[4]

구 상표법 제7조 제1항 제10호의 '수요자 간에 현저하게 인식되어 있는 타인의 상품이나 영업과 혼동을 일으키게 할 염려가 있는 상표'라 함은 이른바 저명상표와 동일·유사한 상표를 의미한다. 일반적으로 저명상표라는 것은 그 상표가 수요자에게 널리 알려져 있을 뿐 아니라 그 상표품이 갖는 품질의 우수성 때문에 상표의 수요자뿐만 아니라 일반대중에게까지 양질감을 획득하고 있어 상품의 출처뿐만 아니라 그 영업주체를 표시하는 힘까지 갖게

---

4) 특허법원 지적재산소송 실무연구회, 지적재산소송실무(제3판), 박영사(2014), 582-583면.

된 상표를 의미한다.

이러한 저명상표는 거래관계자들뿐만 아니라 일반의 소비자 대중에게 널리 알려지고 또한 양질감으로 인한 우월적 지위를 갖는다는 점에서 단순히 수요자나 거래자들에게 널리 알려진 주지상표와는 다르다. 여기서 저명상표는 등록 여부를 묻지 아니하므로 이 또한 선등록주의에 대한 예외라고 할 수 있다.

제10호의 입법취지에 관해서는 그 규정형식에 비추어 저명상표의 영업주를 보호함을 직접적인 목적으로 하는 것이 아니고 저명한 상품 또는 영업과 오인·혼동으로 인한 부정경쟁의 방지를 직접의 목적으로 하는 공익적인 규정이라는 것이 통설의 입장이다.

본 호의 판단 기준 시기는 출원시를 기준으로 하는데, 그중 타인성에 대하여는 등록결정시 또는 심결시를 기준으로 판단한다(상표 7조 2항).

(2) 적용요건[5]

1) 선사용표장이 저명상표에 해당해야 한다.

저명상표에 해당하는지 여부는, 그 상표의 사용, 공급, 영업활동의 기간, 방법, 태양 및 거래범위 등과 그 거래실정 또는 사회통념상 객관적으로 널리 알려졌느냐의 여부 등이 기준이 되며(대법원 1999. 2. 26. 선고 97후3975, 3982 판결), 위 규정을 적용함에 있어서 타인의 상표가 저명상표인지 여부를 판단하는 기준시는 등록상표의 등록출원시이다.

2) 타인의 상품이나 영업과 혼동을 일으키게 할 염려가 있어야 한다.

제10호는 수요자 간에 현저하게 인식되어 있는 타인의 상품이나 영업과 혼동을 일으킬 염려가 있는 상표라고 규정하고 있을 뿐 상표의 유사 여부나 지정상품의 유사 여부는 이를 직접적인 요건으로 하고 있지 않다. 이는 오늘날에 있어서 기업은 단순히 상표법상 유사상표군으로 분류되어 있는 정형적 상품만을 생산·판매하고 있지 아니하고 다각경영이 일반화하여 저명상표주는 관련 업계 및 기타업계에 광범위하게 진출하는 경향이 두드러지고, 저명상표 또는 저명영업 등을 사용하여 생산·판매되는 상품은 그것이 비유사상품이더라도 저명상표주 또는 계열기업에서 나온 우수한 품질의 제품으로 오인·혼동될 가능성이 많으므로 저명상표 또는 저명영업과 혼동이 생길 염려가 있는 상표는 형식적인 유사개념에서 벗어나 널리 등록되지 않도록 하기 위한 것이다.

이러한 점에서 본 호에 있어서는, 저명상표 등과 대비대상이 되는 상표의 표장 내지 지정상품(또는 지정서비스업)이 동일·유사할 필요는 없다.

저명상표와 출원상표가 유사하지는 않다고 하더라도 그 구성이나 모티브 등에서 어느 정도의 연관성이 인정됨으로써 출원상표의 수요자가 출원상표로부터 타인의 저명상표나 상

---

5) 특허법원 지적재산소송 실무연구회, 위의 글, 583−585면.

품 등을 쉽게 연상하여 오인·혼동을 일으키는 경우에는 본 호에 해당하게 된다. 또한, 저명 상표 등을 주지시킨 상품 또는 그와 유사한 상품뿐만 아니라 이와 다른 종류의 상품이라고 할지라도 그 상품의 용도 및 판매거래의 상황 등에 따라 저명상표권자나 그와 특수한 관계에 있는 자에 의하여 생산 또는 판매되는 것으로 인식될 수 있다. 이러한 경우에는 수요자로 하여금 상품의 출처를 오인·혼동케 할 염려가 인정되므로 본 호에 해당하게 된다.

대법원은 지정상품의 유사 여부에 대하여는, 한 기업이 여러 산업분야에 걸쳐 이종상품을 생산 판매하는 것이 일반화된 현대의 산업구조하에서는 저명상표와 유사한 상표를 저명상표의 지정상품이 아닌 다른 상품에 사용하더라도 수요자들로서는 저명상표권자나 그와 특수관계에 있는 자에 의하여 그 상품이 생산 판매되는 것으로 인식하여 상품의 출처나 영업에 관한 오인, 혼동을 일으킬 우려가 있으므로 지정상품이 다르다는 이유만으로 유사상표의 등록, 사용을 허용할 것은 아니나, 상품의 성질, 영업의 형태 기타 거래사정 등에 비추어 유사상표를 사용하는 상품 또는 영업이 저명상표의 저명도와 그 지정상품 또는 영업이 갖는 명성에 편승하여 수요자를 유인할 수 있을 정도로 서로 경업관계 내지 경제적 견련관계가 있다고 보기 어려운 경우에는 상품출처나 영업의 오인, 혼동을 일으킬 우려가 없으므로 유사상표의 등록, 사용을 금지할 것이 아니라고 한다(대법원 1991. 2. 12. 선고 90후1376 판결).

나. 문제의 소재

이 사건에서 쟁점은 경제적·조직적으로 밀접한 관계가 있는 계열사들로 이루어진 기업그룹이 분리된 경우에 그 기업그룹이 사용하던 저명표장이 누구에게 귀속 또는 승계되고, 권리자가 복수가 되더라도 여전히 상품출처표시로서 기능할 수 있느냐이다.

다. 문제의 검토

(1) 우선 표장의 권리자는 개인이나 개별 기업뿐만 아니라 개별 기업의 집합체로 사회적 실체를 갖는 '기업그룹' 등도 될 수 있다. 실제로 기업그룹이 공통된 표장을 사용하는 경우에, 일반 수요자들은 그러한 공통된 표장을 기업그룹의 출처표시로 인식한다. 대법원 1988. 4. 12. 선고 86후183 판결, 대법원 1996. 9. 24. 선고 95후2046 판결은 명시적으로 언급하고 있지는 않으나 기업그룹이 당연히 표장의 권리자가 될 수 있음을 전제로 하고 있다.

(2) 그런데 기업그룹이 분리된 경우 기업그룹이 사용하던 저명표장의 귀속 또는 승계나 출처표시기능이 어떻게 되는지에 관하여 국내에 특별한 학설이나 판례는 없다.

(3) 일본에는 부정경쟁방지법 2조 1항 1호6)와 관련하여 기업그룹의 분리에 따른 주지(저명)표장의 귀속 문제를 다룬 다음과 같은 판결이 있다.

동경고등재판소(東京高等裁判所) 2005. 3. 16. 선고 평성(平成) 16년 (ネ) 2000호 판결7)은 "원고와 피고는 모두 '아자레(アザレ)그룹'에서 대내적·대외적으로 그룹의 중핵적인 기업으로 인식되어 각각의 입장에서 그룹 전체의 발전에 공헌하였는데, 이처럼 한 그룹 내에서 조직적으로나 대외적으로 함께 중핵적인 지위를 차지하여 온 원고와 피고가 결별하여, 산하의 각 본점 등을 포함해서 그룹 조직이 분열하게 된 경우에는 그룹의 상품 등의 표시로 주지된 본건 각 표시에 관해서 그룹의 중핵적 기업이었던 원고 및 피고 모두 그룹 분열 후에도 그 상품 등 표시의 귀속 주체가 될 수 있는 것으로 해석함이 상당하다."라고 판결하였다.

그리고 오사카고등재판소(大阪高等裁判所) 2005. 6. 21. 선고 평성 15년 (ネ) 1823호 판결8)은 "동일한 상품들 표시를 사용하던 사업자(기업)로 구성된 그룹이 분열한 경우, 그중 특정의 사업자가 해당 상품 등 표시의 독점적 표시 주체라고 할 수 있으려면, ① 수요자에 대한 관계(대외적 관계) 및 그룹 내부의 관계(대내적 관계)에서 해당 상품 등 표시의 주지성·저명성의 획득이 대부분 그 특정 사업자의 행위에 근거하고 있고, 해당 상품 등 표시에 대한 신용이 그 특정의 사업자에게 집중하고 귀속하는 것, ② 그 때문에 그룹의 구성원인 다른 사업자의 경우 그 특정 사업자로부터 사용허락을 얻은 다음 해당 상품 등 표시를 사용하지 않으면 해당 상품 등 표시에 의해서 키워진 특정의 사업자에 대한 신용에 무임승차하게 되는 관계에 있음을 요하는 것으로 해석된다."라고 판결하였다.

(4) 저명표장의 저명성 또는 귀속 주체나 출처표시기능은 일반 수요자들의 인식에 따라 결정되는 것이므로, 기업그룹의 분리에 따른 저명표장의 귀속 또는 승계나 출처표시기능도 일반 수요자들의 인식에 따라 결정함이 타당하다.

일반 수요자들은 통상적으로 기업그룹의 저명표장을 함께 사용하는 모든 소속 기업이 저명표장에 화체된 신용을 가진다고 보지 않고, 그중 그러한 신용 형성에 중심적인 역할을 한 기업을 신용의 주체로 인식하며, 그 외의 기업은 그러한 기업과 계열사라는 특수한 관계에 기대어 저명표장을 함께 사용한다고 본다. 그리고 기업그룹이 분리된다고 하더라도, 일반

---

6) 일본 부정경쟁방지법(不正競爭防止法) 제2조(정의)
　① 이 법률에서 "부정경쟁"이라 함은 다음에 정한 것을 말한다.
　1. 타인의 상품 등 표시(사람의 업무와 관련된 성명, 상호, 상표, 표장, 상품의 용기 또는 포장 그 밖에 상품이나 영업을 표시하는 것을 말한다. 이하 같다)로서 수요자 사이에 광범위하게 인식되어 있는 것과 동일 또는 유사한 상품 등 표시를 사용하거나 또는 그 상품 등 표시를 사용한 상품을 양도, 인도, 양도 또는 인도를 위하여 전시, 수출, 수입 또는 전기통신회선을 통하여 제공하여 타인의 상품이나 영업과 혼동을 발생하게 하는 행위.
7) 이에 관한 판례 평석으로는 大武和夫, Vpass 判例百選アーカイブ, 有斐閣, 2007, 160－161이 있다.
8) 이 판결의 사안도 '아자레(アザレ)그룹'의 분리와 관련된 것이다.

수요자들은 저명표장에 화체된 신용의 주체인 기업이 저명표장을 계속 사용하면 그 저명성을 승계하였다고 인식하고, 신용의 주체인 기업도 아니고 그와 계열사 관계에 있지도 않은 기업은 저명표장과 상관없는 타인으로 본다.

그러므로 대상판결의 "기업그룹이 분리된 경우에는, 그 기업그룹의 선사용표장을 채택하여 등록·사용하는 데 중심적인 역할을 담당함으로써 일반 수요자들 사이에 그 선사용표장에 화체된 신용의 주체로 인식됨과 아울러 그 선사용표장을 승계하였다고 인정되는 계열사들을 선사용표장의 권리자로 보아야 한다."라는 설시는 저명표장에 관한 일반 수요자들의 인식을 정확하게 반영한 것이다.

나아가 기업그룹의 분리로 저명표장의 권리자가 복수로 된다고 하더라도, 이는 저명표장에 화체된 신용의 주체들 사이에 경제적·조직적 관련이 사라지는 것에 불과하고, 일반 수요자들의 인식도 그러하므로, 그러한 사정만으로 저명표장의 출처표시기능이 모두 사라진다고 할 수는 없다. 즉 저명표장은 특별한 사정이 없는 한 복수로 된 권리자들 사이에서만 출처표시로 기능하지 못할 뿐, 권리자와 권리자 이외의 자 사이에서는 여전히 출처표시로 기능한다고 할 것이다.

4. 판결의 의의

대상판결은 경제적·조직적으로 밀접한 관계가 있는 계열사들로 이루어진 기업그룹이 표장의 귀속 주체가 될 수 있음을 명백히 밝히고, 기업그룹이 분리된 경우 그 기업그룹이 사용하던 저명표장이 누구에게 귀속 또는 승계되는지에 관한 기준을 최초로 설시한 점에 의의가 있다. 나아가 기업그룹이 분리된 경우 기업그룹의 저명표장을 채택하여 등록·사용하는 데 중심적인 역할을 담당함으로써 일반 수요자들 사이에 그 선사용표장에 화체된 신용의 주체로 인식됨과 아울러 저명표장을 승계하였다고 인정되는 계열사들을 저명표장의 권리자로 본다는 대상판결의 법리는 기업분리에 관한 일반 수요자들의 인식을 반영한 합당한 해결기준이라 할 것이다.

19 기업그룹의 분리 후 종전 계열사들에 의한 그룹명칭을 포함한 상호의 사용

대법원 2016. 1. 28. 선고 2013다76635 판결[1]

최성우(변리사)

1. 사안의 개요

대성그룹으로 알려진 기업집단은 원래 대성연탄(주)가 모기업으로서 사원 모집 광고를 대성그룹 전체 명의로 동시에 하거나 소속 회사 상호 간 인사 이동을 하는 등 서로 밀접한 관련을 맺고 있었다. 그런데 창업자가 사망함에 따라 2001. 6. 30. 종래 대성그룹에 속했던 회사들은 창업자의 아들 3명이 각각 경영권을 갖는 3개의 계열 부분으로 형식적 계열분리를 하게 되었다.

원고는 창업자의 3남이 경영권을 갖게 된 계열 부분의 지주회사이다. 원고는 대구도시가스 주식회사가 2009. 10. 1. 회사를 일부 분할하면서 존속하게 된 회사로서, 같은 날 정관상 상호를 '대성홀딩스 주식회사(영문: DAESUNG HOLDINGS CO., LTD.)'로 변경하였고 사업목적에 '지주사업'을 추가하였다.

피고는 창업자의 장남이 경영권을 갖게 된 계열 부분의 지주회사이다. 대성산업 주식회사가 2010. 6. 30. 회사를 일부 분할하면서 존속하게 된 회사로서, 같은 날 사업목적을 '지주사업' 등으로, 그 상호를 '주식회사 대성지주(DAESUNG GROUP HOLDINGS CO., LTD.)'(이하 '이 사건 상호'라 한다)로 변경하는 등기를 마쳤다.[2]

원고는 피고에 대하여 상법 제23조 제1항, 부정경쟁방지 및 영업비밀보호에 관한 법률

---

1) [참조 판례] 대법원 2002. 2. 26. 선고 2001다73879 판결; 대법원 2004. 3. 26. 선고 2001다72081 판결; 대법원 2008. 8. 21. 선고 2006다64757 판결; 대법원 2011. 12. 27. 선고 2010다20754 판결; 대법원 2015. 1. 29. 선고 2012후3657 판결; 대법원 2016. 1. 28. 선고 2014다24440 판결.

[관련 평석] 정태호, "기업그룹의 분리에 따른 저명한 선사용표장과의 혼동에 관한 문제", 사법 32호(2015).

2) 피고는 원고의 상호사용금지가처분과 간접강제신청에 따른 간접강제를 회피하기 위하여 2011. 1. 14. 상호를 피고의 상호에서 '(주)대성합동지주'로 변경한 바 있다.

(이하 '부정경쟁방지법'이라 한다) 제4조, 제2조 제1호 (나)목 또는 상표법 제65조 제1항, 제66조 제1항에 기초하여 이 사건 상호의 사용금지 등을 청구하는 소를 제기하였고, 관련 사건에서는 피고의 계열들인 대성산업 주식회사 외 3사가 피고를 상대로 부정경쟁방지법 제2조 제1호 (나)목에 따른 부정경쟁행위금지 및 손해배상 청구의 소를 제기하였는데, 이 사건은 전자에 관한 것이다.

2. 판결의 요지

가. 제1심판결(서울중앙지방법원 2012. 9. 6. 선고 2011가합10926 판결)

이 사건 국문 상호는 원고의 상호와 '주식회사' 부분의 위치 선·후, '홀딩스'와 '지주'라는 같은 의미의 문구를 대체하여 사용하는 등의 미세한 차이만이 있을 뿐 그 외관, 칭호, 관념이 유사하므로 결국 원고의 상호와 이 사건 국문 상호는 서로 유사하고, 비슷한 이유로 원고의 상호와 이 사건 영문 상호도 유사하다고 판단한 후에, 나아가 주된 영업 목적이 같고 주식투자자들을 상대로 한 설문조사결과 29.2%가 회사를 혼동한 경험이 있다는 점 등에 비추어 이 사건 상호는 원고의 영업으로 오인할 수 있는 상호에 해당한다.

그리고 피고의 '부정한 목적'과 관련하여 이 사건 상호의 사용 경위, '대성' 표지에 관한 분쟁의 지속 상태 및 원고의 상호와 피고의 이 사건 상호가 서로 유사한 점 등에 비추어 보면, 피고에게는 상법 제23조 제1항의 부정한 목적이 존재하였다고 봄이 상당하다.

한편, 피고는 원고의 상호 사용이 피고 및 피고 소속 기업집단 내 계열사들과의 관계에서 부정경쟁행위에 해당하므로 원고가 피고의 상호 사용금지를 구하는 것은 권리남용으로서 허용될 수 없다고 주장하나, '대성'이라는 표지가 반드시 피고 및 피고 소속 기업집단 내 계열사들만의 영업표지만을 지칭하는 표지라거나, 피고 및 피고 소속 기업집단 내 계열사들만의 영업표지로서 주지·저명하다고 볼 수 없어 원고의 상호 사용이 부정경쟁방지법 제2조 제1항 (나)목 소정의 '국내에서 널리 인식된 타인의 상호와 동일하거나 유사한 상호의 사용'에 해당한다고 볼 수 없기 때문에 피고의 항변은 이유 없다.

나. 원심판결(서울고등법원 2013. 9. 6. 선고 2012나80806 판결)

상법 제23조의 오인 가능성에 관한 판단주체인 수요자의 범위에 유가증권시장에서의 일반 투자자를 포함시키는 것이 타당하다고 하는 한편, 1심판결과 마찬가지로 피고의 이 사건 상호는 원고의 상호와의 관계에서 타인의 영업으로 오인할 수 있는 상호에 해당하며, 피고는 이 사건 상호를 사용함으로써 일반인으로 하여금 피고의 영업을 원고의 영업으로 오인시키려고 하는 의사가 있었다고 추인함이 타당하다.

그리고 피고의 권리남용의 항변에 대해서는 원고 측 계열 부분과 피고 측 계열 부분은 독점규제 및 공정거래에 관한 법률상 '대성'이라는 같은 기업집단에 속하고, '대성' 표지의 사용 권한을 두고 분쟁을 계속하고 있는 사정에 비추어 보면, '대성'이라는 표지가 반드시 피고 측 계열 부분만의 영업표지만을 지칭하는 표지라거나, 피고 측 계열 부분만의 영업표지로서 널리 인식되었다고 볼 수 없다고 하는 한편, 원고 측 계열 부분과 피고 측 계열 부분은 독점규제 및 공정거래에 관한 법률상 여전히 같은 기업집단에 소속되어 있으므로 거래자 또는 수요자들이 원고를 피고 측 계열 부분과 관계가 있다고 생각하더라도 이를 '혼동'에 해당한다고 보기도 어렵다.

다. 대법원판결의 요지 — 상고기각

(1) 대상판결은 "어떤 상호가 '타인의 영업으로 오인할 수 있는 상호'에 해당하는지를 판단함에 있어서는 양 상호 전체를 비교 관찰하여 각 영업의 성질이나 내용, 영업방법, 수요자층 등에서 서로 밀접한 관련을 가지고 있는 경우로서 일반인이 양 업무의 주체가 서로 관련이 있는 것으로 생각하거나 또는 그 타인의 상호가 현저하게 널리 알려져 있어 일반인으로부터 기업의 명성으로 인하여 견고한 신뢰를 획득한 경우에 해당하는지 여부를 종합적으로 고려하여야 한다"는 종전의 원칙을 확인하고, '부정한 목적'이란 "어느 명칭을 자기의 상호로 사용함으로써 일반인으로 하여금 자기의 영업을 그 명칭에 의하여 표시된 타인의 영업으로 오인하게 하여 부당한 이익을 얻으려 하거나 타인에게 손해를 가하려고 하는 등의 부정한 의도를 말하고, 부정한 목적이 있는지는 상인의 명성이나 신용, 영업의 종류·규모·방법, 상호 사용의 경위 등 여러 가지 사정을 종합하여 판단하여야 할 것"이라고 하여 종전의 입장을 확인하면서 나아가 보다 구체적인 판단방법을 제시하였다.

원심이 1) 원고의 상호 "대성홀딩스 주식회사(DAESUNG HOLDINGS CO., LTD)"와 피고의 상호 "주식회사 대성지주(DAESUNG GROUP HOLDINGS CO., LTD.)"는 전체적으로 관찰하여 유사하고, 원고와 피고의 주된 영업 목적이 지주사업으로 동일하므로 피고의 상호는 원고의 영업으로 오인할 수 있는 상호에 해당한다고 판단한 다음, 2) 피고가 원고의 상호와 유사하여 일반인으로 하여금 오인·혼동을 일으킬 수 있다는 것을 충분히 알 수 있었음에도 변경 전 피고의 상호를 사용한 사정 등을 이유로 부정한 목적이 인정된다고 판단한 것은 정당하다고 판단하였다.

(2) 한편, 피고의 권리남용의 항변과 관련하여, 부정경쟁방지법 제2조 제1호 (나)목의

입법취지와 내용 등에 비추어 보면, "경제적 · 조직적으로 관계가 있는 기업그룹이 분리된 경우, 어느 특정 계열사가 그 기업그룹 표지를 채택하여 사용하는 데 중심적인 역할을 담당함으로써 일반 수요자에게 그 기업그룹 표지에 화체된 신용의 주체로 인식됨과 아울러 그 기업그룹 표지를 승계하였다고 인정되지 않는 이상은, 해당 기업그룹의 계열사들 사이에서 그 기업그룹 표지가 포함된 영업표지를 사용한 행위만으로는 타인의 신용이나 명성에 무임승차하여 부정하게 이익을 얻는 부정경쟁행위가 성립한다고 보기 어렵다"는 원칙을 제시하고, 그에 따라 원심이 '대성'이라는 표지가 반드시 피고 측 계열사만의 영업표지만을 지칭하는 표지라거나, 피고 측 계열사만의 영업표지로서 널리 인식되었다고 볼 수 없으므로 원고가 '대성'이라는 표지가 포함된 상호를 선정하여 사용한 것이 부정경쟁방지법 제2조 제1항 (나)목의 영업주체 혼동행위에 해당한다고 볼 수 없다고 보아 이 사건 청구가 권리남용에 해당하지 않는다고 판단한 것은 정당하다고 판단하였다.

3. 해설

가. 상호 선정의 자유와 한계

상법은 상호 선정의 자유를 원칙으로 하면서도(제18조), 그 제한으로 제22조에서 선등기권자의 동일상호에 대한 등기배척권과 제23조에서 부정한 목적으로 주체를 오인하게 할 수 있는 상호의 사용금지를 규정하고 있다.

나. 상법 제22조

(1) 상법 제22조는 "타인이 등기한 상호는 동일한 특별시 · 광역시 · 시 · 군에서 동종영업의 상호로 등기하지 못한다"고 규정하고 있는바, 이 규정은 선등기상호가 가지는 등기배척력 또는 등기독점력을 규정한 것이다.[3][4] 이 규정은 등기상호에 한정하여 적용되지만, 미등기 상호권자라도 상법 제23조에 의하여 보호를 받을 수 있다.

(2) 선등기자의 등기배척력 또는 등기독점력의 효력이 미치는 범위는 2009. 5. 28. 법률 제9749호로 개정된 상업등기법의 시행 전후에 따라 다르게 인정된다.

---

3) 전지원, 상법 제22조의 효력이 미치는 범위, 대법원 판례해설 90호(2011 하반기), 법원도서관, 417면.

4) 실체법상 효력설이 다수설과 판례(대법원 2004. 3. 26. 선고 2001다72081 판결 등)이며, 이 규정에 의해 선등기자는 후등기자를 상대로 등기의 말소를 소로써 청구할 수 있다고 한다.

비송사건절차법 제164조(등기할 수 없는 상호)

상호의 등기는 동일한 특별시·광역시·시 또는 군내에서는 동일한 영업을 위하여 타인이
등기한 것과 확연히 구별할 수 있는 것이 아니면 이를 할 수 없다.

상업등기법 제30조(등기할 수 없는 상호)

동일한 특별시·광역시·시 또는 군 내에서는 동일한 영업을 위하여 다른 사람이 등기한 것과
동일한 상호는 등기할 수 없다.

위 상업등기법 시행 전까지는 상법 제22조의 '타인이 등기한 상호'에는 타인이 먼저 등
기한 상호와 '동일'한 상호뿐만 아니라, 구 비송사건절차법 제164조 및 구 상업등기법 제30
조의 해석상 그것과 확연히 구별할 수 있는 상호도 포함한다고 보는 것이 통설이자 대법원
판례였고, 다만 '확연히 구별할 수 없는 상호'와 '유사한 상호'의 이동(異同)에 대해서만 이견
이 있었다.[5]

그러나 상업등기법의 개정에 의해서 '확연히 구별할 수 있는 것이 아니면' 등기할 수
없다는 종전 규정이 '동일한' 상호는 등기할 수 없다로 변경됨에 따라, 상법 제22조의 규정
취지 및 위 상업등기법 제30조의 개정 경위 등에 비추어 볼 때 상업등기법 개정 이후에는
선등기자가 후등기자를 상대로 등기말소를 소로써 청구할 수 있는 범위가 '동일'한 상호에
한정된다고 봄이 상당하게 되었고,[6] 대법원 2011. 12. 27. 선고 2010다20754 판결은 2009.
5. 28. 법 제9749호로 개정된 상업등기법의 시행 이후에는 상법 제22조에 의하여 선등기자
가 후등기자를 상대로 등기의 말소를 구할 수 있는 범위가 '동일한' 상호에 한정됨을 명백히
하였다.

다. 상법 제23조

(1) 상법 제23조 제1항은 상호 자유의 원칙에 대한 제한을 규정한 것이고, 같은 조 제2

---

5) 양자를 같은 의미로 해석하는 것이 통설이라고 하지만(이명규, 상법 제22조에 기하여 선등기자가 후등기자
를 상대로 상호등기말소청구의 소를 제기할 수 있는지 여부(적극), 대법원 판례해설 50호(2004 상반기),
법원도서관, 572면, 전지원, 앞의 글(주 3), 420면), 문언상 확연히 구별할 수 없는 상호는 동일성 정도를
말하는 것으로서 유사상호보다 좁게 보아야 한다는 반대론이 설득력이 있어 보인다. 대법원이 "그 주요
부분이 '유니텍'으로서 일반인이 확연히 구별할 수 없을 정도로 동일하며"라고 판시했음에 비추어(2004.
3. 26. 선고 2001다72081 판결) 타인이 등기한 상호에 유사상호가 포함된다는 견해가 있지만, 위 판결만
으로는 확연히 구별할 수 없다는 것과 유사하다는 것이 같은 것인지 다른 것인지를 명확하게 알기 어렵
다. 오히려 위 판결의 원심인 서울고등법원 2010. 1. 20. 선고 2008나89356 판결은 "상법 제22조가 규정
한 '타인의 등기한 상호'는 후등기된 상호가 선등기된 상호와 동일하여야 하고, 동일하지 않다 하더라도
유사한 단계를 넘어서서 거의 동일하여 확연히 구별할 수 없는 정도에 이르러야 할 것"이라고 판시하여
양자를 구별하고 있는 것으로 보인다.
6) 전지원, 앞의 글(주 3), 426면.

항은 상호전용권을 규정한 것이다. 상호권자는 제2항에 의해 타인이 부정한 목적으로 자기의 영업으로 오인할 수 있는 상호를 사용하는 경우에 그 상호의 사용폐지 및 손해배상을 청구할 수 있다. 전자는 장래의 상호사용의 금지청구 외에 상법 제22조와 별개로 상호등기의 말소 등 상호사용의 폐지에 필요한 모든 작위청구를 포함하는 것으로 이해된다.[7]

(2) 타인의 영업으로 오인할 수 있는 상호

타인의 영업으로 오인할 수 있는 상호는 그 타인의 영업과 동종 영업에 사용되는 상호만을 한정하는 것은 아니라고 할 것이나, 어떤 상호가 일반 수요자들로 하여금 영업주체를 오인·혼동시킬 염려가 있는 것인지를 판단함에 있어서는, 양 상호 전체를 비교 관찰하여 각 영업의 성질이나 내용, 영업방법, 수요자층 등에서 서로 밀접한 관련을 가지고 있는 경우로서 일반 수요자들이 양 업무의 주체가 서로 관련이 있는 것으로 생각하거나 또는 그 타인의 상호가 현저하게 널리 알려져 있어 일반 수요자들로부터 기업의 명성으로 인하여 절대적인 신뢰를 획득한 경우에 해당하는지 여부를 종합적으로 고려하여야 한다.[8]

'타인의 영업으로 오인할 수 있는 상호'인지 여부를 판단함에 있어서는 여러 가지 사정을 종합적으로 고려하여야 하지만, 그 중에서도 대비되는 양 상호의 표지의 근사성이 가장 중요한 판단요소라 할 수 있다. 이와 관련하여 상법 제22조의 등기배척력이 미치는 범위와 상법 제23조의 상호폐지를 청구할 수 있는 범위의 이동(異同)이 문제로 되는데, 통설은 '등기에 의한 상호의 공시'는 '상호의 사용'과 별개라거나,[9] 상법 제22조는 상호 '등기'의 실체법적 효력을 규정한 것이고 같은 법 제23조는 상호 '사용'의 실체법상 효력을 규정한 것으로 그 취지와 내용이 명백히 구별된다고 하여 양자의 적용범위를 달리 보고 있다.[10]

전술한 개정 상업등기법 시행 이전에는 상호권의 사용금지적인 효력은 일반인이 오인·혼동할 추상적 위험이 있는 유사한 상호까지 미친다는 것이 통설이었고, 대법원 판례도 대비되는 양 상호가 유사한 경우에 상법 제23조가 적용된다는 것이었다.[11] 그런데 개정 상업등기법 시행 이후에 대전지방법원 홍성지원(2010가합1712)은 '합자회사 우리고속'이 '합자회사 우리투어'를 상대로 제기한 상호사용금지청구 소송에서 상법 제23조 제1항, 제2항에 의하여 사용이 금지되는 상호와 같은 조 제4항에 의하여 부정한 목적이 추정되는 경우는 타인의 상호와 동일한 것을 말한다고 판단함으로써 상법 제22조의 등기배척력이 미치는 범위와

---

7) 이명규, 앞의 글(주 5), 586면.
8) 대법원 1996. 10. 15. 선고 96다24637 판결; 대법원 2002. 2. 26. 선고 2001다73879 판결 등.
9) 이명규, 앞의 글(주 5), 578면.
10) 상법 제22조는 상표법에 가까운 성격이고, 같은 법 제23조는 '사용관계'를 규율하는 부정경쟁법적 성격을 지닌다고 설명하는 견해도 있다(이명규, 앞의 글(주 5), 578면).
11) 대법원 1996. 10. 15. 선고 96다24637 판결; 대법원 2002. 2. 26. 선고 2001다73879 판결; 대법원 2008. 8. 21. 선고 2006다64757 판결.

상법 제23조의 상호폐지를 청구할 수 있는 범위의 이동(異同)에 대해 새로운 입장을 제시하였다.

이 사건 원심은 상법 제23조의 오인 가능성에 관한 판단주체에 유가증권시장에서의 일반 투자자를 포함시키는 것이 타당하다고 하였는데 이는 수요자의 오인·혼동을 방지하기 위해서는 유사 범위까지 금지적 효력을 인정해야 한다는 논리에 연결된다. 또한 이 사건 원심은 원고의 상호와 피고의 이 사건 상호는 전체적으로 관찰하여 유사하고, 원고와 피고의 주된 영업 목적이 지주사업으로 동일하므로 피고의 이 사건 상호는 원고의 영업으로 오인할 수 있는 상호에 해당한다고 판단하였고, 대상판결은 원심의 판단이 정당하다고 판단함으로써 상업등기법 개정에도 불구하고 상법 제23조의 금지적 효력은 같은 법 제22조의 등기배제력과 별개로 동일·유사범위까지 미침을 명확히 한 점에 의의가 있으며, 타당한 판결이라고 생각된다.

라. 기업그룹의 분리 후 종전 계열사의 상호 사용이 부정경쟁행위인지 여부

(1) 부정경쟁방지법은 제2조 제1호 (나)목에서 "국내에 널리 인식된 타인의 성명, 상호, 표장(標章), 그 밖에 타인의 영업임을 표시하는 표지와 동일하거나 유사한 것을 사용하여 타인의 영업상의 시설 또는 활동과 혼동하게 하는 행위"를 부정경쟁행위로 규정하고 있다.

(2) 피고는, 원고의 상호 사용이 피고 및 피고 소속 기업집단 내 계열사들과의 관계에서 영업주체를 혼동하게 하는 부정경쟁행위에 해당하므로 원고가 피고의 상호 사용 금지를 구하는 것은 권리남용에 해당하여 허용될 수 없다고 주장함으로써, 이 사건은 기업그룹의 계열 분리 후 그룹명칭을 포함한 상호의 사용이 상법 제23조에 위반하는지뿐만 아니라 부정경쟁방지법 제2조 제1호 (나)목 소정의 행위에 해당하는지 여부도 중요한 쟁점이 되었다.

(3) 부정경쟁방지법에서의 '타인'의 의미 – 타인성에 대하여

타인이란 스스로의 판단과 책임하에 주체적으로 해당 표시가 부착된 상품을 시장에서 유통에 두거나 또는 영업행위를 행하는 등의 활동을 통하여 수요자 간에 해당 표지에 화체된 신용의 주체로 인식되는 자를 말한다.[12] 부정경쟁방지법에서 말하는 타인은 법인뿐만 아니라 권리능력 없는 사단, 자연인, 단체, 기업 또는 기업집단(그룹) 등도 타인이 될 수 있다.[13]

대상판결에 앞서, 대법원은 상표법 제7조 제1항 제10호에 관한 사건에서 "선사용표장의 권리자는 개인이나 개별 기업뿐만 아니라 그들의 집합체인 사회적 실체도 될 수 있다. 그리

---

12) 동경지재 平成 16. 3. 11. 민사 제46부 판결, 평13(ワ) 제21187호.
13) 부정경쟁방지법(해설 및 판례), 사법연수원, 2002, 16면.

고 경제적·조직적으로 밀접한 관계가 있는 계열사들로 이루어진 기업그룹이 분리된 경우에는, 그 기업그룹의 선사용표장을 채택하여 등록·사용하는 데 중심적인 역할을 담당함으로써 일반 수요자들 사이에 그 선사용표장에 화체된 신용의 주체로 인식됨과 아울러 그 선사용표장을 승계하였다고 인정되는 계열사들을 선사용표장의 권리자로 보아야 한다"고 하여 '중심적 역할'을 영업표지의 주체 판단 기준으로 제시하였고, 그 기준에 따라 구 현대그룹의 계열분리 후에는 범 현대그룹을 이루는 개별그룹들을 선사용표장의 승계자로 보아야 하고, 당해 사건에서의 피고는 구 현대그룹의 계열사였지만 선사용표장의 채택과 등록 및 사용에 중심적인 역할을 하지 못했기 때문에 선사용표장의 권리자가 될 수 없다고 판단하였다.[14]

　　일본 판례도 같은 입장인데, 오사카고등재판소는 소위 '아자레' 사건에서 동일한 상품, 영업 등의 표지를 사용하고 있었던 복수의 기업으로 이루어진 그룹이 분리된 경우에, 그 중의 특정 기업이 해당 상품, 영업 등 표지의 독점적인 주체라고 말할 수 있기 위해서는, 첫째 수요자에 대한 관계(대외적 관계) 및 그룹 내부에 있어서의 관계(대내적 관계)에서 해당 표지의 주지성 획득이 거의 그 특정의 기업의 행위에 기인하고, 해당 표지에 대한 신용이 그 특정 기업에 집중하여 귀속하고 있는 점, 둘째 그룹의 구성원인 다른 기업이 그 특정의 기업으로부터 사용허락을 받고 난 이후에 해당 상품, 영업 등의 표지를 사용하지 않는다면 해당 상품, 영업 등의 표지에 의하여 형성된 특정 기업에 대한 신용에 편승하는 것으로 되는 관계있을 것을 요하는 것으로 해석된다고 전제한 후에, 일본에서 주지성을 획득한 '아자레(アザレ, AZARE)' 그룹이 창업자의 사망 후에 계열 회사였던 '아자레 인터내셔널'과 '아자레 프로덕츠'로 분리된 상황에서, 위 법원은 원고뿐만 아니라 피고도 기업그룹이 분리되기 전부터 그 그룹의 제품 판매를 담당해 왔으며, 해당 사업의 승계인으로서 기업그룹의 분리 전부터 화장품과 관련하여 '아자레'라는 표지의 주지성 및 신용의 획득과 발전에 중심적이고 핵심적인 역할 등을 했다고 보아 원고의 피고를 상대로 한 상호사용 금지청구를 기각하였다.[15]

　　우리나라의 경우 그룹명칭으로 된 영업표지는 그 사용방법, 태양, 거래실정, 사회통념 등에 있어서 특정한 소속 기업만의 영업표지라기보다는 그 기업그룹에 속한 계열사들이 공통으로 사용하는 영업표지로 인식됨이 일반적 거래실정이므로, 일반 수요자나 거래자로 하여금 그 영업표지를 공통으로 사용하는 계열사들 간에 자본, 조직 등에 밀접한 관계가 있다고 믿게 하더라도 그것을 특정 기업에 대한 혼동이라고 보기는 어려울 것이다. 이 점에서 대상판결은 중심적 역할론에 따라 영업표지의 주체를 정해야 한다고 하면서도, 어느 특정 계열사가 중심적 역할을 했다고 볼 수 없기 때문에 소속 계열사는 각각 그룹명창을 포함한 영

14) 대법원 2015. 1. 29. 선고 2012후3657 판결.
15) 오사카고재 平成 17. 6. 21. 平成 15(ネ) 제1823호; 동경고재 平成 17. 3. 16. 지적재산 제3부판결, 平16(ネ) 제2000호도 같은 입장이다.

업표지를 사용할 수 있고 그 경우에는 '타인'의 영업표지와 유사한 표지를 사용하여 '타인'의 신용이나 명성에 무임승차한다고 볼 수 없기 때문에 부정경쟁행위로 볼 수 없다고 판단한 것이다.[16]

4. 판결의 의의

기업이나 기업그룹의 상호 또는 명칭 등을 둘러싼 다툼은 상법 제23조, 부정경쟁방지법 제2조 제1호 가목 내지 다목이 문제로 되는 경우가 많다. 대상판결과 관련판결은 기업그룹의 분리 후 그룹명칭을 포함한 상호 또는 영업표지의 사용에 있어서 그 표지의 권리주체 및 타인성에 대한 판단기준을 제시한 점에 의의가 있다.

우리나라는 2003. 3. 1. 대기업집단 최초로 LG그룹의 지주회사로 (주)LG가 출범하면서 지주회사 경영이 시작되었고, LG, SK, CJ, 신한금융, NH지주 등의 지주회사 체제가 확산되어 왔다. 지주회사 경영이 시작되면 1) 소유 시스템의 통합, 2) 경영 시스템의 통합, 3) 정체성(identity) 통합의 단계를 거치게 되며,[17] 지주회사가 그룹명이 포함된 상표를 통합적으로 관리함으로써 기업그룹이 분할하거나 특정 계열사가 그룹에서 분리되는 경우에도 상호나 상표권과 관한 큰 다툼은 생기지 않는 편이다.[18]

지주회사 출범 전까지는 대부분의 경우 창업자가 설립한 기업이 사업영역을 확장하면서 분할하거나 새로운 기업을 신설할 때 기존 상호의 주요 부분에 대표사업 영역을 더한 형식의 상호를 사용함으로써 기업의 정체성을 공유해 왔다. 그러나 이 경우에는 계열사들이 각자 자기 사업분야에서 독자적으로 상표권을 확보하고 사용함으로써 그룹명과 계열기업명의 통합적 관리가 부실해지고, 그룹명에 대한 권리주체도 애매해져 창업자의 사망 후 기업그룹이 분할하거나 특정 계열사가 그룹에서 분리되는 경우에는 상호와 상표의 사용을 둘러싸고 많은 다툼이 발생하게 된다.

기업그룹의 브랜드 관리는 크게 2가지로 나눌 수 있는데, 제1형은 지주회사나 특정 계열사가 단독으로 또는 소수의 계열사들이 공동으로 그룹명과 로고 등을 관리하고, 브랜드

---

16) 관련 사건에서의 대법원 2016. 1. 28. 선고 2014다24440 판결은 장남이 경영권을 가진 지주회사(이 사건 피고)의 계열사들인 대성산업 주식회사 외 3인이 원고를 상대로 부정경쟁행위 금지 및 손해배상을 청구한 사건에 관한 것이다. 이 판결에서 대법원은 대상판결과 동일하게 중심적 역할론에 따라 영업표지의 주체를 판단하도록 하는 한편, "영업주체 혼동행위"에 해당하는지는 기업그룹 표지만이 아닌 영업표지 전체를 서로 비교하여 외관, 호칭, 관념 등의 점에서 유사하여 혼동의 우려가 있는지를 기준으로 판단하여야 한다는 기준을 제시하였다.

17) 이진용, 지주회사 출범에 따른 통합적 브랜드관리시스템의 필요성과 관련 이슈 분석, 오리콤브랜드저널 No. 47(2009. 7), 1면.

18) LG그룹이 GS그룹, LS그룹, LIG그룹, LF그룹 등으로 분할하는 과정에서 'LG' 상호 및 상표와 로고 등의 사용과 권리관계를 둘러싼 다툼은 거의 없었다.

사용의 준칙을 결정하며, 국내외 상표등록, 상표권의 유지관리, 다른 계열사들과의 사용허락 계약 체결 및 수수료 징수 등의 역할을 중심적으로 하는 경우이다. 이 경우에는 그룹브랜드의 통합적·효율적인 관리뿐만 아니라, 권리관계가 분명해져 기업그룹명을 둘러싼 분쟁이 크게 줄어들게 된다. 반면, 제2형은 기업그룹의 소속 계열사들이 독자적으로 그룹명을 포함한 자기의 상호를 사용·관리하고, 자기의 사업분야(업종)에서 상표등록을 받아 각자 상표권을 유지·관리하는 경우로서 이 경우에는 기업그룹명의 통합적 관리가 어렵게 된다. 특허청은 계열사간이라도 그룹명을 요부로 하는 상표는 공존등록을 불허하기로 하였고, 기업그룹이 해체·분할되거나 특정기업이 기업그룹에서 분리되는 경우에는 그룹명을 포함한 표지의 사용을 둘러싸고 분쟁이 발생할 가능성이 적지 않다. 대상판결은 이 경우의 해결기준을 제시한 것으로 볼 수 있으며, 향후 대상판결에 따라 기업집단과 소속 기업들의 브랜드 전략이 보다 정교하고 명확해질 것으로 예상된다.

20 상표침해소송에서 거래실정을 고려한 상표 유사 판단

대법원 2015. 10. 15. 선고 2014다216522 판결[1]

구민승(대법원 재판연구관)

1. 사안의 개요

가. 원고는 2003. 3. 13. 지정서비스업을 문구판매대행업, 주방용품판매대행업 등으로 하여 각각 등록된 등록서비스표인 '**다이소**', '**DAISO**'(이하 '이 사건 각 등록서비스표'라 한다)의 서비스표권자이다.

나. 피고들은 2013년을 전후로 하여 '**DASASO**', '**DASASO**', '**다사소**'(이하 '피고들 각 서비스표'라 한다)를 생활용품 등 판매점의 운영을 위하여 사용하였다.

다. 제1심은 피고들 각 서비스표의 사용이 비교적 짧은 세 음절 중 중간음절이 달라 외관, 호칭, 관념에서 서로 상이하므로, 이 사건 각 등록서비스표권 침해에 해당하지 않는다고 판단하였다. 그러나 원심은 서비스업이 동일하거나 극히 유사하고, 이 사건 각 등록서비스표가 국내에 널리 인식되어 있으며, 고객층·매장 분위기나 제품의 배열 방식이 매우 유사한 점 등에 비추어 서비스업 출처에 오인·혼동할 우려가 있어 서비스표권 침해로 보았다.

라. 대법원은 피고의 상고를 기각하고 원심판결을 유지하였다.

2. 대상판결의 요지

타인의 등록상표와 동일 또는 유사한 상표를 그 지정상품과 동일 또는 유사한 상품에 사용하는 행위는 그 상표권에 대한 침해행위가 된다. 여기서 유사상표의 사용행위에 해당하는지에 대한 판단은 두 상표가 해당 상품에 관한 거래실정을 바탕으로 그 외관, 호칭, 관념

---

1) [관련 판례] 대법원 1996. 7. 30. 선고 95후1821 판결 등.
    [관련 문헌] 한동수, "상표법 제7조 제1항 제7호의 해석론", 특허소송연구 5집(2011); 유영선, "상표의 유사 여부 판단 실무에 대한 비판적 고찰", 특허소송연구 5집(2011) 등.

등에 의하여 거래자나 일반 수요자에게 주는 인상, 기억, 연상 등을 전체적으로 종합할 때, 두 상표를 때와 장소를 달리하여 대하는 거래자나 일반 수요자가 상품 출처에 관하여 오인·혼동할 우려가 있는지 여부의 관점에서 이루어져야 한다. 그리고 이러한 법리는 상표법 제2조 제3항에 의하여 서비스표의 경우에도 마찬가지로 적용된다.

이 사건 각 등록서비스표인 '**다이소**', '**DAISO**'의 주지성을 고려할 때 피고들 각 서비스표 '**다사소**', '**DASASO**'는 차이가 나는 중간 음절은 부각되지 않은 채 첫째 음절과 셋째 음절만으로도 일반 수요자에게 이 사건 각 등록서비스표를 연상시킬 수 있고, 이 사건 각 등록서비스표와 피고들의 각 서비스표가 사용된 서비스업이 생활용품 등 판매점으로 일치하며, 취급하는 상품의 품목과 그 전시 및 판매 방식 등까지 흡사하여 일반 수요자가 양자를 혼동할 가능성은 더욱 높아지는 등 해당 서비스에 관한 거래실정을 바탕으로 그 외관, 호칭, 관념 등에 의하여 거래자나 일반 수요자에게 주는 인상, 기억, 연상 등을 전체적으로 종합하여 보면, 피고들이 피고들 각 서비스표를 생활용품 등 판매점 운영을 위하여 사용한 행위는 거래자나 일반 수요자로 하여금 서비스업의 출처에 대하여 오인·혼동하게 할 우려가 있어 유사서비스표를 동일한 서비스업에 사용한 행위에 해당하므로 이 사건 각 등록서비스표권에 대한 침해행위가 된다.

3. 해설

가. 상표의 유사 여부 판단에 있어서 거래실정의 고려 여부

(1) 견해의 대립

상표법 제7조 제1항 제7호의 상표의 유사 여부 판단에 있어서 상표의 유사 또는 출처의 혼동 중 어느 하나만을 판단 기준으로 할 것인가, 아니면 상표의 유사와 출처의 혼동의 양자를 모두 판단 기준으로 할 것인가, 위 조항이 보호하는 것이 일반적 출처 혼동인가, 구체적 출처 혼동인가를 둘러싸고 아래와 같은 견해의 대립이 있어 왔다.

1) 제1설 — '상표구성기준설'

일본의 과거 학설, 판례의 일부에서 주장된 견해로서, 상표의 구성 자체만을 기준으로 상표의 유사 여부를 판단해야 한다는 견해이다.[2]

---

2) 田中鐵二郎, 商標法要論, 嚴松堂(1911), 48면; 村山小次郎, 特許新案意匠商標四法要義, 嚴松堂(1924), 380면[박준석 "판례상 상표의 동일·유사성 판단기준", 사법논집(제39집), 법원도서관(2004), 507면에서 재인용].

2) 제2설 — '상품출처혼동기준설', '출처혼동균등론'

일본의 하급심 판례 중 일부에서 주장된 견해로서, 상표법이 정한 상표의 유사와 상품 출처의 혼동 개념은 동일한 것으로서 용어의 차이에 불과하고, 결국 상표의 유사는 출처의 혼동으로 치환된다고 보는 입장이다.[3)]

3) 제3설 — '절충설 중 일반적 출처 혼동설'

상표의 유사는 형식적 기준이고 상품출처의 혼동은 실질적 기준으로서, 별개의 기준임을 인정하되, 상품의 출처 혼동은 경험칙화된 거래실정에 따라 획일적·형식적·가정적 기준으로 판단해야 한다는 견해이다.[4)]

4) 제4설 — '절충설 중 구체적 출처 혼동설'

상표의 유사는 형식적 기준이고 상품출처의 혼동은 실질적 기준으로서, 상품의 출처 혼동은 구체적 거래실정을 기준으로 판단해야 한다는 견해이다. 다만, 이 견해에 있어서도 상표의 사용실적이 전혀 없는 경우에는 일반적 거래실정에 의할 수밖에 없는 것은 당연하고, '구체적 거래실정'에서의 '구체적'은 앞의 제3설의 경험칙화된 거래실정(획일적·형식적·가정적 기준)에 의한 판단에 대응된다는 의미를 강조하기 위하여 사용된 것이다.[5)]

(2) 대법원의 태도

제7조 제1항 제7호에 규정된 상표의 유사 여부 판단 시, 상표법의 목적에 비추어 출처의 혼동을 실질적인 기준으로 삼되 외관, 호칭, 관념의 유사를 정형화된 기준으로 삼고 있는 것이 확립된 판례인데, 일부 판례들에서 제3설의 입장을 취한 듯한 사례들도 보이지만,[6)] 주류적인 대법원의 입장은 다음과 같다.

대법원은 "비록 2개의 상표가 상표 자체의 외관·칭호·관념에서 서로 유사하여 일반적·추상적·정형적으로는 양 상표가 서로 유사해 보인다 하더라도, 당해 상품을 둘러싼 일반적인 거래실정, 즉, 시장의 성질, 고객층의 재력이나 지식 정도, 전문가인지 여부, 연령, 성별, 당해 상품의 속성과 거래방법, 거래장소, 고장수리 등 사후관리 여부, 상표의 현존 및 사용상황, 상표의 주지 정도 및 당해 상품과의 관계, 수요자의 일상 언어생활 등을 종합

---

3) 한동수, "상표법 제7조 제1항 제7호의 해석론"(주 1), 341면 참조.

4) 위의 글, 341면 참조.

5) 뒤에서 여기의 '구체적 거래실정'의 범위를 ① 일반적 항상적 거래실정과 ② 국소적 부동적 거래실정으로 나누는데, 여기의 '구체적 거래실정'은 ②의 의미로만 사용된 것이 아니라 ①과 ②의 의미를 모두 포함하는 개념으로 사용한 것이다.

6) 대법원 1982. 11. 23. 선고 80후74 판결; 대법원 1999. 10. 8. 선고 97후3111 판결; 대법원 2008. 2. 28. 선고 2007후4601 판결; 대법원 1987. 1. 20. 선고 86후147 판결; 대법원 1990. 9. 28. 선고 90후366 판결; 대법원 1991. 6. 11. 선고 90후2034 판결; 대법원 1997. 5. 16. 선고 96후1736 판결. 이 판결들이 제3설의 입장을 취한 것으로 단정할 것은 아니나 설시만 놓고 볼 때 그렇게 볼 수도 있는 판결들이다.

적·전체적으로 고려하여, 거래사회에서 수요자들이 구체적·개별적으로는 상품의 품질이나 출처에 관하여 오인·혼동할 염려가 없을 경우에는 양 상표가 공존하더라도 당해 상표권자나 수요자 및 거래자들의 보호에 아무런 지장이 없으므로, 그러한 상표의 등록을 금지하거나 등록된 상표를 무효라고 할 수 없다"는 법리하에, 등록상표 'Rolens'와 선등록상표 'ROLEX',[7] 출원상표 'POLO' 및 등록상표 '폴로'와 선등록상표 'POLA',[8] 등록상표 '**포카칩**'과 선등록상표 '^POTACHIP_포 타 칩^'(지정상품 중 과자류에 있어서만),[9] 'Uracle 또는 유라클'(침해상표)과 'ORACLE 또는 오라클'(피침해 등록상표)[10]을 비유사로 본 반면, 등록서비스표 '*Holiday in Seoul*'가 오인·혼동의 염려가 없을 정도로 주지하지 않다는 원심판결을 지지함으로써 선출원 등록서비스표 '*Holiday Inn Garden Court*'와 유사하다고 판시한 바 있다.

(3) 일본 최고재판소의 태도

① 선등록상표 "シンガー"(음: 신가)와 "SINKA"는 추상적으로 반드시 유사하다고는 말할 수 없을지도 모르겠으나, "シンガー"(선등록상표)가 세계적으로 저명한 재봉기계로서 거래되고 있다는 구체적 사정을 고려하면 칭호가 유사하다.[11] ② 링컨의 초상과 함께 작은 글씨로 기재된 "アブラハム·リインカーン大統領"(음: 아브라하무 린칸)이라는 문자상표와 "大統領"이라는 문자상표에 관하여, 전자의 상표가 거래사회에서 대통령으로 호칭된다는 이유로 서로 유사하다.[12] ③ 동일 메이커가 청주와 소주의 제조면허를 가지고 있는 경우가 많다는 사정 즉, 구체적 거래실정도 참작하여 「橘正宗」[13]과 선등록상표 「橘燒酎」는 유사하다.[14] ④ 상표의 유사여부는 상품의 출처의 오인 혼동을 생기게 할 염려가 있는지의 여부에 따라 결정되는 것이지만, 그와 동시에 상품의 거래실정을 밝힐 수 있는 한 그 구체적인 거래상황에 기초하여 판단하여야 한다는 전제하에, 빙산 도형 외에 「硝子纖維」, 「氷山印」(발음: ひょうざん, 효장), 「日東紡績」이라는 문자가 포함된 출원 상표와 선등록상표 「しょうざん(음: 쇼장)」은 초자섬유 업계의 특수한 거래사정(그 거래 상표의 칭호 만에 의하여, 상표를 식별하고 상품의 출처를 알고 품질을 인식하는 일은 거의 이루어지지 않는 것)에 비추어 보면 호칭상 근

---

7) 대법원 1996. 7. 30. 선고 95후1821 판결.

8) 대법원 1997. 10. 10. 선고 97후594 판결.

9) 대법원 2006. 10. 26. 선고 2005후2250 판결.

10) 대법원 2013. 6. 27. 선고 2011다97065 판결.

11) 최고재판소 1960. 10. 4. 昭和 33(オ) 766号 판결(SINKA 사건). 이와 같은 취지의 하급심 판결로는 東京高等裁判所 1976. 7. 13. 昭和 50(行ケ) 74号 판결[「アリナポン」(음: 아리나뽄)과 「ALINAPON」의 이단병기능선등록상표 「ALINAMIN」과 「アリナミン」(음: 아리나민)의 이단병기], 東京高等裁判所 2003. 3. 3. 平成 4(行ケ) 82号[*NIZZA* -가 선등록상표 *リッツ* (릿쯔)와 유사] 등이 있다.

12) 최고재판소 1960. 12. 20. 昭和 33(オ) 567号 판결(大統領 사건).

13) '귤정종'의 의미이다.

14) 최고재판소 1961. 6. 27. 昭和 33(オ) 1104号 판결(橘正宗 사건).

사하더라도 외관·관념이 현저하게 달라서 출처의 오인혼동이 생긴다고 인정하기 어렵다.[15] ⑤ 외관, 관념, 호칭에 관한 총합적인 유사성의 유무도 구체적인 거래상황에 의해 다르게 되는 경우도 염두에 두어야 하므로 침해상표 거래상황에 관한 구체적인 인정 없이 '木林森'(두피용육모제 및 샴푸에 사용함)과 등록상표 '大森林'(비누류, 치약, 화장품, 향료류)의 유사성을 부정한 원심판단은 위법하다.[16] ⑥ '小僧寿し' 또는 'KOZO SUSHI' 각 표장은 초밥제조 판매업자로서 저명하여 전체가 불가분 일체의 것으로서 小僧('KOSO')만으로 약칭된다고 볼 수 없다[17]는 사례들이 있다.

(4) 검토

다음과 같은 이유로 상표 유사 여부 판단에 있어서 구체적 거래실정을 고려함이 타당하다. 구체적 거래실정을 고려할 수 없다는 견해는 등록여부 결정 시 사용사실이 없다는 점 및 획일적, 정형적 처리가 필요하다는 점을 논거로 하고 있으나, 대비되는 상표가 거래상 현실로 사용되고 있는 경우에는 사용실태를 고려할 수 있는 것이고, 상표법이 지향하는 가치기준인 일반수요자로 하여금 출처의 오인·혼동이 야기될 수 있을까라는 기준으로 판단하여야 할 것이지, 역(逆)으로 획일적, 정형적, 추상적으로 심사업무를 수행해야 하므로 구체적 거래실정을 고려할 수 없다는 것은 행정편의주의를 위한 전도된 논리라 할 것이다.[18] 상표의 유사 여부의 판단기준이 되는 '혼동 여부'는 당연히 상표의 주지성 여부, 수요자의 수준, 실제 거래계의 상황, 언어관습 등 제반 거래실정을 참작한 현실에서의 혼동 여부를 의미하는 것이지, 우리 상표법이 원칙적으로 등록주의를 취하고 있다고 하여 추상적, 관념적인 혼동으로만 파악해야 하는 것은 결코 아니므로, 법원은 상표의 유사성 판단과 관련하여서 어느 사건에서와 마찬가지로 가능한 한 다양하고 합리적인 판단요소들을 종합적으로 참작하여 거래실정과 상식에 맞는 살아있는 판결을 해야 하는 것이다.[19] 또한 독일의 실무[20] 및 일본의 판

---

15) 최고재판소 1968. 2. 27. 昭和 39(行ツ)1 10号 판결(氷山印 사건). 일본 특허청의 상표심사기준도 위 판결의 취지에 맞게 개정되었고, 최근까지 일본의 하급심 판결에서 인용되고 있는 판결이다(지재고재 2015. 6. 11. 平成 26(行ケ) 10264号 판결 등).

16) 최고재판소 1992. 9. 22. 平成 3(オ) 1805号 판결(상표권 침해를 부정한 원심 파기 환송). 앞의 '氷山印'사건의 판단기준이 침해소송에서도 적용된다는 점을 명확하게 하였다는 점에서 의의가 있고, 그 이상으로 거래실정으로서, 방문판매 여부, 전시태양 등 극히 구체적인 거래 사정을 고려할 것을 요구했다는 점에서도 실무상 큰 영향을 주었다고 한다[知的財産訴訟實務大系Ⅱ(小田眞治 집필부분), 靑林書院(2014), 248면].

17) 최고재판소 1997. 3. 11. 平成 6(オ) 1102号 판결(코조스시 사건, 위 '氷山印' 사건과 판시는 거의 동일함). 일본 민집등재 판례로서 최초로 '氷山印' 사건의 판단기준이 침해소송에도 그대로 적용됨을 명확히 한 점에 의의가 있다고 한다[知的財産訴訟實務大系Ⅱ(小田眞治 집필부분), 248면].

18) 한동수, "상표법 제7조 제1항 제7호의 해석론"(주 1), 349면.

19) 유영선, "상표의 유사 여부 판단 실무에 대한 비판적 고찰", 특허소송연구 5집(2011), 317-319면.

20) 독일상표법 9조(1)2, 14조(2)2 및 유럽 상표법(COUNCIL REGULATION (EC) No 207/2009) 8조1(b) 및 9조1(b) 먼저 권리를 취득한 상표와 동일·유사한 상표를 동일·유사한 상품(서비스)에 사용하여 혼동을 초

레 경향, 미국의 실무21) 등 상표의 유사 여부에 관한 국제적 판단 기준과 조화를 이룰 필요
가 있다.

그리고 등록단계에서 우리 상표법이 등록주의를 취하고 있는 이상 실제로 상표가 전혀
사용된 적이 없는 표지일 가능성도 있지만, 침해단계에서는 그 현실적인 사용에 따르는 구
체적인 거래사정이 반드시 존재하므로 그러한 사정이 유사 판단의 자료로 활용될 여지가 크
다.22)

나. 구체적 거래실정의 범위

구체적 거래실정을 고려한다고 할 때 모든 거래실정이 고려되어야 하는지, 아니라면 어
떤 사정은 고려하고 어떤 사정은 고려하지 않을지가 문제로 될 수 있다.

출원인에게만 특수한 국소적 사정이 고려되어 후출원상표가 등록될 경우 그러한 사정
이 없는 거래계에서 유사한 상표가 병존하게 되고, 또한 부동(浮動)적 사정이 고려되어 후출
원상표가 등록될 경우 사후에 그러한 사정이 소멸되면 유사한 상표가 병존하게 된다.23) 따
라서 국소적이거나 부동적인 상표의 사용태양을 고려하여 후출원상표가 등록(비유사)되는 상
황은 막아야 할 것이고, 거래계 전반에 걸친 일반적이고, 상표 관계자들이 쉽게 바꿀 수 없
는 항상적 사정만 고려해야 할 것이다.24) 예를 들면 지정상품이 인터넷으로만 거래되므로
호칭보다는 외관이 중시되어야 한다고 주장하는 경우 출원인이 거래방법을 바꿀 수도 있으
므로 이는 국소적이고도 부동적인 사정이므로 고려해서는 안 되는 것이다. 하지만 이것은
상표법 제7조 제1항 제7호가 적용되는 등록단계에서만 타당한 것이고,25) 침해소송이나 부정
경쟁행위에 관한 소송에서는 국소적이거나 부동적인 상표의 사용태양까지 모두 고려할 수
있을 것이다.26)

다만, 침해소송에 있어서 유사(침해)로 판단하는 데에는 모든 거래실정이 제한 없이 고

래할 우려가 있는 경우, 등록거절사유 및 침해사유로 규정하고 있다.
21) 미국 랜햄법 §2(d), §32(1) 및 §43(a)는 상표가 혼동가능성(likely to cause confusion)이 있는 경우에는
상표의 등록뿐만 아니라 상표의 사용을 금지하고 있다. Polaroid Corp. v. Polarad Electronics Corp. 사건
에서, 1) 원고 상표가 강한 상표인지 여부, 2) 문제된 상표들의 유사함, 3) 시장에서의 서비스나 상품의
근접성(proximity), 4) 원고가 시장의 차이를 극복할 수 있는 가능성, 5) 실제 혼동에 대한 증거, 6) 피고
의 상표선택에 대한 선의 여부, 7) 피고의 상품이나 서비스의 질, 8) 소비자의 인식 정도 등을 소비자에게
혼동가능성이 있는지 여부를 판단하기 위하여 고려할 사항으로 지적한 바 있다.
22) 박준석, 앞의 글(주 2), 484-487면 참조.
23) 宮脇正晴, 商標の類否判斷の考察要素としての「取引の実情」, 新判例解說Watch知的財産法 No.1 vol.10
(2012), 245면 참조.
24) 일본 최고재판소 1974. 4. 25. 昭和 47(行ツ) 33号 판결 참조.
25) 田村善之, 商標法槪說[第2版], 弘文堂(2000), 119면 참조.
26) 대상판결 및 부정경쟁방지법에 관한 대법원 2007. 4. 27. 선고 2006도8459 판결 등 참조.

려 가능하다고 하더라도, 침해자에게만 특수하고 침해자가 언제든 바꿀 수 있는 국소적·부동적인 사정을 고려하여 비침해로 판단할 경우 침해여부의 결론이 침해자의 사용태양의 변경에 좌우될 수 있으므로, 침해소송에서도 국소적·부동적 사정을 근거로 비유사로 판단하는데에는 신중을 기할 필요가 있다.

한편, 대법원은 권리범위확인심판을 상표권 등의 침해 여부 그 자체를 확정하는 절차로까지는 보지 않고, 단순히 권리가 미치는 범위(권리의 효력 범위)를 객관적으로 확정하는 것으로 해석하고 있으므로,[27] 권리범위확인심판의 경우 침해소송에 있어서의 대상판결의 법리가 그대로 적용된다고는 볼 수 없을 것이다. 기존 대법원 사례들은 권리범위 확인심판에 있어서도 거래실정을 고려해 오고 있었던 것으로 보이지만,[28] 고려되어야 할 거래실정의 범위에 대하여는 좀 더 심층적인 검토가 필요할 것이다.

다. 주지·저명 상표의 보호

앞서 본 대법원 판례들은 모두 구체적인 거래실정 중 '상표의 주지 또는 저명의 정도'를 고려의 대상으로 삼은 판례들로서, 주지·저명의 정도가 가장 중요하게 고려되는 구체적인 거래실정임을 알 수 있다. 일반적으로 강한 상표·주지저명 상표는 약한 상표·무명의 상표에 비하여 보호범위가 더 크다고 할 수 있다. 이러한 원칙은 큰 특허는 큰 보호, 작은 특허는 작은 보호, 창작성이 큰 저작물은 큰 보호, 작은 저작물은 작은 보호와 같이 지적재산권법 일반에 적용되는 공통적인 적용원리라 할 수 있는 것이다.[29]

이러한 주지·저명상표의 보호는 ① 주지·저명상표가 출원상표 등[30]인 경우와, ② 주지·저명상표가 선등록상표 등[31]인 경우의 두 가지 방향에서 나타날 수 있는데, 앞의 대법

---

27) 대법원 1974. 8. 30. 선고 73후8 판결(구 의장법 상의 선사용권의 존부 판단 불가), 대법원 2010. 12. 9. 선고 2010후289 판결(특허권의 적극적 권리범위확인심판에서 피심판청구인이 특허권 소진에 관한 주장할 수 없음), 대법원 2012. 3. 15. 선고 2011후3872 판결(상표권의 적극적 권리범위확인심판에서 선사용권 존부에 대해여 판단 불가), 대법원 2013. 2. 14. 선고 2012후1101 판결(상표권의 소극적 권리범위확인심판에서 상표 및 지정상품의 동일·유사는 다투지 않은 채 심판청구인이 대인적인 상표권 행사의 제한사유를 주장하는 경우 확인의 이익 부정).

28) 일반적·항상적 사정이 고려되었다고 볼 수 있는 사안(대법원 2013. 7. 25. 선고 2011후1548 판결). 부동적 사정까지 고려되어 유사로 판단된 것으로 보이는 사안(대법원 1968. 12. 6. 선고 68후47판결. 비유사한 부분은 운동화의 갑피를 파손시키지 않고는 볼 수 없는 위치에 표시되어 있다는 사정). cf) 부동적 사정이 고려되어 비유사로 판단된 것으로 보이는 판결례(대법원 1988. 1. 12. 선고 86후77판결)도 있다.

29) 송영식 외 6인, 지적소유권법(하), 육법사(2013), 254－255면 참조.

30) 등록거절사건의 경우이고, 등록무효사건이라면 등록상표, 침해사건이라면 침해 상표를 의미한다. 이하 특별한 사정이 없으면 '출원상표 등'이라는 표현으로 통일한다.

31) 등록거절, 등록무효 사건의 경우이고 침해사건이라면 피침해상표를 의미한다. 이하 '선등록상표 등'으로 통일한다.

원 판례들은 ①의 경우로서 출원상표가 주지이면 보호하고(비유사 ⇨ 등록유효, 비침해), 그렇지 않으면 보호를 부정하는 사안들이었다. 일본의 경우 '小僧寿し(KOZO SUSHI)' 사건의 경우도 마찬가지로 볼 수 있다. 반면, ②에 관하여 대법원은 명시적 설시를 한 바는 없지만, 그 유사의 범위를 다소 넓게 해석해 왔다고 볼 수 있다.[32] 일본의 경우 'SINKA' 사건 등에서 유사한 태도가 확인된다. 결국 주지상표를 보호하는 방향으로 구체적 거래실정을 고려하는 것이므로 주지상표가 선등록상표인 경우 주지상표가 유명하여 비주지상표와 구분이 쉬워 비유사하다는 논리로 이어져서는 안 될 것이다.[33]

4. 판결의 의의

앞서 대법원은 '로렌스' 사건 등에서 거래실정을 고려한다는 판시를 하였으나, 이는 주지·저명상표가 출원상표 등인 경우 선등록상표 등과 추상적으로는 유사해 보이더라도 그 주지성 등의 거래실정을 고려하여 비유사로 본다는 판시였고, 반대로 출원상표 등이 선등록상표 등과 추상적으로는 혼동의 우려가 적더라도 선등록상표 등의 주지성 등 거래실정을 고려하여 유사로 판단할 수 있다는 명시적 판시는 없었다.[34] 대상판결은 적어도 침해소송에 있어서는 이 부분에 대하여 명시적 설시를 하였다는 점에 의의가 있다. 등록단계 또는 권리범위 확인심판에서도 거래실정을 고려할 수 있을 것이나, 고려할 수 있는 거래실정의 범위에서 차이가 있을 수 있고 이에 대하여는 향후 정리된 판결이 나오길 기대해 본다.

---

32) 대법원 1996. 3. 8. 선고 95후1456 판결; 대법원 2004. 11. 12. 선고 2002도6994 판결; 대법원 2012. 7. 26. 선고 2012후1262 판결; 대법원 2014. 6. 26. 선고 2012다12849 판결 등. 이 사건들은 모두 선등록상표의 주지성이 고려되지 않았다면 비유사로 판단될 가능성도 만만치 않은 사안들이었다.

33) 대법원도 선등록상표서비스표가 'INTEL'이고 출원상표가 'Entelsystem'인 사건에서 선등록상표서비스표가 주지·저명하다는 사정만으로는 그 출처에 오인·혼동의 염려가 없다고 할 수 없다고 판시한 바 있고(대법원 2006. 11. 9. 선고 2005후3383 판결), 등록상표인 루이비통에 대한 형사사건에서 등록상표의 저명성, 상품의 수요층과 유통경로 등에 비추어 오인혼동의 우려가 없다는 상고이유 주장을 배척한 바 있다(대법원 2013. 3. 14. 선고 2010도15512 판결).

34) 대법원 1995. 12. 26. 선고 95후1098 판결, 대법원 1999. 11. 23. 선고 97후2842 판결 등에서 상표의 유사 여부는 '그 지정상품의 거래실정을 고려하여' 판단하여야 한다는 취지의 법리가 설시된 바가 있으나, 위 사안들은 어떤 수요자(전문가인지 일반인이지)를 기준으로 판단하여야 하는가에 대한 사안으로서, (침해소송에서) 거래실정을 고려하여 표장의 유사 여부를 가려야 한다고 직접적인 판시를 하였다고 보기는 힘들다. 그 밖에 분리관찰 여부 판단 등에서는 거래실정을 고려해야 한다고 일관되게 판시되어 왔다(대법원 2004. 7. 22. 선고 2004후929 판결 등).

21 상표권의 권리남용 적용 요건

대법원 2014. 8. 20. 선고 2012다6059 판결[1)]

한지영(조선대학교 교수)

1. 사안의 개요

원고(항소인, 피항고인 겸 항고인)는 골프채 및 골프용품을 생산·수입·판매하는 싱가포르 소재 법인으로서 '　🏌️KATANA GOLF　' 상표(이하 '이 사건 등록상표'라 한다)에 관하여 1997. 9. 22. 지정상품을 상품류 제43류 '골프채, 골프퍼터, 골프클럽샤프트, 골츠채그립, 골프헤드, 골프공, 골프용 장갑, 골프가방, 골프가방커버, 스포츠가방, 스포츠용구용 가방, 골프클럽'으로 하여 상표등록출원하여 1998. 11. 17. 등록을 마쳤다. 또한 이 사건 등록상표와 동일한 상표를 1997. 9. 30. 상품류 제27류 골프화를 지정상품으로 상표등록출원하여 1998. 11. 30. 등록을 받았다. 원고는 1997년경부터 싱가포르, 중국, 태국 등에서 이 사건 등록표장과 동일한 상표를 출원하여 등록을 받은 후 이 사건 등록상표와 동일한 상표를 사용한 골프채 등을 판매하여 왔다.

한편 소외 일본 야마하 주식회사는 일본에서 '**KATANA** カタナ' 상표에 대해 지정상품을 '인형, 운동기구(펜싱, 검도용구 제외), 악기, 레코드 등'으로 상표등록출원하여 1995. 8. 31. 상표등록을 하였다. 또한 소외 우메다쇼카이 주식회사는 2000. 7. 31. 일본 카타나 상표에 관하여 지정상품을 골프용구로 하여 상표권분할이전을 신청하여 2000. 8. 18. 분할이전등록을 마쳤고, 2001. 2. 6. '▨▨' 상표에 대해 지정상품을 제25류 골프화 등, 제28류 골프채, 골프가방, 골프공, 골프장갑 등으로 하여 상표등록출원하여 2003. 3. 4. 등록을 받았다.

피고(피항소인, 상고인 겸 피상고인)는 2001. 5. 31. 골프용품 제조 및 수출업을 목적으로

---

1) [참조 및 관련 판례] 대법원 2005. 9. 29. 선고 2004후486 판결; 대법원 2009. 9. 10. 선고 2007후3356 판결(공2009하, 1690) 등.

[관련 평석 및 문헌] 유영선, "기능적 표현으로 기재되어 있는 확인대상발명의 특정 여부 판단 기준", 대법원 판례해설 제94호(2012년 하), 법원도서관, 2013; 노갑식, "특허침해 판단기준으로서의 구성요소완비의 원칙과 균등론", 판례연구 25집(2014. 2), 부산판례연구회, 2014 등.

설립된 회사로서, 설립 당시부터 일본 카타나 골프채를 수입하여 국내에서 판매하는 수입업자로서, '카타나' 등록상표와 동일·유사한 표장을 광고 및 선전하여 어느 정도 주지성을 획득하였다.

피고는 2006. 3. 21. 특허심판원[2]에 이 사건 등록상표에 관한 불사용취소심판을 청구하였으나 기각되었고, 다시 2009. 2. 20. 상표등록무효심판[3] 및 불사용상표등록취소심판[4]을 청구하였으나 모두 기각되었으며 위 심결은 특허법원[5] 및 대법원을 거쳐 그대로 확정되었다.[6] 그 후 원고는 피고를 상대로 이 사건 등록상표에 대한 상표권 침해를 이유로 제소하고, 피고의 각 표장 사용 금지, 피고 상호 중 '카타나' 부분 말소등기 및 이 사건 도메인이름 등록말소를 구하였다.

2. 판결의 요지

가. 원심판결

원심인 서울고등법원은 2010나1115746 판결[7]로, 법원은 원고의 이 사건 상표권 침해를 인정하였고, 원고의 이 사건 등록상표권에 기한 피고에 대한 금지청구가 권리남용이라는 피고의 주장을 받아들이지 않았다. 원심에서 법원은 사건 경위를 살펴볼 때 피고가 이 사건 등록상표와 동일·유사한 피고의 표장을 광고·선전하여 어느 정도 주지성을 취득하였다는 사정만으로 원고의 이 사건 등록상표권의 행사가 부정경쟁방지법 소정의 부정경쟁행위나 신의칙 내지 사회질서에 반하는 행위에 해당하지는 않는다고 판시하였다.

이외에도 병행수입 쟁점과 관련하여 이 사건 등록상표권자인 원고와 일본 카타나 골프채를 생산하는 일본 카타나사 또는 일본 카타나 상표권자인 우메다쇼카이가 법적 또는 경제적으로 밀접한 관계에 있어 일본 카타나 골프채에 부착된 피고의 표장이 이 사건 등록상표와 동일한 출처를 표시한 것으로 볼 수는 없으므로 피고의 주장을 받아들일 수 없다고 판시하였다.

한편 피고의 상호 중 일부에 관한 말소등기 및 도메인이름 등록말소를 구하는 원고의 주장을 받아들이지 않았다.

---

2) 특허심판원 2006당517호.

3) 특허심판원 2009당307호.

4) 특허심판원 2009당308호.

5) 특허법원 2010. 3. 25. 선고 2009허7321 판결.

6) 대법원 2010. 9. 9. 선고 2010후1213 판결.

7) 서울고등법원 2011. 11. 30. 선고 2010나115746 판결. 제1심판결은 서울중앙지방법원 2010. 10. 29. 선고 2009가합104071 판결이다.

나. 대법원판결

대법원은 원심의 판결을 그대로 인용하면서 이 사건 상표권 침해 분쟁의 쟁점을 다음과 같이 4가지로 분류하여 판시하고 있다:

(1) 등록상표권자의 상표권 행사가 권리남용에 해당하는지 여부

어떤 상표가 정당하게 출원하여 등록된 후 타인이 등록상표와 동일 또는 유사한 상표를 정당한 이유 없이 사용한 결과 그 사용상표가 주지성을 취득한 경우 상표권자가 상표사용자인 타인을 상대로 등록 상표에 대한 상표권을 근거로 상표권침해금지 또는 손해배상 청구 등을 하는 것이 권리남용에 해당하는지 여부(소극)

(2) 선행 등록상표의 등록 이후에 등록결정이 된 후행 등록상표가 선행 등록상표와 표장 및 지정상품이 동일·유사하고, 또한 후행 등록상표의 등록결정 당시 특정인의 상표라고 인식된 타인의 상표가 선행 등록상표의 등록 이후부터 사용되어 온 후발 선사용상표인 경우에, 후행 등록상표가 후발 선사용상표인 타인의 상표와의 관계에서 상표법 제7조 제1항 제11호 후단의 '수요자를 기만할 염려가 있는 상표'에 해당하여 등록이 무효로 된 경우, 위 후발 선사용상표사용자의 상표 사용이 선행 등록상표에 대한 관계에서 정당하게 되거나 선행 등록상표의 상표권에 대한 침해를 면하게 되는지 여부(소극)

(3) 지정상품을 '골프채' 등으로 하는 등록상표 ' '의 상표권자인 갑 외국법인이 ' '와 ' ' 등의 상표를 사용하여 골프채 등을 수입·판매하는 을 주식회사를 상대로 상표사용금지 등을 구한 사안에서, 갑 법인의 상표권 행사가 권리남용에 해당하지 않고, 갑 법인의 후행 등록상표인 ' KATANA ' 등이 을 회사가 사용하는 ' ' 상표 등과의 관계에서 등록이 무효로 되었더라도 을 회사 사용상표의 사용이 갑 법인의 상표권에 대한 침해를 면하지 않는다고 한 사례

(4) 국내의 등록상표와 동일·유사한 상표가 부착된 지정상품과 동일·유사한 상품을 수입하는 행위가 등록상표권의 침해 등을 구성하지 않는다고 하기 위한 요건

3. 해설

가. 상표권의 권리남용

(1) 상표권의 권리남용 관련 주요 판례

우리나라 상표법에는 상표권의 권리남용에 관한 규정이 없지만, 상표권의 권리남용에 관한 분쟁은 다수 존재하고 있다. 대법원이 상표권의 권리남용으로서 인정하고 있는 대표적인 유형으로서 첫째, 상표권의 행사가 부정경쟁행위를 목적으로 하는 것으로서 상표제도의 근본적인 목적이나 기능을 일탈한 경우,[8] 둘째, 무효사유가 명백한 상표권을 이용하여 권리 행사를 한 경우[9] 등이다. 특히 대법원은 2012다103000 판결[10]에서 상표권의 무효사유가 명백한 경우에 특허권의 권리남용[11]과 마찬가지로 침해소송법원이 무효사유를 판단할 수 있다고 판시함으로써 상표권에서도 특허권의 권리남용에 관한 입장과 동일한 입장을 취하고 있다.

(2) 이 사건에서 대법원 판례

대법원은 이 사건 판례(2012다6059)에서 "상표권의 행사가 등록상표에 관한 권리를 남용하는 것으로서 허용될 수 없다고 하기 위해서는, 상표권자가 당해 상표를 출원·등록하게 된 목적과 경위, 상표권을 행사하기에 이른 구체적·개별적 사정 등에 비추어, 상대방에 대한 상표권의 행사가 상표사용자의 업무상의 신용유지와 수요자의 이익보호를 목적으로 하는 상표제도의 목적이나 기능을 일탈하여 공정한 경쟁질서와 상거래 질서를 어지럽히고 수요자 사이에 혼동을 초래하거나 상대방에 대한 관계에서 신의성실의 원칙에 위배되는 등 법적으로 보호받을 만한 가치가 없다고 인정되어야 한다."고 판시하고 있다.[12] 이는 부정경쟁행위를 목적으로 하거나 신의성실 원칙에 위반하여 상표권을 행사하는 경우에는 상표권 행사의 외형을 갖추었다 하더라도 상표권의 권리남용 법리를 적용하겠다는 의미로, 상표권 권리남용에 관한 법원의 일관된 태도이다.

---

8) 대법원 2000. 5. 12. 선고 98다49142 판결; 대법원 2007. 1. 25. 선고 2005다67223 판결 등.

9) 대법원 2007. 2. 22. 선고 2005다39099 판결; 대법원 2008. 7. 24. 선고 2006다40461, 40478 판결 등. 이에 대하여 이동형 교수는 상표권 남용의 성립요건으로서 주관적 요건이 필요하지 않다는 데 대한 비판적 견해를 제시하고 있다. 이동형, 상표권 남용의 성립요건에 관한 대법원 판례의 검토, 민사법의 이론과 실무, 2013, 73면 이하 참조.

10) 대법원 2012. 10. 18. 선고 2010다103000 전원합의체 판결.

11) 대법원 2012. 1. 19. 선고 2010다95390 전원합의체 판결.

12) 이 판결은 대법원 2007. 1. 25. 선고 2005다67223 판결의 취지를 그대로 따르고 있다.

(3) 상표권의 권리남용이 인정되지 않는 경우

이 사건에서 피고는 원고의 이 사건 상표 등록 후 이와 유사한 상표를 원고의 허락을 받지는 않았지만 계속 사용함으로써 일반 소비자들에게 주지성을 획득하였는바, 원고가 이 사건 상표권을 행사하는 것은 상표제도의 목적이나 기능을 일탈하여 공정한 경쟁질서나 상거래 질서를 어지럽히거나 신의성실의 원칙에 반한다고 주장하였으나, 대법원은 원고가 등록상표를 정당한 목적으로 출원·등록 후 꾸준히 사용하고 있으며 원고의 상표권 행사는 권리남용에 해당하지 않는다고 판시하였다. 대법원은 피고가 등록상표와 유사한 상표를 불법으로 계속 사용함으로써 가사 일반 소비자들에게 신용과 고객흡인력을 획득하였다고 할지라도 이러한 피고의 행위는 상표권 침해에 해당하며, 이러한 상표의 사용을 용인할 경우 우리 상표법이 취하고 있는 '등록주의' 원칙의 근간을 훼손할 수 있기 때문에 원고의 상표권 행사가 권리남용이 아니라고 판시하고 있다.

나. 상표법 제7조 제1항 제11호 규정의 성격

상표법 제7조 제11호는 '수요자를 기만할 염려가 있는 상표'에 대해 등록받을 수 없다고 규정하고 있고, 이 규정을 위반한 상표는 상표법 제71조에 의하여 등록무효가 된다. 이때 '수요자를 기만할 염려가 있는 상표'란 그 상품 또는 상표가 수요자로 하여금 외국 또는 다른 기업의 상품 또는 상표로 오인을 유발할 우려가 있는 경우와 상품의 품질과 관계없이 상품출처의 오인을 초래할 염려가 있는 상표를 말하는 것으로, 이 규정은 수요자의 상품의 품질오인과 출처혼동으로부터 발생할 수 있는 불이익을 방지하여 상거래 질서를 유지하기 위한 공익적 성격이 강한 규정이다.[13]

이 사건에서 대법원은 후행 등록상표의 등록 결정 당시 특정인의 상표로 인식된 타인의 상표가 선행 등록상표의 등록 이후부터 사용되어 온 것이라 하더라도 타인의 사용상표(후발 선사용상표)와의 관계에서 후행 등록상표가 상표법 제7조 제1항 제11호의 '수요자를 기만할 염려가 있는 상표'에 해당하여 등록이 무효로 될 수 있어서 후발 선사용상표를 사실상 보호받는 것처럼 보일 수는 있지만, 이 규정의 취지는 후발 선사용상표를 보호하려는 것이 아니라, 이미 특정인의 상표라고 인식된 상표를 사용하는 상품의 출처에 관한 일반 수요자들의 오인·혼동을 방지하여 이에 대한 신뢰를 보호하려는 데 있음을 고려할 때, 그 결과는 수요자들의 이익 보호에 따른 간접적·반사적 효과에 지나지 않는다는 선행 판례(대법원 2007. 6.

---

13) 윤선희, 상표법, 법문사, 2007, 282-283면; 송영식 외 6인 공저, 지적소유권법(하), 육법사, 2008, 168-169면.

28. 선고 2006후3113 판결)를 따르고 있다.

다. 병행수입과 상표권 침해

(1) 병행수입의 의의

병행수입(Parallel Import)이란 복수국에서 동일 상표를 등록한 상표권자가 어느 한 나라에서 당해 상품품을 제조하여 판매하고, 제3자(수입업자)가 이와 같은 정당한 상표품, 소위 진정상품(genuine goods)을 수입한 경우에 상표권자가 자신의 국내 상표권에 기인하여 그 수입을 저지할 수 있는지 여부를 말한다. 병행수입은 유형별로 다음과 같이 분류할 수 있다. 첫째, 동일상표가 여러 나라에서 각각 다른 권리자에 의해 취득되고, 이들 사이에 어떠한 관계도 없는 경우에 속지주의 원칙이 적용된다. 둘째, 동일 상표가 동일 권리자에게 귀속되는 경우에는 국제적으로 병행수입을 인정한다. 셋째, 동일 상표권자가 어느 한 나라에서 스스로 권리를 행사하면서 다른 나라에 있는 제3자에게 실시허락을 하여 전용사용권을 행사하도록 한 경우에도 병행수입이 인정된다. 넷째, 동일상표가 다른 권리자에게 속하지만 이들 사이에 법적·경제적 관계가 존재하는 경우로서, 각 상표권자가 동일 기업 집단에 속하는 동계(同系) 회사의 경우 원칙적으로 병행수입이 허용된다. 다만 나라마다 오랫동안 독자적으로 상표품을 제조하여 판매함으로써 나름대로 보호받을 만한 신용(good will)을 쌓아온 경우에는 병행수입이 허용되지 않는다. 그러나 제조업자와 독점적 판매업자의 관계에서는 소비자에게 혼동의 염려가 없으므로 병행수입이 허용된다.[14)]

(2) 이 사건 대법원의 판결

대법원은 이 사건에서 국내에 등록된 상표와 동일·유사한 상표가 부착된 지정상품과 동일·유사한 상품을 수입하는 행위가 등록상표권의 침해 등을 구성하지 않으려면 다음과 같은 요건을 충족해야 한다고 판시하고 있다:

첫째, 외국의 상표권자 또는 정당한 사용권자가 수입된 상품에 상표를 부착할 것을 요구하고 있다. 즉 해당 상품은 진정상품이어야 하고, 위조상품이어서는 안 된다.

둘째, 외국 상표권자와 우리나라의 등록상표권자가 법적 또는 경제적으로 밀접한 관계에 있거나 그 밖의 사정에 의하여 위와 같은 수입상품에 부착된 상표가 우리나라의 등록상표와 동일한 출처를 표시하는 것으로 볼 수 있는 경우이어야 한다.

셋째, 수입된 상품과 우리나라의 상표권자가 등록상표를 부착한 상품의 각 품질 사이에 실질적인 차이가 없어야 한다. 즉 상품형태가 변경되거나 품질의 변화가 있어서는 안 된다

---

14) 송영식 외 6인 공저, 지적소유권법(하)(주 13), 2008, 244면.

는 것인데, 이는 우리나라를 포함하여[15] 여러 나라의 입법 또는 판례가 취하고 있는 입장이다. 이 사건에서 대법원은 일본 카타나 골프채를 피고가 수입 판매하면서 그 광고에 피고 사용상표들을 사용하는 행위는 원고의 이 사건 상표권을 침해한다고 판시하였다.

라. 기타 쟁점

(1) 피고의 상호 중 일부 말소등기청구 사안

대법원은 원고가 이 사건 등록상표권의 침해를 이유로 피고의 상호 중 '카타나' 부분의 말소등기를 요구하고 있는데, 피고의 상호에 이 사건 등록상표권의 효력이 미치려면 피고가 자신의 상호를 상품의 출처표시, 즉 상표로서 사용해야 하는데, 이 사건에서는 피고의 상호를 상표적으로 사용하지 않았음을 이유로 원고의 청구를 기각하였다.

(2) 도메인이름 등록말소청구

원고는 피고를 상대로 이 사건 도메인이름 등록말소청구를 하고 있는데, 법원은 도메인이름 등록말소청구는 그 등록사용자를 상대로 제기해야 하며, 이 사건 도메인이름의 등록사용자는 피고가 아니라 소외인이므로 원고의 이 사건 도메인이름 등록말소청구를 기각하였다.

4. 판결의 의의

이 사건은 어떤 상표가 정당하게 출원하여 등록(선행 등록상표)된 후 제3자가 등록상표와 유사한 상표(후발 선사용상표)를 사용함으로써 주지성을 획득하였는데, 상표권자가 다시 선행 등록상표와 동일 또는 유사한 상표(후행 등록상표)를 출원하여 등록하였을 때, 후발 선사용상표자가 상표법 제7조 제1항 제11호를 이유로 후행 등록상표의 무효심판을 청구하여 무효심결이 확정되었다 할지라도, 선행 등록상표권자가 후발 선사용상표자를 상대로 상표권침해 등 권리행사를 할 수 있으며, 이러한 권리행사가 권리남용이 되지 않는다는 취지의 판결로, 설령 후발 선사용상표가 광고하고 판매를 함으로써 일반 소비자에게 주지성을 얻었다 할지라도 상표권 침해로부터 면책되지는 않는다는 것이다. 이 판례는 타인의 상표와 동일 또는 유사한 상표를 먼저 사용함으로써 주지성을 획득하였다 할지라도 상표법상 원칙인 '등록주의'의 근간이 훼손되어서는 안되며, 후발 선사용상표가 주지성을 획득하였다 할지라도 이를 법적으로 보호할 수는 없다는 취지의, 선출원에 의한 등록주의 원칙을 명확하게 한 판례이다.

---

15) 대법원 2006. 10. 13. 선고 2006다40423 판결.

대법원 2012. 12. 4.자 2010마817 결정[1]

오병철(연세대학교 교수)

1. 사안의 개요

이 사안은 '지마켓(www.gmarket.co.kr)'이라는 오픈마켓(이하 '지마켓')을 운영하는 '주식회사 인터파크지마켓'(이하 '채무자'라 한다)을 상대로 '독일 아디다스 악티엔게젤사프트'와 '아디다스코리아 주식회사'(이하 '채권자'라 한다)가 그들이 상표권을 보유한 'adidas' 또는 '아디다스' 상표가 사용된 상품이 판매되거나 그 견본이 판매목적으로 전시되도록 하여서는 아니된다고 주장하면서 그 금지를 명하는 가처분을 신청을 신청한 사건이다. 오픈마켓형태로 운영되고 있는 '지마켓'에서는 채권자들의 허락없이 임의로 위 상표를 부착하여 판매하는 이른바 '위조품'이 당시에는 상당수 존재하고 있었다.

---

1) [참조 및 관련 판례] 대법원 2009. 4. 16. 선고 2008다53812 전원합의체 판결(공2009상, 626); 대법원 2010. 3. 11. 선고 2009다4343 판결(공2010상, 718); 서울중앙지방법원 2008. 8. 5.자 2008카합1901 결정; 서울중앙지방법원 2008. 11. 20. 선고 2006가합46488 판결 등.
[관련 평석 및 문헌] 오병철, "통신판매업자의 불법행위에 관한 통신판매중개자(오픈마켓)의 책임", 재산법연구 제26권 제1호, 한국재산법학회, 2009. 6; 김병일, "오픈마켓서비스와 상표권 침해", 산업재산권 제33권, 한국산업재산권법학회, 2010; 유대종, "오픈마켓에서의 위조상품 판매에 따른 오픈마켓사업자의 책임", 지식재산연구 제5권 제4호, 2010; 신지혜, "상표권침해에 대한 통신판매중개자의 방조책임 성립 여부: 국내외 사례를 중심으로", Law & Technology 제7권 제1호, 서울대학교 기술과법센터, 2011; 박영규, "상표권침해에 대한 온라인서비스 제공자의 법적 책임: 오픈마켓 운영자를 중심으로", 비교사법 제18권 제1호, 2011; 차상육, "상표권침해를 둘러싼 오픈마켓 운영자의 법적 책임", 경제법연구 제13권 제1호, 2014; 김지환, "오픈마켓 운영자의 상표권 간접침해책임에 관한 소고", 법학연구 제22권 제1호, 경상대학교 법학연구소, 2014.

2. 판결의 요지

가. 제1심 결정(서울중앙지방법원 2009. 9. 9.자 2009카합653 결정)

법원은 상표권의 침해행위에는 방조행위도 포함되는 것이지만, 방조에 의한 상표권 침해가 인정되기 위해서는 그 전제로 행위자에게 상표권 침해행위에 도움을 주지 않아야 할 주의의무가 있음에도 불구하고 이에 위반하여 침해를 용이하게 하였다는 점이 인정되어야 한다고 밝혔다. 오프라인의 시장과 유사한 기능을 온라인에서 행하는 오픈마켓의 운영자도 입점자들에게 거래 기회를 제공하고 이를 통해 자기수익을 창출하는 등 거래 성사에 적극적인 역할을 하고 있으므로 상표권 침해의 방지를 위해 적절한 조치를 취할 의무를 부담한다고 인정하였다. 그 근거로는 채무자와 같은 정보통신서비스 제공자로 하여금 스스로 운영·관리하는 정보통신망에 타인의 권리를 침해하는 정보가 유통되지 아니하도록 노력할 것을 규정하고 있는 정보통신망 이용촉진 및 정보보호 등에 관한 법률(이하 '정보통신망법'이라 한다) 제44조 제1항과 제2항2)을 들고 있다.

주의의무의 구체적인 내용으로는 ① 상표권자로부터 통보받은 경우에 위조여부를 심사하여 그 결과에 따른 적절한 조치를 할 '위조품 등록의 삭제', ② 위조가 빈번한 상품군에 대하여 등록요건을 강화하는 것 등의 '적정한 운영시스템의 구축', ③ 위조품을 등록한 자의 인적사항을 상표권자에게 제공할 수 있도록 '위조품 판매자의 인적 사항 관리', ④ 사전에 정상품 여부를 여과하여 선별하는 유보기간을 설정하거나 특정 상표를 금칙어로 설정하여 검색을 차단하는 '특정 상표의 상품에 대한 거래 제한'을 제시하였다.

그럼에도 불구하고 법원은 채권자의 '아디다스' 상표의 상품 전부를 판매금지해달라는 주위적 신청에 대해 병행수입업자나 중고품의 거래 등과 오픈마켓 운영자의 영업의 자유를 고려할 때 이유가 없다고 판시하였다. 또한 해당 상표가 붙은 등록 상품의 위조품 여부에 대하여 전면적인 사전 확인 또는 사후 삭제 조치 의무를 인정할 만한 특별사정이 있지 않다고 판단하여 채권자의 예비적 신청을 포함한 가처분신청 전부를 모두 기각하였다.

---

2) 정보통신망법 제44조(정보통신망에서의 권리보호)
　① 이용자는 사생활 침해 또는 명예훼손 등 타인의 권리를 침해하는 정보를 정보통신망에 유통시켜서는 아니 된다.
　② 정보통신서비스 제공자는 자신이 운영·관리하는 정보통신망에 제1항에 따른 정보가 유통되지 아니하도록 노력하여야 한다.

나. 원심결정(서울고등법원 2010. 5. 10.자 2009라1941 결정)

서울고등법원은 정보통신서비스 제공자만을 수범자로 하는 정보통신망법 제44조 제2항을 타인의 권리를 침해하는 정보가 유통되지 않도록 노력할 것을 촉구하는 선언적 규정으로 파악하였으며, 1심의 판단과는 달리 정보통신망법 제44조 제1항의 "타인의 권리"는 사생활 보호권 또는 명예 및 이와 유사한 인격권을 한정적으로 의미하는 것이고 여기에 상표권과 같은 재산적 권리는 포함되지 않는다고 해석하였다. 따라서 채무자(1심의 채무자[3])에게 상표권 침해행위를 적극적으로 방지하여야 할 작위의무를 인정할 '법률상' 근거가 없으므로 판매자들의 상표권 침해행위에 대한 방조책임을 인정하지 아니하였다. 그리고 채무자에게는 채권자(1심의 채권자)와의 사이에 상표권 침해행위를 방지하여야 할 '계약상' 작위의무가 존재하지 않으며, 상표권 침해행위를 사전에 일반적·포괄적으로 방지할 수 있는 적극적인 조치를 취하여야 할 '조리상' 작위의무 역시 인정하지 않았다. 즉 채무자에게는 상표권 침해행위를 '사전에' 방지할 작위의무가 법률이나 계약 그리고 조리의 어떠한 법적 근거에서도 발생하지 않는다고 판단하였다.

한편 상표권 침해행위를 '사후에' 개별적·구체적으로 방지하여야 할 조리상 작위의무가 있는가에 대해서는 그 존재를 긍정하였지만, 채무자가 고의 또는 과실로 개별적·구체적 사후방지 의무를 게을리하였다고 보기 어렵고 오히려 채무자는 개별적·구체적 사후방지 의무를 성실히 이행한 것으로 판단하였다. 그리고 판매자의 신원정보 및 판매정보의 상표권자에 대한 제공의무에 대해서는 개인정보 및 개인신용정보의 제3자 제공에 해당되어 판매자가 구체적·개별적으로 동의한 경우에만 제공되어야 하는 것이지 임의로 제공하거나 일반적·포괄적 동의를 받아 제공할 수는 없는 것이라고 하였다. 결국 채권자의 가처분신청은 모두 이유 없으므로 전부 기각되었다.

다. 대법원결정

대법원은 정보통신망법 제44조 제1항의 "사생활 침해 또는 명예훼손 등 타인의 권리"에 대해, "일반적으로 '등'이라는 표현은 그 앞에 구체적으로 열거된 단어와 유사한 것을 포괄하는 의미로 사용되는바, 그럼에도 위 규정 중 "등 타인의 권리"라는 문언에 집착하여 이

---

3) 1심에서의 채무자는 '인터파크지마켓'이었으나 그 이후 인터파크가 보유하고 있던 지마켓 지분을 이베이에 양도하였으므로 2심에서는 채무자가 '이베이지마켓'으로 변경되었지만, 논의의 주제와는 관계가 없는 주체의 변동일 뿐이다.

를 제한 없이 '타인의 모든 권리'라고 해석할 경우에는 과연 위 조문이 의미하는 "타인의 권리를 침해하는 정보"의 범위가 어디까지인지 매우 불명확하게 되고, 그 결과 이렇듯 불명확한 정보의 유통을 방지하기 위하여 정보통신서비스 제공자가 어느 정도의 노력을 기울여야 하는지 또한 모호하게 되어 정보통신서비스 제공자에게 지나치게 과중한 부담을 지우게 된다. 이런 점을 고려할 때, 위 법 제44조 제1항의 "사생활 침해 또는 명예훼손 등 타인의 권리를 침해하는 정보"는 '사생활을 침해하는 정보'나 '명예를 훼손하는 정보' 및 '이에 준하는 타인의 권리를 침해하는 정보'만을 의미할 뿐, 거기에서 더 나아가 '타인의 상표권을 침해하는 정보'까지 포함하지는 않는다고 보는 것이 합리적"이라고 판시하였다.

그리고 대법원은 '타인의 상표권을 침해하는 것으로 의심되는 게시물을 게시한 판매자의 신원정보 및 판매정보를 오픈마켓 운영자가 임의로 상표권자에게 제공할 의무'는 오픈마켓 운영자에게 요구되는 조치의무에 포함되지 않으며, 본 사안에서는 채무자가 고의 또는 과실로 상표권 침해행위의 개별적·구체적 사후방지의무를 게을리 하지 않았다고 판단하였다. 결국 채무자가 제기한 재항고에 대해 역시 모두 기각하였다.

3. 해설

가. 정보통신망법 제44조 제1항의 '타인의 권리'의 범위

(1) 제한설

대법원 판례와 같이 정보통신망법 제44조 제1항의 문언 해석상 '등'은 앞에서 열거한 '사생활 침해 또는 명예훼손'과 동질의 내용을 가진 것으로 해석함이 옳고, 그렇다면 인격권에 해당하는 것을 포함한다는 뜻이지 재산권에 관한 것까지 포함한다고 해석하는 것은 무리라고 하는 학설[4]이 있다. 이러한 주장의 근거는 정보통신망법 제44조의7에서 "음란한 부호·문언·음향·화상 또는 영상을 배포·판매·임대하거나 공공연하게 전시하는 내용의 정보, 사람을 비방할 목적으로 공공연하게 사실이나 거짓의 사실을 드러내어 타인의 명예를 훼손하는 내용의 정보, 공포심이나 불안감을 유발하는 부호·문언·음향·화상 또는 영상을 반복적으로 상대방에게 도달하도록 하는 내용의 정보 등"을 타인의 권리를 침해하는 정보에 해당되는 불법정보로 규정하고 있으므로, 정보통신망법의 입법목적 및 동법에서 유통을 금지하고 있는 불법정보의 구체적인 사항들을 고려할 경우, 정보통신망법 제44조 제1항의 "타

---

4) 유대종, "오픈마켓에서의 위조상품 판매에 따른 오픈마켓사업자의 책임"(주 1), 89면; 김지환, "오픈마켓 운영자의 상표권 간접침해책임에 관한 소고"(주 1), 180면; 다만 후자의 논문에서는 구체적인 논거를 상세히 밝히고 있지는 않다.

인의 권리"에는 권리의 주체와 분리할 수 없는 인격적 이익에 관한 권리인 인격권 및 그에 준하는 권리로 한정된다고 해석하는 것이 타당하고, 재산적 가치의 보호를 그 보호법익으로 하는 재산권 및 이에 준하는 권리는 포함되지 않는다고 한다.5)

(2) 무제한설

대법원 판례와는 달리 정보통신망법 제44조 제1항의 '타인의 권리'를 인격에 준하는 권리로 제한하지 아니하고 재산권도 포함하는 것으로 해석하는 견해도 있다. 그 논거로는 우선 법문에서 폭넓게 "타인의 권리"라고 하였으므로 상표권이나 저작권도 여기에 포함되지 않는다고 배제할 근거가 없으며, 해당 조항이 도입될 2007년 당시 개정이유에서 그러한 취지를 밝히고 있지도 아니므로 문리해석에 충실하여야 한다고 하고 있다.6) 그리고 '타인의 권리'에는 재산권이 포함되지 않는다면 인격권 중 어디까지에 해당하는지 여부에 대하여 구체적인 문언이 없으며, 퍼블리시티권의 경우 그 법적 성격을 인격권으로 보거나 또는 인격권과 재산권을 겸유한다고 본다면 퍼블리시티권은 정보통신망법 제44조 제1항의 '타인의 권리'에 포함되는 것인지에 대해서는 제한설로서는 명확히 설명하기 어렵다는 비판7)도 제기된다.

나. 오픈마켓 운영자의 상표권 침해 방지에 대한 구체적인 의무

(1) 사전적 방지의무

판례는 오픈마켓의 특성을 고려하여 오픈마켓 운영자에게 판매자의 상표권 침해행위를 사전에 방지하기 위한 적극적 조치를 취하여야 할 작위의무를 인정하지 않고 있다. 학설도 이른바 P2P방식으로 저작권을 침해하는 경우와는 달리 상표권을 침해하는 정보가 업로드되지 못하도록 필터링을 하는 정도의 적극적인 방지의무는 부과되지 않는다고 한다.8) 즉 오픈마켓 운영자에게 상품의 진정성 여부에 대한 포괄적·전면적 사전 검사, 위조상품 등록 여부의 상시감시, 포괄적·사전적 자동검색을 통한 위조상품 등록 차단, 판매자에 대한 엄격한 신원확인 등과 같이 상표권 침해행위를 사전에 일반적·포괄적으로 방지할 의무는 없는 것으로 본 판결은 많은 시사점을 주고 있다.9)

---

5) 유대종, 위의 글, 89면.
6) 오병철, "통신판매업자의 불법행위에 관한 통신판매 중개자(오픈마켓)의 책임"(주 1), 202 – 203면.
7) 차상육, "상표권침해를 둘러싼 오픈마켓 운영자의 법적 책임"(주 1), 46면.
8) 오병철, "통신판매업자의 불법행위에 관한 통신판매 중개자(오픈마켓)의 책임"(주 1), 209면.
9) 김병일, "오픈마켓서비스와 상표권 침해"(주 1), 102 – 103면.

(2) 사후적 방지의무

판매자의 상표권 침해행위를 사후에 처리하기 위한 조치의무에 대해 대법원은 ① 오픈마켓 운영자가 제공하는 인터넷 게시공간에 게시된 상표권 침해 게시물의 불법성이 명백하고, ② 오픈마켓 운영자가 위와 같은 게시물로 인하여 상표권을 침해당한 피해자로부터 구체적·개별적인 게시물의 삭제 및 차단 요구를 받거나, 피해자로부터 직접적인 요구를 받지 않았다 하더라도 그 게시물이 게시된 사정을 구체적으로 인식하였거나 그 게시물의 존재를 인식할 수 있었음이 외관상 명백히 드러나고, ③ 나아가 기술적, 경제적으로 그 게시물에 대한 관리·통제가 가능한 경우를 발생요건으로 밝혔다.

학설은 대체로 이러한 판례의 태도를 지지하는 것으로 보이지만,[10] 한편으로는 '오픈마켓 운영자가 제공하는 인터넷 게시공간에 게시된 상표권 침해 게시물의 불법성이 명백'할 것을 요구한다면, 개별적·구체적 주의의무가 너무나 한정적으로 발생하게 함으로써 오픈마켓 운영자가 개개 상표권자에 비추어 정보보유력의 우위의 위치에 있는 점과 자금력 그리고 침해대처능력에서 우위에 있는 점 등을 고려하면 상표권자에게 너무 불리하고 오픈마켓 운영자에게는 너무 유리하여 형평을 잃은 해석이 되므로, 그러한 요건은 요구하지 않아야 한다는 비판적 견해[11]가 있다.

다. 외국 사례

본 사안과 유사한 해외사례로는 우선 2010년 4월 1일 미국 Tiffany Inc. v. eBay 사건을 들 수 있다. 오픈마켓 운영자인 eBay가 Tiffany의 상표권을 침해하였는가에 대해 직접책임(direct trademark infringement)뿐만 아니라, 기여책임(contributory trademark infringement)도 인정되지 않는다는 이유로 상표권침해를 부정한 바 있다. 구체적으로는 상표권 침해품을 소유 또는 판매하는 것이 아니라는 이유로 직접책임을 부정하였으며, 현실 또는 장래의 침해의 인식이 없다는 이유로 기여책임도 인정하지 아니하였다.[12]

미국의 경우와 반대로 프랑스에서는 eBay를 상대로 하여 Louis Vuitton 상표권을 소유한 LVMH가 제기한 상표권 침해소송에서 eBay에게 6,000만 유로의 손해배상을 인정한 바 있으며, Hermes가 eBay를 상대로 제기한 소송에서는 2만 유로의 손해배상을 판결한 바 있다.[13]

---

10) 박영규, "상표권침해에 대한 온라인서비스 제공자의 법적 책임: 오픈마켓 운영자를 중심으로"(주 1), 301면 외 다수.
11) 차상육, "상표권침해를 둘러싼 오픈마켓 운영자의 법적 책임"(주 1), 51-52면.
12) 자세한 내용은 차상육, "상표권침해를 둘러싼 오픈마켓 운영자의 법적 책임"(주 1), 31-34면을 참조.
13) 박영규, "상표권침해에 대한 온라인서비스 제공자의 법적 책임: 오픈마켓 운영자를 중심으로"(주 1), 290면.

그러나 2009년 L'Oreal v. eBay사건에서는 판매자의 상표권 침해행위에 대해 eBay가 공동으로 책임을 지지 아니한다고 판단하였다.[14]

독일 연방대법원은 2004년 Rolex v. Ricardo사건에서 유명한 경매사이트인 Ricardo가 자동적으로 진행되는 인터넷 경매에 제공되는 모든 제품이 제3자의 권리를 침해하는지 여부에 대해서 심사하도록 하는 것은 기대 가능한 관리의무에 포함되지 않음을 명확히 밝혔지만, 만약 상표권 침해가 발생하고 있다는 사실을 인식하고 있는 경우에는 당해 상품의 거래를 즉시 중지함을 물론 해당 상표권의 침해가 더 이상 발생하지 않도록 기술적으로 가능하고 기대할 수 있는 조치를 취해야 한다고 판시하였다.[15]

4. 대상결정의 의의

대상결정이 갖는 가장 큰 의미는 정보통신망법 제44조 제1항이 규정하고 있는 '타인의 권리'를 범위를 구체적으로 어디까지로 볼 것인가의 문제에 대해 명확한 해석론을 제시하였다는 점이다. 마치 독일 민법상의 불법행위를 규정하고 있는 제823조 제1항의 '기타의 권리(ein sonstiges Recht)'를 둘러싼 고전적 논쟁과 매우 흡사한 양상이다.

판례와 같은 제한설에 따를 경우에는 정보통신망법 제44조 제1항을 해석하는 데 있어서 제44조의7에서 열거된 불법정보가 어떠한 이유에서 제한적 해석의 근거가 되는 것인지, 또 제44조의7의 불법정보에는 사행행위나 국가기밀누설정보도 포함되는데 이것이 인격적 이익과 어떠한 관계가 있는지는 의문이 아닐 수 없다. 또 인격권과 재산권이 엄격히 준별할 수 있는가도 매우 곤란한 문제이다. 예를 들어 저작권은 저작인격권과 저작재산권으로 구별되는데, 저작인격권은 정보통신망법 제44조 제1항의 보호범위에 들어가는 반면 저작재산권은 제44조 제1항의 보호범위에 포함되지 않는다는 논리적 귀결은 수긍하기 어렵다.

그러나 무제한설에 따를 경우에도 정보통신서비스 제공자에게 과중한 부담을 지우게 되는 현실적인 문제가 발생하며, 특히 오픈마켓 운영자와 같이 정보제공에 관여정도가 낮은 주체에게는 더더욱 그러하다고 할 것이다. 나아가 일상생활에서 활발하게 행하여지는 디지털콘텐츠 거래에서 필연적으로 발생할 수밖에 없는 채무불이행 또는 불완전이행도 법리상으로는 재산권인 채권을 침해하는 것이므로, 그러한 권리침해행위에 대해서까지 정보통신서비스 제공자에게 책임을 지우게 되는 책임범위의 과도한 확장을 초래할 위험도 우려된다.[16]

---

14) 김병일, "오픈마켓서비스와 상표권 침해"(주 1), 87면.
15) 차상육, "상표권침해를 둘러싼 오픈마켓 운영자의 법적 책임"(주 1), 39면.
16) 예를 들어 구글 '플레이스토어'에 등록된 A사의 어플리케이션의 기능이 불완전하여 이용자 B가 채무불이행을 주장하고자 하는 경우에, 자신의 권리(채권)를 침해하는 정보가 유통되었으므로 구글도 정보통신망법 제44조 제2항의 책임을 져야 한다고 주장하는 것은 수긍하기 어렵다.

오픈마켓 운영자에게 개별 판매자들이 상표권을 침해하는 물품을 판매하거나 게시하는 행위에 대해 구체적으로 어떠한 주의의무를 부과할 것인지의 논의도 그 기원을 거슬러 올라가면, 인터넷 도입초기의 전자게시판 운영자에게 어떠한 책임을 지워야 할 것인가에 관한 판결(대법원 2003. 6. 27. 선고 2002다72194 판결)에 이르게 된다.[17] 정보기술의 발전에 따라 제3자들의 위법한 권리침해행위가 행해지는 인터넷상의 공간의 양태와 특성은 변하고 있으나, 그러한 인터넷상의 활동영역을 제공하는 자(정보통신서비스 제공자)에 대해 책임을 지우기 위해서는 '위법한 권리침해행위를 인식하였거나 인식할 수 있음이 명백히 드러나며 그 권리침해행위에 대한 관리·통제가 가능하여야 한다'는 대법원 판례(대법원 2009. 4. 16. 선고 2008다53812 전원합의체 판결)의 법리가 적어도 당분간은 유효성이 인정될 수 있을 것이다.

---

17) 황찬현, "전자게시판 운영자의 책임", 정보법 판례백선(Ⅰ), 박영사, 2006, 601면 이하.

23 동물 캐릭터 도안에 관한 저작권 판단기준과 상표권

대법원 2014. 12. 11. 선고 2012다76829 판결[1]

이정환(서울고등법원 고법판사)

1. 사안의 개요

가. 원고는 1974년경 미국에서 설립된 이래 자전거용 의류, 스포츠 장비 등을 생산, 판매하는 회사이고, 피고 2 회사는 2006. 1. 26., 피고 1 회사는 2009. 10. 22., 각각 설립되어 의류 등 제조판매 등을 하는 회사들이며, 피고 3은 피고 1 회사의 사내이사이다.

나. 원고는 미국에서 1976년경   ,   ,   도안(이 사건 (1), (2), (4) 도안: 이 사건 초기 도안)을, 1990. 6.경   ,   ,   ,   ,   도안(이 사건 (6)~(10) 도안: 이 사건 후기 도안)을 각 창작하여 미국에서 공표하고, 자전거용 의류, 장비 등에 표시하여 생산·판매하였다. 원고는 미국에서 이 사건 도안을 스포츠용 헬멧, 가방, 장갑, 재킷 등에 상표등록하고, 1990년 후반부터 2000년대 초까지 이 사건 도안을 포함한 상표권을 일본, 프랑스, 독일, 중국, 이탈리아, 러시아, 브라질, 유럽공동체, 태국 등 50여 개 국가에 등록하였으며, 자신의 인터넷 쇼핑몰이나 이베이(eBay), 오토바이 전문 쇼핑몰 등을 통하여 그 제품을 세계에 판매하였다.

다. 피고 3은 2007. 10. 8.(일부 상표는 2007. 11. 12.) 신○○으로부터 여우 머리 또는 영문 'FOX'를 형상화한 표장들에 관한 28개의 국내 상표권(이 사건 상표)을 각각 양수하고 상표권자로서 등록을 마쳤다. 원고는 이 사건 상표 중 제513250호   , 제470005호   에 관하여, 세계적으로 주지·저명한 (6)   , (7)   도안을 부정경쟁의 목적으로 모방하여 출원한 상표라는 이유로 각 상표등록 무효심판을 제기하였으나, 위 각 상표등록 결정 당시 위 (6), (7) 도안이 국내에서 주지·저명하다거나 특정인의 상품이나 상표라고 인식될 수 있을

---

1) [참조 판례] 대법원 2003. 10. 23. 선고 2002도446 판결; 대법원 2014. 5. 16. 선고 2012다55068 판결; 대법원 2014. 7. 24. 선고 2013다8984 판결 등.

정도로 알려진 상표라고 볼 수 없다는 이유로 각 기각심결을 받았다. 피고 3이 2007. 10. 29. 원고의 (10) 🐟 도안과 동일·유사한 상표 🐟 를 특허청에 출원하자, 원고가 이의신청하여 특허청은 2009. 10. 29. 거절결정을 하였고, 특허심판원도 2011. 4. 22. 그 거절결정을 유지하였다.

　　라. 피고 1 회사는 이 사건 상표의 개발, 관리를 하고, 피고 2 회사는 2008. 1. 1. 피고 3에게 매년 2,000만 원을 지급하기로 하여 피고 3으로부터 2008. 1. 1.부터 2017. 12. 31.까지 이 사건 상표의 사용허락을 받았다. 피고 1 회사는 이 사건 상표와 이 사건 후기 도안을 스포츠 의류 등 제품에 표시하여 생산하고 그 제품을 인터넷 사이트 'www.foxkorea.biz' 등을 통하여 판매하였으며, 그 사이트에서 "FOX 브랜드의 레포츠 의류 및 용품 전 품목에 대하여 한국판매권 및 수입통관을 독점 계약하였다"라고 게시하기도 하였다. 피고 2 회사도 이 사건 상표와 이 사건 후기 도안을 스포츠용 의류, 장갑 등 제품에 표시하여 생산하고, 그 제품을 자신의 인터넷 사이트 'www.foxriders.co.kr' 등을 통하여 판매하였으며, 그 사이트에서 "2008년 4월 1일부터 FOX 브랜드의 레포츠 의류 및 용품 전 품에 대하여 한국판매권 및 수입통관을 독점 계약하였다"라고 게시하기도 하였다.

2. 판결의 요지

가. 1심판결(서울중앙지방법원 2011. 8. 10. 선고 2011가합12120 판결)

1심법원은 피고들이 사용하는 상표가 원고의 저작물에 의거하여 작성되지 않았다는 이유로 원고의 청구를 기각하였다. 1심법원은 피고 3이 보유하고 있는 상표들 중 이 사건 도안과 동일·유사하다고 인정되는 상표들에 대한 위 상표등록 무효심판에서 상표등록 결정 당시 위 도안이 국내에서 주지·저명하다거나 특정인의 상품이나 상표라고 인식될 수 있을 정도로 알려진 상표라고 볼 수 없다는 이유로 기각심결을 받은 점, 원고의 1999년도 미국 총 매출액 43,264,628달러와 비교하여 국내 매출액은 42,101달러로서 약 0.1% 미만에 그친 점 등을 근거로 의거성을 부정하였다.

나. 원심판결(서울고등법원 2012. 7. 25. 선고 2011나70802 판결)

(1) 원심법원은 의거성에 따른 저작권 침해를 인정하고 원고의 청구를 일부 인용하였다. 원심법원은 이 사건 도안이 상품 표지로서의 상표 기능과 중복되는 측면이 있다고 하더라도 응용미술저작물에 해당하고, 1996. 7. 1. 이후 출원된 이 사건 상표 중 아래 표의 이 사

건 침해 표장은 각 이에 대응하는 '이 사건 침해 도안'과 전체적인 인상이 동일하거나 실질적으로 유사하다고 보았다. 다만 의거성에 관하여 1심법원과 견해를 달리하였다. 원심법원은, 이 사건 후기 도안은 피고들이 인터넷 사이트 등을 통하여 판매하는 제품에 표시된 것과 동일하고, 이 사건 침해 표장도 비교표에 대응하는 각 도안과 동일하거나 실질적으로 유사하며, 원고의 이 사건 도안의 창작·공표일이 각 1976년경과 1990. 6.경으로 이 사건 침해 표장 중 가장 이른 출원일인 1999. 3. 17.보다 상당히 앞선 시점이고, 원고는 1990년 후반부터 미국, 유럽, 아시아 등 50여 국가에 이 사건 도안을 사용한 상표를 등록하였으며, 원고는 2005년부터 2009년까지는 누적 합계 1,036,931,249달러(미화)의 매출, 누적 합계 92,991,007달러(미화)의 광고비를 지출하였고, eBay 등 인터넷 사이트 등을 통하여 이 사건 도안을 포함한 제품을 판매하고 있으며, 피고 1, 2 회사가 자신들이 운영하는 인터넷사이트에 '한국판매권'과 '수입통관'이라는 문구를 게시한 적이 있고, 피고 3이 이 사건 (10) 도안과 동일한 상표를 등록출원하였다가 거절된 사실을 종합하면, 이 사건 침해 표장이 (1), (2), (4) 도안과 이 사건 후기 도안에 의거하여 작성되었다는 점이 사실상 추정되고, 그 밖에 이 사건 침해 표장이 신○○이나 피고 3에 의하여 이 사건 도안과 무관하게 독립적으로 창작되었다고 볼 만한 사정도 보이지 않으며, 신○○이 최초로 출원한 여우 머리 표장이 단계적으로 변화하

이 사건 침해 표장(상표등록번호/출원일)	이 사건 침해 도안
(제470005호/1999. 3. 17.)	(2) , (7)
(제511131호/1999. 8. 28.)	(4) , (8)
(제513250호/1999. 8. 3.)	(1) , (6)
(제602825호/2003. 11. 22.)	(1) , (6)
(제608960호/2003. 9. 8.)	(4) , (8)
(제616529호/2004. 2. 16.) 좌측 여우 머리 형상 부분	(1) , (6)
(제693927호/2006. 4. 14.)	(1) , (6)
(제699637호/2006. 4. 3.)	(1) , (6)
(제707094호/2006. 4. 14.)	(1) , (6)

여 이 사건 침해 표장과 같이 발전하였다는 피고들의 주장은 그 개연성이 현저히 부족하다고 판단하였다.

다. 대상판결(대법원 2014. 12. 11. 선고 2012다76829 판결)

대법원은 피고들의 상고를 모두 기각하면서, 주된 쟁점에 관하여 아래와 같이 판시하였다.

(1) 저작물의 요건으로서 요구되는 창작성이란 완전한 의미의 독창성을 말하는 것은 아니며 단지 어떠한 작품이 남의 것을 단순히 모방한 것이 아니고 작자 자신의 독자적인 사상 또는 감정의 표현을 담고 있음을 의미할 뿐이어서 이러한 요건을 충족하기 위하여는 단지 저작물에 그 저작자 나름대로의 정신적 노력의 소산으로서의 특성이 부여되어 있고 다른 저작자의 기존의 작품과 구별할 수 있을 정도이면 충분하다. 그리고 저작물과 상표는 배타적·택일적인 관계에 있지 아니하므로, 상표법상 상표를 구성할 수 있는 도형 등이라도 저작권법에 의하여 보호되는 저작물의 요건을 갖춘 경우에는 저작권법상의 저작물로 보호받을 수 있고, 그것이 상품의 출처표시를 위하여 사용되고 있거나 사용될 수 있다는 사정이 있다고 하여 저작권법에 의한 보호 여부가 달라진다고 할 수는 없다. (중략) 이 사건 원고 도안이 저작권법에 의하여 보호되는 저작물의 요건으로서 창작성을 구비하였는지 여부는 도안 그 자체로 일반적인 미술저작물로서 창작성을 구비하였는지 여부에 따라 판단하면 충분하다고 할 것이다.

(2) 저작권법이 보호하는 복제권이나 2차적저작물작성권의 침해가 성립되기 위하여는 대비대상이 되는 저작물이 침해되었다고 주장하는 기존의 저작물에 의거하여 작성되었다는 점이 인정되어야 한다. 이와 같은 의거관계는 기존의 저작물에 대한 접근가능성, 대상 저작물과 기존의 저작물 사이의 유사성이 인정되면 추정할 수 있고, 특히 대상 저작물과 기존의 저작물이 독립적으로 작성되어 같은 결과에 이르렀을 가능성을 배제할 수 있을 정도의 현저한 유사성이 인정되는 경우에는 그러한 사정만으로도 의거관계를 추정할 수 있다.

3. 해설

가. 동물 캐릭터 도안에 관한 저작물성 판단 기준

(1) 저작권법 제2조 제1호는 저작물을 '인간의 사상 또는 감정을 표현한 창작물'로 규정하고 있다. 2006년 개정 전 저작권법은 '문학·학술 또는 예술의 범위'에 속하는 창작물을 저작물이라고 규정하고 있었으나, 2006년 개정 저작권법은 위와 같은 제한을 삭제하였다.

현재 저작물의 성립요건으로 ① 인간의 사상 또는 감정을 표현한 것일 것, ② 창작성이 있을 것에 관하여는 별다른 이견이 없고, 대법원판결도 일관되게 유지되고 있다. 저작권 보호 대상은 사상이나 감정을 구체적으로 외부에 표현한 창작적인 표현 형식이고, 그 소재가 된 사상이나 감정의 내용, 즉 아이디어나 그 사상이나 감정 그 자체가 아니다.[2] 창작성은 그 저작물이 기존의 다른 저작물을 베끼지 않았다는 것 또는 저작물의 작성이 개인적인 정신활동의 결과이고,[3] 판례도 같은 취지로 설시하고 있다.[4] 대상판결은 저작물의 성립요건에 관한 일반론과 기존 판례[5]에 따라 이 사건 도안의 저작물성을 인정하였다.

　　(2) 이 사건 도안이 구 저작권법상 '응용미술작품', 현행 저작권법상 '응용미술저작물'에 해당하는지, 이에 해당한다면 이와 관련된 판단기준은 무엇인지도 살펴볼 필요가 있다. 최초 저작권법(1957년 제정, 법률 제423호)은 저작물의 대상으로 '공예'를 예시하였다.[6] 최초 저작권법에서는 보호대상인 미술작품은 회화, 조각 등 순수미술작품에 한정되고 응용미술작품은 제외되는 것이 원칙이지만, 일품제작(一品製作)의 공예미술품은 예외적으로 보호된다고 해석되었다.[7] 그런데 1986년 개정 저작권법(1986. 12. 31. 법률 제3916호 전부 개정, 시행일 1987. 7. 1.) 제4조 제1항 제4호는 회화, 서예, 조각, 공예와 함께 '응용미술작품'을 저작물의 하나로 예시하여 응용미술작품이 보호대상이 될 수 있음을 분명히 하였고, 1995년 개정 저작권법(1995. 12. 6. 법률 제5015호 개정, 1996. 7. 1. 시행)도 동일하게 규정하였다. 그런데 대법원은 '응용미술작품'에 관하여 '독립적인 예술적 특성이나 가치를 가지고 있을 것'을 저작물성의 인정기준으로 설시하면서 직물의 염직도안,[8] 서체도안,[9] 생활한복 디자인[10]이 저작물에 해

2) 대법원 1996. 6. 14. 선고 96다6264 판결; 대법원 1997. 11. 25. 선고 97도2227 판결; 대법원 1999. 10. 22. 선고 98도112 판결; 대법원 1999. 11. 26. 선고 98다46259 판결; 대법원 2000. 10. 24. 선고 99다10813 판결; 대법원 2009. 12. 10. 선고 2007도7181 판결 등 참조.

3) 오승종, 저작권법(제3판, 전면개정판), 박영사, 2013, 41면.

4) 대법원 1995. 11. 14. 선고 94도2238 판결(세탁학기술개론), 대법원 1997. 11. 25. 선고 97도2227 판결(대학 본고사 입시문제), 대법원 1999. 11. 26. 선고 98다46259 판결(고려수지요법강좌), 대법원 2014. 2. 27. 선고 2012다28745 판결(주름개선 시술기법 강연: 저작물의 요건으로서 요구되는 창작성이란 완전한 의미의 독창성을 말하는 것은 아니며 단지 어떠한 작품이 남의 것을 단순히 모방한 것이 아니고 작자 자신의 독자적인 사상 또는 감정의 표현을 담고 있음을 의미할 뿐이어서 이러한 요건을 충족하기 위하여는 단지 저작물에 그 저작자 나름대로의 정신적 노력의 소산으로서의 특성이 부여되어 있고 다른 저작자의 기존의 작품과 구별할 수 있을 정도이면 충분하다).

5) 대법원 2003. 10. 23. 선고 2002도446 판결 등 참조.

6) 제2조(저작물) 본법에서 저작물이라 함은 표현의 방법 또는 형식의 여하를 막론하고 문서, 연술, 회화, 조각, 공예, 건축, 지도, 도형, 모형, 사진, 악곡, 악보, 연주, 가창, 무보, 각본, 연출, 음반, 녹음필림, 영화와 기타학문 또는 예술의 범위에 속하는 일체의 물건을 말한다.

7) 윤경, "응용미술작품이 저작물로 보호되기 위한 요건 - 대법원 2004. 7. 22. 선고 2003도7572 판결(히딩크넥타이 사건) -", 경영법무 제128호, 2006.3, 19면.

8) 대법원 1996. 2. 23. 선고 94도3266 판결(대한방직).

9) 대법원 1996. 8. 23. 선고 94누5632 판결(안상수체 등 서체 도안).

10) 대법원 2000. 3. 28. 선고 2000도79 판결(생활한복).

당하지 않는다고 판시하였다. 그 후 2000년 개정 저작권법(2000. 1. 12. 법률 제6134호 개정, 시행일 2000. 7. 1.) 제2조 제11의2호는 '응용미술저작물'을 '물품에 동일한 형상으로 복제될 수 있는 미술저작물로서 그 이용된 물품과 구분되고 독자성을 인정할 수 있는 것을 말하며, 디자인 등을 포함한다'는 정의규정을 신설하고, 제4조 제1항 제4호에서 '응용미술저작물'을 저작물로 예시함으로써 응용미술저작물이 저작물의 보호대상임을 명백히 하였고, 현행 저작권법(2006. 12. 28. 법률 제8101호 개정, 시행일 2007. 6. 29. 시행) 제2조 제15호에도 그대로 유지되고 있다. 2000년 개정 저작권법은 미국의 분리가능성 이론을 수용하여 직물디자인과 같은 응용미술저작물에 관한 보호를 강화하고 그 요건을 명확히 하기 위한 것이라고 설명된다. 이에 따르면 직물디자인과 같은 2차원적 디자인도 별도의 예술적 특성이나 가치와 무관하게 이용된 물품과 구분되는 독자성을 가진 것으로 인정되면 저작물로 인정될 수 있다.[11]

　　(3) 대법원도 위와 같은 맥락에서 2000년 개정 저작권법이 적용되는 '응용미술저작물'에 관하여 물품과 구분되는 독자성 외에 독립적 예술적 특성이나 가치를 가질 것이라는 요건을 요구하지 않았다.[12] 대법원은 동물 캐릭터 도안에 관하여 2000년 저작권법 개정 전에도 위와 같은 응용미술작품에 관하여 일반적으로 요구하였던 '독립적인 예술적 특성이나 가치'를 고려하지 않고 저작물성을 인정하여 왔고,[13] 2000년 개정 저작권법 시행 전에 창작된 동물 캐릭터 도안에 대하여 '응용미술작품'에 관한 저작물성을 문제 삼지 않고 2000년 저작권법 시행 후 기준에 따라 저작물성을 판단하면서 그 저작물성을 인정하였다.[14] 대상판결은 대법원의 동물 캐릭터 도안의 저작물성에 관한 기존 판례의 연장선상에서 판단하였다.

나. 저작물과 상표의 관계

저작권법에는 상표권과의 저촉 관계를 언급하고 있지 않지만, 구 상표법(2014. 6. 11. 법률 제12751호로 개정되기 전의 것) 제53조(위 개정 후 상표법 제53조 제1항)[15]는 상표권과 저작권의

---

11) 이상정, 정보법판례백선, 박영사, 2006, 479−485면.

12) 대법원 2004. 7. 22. 선고 2003도7572 판결(히딩크 넥타이).

13) 대법원 1992. 12. 24. 선고 92다31309 판결(롯티); 대법원 1997. 4. 22. 선고 96도1727 판결(톰엔제리); 대법원 1999. 5. 14. 선고 99도115 판결(리틀밥독).

14) 대법원 2003. 10. 23. 선고 2002도446 판결(달마시안), 대법원 2004다15096 심리불속행 기각 판결(마시마로). 다만 대법원 2005. 1. 14. 선고 2002다21462 판결은 2000년 저작권법 시행 전에 창작된 동물 캐릭터 도안인 반짝이 곰에 대하여 2000년 저작권법의 응용미술저작물 정의규정에 따라 저작물성을 판단하면서 분리가능성 요건을 엄격하게 적용하여 저작물성을 부정하였다.

15) 상표법 제53조(타인의 디자인권등과의 관계) 상표권자・전용사용권자 또는 통상사용권자는 그 등록상표를 사용할 경우에 그 사용상태에 따라 그 상표등록출원일전에 출원된 타인의 특허권・실용신안권・디자인권 또는 그 상표등록출원일전에 발생한 타인의 저작권과 저촉되는 경우에는 지정상품중 저촉되는 지정상품에 대한 상표의 사용은 특허권자・실용신안권자・디자인권자 또는 저작권자의 동의를 얻지 아니하고는 그 등록상표를 사용할 수 없다.

저촉관계를 조정하기 위한 규정을 두고 있다. 저작권과 저촉되는 상표라도 그것이 공공의 질서나 선량한 풍속을 문란케 하는 것으로서 상표법 제7조 제1항 제4호의 부등록사유에 해당한다고 볼 만한 특별한 사정이 없으면 등록될 수 있지만, 등록되더라도 선행 저작권자의 동의 없이는 사용할 수 없는 법률관계가 예정되고 있다. 대법원도 저작물이 상표로 기능할 수 있는 상황을 전제로 판시하기도 하였고,16) 외국에서 상표로 사용하는 저작물과 실질적으로 동일·유사한 표장을 국내에서 상표로 등록한 경우에 상표권자의 상표사용이 저작권 침해가 될 수 있음을 전제로 판시하기도 하였다.17) 원심판결도 저작권법과 상표법은 적용되는 국면과 표현을 달리하고 있으나, 그 보호목적과 보호요건이 다르므로 위 상표법 제53조가 적용되는 상황에는 한 쪽의 법률효과를 다른 법률이 저지할 수 없고, 이 사건 도안이 상품표지로서의 상표 기능과 중복되는 측면이 있더라도 응용미술저작물로 인정함에 방해가 되지 않는다고 설시하였다. 대상판결도 같은 맥락에서 저작물과 상표는 배타적·택일적인 관계에 있지 아니하고, 상표법상 상표를 구성할 수 있는 도형 등이라도 저작권법에 의하여 보호되는 저작물의 요건을 갖춘 경우에는 저작권법상의 저작물로 보호받을 수 있고, 그것이 상품의 출처표시를 위하여 사용되고 있거나 사용될 수 있다는 사정이 있다고 하여 저작권법에 의한 보호 여부가 달라진다고 할 수는 없다는 법리를 설시하였다.

다. 의거성 판단의 고려요소

원심판결은 원고의 창작·공표일은 1976년경과 1990. 6.경으로 피고의 이 사건 침해 표장 중 가장 이른 출원일인 1999. 3. 17.보다 상당히 앞선 시점이고, 이 사건 후기 도안은 피고들이 인터넷 사이트 등을 통하여 판매하는 제품에 표시된 것과 동일하며, 이 사건 침해 표장도 이 사건 침해 도안과 동일하거나 실질적으로 유사한 정도가 현저하고, 피고 1, 2 회사는 원고의 지사가 아니지만 '폭스코리아'라는 이름을 사용하였으며, 피고들이 인터넷사이트에 '한국판매권'과 '수입통관'이라는 문구를 게시하였다가 이 사건 소를 제기당하자 삭제하였던 사정 등을 근거로 의거성을 인정하였고, 대상판결도 1심판결에서 언급된 사정만으로 의거성을 뒤집기 부족하다고 보았다.

---

16) 대법원 1992. 12. 24. 선고 92다31309 판결(롯티); 대법원 1997. 4. 22. 선고 96도1727 판결(톰엔제리); 대법원 1999. 5. 14. 선고 99도115 판결(리틀밥독).

17) 대법원 2006. 9. 11.자 2006마232 결정(상표법 제53조에서 등록상표가 그 등록출원 전에 발생한 저작권과 저촉되는 경우에 저작권자의 동의 없이 그 등록상표를 사용할 수 없다고 한 것은 저작권자에 대한 관계에서 등록상표의 사용이 제한됨을 의미하는 것이므로, 저작권자와 관계없는 제3자가 등록상표를 무단으로 사용하는 경우에는 상표권자는 그 사용금지를 청구할 수 있다).

4. 판결의 의의

대상판결은 동물 캐릭터 도안에 관한 종전 대법원판결처럼 응용미술작품, 응용미술저작물에 관한 2000년 개정 전후에 관한 저작권법 해석론을 따르지 않고, 저작물에 관한 일반적 성립요건에 입각하여 이 사건 침해 도안의 저작물성을 판단하였다. 저작물에 관한 일반론으로 충분히 설명가능할 뿐 아니라 최초 도안이 순수미술저작물이라고 하더라도 상업적 목적으로 대량 복제되어 사용되는 경우 응용미술작품, 응용미술저작물이 될 수 있다는 측면에서 이에 관한 독자적 개념을 설정하는 것은 쉽지 않을 것이다. 아울러 대상판결은 저작물과 상표는 배타적, 택일적 관계가 아니므로 저작물이 상품의 출처표시로 사용되거나 사용될 수 있다는 사정이 있다고 하더라도 저작권법에 의한 보호여부가 달라질 수 없다는 법리를 최초로 명시적으로 설시하였다.

한편 원심판결은 이 사건 침해 도안이 회복저작물이므로 1996. 7. 1.부터 보호되고, 이 사건 초기 도안은 2026. 12. 31.까지, 이 사건 후기 도안은 2040. 12. 31.까지 각각 저작권법에 따라 보호를 받는다고 판시하고, 그 보호기간의 종기를 주문에 표시하였다. 상고심 쟁점이 아니므로 대상판결에서 판단되지 않았으나, 향후 저작권, 특허권 등과 같이 존속기간이 법정된 지적재산권을 근거로 한 침해소송에서 같은 취지의 판결이 나올지 주목된다. 또한, 원심판결은 1996. 7. 1. 이전에 상표등록출원을 마친 상표권은 회복저작물을 보호하는 저작권법 시행 이후에도 그대로 보호되는 것이 타당하므로 1996. 7. 1. 이전 상표등록출원을 마친 상표에 관하여는 저작권 침해를 주장할 수 없다는 법리를 설시하였다. 같은 취지의 하급심 판결[18]이 있으나, 대법원은 아직 명시적인 입장을 밝히지 않았다. 향후 이에 관한 대법원 판결도 주목된다.[19]

---

18) 서울고등법원 1999. 12. 21. 선고 99나23251 판결(헬로우 키티, 대법원 2001. 4. 10. 선고 2000다4500 판결로 상고기각되었으나 위 쟁점에 관한 판단 없음) 등.

19) 대법원 2001. 11. 27. 선고 98후2962 판결(피고가 1996. 7. 1. 이전 출원하여 등록한 상표에 관하여 1996. 7. 1. 이후에 저작권자인 원고의 동의를 받지 아니하고 상표를 사용하는 경우 원고에 대한 저작권 침해가 되는 것을 별론으로 한다고 방론으로 설시하면서도, 피고의 심판청구일 전 3년 이내 상표 불사용을 원인으로 하는 원고의 상표등록의 취소청구를 기각하였음).

24 요약물과 저작권 침해

대법원 2013. 8. 22. 선고 2011도3599 판결[1]

이응세(법무법인(유한) 바른 변호사)

1. 사안의 개요

미국내의 A회사가 원저작자의 허락 없이 원저작물인 각종 도서를 요약하여 인터넷사이트를 통하여 영문요약물을 제공·판매하고 있었다. 피고인은 A회사와 계약을 체결하고 A회사가 제공하는 영문요약물을 제공받아 이를 한글로 번역한 번역요약물을 자신이 운영하는 회사의 국내 인터넷사이트를 통하여 유료로 제공하였다. 피고인은 위 번역요약물의 작성 행위가 저작권침해에 해당한다는 이유로 공소제기되었다.

2. 판결의 요지

가. 제1심판결(서울중앙지방법원 2010. 8. 2. 선고 2009고단5885 판결)

대상판결의 사안은 원저작물은 영문저작물이고, 이를 A회사가 영어로 요약한 영문요약물이 있으며, 피고인은 영문요약물을 한글로 번역하여 번역요약물을 작성한 것이다. 이와 별도로 다른 국내업체인 D가 원저작자의 허락을 받아 원저작물 자체를 한글로 번역하여 출간한 번역저작물도 있었다.

1심의 공소사실은 번역요약물이 원저작물 및 번역저작물과 목차 및 주요내용 등에 있어서 상당부분 유사성을 지지고 있으므로, 피고인은 원저작물 및 번역저작물에 대한 2차적

---

1) [참조 및 관련 판례] 대법원 2007. 12. 13. 선고 2005다35707 판결; 대법원 2010. 2. 11. 선고 2007다 63409 판결(공2010상, 499); 대법원 2011. 5. 13. 선고 2010도7234 판결; 서울중앙지방법원 2004. 12. 3. 선고 2004노555 판결.
[관련평석 및 문헌] 우성엽, "2차적 저작물의 법률관계", LAW & TECHNOLOGY 제4권 제5호(2008. 11.), 서울대학교 기술과법센터, 2008; 권영준, 저작권침해판단론—실질적 유사성을 중심으로, 박영사, 2007 등.

저작물인 번역요약물을 작성하는 방법으로 원저작자와 번역저작자의 저작권을 침해하였다는 것이다.

1심판결은, 피고인에게 원저작물의 저작권을 침해하였다는 점에 관한 인식이 있다고 단정할 수 없고, 피고인이 번역저작물을 요약한 것이 아니라 A회사의 영문요약물을 번역한 것이므로, 번역저작물의 저작권을 침해하였다고 보기도 어렵다는 이유로, 무죄를 선고하였다.

나. 원심판결(서울중앙지방법원 2011. 2. 23. 선고 2010노3247 판결)

2심에서 공소사실이 변경되었다. 변경된 공소사실은 "번역요약물은 원저작물과 목차와 주요내용 등에 있어서 상당부분 유사성을 지니고 있었으므로, 피고인은 원저작물에 대한 2차적저작물인 번역요약물을 작성하는 방법으로 원저작자의 저작권을 침해하였다"는 것이다.

2심판결은, 영문요약물은 원저작물을 요약한 것에 불과하고, 피고인이 작성한 번역요약물은 영문요약물을 번역한 것에 불과하며, 영문요약물과 번역요약물은 원저작물과 목차 및 주요내용 등에 있어서 상당부분 유사성을 가지고 있다고 판단하고, 공소사실을 유죄로 인정하였다.

다. 대법원판결

저작권법 제5조 제1항은 '원저작물을 번역·편곡·변형·각색·영상제작 그 밖의 방법으로 작성한 창작물'을 '2차적저작물'이라고 규정하고 있으므로, 2차적저작물이 되기 위해서는 원저작물을 기초로 수정·증감이 가해지되 원저작물과 실질적 유사성을 유지하여야 한다. 따라서 어문저작물인 원저작물을 기초로 하여 이를 요약한 요약물이 원저작물과 실질적인 유사성이 없는 별개의 독립적인 새로운 저작물이 된 경우에는 원저작물 저작권자의 2차적저작물작성권을 침해한 것으로 되지는 아니하는데, 여기서 요약물이 원저작물과 실질적인 유사성이 있는지는, 요약물이 원저작물의 기본으로 되는 개요, 구조, 주된 구성 등을 그대로 유지하고 있는지 여부, 요약물이 원저작물을 이루는 문장들 중 일부만을 선택하여 발췌한 것이거나 발췌한 문장들의 표현을 단순히 단축한 정도에 불과한지 여부, 원저작물과 비교한 요약물의 상대적인 분량, 요약물의 원저작물에 대한 대체가능성 여부 등을 종합적으로 고려하여 판단해야 한다고 판시하고, 원심이 피고인이 작성한 번역요약물이 그 원저작물과 실질적으로 유사하여 2차적저작물에 해당한다는 취지로 판단한 것은 정당하다고 하면서 원심판결을 유지하였다.

3. 해설

가. 대상판결의 취지

2심판결은, 원저작물에 대한 2차적저작물인 번역요약물을 작성하는 방법으로 원저작자의 저작권을 침해하였다는 공소사실을 그대로 인정하였으므로, 피고인이 침해하였다는 저작권은 2차적저작물작성권을 의미한다고 볼 수 있다. 대상판결도 원심판결의 2차적저작물작성권 침해 판단이 정당하다는 것이고, 대상판결의 판결요지에도, 피고인의 행위가 원저작권자의 2차적저작물작성권을 침해하였다고 하여 기소된 사안이라고 소개하고 있다.

그러나 그러한 판시에도 불구하고, 실제 이 사건에서 요약물이 2차적저작물에 해당하고 요약물 작성이 2차적저작물작성권 침해에 해당하는지 여부는 다소 불분명한 점이 있다.

나. 번역요약물과 2차적저작물

이 사건과 같은 번역요약물이 원저작물의 2차적저작물에 해당하는지는 번역과 요약이라는 두 가지 관점에서 볼 수 있다.

저작권법 규정상 번역은 2차적저작물 작성의 전형적인 방법이므로, 번역물이 2차적저작물인 점에 의문이 없다. 물론 번역이라고 하더라도 실용적인 간단한 짧은 문장을 번역한 경우와 같이, 누가 하더라도 같거나 비슷하게 할 수밖에 없다고 인정될 경우에는 번역에 창작성이 부정되어 2차적저작물로 보지 않을 수 있으나,[2] 이 사건 원저작물이 도서이므로, 그 번역물은 일반적으로 2차적저작물이라고 볼 수 있다.

어떠한 저작물을 요약한 요약물이 2차적저작물이 될지는 번역과 별개로 검토되어야 한다.

다. 복제권 및 2차적저작물작성권

(1) 복제와 2차적저작물

다른 사람의 저작물을 무단히 복제하게 되면 복제권의 침해가 되고 이 경우 저작물을 원형 그대로 복제하지 아니하고 다소의 수정·증감이나 변경이 가하여진 것이라고 하더라도 새로운 창작성을 더하지 아니한 정도이면 복제로 보아야 한다. 한편, 저작권법 제5조 제1항 소정의 2차적저작물로 보호받기 위하여는 원저작물을 기초로 하되 원저작물과 실질적 유사

---

2) 이해완, 저작권법(제3판), 박영사, 2015, 212면.

성을 유지하고 이것에 사회통념상 새로운 저작물이 될 수 있을 정도의 수정·증감을 가하여 새로운 창작성을 부가하여야 하는 것이므로, 어떤 저작물이 기존의 저작물을 다소 이용하였더라도 기존의 저작물과 실질적인 유사성이 없는 별개의 독립적인 신 저작물이 되었다면, 이는 창작으로서 기존의 저작물의 저작권을 침해한 것이 되지 아니한다.[3]

요약하면, 원저작권자의 허락 없이 저작물을 이용하였더라도 실질적 유사성이 없다면 저작권 침해가 되지 않고, 실질적 유사성이 있으면 복제권의 침해가 될 수 있으며, 실질적 유사성이 있으면서 새로운 창작성을 부가한 경우에는 복제권이 아닌 2차적저작물작성권을 침해하는 것이다.

(2) 저작권침해의 판단

복제권이나 2차적저작물작성권의 침해가 인정되려면 주관적 요건인 의거관계와 객관적 요건인 실질적 유사성이 인정되어야 한다.

의거관계란, 침해자의 저작물이 저작자의 저작물을 이용하여 작성되었음을 의미한다. 권리자의 저작물을 모르는 상태에서 우연의 일치로 그 저작물과 유사한 저작물을 작성한 경우에는 저작권 침해가 되지 않는다. 그러나, 침해자가 권리자의 저작물에 접근할 수 있었다고 보이는 경우(접근가능성), 침해자의 저작물과 권리자의 저작물이 현저하게 유사한 경우(현저한 유사성), 공통의 오류를 가지고 있는 경우 등에는 의거관계가 쉽게 인정될 수 있다.

어문저작물의 실질적 유사성 판단은 부분적·문언적(文言的) 유사성과 포괄적·비문언적(非文言的) 유사성이 모두 검토되어야 한다.

전자는 저작물 속의 특정한 행이나 절 또는 기타 세부적인 부분('문언적 표현')이 복제된 경우이고, 후자는 저작물 속의 근본적인 본질 또는 구조('비문언적 표현')를 복제함으로써 두 저작물 사이에 비록 문장 대 문장으로 대응되는 유사성은 없어도 전체로서 포괄적인 유사성이 있다고 할 수 있는 경우를 말한다.[4]

문언적 유사성은 유사한 부분의 양이 가장 중요한 기준이 된다. 그러나, 양의 면에서는 소량이 인용되었더라도 그것이 질의 측면에서 중요한 부분이면, 실질적 유사성이 있다고 볼 수도 있다. 구체적인 경우에 유사한 부분의 저작물 전체에 대한 비중, 그 외 부분의 창작성의 정도·길이 등을 종합적으로 고려하여 판단하여야 한다.[5]

비문언적 유사성을 판단하는 기준으로 미국에서 유형이론, 외관이론, 추상화·여과·비교 심사 등의 방법이 주로 논의되었고, 국내 학계와 실무에서도 인용되고 있다.

---

3) 대법원 2010. 2. 11. 선고 2007다63409 판결.
4) 이해완, 앞의 책(주 2), 1012면.
5) 이해완, 앞의 책(주 2), 1012–1013면.

실질적 유사성이 인정되려면 저작물상의 사건의 구성 및 전개과정과 등장인물의 교차 등에 공통점이 있어야 한다고 판시한 판결례[6]는 유형이론에 기반을 두었다고 평가되고, 그러한 요소들은 비문언적 표현에 포함될 수는 있으나, 실제 저작권법상의 보호대상인 표현에 해당하려면 그것이 어느 정도 추상성을 탈피하여 구체적이고 특징적인가에 의존하고, 그러한 요소들이 표현으로 인정되는 정도는 어문저작물의 종류에 따라 달라진다고 한다.[7]

라. 요약물의 저작권 침해

(1) 요약물과 번역요약물

어떠한 저작물을 요약한 요약물이 원저작물의 저작권을 침해하였는지 여부를 검토할 때도 복제권과 2차적저작물작성권의 침해 여부를 함께 검토하게 되지만 논리적 순서상으로는 복제 여부를 먼저 검토하게 된다. 의거관계와 실질적 유사성 여부를 검토하여 복제 여부를 판단한 후에 여기에 새로운 창작성이 부가되어 있다면 2차적저작물작성권 침해가 되고, 새로운 창작성이 부가되어 있지 않다면 복제권 침해가 되기 때문이다. 다만, 현실적으로 실질적 유사성의 판단과 새로운 창작성의 판단이 엄격하게 구분되지 않고 복합적으로 이루어질 수는 있다.

이 사건에서 번역요약물은 영문요약물을 번역한 것으로서 영문요약물의 2차적저작물에 해당하지만, 번역요약물이 영문요약물의 번역 외에 새로운 수정·변경을 가하였다는 사정은 보이지는 않는다. 따라서 원저작물의 복제권 또는 2차적저작물작성권을 침해하였는지 여부는 원저작물과 영문요약물을 비교하여 판단하여야 하고, 그 판단결과가 번역요약물에도 적용될 것이다. 가령, 원저작물 A를 이용하여 작성한 2차적저작물 B를 이용하여 다시 저작물 C를 작성한 경우, C가 B에 대한 관계에서 2차적저작물이 될 수 있는 것과 별개로, C에서 A의 창작적 표현이 감지될 수 있다면, C의 작성이 A에 대한 관계에서도 2차적저작물을 작성한 것으로 볼 수 있다.[8]

(2) 원심판결 및 대상판결의 판시내용의 해석

원심판결은, "영문요약물은 원저작물을 요약한 것에 불과하고 번역요약물은 영문요약물을 번역한 것에 불과하며, 영문요약물과 번역요약물은 원저작물과 목차 및 주요내용 등에 있어서 상당부분 유사성을 가지고 있다"라고 판시함으로써, 영문요약물과 번역요약물이 원

---

6) 서울민사지방법원 1990. 9. 20. 선고 89가합62247 판결.
7) 이해완, 앞의 책(주 2), 1018-1019면.
8) 이해완, 앞의 책(주 2), 203면.

저작물과 실질적 유사성이 있다고 인정하였다.

그런데, 원저작물에 없던 새로운 창작성이 영문요약물 또는 번역요약물에 부가되었다는 판시내용은 원심판결에서 찾을 수 없다. 실제 이 사건 영문요약물이 새로운 창작성이 있는 지를 확인할 수는 없으나, 새로운 창작성에 관한 판시가 없는 점만 보면, 원심법원은 영문요 약물을 새로운 창작성이 부가된 저작물이라고 보지 않았을 수 있다.

그렇게 본다면 이 사건에서 원저작물의 허락 없이 영문요약물을 작성한 행위는 원저작물 의 복제권을 침해한 것이고, 2차적저작물작성권 침해는 문제될 수 없다. 따라서 번역요약물의 작성행위도 원저작물의 복제권 침해가 될 뿐 2차적저작물작성권 침해에 해당하지 않는다.

만약 원심법원이 원저작물에 없던 새로운 창작성이 영문요약물에 부가되었다고 전제하 였다면, 그 경우에는 영문요약물의 작성은 원저작물의 2차적저작물작성권 침해에 해당하고, 번역요약물의 작성도 마찬가지인데, 그 경우라면 새로운 창작성 유무에 대한 판단이 명시적 으로 이루어졌어야 한다.

영문요약물에 새로운 창작성이 있는지에 따라서 영문요약물 및 번역요약물이 침해하는 원저작물의 저작권의 내용이 정해지는데, 원심판결과 대상판결이 피고인의 행위가 원저작권 자의 2차적저작물작성권을 침해하였다는 판시를 하면서도, 새로운 창작성 유무에 대한 판단 을 하지 않음으로써, 과연 2차적저작물작성권에 관한 충분한 검토가 있었는지 의문을 가지 게 한다.

(3) 실질적 유사성 판단기준

실질적 유사성의 판단기준으로 위에서 본 것처럼 다양한 이론이 제시되어 있다. 요약물 도 어문저작물의 일종이므로, 문언적 유사성과 비문언적 유사성을 모두 검토하여야 하고, 비 문언적 유사성을 판단할 때는 어문저작물의 종류에 맞는 기준의 적용이 필요하다.

대상판결은, 요약물이 원저작물과 실질적인 유사성이 있는지의 판단기준을 처음으로 제 시하였다. ① 요약물이 원저작물의 기본으로 되는 개요, 구조, 주된 구성 등을 그대로 유지 하고 있는지 여부, ② 요약물이 원저작물을 이루는 문장들 중 일부만을 선택하여 발췌한 것 이거나 발췌한 문장들의 표현을 단순히 단축한 정도에 불과한지 여부, ③ 원저작물과 비교 한 요약물의 상대적인 분량, ④ 요약물의 원저작물에 대한 대체가능성 여부 등을 종합적으 로 고려하여 판단해야 한다는 것이다. 위 ① 내지 ④ 중 ②, ③, ④의 요소는 문언적 유사성 에 가깝고, ①은 비문언적 유사성에 해당한다. 실질적 유사성에 관하여 요약물에 특수한 판 단기준으로 적합한 기준이라고 본다.

(4) 새로운 창작성 판단기준

위의 요소들을 종합하여 실질적 유사성이 인정되는 경우에 나아가 새로운 창작성의 유무는 어떤 요소들을 고려하여 판단하여야 하는지 대상판결은 제시하지 않았다. 일반적으로 저작물의 요약은 그 압축적 표현에 있어서의 창작성이 인정되어 2차적저작물로 인정될 가능성이 높다는 견해가 있으나,[9] 요약 자체가 압축적 표현으로서 창작성이 인정될지는 요약물에 따라서 달라질 수 있으므로, 요약이 새로운 창작성을 갖추는 행위인지에 대한 판단기준이 제시되어야 할 것이다.

서울중앙지방법원 2004. 12. 3. 선고 2004노555 판결은, 요약물이 새로운 창작성을 갖는 점을 구체적으로 판시하였다. 원저작물인 만화를 요약한 줄거리 저작물이 원저작물의 2차적저작물에 해당하고, 줄거리 저작물의 일부를 복제한 행위는 줄거리 저작물의 저작권을 침해한 행위라고 인정하면서, "만화의 '줄거리'는 만화내용을 그대로 옮긴 것이 아니라 만화편집에 전문적인 노하우를 가진 6명 정도의 직원들이 만화내용을 압축적으로 표현하여 이를 작성하였다. '줄거리'의 내용에 비추어 볼 때 이를 만들기 위해서는 만화에 대한 높은 수준의 이해가 필요할 뿐만 아니라 만화내용과 어긋나지 아니하는 범위내에서 인터넷 이용자들로 하여금 흥미를 느껴 그 만화를 선택하여 볼 수 있도록 압축적으로 재미있게 만화내용을 새로이 표현한 것이어서 '줄거리'에 원래의 만화내용과의 차별성 및 독창성이 인정되므로, '줄거리'는 고도의 창작적 노력이 개입되어 작성된 것으로 저작권법에 의하여 보호될 가치가 있는 2차적저작물에 해당한다."라고 판시하였다. 요약이 새로운 창작성을 갖는지의 판단기준으로 위 판시내용을 참고할 수 있다.

4. 판결의 의의

대상판결이 요약물의 실질적 유사성 판단기준을 처음으로 적절하게 제시한 점에서 의의가 있다. 그러나, 요약물이 원저작물의 복제권 또는 2차적저작물작성권 중 어느 것을 침해한 것인지 다소 불분명한 점, 실질적 유사성의 유무 판단을 거치고 다시 새로운 창작성 유무를 검토하는 단계적 접근이 필요함을 분명하게 밝히지 않은 점은 아쉽다. 위와 같은 단계적 접근을 명시하지 않았더라도, 대상판결의 취지가 요약물이 2차적저작물이고 요약물의 작성이 2차적저작물작성권을 침해하였다는 것이라면, 실질적 유사성의 판단기준과 함께 요약물이 2차적저작물에 해당한다고 볼 수 있는 새로운 창작성 유무의 판단기준도 함께 제시하였어야 할 것이다.

9) 이해완, 앞의 책(주 2), 209면.

25 음란물도 저작권법상 저작물로 보호되는지 여부

대법원 2015. 6. 11. 선고 2011도10872 판결[1]

김용대(서울중앙지방법원 민사수석부장판사)

1. 사안의 개요

가. 사실관계(공소사실의 요지)

피고인은 인터넷 파일 공유 사이트에 복제한 음란물인 영화파일을 업로드하여 불특정 다수 회원들이 다운로드 받을 수 있도록 함으로써, 영리를 위하여 상습적으로 저작권자의 복제권 및 공중송신권을 침해하였다.

나. 쟁점과 소송의 경과

(1) 음란물이 저작권의 보호대상이 될 수 있느냐가 쟁점이었다.

(2) 1심 법원은 음란물도 저작권의 보호대상이 된다며 유죄(벌금형)를 선고하자, 피고인이 '음란물은 저작권의 보호대상이 되지 않음'도 항소이유로 삼았다가 양형부당만을 남기고 항소이유를 철회하여[2] 항소기각 판결을 선고받았다.[3]

---

1) [참조판결] 대법원 1990. 10. 23. 선고 90다카8845 판결. 참조판결은 대상판결과 같은 저작권법 위반의 형사 사건에 대한 것이 아니고, 저작재산권 및 저작인격권 침해를 이유로 한 손해배상 사건에 대한 것이었으며, 이를 대상으로 한 평석은 보이지 않는다.
   [관련 문헌] 최승재, "음란물의 저작물성", 법률신문 4349호(2015. 9. 10.자); 남형두, "음란물의 저작물성 – 음란물도 저작권법상 보호가능한가?", 한국형사정책연구원, 2010; 김근우, "포르노그래피와 저작권", 경희법학 제45권 3호, 경희대학교 경희법학연구소, 2010; 이상정, "음란물의 저작물성", 창작과 권리 78호 (2015. 봄), 세창출판사, 2015.
2) "피고인은 제1심판결에 대하여 항소하면서 항소이유로 양형부당과 함께 사실오인 및 법리오해 등을 주장하였다가 2011. 7. 8. 원심 제1회 공판기일에서 양형부당 이외의 항소이유를 모두 철회하였음을 알 수 있으므로"라는 대법원판결 이유에서 알 수 있다.
3) 서울중앙지방법원 2011. 7. 27. 선고 2011노1544 판결.

(3) 그러자 피고인은 항소심에서 철회하였던 '음란물의 저작권 보호대상 여부'도 상고이유로 삼아 상고를 하였으나, 대법원은 원심에서 철회한 사유는 적법한 상고이유가 될 수 없다고 하면서도, 직권으로 '음란물도 저작권법상의 저작물로 보호될 수 있다'고 판단하였다.

2. 판결의 요지

가. 1심판결(서울중앙지방법원 2011. 4. 28. 선고 2011고단721 판결)

음란물이라 하더라도 그 창작자에게 저작권이 있는 것이므로, 비록 이 사건 파일들 중 일부 음란물이 포함되어 있더라도 … 모두 저작권의 대상이 되는 파일들에 해당한다.[4)]

나. 대법원판결(대법원 2015. 6. 11. 선고 2011도10872 판결)

저작권법은 제2조 제1호에서 저작물을 '인간의 사상 또는 감정을 표현한 창작물'이라고 정의하는 한편, 제7조에서 보호받지 못하는 저작물로서 헌법·법률·조약·명령·조례 및 규칙(제1호), 국가 또는 지방자치단체의 고시·공고·훈령 그 밖에 이와 유사한 것(제2호), 법원의 판결·결정·명령 및 심판이나 행정심판절차 그 밖에 이와 유사한 절차에 의한 의결·결정 등(제3호), 국가 또는 지방자치단체가 작성한 것으로서 제1호 내지 제3호에 규정된 것의 편집물 또는 번역물(제4호), 사실의 전달에 불과한 시사보도(제5호)를 열거하고 있을 뿐이다. 따라서 저작권법의 보호대상이 되는 저작물이라 함은 위 열거된 보호받지 못하는 저작물에 속하지 아니하면서도 인간의 정신적 노력에 의하여 얻어진 사상 또는 감정을 말, 문자, 음, 색 등에 의하여 구체적으로 외부에 표현한 것으로서 '창작적인 표현형식'을 담고 있으면 족하고, 그 표현되어 있는 내용 즉 사상 또는 감정 그 자체의 윤리성 여하는 문제되지 아니한다고 할 것이므로, 설령 그 내용 중에 부도덕하거나 위법한 부분이 포함되어 있다 하더라도

---

4) "적시한 증거들에 따르면 모두 저작권의 대상이 되는 파일들에 해당함을 인정할 수 있고"라고 하여 이 사건 음란물이 창작성을 갖추어 저작권법이 보호하는 저작물에 해당한다고 사실인정을 하였다. 대상판결은 이를 전제로 음란물에 대한 저작권 보호 여부에 대하여 판단하였다. 다만, 구체적인 사건의 처리에 있어서는 단순한 성행위의 기록물에 불과하여 창작성 자체가 인정되지 않는 것도 있을 수 있어 음란물에 창작성이 인정되는지는 여전히 별개의 사실인정의 문제로 남을 것이다.

대상판결 선고 이후 부산지방법원은 2015. 7. 6.자 2015카합514 결정에서, 남녀의 성행위 장면이 나오는 등 음란한 내용이 담긴 영상물에 대하여 "영상들의 저작자이다"라고 하여 창작성을 인정한 다음, 그러한 영상물이 업로드·다운로드 되는 파일공유사이트를 운영하는 회사를 상대로 '해당 영상물이 들어 있는 일체의 디지털파일을 공중의 다운로드가 가능한 상태로 업로드하게 하거나 다운로드를 받을 수 있도록 하게 하여서는 아니된다'는 취지의 영상물복제등금지가처분 신청을 받아들였다.

저작권법상 저작물로 보호된다.

3. 해설

가. 저작권법이 보호하는 저작물

(1) 저작권법의 규정

대상판결에서 인용하고 있는 바와 같이 저작권법은 제2조 제1호에서 "'저작물'은 '인간의 사상 또는 감정을 표현한 창작물'을 말한다"고 정의하고 있다.5)

(2) 인간의 사상 또는 감정의 표현

따라서 저작권에서 보호 대상으로 삼고 있는 저작물은 우선 학문과 예술에 관하여 사람의 정신적 노력에 의하여 얻어진 사상 또는 감정을 말, 문자, 음, 색 등에 의하여 구체적으로 외부에 표현한 창작적인 표현형식이고, 표현되어 있는 내용, 즉 아이디어나 이론 등의 사상 및 감정 그 자체는 설사 그것이 독창성, 신규성이 있다 하더라도 원칙적으로 저작권의 보호 대상이 되지 않는다.6)

(3) 창작성

아울러 그 표현이 창작적이어야 한다. "인간의 사상 또는 감정을 표현한 창작물"로 정의하고 있는 저작권법 제2조 제1호에 따른 저작물로서 보호를 받기 위해 필요한 창작성이란 완전한 의미의 독창성을 말하는 것은 아니며 단지 어떠한 작품이 남의 것을 단순히 모방한 것이 아니고 작자 자신의 독자적인 사상 또는 감정의 표현을 담고 있음을 의미하므로, ① 단지 저작물에 그 저작자 나름대로의 정신적 노력의 소산으로서의 특성이 부여되어 있고 다른 저작자의 기존의 작품과 구별할 수 있을 정도이면 충분하나,7) ② 누가 하더라도 같거나 비슷할 수밖에 없는 표현, 즉 저작물 작성자의 창조적 개성이 드러나지 않는 표현을 담고 있는 것은 창작성이 있는 저작물이라고 할 수 없다.8) 그러므로 '독자적 작성 및 창조적 개성'을

---

5) 2006. 12. 28. 법률 제8101호로 개정되기 전의 구 저작권법은 "저작물: 문학·학술 또는 예술의 범위에 속하는 창작물을 말한다"고 규정하고 있었다.
6) 대법원 2000. 10. 24. 선고 99다10813 판결; 대법원 2014. 6. 12. 선고 2014다14375 판결; 대법원 2015. 3. 12. 선고 2013다14378 판결 등.
7) 대법원 1995. 11. 14. 선고 94도2238 판결. 대법원 1997. 11. 25. 선고 97도2227 판결은 '남의 것을 단순히 모방한 것이 아니고'를 '남의 것을 베낀 것이 아니라'라고 표현하고 있다.
8) 대법원 2005. 1. 27. 선고 2002도965 판결. 창작성과 관련한 이들 대법원판결은 모두 구 저작권법하의 저작물 정의와 관련된 해석이나, 그 해석은 현재의 저작권법하의 저작물 정의에 대한 해석에 있어서도 그대

갖추어야 창작성이 인정된다.9)

　　저작권법에 의한 보호를 받을 가치가 있는 정도의 최소한의 창작성만 갖추면 되고 작품의 수준이 높아야 할 필요는 없다.10) 창작성에는, 기존의 기술적 사상·지식에는 알려지지 않은 새로운 것의 발견 또는 발명을 의미하는, 특허법 등에서 요구하는, 신규성까지 요구되는 것은 아니어서 독자적 작성과 창조적 개성이 인정되면 비록 다른 사람의 저작물과 같은 것이라도 창작성이 인정된다.11)

(4) 영상저작물과 창작성

　　저작권법은 제2조 제13호에서 "'영상저작물'은 연속적인 영상(음의 수반여부는 가리지 아니한다)이 수록된 창작물로서 그 영상을 기계 또는 전자장치에 의하여 재생하여 볼 수 있거나 보고 들을 수 있는 것을 말한다"라고 규정하고 있다.12)

　　영화와 같이 영상물을 위한 장면 자체를 연출해내는 경우에는 창작성 인정에 의문이 없으나, 기록 영상물, 즉 카메라나 CCTV 등에 의한, 이미 존재하는 동적인 상황을 단지 녹화하기만 하는 경우에는 창작성이 인정될 수 없다. 다만 이 경우에도 줌업, 슬로우 모션 등과 같은 전문적인 영상기법을 가미하여, 단순한 기록 영상물을 뛰어 넘어 특별한 창작성을 부가하여 영상화하였거나 영상의 선택·배열 또는 구성에 창작성을 부가하여 편집(저작권법 제2조 제17호, 제18호)하였을 경우에는 촬영 또는 편집에 있어서 창작성이 인정된다.13)

(5) 저작권법이 보호하는 저작물

　　결국 저작권법이 보호하는 저작물은, 대상판결이 인용하고 있는, "저작권법 제7조에서 규정하고 있는 '보호받지 못하는 저작물'인 헌법·법률·조약·명령·조례 및 규칙(제1호), 국가 또는 지방자치단체의 고시·공고·훈령 그 밖에 이와 유사한 것(제2호), 법원의 판결·결정·명령 및 심판이나 행정심판절차 그 밖에 이와 유사한 절차에 의한 의결·결정 등(제3호), 국가 또는 지방자치단체가 작성한 것으로서 제1호 내지 제3호에 규정된 것의 편집물 또는 번역물(제4호), 사실의 전달에 불과한 시사보도(제5호)를 제외한 것으로서 인간의 사상 또는

　　로 적용된다.

9) 이해완, 저작권법(제3판 전면개정판), 박영사, 2015, 26면.

10) 대법원 1997. 11. 25. 선고 97도2227 판결. 즉, 창조적 개성만 있으면 되고 예술적, 학술적 가치가 높아야 하는 것은 아니다(이해완, 위의 책, 32면). 그렇지만, 저작권법에 의한 보호를 받을 가치가 있는 정도의 "최소한의 창작성"에 있어서 최소한이 어느 정도인지는 별개의 문제이다.

11) 이해완, 앞의 책(주 9), 32면.

12) 저작권법이 2006. 12. 28. 법률 제8101호로 개정되면서 저작물에 관한 정의는 변경되었으나, 영상저작물에 대한 정의는 변경되지 않았다.

13) 이해완, 앞의 책(주 9), 158면.

감정을 표현한 창작물"이면 된다.

(6) 음란물도 저작권법이 보호하는 저작물에 해당하는지 여부

그런데 아래에서 보는 바와 같이 형법 등에서 음란물을 규제하고 있는바, 형사처벌의 대상으로 삼고 있는 음란물을 저작권법의 보호대상으로 삼는다면 법의 통일적 해석에 모순·저촉이 발생하는 결과, 이에 대한 보호여부가 문제가 되어 왔다.[14]

나. 형법 등에서 규제하고 있는 음란물

(1) 형법(제243조 '음란한 문서, 도화, 필름 기타 물건', 제244조 '음란한 물건'), 성매매알선 등 행위의 처벌에 관한 법률(제18조 제1항 제4호 '음란한 내용을 표현하는 영상물 등'), 성폭력범죄의 처벌 등에 관한 특례법(제13조 통신매체를 이용한 음란행위), 풍속영업의 규제에 관한 법률(제3조 제3호 '음란한 문서·도화·영화·음반·비디오물, 그 밖의 음란한 물건'), 정보통신망 이용촉진 및 정보보호 등에 관한 법률(제74조 제1항 제2호 '음란한 부호·문언·음향·화상 또는 영상'), 게임산업진흥에 관한 법률(제45조 제6호, 제32조 제2항 제3호 '음란 등을 지나치게 묘사하여 범죄심리 또는 모방심리를 부추기는 등 사회질서를 문란하게 할 우려가 있는 게임물') 등에서 음란한 문서 등인 음란물을 제작, 반포, 관람·열람하게 하는 행위 등을 처벌하고 나아가 범죄수익은닉의 규제 및 처벌 등에 관한 법률(제8조, 제10조, 별표 1.바, 13)에서 그로 인한 범죄수익 등을 몰수·추징할 수 있도록 하고 있으며, 신문 등의 진흥에 관한 법률(제22조 제2항 제3호)에서 '음란한 내용의 신문 등을 발행하여 공중도덕이나 사회윤리를 현저하게 침해한 경우'에는 신문 등의 발행정지 및 등록취소의 심판청구를, 방송법(제100조 제3항 제1호)에서 '음란 등에 관한 심의규정 위반의 정도가 중대'한 경우에는 과징금 부과를 각 할 수 있는 등 제재를 가할 수 있도록 하고 있다.

(2) 음란표현도 헌법 제21조가 규정하는 언론·출판의 자유의 보호영역에는 해당하되, 다만 헌법 제37조 제2항에 따라 국가안전보장·질서유지 또는 공공복리를 위하여 제한할 수 있는 것이므로 음란물 정보의 배포 등의 행위에 대하여 형사상 처벌을 가하거나 과태료 등의 제재를 가하는 것은 공공복리를 위하여 필요한 제한으로서[15] 당연히 가능하다.

(3) 음란은, 사회통념상 일반 보통인의 성욕을 자극하여 성적 흥분을 유발하고 정상적

---

14) 우리나라에서 음란물에 대하여 저작권법의 보호를 부여할 것인가에 관하여 1990년에 참조판결이 선고되었음에도, 별다른 논의가 없다가 2009년 미국과 일본의 성인용 영상물 제작업체가 자신들이 제작한 영상물을 불법유통한 네티즌들을 저작권법위반으로 고소하면서 논의가 본격화되었다(남형두, 앞의 글(주 1), 15−16면; 김근우, 앞의 글(주 1), 101−102면; 이상정, 앞의 글(주 1), 86−87면; 이해완, 앞의 책(주 9), 310−311면 참조).

15) 헌법재판소 2009. 5. 28. 선고 2006헌바109, 2007헌바49, 57, 83, 129(병합) 결정.

인 성적 수치심을 해하여 성적 도의관념에 반하는 것으로서, 표현물을 전체적으로 관찰·평가해 볼 때 단순히 저속하다거나 문란한 느낌을 준다는 정도를 넘어서서 존중·보호되어야 할 인격을 갖춘 존재인 사람의 존엄성과 가치를 심각하게 훼손·왜곡하였다고 평가할 수 있을 정도로, 노골적인 방법에 의하여 성적 부위나 행위를 적나라하게 표현 또는 묘사한 것으로서, 사회통념에 비추어 전적으로 또는 지배적으로 성적 흥미에만 호소하고 하등의 문학적·예술적·사상적·과학적·의학적·교육적 가치를 지니지 아니하는 것을 뜻하고, 표현물의 음란 여부 판단은 표현물 제작자의 주관적 의도가 아니라 그 사회의 평균인의 입장에서 그 시대의 건전한 사회통념에 따라 객관적이고 규범적으로 평가되어 한다.[16)]

다. 음란물에 대하여 저작권법의 보호를 인정할 것인지 여부

(1) 음란물에 대한 저작권법의 보호를 둘러싼 논의

미국의 경우에는 법원 판결을 통하여 음란물을 저작물로 보호할 것인가를 두고 부정하는 입장에서 긍정하는 입장으로 변화하였다고 해석되고 있으며,[17)] 우리나라의 경우에는 참조판결과 대상판결을 전후하여 명시적인 찬반의 논의는 없었고, 음란물도 저작물로 보호하여야 한다는 견해가 전부였고,[18)] 하급심의 판결 역시 같은 입장을 취하여 왔다.[19)]

(2) 음란물에 대한 저작권법의 보호를 인정하는 근거

음란물에도 저작권의 보호를 주어야 한다는 견해 및 하급심 판결이 들고 있는 근거는 대체적으로 다음과 같다.

① 저작자의 권리와 이에 인접하는 권리를 보호하고 저작물의 공정한 이용을 도모함으로써 문화 및 관련 산업의 향상발전에 이바지함을 목적으로 하여 '저작물'을 '인간의 사상 또는 감정을 표현한 창작물'로 정의하고 있음에 비추어 보면, 저작권법은 단지 표현된 형태

---

16) 대법원 2006. 4. 28. 선고 2003도4128 판결 및 대법원 2008. 3. 13. 선고 2006도3558 판결 등.

17) 미국 판례의 흐름 및 음란물에 대한 저작권성 인정 여부에 대한 이론적 검토에 대하여는 남형두, 앞의 글(주 1), 27-36면, 53-123면에서 자세하게 다루고 있다. 미국에서 음란물에 대하여도 저작물로서 보호하여야 한다는 판례가 주류로 자리를 잡게 된 것은, 음란 성인영화 제작사가 무단으로 이를 상영한 극장 운영자를 상대로 한 저작권침해소송이었던 Mitchell Brothers Film Group v. Cinema Adult Theater, 604 F.2d 852(5th Cir. 1979), cert denied, 445 U.S. 917(1980) 사건이라고 한다.

18) 이형하, "언론 출판의 자유와 저작권의 상충과 조정-헌법상 언론 출판의 자유를 이유로 하여 저작권침해에 대한 면책특권을 인정할 것인가?-", 헌법재판연구 I, 한국사법행정학회, 1993, 258면; 이인호, "명예훼손과 음란의 법리에 대한 비판적 고찰-유명가수 섹스비디오유포 사건을 중심으로-", 인권과 정의 제297호, 한국변호사협회, 2001, 118면; 남형두 앞의 글(주 1), 10, 145면; 김근우, 앞의 글(주 1), 120면; 이상정, 앞의 글(주 1), 103-104면; 이해완, 앞의 책(주 9), 311-312면.

19) 서울중앙지방법원 2012. 11. 30. 선고 2011노4697 판결(확정) 및 서울남부지방법원 2013. 1. 17. 선고 2012노1577 판결(확정).

를 보호할 뿐이지 이로써 표현된 아이디어나 사상의 내용을 보호하는 것이 아니다. 더구나 ② 특허법(제32조), 상표법(제7조), 디자인보호법(제6조)에서는 '선량한 풍속에 반'하는 지식재산권은 보호대상이 아님을 명백히 하고 있으나, 보호받지 못하는 저작물을 열거하고 있는 저작권법 제7조에는 이러한 배제규정이 없다. 따라서 저작권법은 저작물의 정의규정 자체에서 음란물을 저작물에서 배제하지 않고 있을 뿐만 아니라 더 나아가서 보더라도 선량한 풍속이라는 윤리적 가치 여하를 묻지 않고 있다. ③ 음란성에 대한 평가는 사회적·역사적 맥락에 따라 변화하는데 이러한 유동적·상대적 개념을 저작권 보호범위의 기준으로 삼는 것은 적절하지 않으며,[20] 저작권법을 통해 창작물과 이에 대한 권리를 보호하더라도 이와는 별도로 형법 등을 통해 음란물의 제작이나 유통을 처벌하여 사회적 해악을 제거하는 것이 가능하다.

4. 판결의 의의

앞서 본 바와 같이 음란성 및 저작물성과 관련하여 대법원은 "① 형법 등이 제재의 대상으로 삼고 있는 음란성에는 윤리·규범이 관여되므로 그 판단이 이루어지는 지역과 시대를 벗어날 수가 없고, 그 판단을 위해서는 당연한 결과로서 영상물 등 작품의 '내용'에 대한 평가가 이루어질 수밖에 없다. ② 그러나 저작권법이 보호의 대상으로 삼고 있는 저작물은 표현된 '내용' 및 '수준'이 아니라 오로지 표현 '형식'에 창작성이 있느냐, 즉 표현에 있어서 타인과 비교하여 창조적 개성을 갖춘 구별이 있느냐 여부만이다."라는 입장을 꾸준히 선언하여 왔다. 이런 일련의 흐름에 의하면, 음란물도 저작권의 보호대상이 된다는 결론에 이른 대상판결은 당연히 예측되었다고 할 것이다.

한 지역과 한 시대의 윤리·규범에 얽매이지 않는, 즉 표현 내용의 불법성과 그 수준에는 관심을 두지 않으면서 표현에 있어서 타인과 비교하여 창조적 개성을 갖춘 것을 보호하겠다는 내용 중립성을 목적으로 하는 것이 저작권법이므로 음란물에 대하여도 창작성이 인정되는 한 저작권법의 보호를 부여하고,[21] 다만 그 내용은 형사법 등 다른 법률로 제재를 가하는 것이 옳다고 판단된다.

대상판결은 비록 1990년에 선고되었으나 거의 관심을 끌지 못하였던 참조판결의 입장

---

20) 저작권법은 "창작적인 표현형식"을 보호하는 것이므로 그 보호를 위해 추구하는 가치는 표현의 자유와 직접적으로 관련되며, 헌법재판소 결정이 인정하는 바와 같이 음란표현도 헌법이 규정하는 언론·출판 등 표현의 자유의 보호영역에는 해당하므로, 저작물의 내용에 대한 법적 평가를 떠나 내용 중립적인 보호를 하는 것이 바람직하다(이해완, 앞의 책(주 9), 311면; 이상정, 앞의 글(주 1), 104면).

21) 형법 등에 의하여 처벌의 대상이 되는 결과 음란물에 대한 배포 등의 적극적인 보호를 구할 수는 없고, 타인의 무단 복제 등을 금지시켜 달라는 소극적인 보호를 구할 수 있음에 그치게 될 뿐이다.

을 재확인한 것이기는 하나, 실무의 방향을 확실하게 잡아 준 점에서 매우 의미가 있는 판결이다.

5. [부가의견]: 최우석(변호사)

주평석의견은 이 사건 대법원의 판시를 찬성하나, 본 부가의견은 반대취지를 개진한다.

가. 우선 주평석의견 3.다.(2)에 인용된 찬성논거를 순서대로 살펴본다

(1) 저작권법이 단지 표현된 형태를 보호할 뿐이지 이로써 표현된 아이디어나 사상의 내용을 보호하는 것이 아니라는 논거에 대하여

저작권법 제2조 1호는 저작물은 '인간의 사상 또는 감정을 표현한 창작물' 이라고 정의할 뿐, 창작물을 그 형식과 내용으로 구분하는 규정은 없다. 저작권법이 표현의 형식을 보호한다는 점에 굳이 반론하는 것은 아니다. 어휘상으로는 '표현의 형식'과 '표현된 내용'을 나누어 지칭할 수 있겠으나, 실제로는 내용을 빼낸 형식이 단독으로 존재할 수 없는 경우가 많으므로 표현의 형식과 그 속에 담겨있는 사상, 감정, 아이디어가 분리가능한 경우에만 구별을 시도하는 것이 옳다.

어문저작물이나 미술저작물을 일단 제외하고 영상저작물만을 놓고 보자. 포르노동영상의 특정한 음란장면 중에서 보호되어야 한다는 소위 표현의 형식(장소세팅, 조명, 의상, 소품, 촬영기법, 소요시간, 등장인물 기타 모든 것이 유기적으로 조합되어 있는 것)을 그대로 이용하면서 단지 그 내용이 전혀 음란하지 않은 영상을 촬영하는 일은 거의 없을 것이다. 왜냐하면, 음란장면을 전달하고자 모든 표현형식 구성요소들이 불가분 결합되어 있는 것을 음란하지 않은 장면을 위하여 가져다 쓴다는 것은 자원의 낭비이기도 하지만 시청자에게 음란하지 않다는 느낌의 전달을 방해할 것이기 때문이다. 영상저작물에 있어서 저작권으로 보호되는 창의적인 표현의 형식을 그 속에 담겨 있는 내용과 분리한다는 것은 관념상 가능할 뿐 실제는 일어나지 않는 일이다. 사상과 감정, 아이디어를 표현한 창작물을 표현형식과 표현내용을 구분하여 본다는 다수설과 주류의 판례는 구분할 수 없거나 구분의 실익이 없는 경우에까지 구분논리를 확장하는 오류로 말미암아 오히려 현실과의 괴리를 초래하게 된다.

주평석의견 3.나.(2)항에서는 "헌법 제21조를 언급하면서 음란표현도 언론출판의 자유의 보호영역에는 해당하는데 헌법 제37조 제2항에 의하여 공공복리를 이유로 제한할 수 있다"고 서술하고 있으나, 헌법이 '표현의 자유'와 '그 행사의 제한'에 관하여 이원적인 구조를 보인다고 해서, 저작권법의 해석에 있어서 '표현된 내용'과 '표현의 형식'으로 구분할 필요는 없다고 본다. 즉 헌법 제37조 제2항에 의하여 제한이 정당화되는 음란물 중에서 '표현의 형식'이라는 관념상의 라벨을 붙여 굳이 보호할 가치가 있다고 볼 논거는 찾기 힘들다.

(2) 특허, 상표, 디자인 등은 '선량한 풍속에 반하는 경우' 보호대상이 아님이 명백히 규정되어 있으나, 저작물에 관해서는 이를 명시한 배제규정이 없다는 논거에 대하여

일반적으로 선량한 풍속에 반하는 행위, 물건 등에 대하여 법적 보호를 부여하지 않는다는 규정은 거의 모든 문명국가의 다양한 법률규정에서 볼 수 있다. '선량한 풍속에 반하는 것'에 법적 보호를 부여하지 않는 것은 명문규정이 없는 경우 해석론으로서 배제할 수는 없는가? 법은 도덕의 최소한이라는 수천 년된 법격언은 법이 도덕적, 윤리적일 수밖에 없다는 점을 내포한다. '선량한 풍속'이란 '공서양속'이라는 것으로서 공서양속은 역사와 풍속이 서로 다른 각국마다 다를 수 있고 한 국가에서도 시대상황에 따라 문명, 문화의 발전 정도에 따라 변하는 것이나 단순 윤리적인 불확정개념이 아니라 어떠한 법규이든 문리해석의 결과가 이에 반하는 결과를 초래케 하지 않도록 하는 법해석의 대원칙이고 내재적 한계이다.

(3) 음란성의 평가는 사회적, 역사적 맥락에 따라 변화하는 유동적, 상대적 개념이라 저작권 보호범위의 기준으로 하는 것은 적절하지 않다는 논거에 대하여

오늘을 기준으로 관찰기간을 짧게 2~30년 단위로 끊어 보면 법적가치의 평가가 변하는 것, 변하지 않는 것이 혼재하리라고 일응 생각해 볼 수 있을 것이다. 로마법, 게르만법 시대부터 오늘날까지 수천 년을 돌이켜 보면, 다양한 법적 개념의 외연과 내포는 시대의 변천과 문명의 발전에 따라 변질해 오고 있다. 모든 종류의 법적 가치의 평가는 크건 작건 사회적, 역사적 맥락에서 이루어지는 것이다. 그러나 변화가 빠르다 또는 느리다는 평가는 상대적인 것일 수밖에 없다.

만고불변의 개념을 가지는 제도와 법적 개념으로는 어떠한 것이 있을까? 우선 토지소유권의 개념을 살펴보자. 소유권의 범위는 우리 당대에도 변했다. 한 필지경계 내의 지상과 지하의 무한범위까지 인정되던 것이 '합리적 이용범위'라는 명분으로 상하 일정범위까지로 최근 제한되지 않았는가? 소유권이 저절로 상실하게 되는 포락의 개념은 어떠한가? 지금은 한번 포락이 이루어진 이후에는 다시 뭍으로 올라와도 국유가 사소유로 복귀하지 않는다고 이론 구성하여 이를 '법리'라고 부르지만, 향후 기상이변이 심해져 대규모 홍수가 빈발함에 따라 포락개념 자체가 폐지될지, 포락으로 상실하는 개인소유권을 국가보상을 하는 것으로 이론이 바뀔지, 포락현상만으로는 부족하고 판결로 확정되어야 비로소 소유권상실로 보게 될지 그 변화의 방향과 정도를 예측할 수 없을 것이다. 혹자는 위 소유권이 미치는 범위나 상실은 객관적, 자연적인 척도가 있는 반면, 저작물의 음란성 판단은 그 척도를 인간으로 할 수밖에 없어 법적 안정성의 면에서 차이가 있으니 적절한 예가 되지 못한다고 논박할 것이다. 그러나 객관적, 자연적인 것의 측정은 인간이 하는 것이고 인간은 만물의 척도라서 변동성의 판단 역시 고정적이 아니다. 간단한 경계측량에 있어서도 측량시점과 측량기사가 달라지면 공통적으로 GPS 장비를 활용함에도 지구의 자력선 등의 변화로 인하여 도근점이 달라진다. 저작권의 개념도 변천해왔다. 저작권이 최초로 미국 독립헌법에 규정될 당시에는 어문저작물을 대상으로 했으나, 그 후 미술저작물, 영상저작물 등 visualization을 주된 표현 형식으로 하는 것이 추가되는 등 변천을 거쳐 오늘날에 이르렀다. 즉, 그러므로 법적 개념이란 가치관계적이기 때문에 가치평가의 척도인 인간에 의존할 수밖에 없고 따라서 만고불변의 고정성을 가진 것은 없다고 보아도 무리없다. 오히려 이를 전제로 하여 입법, 적용, 판단이 이루어지는 것이다.

음란성에 관하여는 대법원이 이미 시대변천에 따라 달라진다고 판시한 바 있어 그 변화가 심한 것으로 혹시 오인할 수 있으나, 그 관념이 생각처럼 자주 변해온 것은 아니다. 고대에는 전라의 남자와 여자를 그림이나 조각으로 표현하면 예술이라고 했으나, 중세에는 왕권을 능가하는 교회의 신성화경향으로 온몸을 천으로 덮어야 했다가 다시 르네상스를 거치면서 인간성의 회복이란 기치를 앞세워 개방화를 거듭한 이래 현재에 이른 것이다. 음란의 개념이 변동성이 있다지만 하룻밤 자고나면 바뀌는 정도의 변동성은 아니다. 저작권의 보호범위에 유동성, 상대성이 있는 음란물에 대한 평가가 개입된다고 해서 저작권법의 운용에 어려움이 발생할 여지는 예상하기 어렵다.

(4) 저작권으로 보호해도 별도로 형법 등을 통해 음란물의 제작이나 유통을 처벌하여 사회악을 제거하는 것이 가능하다는 논거에 대하여

음란물에 대하여 형사적인 처벌이 가능하다고 해서 이에 저작권을 인정해도 된다는 논리는 그 파급효과를 좁게 본 것이다. 저작권 중에서도 저작재산권은 민법상의 물권에 준하는 대세적인 권리이다. 저작권을 허용한다는 것은 즉 재산권을 인정해 주는 것이고, 그 침해에 대하여 침해금지가처분을 허용하는 데 그치지 않고 인정받은 저작권에 대한 침해를 이유로 한 손해배상청구권의 행사를 막을 수 없게 된다. 자본주의 사회에서 재산은 생명과 동격의 가치를 가지는 것이라서, 형법상 처벌되는 행위에 대하여 재산권을 인정하는 것은 분명 문제이다. 나아가, 음란물에 대한 저작권법상의 여러 가지 부수적인 권리들, 예를 들어 실연권을 자동적으로 인정받게 되는 것도 문제이다. 형법상 처벌이 가능하다고 하지만 저작권법상의 실연권과의 충돌을 어떻게 풀어나갈 것인지 문제에 대한 대응논리가 갖추어져 있는지 의문이다. 이러한 문제들은 음란영상물에 대하여 그 내용의 음란성과는 별개로 표현형식만을 따로 떼어내어 법적 보호를 부여한다는 논리를 폐기하면 쉽게 회피할 수 있는 문제이다.

나. 여론

음란물의 저작권을 인정하려는 논지는 주평석의견에 잘 담겨 있는 것처럼, 저작권법상 저작물의 정의규정의 해석을 통하여 도출된 '표현의 형식' 보호라는 논리에 충실한 논리전개를 주된 요점으로 한다. 그러나 이는 앞서 살펴본 바와 같이, 법일반의 해석의 대원칙을 넘는 결과를 초래한다.

일반적으로 사회지배논리는 aristocracy, bureaucracy, technocracy로 발전되어 왔다고들 말한다. 오늘날 법률분야도 technocracy 단계에 들어가 법기술적 해석이 풍미하고 있는 현실이고, 우리 사회에도 널리 퍼져 있어 절대적 무효 보다는 상대적무효론이 법률 각 분야에서 세를 더해가고 있다. 대법원과 다수설이 음란물의 저작권을 인정하는 논리구조에서도 이러한 경향이 읽혀진다. 그러나 대국적으로 보면, 국민의 법의식, 법관념은 2진법이라서 정의가 무엇인지를 가급적 단순명쾌하게 선언해 주어야 한다. 근래에 우리나라 법원이 얻고자 노력하는 국민의 신뢰를 제고하기 위해서라도 상대성논리를 가급적 피하여야 한다는 고충을 담아 마무리한다.

공동저작물과 저작재산권의 행사(이른바 '친정엄마' 사건)

대법원 2014. 12. 11. 선고 2012도16066 판결[1]

김병일(한양대학교 법학전문대학원 교수)

1. 사안의 개요

작가(A피고인)는 2004년 8월경 수필 '친정엄마'를 집필하여 출간하고, 2006년 6월경 해당 수필을 연극으로 공연하기 위해 공연기획사인 주식회사 ○○(이하 '○○'라고 한다)와의 작가계약을 통해 연극 '친정엄마'의 초벌대본을 집필하였다. 위 연극의 연출자로 선정된 구○○은 A에게 '연극의 기술적인 요소가 부족하니 대본수정이 필요하다'고 제의하고 그 수정에 동의한 A에게 위 초벌대본을 수정할 작가로 고소인 각색작가(B)를 추천하였고, A로 하여금 B와 각색작가계약을 체결할 수 있도록 하였다. B는 2006년 11월경부터 2007년 4월경까지 피고인의 원저작물인 위 수필 '친정엄마'와 A가 작성한 초벌대본을 기초로 피고인(A) 및 연출자와 상의하며 5차례에 걸쳐 이를 수정·보완하여 보다 완성도 높은 최종 연극대본을 완성하고, 이를 이용하여 연극 '친정엄마'가 제작·공연되었다.

한편 피고인(A)은 고소인(B)의 동의 없이 최종 연극대본을 바탕으로 뮤지컬 대본을 작성하였고 이 대본을 이용하여 2010년 뮤지컬 '친정엄마'를 공연하였다. 이에 고소인은 피고인(A)의 뮤지컬 대본 작성 및 그 이용행위가 최종 연극대본에 대한 저작재산권을 침해한다고 주장하며 피고인을 형사고소하고 민사소송을 제기하였다.

검사는 피고인에 대하여 저작권침해죄 등으로 기소하였고 이에 대하여 형사 제1심판결(서울남부지방법원 2012. 7. 6. 선고 2012고정565 판결)은 A와 B의 관계를 원저작자(최종 연극대본)·2차적저작물 저작자(뮤지컬 대본)의 관계가 아니라 최종 연극대본에 대한 공동저작자의 관계에 있는 것으로 인정한 다음, A의 위와 같은 행위는 저작권법 제48조에 규정한 '저작재

---

1) [참조 및 관련 판례] 서울남부지방법원 2013. 2. 19. 선고 2011가합10007 판결 등.
  [관련 평석 및 문헌] 김원오, "공동저작물의 성립요건을 둘러싼 쟁점과 과제," 계간 저작권 제24권 제2호, 한국저작권위원회, 2011; 박준우, "공동저작자 간의 저작권 침해, 연극 <친정엄마> 사건", 저작권문화 Vol. 248, 한국저작권위원회, 2015.

산권의 행사방법'을 위반한 행위일 뿐 '저작재산권의 침해'에 해당하는 것으로 볼 수 없다고 하면서 무죄판결을 선고하였다. 위 판결은 항소심 및 대법원판결(대법원 2014. 12. 11. 선고 2012도16066 판결)에서도 그대로 확정되었다.[2]

2. 판결의 요지

이 사건에서 수필은 원저작물이고 이를 각색한 연극 대본은 2차적저작물이다. 문제가 된 것은 '수필과 연극 대본'이 아니라 연극의 '초벌 대본과 최종 대본'이다. 대법원은 A(피고인)와 B(고소인)가 최종 연극대본의 공동저작자임을 전제로 A가 고소인(B)의 동의 없이 최종 연극대본을 바탕으로 뮤지컬 대본을 작성하였고 이 대본을 이용하여 뮤지컬 '친정엄마'를 공연한 행위는 저작권법 제48조에 규정한 '저작재산권의 행사방법'을 위반한 행위에는 해당하지만 형사상 '저작재산권 침해죄'를 구성하는 것은 아니라는 이유로 무죄판결을 선고하였다.

이 사건의 주요 쟁점은 다음과 같다. 첫째, 공동저작자의 인정 여부이다. 즉 고소인이 최종 연극대본의 창작에 관여했는지의 여부이다. 고소인이 최종 연극대본의 창작성 있는 표현에 실질적으로 관여하지 않고 단순히 아이디어만을 제공했거나 피고인의 지시에 따라 수정 업무를 보조하였다면, 저작자로 인정받지 못한다.

둘째, 저작물의 공동저작자가 되기 위한 요건 및 그 요건 중 '공동창작의 의사'의 의미이다.

셋째, 고소인이 최종 연극대본의 저작자로 인정되는 경우, 초벌 대본과 최종 연극대본의 관계가 '원저작물 – 2차적저작물'인지 아니면 '단일한 저작물'인지의 여부가 쟁점이 된다. 최종 연극대본이 2차적저작물에 해당된다면, 피고인은 뮤지컬 연극대본의 작성행위로 인하여 고소인이 최종 연극대본에 대해서 가지는 복제권과 2차적저작물 작성권 등의 저작재산권을 침해한 것이 된다.

넷째, 공동저작자의 제48조 위반행위와 저작재산권 침해 여부이다. 최종 대본이 초벌

2) 한편, 민사사건에서는 피고 A의 동일한 취지의 주장에 대해서, 법원은 "저작재산권은 배타적 지배권으로서, 저작재산권 그 밖에 저작권법에 따라 보호되는 권리를 가진 저작재산권자 등은 그 권리가 침해되는 경우에 손해의 배상을 청구할 수 있는데(저작권법 제125조 제1항), 공동저작물에 관해서는 공동저작자가 저작물의 창작에 이바지한 정도에 따라 공동저작물에 대한 지분이 인정되고(저작권법 제48조 제2항, 제3항), 공동저작물의 저작인격권과 저작재산권은 저작권자 전원의 합의에 의하지 아니하고는 이를 행사할 수 없으며(저작권법 제15조, 제48조 제1항), 공동저작자는 자신의 지분의 범위에 관해 자유롭게 손해배상의 청구를 할 수 있으므로(저작권법 제129조), 이를 종합하면 공동저작자 중 일부가 합의 없이 전체 저작물에 대한 저작재산권을 행사하는 경우는, 다른 공동저작자의 저작재산권 지분 또는 합의하여 공동저작물을 행사할 권리 등 저작권법에 따라 보호되는 권리를 침해하는 경우에 해당한다고 할 것이므로 공동저작자에게 별개의 저작권이 없음을 전제로 공동저작자 사이에서는 저작권 침해행위가 성립할 수 없다는 피고의 위 주장은 받아들일 수 없다."고 판단한 바 있다(서울남부지방법원 2013. 2. 19. 선고 2011가합10007 판결).

대본과 별개의 '단일한 저작물'이라면, 피고인과 고소인이 창작적 기여 부분을 분리하여 이용할 수 없는 연극 대본의 특성상 '공동저작물'이다. 이 경우, 공동저작자 1인(피고인)이 다른 공동저작자(고소인)의 동의 없이 최종대본의 2차적저작물(뮤지컬 대본)을 작성한 것이 다른 공동저작자의 복제권과 2차적저작물 작성권을 침해한 것인지의 여부가 쟁점이 된다.

대법원은 최종 대본이 공동저작물이고, 피고인이 고소인의 동의 없이 뮤지컬 대본을 작성하였지만, 그러한 피고소인의 행위는 공동저작물에 관한 저작재산권의 행사방법을 위반한 행위에 그칠 뿐 고소인의 공동저작물에 관한 저작재산권을 침해한 것은 아니라고 판결하였다.

3. 해설

가. 공동저작자의 인정 — 창작적 기여

첫 번째 쟁점은 공동저작자의 인정 여부와 관련된 창작적 기여 요건에 관한 것이다. 즉, 고소인이 피고인과 함께 최종 대본의 창작자인가 아니면 단순히 피고인의 업무 보조자로만 볼 것인가이다.

공동저작물이기 위해서는 2인 이상의 복수의 자가 공동으로 창작에 관여하여야 한다.[3] 어떤 저작물의 창작에 관여한 사람이 2인 이상인 경우 어떠한 관여자를 해당 저작물의 저작자로 인정할 수 있는지에 관한 문제에 해당한다. 저작자란 저작물을 창작한 자이다(저작권법 제2조 2호). 따라서 (i) 창작에 힌트나 아이디어를 제공한 자는 저작자가 되지 않는다. 따라서 소설가나 화가에게 힌트나 테마를 준 자를 저작자라고 말할 수 없다. (ii) 저작자의 조수는 저작자가 아니다. 저작물을 작성할 때 저작자의 지휘·감독 하에 그의 손발이 되어 작업에 종사한 자는 저작자의 창작활동을 돕는 데 불과하고 스스로의 창의에 기해서 제작에 힘쓰는 자는 아니므로 저작자로는 될 수 없다. (iii) 저작물의 투자자나 창작을 의뢰한 자는 저작자가 아니다. 그림의 주문자, 건축주 등 제작기회의 제공자는 저작자라고 말할 수 없다.[4]

대상판결은 "2인 이상이 공동창작의 의사를 가지고 창작적인 표현형식 자체에 공동의 기여를 함으로써 각자의 이바지한 부분을 분리하여 이용할 수 없는 단일한 저작물을 창작한 경우 이들은 그 저작물의 공동저작자가 된다고 할 것이다"라고 함으로써 창작적인 표현형식 자체에 공동의 기여를 한 경우에 저작이 인정됨을 천명하였다.

처음에 수필을 대본으로 각색한 자는 피고인이다. 또한 피고인은 고소인이 이 사건 각

---

3) 허희성, 신저작권법 축조개설(상), 명문프리컴, 2007, 47면.
4) 저작자 지위에 관한 자세한 분석은, 박성호, 저작권법, 박영사, 2014, 192−194면.

본인 최종대본을 작성하기 전까지는 변변한 작품활동도 해보지 못한 초보작가로 보조작가에 불과하고, 최종 연극대본에 고소인이 부가한 창작성은 없으며, 가사가 있다고 해도 피고인의 지시에 의하거나 연극 제작과정에서 발생할 수밖에 없는 의례적인 부분이고, 최종 연극대본의 표지에는 피고인이 저작자로 명시되어 있으므로 저작권법 제8조에 의해 피고인이 저작자로 추정되므로 고소인은 저작자가 아니라고 주장하였다. 그러나 대법원은 고소인이 창작자인 이유로 다음과 같은 창작적 관여(Act of Authorship) 내지 실질적 기여(Substantial Contributions)를 제시하였다:

① 피고인은 자신이 작성한 연극 '친정엄마'의 초벌대본이 고소인에 의하여 수정·보완되어 새로운 창작성이 부여되는 것을 용인하였고, 고소인도 피고인과 별개의 연극대본을 작성할 의도가 아니라 피고인이 작성한 초벌대본을 기초로 이를 수정·보완하여 보다 완성도 높은 연극대본을 만들기 위하여 최종대본(이하 '이 사건 저작물'이라 한다)의 작성 작업에 참여한 점

② 피고인은 초벌대본이 고소인에 의하여 수정·보완되어 연극으로 공연되기까지 극작가의 지위를 유지하면서 대본작업에 관여하였고, 고소인도 이 사건 저작물의 작성 과정에서 피고인으로부터 수정·보완작업의 전체적인 방향에 관하여 일정부분 통제를 받기는 하였으나 상당한 창작의 자유 또는 재량권을 가지고 수정·보완작업을 하여 연극의 중요한 특징적 요소가 된 새로운 캐릭터·장면 및 대사 등을 상당부분 창작한 점

③ 최종대본이 그 창작적인 표현형식에 있어서 피고인과 고소인이 창작한 부분을 분리하여 이용할 수 없는 단일한 저작물이 된 점

요컨대, 저작물의 작성에 2인 이상이 관여한 경우일지라도 한 명만이 사상 또는 감정의 창작성 있는 표현에 실질적으로 관련된 작업을 담당하고 다른 사람은 보조적인 작업만을 하거나 아이디어, 소재를 제공하기만 한 경우에는 창작적 작업을 담당한 사람만이 저작자가 되고 다른 사람은 저작자가 되지 못하기 때문에 작성된 저작물은 공동저작물이 아니라 단독저작물이 된다.[5] 공동저작물의 경우, 창작적 관여의 정도, 태양에 따라 당해 저작물에 대해서 자기의 사상 또는 감정을 창작적으로 표현했다고 평가받을 수 없는 자는 공동저작자에 해당하지 아니한다.

---

5) 김원오, 앞의 글(주 1), 8면.

나. 공동저작물의 요건으로서의 '공동창작의 의사'

대상판결은 친정엄마 사건에서 "2인 이상이 공동창작의 의사를 가지고 창작적인 표현형식 자체에 공동의 기여를 함으로써 각자의 이바지한 부분을 분리하여 이용할 수 없는 단일한 저작물을 창작한 경우 이들은 그 저작물의 공동저작자가 된다. 여기서 공동창작의 의사는 법적으로 공동저작자가 되려는 의사를 뜻하는 것이 아니라, 공동의 창작행위에 의하여 각자의 이바지한 부분을 분리하여 이용할 수 없는 단일한 저작물을 만들어 내려는 의사를 뜻하는 것이라고 보아야 한다."고 판단하여, '공동창작의 의사'라 함은 '분리이용이 불가능한 하나의 저작물 창작에 실질적으로 기여하여 다른 저작자와 함께 하나의 저작물을 완성하겠다는 의사'임을 분명히 하였다. 대상판결이 공동저작물의 요건으로 공동창작의 의사를 요한다는 긍정설의 입장을 취한 것으로 볼 수 있다.[6]

그러나 '공동창작의 의사'라는 주관적 요소를 중시하는 관점보다, 저작자들은 서로의 작업을 이해하고 전체적 아이디어(Gesamtidee)를 따라야 한다[7]는 점에 주목하여 대상판결을 이해할 필요가 있다고 생각한다.

다. 2차적저작물과 공동저작물의 구별

세 번째 쟁점은 '연극 대본이 원작 수필의 2차적저작물인지의 여부'가 아니라 '연극의 최종 대본이 초벌 대본의 2차적저작물인지의 여부'이다(이는 원심에서의 쟁점이었다). 여기서는 공동저작물과 2차적저작물을 구별해주는 기준이 핵심 내용이다.

2차적저작물 작성권은 원저작물을 기초로 하여 그와 동일한 또는 실질적으로 동일한 저작물을 작성하는 행위를 넘어서, 동일하지는 않지만 실질적으로 유사하면서도 새로운 창작성을 가미한 저작물을 작성하는 행위를 통제할 수 있는 근거가 되는 권리이다.[8]

2차적저작물과 공동저작물은 어느 한 저작자의 창작적 기여 부분이 결과적으로 다른 저작자의 창작적 기여 부분을 개작하거나 변형 또는 각색한다는 점과 분리될 수 없는 창작

---

6) 이해완, 저작권법 제3판, 박영사, 2015, 348면; 오승종, 저작권법 제5판, 박영사, 2016, 361－362면.
7) BGH GRUR 2003, 231/234 - Staatsbibliothek; BGH GRUR 1994, 39/40 - Buchhaltungsprogramm; OLG Düsseldorf GRUR－RR 2005, 2 - Beuys－Kopf; KG GRUR－RR 2004, 129/130 - Modernisierung einer Liedaufnahme; Wandtke · Bullinger · Thum, UrhG, § 8 Rdnr. 16.
8) 이해완, 앞의 책(주 6), 203－206면. 2차적저작물 작성권은 이미 작성된 저작물 또는 그 복제물을 단순히 이용하는 형태로서 새로운 작성행위를 수반하지 않는 공중송신권, 공연권, 전시권, 배포권 등과는 그 성격이 다르다. 우성엽, "2차적저작물의 법률관계", Law & technology, 제4권 제5호, 서울대기술과법센터 2008, 38면.

적 기여분을 모두 포함하고 있다는 점에서도 공통점이 있다.[9] 분리될 수 없는 창작적 기여분을 포함하고 있는 공동저작물과 2차적저작물을 구별해주는 기준에 대해서 대상판결은 "공동의 창작행위에 의하여 각자의 이바지한 부분을 분리하여 이용할 수 없는 단일한 저작물을 만들어 내려는 의사를 뜻하는 것이라고 보아야 한다"고 판시함으로써, '공동창작의 의사'를 공동저작물과 2차적저작물의 구별기준으로 제시한 것은 타당하다고 생각한다.

'공동창작의 의사' 유무는 복수의 관여자들이 이시적·순차적 기여에 의하여 새로운 저작물을 만든 경우에 그 저작물이 공동저작물인지, 아니면 2차적저작물인지를 판단하는 중요한 기준이 된다.[10] 대상판결은 공동창작의 의사에 관하여 "공동의 창작행위에 의하여 각자의 이바지한 부분을 분리하여 이용할 수 없는 단일한 저작물을 만들어 내려는 의사를 뜻하는 것이라고 보아야 한다"고 판시하였지만, 그것만으로는 공동저작물과 2차적저작물의 구별기준을 명확히 제시한 것으로 보기는 어려우며, "영화 '6년째 연애중 시나리오' 사건에서 제시된 '완결성 의식 기준'을 보충하여 공동저작물과 2차적저작물을 구별하여야 한다는 견해가 있다.[11]

또한 공동저작물과 2차적저작물의 구별을 위해서는 종속성과 상호의존성 또는 독립성을 고려해야 한다는 견해도 있다. 즉, 2차적저작물은 새로운 형태의 창작성 부가와 원저작물에 대해 종속관계의 요소를 동시에 필요로 하는 반면, 동 저작물을 구성하는 각 창작적 기여분은 상호의존적이기는 하나 독립성이 있으며, 최소한 종속적 관계에 있는 것은 아니라고 볼 수 있다고 한다.[12]

한편, '친정엄마' 사건의 경우, 저작권법의 목적과 시장의 관점에서 볼 때, 최종 대본에는 초벌 대본의 창작성과 고소인이 추가한 창작성이 함께 있기 때문에 최종 대본은 초벌 대본의 2차적저작물에 해당하지만, 초벌 대본만을 위한 시장은 없기 때문에, 최종 대본과 초벌 대본은 단일한 저작물로서 공동저작물이라고 판단한 대법원의 판결은 저작권법의 목적에 부합한다고 볼 수도 있을 것이다.[13]

라. 공동저작자의 제48조 위반행위와 저작재산권 침해 여부

네 번째의 쟁점은 공동저작자의 제48조 위반행위와 저작재산권 침해 여부에 관한 것이

---

9) 김원오, 앞의 글(주 1), 25면.
10) 이해완, 앞의 책(주 6), 334면.
11) 이해완, 앞의 책(주 6), 334-335면.
12) 김원오, 앞의 글(주 1), 26면.
13) 박준우, "공동저작자 간의 저작권 침해", 연극 <친정엄마> 사건, 저작권문화 Vol. 248, 한국저작권위원회 2015. 4, 31면.

다. 저작권법 제48조 제1항은 '공동저작물의 저작재산권은 저작재산권자 전원의 합의에 의하여 행사'하라고 규정하고 있지만, 그 위반 효과에 관한 규정은 없다. 공동저작자가 제48조의 저작권 행사방법에 관한 규정을 위반한 경우, 예컨대 다른 공동저작자와 합의 없이 단독으로 제3자에게 공동저작물에 대한 이용허락을 하여 이용하게 하는 행위를 한 경우에 그것을 단순히 제48조의 저작재산권 행사방법에 관한 규정을 위반한 것으로 그에 따른 민사책임이 수반되는 것으로 볼 것인지 아니면 그것을 공동저작자의 저작재산권을 침해한 것으로 보아, 저작재산권 침해에 대한 저작권법상의 민·형사적인 구제수단을 모두 인정할 것인지가 문제된다.

대상 사건에서와 같이 어느 공동저작자(피고인)가 다른 공동저작자(고소인)의 동의 없이 공동저작물(최종 대본)을 이용한 것(뮤지컬 대본의 작성)이 고소인의 저작재산권을 침해한 것인지의 여부가 뚜렷하지 않다. 이에 대하여 대상판결은 "구 저작권법 제48조 제1항 전문은 "공동저작물의 저작재산권은 그 저작재산권자 전원의 합의에 의하지 아니하고는 이를 행사할 수 없다"고 정하고 있는데, 위 규정은 어디까지나 공동저작자들 사이에서 각자의 이바지한 부분을 분리하여 이용할 수 없는 단일한 공동저작물에 관한 저작재산권을 행사하는 방법을 정하고 있는 것일 뿐이므로, 공동저작자가 다른 공동저작자와의 합의 없이 공동저작물을 이용한다고 하더라도 그것은 공동저작자들 사이에서 위 규정이 정하고 있는 공동저작물에 관한 저작재산권의 행사방법을 위반한 행위가 되는 것에 그칠 뿐 다른 공동저작자의 공동저작물에 관한 저작재산권을 침해하는 행위까지 된다고 볼 수는 없다."고 판단하여, 제48조의 위반은 공동저작물에 관한 '저작재산권의 행사 방법의 위반'일 뿐 '저작재산권의 침해'는 아니라고 판결하였다.

저작권법 제48조 제1항 단서는 '공동저작물의 각 저작재산권자는 신의에 반하여 합의의 성립을 방해하거나 동의를 거부할 수 없다'고 규정하고 있고, 이 사건에서 판결 전에는 '대본을 수정한 자(고소인)'가 창작자인지 불분명하여 피고인으로서는 합의의 시도 자체가 무리였고, 제48조에 공동저작자 간의 이익 배분 규정도 있다는 점들을 고려하면 '신의에 반하지 않는 공동저작물의 단독 이용'은 제48조 제1항의 위반이 아니라고 해석함으로써 입법의 미비를 극복하고 공동저작물의 창작과 이용을 동시에 장려하는 저작권법의 목적에 부합하는 결과를 도출한 것이라는 견해[14]도 존재한다. 그러나 문제는 어떤 행위가 민사상의 침해정지나 손해배상의 대상이 되는 것이라면 이는 저작재산권의 침해에 해당하므로 저작권법이 규정한 형사법상의 범죄성립요건에도 당연히 해당하는 것이다. 즉, 우리 저작권법상 저작권 침해행위는 민사상의 침해정지나 손해배상의 대상이 될 뿐 아니라 형사처벌의 대상도 되는 것이다. 그러므로 공동저작자의 제48조 위반행위에 대해서 민사책임을 지기는 하지만 형사책

---

14) 박준우, 위의 글, 31면.

임을 지지는 않는다는 대상판결의 취지는 구체적 타당성을 도모하고자 노력한 일종의 '사례판결'로서는 그 의의를 평가할 수 있지만,[15] 구체적 법리 제시도 하지 않은 채 마치 저작권법의 사법적(私法的) 해석과 형법적(刑法的) 해석이 별개로 존재하는 것처럼 오해를 불러일으켰다는 점에서 문제가 있어 재검토를 요한다는 비판적 견해가 있다.[16]

제48조 제1항 전문에서 말하고 있는 공동저작물의 저작권에 관한 '행사'는 저작재산권의 내용을 구체적으로 실현하는 적극적 행위를 의미한다. 저작물의 적극적 이용행위가 여기에 해당한다. 민법의 공유물 관리와는 달리, 공동저작물의 저작권에 관한 '행사'는 지분의 비율과 관계 없이 전원의 합의에 의하여 한다는 특례를 규정한 것이다. 이것은 다수결 원칙이 타당한 일반 재산의 이용과는 달리, 일체적 이용을 확보해야 하는 문화적 성과물의 이용에 관한 사항이기 때문이다.

일반적으로 공유의 경우 소극적 권리보존행위와 방해배제청구는 공유자 1인이 단독으로 할 수 있다. 공동저작물의 저작재산권 침해의 경우도 마찬가지이다. 따라서 침해의 정지 등 청구는 제48조의 제1항의 행사에는 해당하지 아니하며, 공동저작물의 각 저작재산권자는 다른 저작재산권자의 동의 없이 제123조의 규정에 따른 침해의 정지 등 청구를 단독으로 할 수 있다. 저작권법 제129조는 이러한 취지를 명시적으로 규정하고 있다. 나아가 공동저작물의 저작권이 침해된 경우 각 저작자는 독자적으로 고소를 할 수 있으며, 공동저작자 중 1인이 다른 공동저작자의 동의를 얻지 않고 그 공동저작물을 이용한 경우에도 마찬가지이다.[17]

저작물의 이용허락, 출판권이나 배타적 발행권의 설정 등 타인에게 저작물의 이용허락을 하는 것은 '행사'에 해당한다. 그런데, 공유자(공동저작물의 저작재산권자) 자신의 저작권 행사, 즉 공유자 중 일부가 스스로 직접 당해 저작물을 복제, 출판, 2차적저작물 작성 등 기타 이용행위를 하는 것은 제48조의 제1항의 행사에 해당하는지가 문제된다. 이러한 이용행위는 '행사'에 해당하고 공유자 전원의 합의를 필요로 하는 것으로 해석해야 할 것이다.[18] 그 이유는 다음과 같다.[19] 첫째, 제48조 제1항은 '행사'라는 일반적 문언을 이용하고 있으며, 공동저작물의 저작재산권자의 1인에 의한 이용행위를 특별하게 취급하는 취지를 명확하게 규정한 것은 아니다. 둘째, 제48조 제1항은 "공동저작물의 저작재산권은 그 저작재산권자 전원의 합의에 의하지 아니하고는 이를 행사할 수 없다"고 명확히 규정하고 있는데, 이는 민법상

---

15) 박성호, "2014년 지적재산법 중요판례", 인권과 정의, Vol. 48, 2015, 216−217면.

16) 이해완, 앞의 책(주 6), 349−352면.

17) 안효질, "저작권침해죄의 고소권자에 관한 소견", 고려법학 제74호, 고려대학교 법학연구원, 2014, 379면.

18) 정상조, "저작권의 공동보유", 법학 40권 2호(111호), 서울대학교 법학연구소, 1999, 226면. 저작권의 지분권자는 다른 지분권자들의 허락이나 동의를 받지 않고도 자신의 지분권에 근거하여 저작물 전체를 자유로이 이용할 수 있다는 이견도 있다. 조영선, "공동저작자의 저작재산권: 저작권법 제48조의 해석론", 법조 통권642호, 법조협회, 2010, 132−133면.

19) 小倉 秀夫・金井 重彦, 著作權法コンメンタール, LexisNexis, 2013, 1006면.

의 공유물 이용에 관한 규정과 특허권이 공유인 경우에 각 공유자는 계약으로 특별히 약정한 경우를 제외하고는 다른 공유자의 동의를 받지 아니하고 그 특허발명을 자신이 실시할 수 있다는 취지의 명문규정을 두고 있는 특허법과는 명확한 차이가 존재함을 고려한다면, 공유자 자신에 의한 저작권 행사에 대해서는 공유자 전원의 합의를 요하는 것으로 해석하는 것이 타당하다고 생각한다. 셋째, 공동저작물에 대하여 각 저작자가 단순히 자신이 직접 기여한 바에 대해서만이 아니라 공동저작물 전체에 대해서 공동의 책임과 권리를 가지고 있다. 이것은 공유자의 연대성과 일체성의 확보를 위한 정책적 고려 때문이라고 한다.[20] 따라서 다른 공유자의 합의 없이 공동저작물의 저작재산권을 행사한 공유자는 다른 공유자의 저작재산권을 침해한 것으로, 이에 대해 민사상·형사상의 책임을 지게 된다.

4. 판결의 의의

대상판결이 창작적인 표현형식 자체에 공동의 기여를 한 경우에 저작인정이 되며, 공동저작물의 적용요건인 '공동창작의 의사'란 '분리이용이 불가능한 하나의 저작물 창작에 실질적으로 기여하여 다른 저작자와 함께 하나의 저작물을 완성하겠다는 의사'임을 천명한 것은 상당한 의의가 있다. 그러나 대상판결이 '친정엄마' 사건의 민사판결에서 저작권 침해행위의 성립을 인정한 것과는 달리, 공동저작자의 제48조 위반행위에 대해서 저작재산권 침해에 해당하는 것으로 볼 수 없다고 하면서 무죄판결을 선고한 것은 잘못된 문리해석이라고 생각한다.[21] 공동저작자의 제48조의 위반행위에 대해 형사책임을 묻는 것에 대해서는 법정책적 관점에서 문제가 있다는 것에 대해서는 충분히 공감한다. 그러나 이러한 문제는 모든 저작권 침해행위에 대해서 민사상의 책임뿐만 아니라 형사상 책임을 묻는 현행 저작권법의 구조적 문제점에서 기인한 것이라고 생각한다. 개인적으로는 저작재산권의 침해와 집행의 법제도적 문제점을 인식하고 저작권법의 개정을 통해서 위 문제를 입법론적으로 해결하는 것이 바람직하다고 생각한다.

---

20) 加戶守行, 著作權法逐講義(6訂新版), 著作權情報センタ, 2013, 458면. 한편, 미국의 경우에는 공동저작자의 허락 없이도 또는 심지어는 그 의사에 반하여서도 자신의 권리를 행사할 수 있다고 한다. 임원선, 실무자를 위한 저작권법 제4판, 한국저작권위원회 2014, 86면. 이러한 접근방법은 미국 저작권법이 저작인격권적 측면을 매우 제한적으로 고려하고 있는 입법례이기 때문이라고 생각한다.

21) 안효질, 앞의 글(주 17), 379면.

소프트웨어개발계약과 권리귀속의 효력발생 시기

대법원 2005. 8. 25. 선고 2004다60461 판결[1]

손승우(단국대학교 법학과 교수)

1. 사안의 개요

원고는 영상장비 및 네트워크 장비, 컴퓨터 주변기기의 제조와 판매 등을 하는 회사이다. 피고 1은 1996년 8월경부터 1998년 9월경까지 원고 회사에 근무하였고, 피고 2는 피고 1의 처로서 원고와 유사한 영업을 하는 개인 사업자이다. 원고는 1997년 11월경 A주식회사와 사이에 멀티스크린 장비 및 소프트웨어 개발·공급계약을 체결한 후, 이 계약의 이행을 위하여 피고 3에게 소프트웨어의 제작을 도급하여 피고 3이 완성한 프로그램(IDS 프로그램 - 수개의 영화를 동시에 상영하는 영화관에서, 상영되는 영화 및 좌석 현황에 대한 정보를 여러 개의 모니터를 통하여 제공하는 프로그램, 이하 '1차 프로그램'이라 한다)을 1998년 4월경 C영화관에 설치하였다.

원고는 1998년 5월경 피고 3에게 이 사건 1차 프로그램의 기능을 향상한 컴퓨터프로그램(이하 '이 사건 프로그램'이라 한다) 개발을 도급하였는데, 프로그램 개발이 예정보다 늦어지자, 1999년 1월경 위 개발계약에 개발 제품에 대한 지식재산권 및 소유권에 대하여 다음과 같은 내용이 포함된 계약서를 작성하였다. 즉 이 계약서에서 "원고의 요청에 의하여 개발되는 제품의 지적 및 상업적 소유권 일체는 원고에게 귀속되고, 피고 3는 원고와의 계약에 의거 개발되는 제품과 이를 응용한 유사제품을 개발하는 행위를 포함하여 원고의 승인 없이 스스로 버전업을 하거나 이를 제3자에게 양도할 수 없으며, 계약의 이행을 위하여 원고로부터 취득한 일체의 사항을 타인에게 발설 또는 유출하지 아니한다."고 규정하였다. 그리고 대금 25,000,000원은 계약시 선급금 20%, 시제품 생산 후 중도금 30%, 개발 서류 검수완료일로부터 1개월 이내에 잔금 50%를 지급하는 것으로 정하였다.

---

1) [참조 및 관련 판례] 대법원 2000. 11. 10. 선고 98다60590 판결.
   [관련 평석 및 문헌] 김혜창, "판례해설-대법원 2005. 8. 25. 선고 2004다60461 판결", SW IPRepoet 제14호(2007. 7. 16.); 최경진, "소프트웨어개발계약과 권리의 귀속", 성균관법학 제19권 제2호(2007. 8).

1999년 6월 11일 한국소프트웨어진흥원2)에 원고 명의로 이 사건 프로그램이 등록되었는데, 당시 원고는 프로그램이 미완성임을 전제로 피고 3에게 등록을 위임하였고, 등록 시 피고 3이 제출한 프로그램은 멀티 모니터 제어 부분이 누락된 것이었다.

이후 피고 1과 피고 2는 B주식회사와 사이에 1998년 12월 31일 D극장 모니터 시스템 공급계약, 1999년 3월 29일 E극장 멀티 디스플레이 시스템 공급계약, C주식회사와 사이에 1999년 9월 1일 멀티플렉스극장 멀티 디스플레이 시스템 공급계약을 각각 체결하고, 수 개의 영화가 동시에 상영되는 영화관에 상영 영화 및 좌석 현황 정보 제공 시스템을 설치하였다. 그런데 설치된 시스템에는 모두 피고 3이 개발한 IDS 프로그램이 포함되어 있었고, 그 프로그램은 지엽적인 일부분을 제외하고는 원고 명의로 등록된 이 사건 프로그램과 동일한 프로그램이었다. 원고는 피고들의 위와 같은 공급 및 설치를 허락한 바 없음을 이유로 프로그램저작권 침해에 대하여 손해배상을 청구하였다.

2. 판결의 요지

가. 원심판결

원고가 이 사건 프로그램의 저작자 또는 저작권의 양수인으로서 피고들에 의하여 컴퓨터프로그램 저작권이 침해되었음을 이유로 한 손해배상청구에 대하여, 원심은 프로그램을 복제, 배포, 발행할 권리를 가지는 저작자는 그 저작물을 창작한 자를 말하고, 이러한 컴퓨터프로그램 저작권은 프로그램이 창작된 때로부터 발생하고 어떠한 절차나 형식의 이행을 필요로 하지 아니하며, 원프로그램을 이용하여 새롭게 창작된 개작 프로그램도 독자적인 프로그램으로서 보호되므로 개작된 컴퓨터프로그램의 저작권은 원시적으로 그 창작자에게 귀속된다고 하였다.

그런데 ① 피고 3이 이 사건 계약으로 원고로부터 이 사건 프로그램의 개발을 도급받아 이를 완성한 사실은 앞서 본 바와 같으므로, 특별한 사정이 없는 한 이 사건 프로그램의 저작권은 원시적으로 피고 3에게 귀속되었다고 할 것이고, ② 한편, 이 사건 계약에 "원고의 요청에 의하여 개발되는 제품의 지적 및 상업적 소유권 일체는 원고에게 귀속된다."는 규정이 포함되어 있음은 앞서 본 바와 같으나, 앞서 본 법리에 비추어 보면, 위 규정에 의하여 이 사건 프로그램의 저작권이 원고에게 원시적으로 귀속되거나 당연히 이전되는 것은 아니

---

2) 과거 컴퓨터 프로그램은 저작권법과는 별도로 컴퓨터프로그램보호법에서 보호되었으며 등록도 정보통신부 산하 한국소프트웨어진흥원에서 주관하였다. 이후 컴퓨터프로그램 저작물의 등록업무는 컴퓨터프로그램보호위원회에서 수행하였으나, 2009년 7월 저작권위원회와 통합됨에 따라 한국저작권위원회가 모든 종류의 저작물에 대한 저작권 등록 업무를 총괄 수행하고 있다.

고, 일단 피고 3에게 원시적으로 귀속되는 컴퓨터프로그램의 저작권을 원고에게 양도하기로
한 것으로 보아야 할 것이고, 이와 같은 컴퓨터프로그램 저작권은 당사자 사이의 계약만으
로 양도할 수 있는 것이기는 하나 계약에서 조건을 부가하였다면 그 조건이 성취한 때에 양
도된 것으로 보아야 할 것인바, 앞서 본 바와 같이 이 사건 계약상 대금 25,000,000원 중 잔
금 50%를 개발 서류 검수완료일로부터 1개월 이내에 지급하기로 한 점과 검수에 관한 조항
의 내용에 비추어 보면, 이 사건 프로그램 저작권의 이전 시기는 이와 같은 조건이 성취된
때, 즉 피고 3이 이 사건 프로그램을 완성하여 검수를 마친 시점이거나 또는 늦어도 피고 3
이 대금을 전부 지급받은 시점이라고 봄이 상당하다고 할 것인데, 이 사건 프로그램에 대하
여 위 계약에서 정하고 있는 검수가 마쳐졌다거나 피고 3이 원고로부터 이 사건 계약에서
정한 대금 25,000,000원을 전액 지급받았다는 점은 이를 인정할 증거가 없으므로, 원고는 피
고 3이 개발한 이 사건 프로그램의 저작권을 취득하지 못하였다고 판단하여, 이 사건 프로그
램의 저작자 또는 저작권의 양수인임을 전제로 한 원고의 주위적 청구를 배척하였다.[3]

나. 대법원판결

대법원은 원심의 판단을 다음과 같은 이유로 부정하였다.

일반적으로 독립한 컴퓨터프로그램 개발업자에게 컴퓨터프로그램을 주문하여 그 개발
업자가 컴퓨터프로그램을 개발한 다음 주문자에게 납품하는 내용의 계약을 체결함에 있어서
당사자 사이에 컴퓨터프로그램 저작권을 주문자가 원시취득하는 것으로 약정하였다고 하더
라도, 특별한 사정이 없는 한 그 컴퓨터프로그램은 주문자의 업무에 종사하는 자가 업무상
창작한 것이라고 볼 수 없으므로, 그 개발업자를 컴퓨터프로그램의 저작자로 보아야 할 것
이어서, 위와 같은 약정은 개발업자가 원시취득한 컴퓨터프로그램 저작권을 주문자에게 양
도하는 내용의 약정이라고 보아야 할 것이다.

이 사건에 있어서 원고와 피고 3이 이 사건 프로그램의 저작권을 원고에게 귀속시키기
로 약정한 것은 대금지급이나 검수 등을 조건으로 하지 아니하는 원시적 귀속에 관한 약정
이므로, 그와 같은 약정이 위에서 본 바와 같이 약정 내용 그대로의 효력을 가질 수는 없다
고 하더라도, 위와 같은 무조건적인 저작권의 귀속에 관한 약정은 위 피고가 이 사건 프로그
램저작권을 원시취득한 후 원고에게 양도하는 경우에도 특별한 사정이 없는 한 그대로 적용
되어야 할 것으로 보이는 점, 컴퓨터프로그램 저작권의 양도는 계약만으로 이루어지는 것이
고, 개발된 제품의 인도를 요건으로 하지 아니하는 점, 피고 3이 검수는 물론 잔금지급 전인
1999년 6월 11일 한국소프트웨어진흥원에 원고 명의로 이 사건 프로그램을 등록한 점 등에

---

3) 서울고등법원 2004. 10. 6. 선고 2002나35586 판결.

비추어 보면, 원고와 피고 3은 이 사건 프로그램의 검수나 잔금지급과는 별도로 위 피고가 이 사건 프로그램의 개발을 완료한 후 즉시 원고에게 이를 양도하는 것으로 약정하였다고 볼 여지가 많다고 할 것이다.

그럼에도 불구하고, 원심은 이 사건 프로그램 저작권의 양도시기를 피고 3이 이 사건 프로그램을 완성하여 검수를 마친 시점이거나 늦어도 피고 3이 대금을 전부 지급받은 시점이라고 보고, 위와 같은 시점에 이르지 아니하였음을 이유로, 원고의 컴퓨터프로그램 저작권 양수 주장을 배척하였으니, 원심판결에는 심리를 다하지 아니하고 채증법칙을 위반하여 사실을 잘못 인정하였거나 컴퓨터프로그램 저작권의 양도에 관한 법리를 오해함으로써 판결 결과에 영향을 미친 위법이 있다고 할 것이다.

그러므로 더 나아가 나머지 상고이유를 판단할 필요가 없이 원심판결을 파기하고, 사건을 다시 심리·판단하게 하기 위하여 원심법원에 환송하기로 하여 관여 법관의 일치된 의견으로 원심판결을 파기하고, 사건을 서울고등법원에 환송하였다.

3. 해설

가. 저작자와 저작권 귀속

(1) 저작자의 의의

저작자는 저작물을 실제로 창작한 사람을 말한다(저작권법 제2조 제2호). 이와 같이 저작권법은 창작자주의를 취하고 있으므로 창작에 단순히 아이디어를 제공한 자나 창작을 주문한 자 등은 원칙적으로 저작자가 될 수 없다. 따라서 이 사건에서 본 바와 같이, 당사자 사이에 컴퓨터프로그램 저작권을 원고인 주문자가 원시취득하는 것으로 약정("원고의 요청에 의하여 개발되는 제품의 지적 및 상업적 소유권 일체는 원고에게 귀속된다.")하였다고 하더라도 특별한 사정이 없는 한 저작자는 프로그램을 개발한 피고 3이 되고, 다만 이 사건 약정에 따라 개발자가 원시취득한 컴퓨터프로그램 저작권을 주문자에게 양도하였다고 볼 수 있다.

(2) 업무상저작물과의 관계

법인·단체 그 밖의 사용자의 기획 하에 법인 등의 업무에 종사하는 자가 업무상 작성하는 업무상저작물에 대한 저작권은 별도의 계약이 없는 한 법인 등에 원시적으로 귀속한다(저작권법 제9조). 업무상저작물이 되기 위해서는 법인 등이 저작물의 작성을 주도권을 가지고 기획해야 하며, 작성자과 법인 간에 사용(고용)관계가 있어야 한다. 이러한 관계에 있지 아니한 사람에게 주문 또는 위탁하여 작성된 저작물은 업무상저작물에 포함되지 않는다.

소프트웨어개발계약은 발주자의 주문에 따라 계약 상대방인 개발자가 소프트웨어를 제작하여 공급하거나 컴퓨터 등 장치에 합체시켜 공급하고 보수를 지급받는 형태가 일반적이므로, 이러한 계약은 민법상 도급계약에 해당한다. 그런데 소프트웨어개발계약서에 저작권 귀속에 관한 명시적인 규정이 없는 상태에서 소프트웨어개발을 위탁한 주문자가 세부적인 프로그램 기획과 투자를 담당한 사례에 있어서 대법원이 예외적으로 주문자에게 권리를 귀속시키는 것이 바람직하다고 본 경우가 있다.[4] 즉 주문자가 모든 기획과 아이디어를 제공하고 개발에 있어 모든 지시를 전적으로 도맡아서 하고 개발자는 단지 코딩작업만 하는 경우에 있어서 저작권을 개발자에게 귀속시키는 것은 부당하다고 할 수 있다. 따라서 대법원은 프로그램 개발계약관계에 있어서 주문자가 전적으로 프로그램에 대한 기획을 하고 자금을 투자하면서 개발업자의 인력만을 빌어 그에게 개발을 위탁한 경우에는 예외적으로 개발자가 사실상 주문자에 고용된 것과 같이 업무상 창작한 프로그램에 준하는 것으로 보아 주문자를 프로그램저작자로 보는 것이 타당하다고 보았다.

나. 저작권 귀속의 효력발생 시기

이 사건은 당사자 사이의 저작재산권 양도에 관한 약정의 효력이 언제 발생되는지 여부가 핵심적인 쟁점이었다. 원심은 컴퓨터프로그램 저작권은 당사자 사이의 계약만으로 양도할 수 있으나 이 사건과 같이 계약에 대금의 잔금 지급 및 검수 등 조건이 부가된 경우에는 그 조건이 만족한 때에 양도된 것으로 보았다. 즉 이 사건에서 컴퓨터프로그램 저작권의 이전 시기는 프로그램을 완성하여 검수를 마친 시점이거나 또는 피고 3이 대금 25,000,000원 중 잔금 50%를 지급 받은 시점이라고 보았다. 그런데 원고는 계약에서 정한 검수를 마치지 못하였고, 또한 잔금을 지급하지 않았으므로 해당 프로그램에 대한 저작권을 취득하지 못하였다고 판시하였다.

그러나 대법원은 저작권 이전 시점을 검수 완료 시나 대금지급 시가 아닌 프로그램 개발 완료 시로 보는 것이 타당하다고 하였다. 왜냐하면 컴퓨터프로그램 저작권의 양도는 계약만으로 이루어지는 것이고, 양 당사자가 프로그램저작권을 주문자에게 원시적으로 귀속하도록 약정하고 있으며, 이 사건 계약에서 개발된 소프트웨어의 인도를 요건으로 하지 아니하였으며, 특히 원고 명의의 프로그램 등록이 검수 및 잔금지급 이전에 이루어졌기 때문이다. 따라서 이러한 점들을 비추어 보면, 피고가 이 사건 프로그램의 개발을 완료한 후 즉시 원고에게 이를 양도하는 것으로 약정하였다고 본 것이다.

---

4) 대법원 2000. 11. 10. 선고 98다60590 판결.

4. 판결의 의의

이 사건에서 대법원은 소프트웨어개발 위탁계약에서 흔히 발견할 수 있는 저작권 귀속에 관한 규정에 대한 기준을 제시하고 있다. 특히 이 사건에서 쟁점이 되었던 개발된 컴퓨터 프로그램의 저작권 이전 시점에 관한 계약상의 해석 기준을 제시하고 있다는 점에서 의미가 있다. 먼저 소프트웨어개발 계약에서 양 당사자가 프로그램저작권을 직접 개발한 자가 아닌 주문자에게 원시적으로 귀속하도록 약정한 경우라도 그와 같은 약정이 그대로 효력을 가질 수 없으며, 개발자에게 원시적으로 발생한 저작권을 양도하는 것으로 해석된다. 그리고 이 경우 저작권 양도의 시점은 계약의 해석 문제로 남게 되므로 계약의 내용과 제반 상황을 종합적으로 검토하여 판단한다. 이 사건의 경우 저작권 양도의 시점에 대하여 명시적으로 정하지 않고 있으며, 또한 개발된 프로그램 등록이 검수나 잔금지급 전에 개발자가 주문자의 명의로 이루어진 진 점 등을 고려하면 프로그램 개발 완성 시점에 권리가 이전되는 것으로 해석하는 것이 바람직할 것이다.

그러나 만일 계약의 내용에 개발된 소프트웨어에 대한 검수나 대금의 완납을 프로그램저작권의 귀속 조건으로 명시적으로 부가하였다면 저작권의 이전 시점은 원심의 판단과 같이 이러한 조건이 성취되는 검수완료 시 또는 대금완납 시가 될 것이다. 한편 일반적으로 도급계약에서 양도시점은 도급인이 목적물을 단순히 이전받는 것이 아니라 점검(검수)을 거친 후에 수령하는 때를 의미한다.[5] 소프트웨어개발계약에 있어서 프로그램의 완성도에 대한 검수는 필수적으로 이루어지며 저작권의 양도는 검수가 완료되는 시점에 이루어지는 것이 보편적이기 때문이다. 따라서 양도시점에 대한 특약이 있는 경우에는 그에 따라야 할 것이나 위 사건과 달리 저작권 등록이 검수나 잔금지급 이전에 행해지지 않고 단순히 원시취득에 관한 규정을 담고 있는 경우는 권리 양도시점을 개발완료 시에 당연히 이전된다고 확정하기는 쉽지 않아 보인다.

국내 소프트웨어개발 거래에서 저작권을 발주자에게 원시 취득시키는 규정은 발주자의 우월적 지위에 따라 또는 당사자 간에 충분한 협의 없이 이루어지는 경우가 많기 때문에 당사자가 그것을 의도하였는지를 확인하는 것이 무엇보다 중요할 것이다. 또한 실무적으로 발주금액에 개발 비용 외에 지식재산권 이전에 대한 가치를 고려하지 않는 관행이 많고, 더욱이 완성된 소프트웨어를 구성하는 일부 독립된 모듈은 계약 이전에 이미 개발자에 의해 개발된 것을 단순히 포함시킨 경우가 많은데, 이러한 부분까지 권리이전에 대한 가치 부여 없이 모두 발주자에게 귀속시키는 것은 타당하지 않다고 볼 것이다.

---

5) 곽윤직, 채권각론, 박영사, 1995, 307면; 신유철, "도급계약상의 검수", 사법행정 제37권 제10호, 1996. 10., 27면.

28 작품의 파괴와 저작자의 인격적 이익(이른바 '도라산역 벽화' 사건)

대법원 2015. 8. 27. 선고 2012다204587 판결[1]

이상정(경희대학교 법학전문대학원 명예교수)

1. 사안의 개요

이 사건은 도라산역 벽화철거 및 파괴를 둘러싸고 작가와 국가 사이에 발생한 사건이다. 이 사건 벽화는 작가가 도라산역 건축공사를 시공하는 회사의 요청을 받고 2007년 도라산역의 벽과 기둥에 '포토콜라주' 기법을 이용하여 그린 것으로서 한용운의 생명사상 등을 형상화한 14점으로 구성된 것이었고, 이를 더하면 길이 97m, 폭 2.8m에 이르는 초대형 작품이었다.[2] 이 작품의 소유권은 원고가 잔대금을 받음과 동시에 국가에 이전하는 것으로 되어 있었다. 통일부는 이렇게 설치된 작품을 2010년 초 철거한 후 소각하였는데 그 과정에서 작가에게 어떠한 통보를 한 바 없었고, 작가도 도라산역을 방문했던 지인(知人)을 통하여 비로소 철거사실을 알게 되었다. 이에 2011년 5월, 작가는 국가를 상대로 다음과 같은 주장을 하면서 손해배상청구의 소를 제기하였다.

가. 피고는 이 사건 벽화에 물을 분사, 벽체와 벽화를 박리시키는 방법으로 철거하였고, 철거과정에서 이 사건 벽화를 훼손하였으며, 이후 이를 소각하였는데, 위와 같은 피고의 이 사건 벽화에 대한 철거, 훼손, 소각의 각 행위는 이 사건 벽화의 내용, 형식의 동일성을 깨뜨리는 행위로서 동일성유지권의 저작인격권을 침해하는 행위이다(이하 '주장 1'이라 한다).

나. 피고는 예술작품에 대한 몰지각과 왜곡된 정치·이념적 잣대에 기하여 이 사건 벽화를 철거하였고, 절차상으로도 철거과정에서 원고에게 사전 협의나 동의를 구하지 않았으며, 철거 당시 이 사건 벽화의 보존을 위한 최소한의 주의의무도 기울이지 아니하였는데, 위

---

1) [관련 평석 및 문헌] 이상정, "소유자의 작품 파괴와 저작인격권", (계간)저작권 97호(2012. 봄); 계승균, "소유자의 저작물 파괴와 저작권", 창작과 권리 62호(2011. 봄), 세창출판사; 박성호, "국가에 의한 '예술 반달리즘'과 예술가의 인격권 침해", (계간)저작권 제112호(2015. 겨울); 차상육, "저작물의 소유권 국가가 가졌더라도 작가 동의 없이 폐기했으면 배상 책임(사건과 판례)", 저작권문화 254호(2015.10.).

2) 도라산 역에 설치되어 있던 벽화 중 일부에 대해서는 http://www.pressian.com/news/article.html?no=101699(2015. 9. 20. 방문) 참조.

와 같은 피고의 행위는 원고의 예술의 자유 또는 인격권을 침해하는 행위이다(이하 '주장 2'라
한다).

2. 판결의 요지

가. 제1심판결[3]

(1) '주장 1'에 대하여 법원은 다음과 같이 판단하였다.

소유자가 저작물을 저작자의 동의 없이 변경하여 이용하는 것이 아니라 소유자가 저작
물을 완전히 파괴하는 경우라면, 일반적으로 그 파괴행위가 예술가의 동일성유지권을 침해
하는 행위에 포섭된다고 볼 수 없다.

(2) '주장 2'에 대하여 법원은 다음과 같이 판단하였다.

이 사건 파괴 행위의 과정에서 이 사건 벽화가 훼손되었다고 하더라도, 피고의 소유권
행사로 인한 이 사건 벽화의 파괴가 정당한 이상 그 훼손행위만을 두고 원고의 예술의 자유
내지는 인격권이 침해되었다고 볼 수 없다.

(3) 이상과 같이 원고의 주장이 모두 받아들여지지 않자 원고가 항소하였다.

나. 항소심판결[4]

(1) '주장 1'에 대하여 항소심은 다음과 같이 판단하였다.

1) 피고가 이 사건 벽화를 떼어낸 후 소각하여 폐기한 것은 이 사건 벽화의 소유권자로
서의 권능을 행사한 것이라고 보아야 하고, 이에 대하여 원고가 동일성유지권을 주장할 수
는 없다고 보아야 한다. 즉, 원고가 저작물 원본에 대한 소유권을 피고에 양도하고 이에 대
한 대가도 지급 받은 이상, 그 저작물이 화체된 유형물의 소유권자인 피고의 그 유형물 자체
에 대한 처분행위를 제한할 법적 근거가 없으며, 특별한 사정이 없는 한 저작권법상 동일성
유지권이 보호하는 '저작물의 동일성'은 저작물이 화체된 유형물 자체의 존재나 귀속에 대한
것이 아니라 그 저작물의 내용 등을 대상으로 하는 것이라고 해석할 수밖에 없다.

만일 저작인격권자가 저작물 원본의 소유권 양도 후에도 동일성유지권을 유보하고 소
유권의 행사에 대하여 언제라도 이를 추급할 수 있게 한다면, 저작물의 소유권자로 하여금

---

3) 서울중앙지방법원 2012. 3. 20. 선고 2011가합49085 판결. 제1심판결에서의 법원의 판단은 종래 작품파
   괴는 동일성유지권 침해가 아니라고 주장하는 학설이 내세우는 근거들에 기초하고 있다.
4) 서울고등법원 2012. 11. 29. 선고 2012나31842 판결.

저작물 보유에 대한 예측할 수 없는 과도한 부담을 갖게 하여 오히려 저작물의 원활한 유통을 저해함으로써 저작권자의 권리를 해할 우려도 있다.

그리고 피고가 이 사건 벽화를 철거하는 과정에서 손상한 행위, 절단한 행위, 방치하여 추가로 손상한 행위는 개별적으로 나누어 보면 동일성유지권 침해 행위를 구성할 여지도 있으나, 위에서 살펴본 바와 같이, 그 궁극적인 폐기행위를 저작인격권의 침해로 볼 수 없는 이상, 위 손상, 절단 등의 행위는 폐기를 위한 전 단계 행위로서 그 폐기행위에 흡수되어 별도의 저작인격권 침해를 구성하지 아니한다고 보아야 할 것이다.

2) 특정 형태의 저작물에 대하여는 소유권자에 대한 저작자의 권리를 보장하여야 할 필요성이 있을 수 있으나 이는 쌍방의 이해관계를 합리적으로 조정한 새로운 법률을 제정하는 방법으로 해결되어야 하며, 원고 주장처럼 쌍방 이익의 비교형량을 통한 현행법의 해석론으로 이를 인정할 수는 없다고 할 것이다. 원고의 주장은 현행 저작권법에 대한 해석의 한계를 벗어나는 것이다.

(2) '주장 2'에 대하여 항소심은 다음과 같이 판단하였다.

특정한 공공장소에 설치된 특별한 의미가 있는 시각예술은 그 작품의 의미와 설치장소가 하나로 결합하여 새로운 예술적 가치와 공간적, 역사적 의미를 창조하게 된다. 이러한 창작물이 관람객들에 대하여 상당한 인지도를 얻게 되는 정도에 이르면, 창작자 개인이 위 작품이 현상 그대로 유지되는 데 대하여 커다란 이익을 갖게 됨은 물론, 공공적 측면에서도 이를 후대를 위한 문화예술자산으로 유지·보전하여야 할 이익이 발생한다. 따라서 국가인 피고는 이 사건과 같이 스스로 설치하여 인지도를 얻은 공공예술작품을 완전히 폐기하는 데에는 신중하여야 하고 공론화 과정을 충분히 거쳐 결정하여야 할 것이다. 그러함에도 피고가 거쳤다고 주장하는 절차는 매우 형식적인 것이었다고 평가할 수밖에 없으며, 그 철거가 어떠한 공익적 목적을 위한 것인지도 불분명하다.

물품관리법시행령의 위임에 따른 물품관리규정에는 [여러 가지 규정을 두고 있는바] 이러한 물품관리규정은 국가 재산의 효율적인 보존과 적정한 관리를 목적으로 한 것으로서, 특히 정부미술품에 대하여 별도의 관리규정을 두고 상세한 보존방법을 규정하고 있는 것은 미술품을 특별히 원형 그대로 장기 보존함으로써 그 경제적 가치를 보호하고자 하는 것이 주된 목적이지만, 이와 더불어 정신적, 문화적 산물인 미술품의 창작자가 자신의 작품이 장기간 온전히 유지되고 공중에 전시되는 데 대하여 갖는 인격적 이익이나 해당 작품이 가지는 문화 예술적 유산으로서의 공공적 가치도 부수적으로 보호하고 있다고 볼 여지도 있다.

이 사건 벽화의 존속에 대하여 원고가 보유하는 인격적 이익을 충분히 알 수 있었던 피고가 이 사건 벽화를 소각할 예정임을 원고에게 미리 알렸다면 원고는 자신의 작품을 보존하기 위하여 다시 매수하는 등의 조치를 강구할 가능성도 있었다고 보인다. 그럼에도 피고는 원고에게 아무런 통보 없이 이 사건 벽화를 관련 법령에 규정된 절차도 지키지 아니한 채 소각하는 방법으로 폐기하였는바, 이는 저작권법의 시각에서만 보면, 저작권법이 저작자의 인격권으로 보호하는 저작물의 '내용·형식 및 제호'에 대한 동일성유지를 넘어 저작물 그 자체를 극단적으로 변형·왜곡하여 버린 것으로 평가할 수도 있다.

이상의 사정에 비추어 보면 "피고 산하 남북출입사무소 소속 공무원이 이 사건 벽화를 철거한 후 소각한 행위는 원고가 예술 창작자로서 갖는 법적으로 보호할 가치가 있는 인격적 이익을 침해하는 행위로서 객관적인 정당성을 인정할 수 없는 위법한 행위라 할 것이고, 그로 인하여 원고가 정신적 고통을 겪었을 것임은 경험칙상 분명하므로, 피고는 국가배상법 제2조 제1항에 따라 원고에게 위자료를 지급할 의무가 있다."

(3) 이에 일부 패소한 피고가 상고하였다.

다. 대법원판결

(1) 저작권법은 공표권(제11조), 성명표시권(제12조), 동일성유지권(제13조) 등의 저작인격권을 특별히 규정하고 있으나, 작가가 자신의 저작물에 대해서 가지는 인격적 이익에 대한 권리가 위와 같은 저작권법 규정에 해당하는 경우로만 한정된다고 할 수는 없으므로 저작물의 단순한 변경을 넘어서 폐기 행위로 인하여 저작자의 인격적 법익 침해가 발생한 경우에는 위와 같은 동일성유지권 침해의 성립 여부와는 별개로 저작자의 일반적 인격권을 침해한 위법한 행위가 될 수 있다.

(2) 예술작품이 공공장소에 전시되어 일반대중에게 상당한 인지도를 얻는 등 예술작품의 종류와 성격 등에 따라서는 저작자로서도 자신의 예술작품이 공공장소에 전시·보존될 것이라는 점에 대하여 정당한 이익을 가질 수 있으므로, 저작물의 종류와 성격, 이용의 목적 및 형태, 저작물 설치 장소의 개방성과 공공성의 정도, 국가가 이를 선정하여 설치하게 된 경위, 폐기의 이유와 폐기 결정에 이른 과정 및 폐기 방법 등을 종합적으로 고려하여 볼 때 국가 소속 공무원의 해당 저작물의 폐기 행위가 현저하게 합리성을 잃고 저작자로서의 명예 감정 및 사회적 신용과 명성 등을 침해하는 방식으로 이루어진 경우에는 객관적 정당성을 결여한 행위로서 위법하다고 할 것이다.

3. 해설

가. 작품파괴와 저작권법

타인의 저작물이 화체된 유체물을 그 소유자는 파괴할 수 있는가? 특히 그것이 하나 또는 극소수밖에 존재하지 않는데 그것들을 파괴하는 것은 저작권법이 규정한 저작인격권, 특히 동일성유지권 침해가 아닌가? 예컨대 미술품의 원작품의 소유자가 그 그림에 싫증이 났다든지, 혹은 더 이상 가치가 없다고 생각하여 자신이 소유하는 작품을 파괴하거나, 혹은 타인이 그려준 자신의 초상화가 마음에 들지 않으면 이를 파괴시킬 수 있는가?[5] 이 문제에 대해서 우리나라나 일본에서는 이를 허용한다고 보는 것이 종래의 학설의 일반적인 태도인 것 같다.[6] 이에 반해 미술저작물과 같은 그 표현이 형상, 모양, 색채로 이루어진 일정한 저작물에 있어서는 원작품의 파괴는 저작물의 내용·형식의 동일성을 파괴하는 것이며,[7] 따라서 동일성유지권이 당연히 작동되게 된다는 견해도 있다.[8]

한편 저작권법상의 동일성유지권 침해는 아니나 불법행위 성립은 가능하다는 견해가 있다.[9] 이번 항소심판결은 동일성유지권 침해는 인정하지 않고 불법행위 성립은 인정하였

---

5) 국제적으로 저명한 사례에 윈스턴 처칠 사례가 있다. 이 사건은 화가 Graham Sutherland가 그린 것으로, 그는 영국하원의 부탁을 받고 처칠의 초상화를 그렸고 1954. 11. 30. 처칠의 80회 생일을 기념하여 성대한 기념식을 거친 후 처칠에게 인도되었다. 그러나 처칠과 그의 부인은 이 초상화가 마음에 들지 않아 그 후 불태워버렸다.

6) 허희성, 2011 신저작권법개설, 명문프리컴, 2011, 146면(예컨대 명작의 그림을 소각하였다면, 생각에 따라서는 일부의 개변보다 더 심한 행위이지만 저작권법상으로는 그림의 소각이 동일성유지권의 문제가 아니다. 이 항에서 예상하고 있는 개변 행위는 오히려 타다 남은 형태 혹은 수정·가필된 형태로 사회에 유출되는 것을 금지하는 것이므로 저작물의 원작품이 세간에서 소멸한 것에 대하여는 규제할 이유가 없는 것이다); 오승종, 저작권법(4판), 박영사, 2016, 453면; 이해완, 저작권법(3판), 박영사, 430면; 中山信弘, 著作權法(第2版), 有斐閣, 2014, 518면; 田村善之, 著作權法(第2版), 有斐閣, 2001, 438면; 作花文雄, 詳解著作權法(第4版), ぎょうせい, 2010, 243면; 齊藤博, 著作權法(第3版), 有斐閣, 2007, 152면.

7) 미술저작물이 아니어도 유일한 고정물의 파괴가 저작권침해로 연결될 수도 있다. 이것과 관련하여 중국 내에서 유명한 사건이 있었는데, 이에 대해서는, 정태호, "중국에서의 지식재산권의 권리충돌문제의 본질적 해석에 관한 고찰", 정보법학(제16권 제1호), 한국정보법학회, 2012.4., 212면 참조.

8) 계승균, "소유자의 저작물 파괴와 저작권"(주 1), 143면; 이상정, "소유자의 작품파괴와 저작인격권"(주 1), 62면. 구본진 박사는 "일부 개변만 저작자의 이익을 침해하고, 완전한 파괴는 아무런 관계가 없다는 해석은 부당하다"고 한다{구본진, "미술가의 저작인격권"(박사학위논문), 서울대학교 대학원, 2010.2., 307면}. 일본의 경우는, 齊藤博·牧野利秋, (裁判實務大系 27) 知的財産關係訴訟法, 靑林書院, 1997, 306면(저작물에 가하여진 개변의 가장 격렬한 것이 폐기인 점에 비추어 저작물의 폐기를 고의로 행하는 것은 저작자인격권의 침해로 될 수 있다라고 하는 생각도 있을 수 있다); 岡村久道, 著作權法, 商事法務, 2010, 318면(폐기나 소각을 긍정하는 것은 "前記 제도취지의 이해와는 조화되지 않는 것 같이 생각된다") 참조.

9) 박성호, 저작권법, 박영사, 2014, 294면; 이해완, 저작권법(3판)(주 6), 432면; 홍승기, "공공예술품의 설치와 철거", 저작권 문화(제196호), 2010. 12, 17면.

고, 대법원판결은 동일성유지권 침해에 대해서는 판단하지 아니한 채[10] 불법행위 성립을 인정하였다.

나. 불법행위가 성립하기 위한 요건

(1) 민법 제750조나 국가배상법 제2조 모두 ① 행위자의 고의 또는 과실, ② 행위의 법령 위반 등 행위의 위법성, ③ 타인의 손해발생, ④ (위법)행위와 손해발생간의 인과관계를 요건으로 한다.

우선 이 사건의 경우는 고의에 의한 것이므로 제1의 요건은 문제가 없고, 제4의 요건과 관련하여서는 고등법원이나 대법원 모두 '폐기행위로 인하여 원고가 정신적 고통을 겪었을 것임은 경험칙상 분명하다'고 보았다.

문제는 원고에게 손해가 발생하였는지, 또 피고의 행위가 위법한지 여부이다. 손해란 '법익에 대한 모든 비자발적 손실'이라거나 '개개의 권리 또는 법익이 입은 불이익(또는 손실)'을 의미하므로 그 전제로서 권리 또는 보호받을 법익이 필요하다. 본고에서는 저작자인 원고에게 주어진 법익이 무엇이며, 소유권자인 국가가 자기 소유물을 소각하는 경우라도 위법하게 되는 경우에 대해서 살펴본다.

(2) 원고가 피해를 입은 법익

항소심은 "특정한 공공장소에 설치된 특별한 의미가 있는 시각예술은 그 작품의 의미와 설치장소가 하나로 결합하여 새로운 예술적 가치와 공간적, 역사적 의미를 창조하게 된다. 이러한 창작물이 관람객들에 대하여 상당한 인지도를 얻게 되는 정도에 이르면, 창작자 개인이 위 작품이 현상 그대로 유지되는 데 대하여 커다란 이익을 갖게"되며, 바로 이러한 이익은 법적으로 보호받을 가치가 있는 이익으로 보았다. 대법원 역시 마찬가지이나 대법원은 그 전제로서 "작가가 자신의 저작물에 대해서 가지는 인격적 이익에 대한 권리가 … 저작권법 규정에 해당하는 경우로만 한정된다고 할 수는 없다"고 보았다. 결국 대법원의 판시대로라면 저작권법이 규정하는 공표권이나 성명표시권, 또는 동일성유지권은 저작자가 저작물에 대해서 가지는 권리의 예시인 셈이다. 종래 이론상 일반적 인격권과 저작자 인격권에 대해서는 일반적 인격권에 저작인격권이 포함된다고 보는 견해와 포함되지 않는다고 보는 견해가 대립하고 있다. 전자(일체설)의 견해는 양자의 일체성 또는 동질성을 강조하는 반면 후자(분리설)의 견해는 양자의 분리성 또는 이질성을 강조한다. 일체설이 우리나라 다수설로 되어

10) 원고가 상고하지 아니하여 원심에서 기각한 동일성유지권 침해 주장은 대법원의 심판대상이 되지 않았다 (남형두, "소유는 예술가의 혼(魂)마저 지배할 수 있는가?", 대한변협신문(제560호), 2015. 9. 28., 12면).

있다.11) 우리 대법원판결은 이러한 일체설과 궤를 같이하는 것으로 보인다.

(3) 피고의 위법행위

소유권자인 피고가 자신의 소유물을 소각했음에도 다음과 같은 이유로 위법하다고 보았다.

1) '법령을 위반하여'라고 함은 엄격하게 형식적 의미의 법령에 명시적으로 공무원의 행위의무가 정하여져 있음에도 이를 위반하는 경우만을 의미하는 것은 아니고, 인권존중·권력남용금지·신의성실과 같이 공무원으로서 마땅히 지켜야 할 준칙이나 규범을 지키지 아니하고 위반한 경우를 비롯하여 널리 그 행위가 객관적인 정당성을 결여하고 있는 경우도 포함한다.12)

2) 역사적인 장소에 설치된 벽화를 철거하는 경우에는 설치과정에서 거친 것 이상의 신중한 절차를 거쳤어야 함에도 피고가 제출한 증거에 의하면 그러한 과정을 전혀 거치지 아니한 것으로 보인다(피고가 주장하는 140명을 대상으로 한 설문조사, 전문가 회의 등에 대해서는 구체적 자료가 제출되지 아니하여 믿기 어렵다).

3) 이 사건 벽화의 존속에 관하여 원고가 보유하는 인격적 이익을 충분히 알고 있었으리라고 보이는 피고가 이 사건 벽화를 소각할 예정임을 원고에게 미리 알렸더라면, 원고는 자신의 작품을 보존하기 위하여 다시 매수하는 등의 조치를 강구할 가능성이 보임에도, 법령에 규정된 절차도 지키지 아니한 채 소각하는 방법으로 폐기하였다(항소심).

다. 판결에 대한 의문

이번 사건과 관련된 판결에 대해서는 다음과 같은 의문은 남는다.

우선 동일성유지권의 침해를 인정하여야 한다는 입장에서는 저작권법 제13조가 작품 그 자체의 동일성 유지에 초점을 맞추고 있으므로 본건과 같이 그 표현이 일정한 유형물에 화체된 경우에는 원작품의 파괴는 저작물의 내용·형식의 동일성을 파괴하는 것이라는 것이다. 또 작품이 파괴되면 더 이상 평가의 문제는 남지 않는다고 하지만 이 사건 벽화가 소각된 지금도 본고 각주 2)에서 보다시피 그 복제물의 일부 (또는 전부)가 남아 있는바, 이러한 단편들을 통해 이 사건 벽화는 불완전한 형태로 존속되고, 또 경우에 따라서는 그 평가가 왜곡될 수밖에 없는 것이다.

한편 반대의 입장에서 보면 소유권행사라는 이유로 동일성유지권의 침해를 부인한 법

---

11) 박성호, 저작권법(주 9), 257면; 이해완, 저작권법(3판)(주 6), 386면.
12) 대법원 2002. 5. 17. 선고 2000다22607 판결; 대법원 2012. 7. 26. 선고 2010다95666 판결 등 참조.

원이 다른 이유로 위법성을 인정함에 있어서 소유권행사라는 사실을 전혀 고려하지 아니한 이유가 명백하지 않다는 것이다. 아울러 물품관리규정은 본래 1차적으로 국가의 이익을 보호하는 것인데도 불구하고, 오히려 부차적으로만 보호되는 원고에게 손해를 배상하는 것은 본말이 전도된 것이고, 국가에게 이중의 피해를 강요하는 것은 아닌지 하는 것 등이다.

결국 동일성유지권 침해가 된다는 전제하에 소유권행사와의 조화를 통해 문제가 해결되었다면 다음 표에서와 같은 고려요소를 통해 결과적으로 본 판결과 유사하게 되었을 것이다.13)

	파괴 긍정 ←→ 파괴부정	
작품의 성질	실용적 측면, 위탁저작물	미적 측면, 독자적 창작품
	개인 목적	공공 목적
	복수 작품	유일 작품
파괴의 목적·동기	불가항력(시간의 경과, 재질) 공공의 안전	경제적·미적 관점
소유자	개인	공공단체
기타	절차적 측면 준수	보존의무, 복원 의무 있음

4. 판결의 의의

대상판결은 설사 작품의 파괴가 동일성유지권의 범위에 포함되지 않는다고 하더라도 저작자는 저작권법에서 인정하는 저작인격권 이외에도 일정한 경우에 작품에 대해서 갖는 명예감정 등 인격적 이익을 보호받을 수 있다는 점을 확인하였다. 이로써 작품의 파괴가 소유권의 행사인 이상 작품을 양도한 저작자에게는 어떠한 권리도 없다는 종래의 편견도 불식시켰다. 결과적으로 무모하고 자의적인 작품파괴에 제동을 걸었다는 의미에서 이 판결은 우리가 문화국가로 나아가는 데 크게 기여한 판결로 자리매김 되어야 할 것이다.

한편 대상판결의 항소심이나 상고심이 불법행위 성립을 인정하는 과정에서 제시한 논거를 살펴보면 미국이나 스위스 저작권법의 규정된 내용과 유사한 측면이 있다. 즉 미국 저작권법 제106조의 A(3)는 '인정된 지위'(recognized stature)를 가진 작품을 고의 또는 중과실로 파괴하는 것을 금지하며, 스위스 저작권법 제15조는 "원작품의 소유자는 그 작품의 별도

---

13) 고려요소들에 대한 도표는 Thomas Dreier/ Frank Gotzen/ Marie−Chrisine Janssens/ Antoon Quaedvlieg, "Does the Moral Right of the Author Extend to Destruction of his Work?", ART & LAW, die Keure, 2008, 242−243면에 기초하여 필자가 작성한 것임.

의 복제물이 존재하지 아니하고 또 저작자가 보존에 관하여 정당한 이익을 가진다고 추정할 만한 상당한 사유가 있는 경우에는 먼저 저작자에 대한 반환의 제의를 하여야 하며, 이러한 제의를 하지 아니하고는 파괴하지 못한다. 소유자는 저작자의 반환 제의 시 당해 작품의 재료비 이상을 청구할 수 없다. 그리고 소유자는 원작품을 되돌려주는 것이 불가능할 경우에는 적당한 방법으로 원작품의 복제를 가능하게 하여야 한다"고 규정한다. 이번 판결에서 불법행위 성립을 인정하면서 제시된 논거는 향후 우리가 작품파괴와 관련된 법을 제정하는 경우에 참고가 되리라고 본다. 이번 판결을 계기로, 그리고 예측가능성을 위해서라도, 제 외국의 입법례를 참조하여 우리도 작품파괴와 관련된 입법을 하는 것이 바람직하다고 본다.

29 저작권법상 공정한 인용의 범위와 한계

대법원 2013. 2. 15. 선고 2011도5835 판결[1]

최정열(법무법인(유한) 율촌 변호사)

1. 사안의 개요

피고인은 공소외 주식회사 D의 대표이사인데, 2008년 8월경 식품의약안전청(이하 '식약청'이라 한다)에서 위 D가 본사인 뉴질랜드 소재 E사와 한국 내 독점계약을 맺은 건강기능성식품 G의 개별인정형 건강기능성식품의[2] 판매허가 신청을 하면서 그 식품 원료의 건강상의 효능(주로 관절염에 관한 것임)을 입증하기 위하여 저작권자들인 A의 이용허락 없이 위 식품원료의 건강상의 기능에 관한 임상연구 논문을 임의로 복제하여 첨부하여 제출하였다.

위 논문은 2008년경 까지 E사로부터 건강기능성식품 G 또는 그 원재료인 F를 수입하여 이를 가공한 후 M이라는 제품명으로 이를 판매하던 H사가 위 건강기능성식품의 홍보자료로 활용하기 위하여 연구자 7명(국내 7개 대학병원 정형외과교실 소속으로서 이 사건 저작물의 저작권자들이다)에게 의뢰하여 작성하게 한 것으로서 "2002년 관절염 환자 54명을 상대로 한 임상실험결과 G가 관절염증 조절 및 관절기능 개선에 탁월한 효능이 있다는 사실이 입증되었다"는 것을 내용으로 하고 있다.[3]

---

1) [참조 및 관련 판례] 대법원 1998. 7. 10. 선고 97다34839 판결; 대법원 2006. 2. 9. 선고 2005도7793 판결; 대법원 2014. 8. 26. 선고 2012도10786 판결. [원심판결] 수원지방법원 2011. 4. 27. 선고 2010노3551 판결.
　[관련 평석 및 문헌] 박성호, "저작권법 제35조의3 '공정이용' 조항의 신설에 따른 제28조 적용범위의 재조정", 법률신문 2013. 12. 9.; 최승재, "저작권법 제28조의 해석방법과 저작권법 제35조의 3과의 관계", 대한법률신문 2013. 4. 15.

2) 건강기능식품을 제조하기 위하여 인체에서의 영양과 효능을 발현하는 주성분(원료성분)을 중심으로 건강기능식품이 만들어지는데 이들 기능성원료는 식약청에서 국내외적으로 과학적으로 검증된 안전성 및 효능성에 대한 정보를 중심으로 기준규격을 설정하는 고시형과 새롭게 개발되어 신규성이 인정되는 신소재에 대하여 개발자가 일정한 요건을 구비하여 안전성과 효능에 대한 판단을 식약청에서 심사 후 승인하는 개별인정형원료로 구분된다. 즉, 개별인정형 원료로 승인받기 위해서는 신청인이 그 안정성과 효능에 관한 임상자료 등을 제출하여야 한다. "건강기능식품에 관한 법률" 제15조 제1항 및 제2항 참조.

3) H사가 연구자로 하여금 이 사건 논문을 작성하게 한 목적에 관하여 원심판결 및 대법원판결의 전반부

2. 판결의 요지

(1) 저작물의 공정이용은 저작권자의 이익과 공공의 이익이라고 하는 대립되는 이해의 조정 위에서 성립하므로 공정이용의 법리가 적용되기 위해서는 그 요건이 명확하게 규정되어 있을 것이 필요한데, 구 저작권법(2009. 3. 25. 법률 제9529호로 개정되기 전의 것. 이하 같다)은 이에 관하여 명시적 규정을 두지 않으면서('저작물의 공정한 이용'에 관한 규정은 2011. 12. 2. 법률 제11110호로 개정된 저작권법 제35조의3 으로 비로소 신설되었다) 제23조 이하에서 저작재산권의 제한사유를 개별적으로 나열하고 있을 뿐이므로, 구 저작권법하에서는 널리 공정이용의 법리가 인정되는 것으로 보기는 어렵다.

(2) 구 저작권법 제28조는 "공표된 저작물은 보도·비평·교육·연구 등을 위하여는 정당한 범위 안에서 공정한 관행에 합치되게 이를 인용할 수 있다."고 규정하고 있다. 이 규정에 해당하기 위하여는 인용의 목적이 보도·비평·교육·연구에 한정된다고 볼 것은 아니지만, 인용의 '정당한 범위'는 인용저작물의 표현 형식상 피인용저작물이 보족, 부연, 예증, 참고자료 등으로 이용되어 인용저작물에 대하여 부종적 성질을 가지는 관계(즉, 인용저작물이 주이고, 피인용저작물이 종인 관계)에 있다고 인정되어야 하고, 나아가 정당한 범위 안에서 공정한 관행에 합치되게 인용한 것인지는 인용의 목적, 저작물의 성질, 인용된 내용과 분량, 피인용저작물을 수록한 방법과 형태, 독자의 일반적 관념, 원저작물에 대한 수요를 대체하는지 여부 등을 종합적으로 고려하여 판단하여야 한다.

3. 해설

가. 공정 '이용'과 공정 '인용'

저작권법 제1조는 저작권법의 목적에 관하여 "저작자의 권리와 이에 인접하는 권리를 보호하고 저작물의 공정한 이용을 도모함으로써 문화 및 관련 산업의 향상발전에 이바지함을 목적으로 한다"라고 규정하고 있다. 이와 같은 저작권법의 목적을 달성하기 위해서 저작권법은 저작자의 권리를 규정하고 부당한 저작권 침해로부터 저작자의 권리를 보호하는 규정하는 한편 이용자들의 공정한 이용을 도모하기 위하여 일정한 경우에 저작권 침해 책임을

에서는 이와 같이 효능에 관한 홍보를 목적으로 한 것처럼 기재하였으나 대법원판결의 후반부에서는 H사가 자신의 제품에 대하여 개별인정형 건강기능성원료로 인정받기 위한 것으로 기재되어 있어 명확하지 않다. 아마도 1차적인 목적은 피고인과 마찬가지로 이 사건에서 문제가 된 원료를 개별인정형 건강기능성원료로 인정받기 위한 것이고 홍보 목적은 이에 수반된 것이 아닌가 생각된다.

면하게 하는 이른바 저작권 제한 규정을 두고 있다. 그런데 2011. 12. 2. 법률 제11110호로 개정되기 전의 저작권법에서는 미국 저작권법과 달리 모든 유형의 저작권 이용행위를 포괄하는 공정이용(fair use)에 관한 일반조항을 두고 있지 않았기 때문에 저작권법에 열거된 저작권 제한 규정에 문언적으로 해당하지 않는 이용행위에 대해서는 비록 자유이용의 필요성이 인정되는 경우에도 이를 인정할 근거가 없었다. 이러한 어려움을 극복하기 위하여 종래의 학설과 판례는 저작권법 제28조의 공정한 인용에 의한 저작권 제한 규정을 다소 폭넓게 해석하여 패러디나 이른바 UCC(User Create Contents) 혹은 UGC(User Generate Contents)와 같은 새로운 유형의 창작 행위에 대하여 저작권 제한을 인정하는 근거로 이용하여 왔다.[4] 즉, 공정한 "인용" 행위에 적용되는 것이 예정된 저작권 제한 규정이 "인용"의 문언적 범위를 넘어선 저작물 "이용" 행위에도 적용되어 실질적으로 미국 저작권법에서의 공정이용에 관한 조항과 같은 역할을 한 것이다.

　　그런데 현행 저작권법이 한미 FTA의 이행을 위한 개정 과정에서 미국과 같은 공정이용에 관한 일반 조항을 신설함으로써[5] 과거 저작권법에 열거되어 있던 저작권 제한 규정에 문언적으로 해당하지 않는 경우에도 이용의 목적과 형식 및 방법 등에 따라서는 일정한 조건 아래에서 저작권 침해의 책임을 면할 수 있는 근거가 마련되었다. 이 판결은 우선 저작권법 상의 공정이용 조항이 입법되기 이전의 행위에 관해서는 공정이용에 의한 저작권 제한을 주장할 수 없다는 점을 명백히 하면서 다른 한편으로는 공정 이용 제도가 도입된 새로운 제도적 환경하에서 공정한 "인용"의 범위가 어떻게 해석되어야 하는지에 관한 법원의 견해를 명시적으로 밝힌 것이라고 이해되고 있다. 이 글에서는 주로 후자의 쟁점에 관해서 살펴보고자 한다.

나. 공정한 인용의 요건에 관한 판례의 흐름

　　저작권법 제28조는 공정한 인용에 관하여 "① 공표된 저작물은 ② 보도·비평·교육·연구 등을 위하여는 ③ 정당한 범위 안에서 ④ 공정한 관행에 합치되게 이를 ⑤ 인용할 수

---

4) 타인의 저작물을 전체로서 이용하는 이른바 패러디에 대해서 저작권법 제28조에 의한 공정한 인용에 해당하여 허용될 것인가를 논하는 것이 일반적이고(이해완, 저작권법(제3판), 박영사(2015), 625면 이하; 박성호, 저작권법, 박영사(2014), 544면 이하, 특히 박성호 547면 참조. 서울민사지방법원 2001. 11. 1.자 2001카합1837 결정(이른바 서태지 컴백호 패러디 사건)), 타인의 저작물을 그대로 이용한 이른바 UCC에 대해서 공정한 인용에 해당하여 저작권 침해에 해당하지 않는다고 한 서울고등법원 2010. 10. 13. 선고 2010나35260 판결(이른바 손담비 노래 사건) 등이 대표적이다.

5) 제35조의3(저작물의 공정한 이용)
　① 제23조부터 제35조의2까지, 제101조의3부터 제101조의5까지의 경우 외에 저작물의 통상적인 이용 방법과 충돌하지 아니하고 저작자의 정당한 이익을 부당하게 해치지 아니하는 경우에는 보도·비평·교육·연구 등을 위하여 저작물을 이용할 수 있다.
　② －생략－

있다"라고 규정하고 있으므로 위 문언을 그대로 이해한다면 공정한 인용이 성립되기 위해서는 일정한 목적하에서 일정한 범위 안에서 일정한 방법으로 "인용"하는 것이어야 한다. 본 판결의 사안에서는 주로 위 ③ 내지 ⑤ 요건이 문제로 되었다.

(1) 정당한 범위에 관한 주종관계설

공정한 인용이 성립하기 위한 요건으로서의 정당한 범위 안에서의 인용에 관하여 법률은 구체적으로 어떤 범위가 정당한 범위인지에 관하여는 구체적으로 그 기준을 제시하고 있지 않다. 이에 판례와 학설은 인용의 대상이 되는 원저작물이 인용을 하는 저작물과의 관계에서 '부종적 성질'을 가져야 한다는 이른바 주종관계설에 입각하여 "정당한 범위"인지 여부를 판단하여 왔다.6) 본 대법원판결에서 "인용의 형식상 인용저작물의 표현 형식상 피인용저작물이 보족, 부연, 예증, 참고자료 등으로 이용되어 인용저작물에 대하여 부종적 성질을 가지는 관계(즉, 인용저작물이 주이고, 피인용저작물이 종인 관계)에 있다고 인정되어야 하고"라고 판시한 부분이 이러한 종래의 판결의 입장을 다시 한번 확인한 것이라고 할 수 있다.7)

그런데 이러한 해석에 따르면 공정한 인용이 성립하기 위해서는 언제나 인용하는 저작물이 존재하여야 하고 이러한 자신의 저작물에 인용대상 저작물을 끌어다가 자신의 저작물의 일부로서 이용하는 경우여야만 하고 그렇지 않고 자신의 저작물은 전혀 없이 본 판결의 경우와 같이 특정한 목적을 위하여 타인의 저작물만을 그대로 이용하는 경우에는 공정한 인용이 성립할 여지가 없게 된다.8)

(2) 공정 이용적 접근

공정한 인용에 해당하는지 여부를 판단함에 있어서 이와 같이 법률에 규정된 요건들을 개별적으로 나누어 판단하는 판결과 달리 대입 본고사 입시문제의 표절이 문제된 사건에서 대법원은 "정당한 범위 안에서 공정한 관행에 합치되게" 인용한 것인지 여부에 관하여 주종관계설을 명시적으로 언급하지 않고 마치 미국 저작권법하에서 여러 가지 요소를 복합적으로 고려하여 공정이용 해당 여부를 판단하듯이 판단의 대상 내지 기준이 되는 다양한 요소들을 열거한 후 이러한 요소들을 종합적으로 고려하여 '정당한 범위 안에서의 공정한 관행에 합치된 인용인지 여부'를 판단하여야 한다고 설시하고 있다.

---

6) 대법원 1990. 10. 23. 선고 90다카8845 판결 등. 학설로는 이해완, 앞의 책(주 4), 595면 이하; 박성호, 앞의 책(주 4), 534면 이하.

7) 박성호, 앞의 책(주 4), 535면 이하에서는 이러한 주종관계설의 유래에 관해서 그것이 과거 일본 저작권법이 인용에 관하여 이른바 "절록(節錄) 인용"만을 합법적인 인용으로 규정하였던 시대의 해석론을 "인용"의 범위에 관해서 "절록 인용"이라는 제한을 두지 않은 현행 저작권법의 해석론으로 별다른 비판없이 수용한 것이라고 한다.

8) 박성호, 앞의 책(주 4), 537면은 이를 "전유(Appropriation)형" 이용이라고 한다.

즉, 대법원 1997. 11. 25. 선고 97도2227 판결은 "정당한 범위 안에서 공정한 관행에 합치되게 인용한 것인가의 여부는 ① 인용의 목적, ② 저작물의 성질, ③ 인용된 내용과 분량, ④ 피인용저작물을 수록한 방법과 형태, ⑤ 독자의 일반적 관념, ⑥ 원저작물에 대한 수요를 대체하는지 여부 등을 종합적으로 고려하여 판단하여야 할 것"이라고 함으로써 공정한 인용 해당 여부를 판단함에 있어서 주종관계설에만 의지하지 않고 일반적으로 공정이용의 판단에서 적용되는 다양한 요소들을 고려하여 판단하고 있는 것이다.9) 위 사건에서는 주종관계가 인정됨에도 불구하고 이와 같이 공정이용과 관련된 여러 요소들을 종합적으로 고려한 결과 "정당한 범위 안에서의 공정한 관행에 합치된 인용"이라고 보기 어렵다는 점을 근거로 공정한 인용의 성립을 부정하였다. 이러한 점에서 공정한 인용의 성립에 관한 이러한 공정 이용적 접근 방법은 종래의 주종관계설로부터 독립된 새로운 판단 방법이라기보다는 이를 보완하는 관계에 있는 것이라고 이해되는 데 무리가 없었다.10)

그런데 대법원은 이른바 '썸네일 이미지' 사건에서 공정한 인용에 해당하기 위한 요건으로서 '정당한 범위 안에서 공정한 관행에 합치된 인용'인지 여부를 판단함에 있어서 위에서 열거한 6가지 요소를 종합적으로 고려하여 판단하여야 한다고 하면서도 이전의 판결들과는 달리 인용대상 저작물과 인용저작물사이의 주종관계에 관해서는 전혀 언급하지 않고 있다.11) 이 사건은 인터넷 검색 서비스를 제공하는 인터넷 포털 사업자가 검색된 타인의 이미지를 축소 이미지인 이른바 '썸네일 이미지(thumbnail image; 이미지가 엄지 손톱 크기로 축소되었음을 의미)'로 축소하여 게재하고 그 축소 이미지에 원저작물이 소재하는 인터넷 페이지 주소(URL)를 연결하여 둔 것이 저작권 침해에 해당는 것인지 여부가 문제된 사안이었다.12) 위 사안에서는 검색서비스업자는 원저작물의 이미지를 그대로 축소하여 나열한 것일 뿐이므로 인용 대상 저작물을 이용한 인용저작물이 존재한다고 할 수 없는 것이었다.13)

위 사건에서 대법원은 "정당한 범위 안에서 공정한 관행에 합치되게 인용한 것인지 여부는 인용의 목적, 저작물의 성질, 인용된 내용과 분량, 피인용저작물을 수록한 방법과 형태, 독자의 일반적인 관념, 원저작물에 대한 수요를 대체하는지 여부를 종합적으로 고려하여 판단하여야 한다"고 종전 판례의 판시 내용을 설시한 후 이러한 판단 기준에 비추어 본건의 사실관계를 나열하면서도 이른바 주종관계와 관련된 사실인정도 없이 그러한 사실관계 아래

9) 박성호, 앞의 책(주 4), 537면은 이를 '종합고려설'이라고 설명하고 있다.
10) 박성호, 앞의 책(주 4), 537-538면도 같은 취지.
11) 대법원 2006. 2. 9. 선고 2005도7793 판결.
12) 이러한 서비스가 가능하기 위해서는 검색된 이미지를 검색서비스 제공업자의 서버로의 다운로드, 변형, DB저장 등의 행위가 선행되어야 하는데 이러한 행위는 복제, 전송권의 침해가 될 수 있다.
13) 물론 굳이 따지자면 검색 결과를 보여주는 인터넷 페이지 전체를 편집저작물로 보고 이를 인용저작물이라고 할 수는 있겠지만 이 경우에도 주종관계가 인정될 수 있을지 의문이 들거니와 그 자체 매우 작위적인 느낌이 든다. 이해완, 앞의 책(주 4), 604면도 같은 취지.

에서라면 피고인의 (타인의 저작물) "사용"은 정당한 범위 안에서 공정한 관행에 합치되게 사용한 것으로 봄이 옳다고 판시하고 있다.

이러한 판시 내용으로 인하여 위 '썸네일 이미지' 사건은 자기의 저작물 가운데에 타인의 저작물을 끌어들이는 형태의 종속형 인용이 아니라 자기의 저작물은 존재하지 않고 특별한 목적을 위하여 타인의 저작물을 그대로 이용하는 경우에도 이른바 "공정한 인용"에 해당하는 것으로 대법원이 판단한 사례로 인용되고 있다.14) 다양한 유형의 이용행위를 포괄할 수 있는 공정이용에 관한 일반 조항이 존재하지 않는 당시의 저작권법 아래에서 공정한 인용에 관한 규정이 실질적으로 공정이용에 관한 일반조항으로서의 역할을 할 수 있음을 보여준 것이다. 이후 위 판례는 이른바 '손담비 씨 노래' 사건에도 그대로 인용되며 사실상 전유형 이용에 대해서 공정한 인용을 긍정하는 근거가 되었다.15) 공정이용의 일반조항이 없었던 당시의 저작권법하에서 공정한 인용에 관한 조항을 적극적으로 해석, 적용하는 방법을 통하여 디지털 시대의 변화된 환경에서 저작권법을 기계적으로 경직되게 적용할 경우에 발생할 수 있는 표현의 자유나 새로운 창작 방식의 발전에 위축으로부터 이용자의 권리를 보호하고 나아가 저작권자의 권리 보호 사이에서 적절한 균형을 도모하게 하는 근거가 되었다고 평가되고 있다.16)

(3) 대상판결의 분석

대법원이 이와 같이 공정한 인용의 범위에 해당하는지 여부에 관한 판단 기준에 있어서 '주종관계'라는 일관된 기준을 필수적인 요건으로 고집할 수 없었던 것은 인터넷과 디지털의 등장으로 인하여 저작물의 이용 방식은 물론 창작의 방법 자체가 과거와는 달라지고 있으며, 검색 서비스와 같이 새로운 저작물을 창작하기 위한 것이 아니면서도 그 문화적 가치가 큰 공익적인 목적을 위하여 타인의 저작물을 이용할 필요성이 높아지고 있음에도 공정이용에 관한 일반 조항이 입법화되지 않음으로써 법의 공백이 생기는 결과 부득이하게 해석을 통하여 그 적용 범위를 확대할 수 있는 가능성이 가장 높은 공정한 인용에 관한 조항을 사실상 일반적인 공정이용에 관한 조항으로서 운영할 수밖에 없었기 때문이라고 생각된다.

그런데 이제는 저작권법의 개정을 통하여 공정이용에 관한 일반조항이 신설되어 이와 같이 공정한 인용에 관한 규정을 '주종관계'의 성질을 넘어서 인용이 아닌 전유적인 이용에까지 확대하여 적용할 부득이한 필요성은 없어졌고 이제 그와 같은 경우에는 신설된 공정이용 조항에 의하여 해결될 수 있게 되었다. 본 판결은 이러한 제도의 변화에 따라 저작권법

---

14) 박성호, 앞의 책(주 4), 538면.
15) 서울고등법원 2010. 10. 13. 선고 2010나35260 판결.
16) 이해완, 앞의 책(주 4), 618면 참조.

제28조의 타인의 저작물의 이용이 '정당한 범위 안에서의 공정한 관행에 합치된 인용'인지 여부를 판단함에 있어서 과거의 원칙으로 돌아가 우선 인용대상 저작물과 인용저작물 사이에 주종의 관계가 존재하는지 여부에 따라 공정한 인용 여부를 판단하고, 나아가 주종관계가 존재하는 것을 전제로 하더라도 기존 판례에서 제시한 공정이용적 고려 요소들을 종합하여 판단할 때 그러한 '인용'이 '정당한 범위 내의 공정한 관행에 합치된 인용'에 해당한다고 볼 수 있는지 여부를 판단하였다.

구체적으로, 본 판결에서 법원은 앞에서 본 법리와 사실관계를 설시한 이후에 "이러한 사실관계를 앞서 본 법리에 비추어 살펴보면, 피고인의 행위는 이 사건 논문 전체를 그대로 복사하여 신청서에 첨부한 것이므로 구 저작권법 제28조 소정의 '인용'에 해당한다고 보기 어렵고, 가사 피고인의 행위를 그 '인용'으로 본다 하더라도, ① 공소외 4회사가 '리프리놀 －초록입홍합 추출 오일복합물'을 기능성 원료로 인정받음으로써 제품 판매에 상당한 이익을 얻을 것으로 예상되는 점, ② 피고인은 기능성 원료의 인정신청을 위한 근거서류로 이 사건 논문 전체를 복제한 것인데, 이와 같은 목적은 이 사건 논문이 작성된 원래의 목적과 같으므로, 이 사건 논문의 복제는 원저작물을 단순히 대체한 것에 불과한 것으로 볼 수 있는 점, ③ 이 사건 논문이 임상연구 결과를 기술한 사실적 저작물이기는 하지만 이 사건 논문의 일부가 아닌 전체가 그대로 복제되어 이용된 점, ④ 이 사건 논문의 복제로 인하여 사단법인 한국복사전송권협회와 같이 복사권 또는 전송권 등을 관리하는 단체가 복제허락을 통하여 얻을 수 있는 수입에 부정적인 영향을 미치게 될 것으로 보이는 점 등에 비추어 보면, 학술 정보 데이터베이스 제공업자로부터 적은 비용으로 손쉽게 이 사건 논문의 복제물을 구할 수 있는 사정까지 엿보이는 이 사건에서, 피고인의 이 사건 논문 복제행위를 구 저작권법 제28조 소정의 '공표된 저작물의 인용'에 해당하는 행위라고 보기는 어렵다"라고 판시함으로써 피고인의 행위는 '인용'에 해당하지 아니할 뿐만 아니라 '인용'에 해당한다고 하더라도 이는 '정당한 범위 안에서의 공정한 관행에 합치된' 인용에는 해당하지 않는다고 판시하였다.

결국, 주종관계를 고려하지 아니하고 오로지 공정이용적 접근만으로 공정한 인용에 해당하는지 여부를 판단한 '썸네일 이미지' 사건과 달리 본 판결은 주종관계 여부와 공정이용적 고려요소를 함께 판단하고 두 가지가 모두 긍정적일 경우에만 공정한 인용에 해당한다는 점을 명확히 한 것이다.

4. 판결의 의의

대상판결은 먼저 저작권법 제28조의 적용범위에 관한 해석과 관련하여 그동안 그 상호관계가 다소 명확하지 않았던 이른바 '주종관계' 접근법과 공정이용적 접근법(혹은 종합고려

설)의 상호 관계에 관하여 저작권법에 공정이용에 관한 일반 조항이 도입되는 것을 계기로
양자가 선택적이거나 배타적인 판단기준이 아니라 오히려 동시에 적용되어야 하는 중복적인
기준임을 명확하게 하였다는 점에 그 의의가 있다.[17] 나아가 그동안 공정이용에 관한 일반
조항의 부재로 인하여 부득이하게 확대 적용되어 왔던 저작권법 제28조 공정한 인용의 적용
범위를 '정당한 범위 안에서의 인용'이라는 그 문언이 본래 의미하는 범위 내로 제한하였다
는 점에서 의미가 있다. 이는 결국 저작권법이 2011년의 개정을 통하여 공정이용에 관한 포
괄적인 일반조항을 둠으로써 이제는 다양한 유형의 이른바 "이용"형태에 대해서 공정한 인
용이 아닌 공정이용을 적용할 수 있는 길이 있기 때문에 저작권법 제28조는 그 본래의 역할
인 '인용'에 관한 부분, 즉 인용저작물과 피인용저작물간의 '주종관계'를 전제로 하는 경우에
만 적용되는 것으로 제한하고 저작권법 제28조가 확대 적용되던 '썸네일 이미지' 사건이나
'손담비 노래' 사건과 같은 새로운 유형의 이용에 대해서는 신설된 공정이용에 관한 일반조
항이 그 역할을 맡아야 할 것임을 암시한 판례로 저작권법에서의 저작권제한 조항과 그 일
반조항인 공정이용 조항의 상호 관계에 대한 법원의 향후 해석방향을 가늠하는 데 있어서
매우 중요한 판례라고 생각된다.[18]

　　다만, 한 가지 아쉬운 점은 본 판례의 사안이 비록 공정이용에 관한 일반조항이 신설되
기 전에 이루어진 행위라고 하더라도 형법 제1조 제2항은 "범죄 후 법률의 변경에 의하여
그 행위가 범죄를 구성하지 아니하거나 형이 구법보다 경한 때에는 신법에 의한다"고 규정
하고 있으므로 피고인의 공정이용에 관한 주장을 이와 같이 형법 제1조 제2항의 주장을 포
함한 주장으로 선해하여 피고인의 행위 이후에 저작권법에 공정이용에 관한 일반조항이 추
가됨으로써 피고인의 행위가 저작권법위반죄를 구성하지 않는 것으로 되어 형법 제1조 제2
항이 적용될 가능성은 없었는지에 대한 판단을 하였더라면 경우에 따라서는 그 기회에 신설
된 공정이용에 관한 일반조항의 해석기준도 설시할 수 있지 않았을까 하는 점이다.

---

17) 이해완, 앞의 책(주 4), 596면은 이에 대해서 "결과적으로 주종관계 기준을 A라고 하고 새로운 공정이용적
　　고려요소를 B라고 할 때, 종전의 '썸네일 이미지' 사건 등의 판례가 그 판단기준을 A에서 B로 대체하는
　　것처럼 보인 면이 있었음에 반하여. '리프리놀(본 사건을 의미함)' 판례는 제28조의 판단기준으로 'A＋B'
　　의 입장을 명확히 하고 있다고 할 수 있다"라고 설명하고 있다.
18) 같은 취지, 박성호, "저작권법 제35조의3 '공정이용' 조항의 신설에 따른 제28조 적용범위의 재조정"; 최승
　　재, "저작권법 제28조의 해석방법과 저작권법 제35조의 3과의 관계"; 박성호, 앞의 책(주 4), 539면; 이해
　　완, 앞의 책(주 4), 624면.

30 저작권법 제29조 제2항 소정의 '판매용 음반'의 의미

대법원 2012. 5. 10. 선고 2010다87474 판결[1]

정연덕(건국대학교 법학전문대학원 교수)

1. 사안의 개요

스타벅스 커피숍은 매장에서 손님들에게 배경음악 서비스를 제공하고 있다. 플레이네트
워크사(이하 'PN사'라 한다)는 스타벅스 본사와 사이에 음악 서비스 계약을 체결하고 세계 각
국에 있는 스타벅스 커피숍 매장에 대한 배경음악 서비스를 제공하였다. 스타벅스의 국내
지사인 피고는 스타벅스 본사와의 계약에 따라 PN사로부터 이 사건 제1, 제2 음악저작물을
포함한 배경음악이 담긴 CD(이하 '이 사건 CD'라 한다)를 장당 미화 30.79달러(운송료 3.79달러
포함)에 구매하여, 국내 각지에 있는 스타벅스 커피숍 매장에서 그 배경음악으로 PN사가 제
공한 플레이어를 이용하여 재생시켜 공연하였다. 이 사건 CD는 암호화되어 있어 PN사가 제
공한 플레이어에서만 재생되고, 계약에서 정해진 기간이 만료되면 더 이상 재생되지 않으며,
피고는 이를 폐기하거나 반환할 의무를 부담한다.

공연권의 제한에 관한 저작권법 제29조 제2항은 청중이나 관중으로부터 당해 공연에
대한 반대급부를 받지 아니하는 경우 '판매용 음반' 또는 '판매용 영상저작물'을 재생하여

---

1) [참조 및 관련 판례] 대법원 1984. 2. 14. 선고 83다카1815 판결.
[관련 평석 및 문헌] 김병일, "음악공연권과 그 제한에 관한 고찰", 산업재산권 제17호, 한국산업재산권법
학회, 2005; 김병일, "음악저작물의 이차적 이용에 관한 연구", (계간)저작권 90호, 2010. 7; 김찬동, "저
작권법상 '음반', '판매용 음반'의 의미와 해석, 그 적용－소위 '스타벅스' 판결과 '현대백화점' 판결을 중
심으로－", (계간)저작권 102호, 한국저작권위원회, 2013; 송재섭, "저작권법상 자유이용의 대상이 되는
'판매용 음반'의 범위", Law & Technology 제7권 제6호, 서울대학교 기술과 법센터, 2011; 신창환, "커피
숍 매장 내 배경음악 재생의 저작권 문제", 저작권 문화, 2010. 11; 이해완, "저작권법상 '음반' 및 '판매
용 음반'의 개념에 관한 고찰", 성균관 법학 제26권 제4호, 2014. 12; 임원선, "저작권법상 판매용 음반의
의미와 적용", (계간)저작권 제99호, 한국저작권위원회, 2012; 조상혁, "판매용 음반의 공연에 관한 저작권
법 제29조 제2항에 관한 연구", 홍익법학 제16권 제2호, 2015; 전지원·정연덕, "저작권법 제29조 제2항의
'판매용 음반'의 의미", 특별법연구 제10권, 대법원 특별소송실무연구회, 2012; 최상필, "음악저작권자의
공연권 확대", 스포츠와 법 제14권 제2호, 통권 제27호, 2011.5; 최승재, "저작권법 제29조 제2항의 '판매
용 음반'의 의미", 2012년 판례연구 제26집 1권, 서울지방변호사회, 2012 등.

공중에게 공연하는 행위가 저작권법시행령에서 정한 예외사유에 해당하지 않는 한 공연권 침해를 구성하지 않는다고 규정하고 있다. 이에 따라 저작권법 제29조 제2항 소정의 '판매용 음반'의 의미에 따라 공연권 제한 규정의 적용 여부가 달라진다. 저작권법 제29조 제2항의 '판매용 음반'이라 함은 상대방에게 대가를 받고 양도하거나 제작된 음반인지 아니면 시중에 판매할 목적으로 제작된 음반인지 여부를 저작권법의 입법 목적과 취지, 그리고 공연권의 제한에 관한 저작권법 제29조 제2항의 규정 내용과 그 취지 등에 비추어 해석하는 것이 문제가 되었다.

2. 판결의 요지

가. 제1심판결(서울중앙지방법원 2009. 4. 29. 선고 2008가합44196 판결)

제1심에서는 저작권법 제29조 제2항의 '판매용 음반'은 시판용 음반에 제한되지 않고 상대방에게 대가를 받고 양도하거나 제작된 음반을 말한다고 판단하였다. 즉 이 사건 CD는 피고 매장에서의 재생을 위해 특별히 제작되어 시중에서 판매되지 않는 음반이라고 하여 당연히 판매용 음반에서 제외된다고 볼 수는 없다. 이에 따라 피고가 매장에서 이 사건 CD를 재생하는 것은 반대급부를 받지 않고 판매용 음반을 재생하는 것으로서, 그 음악을 감상하게 하는 것을 영업의 주요 내용의 일부로 하는 공연으로 보기 어려우므로 결국 원고의 이 사건 신탁저작권은 피고가 매장에서 이 사건 CD를 재생하는 것에는 미치지 아니한다고 판단하였다.

나. 원심판결(서울고등법원 2010. 9. 9. 선고 2009나53224 판결)

원심은 저작권법 제29조 제2항의 '판매용 음반'은 '시판용 음반'을 말한다고 판단하였다. 저작권법 제29조 제2항은 저작재산권 보호와 저작물 이용의 활성화 사이의 조화를 달성하기 위한 조항으로서, 저작재산권자가 음반제작자로 하여금 음악저작물을 판매를 위한 음반으로의 복제 및 배포를 허락할 경우 그 반대급부의 산정에는 음악저작물이 위와 같은 용도로 사용될 경우까지 포함될 것인 점, 저작권법 제52조를 비롯하여 별지2 기재 각 조항의 '판매용 음반'은 모두 '시판을 목적으로 제작된 음반'으로 해석되는바, 위 각 조항과 저작권법 제29조 제2항의 '판매용 음반'을 달리 해석할 합리적인 이유가 없는 점을 고려하면, 저작권법 제29조 제2항의 '판매용 음반'은 '시판용 음반'으로 해석하여야 할 것이다.

다. 대법원판결

저작권법 제29조 제2항은, 청중이나 관중으로부터 당해 공연에 대한 반대급부를 받지 않는 경우 '판매용 음반' 또는 '판매용 영상저작물'을 재생하여 공중에게 공연하는 행위가 저작권법 시행령에서 정한 예외사유에 해당하지 않는 한 공연권 침해를 구성하지 않는다고 규정하고 있다. 그런데 위 규정은, 공연권의 제한에 관한 저작권법 제29조 제1항이 영리를 목적으로 하지 않고 청중이나 관중 또는 제3자로부터 어떤 명목으로든지 반대급부를 받지 않으며 또 실연자에게 통상의 보수를 지급하지 않는 경우에 한하여 공표된 저작물을 공연 또는 방송할 수 있도록 규정하고 있는 것과는 달리, 당해 공연에 대한 반대급부를 받지 않는 경우라면 비영리 목적을 요건으로 하지 않고 있어, 비록 공중이 저작물의 이용을 통해 문화적 혜택을 향수하도록 할 공공의 필요가 있는 경우라도 자칫 저작권자의 정당한 이익을 부당하게 해할 염려가 있으므로, 위 제2항의 규정에 따라 저작물의 자유이용이 허용되는 조건은 엄격하게 해석할 필요가 있다. 한편 저작권법 제29조 제2항이 위와 같이 '판매용 음반'을 재생하여 공중에게 공연하는 행위에 관하여 아무런 보상 없이 저작권자의 공연권을 제한하는 취지의 근저에는 음반의 재생에 의한 공연으로 그 음반이 시중의 소비자들에게 널리 알려짐으로써 당해 음반의 판매량이 증가하게 되고 그에 따라 음반제작자는 물론 음반의 복제·배포에 필연적으로 수반되는 당해 음반에 수록된 저작물의 이용을 허락할 권능을 가지는 저작권자 또한 간접적인 이익을 얻게 된다는 점도 고려되었을 것이므로, 이러한 규정의 내용과 취지 등에 비추어 보면 위 규정에서 말하는 '판매용 음반'이라 함은 그와 같이 시중에 판매할 목적으로 제작된 음반을 의미하는 것으로 제한하여 해석함이 상당하다.

3. 해설

가. '판매용 음반'의 정의 규정 부재

현행 저작권법은 '판매용 음반'이 대상으로 되어 있는 경우에만 적용되는 다수 규정을 마련해두고 있다. 그러나 '판매용 음반'에 관한 별도의 정의규정을 두고 있지 않다. '판매용 음반'이 대상으로 되는 경우에만 적용되는 규정은 이 사건에서 문제 되는 제29조 제2항 외에 제21조(저작자의 판매용 음반의 대여권 인정), 제54조(판매용 음반의 제작), 제71조(실연자의 판매용 음반의 대여권 인정), 제75조(방송사업자가 판매용 음반을 사용하여 방송하는 경우 실연자에 대한 보상), 제80조(음반제작자의 판매용 음반의 대여권), 제82조(방송사업자가 판매용 음반을 사용하여 방송하는 경우 음반제작자에 대한 보상), 제76조의2(판매용 음반을 사용하여 공연하는 자의 실연자에 대한 보상), 제83조의2(판매용 음반을 사용하여 공연하는 자의 음반제작자에 대한 보상) 등이 있다.

나. '판매용 음반'의 정의

(1) 시판용 음반에 제한되지 않는다는 견해(광의설, 제1심의 견해)

저작권법 제29조 제2항의 '판매용 음반'은 시판용 음반에 제한되지 않고 상대방에게 대가를 받고 양도하거나 제작된 음반을 말한다는 견해이다. 제1심의 논리는 ① 저작권법 제29조 제2항은 판매용 음반을 시판용 음반으로 제한하는 규정을 전혀 두고 있지 않은 점(문언해석), ② 저작권법 제29조 제1, 2항의 입법경과를 보아도 판매용 음반을 시판용 음반으로 제한해석해야 할 특별한 이유를 발견하기 어려운 점(역사적 해석), ③ 저작권법상 '배포'는 저작물 등의 원본 또는 그 복제물을 공중에게 대가를 받거나 받지 아니하고 양도 또는 대여하는 것을 말한다(제2조 제23호). 저작권법 제20조는 '저작자는 저작물의 원본이나 그 복제물을 배포할 권리를 가진다. 다만 저작물의 원본이나 그 복제물이 당해 저작재산권자의 허락을 받아 판매 등의 방법으로 거래에 제공된 경우에는 그러하지 아니하다'고 규정하고 있는바, 저작권법상의 위 각 규정을 종합해 보면, '판매'는 저작물 등을 상대방에게 대가를 받고 양도하는 것을 말한다고 할 것이므로, 이 사건 CD와 같이 특정 다수인에게 대가를 받고 양도하기 위해 제작된 음반 역시 '판매용 음반'에 포함된다고 보는 것이 저작권법의 체계적 해석에도 부합하는 점(체계적 해석) 등을 근거로 한다.

'판매용 음반'을 공중에게 판매하기 위해 제작된 음반이라고 해석하는 견해도 있다.[2] 규정의 입법 취지로 이해한다면 판매용 음반을 굳이 시판용으로 좁게 해석할 필요없이 오해의 소지를 줄이기 위해 "판매용"이라는 표현도 "적법하게 제작된"으로 수정하는 것이 더 타당하다는 견해도 있다.[3] 더 나아가 이 조항은 정당한 대가를 지급하고 판매용 음반을 구입한 이상 일정한 경우에 그 공연에 따른 대가를 별도로 지급하지 않고서도 판매용 음반에 수록된 음악저작물을 자유롭게 공연할 수 있도록 한 취지의 규정으로서, 이른바 배포권에 관한 '권리소진의 원칙' 또는 '최초판매의 원칙'을 공연권에 관하여 확대한 규정이라고도 이해할 수 있다는 견해도 있다.[4]

대법원이 협의로 '판매용 음반'을 재생하여 공중에게 공연하는 행위에 관하여 아무런 보상 없이 저작권자의 공연권을 제한하는 취지의 근저에는 음반의 재생에 의한 공연으로 음

---

2) 김찬동, 앞의 글(주 1), 213면.
3) 최상필, 앞의 글(주 1), 170면.
4) 송재섭, 앞의 글(주 1), 21면.

반이 시중의 소비자들에게 널리 알려짐으로써 당해 음반의 판매량이 증가하게 되고 그에 따라 음반제작자는 물론 음반의 복제·배포에 필연적으로 수반되는 당해 음반에 수록된 저작물의 이용을 허락할 권능을 가지는 저작권자 또한 간접적인 이익을 얻게 된다는 점도 고려되었을 것이라고 설명하고 있지만, 홍보 효과가 훨씬 크다고 할 수 있는 방송에 대해서는 오히려 그러한 제한을 하고 있지 않은 점 등에 비추어 설득력에 한계가 있다며 대법원의 견해를 비판하는 견해도 있다.[5]

또한 시판용 음반을 구입하여 이를 디지털 파일로 전환하거나 편집하여 다른 매체에 저장하더라도 '판매용 음반'으로서의 성격이 바뀌는 것이 아니므로 판매용 음반의 의미를 시판용 음반으로 제한하여 해석할 것이 아니라 제29조 제2항의 입법 취지 및 판매용 음반 관련 규정들의 취지에 따라 본래의 의미대로 해석할 필요가 있을 것이며, 그것이 저작권법 제1조(목적)의 대의에도 부응하는 일이 될 것이며, 더구나 권리제한규정이 권리자와 이용자 간의 이익균형을 도모하는 취지의 규정임을 고려할 때에 판매용 음반을 본래의 의미보다 제한하여 해석할 필요는 없을 것이며, 해석론을 전개하는 데에 입법론적 관점을 과도하게 개입시키는 것은 바람직하지 않다는 견해도 있다.[6]

대법원판결은 저작권자의 정당한 권익을 배려하고자 하는 의도에 터 잡은 면이 있지만, 근본적으로 '음반'의 개념에 대한 오해로 말미암아 '판매용 음반'의 개념을 유형의 복제물을 기준으로 파악하는 중대한 오류를 범한 것으로 평가된다. 저작권법의 다른 여러 부분에서 중요한 용어로 사용되는 '판매용 음반' 또는 '음반' 개념의 일관성 있고 정합적인 해석이라는 면을 감안하면 결코 정당화되기 어려운 오류이다.[7] 저작권법에서 다른 부분에서는 권리의 객체로 사용되고 있는 판매용 음반 개념을 축소해석한 것은 부당하다는 것이다.[8]

(2) 시판용 음반에 제한된다는 견해(원심판결, 대법원판결)

저작권법 제29조 제2항의 '판매용 음반'은 '시판용 음반'을 말한다는 견해이다. 원심의 논리를 정리하면 저작권법 제29조 제2항은 저작재산권 보호와 저작물 이용의 활성화 사이의 조화를 달성하기 위한 조항이다. 저작재산권자가 음반제작자로 하여금 음악저작물을 판매를 위한 음반으로의 복제 및 배포를 허락할 경우 그 반대급부의 산정에는 음악저작물이 위와 같은 용도로 사용될 경우까지 포함될 것인 점, 저작권법 제52조를 비롯하여 각 조항의 '판매용 음반'은 모두 '시판을 목적으로 제작된 음반'으로 해석되는바, 위 각 조항과 저작권법 제29조 제2항의 '판매용 음반'을 달리 해석할 합리적인 이유가 없는 점 등을 근거로 한다.

5) 임원선, 앞의 글(주 1), 126면.
6) 박성호, 저작권법, 박영사, 2014, 560−561면.
7) 이해완, 앞의 글(주 1), 495면.
8) 이해완, 저작권법, 박영사, 2015, 645면.

원심의 문언 해석의 방법에 찬동하면서 이에 더하여 법 제29조 제1항의 권리 제한이 원칙적인 권리 제한이고, 이 사건에서 적용 여부가 문제 된 동조 제2항의 권리제한은 더욱 특수한 경우를 상정한 추가적인 권리 제한이라는 점, 외국의 입법사례에서는 법 제29조 제2항과 같은 권리제한을 찾아보기가 다소 어렵다는 점, 법 제29조 제2항의 저작권 예외에 대해서는 시행령에서 다시 예외의 예외를 설정하여 저작권자의 권리 행사가 가능한 장소를 광범위하게 정하고 있는 등 상당히 미묘한 이익 형량의 문제가 걸려 있다는 점 등을 감안하면 동조 제2항의 '판매용 음반'은 엄격히 보아 그 범위를 가능한 한 좁게 해석하여야 할 것이라는 견해도 존재한다.9)

1986년에 저작권법을 전면개정하면서 이 조항(당시 제26조 제2항)을 신설하였는데, 이 조항은 일본 저작권법 부칙 제14조로부터 영향을 받았다.10) 저작자의 정당한 이익을 침해할 소지가 있는 제2항은 저작권 제한의 취지, 공익 목적 등을 위한 일정한 경우에만 재산권이 제한되도록 입법적 검토가 필요하다.11) 판매용 음반을 '상업적인 목적으로 발행된 것'으로 보아야 한다는 견해로 저작권법 제29조 제2항은 저작권을 제한하는 규정인데, 일반적으로 제한 규정은 예외 규정이고, 예외규정은 협의로 해석해야 하는바, 동 규정이 제한 규정임을 고려하여 해석에 맡겨 둘 것이 아니라 법을 "상업적인 목적으로 발행된 음반(a phonogram published for commercial purpose) 또는 그러한 음반의 복제물(a reproduction of such phono-gram)"로 개정하는 것이 바람직하다고 한다.12) '상업적인 목적으로 발행'된 것의 의미는 '시판을 목적으로 발행'된 것에 가깝고, 이 사건 CD와 같이 특정 다수인에게 대가를 받고 양도하기 위해 제작된 것은 '판매용 음반'에 포함되지 않는다는 견해이다.

저작물의 공정한 이용을 도모하기 위하여 저작자의 권리 등을 제한할 필요가 있다 하더라도 공공의 필요를 지나치게 강조한 나머지 저작권법의 입법 목적과 취지를 벗어나 저작권자의 정당한 이익을 부당하게 해하지 않도록 저작권 제한규정 문언의 의미는 엄격하게 해석하여야 한다.13) 특히 공연권의 제한에 관하여는 영리를 목적으로 하지 않고, 반대급부를 받지 않을 것을 요건으로 하는 저작권법 제29조 제1항이 원칙적인 규정이고, 제29조 제2항은 외국의 입법사례에서 찾아보기 어려운 추가적인 권리제한 규정인데, 이는 각국의 저작재산권에 대한 제한 또는 예외규정이 정당하고 합리적인지를 결정하는 TRIPs 협정 및 그 배경으로 되고 있는 베른협약 등 국제조약상의 기준을 만족시키지 못할 뿐만 아니라, 자칫 위헌논의를 불러일으킬 위험이 있으므로, 더욱 엄격하게 해석할 필요가 있다고 보기

---

9) 신창환, 앞의 글(주 1), 19면.
10) 김병일, "음악공연권과 그 제한에 관한 고찰"(주 1), 235−236면.
11) 김병일, 위의 글, 253면.
12) 김병일, "음악저작물의 이차적 이용에 관한 연구"(주 1), 21면.
13) 전지원·정연덕, 앞의 글(주 1), 770면.

도 한다.14)

　　영리를 목적으로 음악을 공연하는 행위를 자유이용으로 허용하는 것을 공정이용으로 볼 수 없으며, 우리나라를 제외한 어느 나라도 이런 규정이 있지 않다는 점을 고려하면 판매용 음반의 의미는 좁게 해석하여 시판용 음반으로 해석하여야 한다는 견해도 존재한다.15)

　　대법원판결이 저작권자의 이해를 고려하면서도 저작권법 제29조 제2항의 규정취지를 감안하여 양자의 균형을 도모하고자 한 판결이라는 의견도 존재한다.16)

4. 판결의 의의

　　대상판결은 저작권법 제29조 제2항의 내용과 취지에 비추어 '판매용 음반'이라 함은 시중에 판매할 목적으로 제작된 음반을 의미하는 것으로 제한하여 해석함이 상당하다는 내용을 최초로 판시한 의의가 있다. 다만 이 판결 이후에 '판매용 음반'의 범위를 좁히는 것보다 디지털 음원과의 관계 및 다른 법 조항에서 규정된 '판매용 음반'의 범위와 관련하여 범위를 넓히는 해석이 필요하다는 논의도 계속 진행되고 있다. 스트리밍 방식으로 전송받은 디지털 음원을 매장에서 재생하는 경우 저작권법 제76조의2, 제83조의2 소정의 공연보상금 지급의무가 발생하는지 여부에 관한 대법원판결17)에서 제76조의2 제1항, 제83조의2 제1항 소정의 판매용 음반을 사용하여 공연하는 행위에 공연보상금 지급의무가 발생한다는 취지의 판결을 한 바 있다. 법 제76조의2, 제83조의2와 법 제29조 제2항의 '판매용 음반'의 해석을 달리한 것은 현실을 반영한 합목적적 해석으로서는 충분히 이해는 가지만, 동일한 법률에서 규정된 동일한 문구를 달리 해석 적용하였다. 이와 관련하여 입법으로 해결하자는 움직임도 진행되고 있다.

---

14) 전지원·정연덕, 앞의 글(주 1), 771면.

15) 조상혁, 앞의 글(주 1), 324면.

16) 최승재, 앞의 글(주 1), 245면.

17) 대법원 2015. 12. 10. 선고 2013다219616 판결.

31 저작인접권자의 공연보상금 청구

대법원 2015. 12. 10. 선고 2013다219616 판결[1]

김정아(대법원 재판연구관)

1. 사안의 개요

가. 사실관계

(주)케이티뮤직(이하 '케이티뮤직'이라 한다)은 음반제작자들로부터 디지털 음원을 받아 이를 음원 데이터베이스(DB)에 저장, 관리하면서 필요할 때마다 음원을 추출·사용하여 매장음악서비스를 제공하는 업체이다.

피고는 케이티뮤직과 매장 음악서비스 계약을 체결하였다. 피고는 위 계약에 따라 2010. 1.경부터 2011. 12.경까지 케이티뮤직에 매월 '매장음악서비스이용료'를 지급하고, 케이티뮤직으로부터 인증받은 컴퓨터에 소프트웨어를 다운로드한 후 케이티뮤직이 제공한 웹페이지에 접속하여 아이디·패스워드를 입력한 다음 케이티뮤직으로부터 스트리밍 방식으로 음악을 전송받아 피고가 운영하는 백화점 내 매장에서 실시간으로 틀어놓았다.

한편, 케이티뮤직은 피고로부터 받은 '매장음악서비스이용료'의 일부를 원고들(사단법인 한국음악실연자연합회, 사단법인 한국음반산업협회)에게 '디지털음성송신보상금'이라는 명목으로 다시 지급하였다. 위 매장음악서비스 계약상 위 디지털음성송신보상금에 공연보상금이 포함되어 있지 않다는 점은 당사자 사이에 다툼이 없다.

나. 청구의 내용과 소송의 경과

원고들은 피고의 행위가 공연보상금 지급요건을 규정한 저작권법 제76조의2 제1항, 제83조의2 제1항(이하 '저작권법 제76조의2 제1항 등'이라 한다)에서 말하는 '판매용 음반'을 '사용'

---

1) [참조 및 관련 판례] 대법원 2012. 5. 10. 선고 2010다87474 판결.

하여 공연한 행위에 해당한다고 주장하며 공연보상금을 청구하였다.

제1심은 저작권법 제76조의2 제1항 등이 규정하고 있는 '판매용 음반'은 이른바 '시판용 음반'으로 해석되는데, 케이티뮤직이 음반제작자로부터 제공받은 디지털 음원을 저장한 데이터베이스 저장장치는 시판용이 아니므로 '판매용 음반'이라고 볼 수 없다는 이유로 원고들 전부 패소 판결을 선고하였다(서울중앙지방법원 2013. 4. 18. 선고 2012가합536005 판결).

이에 반하여 원심은 저작권법 제76조의2 제1항 등이 규정하는 '판매용 음반'은 반드시 '시판용 음반'에 국한되는 것이 아니라 어떠한 형태이든 판매를 통해 거래에 제공된 음반은 모두 포함된다고 해석함이 타당하다고 보아 피고의 지급책임을 인정하고, 다만 보상금액만을 상당한 금액으로 정하여 원고들 일부 승소 판결을 선고하였다(서울고등법원 2013. 11. 28. 선고 2013나2007545 판결).

2. 판결의 요지

대상판결은, 저작권법 제76조의2 제1항 등의 규정이 실연자와 음반제작자에게 판매용 음반의 공연에 대한 보상청구권을 인정하는 것은 판매된 음반이 통상적으로 예정하고 있는 사용 범위를 초과하여 공연에 사용되는 경우 그로 인하여 실연자의 실연 기회 및 음반제작자의 음반판매 기회가 부당하게 상실될 우려가 있으므로 그 부분을 보상해 주고자 하는 데에 그 입법취지가 있음을 밝히고, 위 규정들의 내용과 취지 등에 비추어 보면 위 각 규정에서 말하는 '판매용 음반'에는 불특정 다수인에게 판매할 목적으로 제작된 음반뿐만 아니라 어떠한 형태이든 판매를 통해 거래에 제공된 음반이 모두 포함되고, '사용'에는 판매용 음반을 직접 재생하는 직접사용뿐만 아니라 판매용 음반을 스트리밍 등의 방식을 통하여 재생하는 간접사용도 포함된다고 해석함이 타당하다고 판단하였다.

3. 해설

가. 이 사건의 배경

우리 저작권법은 2009. 3. 25. 저작인접권자의 공연보상금에 관한 저작권법 제76조의2 제1항 등을 신설하였다. 이러한 저작권법 개정에 따라 원고들과 한국백화점협회 사이에 공연보상금 지급에 관한 협상이 진행되고, 2010. 10. 27. 합의서가 작성되었다. 그런데 한국백화점협회의 회원사 중 피고는 자신이 매장음악 서비스를 제공받아 매장에 틀어놓은 행위는 판매용 음반을 사용하여 공연하는 것에 해당하지 않는다고 주장하며 이에 관한 법률적 판단을 받을 때까지 공연보상금을 지급할 수 없다는 입장을 보였다. 이 사건에서의 피고의 주장 내용에 미루어 살펴볼 때, 피고가 위와 같은 입장을 취한 것은 위 협상 도중에 선고된 이른바 '스타벅스 사건'의 원심판결(서울고등법원 2010. 9. 9. 선고 2009나53224 판결)의 내용과 관계가 있는 것으로 짐작된다.

나. 이른바 '스타벅스 사건'과의 관계 등

법원은 저작권법 제29조 제2항의 적용이 문제된 '스타벅스 사건'에서 위 규정의 '판매용 음반'을 '시판용 음반'이라고 제한적으로 해석하였다. 사안은 아래와 같다.

플레이네트워크사(이하 'PN사'라 한다)는 스타벅스 본사와 사이에 음악 서비스 계약을 체결하고 세계 각국에 있는 스타벅스 커피숍 매장에 배경음악 서비스를 제공하고 있다. 스타벅스의 국내 지사인 피고는 스타벅스 본사와의 계약에 따라 PN사로부터 배경음악이 담긴 CD를 구매하여 국내 각지에 있는 스타벅스 커피숍 매장에서 그 배경음악으로 PN사가 제공한 플레이어를 이용·재생시켜 공연하였다. 그런데 그 CD는 암호화되어 있어 PN사가 제공한 플레이어에서만 재생되고, 계약에서 정해진 기간이 만료되면 더 이상 재생되지 않으며, 피고는 이를 폐기하거나 반환할 의무를 부담한다. 위와 같은 사실관계를 기초로 대법원은 원심과 마찬가지로 저작권자의 공연권 제한에 관한 저작권법 제29조 제2항에서 말하는 '판매용 음반'을 '시판용 음반'이라고 제한적으로 해석하고, 원고인 사단법인 한국음악저작권협회의 공연권침해를 이유로 한 침해금지청구를 받아들였다(대법원 2012. 5. 10. 선고 2010다87474 판결).

'스타벅스 사건'에서 대법원이 '판매용 음반'의 의미를 위와 같이 제한적으로 해석한 이유는 저작권법 제29조 제2항의 내용 때문일 것이다. 우리 저작권법 제29조 제2항은 외국의 입법사례에서 찾아보기 어려울 정도로 광범위하게 저작권을 제한하고 저작권자에게는 보상청구권조차도 행사할 수 없도록 하는 것이어서 국제조약상의 기준과도 상충될 우려가 있다.[2] 이에 대법원은 '스타벅스 사건'에서 '판매용 음반'을 '시판용'으로 제한 해석함으로써 저작권자의 권리가 제한되는 범위를 축소하는 판단을 한 것으로 보인다.

이 사건에서 피고는 저작권법상 '판매용 음반'의 의미를 통일적으로 해석하여야 한다고 주장하였는데, 통일적 해석을 할 경우 '시판용'이 아닌 매장음악서비스로 제공된 음원을 사용한 행위는 저작권법 제76조의2 등의 적용대상이 되지 않는다는 결론이 도출되기 때문이다(제1쟁점).

---

2) 이러한 취지로 채명기, "저작권법상 비영리목적의 공연에 관한 연구", 저작권심의조정위원회(1999), 12[김병일, "음악공연권과 그 제한에 관한 고찰", 산업재산권 제17호(2005. 5), 226－227면에서 재인용].

이와 함께 피고는 스트리밍 방식으로 전송받은 음악은 유형물이 존재하지 않고 음을 일시적으로도 저장한 사실이 없어 저작권법상 음반이 아니므로 위와 같이 전송받은 음악을 매장에 틀어놓은 행위는 판매용 음반을 사용하여 공연하는 행위에 해당하지 않는다는 주장도 하였다(제2쟁점).[3]

다. 이 사건 판결의 내용

(1) 제1쟁점에 관하여 본다.

우리 저작권법은 제21조, 제29조, 제52조, 제71조, 제75조, 제76조의2, 제80조, 제82조, 제83조의2 등에서 '판매용 음반'에 관한 규정을 두고 있으나 정작 그 정의규정은 없다. 이로 인해 위 각 규정에서 '판매용 음반'의 의미를 통일적으로 해석하여야 하는지에 관하여 이견이 있을 수 있다. 이에 관하여 이 사건 판결은 제76조의2 등에 규정된 '판매용 음반'의 의미는 해당 규정의 내용과 입법취지 등에 따라 해석하여야 한다는 점을 명시적으로 밝힌 것이다.

위 판단은, ① 저작권법 제76조의2 제1항 등의 신설이유와 밀접한 관계가 있는 '세계지적재산권기구 실연·음반조약(WIPO Performances and Phonograms Treaty; 이하 'WPPT'라 한다)' 제15조 제1항이 실연자 및 음반제작자는 상업적으로 공표된 음반이 방송 또는 공중전달을 위하여 직·간접적으로 이용되는 것에 대하여 상당한(equitable) 보상금을 받을 권리를 가진다고 규정하고 있는 점(국제협약과의 관계), ② 유럽의 각국에서 대체로 WPPT 제15조 제1항에 대한 해석이 그대로 적용된 저작권법 규정을 두고 있고, 음반에 관한 저작권자의 범위를 우리와 달리 해석하고 있는 미국의 경우에도 실질적으로 실연자와 음반제작자를 보호하고 있는 점(비교법적 관점), ③ 저작권법 제20조, 제2조 제23호, 제32호의 규정들을 참작하면 특정 다수인에게 유상으로 양도하는 것도 '판매'의 개념으로 해석된다는 점(문리적 해석의 관점) 등도 두루 고려한 것으로 볼 수 있다.

(2) 제2쟁점에 관하여 본다.

제2쟁점과 관련해서는, ① 디지털 음반도 저작권법상 '음반'이라고 할 수 있는지, ② 음반의 간접 사용도 '사용'에 해당하는지가 문제된다.

---

3) 피고의 상고이유 주장으로는 위 쟁점들 외에도, ① 케이티뮤직이 원고들에게 '디지털음성송신보상금'이라는 명목으로 금원을 지급하였는데, 그 경우에도 공연보상금을 지급하도록 하는 것은 이중지급이라는 점, ② 공연보상금청구권 행사의 절차적 요건(원고들이 저작인접권자의 개별적인 위임 없이도 공연보상금청구권을 행사할 수 있는지, 당사자 사이에 저작권법 제76조의2 등이 준용하는 제76조 제3항의 협의 또는 제4항의 문체부장관의 고시가 없는 경우에 해당하여 당사자가 직접 민사소송으로 청구할 수 없는 것이 아닌지)을 갖추지 못하였다는 점도 포함되어 있으나, 모두 배척하였다. 이 부분은 사실인정의 성격이 강하므로 이 평석에서 다루지 아니한다.

먼저 음반의 해석에 관하여 보면 다음과 같다. 그동안 국내외 학설은 저작권법상 음반 개념은 유형물 자체가 아니라 유형물에 고정되어 있는 음의 존재를 가리키는 것이므로 디지털 음반도 디지털 매체에 고정된 비 아날로그 형태의 음반이라고 정의해 왔고,[4] 문화체육관광부도 같은 취지로 유권해석해 왔으며, 법원도 다수의 사건에서 '음원 파일'이 저작권법상의 음반에 해당함을 전제로 음반제작자의 전송권 침해를 판단해 왔다(대법원 2007. 1. 11. 선고 2006다38369 판결,[5] 서울고등법원 2007. 10. 10.자 2006라1245 결정[6] 등). 대상판결은 위와 같은 종래의 판례 및 학설 등과 같은 입장을 취한 것이다.

다음으로 간접 사용의 문제에 관하여 본다. 음반의 직접 사용이란 음반 또는 그 복제물을 사용하여 방송하거나 공중에게 음반을 재생하여 주는 것을 말하고, 음반의 간접 사용이란 음반을 사용하여 방송한 것을 재방송하거나 다른 방법으로 공중에게 전달하는 것을 말한다. 저작권법 제76조의2 등은 '사용'이라고만 규정하고 있을 뿐이어서 여기에 간접사용도 포함되는지에 관해서는 논의의 여지가 있다. 그러나 학설[7]이 지적하는 바와 같이, ① 로마협약 제12조는 음반의 '직접 사용'에 한하여 보상금을 지급하여야 한다는 제한을 두고 있었던 반면, 디지털 시대에 맞추어 로마협약의 한계를 보완하기 위한 목적에서 로마협약의 특별협정으로 채택된 WPPT는 제15조에서 음반의 간접 사용에 대해서도 명시적으로 보상청구권을 인정하고 있는 점, ② 저작권법 제76조의2 등은 WPPT 제15조 제1항을 국내법에 수용하기 위하여 신설된 것이므로 우리 저작권법은 WPPT에 부합되도록 해석함이 타당하다는 점 등을 고려해 보면, 판매용 음반의 간접사용도 공연보상금의 지급대상이 된다고 봄이 타당하다.

---

4) 오승종, 저작권법 제3판(전면개정판), 박영사, 2013년; 이해완, 저작권법 제2판(전면개정판), 박영사, 2012; 안효질, "저작권법상 공연보상청구권의 범위", 고려법학 제66호, 2012. 9.; 김찬동, "저작권법상 '음반', '판매용 음반'의 의미와 해석, 그 적용―소위 '스타벅스' 판결과 '현대백화점' 판결을 중심으로―", 계간 저작권 제102호, 2013, 213면 등; Innovative Concepts in Enters., Inc. v. Entertainment Enters. Ltd., 576 F.Supp. 457(E.D.N.Y. 1983).

5) 원고(＝음반제작자)의 음반에 수록된 곡의 음원을, A회사(＝피고의 자회사)가 원고의 동의를 얻어 그 음원 중 재생시간 1분의 분량에 해당하는 부분만을 피고의 홈페이지에 게재하여 사용자들로 하여금 재생할 수 있도록 하여야 할 주의의무가 있음에도 불구하고 '메타 태그'를 사용하여 재생시간을 1분으로 지정하기만 한 채 각 음원의 파일 전체를 위 웹페이지에 업로드한 결과 다른 프로그램을 이용하여 위 각 음원을 파일 전체를 무단 게재하게 한 경우 음반제작자로서의 저작인접권 침해되었다고 판단한 사건이다.

6) '소리바다'라는 인터넷 사이트에서 이용자들로 하여금 P2P 방식(중앙서버를 거치지 아니하고 이용자들의 개인 컴퓨터가 서로 연결되어 직접 파일을 주고받는 통신방식)에 의해 MP3 형식의 음악파일을 공유하도록 하는 것은 음반제작자의 저작인접권 침해라는 취지의 결정이다(확정됨).

7) 안효질, 앞의 글(주 4), 21−22면; 최경수, 저작권법개론, 한울, 2010, 333−334면 등.

4. 판결의 의의

이 사건은 저작인접권자들에 대한 보호와 음악 산업의 발전을 위하여 저작인접권자들에게 국제적인 보호수준에 맞춘 공연보상청구권을 부여하는 것으로 저작권법 제76조의2 등이 개정된 후 위 조항이 적용된 최초의 사례이다.

대상판결은 저작인접권자의 권리를 보호한다는 결론을 내린 것이므로 그저 신설된 저작권법 조항을 충실히 해석한 것이라고 볼 수도 있고, 그러한 측면에서는 그다지 주목할 만한 요소가 없는지도 모른다. 그러나 '스타벅스 사건'에서 '판매용 음반'의 의미를 '시판용'이라고 제한 해석한 선례가 있기에 동일한 법률 안에서 동일한 용어를 통일적으로 해석해야 하는 것이 아닌가라는 법률적인 논란이 있을 수 있고, 저작인접권자의 권리를 보호하기 위한 해석이 자칫 저작권자와 저작인접권자의 보호 사이에서 균형을 잃는 결과를 야기하거나 음악소비자의 권리를 과도하게 제한하는 결과를 초래하지는 않을까라는 구체적 타당성 측면이나 정책적 측면에서의 고민도 내포하고 있는 사건이다.

이러한 논란과 고민은 앞서 본 바와 같이 저작권법 제29조 제2항에서 비롯된 측면이 크다. 대상판결은 저작권법 제29조 제2항과의 통일적 해석에 얽매이지 않고 적용법조의 입법취지 등에 충실한 해석을 한 것이다.[8] 또한 저작권법 제87조 제1항이 제29조 제2항을 준용하고 있어서 저작권자와 저작인접권자의 보호 사이에 균형을 잃는 결과도 발생하지 않을 것이라는 점, 음악소비자의 권리를 과도하게 제한하는지의 문제는 저작(인접)권 제한이나 공정이용 등 저작권법상의 규정에 따라 일반론적으로 도모할 수 있다는 점 등의 고려도 깔려있다고 볼 수 있다.

특히나 이 사건은 대형백화점을 대상으로 하는 것이고, 공연보상금 청구를 위해서는 저작권법 제76조의2 제2항, 제83조의2 제2항이 준용하는 제76조 제3항, 제4항에 따라 일정한 절차적 요건[9]도 갖추어야 한다는 점까지 고려하면, 대상판결로 인하여 종전과 달리 곧바로 영세매장을 포함한 음악소비자의 권리가 제한되는 결과가 도출된다고 보기는 어렵다.

2016년 개정된 저작권법[10] 제76조의2가 위 판결과 궤를 같이 하여 '판매용 음반'을 '상업용 음반'으로 개정한 것은 바람직하다고 할 수 있다. 다만, 2016년 개정된 저작권법 제29조 제2항 본문이 현행 저작권법의 '판매용 음반 또는 판매용 영상저작물'을 '상업용 음반 또

---

8) 국내학설을 살펴보아도 저작권법상의 '판매용 음반'을 모두 통일적으로 해석하여야 한다는 주장은 없는 것으로 보인다.
9) 문화체육관광부 장관이 정한 단체와 사업자 간의 협의로 정하거나, 협의가 성립되지 아니한 경우에는 문화체육관광부 장관이 정하는 고시하는 금액을 지급하도록 규정되어 있다.
10) 법률 제14083호, 2016. 3. 22. 일부개정, 2016. 9. 23. 시행.

는 상업적 목적으로 공표된 영상저작물'로 단순 변경하는 것으로 그친 점은 '판매용 음반'을 '시판용 음반'으로 제한 해석한 스타벅스 사건(대법원 2012. 5. 10. 선고 2010다87474 판결)의 취지에 부합하지 않을 가능성이 높아 비판받을 수 있다.

헌법재판소 2013. 11. 28. 선고 2012헌마770 결정

이규홍(서울중앙지방법원 부장판사)

1. 사안의 개요

가. 청구인은 저작인접권이 소멸된 음원을 이용하여 음반을 제작·판매하는 자로서,[1] 1987. 7. 1.부터 1994. 6. 30. 사이에 발생하였으나 20년의 보호기간이 경과하여 소멸된 저작인접권을 2012. 3. 15.부터 회복하여 잔여 보호기간을 포함하여 50년간 존속시키는 내용

---

[1] <Why 김수철도 모르는 김수철, 이문세도 모르는 이문세(한현우 기자, 조선일보 2011. 11. 12.)>
"지난 6월부터 '올댓 마스터피스'라는 이름을 달고 1980년대 말~90년대 초 명반(名盤)이 '아름다운 동행'이란 음반사에서 출시되고 있다. 이문세·이선희·신해철·정태춘·사랑과 평화·김수철·봄여름가을겨울 등 '한국 대중음악의 르네상스'를 일궜던 뮤지션들의 음반들이다. 그런데 그 구성이 좀 이상하다. 이문세 4집과 5집을 묶은 2장짜리 CD가 있는가 하면, 5집과 6집을 묶은 CD도 나왔다. 표지는 오리지널 음반과 전혀 다르다. 이문세가 작곡가 이영훈과 만나서 처음 내놓은 3집(난 아직 모르잖아요)은 재발매 목록에서 빠졌다. 지금은 이선희 4집과 5집, 신해철 1집과 무한궤도(신해철의 밴드) 1집을 묶은 CD를 예약 판매 중이다. 이 음반들은 뮤지션이나 제작자의 동의를 구하지 않고 멋대로 찍어낸 상품들이다…1987년부터 94년까지 국내에서 발매된 음반들은 저작인접권이 '음반 발매 후 20년'까지밖에 보호받지 못한다. 당시 저작권법을 개정하면서 저작인접권(음반 제작자와 실연자의 권리)이란 개념을 처음 도입했고, 그 권리를 20년으로 정했다. 그러나 세계적 추세가 '음반 발매 후 50년'으로 바뀌자 94년 저작권법 재개정 당시 이를 50년으로 늘리면서도 소급 적용을 하지 않았던 것이다. 그래서 1987~94년 사이에 제작된 음반들만 2008년부터 차례로 저작인접권이 소멸돼 아무나 음반을 복사해 팔아도 법적으로 제재할 방법이 없는 상태다. 뮤지션의 허락 없이 복사해 파는 CD이다 보니 LP로만 출시됐던 음반들의 음질은 최악의 수준이다…"
<'올 댓 마스터 피스' 관련 반론보도>
"본지는 지난 11월 12일 '김수철도 모르는 김수철, 이문세도 모르는 이문세' 제목의 보도를 통해 국내에서 1987년부터 94년 사이 발매된 음반의 저작인접권이 발매 20년 후 소멸됨에 따라 당시 발매된 음반들이 저작인접권료 지불 없이 복사·재발매되고 있는 저작권법의 허점 등을 지적한 바 있습니다. 이에 대해 '올 댓 마스터 피스'를 제작·판매하고 있는 아름다운 동행 측은 작사·작곡에 참여한 뮤지션에게 한국음악저작권협회를 통해 소정의 저작권료를 지급했다고 밝혀왔습니다. 또한, 해당 업체는 LP로 출시된 음반에 대해서도 음질 향상을 위해 많은 노력을 기울였다고 알려왔습니다. 위 내용은 언론중재위원회의 조정에 따른 보도입니다."
이렇듯 청구인은 저작인접권이 아닌 저작권의 소급보호 내지 보호기간 연장에 대해서는 다투지 않으면서, 저작권이 존재하는 것을 존중하는 뜻에서 저작권료는 음원저작권자협회를 통해 지급하고 있다.

의 저작권법(2011. 12. 2. 법률 제11110호로 개정된 것, 이하 '법'이라 한다)[2] 부칙[3] 제4조(이하 '심판대상조항'이라 한다)[4]가 헌법 제13조 제2항이 금지하는 소급입법에 의한 재산권 박탈에 해당하고, 음반제작자의 직업 수행의 자유를 침해한다고 주장하며 2012. 9. 14. 이 사건 헌법소원심판을 청구하였다.[5]

　　나. 평석대상결정 선정과 관련하여 지식재산권에 대한 헌법적 판단의 연혁을 살펴본다. 우선 헌법재판소 건립 초반기에는 지식재산권법과 관련된 사건이 거의 없었다.[6] 이는 지식재산권 관련 민·형사소송에서의 법리적인 다툼의 수준이 헌법적 단계에까지 이르지 못한 점에 기인한 것으로 보이는데 최근에는 각종 법률 자체의 합헌성에 관하여 헌법 관련 쟁점들이 법원에서 본격적으로 다투어지고 있다.[7] 그러므로 지식재산권법도 자연스럽게 '헌법적 시각에서 재정비'될 필요성이 제기되었고, 그러던 중 선고된 헌법재판소 2009. 4. 30. 선고 2006헌바113, 114 결정은 선출원상표의 상표등록 무효심결이 확정되더라도 그와 동일 또는 유사한 상표의 등록을 금지하거나 후출원된 등록상표를 무효로 하는 내용의 상표법 조항(과거 대법원과 특허청의 입장이 대립되던 부분을 특허청이 입법의 방법으로 그 입장을 관철한 조항이다)에 관하여 위헌결정을 하여 논의를 본격화하였는데, 특히 특허등록실무(기존 특허청의 입장)를 고

---

2) 참고로 이 개정법에서는 방송을 제외한 음반 및 실연의 보호기간만 70년으로 연장하고 있다. 그 외의 저작인접권 보호기간에 대한 설명은 이해완, 저작권법(제3판), 박영사, 2015, 887−890면 참조.

3) 입법사항 특히 소급효를 주는 사항을 '부칙'으로 규율하는 점도 다소 생각해볼 필요가 있다고 본다. 부칙의 의미에 대한 논의는 최봉경, "부칙(附則) 연구−그 체계적 시론−", 법학 53권 2호(통권163호), 2012 참조.

4) 저작권법 부칙 제4조(저작인접권 보호기간의 특례)에서는 "② 같은 법 부칙 제3항에 따라 1987년 7월 1일부터 1994년 6월 30일 사이에 발생한 저작인접권 중 이 법 시행 전에 종전 법(법률 제4717호 저작권법 중 개정법률 시행 전의 저작권법을 말한다. 이하 이 조에서 같다)에 따른 보호기간 20년이 경과되어 소멸된 저작인접권은 이 법 시행일부터 회복되어 저작인접권자에게 귀속된다. 이 경우 그 저작인접권은 처음 발생한 때의 다음 해부터 기산하여 50년간 존속하는 것으로 하여 보호되었더라면 인정되었을 보호기간의 잔여기간 동안 존속한다."라고 규정하고 있다.

5) 기본권 침해의 자기관련성, 직접성 및 현재성과 보충성, 청구기간 등 헌법소원의 적법요건은 모두 충족되었으므로, 본고의 목적상 더 이상의 논의는 생략한다.

6) 현재까지 헌법재판소에서 결정된 지식재산권 내지 헌법 제22조 제2항 관련사건은 이하에서 논의하는 바와 같다. 헌법재판소는 지식재산권에 관하여 '재산권'이라고만 할 뿐 그 본질에 관하여 언급하고 있지 않지만 특허권, 저작권의 주된 헌법적 근거로는 일반적으로 헌법 제22조 제2항이 제시됨에 반하여, 상표법은 창작법이 아닌 표지법이라는 점에서 헌법 제23조를 그 근거로 보고 있다[정상조·박준석, 지식재산권법(제3판), 홍문사, 2013, 34면은 상표권은 저작·특허권과 달리 제119조, 제124조를 근거로 한다고 한다]. 아직 특허법에 관하여는 본격적인 헌법적 쟁점이 다투어진바 없으나 영업방법 발명과 관련한 헌법적 검토는 졸고, "'영업방법(Business Method) 발명'의 헌법적 이해", 사법논집 제53집(2011), 나아가 헌법상 지식재산권 조항의 문제점에 관하여는 이규홍·정필운, "헌법 제22조 제2항 관련 개헌론에 관한 소고−지적재산권 조항의 재정립에 관하여−", 법조 제650호, 2010 참조. 그러나 후술하는 바와 같이 대상결정은 지식재산권의 헌법적 근거가 무엇이냐가 다투어진 것이 아니라 공유영역(Public Domain)과 제23조에 의한 재산권 보장에 관련된 것이다.

7) 정계선, "법원의 헌법적 판단", 대법원헌법연구회 2015. 11. 7. 학술대회 자료집 참조.

려한 반대의견도 개진되어 지식재산권의 본질과 관련한 헌법적 검토가 이론적인 수준에 그치는 것이 아님을 각인시켰다. 그 후 특수한 유형의 온라인서비스제공자로 하여금 권리자의 요청이 있는 경우 당해 저작물 등의 불법적인 전송을 차단하는 기술적인 조치 등 필요한 조치를 하도록 한 저작권법 조항에 관하여도 많은 논의 끝에 헌법재판소 2011. 2. 24. 선고 2009헌바13, 52, 110 결정으로 합헌으로 선고되었으나 비록 저작권법 특유의 쟁점에 관한 것은 아니지만 법규적 사항을 행정규칙에 위임한 점의 부당성을 지적하는 반대의견이 존재하였다.

그 후 불사용 취소심판에 의하여 소멸된 상표와 동일하거나 유사한 상표의 재출원을 3년 간 금지하는 구 상표법조항이 직업수행의 자유와 평등권을 침해하는지에 관하여 전원일치 합헌결정을 내린 헌법재판소 2013. 11. 28. 선고 2012헌바69 결정, 공공의 질서 및 선량한 풍속을 문란하게 할 염려가 있는 상표는 등록받을 수 없다고 규정한 구 상표법조항이 명확성원칙에 위반되는지 여부에 관하여 역시 전원일치 합헌결정을 내린 헌법재판소 2014. 3. 27. 선고 2012헌바55 결정, 부정한 목적으로 도메인이름 등을 등록·보유 또는 사용하는 행위를 금지하고, 이를 위반한 자에 대하여 정당한 권원이 있는 자가 법원에 그 도메인이름 등의 등록말소 또는 등록이전을 청구할 수 있도록 규정한 인터넷주소자원에 관한 법률 제12조 제1항 중 '정당한 권원이 있는 자' 부분과 제2항 중 '정당한 권원이 있는 자' 부분이 명확성원칙에 위배되는지 여부에 관하여 전원일치로 합헌결정을 내린 헌법재판소 2013. 10. 24. 선고 2011헌바138 결정, 현저한 지리적 명칭이나 기술적 표장에 해당하여 상표법의 보호를 받지 못하는 표지를 이용한 부정경쟁행위를 처벌하는 부정경쟁방지 및 영업비밀보호에 관한 법률 조항이 죄형법정주의의 명확성원칙에 위배되는지 여부에 관하여 전원일치로 합헌결정을 내린 헌법재판소 2015. 2. 26. 선고 2013헌바73 결정 등이 있었으나, 이들은 지식재산권 특유의 쟁점에 관하여 유의미하고 본격적인 판단이 쟁점이기 보다는 법률조항 혹은 입법방법에 대한 일반적인 헌법적 평가가 주류를 이룬 것으로 생각된다.

그러므로 지식재산권의 시각에서 유의미하다고 할 수 있는 것은 앞서 본 상표법에 관한 헌법재판소 2009. 4. 30. 선고 2006헌바113 결정과 저작권법에 관한 헌법재판소 2011. 2. 24. 선고 2009헌바13 결정 정도인데 이에 대하여는 각 평석이 존재8)하므로 여기서 다시 논의할 필요는 없이 대상결정을 그 평석 대상으로 삼았다.

---

8) 헌법재판소 2009. 4. 30. 선고 2006헌바113 결정에 관하여는 이규홍, "등록무효심결이 확정된 선등록상표도 비교대상상표로 될 수 있다는 상표법조항의 위헌성 – 헌법재판소 2009. 4. 30. 2006헌바113, 114(병합) 결정 –", Law & technology 제6권 제1호, 2010. 1.; 헌법재판소 2011. 2. 24. 선고 2009헌바13 결정 등에 관하여는 이규홍, "특수한 유형의 온라인서비스제공자에 부과된 필요한 조치의무 관련조항의 합헌성(저작권법 제104조 등 위헌소원)", 계간 저작권, 2011. 여름(통권 제94호), 155－177면.

2. 결정의 요지

가. 심판대상조항은 개정된 저작권법이 시행되기 전에 있었던 과거의 음원 사용 행위에 대한 것이 아니라 개정된 법률 시행 이후에 음원을 사용하는 행위를 규율하고 있으므로 진정소급입법에 해당하지 않으며, 저작인접권이 소멸한 음원을 무상으로 사용하는 것은 저작인접권자의 권리가 소멸함으로 인하여 얻을 수 있는 반사적 이익에 불과할 뿐이므로, 심판대상조항은 헌법 제13조 제2항이 금지하는 소급입법에 의한 재산권 박탈에 해당하지 아니한다.

나. 심판대상조항은 직업수행의 자유를 제한한다고 볼 수 있는데, 우선 그 입법목적은 저작인접권의 보호기간을 연장하여 1987. 7. 1. 부터 1994. 6. 30. 사이에 발생한 저작인접권과 그 후에 발생한 저작인접권 간의 차등 대우를 개선하고자 하는 것으로서 정당하고, 수단의 적합성을 갖추었으며 달리 피해를 최소화할 방안이 없다. 또한 청구인이 가졌던 기존 보호기간에 대한 신뢰에 비하여 위에서 본 바와 같이 저작인접권을 보호하고자 하는 공익은 중대한 반면, 투자회수를 위하여 2년간 기존 음반을 자유로이 판매할 수 있는 등 충분한 유예기간을 두고 있으므로, 심판대상조항이 과잉금지원칙을 위반하여 청구인의 직업 수행의 자유를 침해한다고 할 수 없다.

3. 해설[9]

가. 입법경과 등

저작인접권 가운데 1987. 7. 1.부터 1994. 6. 30. 사이에 발생한 저작인접권의 보호기간은 1986. 12. 31. 법률 제3916호로 개정된 저작권법에 따라 20년인 반면, 1994. 7. 1. 이후 발생한 저작인접권의 보호기간은 1994. 1. 7. 법률 제4717호로 개정된 저작권법에 따라 50년인데 이처럼 저작인접권의 보호기간이 발생시기에 따라 다른 이유는 1994. 1. 7. 개정된 저작권법에서 저작인접권의 보호기간을 20년에서 50년으로 늘리면서도 부칙 제3항에서 개정 법률의 소급효를 인정하지 않아 개정된 저작권법 시행일인 1994. 7. 1. 전의 저작인접권

9) 저작권 등의 보호기간에 관한 연구는, 미국의 사례를 중심으로 하는 이영록, "저작권 보호기간의 헌법적 한계에 관한 연구", 연세대학교 법학박사학위논문(2004), 정책적 입장에서 접근한 황인영, "저작권 보호기간 연장의 영향요인 비교연구", 서울대학교 행정학박사학위논문(2012); 최근 미국의 Golan v. Holder 판결(132 S. Ct. 873 (2012))에 관하여는 김혜성, "Golan v. Holder: 퍼블릭 도메인에 대한 저작권의 회복", Law & Technology 제9권 제2호, 2013 참조.

에 대하여는 여전히 20년의 보호기간이 인정되었기 때문이다. 이렇듯 저작인접권 발생이 1994. 7. 1. 이전인지 이후인지에 따라 각 다른 법률이 적용되어 보호기간이 20년과 50년으로 차별되게 되는데, 이에 관하여 심판대상조항은 1987. 7. 1.부터 1994. 6. 30. 사이에 발생한 저작인접권에 대해서는 그 후에 발생한 저작인접권보다 보호기간을 짧게 인정할 합리적 이유가 없다는 점에 착안하여 1987. 7. 1.부터 1994. 6. 30. 사이에 발생하였다가 이미 소멸한 저작인접권을 다시 회복시킴으로써 저작인접권을 잔여기간 동안 보호하려는 데 그 취지가 있다.[10]

나. 소급입법에 의한 재산권의 침해 여부

(1) 이유의 요지

대상결정은 두 가지 점에서 접근을 하고 있는데, 우선 '진정'소급입법에 해당하는지 여부와 '재산권'이 침해되었는지 여부이다.

우선, 헌법 제13조 제2항은 "모든 국민은 소급입법에 의하여 … 재산권을 박탈당하지 아니한다."라고 하여 소급입법에 의한 재산권의 박탈을 금지하고 있는데 일반적으로 소급입법의 태양에는 이미 과거에 완성된 사실·법률관계를 규율의 대상으로 하는 이른바 진정소급효의 입법과 이미 과거에 시작하였으나 아직 완성되지 아니하고 진행과정에 있는 사실·법률관계를 규율의 대상으로 하는 부진정소급효의 입법이 있고, 위 조항은 진정소급효를 가지는 법률만을 금지하는 것으로서 부진정소급효의 입법은 원칙적으로 허용되는 것으로 설명되지만, 부진정소급효의 입법도 소급효를 요구하는 공익상의 사유와 신뢰보호의 요청 사이의 비교형량 과정에서 신뢰보호의 관점이 입법자의 형성권에 제한이 존재한다. 대상결정은

---

10) 저작인접권은 발생한 다음 해부터 보호기간이 기산되므로, 1991. 12. 31.까지 발생한 저작인접권은 1992. 1. 1. 보호기간이 기산되어 2012. 1. 1. 전에 소멸되었다. 그러나 2011년 개정법의 시행일인 2012. 3. 15.부터 다시 회복되어 잔여보호기간인 30년 동안 보호받게 된다. 그 후인 1992. 1. 1.부터 1994. 6. 30. 사이에 발생한 저작인접권은 1993. 1. 1.부터 보호기간이 기산되므로 2012. 3. 15. 시행 당시 20년의 보호기간이 다하지 않아 존속 중이었다가 연장된 보호기간인 50년의 적용을 받게 된다. 따라서 1987. 7. 1.부터 1991. 12. 31. 사이에 발생한 저작인접권은 실제로 저작인접권이 소멸하였다가 회복되게 된 것으로(그 후 약 1년 6개월 동안 발생한 저작인접권은 소멸했던 적이 없이 단지 보호기간만 연장되는 효과가 있다) 주요 쟁점이 된다. 나아가 그 판단에는 TRIPs 협정 제14조 제6항에 의하여 준용되는 베른협약 제18조는 공통적으로 협정 체결 전에 발생한 저작인접권을 소급하여 연장된 보호기간을 적용할 것을 요구할 뿐 소멸한 저작인접권을 회복시킬 것까지 요구하지는 아니하고 있는 점, 한국은 이미 외국인의 저작인접권에 대하여는 1995년 개정법 부칙 제3조 및 2011년 개정법 제64조 제2항에서 국제조약을 준수하는 규정을 둔 점 등을 염두에 둘 필요가 있다.

실제로 서울고등법원 2012. 10. 24. 선고 2011나96415 판결(확정)은 1990년 겨울에 출시한 음원에 관하여 피고가 음반을 발매한 사안에서 원고(실연자)의 저작인접권은 당초 1990년의 다음 해부터 기산하여 20년이 되는 2010. 12. 31.까지만 존속하였으나, 심판대상조항에 따라 그 존속기간이 50년으로 연장되어 2040. 12. 31.까지 존속하게 되었음을 전제로 판단하고 있다.

심판대상조항의 시행으로 인하여 청구인은 잔여 보호기간인 30년이 지난 2038. 1. 1. 이후에
야 무상으로 음반을 제작할 수 있으므로, 이는 시행되기 전에 있었던 과거의 음원 사용 행위
를 규율하는 것이 아니라 개정된 법률의 시행 이후에 음원을 사용하는 행위를 규율하는 규
정에 해당하는 것이므로 부진정소급입법에 해당한다고 보고 있다.

　　다음 위 소급입법금지조항과 재산권 보장에 관한 헌법 제23조에 의하여 보호되는 재산
권은 사적 유용성 및 그에 대한 원칙적 처분권을 내포하는 재산가치 있는 구체적 권리이므
로, 단순한 이익이나 재화의 획득에 관한 기회 또는 기업 활동의 사실적·법적 여건 등은 재
산권 보장의 대상이 아니라는 전제하에, 대상결정은 심판대상조항이 청구인이 이미 제작하
여 판매하고 있던 음반의 소유권을 박탈하거나 음반의 판매수익 환수하든지 청구인이 음반
을 제작하기 위해 투자한 시설이나 장비 등의 사용·수익을 금지시키는 것이 아니므로, 어떠
한 구체적인 권리를 침해하는 것이 아니라고 한다. 또한 심판대상조항으로 인하여 소멸된 저
작인접권이 회복됨에 따라 청구인에게는 음원의 무상 활용 가능성이 없어지지만, 음원을 무
상 사용함으로 인한 이익은 저작인접권자의 권리가 소멸함으로 인하여 얻을 수 있는 반사적
이익에 불과할 뿐이지 사용자에게 음원에 대한 사적 유용성이나 처분권이 주어지는 것은 아
니므로, 이는 헌법 제23조 제1항에 의하여 보호되는 재산권에 해당하지 않는다고 설시한다.

(2) 평가

　　우선 소급입법에 해당하는지에 관하여 본다. 심판대상조항은 전체적으로 볼 것이 아니
라 이미 종료된 부분을 회복시키는 경우와 그렇지 않은 경우로 나누어질 수 있다는 점에서
문제가 있다. 즉, 1987. 7. 1.부터 1991. 12. 31. 사이에 발생한 저작인접권은 실제로 소멸하
였다가 심판대상조항에 따라 회복된 것이므로 '이미 종결된 과거의 사실 또는 법률관계에
법률을 사후적으로 적용함으로써 과거를 법적으로 새로이 평가한 것[11]'으로 되어 진정소급
입법일 수가 있는 것이다.[12] 그럼에도 이에 대한 정교한 분리작업 등을 선행하지 않고 불가
분한 것으로 보아 뭉뚱그려 부진정소급입법에 해당한다고 보는 것은 저작권법에서 보호기간

---

11) 즉 위와 같이 저작인접권이 소멸된 저작물의 복제행위가 심판대상조항 시행 전에 행하여진 경우 조항 시
행으로 그 저작인접권은 소멸된 적이 없는 것이 되므로 논리적으로는 침해로 새롭게 평가(이 점 때문에
회복된 실연 등을 이 법 시행 전에 이용한 행위는 침해로 보지 아니한다는 부칙 제4조 제3항이 규정된 것
이다)되는 것이다. "심판대상조항이 소멸되었던 기간 동안의 행해진 법률행위나 사실관계를 규율대상으로
하는 것은 아니라"는 주장은 형식논리적으로도 이해하기 어렵다. 그런 점에서 "부칙 제4조 제3항에서는
소멸한 저작인접권을 이용한 과거의 행위에 대해서는 권리침해행위가 아니라고 규정하고 있으므로 심판대
상조항은 진정소급입법이 아닌 부진정소급입법으로 보아야 한다"는 문화체육관광부 장관의 의견서가 오히
려 더 솔직하다고 생각된다.
12) 그런 점에서 소위 소니노보 판결(Eric Eldred v. John D. Ashcroft, 123 S. Ct. 769)은 이미 보호기간이 만
료되어 소멸한 저작물에 대해서까지는 소급적용하지 않았으므로 최소한 진정소급입법인지 여부를 다툴 소
지는 발생시키지 않았다.

이 갖는 중요성13)을 간과한 것이 아닐까하는 의심이 든다. 차라리 진정소급입법에 해당하지만 예외적으로 국민이 소급입법을 예상할 수 있었다는 이유로 소급입법을 정당하다고 본 사례14)와 같이 접근하는 것도 가능하다고 본다.

　　다음 재산권보장에 해당하는지에 관하여 보건대, 대상결정처럼 '반사적 이익'을 규정하는 것은 19세기적 낡은 권리관념의 소산일 뿐 아니라 저작권정책과 공유정책이 동전의 앞·뒷면 관계에 있다는 것조차 몰이해한 것으로 공유정책의 관점에서 보면 이미 확보된 공유재산15)을 유지·관리해달라고 국민들이 국가에 요구하는 것은 법적으로 보호받아야 할 이익일 뿐 아니라 이미 하나의 권리라고 비판하는 견해16)가 있다.

　　이에 반하여 전체적으로 보호기간이 종료된 것을 되살린 사례로 미국의 1994년 입법[Golan v. Holder 판결(132 S.Ct. 873(2012), 합헌 결정], 1990년 독일 통일 후 동독 저작물의 보호를 되살린 것, 1995년 유럽연합 저작권보호지침 시행으로 어느 한 국가에서라도 보호기간이 종료되지 아니한 저작물은 비록 저작물의 본국에서 50년의 보호기간이 종료되었더라도 그 보호를 회복시킨 것을 예로 들며 대상결정의 타당성을 뒷받침하는 견해17)도 있다. 대상

---

13) 공공의 제약(공익)은 저작권법상 저작물의 자유이용조항이나 저작재산권의 보호기간에 관한 조항 등 각종 제한으로 나타나게 되므로, 이는 크게 보아 제한된 사권으로서의 저작권의 존립기반 중 하나로도 볼 수 있다.

14) 헌법재판소 2011. 3. 31. 선고 2008헌바141 결정(친일반민족행위자 재산의 국가귀속에 관한 특별법 제2조, 제3조 등에 관한 위헌소원사건으로, 결정문을 보면 "친일재산이 비록 친일행위의 대가로 취득된 재산이라고 하더라도 이는 그 당시의 재산법 관련법제에 의하여 확정적으로 취득된 재산이라 할 것이다. 따라서 현 시점에서 친일재산을 국가로 귀속시키는 행위는 진정소급입법으로서의 성격을 갖는다"라고 전제한 후 다음(생략)과 같은 이유로 "친일재산의 소급적 박탈은 일반적으로 소급입법을 예상할 수 있었던 이례적인 경우에 해당하며, 그로 인해 발생되는 법적 신뢰의 침해는 우리 헌법의 이념 속에서 용인될 수 있다고 보인다."라고 하며 그 이유를 논증하는 데 주력하고 있다. 대상결정도 직업의 자유 부분에서 '언제든지 저작권법이 개정되어 저작인접권의 보호기간이 변경될 수 있을 것이라고 예견할 수 있었음'을 합헌의 근거로 들고 있다; 부칙을 입법함에 있어서 평등의 원칙에 위반되는 상황을 개선하기 위하여 구법을 개정할 경우 그 부칙에서 '소급효'를 인정할 수 있다고 볼 경우가 가능하다. 최봉경, "부칙(附則) 연구―그 체계적 시론―" (주 3), 278면.

15) 디지털 시대에서의 재검토는 최정환, "Public Domain의 새로운 이해", 계간 저작권 2005년 봄호(통권 제69호); 법원의 판결에서는 아직 퍼블릭 도메인에 대한 논의는 저작권법에 의하여 보호받지 못하는 저작물과 같은 소극적인 형태로만 존재하고 있지만, 최근 수원지방법원 성남지원 2013. 12. 10. 선고 2012가합8921 판결(항소취하로 확정)은 다음과 같이 설시하여 당연한 원칙을 기술하고 있다. "저작권법을 비롯한 지적재산권법의 생성배경에는 사회적·산업적인 필요에 의하여 본래 퍼블릭 도메인에 속하는 정보재들 중에서 "특정한 정보재에 대하여 국가가 기간을 제한하여 개인의 독점권을 한시적으로 허용하는 법률제도를 구축한다."라는 관념이 내포되어 있다. 독점기간이 만료하면 정보재 본연의 탄력성(彈力性)에 의하여 다시 공중(公衆)의 자유이용이 허용되는 퍼블릭 도메인이 된다."

16) 박성호, 저작권법, 박영사, 2014, 403면; 나아가 대상결정은 "음원을 무상으로 활용하는 방식의 영업은 특정 경제정책상의 목표를 달성하기 위하여 국가에 의하여 유도된 사경제 활동에 속하는 것이 아니라, 스스로의 위험부담으로 법률이 부여한 기회를 활용한 경우에 지나지 않는다."라고 설시하며 영업허가와 관련된 결정(헌법재판소 2000. 7. 20. 선고 99헌마452 결정)을 근거로 제시하고 있는데, 이는 행정법상의 '허가'와 저작권 보호기간이 갖는 의미를 동일시한 것으로 타당하다 할 수 없다.

17) 임원선, 실무자를 위한 저작권법(제4판), 한국저작권위원회, 2015, 320면. 이에 대하여 박성호, 앞의 책(주

결정은 국내 문제에 일부 진정소급효를 준 점에서 위 소니노보 판결과 위 Golan v. Holder 판결의 통합판으로 볼 수 있어 비록 특정 기간에 발생한 저작인접권에 대하여만 보호기간을 짧게 인정할 합리적 이유가 없다는 점을 주장[18])하지만, 이 부분 논증은 공유영역에 대한 헌법적 의미부여 등 좀 더 적극적이어야 하지 않았나 하는 아쉬움이 있다.[19])

다. 직업의 자유 침해 여부

(1) 이유의 요지

심판대상조항은 일정 기간 동안 존속하다가 소멸한 저작인접권을 회복시킴으로써 이러한 저작인접권이 있는 음원을 이용하여 무상으로 음반을 제작·판매하는 행위는, 저작인접권자와 협의하거나 보상금을 지급하여야만 가능하도록 제한된 것이므로, 청구인의 직업수행의 요소인 영업방법 내지 취급대상의 제한에 관한 규정이라는 점에서 헌법 제15조에서 보장되는 직업의 자유 중 직업수행의 자유에 대한 제한을 가한 것이다.

그리고 그 심사기준으로는 앞서 보았듯이 부진정소급입법에 해당함을 전제로 종래의 법적 상태의 존속을 신뢰한 청구인에 대한 신뢰보호가 문제될 뿐이라고 하며 과잉금지원칙을 적용하면서[20]) 앞서 본 바와 같이 목적의 정당성, 수단의 적합성, 침해의 최소성의 면에서는 간단히 합헌적이라고 설시하고 있다. 그 후 법익의 균형성 부분에서는 청구인이 개정 전

---

16), 403면에 따르면, Golan v. Holder 판결은 미국 내에서 보호되지 않던 외국인의 저작물 가운데 해당 외국인의 본국이 베른협약 가입국이고, 그 외국에서 아직 저작권이 만료되지 않은 저작물의 저작권을 미국 내에서 회복하는 것으로, 우리 1996년 저작권법 부칙 제3조 1항과 같은 취지일 뿐으로, 심판대상조항처럼 내국인의 저작(인접)권이 보호기간의 만료로 소멸한 뒤에 법을 개정하여 회복시킨 사안이 아니라는 점에서 상이하므로 적절한 사례가 아니라고 비판하고 있다.

18) 다만 이 역시 본질적인 이유가 될 수 있는 것은 아니라고 본다. 즉, 1994년 법의 입법자는 부칙 제2조에서 '이 법 시행전에 발생된 저작인접권의 보호기간은 종전의 규정에 의한다'라고 규정하여 입법적 결단을 내린 것이고, 당시는 이미 그 이전의 기간이 소위 '한국음악의 르네상스기'로 불리울 정도로 좋은 음악저작물이 많았음을 알고 있었던 것이다. 오히려 그보다 앞선 1986년 법이, 그 시행전 사안에는 1957년 제정된 저작권법을 적용하였고 1957년 법은 저작인접권을 별도로 규정하지 않고 저작권에 포함시켜 저작자 사후 30년까지 보호를 규정한 점을, 보호의 정도라는 측면에서 좀 더 따져볼 필요가 있었다고 생각된다.

19) 공유영역에 속하게 된 저작물에 관련된 저작권을 회복시키는 것이 타당한지는 공유영역에 속하게 된 원인이 무엇인지에 따라 다를 수 있을 것이다. 김혜성, 앞의 글(주 9), 76면, 최정환, 앞의 글(주 15), 10면.

20) 과거 헌법재판소(헌법재판소 2011. 2. 24. 선고 2009헌바13 결정 등)는 "일반적으로 직업수행의 자유에 대하여는 직업선택의 자유와는 달리 공익목적을 위하여 상대적으로 폭넓은 입법적 규제가 가능한 것이지만, 그렇다고 하더라도 그 수단은 목적달성에 적절한 것이어야 하고 또한 필요한 정도를 넘는 지나친 것이어서는 아니 된다"고 설시하여 소위 완화된 비례원칙을 적용하고 있다; 신뢰보호원칙 위배에 의한 기본권 침해가 문제되는 사안에서 청구인이 신뢰보호원칙과 과잉금지원칙 침해 주장을 모두 하는 경우 신뢰보호원칙을 과잉금지원칙과 별도의 심사기준으로 보아야 하는지에 관하여 논의가 가능한데, 이 사건의 경우 기본권 침해 주장으로서 신뢰보호원칙 위반 주장을 과잉금지원칙에 포함시켜 판단한 것으로 보인다.

의 저작권법이 저작인접권의 보호기간을 20년으로 규정하였기 때문에 이를 신뢰하여 자금과 인력을 투자한 것이 부당한 것이라고 보기는 어려우나, 저작인접권은 저작권의 보호규정과 마찬가지로 보호의 필요성이 대두되고 보호기간이 여러 차례 개정을 거치면서 사후 30년에서 발생 후 20년으로, 20년에서 50년으로 연장된 바 있고, 2013. 8. 1.부터 시행된 개정 저작권법에서 저작인접권의 보호기간은 발생 후 70년으로 연장된 점을 고려하면 청구인으로서는 언제든지 저작권법이 개정되어 저작인접권의 보호기간이 변경될 수 있을 것이라고 예견할 수 있었음을 지적하고 있다. 이에 더하여 음원을 무상으로 활용하는 방식의 영업은 스스로의 위험부담으로 법률이 부여한 기회를 활용한 경우에 지나지 않고, 청구인은 저작인접권료를 지불하면 음반을 제작·판매하는 것이 허용되는 점을 감안하면, 청구인이 개정 전 법률에 의하여 보호받은 신뢰이익은 법률개정으로 도모하고자 하는 공익에 비하여 우월하다고 할 수 없다고 설시하고 있다. 그러면서 별도의 소항목으로 변화된 법적 상황에 적응할 적정한 유예기간을 두어 청구인의 신뢰이익을 고려하였는지를 살피는데, 부칙 제4조 제3, 4항을 들어 적정성을 강조하며 결국 심판대상조항은 청구인의 신뢰이익을 충분히 고려하고 있는 것으로서 과잉금지원칙을 위반하여 청구인의 직업수행의 자유를 침해한다고 할 수 없다고 결론 내리고 있다.

(2) 평가

구체적으로는 우선 침해의 최소성에서 대상결정은 "입법목적 달성을 위하여 저작인접권을 회복시키는 것 이외에 달리 대체수단이 존재하지 않고,…을 감안하면 심판대상조항은 피해의 최소성 원칙에도 위배되지 않는다."고 설시하나 앞서 본 바와 같이 심판대상조항이 실제로 소멸하였다가 심판대상조항에 따라 회복된 저작인접권 부분에는 적용되지 않는 것으로 분리하여 규정할 수 있었다는 전제에서 논의해볼 필요가 있다고 생각한다.

그리고 무엇보다 문제는 법익의 균형성 부분으로 우선 "입법자는 새로운 인식을 수용하고 변화한 현실에 적절하게 대처해야 하기 때문에, 국민은 원칙적으로 현재의 법적 상태가 항상 지속되리라는 것을 신뢰할 수 없다"라는 전제부분은 소급입법의 가능성을 항시 염두에 두라는 것으로 읽힐 수도 있는 표현으로 비록 저작인접권의 보호기간이 최근 몇 차례 개정으로 연장된 점을 고려하더라도 법적 안정성이라는 측면에서 의문이 아닐 수 없다. 또한 법률개정에 의한 공익이 무엇인지 분명하지 않다. 즉 결정문상 '20년의 보호기간은 지나치게 짧아 저작인접권자들의 보호에 미흡했던 점', '합리적 이유 없이 발생 시기에 따라 저작인접권자들을 차등 대우하는 것이라는 점' 정도만 제시되어 있는데 이는 근본적으로 '저작인접권을 보호하고 저작물의 공정한 이용을 도모함으로써 문화 및 관련 산업의 향상발전에 이바지함을 목적으로 한다'는 저작권법의 목적조항에 기대려는 것으로 보인다. 그러나 이는 20년

경과로 소멸된 저작인접권 관련자들의 이익과 형평이 중요하다는 의미일 뿐 그 점과 문화 등의 발전과의 관계설명이 없고, 오히려 저작(인접)권자를 보호하면 자동적으로 '문화 및 관련 산업의 향상발전'이 이루어진다는 묵시적 전제를 깔고 있는 것이 아닌가 생각되며 결국 '저작물의 공정한 이용을 도모함'이라는 부분이 무색하게 하는 것이 아닌가하는 우려가 든다.[21)]

4. 대상결정의 의의

대상결정은 헌법재판소가 저작권법상의 권리보호기간 연장에 관하여 최초의 헌법적 판단을 내린 것이나 '한국음악의 르네상스기'로 불리던 시절의 음악저작물 저작인접권에 관하여 그 보호기간을 연장하는 것이 결국 입법재량을 벗어난 것이 아님을 선언하여 국가경제적 필요성을 내세운 행정부 주도의 입법방침을 수긍하였다. 즉 저작권이 비록 보호기간, 즉 존속기간이 있는 제한된 사권이라 하더라도, 그 보호기간 만료로 공유영역에 들어간 이후 그에 관하여 일반시민들이 구체적인 재산권이 형성될 수 있느냐 아니면 최소한 그에 대한 신뢰보호가 이루어질 수 있느냐의 문제에 대한 판단에 있어 정책적인 동조를 하고 입법자가 둔 신뢰보호 장치가 잘 만들어진 것임을 추인하는 수준의 것이 아닌가 한다.

그러나 앞서 보았듯이 심판대상조항에 대한 판단과정에서, 실질적으로 문제되고 있는 관련 부분이 정확하게 판단 및 설시되지 아니한 점은, 미국 등 세계적으로 유사한 사례들이 긍정적인 헌법적 판단을 받은 바 있다는 점, 저작권법이 일반 법률보다는 전문적·기술적인 요소가 큰 법률인 점 등을 고려하더라도 아쉬움으로 남는다. 특히 재산권관련 공유영역 및 소급입법, 보호기간에서의 '공익'의 개념에 관하여 헌법이 말하는 '재산권의 시각에서 바라본 지적재산권법' 측면에 대한 종합적 검토가 필요하였다고 생각되지만, 향후 해결되어야 할 과제로 남겨둔 것으로 본다.

---

21) 청구인은 보호기간이 소멸되어 공유되는 저작인접권, 즉 퍼블릭 도메인(public domain)을 공익으로, 저작인접권자들의 보호를 사익이라고 주장한 듯한데, 그렇다면 특히 공익 부분의 구체적 설시를 통한 논증은 지식재산권의 존립논거라는 면에서도 중요하다.

33 종합유선방송사업자가 행한 재송신이 지상파방송사의 저작인접권 침해 여부

서울고등법원 2011. 7. 20. 선고 2010나97688 판결(상고)[1]

계승균(부산대학교 법학전문대학원 교수)

1. 사안의 개요

가. 원고 한국방송공사는 방송법에 의하여 설립된 공법인이고, 나머지 원고들은 방송법에 의한 방송국 허가를 얻어 설립된 주식회사로서 각각 지상파방송사업을 영위하고 있는 방송사업자이다. 피고들은 방송법에 의한 종합유선방송 사업허가를 얻어 서울 양천구, 강동구, 서초구, 영등포구, 강서구 등지에 방송설비, 전송망 등을 구비하여, 가입자에게 복수의 방송채널을 제공하는 다채널 유선방송사업을 각각 영위하고 있는 종합유선방송사업자(SO; System Operator)이다.

나. 피고들은 종합유선방송사업을 통해 가입자에게, 원고들이 송신탑 등을 통해 공중에 송출하는 일부 디지털 지상파방송의 방송신호를 피고들이 설치한 안테나 등으로 수신한 후 실시간으로 그 방송신호를 직접 또는 디지털 유선방송용셋톱박스(set-top box, 외부에서 들어오는 신호를 받아 적절히 변환하여 텔레비전으로 그 내용을 표시해 주는 장치)를 거쳐 가입자가 보유

---

1) [참조 판례] 서울중앙지방법원 2010. 9. 8. 선고 2009가합132731 판결(항소); 서울고등법원 2011. 6. 2.자 2010라109 결정(확정).

[관련 평석 및 문헌] 평석대상이 된 판결과 관련된 법률문헌으로서 저작권법의 관점에서 작성된 것으로는 김병일, "종합유선방송사업자의 지상파 재송신과 저작권 쟁점에 관한 연구", 창작과 권리 제57호, 2009; 정상조·박준석, "종합유선방송사업자의 지상파 재송신에 대한 저작권 쟁점연구", 계간저작권 88호, 2009; 박준석, "콘텐츠산업에서의 저작권", 창작과 권리 제67호, 2012 등이 있다. 그리고 본 사안과 연관된 방송 실무와 관련해서는 김정태, 방송법해설(2013년 개정3판), 커뮤니케이션북스, 2013, 357면에 언급되어 있다. 그리고 우리의 방송시장과 유사한 형태를 가지고 있는 일본의 현황에 간략히 소개한 내용으로서는 鈴木秀美·山田健太·砂川浩慶編著, 放送法を読みとく, 商事法務, 2009, 29~30면에 기재되어 있다. 그리고 실시간 재전송과 예약녹화서비스와 관련된 평석과 관련해서는 최성준, "실시간 재송신 서비스 및 예약녹화 서비스", Law & Technology 제6권 제5호, 2010; 헌법적 관점에서 재송신과 관련된 문제를 언급한 것으로는 고민수, "방송법상 재송신제도에 관한 헌법적 검토", 헌법학연구 제14권 제2호, 2008.

한 텔레비전에 재송신하고 있고, 그 외에도 홈쇼핑 등 유선방송 전용 채널을 가입자에게 제공하고 있다.

　　다. 한편 원고들은 이 사건 방송 중 각 해당 방송에 관하여 동시중계방송권(저작권법 제85조)을 가지고 있다.

2. 판결의 요지

가. 제1심판결

　　방송신호를 수신하는 동시에 이를 다시 외부에 송신하는 것은 저작권법상 보호되는 방송사업자의 동시중계방송권과 충돌할 수 있으므로, 당해 행위의 성질과 태양, 당해 행위 과정에서 행위자 및 시청자의 각 역할 내지 당해 행위에 대한 지배의 정도, 당해 행위의 구체적 내용, 당해 행위의 결과로 행위자가 얻을 이익 등을 고려하여 이러한 상품이나 서비스가 시청자의 수신을 단순히 도와주는 정도를 넘어 사실상 독자적인 방송사업에 해당하는 것으로 판단될 경우, 이는 수신을 도와주거나 보조하는 행위의 범주를 벗어나므로 허용되지 아니한다.

　　위와 같은 기준에 따라 다음과 같은 법리, 사정 등에 비추어 보면, 피고들이 현재 실시하고 있는 이 사건 방송 재송신의 법적 성격은 가입자가 디지털 지상파방송을 편리하게 수신할 수 있도록 단순히 도와주는 기능만을 수행하는 행위라고 할 수 없고, 피고들이 주체가 되어 행하는 독자적인 방송행위라고 할 것이어서, 저작권법상 동시중계방송에 해당한다고 봄이 상당하다.

　　종합유선방송 가입자의 상당수는 종합유선방송이 제공하는 채널의 시청보다는 지상파방송을 깨끗한 화질로 시청하고자 종합유선방송에 가입하고 있는 사실(방송통신위원회가 2007. 7.경 종합유선방송 가입자를 상대로 실시한 조사에서, 응답자 중 53.5%가 지상파방송 난시청을 해소하기 위하여 종합유선방송에 가입하였다고 하였다), 피고들은 가입자에게 이 사건 방송을 포함한 각종 방송채널을 제공하는 대가로 유선방송 상품 종류에 따라 월 4,000원부터 33,000원 사이에서 책정된 이용료를 지급받고 있는 사실을 인정할 수 있다.

　　그런데 이러한 방식으로 받고 있는 이용료는 수신 설비의 관리 및 유지 비용과 직접적인 관련을 가지고 있지 않고 있으며, 피고들이 수신 설비 관리 및 유지에 실제로 소요되는 비용을 초과하는 이용료를 가입자로부터 지급받고 있는 이상, 피고들은 실질적으로 위 시설을 이용한 이 사건 방송의 재송신을 통해 가입자로부터 시청료를 받는 영업을 하는 것으로 볼 수 있다.

피고들이 원고들의 동의를 얻지 아니하고 이 사건 방송을 재송신하는 행위는 방송사업자인 원고들의 동시중계방송권을 침해하는 것이다.

나. 항소심판결

종합유선방송사업자가 종합유선방송사업을 통해 가입자에게, 지상파방송사업자가 송신탑 등을 통해 공중에 송출하는 디지털 지상파방송의 방송신호를 종합유선방송사업자가 설치한 안테나 등으로 수신한 후 실시간으로 방송신호를 직접 또는 디지털 유선방송용 셋톱박스를 거쳐 가입자가 보유한 텔레비전에 재송신한 사안에서, 종합유선방송사업자가 동시재송신을 통해 지상파방송사업자의 동시중계방송권을 침해하고 있고, 방송법 관련 규정이 종합유선방송사업자에게 위와 같은 동시재송신을 허용하고 있다거나 동시재송신이 지상파방송사업자의 저작인접권을 침해하지 않는다고 평가할 정도로 사회통념상 단순히 수신의 영역에 머무르면서 가입자인 수신자의 수신을 보조하는 행위에 불과하다고 볼 수 없고, 지상파방송사업자가 저작인접권 등 권리행사의 사실상 유보를 넘어서 권리를 포기하기로 하는 묵시적 합의가 있었다거나 그와 같은 권리행사가 권리남용 등에 해당한다고 보기 어려우며, 종합유선방송사업자가 신규 가입자에 대하여 방송신호를 분리하여 차단하는 것이 불가능하다는 점을 인정할 수 없으므로, 종합유선방송사업자의 디지털 지상파방송 동시재송신을 금지한다.

3. 해설[2)]

가. 방송권의 의미

(1) 제도보장으로서의 방송권

우리 헌법에서는 표현의 자유를 규정하고 있고, 그 중 하나로서 방송의 자유[3)]도 포함된다. 방송의 자유를 보장 내지 규율하기 위하여 방송법이 만들어졌고, 방송법에서 말하는 방송이란 방송프로그램을 기획·편성 또는 제작하여 이를 공중(개별계약에 의한 수신자를 포함하며, 이하 '시청자'라 한다)에게 전기통신설비에 의하여 송신하는 것을 말한다(제2조 제1호). 그런데 그동안 우리나라의 산악이 많은 지형적 특성 내지 기술적 문제로 종합유선방송사업자들

---

2) 본 사안과 관련된 평석과 관련하여 본고에서는 간접강제 허용의 필요성에 관한 논의는 평석자의 능력을 벗어나는 것이므로 제외하기로 한다.

3) 문재완, 언론법, 늘봄, 2008, 47−49면; 헌법재판소 2003. 12. 18. 선고 2002헌바49 전원재판부 결정에서 방송의 자유는 주관적 권리로서의 성격과 함께 자유로운 의견형성이나 여론형성을 위해 필수적인 기능을 행하는 객관적 규범질서로서 제도적 보장의 성격을 함께 가진다고 판시하고 있다.

이[4] 지상파방송을 받아서 재송신하는 형태로 하여 방송중계 내지 송신의 보조자로서의 역할을 수행해 왔다. 즉 국민의 알 권리,[5] 표현의 자유를 확보하기 위해서 행한 기술적 보충행위 또는 그 지리적 확장을 하는 역할, 즉 국가정보화의 모세혈관과 같은 역할을 담당하여 왔다. 그렇게 함으로써 시청자의 보편적 시청권 또는 시청자 주권을 보장하여야 하고, 이를 보장하기 위한 수단의 하나로써 종합유선방송사업자에게 한국방송공사 및 「한국교육방송공사법」에 의한 한국교육방송공사가 행하는 지상파방송(라디오방송을 제외한다)을 수신하여 그 방송프로그램에 변경을 가하지 아니하고 그대로 동시에 재송신(이하 '동시재송신'이라 한다)하도록 하는 동시재송신의 의무를 지우고 있다.[6] 이러한 점은 방송이라는 것이 표현의 자유의 수단 내지 국민의 알 권리를 충족시키는 것이고, 공익성 또는 공공성이 강조되는 공공재적인 성격을 가지는 것이어서 방송법에서 말하는 방송권을 '제도보장적 성격의 방송권'이라고 부르고 싶다.[7]

이러한 내용에 기초하여 피고는 재판에서 동시재송신은 수신보조행위, 동시재송신 묵시적 동의, 권리남용, 신규가입자제한 불가능을 주장하고 있는 것으로 보인다.

(2) 재산권으로서의 방송권

그런데 방송은 앞서 언급한 표현의 자유의 한 수단으로서가 아니라 현대 사회의 창작물의 한 표현수단으로서의 성격도 가지고 있다. 저작물 자체로서 인정받을 수 있는 방송 또는 타인의 저작물을 문화수요자들에게 전달 수단으로서의 방송을 생각할 수 있다. 이 경우 방송은 시민들의 표현수단으로서의 성격이 아니라 인간의 사상 또는 감정을 표현한 창작물로서 독점적이고 배타적인 성격을 가진 저작권의 대상인 저작물로서의 지위, 또는 이러한 방송을 하기 위해서 투자한 자를 보호하고자 하는 저작인접권을 가진 방송업자의 영업 내지 수익의 객체를 의미한다.

저작권법에서는 방송을 공중송신 중 공중이 동시에 수신하게 할 목적으로 음·영상 또는 음과 영상 등을 송신하는 것(제2조 제8호)을 말하며, 방송을 업으로 하는 자를 방송사업자라고 한다(제9호). 방송사업자는 방송을 하기 위한 저작물에 대한 저작권자로서의 지위도 가지지만, 방송사업과 관련된 물적 설비 및 인적자원에 투자하였기 때문에 투자회수 내지 경제적 과실을 획득할 수 있는 기회가 보장되어야 하는데 이것은 저작인접권으로 보호하고 있

---

4) 손경한 편저·오승종, 방송저작권, 법문사, 2016, 287면.

5) 이규현, 방송법제론, 커뮤니케이션북스, 2013, 61면.

6) 종합유선방송사업자의 지상파방송을 의무적으로 재송신하게 한 조항과 관련하여 국가가 개인 간의 계약대상에 관한 사항에 지나지 않는 것을 법률로 정하여 계약당사자의 사적자치를 지나치게 침범하지 않았는지 여부, 의무재송신행위를 지상파방송사업자의 계약적 우월적 지위에서 강제하는 것이 아닌지 하는 것에 관한 판단은 본 평석에서는 다루지 않는다.

7) 박용상, 언론의 자유, 박영사, 2013, 103면; 허영, 헌법이론과 헌법(신7판), 박영사, 2015, 369면.

다(저작권법 제84조부터 제85조의2까지).[8] 그런데 저작권법에서 말하는 방송은 앞서 언급한 방송법의 제도로서의 방송이 아니라 순수한 사경제주체인 저작권자 또는 저작인접권자인 방송사업자의 권리의 대상이기 때문에, 특히 경제적 수익, 투자회수의 기회를 보장받는 지위와 관련된 권리자인 저작인접권자의 사적인 영역에 속하는 소비재 내지 경제재로서의 성격을 가지는 것이므로 이를 '재산권적 성격의 방송권'이라고 부르고 싶다.

이러한 내용은 원고의 주장내용을 뒷받침하는 것으로서 재산권인 저작인접권을 기반으로 한 것이다.

(3) 양 방송권의 방향성

공공재 또는 공익재로서의 성격인 방송에 관한 권리와 개인의 재산에 속하는 권리로서의 방송권 내지 중계방송권을 동일 선상에 놓고 비교할 수 있는 성질의 것은 아니라고 판단된다. 왜냐하면 그 출발점과 지향점이 서로 다르기 때문이다. 공공재로서의 방송은 표현의 자유의 보장을 더욱 풍성하게 하기 위한 하나의 수단으로서 '우리' 사회 전체와 관련된 거시적 성격의 것이지만, 재산으로서의 방송권[9]은 경제적 수익과 연관되면서 '너와 나'라는 계약당사자의 관계에서 이익 또는 이해관계의 조정이라는 미시적 성격의 것이라고 판단된다. 후자인 경우 재산권법적인 관점에서 표현하자면 타인의 재산인 방송권을 침해한 불법행위에 해당되는지 여부가 문제된다. 따라서 이 두 가지 성격의 방송권은 각각 독립적이면서도 병렬적으로 보장되고(보장되어야 하고), 서로 간섭하여 배타적인 형태로 행사되는 성질의 것은 아니라고 판단된다.

나. 동시중계방송권 침해판단 기준

앞서 본 바와 같이 방송법상의 방송과 저작권법상의 방송은 독자적인 영역에서 각자의 존재이유가 분명하고, 그 보호방향도 다르다고 말할 수 있다. 그렇다면 본 사안에서는 지상파 방송사업자의 저작인접권의 하나인 동시중계방송권을 종합유선방송사업자가 동시재송신 행위를 통해 침해하였는지 여부가 문제가 되는지, 아니면 종합유선방송사업자의 동시재송신 행위가 비록 사소한 이익을 가지는 것이라고 하더라도 기존 시청자와 함께 앞으로서의 시청자의 보편적 시청권을 보장하기 위한 한 정당화 사유로서의 보조적 수신행위 또는 확장행위로서 기존 지상파방송사업자의 방송송신행위를 재송신하였는지에 따라 그 결론이 달라질 수

---

8) 이해완, 저작권법(제3판), 박영사, 2015, 880면; 오승종, 저작권법(제4판), 박영사, 2016, 977면; 박성호, 저작권법, 박영사, 2014, 390면.
9) 손경한 편저·이해완, 앞의 책(주 4), 2016, 270면.

있다고 본다.

특히, 동시중계방송권 침해판단 기준과 관련해서는 다음과 같은 점을 살펴볼 필요가 있다고 판단된다. 동시중계방송을 하게 된 경위, 법령상 의무사항을 규정한 이유, 동시중계방송설비를 누구의 비용으로 부담하여 설치하는지 여부, 종합유선방송사업자의 사업내용, 종합방송사업자가 방송과 관련된 독자적인 사업을 영위하면서 광고나 다른 사업을 영위하는지, 독자적인 채널편성 내지 방송내용을 할 수 있는지 여부, 가입자의 수, 지상파방송국이 제공하는 방송물의 성격, 즉 공익적인 것인지 아니면 엔터테이너의 성격이 강한 것인지 또는 단순한 사실보도에 지나지 않는 것인지 여부, 종합유선방송사업자에게 지역민의 가입자 수, 동시재송신의 성격과 동시재송신을 통한 이익의 창출이 누구에게 귀속되는지 여부, 종합유선방송사업자의 유료서비스의 범위와 내용, 종합유선방송사업자에게 한국방송공사 및 「한국교육방송공사법」에 의한 한국교육방송공사가 행하는 지상파방송(라디오방송을 제외한다)을 수신하여 그 방송프로그램에 변경을 가하지 아니하고 그대로 동시재송신의 의무를 지운 이유, 비교대상이 될 수 있는 다른 방송사업자 예를 들어 방송채널사용사업자(PP, Program Provider)와 종합유선방송사업자와의 계약에 따른 이행과 이익 조정을 어떻게 하는지 여부 등을 종합적으로 검토하면 동시재송신 행위가 동시중계방송권 침해를 넘어서는 정당화 사유가 있는 행위였는지 아니면 그야말로 타인의 재산을 무단으로 사용한 행위인지 여부를 판단할 수 있다고 본다.

그리고 또 한 가지 종합유선방송사업자가 소위 플랫폼 사업자라는 점을 고려할 필요가 있다고 사료된다. 현대 사회에 들어와서 지적재산의 창출과 유통과 관련하여 플랫폼 사업자가 지적 창작물의 거래에 중요한 역할을 담당한다는 점이다. 이러한 역할담당은 초기에는 양면적이었지만 지금은 다면적이고 그 역할과 기능은 점점 더 다양화되고 경제적 이익의 창출과도 연관성이 커지면서 타인의 경제활동 내지 창작활동에도 영향을 미치고 있다.

4. 판결의 의의

평석의 대상이 된 판결은 상고되어 대법원에 계류 중에 있지만, 본 사안을 통해 짧은 시간에 우리 사회가 얼마나 많은 기술적 변화와 함께 정책의 변화도 많았다는 것을 짐작할 수 있다.

제1심판결과 항소심판결에서는 원고가 가지고 있는 동시중계방송권 침해 여부를 중심으로 피고의 주장들 동시재송신의 수신보조행위로서의 성격, 그동안 원·피고 사이에 동시재송신에 대한 묵시적 합의 여부, 동시재송신 금지청구는 권리남용이라는 점 등에 관해서 판단을 내리고 있다. 아직은 대법원에 계류 중이고, 어떤 결론이 정당한 것인지 여부에 관해서 논의할 정도로 여러 사례가 축적되어 있는 것도 아니라고 판단된다.

　　그만큼 본 사안은 선례 내지 선례에 가까운 것이어서 판결결과에 따라 종합유선방송 시장 이익의 재조정이 이루어질 것으로 보인다. 그리고 약 50년 가까이 공익적인 이유에서인지 또는 권리자가 묵시적인 합의를 해준 것인지 모르겠지만 저작권시장의 외곽에 있었던 방송저작물 또는 저작인접권자의 권리가 이제는 저작물 시장 내에서 그 권리관계에 관해서 판단을 받아야 한다는 점이다. 이로 인하여 앞으로 방송과 관련된 권리관계도 비교적 분명해지고 여기에 참여하는 관계자들도 새로운 질서를 형성하고자 할 것이다.

　　또한, 본 판결은 통해 방송저작물로 대표되는 콘텐츠 시장[10])에서의 저작인접권을 포함한 저작권에 대한 인식에 대한 변화도 더욱 가속화될 것이라고 기대해본다.

---

10) 박종수 편, 방송통신법 포럼2012, 세창출판사, 2013, 77면.

34 현저한 유사성에 의한 '의거관계'의 추정

대법원 2014. 7. 24. 선고 2013다8984 판결[1]

박성호(한양대학교 법학전문대학원 교수)

1. 사안의 개요

원고(X)는 2005년경 선덕여왕을 소재로 뮤지컬 대본 <무궁화의 여왕>을 창작하였다. 피고 방송사(Y1)는 2009년 5월 말부터 같은 해 12월 말까지 피고 작가들(Y2, Y3)이 집필한 드라마 대본을 토대로 역사드라마 <선덕여왕>을 제작·방송하였는데, X는 2010년 1월말 Y1이 제작한 드라마 <선덕여왕>과 Y2, Y3가 집필한 드라마 대본이 자신의 뮤지컬 대본의 저작권(복제권, 2차적 저작물 작성권, 공중송신권 등 저작재산권 및 저작인격권 중 동일성유지권)을 침해하였다고 주장하면서 침해금지 및 손해배상청구의 소를 제기하였다.[2] 한편, 같은 무렵 X

---

1) [참조 판례] 대법원 2014. 5. 16. 선고 2012다55068 판결.
   [관련 평석] 대법원판결에 대해서, 박태일, "저작권 침해의 요건인 의거관계 판단을 위한 현저한 유사성 여부", 대법원 판례해설 제102호(2014년 하), 법원도서관, 2015; 홍승기, "선덕여왕 대법원판결의 함의", 저작권문화 통권 241호, 한국저작권위원회, 2014. 9; 항소심(원심) 판결에 대해서, 홍승기, "저작권 침해 요건으로서의 '의거' — 서울고등법원 2012나17150 판결(선덕여왕 사건)을 중심으로", 계간 저작권 제103호, 한국저작권위원회, 2013 가을호; 오승종, "극적 저작물(dramatic works)에 있어서의 표절 판단", 산업재산권 제40호, 한국산업재산권법학회, 2013. 4; 제1심판결에 대해서, 정상조, "상이한 문예 장르 간의 표절 — 서울남부지법 2010가합1884 판결에 대한 비판적 검토", Law & Technology 제8권 제4호, 서울대학교 기술과법센터, 2012. 7. 등.
   [관련 문헌] 권영준, 저작권침해판단론, 박영사, 2007; 박성호, 저작권법, 박영사, 2014; 김병일, "저작권법상 실질적 유사성에 관한 고찰 — 어문저작물(소설 및 드라마 저작물)을 중심으로", 특별법연구 제11권, 사법발전재단, 2014; 김창권, "저작권 침해에 있어서 의거관계 판단의 방법", 대법원 판례해설 제100호(2014년 상), 법원도서관, 2014; 정경석, "저작권 침해판단에서 현저한 유사성의 개념 도입론", 법조 통권 제633호, 법조협회, 2009. 6; 이성호, "저작권침해 여부의 판단기준과 각종 저작물의 유형별 특성에 따른 실제적 적용", 법실천의 제문제, 동천 김인섭 변호사 화갑기념논문집, 박영사, 1996; 이해완, "저작권의 침해와 그 구제", 지적소유권에 관한 제문제(하), 재판자료 제57집, 법원행정처, 1992 등.
2) X는 저작권 침해를 주위적 청구원인으로 주장하는 외에 제1심 소송 계속 중 Y1, Y2, Y3가 뮤지컬 대본상의 아이디어를 허락 없이 이용하였다는 것을 이유로 일반 불법행위를 예비적 청구원인으로 추가하였다. 원심(항소심)에서는 이들 청구원인의 관계가 선택적인 것으로 변경되었다.

가 Y1을 상대로 제기한 드라마 방영금지 가처분신청은 이미 방송이 종료된 시점이어서 보전의 필요성이 없다는 이유로 기각결정이 내려졌다.3) 저작권 침해금지 등 소송에서는 저작권법에서의 침해요건인 '의거관계'와 '실질적 유사성'을 갖춘 것인지 여부가 핵심 쟁점으로 부각되었다. X는 자신이 창작한 뮤지컬 대본에 의거하여 Y2, Y3가 드라마 대본을 작성하고 Y1이 드라마를 제작·방송하였으며, 뮤지컬 대본의 내용과 드라마 대본 및 드라마 <선덕여왕> 간에는 실질적 유사성이 인정되므로 저작권 침해가 성립한다고 주장하였다. 이에 Y1, Y2, Y3는 드라마 제작과정에서는 물론이고 드라마 대본 집필에서도 X의 뮤지컬 대본이나 뮤지컬 공연에 접근 가능하지도 않았으며 드라마 대본과 드라마 <선덕여왕>은 독자적으로 창작된 것이라고 주장하였다.

제1심인 서울남부지방법원 2012. 2. 2. 선고 2010가합1884 판결은 저작권 침해의 주관적 요건이 '의거'와 객관적 요건인 '실질적 유사성' 모두가 인정되지 않는다는 이유로 저작권 침해를 부정하였고 아울러 아이디어의 무단 이용에 관한 책임도 부정하였다.4) 그러나 항소심(원심)인 서울고등법원 2012. 12. 20. 선고 2012나17150 판결은 X가 창작한 뮤지컬 대본과 Y2, Y3 및 Y1의 드라마 대본 및 드라마 간에는 공통되는 역사적 오류가 다수 존재하므로 의거관계가 추정되고 또 양자 간에는 실질적 유사성도 존재한다는 이유로 저작권 침해와 일반 불법행위책임을 모두 인정하였다.5) 이에 Y들이 상고하였는데, 대법원 2014. 7. 24. 선고 2013다8984 판결은 의거관계를 추정할만한 현저한 유사성이 존재하지 않는다는 이유로 의거관계를 부정하였고 실질적 유사성에 대한 판단을 생략한 채 파기환송하였다.

2. 판결의 요지

가. 원심판결(서울고등법원 2012. 12. 20. 선고 2012나17150 판결)

피고 방송사가 제작·방송한 드라마와 원고가 창작한 뮤지컬 대본은 모두 역사적 사실로부터 유추하기 어려운 원고의 독창적 산물인 '덕만공주의 서역 사막에서의 고난, 금관의 꽃 또는 동로마 등 서역의 문화와 사상의 습득, 덕만공주와 미실의 정치적 대립구도, 덕만공주와 김유신의 애정관계, 미실 세력으로 인한 진평왕의 무력함'과 같은 역사적 오류를 포함할 뿐만 아니라, 주제, 인물의 성격과 역할, 인물 사이의 관계, 줄거리, 구성 등에서 실질적

---

3) 서울남부지방법원 2010. 3. 31.자 2010카합36 결정. X는 항고하였으나 이 또한 항고기각결정되었다. 서울고등법원 2012. 2. 21.자 2010라790 결정(확정).
4) 제1심판결에 대한 비판적 평석으로는, 정상조, 앞의 논문(주 1), 3면 이하.
5) 항소심(원심) 판결에 대한 비판적 평석으로는, 오승종, 앞의 논문(주 1), 137면 이하; 홍승기, 앞의 논문(주 1), 198면 이하.

인 유사성이 인정되는바, 이는 우연의 일치나 공통의 소재만으로는 설명되기 어렵고 오직 이 사건 드라마가 이 사건 대본에 의거한 것에 의해서만 설명될 수 있을 정도의 유사성이라 할 것이므로, 이 사건 드라마는 이 사건 대본에 의거하여 이를 이용하여 제작·방송된 것으로 추정함이 상당하다.

나. 대법원판결

(1) 저작권법이 보호하는 복제권이나 2차적 저작물 작성권의 침해가 성립되기 위하여는 대비대상이 되는 저작물이 침해되었다고 주장하는 기존의 저작물에 의거하여 작성되었다는 점이 인정되어야 한다. 이와 같은 의거관계는 기존의 저작물에 대한 접근가능성, 대상 저작물과 기존의 저작물 사이의 유사성이 인정되면 추정할 수 있고, 특히 대상 저작물과 기존의 저작물이 독립적으로 작성되어 같은 결과에 이르렀을 가능성을 배제할 수 있을 정도의 현저한 유사성이 인정되는 경우에는 그러한 사정만으로도 의거관계를 추정할 수 있다. 그리고 두 저작물 사이에 의거관계가 인정되는지 여부와 실질적 유사성이 있는지 여부는 서로 별개의 판단으로서, 전자의 판단에는 후자의 판단과 달리 저작권법에 의하여 보호받는 표현뿐만 아니라 저작권법에 의하여 보호받지 못하는 표현 등이 유사한지 여부도 함께 참작될 수 있다.

(2) 원고가, 피고 방송사가 기획하고 피고 작가들이 극본을 작성한 "선덕여왕"이라는 드라마가 원고가 뮤지컬 제작을 위한 대본으로 창작한 "The Rose of Sharon, 무궁화의 여왕 선덕"에 의거하여 제작·방송되었다고 주장하면서 피고 방송사 등을 상대로 손해배상을 구한 사안에서, 피고 방송사의 위 대본에 대한 접근가능성이나 위 드라마와 대본 사이의 현저한 유사성이 인정되지 아니하므로 두 저작물 사이에 의거관계가 있다고 할 수 없다고 한 사례이다.

3. 해설

가. 저작권 침해의 성립요건

저작권 침해소송에서 침해금지나 손해배상 어느 것을 청구하든 모두 원고가 저작권 침해를 주장·증명해야 하는데, 이때 요구되는 것이 주관적 요건으로서의 '의거(依據)관계'6)와 객관적 요건으로서의 '실질적 유사성'이다. 이러한 저작권 침해의 성립요건 중 대상판결은

---

6) 이하 이 글에서는 '의거관계'라는 용어 외에 '의거' 또는 '의거성'이라는 용어를 혼용하기로 한다.

의거관계의 판단을 위한 현저한 유사성 여부에 관하여 판시하고 있는데, 이 주관적 요건에 관해서는 아래에서 자세히 살펴보도록 하겠다. 한편, 객관적 요건인 실질적 유사성이란 원고의 저작물과 피고의 저작물 간에 동일성(예컨대, 복제권 침해) 또는 종속성(예컨대, 2차적 저작물 작성권 침해)이 인정되는 경우를 포괄하는 개념이다.[7]

나. 저작권 침해에 있어서 의거관계의 판단방법

(1) 의거관계의 의미

의거란 피고가 원고의 저작물을 보거나 접하여 그것을 이용하였을 것이라는 의미이다. 다시 말해 의거관계라는 것은 타인의 저작물을 보거나 접하여 그것을 토대로 저작물을 작성하거나 제공·제시하는 것을 말한다.[8] 요컨대, 의거관계는 타인의 저작물을 베꼈다는 행위자의 주관, 즉 타인의 저작물의 표현내용을 인식하고 그것을 이용한다는 심리상태에 관계되는 요건이다. 따라서 의거관계라는 요건은, 예컨대 피고가 복사기 등으로 원고의 저작물을 기계적으로(mechanically) 베꼈거나 피고의 저작물을 만들거나 공연할 당시 원고의 저작물을 이용하였다는 증거를 제시함으로써 입증한다. 이와 같이 의거란 타인의 저작물을 베끼는 등의 이용행위를 의미하므로 복제하거나 배포, 공연하는 등 일체의 행위를 총칭하는 개념이다.[9] 다만, 유의할 것은 의거라는 주관적 요건은 저작권 침해소송에서 요구되는 것이고 특허권 침해소송에서는 그 요건이 아니라는 점이다. 이는 특허법에서는 독자적 발명자라도 특허법 제103조의 선사용권 요건을 충족하지 못하는 한 특허권 침해책임을 면하지 못하지만(절대적 독점권), 저작권법은 문화의 다양성 보호라는 목적과 관련하여 독자적으로 창작된 것이라면 설령 실질적으로 동일한 저작물이더라도 저작권 침해가 성립하지 않는다(상대적 독점권)는 데에서 연유한다.[10]

(2) 의거관계의 판단방법

그런데 의거관계는 개인 사무실이나 가정과 같은 사적 공간에서 이루어지는 경우가 대부분이기 때문에 저작권 침해소송에서 원고는 피고가 자신의 저작물을 베끼는 등 이용하였다는 의거관계를 직접증거(예컨대, 현장을 목격한 증인)를 제시하여 증명하는 것은 어려운 일이다. 오히려 주요사실인 의거사실을 추정하게 하는 간접사실을 증거를 제시하여 증명하고 이를 통해 의거사실이 추정되는 경우가 대부분이다. 이때의 간접사실이란 피고가 원고의 저작

---

7) 이해완, 앞의 논문(주 1), 422면.
8) 권영준, 앞의 책(주 1), 26면.
9) 이에 관해서는, 이성호, 앞의 논문(주 1), 713면 참조.
10) 박성호, 앞의 책(주 1), 422면.

물에 '접근'(access)하였다는 사실,[11] 원·피고의 양 저작물이 동일하거나 유사하다는 사실이다. 의거사실을 추정하게 하는 간접사실로서의 접근(access) 사실이란, 예컨대 피고가 원고의 저작물을 구입하여 가지고 있다거나 그 저작물을 읽거나 보았다는 사실을 말한다. 또한 간접사실로서 양 저작물이 동일하거나 유사하다는 사실이란, 예컨대 이야기 전개과정에 있어서 동일·유사성이 존재하거나, 나아가 설령 아이디어의 범주에 속하는 표현이어서 저작권의 보호범위 밖에 있는 것이더라도 동일한 공통점이 존재하는 경우를 말한다.[12] 유의할 점은 이러한 간접사실로서의 동일·유사성과 실질적 유사성 요건을 혼동하지 않는 것이다.[13] 대법원판결은 양자 모두를 용어상으로는 실질적 유사성이라 표현하는 경우도 있지만[14] 개념적으로는 양자를 구별하여 설시하고 있다.[15]

　　이와 같이 대법원판결은 주요사실인 의거관계를 추정하는 데에 요구되는 간접사실로서의 동일·유사성과 또 다른 주요사실인 실질적 유사성을 개념적으로 구별하고 있으며, 특히 학설상으로는 이러한 구별을 용어상 명확히 하기 위하여 간접사실로서의 동일·유사성을 '증명적 유사성'(probative similarity)이라 부르는 경우도 있다.[16] 그런데 의거성 요건을 추정하는 간접사실의 하나인 접근(access) 사실도 직접증거로 증명되는 경우는 드물고, 접근가능성을 증명하는 간접증거 또는 정황증거에 의하여 접근 사실 자체가 추정되는 경우가 대부분이다. 이때에도 접근이 있었다고 볼 수 있는 합리적인 가능성이 있어야 하며, 그 가능성이 희박한 경우에는 접근 사실이 추정되지 않는다. 예컨대, 원고의 저작물이 공중에게 판매되거나 공연된 사실 또는 피고나 그와 접촉이 있는 제3자에게 그 저작물이 건네진 사실을 나타내는 증거를 제시한다면 접근 사실이 추정될 수 있을 것이다.

---

11) 의거사실과 접근사실을 같은 의미로 이해하여 사용하는 경우가 있으나, 접근은 본문에서 언급한 것처럼 의거를 추정하게 하는 구성요소에 불과한 것이기 때문에 양자는 구별하는 것이 옳을 것이다. 즉 의거라는 것은 접근을 포함하는 개념으로서 타인의 저작물을 보거나 접하여 그것을 베끼는 등으로 이용하였다는 것을 의미하는 것이다. 박성호, 앞의 책(주 1), 643면.
12) 따라서 예컨대, 원·피고의 지도책이나 전화번호부에 공통된 오류(common errors)가 존재하거나, 컴퓨터 프로그램의 경우 원고의 저작물에 실제로 의거하지 않았다면 존재할 수 없는 무의미한 버그(bug)나 더미 데이터(dummy data)가 피고의 저작물에도 그대로 존재한다면 이는 의거사실을 추정하는 근거가 된다.
13) 이에 관해서는, 정경석, 앞의 논문(주 1), 232-234면 참조.
14) 대법원 2007. 12. 13. 선고 2005다35707 판결.
15) 대법원 2007. 3. 29. 선고 2005다44138 판결.
16) "probative similarity"라는 용어는 Alan Litman 교수가 창안한 것이다. A. Litman, "'Probative Similarity' as Proof of Copying: Toward Dispelling Some Myths in Copyright Infringement", 90 Colum. L. Rev., 1990, pp.1189-1190. 이에 관한 설명으로는, 이성호, 앞의 논문(주 1), 715면의 각주 28); 권영준, 앞의 책(주 1), 32-33면 각 참조.

(3) 현저한 유사성에 의한 의거관계의 추정

그런데 간접사실로서의 접근(혹은 접근가능성)과 증명적 유사성은 상호보완적 관계에 있으므로 접근가능성을 증명하지 못하였더라도 만일 두 저작물 간에 현저한 유사성(striking similarity)이 인정되는 경우라면 의거관계가 추정될 수 있다. 예컨대, 피고가 원고의 저작물을 베끼지 않았다면 존재할 수 없는 동일한 미적 오류가 양쪽 저작물에서 다수 발견되는 경우를 들 수 있다.[17] 문제는 저작권 침해의 요건인 의거관계의 판단을 위한 현저한 유사성 여부를 인정하는 판단방법이다. 예술적 저작물에서 주로 나타나는 '공통의 미적 오류'는 공통의 소재 또는 표준적 삽화 등으로 인해 그 발생 가능성이 상대적으로 높을 수밖에 없으므로, 공통의 미적 오류가 있는지 여부를 엄격히 판단하여야 할 뿐 아니라, 더 나아가 공통의 미적 오류가 있다고 하더라도 그와 같은 오류가 특정한 예술적 유행이나 변형적 기법에 의해 야기된 것이라면 이를 근거로 의거관계가 추정될 수는 없을 것이다.[18]

예술적 저작물에서 주로 나타나는 '공통의 미적 오류'는 기능적·사실적 저작물과는 달리 의거관계가 없는 경우에도 저작물이 창작된 시기의 특정한 예술적 유행이나 변형적 기법에 따라 우연히 발생할 가능성이 있다. 따라서 공통의 미적 오류가 특정한 예술적 유행이나 변형적 기법에 의해 야기된 것인지 여부가 세심하게 검토되어야 한다.[19] 원심판결은 뮤지컬 대본과 드라마 사이에 동일한 역사적 오류가 존재한다고 보고 이를 근거로 접근가능성이 추정된다고 판단한 것으로 생각된다. 그러나 의거관계를 인정하기 위한 간접사실 중 하나인 역사적 오류란 '공통의 미적 오류의 일종으로서 기존의 정사로 평가받는 역사서뿐 아니라 야사, 소설 등 모든 저작물에 등장하지 않는 것으로서 저작자의 독창적인 창작에 의하여 만들어졌기 때문에 의거관계가 있지 않고서는 우연하게 존재하기 어려운 허구'를 의미하는 것이다.[20] 뮤지컬 대본과 드라마는 공통적으로 정사에는 없으나 필사본 화랑세기라는 책에만 등장하는 미실이라는 인물을 등장시키고 있는데, 역사적 사실에 반하는지 여부는 정사의 내용뿐만 아니라 필사본 화랑세기에 나오는 내용까지 포함시켜서 판단하여야 하고, 역사적 오류인지 여부를 판단함에 있어서 뮤지컬 대본 및 드라마가 작성되는 시점에서의 시대적 상황이나 예술적 조류 등도 감안하여야 한다.[21] 요컨대, 의거관계를 추정하게 하는 현저한 유사성이란 그 유사성의 정도가 우연의 일치나 공통의 소재 등으로는 도저히 설명되기 어렵고 오직 피고 저작물이 원고 저작물에 의거한 것에 의해서만 설명될 수 있는 정도에 이른 것을

---

17) 박성호, 앞의 책(주 1), 645면.
18) 박태일, 앞의 논문(주 1), 352면.
19) 박태일, 앞의 논문(주 1), 352면.
20) 박태일, 앞의 논문(주 1), 352-353면.
21) 박태일, 앞의 논문(주 1), 352면.

의미하는 것이다. 대상판결은 원심판결이 이러한 점을 고려하지 않은 채 기존의 저작물에 등장하거나 누구나 생각할 수 있는 정도의 허구조차도 의거관계를 추정하게 하는 '현저한 유사성'이라고 인정함으로써 법리오해, 채증법칙 위배 및 심리미진의 잘못을 저질렀다고 판단한 것이다.

(4) 의거관계와 실질적 유사성의 판단순서

대상판결은 주관적 요건인 의거관계를 추정할만한 현저한 유사성이 존재하지 않는다는 이유로 의거관계를 부정하였고 객관적 요건인 실질적 유사성에 대한 판단을 생략하였다. 저작권 침해가 성립하지 않는 경우에는 두 요건 중 어느 하나라도 인정할 수 없다고 판단하면 충분하다. 문제는 두 요건 중 어느 쪽을 먼저 판단해야 하는가 하는 점이다. 논리적으로 고찰하면 원·피고의 저작물이 동일하거나 유사한 저작물이더라도 양 저작물이 서로 관계없이 독자적으로 작성된 것이라면 저작권 침해에 해당하지 않을 것이므로 대상판결처럼 의거관계가 존재하지 않는다는 사실부터 먼저 판단하여 이를 분명하게 할 필요가 있을 것이다. 그러나 구체적인 개별 사안에 따라서는 의거성 요건과 실질적 유사성 요건은 서로 밀접하게 관련되어 판단되는 경우가 많을 것이므로 개별 사안의 상황에 맞게 양 요건을 판단하면 충분할 것이라고 생각한다. 따라서 어느 요건을 중시해야 한다는 질적 순서나 어느 요건부터 판단해야 한다는 논리적 순서는 없다고 보는 것이 타당할 것이다.

4. 대상판결의 의의

대상판결은 "의거관계는 기존의 저작물에 대한 접근가능성, 대상 저작물과 기존의 저작물 사이의 유사성이 인정되면 추정할 수 있고, 특히 대상 저작물과 기존의 저작물이 독립적으로 작성되어 같은 결과에 이르렀을 가능성을 배제할 수 있을 정도의 현저한 유사성이 인정되는 경우에는 그러한 사정만으로도 의거관계를 추정할 수 있다"고 판시하였다. 대상판결은 저작권 침해의 요건인 의거관계의 판단을 위하여 두 저작물 사이의 현저한 유사성 여부를 심층적으로 분석한 드문 사례이다. 이러한 분석을 통하여 대상판결은 특정 시대와 역사적 인물을 공통의 소재로 하는 극적(劇的) 저작물들 사이에서 일견 유사해 보이는 요소들이 발견되더라도 제3의 원전22) 및 일반적인 극적 저작물의 창작 경향을 고려하여 두 저작물의 구체적인 내용을 비교·검토한 결과 의거관계를 인정하기에 부족하다고 판단한 사례로서 의의가 있다. 의거관계의 추정과 관련하여 현저한 유사성을 여부를 판단하는 것은 어려운 일

---

22) 서강대 사학과 명예교수인 이종욱의 번역서 및 저서(화랑세기로 본 신라인 이야기, 김영사, 2000; 화랑세기, 소나무, 2002; 대역 화랑세기, 소나무, 2005; 색공지신 미실, 푸른역사, 2005)를 말한다.

이다. 결국 두 저작물의 구체적인 텍스트를 분석하여 심충적인 검토를 하는 수밖에 없을 것이다. 사람은 보고 싶은 것만 본다지만 사소한 유사성에만 착안하고 커다란 차이점이나 상위점을 간과하는 데서 문제가 생기는 경우가 많다. 원심판결의 판단이 바로 그러한 경우에 해당한다고 생각한다. 그러한 점에서 대상판결은 문화 및 관련 산업의 향상발전에 이바지함을 목적으로 하는 저작권법의 목적에 비추어 볼 때, 역사물을 소재로 작성된 저작물 간의 저작권 침해 관련 분쟁에서는 창작활동의 자유를 위축시키고 표현의 자유에 대한 제약을 초래하지 않도록 해당 사건의 심리에 신중을 기할 필요가 있다는 점을 일깨워주고 있다.

35 음악저작권 침해의 판단기준

대법원 2015. 8. 13. 선고 2013다14828 판결[1]

최승수(법무법인 지평 변호사)

1. 사안의 개요

이 사건은 박진영이 작곡한 '썸데이'라는 곡이 기존에 출시된 김신일의 곡 '내 남자에게'라는 곡의 저작권을 침해하였는지가 문제된 사건이다. '내 남자에게'는 가수 애쉬가 노래를 불러 2005년경에 출시되어 음원사이트나 방송 등을 통해 대중에게 상당히 알려진 곡이고, '썸데이'는 2011년 초에 방영된 TV드라마 '드림하이'의 오리지널 사운드 트랙 음반에 수록된 곡으로 가수 아이유가 가창하여 인기를 끌었던 곡이었다. 원고는 '썸데이'의 후렴구 8마디와 '내 남자에게'의 후렴구 8마디는 각 음악저작물의 핵심적인 부분으로서 그 가락, 화성 및 리듬이 매우 유사하고, 전체 악곡 중에서 차지하고 있는 비율도 상당하여 실질적으로 유사하므로 원고의 2차적 저작물 작성권을 침해하였다고 주장하면서 손해배상 청구소송을 제기하였다.

1심 및 2심 법원은 문제되는 비교부분이 실질적으로 유사하다고 보아 원고 청구를 인용하였다. 그러나 대법원판결에서는 원고의 곡 후렴구 8마디가 선행곡인 미국 가수 커크 프랭클린(Kirk Franklin)의 '호산나'라는 곡과 실질적으로 유사한 것으로 창작성이 있는 표현에 해당한다고 볼 수 없어 해당 부분에 대한 원고의 저작권을 인정할 수 없다고 판단하였다. 이에 따라 이와 결론을 달리한 원심판결을 음악저작물의 창작성의 법리를 오해한 위법이 있다는 이유로 파기하고 환송하였다.

---

1) [참조 및 관련 판례] 대법원 2012. 8. 30. 선고 2010다70520, 70537 판결.
   [관련 평석 및 문헌] 최승재, "음악저작물침해판단기준", 법률신문(2015. 10. 26.).

2. 판결의 요지

가. 원심판결

1심판결은 원고 '내 남자에게'의 대비부분이 창작성이 있는 표현이라는 점, 피고 '썸데이'의 대비부분이 원고 곡의 대비부분과 실질적으로 유사하다고 판단하였고, 이 점에서 2심은 1심 결론을 지지하였다. 다만 손해액의 산정과 관련하여 1심은 피고 대비 부분이 피고 음악저작물 전체에서 차지하는 산술적인 비중(20마디/86마디)을 기준으로 산정한 반면, 2심은 피고 대비 부분이 피고 음악저작물에서 차지하는 비율이 산술적으로는 20마디/86마디에 불과하지만, 피고 대비 부분은 곡의 전반부에 배치된 후렴구로서 이를 반복함으로써 청중들에 대한 인지도를 높이는 효과를 내고 전체 곡의 성격에 있어 상당한 비중을 차지하는 점, 피고 대비 부분을 제외한 나머지 부분의 비중과 인지도 등 실질적인 비중 요소를 고려하여, 피고 대비 부분의 비중은 피고 음악저작물에서 기여도가 40% 정도라고 판단하고, 1심보다 더 많게 손해를 산정하였다.[2]

1심 및 2심에서도 원고 곡 대비부분의 창작적 표현 여부가 다루어졌다. 이에 관하여 1심의 결론은 원고 음악저작물이 공표되기 전 또는 후에 공표된 상당 수의 음악저작물들에서 원고 음악저작물과의 가락 또는 화음의 유사성이 발견되는 사실은 인정이 되지만, 원고의 곡이 남의 것을 모방하지 않고 독자적인 감정의 표현을 담고 있었다는 의미에서 저작권법상의 창작성이 있다고 판단하였다. 즉, "원고가 다른 음악저작물에 의거하여 원고 음악저작물을 작곡함으로써 스스로 타인의 저작권을 침해하였다거나, 원고 대비 부분이 오랫동안 수많은 음악저작물에 사용되고 일반 대중들에게 노출되어 공유의 영역이 되었다는 등의 사정이 인정되지 않는 이상, 남의 것을 모방하지 않고 원고 자신의 독자적인 감정의 표현을 담고 있다는 의미에서의 저작권법상 창작성이 인정된다"고 판시하였다.

---

2) 비록 대법원의 결론은 저작권 침해가 아니라는 것이어서 침해에 따른 손해액을 산정하는 방식에 관해서는 대법원의 판단을 받지 않았지만, 1심과 원심의 손해액 산정방식의 차이는 짚고 넘어갈 필요가 있다. 1심에서는 전체 음악저작물에서 침해 부분이 차지하는 양적인 비중만으로 판단을 하였으나 이는 음악저작물의 특성을 전혀 고려하지 않는 산정방식이라고 할 수 있다. 양 작품의 대비부분은 각 음악저작물의 핵심부분을 차지하는 부분으로 단순히 전체 마디에서 차지하는 마디수의 비중만으로 판단해서는 안 된다고 할 것이다. 원심은 해당 부분이 후렴구로서 이를 반복함으로써 청중들에 대한 인지도를 높이는 효과를 내고 전체 곡의 성격에 있어 상당한 비중을 차지하는 점, 피고 대비 부분을 제외한 나머지 부분의 비중과 인지도 등 실질적인 비중 요소를 고려하여 침해비율을 판단하고 있는바 이는 매우 타당한 결론이다.

나. 대법원판결

대법원은 1심 판시 비교대상 저작물인 커크 프랭클린의 '호산나'에 대한 원고의 접근가능성 및 원고 대비 부분 및 비교대상 부분 사이의 유사성을 종합하면 원고 대비 부분은 비교대상 부분에 의거하여 작곡된 것으로 추정되고, 또한 원고 대비 부분과 비교대상 부분은 가락을 중심으로 하여 리듬과 화성을 종합적으로 고려할 때 실질적으로 유사하다고 할 것이며, 원고 대비 부분에 가해진 수정·증감이나 변경은 새로운 창작성을 더한 정도에는 이르지 아니한 것으로 판단하였다. 따라서 원고 대비 부분은 창작성이 있는 표현에 해당한다고 볼 수 없어, 이 부분에 대해서까지 원고의 복제권 등의 효력이 미치는 것은 아니라고 결론을 내렸다.

3. 해설

가. 음악저작권 침해 요건

음악저작물에 대한 저작권의 침해가 인정되기 위해서는 ① 원고의 저작물이 저작권법에 의해 보호받을만한 창작성이 있을 것, ② 피고가 원고의 저작물에 의거하여 이를 이용하였을 것, ③ 원고의 저작물과 피고의 저작물 사이에 실질적 유사성이 있을 것 등의 세 가지 요건이 필요하다. 위 요건을 뒤집어보면, ① 원고의 음악저작물 부분이 창작성이 없다고 판단되거나, ② 피고가 원고의 저작물을 접해볼 합리적인 가능성이 없다고 판단되거나(즉, 독립창작의 항변이 받아들여지거나), ③ 원고와 피고의 대비부분 사이에 실질적인 유사성이 없다고 판단되는 경우 음악저작권 침해를 인정할 수 없게 된다.

우리나라에서 상당히 많은 대중음악 저작권 침해 논란에 비해 실제 소송으로 연결된 경우는 많지 않은 것 같다. 다만 실제 소송으로 비화되지는 않았지만 양 당사자가 막후에서 합의를 하는 경우도 적지 않은 것으로 보인다. 이는 발매 당시 앨범에 기록된 작사가, 작곡자 정보와 한국음악저작권협회 등 저작권신탁관리단체에 저작권자 정보를 비교하면 그 논란이 어떻게 종결되었는지 짐작할 수 있다. 하지만 음악저작권 침해논란과 관련하여 대중들로부터 침해가 분명하다는 비난을 받은 경우에도 실제 법적 판단을 받아보면 침해가 아닌 것으로 결론이 나는 경우도 많다. 그것은 원고의 음악저작물에서 문제로 되는 부분이 저작권법적으로 보호를 받을 수 없는 부분은 제외하고 피고 음악저작물 대비부분과 유사성 비교를 해야 하기 때문이다. 이때 저작권법적으로 보호를 받을 수 없는 부분으로 아이디어 영역에 있는 것, 관용적 표현, 흔한 선행 표현 등을 들 수 있다. 그리고 무엇보다도 저작물로 성립하기 위해서는 원고의 음악저작물에 창작성이 있어야 한다. 그러한 까닭에 피고의 입장에서는 방어를 위하여 선행 음악저작물에 대한 조사를 통하여 원고가 주장하는 대비부분과 유사한 곡을 제시하여 원고 음악저작물의 해당 부분이 창작성이 없다는 주장을 하게 된다.

나. 음악저작물 침해 사건에 대한 기존 판결례

그 동안 우리나라에서 음악저작물 침해여부가 법원에서 정면으로 다루어진 사례는 그리 많지는 않다. 우리 법원에서 음악저작물 침해여부에 대한 판단을 받은 사례에서 원고 저작물의 창작성에 관한 판단을 정리해보기로 한다.

(1) 연안부두 v. 사랑은 아무나 하나(서울고등법원 2004. 7. 7. 선고 2003나17219 판결)[3]

이 사건은 조방헌(예명: 태진아)이 작곡한 '사랑은 아무나 하나'와 안치행이 작곡한 '연안부두'의 저작권자 지위에 관한 분쟁이다. 이 사건에서 연안부두의 후렴구 중 '연안부두 떠나는 배야'라는 부분이 '사랑은 아무나 하나'의 후렴구와 유사한 점이 인정 되었으나, 연안부두의 대비부분은 이전에 발표된 '꽃마차,' '고향역' 등 다수의 대중가요에 사용되어 온 지배적 종지 형태(dominant cadence)이기 때문에 안치행에게 저작권을 인정할 수 없다는 판단을 내렸다.

(2) 여자야 v. 사랑은 아무나 하나(대법원 2004. 7. 8. 선고 2004다18736 판결)

이 사건은 속칭 '영자송'이라는 구전가요와 그의 아류로 여겨지는 다른 구전가요('구전여자야')를 기초로 작성된 노래인 '여자야'라는 원고의 곡과, 역시 영자송 등 구전가요를 바탕으로 만들어진 피고의 곡 각자의 창작적 표현 여부 및 양 곡의 실질적 유사성이 문제되었다. 대법원은 2차적 저작물로 보호받기 위하여는 원저작물을 기초로 하되 원저작물과 실질적 유사성을 유지하고 이것에 사회통념상 새로운 저작물이 될 수 있을 정도의 수정·증감을 가하여 새로운 창작성을 부가하여야 하는 것이며, 2차적 저작권의 침해 여부를 가리기 위하여 두 저작물 사이에 실질적 유사성이 있는가의 여부를 판단함에 있어서는 원저작물에 새롭게 부가한 창작적인 표현형식에 해당하는 것만을 가지고 대비하여야 한다고 전제하였다.

이 사건에서 원고의 곡인 '여자야'는 두 구전가요의 리듬, 가락, 화성에 사소한 변형을 가하는 데 그치지 않고 두 구전가요를 자연스럽게 연결될 수 있도록 적절히 배치하고 여기에 디스코 풍의 경쾌한 템포($\downarrow$=130)를 적용함과 아울러 전주 및 간주 부분을 새로 추가함으로써 사회통념상 그 기초로 한 구전가요들과는 구분되는 새로운 저작물로서 2차적 저작물에 해당한다고 판시하였다. 그런데 원, 피고 양 곡의 실질적 유사성에 관해서는 구전가요에

---

3) 대법원에 상고되었으나 상고이유서부제출로 기각됨(대법원 2004다41200).

서 따온 부분을 제외하면 '사랑은 아무나 하나'의 전주 부분 5마디가 '여자야'의 전주 및 간주 부분과 유사하기는 하지만, 그 5마디도 구전가요에서 따온 리듬, 가락, 화성에 다소의 변형을 가한 것에 불과한 부분이어서 '사랑은 아무나 하나'가 '여자야'와 유사한 디스코 풍의 템포(♩=134)를 적용하였다는 사정만으로는 실질적 유사성이 있다고 하기는 어렵다고 판단하였다.

(3) It's You v. 너에게 쓰는 편지(수원지방법원 2006. 10. 20. 선고 2006가합8583 판결)[4]

이 사건은 '더더 밴드'가 가창한 'It's You'라는 원고의 곡과 MC 몽과 린이 가창한 '너에게 쓰는 편지'라는 피고의 곡 사이의 저작권 침해여부가 다루어진 사건이다. 피고측은 양곡의 '대비 부분'은 미국의 전래민요인 '할아버지의 시계(Grandfather's clock)'나 스탠더드 팝(Standard Pop) 음악에서 1960년대 이후 비틀즈(Beatles) 등 여러 가수들의 곡에서 널리 사용되어 온 관용구(cliche)로서 창작성이 없다는 주장을 하였으나, 법원은 피고 측이 제시한 선행곡과 원고의 곡과의 유사성이 인정되지 않는다고 판단하였다.

(4) 러브레터 등 v. 되고송(서울고등법원 2011. 4. 13. 선고 2010나77424 판결)[5]

이 사건에서 원고는 주현미의 '러브레터', 노사연의 '님그림자', 서유석의 '가는 세월', '노란셔츠의 사나이', '돌아가는 삼각지' 등의 작곡자들이고, 피고는 '되고송'이라는 광고음악을 제작하여 출시한 이동통신회사였다. 법원은 이 사건 해당 부분의 악보를 되고송과 같은 조표(調標)의 음계로의 재구성을 전제로 고찰할 경우 음의 높고 낮음과 길고 짧음의 진행에서 얼핏 유사한 점이 느껴지기는 하지만, 이 사건 저작물 또는 이 사건 해당 부분을 되고송과 비교하여 느낄 수 있는 감흥이 서로 차이가 나서 그 청각적 심미감(審美感)이 확연히 다름을 알 수 있으므로 이 사건 저작물 또는 이 사건 해당 부분과 되고송은 실질적으로 유사하다고 볼 수 없다고 판단하였다.

(5) 파랑새 v. 외톨이야(서울중앙지방법원 2011. 4. 13. 선고 2010가단86875 판결)[6]

이 사건은 와이낫의 '파랑새'와 씨앤블루의 '외톨이야' 사이의 저작권 침해여부가 판단된 사례이다. 원고의 곡 후렴구 둘째 마디 및 동형진행부분의 창작적 표현여부가 문제로 되었는데, 피고가 제시한 선행곡들에서 유사한 표현이 발견되어 원고의 대비부분은 관용적인 표현으로 창작성을 인정할 수 없다고 판단하였다.

---

4) 항소장 제출 후 바로 항소 취하하여 확정됨.
5) 상고되었으나 심리불속행 기각됨(대법원 2011다46609 판결).
6) 항소장 제출하였으나 인지 보정되지 않아 항소장 각하됨.

(6) 정리

원고의 곡과 유사한 선행곡이 제시되고 이에 따라 원고의 곡의 창작성 여부가 문제될 경우, 법원은 다수의 대중음악에 위 표현이 사용되었을 때에는 관용적 표현이라고 하여 원고 대비부분의 창작성을 부인하고 있다(연안부두 사건, 외톨이야 사건). 하지만, 선행곡과 비교하여 실질적 유사성이 있더라도 이것에 사회통념상 새로운 저작물이 될 수 있을 정도의 수정·증감을 가한 경우에는 창작성을 인정하고 있음을 알 수 있다(여자야 사건, 되고송 사건).

다. 저작물성(창작적 표현)에 대한 판단

본 사건에서도 피고측은 원고의 곡 후렴구와 유사한 다수의 곡을 찾아내어 제시하면서 원고의 음악저작물 해당부분은 창작성이 없다고 주장하였다. 이에 대한 1심/원심과 대법원의 판단은 원고 음악저작물의 해당부분에 대한 창작성 여부에 관하여 결론을 달리하였다. 원심(및 1심)은 선행곡들은 원고 음악저작물이 공표되기 전 또는 후에 공표된 것으로서 가락 또는 화음의 유사성이 발견되는 사실은 인정되지만, 원고의 곡이 남의 것을 모방하지 않고 원고 자신의 독자적인 감정의 표현을 담고 있다는 의미에서의 저작권법상 창작성이 인정된다고 판단하였다. 이에 반하여 대법원은 원고 대비 부분과 커크 프랭클린의 '호산나'는 실질적으로 유사하며, 원고 대비 부분에 가해진 수정·증감이나 변경은 새로운 창작성을 더한 정도에는 이르지 아니한 것으로 판단하였다.

원심은 음악저작물의 저작물 성립요건으로서의 창작성을 남의 것을 모방하지 않고 독자적인 감정을 표현했다는 정도의 완화된 창작성, 즉 창조성(creativity)보다는 비모방성(originality)에 중점을 두고 판단을 한 것으로 보인다. 이에 비하여 대법원은 '호산나'에 비교하여 원고의 음악저작물에서 발견되는 수정, 증감이나 변경의 정도는 새로운 저작물성을 부여할 만큼의 창작성은 결여되어 있다고 판단을 하고 있는 것으로 보인다.

원심 및 1심에서 전제하고 있는 원고 저작물의 창작성 인정에 대한 설시는 아쉬운 면이 있다. 왜냐하면 원고 음악저작물과 선행저작물과의 실질적 유사성이 있다고 설시한 후 어떠한 근거로 원고 음악저작물에 '남의 것을 모방하지 않고 독자적인 감정을 담았다'는 것인지에 관하여 명확한 설명이 제시되어 있지 않기 때문이다. 1심판결이유에는 "원고 음악저작물의 창작성을 이를 구성하고 있는 개별음의 고저(pitch), 음의 장단(duration)의 복합적인 연속으로서 가락, 화음 및 리듬에 원고의 독자적인 감정의 표현을 담고 있는지 여부에 의해 판단되어야 하는바, 원고가 다른 음악저작물에 의거하여 원고 음악저작물을 작곡함으로써 스스로 타인의 저작권을 침해하였다거나, 원고 대비 부분이 오랫동안 수많은 음악저작물에 사용되고 일반 대중들에게 노출되어 공유의 영역이 되었다는 등의 사정이 인정되지 않는 이상, 남의 것을 모방하지 않고 원고 자신의 독자적인 감정의 표현을 담고 있다는 의미에서의 저작권법상 창작성이 인정된다고 봄이 상당하다."고 기재되어 있다. 이 설시는 마치 원고의 저작물과 선행 저작물과의 유사성이 인정되어도 의거관계가 인정되지 않는다면 비모방성(originality)이 인정되는 것이고, 피고가 그 의거관계를 입증하지 못하면 창작성이 인정된다는 취지로 해석될 여지도 있는 것 같다.

　　한편, 대법원판결이유를 보면 "비교대상1저작물(호산나)에 대한 원고의 접근가능성과 원고 대비 부분 및 비교대상1부분 사이의 유사성을 종합하면 원고 대비 부분은 비교대상1부분에 의거하여 작곡된 것으로 추정되고, 또한 원고 대비 부분과 비교대상1부분은 가락을 중심으로 하여 리듬과 화성을 종합적으로 고려할 때 실질적으로 유사하다고 할 것이며, 원고 대비 부분에 가해진 수정·증감이나 변경은 새로운 창작성을 더한 정도에는 이르지 아니한 것으로 보인다"고 설시하고 있다. 대법원의 창작성 여부에 대한 판단은 기존 판결에서 보여준 기준과 동일한 것으로 볼 수 있다. 다만 커크 프랭클린의 곡이 원고의 곡에 선행하여 출시된 곡이기는 하나, 원고가 위 곡을 접하였을 가능성에 관하여 대법원이 조금 쉽게 추정한 것은 아닌지 하는 아쉬움이 있다. 특허침해소송에 있어서 신규성을 판단함에 있어 선행기술의 존재는 절대적으로 신규성을 파기할 수 있지만, 저작권에 있어서 선행곡의 존재자체만으로 원고가 그곡에 의거하였을 것이라고 쉽게 단정해서는 안 되는 측면이 존재한다. 이 사건 피고가 사건 초기 언론에서 밝혔듯이 원고의 곡이 국내에 상당한 알려진 곡임에도 불구하고, 피고는 원고의 곡의 존재를 전혀 알지 못하였다고 항변하였기 때문이다.

4. 판결의 의의

　　대상판결은 음악저작권 침해사건에서 원고 저작물의 창작성 판단에 관한 기존의 대법원 기준을 그대로 확인하고 그 기준을 적용한 사례다. 즉, 원고 저작물이 유사한 선행저작물과 비교하여 창작적 표현으로 인정되기 위해서는 원고 대비 부분에 가해진 수정·증감이나 변경이 새로운 창작성을 더한 정도에는 이르러야 한다는 기준을 재확인한 것이다. 원심에서는 위 창작적 표현 인정기준을 다소 넓게 해석하려는 시도를 보였다. 즉, 원심은 원고의 저작물의 다른 선행저작물에 의거하였다는 사정이나, 선행저작물 대비부분이 공유의 영역이 된 사정이 인정되지 않는 한 단지 유사하다는 이유만으로 창작적 표현이 아니라는 판단을 내릴 수 없다는 다소 넓은 기준을 제시하였다. 이에 대하여 대법원은 기존 기준을 적용하여 창작적 표현 기준을 원심보다 좁게 해석하였다는 데 본 판결의 의의가 있다고 할 것이다.

36 컴퓨터프로그램에서 비문언적 표현에 대한 보호 가능성

대법원 2011. 6. 9. 선고 2009다52304, 2009다52311(병합) 판결[1]

전응준(유미 법무법인 변호사)

1. 사안의 개요

원고1은 은행업무 전산프로그램인 Bancs의 저작권을 가진 호주국 법인이고 원고2는 원고1로부터 Bancs에 대한 국내 독점적 사용권을 허락받은 자이다. 피고는 은행업무 전산프로그램인 ProBank와 ProFrame 프로그램을 개발하여 배포하는 자이다. 소외 한미은행은 1993. 11. 13. 전산시스템 재구축을 위해 원고1과 Bancs(버전 6.2) 사용에 관하여 이용허락계약을 맺고 1995. 5. Bancs를 개작한 새로운 전산시스템인 신종합온라인시스템을 구축하였다. 신종합온라인시스템 중 Bancs는 여신과 수신 위주의 소매금융시스템에 주로 적용되었다.

신종합온라인시스템은 IBM사의 메인프레임을 기반으로 구성되어 있었는데 IBM사의 장비는 호환성이 떨어지는 단점이 있고, 은행업무 전산화가 개방형 인터넷 기반으로 추진되면서, 한미은행은 2003년에 이르러 새로운 전산시스템인 코어뱅킹시스템을 구축하기로 한 후, 한국휴렛팩커드와 피고의 컨소시엄을 코어뱅킹시스템의 사업주체로 선정하였다. 이에 따라 한미은행은 2003. 12. 26. 한국휴렛팩커드와 대금을 61억 6,000만 원으로 하는 전산시스템 개발계약을 체결하였고, 한국휴렛팩커드는 피고로부터 기술지원을 받기로 하면서 같은 날 피고와 용역대가를 45억 원으로 하는 기술용역지원계약을 체결하였다. 한국휴렛팩커드와 피고는 한미은행 전산시스템을 개방형 시스템으로 전환하기 위하여 기존 신종합온라인시스템의 프로그래밍 언어를 COBOL에서 C로, 시스템 기반을 메인프레임에서 UNIX 계열로, 미들웨어를 CICS에서 TMAX로, 데이터베이스 관리시스템을 CA−DB에서 오라클 DBMS로 전환

---

1) [관련 문헌] 장현진, "컴퓨터 프로그램 저작물의 실질적 유사성 판단", Law & Technology 제3권 제1호, 서울대학교 기술과 법 센터, 2007; 김시열, "컴퓨터프로그램에 대한 실질적 유사성 판단에 관한 연구", 숭실대학교 박사학위 논문, 2012; 이철남, "컴퓨터프로그램의 실질적 유사성에 관한 연구", 한국저작권위원회, 2012; 김관식, "특허법과 저작권법의 조화를 통한 창조적 소프트웨어 기업 보호방안 연구", 특허청, 2013.

하는 작업을 진행하였고 피고는 그 중 미들웨어 변환과 프로그래밍 언어 변환작업 등의 업무를 담당하였다.

그 후 피고는 COBOL 언어로 작성되어 있는 신종합온라인시스템의 소스코드를 C 언어로 변환하는 작업을 진행하였다. 이는 피고의 직원들이 한미은행으로부터 신종합온라인시스템의 소스코드에 접근할 수 있는 권한을 부여받아 자신이 담당한 부분을 다운로드 받은 후한 줄 한 줄씩 변환하는 방식으로 진행되었다. 당시 한국휴렛패커드나 피고 모두 한미은행의 금융업무처리 프로세스에 관한 분석서나 설계서가 따로 마련되어 있지 않은 상태에서 우선 소스코드를 C언어로 변환하는 작업만 진행하고 있었는데, 위 코어뱅킹시스템 구축작업은 2004. 6.경 한미은행이 씨티은행의 한국지사의 영업을 양수하면서 중단되었다. 한편, 피고는 2005. 1. 13. 컴퓨터프로그램보호위원회(현재 한국저작권위원회)에 ProBank 2.0 및 ProFrame 2.0을 소스코드가 아닌 목적코드(object code)로 각 등록하였다. 다만 피고는 그 이전까지 은행업무 전산화 프로그램을 제작·출시한 적은 없었다.

이에 원고들은 피고가 판매하는 ProBank와 ProFrame 프로그램이 Bancs에 대한 저작권을 침해한다고 주장하면서, Bancs 프로그램에 대한 복제, 개작, 배포를 금지하고 ProBank와 ProFrame 프로그램의 배포를 금지하는 청구 및 관련 손해배상청구를 하였다. 서울중앙지방법원은 ProBank를 Bancs의 개작물로 보아 Bancs의 개작과 ProBank의 배포를 금지하였으나, ProFrame은 Bancs와 독립한 별개의 프로그램이라는 이유로 ProFrame의 배포금지청구는 기각하고 그 외 원고1의 나머지 청구 및 원고2의 청구를 각 기각하였다. 이에 대하여원고1, 2 및 피고 모두 위 판결에 불복하여 서울고등법원에 항소를 제기하였다.

2. 판결의 요지[2]

가. 원심판결(서울고등법원 2009. 5. 27. 선고 2006나113835, 113842 판결)

(1) 침해판단의 기준

… 따라서 추상화와 여과 과정을 거친 후에 남는 구체적 표현(소스코드 혹은 목적코드)을 개별적으로 비교하는 외에도, 명령과 입력에 따라 개별 파일을 호출하는 방식의 유사도, 모듈 사이의 기능적 분배의 유사도, 분석 결과를 수행하기 위한 논리적 구조 계통 역시 면밀하게 검토해 보아야 할 것이고, 그와 같은 구조와 개별 파일들의 상관관계에 따른 전체적인 저작물 제작에 어느 정도 노력과 시간, 그리고 비용이 투입되는지 여부도 함께 고려해 보아야 할 것이다.

---

2) 본고는 Banc와 ProBank 사이의 저작권 침해 판단에 관하여 논하고 그 외 청구 부분은 논외로 한다.

(2) 의거성과 실질적 유사성에 대한 판단

피고는 한미은행의 신종합온라인시스템을 코어뱅킹시스템으로 전환하는 작업을 진행하면서 한미은행으로부터 신종합온라인시스템의 COBOL 소스코드에 접근할 수 있는 권한을 부여받아 위 COBOL 소스코드를 한 줄 한 줄씩 변환하는 방식으로 C언어의 프로그램을 작성하였으므로, 피고가 신종합온라인시스템에 포함된 Bancs의 소스코드에 접근했다는 점을 넉넉히 인정할 수 있다.

실질적 유사성에 관하여 살펴보면, Bancs, ProBank, ProFrame은 각각 COBOL과 C언어로 작성되어 소스코드를 구성하는 언어가 다르지만, 실행 중에 정의한 함수들이 서로 어느 함수를 언제 호출하는지 표현해 주는 호출관계그래프(call graph)를 비교함으로써 프로그램의 구성까지 그대로 가져다 썼는지 여부를 파악할 수 있다. 컴퓨터프로그램보호위원회의 감정결과에 의하면, C언어로 작성된 위 ProBank와 COBOL 언어로 작성된 위 Bancs의 소스코드를 구성하는 파일에 대한 호출관계그래프(call graph)를 도출한 다음 이들을 파일의 개수, 줄 수, 함수 수에 따라 정량적으로 비교한 결과, 두 프로그램은 소스코드 중 50% 이상에서 유사성을 지니는 파일의 비율이 42.74%였으므로 결국 Bancs와 ProBank(ProFrame 중 상당부분을 포함하는 프로그램)는 구성 파일들 사이에 유사성이 있을 뿐만 아니라 파일을 호출하는 함수관계의 구조 역시 상당한 유사성을 지니고 있다고 할 수 있다. 정성적 방법[3]에 따른 감정결과를 보면, C언어로 작성된 ProBank의 코드에는 C언어로 작성되었다고 보기 어려운 코드가 포함되어 있고 COBOL 언어로 작성된 주석이 3,203개 파일 중 285개 정도를 차지한다. 또한 C언어가 COBOL 소스코드에서 번역된 것임이 명백한 주석이 발견되기도 하였다. 그러므로 ProBank 소스코드는 보통의 C 프로그래머가 처음부터 독자적으로 작성한 것으로 보기는 어렵고 위 ProBank 소스코드에 사용된 함수들의 이름과 명령문, 주석 내용으로 보아 이미 존재하는 COBOL 소스코드를 일정하게 정해진 규칙에 따라 사람 혹은 기계를 사용하여 번역된 것으로 판단된다. 다만, 번역의 대상이 된 원본 COBOL 소스코드가 Bancs 소스코드인지는 확인할 수 없다. 이와 같은 제반 정황들을 비추어 보면 Bancs와 ProBank 및 ProFrame 중 상당부분 사이에는 실질적 유사성이 있다고 볼 수 있다. 그렇다면 피고는 원고 1이 Bancs에 대하여 가지는 개작권을 침해하였다고 할 것이다.

---

3) 정성적 방법은 정량적 방법을 보충하는 것으로서 원·피고가 제출한 코드를 직접 육안으로 살피면서 전문가적인 판단에 기하여 전체적인 유사도를 파악하는 방법을 말한다(평석자 주).

나. 대법원판결

원심의 판단에 법리오해 등의 위법이 없다며, 별다른 법리 설시 없이 상고를 기각하였다.

3. 해설

가. 사안의 쟁점

COBOL과 C언어라는 이종의 프로그래밍 언어로 작성된 프로그램저작물들 사이의 실질적 유사성을 어떻게 판단할 수 있는지 문제된다. 대비되는 프로그램들이 다른 형태의 언어로 작성되어 어문저작물로 나타나는 외부적, 문자적 표현들이 상이한 경우에도 구조적, 비문언적 표현을 탐구하여 양 저작물의 유사성을 인정할 수 있는지 여부가 쟁점이다.

나. 컴퓨터프로그램에서의 법적 보호대상

컴퓨터프로그램은 WCT(WIPO 저작권 조약), WTO/TRIPs협정 등의 국제조약에 의하여 원시코드(source code) 내지 목적코드(object code)의 형태 모두 베른협약상의 어문저작물로 보호되고 있으며, 저작권법도 컴퓨터프로그램을 '~ 일련의 지시·명령'이라고 정의하여 어문저작물로 보고 있다.[4]

저작권법의 법리상 컴퓨터프로그램이 보호하고 있는 대상은 아이디어가 아닌 표현이다. 저작권법은 프로그램을 작성하기 위하여 사용하고 있는 프로그램언어, 규약, 해법에 대하여는 저작권법을 적용하지 않는다고 규정하고 있는데(제101조의2), 이는 프로그램언어, 규약, 해법을 아이디어로 보아 법적인 보호대상에서 제외한 것으로서 아이디어·표현의 이분법을 성문화한 규정으로 이해된다. 여기서 해법이란 통상 알고리즘(algorithm)을 의미하는데, 프로그램저작권의 영역에서 아이디어·표현의 이분법은 주로 아이디어 성격의 알고리즘과 알고리즘이 표현되었다고 볼 수 있는 코드(code)의 구별로 나타난다. 그러므로 아이디어 자체에 해당하는 알고리즘은 저작권의 보호에서 제외되고 알고리즘의 구체적인 표현인 코드는 저작권의 보호를 받을 수 있다. 그렇다면 법적 보호의 가능성을 판단하기 위하여 알고리즘에 대한

---

4) 저작권법 제2조 제16호 "컴퓨터프로그램저작물은 특정한 결과를 얻기 위하여 컴퓨터 등 정보처리능력을 가진 장치 내에서 직접 또는 간접으로 사용되는 일련의 지시·명령으로 표현된 창작물을 말한다."

아이디어와 표현의 구분을 어떻게 할 것인지 살펴볼 필요가 있다. 이는 컴퓨터프로그램의 비문언적 표현(non-literal expression)을 어디까지 보호할 것인가의 문제와 직결된다. 알고리즘에 대한 표현은 일반적으로 비문언적·내재적이기 때문이다.

다. 컴퓨터프로그램의 비문언적 표현에 대한 보호

앞서 언급하였듯이 알고리즘, 데이터구조 등은 컴퓨터프로그램 내에서 구체적으로 표현된 것에 한하여 보호되는 것이 저작권법의 일반원리이다. 그러나 통상적인 경우 이들은 프로그램 내에서 그대로 문자화되기는 어렵고 컴퓨터프로그램의 구조와 밀접하게 관련된 비문언적 요소(non-literal element)로 표현될 것이다. 소프트웨어의 핵심가치라고 할 수 있는 동작, 기능 등을 저작권의 시각에서 보호하기 위해서는 결국 이들의 비문언적 표현을 특정하여 창작성 유무, 실질적 유사성 여부를 판단하는 작업이 요구된다.

일반적으로 저작권의 보호는 저작물의 문언적 표현(작품 속의 특정한 행이나 절 또는 기타 세부적인 부분)뿐만 아니라 비문언적 표현(작품 속의 근본적인 본질 또는 구조) 내지 내재적 표현에도 미치는 것으로 보고 있다.[5] 비문언적 표현을 보호함으로써 침해자가 문자의 사소한 변형에 의하여 침해를 면하는 것을 막아야 할 정책적인 필요성이 있기 때문이다. 그에 따라 유사성의 형태도 포괄적·비문언적 유사성과 부분적·문언적 유사성으로 구분되고 양 형태의 유사성 모두 저작권 침해를 구성하는 실질적 유사성의 개념으로 포섭된다.

컴퓨터프로그램의 경우 알고리즘의 표현은 외면적으로 나타난 문언적 표현에 한하여 보호된다는 견해가 있으나 전술한 일반이론에 따라 알고리즘을 내면적 요소의 비문언적 표현으로 보고 일정한 범위에서 이를 보호한다는 견해가 우세하다.[6] 비문언적 요소를 보호범위에서 완전히 제외하게 되면 문자적 표현만을 사소하게 변형한 경우에도 저작권 침해를 면하기 쉽게 되고 사실상 원작 그대로 모방한 데드카피(dead copy)만을 저작권 침해로 보게 될 것이므로, 비문언적 표현을 전부 법적인 보호대상에서 제외하는 것은 타당하지 않다. 다만, 작가의 개성이 중시되고 다양한 문학적 표현이 가능한 소설 등의 어문저작물과 달리 효율성이나 외부적 조건에 의하여 표현방법이 제한되는 기능적 저작물인 컴퓨터프로그램의 경우에는 비문언적 표현의 보호범위가 소설 등의 어문저작물에 비해 상당히 제한된다는 것이 일반적인 견해이다.[7]

---

5) 오승종, 저작권법(제3판), 박영사, 2013, 1101면; 이해완, 저작권법(제3판), 박영사, 2015, 1012면.
6) 오승종, "저작재산권침해의 판단 기준에 관한 연구", 서강대학교 박사학위논문, 2004, 211면; 권영준, 저작권 침해판단론, 박영사, 2007, 251면; 김시열, "컴퓨터프로그램에 대한 실질적 유사성 판단에 관한 연구", 숭실대학교 박사학위논문, 2012, 51면.
7) 오승종, 위의 글, 212면; 권영준, 위의 글, 259면.

라. 대상판결에서 채택한 실질적 유사성 판단 방법

(1) 정량적 판단방법으로서 호출관계그래프를 이용

비문언적 표현의 보호범위에 관한 판단은 실질적 유사성의 관점에서 보면 비문언적 유사성 유무의 문제가 된다. 대상판결에서는 실질적 유사성의 정량적 판단 방법으로서 호출관계그래프(call graph)를 이용하였다. 호출관계그래프는 의미기반 프로그램 분석(se-mantic-based program analysis)을 할 때 활용되는 도구로서 프로그램 내의 함수를 기준으로 프로그램 실행과정의 구조, 순서를 탐지한다. 특히 양 프로그램의 언어가 달라도 이들이 일대일 번역수준에서 코딩을 달리한 것에 불과하다면 양 프로그램의 실행과정 구조는 매우 유사하게 되고 호출관계그래프를 이용하여 이를 확인할 수 있다.

대상판결은 피고의 C언어 프로그램이 원고의 COBOL 프로그램을 참조하여 한 줄 한 줄씩 자동으로 또는 기계적으로 번역된 것으로 보이는 사안이었으므로, 호출관계그래프를 이용하여 프로그램 실행과정의 구조, 순서를 확인하는 것이 필요했다고 보인다. 호출관계그래프는 함수(프로시저) 단위의 구체적인 실행순서를 그래프로 표현한 것으로서 실행 중에 소스코드에서 정의한 함수들이 서로 어느 함수를 언제 호출하는지를 보여준다. 이러한 점에서 호출관계그래프가 보여주는 함수 프로시저의 구조, 순서, 구성 등은 프로그램의 알고리즘적 요소들이라고 할 수 있다.[8] 이들이 얼마나 구체적으로 표현되었는가에 따라 저작권으로 보호받을 수 있는 표현, 즉 비문언적 표현으로 인정될 수 있는지 결정되는바, 함수들간의 호출관계는 코드에서 매우 중요한 요소이고 호출관계를 미리 구체적으로 결정하면 그에 따른 코드의 표현도 거의 고정되므로, 함수호출관계는 원칙적으로 비문언적 표현으로 보아도 무방하다고 생각된다. 다만, 호환성, 외부성, 합체의 원칙 등에 의하여 종국적으로 표현성의 범위가 제한될 수 있는 점은 별도의 문제이다.

호출관계그래프의 노드(node)가 가지는 특성 중 중요한 세 가지는 노드의 깊이, 노드로 들어오는 간선(edge)의 개수, 노드로부터 나가는 간선의 개수이다. 노드의 깊이는 해당 함수가 프로그램의 실행 과정에서 '몇 번째' 호출되는지를 나타내고, 들어오는 간선의 개수는 그 함수를 호출하는 다른 함수의 개수를 나타내며, 나가는 간선의 개수는 그 함수가 몇 개의 다른 함수를 호출하는지를 나타낸다. 따라서 함수 호출관계그래프 사이의 유사도는 위 세 가지 특성을 사용하여 측정할 수 있다. 즉 두 개의 호출관계그래프에서 위 세 가지 특성이 일치하는 노드(즉, 함수)들의 수량으로 유사도를 측정한다. 호출관계그래프 A와 B의 유사도를

---

8) 김시열, "컴퓨터프로그램에 대한 실질적 유사성 판단에 관한 연구"(주 6), 122면; 이철남, "컴퓨터프로그램의 실질적 유사성에 관한 연구", 한국저작권위원회, 2012, 249면.

수식으로 표현하면 다음과 같다.

$$\text{유사도(\%)} = \frac{\text{그래프 } A \text{와 그래프 } B \text{의 노드 중 세 가지 특성이 같은 노드의 수}}{\text{그래프 } A \text{의 노드 개수 + 그래프 } B \text{의 노드 개수}} \times 100$$

■ 호출관계그래프

예를 들어, 위 두 그래프의 유사도는 아래와 같이 계산된다. 여기서 (2,1,0)은 프로그램에서 해당 함수가 2번째 실행되고 자신을 호출하는 함수는 1개이며 자신이 호출하는 함수는 0개인 것을 의미한다. 양쪽 그래프의 각 노드에 대해, 세 가지의 특성을 나타내는 순서쌍(노드의 깊이, 노드로 들어오는 간선의 수, 노드에서 나가는 간선의 수)을 비교해 보면, (0,0,3)에 해당하는 노드가 각각 하나씩 존재하고 (2,1,1)에 해당하는 노드는 각각 둘씩 존재하며 (3,2,0)에 해당하는 노드는 각각 하나씩 존재한다. 따라서 호출관계그래프를 이용한 유사도는 다음과 같다.

$$\text{유사도} = \frac{1 \times 2 + 2 \times 2 + 1 \times 2}{8 + 8} \times 100 = 50\%$$

이러한 방법에 따라 대상판결은 이 사건 양 프로그램의 호출관계그래프 유사도를 아래와 같이 구하였다.

파일의 수를 비교할 때 Bancs 파일들 중에서 호출관계가 50% 이상 유사한 ProBank 파일들이 포함된 파일 수는 전체 Bancs 파일 수의 71.84%(681개/948개)이고, 파일 안에 들어있는 줄 수를 비교할 때 Bancs 파일들에 포함된 줄 중에서 함수 호출관계가 50% 이상 유사한 ProBank 파일들에 포함된 줄 수는 Bancs 전체 줄 수의 41.25%(635,809/1,541,174)이며, 함수 수를 비교할 때 Bancs 파일들에 포함된 함수 중에서 함수 호출관계가 50% 이상 유사한 ProBank 파일들에 포함된 함수 수는 Bancs 전체 함수 수의 15.12%(9,763/64,574)이다.

따라서, COBOL로 구성된 Bancs의 소스코드 중에서 ProBank와 유사성이 50% 이상인 소스코드에 관한 정량적 분석결과는 전체의 42.74%(다음에서 보는 평균값)를 차지한다.

유사도 = [71.84%(파일 수 기준) + 41.25%(줄 수 기준) + 15.12%(함수 수 기준)] ÷ 3
      = 42.74%

(2) 정성적인 판단방법

Bancs 소스코드와 ProBank 소스코드의 프로그래밍 언어는 전혀 다르므로 복제나 개작이 가능하였다면 이는 ProBank의 소스코드가 Bancs의 소스코드로부터 일대일 방식으로 번역되었을 것임을 시사한다. 그리고 은행업무 전산시스템과 같은 대형의 소프트웨어를 번역하는 작업은 기계적인 규칙에 의하여 이루어졌을 것으로 추측할 수 있다. 기계적으로 번역된 소스코드는 사람이 그 의미를 알고 직접 작성한 소스코드와 많은 차이를 보일 수밖에 없으므로 이를 육안으로 확인할 필요가 있다. 이 사건의 경우 피고 ProBank 소스코드의 거의 모든 함수 이름들은 a000, b000, c000 등의 COBOL의 문단이름과 유사한, 가변적이고 의미 없는 접두어를 가지고 있었다. 이는 보통의 C 프로그래머가 함수이름을 정할 때 사용하는 방식이 아니다. 이는 오히려 COBOL 문단의 이름을 짓는 전형적인 관례와 유사하다. 그리고 ProBank 소스코드는 아무런 멤버를 포함하지 않는 구조체를 선언한다든지, 배열을 선언하지 않고 COBOL 레코드를 단순 번역한 듯한 데이터타입을 연속으로 나열한다든지 보통의 C 프로그래머라면 채택하지 않았을 것으로 보이는 코드가 포함되어 있었다. 또한 일정 범위의 COBOL 코드 자체가 ProBank 소스코드 안에 주석(comment)처리된 경우가 많았는데, 이는 해당 COBOL 코드를 염두에 두고 C 프로그래밍을 했다는 정황적인 증거가 될 수 있다. 이러한 COBOL 주석을 가지고 있는 ProBank 파일들의 수는 전체 3,203개의 파일 중에서 285개 정도이다. 이러한 사실을 종합하면 ProBank 소스코드는 보통의 C 프로그래머가 처음부터 독자적으로 작성한 것으로 보기는 어렵고 이미 존재하는 COBOL 소스코드를 일정하게 정해진 규칙에 따라 사람 혹은 기계를 사용하여 번역한 것으로 판단된다.

마. 검토

이 사건에서 판단한 40% 정도의 함수호출관계의 유사도는 통상적으로 프로그램저작권 사건에서 실질적 유사성이 인정되는 정량적 유사도의 수치보다는 상당히 낮은 경우에 해당한다. 그리고 대상판결이 채택한 호출관계그래프의 유사성 판단방법은 호출관계가 가지는 일부 특성을 수치화하여 비교한 것인데 이렇게 비교하는 방식이 객관적인 유사성을 나타낼 수 있는지 의문이 있을 수 있다.[9] 그러나 유사도가 비교적 낮은 이유는 Bancs 내의 함수의

---

9) 김시열, "컴퓨터프로그램에 대한 실질적 유사성 판단에 관한 연구"(주 6), 125면; 이철남, 위의 글, 251면.

숫자가 많았기 때문으로 보이고(6만여 개), 유사도 수치는 침해되는 원본의 범위를 개별 모듈 단위로 축소함으로써 달라질 수 있기 때문에 유사도 수치의 절대값에 큰 의미를 부여할 필요는 없다고 본다. 그리고 대상판결이 채택한 호출관계그래프 비교방식도 상당한 합리성을 가지고 있고 정성적 분석과 함께 실질적 유사성을 판단하는 것이므로 결과적으로 타당한 판단방식이라고 생각된다.10) 이 사건과 같이 함수들의 개수가 많은 경우에는 실제의 기능이 전혀 상이함에도 호출관계그래프의 유사도가 높게 나타날 가능성은 극히 낮을 것으로 보이므로 호출관계그래프를 실질적 유사성 판단의 유력한 자료로 채택할 수 있을 것이다. 또한 정성적 분석에서 기계적으로 번역된 특징이 있는지 살펴보고 있는데, 이와 같이 기계적으로 번역되었는지 여부 판단은 저작물의 복제(개작) 여부, 실질적 유사성 유무에 관한 판단과 동일하므로,11) 대상판결이 함수호출관계그래프 비교를 통한 정량적 분석과 소스코드의 특징을 직접 비교한 정성적 분석에 기초하여 실질적 유사성을 판단하는 방법은 타당하다고 판단된다.12)

4. 판결의 의의

프로그램저작물은 어문저작물에 해당하나 외부적으로 인식할 수 있는 문자적 표현보다 구조적으로 내재되어 문언으로 보이지 않는 비문자적 표현이 실질적 유사성 판단에서 종종 문제된다. 이 사건은 양 프로그램이 이종 언어로 작성되었기 때문에 양 소스코드의 문자적 표현을 대비하여 유사성을 판단할 수 없는 한계가 있었다. 원심은 함수호출관계를 나타내는 호출관계그래프(call graph)를 분석하여 양 프로그램의 구성파일, 함수관계 구조의 유사성을 인정하고 결론적으로 원고 저작물에 대한 개작권 침해가 있다고 보았는데, 이는 프로그램저작물의 비문자적 표현을 심리하여 저작권적 보호의 판단대상으로 본 것이다.13)

다만, 이 사건은 피고가 COBOL 소스코드를 C언어로 일대일로 번역한 정황이 인정되고 프로그래밍 언어가 달라 소스코드의 문자적 비교가 근본적으로 불가능한 경우였으므로, 본

소스코드에 대한 직접적인 유사성 판단이 어렵다고 하여 바로 호출관계그래프를 활용하고 이를 소스코드의 유사성의 경우와 같은 기준을 적용하여 실질적 유사성을 판단하는 것은 적절하지 않다고 보고 있다.

10) 다만, 사견으로는 비교쌍인 함수들의 내용, 기능, 역할도 동일한지를 탐구하였다면 양 프로그램의 유사성의 의미가 보다 분명해졌을 것이라고 보인다. 대상판결의 함수호출관계 비교는 각 함수의 내용, 기능과는 무관하게 몇 번째 호출되었는지, 자신이 또는 자신을 호출하는 함수가 몇 개인지만 고려했다.

11) 구 컴퓨터프로그램보호법상 '번역'은 원 프로그램에 새로운 창작성을 부가하여 다른 컴퓨터언어로 변환하는 행위로 해석되었다. 이는 넓은 의미의 개작권에 포함된다. 오승종·이해완, 저작권법(제3판), 박영사, 2004, 683면.

12) 김관식, "특허법과 저작권법의 조화를 통한 창조적 소프트웨어 기업 보호방안 연구", 특허청, 2013, 72면.

13) 장현진, "컴퓨터 프로그램 저작물의 실질적 유사성 판단", Law & Technology 제3권 제1호, 서울대학교 기술과 법 센터, 2007, 124면.

판결이 어느 상황에서나 함수호출그래프 등의 구조적 관계를 탐구하여 프로그램저작물의 실질적 유사성을 판단할 수 있다는 기준을 제시한 것으로 볼 수는 없다. 예컨대, 정성적인 분석에 의하여 기계적 번역의 흔적을 찾을 수 없는 경우라면 함수호출그래프 비교에만 의존하여 실질적 유사성을 인정하는 것은 무리라고 생각된다.

대상판결은 비문자적 표현에 대한 실질적 유사성에 관하여 일반론적인 법리를 전개하지 않았지만 원심의 판단방법을 수긍함으로써 프로그램저작물의 비문자적 표현을 추출하고 대비판단할 수 있는 하나의 방법론을 제시한 점에 그 의의가 있다.

사진저작물의 실질적 유사성과 공표된 저작물의 인용

대법원 2014. 8. 26. 선고 2012도10786 판결[1]

최진원(대구대학교 교수)

1. 사안의 개요

피고인[2]은 저작권자들과 '저작물 위탁, 관리 및 판매 대행계약'을 체결하고 사진을 받아 데이터베이스를 만든 후 사진의 임대·판매를 중개하는, 이른바 포토라이브러리(photo library)업을 영위하는 자이다.

피고인은 사진저작권자들로부터 *Reds!* (이하 '이 사건 저작물'이라 한다)가 인쇄된 티셔츠나 두건을 착용한 인물을 촬영한 사진을 받아(이하 '이 사건 사진'이라 한다) 이를 자신의 홈페이지에 게시한 것이 문제되었다. 이 사건 저작물의 저작권자가 저작권 침해를 주장한 것이다.

이 사건 저작물은 2001년 '붉은 악마'의 광고대행사로부터 의뢰를 받아 박모씨가 창작한 것으로서, 2002년 6월 17일 미술저작물로 한국저작권위원회에 저작권등록까지 마쳤다. 이후 2002년 이 저작물의 저작재산권 중 복제, 배포, 전시 및 전송권을 고소인이 양도받았고, 이후 티셔츠, 운동화, 두건 등에 이 사건 저작물을 사용하는 것에 대하여 사용료를 받아오고 있었다. 그런데 피고인이 영업을 위하여 운영하는 홈페이지에 동 저작물이 새겨진 티셔츠, 두건 등을 착용한 모델 사진이 현시되자,[3] 저작권을 침해하였다는 이유로 고소한 것이다.

---

1) [참조 및 관련 판례] 대법원 1997. 11. 25. 선고 97도2227 판결; 대법원 2013. 2. 15. 선고 2011도5835 판결 등.
   [관련 평석 및 문헌] 김창권, "시각적 저작물의 복제와 실질적 유사성의 인정기준 및 공표된 저작물의 인용", 대법원 판례해설 제102호(2014년 하), 법원도서관, 2015; 유지혜, "사진에 타인의 저작물이 포함된 경우 저작권 침해 여부와 부수적 이용의 의미－2014. 8. 26. 선고 2012도10786 판결을 중심으로", 지식재산정책 vol.21, 2014. 12., 한국지식재산연구원.
2) 피고인A와 함께 그가 대표이사로 있는 주식회사도 양벌규정에 따라 피고인이 되었다. 본고에서는 양자를 '피고인'으로 통칭한다.
3) 저작권자인 김모씨는 2010년 11월 위 저작물의 게재를 중단할 것을 요청했으나 그 이후로도 홈페이지에

2. 판결의 요지

가. 원심판결(서울서부지방법원 2012. 8. 23. 선고 2012노260 판결) - 무죄

원심에서는 무죄를 선고하였다. 이 사건 저작물은 문자를 표현의 소재 내지 도구로 사용하였는바, 그 특성상 보호범위가 제한적이고, 이 사건 사진은 대상 저작물과 실질적 유사성이나 종속적 관계를 인정할 수 없는 별개의 저작물이라는 이유로 저작권 침해가 아니라고 한 것이다.

(1) 저작물의 특성

원심에서도 이 사건 저작물의 저작물성은 인정하였다. 티셔츠 등 실용품에 사용됨에 있어서도 독자성이 인정되어 응용미술저작물로서 보는 데 문제가 없다는 것이다. 다만 이 사건 저작물의 특수성으로 인하여 보호범위가 제한적이라고 하였다.

이 사건 저작물은 'Be The Reds!'라는 문자를 표현의 소재로 삼아 도안화한 것이다. 소재인 문자 내지 응원문구 자체의 특성, 응원 활동이라는 외부적 요소 등을 고려할 때 이 사건 저작물은 공중의 영역에 있거나 그에 근접해 있다는 것이다.

(2) 저작권 침해 여부

원심은 저작권 침해가 아니라고 하였다. 'Be The Reds!'라는 응원문구의 문자적 의미를 간접적이고 부수적으로 이용하려고 한 것에 불과하다고 본 것이다.

이 사건 사진들은 '이 사건 저작물' 자체가 아니라 이 도안이 새겨진 티셔츠 등을 착용한 '인물'을 촬영한 것으로, 도안의 일부만이 촬영되었거나 변형되어 촬영되어 고유한 창작적 표현형식을 직접 감득하기 곤란하다. 또한 이 사건 사진들의 주된 피사체는 다양한 동작을 취하고 있는 인물과 그 표정인바, 이 사건 저작물이 사진 속에서의 위치나 크기, 비중, 분량과 태양 등을 비추어보면 정당한 범위내에서 간접적이고 부수적인 이용에 지나지 않는다고 볼 여지가 있다고 하였다.

판결문에서는 포토라이브러리업의 특성에 대해서도 언급하였는데, 저작권 침해 판단에 대해서도 시사점이 있다. 피고인은 포토라이브러리업을 영위하는 자로서, 사진의 거래를 신속하고 원활하게 해주는 긍정적인 기능을 하고 있다. 이와 같은 업무를 위해서는 이미지의 게시가 가장 효과적인 방법이고, 게시 단계에서 피고인이 얻는 실질적 경제적 이득은 거의

수십장의 사진을 장당 50만원에서 150만원에 판매한다고 게시했다.

없다. 촬영이나 포토라이브러리업체의 게시를 제한하는 것은 이미지 사진 시장의 발전 자체를 위축시키는 것이 된다. 이런 연유로 법원은 이 사건 피고인의 행위를 불법으로 보는 것은 곤란하다는 취지의 판시를 덧붙이고 있다.[4]

나. 대법원판결 — 파기 환송

대법원은 원심과 달리, 일부 사진에 대해서는 저작권 침해를 인정하였다. 원심에서 무죄가 선고된 이유를 크게 ① 실질적 유사성이 인정되지 아니하거나 ② 공정이용에 해당한다는 것으로 요약하면서 각각에 대하여 다른 의견을 제시하였다.

(1) 실질적 유사성에 대하여

대법원은 먼저 이 사건 저작물의 보호범위를 축소하는 것에 대해 반대 의견을 제시하였다. 또한 'Be The Reds!'를 스타일화하여 표현할 방법은 다양하므로, 합체의 원리나 사실상의 표준화에 의하여 '아이디어 영역'으로 볼 것도 아니라고 하였다.

이 사건 사진 중 일부 사진들에는 이 사건 저작물의 원래 모습이 온전히 또는 대부분 인식이 가능한 크기와 형태로 사진의 중심부에 위치하여 창작적 표현이 그대로 느껴지고, 대상 도안의 역동적이고 생동감 있는 응원의 느낌이 사진들 속에서도 그대로 재현되어 전체적으로 느껴지는 사진의 개성과 창조성에 상당한 영향을 주고 있다. 이처럼 이 사건 저작물의 창작적인 표현형식이 그대로 느껴지는 이상 위 사진들과 이 사건 저작물 사이에 실질적 유사성이 있다고 판시하였다.

(2) 공정이용에 대하여

대법원은 피고인의 이 사건 저작물 이용이 저작재산권 제한 사유에도 해당하지 않는다고 하였다. 특히 문제된 것은 저작권법 제28조 '인용' 조항에 대한 요건 충족 여부였는데, 대법원은 이를 부정한 것이다.

피고인들이 이 사건 침해사진들을 홈페이지에 게시한 행위는 "영리를 목적"으로 하는 것이라는 점,[5] 이 사건 저작물을 "특별한 변형 없이 촬영하여 만든 것"이라는 점, 이 사건 저작물의 원래 모습이 온전히 또는 대부분 인식이 가능한 크기와 형태로 사진의 중심부에 위치하여 양적·질적으로 상당한 비중을 차지"한다는 점 등을 언급하면서, 자유이용의 영역

---

4) 더불어 고소인의 상품화권을 침해하는 것도 아니라고 하였다.
5) 영리적 이용이라고 하여 제28조 인용에 해당할 가능성이 없어지는 것은 아니다. 하지만 법원은 영리적인 경우 그 가능성이 상당히 제한적임을 지적하였다. 대법원 1997. 11. 25. 선고 97도2227 판결; 대법원 2013. 2. 15. 선고 2011도5835 판결 등.

에 해당하지 않는다고 보았다.

3. 해설

가. 원심판결과 대상판결의 비교

　　원심에서는 저작물의 특성상 보호범위가 제한적이며, 티셔츠에 표현되었다가 다시 사진으로 촬영되면서 변형된 저작물은 실질적 유사성 판단에 있어서도 영향을 미친다는 입장에서, 실질적 유사성 자체를 부정하였다. 반면 대법원에서는 사진에서 이 사건 저작물의 위치, 분량 등을 고려하여 일부 사진에 대해서는 실질적 유사성을 인정한 뒤 인용 조항을 검토하여 '저작권 침해'라는 판단을 내렸다. 비록 상이한 결론에 이르렀지만 양자 공히 'Be The Reds' 도안을 저작물로 인정하였고,[6] 실질적 유사성 판단과 관련해서 원저작물의 '창작적인 표현형식'이 그대로 느껴진다면 복제에 해당한다는 공통된 기준을 제시하고 있다.

　　원심과 대상판결의 판단이 상이한 것은 'ᄎ' 이용에 대한 생각이 달랐기 때문이다. 원심에서는 사진의 주된 표현이 모델과 이들의 동작·표정 등이며, 이 사건 저작물은 부수적으로 이용된 것이라고 보았다. 반면에 대상판결에서는 월드컵 분위기를 형성화하고자 이 사건 저작물을 중심적인 촬영의 대상으로 삼은 것으로 판단한 것이다.

나. 극소성(de mininis)의 항변

　　이 사건은 해당 저작물 그 자체의 복제 등을 다루는 것이 아니라, 평면의 저작물이 티셔츠 등에 인쇄된 뒤, 이를 다시 사진으로 촬영되어 이용된 것에 대하여 침해 책임을 묻고 있다. 사진에서 이 사건 저작물은 구겨지거나 일부만 보이는 경우가 많다. 저작물의 일부만이 촬영된 경우 위법성 여부는 일의적으로 말하기 어렵다. 양과 질의 중요성을 기준으로 판단해야겠지만, 창작적인 표현상의 본질적 특징을 직접 감득할 수 있다면 저작권 침해를 인정할 수 있다.[7]

　　사진이나 영상에 원저작물의 전부 혹은 거의 대부분이 그대로 촬영된 경우, 실질적 유사성을 인정한 사례들이 있다. 예컨대 오크우드 호텔라운지에 설치된 미술 저작물이 건설회

---

6) 문자를 기초로 한 디자인도 심미적 측면이 정보전달적인 기능을 압도하는 수준에 이르는 예외적인 경우에는 응용미술저작물로 보호될 수 있음을 보여주는 사례로서도 의미가 있다. 이해완, 저작권법, 박영사, 2015, 298면.

7) '직접감득성설(直接感得性說)'은 일본 판례의 입장이다. 일본 최고재판소 1980. 3. 28. 昭和 51(オ) 923 判決 등.

사 광고 영상에 배경으로 10초 정도 등장한 사건과[8] 건축저작물 'UV 하우스'가 상업용 광고의 배경으로 현시된 사안에서[9] 모두 원저작물과 영상속의 저작물간의 실질적 유사성을 인정한 바 있다.[10] 하지만 저작물 '전체'가 사진에 나왔다고 하더라도, 사진에서 차지하는 비중이 극히 적다면 저작권 침해로 보기 어렵다. 미국에는 저작물의 전체가 이용된 경우라 할지라도 '극소성의 항변'(de mininis)을 통하여 저작권 침해가 부정되는 경우가 있다. 비록 명문의 규정은 없지만 이용된 저작물의 비중이 매우 작은 경우 실질적 유사성의 범위를 제한하는 것이다.

대상판결의 원심에서는 모델과 표정을 주된 대상으로 촬영한 것으로, 이 사건 저작물은 간접적·부수적으로 이용된 것이기에 저작권 침해가 아니라고 이해한 바 있다. '극소성의 항변'과 같이 실질적 유사성이 부정된다면 저작재산권 제한 등 공정이용에 해당하지 않더라도 침해 책임을 지지 않는다. 유명한 사례로 영화 '세븐'에서 범인의 방안 희미한 불빛 아래에 어렴풋하게 보이는 사진 작품에 대하여 1심에서는 공정이용의 항변으로 접근했지만, 2심 법원은 아예 피고의 극소성의 항변을 인정하여 저작권 침해를 부정했다. 공정이용여부를 다툴 필요도 없었던 것이다.[11]

다. 부수적 이용과 공정 이용

소위 '부수적 이용'을 공정 이용으로 보는 해외 사례는 드물지 않다. 영국 저작권법 (Copyright, Designs and Patents Act 1988)에는 저작물이 예술작품에 부수적으로 포함되어도 침해가 되지 않는다는 명문의 근거가 있다(동법 제31조). 일본은 다른 행위에 수반하여 부수적으로 이루어진 저작물의 이용은 침해가 아니라는 조항을 가지고 있다(일본 저작권법 제30조의2).[12] 독일 저작권법에도 제57조에서 "저작물이 복제, 배포, 혹은 공개재현의 본래 대상 이외의 것

---

8) 실질적 유사성을 인정하고 저작권법 제35조 제2항의 적용 여부를 검토하였다. 서울중앙지방법원 2007. 5. 17. 선고 2006가합104292 판결. 오크우드 사건에 대해서는 최진원, "미술 저작물의 전시와 파노라마의 자유 오크 라운지 사건(서울중앙지방법원 2007. 5. 17. 선고 2006가합104292 판결)을 중심으로", 정보법학 제12권 제1호, 2008, 35면 이하.

9) 판례 평석은 최진원, "건축 저작물의 광고 이용에 대한 법적 고찰－UV 하우스 사건(서울중앙지방법원 2007. 9. 12. 선고 2006가단208142 판결)을 중심으로", 홍익법학 제10권 제1호, 2009, 401면 이하.

10) 공중에 개방된 장소에 전시 혹은 설치된 저작물에 대해 자유로운 이용을 보장하는 제도 전반을 이른바 파노라마의 자유(freedom of panorama, Panoramafreiheit)라고 통칭한다. 이일호, 저작권법상 전시권의 실효성 확보방안에 관한 비교법적 연구, 연세대학교 석사학위 논문, 2008, 64면; 파노라마의 자유는 1876년 독일 예술저작권법(Gesetz betreffend das Urheberrecht an Werken der Bildenden Künste, Kunstgesetz)에서 기원한다.

11) Sandoval v. New Line Cinema Corp., 147 F.3d 215(2d Cir 1998).

12) 개정 취지와 Q&A 등은 文化庁, "平成24年通常国会　著作権法改正について", <http://www.bunka.go.jp/ seisaku/chosakuken/hokaisei/h24_hokaisei>.

으로서 중요하지 아니한 부수적 저작물로 볼 수 있는 경우에 그 복제, 배포 및 공개재현이 허용된다"고 규정하고 있다. 또한 프랑스 저작권법은 제122조의5 제9호에서 그래픽, 조형미술저작물 또는 건축저작물의 저작권자는 잡지·신문·영상매체에서 해당 저작물을 의도치 않게 복제하거나 부수적인 이용으로서 복제하는 경우 해당 행위를 금지할 수 없도록 규정하고 있다. 우리는 저작권법 제28조의 인용이나 제35조의3 공정이용[13] 조항 등을 통해 저작재산권 제한 가능성을 찾아볼 수 있다.

하지만 이와 같은 조항들이 사진 속 저작물 이용에 대하여 면책을 보장해주지 않음은 물론이다. 영국에서는 무료 주간지 발행사가 경쟁사의 유료 잡지 'Woman'에 57펜스라고 표시하여 광고한 것은 부수적 이용이라고 볼 수 없다고 판시했다.[14] 프랑스에서는 르 코르뷔지에가 디자인한 가구를 촬영한 사진들을 데이터베이스로 관리하고 있던 게티 이미지(Getty Images)에 대하여 저작권 침해를 인정하였다. 가구가 사진의 중앙에 위치하고 가구의 창작적 특징이 사진에 드러나 있어 부수적 이용이라고 볼 수 없다는 것이다.[15] 독일에서도 벽에 걸려 있던 미술저작물이 가구 카탈로그 사진에 함께 찍힌 사안에서 저작권 침해를 인정한 판례가 있다. 법원은 이 그림의 디자인이 소파와 어울리며 해당 미술저작물이 대체불가능하다고 보면서, 부수적 이용이 아니라고 한 바 있다.[16] 대상판결에서도 일부 사진에 대해서 저작권법 제28조 인용이 적용되기 어렵다고 판단하였다.

4. 판결의 의의

대상판결은 실질적 유사성을 인정하였고, 저작권법 제28조 등 공정이용 항변을 받아들이지 않았다. 결국 일부 사진에 대하여 저작권 침해를 인정한 것이다. 결과에 대한 동의 여부를 떠나 실질적 유사성의 개념을 탐구하면서 '공유할 가치가 있는 요소'와 '독점적으로 보호되어야 할 요소'의[17] 구분을 시도한 점은 주목할만 하다. 침해 판단에 있어 '실질적 유사성'은 권리자의 보호와 이용 활성화를 통한 창작 장려간의 균형을 유지하는 중요한 지렛대 역할을 하게 된다.

---

13) 이 사건은 저작권법 제35조의3이 신설되기 전에 발생한 것으로, 본 판결에서는 쟁점으로 다루어지지 않았다.

14) IPC Magazine v. MGN, 1998. F.S.R. 431.

15) Le Corbusier v. Getty Images (Paris Court of Appeals, Pole 5, 2nd chamber June 13, 2014). 상세한 내용은 유지혜, 앞의 글(주 1), 145면.

16) OLG München, 13 March 2008, 29 U 5826/27. 일본에서는 서예 작품이 조명기구 카탈로그 사진속에서 벽에 걸려져 있었던 사안에서 이 사진에서 서예 작품의 미적 요소를 직접 감득하는 것은 곤란하다는 이유로 복제권 침해를 부정한 판례가 있다. 東京高判 平成 14. 2. 18. 平11(ネ)5641. 김창권, 앞의 글(주 1), 230면.

17) 실질적 유사성에 대한 사항은 권영준, 저작권침해판단론 ─ 실질적 유사성을 중심으로, 박영사, 2007 참조.

　사진을 촬영하면서 의도치 않게 저작물이 포함되는 경우는 드물지 않다. 미술 작품이 티셔츠나 손수건, 가방 등에 복제되어 판매되는 사례가 늘어나면서, 상품화된 저작물이 부수적으로 사진 속에 찍히는 경우는 더욱 많아질 것으로 보인다. 이처럼 새로운 창작과정에서 원저작물이 간접적으로 이용된 경우에 보호 범위를 제시하였다는 점에서 의의가 있다.

38 저작권신탁계약 종료시의 법률관계

대법원 2015. 4. 9. 선고 2011다101148 판결[1)
최승재(법무법인 다래 변호사, 전 대법원 재판연구관)

1. 사안의 개요

원고는 대중가요인 '하늘색 꿈'이라는 제목의 노래의 악곡부분(이하 '이 사건 음악저작물'이라 한다)을 작곡한 저작권자이다. 원고는 사단법인 한국음악저작권협회(이하 '음저협'이라 한다)와 사이에 이 사건 각 저작물에 관한 저작권신탁계약을 체결하였다가, 2004. 4. 6. 음저협에게 이에 관한 계약해지를 통지하였다.

피고 금영은 위 계약해지 이후인 2004. 5. 1.경 이 사건 음악저작물이 수록된 '하나로 III', '싱쿠스' 등의 노래반주기를 출시한 이후에 영상반주기, 핸디반주기, 디브이디반주기 전용타이틀에 이를 수록하여 출시해 오고 있고, 위 피고가 운영하는 금영닷컴사이트 및 필통닷컴사이트 상에서 나의녹음곡듣기, 노래보관함듣기, 노래보관함 엠피쓰리파일다운로드, 음악편지듣기, 라이브반주 미리듣기 등의 부가기능이 제공되는 노래방서비스에 제공해 오고 있으며, 피고 로엔은 2009. 1. 1. 멜론사이트(www.melon.com)를 인수하여 그 무렵부터 이 사건 음악저작물을 마이노래방 녹음곡 듣기, 노래편지, 미리듣기, 내 노래벨 만들기 등의 부가기능이 제공되는 멜론노래방 서비스에 제공해 오고 있으며, 피고 에스케이는 2007. 8. 8. 이전부터 이 사건 음악저작물을 그 운영의 싸이월드 사이트에서 임시저장곡 듣기, 미니홈피 배경음악서비스, 음악편지서비스 등의 부가기능이 제공되는 싸이월드 비지엠 서비스에 제공해 오다가, 이 사건 소 제기 이후인 2010. 2. 26.경 이 사건 음악저작물에 관한 서비스 제공을 중단하였다.

---

1) [참조 및 관련 판례] 대법원 1994. 10. 14. 선고 93다62119 판결; 대법원 2012. 7. 12. 선고 2010다1272 판결; 대법원 2002. 9. 24. 선고 2001다60682 판결 등. 이 판결에서는 동일성유지권도 주요 쟁점의 하나였으나, 지면제약으로 본고에서는 이에 대해서는 논하지 않는다.
[관련 평석 및 문헌] 김병식, "저작권신탁계약의 해지 및 그에 따른 법률관계", 대법원 판례해설 제94호(2012년 하), 법원도서관, 2013, 206-272면; 최승재, "저작권신탁계약종료시 저작권신탁관리업자가 체결한 계약의 효력", 대법원 판례해설 공간 예정(2015년 하), 법원도서관, 2015, 303-362면 등.

원고는 피고 금영, 에스케이 운영의 필통닷컴, 싸이월드 등의 인터넷사이트에서 이 사건 음악저작물이 원고 허락 없이 이용된 행위와 관련하여, 피고 금영 및 그 대표이사, 피고 에스케이 및 그 대표이사 등을 저작권법위반죄로 형사고소하여 2007. 8. 8. 피고 금영, 에스케이 등과 합의에 이르게 되었는데, 여기에서 피고 금영, 에스케이 등 피고소인들은 원고에게 저작권 침해행위에 대한 합의금으로 800만원을 원고에게 지급하며, 원고는 위 피고소인들에 대한 고소를 취소하며, 위 합의 전에 있었던 인터넷사이트에서의 이 사건 음악저작물의 저작권 침해행위에 관하여 민·형사상 책임을 묻지 않기로 약정하였다.

피고 금영은 이 사건 저작물에 대하여 음저협과 다음과 같은 2건의 이용허락계약을 체결하였다. 1998. 5. 15.자 이용허락계약이 체결되었고, 이 사건에서 주로 문제된다. 또 2003. 7. 20.자 이용허락계약도 체결되었다. 원고는 이 사건 저작물의 저작권자로서 2000. 8. 21. 음저협과 신탁계약을 체결하였고, 음저협은 원고의 해지 요구에 따라 2004. 4.경 원고에게 '2004. 4. 6.자로 위 신탁계약이 해지되었음'을 통보하였다.

피고 금영이 2004. 5.경부터 출시한 각종 영상반주기 16종, 핸디반주기 3종, DVD 타이틀 32종이다. 원고의 청구원인, 2002. 6. 이후 음저협의 사용료 징수규정, 2002. 6. 이전 음저협의 내부적인 징수기준 등을 고려하면 노래반주기 기기 내에 음원데이터를 저장하는 경우[2]와 CD-ROM 또는 DVD 등 별도의 저장매체에 음원데이터를 저장·판매하고, 노래반주기 기기는 단순히 재생기능만을 수행하는 경우[3]가 있다. 이 경우 노래반주기 기기는 재생기능만을 수행하므로, 저작권과 관련하여 의미가 있는 것은 CD-ROM 또는 DVD 등의 저장매체 자체이다.

기술발전으로 음원데이터를 저장하는 매체가 진보되면서, 저장매체로 Mask Rom을 사용하는 방식(ROM-IC 방식) → Mask Rom과 CD Rom을 함께 사용하는 방식[4] → 하드디스크를 사용하는 방식 → 인터넷을 사용하는 방식 등으로 변화하여 왔다.

2. 판결의 요지

가. 원심판결

(1) 이용허락의 범위

이 사건 이용허락의 대상은 이 사건 음악저작물이 저장되는 특정 매체가 아니라 이 사

---

2) 노래방에서 일반적으로 볼 수 있는 노래반주기가 이에 해당한다.
3) 이하 'CD-ROM 방식'이라는 기재는 이 경우를 의미한다.
4) 음원데이터는 여전히 Mask Rom에 저장된다는 점에서 아래에서 보는 CD-ROM 방식과는 구분된다.

건 음악저작물을 연주할 수 있는 노래반주기라고 보아야 하는 점, 위와 같은 저장매체의 변경은 모두 컴퓨터를 기반으로 한 것으로 이 사건 이용허락 당시 예견 불가능하였던 것은 아니라고 보이며, 그 저장매체의 변경만으로 새로운 시장이 창출된다고 보기는 어려운 점, 피고 금영의 일부 노래반주기에 인터넷 연결 기능이 있다고 하더라도 이는 이용자들의 적극적인 선택에 따라 활성화되는 기능으로서 노래반주기 이용자들의 흥미를 높이기 위한 부수적 요소일 뿐이므로 그 노래반주기가 본격적인 음악저작물의 전송이나 복제를 목적으로 한 매체라고 보기는 어려운 점 등을 종합하면, 피고 금영이 인터넷사이트가 아닌 노래반주기에서 이 사건 음악저작물을 사용하는 행위는 그 노래반주기의 형태를 불문하고 이 사건 이용허락의 범위 내라고 보아야 할 것이다.

다만 피고 금영이 이 사건 음악저작물을 노래반주기가 아닌 인터넷사이트에서 복제·전송하는 행위는 노래반주기에서의 저작물의 이용을 넘어서는 새로운 저작물의 복제·전송행위에 해당하므로 이 사건 이용허락의 범위를 벗어나는 것이고 앞서 본 이 사건 이용허락서의 내용 등에 비추어 이에 대한 위 피고의 과실도 인정할 수 있다.

(2) 신탁계약의 해지의 효력

피고 금영이 음저협으로부터 받은 포괄적 이용허락의 효력은 특별한 사정이 없는 한 음저협이 신탁 받은 기간의 종료나 신탁계약의 해지 여부와는 무관하다고 보아야 한다. 즉 저작권이 신탁된 경우 저작권은 수탁자에게 완전히 이전하여 모든 관리·처분권한이 수탁자에게 속하게 되므로 원칙적으로 수탁자가 체결한 포괄적 이용허락의 효력과 내용을 후일 신탁자인 원저작자가 좌우할 수 없다고 보아야 한다.

나. 대법원판결

저작물 이용자가 저작권자와의 이용허락계약에 의하여 취득하는 이용권은 저작권자에 대한 관계에서 저작물 이용행위를 정당화할 수 있는 채권으로서의 성질을 가지는 데 불과하므로, 저작권 신탁이 종료되어 저작권이 원저작권자인 위탁자에게 이전된 경우에는 원저작권자와 수탁자 사이에 수탁자가 행한 이용허락을 원저작권자가 승계하기로 하는 약정이 존재하는 등의 특별한 사정이 없는 한 저작물 이용자는 신탁종료에 따른 저작권 이전 후의 이용행위에 대해서까지 수탁자의 이용허락이 있었음을 들어 원저작권자에게 대항할 수 없다.

3. 해설

가. 저작권신탁계약 종료후의 법률관계에 대한 법리

(1) 저작권신탁계약의 법적 성질

대법원은 대법원 2002. 9. 24. 선고 2001다60682 판결에서 원심을 수긍하면서 저작권신탁계약의 법적 성질이 신탁법상 신탁으로 보았다. 이후 판결에서도 대법원은 저작권신탁계약은 신탁법상 신탁이라고 보면서, 수탁자인 음저협이 신탁계약해지시 청산의무를 부담하는 것은 아니라고 보았다.[5]

이러한 판례에 따르면 외부뿐 아니라 내부적으로도 당해 권리가 수탁자에게 완전히 이전되며 수탁자는 신탁계약에서 정해진 바에 따라 신탁재산을 관리할 계약상 의무를 신탁자에게 부담하는 것에 불과하다. 신탁자가 신탁계약을 통하여 수탁자의 권한을 제한하였더라도 수탁자는 여전히 완전한 권리를 행사할 수 있고 앞서의 제한은 신탁자와의 특약 위반의 문제로 귀결된다.

위탁자(저작자)가 수탁자(집중관리단체)간에 저작권신탁계약이 있으면 저작권 중 일신전속적인 저작인격권을 제외한 저작재산권이 완전히 이전하여 특별한 약정이 없는 한 저작자는 그 권리를 행사할 수 없고 저작권신탁단체는 모든 권리를 배타적으로 행사할 수 있다. 신탁관리단체는 수탁받은 저작재산권 등을 "신탁자를 위하여" 지속적으로 관리하며, 이용자로부터 사용료를 징수하여 신탁자인 저작권자에게 배분한다. 대법원은 신탁법상 신탁의 경우 권리가 절대적으로 위탁자에게서 수탁자로 이전되는 것으로 보고 있다.[6]

신탁법상 신탁은 위탁자와 수탁자 및 수익자의 3면관계를 전제로 하고 있는바, 신탁법상 신탁은 신탁설정자(위탁자)와 신탁을 인수하는 자(수탁자)의 특별한 신임관계에 기하여 위탁자가 특정의 재산권을 수탁자에게 이전하거나 기타 처분을 하고 수탁자로 하여금 일정한 자(수익자)의 이익을 위하여 또는 특정의 목적을 위하여 그 재산권을 관리, 처분하게 하는 법률관계이다. 신탁법상 신탁에서 위탁자는 수익자를 겸할 수 있는바(=자익신탁), 저작권신탁관리의 경우도 수탁기관인 신탁관리업자는 이익을 분배받아 향유하는 입장에 있는 것이 아니라 그 이익 전부를 위탁자겸 수익자인 권리자에게 귀속시켜야 할 의무를 부담하고, 단지 그러한 신탁업무에 대한 수수료를 받을 수 있을 뿐이다.

---

5) 대법원 2012. 7. 12. 선고 2010다1272 판결.
6) 대법원 2008. 3. 13. 선고 2007다54276 판결.

(2) 이용허락계약의 범위

음악저작물에 관한 이용허락계약을 해석함에 있어 이용허락의 범위가 명백하지 아니한 경우에는 당사자가 이용허락계약을 체결하게 된 동기 및 경위, 이용허락계약에 의하여 달성하려는 목적, 거래관행, 당사자의 지식, 경험 및 경제적 지위, 수수된 급부가 균형을 유지하고 있는지 여부, 이용허락 당시 당해 음악저작물의 이용방법이 예견 가능하였는지 및 그러한 이용방법을 알았더라면 당사자가 다른 내용의 약정을 하였을 것이라고 예상되는지 여부, 당해 음악저작물의 이용방법이 기존 음반시장을 대체하는 것인지 아니면 새로운 시장을 창출하는 것인지 여부 등 여러 사정을 종합하여 그 이용허락의 범위를 사회 일반의 상식과 거래의 통념에 따라 합리적으로 해석하여야 한다.[7]

(3) 신탁관계 종료후의 법률관계

신탁이 종료하면 기존 신탁관계에 존재하였던 수익자 지위와 수탁자 지위는 일단 형식적으로 소멸하고, 기존 신탁관계의 청산 및 신탁재산이 귀속될 자에 대한 재산인도를 위한 법정신탁이 의제된다. 신탁재산이 귀속될 자가 기존 신탁의 수익자 또는 잔여재산수익자인 경우에는 기존 신탁이 연장되는 것으로, 귀속권리자인 경우에는 신탁이 설정된다.[8]

신탁이 종료하면 기존 신탁재산은 수익자 등에게 귀속하고, 이러한 수익자 등이 법정신탁의 수익자가 된다. 저작권신탁은 '위탁자'와 '기존 신탁의 수익자' 및 '신탁종료 후 신탁재산이 귀속될 자'가 모두 동일한 경우이다(=자익신탁). 기존 수탁자는 이러한 법정신탁의 수탁자로서 기존 신탁관계에서의 채권 채무관계의 청산 및 잔여재산의 인도 등을 위하여 법정신탁의 신탁사무를 시작하게 된다. 이와 같이 법정신탁은 신탁재산의 청산과 신탁재산의 인도를 신탁목적으로 한다는 점에서 기존 신탁과 차이가 있지만, 기존 신탁의 신탁재산을 목적재산으로 하고 기존 수탁자를 수탁자로 하는 점에서 기존 신탁과 동일하다. 따라서 법정신탁관계에서의 문제도, 신탁목적이 달라지고 수탁자의 권한이 청산목적을 위하여 행사되어야 한다는 점을 제외하고는 기존 신탁관계를 고려하여 결정하여야 한다.[9]

우리 구 신탁법상 신탁종료시에 이루어지는 권리귀속에 대해서는 수탁자가 위탁자에 대해서 이전의무를 부담한다고 할 것이나, 사안의 경우에는 사안의 특성상 청산이 종료된 상태이다. 따라서 원고가 저작권자로서 피고와의 계약을 유지할 것인지의 문제만 남는다. 이때 수탁자가 위탁자가 제3자와 체결한 모든 계약을 인수할 의무가 있는 것은 아니므로 그

---

7) 대법원 2006. 12. 22. 선고 2006다21002 판결.
8) 대법원 2002. 3. 26. 선고 2000다25989 판결.
9) 이중기, 신탁법, 삼우사, 2007, 685면.

계약을 인수하거나 받아들이지 않을 수 있으며, 만일 인수하지 않게 되면, 계약체결의 주체인 위탁자와 제3자간의 법률문제 및 위탁자와 수탁자간의 법률문제로 해결될 것이다.

신탁법 제99조는 합의하면 언제든지 신탁을 종료할 수 있도록 하고 있다. 다만 위탁자는 수탁자에게 일정한 경우에는 손해배상책임을 부담할 수 있다(제3항). 이 점에서 우리와 일본의 신탁법이 동일하다. 만일 수탁자가 저작권이용허락계약의 상대방에게 손해배상을 하게 된다면, 수탁자는 본조의 규정에 기해서 위탁자에게 손해배상을 구할 수 있을 것이다.

나. 신탁관계 종료후의 법률관계

(1) 수탁자의 피고 금영과의 이용허락계약의 위탁자에 대한 구속력

신탁종료 후 신탁재산을 이전받은 주체가 위탁자 자신인 경우에는, 수탁자가 행한 법률행위의 효력을 위탁자가 직접 받는다고 볼 수 있는지 여부는 소극적으로 보는 것이 타당하다. 원심은 저작권양도 사유 중 '신탁종료로 인한 이전'만을 대상으로 법리를 전개하면서 위탁자가 수탁자의 법률행위에 직접 구속된다고 보았는데, 이는 위탁자를 대리관계의 본인으로, 수탁자를 대리인으로 취급하는 것과 유사하다.

그런데 이와 같이 수익자인 위탁자의 지위를 대리관계의 본인과 마찬가지로 취급하는 것은, 소유권의 완전한 이전을 인정하면서 대리와 달리 신탁이 현명된 경우에도 법률행위의 효과는 수탁자 및 신탁재산에만 귀속되도록 한 신탁의 본질에 반한다. 또한 자익신탁이라고 하더라도, 수탁자는 신탁재산의 완전한 권리자로서 대외적으로 모든 행위를 할 권한을 가지는 데 반하여, 신탁으로 권리를 상실한 위탁자는 신탁사무의 처리 과정에서 대리관계의 본인과 같은 권한을 보유·행사하지 못하는데, 최종적인 법률효과의 귀속에 있어서만 위탁자를 대리관계의 본인과 같이 취급하는 것은 부당하다.

나아가 원심의 법리를 적용하는 경우, 원저작권자의 침해되는 이익이 적다고 할 수 없다. 원심의 법리에 의하면 원저작권자는 신탁종료에도 불구하고 수탁자인 집중관리단체가 체결한 모든 이용허락계약의 직접적인 적용을 받거나 이를 승계하게 된다. 그런데 위탁자인 원저작권자는 신탁에 의하여 저작권을 상실하고 특별한 사정이 없는 한 저작물의 이용과 관련한 수탁자의 업무에 대하여 권한을 행사할 수 없는 반면, 수탁자는 완전한 저작권자로서 신탁행위 등에 의하여 제한되지 않는 한 스스로의 의사에 따라 모든 권한을 행사할 수 있다. 결국 원저작권자는, 자신이 관여할 수 없고 수탁자의 의사에 따라서만 체결되는 모든 이용허락계약에 대하여 자신이 계약당사자로서의 무한책임을 부담하여야 하는 위험을 지게 된다.

이런 점을 종합적으로 고려하면, 원고는 수탁자인 음저협의 피고 금영과의 이용허락계약에 의한 구속을 받지 않는다고 해석하는 것이 타당하다.

(2) 음악저작권의 경우를 달리 취급할 것인지

음악저작권의 경우 저작권집중관리의 입법취지를 고려하여 달리 판단할 여지가 있을지가 문제된다. 원심은 만일 수탁자인 음저협이 적법하게 포괄적인 이용허락을 하였음에도 후일 신탁계약기간이 만료하거나 신탁자가 계약을 해지하는 경우 그때부터 이용허락의 효력을 전부 상실하는 것으로 해석한다면, 수탁자가 정액제로 이용허락을 할 경우 원저작자로서는 신탁계약을 조기에 해지하는 편이 오히려 유리하게 되어 저작자간의 불균형은 물론 저작권신탁제도에 혼란이 초래될 우려가 있고, 저작물 이용자의 지위는 극히 불안정해질 뿐 아니라 저작권 이용계약의 내용도 복잡하게 될 것이고, 이는 결국 거래비용을 증가시켜 법률로 도입된 저작권신탁관리업제도의 취지를 상당 부분 몰각시킬 우려가 있다고 보고 있다. 원심의 이런 우려는 대법원과 다른 결론에 이르게 된 중요한 이유가 된다고 본다.

그러나 집중관리단체를 통한 저작권신탁의 특성을 고려하더라도 예외적인 법리를 인정하기는 어렵다. 우선 이 사건에서 신탁법 법리와 다른 저작권신탁에만 적용되는 예외적인 법리를 인정하는 것은 저작권신탁을 둘러싼 법률관계를 왜곡시킬 수 있다. 저작물 이용자가 신탁종료로 저작권을 이전받은 위탁자에게 대항할 수 없다고 하면 이용자의 지위가 상대적으로 불안정해지는 것은 사실이나, 이것은 신탁채권자 및 타인의 물건에 대한 채권적 사용자 일반에 나타나는 문제이다. 신탁채권자는 신탁의 계속·종료에 큰 이해관계를 가짐에도 불구하고 신탁당사자가 아니기 때문에 신탁종료에 직접 관여할 수 없다. 따라서 신탁채권자로서는 신탁과 거래할 때 예를 들어, 기한의 이익상실 조항과 같이 자신의 이익을 도모하기 위한 조치를 적절히 규정하는 것이 필요하게 된다.

이러한 거래상 지위의 불안정성은 일차적으로 해당 거래 내에서 계약에 의해서 당사자들에 의하여 스스로 해소·완화되어야 하며, 저작권신탁 및 저작물이용에서도 그것이 불가능하다고 할 수 없다. 예컨대 위탁자 및 수탁자는 신탁계약의 내용에 '신탁종료 후 이용허락의 승계'에 관한 내용을 포함시킬 수 있고, 이러한 방법은 판례도 수긍하고 있다. 저작물 이용허락계약에서는 이용자가 그 계약의 효력을 주장함으로써 비로소 문제되는 경우가 많을 것이므로 채권자의 승낙은 크게 문제되지 않을 것이다.

(3) 소결

신탁종료의 효과는 장래를 향하여만 발생하므로, 신탁재산을 이전받은 원저작권자는 수탁자가 행한 법률행위상의 지위를 승계하여야 하는 것은 아니다. 신탁이 종료되면 신탁관계는 장래를 향하여만 그 효력을 잃게 되므로 신탁존속 중 수탁자가 행한 법률행위의 효력은 신탁종료 후에도 부정될 수 없으나, 그렇다고 하여 수익자 등이 신탁존속 중 수탁자가 체결한 계약상의 지위를 승계하여야 한다는 결론이 곧바로 도출되는 것은 아니다. 또한 신탁재산이 수익자 등에게 이전된 후에도, 신탁존속 중 발생하였으나 청산되지 못한 채무를 수탁자가 변제하는 경우 그 수탁자는 비용상환청구권에 기하여 신탁재산에 대한 우선변제권 등을 행사하거나(제102조, 제54조), 수익자에게 비용상환청구를 할 수 있는데, 이것 역시 수익자 등이 수탁자의 종전 법률행위의 효력을 인정한 결과이다.

4. 판결의 의의

대상판결은 신탁계약 기간 중 한 포괄적 이용허락의 효력이 원고의 신탁계약해지로 인한 신탁 종료 후 저작권자인 원고에게 미치는지 여부에 대한 논란을 정리한 판결로서 의의가 있다. 구 신탁법, 개정 신탁법의 태도도 고려 및 기존의 판례의 태도에 따라서 신탁계약해지의 효력을 채권적 효력설을 취하고, 해지 시의 신탁계약의 존부에 대해서 신탁계약이 청산목적으로 존속한다.[10] 이 판결에서 대법원은 저작권법에 의한 저작권신탁관리단체가 수탁자가 되는 신탁계약도 신탁법에 의한 신탁법리가 적용되는 신탁임을 명확하게 하였다.

이미 별도의 저작권등록이 없는 본 사안의 경우 저작권은 원고의 해지의사표시로 원고에게 복귀하였고 기존 계약의 처리를 위한 별도의 청산사무가 존재하지 않을 것으로 보이는 본 사안의 경우에는 일시 법정신탁이 존재하였다고 하더라도 그 사무가 종료되어 최소한 이 사건 소가 제기될 당시에는 소멸된 상태였다고 할 것이다. 이 경우 기존 계약을 인수하지 않은 원고는 저작권자로서 피고(금영)에게 저작권침해를 주장할 수 있다. 이와 달리 원고와 피고 사이에 이 사건 판결의 원심과 같이 원고가 피고와 음저협 간의 계약에 (저작권신탁의 특질로 인해서) 구속된다거나, 원고와 피고사이에 묵시적 계약의 존재를 인정하는 것(묵시적 계약론)을 인정할 수 있는 사정이 없다고 판단된다.

---

10) 다만 결론의 도출에 있어 이 사건 저작권신탁계약의 경우, 신탁존속설을 취하거나, 복귀신탁설을 취하거나 결론에는 차이가 없다고 본다.

39 온라인서비스제공자에 대한 책임제한 조항의 성격 및 그 요건

대법원 2013. 9. 26. 선고 2011도1435 판결[1]

장낙원(전주지방법원 남원지원장)

1. 사안의 개요

피고인들은 다수의 웹스토리지서비스 제공 사이트[2]를 운영하였는데, 불특정 다수의 웹사이트 이용자들이 2008. 2.경 그 웹사이트에서 지적재산권자의 동의를 얻지 않은 영화 파일들을 업로드하고 다운로드받았다. 피고인들은 위와 같은 웹사이트의 이용실태 등을 모두 인식하고 있었음에도, 사이트 이용자들에게 영화 파일의 업로드를 유인하거나 다운로드를 용이하게 해주고, 이를 통하여 수익을 얻었다.

한편, 피고인들이 이 사건 각 웹스토리서비스 제공 사이트에서 발생하는 저작권 침해행위를 방지하기 위하여 취한 기술적 조치에는 검색어 기반 및 해쉬 기반 필터링 방식[3]이 있었다. 그러나 검색어 기반 필터링의 경우, 영화제목에 점(.)을 찍거나 영화제목의 일부만 입력하는 것만으로도 쉽게 '검색어 설정'을 통한 필터링을 회피할 수 있었고, 검색어 설정 자체도 웹사이트 전체에 제대로 되어 있지 않았다. 또한, 해쉬 기반 필터링의 경우, 파일의 확장자 명을 변경하거나, 파일을 조금만 변형해도 해쉬값이 달라지므로, 해쉬값 비교를 통한 필터링을 쉽게 회피할 수 있는 문제점이 있었다.

---

1) [참조 및 관련 판례] 대법원 2005. 4. 29. 선고 2003도6056 판결[공2005. 6. 1.(227), 887]; 대법원 2007. 12. 14. 선고 2005도872 판결(공2008상, 91) 등.
   [관련 평석 및 문헌] 장낙원, "온라인서비스제공자에 대한 책임제한 조항의 성격 및 요건", 사법 28호 (2012. 6.), 사법발전재단, 2014.
2) 흔히 '웹하드 사이트'라고도 한다.
3) 검색어 기반 필터링 방식은 금칙어 설정을 통하여 검색 등을 제한하는 방식이고, 해쉬 기반 필터링 방식은 파일마다 존재하는 고유한 해쉬값을 이용하여 침해 저작물을 인식·차단하는 방식이다.

2. 판결의 요지

가. 제1심 및 원심판결

제1심(서울중앙지방법원 2009. 2. 12. 선고 2008고단3683 판결)은 웹스토리지서비스 제공 사이트 이용자들의 복제권·전송권 침해행위에 대한 피고인들의 방조책임을 인정하여 피고인들에게 벌금 혹은 징역형을 선고하였다. 원심(서울중앙지방법원 2011. 1. 11. 선고 2009노723 판결)에서도 피고인들의 선고형을 감형하였을 뿐 저작권법위반 방조책임은 그대로 인정하였다.

피고인들은 제1심 및 원심에서 구 저작권법(2008. 2. 29. 법률 제8852호로 개정되기 전의 것, 이하 같다) 제102조 등에서 정한 기술적 조치를 다하였으므로 형사상 책임이 면제되어야 한다고 주장하였으나, 받아들여지지 아니하였다.

나. 대법원판결

(1) 구 저작권법은 제102조 제1항에서 '온라인서비스제공자가 저작물의 복제·전송과 관련된 서비스를 제공하는 것과 관련하여 다른 사람에 의한 저작물의 복제·전송으로 인하여 그 저작권이 침해된다는 사실을 알고 당해 복제·전송을 방지하거나 중단시킨 경우에는 다른 사람에 의한 저작권의 침해에 관한 온라인서비스제공자의 책임을 감경 또는 면제할 수 있다.'고 규정하고, 같은 조 제2항에서 '온라인서비스제공자가 저작물의 복제·전송과 관련된 서비스를 제공하는 것과 관련하여 다른 사람에 의한 저작물의 복제·전송으로 인하여 그 저작권이 침해된다는 사실을 알고 당해 복제·전송을 방지하거나 중단시키고자 하였으나 기술적으로 불가능한 경우에는 그 다른 사람에 의한 저작권의 침해에 관한 온라인서비스제공자의 책임은 면제된다.'고 규정하고, 같은 법 제103조 제5항에서 '온라인서비스제공자가 저작권자로부터 불법 저작물의 복제·전송을 중단시킬 것을 요구받고 즉시 그 저작물의 복제·전송을 중단시킨 경우에는 온라인서비스제공자의 책임을 감경 또는 면제할 수 있다.'고 규정하고 있는데, 위 각 조항의 입법 취지나 위 각 조항의 해당 문구상 별다른 제한이 없는 점 등에 비추어 보면, 위 각 조항은 형사상 책임에도 적용된다고 보아야 한다.

(2) 구 저작권법 제102조 제2항이 규정하고 있는 '기술적으로 불가능한 경우'란 온라인서비스의 제공 자체는 유지함을 전제로 이용자들의 복제·전송행위 중 저작권의 침해행위가 되는 복제·전송을 선별하여 방지 또는 중단하는 것이 기술적으로 불가능한 경우를 말하므로, 비록 온라인서비스이용자들이 해당 온라인서비스를 이용하여 저작물을 복제·전송함으

로써 그 저작권을 침해하였다고 하더라도, 온라인서비스제공자가 그와 같은 침해사실을 알고 저작권의 침해가 되는 복제·전송을 선별하여 이를 방지 또는 중단하는 기술적 조치를 다하였다고 인정되는 경우에는 해당 침해행위에 대한 형사상 책임이 면제된다. 그리고 온라인서비스제공자가 구 저작권법 제103조 제5항에 의하여 그 책임을 감경 또는 면제받을 수 있기 위해서는 저작권자로부터 중단 요구를 받은 즉시 그 저작물의 복제·전송을 중단시켜야 하는 점에 비추어, 온라인서비스제공자가 스스로 저작권 침해사실을 알게 된 경우에도 그 즉시 당해 복제·전송을 중단시켜야 구 저작권법 제102조 제1항에 의하여 그 책임을 감경 또는 면제받을 수 있다고 보아야 한다.

(3) 이 사건의 경우, 피고인들이 이 사건 각 웹스토리서비스 제공 사이트에 취한 기술적 조치는 검색어 기반 및 해쉬 기반 필터링 방식뿐으로서, 이러한 기술적 조치만으로는 그 당시 기술수준 등에 비추어 최선의 조치로 보이지 않을 뿐만 아니라 이들 기술적 조치 자체도 제대로 작동되지 아니한 것으로 보이는 이상, 피고인들은 저작권의 침해가 되는 복제·전송을 선별하여 이를 방지하거나 중단하는 기술적 조치를 다하였다고 할 수 없으므로, 구 저작권법 제102조 제2항에 따라 형사상 책임이 면제된다고 할 수 없다.

(4) 또한, 피고인들이 이 사건 각 웹스토리지서비스 제공 사이트 이용자들에 의한 저작재산권 침해사실을 알고서 즉시 그 저작물의 복제·전송을 방지하거나 중단시킨 바가 없으므로, 구 저작권법 제102조 제1항이나 제103조 제5항에 따라 형사상 책임을 감경 또는 면제받을 수 없다.

3. 해설

가. 책임제한 조항의 형사책임 적용 여부

(1) 책임제한 조항의 의의

구 저작권법 제102조 제1항 및 제2항에서는 온라인서비스제공자(이하 경우에 따라 'OSP'라 한다)의 책임에 대한 임의적 감면 및 필요적 면제를, 제103조 제5항에서는 OSP의 책임에 대한 임의적 감면을 각 규정하고 있다.

구 저작권법 제102조 및 제103조 규정은 2003. 5. 27. 처음으로 저작권법에 도입되었는데, 위 규정을 신설한 취지는 OSP가 저작물이나 실연·음반·방송 또는 데이터베이스의 복제·전송과 관련된 서비스를 제공하는 것과 관련하여, 다른 사람에 의한 이들 권리의 침해사실을 알고서 당해 복제·전송을 중단시킨 경우에는 그 다른 사람에 의한 권리침해행위와 관련되는 OSP의 책임을 감경 또는 면제하도록 하기 위한 요건 등을 정하고자 한 것

이었다.[4)]

　　위 조항들은 미국의 DMCA(Digital Millenium Copyright Act, 이하 DMCA라 한다)의 내용을 상당 부분 차용하였으나,[5)] DMCA와는 달리 서비스제공자의 유형에 따라 다른 취급을 하지 않고, 모든 OSP에 대하여 일률적으로 같은 규정을 적용하고 있다.[6)]

(2) 책임제한 조항이 형사책임에도 적용되는지 여부

　　저작권법상의 OSP의 책임제한 조항이 민사책임만을 의미하는지 형사책임도 포함하는 지에 관하여, 학자들은 대체적으로 형사책임을 포함하는 것으로 보고 있다. 책임제한 조항에 정해져 있는 OSP의 의무를 다한 경우에는 형사 방조책임을 지지 아니한다고 하거나,[7)] 책임 제한 조항이 OSP의 정보중개에 대한 책임감면규정의 취지라면 이 규정은 형사책임에도 적 용되어야 하고, 이는 독일의 경우에도 마찬가지라는 견해 등이 있다.[8)] 다만, 책임제한 조항 이 가지는 형법체계상의 지위에 관하여, 책임제한 규정을 구성요건 단계에서 파악하여야 한 다는 견해,[9)] 책임제한 조항이 구성요건에 해당하는 행위를 정당화하는 것으로 보아 위법성 조각사유에 해당하는 것으로 보는 견해, 책임제한 조항을 형의 감경 또는 면제 사유에 해당 하는 것으로 보는 견해[10)] 등으로 나뉘고 있다.

　　저작권법상 책임제한 조항의 해당 문구상 별다른 제한이 없고, 유럽연합 및 독일 등의 외국 입법례 등에 비추어, 대상판결에서는 저작권법상의 책임제한 조항이 형사책임에도 적 용될 수 있음을 최초로 명시적으로 밝히고 있다.

---

4) 오승종, 저작권법(제3판 전면개정판), 박영사, 2013, 1353면; 송영식 · 이상정, 저작권법 개설(제8판), 세창 출판사, 2012, 570−571면; 이해완, 저작권법(제3판 전면개정판), 박영사, 2015, 1066면.

5) 박태일, "온라인서비스제공자책임에 관한 연구", 창작과 권리 44호, 2006, 47면.

6) 정상조, 저작권법 주해, 박영사, 2007, 976−972면; 박태일, "미국에서의 온라인서비스제공자 책임론의 정 립과 발전", 재판자료 제199집(외국사법연수논집 29), 2010, 335면. 한미 자유무역협정(FTA)의 이행에 따 라, 2011. 6. 30. 제102조를 DMCA 경우와 같이 온라인서비스제공자의 유형별로 구분하는 것으로 대폭 개 정하고, 제103조 제5항도 필요적 면제 조항으로 개정하였다. 본 판결은 개정 전의 사안에 대한 것이다.

7) 박인회, "온라인서비스제공자의 책임에 관한 소고", 특별법연구(10권), 사법발전재단, 2012, 407−408면.

8) 박희영, "인터넷 서비스 제공자의 형사책임에 관한 연구−독일의 개정 전자적 정보 통신서비스법(TDG)을 중심으로−", 인터넷법률 제22호, 2004, 137면.

9) 박희영, 위의 글(주 8), 39면; 박인회, 앞의 글(주 7), 408면.

10) 신동운, "저작권법상 면책규정, 형사상 책임에도 적용 된다", 법률신문(2014. 4. 10.), 12면.

나. 책임제한 조항의 적용 요건

(1) 개요[11]

구 저작권법의 OSP에 대한 책임제한 규정의 구조를 간단하게 정리하여 보면 아래 표와
같다.[12]

조항	요건	효과	적용제외
① 제102조 제1항	권리침해사실의 인식 + 침해행위의 중단	임의적 감면	
② 제102조 제2항	권리침해사실의 인식 + 침해행위의 중단 시도 + 기술적 불가능	필요적 면제	
③ 제103조 제5항	권리침해중단의 요구 + 즉시 침해행위의 중단	임의적 감면	권리침해사실의 인식부터 중단요구까지의 손해는 감면 안 됨

위 제한 사유를 분석해 보면, ①, ③은 실질적으로 유사한 조항이다. 즉, ①은 침해사실
을 알고 침해행위를 방지하거나 중단시킨 경우이고, ③은 이른바 통지와 삭제(notice and
takedown) 조항에 포함된 내용으로서, 권리주장자로부터 권리침해사실의 소명과 함께 중단을
요구받고 즉시 중단시킨 경우인바, 스스로 침해행위를 중단시킨 경우라는 점에서 공통된다.
③의 경우에 침해사실을 안 때부터 중단을 요구받기 전까지 발생한 책임은 제외한다는 규정
도 ①의 규정과 함께 생각하면 당연한 논리이다. 침해사실을 인식하였음에도 이를 중단시키
지 않았으므로, 그에 대한 책임을 감면시킬 수는 없기 때문이다. 다만, 뒤늦게라도 권리자로
부터 요구를 받고 침해를 중단시켰을 때는 그 때부터만이라도 책임을 감면시켜줄 수 있다는
것이 ③의 취지로 해석된다.

③의 경우에는 중단요구를 받고 '즉시' 중단시킬 것을 요구하는 데 반하여 ①의 경우에
는 아무런 규정이 없으나, 권리자의 요구로 비로소 침해사실을 안 경우에도 즉시 중단조치
가 요구되는 이상, 스스로 침해사실을 인식하게 된 ①의 경우에도 '즉시' 중단조치를 취하는
것이 당연히 요구되는 것으로 해석된다. 대상판결에서도 이 점을 명확히 밝히고 있다.

---

11) 윤종수, "온라인서비스제공자의 책임제한과 특수한 유형의 온라인서비스제공자의 기술조치의무", 인권과
   정의 395호, 2009, 39-43면; 박준석, "온라인서비스제공자의 저작권 침해책임에 관한 한국에서의 입법 및
   판례 분석", 창작과 권리 63호, 2011, 119-120면.
12) 윤종수, 위의 글, 40면.

한편 ②는 위와 달리 서비스제공자가 침해사실을 인식하였음에도 침해행위의 방지와 중단에 성공하지 못한 경우에, 성공하지 못한 이유가 기술적으로 불가능하였을 때에 책임을 면제한다는 내용인 점에 그 의미가 있다.

(2) '기술적 가능성'의 의미

②의 해석에 있어 핵심적인 부분은 복제·전송의 방지 또는 중단이 '기술적으로 불가능한 경우'의 의미이다. 우리 저작권법과 같이 침해행위의 방지·중단의 '기술적 가능성'을 독립적인 책임제한사유로 정한 입법례는 찾아보기 힘들다.

'기술적 가능성'의 의미에 관하여는 1) 기술적 가능성의 의미를 넓게 보는 견해로서, 서비스제공자가 이용자들의 침해행위를 제지할 가능성이 있으면 기술적 가능성이 있다고 보는 견해와, 2) 기술적 가능성의 의무를 엄격하게 파악하는 견해로서, 서비스제공자가 이용자들의 행위 중 침해부분만을 구별하여 이를 제지할 수 있었을 때만이 기술적 가능성이 있다고 보는 견해로 나뉠 수 있다.[13]

기술적 가능성을 제지 가능성으로 파악하게 되면 마치 인과관계론에서 조건설을 취하는 경우처럼 기술적 가능성이 무한하게 확대될 위험성있다는 점 등에 비추어 OSP의 책임제한사유로서의 기술적 가능성은 '제지 가능성'이 아닌 '침해부분의 구별 가능성'으로 파악하는 것이 타당하고,[14] 대상판결도 '기술적으로 불가능한 경우'란 '온라인서비스의 제공 자체는 유지함을 전제로 이용자들의 복제·전송행위 중 저작재산권 침해행위가 되는 복제·전송을 선별하여 방지 또는 중단하는 것이 기술적으로 불가능한 경우'를 말한다고 밝힘으로써, 기술적 가능성을 '제지 가능성'이 아닌 '침해 부분의 구별 가능성'으로 파악하였다.

(3) '기술적 가능성'의 판단 기준

1) 기술적 조치의 현황 및 수준[15]

OSP가 저작권 침해물을 구별하여 이를 제지하기 위한 기술적 조치로는 필터링(filtering) 기술, 저작물 추적기술[16] 등을 상정할 수 있고, 대표적인 기술적 조치인 필터링은 소극적 필터링과 적극적 필터링으로 구분할 수 있다.

소극적 필터링(exclusion filtering)은 필터링의 보통 모습으로 사전에 정해 놓은 'black

---

13) 정상조, 앞의 책(주 6), 978면.
14) 윤종수, 앞의 글(주 11), 42-43면.
15) 오영우·장규현·권헌영·임종인, "온라인서비스제공자(OSP)의 저작권보호 책임과 필터링", 정보보호학회논문지 제20권 제6호(2010. 12.), 103-104면.
16) 저작물에 특별한 부호를 삽입하여 저작물을 추적하는 기술수단으로 대표적인 것으로 디지털 워터마크 기술 등이 있다.

list'에 포함된 파일을 차단시키는 방법이고, 적극적 필터링(inclusion filtering)은 허용된 파일만 접근할 수 있도록 하고 나머지는 모두 차단하는 방식으로 'white list'를 사전에 정한 다음 이에 해당되는 경우에만 접근을 허용하는 것이다. 소극적이든 적극적이든 필터링의 핵심적인 프로세스는 해당 파일이 저작권 침해물인지 판단하는 것인데, 필터링 기술은 검색어 기반 필터링, 해쉬 기반 필터링, 특징 기반 필터링 등 다양한 방법이 있을 수 있고,17) 기술적 진전이 지속적으로 일어나고 있다. 그러나 검색어 기반 및 해쉬 기반 필터링은 쉽게 그 필터링을 회피할 수 있다는 점에서, 특징 기반 필터링 기술 등을 상호 보완·적용하여야 효과적인 차단이 가능하다고 일반적으로 설명된다.

2) 기술적 가능성의 판단

OSP에게 적극적 필터링을 강제하는 것은 OSP의 혁신성과 가치를 몰각시키는 측면이 있으므로, 적극적 필터링을 OSP가 취하여야 할 기술적 조치의 내용으로 보기는 어렵다. 또한, 어떠한 특정한 기술을 OSP가 취하여야 할 기술적 조치의 내용으로 보기보다는 관련 기술의 진전에 따라 사안마다 OSP가 최선의 기술적 조치를 다하였는지 여부를 판단하는 것이 타당하다.

즉, 저작재산권 침해 당시를 기준으로, OSP가 소프트웨어 기술 수준 등에 비추어 최선의 방식을 채택하였는지 여부, 채택한 기술 방식 등을 제대로 작동하였는지 여부 등을 중요한 요소로 고려하여, OSP가 구 저작권법에서 요구하는 기술적 조치를 다하였는지 여부를 판단하여야 한다.

대상판결에서도 피고인들이 저작재산권 침해 방지를 위하여 채택한 기술 방식, 그 기술 방식의 작동 실태 등을 고려하여 기술적 조치를 다하였는지 여부를 판단하고 있는 것으로 보인다.

4. 판결의 의의

대상판결은 구 저작권법 상의 책임제한 조항이 형사책임에 적용됨을 명시적으로 밝히고, 그 구체적인 요건에 관하여 설시한 최초의 대법원판결로서 의의가 있다. 즉, OSP가 저작권 침해사실을 알고 저작권의 침해가 되는 복제·전송을 선별하여 이를 방지 또는 중단하는 기술적 조치를 다하였다고 인정되는 경우에는 해당 침해행위에 대한 형사책임이 면제된다는 점을 명확히 밝혔다. 다만, 저작권 침해의 방지 또는 중단에 관한 기술이 다양하고, 항상 변화·발전하고 있으므로, 특정한 기술적 조치를 그 기준으로 선언하기보다는 사안별로 OSP가 기술적 조치를 다하였는지 여부를 판단하여야 한다는 법적용의 기준을 밝혔다.

---

17) 저작권상생협의체, 알기 쉬운 기술적 조치 가이드라인(안) 및 해설서, 2011, 13면.

구 저작권법의 책임제한 조항은 그 구체적 요건 및 표현 등이 대폭 개정되었지만, 현행 저작권법에도 그대로 남아 있다. 책임제한 조항이 형사책임에도 적용된다는 대상판결의 취지는 현행 저작권법 아래에서 발생하는 유사 사례에도 적용될 것으로 보인다.

40 저작권 신탁관리계약의 해지

대법원 2012. 7. 12. 선고 2010다1272 판결[1]

이철남(충남대학교 법학전문대학원 교수)

1. 사안의 개요

원고는 예명 '서태지'로 알려진 인기가수이며 피고는 음악저작권 신탁관리업을 영위하는 비영리법인이다. 원고와 피고는 원고의 음악저작물에 관한 저작재산권을 신탁재산으로 피고에게 이전하고, 피고는 그 저작물의 저작재산권 등을 관리하고 이로 인하여 얻어진 저작물 사용료 등을 분배하기로 하는 저작권신탁관리계약을 체결하였다. 계약기간은 계약체결일로부터 5년으로 하되, 상호 이의가 없는 한 10년 단위로 그 기간이 자동 연장되도록 하였다.

그런데 신탁계약기간 중 소외인 등이 원고의 동의 없이 원고가 창작한 음악저작물의 가사 및 음정, 박자 중 일부를 변경하여 노래를 만들고 이를 수록한 음반과 뮤직비디오 등을 제작·발표하였다. 원고는 피고에게 위 소외인 등에게 이 사건 저작물의 사용허락을 하여 주지 말 것과 위 노래의 방송금지 등 법적 조치를 취해 줄 것을 수차 요청하였다. 하지만 피고는 이렇다 할 법적 조치를 취하지 않다가 원고의 동의가 없었음에도 소외인 등에게 원고의 저작인격권을 침해하여서는 아니된다는 조건을 붙여 이 사건 저작물의 사용을 허락하여 주었고 그로부터 침해저작물의 경우에 준한 사용료를 지급받았다.

원고는 이 사건 저작물에 대하여 저작권침해금지를 구하는 가처분을 신청하였고, 피고에 대하여는 내용증명으로 피고가 저작권신탁관리에 따른 제반의무를 다하지 못하였고 당사자 사이의 신뢰관계가 깨어짐으로써 신탁계약을 존속시키기 어려운 객관적인 사유가 발생하였다는 이유로 이 사건 신탁계약을 해지한다는 의사를 표시하였다. 그러나 피고는 기존의 신탁관리계약약관의 신탁기간 자동연장 및 수탁자의 동의없는 해지금지조항을 들어 신탁계

1) [관련 평석 및 문헌] 김병식, "저작권신탁계약의 해지 및 그에 따른 법률관계", 대법원 판례해설 제94호 (2012년 하); 박성호, "2012년 지적재산법 중요 판례", 인권과 정의 제432호, 2013. 3.; 이해완, "저작권 집중관리 제도의 현황과 발전 방향", 정보법학 제8권 제1호, 2004 등.

약해지의 효력을 다투었다.

원고는 피고를 상대로 신탁관리금지가처분을 신청하여 법원으로부터 "원고가 피고를 위한 보증금으로 5,000만 원을 공탁하거나 위 금액을 보험금액으로 하는 지급보증위탁계약 체결문서를 제출하는 것을 조건으로 피고는 원고의 음악저작물의 사용료를 징수하여서는 아니 되고, 피고는 회원 명부 및 피고의 인터넷 홈페이지에 원고의 이름과 원고의 음악저작물을 수록하거나 게재하여서는 아니 되며, 공연·방송·유선방송·영상저작물에의 녹음·각종 음반 녹음·출판 및 음반대여의 범위에서 원고의 음악저작물을 관리하여서는 아니 된다"는 가처분결정을 받았고 이 판결은 그대로 확정되었다.

원고는 피고가 신탁관리금지가처분결정을 받았으므로 원고의 저작권을 더 이상 관리할 수 없음에도 계속하여 원고의 음악저작물을 관리하며 저작물사용자들로부터 사용료를 징수하였다고 주장하면서 피고에 대하여, 1심에서는 저작물사용료 상당액의 부당이득반환청구를 하였고, 2심에서 불법행위를 원인으로 한 손해배상청구를 선택적으로 추가하였다.

2. 판결의 요지

가. 원심심결(서울고등법원 2009. 12. 10. 선고 2008나66254 판결)

저작권신탁관리계약은 그 실질이 신탁법상의 신탁으로서 위탁자인 저작권자가 신탁이익의 전부를 향수하는 이른바 '자익신탁'이라고 할 것인바, 신탁법상의 신탁은 동법에 의하여 위탁자인 저작권자는 언제든지 신탁계약을 해지할 수 있는 점에 비추어 보면, 수탁자의 동의없는 해지금지조항(약관 제18조 제2항)은 약관규제에 관한 법률 제9조 제1호에 해당하여 무효이며, 위탁자인 저작권자는 적어도 수탁자가 저작권 신탁관리에 따른 제반의무를 다하지 못하거나 부득이한 사유로 인하여 더 이상 계약관계를 유지할 수 없을 경우 신탁계약을 해지할 수 있고 이 경우 피고에 대하여 손해배상책임도 지지 않는다. 사안에서 원고의 수차례에 걸친 요구에도 불구하고 피고가 소외인 등에 대하여 법적 조치를 게을리하거나, 원고의 명백한 반대의사에 반하여 이 사건 저작물에 대한 사용을 허락한 행위는 저작권의 신탁관리에 따른 제반 의무를 다하지 못한 경우에 해당할 뿐 아니라, 원고와 피고 사이의 신뢰관계가 깨어져 회복되기 어려운 상태에 있었다고 보이는바, 부득이한 사유로 인하여 더 이상 계약관계를 유지할 수 없을 경우에 해당한다고 할 것이므로, 이러한 사유를 이유로 하는 원고의 해지 통보에 의하여 이 사건 신탁계약은 적법하게 해지되었다고 보았다.

한편 피고가 관리하는 음악저작물에 대하여 저작물사용계약 후 저작권신탁관리계약을 해지한 위탁자나 신탁관리가 종료된 음악저작물이 있는 경우, 해당 위탁자의 허락 없는 음악저작물 사용을 방지하기 위하여 피고는 사용자에게 그 위탁자나 그 음악저작물을 적어도 분기별로 통보할 의무가 있고, 피고가 이 사건 신탁계약 해지의 효력을 다투며 관리저작물 변동에 따른 통보를 게을리하고 있는 이상 피고는 원고의 음악저작물 사용에 따른 사용료 상당액을 유보하는 등의 조치를 취할 의무가 있다. 그런데 피고는 원고의 음악저작물에 대한 관리의 중단을 명하는 가처분결정이 있었음에도, 가처분결정 및 앞에서 본 주의의무를 위반하여 원고의 음악저작물에 대한 관리를 실질적으로 중단하지 아니하였을 뿐만 아니라, 원고가 피고의 회원이므로 원고의 음악저작물을 사용하여도 무방하다는 태도를 보여, 원고가 자신의 저작재산권을 행사하지 못하게 함으로써 음악저작물 사용자들이 원고의 허락 없이 그 음악저작물을 사용하도록 방치하였으므로, 위와 같은 불법행위로 인하여 원고가 입은 손해를 배상할 의무가 있다.

나. 대법원판결

대법원은 위탁자가 신탁이익의 전부를 향수하는 신탁에서 위탁자에게 인정되는 해지권을 상당한 이유 없이 배제하는 약관 조항은 공평의 관점에서 보아 고객에게 부당하게 불리하고 신의성실의 원칙에 반하여 공정을 잃은 것으로서 무효라는 전제에서, 이 사건 조항은 위탁자가 신탁이익의 전부를 향수하는 이른바 '자익신탁'에서 공평의 관점에서 보아 위탁자가 보유하는 해지의 자유를 상당한 이유 없이 제한하고 일방적으로 저작권신탁관리업체인 피고에게만 유리하게 한 약관 조항으로서, 약관규제법 제6조 제1항 소정의 '신의성실의 원칙에 반하여 공정을 잃은 약관조항'에 해당하여 무효라고 보았다. 그리고 피고의 행위는 저작권의 신탁관리에 따른 제반 의무를 다하지 못한 경우에 해당하거나 원고와 피고 사이의 신뢰관계가 깨어져 더 이상 계약관계를 유지할 수 없는 경우에 해당하여 신탁계약의 해지사유가 발생하였다고 보았다.

그러나 대법원은 원고의 해지청구로 이 사건 신탁계약이 해지되었다고 하더라도 피고로서는 원고에게 원고의 음악저작물에 대한 저작재산권 등 신탁재산을 이전할 의무를 부담하게 될 뿐 신탁재산이 원고에게 당연히 복귀되거나 승계되는 것은 아니라고 보았다. 그리고 저작권을 이전할 때까지는 수탁자인 피고가 원고를 위한 법정신탁의 수탁자로서 신탁사무의 종결과 최종의 계산의 목적 범위 내에서 원고 음악저작물에 관한 저작재산권을 계속 관리할 권한과 의무를 부담하며, 원고는 신탁수익권의 형태로서 잔여재산에 대한 권리를 보유하게 될 뿐이라고 보았다. 그렇다면 피고에게 자신과 계약을 체결한 원고 음악저작물 이용자들에 대하여 원고 음악저작물은 더 이상 피고의 관리저작물이 아님을 통보하여 원고의 허락 없이는 원고 음악저작물을 사용하지 못하도록 하여야 할 주의의무가 없으며, 피고가 그와 같은 통보를 하지 아니함으로써 방송사 등 이용자들이 원고의 허락을 받지 않고 원고의 음악저작물을 이용하였다고 하더라도 저작재산권을 이전받을 때까지는 단순한 채권자에 불과한 원고에게는 침해될 저작재산권도 없으므로, 원고의 저작재산권 침해를 이유로 한 불법행위가 성립할 여지가 없다.

3. 해설

가. 저작권신탁관리계약의 의의 및 법적 성질

(1) 저작권신탁관리계약의 의의

저작권법상 저작권신탁관리업은 저작재산권자, 배타적발행권자, 출판권자, 저작인접권자 또는 데이터베이스제작자의 권리를 가진 자를 위하여 그 권리를 신탁받아 이를 지속적으로 관리하는 업을 말하며, 저작물등의 이용과 관련하여 포괄적으로 대리하는 경우를 포함한다. 신탁계약의 주요 내용은 신탁자가 수탁자에게 신탁자의 저작물에 관한 저작재산권을 계약기간 중 신탁재산으로 수탁자에게 이전하고, 수탁자는 그 저작물의 이용허락, 기타 그 저작재산권 등을 관리하고 이로 인하여 얻어진 저작물 사용료 등을 분배하는 것이다. 다만 저작인격권은 저작재산권과는 달리 양도할 수 없을 뿐 아니라, 신탁법상으로도 특정의 재산권만이 신탁의 대상이 되도록 되어 있어 재산권이 아닌 권리는 신탁법상 신탁의 대상이 될 수 없는 점 등에 비추어 볼 때, 저작권 중 저작인격권은 성질상 저작권신탁계약에 의하여 수탁자에게 이전될 수 없으므로, 저작권법에 의하여 신탁관리될 수 있는 권리는 저작재산권에 한하고 저작인격권은 신탁관리될 수 없다.[2]

저작권신탁관리업을 하고자 하는 자는 문화체육관광부장관의 허가를 받아야 한다. 이처럼 국가가 신탁관리에 관한 사항을 규율하고 있는 것은 저작권자등의 입장에서 보면 안심하고 자신의 권리를 위탁할 수 있는 환경이 마련될 필요성이 있다는 점, 이용자 측면에서는 신뢰할 수 있는 업자를 창구로 하여 적정한 가격에 이용할 수 있는 상황이 요구되기 때문이다.[3]

(2) 저작권신탁관리계약의 법적 성질

저작권신탁관리계약은 그 실질이 신탁법상의 신탁에 해당한다. 신탁법상의 신탁은 위탁자와 수탁자 간의 특별한 신임관계에 기하여 위탁자가 특정의 재산권을 수탁자에게 이전하거나 기타의 처분을 하고 수탁자로 하여금 수익자의 이익을 위하여 또는 특정의 목적을 위

---

2) 서울고등법원 1996. 7. 12. 선고 95나41279 판결.
3) 이상정 외, "저작권관리사업법 제정을 위한 연구", 문화관광부, 2008, 5면.

하여 그 재산권을 관리·처분하게 하는 법률관계를 말한다. 따라서 신탁자와 수탁자 간에 어떤 권리에 관하여 신탁계약이 체결되면 그 권리는 법률상 위탁자로부터 수탁자에게 완전히 이전하여 수탁자가 권리자가 되고 그 권리에 대하여 소제기의 권한을 포함한 모든 관리처분권이 수탁자에게 속하게 된다.[4]

한편 저작권신탁관리계약은 위탁자인 저작권자가 신탁이익의 전부를 향수하는 이른바 '자익신탁'에 해당한다.

나. 저작권신탁관리계약의 해지

(1) 신탁관리계약 해지의 요건

일반적인 신탁관계는 신탁의 목적을 달성하였거나 달성할 수 없게 된 경우, 신탁행위로 정한 종료사유가 발생한 경우에는 종료되며(신탁법 제98조), 이 밖에도 위탁자와 수익자의 합의에 의해 종료시킬 수도 있다(신탁법 제99조). 특히 저작권신탁관리계약은 위탁자인 저작권자가 신탁이익의 전부를 향수하는 이른바 '자익신탁'에 해당하는데, 현행 신탁법 제99조 제2항은 "위탁자가 신탁이익의 전부를 누리는 신탁은 위탁자나 그 상속인이 언제든지 종료할 수 있다"고 규정하고 있다. 한편 약관의 규제에 관한 법률 제6조 제1항은 "신의성실의 원칙에 반하여 공정을 잃은 약관조항은 무효이다."라고 규정하고, 제9조는 "계약의 해제·해지에 관하여 정하고 있는 약관의 내용 중 다음 각 호의 1에 해당되는 내용을 정하고 있는 조항은 이를 무효로 한다."고 하면서 그 제1호에 '법률의 규정에 의한 고객의 해제권 또는 해지권을 배제하거나 그 행사를 제한하는 조항'을 규정하고 있다. 이와 같은 규정에 비추어 볼 때 위탁자가 신탁이익의 전부를 향수하는 신탁에서 위탁자에게 인정되는 해지권을 상당한 이유 없이 배제하는 약관 조항은 공평의 관점에서 보아 고객에게 부당하게 불리하고 신의성실의 원칙에 반하여 공정을 잃은 것으로서 무효라고 보아야 한다.

본 사건에서도 대법원은 "위탁자는 수탁자의 동의 없이 신탁계약을 해제할 수 없다."는 약관 제18조 제2항은 위탁자가 보유하는 해지의 자유를 상당한 이유 없이 제한하고 일방적으로 저작권신탁관리업체인 피고에게만 유리하게 한 약관 조항으로서, 약관규제법 제6조 제1항 소정의 '신의성실의 원칙에 반하여 공정을 잃은 약관조항'에 해당하여 무효라고 보았다.

(2) 신탁관리계약 해지의 효과

신탁종료 후의 신탁재산의 귀속과 관련하여 현행 신탁법 제101조는 제99조 등에 따라 신탁이 종료된 경우 신탁재산은 수익자에게 귀속되며, 신탁행위로 신탁재산의 잔여재산이

---

4) 서울고등법원 1996. 7. 12. 선고 95나41279 판결.

귀속될 자를 정한 경우에는 그 귀속권리자에게 귀속하는 것으로 규정하고 있다(제101조 1항). 다만 신탁이 종료된 경우 신탁재산이 제1항 등의 규정에 따라 귀속될 자에게 이전될 때까지 그 신탁은 존속하는 것으로 본다(제101조 4항). 그리고 신탁이 종료한 경우 수탁자는 지체 없이 신탁사무에 관한 최종의 계산을 하고, 수익자 및 귀속권리자의 승인을 받아야 한다(제103조 1항).

　　이상과 같은 신탁법상의 관련 조항을 근거로 대법원은 신탁행위로 달리 정하였다는 등의 특별한 사정이 없는 한, 위탁자의 해지청구 등으로 신탁이 종료하더라도 수탁자가 신탁재산의 귀속권리자인 수익자나 위탁자 등에게 저작재산권 등 신탁재산을 이전할 의무를 부담하게 될 뿐 신탁재산이 수익자나 위탁자 등에게 당연히 복귀되거나 승계되는 것은 아니라고 보았다. 신탁재산을 이전할 때까지는 수탁자는 신탁사무의 종결과 최종의 계산을 목적으로 하는 귀속권리자를 위한 법정신탁의 수탁자로서 그와 같은 목적 범위 내에서 신탁재산을 계속 관리할 권한과 의무를 부담하며, 귀속권리자는 신탁수익권의 형태로서 신탁재산 등 잔여재산에 대한 권리를 보유하게 될 뿐이라고 한다. 그리고 신탁법에는 신탁종료 시의 수탁자의 청산의무에 관하여 아무런 규정이 없으므로, 신탁행위로 달리 정하였거나 해당 신탁의 취지 등에 의하여 달리 볼 수 없는 한 수탁자는 청산의무를 부담하지 않으며, 수탁자가 신탁재산에 관하여 체결한 쌍무계약에 관하여 아직 이행을 완료하지 아니한 때에는 그 계약을 귀속권리자에게 인수시킬 수도 있는 것이고, 신탁이 종료하였다고 하여 반드시 계약을 해지하는 등으로 이를 청산하여야 하는 것은 아니라고 보았다.

　　본 사안과 관련하여 대법원은 신탁관리계약이 해지되었다고 하더라도 원고의 음악저작물에 대한 저작권이 원고에게 이전될 때까지는 피고는 원고의 음악저작물에 대한 저작재산권자 겸 원고를 위한 법정신탁의 수탁자로서 원고의 음악저작물을 계속 관리할 권한과 의무를 부담하는 것으로 보았다. 그렇다면 이용자들에 대하여 원고 음악저작물은 더 이상 피고의 관리저작물이 아님을 통보하여 원고의 허락 없이는 원고 음악저작물을 사용하지 못하도록 하여야 할 주의의무가 없으며, 피고가 그와 같은 통보를 하지 아니함으로써 방송사 등 이용자들이 원고의 허락을 받지 않고 원고의 음악저작물을 이용하였다고 하더라도 저작재산권을 이전받을 때까지는 단순한 채권자에 불과한 원고에게는 침해될 저작재산권도 없으므로, 원고의 저작재산권 침해를 이유로 한 불법행위가 성립할 여지가 없다. 또한 피고가 방송사 등 일부 사용자들로부터 징수한 사용료를 유보하지 않았다고 하더라도, 이는 원고에게 신탁수익을 반환하여 줄 채무를 이행하지 않은 것이 됨은 별론으로 하고, 저작재산권자도 아닌 원고의 저작재산권 행사를 방해하는 것으로 불법행위가 된다고 볼 수는 없고, 피고가 방송사 등 사용자들에게 원고가 피고의 회원이라는 태도를 보였다고 하더라도 이는 피고가 저작재산권자 겸 법정신탁의 수탁자의 지위에서 행한 것에 불과할 뿐 불법행위가 되는 것은 아

니라고 보았다.5)

4. 판결의 의의

본 사건을 계기로 국내에서는 신탁관리단체의 독점적 지위와 그 남용에 관한 논의가 본격화되었다. 저작권법상 저작권신탁관리업을 하고자 하는 자는 문화체육관광부장관의 허가를 받아야 하는데, 최근까지 정부는 원칙적으로 하나의 분야에 하나의 단체에게만 설립을 허가하는 정책(一著作物一權利團體)을 취해 왔다. 그 결과 국내에서는 소수의 신탁단체만이 존재하고 있으며, 한 분야의 저작물에 대하여 하나의 신탁단체가 사실상 독점체제로 운영되어 왔다. 한국음악저작권협회의 구 약관에서는 "위탁자는 수탁자의 동의 없이 신탁계약을 해제할 수 없다."라고 규정하고 있었는데, 법원은 이와 같이 해지요건을 더욱 가중하는 이유는 저작권신탁관리업체의 우월적·독점적 지위를 보장받기 위한 것으로 보일 뿐 달리 '상당한 이유'를 발견하기 어렵다고 하였다.

본 판결은 저작권신탁관리계약이 위탁자인 저작권자가 신탁이익의 전부를 향수하는 이른바 '자익신탁'에 해당하며, 위탁자가 보유하는 해지의 자유를 상당한 이유 없이 제한하고 일방적으로 저작권신탁관리업체에게만 유리하게 한 약관 조항은 약관규제법상 '신의성실의 원칙에 반하여 공정을 잃은 약관조항'에 해당하여 무효라는 점을 명확히 했다는 점에서 의의가 있다. 본 사건을 계기로 한국음악저작권협회는 관련 약관의 내용을 "위탁자는 수탁자가 저작권 신탁관리에 따른 제반 의무를 다하지 못하거나 위탁자의 개인적인 부득이한 사유로 인하여 더 이상 계약관계를 유지할 수 없을 경우 본 계약을 해지할 수 있다"는 내용으로 변경하였다.6)

한편 최근 문화체육관광부는 음악저작물에 관한 저작권 신탁단체를 추가로 허가하여 복수단체체제로 전환하였다. 복수단체일 경우 권리자들의 입장에서는 선택의 폭이 넓어지고,

---

5) 이러한 대법원의 견해에 대해서는 신탁재산이 부동산과 같은 유체물인 경우에는 소유권 이전등기절차가 요구되므로 신탁종료사유의 발생에 의해 신탁재산이 당연히 귀속권리자에게 이전되는 것이 아니라고 할 것이지만, 신탁재산이 무체물인 저작재산권의 경우는 그 권리이전이 의사표시만으로 이루어지고 등록은 대항요건에 불과한 것이기 때문에 달리 보아야 한다는 의견이 있다. 박성호, "2012년 지적재산법 중요 판례", 인권과 정의 제432호, 2013, 180면 참조.

6) 현행 관련 조항은 다음과 같다.
제20조(신탁계약의 해지)
① ~ ② 생략
③ 위탁자의 개인적인 부득이한 사유로 인하여 더 이상 계약관계를 유지할 수 없거나, 수탁자가 본 계약에 정한 조항의 전부 또는 일부를 이행하지 않을 경우, 위탁자는 수탁자에게 15일 이상의 기간을 정하여 그 이행을 서면으로 최고하고, 그 기간 내에 이행하지 아니하는 경우에, 계약을 해지할 수 있다.
④ ~ ⑤ 생략

이용자의 측면에서는 독점적 지위의 남용가능성이 줄어든다는 이점이 있다. 하지만 '창구 단
일화'의 경우에 비하여 사용료와 교섭비용을 비롯한 관리 비용은 높아질 수 있다는 점을 고
려할 필요가 있다.[7]

---

7) 이해완, "저작권 집중관리 제도의 현황과 발전 방향", 정보법학 제8권 제1호, 2004, 44면.

41 저작권법상 기술적 보호조치의 의의 및 구별방법

대법원 2015. 7. 9. 선고 2015도3352 판결[1)

정진근(강원대학교 법학전문대학원 교수)

1. 사안의 개요

노래방의 노래반주기 제작업체인 공소외 회사는 사단법인 한국음악저작권협회로부터 복제 및 배포에 관한 이용허락을 받아 매월 노래방에 신곡을 공급하고 있었다. 이 회사는 두 가지의 기술적 보호조치를 노래반주기에 적용하고 있었는데, 그 하나는 매달 고유번호가 부여된 데이터롬(Data ROM) 칩을 제작하여 그 칩을 노래반주기에 장착하도록 하는 방법이고, 또 다른 하나는 "○○와이파이 모듈"이라는 USB를 노래반주기에 삽입한 후 스마트폰을 이용하여 스마트 토큰(token)을 구입하는 방법이다. 이러한 두 가지 방식의 인증수단(이하 '이 사건 보호조치'라 한다) 중 하나를 갖춘 경우에만 신곡파일이 구동될 수 있었다.

노래방 딜러들은 별도의 대가 지불 없이 공소외 회사로부터 신곡파일을 입수하여 이를 복제·배포할 수 있었는데, 공소외 회사는 이 사건 보호조치에 대한 대가를 받는 것으로 신곡파일 등 음악저작물의 복제·배포를 통제하는 것을 대신하고 있었다.

노래방 영업주들은 노래방 딜러들이 복제·배포한 음악저작물을, 기술적 보호조치 무력화 장치가 사용된 사정을 모른 채, 영업적으로 이용하여 공연하였다.

피고인(1)은 신곡인증과 관련된 데이터를 조작하여 전월의 데이터롬 칩을 사용해도 신곡의 인증이 이루어지도록 하거나 스마트 토큰을 사용하지 않고도 신곡파일이 구동하여 공연할 수 있도록 하는 장치를 제조·판매·보관하였다.

피고인(2)는 위의 기술적 보호조치 중 데이터롬 칩 방식의 보호조치를 무력화하는 장치

---

1) [참조 및 관련 판례] 인천지방법원 2015. 2. 5. 선고 2014노3538 판결; 대법원 1996. 3. 22. 선고 95도1288 판결; 대법원 2001. 9. 28. 선고 2001도4100 판결; 대법원 1997. 7. 11. 선고 97도1180 판결; 대법원 2011. 5. 13. 선고 2011도1415 판결; 대법원 2005. 10. 28. 선고 2005도5996 판결 등.
   [관련 평석 및 문헌] 법무법인(유한) 태평양, "저작권법 제2조 제28호 가목과 나목의 기술적 보호조치의 의미 및 구분방법", 기업법무 리포트<www.lawnb.com>.

를 구매하여 노래반주기에 신곡파일을 설치해주는 노래방 딜러들에게 판매하였다.

이들 피고인들의 행위는 기술적 보호조치의 무력화행위에 해당할 수 있을 것으로 보이는데, 판례는 저작권법에 의해 금지되는 기술적 보호조치의 무력화행위를 판단하는 기준을 제시하고 있다.

2. 판결의 요지

가. 기술적 보호조치의 의의

저작권법 제2조 제28호는 "기술적 보호조치"를 (가)목의 "저작권, 그 밖에 이 법에 따라 보호되는 권리(이하 '저작권 등'이라 한다)의 행사와 관련하여 이 법에 따라 보호되는 저작물 등에 대한 접근을 효과적으로 방지하거나 억제하기 위하여 그 권리자나 권리자의 동의를 받은 자가 적용하는 기술적 조치"와, (나)목의 "저작권, 그 밖에 이 법에 따라 보호되는 권리에 대한 침해행위를 효과적으로 방지하거나 억제하기 위하여 그 권리자나 권리자의 동의를 받은 자가 적용하는 기술적 조치"로 나누어 정의하고 있다.

나. 기술적 보호조치의 구별 기준

(가)목의 보호조치는 저작권 등을 구성하는 복제·배포·공연 등 개별 권리에 대한 침해행위 그 자체를 직접적으로 방지하거나 억제하는 것은 아니지만 저작물이 수록된 매체에 대한 접근 또는 그 매체의 재생·작동 등을 통한 저작물의 내용에 대한 접근 등을 방지하거나 억제함으로써 저작권 등을 보호하는 조치를 의미하고, (나)목의 보호조치는 저작권 등을 구성하는 개별 권리에 대한 침해행위 그 자체를 직접적으로 방지하거나 억제하는 보호조치를 의미한다. 여기서 문제되는 보호조치가 둘 중 어느 쪽에 해당하는지를 결정함에 있어서는, 저작권은 하나의 단일한 권리가 아니라 복제권, 배포권, 공연권 등 여러 권리들의 집합체로서 이들 권리는 각각 별개의 권리이므로 이 각각의 권리를 기준으로 개별적으로 판단하여야 한다.

따라서 이 사건 기술적 보호조치는 복제권·배포권과 관련하여서는 (가)목의 보호조치에 해당하고, 공연권과 관련해서는 (나)목의 보호조치에 해당한다.

다. 접근통제적 기술적 보호조치 무력화 인정의 요건으로서 '관련성'

비록, 노래방 딜러들이 별도의 대가 지불 없이 공소외 회사로부터 신곡파일을 입수하여 이를 복제·배포할 수 있었던 것으로 보이기는 하나, 이는 공소외 회사가 이 사건 보호조치에 대한 대가를 받음으로써 굳이 저작물의 복제·배포를 통제하거나 그에 대한 별도의 대가를 받을 필요가 없었던 것이므로, 이러한 사정을 이유로 이 사건 보호조치가 복제권·배포권 등의 행사와 '무관'하다고 할 수는 없다.

라. 저작권 침해행위와 무력화 장치 제공자의 책임

피고인들이 노래반주기의 기술적 보호조치를 무력화한 것과 관련하여, 실제로 공연행위를 한 사람은 공소외 노래방 영업주들이라고 보아야 하고, 피고인들은 무력화 장치가 사용된 사정을 모르는 노래방 영업주들로 하여금 저작권자의 진정한 허락 없이 공연행위를 하게 한 경우에 해당하여 저작권 위반의 간접정범이 된다고 할 것이고, 이 경우 간접정범은 형법 제34조 제1항, 제31조 제1항에 의하여 죄를 실행한 자와 동일한 형으로 처벌되는 것이다.

3. 해설

본 사안은 기술적 보호조치(Technical Protection Measures)의 의미 및 기술적 보호조치를 접근통제적 기술적 보호조치와 권리통제적[2] 기술적 보호조치로 나누는 데 있어서의 판단기준에 관한 대법원 판례이자 이와 관련된 사실상 최초의 판례로 보인다.

가. 기술적 보호조치의 의미

기술적 보호조치란 저작자가 저작물에 대한 접근을 제한하거나 저작권 침해를 야기하는 저작재산권을 구성하는 행위를 방지하기 위해 취하는 기술적 조치를 말한다. 즉, 기술적 보호조치란 저작물 등의 무단 복제 등 불법이용행위를 방지하기 이한 기술적 보호수단 내지

---

2) '권리통제적' 기술적 보호조치를 '복제통제적', '이용통제적'이라는 용어로 설명하기도 하나, 기술적 보호조치에 의해 보호하려는 대상이 '복제'에 한정되지 않으며 '이용' 그 자체는 아니라는 점, 저작권이라는 권리침해를 통제하기 위한 기술적 보호조치로서의 성격을 갖는다는 점을 고려하여, 본고에서는 "권리통제적 (rights control) 기술적 보호조치"라는 용어를 사용한다.

는 장치를 말하는데,[3] 디지털화되어 유통되는 저작물의 무단복제로부터 저작권을 보호하기 위하여 채택된 디지털화된 잠금장치라고 볼 수 있다. 권리보호를 위한 기술적인 자구책의 성격을 가지는 기술적 보호조치는 오늘날 소프트웨어 산업과 디지털콘텐츠 산업에 광범위하게 적용되고 있다.[4] 그러나 기술적 보호조치가 권리자를 보호하는 것과 대조적으로 이로 인해 이용자의 접근권과 이용가능성은 좁아질 수밖에 없다. 이러한 이유로 기술적 보호조치 무력화의 해석은 저작권 침해와 유기적으로 이루어질 수밖에 없으며, 가급적 좁게 해석하여야 할 것이다.

저작권법 제2조 제28호는 "기술적 보호조치"에 대해 두 가지의 유형으로 나누어 설명한다.

첫째는 접근통제적 기술적 보호조치라고 불리는 것인데, 저작권 등의 행사와 관련하여 저작권법에 따라 보호되는 저작물 등에 대한 접근을 효과적으로 방지하거나 억제하기 위하여 그 권리자나 권리자의 동의를 받은 자가 적용하는 기술적 보호조치이다(제2조 제28호 가목). 접근통제적 기술적 보호조치에 대해서는 제104조의2 제1항에서 기술적 보호조치 무력화의 금지를 규정하고 있다. 이때 동조 제1항 각호에 해당하는 경우에는 기술적 보호조치 무력화가 예외적으로 인정된다. 접근통제로 발생하는 부작용을 해소하기 위한 규정이다. 접근통제적 기술적 보호조치 무력화 행위는 저작권법 제136조 제2항 제3의 3호 규정에 따라 3년 이하의 징역 또는 3천만원 이하의 벌금에 처하거나 병과할 수 있다.

둘째는 권리통제적 기술적 보호조치라고 불리는 것인데, 저작권 등 저작권법에 의해 보호되는 권리에 대한 침해 행위를 효과적으로 방지하거나 억제하기 위하여 그 권리자나 권리자의 동의를 받은 자가 적용하는 기술적 보호조치이다(제2조 제28호 나목). 권리통제적 기술적 보호조치의 무력화는 저작권 또는 저작권법에 따라 보호되는 권리에 대한 침해행위가 있는 경우 그러한 침해행위를 처벌하면 족하게 될 것이므로 저작권 등 침해행위에 대한 처벌 또는 손해배상을 하면 족하고, 별도로 기술적 보호조치 무력화 행위 그 자체를 처벌하는 규정은 별도로 존재하지 않되, 저작권법 제104조의2 제2항에서 기술적 보호조치를 무력화하는 장치 등의 유통(간접적 무력화행위)을 규제할 뿐이다.[5] 이에 반해 구 컴퓨터프로그램 보호법은 저작권 침해행위를 처벌하는 것과 함께 권리통제적 기술적 보호조치 무력화 행위를 처벌하는 규정을 동시에 두고 있었는데(구 컴퓨터프로그램 보호법 제46조), 이때 기술적 보호조치를 무력화하여 저작권 침해행위가 일어났을 때 어떠한 벌칙 규정을 적용해야 하는지의 문제가 발생할 수 있었다.

---

3) 이대희, 인터넷과 지적재산권법, 박영사, 2002, 457면.

4) 이해완, 저작권법(3판), 박영사, 2015, 1164면.

5) 일부에서는 권리통제적 기술적 보호조치는 장치 판매에 한하여 규제된다고 설명하고 있으나, 저작권 그 자체의 침해가 반드시 수반되므로 저작권 침해 그 자체를 처벌하는 것으로 대신한다는 점을 분명히할 필요가 있다.

나. 기술적 보호조치의 구별 기준

기술적 보호조치를 접근통제적 기술적 보호조치와 권리통제적 기술적 보호조치로 나누는 방법은 미국 DMCA에서 비롯된 후 우리나라를 비롯한 각국 입법례상 분류방식의 대세를 이루고 있다.[6] 미국의 DMCA는 접근통제와 권리통제를 명백하게 구별하여 규정하고 있으며,[7] 우리나라와 마찬가지로 권리통제적 기술적 보호조치의 무력화행위에 대한 별도의 처벌 규정을 가지고 있지 않다.

이들 두 가지 종류의 기술적 보호조치의 구분과 관련하여, 지난 문헌들에서는 접근통제적 기술적 보호조치와 권리통제적 기술적 보호조치를 기술적 특징으로부터 구분하는 것이 일반적이었다.

예를 들어 접근통제적 조치는 암호화, 패스워드, 전자서명 등을, 권리통제적 조치로는 디지털 워터마킹, 시리얼 복제관리 시스템(SCMS) 등으로 나누어 설명된 것이다.[8] 미국의 사례를 보더라도, 접근통제조치로 인정된 사례로는 DVD에 적용되는 CSS(Contents Scrambling System), 소니사의 정품인증시스템, 웹사이트의 자세한 내용을 보기 위한 비밀번호시스템, 리얼네트워크사의 인증시스템인 '비밀의 악수(secret handshake)'가 거론되는 한편, 권리통제조치로 인정된 사례로는 어도비사의 이북 리더(eBook Reader) 프로그램에서 복제본의 제작이나 이메일 송수신 등을 막을 수 있도록 한 기술적 보호조치, 리얼플레이어 프로그램에서 파일의 무단복제를 통제하는 'Copy Swich' 프로그램이 있다고 한다.[9]

기술적 보호조치의 구분에 관한 기술적 특징을 통해 구분해야 한다는 견해는 원칙적으로 기술적 보호조치가 '저작물'에 접근하는 것을 방지하는 것인지 또는 '저작물'을 복제 등의 방법으로 이용하는 것을 방지하고자 하는 것인지에 초점을 맞춘다.

그러나 현실적으로 접근통제장치와 권리통제장치는 양자 모두 궁극적으로 디지털매체 속에 들어 있는 저작물을 보호하기 위한 것이고, 양자의 기능을 모두 가지고 있는 기술적 보호조치도 많이 사용되고 있기 때문에 어떠한 기술적 보호조치가 접근통제장치에 해당하는지 아니면 권리통제장치에 해당하는지를 구분하는 것은 쉽지 않다는 지적이 제기되어 왔다.[10]

---

6) 이규홍, "저작권법상 기술적 보호조치의 법적 보호에 관한 연구", 연세의료·과학기술과 법(제1권 제1호), 2010, 61면.

7) DMCA 제1201조 (a)(1)(A), (b)(1).

8) 이성우, "기술적 보호조치에 있어서 접근통제조치의 문제점에 관한 소고", 경성법학(제16집 제2호), 2007, 23면; 이진태·임종인, "아이폰 탈옥(Jailbreaking)과 기술적 보호조치", 법학논집(제34권 제2호), 2010, 718-719면.

9) 이해완, 저작권법(3판), 박영사, 2015, 1167면.

10) 이성우, "기술적 보호조치에 있어서 접근통제조치의 문제점에 관한 소고", 경성법학(제16집 제2호), 2007,

아울러, 저작권은 복제권, 공연권, 공중송신권, 전시권, 배포권, 2차적저작물작성권이라는 소위 '지분적 권리'의 다발로 구성되어 있는데, 같은 기술적 보호조치를 해제함으로써 발생하는 저작권 침해가 일부 지분권에 한정될 수 있다는 점에서 권리통제적 기술적 보호조치를 어느 범위까지 인정할 것인지의 문제가 발생할 여지가 있었다. 예를 들어, 권리통제적 기술적 보호조치는 기술적 보호조치의 무력화 그 자체를 처벌하지 않고 저작권 침해죄로 처벌하도록 하고 있는데, 이용자가 복제권만을 허락받고 있는 경우 기술적 보호조치를 무력화함으로써 복제와 공중송신행위가 동시에 발생하였다면 결국 이용자의 행위는 공중송신권을 침해한다고 볼 수는 있지만 허락된 복제권을 침해하는 것은 인정하기 어렵게 될 것이므로, 기술적 보호조치의 기술적 특성에 따른 구분만으로는 이러한 현상을 설명하기가 어렵게 되었다.

이에 대해 이번 대법원판결은 기술적 보호조치가 접근통제조치인지 또는 권리통제조치인지에 대해 저작권의 지분적인 권리를 기준으로 개별적으로 판단해야 한다는 기준을 제시하고 있다. 즉, 피고인들이 별도의 대가 없이 복제 및 배포할 수 있었던 점을 고려하여 이와 관련하여서는 접근통제적 기술적 보호조치로 인정하고, 반면 공연에 대한 권리가 없는 점을 고려하여 이와 관련하여서는 권리통제적 기술적 보호조치로 인정하고 있다.

이러한 판단기준은 지분권 침해의 기준을 법률적인 권리침해의 관점에서 제시한 것으로서, 기존의 기술적 관점에서 제시한 것보다 더욱 명확한 기준이라고 생각된다. 따라서 기술적 보호조치의 기술적 특징을 고려하여 접근통제적 기술적 보호조치 또는 권리통제적 기술적 보호조치[11]로 구분해 온 그간의 해석론은 변경이 불가피하게 되었다.

다. 접근통제적 기술적 보호조치 무력화 인정의 요건으로서 '관련성'

기술적 보호조치 중에서 권리통제적 기술적 보호조치는 저작권 침해와 직접적으로 관련이 있으므로, 저작권 침해를 방지하기 위하여 기술적 보호조치를 인정하는 것에 반론이 제기되기 어렵다. 반면, 접근통제적 기술적 보호조치에 대해서는 정보에 대한 '접근가능성'을 차단한다거나 '접근권'을 제한한다는 비판이 제기될 수 있었다. 따라서 접근통제적 기술적 보호조치 무력화 행위의 인정은 좀 더 제한적으로 해석될 필요가 있다.

23면.

11) 접근통제적 기술적 보호조치 또는 권리통제적 기술적 보호조치로 구분하는 것과 접근통제적 기술적 보호조치 무력화 또는 권리통제적 기술적 보호조치 무력화로 구분하는 것은 다른 문제이다. 이번 판결은 '기술적 보호조치'의 분류를 기술적 특징을 토대로 할 것인지 아니면 저작권의 지분적 권리(지분권)를 토대로 할 것인지의 문제로서, 법원은 기술적 특징이 아닌 지분적 권리를 토대로 판단하고 있다. 다음으로 '기술적 보호조치의 무력화'의 요건으로서 접근통제적 기술적 보호조치는 기술적 보호조치의 우회를 요구하는 반면, 권리통제적 기술적 보호조치는 저작권(또는 지분권)의 침해를 요구한다.

이에 대해, 우리 저작권법은, 미국저작권법과는 달리, 접근통제적 기술적 보호조치를 "저작권, 그 밖에 이 법에 따라 보호되는 권리의 행사와 관련하여" 접근을 효과적으로 방지하거나 억제하기 위한 기술적 조치라고 규정하고 있으므로, 접근통제조치는 저작권법상의 권리행사와의 관련성이 인정되는 한도에서 보호가 가능하다는 견해가 제시되고 있다.12) 매우 타당한 견해라고 생각된다.

아울러, 미국의 접근통제 기술적 보호조치와 관련된 대표적인 사례인 Chamberlain v. Skylink 사건13)도 우리 저작권법의 규정과 같은 맥락에서 판시되고 있다. 이 사건은 차고문을 여닫는 장치와 장치를 구동하기 위한 리모콘의 기술적 보호조치의 무력화와 관련된 사건이다. 이 사건에서 기술적 보호조치를 우회하는 리모콘을 제작하여 판매한 데 대해, 미국 연방항소법원은 해당 기술적 보호조치가 저작권 등 권리의 침해방지와 합리적 관련성 (reasonable relationship)이 없다고 판결한 바 있다.

이러한 점을 고려할 때, 이번 대법원판결에서 복제 및 배포권 침해와 관련된 기술적 보호조치의 무력화에 대해 "이 사건 보호조치가 복제권, 배포권 등의 행사와 무관하다고 할 수 없다"는 점14)을 토대로 이 사건 보호조치는 저작권 등의 행사와 무관하게 접근만을 통제하는 조치가 아님을 확인한 후 접근통제적 기술적 보호조치 무력화를 인정하고 있다는 점은 바람직한 해석의 기준을 제시하고 있는 것으로 평가될 수 있다.

4. 판결의 의의

이번 판결의 의의는 크게 두 가지로 정리될 수 있는데, 첫째는 기술적 보호조치의 구분과 관련하여 지금까지의 기술적 보호조치의 기술적 특성을 고려하던 태도를 버리고, 저작권 침해와의 관계를 토대로 기술적 보호조치를 구분하고 있다는 점이다. 둘째는 접근통제적 기술적 보호조치 무력화 행위를 저작권 침해행위로 보기 위해서는 저작권 침해와의 관련성이 요건으로 인정되어야 한다는 점을 명확히 하였다는 것이다.

이러한 대법원의 판결은 기술적 특성을 고려하는 구분방법이 당해 기술적 보호조치가

---

12) 이해완, 저작권법(3판), 박영사, 2015, 1184면.
13) Chamberlain v. Skylink, 381 F. 3d 1178 (Fed. Cir. 2004).
14) 2008. 12. '대한민국과 미합중국 간의 자유무역협정 비준동의안 검토보고서'[한ㆍ미 FTA 비준동의안(의안번호 1801128)에 대한 검토보고서임(국회 의안정보시스템에서 검색)], 682−683면에 의하면 협정에 따라 접근통제 기술적 보호조치를 도입하는 경우에는 정보의 독점화, 저작권 제한규정 무력화, 경쟁 및 혁신의 억제 등과 같은 부작용을 야기할 수 있다는 우려를 감안하여 "저작권 침해와 기술적 보호조치 규정의 위반 간의 연관관계를 명확히 하여 저작권의 보호와는 무관한 목적을 위하여 기술적 보호조치 규정이 남용되는 일(저작권 침해가 없더라도 기술적 보호조치를 우회하였다는 이유로 처벌되는 경우 등)이 없도록 하여야 할 것임"이라고 기재되어 있다. 이에 따라 저작권법 제2조 제28호 가목에 미국법에는 없는 "저작권, 그 밖에 이 법에 따라 보호되는 권리의 행사와 관련하여"라는 제한조항이 삽입되게 된 것으로 알고 있다.

접근통제적인지 또는 권리통제적인지에 대한 명확한 구분방법을 제시하지 못하고 있는 문제점을 극복하였다는 데서 그 의의를 찾을 수 있다. 기술적 보호조치가 접근통제적 조치인지의 여부에 따라 적용되는 규정 및 법률효과가 상이하게 된다는 점을 고려할 때, 이번 대법원의 판결이 시사하는 바는 크다고 할 수 있다. 특히, 저작권은 단일의 권리가 아니고 지분적인 권리의 다발이라는 점에서 지분권 단위의 보호가 가능하게 되었다.

아울러, 접근통제적 기술적 보호조치는 기술적 보호조치의 무력화 그 자체를 규제하는 것이 아니라 저작권 침해와의 관련성을 요건으로 무력화 행위를 규제한다는 점을 명확히 했다는 점에서 큰 의의가 있다. 이러한 대법원의 판결은 우리 저작권법을 충실히 해석하고 있으며, 접근가능성이나 접근권에 관한 그간의 우려를 완화하거나 제거하는 데도 큰 도움이 될 것으로 생각된다.

42 침해물로의 링크와 저작권침해죄의 방조

대법원 2015. 3. 12. 선고 2012도13748 판결[1]

박준석(서울대학교 법학전문대학원 교수)

1. 사안의 개요

이 사건[2]의 피고인은 한때 한국의 대표적인 만화정보 교환사이트였던 '츄잉(www.chuing. net)'의 운영자다. 피고인은, 츄잉 사이트의 항목을 만화, 애니메이션, 이미지 등으로 먼저 나눈 다음 그 하위항목에서 '원피스(One Piece)', '나루토(Naruto)' 등 개별 만화명에 따라 별도의 게시판 서비스를 제공하였다.

그런데 개별 게시판에서 일부 회원들이 게시한 '정보'[3]는 해당 만화 혹은 그 만화동영상의 각 번역본이 게시된 해외 블로그 등으로의 직접링크(direct link, 이하 '이 사건 링크'라 한다)를 담고 있는 경우가 많았고, 이것들은 일본 만화의 저작권자 등 관련자들의 허락을 얻지 않고 임의로 복제되거나 번역 등 변형되어 업로드된 것들이었다. '원피스', '나루토'의 일본 측 출판사로부터 한국어 번역본 출판에 관한 권리를 부여받은 한국 측 출판사가 피고인을

---

1) [참조 및 관련 판례] 대법원 2009. 11. 26. 선고 2008다77405 판결(휴대폰 벨소리 다운로드 사건); 대법원 2010. 3. 11. 선고 2009다80637 판결 및 같은 날 선고된 2009다4343 판결, 2009다5643 판결, 2009다 76256 판결, 2007다76733 판결(이들을 묶어, '이미지 검색엔진의 인라인링크 사건들'); 대법원 2003. 7. 8. 선고 2001도1335 판결(팬티신문 사건) 등.
   [관련 평석 및 문헌] 박준석, "인터넷 링크행위자는 이제 정범은 물론 방조범조차 아닌 것인가?-대법원 2012도13748 판결의 문제점과 저작권 형사범죄 처벌의 논리-", 산업재산권 48호(2015. 12.); 이해완, "인터넷 링크와 저작권침해 책임", 한국저작권법학회 2015 상반기 학술세미나 발표자료집(2015); 박준석, "이미지 검색엔진의 인라인 링크 등에 따른 복제, 전시, 전송 관련 저작권침해 책임", 민사판례연구 33권 (상)-민사판례연구회편-, 박영사(2011. 2.) 등.
2) 이하 이 사건 사실관계 설명 부분은 하급심 판결문을 기초로 하였으나 그 사실 기재가 충분치 않아 부득이 필자가 이 글을 작성하며 직접 츄잉 사이트에 방문하여 확인하거나 다른 인터넷 자료로부터 얻은 사실도 첨부하였다.
3) 츄잉 사이트에서는 '정보'와 일반게시글을 별도의 항목으로 구분 배열함으로써 이용자가 화면 상단에 위치한 '정보'를 쉽게 접근할 수 있도록 하였고, 이때 '정보'는 소수의 상위 레벨 회원들만 작성할 수 있도록 하였다.

저작권법 위반으로 고발하고[4] 검사가 저작권법위반방조죄로 기소하면서 이 사건이 시작되었다.

2. 판결의 요지

가. 원심판결 등(청주지방법원 영동지원 2012. 6. 21. 선고 2012고단131 판결; 청주지방법원 2012. 10. 19. 선고 2012노626 판결)[5]

1심법원은 피고인의 죄책에 관해, "(이 사건 링크를 건 일부 회원들이 링크를 통하여) 복제·배포 등을 하는 행위를 그대로 방치하여 상습적으로 저작권자의 저작재산권의 침해를 용이하게 하여 이를 방조하였다"는 점을 근거로 저작권법위반방조죄의 책임을 긍정하고 징역 6월 집행유예 2년의 유죄판결을 하였다.

그러나 항소심 법원은 무죄 판결을 내렸다. 항소심 법원은, 피고인의 방조책임을 추궁함에 있어 그 방조의 대상이 무엇인지에 관해 ① 링크대상인 침해저작물을 해외블로그에 처음 게시한 행위인 경우, ② 이 사건 링크행위인 경우로 나누어 판단하고 있다.

우선 ①인 경우, 피고인의 행위가 이 사건 링크행위와 함께[6] ①의 행위를 방조한 행위에 해당하는지를 검토하고 있는 듯 보인다. 이 부분 검토에서 항소심은 이 글의 주된 관심인 다음과 같은 판시를 내렸다. "… 인터넷 이용자 등이 외국 블로그에 이 사건 디지털컨텐츠를 게시하는 순간 범죄는 기수에 이르지만 그 이후 위 게시를 철회하기까지는 실행행위가 종료된다고 볼 수 없다. 그러므로 위 게시가 철회되기까지는 유·무형의 방법으로 방조행위가 이루어질 수 있지만, 그 방조행위는 복제권 침해의 실행행위 자체를 용이하게 하는 방법으로만 가능하다고 할 것이다. 그런데 이 사건 링크 행위나 이 사건 링크 글을 방치하는 행위는 인터넷 이용자 등에 대하여 복제권 침해의 실행행위를 용이하게 한 것이 아니라, 인터넷 이용자 등과 무관한 지위에서 단순히 인터넷 이용자 등에 의하여 복제권이 침해된 상태를 이용한 것에 불과하다고 할 것이어서 그 행위를 방조행위로 볼 수 없고, 그 행위가 복제권 침해행위로 인한 피해를 확산시키는 결과를 가져오더라도 달리 볼 것은 아니다. 따라서 피고

---

4) 1심법원은 피고인이 '상습적으로' 저작권법위반방조행위를 하였다고 보았으므로 이 사건 처벌에 있어서는 저작권자 측의 고소가 필요 없었다(저작권법 제140조 제1호 참조).

5) 청주지방법원 영동지원 2012. 6. 21. 선고 2012고단131 판결. 운영자 박씨는 충북 모처에 살면서 자신의 주소지에 8.3테라바이트의 서버 등을 설치하여 사이트를 운영하고 있었다. 항소심 청주지방법원 2012. 10. 19. 선고 2012노626 판결.

6) 항소심판결문 중 해당 부분의 판시 취지가 아주 분명하지는 않다. 하지만 위 ②의 판단에서와 구별되게, 여기서 법원은 이 사건 링크행위와 피고인의 링크방치행위가 공동으로 위 ①의 행위에 대한 방조가 될지를 판단하여 모두 방조가 아니라고 부정하고 있는 것으로 이해된다.

인이 이 사건 링크 글을 삭제하지 않고 방치하였다고 하여 인터넷 이용자 등이 외국 블로그에 이 사건 디지털컨텐츠를 게시하여 복제권을 침해하는 행위를 방조하였다고 할 수 없다."

한편 위 ②인 경우는 다시 이를 두 가지로 구분하여 판단하면서, ㉠ 이 사건 링크행위 자체는 대법원 선례들의 입장에 따르면[7] 복제행위나 배포행위가 아니어서 복제권 및 배포권 침해의 정범(正犯)에 해당하지 아니하며, ㉡ 그렇지 아니하고 이 사건 링크행위를 앞서 ①과 같은 정범의 행위에 대한 방조행위로 취급하여 다시 피고인의 방치행위가 이 사건 링크행위를 방조하는 이른바 '방조의 방조', 즉 간접방조에 해당할 수 있는지를 살펴보더라도 앞서 ①부분의 판단에서 판시한 대로 이 사건 링크행위가 방조행위가 아닌 이상 피고인의 행위를 간접방조로 볼 수 없다고 판단하였다.

나. 대법원판결

대법원도 항소심을 지지하면서 상고기각판결을 내렸다. 이 사건 1심법원은 공소사실에 관해 피고인이 '복제·배포 등을 하는 행위'를 방조하였다고만 만연히 설시하였고 항소심도 복제권과 배포권에 국한하여 무죄판단을 하였다. 그 결과 논리적으로 별개이자 이 사건에서 반드시 다루어졌을 법한 전송행위로 인한 침해, 즉 공중송신권 침해 방조에 관해서는 하급심에서 명확히 판단된 바 없다. 도리어 상고심인 이 사건 판결에 이르러 대법원이 복제권과 더불어 공중송신권 침해와 관련된 링크의 방조 여부까지 판단하고 있다.[8]

우선 대법원은 링크행위가 저작권법상 복제나 전송 행위의 개념에 해당하지 않는다는 선례[여기서는 '휴대폰 벨소리 사건'의 대법원판결과 더불어 대법원 2010. 3. 11. 선고 2009다80637 판결도 함께 원용하고 있음, 후자 관련 사건을 이하에서 '이미지 검색엔진의 인라인링크 사건(들)[9]'이라 한다]에 따라 다시 한번 이 사건 링크행위가 정범행위일 수 없음을 확인하였다.

다음으로 대법원은 이 글의 관심대상인 이 사건 링크행위가 그럼 방조행위는 될 수 있

---

7) 항소심은 그 선례로, 복제행위가 아니라는 점에 관해서는 2008다77405 판결(아래 각주 12번 참조)을, 배포행위가 아니라는 점에 관해서는 대법원 2007. 12. 14. 선고 2005도872 판결(소리바다 형사상고심 판결)을 각각 원용하고 있다.
8) 배포권 관련 무죄판단부분은 검사의 상고이유에서 제외된 것으로 보인다.
9) 이 사건 판결은 대법원 2010. 3. 11. 선고 2009다80637 판결만을 선례로 원용하고 있지만, 실제로는 같은 날 선고된 거의 같은 내용의 여러 대법원판결이 존재한다(2009다4343; 2009다5643; 2009다76256; 2007다76733). 나머지 판결들은 대법원 민사2부에서, 2009다80637 판결만 대법원 민사1부에서 선고하였다는 차이가 있을 뿐 그 판지가 대동소이하다. 이 사건들은 모두 사진작가 이○○가 한국의 야후(2009다80637 사안)를 비롯하여 네이버 등 다수의 포털을 상대로 삼아 자신의 저작물 사진을 인라인링크 등의 방식으로 이용자에게 임의제공한 행위를 문제삼았던 것이다. 링크 방식과 무관한 썸네일 제공행위까지 문제 삼았던 이전 사건들까지 합하면 대법원판결 8건을 비롯해 무려 33건(하급심 판결 포함)의 판결이 내려진 바 있다. 이에 관해 자세한 정리는 박준석, "이미지 검색엔진의 인라인 링크 등에 따른 복제, 전시, 전송 관련 저작권침해 책임"(주 1), 637면 이하 정리도표를 참조할 것.

는지에 관해 다음과 같이 판시하고 있다. "… 인터넷 이용자가 링크 부분을 클릭함으로써 저작권자로부터 이용허락을 받지 아니한 저작물을 게시하거나 인터넷 이용자에게 그러한 저작물을 송신하는 등의 방법으로 저작권자의 복제권이나 공중송신권을 침해하는 웹페이지 등에 직접 연결된다고 하더라도 그 침해행위의 실행 자체를 용이하게 한다고 할 수는 없으므로, 이러한 링크 행위만으로는 위와 같은 저작재산권 침해행위의 방조행위에 해당한다고 볼 수 없다…. 비록 외국 블로그에서 이 사건 디지털콘텐츠에 관한 복제권이나 공중송신권 등의 저작재산권을 침해하고 있고 인터넷 이용자가 위 링크 부분을 클릭함으로써 그러한 외국 블로그에 직접 연결된다고 하더라도, 그러한 링크 행위만으로는 위와 같은 저작재산권 침해의 방조행위에 해당한다고 볼 수도 없다."고 판단하였다.

　　결론에서 대법원은, 이상과 같이 이 사건 링크행위가 직접 정범행위가 되거나 혹은 방조행위에 해당하지 아니하는 이상 피고인이 이 사건 링크를 삭제하지 않고 방치하였다 하더라도 역시 방조책임을 추궁할 수 없다고 보았다.

3. 해설

가. 종전 관련 선례

　　일단 이 사건 판결도 원용하고 있듯이, 우리 대법원은 그동안 '링크가 저작권법상 복제나 전송 등 침해적 행위인가?'라는 문제가 다투어졌던 종전 사안들에서 지속적으로 링크행위는 저작권법상 복제·전송행위가 아니라고 판단하여 왔다. 2009년경 내려진 '휴대폰 벨소리 사건'의 판결,[10] 그리고 2010년경 내려진 '이미지 검색엔진의 인라인링크 사건들'[11]에 관한 일련의 판결들이 그것이다. 전자는 이른바 심층링크(deep link) 또는 직접링크(direct link) 관련 사안이었고, 후자는 인라인 링크(inline link) 사안이어서 그 성질상 차이가 있다고 볼 수 있었지만, 대법원은 구분 없이 다음처럼 판단한 바 있다. "링크(link)는 인터넷에서 링크하고자 하는 웹페이지나, 웹사이트 등의 서버에 저장된 개개의 저작물 등의 웹 위치 정보 내지 경로를 나타낸 것에 불과하여, 비록 인터넷 이용자가 링크 부분을 클릭함으로써 링크된 웹페이지나 개개의 저작물에 직접 연결한다 하더라도, 이는 위와 같이 정의된 '복제', 즉 '유형물에 고정하거나 유형물로 다시 제작하는 것'에 해당하지 아니하고, 또한 저작물의 전송의뢰

---

10) 대법원 2009. 11. 26. 선고 2008다77405 판결. 여기서는 스트리밍(streaming) 방식으로 음악을 이용자에게 서비스하는 피고 업체들 중 하나가, 이미 자신의 서버에 불법저장하고 있던 원고의 음악저작물에 관하여, 구매자에게 그 저장된 특정 웹페이지로 직접링크가 가능한 방법(소위 '링크서비스')을 제공한 행위가 문제되었다. 즉 피고의 문제된 행위를 정확히 파악하자면, 링크행위자체는 아니고 링크를 위한 tag제공행위였다.

11) 앞서 2009다80637 판결과 같은 날 선고된 2009다4343; 2009다5643; 2009다76256; 2007다76733 판결들.

를 하는 지시 또는 의뢰의 준비행위로 볼 수 있을지언정 마찬가지로 정의된 '전송', 즉 '송신하거나 이용에 제공하는 것'에 해당하지 아니한다."는 것이다.

한편, 대상판결은 '링크행위가 저작권법상 복제나 전송 등 침해적 행위인가?'라는 문제를 다룬 선례만을 참고한 듯하지만, '링크가 침해적 행위의 정범 혹은 종범인가?'라는 문제로 시야를 바꾸어 관련 선례를 찾아본다면 이내 이 사건 판결과 상치되는 듯한 대법원 선례가 있다. 이미 2003년경 내려진 '팬티신문' 사건에 대한 판결(이하 '팬티신문 판결'이라 한다)[12]이 그것이다. 팬티신문 사건에서는 '팬티신문'이라는 인터넷신문을 운영하는 피고인이 음란사진 등을 게재한 사이트 홈페이지를 단순링크한 행위가 문제되었다. 대법원은 이러한 링크행위가 위 법률 소정의 '공연히 전시'하는 행위에 해당한다고 하여 정범이라고 판단하였고, 그 근거로 링크는 실질적으로 링크된 웹페이지의 내용을 이용자에게 직접 전달하는 것과 마찬가지로 기능함을 지적하였다.[13] 팬티신문 판결은 음란물로의 링크가 구 전기통신기본법 (현재는 정보통신망법) 위반인지 문제된 사안이어서 이 사건과 차이가 있다. 하지만 두 사건 모두 대법원이 공통적으로 판단한 문제는, 그렇게 일단 甲이 인터넷공간에 콘텐츠를 업로드하는 행위가 구 전기통신기본법 소정의 전시행위 혹은 저작권법상의 복제 및 전송행위에 해당한다고 할 때 그 콘텐츠에 링크를 걸어두는 乙의 행위가 과연 甲의 행위와 마찬가지로 평가될 수 있느냐(즉, 正犯性) 혹은 甲의 행위를 방조한 것이냐라는 점에서 근본적으로 같다고도 볼 수 있다. 그렇다면 링크를 건 행위에 관해 2003년 팬티신문 판결에서는 정범으로, 이 사건 판결에서는 아예 방조도 아니라고 각각 판단함으로써 우리 대법원의 입장은 양 극단(極端)을 오간 셈이다.

나. 외국의 동향

먼저 미국의 경우, Perfect 10, Inc. v. Google 사건에 대한 2006년 연방법원의 1심[14]

---

12) 대법원 2003. 7. 8. 선고 2001도1335 판결.

13) "음란한 부호 등으로 링크를 해 놓는 행위자의 의사의 내용, 그 행위자가 운영하는 웹사이트의 성격 및 사용된 링크기술의 구체적인 방식, 음란한 부호 등이 담겨져 있는 다른 웹사이트의 성격 및 다른 웹사이트 등이 음란한 부호 등을 실제로 전시한 방법 등 모든 사정을 종합하여 볼 때, 링크를 포함한 일련의 행위 및 범의가 다른 웹사이트 등을 단순히 소개·연결할 뿐이거나 또는 다른 웹사이트 운영자의 실행행위를 방조하는 정도를 넘어, 이미 음란한 부호 등이 불특정·다수인에 의하여 인식될 수 있는 상태에 놓여 있는 다른 웹사이트를 링크의 수법으로 사실상 지배·이용함으로써 그 실질에 있어서 음란한 부호 등을 직접 전시하는 것과 다를 바 없다고 평가되고, 이에 따라 불특정·다수인이 이러한 링크를 이용하여 별다른 제한 없이 음란한 부호 등에 바로 접할 수 있는 상태가 실제로 조성되었다면, 그러한 행위는 전체로 보아 음란한 부호 등을 공연히 전시한다는 구성요건을 충족한다고 봄이 상당하며, 이러한 해석은 죄형법정주의에 반하는 것이 아니라, 오히려 링크기술의 활용과 효과를 극대화하는 초고속정보통신망 제도를 전제로 하여 신설된 위 처벌규정의 입법 취지에 부합하는 것이라고 보아야 한다."고 판시하고 있다.

14) Perfect 10 v. Google, Inc., et al., 416 F. Supp. 2d 828 (C.D. Cal. 2006). 그 이후 1심의 피고였던

과 2007년 항소심[15] 판결들이 지금까지도 링크와 저작권 침해를 다룬 가장 유력한 선례이
자, 인라인 링크의 저작권 침해에 관한 선례로 세계적으로 가장 많이 회자되고 있다. 이 사
건 원고는 저작물인 성인용 음란사진을 온라인으로 유료 서비스하는 업체였다. 원고가 문제
삼은 검색엔진 구글의 행위는 이용자들의 'perfect 10' 등 검색어 요구에 대응하여 원고가
아닌 경쟁자인 제3자 운영의 웹페이지에 저장된 원고 사진의 불법복제 이미지들을 인라인
링크 방식으로 제공한 행위였다.[16] 1심과 2심 법원이 모두 피고의 책임을 부정하는 데 견해
가 일치하였다. 특히 미국연방법원은 피고 구글의 직접링크 제공행위에 대하여 행위주체성
(혹은 정범성)은 부정하면서도 방조행위(혹은 방조범)로 취급될 여지는 여전히 존재함을 긍정한
점에서 후자의 책임 추궁여지를 일률적으로 부정한 우리의 이번 대법원판결과 다르다.

다음으로 유럽연합의 동향은 미국과는 사뭇 차이가 있다. 근래에 링크와 저작권침해에
관해 주목할 만한 재판례가 나왔는데, 유럽사법재판소(ECJ)의 2014. 2. 13.자 Svensson 판
결[17]이 그것이다. 이 사건은 원고들이 특정 신문사에 투고하여 당해 신문의 인터넷웹사이트
에 이미 공개된 기사를 피고가 임의로 직접링크한 행위에 관한 것이다. 여기서 유럽사법재
판소는 이미 2006년 SGAE 사건[18]에서 제시한 기준, 즉 저작권자의 허락 하에 최초로 이루
어진 공중송신에서 염두에 두지 않았던 '새로운 공중(new public)'에게 송신한 경우라면 유럽
연합 관련 지침[19]에 따라 공중송신행위가 될 수 있다는 기준을 재차 확인하고 있다. 그렇게
링크행위가 침해의 정범일 수 있음을 긍정하면서도 당해 사건의 구체적 사안에서는 새로운
공중에게 송신한 경우가 아니라고 결론 내렸다.

끝으로 일본의 경우, 2000년경 하급심 판례인 이른바 'FLMASK 링크' 사건[20]에서 음란
한 영상을 수록한 사이트 홈페이지로의 링크행위를 추행·도화 공연진열죄의 방조죄로 처벌
한 적이 있었다. 2013년 하급심 판례인 '로켓뉴스 24' 사건[21]에서도 오사카 지방재판소는,

Google에 대한 여러 건의 유사사건과 피고 Amazon.com에 대한 사건이 항소심에서는 모두 병합되어, 바
로 아래 각주에 제시한 판결이 선고되었다.

15) Perfect 10, Inc. v. Amazon.com, Inc., 487 F.3d 701 (9th Cir., May 16. 2007). 이렇게 내려진 항소심
판결에 대한 재심리(rehearing) 절차에 따라 내려진 2번째 항소심판결이 Perfect 10, Inc. v. Amazon.com,
Inc., 508 F.3d 1146 (9th cir., December 3, 2007)이다. 이로써 앞선 항소심판결은 대체되었다.

16) 이 사건에서 원고가 문제 삼은 쟁점으로는 그 외에도 ① 썸네일 이미지 제공으로 직접침해여부, ② 제3자
웹사이트 자체로의 링크로 인한 간접침해 여부도 존재한다. 이런 쟁점들에 관하여는 항소심에서 모두 1심
의 판단과 반대된 입장을 취하였지만(①의 경우 침해를 비침해의 취지로, ② 비침해를 침해의 여지가 있
다는 취지로 각각 반대 입장을 취해 파기함), 이 글의 초점인 인라인 링크 부분에 관해서는 1심과 항소심
모두가 침해가 아니라고 판단하고 있다.

17) Svensson v. Retriever Sverige AB, C−466/12.

18) SGAE v. Rafael Hoteles SL, C−306/05 (2006) ECR I−11519.

19) '정보화 사회에서의 저작권 및 저작인접권의 특정분야를 통일하기 위한 지침'(약칭, 정보화 사회 지침,
Information Society Directive 2001/29/EC)을 말한다.

20) 大阪地裁 平成 9(わ)1619号 平成 12. 3. 30.

21) 大阪地裁 平成 23(ワ)15245号 平成 25. 6. 20.

원고의 저작물인 동영상을 제3자가 임의로 업로드한 소스로 직접링크를 건 피고행위에 관하여 책임을 추궁한 원고 청구를 기각하였다. 공중송신권 침해라는 원고 주장에 대하여는 피고의 서버에 저장한 것이 아니라는 이유를, 방조행위라는 원고 주장에 대하여는 불법저작물인지 분명하지 않은 상황이어서 불법을 방조하였다거나 고의·과실을 인정할 수 없다는 이유를 각각 제시하고 있다.

다. 대상판결에 대한 학계의 입장

대상판결에 대하여 지금까지 나온 평석들은 대부분 비판적이다. 가장 먼저 개진된 비판적 의견[22]에서는, 이 사건 판결의 진의는 외국 블로그에 침해저작물이 업로드되면서 복제행위와 공중송신행위가 이미 끝난 이상 설령 나중에 링크를 걸었다고 하더라도 당해 복제행위나 공중송신행위 자체에 조력할 여지가 없으므로 방조가 되지 않는다는 뜻에 불과하며 링크가 걸린 이후 이루어진 송신에 관해서는 방조책임을 추궁할 수 있다고 풀이한다.

또 다른 비판론[23]에서는, 이 사건 판결의 입장이나 위 비판론의 입장 모두 문제된 업로드로 이미 실행된 복제행위와 공중송신행위에 관해서는 나중에 설정된 링크가 방조할 여지가 없음을 전제하고 있지만 우리 형사법의 기준을 엄밀히 적용해보면 오류가 있다고 비판한다. 즉 복제권 침해범죄가 업로드 즉시 기수에 도달하고 범죄의 종료까지 있게 되는 즉시범(卽時犯)에 해당함에 비하여, 공중송신권 침해범죄는 업로드로 기수에 도달할 뿐 범죄가 종료되는 것은 아니며 당해 콘텐츠가 삭제될 때까지는 일반공중의 접근가능성을 허용한다는 의미에서 전송의 구성요건적 행위('이용에 제공'하는 행위)가 계속되는 계속범(繼續犯)에 해당한다는 차이점을 간과한 것이라고 한다.[24] 결론적으로 이런 계속범에 관해서는 기수 이후에도 방조범의 성립이 가능하며 링크의 설정은 일반공중의 접근가능성을 실질적으로 증대시키는 행위이므로, 당해 링크를 통해 실제로 송신이 이루어지는지에 관계없이, 형법상 방조에 해당한다고 한다.

---

22) 이해완, 앞의 글(주 1), 66면 이하.

23) 박준석, "인터넷 링크행위자는 이제 정범은 물론 방조범조차 아닌 것인가?-대법원 2012도13748 판결의 문제점과 저작권 형사범죄 처벌의 논리-"(주 1), 128면 이하 및 150면 이하 각 참조.

24) 계속범의 예로 감금죄, 주거침입죄 등이 제시되고 있다. 다만 이런 구별에 있어 미묘한 입장차이는 존재한다. 즉시범과 상태범 사이에는 구별의 실익이 없다고 보는 견해(이재상, 형법총론 제6판, 박영사, 2008, 73면 및 358면 및 박상기, 형법총론 제9판, 박영사, 2012, 91면 등)가 더 유력한 듯하지만, 기수가 되는 즉시 범죄도 종료하는 즉시범과 달리 상태범에서는 기수가 되더라도 그 법익침해상태가 일정한 시점까지 유지된 것을 요구한다고 보아 즉시범·상태범·계속범 등 3가지로 분류하는 견해(신동운, 형법총론 제8판, 법문사, 2014, 473-474면 등)도 존재한다. 그러나 이런 견해의 차이에 불구하고 이 글에서 중요한 점은, 위 견해들 모두 계속범에 있어서는 일단 기수에 도달하더라도 계속 이루어지는 구성요건적 행위에 관하여 종범 등 공범의 성립이 가능하다는 점에 관해서는 일치하고 있다는 사실이다.

위 각 비판의 당부는 별론으로 하더라도, 대상판결은 무엇보다 현행 저작권법 제102조 제1항 제4호와 실질적으로 충돌하고 있다고 볼 여지가 크다. 동 조항이 '정보검색도구' 서비스제공자에 관해 책임을 제한하고 있는 것은 링크 등 정보검색서비스 제공행위가 일단 방조책임을 부담할 수 있다는 사실을 전제한 것이기 때문이다.[25]

4. 판결의 의의

사후심에 그치는 대상판결에서 원심판결에서 다루지 않았던 공중송신권(이 사건에서는 전송)에 의한 저작재산권 침해부분까지 임의로 포함시켜 판단하고 있음은 주목할 만하다. 원심까지의 공소사실에서는, 인터넷공간에서 아예 법리상 인정되지 않을 배포권 침해 여부 판단부분을 제외하면, 오직 복제에 의한 저작재산권 침해부분만이 포섭되어 있었다. 그런데 상고심인 대상판결은 링크의 방조책임을 부정하는 논리를 전개하면서 굳이 공중송신에 의한 침해부분까지 끼워 넣어 링크행위자의 방조책임이 없음을 명확히 하고 있다. 이것은, 복제와 공중송신에 걸쳐 링크행위자의 정범성을 부정하였던 선례들의 입장을 종범(방조범) 여부에 관해서도 그대로 연장하겠다는 대법원의 분명한 의지를 보인 것이다. 대상판결이 명시하고 있지는 않지만, 그런 의지의 배경에는 링크에 대한 법적 제재를 최소화하여 이른바 위축효과(chilling effect)를 엄격히 방지함으로써 인터넷상 정보교환의 자유를 최대한 보장하려는 의중이 숨어있다고 선해해 볼 수 있다. 다만, 저작권 보호가 형해화될 우려가 있다는 비판론이 벌써 만만치 않고, 외국 법원들이 제시한 관련 입장들과 크게 배치되는 태도인데다가, 복제행위와 공중송신행위는 저작권법상으로 서로 독립된 개념이자 우리 형사법의 논의에 비추어 방조가능 여부에 있어 상이한 성질을 가졌다는 점 등에서 향후 대상판결이 과연 계속 유지될 수 있을지 주목된다.

---

25) 자세히는, 박준석, "인터넷 링크행위자는 이제 정범은 물론 방조범조차 아닌 것인가?-대법원 2012도 13748 판결의 문제점과 저작권 형사범죄 처벌의 논리-"(주 1), 99면 이하 참조.

43 일반부정경쟁행위와 불법행위의 금지청구권 적용요건

대법원 2010. 8. 25. 선고 2008마1541 결정[1]

김병일(한양대학교 교수)

1. 사안의 개요

이 사건은 국내 최대의 인터넷 포털사이트 '네이버'가 인터넷 사이트를 이용한 광고시스템(업링크 솔루션)을 개발하여 이를 자신이 운영하는 인터넷 사이트인 'www.uplink.co.kr'을 통해 배포하는 '인터넷채널이십일(이하 '인터21'이라 한다)'을 상대로 이 '업링크 솔루션'의 제조, 사용, 판매 및 배포의 금지를 구한 가처분사건이다.[2]

신청인은 국내 최대의 인터넷 포털사이트를 운영하는 회사로서 광고주들로부터 위 포털사이트에 배너광고를 유치하고 우선순위 검색결과 도출서비스를 제공하는 등의 방법으로 광고수익을 얻고 있다. 한편, 피신청인은 인터넷 사이트를 이용한 광고 프로그램을 개발하여 배포하는 사업모델을 가진 회사로서 무료로 배포되는 이 사건의 광고 프로그램을 설치한 인터넷 사용자들이 신청인의 포털사이트를 방문하게 되면, 해당 사이트의 여백을 스스로 찾아내어 피신청인의 배너광고를 노출하거거나(이하 '삽입광고방식'이라 한다), 포털사이트가 제공하고 있는 광고란에 피신청인의 배너광고를 덮어쓰는 방식(이하 '대체광고방식'이라 한다) 또는 신청인이 제공하는 키워드 광고 사이에 피신청인이 제공하는 키워드광고를 삽입하는 방식으로

---

1) [참조 및 관련 판례] 대법원 2012. 3. 29. 선고 2010다20044 판결 등.
   [관련 평석 및 문헌] 김상중, "불법행위의 사전적 구제수단으로서 금지청구권의 소고", 비교사법 17권 4호 (통권 51호), 한국비교사법학회, 2010; 송오식, "불법행위의 효과로서 금지 및 예방청구권", 법학논총 31집 1호, 전남대학교 법학연구소, 2011; 최민수, "부정경쟁행위와 불법행위법상 금지청구권", 법조 통권 676호 (2013. 1.); 나지원, "인터넷포털 광고방해금지 가처분사건의 법적 쟁점", 판례연구 25집 1(2011. 9) 등.
2) 인터넷 대체광고 사건은 동일한 사실관계를 두고 가처분신청사건, 형사사건, 민사사건의 세 가지 갈래로 다투어진 사건으로 각각의 사건에서 다루는 쟁점은 사건의 성격상 약간씩 차이가 있다. 오병철, "3D 변환 TV의 저작권 침해 여부", 정보법학 제14권 제3호, 한국정보법학회, 2010, 27면. 형사사건에서 대법원 2010. 9. 30. 선고 2009도12238 판결은 삽입광고 자체에 출처표시가 없었다는 점에서 인터넷상 영업주체 혼동행위를 인정하여 부정경쟁방지법 위반 성립을 인정하였다. 위 형사판결의 자세한 분석은, 유영선, "팝업(Pop-up)광고 행위의 규제", 사법 15호, 사법발전재단, 2011. 3, 345면 이하.

동작한다.

　　이에 신청인은 피신청인의 광고 프로그램은 마치 네이버에서 제공하는 광고인 것처럼 실행됨으로써 신청인의 영업과 혼동을 불러일으키거나 신청인 표지의 식별력 또는 명성을 손상케 하여 부정경쟁방지법 위반 또는 부정경쟁행위로서 불법행위에 해당하며, 신청인의 저작물인 인터넷 사이트의 화면표시를 함부로 변경, 수정하는 것은 저작재산권 및 동일성유지권 침해에 해당한다며 해당 프로그램의 제조, 사용, 판매 및 배포의 금지 등을 구하였다. 한편 피신청인은 이 사건 프로그램은 피신청인이 특허로서 등록받은 기술을 실시하는 내용으로서 특별한 사정이 없는 한 이는 법적으로 정당한 것일 뿐만 아니라, 이 사건 프로그램에 피신청인의 출처 표시를 함으로써 사용자로서는 이 사건 프로그램을 통해 게시되는 광고와 신청인이 제공하는 광고를 오인, 혼동할 가능성이 전혀 없으므로 이 사건 광고는 신청인의 영업에 대한 방해가 되지 아니한다고 주장하였다.

　　제1심, 제2심법원은 ① '정보통신망 이용촉진 및 정보보호 등에 관한 법률', ② 저작권법 또는 ③ 컴퓨터프로그램보호법, ④ 부정경쟁방지법을 각 법률의 위반사실은 인정되지 않으나 ⑤ 업무방해의 불법행위는 인정된다고 하였다.[3] 즉 원심과 항고심은, 해당 프로그램의 광고 행위는 신청인의 포털사이트가 가지는 신용과 고객흡인력을 무단으로 이용하는 셈이 될 뿐만 아니라 신청인 회사가 얻어야 할 광고 영업이익을 무단으로 가로채는 부정한 경쟁행위로서 불법행위에 해당하고, 이러한 광고행위가 계속적으로 반복되는 만큼 위 프로그램을 이용한 광고행위를 하는 것의 금지 또는 예방을 청구할 피보전권리와 보전의 필요성을 인정하였다.[4] 신청인과 피신청인은 각 재항고하였지만, 대법원은 재항고를 모두 기각하고, 제2심 결정 내용을 인용하여 판결하였다.

2. 결정의 요지

가. 원심결정

　　피신청인의 이 사건 프로그램을 이용한 광고방식은 신청인의 인터넷 포털사이트의 신

---

[3] 서울중앙지방법원 2008. 2. 18.자 2008카합45 결정(가처분 이의사건); 서울고등법원 2008. 9. 23.자 2008라618 결정(제2심-가처분 이의사건). 민사사건과 달리 형사사건에서는 ① '정보통신망 이용촉진 및 정보보호 등에 관한 법률', ② 저작권법 또는 ③ 컴퓨터프로그램보호법 및 ⑤ 업무방해의 부정경쟁행위로서 불법행위 각 위반의 점에 대해 그 이유가 없다고 하여 서울중앙지검에 의해 불기소 처분되었고, ④ 부정경쟁방지법 위반만이 인정되어 벌금 5백만 원으로 약식 기소되자 피고인이 정식재판을 청구하였다.

[4] 한편, 신청인이 주장한 저작권침해 주장에 대해서는 원심과 재항고심 모두 당해 광고 프로그램이 신청인 인터넷 홈페이지 화면의 동일성을 손상할 정도로 내용 또는 형식을 변경한 것이라고는 볼 수 없다고 판단하였다.

용과 고객흡인력을 자신의 영업을 위하여 무단으로 이용하고 신청인이 장기간의 노력과 투자에 의하여 구축한 저명한 인터넷 포털사이트라는 콘텐츠에 무임승차하려는 것으로 공정한 경쟁질서 내지 상거래 질서에 위반하는 행위라 할 것이고, 이로 인하여 신청인의 광고에 관한 영업상의 이익을 침해할 위험이 크다고 할 것이므로 이는 신청인의 인터넷 사이트에 관한 업무를 방해하는 부정경쟁행위로서 불법행위에 해당한다. 따라서 피보전 권리는 소명되며, 피신청인의 이 사건 업무방해 행위는 계속, 반복적으로 이루어지는 것으로서 피신청인이 이 사건 프로그램의 적법성을 주장하면서 이를 계속 제작, 배포할 의사를 밝히고 있는 점을 종합해 보면 사전 예방조치로서 그 업무방해행위의 금지를 구할 보전의 필요성도 소명된다.

나. 대법원결정

(1) 경쟁자가 상당한 노력과 투자에 의하여 구축한 성과물을 상도덕이나 공정한 경쟁질서에 반하여 자신의 영업을 위하여 무단으로 이용함으로써 경쟁자의 노력과 투자에 편승하여 부당하게 이익을 얻고 경쟁자의 법률상 보호할 가치가 있는 이익을 침해하는 행위는 부정한 경쟁행위로서 민법상 불법행위에 해당하는바, 위와 같은 무단이용 상태가 계속되어 금전배상을 명하는 것만으로는 피해자 구제의 실효성을 기대하기 어렵고 무단이용의 금지로 인하여 보호되는 피해자의 이익과 그로 인한 가해자의 불이익을 비교·교량할 때 피해자의 이익이 더 큰 경우에는 그 행위의 금지 또는 예방을 청구할 수 있다.

(2) 피신청인 회사가 인터넷 사이트를 이용한 광고시스템 프로그램을 인터넷 사용자들에게 제공하여 이를 설치한 인터넷 사용자들이 신청인 회사가 운영하는 인터넷 포털사이트를 방문하면 그 화면에 신청인 회사가 제공하는 광고 대신 피신청인 회사의 광고가 대체 혹은 삽입된 형태로 나타나게 한 사안에서, 피신청인 회사의 위와 같은 광고행위는 위 인터넷 포털사이트가 가지는 신용과 고객흡인력을 무단으로 이용하는 셈이 될 뿐만 아니라 신청인 회사의 영업을 방해하면서 신청인 회사가 얻어야 할 광고영업의 이익을 무단으로 가로채는 부정한 경쟁행위로서 민법상 불법행위에 해당하고, 한편 피신청인 회사의 위와 같은 광고행위가 일회적인 것이 아니라 계속적으로 반복되며, 피신청인 회사에게 금전배상을 명하는 것만으로는 신청인 회사 구제의 실효성을 기대하기 어렵고, 피신청인 회사의 위와 같은 광고행위를 금지함으로써 보호되는 신청인 회사의 이익이 그로 인한 피신청인 회사의 영업의 자유에 대한 손실보다 더 크므로, 신청인 회사는 피신청인 회사에 대하여 위 인터넷 포털사이트에 접속한 인터넷 사용자들의 모니터에서 위 프로그램을 이용한 광고행위를 하는 것의 금지 또는 예방을 청구할 피보전권리와 보전의 필요성이 소명되었다고 본 원심결정이 정당하다.

3. 해설

가. 비침해행위 및 부정경쟁방지법에서 열거하지 아니한 부정경쟁행위와 불법행위

지적재산권법으로 보호되지 않는 타인의 지적 성과물 등과 부정경쟁방지 및 영업비밀 보호에 관한 법률(이하 '부정경쟁방지법'이라 한다)에 규정되지 않은 부정한 경쟁행위에 대해서도 민법상의 불법행위 법리에 의한 규제는 어느 범위 내에서 가능한 것일까?

민법 제750조는 "고의 또는 과실로 인한 위법행위로 타인에게 손해를 가한 자는 그 손해를 배상할 책임이 있다"고 규정한다. 일반 불법행위의 성립요건으로는, ① 고의 또는 과실로 인한 가해행위, ② 가해자의 책임능력, ③ 가해행위의 위법성, ④ 가해행위에 의한 손해의 발생, ⑤ 가해행위와 손해와의 인과관계를 드는 것이 일반적이다. 통설적 견해에 따르면 위법성은 침해된 이익의 성질과 가해행위의 양태를 상관적으로 고려하여 판단한다고 하는 이른바 상관관계설(相關關係說)의 입장에서 이해한다.5) 상관관계설에 따르면, 가령 침해된 이익이 생명·신체·물체 등처럼 보호이익이 강하고 명확한 것이면 침해행위의 불법성이 적더라도 가해행위의 위법성이 인정되지만, 영업상의 이익이나 채권처럼 보호이익이 그다지 강하지 않고 명확하지도 않다면 침해행위의 불법성이 크지 않는 한 그 가해행위는 위법성이 없다는 것이다.6) 이러한 위법성 판단을 전제로 하면, 부정경쟁방지법에서 규정하지 않은 '부정한 경쟁행위'에 대해 민법상 불법행위가 성립하는지의 문제는, 그 경쟁행위가 위법한지를 판단하는 차원에서 행하여질 것이다. 따라서 부정한 경쟁행위와 같이 '영업상의 이익'이 다투어지는 사안에서는 어떠한 경우에 그 침해행위의 불법성이 크다고 인정할 수 있을 것인지, 그 불법성의 크기를 자리매김하는 '특별한 사정'에 대한 검토가 요구된다고 할 것이다.7) 지적재산권법으로 보호되지 않는 타인의 지적 성과물 등의 모방사용행위와 같은 비침해행위(非侵害行爲)와 부정경쟁방지법에서 열거하지 아니한 부정경쟁행위의 '불법행위성립'과 '금지청구권의 인정' 여부는 별개로 검토될 필요가 있다.

나. 비침해행위 등의 불법행위성립

부정경쟁방지법상의 부정경쟁행위는 일반 불법행위의 하나의 유형이라 할 수 있고 부

---

5) 최흥섭, "불법행위의 성립요건-과실과 위법성을 중심으로-", 한국민법이론의 발전(Ⅱ), 이영준 박사 화갑기념논문집, 박영사, 1999, 965면 이하 참조.
6) 최흥섭, 위의 논문, 971면.
7) 박성호, "지적재산법의 비침해행위와 일반불법행위" 정보법학 제15권 제1호, 한국정보법학회, 2011, 216면.

정경쟁방지법은 일반 불법행위법의 특별법적 위치에 있다고 해석되어야 한다.[8] 그런데 우리
나라 부정경쟁방지법은 부정경쟁행위의 유형을 한정적으로 열거하고 있기 때문에,[9] 그 한정
적 열거에 해당하지 않는 경우에는 일반 불법행위의 법리에 의해 불법행위에 해당하는지 여
부를 검토하여할 것이다.[10]

대상판결 이전에도 우리법원은 배타적 권리에 의해서 보호되지 아니하는 지적 성과물
또는 명성에 편승하여 부정한 이익을 얻으려는 목적에 의한 행위에 대한 위법성을 인정하여
민법상의 불법행위 법리 적용을 해오고 있다.[11] 즉, 하급심 판결(2007가합16095, 2007가단
70153)들은 모두 저작물성이 인정되지 않는 표현 정보가 이용된 사안임에도 "부정하게 스스
로의 이익을 꾀할 목적으로 이를 이용하거나 또는 작성자에게 손해를 줄 목적에 따라 이용
하는 등의 특별한 사정이 있는 경우"에 해당한다고 보았다. 따라서 설령 그것이 인터넷을 통
해 공개된 정보라 하더라도, 피고의 이용행위가 "법적으로 보호할 가치가 있는 상대방의 이
익을 침해하는 위법한 행위"에 해당하는 경우에는 불법행위의 성립을 인정하고 있다. 위 두
판결에서는 불법행위의 위법성 판단의 요소로서 '특별한 사정'을 긍정할 수 있는 사실관계가
인정된다고 하면서, 그 구체적 사실관계로는 피고 자신이 부정하게 이익을 얻을 목적으로
해당 정보를 이용하였거나 그 정보를 작성한 원고에게 손해를 줄 목적으로 이용하였다는 점
을 들고 있다.

타인의 정보, 명성 또는 광고의 식별력 내지 가치를 자기 자신이 "부정하게 이익을 얻
을 목적으로 이용하거나 그 타인에게 손해를 줄 목적으로 이용한 경우"라고 인정되는 경우
에는 '특별한 사정'의 존재를 인정할 수 있을 것이다. 다만, '특별한 사정'이라는 것을 너무
안이하게 인정하는 경우에는 공유(公有, public domain) 상태에 놓인 타인의 저작물을 인터넷
상에서 이용하는 행위도 민법상의 불법행위에 의해 규제되는 상황이 초래될 수도 있을 것이
다.[12] 따라서 저작권법에 의해 보호되고 있지 않은 정보의 이용행위를 위법하다고 판단할
정도의 '특별한 사정'이란 공정경쟁의 관점에서 정당화될 수 있어야 할 것이다.[13]

불법행위의 성립요건인 위법성의 판단 요소가 되는 '특별한 사정'은 일반 불법행위법리
에 의한 지적재산권법의 보완이라는 관점에서 그 인정 여부가 검토되어야 할 것이다. 즉 '특

8) 양창수, "불법행위법의 변천과 가능성", 민법연구 3, 박영사, 1995, 335－336면; 小野昌延 編著, 新·注解
不正競爭防止法 上(新版), 青林書院, 2007, 47면(小野昌延 집필부분).
9) 부정경쟁방지법 제2조 제1호 (가)목 내지 (자)목 참조.
10) 박성호, 앞의 논문(주 7), 209면.
11) 서울지방법원 2001. 12. 7. 선고 2000가합54067 판결; 서울중앙지방법원 2007. 6. 21. 선고 2007가합
16095 판결; 서울중앙지방법원 2008. 11. 14. 선고 2007가단70153 판결.
12) 박성호, 앞의 논문(주 7), 202면.
13) 박성호, 앞의 논문(주 7), 202－204면, 차상육, "저작권법의 보호대상이 되지 않는 지적성과물의 모방도용
행위와 일반 불법행위의 기능", 창작과 권리, 세창출판사, 2009년 가을호, 82면 이하.

별한 사정'이란 저작권법의 정당화 근거인 인센티브의 부여라는 관점에서 볼 때, 당해 표현
정보의 이용행위가 저작권법에 의해 보호되지 않는 비침해행위에 해당한다고 하더라도 그
정보의 이용행위를 민법상의 불법행위법리에 의해 보호해주지 않으면 그 정보 작성자에게
인센티브의 부족이 발생하는 명백한 경우에 한하여 인정된다고 보아야 할 것이다.[14] 다만,
기존의 지적재산권법에 의해 보호되지 않는 타인의 성과물 등을 모방하거나 이용하는 것은
원칙적으로 자유이다. 따라서 원칙적으로 자유로운 모방과 이용이 허용되는 행위를 규제하
는 경우, 그러한 규제를 가능하게 하는 예외적 상황은 '특별한 사정'이 존재하는 경우에만
인정되어야 할 것이다.[15] 위법성의 판단 요소가 되는 '특별한 사정'을 유형화함에 있어서는,
지적재산법의 정당화 근거인 인센티브의 부여라는 관점을 위법성의 판단 요소로서 구체적으
로 고려하면서 개개의 유형들의 내용을 체계화할 필요가 있다.[16] 이러한 경우 비교법적으로
참조될 수 있는 것은, 독일의 1909년 구 부정경쟁방지법(UWG) 제1조 및 2004년 전면 개정
된 부정경쟁방지법 제3조의 각 일반조항[17] 아래에서 재판례와 해석론으로서 전개되어온 부
정경쟁행위를 인정할 수 있는 '특별한 사정'(besondere Umstände)의 유형들이다. 독일의 부정
경쟁방지법은 제3조에서 일반조항의 형식을 택하여 '선량한 풍속'에 위반하는 일체의 행위를
금지하고 있다.[18] 판례는 경쟁을 위반하여 다른 경쟁자의 이익을 침해하는 행위(방해경쟁, 신
용훼손과 비방, 비밀누설, 타인의 성과에 대한 도용), 소비자의 이익을 침해하는 행위(의사결정의 자
유를 침해하는 행위, 경품광고, 오인유발, 영업표지남용), 공중의 이익을 침해하는 행위(시장교란, 법
률위반)의 세 범주의 행위 들을 부정경쟁행위로서 유형화하고 있다.[19]

　　요컨대, 현행 부정경쟁방지법에 열거되어 있는 부정경쟁행위에는 해당되지 않지만 소비
자를 기망하거나 경쟁업자의 투자나 명성에 무임편승하여 부당한 이익을 도모하는 행위는
넓은 의미의 부정경쟁행위로 볼 수 있기 때문에, 현행 부정경쟁방지법에 열거되어 있는 부

---

14) 저작권뿐 아니라 그 밖의 다른 지적재산(권)에 관해서도 마찬가지의 논리가 될 것이다. 박성호, 앞의 논문
　　(주 7), 209면. 217 − 221면 참조.
15) 박성호, 앞의 논문(주 7), 217면.
16) 박성호, 앞의 논문(주 7), 217 − 218면 참조.
17) 독일의 1909년 구법은 "영업상의 거래에서 경쟁의 목적으로 선량한 풍속에 반하는 행위를 한 자는 중지와
　　손해배상의 청구를 받는다"(제1조)고 규정하였으나 2004년 개정법은 "경영자, 소비자 및 그 밖의 시장참
　　가자의 이익에 반하여 경미하다고 할 수 없는 정도로 경쟁을 침해할 우려가 있는 부정한 경쟁행위는 허용
　　되지 않는다"(제3조)고 규정하고 있다. 2004년 개정법의 일반조항(제3조) 및 구법 일반조항과의 비교에 관
　　해서는, 심재한, "독일의 개정 부정경쟁방지법 고찰", 경영법률, 2005, 677면 이하 참조.
18) 부정경쟁방지법상의 선량한 풍속이 무엇을 의미하는지를 파악하는 것이 독일 부정경쟁방지법의 핵심적 과
　　제이다. 독일의 부정경쟁방지법 제3조(구법 제1조)는 독일민법(BGB) 제826조의 특별법이라고 할 수 있다.
　　BGB 제826조의 일반조항은 선량한 풍속에 위반한다는 것은 합리적이고 공정하게 생각하는 모든 사람들
　　의 도의관념(Anstandsgefühl aller billig und gerecht Dekenden)에 위반하는 모든 불성실한 행위형태를
　　규제대상으로 하고 있다.
19) 박성호, 앞의 논문(주 7), 224면.

정경쟁행위(즉 좁은 의미의 부정경쟁행위)에 유사한 구제를 해줄 필요가 있고,[20] 나아가 "장기적으로는 부정경쟁방지법에 넓은 의미의 부정경쟁행위를 모두 포섭할 수 있는 일반조항을 둘 필요가 있을 것이다."[21]

다. 비침해행위에 대한 금지청구인정

대상결정의 판단대로 '부정한 경쟁행위'로서의 '영업상의 이익침해'에 불법행위책임을 인정한다 하더라도, 손해배상청구권 외에 방해배제 내지 예방을 위한 금지청구권까지 인정할 수 있을 것인가의 문제는 매우 중요하다. 민법은 불법행위책임과 관련하여 그 구제수단으로 금전배상(제750조, 제751조)과 명예회복 처분(제764조)만을 인정하고 있을 뿐이고 금지청구권에 대해서는 규정하고 있지 않다. 다만, 예외적으로 불법행위 중 인격권 침해 등의 경우 명문의 규정이 없음에도 불구하고, 인격적 이익의 침해를 이유로 하는 불법행위 사건에서 인격권에 기한 방해배제 내지 예방을 위한 금지청구권을 인정해야 한다는 데에 학설은 대체로 일치하는 것으로 보인다.[22] 대법원 재판례만을 보더라도 명예훼손 사건[23]과 허위비방광고행위 사건[24] 등[25]에서 인격권 침해에 대한 금지청구권을 인정한 바 있다.

대상결정은 위법성의 판단 요소로서의 '특별한 사정'에 대한 구체적 검토 여부와 관련하여, "경쟁자가 상당한 노력과 투자에 의하여 구축한 성과물을 상도덕이나 공정한 경쟁질서에 반하여 자신의 영업을 위하여 무단으로 이용함으로써 경쟁자의 노력과 투자에 편승하여 부당하게 이익을 얻고 경쟁자의 법률상 보호할 가치가 있는 이익을 침해하는 행위는 부정한 경쟁행위로서 민법상 불법행위"에 해당한다고 판단하였고, 이러한 상태가 계속되는 경우 금전배상만으로는 피해자를 실질적으로 구제하기 어려우므로 피해자와 가해자의 제반 이익을 비교형량할 때 "피해자의 이익이 더 큰 경우에는 그 행위의 금지 또는 예방을 청구할 수 있다"고 하였다. 이는 인격권 침해에 대한 금지청구권의 인정 요건과 마찬가지로 이른바 '이익형량론'을 그 인정 요건으로 제시한 것으로 볼 수 있다.

대상결정이 신청인의 영업을 보호가치 있는 권리로 보아 불법행위의 성립을 인정한 후

20) 정상조, 부정경쟁방지법 원론, 세창출판사, 2007, 9면.
21) 정상조, 위의 책, 10면; 정호열, "독일 부정경쟁방지법 제1조의 일반조항에 관한 소고", 기업법의 현대적 과제, 행솔 이태로 교수 화갑기념, 조세통람사, 1992, 496−497면; 김병일, "키워드 광고와 상표권 침해", 디지털재산법 연구 제6권 제1호, 2007, 22−23면.
22) 곽윤직 편집대표, 민법주해[XIX]−채권(12), 박영사, 2005, 453−454면(이재홍 판사 집필부분); 곽윤직, 채권각론(제6판), 박영사, 2003, 446−447면; 지홍원, "인격권의 침해", 사법논집(10집), 법원행정처, 1979, 219−220면.
23) 대법원 1988. 10. 11. 선고 85다카29 판결.
24) 대법원 1996. 4. 12. 선고 93다40614, 40621 판결.
25) 대법원 1997. 10. 24. 선고 96다17851 판결.

그 권리관계에 관하여 일회적인 불법행위와는 달리 계속, 반복적인 침해가 이루어지고 사후적인 금전적 배상만으로는 피해의 완전한 회복이 어려울 것으로 예상되는 '특별한 사정'이 존재하는 경우에 금지청구권을 인정하는 것은 일응 타당한 것으로 보인다. 다만, 부정경쟁방지법과 민법 제750조 간의 문제를 立法(즉, 개별 부정경쟁행위의 열거)과 司法(즉, 열거되지 아니한 부정경쟁행위의 경우에는 민법 제750조)의 역할분담 문제로 접근하는 것이 바람직한 것인지에 대해서는 검토의 여지가 있다고 생각한다. 대상결정은 부정경쟁방지법에서 열거하고 있지 아니한 영업방해로 인한 부정경쟁행위에 대해서 금지청구를 인정하였는데, 사법적 해결보다는 부정경쟁방지법 개정을 통한 '업무방해'로 인한 부정경쟁행위 유형 추가 내지 독일 부정경쟁방지법의 일반규정 도입 등에 의한 입법적 해결이 바람직한 방향이라고 생각한다.

4. 결정의 의의

민법 제750조의 불법행위의 성립요건이 권리침해가 아닌 위법성으로 되어 있어 지적재산권법으로 보호되지 않는 대상이더라도 행위의 위법성만 인정되면 불법행위로 규율하여 왔다.[26] 그러나 기존 판결은 저작물성이 인정되지 않더라도 타인의 지적 성과물 등을 제3자가 허락없이 이용한 경우와 같이 그 이용행위가 자유경쟁의 관점에서 정당화될 수 없는 '특별한 사정'이 있는 경우에 불법행위의 성립을 인정하였지만, 금지청구권 행사를 인정한 것은 아니었다.

그런데, 대상결정은 부정하게 이루어진 어떤 경쟁행위가 비록 부정경쟁방지법이 한정적으로 열거하여 규정한 '부정경쟁행위'에 해당하지 않는다 하더라도, 그 부정한 경쟁행위에 대하여 일정한 요건하에서 민법상 불법행위의 성립뿐만 아니라 금지청구권의 행사까지도 인정했다는 점에서 파격적이라고 볼 수 있다.[27] 지적재산권법으로 보호되지 않는 타인의 지적 성과물 등과 부정경쟁방지법에 규정되지 않은 부정경쟁행위에 대해서도 일정한 범위 내에서 금지청구권의 허용을 인정한 대상결정은 불법행위법리에 의한 지적재산 보호를 적극적으로 인정한 최초의 대법원결정이다.[28]

대상결정은 부정경쟁행위가 민법상 불법행위에 해당하기 위한 요건으로 ① 경쟁자가

---

26) 이상정, "개정 부정경쟁방지법에 대한 일고," 창작과 권리 제73호(2013년 겨울호), 98면.

27) 이익침해의 경우에도 그것이 법적으로 보호받을 이익인 경우에는 손해배상청구 뿐만 아니라 금지청구권을 인정해야 한다는 견해가 있다. 윤태영, "경쟁질서 위반행위에 대한 불법행위 책임", 비교사법 제14권 제1호, 한국비교사법학회, 2007, 161-162면.

28) 이와 유사한 맥락의 판결로는 겨울연가 사건(대법원 2012. 3. 29. 선고 2010다20044 판결 "경쟁자가 상당한 노력과 투자에 의하여 구축한 성과물을 상도덕이나 공정한 경쟁질서에 반하여 자신의 영업을 위하여 무단으로 이용함으로써 경쟁자의 노력과 투자에 편승하여 부당하게 이익을 얻고 경쟁자의 법률상 보호할 가치가 있는 이익을 침해하는 행위는 부정한 경쟁행위로서 민법상 불법행위에 해당한다") 등이 있다.

상당한 노력과 투자에 의해 구축한 성과물을 상도덕이나 공정한 경쟁질서에 반해 자신의 영업을 위해 무단으로 이용해 경쟁자의 노력과 투자에 편승했을 것, ② 이를 통해 부당하게 이익을 얻었을 것, ③ 경쟁자의 법률상 보호할 가치가 있는 이익을 침해했을 것 등 크게 3가지요건을 제시하였고, 그리고 부정경쟁행위가 민법상 불법행위에 해당하는 경우에도 금지청구권을 행사할 수 있는 요건을 별도로 제시했다.[29][30]

---

29) 1) 민법상 불법행위를 구성하는 무단이용 상태가 계속돼 금전배상을 명하는 것만으로는 피해자 구제의 실효성을 기대하기 어려울 것 2) 무단이용을 금지했을 때 보호되는 피해자의 이익과 그로 인한 가해자의 불이익을 비교·교량했을 때 피해자의 이익이 더 클 것 등 크게 2가지를 금지청구권 행사요건으로 제시했다. 김원오, "부정경쟁방지법상 신설된 일반조항의 법적성격과 그 적용의 한계", 산업재산권 제45호.

30) 그 후 2013. 7. 30.자 부정경쟁방지법 개정을 통하여 제2조 제1호 (차)목("그 밖에 타인의 상당한 투자나 노력으로 만들어진 성과 등을 공정한 상거래 관행이나 경쟁질서에 반하는 방법으로 자신의 영업을 위하여 무단으로 사용함으로써 타인의 경제적 이익을 침해하는 행위")을 신설하여 대상결정 등에서 민법상 불법행위에 해당한다고 본 일반적인 부정경쟁행위를 포괄적 부정경쟁행위의 한 유형으로 추가하였다.

44 저작권 등의 비침해행위와 일반불법행위의 성립

대법원 2012. 3. 29. 선고 2010다20044 판결[1]

이숙연(서울고등법원 고법판사)

1. 사안의 개요

가. 사실관계

피고 甲 주식회사는 '헬로 키티' 캐릭터로 유명한 일본회사의 국내 법인으로서 피고 乙 주식회사(이하 회사 명칭에서 '주식회사' 부분을 생략한다)에게 한국 내에서 '헬로 키티' 캐릭터를 상품화할 수 있는 독점권을 부여하였다.

피고 乙은 겨울연가, 황진이, 주몽, 대장금이 한류 드라마로 인기를 얻자, 헬로 키티 캐릭터에 위 각 드라마 주인공의 의상과 유사한 의상을 입히고 드라마를 연상하게 하는 배경이나 소품을 이용한 캐릭터상품을 만들어 (제품표시에 주몽, 장금의 이름을 붙이기도 하였다) 소비자, 특히 국내를 찾는 외국 관광객들에게 판매하였다.

나. 청구의 내용

한국방송공사, 문화방송 및 '주몽', '대장금'의 상표권자(위 각 드라마의 제작사이기도 하다)

---

1) [참조 판례] 대법원 2010. 8. 25.자 2008마1541 결정.
　　[관련 평석 및 문헌]
　　[원심판결에 대한 평석] 이숙연, "지적재산권법 체계 하에서의 불법행위법의 역할－서울고등법원 2010. 1. 14. 선고 2009나4116 판결－", Law & technology 제6권 제2호(2010. 3.), 서울대학교 기술과법센터.
　　[대상판결을 언급한 문헌](대상판결만을 다룬 판례평석은 없음) 정상조, "상이한 문예 장르 간의 표절", Law & Technology 제8권 제4호(2012. 7.), 서울대학교 기술과법센터; 박준석, "한국 지적재산권법과 다른 법률들과의 관계", 법조 통권 687호(2013. 12), 법조협회; 박성호, "2012년 지적재산법 중요 판례", 인권과 정의 제432호(2013. 3.), 대한변호사협회; 설지혜, "엔터테인먼트 산업의 사업다각화와 실무상 통용되는 '판권' 용어에 관한 제언", Law & Technology 제8권 제4호(2012. 7.), 서울대학교 기술과법센터.

丙, 이들로부터 캐릭터 상품화권리를 부여받은 회사 丁이 공동 원고가 되어, 피고들을 상대로 피고 乙의 위와 같은 행위는 ① 상표권침해, ② 부정경쟁방지 및 영업비밀보호에 관한 법률(이하 '부정경쟁방지법'이라 한다) 제2조 제1호 가.목의 상품주체 혼동행위, ③ 부정경쟁방지법 제2조 제1호 자.목의 상품형태 모방행위, ④ 캐릭터 혹은 영상저작물, 사진저작물, 응용미술저작물에 대한 복제권 또는 2차적 저작물 작성권 침해 또는 ⑤ 민법상 불법행위에 해당하며, 피고 甲은 이에 가담 내지 방조하여 피고들은 공동불법행위책임이 있다고 주장하며 손해배상청구를 하였다.

2. 판결의 요지

가. 원심판결(서울고등법원 2010. 1. 14. 선고 2009나4116 판결)

(1) 상표권·저작권 침해, 상품주체 혼동행위, 상품형태 모방행위 해당 여부

원심판결은, 피고들의 행위가 ① 상표권침해[2] 내지 ② 부정경쟁방지법 제2조 제1호 가.목의 상품주체 혼동행위, ③ 부정경쟁방지법 제2조 제1호 자.목의 상품형태 모방행위, ④ 캐릭터 혹은 영상저작물, 사진저작물, 응용미술저작물에 대한 복제권 또는 2차적 저작물 작성권 침해행위에 모두 해당하지 않는다고 판단하여, 원고의 이 부분 주장을 모두 배척하였다(자세한 판결이유의 기재는 생략한다).

(2) 불법행위 성립 여부

원심판결은, ① 원고 방송사들이 이 사건 각 드라마의 제작을 위하여 상당한 비용과 인력, 시간을 투입한 점, ② 드라마 방영시기와 그에 관한 상표등록이나 상품화사업이 주지성을 획득하는 시기까지는 시차가 있어, 상표법이나 부정경쟁방지법에만 의존할 경우 보호에 공백이 생기는 점, ③ 국내 드라마에 관한 상품화권리가 국내에서 정당하게 보호되지 아니할 경우 해외시장에서 한류 드라마를 이용한 사업에도 악영향을 끼칠 것인 점 등에 비추어 보면, 원고 방송사들이 제3자의 편승행위에 의하여 방해받음이 없이 드라마의 제호, 캐릭터 등을 이용하여 상품화사업을 영위할 수 있는 거래질서는 법적으로 보호 가치 있는 이익에 해당한다고 판단하였다.

더 나아가 원심판결은, "① 이 사건 각 드라마의 이용을 위한 권리(저작재산권을 포함한다)를 원고 방송사들이 보유하고 있어, 이들로부터의 허락없이 상품화사업을 추진하는 것은

---

2) 피고 상품에 사용된 원고의 표장은 그 제품이 드라마의 캐릭터로 알려진 인물을 형상화한 것임을 안내·설명하기 위한 것일 뿐 상품의 식별표지로서 사용되었다고 볼 수 없다고 판단하였다.

위법하다는 점은 일반인이라도 쉽게 알 수 있는 점, ② 그럼에도 피고 乙은 이들로부터 아무런 동의를 얻지 아니한 채 키티 캐릭터를 드라마의 장면이나 등장인물을 연상케 하는 의상과 소품, 배경으로 꾸며 피고 제품을 만들었고, 피고 乙의 홈페이지에서도 드라마의 제호나 등장인물의 이름을 붙여 판매하였던 점, ③ 피고 乙은 이 사건 각 드라마가 인기를 끌고 널리 알려지기 전까지는 문제된 제품을 제조·판매한 적이 없는 점, ④ 원고 방송사들이 상품화권한을 부여한 업체의 제품 상당수와 피고 제품의 주된 수요자는 한류 드라마를 애호하는 일본 등 외국 관광객이어서 양 제품이 경쟁관계에 있고, 피고 제품의 판매 증가는 위 업체들의 매출감소 및 궁극적으로 원고 방송사들의 라이센스료 감소를 초래할 것으로 보이는 점 등에 비추어 보면, 피고 乙은 위 각 드라마의 인기에 편승하여 부당한 이익을 얻고자 위 각 드라마를 연상하게 하는 형태의 제품을 제조·판매하여 상도덕 등 사회질서에 반하는 행위를 하였고, 이는 원고 방송사들의 법적으로 보호 가치 있는 이익을 침해하는 위법한 행위로서 불법행위를 구성한다."라고 보았다.[3]

　　손해배상의 범위에 관하여 원심판결은, 피고 제품의 판매수량과 소매가 합계, 통상적인 캐릭터 상품화사업계약에서 소매가 대비 출고가의 비율(40~45%)과 라이센스요율(약 5%) 등을 모두 참작하여, 피고 乙이 배상하여야 할 손해는 원고 방송사별로 각 1,000만 원 및 2,000만 원[4]으로 정하였다.

나. 대법원판결(상고기각)

(1) 상표권·저작권 침해, 상품주체 혼동행위, 상품형태 모방행위 해당 여부

원심의 판단을 지지하였다. (상세한 이유 기재 생략)

(2) 불법행위의 성립 여부

　　대법원은, "㈎ 이 사건 각 드라마는 원고 방송사들이 상당한 노력과 투자에 의하여 구축한 성과물로서, 위 원고들은 각 해당 드라마의 명성과 고객흡인력을 이용하여 그에 관한 상품화 사업권을 타인에게 부여하고 대가를 받는 방식 등으로 영업해 오고 있음을 알 수 있는데, 이러한 영업을 통하여 원고 방송사들이 얻는 이익은 법률상 보호할 가치가 있는 이익

---

3) 한편 원심판결은, 방송사 이외의 나머지 원고들은 각 방송사로부터 상품화사업을 대행 또는 대리할 권한을 부여받거나, 다시 이들을 통하여 비독점적인 상품화사업권한을 부여받은 자에 지나지 아니 하여, 방송사들과 독립하여 보호할 가치가 있는 이익이 존재한다고 보기 어렵다고 판단하여 이들의 청구를 모두 기각하였고, 피고 甲이 위 불법행위에 관한 가담 또는 방조하였는지에 대하여는 증거가 부족하다고 하여, 원고들의 피고 甲에 대한 청구를 모두 기각하였다.

4) 매출 추정액에 라이선스요율을 곱한 금액 상당을 손해배상액으로 정하였다.

에 해당하고, ㈏ 이 사건 각 드라마가 국내뿐 아니라 해외에서도 인기를 얻어 국내 수요자나 해외 관광객들 사이에서 이와 관련한 상품에 대한 수요가 커지자, 피고 乙은 원고 방송사들로부터 허락도 받지 아니한 채 수요자들로 하여금 이 사건 각 드라마를 직접적으로 연상하도록 하고 그러한 연상으로부터 생겨나는 수요자들의 제품 구매 욕구에 편승하여 피고 제품을 제조·판매하였음이 아래와 같은 사정들에 의하여 넉넉히 인정된다."라고 판단하였다.

대법원은 더 나아가, "드라마 관련 상품화 사업을 추진하기 위해서는 그에 관한 권리자로부터 허락을 받는 것이 그 거래사회에서 일반적인 관행인 점 등을 고려할 때, 원고 방송사들로부터 허락을 받지 아니한 피고 乙의 위와 같은 행위는 상도덕이나 공정한 경쟁질서에 반하는 것이다. 그리고 이러한 행위는 드라마를 이용한 상품화 사업 분야에서 서로 경쟁자의 관계에 있는 위 원고들의 상당한 노력과 투자에 편승하여 이 사건 각 드라마의 명성과 고객흡인력을 자신의 영업을 위하여 무단으로 이용하여, 앞서 본 바와 같이 법률상 보호할 가치가 있는 위 원고들의 각 해당 드라마에 관한 상품화 사업을 통한 영업상의 이익을 침해하는 것이기도 하다."라고 판단하여, 피고 乙의 피고 제품 제조·판매 행위는 부정한 경쟁행위로서 민법상 불법행위에 해당한다고 보아, 원심판단을 지지하였다.

3. 해설

가. 저작권 등 비침해행위와 일반 불법행위

(1) 지적재산권법과 불법행위 규정의 관계

민법 제750조는 불법행위의 성립 여부를 권리침해가 아니고 위법성이라고 규정함으로써 이미 확정된 권리의 침해는 아닐지라도 그 시대의 법 감정이나 행위 태양에 비추어 사회적으로 용인될 수 없는 행위를 금지시킬 수 있도록 규정하였고, 이러한 규정은 유동하는 경제사회에서 타인의 노력의 성과를 훔치는 행위나 부정한 경쟁을 방지하는 역할을 할 수 있을 것이다.[5]

그러나 실정법상 저작권 등의 침해에 해당되지 않고 부정경쟁방지법 등의 실정법 위반에도 해당되지 않지만 민법상 불법행위에 해당한다고 보아 법적 구제를 부여하는 데에는 한계가 있다. 대부분의 실정법은 그 입법목적을 달성하기 위해서 필요한 경우에 그리고 필요한 범위 내에서만 저작권 등을 보호하거나 부정경쟁행위를 금지하는 것이므로, 그러한 실정법의 위반에 해당되지 않는 한도에서는 저작물의 자유로운 이용과 자유로운 경쟁을 허용하

---

5) 이상정, "권리침해에서 위법성으로의 변천과 민법 제750조의 효용", 민사법의 실천적 과제(한도 정환담교수 화갑기념), 한도 정환담교수 화갑기념논문집 간행위원회, 2000, 305면.

는 것이 그러한 실정법의 법목적에 부합되는 것이기 때문이다. 따라서 문제된 경쟁행위가 권리침해 또는 그에 상응하는 "보호할 만한 가치 있는 법익의 침해"가 있거나 또는 상도덕이나 관습에 반하여 행위 태양 자체의 불공정성이 명백한 경우 등과 같이 제한된 경우에 한해서 민법의 불법행위 규정에 의한 불공정경쟁행위의 규제가 가능하다고 할 것이다. 이와 같이, 민법의 불법행위에 관한 규정은 불공정 경쟁행위의 규제에 관한 특별법의 흠결을 보충해주는 포괄적이고 기본적인 법률이지만, 그 구제수단의 불충분성과 위법성의 불명확성이라는 단점을 해결하면서 불공정 경쟁행위를 더 효율적으로 규제하기 위해서 부정경쟁방지법과 독점규제법 등이 특별히 제정되어 운용되고 있는 것이다.[6]

(2) 불공정 경쟁행위에 대한 구제 수단

불공정 경쟁행위가 민법상 불법행위에 해당되는 경우 민법 제750조 규정에 의하여 사후적 구제 수단으로 손해배상청구가 가능함은 법문상 자명하다.

그렇다면, 손해배상청구에서 더 나아가 사전 예방적 구제수단으로써 불공정 경쟁행위의 금지 또는 원상회복을 청구할 수 있는지 여부가 문제된다. 민법은 불법행위에 대한 구제수단으로 손해배상청구권 이외에 불법행위 자체를 금지시킬 수 있는 권리에 대해서는 아무런 언급이 없으나, 판례는 대체로 인격권에 한하여 침해금지청구권을 인정하고 있는 것으로 보인다. 따라서 이 사건의 경우에도 구제수단으로서의 금지청구가 용인될 수 있을지는 논의의 여지가 있다.

나. 저작권 비침해행위이나 불법행위의 성립을 인정한 사례들

(1) 국내사례

1) 성형외과 홈페이지 사건[7]

의사인 원고가 자신의 병원 홈페이지에 올린 환자들의 사진과 상담내용 글을 피고가 자신의 병원 홈페이지에 게시한 사건에서, 법원은 저작권침해의 주위적 주장은 배척하였으나, 일반 불법행위에 관한 예비적 주장을 받아들여 "피고가 영리의 목적으로 피고와 영업상 경쟁관계에 있는 원고가 노동력과 비용을 들이고, 전문지식을 사용하여 환자의 동의를 받아 촬영하고 작성한 원고의 사진들과 상담내용을 무단으로 도용해서 사용한 것은 공정하고, 자유로운 경쟁원리에 의해 성립하는 거래사회에 있어서 현저하게 불공정한 수단을 사용함으로써 사회적으로 허용되는 한도를 넘어 원고의 법적으로 보호할 가치 있는 영업활동상의 신용

---

6) 정상조, "혁신과 경쟁 기술과 시장의 변화에 대한 법적 대응", 인터넷과 법률, 법문사, 2005, 23면.
7) 서울중앙지방법원 2007. 6. 21. 선고 2007가합16095 판결(확정).

등의 무형의 이익을 위법하게 침해하는 것"으로서 "피고의 위와 같은 행위는 민법 제750조의 불법행위를 구성한다."라고 판단하였다.

2) 네이버 광고 사건[8]

B사가 광고시스템 프로그램을 인터넷 사용자들에게 제공하여 이를 설치한 사용자들이 A사가 운영하는 인터넷 포털사이트(네이버)를 방문하면 그 화면에 B사가 제공하는 광고가 대체 혹은 삽입된 형태로 나타나게 한 사안에서, A사는 B사를 상대로 위와 같은 광고행위의 금지 등을 구하는 가처분 신청을 하였다.

대법원은 "경쟁자가 상당한 노력과 투자에 의하여 구축한 성과물을 상도덕이나 공정한 경쟁질서에 반하여 자신의 영업을 위하여 무단으로 이용함으로써 경쟁자의 노력과 투자에 편승하여 부당하게 이익을 얻고 경쟁자의 법률상 보호할 가치가 있는 이익을 침해하는 행위는 부정한 경쟁행위로서 민법상 불법행위에 해당하는바, 위와 같은 무단이용 상태가 계속되어 금전배상을 명하는 것만으로는 피해자 구제의 실효성을 기대하기 어렵고 무단이용의 금지로 인하여 보호되는 피해자의 이익과 그로 인한 가해자의 불이익을 비교·교량할 때 피해자의 이익이 더 큰 경우에는 그 행위의 금지 또는 예방을 청구할 수 있다."라고 전제한 다음 B사의 위 광고행위는 부정한 경쟁행위로서 민법상 불법행위에 해당하며, 금전배상을 명하는 것만으로는 A사 구제의 실효성을 기대하기 어렵다고 보아, 광고행위 금지 가처분신청을 일부 인용한 원심판결을 유지하고 재항고를 기각하였다.

(2) 일본 사례

일본 지적재산고등재판소는, 피고가 원고 요미우리 신문이 운영하는 웹사이트의 신문기사 표제 365개를 복제하고, 이를 클릭하면 Yahoo!뉴스에 게재된 뉴스기사 본문에 직접링크되는 서비스를 제공한 사건(요미우리 신문사건)[9]에서, 피고의 행위는 저작권 침해 및 부정경쟁행위에는 해당하지 않으나, "사회적으로 허용되는 한도를 넘은 것이며, 원고의 법적 보호에 적합한 이익을 침해한 것으로서 민법상 불법행위에 해당"된다고 보았다.[10]

일본 동경고등재판소는, 원고의 가구 표면에 부착하는 나무결 무늬 화장지(木目化粧紙)의 모양을 피고가 완전히 모방한 사건[11]에서, 위 종이를 미술저작물로는 인정할 수 없으나, 피고가 이를 완전히 모방하여 동종제품을 제조하고, 원고의 제품과 판매지역이 경합하는 지역에서 이를 염가로 판매하는 행위는 거래에 있어서 공정하고 자유로운 경쟁으로서 허락되는 범위를 일탈하여, 원고의 법적 보호가치 있는 영업활동상의 이익을 침해하는 것으로서 불법

---

8) 대법원 2010. 8. 25.자 2008마1541 결정.
9) 知的財産高等裁判所 2005. 10. 6. 平成17(2005)(ネ)10049.
10) 유대종, "불공정경쟁행위와 디지털정보의 보호", 인터넷 법률 제42호(2008. 4). 법무부 법무심의관실.
11) 東京高等裁判所 1991. 12. 17. 平成2(1990)(ネ)2733.

행위를 구성한다고 판시하였다.

다. 불법행위 성립 요건

대상판결의 설시를 중심으로 앞에서 본 국내외 사례들을 참고하여, 불법행위의 한 유형으로서 '불공정 경쟁행위'를 인정하기 위한 요건을 살펴 본다.

첫째, 보호할 만한 가치 있는 이익으로서, 타인이 상당한 시간과 노력, 비용을 투입하여, 일정한 성과, 즉, 명성, 신용. 평판, 영업망, 주지성, 저작물(또는 저작물에 이르지 못하나 상당한 노력을 기울인 산출물) 혹은 건전한 거래질서[12]가 형성되어 있어야 할 것이다.

둘째, 행위자는 이와 같은 성과물이 타인의 노력 등에 의하여 이루어진 것으로서 타인에게 속한다(다만, 그 타인을 특정할 정도에 이를 필요는 없으며, 그 성과물이 공공의 영역에 놓여있지 아니하다는 정도를 아는 것으로 족하다)는 것을 알았거나 과실로 알지 못하여야 할 것이다(행위자의 '가해의사'는 요하지 아니한다).

셋째, 행위자는 타인과 경쟁관계에 있는 자로서, 타인으로부터 허락이나 동의를 얻지 아니한 채 타인의 성과물을 이용하거나 편승하여 자기의 이익을 꾀하고(행위자가 현실적으로 이익을 얻을 것을 요하지 않는다), 타인에게 손해를 가하여야 한다.

넷째, 위와 같은 행위가 선량한 풍속 기타 사회질서 혹은 거래질서에 반하는 것으로서 사회통념상 용인될 수 없는 '위법성'을 가져야 할 것이다.

4. 판결의 의의

대상판결은 지적재산권 침해책임이 인정되지 아니하는 경우라도, 경쟁자가 노력과 투자에 의하여 구축한 성과물을 공정한 경쟁질서에 반하여 편승하는 행위에 대하여는 민법상 일반불법행위 책임이 인정될 수 있다고 판시하여 민법상의 보호를 보충적으로 부여함으로써 지적재산권법상 보호의 공백을 메꿀 수 있는 가능성을 제시하였다.[13] 대상판결은 지적재산권법상 명문의 규정이 없거나 보호의 경계가 모호한 영역이라 하더라도, 타인의 노력과 투자에 편승하는 행위는 일반 불법행위법에 따라 규제될 수 있음을 천명함으로써, 공정한 경쟁질서를 수립하여 가는 데에도 일조하였을 것으로 판단된다.

다만, 불법행위 조항의 추상성으로 말미암아 그것이 전가의 보도처럼 사용됨으로써 도리어 거래의 안전을 해하고 자유로운 경쟁을 방해하는 일이 없도록 그 요건을 상세화, 구체

---

12) 위와 같이 이룩한 성과물에 대한 제3자의 위법 부당한 편승행위를 배제할 수 있는 거래의 질서를 말한다.
13) 박준석, "한국 지적재산권법과 다른 법률들과의 관계", 법조 통권 687호(2013.12), 법조협회, 12면.

화하는 것은 법률가들의 역할이라 할 것이다. 덧붙여, 대상판결의 사안은 새로운 문화콘텐츠로 떠오르고 있는 한류드라마와 이를 활용한 사업화에 있어서의 법적 쟁점을 던져주었다.

45 인터넷 포털 광고행위를 방해하는 이른바 '레이어 팝업 (Layer Pop-up) 광고행위'의 규제

대법원 2010. 9. 30. 선고 2009도12238 판결[1]

유영선(서울고등법원 고법판사)

1. 사안의 개요

가. 피고인 회사와 그 대표이사(이하 '피고인들'이라 한다)는 2006. 8.경부터 2007. 7.경까지 사이에 '업링크솔루션'이라는 프로그램(이하 '이 사건 프로그램'이라 한다)을 인터넷에 배포하여 그 설치에 동의한 이용자들의 컴퓨터에 설치되도록 하였다. 피해자는 도메인 이름이 'www.naver.com'인 포털사이트(이하 '네이버'라 한다)에서 국내에 널리 인식된 **NAVER** 및 '💥' 표지(이하 '이 사건 영업표지'라 한다)를 사용하여 광고영업을 해 오고 있다. 그런데 이 사건 프로그램이 설치된 컴퓨터로 네이버에 접속하면, 피해자 회사의 배너광고가 같은 크기의 피고인들의 배너광고로 대체되거나(이른바 '대체광고'), 화면의 여백에 피고인들의 배너광고가 노출되거나(이른바 '여백광고'), 검색창에 키워드를 입력하면 검색창과 피해자 회사의 키워드광고 사이에 피고인들의 키워드광고가 삽입되는(이른바 '키워드삽입광고') 방식으로 피고인들의 광고가 나타났다. 피고인들의 광고는 그 둘레에 별도의 테두리가 없는 이른바 '레이어 팝업 (Layer Pop-up)'의 형태로서,[2] 피고인들의 광고 자체에는 아무런 출처 표시가 없었다.

나. 피고인들은 「구 부정경쟁방지 및 영업비밀보호에 관한 법률(2007. 12. 21. 법률 제8767

---

1) [참조 및 관련 판례] 대법원 1999. 4. 23. 선고 97도322 판결; 대법원 2004. 7. 9. 선고 2002도631 판결; 대법원 2010. 8. 25.자 2008마1541 결정; 대법원 2012. 5. 24. 선고 2011도13783 판결 등.
   [관련 평석 및 문헌] 유영선, "팝업(Pop-up)광고 행위의 규제", 사법 15호, 사법연구지원재단, 2011; 나지원, "인터넷포털 광고방해사건에 관한 법적 쟁점", Law & technology 제7권 제4호, 서울대학교 기술과법센터, 2011; 김병일, "인터넷 웹페이지에서의 광고의 삽입·차단 등을 둘러싼 법적 문제", 사법 16호, 사법연구지원재단, 2011; 김관식, "인터넷 상에서 영업표지 사용 요건의 해석", 중앙법학 12집 4호(통권 제38호), 중앙법학회, 2010 등.
2) 이러한 레이어 팝업(Layer Pop-up) 광고 형태는 피고인들이 세계 최초로 시도한 것으로 보인다.

호로 개정되기 전의 것, 이하 '구 부정경쟁방지법'이라 한다)」제2조 제1호 (나)목의 부정경쟁행위를 하였다는 공소사실로 기소되었다. 원심에서는 피고인 회사의 대표이사에 대해 형법 제314조 제2항의 '컴퓨터 등 장애 업무방해죄' 공소사실이 추가되었다.

　　다. 제1심과 원심은 모두 '구 부정경쟁방지법 위반'의 점에 대하여 무죄를 선고하였다. 또한 원심은 추가된 공소사실인 '컴퓨터 등 장애 업무방해'의 점에 대하여도 무죄를 선고하였다.

　　라. 대법원은 '컴퓨터 등 장애 업무방해'의 점에 대해서는 원심과 같이 판단하였으나, '부정경쟁방지법 위반'의 점에 대해서는 유죄 취지로 판시하면서 원심판결을 파기환송하였다.

2. 판결의 요지

가. 원심판결(서울고등법원 2009. 10. 22. 선고 2009노300 판결)

(1) 구 부정경쟁방지법 위반의 점

　　구 부정경쟁방지법 제2조 제1호 (나)목의 영업주체 혼동행위가 성립하기 위해서는 적어도 타인의 영업표지를 행위자 자신의 영업 출처를 표시하는 것으로 '사용'하여야 한다. 그런데 ① 피고인들은 광고영업을 위하여 네이버 등 포털사이트를 광고공간으로 활용하였을 뿐 이 사건 영업표지 자체를 자신들의 광고영업의 출처 표시로 사용한 것으로 보이지는 않는 점, ② 네이버 홈페이지의 이용자는 네이버 홈페이지가 제공하는 정보의 내용에 가치를 두는 것이지 광고의 주체에 대하여는 특별히 가치의 차이를 두고 있다고 할 수 없는 점, ③ 이 사건 프로그램의 설치에 동의한 이용자들만이 이 사건 프로그램을 통한 광고에 노출되게 되므로 피고인들이 네이버 홈페이지에서 광고행위를 한다는 포괄적인 인식은 있다고 보이는 점, ④ 피해자 회사도 네이버 홈페이지에서 광고영업을 하는 데 이 사건 영업표지 자체의 식별력을 활용한다는 인식은 크지 않다고 보이는 점 등을 종합할 때, 피고인들이 이 사건 영업표지를 자신들의 광고영업의 출처 표시로 '사용'하였다고는 볼 수 없다. 무죄를 선고한 제1심은 정당하다.

(2) 컴퓨터 등 장애 업무방해의 점

　　① 이 사건 프로그램은 피해자 회사가 이용자의 컴퓨터로 보낸 HTML[3] 파일 원본을 변경하는 것이 아니라 일시적으로 이용자 컴퓨터의 메모리(RAM)상으로 복제한 사본 파일에만

---

3) 'hypertext markup language'의 약자로, 인터넷 홈페이지의 하이퍼텍스트 문서를 만들기 위해 사용되는 기본 언어이다.

피고인들의 HTML 코드를 삽입하는 것이므로, 이용자의 컴퓨터에 전송을 마칠 때까지는 네이버 홈페이지의 내용이나 운영에 아무런 영향이 없는 점, ② 이용자가 자신의 컴퓨터로 전송받은 웹페이지 중 일부를 자신의 컴퓨터 영역 내에서 변경하여 열람하는 것은 당연히 보장되어야 할 권리인 점, ③ 이 사건 프로그램은 명시적 동의에 따라 해당 이용자의 컴퓨터에만 설치되어 그 컴퓨터 내에서만 실행되고, 사용을 원하지 아니하면 이를 삭제하거나 피고인들의 광고 내의 '×' 버튼 등을 클릭하여 그 광고를 쉽게 제거할 수 있는 점 등을 종합하여 보면, 피해자 회사 및 이용자의 정보처리에 현실적인 장애를 발생시켰다고 할 수 없다. 무죄를 선고한다.

나. 대법원판결

(1) 구 부정경쟁방지법 위반의 점

구 부정경쟁방지법 제2조 제1호 (나)목 … 여기서 영업표지를 사용하는 방법 및 형태 등에는 특별한 제한이 없으므로, 인터넷 웹페이지상의 팝업광고 행위가 팝업창 자체의 출처표시 유무, 웹페이지 내에서의 팝업창의 형태 및 구성, 웹페이지의 운영목적과 내용, 팝업창의 출현 과정과 방식 등에 비추어 웹페이지 상에 표시된 국내에 널리 인식된 타인의 영업표지를 그 팝업광고의 출처표시로 사용한 것으로 인식되고 이로써 팝업광고의 영업 활동이 타인의 광고영업 활동인 것처럼 혼동하게 하는 경우에는 위 법조에서 정한 부정경쟁행위에 해당한다.

피고인들의 광고가 그 둘레에 별도의 테두리가 없는 이른바 레이어 팝업(Layer Pop-up)의 형태로 나타나고, 피고인들의 광고 자체에는 그 출처가 전혀 표시되지 아니한 점 등에 의하면, 피고인들은 이 사건 프로그램이 설치되어 있는 컴퓨터 화면상에 그들이 제공하는 광고를 이 사건 영업표지가 표시되어 있는 네이버 화면의 일부로 끼워 넣어 그 화면에 흡착되고 일체화된 형태로 나타나도록 함으로써 네이버 화면에 있는 이 사건 영업표지의 식별력에 기대어 이를 피고인들 광고의 출처를 표시하는 영업표지로 사용하였다 할 것이고, 이로써 피고인들의 광고가 마치 피해자 회사에 의해 제공된 것처럼 혼동을 하게 하였다고 할 것이다. 피고인들의 광고가 이 사건 프로그램이 설치된 컴퓨터 화면에만 나타날지라도 반드시 그 설치자한테만 노출되지는 않을 것으로 보이고, 피고인들의 광고가 네이버 화면에 흡착되고 일체화된 형태로 나타난 이상 이 사건 프로그램을 설치한 당사자도 피고인들의 광고를 피해자 회사가 제공한 광고와 구분하여 인식하기가 쉽지 않아 보이므로, 이러한 사정에도 불구하고 피해자 회사의 광고영업 활동과의 혼동은 여전히 존재한다.

(2) 컴퓨터 등 장애 업무방해의 점

이 사건 프로그램은 네이버 서버가 이용자의 컴퓨터에 HTML 파일 등 네이버 홈페이지의 정보를 전송하는 데에는 아무런 영향을 주지 않고, 다만 이용자의 동의에 따라 이 사건 프로그램이 설치된 해당 이용자의 컴퓨터 화면에서만 네이버 화면이 전송받은 원래 모습과는 달리 피고인들의 광고가 대체 혹은 삽입된 형태로 나타나도록 하는 것에 불과하므로, 이 것만으로는 정보처리장치의 작동에 직접·간접으로 영향을 주어 그 사용목적에 부합하는 기능을 하지 못하게 하거나 사용목적과 다른 기능을 하게 하였다고 볼 수 없다. 따라서 형법 제314조 제2항에 의한 컴퓨터 등 장애 업무방해죄로 의율할 수 없다.

3. 해설

가. 구 부정경쟁방지법 위반의 점에 관하여

구 부정경쟁방지법 제2조 제1호 (나)목의 '영업주체 혼동행위'가 성립하기 위해서는, ① 타인의 영업임을 '표시'하는 표지(표지성), ② 타인의 표지가 '국내에 널리 인식'되었을 것(주지성), ③ 타인의 표지와 '동일·유사'한 것의 '사용'(표지의 동일·유사성 + 표지로서의 사용), ④ 타인의 영업상 시설 또는 활동과 '혼동'(혼동가능성)의 요건을 충족해야 한다.

본 사안에서는 피고인들이 국내에 널리 인식된 이 사건 영업표지를 '사용'하여 '혼동'을 초래하는지가 문제되었으므로 이들 요건을 중심으로 대상판결을 분석해 본다.

(1) 표지로서의 '사용'

1) '사용' 요건의 충족

구 부정경쟁방지법 제2조 제1호 (나)목은 국내에 널리 인식된 영업표지와의 혼동 야기를 방지하는 데 목적이 있으므로, 영업표지를 매체로 해서 상품 또는 영업의 출처에 대해 혼동을 일으키는 사용행위는 그 방법, 형태 등을 묻지 않고 모두 이에 포함된다.[4] 대법원도 같은 취지로 판시해 오고 있다.[5] 동일한 규정을 두고 있는 일본에서도 '사용' 요건에 대하여, 영업표시의 오인, 혼동을 초래하는 태양이면 되고 극히 넓게 해석해야 하며, 영업표시 오인, 혼동행위 판단에는 '사용' 요건이 함께 포함되어 검토되는 것으로서 '사용' 요건 때문에 그

---

4) 사법연수원, 부정경쟁방지법, 2008, 46–47면; 송영식·이상정·황종환·이대희·김병일·박영규·신재호, 지적소유권법(하), 육법사, 2008, 416면.
5) 대법원 1999. 4. 23. 선고 97도322 판결; 대법원 1996. 1. 26. 선고 95도1464 판결 등.

보호가 부정되는 경우는 적다고 한다.6) 이와 같이 우리나라와 일본에서는 '사용'을 '혼동'을
초래하는 모든 행위 태양으로 넓게 해석하고 있다. 영업주체 혼동행위에서 '혼동'이란 영업
'출처'의 혼동이므로, 자신의 영업에 타인의 영업표지를 '사용'하지 않고서는 이러한 '출처의
혼동'은 논리적으로 발생할 수 없기 때문이다. 즉, '출처의 혼동'이 있음은 타인의 영업표지
를 자신의 영업의 출처를 표시하는 표지로 '사용'했다는 징표가 된다고 보는 것이다.

    대상판결도 기본적으로 이와 같은 입장에 서 있다. 다만 모든 팝업광고 행위를 영업표
지 '사용'에 의한 '혼동' 초래 행위로 본 건은 아니다. '팝업창 자체의 출처표시 유무, 웹페이
지 내에서의 팝업창의 형태 및 구성, 웹페이지의 운영목적과 내용, 팝업창의 출현 과정과 방
식' 등에 비추어 웹페이지 상에 표시된 타인의 영업표지를 그 팝업광고의 출처표시로 사용
한 것으로 인식되고 이로써 팝업광고의 영업 활동이 타인의 광고영업 활동인 것처럼 혼동하
게 하는 경우를 영업주체 혼동행위로 본 것이다.

    본 사안의 경우, ① 이 사건 프로그램이 설치된 컴퓨터로 네이버를 방문하면 네이버 화
면에 피해자 회사의 광고가 아니라 피고인들의 광고가 대체 혹은 삽입된 형태로 나타났고,
② 피고인들의 광고는 그 둘레에 별도의 테두리가 없는 이른바 레이어 팝업(Layer Pop-up)
의 형태이었으며, ③ 피고인들의 광고 자체에는 그 출처가 전혀 표시되지 않았다. 따라서 피
고인들은 이 사건 영업표지가 표시되어 있는 네이버 홈페이지의 일부로 피고인들의 광고를
끼워 넣어 이 사건 영업표지의 식별력에 기대어 이를 피고인들 광고의 출처를 표시하는 영
업표지로 사용하였다고 할 수 있다. 피고인들의 광고 자체에 이 사건 영업표지를 직접 부착
하지는 않았지만, 이 사건 영업표지가 나타나 있는 홈페이지에 피고인들의 광고가 흡착되고
일체화되어 나타나도록 함으로써 인터넷 이용자들이 이 사건 영업표지를 피고인들 광고의
출처로 인식하게 하였으므로, 이 사건 영업표지의 '사용'에 해당하는 것이다. 뒤에서 보는 것
과 같이, 본 사안에서 '혼동' 요건도 충족이 되는데, 이는 피고인들이 이 사건 영업표지를 사
용하였다는 징표가 된다.7)

2) 1-800 Contacts, Inc. v. WhenU.com, Inc. 판결8)과의 비교·분석

    인터넷 웹사이트 등을 통하여 콘택트렌즈 관련 상품을 판매하는 1-800 Contacts사가,
사용자들의 인터넷 활동을 모니터하여 팝업광고를 제공하는 'SaveNow'라는 프로그램을 제
작, 배포한 WhenU사를 상대로 상표권 침해 등의 소를 제기한 사안이다. WhenU 팝업광고

6) 小野昌延 편저, 新·注解 不正競爭防止法(新版) 上卷, 靑林書院, 2007, 347-348, 350면; 田村善之, 不
   正競爭法槪說(第2版), 有斐閣, 2003, 94-96면.
7) 이와 달리, 영업주체 혼동행위에 규정된 '사용' 요건에 관하여 '혼동' 요건과 분리하여 그 충족 여부를 엄
   격하게 판단하여야 한다면서 대상판결을 비판하는 견해가 있다[김관식, "인터넷 상에서 영업표지 사용 요
   건의 해석"(주 1), 405-408면].
8) 414 F.3d 400(2d Cir. 2005). 이 판결에 대해서는 상고가 불허가되어 그대로 확정되었다.

는 둘레에 프레임을 가지고 있고, 그 맨 아래에는 팝업광고의 출처를 표시하는 문구9)가 기재되어 있었다. 이 사안에서 미국 제2연방항소법원은 "WhenU의 팝업광고는 WhenU의 상표로 표시되는 별도 창에 나타나 1−800의 웹사이트의 외관이나 기능에 별다른 영향을 미치지 않으므로 WhenU의 팝업광고가 1−800 회사의 상표를 '사용'하였다고 할 수 없다."라는 이유 등을 들어 상표권 침해를 부정하였다.10)

피고인들은 본 사안에서 영업주체 혼동행위가 성립하지 않는 근거로 이 판결을 들었고, '사용' 요건 결여를 이유로 영업주체 혼동행위의 성립을 부정한 원심도 이 판결의 영향을 받은 것으로 보인다. 그러나 본 사안은 WhenU 사안과 아래와 같은 차이점을 가지고 있으므로, WhenU 판결의 논리를 본 사안에 그대로 적용하기는 어려울 것으로 생각된다.

우선, WhenU 사안에서는 팝업창 둘레에 프레임을 가지고 팝업광고 하단에 팝업광고의 출처를 표시하는 문구를 기재하였기 때문에 화면상 팝업광고의 창이 1−800 웹사이트와 명백히 구분되어 나타난 반면,11) 본 사안에서 팝업창은 둘레에 테두리가 없는 이른바 레이어 팝업(Layer Pop−up)으로서 그 자체에는 출처가 표시되어 있지 않고 네이버 화면에 융합·흡착된 형태로 나타났다. 다음으로, WhenU 사안에서는 웹사이트 운영자인 1−800 Contacts사는 콘택트렌즈 관련 상품을 판매하는 회사로서 광고영업 자체에 관하여는 WhenU 회사와 아무런 경쟁관계가 없는 반면, 본 사안에서 웹사이트 운영자인 네이버는 그 웹사이트에서 광고영업을 하면서 피고인들과 직접적인 경쟁관계에 있는 회사인데, 피고인들의 팝업광고는 이와 같이 직접적인 경쟁관계에 있는 네이버의 광고 자체를 가로채는 방식이었다.

한편, 미국 Lanham Act가 규정한 상표권 침해 등이 성립하기 위해서는 "타인의 상표를 상업적으로 사용하여 혼동을 초래할 것"을 요한다. 여기서 '사용' 요건과 관련하여, '혼동' 요건에 주로 주목하고 '사용' 요건은 느슨하게 파악하려는 견해와 '혼동' 이전에 상표의 '사용'이라는 고유의 독립된 요건의 충족 여부를 엄격하게 파악하려는 견해로 나뉘어 있다.12) 제9연방항소법원을 비롯한 대부분의 연방항소법원들은 전자의 견해를 취하고 있고,13) 제2연

---

9) "WhenU has no relationship with the companies on whose websites the pop−up advertisements appear"라고 기재되어 있었다.
10) 제1심인 뉴욕주 남부연방지방법원은 피고의 팝업광고에 대하여 저작권 침해는 부정하였으나 상표권 침해는 인정하였다.
11) WhenU의 팝업광고가 그 자체의 출처가 명확히 표시된 별도의 창에 나타난 이상, 우리나라에서도 '사용'과 '혼동' 요건이 모두 결여되었다는 이유로 영업주체 혼동행위 또는 상표권 침해가 부정될 것으로 보인다. 같은 이유로, 본 사안과는 달리 피고인들의 팝업광고에 "본 콘텐츠는 피고인 회사에서 제공한 것입니다"라는 출처 표시가 있었던 관련 민사 가처분 사건에서는 영업주체 혼동행위의 성립은 어려울 것으로 생각된다(대법원 2010. 8. 25.자 2008마1541 결정 참조).
12) 소위 '상표사용이론(the trademark use theory)'이다. '수요자의 혼동'이라는 '결과'를 상표침해의 핵심적인 요소로 삼던 종래의 경향은 상표보호 범위를 무분별하게 확대한다고 비판한다.
13) Brookfield v. West Coast, 174 F.3d 1036(9th Cir. 1999) 판결이 대표적이다.

방항소법원은 위의 WhenU 판결에서 '혼동가능성'과 독립적으로 상표의 '사용' 요건을 강조함으로써 후자의 견해를 취하고 있다. 즉, WhenU 판결은 제9연방항소법원의 Brookfield 판결이 종래의 전통적인 혼동 개념과는 다른 '최초관심혼동이론(Initial interest Confusion theory)'을 창안해 내면서 혼동의 범위를 너무 확장한 것을 '사용'의 관점에서 견제한 것이라고 이해된다. 그런데 우리나라의 경우는 미국에서와 논의의 전개 상황이 다르고 종래의 축적된 판례 등을 적용하여 충분히 합리적인 결론을 도출해 낼 수 있으므로, 미국에서 '사용' 요건의 중요성을 강조한 WhenU 판결을 그 취지에 맞지 않게 지나치게 염두에 둘 필요는 없을 것이다.

(2) 혼동가능성

영업주체 혼동이라 함은 영업자의 시설 또는 활동 사이에 혼동이 있는 것을 말하며 혼동의 위험을 포함한다. 여기서 혼동의 의미에 대해, 대법원은 "단지 영업의 주체가 동일한 것으로 오인될 경우뿐만 아니라 두 영업자의 시설이나 활동 사이에 영업상·조직상·재정상 또는 계약상 어떤 관계가 있는 것으로 오인될 경우도 포함된다."라고 하여 광의의 혼동까지 포함하는 것으로 보고 있는 한편,[14] 혼동 여부는 "영업표지의 주지성, 식별력의 정도, 표지의 유사 정도, 영업 실태, 고객층의 중복 등으로 인한 경업·경합관계의 존부 그리고 모방자의 악의(사용의도) 유무 등을 종합하여 판단하여야 한다."라고 판시해 오고 있다.[15]

본 사안의 경우, 피고인들은 그 둘레에 별도의 테두리가 없는 레이어 팝업 형태로 피고인들의 광고를 네이버 화면에 끼워 넣었다. 그리고 피고인들의 팝업광고는 네이버 배너광고와 정확히 같은 위치와 크기로 대체되거나 네이버 화면의 빈 공간에 삽입된 형태로 나타났다. 이에 따라, 피고인들의 광고는 네이버 홈페이지에 흡착되고 일체화되어 마치 네이버 홈페이지의 일부인 것처럼 보였으므로, 일반 수요자나 거래자들은 피고인들 광고행위가 네이버의 광고행위인 것처럼 혼동할 수밖에 없을 것이다.[16]

피고인들은 피고인들의 광고가 이 사건 프로그램의 설치에 동의한 사람들의 컴퓨터 화면에만 나타나는 이상 혼동이 발생하지 않는다고 주장하였다. 그러나 이 사건 프로그램이 설치된 컴퓨터의 이용자들이 그 설치자만으로 한정되지는 않고,[17] 앞서와 같은 피고인들의 광고형태에 비추어 이 사건 프로그램의 설치 당사자라도 피고인들의 광고를 네이버의 광고

---

14) 대법원 1997. 12. 12. 선고 96도2650 판결 등.
15) 대법원 2009. 4. 23. 선고 2007다4899 판결 등.
16) 본 사안의 소송절차에서 실제로 인터넷 이용자들이 피고인들의 광고를 네이버 광고와 혼동하였다는 점에 대한 증거가 제출되었고, 피고인 회사의 대표이사는 네이버의 광고인지 피고인들의 광고인지 구분할 수 없는 것은 맞다고 진술하기도 하였다.
17) 예를 들어 PC방이나 공공장소에 설치된 컴퓨터의 경우 그 설치자와 이용자가 분리된다.

와 구분하여 인식하기가 쉽지 않을 것으로 보이므로, 위 주장은 받아들이기 어렵다고 생각된다.[18]

　　대상판결대로라면 인터넷상 영업주체 혼동행위의 인정 폭이 지나치게 넓어질 수도 있다고 비판하는 견해가 있으나,[19] 대상판결은 앞서 본 대법원의 혼동 여부 판단기준과 함께 피고인들 팝업광고의 형태 및 구성, 그 출현 과정과 방식, 네이버 홈페이지의 운영목적과 내용 등 본 사안의 구체적인 사실관계를 바탕으로 '혼동'을 인정한 것이므로, 위 견해에는 찬성하기 어렵다.[20]

나. 컴퓨터 등 장애 업무방해의 점에 관하여

　　형법 제314조 제2항이 규정한 '컴퓨터 등 장애 업무방해죄'가 성립하기 위해서는 가해행위 결과 정보처리장치가 그 사용목적에 부합하는 기능을 하지 못하거나 사용목적과 다른 기능을 하는 등 정보처리에 장애가 현실적으로 발생하였을 것을 요하나, 이로써 업무방해의 결과를 초래할 위험이 발생한 이상 나아가 업무방해의 결과가 실제로 발생하지 않더라도 위 죄가 성립한다.[21]

　　그런데 이 사건 프로그램은 네이버 서버의 기능, 즉 이용자의 컴퓨터에 HTML 파일 등 네이버 홈페이지의 정보를 전송하는 데에는 아무런 영향을 주지 않는다. 따라서 네이버 홈페이지 서버의 사용목적에 부합하는 기능을 하지 못하게 하거나 사용목적과 다른 기능을 하게 하였다고 볼 수 없다. 또한, 피고인들의 광고는 이 사건 프로그램을 설치한 해당 이용자의 컴퓨터 모니터에만 보이게 되는데, 이는 프로그램을 설치한 이용자가 의도한 것이라 할 수 있다. 따라서 해당 컴퓨터에 대해 관리 권한을 가진 이용자의 컴퓨터 사용목적에 오히려 부합하므로 이용자의 컴퓨터에도 정보처리의 장애가 현실적으로 발생하였다고 볼 수 없다. 따라서 본 죄는 성립되지 않는다고 보아야 한다.[22]

---

18) 피고인들 주장과 같은 이유로 본 사안에서 '혼동'을 인정하기 어렵다는 견해로는, 김관식, "인터넷 상에서 영업표지 사용 요건의 해석"(주 1), 408−410면.

19) 박성호, "2010년 지적재산법 중요 판례", 인권과 정의 415호, 대한변호사협회, 2011, 148면.

20) 본 사안과 관련 민사 가처분 사건의 피고인들 팝업광고의 차이를 구체적으로 설명하면서, 대상판결의 결론에 찬성하는 취지의 논문으로는, 나지원, "인터넷포털 광고방해사건에 관한 법적 쟁점"(주 1), 168면, 173−174면.

21) 대법원 2009. 4. 9. 선고 2008도11978 판결.

22) 대법원은, 단순히 메인 컴퓨터의 비밀번호를 알려주지 아니한 행위(대법원 2004. 7. 9. 선고 2002도631 판결)는 본 죄에 해당하지 않으나, 정보처리장치를 관리 운영할 권한이 없는 자가 그 정보처리장치에 입력되어 있던 관리자의 아이디와 비밀번호를 무단으로 변경하는 행위(대법원 2006. 3. 10. 선고 2005도382 판결), 포털사이트 운영회사의 통계집계시스템 서버에 허위의 클릭정보를 전송한 행위(대법원 2009. 4. 9. 선고 2008도11978 판결)는 본 죄에 해당한다고 보았다.

4. 판결의 의의

최근 우리나라에서는 인터넷, 정보통신 기술의 발전에 따라 세계에서도 유래를 찾을 수 없는 새로운 유형의 분쟁들이 나타나고 있다. 대상판결은 우리나라에서 최초로 문제된 레이어 팝업 광고행위에 대한 형사법적인 규제 방법에 관하여 판단한 세계 최초의 판례라는 점에서 중요한 선례적 의미를 가진다.

대상판결은 설치에 동의한 이용자의 컴퓨터 화면에서만 팝업광고가 나타나는 데 주목하여 '컴퓨터 등 장애 업무방해죄'의 성립은 부정하면서도, 팝업광고의 형태나 경쟁관계 여부 등에서 본 사안과 많은 차이점이 있는 사안에서 비롯된 미국 WhenU 판결과 거리를 두면서, 우리나라 독자적으로 팝업광고 행위 전반에 대하여 영업주체 혼동행위 성립 요건을 명확히 설시한 후 구체적 타당성 있는 결론을 도출했다는 점에서 그 의의가 크다고 할 것이다.

46 뮤지컬 제목과 영업주체 혼동행위

대법원 2015. 1. 29. 선고 2012다13507 판결[1]

정태호(원광대학교 법학전문대학원 교수)

1. 사안의 개요

원고는 공연 기획 및 제작업 등을 영위하고 있고, 영국 회사인 "더 리얼리 유스풀 그룹 (The Really Useful Group Limited, 이하 'RUG'라 한다)"은 뮤지컬 "캣츠(CATS)"의 제작 및 이와 관련된 영업을 영위하고 있으며, 더 리얼리 유스풀 컴퍼니 아시아 퍼시픽(The Really Useful Company Asia Pacific Pty Ltd, 이하 'RUG Pacific'이라 한다)은 RUG의 자회사이다. 원고는 2003.경, 2008. 3.경 및 2010. 12. 10.경 RUG와의 사이에 "캣츠"라는 제명(題名)의 뮤지컬(이하 '뮤지컬 캣츠'라 한다)에 관한 공연라이선스계약을 각각 체결한 다음 2003년경부터 2008년경까지 서울, 수원, 대구, 부산, 대전, 광주 등에서 영어로 된 뮤지컬 캣츠의 내한공연을 각각 RUG와 공동기획하는 방법 등으로 진행하고, 2008년, 2009년, 2011년 등에는 전국에서 한국어로 된 뮤지컬 캣츠를 각각 제작·공연하였다. 원고는 2010. 5. 19. RUG Pacific으로부터 2015. 7. 까지 뮤지컬 캣츠의 공연 등에 관한 라이선스 기간을 연장받는 한편, 이 사건의 1심 계속 중인 2011. 1. 17. RUG와의 사이에 위 2010. 12. 10.자 계약 중 "CATS Marks"(이하 'CATS'의 한글과 영문 표기를 통틀어 '이 사건 표지'라 한다)에 관하여 공연의 광고와 홍보를 위하여 사용할 수 있는 독점적 권한을 부여받는 것으로 그 계약 내용을 변경하였다.

한편, 피고는 2003.경부터 2011. 6.경까지 전국 주요 도시에서 "어린이 캣츠", "뮤지컬 어린이 캣츠" 또는 "라이브 뮤지컬 어린이 캣츠"라는 제목의 뮤지컬을 제작·공연하였다. 이

---

1) [참조 및 관련 판례] 대법원 2004. 7. 9. 선고 2002다56024 판결; 대법원 2007. 1. 25. 선고 2005다67223 판결; 대법원 2011. 5. 13. 선고 2010도7234 판결; 대법원 2011. 12. 8. 선고 2011도8868 판결; 대법원 2013. 4. 25. 선고 2012다41410 판결 등.

[관련 평석 및 문헌] 장정애, "드라마 제호의 부정경쟁방지법상 보호에 관한 소고", 비교사법 제16권 제1호, 한국비교사법학회, 2009. 3; 한규현, "서적 제호의 지적재산권법에 의한 보호가능성", 지식사회와 기업법(횡천이기수교수화갑기념논문집), 박영사, 2005; 사법연수원, 부정경쟁방지법, 2010; 윤선희·김지영, 부정경쟁방지법, 법문사, 2012.

에 대하여 원고는 피고가 "어린이 캣츠" 등의 명칭으로 뮤지컬을 제작·공연한 것이 부정경쟁방지 및 영업비밀보호에 관한 법률(이하 '부정경쟁방지법'이라 한다) 제2조 제1호 가목(상품주체 혼동행위) 또는 나목(영업주체 혼동행위)[2] 소정의 부정경쟁행위를 하고 있다고 주장하면서 피고를 상대로 '캣츠' 등이 포함된 뮤지컬 제목 사용 금지 및 이미 사용된 관련 물품의 폐기를 청구하였다.

2. 판결의 요지

가. 원심판결(서울고등법원 2012. 1. 11. 선고 2011나37973 판결)

이 사건 표지가 뮤지컬 캣츠의 주요 캐릭터의 직접적인 표현인 점, 이 사건 표지가 그 제명의 뮤지컬과 함께 국내에서 사용된 시기는 원고가 RUG와 라이선스계약을 체결하여 사용한 시점보다 수년 전이라는 점, 원고는 RUG와 계약 후 5년 넘게 내한공연을 진행하였고 한국어로 된 뮤지컬 캣츠는 2008년경부터 제작·공연하였으며, 피고는 2003년경부터 한국어로 된 "어린이 뮤지컬 캣츠" 등을 제작·공연하여 온 점, 원고는 뮤지컬 캣츠 외에 다른 제명의 많은 뮤지컬을 제작·공연하고 있는 반면, 이 사건 표지를 사용한 시리즈물을 제작·공연한 바가 없는 점 등을 종합하여 고려하면, 이 사건 표지는 원고를 그 출처로 하는 뮤지컬 캣츠라는 공연상품 또는 그 공연업에 관한 식별표지로서 기능하였다기보다는 뮤지컬 캣츠에 등장하는 캐릭터를 그 제명으로 사용한 것에 불과하다고 봄이 상당하다. 따라서 이 사건 표지가 원고가 주장하는 상품이나 영업의 출처표시나 식별표지 기능을 하고 있다는 점을 전제로 한 원고의 이 사건 청구는 더 나아가 살필 필요 없이 이유 없다(원고의 청구 기각).

나. 대법원판결

뮤지컬은 각본·악곡·가사·안무·무대미술 등이 결합되어 음악과 춤이 극의 구성·전개에 긴밀하게 짜 맞추어진 연극저작물의 일종으로서, 그 제목은 특별한 사정이 없는 한 해당 뮤지컬의 창작물로서의 명칭 또는 내용을 함축적으로 나타내는 것에 그치고 그 자체가 바로 상품이나 영업의 출처를 표시하는 기능을 가진다고 보기는 어렵다(대법원 2007. 1. 25. 선고 2005다67223 판결 등 참조). 그러나 뮤지컬은 그 제작·공연 등의 영업에 이용되는 저작물이므로, 동일한 제목으로 동일한 각본·악곡·가사·안무·무대미술 등이 이용된 뮤지컬 공연

---

2) 원고는 동법의 동조 동호 다목의 식별력 손상행위 주장을 항소심인 원심에서 청구원인으로 추가하였다가 배척된 후 상고이유로는 주장하지 않았다.

이 회를 거듭하여 계속적으로 이루어지거나 동일한 제목이 이용된 후속 시리즈 뮤지컬이 제작·공연된 경우에는, 그 공연 기간과 횟수, 관람객의 규모, 광고·홍보의 정도 등 구체적·개별적 사정에 비추어 뮤지컬의 제목이 거래자 또는 수요자에게 해당 뮤지컬의 공연이 갖는 차별적 특징을 표상함으로써 구체적으로 누구인지는 알 수 없다고 하더라도 특정인의 뮤지컬 제작·공연 등의 영업임을 연상시킬 정도로 현저하게 개별화되기에 이르렀다고 보인다면, 그 뮤지컬의 제목은 단순히 창작물의 내용을 표시하는 명칭에 머무르지 않고 부정경쟁방지법 제2조 제1호 나목에서 정하는 '타인의 영업임을 표시한 표지'에 해당한다고 할 것이다.

원심판결 이유와 원심이 적법하게 채택한 증거에 의하면 다음과 같은 사정을 알 수 있다. ① 뮤지컬 캣츠는 적어도 2003년부터는 그 저작권자 및 그로부터 정당하게 공연 허락을 받은 원고에 의해서만 국내에서 영어 또는 국어로 제작·공연되어 왔고, 또 그 각본·악곡·가사·안무·무대미술 등에 대한 저작권자의 엄격한 통제 아래 일정한 내용과 수준으로 회를 거듭하여 계속적으로 공연이 이루어졌다. ② 영어로 된 뮤지컬 캣츠의 내한공연이 2003년부터 2008년까지 서울, 수원, 대구, 부산, 대전, 광주 등에서 이루어졌는데, 그 횟수가 2003년 191회, 2004년 58회, 2007년 140회, 2008년 172회 등이고, 한국어로 된 뮤지컬 캣츠의 공연도 전국에서 이루어졌는데 그 횟수가 2008년 146회, 2009년 59회, 2011년 수십 회 등으로, 그 공연 기간과 횟수가 상당하다. ③ 2003년부터 약 5년간 위 공연을 관람한 유료관람객 수가 849,859명에 이르고, 위 공연과 관련하여 주식회사 문화방송의 텔레비전 광고 등 언론을 통한 광고·홍보도 상당한 정도로 이루어졌다.

이러한 사정을 앞서 본 법리에 비추어 살펴보면, 'CATS'의 영문 또는 그 한글 음역으로 된 원심 판시 이 사건 표지는 적어도 이 사건 원심 변론종결일 무렵에는 단순히 그 뮤지컬의 내용을 표시하는 명칭에 머무르지 않고, 거래자 또는 수요자에게 뮤지컬 캣츠의 공연이 갖는 차별적 특징을 표상함으로써 특정인의 뮤지컬 제작·공연임을 연상시킬 정도로 현저하게 개별화되기에 이르렀다고 할 것이므로, 부정경쟁방지법 제2조 제1호 나목에서 정한 '타인의 영업임을 표시한 표지'에 해당한다고 봄이 타당하다(파기환송).

3. 해설

가. '타인의 영업임을 표시한 표지'의 의미

영업표지란 영업활동을 표시함과 아울러 영업활동을 위한 인적·물적 설비를 표시하는 기능을 가진 것으로서 자신의 영업과 타인의 영업을 구별시키고 자신의 동일성을 식별시키기 위해 사용하는 표지를 의미한다.[3] 부정경쟁방지법에서는 영업표지로서 성명·상호·표장(標章)을 규정하고 있으나 이는 예시에 불과하고, 기호·도형·서비스표·영업표장 등 그것이 영업의 표지인 이상 모두 이에 포함되며, 표장·상호 등과 같은 영업표지는 상표법이나 상법에 의하여 등록되거나 등기될 필요는 없다. 다만, 이 법의 취지가 널리 알려진 타인의 신용에 무임승차하는 것을 방지하는 것이기 때문에 영업표지가 본 규정의 보호를 받기 위해서는 자타 영업을 구분하는 '식별력'이 있어야 한다.[4] 여기서 영업은 상업 이외의 공업, 광업, 임업, 수산업 등 전통적으로 고유한 의미의 영리사업에 한정할 것은 아니고, 병원, 법률사무소, 회계사무소 등 독자적인 경제활동을 영위하는 자라면 폭넓게 적용된다고 함이 부정경쟁방지법의 취지에 부합하는 것이다.[5] 즉, 영업표지는 특정의 영업을 표창하기 위해 감각적으로 파악할 수 있는 수단으로서 특정 영업을 개별화하고 다른 동종 영업으로부터 구별시키는 식별력을 갖는 것을 말하고, 특정 영업이 누군가로부터 나온 것임을 알려주어 다른 출처로부터 나온 영업과 구별시키는 출처표시 기능을 갖고 있는 것이 전형적인 영업표지라고 할 수 있다.[6] 그것은 거래자 및 수요자가 영업의 출처로서의 동일성을 인식하여 어떤 출처로부터 나온 것임을 알 수 있게 하는 것이면 족하고 경우에 따라서는 익명의 출처도 가능하므로, 그 출처의 구체적 명칭, 소재지까지 정확하게 알려져 있을 필요는 없다.[7] 결국 영업의 출처를 표시하는 개별화 기능을 갖는 것이라면 무엇이라도 '타인의 영업임을 표시한 표지(영업표지)'에 해당할 수 있다고 하겠다.

나. 제목(제호)이 부정경쟁방지법상 상품표지나 영업표지가 될 수 있는지에 대한 검토

(1) 문제의 제기

우리나라에서는 서적 등의 제목(제호)에 관하여 부정경쟁방지법에 의하여 보호된다는 견해가 통설적인 견해이지만, 제목(제호)은 무체물인 저작물을 표상하는 것으로서 상품이나 서비스의 식별표지와는 그 성질을 달리하므로, 실제 사건에서 어떠한 경우에 부정경쟁방지법에서 말하는 상품표지 또는 영업표지에 해당할 수 있는지를 판단하는 것이 중요하다.

---

3) 윤선희·김지영, 부정경쟁방지법(주 1), 125면.
4) 사법연수원, 부정경쟁방지법, 2010, 24면.
5) 사법연수원, 위의 책, 31면.
6) 사법연수원, 위의 책, 23면.
7) 사법연수원, 위의 책, 23면.

(2) 대법원판결의 경향

1) 표지성을 인정한 사례

대법원 1979. 11. 30. 자 79마364 결정은 연속극이기는 하나 '시리즈물'이 아닌 방송극의 제목인 "혼자사는 여자"에 대해 표지성을 인정한 사례이다. 이에 따라 해당 결정에서는 피신청인이 "독신녀"를 영화화함에 있어서 "혼자사는 여자"라는 제호를 사용하는 행위는 부정경쟁방지법 제2조 제1호에 해당하는 행위라 할 것이므로, 신청인은 피신청인에게 이러한 행위의 중지를 청구할 권리를 보유한다고 판단하였다.

2) 표지성을 부정한 사례

우선 대법원 2004. 7. 9. 선고 2002다56024 판결(가처분 이의 사건임)은 가처분 사건에서의 신청인이 저술한 영어학습서적의 제호인 "영어공부 절대로 하지마라!"가 널리 알려지기는 하였으나 신청인의 저술업이라는 영업의 표지로 되었다고 볼 수는 없다고 판단하였다.[8]

한편, 대법원 2013. 4. 25. 선고 2012다41410 판결에서는 출판기획사인 원고들이 피고 중 1인과 출판권 설정계약을 체결하여 "2,000원으로 밥상 차리기"라는 서적을 출판한 후 큰 인기를 얻자 계속하여 "5,000원으로 손님상 차리기", "1,000원으로 국, 찌개 만들기", "500원으로 밑반찬 만들기"라는 서적을 출판하였으나, 그 사용형태와 기간, 판매실적 등에 비추어 볼 때 '○○○원으로 ○○○하기'라는 형태의 제목이 원고들의 영업표지나 상품표지로 되기에는 이르지 못하였다고 판단하였다.

3) 제목(제호)과 영업표지에 관한 판단 법리의 정리

앞서 살펴본 대법원판결들에서도 설시되고 있는 바와 같이, 제목(제호)은 창작물을 표상하는 것으로서 상품 또는 영업과 관련하여 사용되는 경우에도 원칙적으로 상품주체 또는 영업주체의 식별표지로서의 기능을 하지 않으므로, 제목(제호)이 상품에 표시되거나 또는 특정인의 영업활동과 관련하여 사용된다고 하더라도 이를 곧바로 상품표지 또는 영업표지라고 볼 수는 없을 것이다.

그러나 서적 등의 상품이나 연극 공연 등의 영업에 사용된 제목(제호)이 보호가치가 있을 정도의 주지성이 있어 단순한 창작물의 명칭·표시와는 독립된 상품이나 서비스(영업)의 출처표시 내지 식별표지로서의 기능을 하는 경우, 또는 이러한 제목(제호)의 장기간 계속적·독점적인 사용에 의해서 그 상품이나 서비스(영업) 등의 속성이 갖는 차별적인 특징이 일반

---

8) 해당 판결은 대법원 2006. 11. 23. 선고 2006다29983 판결 사안에 대한 1차 상고심 판결(파기환송)인데, 저자의 영업표지로 볼 수 없다는 취지만 있을 뿐 출판사의 영업표지도 될 수 없다는 취지는 아니다. 즉, 해당 판결이 내려진 이후에 선고된 대법원 2006다29983 판결에서는 "영어공부 절대로 하지 마라!"라는 제호가 신청인인 저자의 영업표지로 인정될 수 없을 뿐이고, 피신청인인 출판사의 영업표지로는 될 수 있음을 판시하고 있다.

인들에게 해당 상품주체 또는 영업주체나 그 영업활동 등을 인식시킬 정도로 현저하게 개별화되고 우월적인 지위를 취득한 경우에는 이러한 제목(제호)을 상품표지 내지 영업표지에 해당한다고 보아야 할 것이다.[9]

다. 대상판결과 유사한 사례에 대한 검토

대상판결과 유사한 사례로서 무언극의 제목(제호)에 관하여 영업주체 혼동행위의 해당 여부를 다룬 사건이 있었는데, 해당 사건은 시리즈물이 아닌 무언극의 제목인 "비보이를 사랑한 발레리나"를 그 제작사 내지 공연주체의 주지된 영업표지라고 인정한 사례라고 할 수 있다.

우선 해당 사건의 1차 상고심 판결(파기환송)인 대법원 2011. 5. 13. 선고 2010도7234 판결에서는 "비보이를 사랑한 발레리나"라는 이 사건 무언극의 제목이 피고인이 공연을 진행하기 시작한 2007. 2. 2.경 이미 창작물인 이 사건 무언극의 내용을 표시하는 명칭에 머무르지 않고 거래자 또는 수요자에게 특정 회사의 무언극 제작·공연업을 연상시킬 정도로 현저하게 개별화된 정도에 이르러 특정 회사의 무언극 제작·공연업이라는 '영업'의 표지로 되었다고 볼 수 있는지 여부는 별론으로 하고, 이를 특정 회사가 취급하는 '상품'의 표지에 해당한다고는 볼 수 없다고 판시하였다.[10] 즉, 해당 사건에서 무언극의 제목인 "비보이를 사랑한 발레리나"에 대하여 '상품표지'로는 되지 않는다고 판시하면서도 한편으로는 해당 제목을 '영업표지'로 인정하는 취지를 담고 있었다.

이상과 같은 1차 상고심 판결의 취지를 고려하여 파기환송 후 서울고등법원 2011. 6. 29. 선고 2011노1277 판결에서는 피고인이 공연을 진행하기 시작한 2007. 2. 2.경 "비보이를 사랑한 발레리나"는 단순히 창작물의 내용을 표시하는 명칭에 머무르지 않고 일반 수요자들에게 특정 회사의 이 사건 무언극 제작 및 공연업이라는 '영업'표지로서 국내에 널리 인식되었다고 보았으며, 피고인이 이와 같이 국내에 널리 인식된 특정 회사의 영업표지와 동일하거나 유사한 것을 사용하여 특정 회사의 영업상의 시설 또는 활동과 혼동을 하게 하였다고 판시하였다. 그리고 이러한 판시 내용은 대법원 2011. 12. 8. 선고 2011도8868 판결로 확정되었다.

즉, 해당 사건에서는 해당 사건의 무언극의 제목이 창작물인 이 사건 무언극의 내용을

---

9) 장정애, "드라마 제호의 부정경쟁방지법상 보호에 관한 소고"(주 1), 505-506면; 한규현, "서적 제호의 지적재산권법에 의한 보호가능성"(주 1), 428-429면.

10) 그 이유로서는 이 사건에서 공연은 상품의 생산 또는 판매 등과 관련이 없을 뿐만 아니라, "비보이를 사랑한 발레리나"라는 표지의 주체인 특정 회사가 달리 상품의 생산 또는 판매업 등을 영위해 왔다고 볼 만한 자료도 없다는 것을 해당 판결에서 언급하고 있다.

표시하는 명칭에 머무르지 않고 거래자 또는 수요자에게 특정인의 무언극 제작·공연업을 연상시킬 정도로 현저하게 개별화된 정도에 이르러 해당 특정인의 무언극 제작·공연업이라는 영업의 표지로 되었고, 아울러 그와 같은 영업표지로서 국내 수요자 또는 거래자 사이에 널리 인식되어 있다고 판단된 것이다.

결국 해당 사건은 대상판결에 앞서 선고된 유사 사례로서 해당 사건에서의 판시사항이 대상판결에서의 판단 법리에 영향을 주었다고 볼 수 있다.

4. 판결의 의의

대상판결은 기존의 대법원판결들이 서적의 제호, 음반 제목, 상품의 형태나 모양 등의 상품표지성 내지 영업표지성 여부에 관하여 판시하였던 법리를 고려하고, 특히 유사한 선(先)사례인 무언극의 제목의 영업표지성 판단에 관한 법리를 반영하여 뮤지컬 제목의 영업표지성에 관한 법리를 새롭게 설시한 사건으로서 그 의의가 있다고 하겠다. 즉, 대상판결은 뮤지컬 제목이 단순히 그 뮤지컬의 내용을 표시하는 명칭에 머무르지 않고 거래자 또는 수요자에게 뮤지컬의 공연이 갖는 차별적 특징을 표상하여 특정인의 뮤지컬 제작·공연임을 연상시킬 정도로 현저하게 개별화되기에 이르렀을 경우에는 부정경쟁방지법 제2조 제1호 나목에서 정하는 '타인의 영업임을 표시한 표지'에 해당한다는 새로운 법리를 분명하게 설시한 것으로서 그 의의가 있는 것이다.

결국 뮤지컬 제목의 영업주체 혼동행위의 여부가 관계된 사건에서의 판단 방향을 정리하여 보면, 우리 판례상 뮤지컬과 같은 저작물의 제목이 부정경쟁방지법상 표지성을 가질 수 있음은 인정되나, 다만 어떤 경우에 이를 인정할 수 있을 것인지에 관한 판단기준이 주로 문제될 수 있을 것이다. 이것을 종래 표지성이 인정된 사례들에 비추어 보면, 저작물이 화체(化體)된 유체물은 그 자체가 상품이 될 수 있고 무언극이나 뮤지컬과 같이 저작물이 공연되는 경우에는 저작물이 그 제작·공연이라는 영업에 이용되는데(특히 이 사건에서의 뮤지컬은 각본·악곡·가사·안무·무대미술 등이 결합되어 음악과 춤이 극의 구성·전개에 긴밀하게 짜 맞추어진 연극 저작물의 일종이므로,[11] 뮤지컬은 이를 제작·공연하는 영업에 이용되는 저작물이다), 뮤지컬 등의 제목이 장기간 계속적·독점적으로 사용되어 거래자 또는 수요자에게 해당 저작물이 화체된 상품 또는 그 저작물을 이용하는 영업이 갖는 차별적 특징을 표상함으로써 특정인의 상품 또는 영업임을 연상시킬 정도로 현저하게 개별화되기에 이르렀다면, 그 제목은 단순히 창작물의 내용을 표시하는 명칭에 머무르지 않고 부정경쟁방지법 제2조 제1호 가목의 상품표지 또는 나목의 영업표지에 해당한다고 보아야 할 것이다. 그리고 여기서 그 특정인이 누구인

---

11) 대법원 2005. 10. 4.자 2004마639 결정 참조.

지까지가 명확히 알려져 있는 것을 요하지는 아니한다고 보아야 할 것임은 당연하다.[12]

   그런데 한편으로 특정 제목으로 시리즈물이 제작·출시된 경우에는 이와 같은 영업표지
성 등을 인정하기가 더욱 쉬울 것이나, 대상판결에서의 뮤지컬의 경우처럼 시리즈물이 아닌
뮤지컬의 제목도 상황에 따라 충분히 영업표지로서의 표지성이 인정될 수 있을 것이다. 즉,
대상판결에서의 뮤지컬 캣츠의 경우처럼, 동일한 각본·악곡·가사·안무·무대미술 등이 이
용된 공연이 회를 거듭하여 계속적으로 이루어진 경우에는 각본·악곡·가사·안무·무대미
술 등에 대하여 저작권자의 엄격한 통제 아래 일정한 내용과 수준으로 공연이 계속해서 정
기적으로 이루어지는 것이 통상적이므로, 시리즈물의 경우만큼 그 제목이 강한 영업표지로
서의 표지성을 가질 수 있다고 볼 수 있을 것이다.

---

12) 대법원 1996. 5. 31. 선고 96도197 판결 등 참조.

47 상품의 형태 모방에 대한 부정경쟁행위의 판단

대법원 2008. 10. 17.자 2006마342 결정
박상구(서울남부지방법원 부장판사)

1. 사안의 개요

　　신청인과 피신청인은 모두 식품 제조, 가공, 판매 등을 목적으로 하는 회사인데, 신청인은 1987년경부터 비스킷류 제품인 '마가렛트' 제품을 생산·판매하면서 2003. 5.경부터 아래 왼쪽 포장(이하 '이 사건 포장'이라 한다)[1]을 마가렛트 제품의 상품포장으로 사용하여 왔다. 그 후, 피신청인은 2005. 5.경부터 아래 오른쪽 포장을 비스킷류 제품인 '마로니에' 제품의 상품 포장으로 사용하여 왔고, 2005. 12.경부터는 포장 일부를 변경하여 사용하였다.[2]

---

1) 빨간색을 기본으로 하면서도 포장 앞면의 위쪽에 타원형의 빨간색 공간을 만들어 여기에 흰색으로 제품명을 표시하고 아래쪽에는 제품의 사진을 표시하였다.
2) 타원형 내부에 기재된 상호, 제품명 표시를 'Marronnier 마로니에'에서 'Orion 마로니에'로, 타원형 아래 배치된 제품의 구성을 제품 4개 중 각 2개씩 겹쳐져 있는 모양에서 제품 3개, 2개만 겹쳐져 있는 모양으로 변경한 것이다.

2. 결정의 요지

가. 원심결정(서울고등법원 2006. 3. 24.자 2005라661 결정)

(1) 부정경쟁방지 및 영업비밀보호에 관한 법률(이하 '부정경쟁방지법'이라 한다) 제2조 제1호 (자)목에 명시되어 있지는 않지만, 위 조항 소정의 '상품의 형태'의 인정범위와 관련하여서는 '상품의 용기나 포장 등'이 상품 자체와 일체를 이루어 상품 자체와 쉽게 분리할 수 없는 형태로 결합되어 있지 않는 한 상품의 용기나 포장 등은 상품형태에 포함되지 않는다고 보기보다는 특별한 사정이 없는 한 상품의 형태에는 상품 그 자체의 형태뿐만 아니라 '상품의 용기나 포장'도 포함된다고 보는 것이 타당하다.

(2) '모방'이라 함은 이미 존재하는 타인 상품의 형태를 흉내내어 그것과 동일하거나 실질적으로 동일한 형태의 상품을 만들어 내는 것을 말하는데, 객관적으로는 타인의 상품과 모방한 상품을 대비하여 관찰할 때 그 형태가 동일하거나 실질적으로 동일하다고 평가할 수 있을 정도로 유사하다는 점을 요건으로 하고, 주관적으로는 타인의 상품형태를 알고 이것과 형태가 동일하거나 실질적으로 동일하다고 평가할 수 있을 정도로 유사한 형태의 상품이라고 객관적으로 평가되는 형태의 상품을 만든다는 점에 대한 인식을 요건으로 한다. 따라서 모방한 상품의 형태가 기존에 존재하는 타인의 상품형태와 다른 점이 있다고 하더라도 그 차이점이 약간의 변경에 불과하여 실질적으로 유사하다고 평가할 수 있는 경우에는 실질적으로 동일한 형태라고 말할 수 있을 것이지만, 변경한 구상의 난이도나 변경 내용, 변경 정도, 변경에 따른 형태적 효과 등을 종합하여 판단해 볼 때 그 변경에 따른 형태상의 특징이 명백히 나타나고 기존에 존재하는 타인의 상품 형태와 유사한 것으로 평가할 수 없는 경우에는 실질적으로 동일한 형태라고 평가하여서는 안 될 것이다.

나. 대법원결정

(1) 구 부정경쟁방지법 제2조 제1호 (자)목은 부정경쟁행위의 한 유형으로서 규정하고 있는 "상품의 형태 모방"에서 '상품의 형태'라고 함은 일반적으로 상품 자체의 형상·모양·색채·광택 또는 이들을 결합한 것을 의미하고, 위와 같은 상품의 형태의 범위에 당해 상품의 용기·포장이 당연히 포함되는 것은 아니라 할 것이다. 그러나 상품의 용기·포장도 상품 자체와 일체로 되어 있어 용기·포장의 모방을 상품 자체의 모방과 실질적으로 동일시할 수 있는 경우에는 위 규정상의 상품의 형태에 포함된다고 할 것이다. 한편 '모방'이라 함은 타

인의 상품의 형태에 의거하여 이와 실질적으로 동일한 형태의 상품을 만들어 내는 것을 말하며, 형태에 변경이 있는 경우 실질적으로 동일한 형태의 상품에 해당하는지 여부는 당해 변경의 내용·정도, 그 착상의 난이도, 변경에 의한 형태적 효과 등을 종합적으로 고려하여 판단하여야 한다.

(2) 위 법리와 기록에 비추어 살펴보면, 이 사건 포장은 종이로 만든 직육면체 상자 형상으로서 그 안에 마가렛트 상품이 2개씩 포장된 봉지들이 여러 개 담긴 채 봉해져 일체로서 전시·판매되고 있어 포장을 뜯지 않으면 그 내용물이 실제로 외관에 나타나지 않음을 알 수 있다. 그렇다면 이 사건 포장은 마가렛트 상품 자체와 일체로 되어 있어 이 사건 포장을 모방하는 것이 실질적으로 마가렛트 상품 자체를 모방하는 것과 동일시된다고 할 것이므로, 이 사건 포장은 구 부정경쟁방지법 제2조 제1호 (자)목에서 정하는 "상품의 형태"에 포함된다고 봄이 상당하다.

다른 한편 이 사건 포장과 피신청인의 위 각 포장을 비교하여 보면, 이 사건 포장과 피신청인의 위 각 포장은 전체적인 색감이나 타원형의 존재 및 그 위치, 제품사진의 배치와 구성 등에 있어 어느 정도 유사한 면이 있다. 그러나 배경 그림의 소재와 모양 등 그 차이점 또한 적지 아니한바, 피신청인의 위 각 포장에서 변경된 내용 및 그 정도, 변경의 착상의 난이도, 위 변경에 의한 형태적 효과 등을 종합적으로 고려해 볼 때, 피신청인의 위 각 포장은 그 변경에 따른 형태상의 특징이 명백히 나타나 있다 할 것이므로, 이 사건 포장과 피신청인의 위 각 포장을 실질적으로 동일한 형태라고 볼 수 없다.

3. 해설

가. 상품형태 모방에 대한 부정경쟁방지법 규정과 취지

(1) 부정경쟁방지법 규정

경업상의 부정한 모방을 금지하는 법률인 부정경쟁방지법의 2004년 개정(2004. 7. 21.부터 시행)으로 도입된 조항인 제2조 제1호 (자)목은 "타인이 제작한 '상품의 형태(형상·모양·색채·광택 또는 이들을 결합한 것을 말하며, 시제품 또는 상품소개서상의 형태를 포함한다)를 모방'한 상품을 양도·대여 또는 이를 위한 전시를 하거나 수입·수출하는 행위"를 부정경쟁행위의 하나로 규정하고, 다만 상품의 시제품 제작 등 상품의 형태가 갖추어진 날부터 3년이 지난 상품의 형태를 모방한 상품을 양도·대여 또는 이를 위한 전시를 하거나 수입·수출하는 행위 또는 타인이 제작한 상품과 동종의 상품(동종의 상품이 없는 경우에는 그 상품과 기능 및 효용이 동일하거나 유사한 상품을 말한다)이 통상적으로 가지는 형태를 모방한 상품을 양도·대여 또는 이를 위한 전시를 하거나 수입·수출하는 행위를 제외하고 있다.

1993년 개정으로 상품형태 모방행위 금지규정(이른바 dead copy조항)을 도입했던 일본 부정경쟁방지법은 2005년 "이 법률에 있어서 '상품형태'라 함은 수요자가 통상의 용법에 따른 사용에 있어 지각에 의해 인식할 수 있는 상품의 외부 및 내부의 형상, 형상에 결합된 모양, 색채, 광택 및 질감을 말한다. '모방한다'라고 함은 타인의 상품형태에 의거하여 그것과 실질적으로 동일한 형태의 상품을 만드는 것을 말한다."라고 상품형태 모방에 관한 정의규정을 추가하였다.

(2) 취지

상품형태 모방행위가 부정경쟁행위로 규정되게 된 것은, 선행자는 상품형태를 개발하면서 많은 시간과 노력, 비용을 투자하고 시행착오 등을 겪게 되는 데 반해 타인이 개발한 상품형태를 모방하여 동일한 종류의 상품에 사용하는 후행자는 위와 같은 투자나 시행착오 없이 무임승차를 하게 되어 결국 선행자의 상품개발 의욕을 해치고 건전한 거래질서의 형성을 저해함은 물론 선행자와 후행자 사이에 경업상 현저한 불공정을 가져오기 때문이다.

모방의 자유와 모방의 금지 간의 균형을 중요한 목표로 하는 부정경쟁방지법하에서 상품의 형태는 디자인권이나 특허권 등에 의하여 보호되지 않는 한 원칙적으로 이를 모방하여 제작하는 것이 허용되고, 디자인권, 특허권 등에 의한 보호를 받지 못하는 경우 상품의 형태가 2차적으로 상품출처표시기능을 가지고 아울러 주지성을 획득하여야만 부정경쟁행위에 해당하거나 일반불법행위에 의한 구제 등 제한된 범위에서만 보호를 받을 수 있었으나, 부정경쟁방지법 제2조 제1호 (자)목으로 인하여 타인의 상품형태가 상품표지성이나 주지성을 갖추었는지 여부를 불문하고 그 모방행위에 대한 부정경쟁행위성 판단여지와 보호의 폭이 더 넓어졌다는 데서 그 의의를 찾을 수 있다.

나. 상품형태 모방의 판단 기준

(1) 상품의 형태

1) 상품의 용기·포장

상품의 용기나 포장은, 상품의 출처표시기능[3]을 가지지 않더라도 상품의 전체 구성, 용기나 포장의 구조와 기능 등에 비추어 상품 자체와 일체로 되어 있다고 볼 정도에 이르면, 상품의 형태에 포함된다.

---

3) 부정경쟁방지법 제2조 제1호 (가)목에 의해 보호받는 상품표지 중 상품의 용기·포장은 상품과 구별되어 규정되어 있다.

마가렛트 상품이 상자에 담겨 봉지로 포장된 경우 상품이 언제나 이 사건 포장과 함께 사용되어 일체성이 있으므로, 위 포장을 상품의 형태에 포함시키는 데 어려움이 없고, 대상 결정도 같은 취지로 판시하였다.[4]

2) 상품의 구체적인 형태의 모방

부정경쟁방지법에서 규정하는 상품의 형태라 함은 상품의 구체적인 형태를 말하는 것이고, 구체적인 상품의 형태와 분리된 상품의 아이디어 또는 상품의 형태에 관련되어 있다고 하더라도 추상적인 특징에 불과한 것은 상품의 형태에 해당한다고 볼 수 없다. 그리고 무형의 상품에서는 상품의 형태란 것을 관념할 수 없으므로 그 상품이 일정조건에서 수요자에 의해 일정한 형상이 있는 존재로서 인식되었다고 하더라도, 엄밀히 볼 때 그것은 상품 자체의 형태가 아니라 상품의 외부의 표상에 지나지 않고, 많은 경우 그와 같은 표상은 일시적인 것으로서 상품의 형태로서의 항상성을 갖고 있지 않아 부정경쟁방지법에서 규정하는 상품의 형태에 해당한다고 볼 수 없다.[5]

금지되는 모방의 대상은 창작성이나 신규성, 진보성 등이 요구되는 것은 아니지만, 기존상품보다 미세한 정도의 특징만을 가지고 있는 등 지나치게 사소한 신 형태는 제외하여야 할 것이고, 경업가치를 갖춘 상품의 형태이어야 하며, 그 기준으로는 위 입법취지를 고려하여 그 모방이 경쟁상의 불공정을 일으킬 정도에 이르는 것인지 등을 고려해야 할 것이다.[6]

3) 동종의 상품이 통상 가지는 형태의 제외

동종의 상품이 통상 가지는 형태를 특정인에게 독점시키는 것은 오히려 '공정한 경쟁과 기술의 혁신'을 저해하게 되므로 이러한 평범한 형태에 대해서는 보호가 주어지지 않는 것

---

[4] 서울중앙지방법원 2015. 10. 8. 선고 2015가합508247 판결(확정)은 "모발용 제품들은 젤(gel)이나 크림의 상태로 존재하는 것이어서 그 자체로서는 어떤 고정된 '형태'를 갖고 있다고 할 수 없고, 시중에서 이러한 제품들이 낱개의 튜브 용기 및 포장용 상자와 분리된 제품 자체의 상태로 거래되지 않을 것으로 보이며, 소비자가 이러한 제품들을 구매하여 사용함에 있어서도 그 용기를 제품 자체와 불가분적으로 결합하여 사용하리라고 보이므로, 원고 제품의 용기 및 단상자를 부정경쟁방지법 제2조 제1호 가목의 '상품의 용기·포장'에 해당될 뿐만 아니라 같은 법 제2조 제1호 자목의 적용에 있어서는 '상품'의 일부분이기도 한 것으로 보고 살피기로 한다."라고 설시한 바 있다.

[5] 서울고등법원 2015. 9. 10. 선고 2014나2052436 판결은 즉석에서 제조하여 판매하는 벌집채꿀을 얹은 소프트 아이스크림이 부정경쟁방지법에서 규정한 상품의 형태 요건을 갖추었는지에 관하여, 항상 소프트 아이스크림 위에 벌집채꿀이 올려진 형태를 가지고 있다고 보기 어려운 원고 제품은 개별 제품마다 상품형태가 달라지고, 원고가 주장하는 휘감아 올린 소프트 아이스크림 위에 직육면체 모양의 벌집채꿀을 얹은 형태는 추상적인 특징에 불과한 것이거나 소프트 아이스크림과 토핑으로서의 벌집채꿀을 조합하는 제품의 결합방식 또는 판매방식에 관한 아이디어에 불과하여 상품의 형태로서 보호되는 것이라고 보기 어렵다고 판시하였다.

[6] 한창희, "미등록 디자인 보호와 부정경쟁방지법", 상사판례연구 21집 1권, 한국상사판례학회, 2008, 251면; 구회근, "부정경쟁방지 및 영업비밀보호에 관한 법률 제2조 제1호 자목에 규정된 '상품형태 모방'의 의미", 법조 56권 3호(통권 606호), 법조협회, 2007, 130-131면.

이 바람직하다.[7]

원심결정이 비록 상품형태 모방행위에 관한 것은 아니나 "일반적으로 과자류 제품의 경우 붉은색 바탕을 많이 사용하고 있고 제품 포장의 중앙에 제품명을 표시하면서 그 아래쪽이나 주위에 제품의 원료나 제품 형상을 배치하는 경우가 많은 점"이라고 설시한 부분에서, 동종상품의 통상형태에 대한 해석[8]을 엿볼 수 있다.[9]

(2) 모방

1) 요건

부정경쟁방지법은 부정경쟁의 전단계인 모방행위 자체를 규정하고 있지는 않다. 모방은 스스로 창조하는 것이 아니라 이미 존재하는 타인의 성과물을 흉내내는 것, 모조하는 것, 그대로 이용하는 것이다. 학설상으로는 모방의 객관적 요건으로 '실질적 동일성'을, 주관적 요건으로 '모방의 의사'를 들고 있는 것이 보통이다.[10]

객관적 측면에서 타인의 상품과 실질적 동일성이 있는 완전한 모방인가를 판단하기 위해서는 혼동을 요건으로 하는 상표, 상품표지, 디자인 등의 침해 여부의 판단과 달리 때와 장소를 달리하여 판단(이른바 '이격적 판단')할 필요 없이 곧바로 두 개의 상품을 나란히 놓고 관찰한 후 종합적으로 판단(이른바 '대비적 전체관찰' 방법에 따른 판단)하여야 할 것인데,[11] 대상결정 역시 마가렛트와 마로니에의 포장을 형태적 차이점을 대비[12]하여 동일성 여부를 판단하고 있다.[13]

---

7) 백강진, "상품형태모방에 따른 부정경쟁행위의 인정요건", Law & Technology 8권 2호, 서울대학교 기술과 법 센터, 2012, 35면.

8) 서울고등법원 2014. 4. 24. 선고 2013나63211 판결(심리불속행기각)은, 부정경쟁방지법의 취지에 비추어 동종의 상품이 통상적으로 가지는 형태라고 함은, 동종의 상품이라면 통상 가지는 그와 같은 흔하고 특별한 특징이 없는 상품형태와 그와 같은 형태의 상품을 단순히 조합한 형태 및 해당 상품으로서 기능을 확보하기 위해서 불가결하게 갖추어야 하는 형태를 말한다고 해석함이 타당하다고 판시하였다.

9) 서울중앙지방법원 2015. 10. 8. 선고 2015가합508247 판결(확정)은, 젤이나 크림 상태의 내용물을 담아 짜내서 쓰기 위한 합성수지 재질의 긴 튜브의 형상과 세워둘 수 있도록 받침대 역할을 겸하는 큰 뚜껑(마개)이 있는 구조의 '용기'와 용기를 넣어 포장하기 위한 세로로 긴 직육면체 형상의 종이상자 구조인 '단상자'에 관하여, 동종 상품의 용기 및 포장이 기능적으로 갖는 통상적인 형식을 취하고 있을 뿐이라고 판시하였다.

10) 한창희, 앞의 글(주 6), 252 – 255면; 구회근, 앞의 글(주 6), 137 – 148면.

11) 안원모, "상품형태의 보호", 산업재산권 19호, 한국산업재산권법학회, 2006, 314면.

12) 서울중앙지방법원 2015. 8. 21. 선고 2014가합581498 판결(확정)도 초콜릿이 부가된 과자제품의 전체적인 형상과 모양이 잘 드러난 정면, 측면, 배면, 평면, 저면을 중심으로 각 포장상자의 모습과 디자인을 비교하여 상품형태 모방 여부를 판단하였다.

13) 서울중앙지방법원 2015. 10. 23. 선고 2014가합573176 판결은 꿀과 홍삼액 등이 혼합된 채 봉해진 스틱제품 포장의 전개도 수치가 가로, 세로 등 세부적으로 동일하고 도안(모양)이 상당히 유사하더라도 포장의 크기, 표면의 그림, 색상, 제품명의 기재 등이 다른 점을 고려하여 실질적으로 동일한 형태라고 볼 수 없다고 판시하였고, 서울중앙지방법원 2015. 10. 8. 선고 2015가합508247 판결(확정)도 원고와 피고의 각 제품의 용기 및 단상자의 색깔, 효능 표시 등에 있어 일부 유사한 점이 있으나, 각 제품 용기 및 단상자의 용량과 크기가 상당히 다른 점, 표시된 내용과 크기도 다른 점, 인쇄된 브랜드 및 제품 명칭과 설명의 내

행위자가 선행자의 성과를 이용하지 않은 독자의 창작인 경우에는, 그 자가 선행자의 성과에 근접할 기회가 있고 객관적으로 상품이 객관적으로 근사하더라도 모방은 아니다. 행위자가 선행자의 영향을 받고 타인의 성과를 이용하더라도, 객관적인 측면에서 스스로 그것에 충분히 변경을 가하여 독자의 상품을 제작하여 시장에 내놓은 경우 정당한 경쟁행위에 해당한다.14)

한편 타인의 성과물의 인식은 모방의 의도를 충분히 추정시키는 것이지만, 모방의 의사를 직접적으로 입증하기란 현실적으로 불가능하므로 여러 가지 객관적 간접사실에 의하여 입증할 수밖에 없는데, 실질적 동일성이 인정되고, 선행상품과 유사한 상품형태가 개발되어 있지 않은 점 등의 객관적 정황이 입증된다면 모방의 의사는 어느 정도 추정된다고 보아야 할 것이고, 모방자 측에서 이러한 추정을 번복할 수 있는 내용을 입증하여야 할 것이다(독립개발의 항변).15)16)

2) 적용

대상결정이 실질적으로 동일한 형태의 상품에 해당하는지 여부를 판단하는 기준으로 변경된 내용 및 그 정도, 변경의 착상의 난이도, 위 변경에 의한 형태적 효과 등을 제시한 이래, 후속 판결은 피고가 헬로 키티 캐릭터에 원고가 상품화 사업을 진행 중인 드라마를 연상시키는 다양한 의상을 입히거나 소품을 이용하여 변형을 가한 제품을 제조, 판매한 사건에서 "드라마의 등장인물이 착용하였던 의상이나 배경이라는 면에서는 공통점이 있으나, 의상의 세부적인 표현이나 색상 및 원고 제품은 캐릭터가 사람인 반면 피고 제품은 고양이로서 차이점이 있고, 피고 제품 캐릭터의 얼굴과 신체비율, 키티 캐릭터의 주지성에 비춰 보면, 위와 같은 형태상의 차이점은 보는 사람의 주의를 끄는 주요부분으로서 형태상 강한 인상을 남기며, 피고 제품의 이러한 형태상의 특징은 원고 상품에 포함되어 있지 아니하여, 원고 제품과 피고 제품이 실질적으로 동일하다고 단정할 수 없다."라고 판시하거나17) 원고의 나이키운동화와 피고의 테슬라운동화에 관하여 "그 전체적인 형상, 모양, 색채는 물론, 기능과 디자인에 따라 얼마든지 다양한 변형이 가능한 신발 밑창의 모양과 신발 바닥의 모양·디자인 및 색채, 박음질의 형태, 신발의 뒷모습 등 세부적인 형태가 매우 유사하고, 단지 부착

용과 표시 위치가 서로 다른 점 등 등에 비추어 각 형태가 실질적으로 동일한 것이라고 하기 어렵다며 피고의 상품형태 모방을 부정하였다.
14) 한창희, 앞의 글(주 6), 251면.
15) 안원모, 앞의 글(주 11), 315면; 구회근, 앞의 글(주 6), 146면.
16) 서울고등법원 2012. 2. 2. 선고 2011나69529 판결(확정)은 피고가 이미 원고 제품 출시 전에 자체적으로 피고 제품에 관한 제품개발계획 및 디자인 방침을 수립하였다고 주장하면서도 그 디자인 시안의 변천 과정에서 작성된 내부 검토자료나 초기 디자인 시안 등을 전혀 제출하지 못하고 있다는 이유로 피고의 독립개발의 항변을 배척하는 예를 잘 보여주고 있다.
17) 대법원 2012. 3. 29. 선고 2010다20044 판결.

된 상표만 다를 뿐이나 그 상표가 부착된 위치마저 유사한 점, 각 운동화는 모두 여러 가지 색상으로 제작되었으나, 그 색상 변경의 정도 및 착상의 난이도를 고려할 때 그 색상의 차이로 인하여 두 제품의 전체적인 형태가 크게 달라졌다고 보기는 어려운 사정을 종합하여 보면, 테슬라운동화는 나이키운동화와 실질적으로 동일한 형태의 상품이라고 할 것이고, 피고는 나이키운동화의 형태에 의거하여 테슬라운동화를 제조·판매하고 있다고 할 수 있다."라고 판시[18]하는 등으로 대상결정에서 수립된 상품형태 모방의 판단기준을 개별 사안에 적용하고 있다.

4. 결정의 의의

최근 부정경쟁행위의 유형 중 상품형태 모방행위가 급증하는 추세이다. 법적 쟁송까지 이른 불닭볶음면과 일부 유사한 포장을 사용한 불낙볶음면 각 판매회사 사이의 가처분 사건과 차(tea) 상품패키지 디자인도용 공방 및 파스타소스 콘셉트 무단도용을 둘러싼 원조논쟁 등이 줄을 잇고 있고, 꿀(허니)과 버터를 조합한 달콤한 감자를 노란색의 디자인으로 구현한 포장을 이용한 '허니버터칩'이라는 이름의 과자제품이 과자업계의 기록을 다시 쓰는 공전의 히트를 치자 모방상품이 범람한 바 있다.[19]

원조상품과 모방상품 간의 '실질적 동일성'이 인정되는 경우 주지성이나 혼동가능성의 입증 없이도 승소할 수 있으므로, 원조를 교묘히 베낀 이른바 미투브랜드(me too brand)를 상대로 주장하는 경우가 늘어나고 있다.

대상결정은 상품형태 모방행위에 따른 부정경쟁행위의 요건인 '상품의 형태'와 '실질적 동일성'에 관한 판단기준을 최초로 제시하였고, 그 후의 개별사안 적용의 준거로 자리매김한 선례로서의 가치가 매우 크다 할 것이다.

---

18) 서울중앙지방법원 2015. 6. 10. 선고 2013가합556587, 2014가합546662(병합) 판결(확정).

19) '허니버터칩'의 제조사가 모방에 대한 법적 판단을 구하는 대신에 스스로 최고의 유사제품 '허니통통'을 출시하여 연속 인기를 이어간 것이 화제가 되기도 하였다.

48 등록상표를 구성하는 개별 도형의 별도 등록사용 및 전체 디자인 등록으로 인한 상표권 등 침해

대법원 2013. 3. 14. 선고 2010도15512 판결[1]

이규홍(서울중앙지방법원 부장판사)

1. 사안의 개요

환송 후 형사항소심판결에서 최종적으로 인정된 이 사건 범죄사실은 다음과 같다.

피고인은 '루이비똥 말레띠에'(이하 '루이비똥'이라 한다)가 등록한 '루이비똥(LOUIS VUTTON)의 1문양의 도형 상표(Monogram Canvas Trademark)를 통하여 확보한 시장에서의 인지도를 이용하여 이와 유사한 2문양의 도형 상표를 이용한 가방, 지갑 등 제품을 생산, 판매하여 부정한 이익을 취득하려고 마음먹고, 2009. 5. 초순경부터 … 1문양의 도형 상표와 유사한 2문양의 도형 상표가 부착된 가방을 판매하고, … 피해자의 상표권을 침해함과 동시에 국내에 널리 인식된 피해자의 위 루이비똥 상품과 혼동하게 하는 행위를 하였다.[2]

---

1) [참조 및 관련 판례] 평석대상인 민형사사건들을 판결일시순으로 열거하면 다음과 같다. 형사1심(서울서부지방법원 2010. 3. 31. 선고 2010고단45 판결), 형사 환송전 항소심(서울서부지방법원 2010. 11. 4. 선고 2010노368 판결, 이하 '원심'), 민사1심(서울중앙지방법원 2012. 7. 13. 선고 2011가합132628 판결), 형사 상고심(대법원 2013. 3. 14. 선고 2010도15512 판결(파기환송, 이하 '대상판결'이라 한다)), 민사 항소심(서울고등법원 2013. 5. 29. 선고 2012나61393 판결), 형사 환송후 항소심(서울서부지방법원 2013. 10. 8. 선고 2013노312 판결(확정)), 민사상고심(대법원 2013. 10. 17. 선고 2013다56877 판결(심리불속행 확정)). 민사사건에서는 형사사건에서 문제된 피고인 사용표장과 기본적으로는 동일한 구조이나 다소 다른 형태로 피고인이 다시 등록한 문양이 쟁점으로 되어 있다.
[관련 평석] 박태일, "전체 표장에 대한 디자인권 및 이를 구성하는 개별 도형들에 대한 상표권과 전체 표장의 사용으로 인한 상표권침해 및 부정경쟁행위 사이의 충돌에 관한 연구—대상판결: 대법원 2013. 3. 14. 선고 2010도15512 판결—", IT와 법연구 8집(2014. 2), IT와 법센터. 아래 2.의 나. 다. 부분의 상세한 설명은 위 관련 평석에 미루는 대신, 본고에서는 위 관련 평석에서는 다루지 아니한 형사법적 쟁점까지 다룬다.
2) 각 문양은 다음과 같다.

위 범죄사실만으로는 여느 상표권 침해사안과 크게 다를 바 없어 보이고 피고인이 사용한 2문양의 도형 상표(이하 '피고인 사용표장'이라 한다)가 1문양의 도형 상표(이하 '이 사건 등록상표'라 한다)와 유사하지 않다는 피고인의 주장 역시 아래에서 보듯이 일반적인 법리 판단으로 가능한 것이었다. 그런데 이 사건의 특징 및 중요성은 1문양에서 보듯이 이 사건 등록상표는 단일한 도형이 아닌 여러 가지 도형들이 규칙적·반복적으로 구성되어 있는 특성을 가지고 있고, 이는 일반인들이 일견하여 구별하기는 쉽지 않은 시각적 복잡성을 보이고 있다는 점에서 그러한 점에 착안한 듯한 피고인 사용표장에 대해 특히 피고인의 처가 디자인등록을, 피고인 사용표장을 구성하는 개별 도형들에 대해 피고인과 그의 처가 각 상표등록을 받은 후 피고인 사용표장을 사용한 점에 있다. 즉 그러한 행위가 타인의 등록상표의 상표권침해 및 부정경쟁방지 및 영업비밀보호에 관한 법률(이하 '부정경쟁방지법'이라 한다)이 정하는 부정경쟁행위에 해당하지 아니한다는 피고인의 주장이 특유의 쟁점인 것이다.

2. 판결의 요지[3]

가. 피고인 사용표장을 구성하는 각 도형은 피해자의 이 사건 등록상표를 구성하는 각 도형들과 유사한 도형들을 모티브(motive)로 하고 있고, 그 도형들의 전체적 구성, 배열 형태 및 표현방법 등이 매우 유사하여, 피고인 사용표장과 이 사건 등록상표는 일반 수요자에게 오인·혼동을 일으킬 우려가 있고 유사하다.

나. (1) 디자인권자 등은 등록디자인이 그 디자인등록출원일 전에 출원된 타인의 등록상표를 이용하거나 디자인권이 그 디자인권의 디자인등록출원일 전에 출원된 타인의 상표권과 저촉되는 경우에는 그 상표권자의 허락을 얻지 아니하거나 통상실시권 허여의 심판에 의하지 아니하고는 자기의 등록디자인을 업으로서 실시할 수 없으므로(디자인보호법 제45조 제1항), 피고인 사용표장의 사용에 관하여 이 사건 등록상표의 상표권자인 피해자의 허락이 있었다거나 통상실시권 허여의 심판이 있었다는 사정이 없는 이 사건에서, 피고인의 처가 피고인 사용표장인 문양에 대해 디자인등록을 받아 피고인이 위 디자인권의 실시허락을 받고서 피고인 사용표장을 사용하였다고 볼 여지가 있다고 하더라도 이 점은 피고인의 처의 디

1문양(루이비똥 등록상표)	2문양(피고인 사용표장)

3) 대상판결의 원심 등과 관련 민사판결은 주 1)에서 본 바와 같다.

자인등록출원일 전에 출원된 피해자의 이 사건 등록상표와의 관계에서 피고인 사용표장의 사용이 상표로서의 사용에 해당하여 상표권침해로 되는 데에 장애가 되지 못한다.

(2) 부정경쟁방지법 제15조 제1항은 디자인보호법 등 다른 법률에 부정경쟁방지법 제2조 등과 다른 규정이 있는 경우에는 부정경쟁방지법의 규정을 적용하지 아니하고 다른 법률의 규정을 적용하도록 규정하고 있으나, 디자인보호법상 디자인은 물품의 형상 · 모양 · 색채 또는 이들을 결합한 것으로서 시각을 통하여 미감을 일으키게 하는 것이고, 입법목적은 이러한 디자인의 보호 및 이용을 도모함으로써 디자인의 창작을 장려하여 산업발전에 이바지함에 있는 것이므로, 디자인의 등록이 대상물품에 미감을 불러일으키는 자신의 디자인의 보호를 위한 것이 아니고, 국내에서 널리 인식되어 사용되고 있는 타인의 상품임을 표시한 표지와 동일 또는 유사한 디자인을 사용하여 일반 수요자로 하여금 타인의 상품과 혼동을 일으키게 하여 이익을 얻을 목적으로 형식상 디자인권을 취득하는 것이라면, 그 디자인의 등록출원 자체가 부정경쟁행위를 목적으로 하는 것으로서, 가사 권리행사의 외형을 갖추었다 하더라도 이는 디자인보호법을 악용하거나 남용한 것이 되어 디자인보호법에 의한 적법한 권리의 행사라고 인정할 수 없으니, 이러한 경우에는 부정경쟁방지법 제15조 제1항에 따라 같은 법 제2조의 적용이 배제된다고 할 수 없다.

다. 피고인 사용표장을 구성하는 개별 도형들의 사용이 아니라 위 개별 도형들이 조합된 피고인 사용표장 전체 형태의 사용에 대하여 상표권침해와 부정경쟁행위의 책임을 묻고 있는 이 사건에서, 위 개별 도형 각각의 상표권에 기초한 상표 사용권은 위와 같은 전체 형태의 피고인 사용표장에는 미치지 아니한다고 할 것이므로, 비록 피고인과 그의 처가 피고인 사용표장을 구성하는 개별 도형들에 대해 각각 나누어 상표등록을 받아 피고인이 피고인 사용표장을 구성하는 개별 도형들 중 일부에 대하여는 상표권을 보유하고 있고, 나머지 부분에 대하여는 그 상표권의 사용허락을 받고서 피고인 사용표장을 사용하였다고 볼 여지가 있다고 하더라도, 그러한 사정은 피고인 사용표장 전체 형태의 사용으로 인하여 이 사건 등록상표에 대한 상표권침해 및 부정경쟁행위가 성립하는 데 장애가 되지 못한다.

라. 고의와 위법성인식에 관한 법리오해(해설에서 함께 설명)

마. 죄수(罪數) 및 택일적 공소제기 문제(해설에서 함께 설명)

3. 해설[4]

가. 피고인 사용표장과 이 사건 등록상표의 유사성 등

(1) 설시

피고인의 주장은, 양 표장은 표장을 구성하고 있는 문자, 도형의 구체적 형상이 다르고, 그 배치에도 차이가 있으므로 전체적으로 보아 외관상 차이가 있어 유사하지 않다는 것과 수요층과 유통경로 등 구체적 거래실정을 고려하면 출처의 오인·혼동 우려가 없다[5]는 것으로 정리되는데 대상판결은 이를 다음과 같이 설시하고 있다.

첫째, 상표권침해에서 문제되는 상표의 유사 여부의 판단에 관하여는 피고인 사용표장을 구성하는 각 도형은 이 사건 등록상표를 구성하는 각 도형들과 유사한 도형들을 모티브(motive)[6]로 하고 있고, 이 사건 등록상표가 'L'과 'V'를 겹쳐 놓은 모양의 도형을 중심으로 나머지 3개의 도형들이 일정한 간격과 크기의 비율을 유지하며 연속적으로 주위를 둘러싼 형태로 구성된 것과 마찬가지로, 피고인 사용표장 역시 'Z', 'L', 'y'를 겹쳐 놓은 듯한 모양의 도형을 중심으로 나머지 도형들이 일정한 간격과 크기의 비율을 유지하며 연속적으로 주위를 둘러싼 형태로 구성되어 있는바, 개별 도형들 사이에서는 외관상 차이가 있으나 그 도형들의 전체적 구성, 배열 형태 및 표현방법 등이 매우 유사하다고 보고 있다. 또한 구체적 거래실정을 고려하더라도 피고인 사용표장이, 국내에 널리 인식된 상품표지인 피해자의 이 사건 등록상표와 별개로 독자적인 식별력을 형성함으로써 일반 수요자에게 이 사건 등록상표와는 명백히 다른 출처 표시로 인식되어 있었다고 볼 수는 없고, 이 사건 등록상표와 피고인 사용표장은 모두 도형만으로 이루어진 상표로서, 외관 이외에 특별히 호칭이나 관념을 형성할 수 없어, 일반 수요자가 양 표장을 외관 이외에 호칭이나 관념에 의하여 구별할 수 있다고 볼 여지도 없는 점 등에 비추어 보면, 외관 대비 결과만에 의하더라도 양자는 서로

---

4) 이하의 설명 중 판결 내용에 관한 것은 대상판결과 환송 전 후 항소심판결들의 설시 내용을 종합한 것이다. 전반적인 해설은 박태일, "전체 표장에 대한 디자인권 및 이를 구성하는 개별 도형들에 대한 상표권과 전체 표장의 사용으로 인한 상표권침해 및 부정경쟁행위 사이의 충돌에 관한 연구 - 대상판결: 대법원 2013. 3. 14. 선고 2010도15512 판결 - "(주 1), 36면 이하를 주로 참조하였음을 밝혀둔다.

5) 즉, 피해자의 제품(루이비통 가방 등)의 경우 소위 명품이라 불리는 고가의 제품을 대표하는 브랜드로 일반적으로 백화점 명품관이나 면세점, 전문매장 등을 통하여 판매되고 있고, 그 가격은 수백만 원대를 호가하는 것이 일반적인 반면에, 피고인의 제품은 재래시장 등에서 1-2만 원대의 저렴한 가격으로 판매되고 있으므로 그 거래자나 수요자가 구별되고, 피고인 사용표장을 보고 이 사건 등록상표와 동일한 출처를 표시하는 것으로 오인, 혼동할 가능성은 극히 희박하다. 따라서 이러한 구체적 거래실정을 고려하면 이 사건 등록상표와 피고인 사용표장은 유사하다고 볼 수 없다는 전형적인 주장이다.

6) 예술작품에서의 주제, 동기, 모티프(motif)를 의미하는 것으로 표현의 동기로 된 중심 사상을 의미한다.

유사하다고 보아야 할 것이다.

둘째, 상품주체혼동행위에서 문제되는 혼동의 위험성 여부를 검토하면, 위에서 본 바와 같이 일반 수요자는 양 표장의 위와 같은 유사한 외관상의 특징에 의하여 강한 인상을 받고 기억·연상을 함으로써 상품 출처에 관하여 오인·혼동을 일으킬 우려가 있다고 할 것이고, 나아가 소위 판매 후 혼동이론7)에 의하더라도 위와 같은 피고인의 주장은 배척할 수 있는 것이다.

셋째, 희석행위에서 문제되는 식별력이나 명성의 손상 여부를 검토하면, 피고인이 저명 상표인 이 사건 등록상표와 유사한 피고인 사용표장을 피고인의 제품 외부의 대부분에 표시하고 있고 나아가 일반 수요자들이 피고인 사용표장을 제품의 출처로 인식까지 하는 상황에서는, 피고인의 이러한 피고인 사용표장 사용행위로 인하여 이 사건 등록상표에 관한 이미지, 광고선전력, 고객흡인력 등이 분산됨으로써 이 사건 등록상표의 식별력이 점차 약화된다고 할 것이고, 피고인이 이 사건 등록상표가 사용된 피해자의 제품에 비하여 피고인 사용표장이 사용된 피고인 제품의 가격이 매우 저렴하다는 사실을 스스로 인정하고 있으므로 피해자의 제품에 비하여 피고인의 제품이 품질 면에서 많이 뒤떨어질 것이어서, 피고인이 피고인의 제품에 이 사건 등록상표들과 유사한 피고인 사용표장을 사용함으로써 그동안 피해자가 쌓아온 이 사건 등록상표에 관한 명성이 손상된다는 점을 인정하고 있다.

(2) 의의

대상판결은 이미 정립8)된 유사성 판단기준으로서의 전체관찰의 원칙, 요부관찰에 의한 보충, 예외적 분리관찰 허용 등의 원칙에서 볼 때 피고인 사용표장이 이 사건 등록상표와 유사하여 상표권침해가 성립한다는 점과 수요층과 유통경로 등 구체적 거래실정을 고려하더라도 출처의 오인·혼동 우려가 있음을 명백히 설시하고 있다. 다만, 상품주체혼동행위와 희석행위가 각각 병존적으로 성립한다고 할 것인지 아니면 양자 중 하나만 성립 가능한 것인지에 관하여, 원심은 병존 취지의 설시를 하였으나 대상판결은 명시적 설시가 없어 향후 논의 대상으로 보인다.

---

7) 대법원 2012. 12. 13. 선고 2011도6797 판결(상품의 품질과 가격, 판매장소, 판매방법이나 광고 등 판매 당시의 구체적 사정 때문에 그 당시 구매자는 상품의 출처를 혼동하지 아니하였더라도, 구매자로부터 상품을 양수하거나 구매자가 지니고 있는 상품을 본 제3자가 상품에 부착된 상품표지 때문에 상품의 출처를 혼동할 우려가 있는 등 일반 수요자의 관점에서 상품의 출처에 관한 혼동의 우려가 있다면 그러한 상품표지를 사용하거나 상품표지를 사용한 상품을 판매하는 등의 행위는 부정경쟁방지법 제2조 제1호 (가)목에서 정한 '타인의 상품과 혼동하게 하는 행위'에 해당한다). 이에 대하여는 김동규, "판매 후 혼동이 부정경쟁방지법상 상품주체혼동행위의 혼동 개념에 포함되는지 여부", 대법원 판례해설 제94호(2012년 하), 법원도서관 참조.

8) 상세한 도형상표의 유사 여부 판단기준의 설명에 관하여는 김병식, "도형상표의 유사(2013. 7. 25. 선고 2011후1548 판결: 미간행)", 대법원 판례해설 제98호(2013년 하), 법원도서관 참조.

나. 피고인 사용표장에 대한 디자인등록과 상표법위반죄 등 성립 여부

(1) 상표법위반죄와의 관계

피고인은 피고인 사용표장에 대하여 이 사건 공소사실 범행일시 전에 피고인의 처가 '가방지'를 대상물품으로 하여 디자인등록출원을 하여 디자인 등록이 마쳐져 있으므로 피고인 사용표장의 사용은 디자인적 사용에 불과하고 디자인 등록이 무효로 되지 않는 한 그 행사가 제한을 받을 수 없는 것임에도 원심은 이에 대한 고려 없이 피고인 사용표장의 사용을 상표적 사용이라고 보았으므로 부당하다고 주장한다.9)

먼저, 피고인 사용표장에 대해 디자인등록을 받았다는 사유에 관하여 보건대, 디자인과 상표(상품표지)의 본질이 서로 배타적인 관계에 있는 것이 아니어서 디자인의 성격도 가지고 있는 표장(표지)의 사용행위는 한편으로는 디자인적 사용이 되는 측면도 있으면서, 다른 한편으로는 상표적 사용(출처표지로서의 사용)으로 되는 측면이 공존할 수 있는 것이므로, 비록 피고인 사용표장에 대하여 디자인권이 존재한다고 하더라도 그 표장의 사용행위가 상표적 사용으로서의 성격을 갖는 한 상표권침해, 상품주체혼동행위, 희석행위가 성립할 수 있을 것이다. 즉 "디자인과 상표는 배타적, 선택적인 관계에 있는 것이 아니므로 디자인이 될 수 있는 형상이나 모양이라고 하더라도 그것이 상표의 본질적인 기능이라고 할 수 있는 자타상품의 출처표시를 위하여 사용되는 것으로 볼 수 있는 경우에는 상표로서의 사용이라고 보아야 할 것이다"라는 대법원 2000. 12. 26. 선고 98도2743 판결의 법리가 있으나, 피고인의 행위가 디자인보호법이라는 법률에 의하여 인정되는 디자인권의 행사에도 해당한다는 사유는 상표법위반죄, 부정경쟁방지법위반죄의 위법성을 조각할 수 있는 사유(형법 제20조의 법령에 의한 행위로서의 정당행위)가 될 수 있는지가 문제된다.10)

대상판결은 사실인정을 통하여 피고인은 이 사건 등록상표의 고객흡인력 등에 편승하기 위한 의도로 피고인 사용표장을 사용한 것으로 보이는 점, 피고인이 그와 같이 사용한 위 표장은 실제 거래계에서 자타상품의 출처를 표시하기 위하여 사용된 점을 지적한 후 피고인 사용표장은 상표로서 사용되었음을 확정하고 있다. 그리고 피고인 사용표장의 사용에 관하여 이 사건 등록상표의 상표권자인 피해자의 허락이 있었다거나 통상실시권 허여의 심판이 있었다는 사정이 없는 이 사건에서, 피고인의 처가 피고인 사용표장인 문양에 대해 위와 같

---

9) 사실 위 디자인은 무심사등록되었는데, 피해자의 이의신청으로 특허청에서 등록취소 확정되었다. 결국 위 디자인권의 법률적 효력은 소급적으로 소멸하였으나, 이 사건 범죄사실 당시에 사실적으로 존재하던 위 디자인권에 관한 법적검토는 필요하다.

10) 상표권침해와의 관계에서는 아래에서 보는 저촉규정이 있어 후출원 디자인권의 행사는 선출원 상표권침해와의 관계에서 디자인보호법 자체에 의하여 정당행위가 될 수 없으므로 이에 따라 해결할 수 있을 것이다.

이 디자인등록을 받아 피고인이 위 디자인권의 실시허락을 받고서 피고인 사용표장을 사용
하였다고 볼 여지가 있다고 하더라도 이 점은 피고인 사용표장의 사용이 상표로서의 사용에
해당하여 상표권침해로 되는 데에 장애가 되지 못한다고 설시하여 침해를 인정하고 있다.

(2) 부정경쟁방지법위반죄와의 관계

디자인의 성격도 가지고 있는 표장의 사용행위에 관한 상표법과의 관련법리는 상품주
체혼동행위와 같은 부정경쟁행위와 디자인권의 관계에서도 마찬가지일 것이나 다만 상표법
과 달리 디자인권과 부정경쟁행위 저촉시 우선순위를 정하는 규정이 없다는 문제가 있다.
특히 부정경쟁방지법에는 '디자인보호법에 다른 규정이 있으면 그 법에 따른다'라는 적용제
외규정(제15조 제1항)이 있을 뿐인데, 위 규정을 아무런 제한 없이 적용하면 디자인권이 존재
하면 언제나 부정경쟁행위는 성립하지 않는다는 결론이 도출될 우려도 있어 부당한 결과를
초래할 수 있을 것이다.

그러므로 위 제15조의 해석과 관련하여서는 이미 확립된 상표권과 부정경쟁행위가 충
돌하는 경우 일정한 조건 하에 상표권 행사를 권리남용으로 보아 제15조가 적용되지 않고(즉
부정경쟁방지법의 적용제외로 되지 않고) 부정경쟁행위가 성립하도록 하는 해석론을 이 사건과
같이 상표로서 기능하는 디자인에 대하여도 적용함이 타당하므로 이러한 취지의 법리가 새
롭게 정립될 필요가 있을 것이다. 결국 타인의 상품표지의 주지성 취득 후 이와 유사한 디자
인을 출원하여 출처표지로서 사용하는 경우에는 부정경쟁방지법 적용제외규정이 적용되지
않아 부정경쟁행위 성립에 장애가 되지 않는다고 보아야 하고, 같은 취지에서 디자인보호법
에 따른 디자인권 행사로 되지 않으니, 형법 제20조의 정당행위로 위법성을 조각할 수도 없
다고 귀결되어야 하는 것이다.

결국 대상판결은 위 2. 나. (2)에서 본 바와 같은 법리를 설시하여 디자인보호법을 악용
하거나 남용한 것이 되어 디자인보호법에 의한 적법한 권리의 행사라고 인정할 수 없으니,
그러한 사정은 피고인 사용표장의 사용으로 인하여 부정경쟁방지법상 부정경쟁행위가 성립
하는 데 장애가 되지 못한다고 결론 내리고 있다.

(3) 의미

대상판결의 이 부분은 디자인등록이 마쳐져 있는 경우 상표법과 부정경쟁방지법과의
법적용의 문제를 명확히 한 것으로 특히 부정경쟁방지법의 경우 명문의 조항은 없으나 등록
상표의 사용도 일정한 조건하에 부정경쟁행위가 될 수 있다는 확립된 기존 법리를 참조하되
이를 디자인보호법에 맞게 변용하여 새로이 디자인권 남용의 법리를 설시하며, 부정경쟁방
지법 적용제외규정의 적용을 제한한 것으로 선례로서의 가치가 크다고 할 것이다.

다. 피고인 사용표장을 구성하는 개별 도형들에 대한 상표등록과 상표법위반죄 등 성립

(1) 설시

피고인 등은 이 사건 범죄사실 이전에 핸드백 등을 지정상품으로 하여 피고인 사용표장을 구성하는 개별 도형들 및 이를 다소 변형한 도형들인 "✿"(등록번호 제344851호, 이하 등록번호생략), "✛", "✦", "◯", "𝕏"에 대하여 각각 나누어 상표등록을 받았고, 피고인 사용표장은 위 개별 도형들이 일정한 간격을 두고 규칙적으로 배열되어 결합함으로써 이루어진 것이다.

그런데 원심은 일정한 경우 상표권의 행사는 비록 권리행사의 외형을 갖추었다 하더라도 등록상표에 관한 권리를 남용하는 것으로서 허용될 수 없다는 대법원판결11)을 근거로 이 사건에서 알 수 있는 다음의 점들 즉, 피고인이 '루이비똥사'의 상표를 침해한 범죄로 형사처벌 받은 이후에 '루이비똥사'의 문양을 이루는 도형과 유사한 도형을 상표로 등록한 점, 피고인이 별지 2문양의 도형상표를 피고인의 제품의 출처표시로서 사용하기보다는 이를 '루이비똥사'의 도형상표와 유사하게 조합하여 마치 '루이비똥사'의 제품인 것처럼 보이도록 사용한 점, 피고인의 제품은 개별 도형의 모양과 배치뿐만 아니라 가방의 재질의 기본적인 색상, 개별 문양의 색상, 제품의 형태 등에 있어서도 '루이비똥사'의 제품과 유사한 점 등을 종합하여 피고인의 개별등록 상표의 사용은 사용권을 남용하는 것에 해당하여 범죄 성부에 영향이 없다고 판단하고 있다. 그러나 대상판결은 판결의 요지 다.항에서 본 바와 같이 설시하여 법리구성을 달리하면서 원심의 이유 설시에 부적절한 점이 있음을 지적하면서, 결론은 정당하다고 설시하고 있다.

그렇다면 대상판결의 논리구성은 어떠한 점이 상이한지 살펴본다.12) 우선 문제의 큰 틀은 여기서 전체 표장(피고인 사용표장)의 사용으로 인한 상표권침해·부정경쟁행위 성립 여부와 전체 표장을 구성하는 개별 도형들에 대한 별도의 등록상표권의 존재가 과연 어떤 관계에 있다고 볼 것인지에 관한 입장 차이에서 시작되어야 할 것이다.

---

11) 대법원 2007. 1. 25. 선고 2005다67223 판결.

12) 그 상세는 박태일, "전체 표장에 대한 디자인권 및 이를 구성하는 개별 도형들에 대한 상표권과 전체 표장의 사용으로 인한 상표권침해 및 부정경쟁행위 사이의 충돌에 관한 연구 - 대상판결: 대법원 2013. 3. 14. 선고 2010도15512 판결 -"(주 1), 67~75면 참조.

① 전체 표장 사용과 개별 구성 요소 표장들의 사용 공존 여부	② 개별 구성요소에 대한 등록 상표권의 전체 표장의 사용으로 인한 침해에 영향 여부	사안의 해결 법리
공존설	인정설	상표권남용법리(원심)
	부정설	개별 도형과 전체 표장은 완전별개(대상판결)
비공존설(전체표장사용만 존재)		상표(표장)의 동일성, 단일성 법리

　　위에서 상정한 방안들은 모두 '전체로서 하나의 식별표지가 될 수 있는 표장을 구성하는 개별 구성요소들에 대하여 각각 별도로 상표등록을 받고 이들을 조합하여 타인의 주지저명한 등록상표와 유사한 형태로 사용하는 것이 상표권침해 및 부정경쟁행위로 될 수 있다'라는 큰 틀에서의 결론에는 동의하나(만일 반대한다면 사실상 주지상표의 잠탈적 사용행위를 막을 방법이 없을 것이다) 그 논리적 설명은 상이하다. 특히 비공존설과 인정설은 위와 같은 결론을 도출하기 위하여는 개별구성요소 상표권의 존재를 극복하기 위한 별도의 법리적 구성이 불가피하다. 즉 인정설은 상표권 남용의 법리로 개별구성요소 상표권의 무력화를 도모하고 있고, 비공존설은 상표(표장)의 동일성의 법리 또는 상표(표장)의 단일성의 법리를 논리적 기반으로 삼아 개별 구성요소들에 대한 상표권 행사가 아예 존재하지 아니한다는 법리적 결론을 도출하여 해결하려는 것이다.[13] 그런데 인정설의 '권리남용'의 법리는 최후적인 것으로 다른 해결방안이 없는 경우 구체적 타당성에 근거하여 적용될 수 있는 것으로 그 도입을 되도록 자제되어야 한다는 측면에서는 신중한 검토의 필요성이 있고, 상표권 남용의 일반법리는 주로 상표권자가 적극적으로 자신의 상표권을 행사하여 침해금지청구, 손해배상청구 등을 하는 경우를 그 적용대상으로 하고 본건처럼 일종의 방어수단으로 상표권 행사를 주장하는 경우에도 일반론으로서의 권리남용을 인정하는 것은 조심스럽다는 지적도 가능하다. 다음 비공존설에 따를 경우에는, 이 사건 피고인과 달리 부정한 의도가 없는 선의의 상표권자가 개별 구성요소들에 대한 상표권 취득 후 실제로는 이들을 전체적으로 조합한 표장만을 사용한 점에 대하여 이해관계인이 불사용취소심판을 구하는 경우, 전체 조합으로서만 상표를 사용하였으니 개별상표의 사용이 없었다고 평가하여 그 상표들의 등록을 취소할 수 있을 것인가의 상표불사용취소사건에 미칠 수 있는 영향을 고려하면 채택하기에 조심스러운 측면이 있다.[14]

---

13) 개별 도형들에 대한 등록상표가 이들을 조합한 전체 표장과의 관계에서 거래사회의 통념상 동일성 있는 상표(표장)라고 볼 수 있는지를 검토하는 방안이다. 즉 피고인이 등록받은 상표는 각 개별 도형인데, 실제 사용한 표장은 이들을 조합한 피고인 사용표장이고, 이와 같이 조합된 전체 표장이 새로운 식별력을 가지므로, 피고인의 각 등록상표와 피고인 사용표장은 거래사회 통념상 동일하다고 보기 어렵다고 보는 태도이다. 이는 주로 상표의 불사용취소에 관하여 실사용표장이 등록상표와 동일성 범위 내에 있는 것인가가 문제될 때 판단하는 법리이다(박태일, 위의 글(주 1), 73면).

14) 박태일, 위의 글(주 1), 75면.

결국 비공존설과 인정설은 모두 채택하기 어려운 측면을 가지고 있고, 개별 도형들이 조합된 피고인 사용표장 전체 형태의 사용에 대하여 상표권침해와 부정경쟁행위의 책임을 부과하는 데 대하여 개별 도형 각각에 존재하는 상표권은 장애가 되지 않는다는 논리에 입각한 대상판결의 태도(부정설)가 보다 간명하고 문제의 소지가 적다는 견지에서 대법원에 의하여 채택된 것이다.

(2) 의미

전체 표장을 구성하는 개별 도형들에 대한 상표권은 전체 표장의 사용으로 인한 상표권 침해 및 부정경쟁행위 성립에 아무런 영향이 없다는 점이 명시적으로 설시된 것은 향후 유사한 등록 상표에 관한 다양한 형태의 잠탈적 침해를 방지하는 데 시금석이 될 것으로 특히 권리남용 등 법리에까지 이르지 않고 그 이전단계에서 정리가 이루어졌다는 면에서 그 의미가 적지 않아 보인다.

라. 고의와 위법성 인식

피고인은 피고인 사용표장인 문양에 대하여 디자인등록을, 피고인 사용표장을 구성하는 개별 도형들에 대하여 각각 나누어 상표등록을 받았고, 상품 태그의 형태로 다른 등록상표를 함께 부착하였으며, 피고인으로부터 가방을 납품받아 판매하였다고 하는 공소외인들의 상표법위반, 부정경쟁방지법위반 혐의에 대하여 이들의 고의를 인정하기에 증거가 부족하다는 등의 취지로 검사의 혐의없음(증거불충분) 처분이 내려진 사정 등을 고려하면 피고인에게 상표법 위반행위 및 부정경쟁방지법 위반행위에 대한 고의가 없었다거나, 위반행위에 해당하지 아니한다고 믿은 데에 정당한 이유가 있다고 주장한다.

그러나 대상판결은 상표권침해의 고의는 행위자가 타인의 등록상표라는 점을 인식하고 이를 그 지정상품 또는 지정서비스와 동일 또는 유사한 상품이나 서비스에 사용한다는 의사만 있으면 족하고, 나아가 상품 또는 서비스의 신용을 훼손하고 그 출처의 혼동을 야기할 의사나 상대방을 기망하여 부정한 이익을 취득할 목적 그 밖에 권리침해의 의사를 요하는 것은 아니며, 상표 유사의 의미에 관하여 정확한 이해를 결하고 있더라도 상표권의 존재를 알고 있는 한 범의를 조각하는 것은 아니라며[15] 고의를 인정하고 위법행위에 해당하지 아니한다고 믿은 데에 정당한 이유가 있다고 볼 수 없다고 판시하고 있다.[16]

---

15) 문삼섭, 상표법(제2판), 세창출판사, 2004, 646면.

16) 공소외인들의 혐의없음(증거불충분) 처분에 관한 주장 역시 배척하였는데 이는 사실관계 문제로, 공소외인들이 납품받은 가방에 부착된 표장이 피고인 사용표장이라는 것이 입증되었는지 여부, 입증되었더라도 위 불기소이유의 요지가 과연 본건 피고인에게 미치는지 여부(불기소처분 시점과 이 사건 공소사실의 범행일

마. 죄수(罪數) 및 택일적 공소제기

(1) 죄수의 문제

원래 이 사건 원심범죄사실(공소사실을 그대로 인정)은 '1. 피고인이 2009. 5. 초순경부터 2009. 10. 23.경까지 피해자의 이 사건 등록상표와 유사한 피고인 사용표장이 부착된 가방과 지갑을 판매하고, 판매 목적으로 전시하여 피해자의 상표권을 침해하였다'라는 취지의 상표법위반 부분, '2. 위와 같이 가방과 지갑을 판매하여 피해자의 상품과 혼동하게 하거나 이 사건 등록상표의 식별력이나 명성을 손상하는 행위를 하였다'라는 취지의 부정경쟁방지법위반 부분으로 이루어져 있다. 특히 2항은 상품주체혼동행위로 인한 부정경쟁방지법위반죄와 희석행위로 인한 부정경쟁방지법위반죄를 의미하고 각각 피고인이 동일한 목적으로 동일한 장소에서 동일한 방법으로 동일한 범행을 반복 계속한 경우에 해당하므로 각각 포괄일죄로 성립한다고 할 것이다. 그런데 위 3개의 포괄일죄 사이의 죄수관계는 상상적 경합이 아니라 실체적 경합으로 공소제기가 이루어졌다.

그러나 주지등록상표를 침해한 경우에는 상표법위반죄와 부정경쟁방지법위반죄가 동시에 성립할 수 있으므로 이러한 경우 양 죄는 상상적 경합관계에 있는 경우가 많다.[17] 그러므로 원심판결이 공소사실 모두에 대해 유죄로 인정하면서 그 죄수관계를 실체적 경합으로 파악하여 경합범 가중(형이 더 무거운 상표법위반죄에 정한 형에 두 죄의 장기형을 합산한 범위 내에서 경합범 가중)을 한 다음 선고형을 정한 것은 각 포괄일죄인 위 3개의 죄 상호간 관계가 "상상적 경합"이라고 봄이 타당하다는 점에서 부당하다 하여 직권파기되었다.

또한 위 공소사실은 "… 상품과 혼동하게 하거나 이 사건 등록상표의 식별력이나 명성을 손상하는 행위"로 기재되어 택일적인 의미로 작성되었는바 이 점을 명확하게 할 필요가 있음도 직권 파기사유로 적시되었고, 환송 후 항소심에서는 법령의 적용에 상상적 경합범을, 그리고 명성손상행위를 삭제하는 공소장 변경을 거쳐 유죄로 판시하였다.

(2) 의미

결국 원심과 대상판결은 상표법 위반 등의 유무죄 자체에 관하여는 같은 결론을 내렸지만 죄수론 등에서 다른 결론을 내린 것으로, 특히 이 사건 부정경쟁방지법위반 부분을 택일적 공소제기로 본다면, 검사가 상품주체혼동행위와 희석행위 가운데 한 가지 죄에 대하여만

시와의 선후) 등이 문제된 것으로 보인다.

17) 이는 하나의 행위로 하나의 구성요건을 평가적으로 충족한 때를 단일죄라고 하며 일죄가 되는 전형적인 경우로, 여기서 하나의 행위의 의미를 다수설과 판례는 "자연적 의미에서의 행위"로 파악하고 있다.

유죄판결을 해 달라는 취지로 기소를 했음에도 불구하고, 원심이 이를 모두 유죄로 인정하여 실체적 경합으로 의율한 결과로 되어 불고불리(不告不理) 원칙에 반하는 명백히 위법한 것으로 보아야 할 것이므로 직권판단이 이루어진 것으로 타당하다고 생각된다.

4. 판결의 의의

대상판결은 단일한 도형이 아닌 여러 가지 도형들이 규칙적·반복적으로 구성되어 있는 이 사건 등록상표의 특징을 기반으로 하여 이루어진 상표권 침해행위 사안으로 기존의 상표 유사성 판단 문제를 기본적으로 포함하지만, 침해의 새로운 행태 즉 디자인으로 등록한다든가, 등록상표를 구성하는 개별 문양을 별도로 상표등록하는 등의 행위에 의한 잠탈적 침해에 관하여 법적인 판단이 요구되는 쉽지 않은 사례였다. 특히 지식재산권법 사이의 적용 순위나 방법에 관하여 기존에 상정하지 못한 부분이 쟁점으로 되어 선례로서 좋은 가치를 지니고 있는 것이고, 자칫 소홀히 하기 쉬운 형사적 쟁점들이 직권으로 판단되어 실무상 경각심을 주고 있다. 현실적으로 상표권 침해 등의 형사법적 해결이 광범위하고 일상적으로 이루어지는 점을 감안할 때 이를 부수적인 쟁점만으로 보기에는 부족하고 향후 치밀한 검토가 필요한 과제라고 생각된다.

49 제품 형태의 보호

대법원 2015. 10. 15. 선고 2013다84568 판결[1]

박영규(명지대학교 교수)

1. 사안의 개요

　원고인 한국화이자제약은 등록된 제품 형태 상표의 상표권자이며, 제품의 판매는 상표권자가 등록하여 보호받고 있는 형태로 이루어지고 있다. 다만, 상표권자인 한국화이자제약은 자신의 상품을 상표법에 의해 보호받고 있는 제품 형태 이외에도 포장에 색채, 문자상표인 '비아그라', 'Viagra' 그리고 상호인 'Pfizer', '한국화이자제약(주)'을 병기하여 판매하고 있다. 이처럼 색채, 문자상표인 '비아그라', 'Viagra' 그리고 상호인 'Pfizer' 등이 병기되어 있는 제품 전체는 이미 시장에서 주지 · 저명성을 취득한 것으로 인정될 수 있지만 파란색 계열의 색채와 다이아몬드 형상을 주요 구성요소로 하는 제품 형태의 상표 적격성, 식별력, 주지 · 저명성 혹은 보호범위 등에 대해서는 다툼의 여지가 있다.

　이러한 상황하에서 원고인 한국화이자제약은 문자상표 혹은 제품 전체가 아니라 복합적으로 제품을 표시하고 있는 구성 부분 중 제품 형태에 기해서만 소를 제기하였다. 피고인 한미약품은 이미 상표로 등록되어 보호받고 있는 원고 한국화이자제약의 제품 형태와 매우 유사한 형태로 제품을 판매하고 있다. 하지만 피고는 자신이 판매하는 제품에는 제품의 형태 이외에도 색채, 'PalPalTab', '팔팔정', 피고를 지칭하는 상표인 Hanmi, 상호인 '한미약품(주)'가 반복적으로 기재되어 있어 오인 · 혼동의 우려가 없다는 입장이다. 결국, 동 사건에서는 양 제품의 형태만을 분리하여 살펴보면 유사한 것으로 인정될 수 있지만 양 제품 전체를

---

1) [참조 및 관련 판례] 대법원 2013. 3. 14. 선고 2010도15512 판결; 대법원 2014. 1. 23. 선고 2013후1900 판결.
　[관련 평석 및 문헌] 박영규, "상표법에 의한 제품 형태 보호의 문제점과 그 대응방안 — 비아그라 사건에 대한 전망을 중심으로—", 산업재산권 제43호, 2014. 4, 75면; 박영규, "부정경쟁방지법에 의한 제품 형태 보호의 문제점과 그 대응방안 — 비아그라 사건에 대한 전망을 중심으로—", 정보법학 제18권 제1호, 2014. 4, 21면; 양대승, "프랑스 및 유럽연합에서의 입체상표 보호", 선진상사법률연구 제66호, 2014. 4, 85면.

상호 비교하는 경우, 구체적인 거래의 사정을 감안하는 경우에는 혼동의 우려가 부정될 수도 있다는 점을 특징으로 하고 있다.

2. 판결의 요지

가. 원심판결(서울고등법원 2013. 10. 17. 선고 2013나26816 판결)

원심은, 원고 등록상표와 피고 제품들의 형상 및 색채는 모두 알약에 관한 것으로서 알약으로 사용되었을 때 보는 사람의 눈에 가장 잘 띄는 부분인 평면도 및 사시도를 기준으로 보면, 푸른색 마름모 도형 또는 푸른색 다이아몬드 모양 도형이라는 지배적인 특징이 동일한 반면, 모서리 형태 등의 차이점은 약 1㎝ 정도인 알약의 크기 등에 비추어 쉽게 눈에 띄지 않아, 원고 등록상표와 피고 제품들의 외관은 유사하다고 판시하였다. 나아가 ① 마름모 도형 또는 다이아몬드 도형의 형태와 파란색 계열의 색채를 결합한 '파란색 다이아몬드 모양'의 알약이 원고들의 '비아그라' 제품 출시 이전에도 존재하였다는 사실을 인정할 아무런 증거가 없어, 원고 등록상표는 지정상품에 있어서 형상과 색채를 독창적으로 결합한 특징을 갖추고 있는 것으로 인정되고, ② 원고 등록상표와 피고 제품들의 형상·색채는 상당히 유사하고, 그 표장이 사용된 상품도 알약으로 동일하고, ③ 피고 제품들은 전문의약품으로서 겉포장 및 속포장으로 2차례 포장이 되어 있으며, 겉포장의 전면 및 후면에는 피고 제품들의 명칭인 'PalPalTab', '팔팔정' 및 피고를 지칭하는 상표인 Hanmi 가 인쇄되어 있고, 속포장의 뒷면에 '팔팔정', '한미약품(주)'가 반복적으로 인쇄되어 있음에도 불구하고, 먹는 알약의 특성상 소비자는 최종적으로 포장을 모두 제거한 알약의 형상과 색채 또한 확인하고 복용하며, ④ 환자에 따라 처방 분량 및 용량이 다르게 처방되므로 속포장 상태 또는 낱개로 거래될 여지도 있다는 점을 고려하여, 원심은 피고가 피고 제품들의 형상과 색채를 상품의 출처를 표시하기 위하여 상표로 사용하였다고 판시하였다.

또한 원심은, ① 문자로 된 'Viagra', '비아그라' 상품표지의 압도적인 주지·저명성에 힘입어 그 상품의 형태인 원고 등록상표 또한 출원 당시부터 이미 상당한 출처표시에 관한 식별력을 독립적으로 취득하였고, ② 피고는 원고 등록상표와 유사한 형상 및 동일한 색채로 된 피고 제품들을 출시함으로써 원고들 제품의 효능이나 안정성에 대한 소비자들의 신뢰 등을 비롯하여 원고 등록상표가 장기간 구축하여 온 품질보증기능에 편승하려는 의도가 있는 것으로 추단할 수 있다고 하면서, 결국 원고 등록상표와 피고 제품들의 형상·색채는 외관이 유사하고, 양자를 다 같이 원고 등록상표의 지정상품인 심장혈관용 알약 또는 성기능 장애 치료용 알약에 사용하는 경우 일반 수요자로 하여금 상품의 출처에 관하여 오인·혼동

을 일으킬 염려가 있다고 판시하였다.[2]

나. 대법원판결

(1) 지정상품 또는 그 포장의 기술적 기능은 원칙적으로 특허법이 정하는 특허요건 또는 실용신안법이 정하는 실용신안등록 요건을 구비한 때에 한하여 존속기간의 범위 내에서만 특허권 또는 실용신안권으로 보호받을 수 있는데, 그러한 기능을 확보하는 데 불가결한 입체적 형상에 대하여 식별력을 구비하였다는 이유로 상표권으로 보호하게 된다면, 상표권의 존속기간갱신등록을 통하여 입체적 형상에 불가결하게 구현되어 있는 기술적 기능에 대해서까지 영구적인 독점권을 허용하는 결과가 되어 특허제도 또는 실용신안제도(이하 '특허제도 등'이라 한다)와 충돌하게 될 뿐만 아니라, 해당 상품 등이 가지는 특정한 기능, 효용 등을 발휘하기 위하여 경쟁자가 그러한 입체적 형상을 사용해야만 할 경쟁상의 필요가 있음에도 사용을 금지시킴으로써 자유로운 경쟁을 저해하는 부당한 결과를 초래하게 된다. 이에 1997. 8. 22. 법률 제5355호로 개정된 상표법은 상표의 한 가지로 입체적 형상으로 된 상표를 도입하면서, 특허제도 등과의 조화를 도모하고 경쟁자들의 자유롭고 효율적인 경쟁을 보장하기 위한 취지에서 제7조 제1항 제13호를 신설하여 상표등록을 받으려는 상품 등의 기능을 확보하는 데 불가결한 입체적 형상만으로 된 상표 등은 제6조의 식별력 요건을 충족하더라도 상표등록을 받을 수 없도록 하였다. 이러한 입법 취지에 비추어 보면, 상품 등의 입체적 형상으로 된 상표가 위 규정에 해당하는지는 그 상품 등이 거래되는 시장에서 유통되고 있거나 이용 가능한 대체적인 형상이 존재하는지, 대체적인 형상으로 상품을 생산하더라도 동등한 정도 또는 그 이하의 비용이 소요되는지, 입체적 형상으로부터 상품 등의 본래적인 기능을 넘어서는 기술적 우위가 발휘되지는 아니하는 것인지 등을 종합적으로 고려하여 판단하여야 한다.

(2) 상표의 유사 여부는 대비되는 상표를 외관, 호칭, 관념의 세 측면에서 객관적, 전체적, 이격적으로 관찰하여 거래상 오인·혼동의 염려가 있는지에 의하여 판단하여야 한다. 또한 상표의 유사 여부에 관한 판단은 두 개의 상표 자체를 나란히 놓고 대비하는 것이 아니라 때와 장소를 달리하여 두 개의 상표를 대하는 수요자가 상품 출처에 관하여 오인·혼동을 일으킬 우려가 있는지의 관점에서 이루어져야 하고, 두 개의 상표가 외관, 호칭, 관념에서 수요자에게 주는 인상, 기억, 연상 등을 전체적으로 종합할 때 상품의 출처에 관하여 오인·혼동을 일으킬 우려가 있는 경우에는 두 개의 상표는 서로 유사하다고 하여야 한다. 특히 입체적 형상으로 된 상표들에서는 외관이 주는 지배적 인상이 동일·유사하여 두 상표를 동

---

2) 원고 등록상표에 대하여 피고가 특허심판원에 청구한 등록무효심판, 불사용을 이유로 한 등록취소심판에 대해서는 특허심판원 2014. 8. 11.자 2013당2588 심결; 2015. 7. 21.자 2013당2589 심결 참조.

일·유사한 상품에 다 같이 사용하는 경우 수요자에게 상품의 출처에 관하여 오인·혼동을 일으킬 우려가 있다면 두 상표는 유사하다고 보아야 하나, 그러한 우려가 인정되지 않는 경우에는 유사하다고 볼 수 없다.

(3) 심장혈관용 약제, 성기능장애 치료용 약제를 지정상품으로 하고 마름모 도형의 입체적 형상과 푸른색 계열의 색채를 결합하여 구성한 " " 표장과 " ", " " 형태 사이에는 공통되는 부분이 있기는 하지만, 형태에 차이점도 존재할 뿐만 아니라 전문의약품으로서 대부분 병원에서 의사의 처방에 따라 약사에 의하여 투약되고 있는 피고 회사의 제품들은 포장과 제품 자체에 기재된 명칭, 피고 회사의 문자상표 및 상호 등에 의하여 등록상표와 구별될 수 있으므로, 등록상표와 피고 회사 제품들의 형태가 수요자에게 오인·혼동을 일으킬 우려가 있다고 하기는 어려워 서로 동일 또는 유사하다고 볼 수 없다.

3. 해설

가. 상표법에 의한 보호

(1) 제품 형태의 식별력

원칙적으로 제품 형태의 식별력도 다른 여타 문자상표, 도형상표 등과 동일한 기준에 의해 판단되겠지만, 제품 형태 상표의 경우 식별력에 대한 구체적인 입증이 매우 제한적일 수밖에 없을 것이다. 즉, 거래업계 혹은 통상의 소비자는 일반적으로 상품 형태 혹은 해당 상품의 포장으로부터 상품의 출처를 인식하지 않기 때문에, 제품 형태 상표의 식별력은 그 입증이 매우 어렵다고 할 수 있다. 따라서 거래업계에 익숙하고 통상적인 제품의 형태는 그 식별력이 인정되지 않고, 반대로 해당 거래업계가 알지 못하거나 기대하지 못한, 익숙하지 않은 상품 형태 등과 같이 특별한 경우에만 예외적으로 제품 형태 상표의 등록이 가능할 것이다. 이러한 점을 고려하여, 상표법 제6조 제1항 제3호는 지정상품 또는 그 포장의 형상을 보통으로 사용하는 방법으로 표시한 표장만으로 된 상표는 상표등록을 받을 수 없도록 규정하고 있다. 동 규정은 위와 같은 표장은 상품의 특성을 기술하기 위하여 표시되어 있는 기술적 표장으로서 자타 상품을 식별하는 기능이 없는 경우가 많을 뿐만 아니라, 설사 상품 식별의 기능이 있는 경우라 하더라도 상품 거래상 누구에게나 필요한 표시이기에 어느 특정인에게만 독점적으로 사용시킨다는 것은 공익상으로 타당하지 않다는 점을 고려한 규정이라 할 수 있다.[3]

---

3) 대법원 2000. 2. 22. 선고 99후2549 판결; 대법원 2004. 6. 25. 선고 2002후710 판결.

결국 동 사건에서 대법원은, "심장혈관용 약제, 성기능장애 치료용 약제를 지정상품으로 하고 마름모 도형의 입체적 형상과 푸른색 계열의 색채를 결합하여 구성된 이 사건 등록상표는 먼저 그 형상이 지정상품인 약제에 속하는 알약의 일반적인 형태라고 할 수 있고, 이에 결합된 색채를 고려하더라도 수요자에게 거래분야에서 알약의 형태로 채용할 수 있는 범위를 벗어나지 아니한 것으로 인식되어 식별력이 없다"고 판시하였다. 다만, 대법원은 원심과 같이, "이 사건 등록상표는 그 상표출원 전에 오랜 기간 특정상품에 사용된 결과 수요자 간에 그 상표가 원고들의 업무에 관련된 상품을 표시한 것으로 현저하게 인식되어 사용에 의한 식별력을 취득하였다고 볼 여지가 충분하다"고 판시하였다.

(2) 제품 형태의 기능성

상품 또는 상품 포장의 형상을 보통으로 사용하는 방법으로 표시한 표장만으로 이루어진 입체상표는 통상은 상표법 제6조 제1항 제3호에 의해 식별력이 결여되어 등록되지 못할 것이다. 하지만 상표법 제6조 제2항의 사용에 의한 식별력을 취득한 경우 혹은 통상의 상품과 포장의 형상에 비하여 극히 특수한 형태이거나 보통으로 사용하는 방법으로 표시한 것이라고는 말할 수 없는 표장에 해당한다면 등록을 받을 수 있다는 점에서, 수요자들이 상품 형태를 지정상품으로 직감할 수 있는지의 여부가 아니라 입체상표의 형태를 지정상품과 관련하여 일반적으로 사용하는 형태로 인식하는지 여부에 의해 기술적 표장에 해당하는지를 판단해야 할 것이다.4) 현행 상표법 제7조 제1항 제13호와 제51조 제1항 제4호에 의해 "상품 또는 그 상품의 포장의 기능을 확보하는 데 불가결한 입체적 형상 또는 색채"는 상표등록을 받을 수 없거나 상표권의 효력이 미치지 않는다.

이와 같이 상표법은 기능성에 대한 구체적인 판단기준을 제시하지 않고 "기능을 확보하는 데 불가결한 입체적 형상"이라는 추상적인 문구만을 두고 있을 뿐이어서, 구체적인 사안에서 그 해당 여부를 판단하기 위한 명확한 판단기준을 정립할 필요성이 크다. 이러한 상황 하에서 대법원이, "상품 등의 입체적 형상으로 된 상표가 제7조 제1항 제13호에 해당하는지는 그 상품 등이 거래되는 시장에서 유통되고 있거나 이용 가능한 대체적인 형상이 존재하는지, 대체적인 형상으로 상품을 생산하더라도 동등한 정도 또는 그 이하의 비용이 소요되는지, 그 입체적 형상으로부터 상품 등의 본래적인 기능을 넘어서는 기술적 우위가 발휘되지는 아니하는 것인지 등을 종합적으로 고려하여 판단해야 한다"는 기준을 제시하였다는 점에서 그 의미가 크다고 할 것이다.

---

4) 유영선, 기능성원리 연구, 경인문화사, 2012, 372면.

(3) 제품 형태 상표의 유사

거래업계는 우선적으로 제품 형태를 상품 자체의 기능적, 장식적 형태로 경험칙상 이해하여, 제품 형태 상표를 문자상표, 도형상표의 경우와 동일하게 출처표시로 인식하지 않는다는 점에서, 문자상표, 도형상표 혹은 문자-도형상표의 경우보다 제품 형태 상표의 보호범위는 비교적 좁은 범위에서만 인정되어야 할 것이다. 특히, 소비자가 포장지를 뜯어 제품(초콜릿, 의약품 등)을 먹기까지는 매우 짧은 시간만이 소요된다는 점을 고려할 때, 소비자가 포장, 다른 표지와 무관하게 이러한 제품 자체를 그 출처표시로 인식한다고 보는 것도 어려울 것이다.[5] 결국, 제품 형태 상표의 보호범위는 제품 형태가 거래업계에서 알려진 정도에 따라 결정될 수밖에 없는데, 만약 식별력 획득을 통해 등록된 제품 형태가 사용 등을 통해 거래업계에 많이 알려지면 질수록 그 보호범위는 넓어질 것이고, 반대의 경우에는 단지 좁은 보호범위만이 인정될 것이다.

다만, 다른 표지가 결합된 포장된 형태로 제품이 제공되는 경우에 제품 자체의 알려진 정도, 포장에 결합된 표지의 알려진 정도는 별개로서 각각 구분하여 판단되어야 한다.[6] 먼저, 시각적으로 인식할 수 있는 제품 형태 상표의 경우에 거래업계는 제품 형태가 아니라 우선적으로 색채, 다른 표지를 통해 해당 제품을 연상하게 된다.[7] 또한, 상표법에 의해 보호받고 있는 제품 형태가 해당 분야의 시장에서 통상적으로 거래되는 형태에 해당하여 거래업계가 이미 이러한 형태를 인식하고 있는 경우, 설령 이러한 형태가 다른 포장 및 다른 표지와 함께 시장에 제공되더라도 거래업계는 이를 출처표시로 인식한다고 보기는 어려울 것이다. 결국 제품 형태가 시장에서 매우 폭 넓게 인식되고 이에 따라 거래업계가 이러한 형태에 특별히 관심을 두는 경우에 한하여, 상표, 상품의 동일·유사, 혼동가능성 나아가 상표권 침해가 제한적이고 예외적으로 인정될 수 있는 것으로 여겨진다.[8]

이러한 점을 고려하여, 동 사건에서 대법원은 "입체적 형상으로 된 상표들에서는 그 외관이 주는 지배적 인상이 동일·유사하여 두 상표를 동일·유사한 상품에 다 같이 사용하는 경우 수요자로 하여금 상품의 출처에 관하여 오인·혼동을 일으킬 우려가 있다면 두 상표는 유사하다고 볼 수 있지만, 전문의약품으로서 대부분 병원에서 의사의 처방에 따라 약사에 의하여 투약되고 있는 피고 제품들은 그 포장과 제품 자체에 기재된 명칭과 피고의 문자상표 및 상호 등에 의하여 이 사건 등록상표와 구별될 수 있어 서로 동일 또는 유사하다고 볼

---

5) BGH, GRUR 2007, 780-Pralinenform.
6) BGH, GRUR 2008, 505-TUC-Salzcracker.
7) BGH, GRUR 2007, 235-Goldhase.
8) Berlit, Schutz und Schutzumfang von Warenformmarken am Beispiel des Schokoladen-Osterhasen, GRUR 2011, S. 369, 374.

수 없다"고 판시하였다.

나. 부정경쟁방지법에 의한 보호

제품 형태 보호와 관련하여, 대법원은 일반적으로 상품의 형태나 모양은 상품의 출처를 표시하는 기능을 가진 것은 아니어서(노래하는 거북이 사건9)), 원칙적으로 상품의 형태는 디자인보호권이나 특허권 등에 의하여 보호되지 않는 한 이를 모방하여 제작하는 것이 허용 된다(진공청소기 사건,10) SCENT CLUB 사건11))는 입장을 취하고 있다. 또한, 대법원은 부정경쟁방지법 제2조 제1호 소정의 상품표지의 유사성 내지 혼동가능성 여부에 관한 판단 기준 및 요소와 관련하여, 상품의 용기나 포장에 상표, 상호 또는 상품명 등 식별력 있는 요소가 표시되어 있는 경우에는 그 부분이 지나치게 작다든가 제품설명서에만 기재되어 있는 등으로 특별히 눈에 띄지 않거나 용기나 포장의 전체 구성에 비추어 현저히 그 비중이 낮다고 보이는 경우가 아닌 한 그 상표나 상호, 상품명 등의 표기 부분은 상품표지로서의 용기나 포장의 주요 부분으로 보아 그 부분의 유사 여부 등도 고려하여 다른 표지와의 유사성 내지 혼동가능성 여부를 판단하여야 한다는 기준을 제시하고 있다(LEGO 사건12)).

특히, 비아그라 사건의 경우와 매우 흡사한 자낙스 정 사건13)에서 대법원은 "일반적으로 의사나 약사 등 의약관련 종사자들은 의약품의 모양과 색깔의 유사성으로 인하여 의약품을 혼동하는 경우가 거의 없다"라고 하여, 혼동가능성을 소비자가 아니라 의약품 생산자 및 이들의 다양한 제품에 대해 명확하게 인지하고 있는 전문가 집단을 기준으로 판단하였다. 즉 구매의 상황을 고려하여, 혼동가능성을 판단하였다. 동 사건에서도 대법원은 "비록 원·피고 제품들의 형태에 공통되는 부분이 있기는 하지만, 그 형태에 차이점도 존재할 뿐만 아니라, 전문의약품으로서 대부분 병원에서 의사의 처방에 따라 약사에 의하여 투약되고 있는 원·피고 제품들은 각각 그 포장에 기재된 명칭과 문자상표 및 상호 등에 의하여 서로 구별될 수 있다고 봄이 타당하다. 따라서 원·피고 제품들의 형태는 수요자에게 오인·혼동을 일으킬 우려가 있다고 하기는 어려우므로, 피고가 피고 제품들을 생산·양도하는 등의 행위는 부정경쟁방지 및 영업비밀보호에 관한 법률 제2조 제1호 (가)목의 부정경쟁행위에 해당한다고 할 수 없다"고 판시하였다.

---

9) 대법원 2003. 11. 27. 선고 2001다83890 판결.
10) 대법원 2001. 10. 12. 선고 2001다44925 판결.
11) 대법원 2007. 7. 13. 선고 2006도1157 판결.
12) 대법원 2001. 2. 23. 선고 98다63674 판결.
13) 대법원 1994. 5. 9.자 94마33 결정.

4. 판결의 의의

상표법 제7조 제1항 제13호와 제51조 제1항 제4호에 의해 "상품 또는 그 상품의 포장의 기능을 확보하는 데 불가결한 입체적 형상 또는 색채"는 상표등록을 받을 수 없거나 상표권의 효력이 미치지 않는다. 이와 같이 상표법은 기능성에 대한 구체적인 판단기준을 제시하지 않고 "기능을 확보하는 데 불가결한 입체적 형상"이라는 추상적인 문구만을 두고 있을 뿐이어서, 구체적인 사안에서 그 해당 여부를 판단하기 위한 명확한 판단기준을 정립할 필요성이 크다. 그럼에도 불구하고 위에 언급된 규정을 적용하여 상표등록 혹은 상표권의 효력 제한이 다투어졌던 판례는 거의 없는 실정이었다. 단지, 상품 또는 그 상품의 포장의 기능을 확보하는 데 불가결한 입체적 형상은 법 제6조 제1항 제3호에서 규정하는 상품의 형상 또는 그 상품의 포장의 형상에 해당하는 것이 일반적이므로 그와 같은 상표는 원칙적으로 법 제6조 제1항 제3호에 의해 식별력이 없어 등록될 수 없다는 판단이 주를 이루고 있었다.

이에 반해 특허심판원 심결 중에는 식별력을 긍정한 후 기능성 여부까지 판단한 사례, 식별력 긍정만으로 등록을 허용한 사례,[14] 식별력을 부정하여 등록을 거절한 사례[15] 등 비교적 다수의 심결이 있었다. 이러한 상황하에서 대상판결이, "상품 등의 입체적 형상으로 된 상표가 제7조 제1항 제13호에 해당하는지는 그 상품 등이 거래되는 시장에서 유통되고 있거나 이용 가능한 대체적인 형상이 존재하는지, 대체적인 형상으로 상품을 생산하더라도 동등한 정도 또는 그 이하의 비용이 소요되는지, 그 입체적 형상으로부터 상품 등의 본래적인 기능을 넘어서는 기술적 우위가 발휘되지는 아니하는 것인지 등을 종합적으로 고려하여 판단해야 한다"는 기준을 제시하였다는 점에서 그 의미가 크다고 할 것이다. 아울러, 상표법에 의해 보호받고 있는 제품 형태가 해당 분야의 시장에서 통상적으로 거래되는 형태에 해당하여 거래업계가 이미 이러한 형태를 인식하고 있는 경우, 설령 이러한 형태가 다른 포장 및 다른 표지와 함께 시장에 제공되더라도 거래업계는 이를 출처표시로 인식한다고 보기는 어렵다는 점에서, 해당 제품 형태가 시장에서 매우 폭넓게 인식되고 이에 따라 거래업계가 이러한 형태에 특별히 관심을 두는 경우에 한하여 상표권 침해가 제한적이고 예외적으로 인정될 수 있다는 기준을 제시한 점도 의미가 있는 것으로 여겨진다.

---

14) 특허심판원 2008. 5. 20.자 2008원758 심결 등.
15) 특허심판원 2010. 6. 24.자 2008원13032 심결 등.

대법원 2013. 8. 22.자 2011마1624 결정[1]

강영수(서울고등법원 부장판사)

1. 사안의 개요[2]

가. 이 사건 영업비밀 침해금지 등 가처분 사건의 신청인 회사는 전자제품 등에 사용되는 기능성 염료, 안료 등의 제조, 판매, 수출과 관련된 업무를 영위하고 있다. 피신청인 A는 신청인 회사의 기술연구소 부장으로, 피신청인 B는 영업부 부장으로 각 재직하다 퇴사하였는데, 퇴사 직전에 신청인 회사와 동종 업종을 하는 경쟁 회사를 설립하고 각기 대표이사, 이사 등으로 재직하고 있으며, 위 경쟁 회사는 거래처들과 기능성 염료 등을 공급하는 계약을 체결하고 활발하게 영업을 하고 있다.

나. 신청인 회사는 피신청인들이 입사 당시 작성한 서약서에 따라 영업비밀 유지의무를 부담하고 있음에도 경쟁회사를 설립하여 신청인 회사의 영업비밀인 기능성 염료 등에 제조공정, 영업자료 등 '이 사건 정보'를 사용하고 있다고 주장하며,[3] 경업금지 및 영업비밀 침

---

1) [참조 및 관련 판례] 대법원 2003. 7. 16.자 2002마4380 결정; 대법원 2004. 9. 23. 선고 2002다60610 판결 등.
   [관련 평석 및 문헌] 김병식, "영업비밀 침해금지소송에서 영업비밀의 특정정도 및 판단 기준," 대법원 판례해설 97호 하, 2014, 312면 이하; 김원오, "영업비밀 침해소송에서 그 특정을 둘러싼 쟁점과 과제," 법학연구 14집 2호, 인하대학교, 2011, 1면 이하; 김원오, "영업비밀 침해금지청구에서 영업비밀 특정의 정도 및 판단기준," IP Insight, vol.3(1), 2013, 36면 이하; 박성수, "영업비밀의 특정에 관한 실무상 문제 -소송실무상 문제점을 중심으로-," 민사판례연구 34집, 2012, 887면 이하; 박익환, "민사소송절차와 영업비밀보호-부정경쟁방지법상 비밀유지명령을 중심으로," 정보법학 16권 1호, 2012, 157면 이하; 박준석, "영업비밀 침해금지청구에 대한 우리 법원의 태도: 기술정보 유출을 중심으로," 저스티스 114호, 2009, 160면 이하; 정선주, "영업비밀보호와 in camera 제도," Law & technology 9권 2호, 2013, 3면 이하 등.
2) 이 평석의 쟁점인 '영업비밀의 특정'에 관계되는 내용만을 제한적으로 정리한다.
3) 영업비밀로 주장된 '이 사건 정보'는 ① '신청인이 판매하는 솔벤트 염료나 형광증백제' 제품과 관련한 '배합염료의 배합비율, 염료의 합성반응 데이터, 과립형 형광증백제의 제조방법, 립스틱용 안료 페이스트의 분산방법 등 생산기술정보' 및 '원료의 순도 검사 방법, 사출 조건의 설정 및 테스트 방법, CCM을 이용한 염료의 색상 검사방법, Hensel 믹서기 등 혼합공정 기계장치를 이용한 염료의 배합방법, 자동흔들체를 이용한 염료의 분급 방법, 가우스 자석키트를 이용한 염료의 철가루 제거방법 등 품질관리기술정보'(이른바

해금지 가처분을 신청하였다.

다. 피신청인들은, 신청인이 염료를 생산하는 것이 아니라 중국에서 염료 자체를 수입하여 포장만 바꾼 뒤 단품으로 판매하거나 그 염료를 원하는 색상이 나올 때까지 단순반복 작업을 통하여 배합하여 판매하고 있을 뿐 이 사건 기술정보와 관련하여 어떠한 고도의 염료 생산기술이나 품질관리기술을 보유하고 있지 않고, 신청인이 가지고 있는 생산기술정보나 품질관리기술정보는 솔벤트 염료나 형광증백제를 생산하는 다른 회사의 인터넷 웹사이트 등에서 누구나 쉽게 구할 수 있는 정보이거나 국제적으로 공인된 규격에 이미 정형화되어 있는 정보이며, 이 사건 영업정보와 관련하여 신청인이 가지고 있는 정보 또한 인터넷 웹사이트에서 누구나 쉽게 구할 수 있는 정보에 불과하다고 다투면서, 그에 부합하는 소명자료까지 일부 제출하였다.

라. 이에 대하여 신청인은 이 사건 정보가 수치자료, 업무매뉴얼 등의 데이터베이스 형태로 신청인 회사 내에 보관되고 있다는 취지로 주장만 할 뿐 그러한 데이터베이스의 존재를 인정할 수 있는 아무런 소명자료를 제출하지 아니하고, 이 사건 정보가 피신청인들이 주장하는 공지된 정보와 어떻게 다른지를 구체적으로 특정하여 주장·소명하지도 아니하였다.

2. 결정의 요지

가. 원심결정

제1심은 가처분 신청을 대부분 인용하였는데,[4] 피신청인들의 항고에 따른 원심에서는 이 사건 정보를 신청인 회사의 영업비밀로 특정하기에 충분한 소명이 없을 뿐 아니라, A, B가 위 정보를 사용, 공개하였다고 볼 충분한 소명이 없다고 보면서, 제1심 결정을 취소하고 가처분 신청을 기각하였다.[5] 특히, 원심결정은 이 사건의 피신청인들처럼 경쟁사로 전직한 후 종전 업무와 동일·유사한 업무에 종사하는 근로자를 상대로 영업비밀 침해행위를 구하는 경우에는 대법원 2002마4380 결정 취지에 따라 영업비밀의 인정 및 특정 여부 판단에 다소 완화된 기준을 적용할 수 있다고 전제하면서도, 이러한 기준에 의하더라도 이 사건 정보가 영업비밀에 해당한다고 인정하거나 영업비밀로서 특정이 되었다고 보기에는 소명이 부족하다고 판단하였다.

이에 대하여 신청인은 이 사건 기술정보는 핵심적인 영업비밀로서 구체적으로 밝히기

'이 사건 기술정보')와 ② '원료의 종류·구입처·구입가격·구입수량, 관련 거래처의 동향, 원료의 품질관리를 위한 기술지도 등에 관한 사항에 관련된 영업정보'(이른바 '이 사건 영업정보')로 구성되어 있다.

4) 수원지방법원 안산지원 2010. 1. 20.자 2009가합235 결정(가처분 이의).

5) 서울고등법원 2011. 8. 1.자 2010라384 결정.

어려운 사항이고, 별지 목록에 기재된 제품정보를 통하여 배합비율 등을 충분히 특정할 수 있다고 하면서 재항고를 하였다.

나. 대법원결정

(1) 영업비밀 침해행위의 금지를 구하는 경우에는 법원의 심리와 상대방의 방어권 행사에 지장이 없도록 그 비밀성을 잃지 않는 한도에서 가능한 한 영업비밀을 구체적으로 특정하여야 하고, 어느 정도로 영업비밀을 특정하여야 하는지는 영업비밀로 주장된 개별 정보의 내용과 성질, 관련 분야에서 공지된 정보의 내용, 영업비밀 침해행위의 구체적 태양과 금지청구의 내용, 영업비밀 보유자와 상대방 사이의 관계 등 여러 사정을 고려하여 판단하여야 한다.

(2) 피신청인들이 이 사건 정보가 일반적·개괄적·추상적으로 기재되어 있어 공지된 정보와 차이점이 무엇인지 알 수 없다고 주장함에도, 신청인이 공지된 정보와 차별화되도록 이 사건 정보를 더욱 구체적으로 특정하여 주장·소명하지 아니함으로써, 법원은 이 사건 정보가 영업비밀에 해당하는지를 판단할 수 없고 피신청인들도 영업비밀의 구체적인 내용을 알 수 없어 적절한 방어행위를 할 수 없으므로, 이 사건에서 영업비밀은 제대로 특정되었다고 할 수 없다.

3. 해설

가. 영업비밀의 비밀성 요건과 소송과정에서의 특정 문제

부정경쟁방지 및 영업비밀보호에 관한 법률에서 보호하고 있는 '영업비밀'은 공연히 알려져 있지 아니하고(비공지성), 독립된 경제적 가치를 가지는 것으로서(경제적 유용성), 상당한 노력에 의하여 비밀로 유지된 생산방법, 판매방법 그 밖에 영업활동에 유용한 기술상 또는 경영상의 정보를 말한다. 이러한 영업비밀의 개념을 보더라도 영업비밀은 특허와 달리 비공지 상태의 비밀성을 유지하는 데 그 본령이 있음을 알 수 있다. 경제적으로 유용한 정보라는 것은 보호의 대상이 된다는 점에서 너무나 당연한 것이고, 이를 비밀로 유지 관리하면서 그 비밀성을 유지하는 것이 영업비밀로서의 보호를 받기 위한 필수적 요건이 되는 것이다. 당사자의 실수나 제3자의 잘못으로 인하여 일단 공개되어 버리면 원칙적으로 그 이후부터는 영업비밀로서의 보호는 받지 못하게 된다.

그러나 영업비밀이 소송과정에 들어오게 되면 비밀성을 그대로 유지하기에는 현실적인 어려움이 생기게 된다. 기본적으로 재판과정은 공개되어 있고, 상대방의 방어권도 존중할 필요가 있기 때문이다. 우선 영업비밀인지 아닌지 그 구비 요건을 둘러싸고 공방이 생기는 경우가 일반적인데, 법원으로서는 심리의 대상이 되는 해당 영업비밀이 무엇인지를 확정하여야 할 필요가 생기고, 상대방으로서는 해당 영업비밀이 특정되었음을 전제로 하여 그것이 영업비밀로서의 보호요건을 갖추지 못하였다고 주장하면서 방어를 하게 되는 것이다. 이러한 영업비밀의 소송과정에서의 특정은 필연적인 요구이다.[6] 민사재판뿐 아니라 형사재판 과정에서도 이러한 상황은 마찬가지이다.

영업비밀을 완전히 공개하도록 하면서 특정하게 하는 것은 소송과정 자체로서는 바람직할 것이나, 이는 영업비밀성을 상실하는 결과를 초래하게 되어 영업비밀 보호제도의 근본을 부정하게 된다. 영업비밀 보호를 구하는 소송절차에서 해당 영업비밀의 비밀성을 잃지 않게 하는 한도 내에서 공개하여 특정하도록 함으로써 법원과 영업비밀 보유자와 상대방의 서로 상반되는 이해관계를 조화시키는 방안이 필요하다.

나. 각 나라의 영업비밀의 비밀성 보호 제도

일본에서는 2004년에 비밀유지명령 제도를 도입하여 영업비밀이 문제되는 소송에서 비공개심리를 하고, 법원이 소송당사자 등에게 공개된 영업비밀을 소송 목적 이외에 사용하지 못하게 하는 명령을 할 수 있도록 하고 있다.[7]

미국에서는 연방민사소송규칙에서 소송과정에서의 영업비밀 보호를 위한 여러 제도를 두고 있다. 사실심리 전 증거개시단계에서의 보호명령(protective order), 소송기록의 일반 공개를 금지하는 명령(sealing order) 등이 그것이다. 한편 캘리포니아 민사소송법에서는 원고가 증거개시를 얻기 위한 조건으로 주장되는 영업비밀을 합리적으로 구체성 있게 특정할 것을 명시적으로 요구하고 있는데, 이러한 'reasonable particularity'의 정도에 관하여 많은 판례가 집적되고 있다.

우리나라에서는 2011. 12. 개정된 부정경쟁방지 및 영업비밀보호에 관한 법률 제14조의4에서 비밀유지명령 제도가 도입되었다. 소송과정에서 상대방 당사자 등으로 하여금 지득한 영업비밀을 소송 수행 외의 목적으로 사용하거나 공개하는 것을 금지하는 제도로서 일본의 제도와 유사하다. 이 외에 소송 심리의 비공개를 허용할 수 있는지에 관하여는 명문의 규정

---

6) 영업비밀의 경우에는 특허권 등과 등록을 통한 공시제도가 없기 때문에 소송과정에서 영업비밀 보유자가 스스로 영업비밀에 해당하는 정보를 특정하고 주장 입증할 의무가 생긴다고 설명하기도 한다. 김원오, "영업비밀 침해금지청구에서 영업비밀 특정의 정도 및 판단기준"(주 1), 36면 참조.

7) 박익환, "민사소송절차와 영업비밀보호 – 부정경쟁방지법상 비밀유지명령을 중심으로"(주 1), 168면 이하 참조.

이 없는데, 법원조직법 제57조의 비공개 사유[8])에 해당되지 않는다고 보는 것이 현재 실무의 견해이다.

다. 영업비밀의 특정 정도에 관한 학설 및 종전의 판례

기본적으로 영업비밀의 특정을 강하게 요구하는 견해와 이를 완화해야 한다는 입장이 대립한다. 이는 영업비밀을 둘러싼 소송에서 영업비밀 보유자와 그 상대방의 이익 중 어느 것을 더 중시하느냐에 달린 문제이기도 하다.

비밀유지 명령이 도입되기 이전의 주요 대법원 선례로는, 대법원 2004. 9. 23. 선고 2002다60610 판결과 대법원 2003. 7. 16.자 2002마4380 결정이 있다.

대법원 2002다60610 판결은 특허출원된 발명에 대하여 영업비밀을 주장하는 자로서는 그 특허출원된 내용 이외의 어떠한 정보가 영업비밀로 관리되고 있으며 어떤 면에서 경제성을 갖고 있는지를 구체적으로 특정하여야 한다고 전제한 후 특허로 공개된 제조기술 이외의 영업비밀로 주장하는 기술상 정보가 구체적으로 무엇인지 주장 증명되지 않았음에도 만연히 이동식 교각에 대한 생산방법에 대한 정보를 영업비밀이라고 인정한 원심을 파기하였는데, 이 판결은 '특허출원된 발명에 관한 영업비밀'의 경우에는 앞서 공개된 특허발명과의 균형에 비추어 보다 영업비밀을 구체적으로 특정하여야 한다는 취지로 이해된다.

대법원 2002마4380 결정은 '영업비밀 침해금지를 명하기 위해서는 그 영업비밀이 특정 되어야 할 것이지만, 상당한 정도의 기술력과 노하우를 가지고 경쟁사로 전직하여 종전의 업무와 동일·유사한 업무에 종사하는 근로자를 상대로 영업비밀 침해금지를 구하는 경우 사용자가 주장하는 영업비밀이 영업비밀로서의 요건을 갖추었는지의 여부 및 영업비밀로서 특정이 되었는지 등을 판단함에 있어서는, 사용자가 주장하는 영업비밀 자체의 내용뿐만 아니라 근로자의 근무기간, 담당업무, 직책, 영업비밀에의 접근 가능성, 전직한 회사에서 담당하는 업무의 내용과 성격, 사용자와 근로자가 전직한 회사와의 관계 등 여러 사정을 고려하여야 한다'고 판시하였다. 위 결정은 영업비밀에 관한 특정 정도에 관한 일반적 기준을 제시한 것이라기보다는 상대방이 신청인의 종업원 등으로 근무하는 등 특별관계에 있을 경우에 영업비밀 특정의 정도를 완화하는 취지로 이해하는 것이 상당하다.

라. 금지청구와 손해배상청구의 구별

금지청구소송과 손해배상청구소송에서 영업비밀의 특정의 정도를 달리 보아야 한다는

---

8) 공서, 질서유지 또는 선량한 풍속.

견해가 있다. 금지청구소송은 결국 상대방에 의한 장래의 영업비밀 침해행위를 금지하도록 하여야 한다는 측면에서 침해될 수 있는 영업비밀을 판결문 등에도 명확하게 특정할 필요성이 생긴다(기판력 및 집행력의 문제). 이에 반하여 손해배상청구소송은 과거의 영업비밀 침해행위에 대하여 회고적(回顧的)으로 판단하여 금전의 배상을 명하는 것이어서 재판 심리 과정에서만 상대방의 방어권을 보장하는 범위 내에서 영업비밀의 특정이 요구될 뿐 장래에 대하여는 영업비밀 특정의 문제가 남지 않게 된다.9) 특히 상대방이 전직 직원 등의 관계에 있어 당해 영업비밀에 관련된 업무에 종사하였던 경우에는 서로 공유하는 접점이 있으므로 그 한도 내에서는 영업비밀의 특정의 정도가 더 완화될 수 있을 것이다. 물론 이에 대하여 반대하는 입장도 있다.

마. 영업비밀과 형사재판의 공소사실 특정

형사적으로 영업비밀 침해 등이 문제되는 경우에도 영업비밀의 특정이 요구된다.10) 침해의 대상이 되는 영업비밀은 당연히 범죄사실의 핵심 부분에 해당하므로 일반적인 공소사실의 특정에 관한 법리가 그대로 적용된다.

이에 관하여 대법원 2008. 7. 10. 선고 2006도8278 판결은, 공소사실의 특정을 요구하는 것은 '법원에 대하여 심판의 대상을 한정함으로써 심판의 능률과 신속을 꾀함과 동시에 방어의 범위를 특정하여 피고인의 방어권 행사를 쉽게 해주기 위한 것'이라고 전제하고, 영업비밀 침해 공소사실에 영업비밀이라고 주장된 정보가 상세하게 기재되어 있지 않다고 하더라도, 다른 정보와 구별될 수 있고 그와 함께 적시된 다른 사항들에 의하여 어떤 내용에 관한 정보인지 알 수 있으며, 또한 피고인의 방어권 행사에도 지장이 없다면 그 공소제기의 효력에는 영향이 없다고 판시하였다.11) 이후 대법원 2009. 7. 9. 선고 2006도7916 판결은 공소사실의 침해된 영업비밀에 관하여 '경부선 전동차 160량의 설계도면 캐드파일'로 기재되어 있더라도, 이는 다른 정보와 구별될 수 있고 어떤 내용에 관한 정보인지 충분히 알 수 있으며, 피고인들의 방어권 행사에도 지장이 있는 것으로 보이지 않는다고 판시하여 위 대법원판결과 궤를 같이하고 있다.

---

9) 이는 형사소송에서도 마찬가지이다.

10) 형사소송법 제254조 제4항에서는 공소사실의 기재는 범죄의 시일, 장소와 방법을 명시하여 사실을 특정할 수 있도록 하여야 한다고 규정하고 있는데, 침해되었다고 주장되는 대상인 영업비밀의 특정이 무엇보다도 중요한 문제로 등장한다.

11) 위 공소사실에는 피고인이 회사에 근무하면서 취득하게 된 영업비밀에 관하여 "가격산정에 관한 제반자료"나 "회사의 중국 하청업자에 대한 자료"로 기재하였는데, 이는 다른 정보와 구별될 수 있고, 어떤 내용에 관한 정보인지 알 수 있으며, 특별히 피고인의 방어권 행사에도 지장이 있는 것으로 보이지는 않는다고 판단하여, 그 특정의 정도를 완화하고 있다.

이러한 대법원판결의 취지가 형사재판에서는 영업비밀의 특정 정도를 완화하는 것이라고 해석하는 견해[12]가 있고, 민사재판과 형사재판에서 특정의 정도를 같이 보아야 한다고 보는 견해[13]도 있다. 실무적으로 영업비밀 침해가 있는 경우에 형사 고소와 민사 소송 절차가 동시에 병행되거나 형사 고소가 선행되더라도 적정한 배상이 이루어지지 않는 경우에는 민사 소송을 예정하는 경우가 많다는 점을 고려한다면, 일반적으로 두 절차에서 영업비밀 특정의 정도를 달리하는 것은 부적절하다고 할 것이다. 다만 형사재판에서 영업비밀 자체에 대해서는 별 다툼이 없고 침해행위의 유무에 관하여 심리가 이루어지는 경우가 많은데, 그 경우에는 상대방의 방어권 침해 우려가 없으므로 영업비밀 특정의 정도가 완화될 수 있을 것이다.

4. 결정의 의의

소송과정에서 영업비밀의 특정은 실무상 점차 중요한 쟁점으로 부각되고 있다. 영업비밀이 특정되지 않으면 소 제기 자체나 공소 제기 자체가 부적법하게 되어 민형사 재판의 본안 판단을 받지 못하게 되고,[14] 이러한 점에서 상대방으로서는 영업비밀의 특정을 강하게 요구함으로써 영업비밀의 공개를 꺼리는 영업비밀 보유자를 압박하는 전략으로 사용하기도 한다.[15] 특히 영업비밀 침해를 이유로 한 소송에서 영업비밀을 특정하는 것과 영업비밀에 해당하는지 여부를 판단하는 것은 논리적으로는 선후관계에 있지만, 실질적으로는 서로 밀접한 관련을 맺고 있다. 관련 판결례에서도 '영업비밀에 해당한다고 인정하거나 영업비밀이 특정되었다고 보기 어렵다'라는 형태로 함께 설시하는 경우가 많이 보인다.

종전의 대법원판결에서는 영업비밀을 침해하였다고 주장되는 상대방이 종전 회사의 종업원 등과 같이 특수한 관계에 있는 경우에는 회사에서의 근무 상황 등을 고려하여 영업비밀의 특정 정도를 완화할 수 있다는 취지로 판시하였지만, 일반적인 영업비밀의 특정 기준에 관하여는 아무런 언급이 없었다. 이 사건 대법원결정은 종전의 완화 사유를 포함하여 영업비밀 침해금지소송에서의 일반적인 영업비밀 특정 기준을 제시한 데 그 의의가 있다.[16]

이 사건 대법원결정은 소송과정에서 영업비밀의 특정을 요구하는 것은 법원의 심리와 상대방의 방어권 행사를 보장하기 위함임을 명시하면서, 영업비밀의 비밀성을 잃지 않는 한

---

12) 박성수, "영업비밀의 특정에 관한 실무상 문제–소송실무상 문제점을 중심으로–"(주 1), 904면 이하 등.

13) 박준석, "영업비밀 침해금지청구에 대한 우리 법원의 태도"(주 1), 175면 등.

14) 특히 형사소송에서는 공소사실의 특정 여부는 법원의 직권조사 사항으로 피고인의 주장이 없더라도 살펴보아야 한다.

15) 이 사건 결정 사안에서도 피신청인들은 신청인이 주장하는 정보(영업비밀)가 일반적, 개괄적, 추상적으로 기재되어 있어 공지된 정보와 차이점이 무엇인지 알 수 없다고 주장하였다.

16) 김병식, "영업비밀 침해금지소송에서 영업비밀의 특정정도 및 판단 기준"(주 1), 337면 참조.

도에서 구체적인 특정을 하도록 함으로써 상반되는 두 이익을 조화롭게 해석하여 특정 정도를 정하여야 한다고 판시하였다. 나아가 영업비밀 특정의 정도를 판단할 때에는 고려할 주요 사정으로 ① 영업비밀로 주장된 개별 정보의 내용과 성질, ② 관련 분야에서 공지된 정보의 내용, ③ 영업비밀 침해행위의 구체적 태양과 금지청구의 내용, ④ 영업비밀 보유자와 상대방 사이의 관계 등을 예시적으로 열거하고 있다.

위 ③, ④에서 보듯이 종업원 관계에 있었을 경우에는 영업비밀 침해행위의 태양 및 당사자 상호 간의 관계 등에 비추어 영업비밀 특정의 정도가 완화될 수 있을 것이고, 영업비밀 금지청구인지 아닌지[17] 나아가 영업비밀 금지청구의 경우에도 금지를 구하는 내용 등에 따라 영업비밀 특정의 정도가 달라질 수 있을 것이다. 특히 영업비밀 보유자와 상대방 사이에 거래관계나 고용관계 등으로 밀접한 관련이 있어서 영업비밀에 관하여 서로 잘 알 수 있어 영업비밀의 특정이 완화될 수 있음에도 불구하고 단지 영업비밀 보유자를 압박하기 위한 소송 전략이나 악의를 가지고 영업비밀의 특정을 강하게 요구하는 경우가 있을 수 있는데, 이때 법원은 대상판결에서 들고 있는 여러 사정을 고려하여 영업비밀의 특정 정도를 완화할 수 있을 것이다.

또한, 대상판결은 당해 정보의 특성상 비밀성을 잃을 염려가 커지는 경우에는 영업비밀의 특정의 정도가 완화될 수 있음을 밝히고 있다.[18] 그 취지는 영업비밀의 핵심 요건인 비밀성이 막상 영업비밀을 보호받기 위한 소송과정에서 상실되는 불합리한 일이 생기지 않도록 재판 실무가 탄력적으로 운용되어야 한다는 점을 명확히 밝히고 있다는 점이다. 영업비밀 보유자 입장에서는 필요한 경우에는 비밀성을 잃게 될 우려가 있다고 주장하며 재판과정에서 법원이나 상대방에 대하여 영업비밀 특정의 정도를 완화시켜 줄 것을 적극적으로 요구할 수 있게 되는 것이다.

모든 사안에 참고가 될 만한 구체적인 명확한 영업비밀 특정 기준을 제시하는 것은 그 성질상 불가능하다. 다만 이 사건 대법원결정에서 제시하고 있는 주요 사정들을 심층적으로 고려하여 개별 사건에서 영업비밀 특정의 정도를 달리 판단할 수 있을 것이고, 향후 이러한 구체적 판단 사례가 집적됨으로써 영업비밀 특정의 판단 기준을 유형화할 수 있을 것으로 기대된다.

---

17) 민사상 손해배상 청구인지 형사재판인지 등등.

18) 그 예로서, 침해된 영업비밀이 유체물이 아닌 경우에는 보유자가 침해된 영업비밀의 목록 및 특성 정도만을 제공하는 경우를 들고 있다. 김원오, "영업비밀 침해금지청구에서 영업비밀 특정의 정도 및 판단기준,"(주 1), 39면 참조.

대법원 2013. 9. 12. 선고 2011다57661 판결[1]

정찬모(인하대학교 법학전문대학원 교수)

1. 사안의 개요

원고는 대한민국 국민으로 2000. 5. "nca.com"이라는 도메인 이름(이하 '이 사건 도메인 이름'이라 한다)을 등록하여 웹사이트를 개설한 후 NCA Cheerleading, Cheerleading, Cheerleading Music, Cheerleading Outfits, Cheerleading Shoes 등의 단어를 포함한 각종 검색어들을 나열하고, 성인용품 등의 서비스를 포함하는 제3자의 웹사이트로 연결되는 링크와 치어리딩 의류·용품 등을 파는 피고의 경쟁사들의 웹사이트로 연결되는 링크를 설정해 두었다. 피고 Varsity Spirit Corporation는 1948년 미국에서 설립되어 치어리딩 캠프 운영, 치어리더 경연대회 개최, 치어리딩 의상 및 용품을 제작, 판매하던 NCA(National Cheerleaders Association)을 2008년 합병하면서 동 사가 1952년경부터 사용하였으며 1997. 2. 미국 특허상표청에 등록한 NCA 상표권도 승계받았다.

피고는 2008. 8. 12. NAF[2]에 원고가 정당한 권리 없이 부정한 목적으로 피고의 상표와

---

1) [관련 판례] 대법원 2013. 4. 26. 선고 2011다64836 판결.
  [관련 평석 및 문헌] 정태호, "인터넷주소자원에 관한 법률 제12조의 해석에 관한 연구-대법원 2013. 9. 12. 선고 2011다57661 판결의 분석을 중심으로-", 창작과 권리 77호(2014 겨울); 윤준석, "신규 일반최상위도메인 도입에 따른 법률적 문제", LAW & TECHNOLOGY 제9권 제6호.

2) 인터넷 도메인이름과 관련한 분쟁해결은 법원을 통한 분쟁해결과 더불어 소송외적 분쟁해결이 발달하였다. 국제적으로는 국제인터넷주소관리기구(ICANN, Internet Corporation for Assigned Names and Numbers)가 제정한 통일도메인이름분쟁해결정책(UDRP, Uniform Domain-Name Dispute Resolution Policy)을 적용하여 '.com', '.net', '.org' 등과 같이 국적을 불문하고 누구나 등록할 수 있는 일반최상위도메인과 관련한 분쟁을 해결하는 기관으로 WIPO(World Intellectual Property Organization), NAF(National Arbitration Forum), ADNDRC(Asian Domain Name Dispute Resolution Centre), 체코중재원(Czech Arbitration Court Arbitration Center for Internet Disputes), 아랍도메인이름분쟁해결센터(Arab Center for Domain Name Dispute Resolution)를 지정하였다. 최근 신규 일반최상위도메인의 대폭 확대와 맞물려 통일신속정지(Uniform Rapid Suspension, URS)제도가 도입되었으며 NAF와 ADNDRC가 URS에 의거한 분쟁해결서비스를 제공하고 있다.

유사한 도메인이름을 보유하고 있다는 이유로 이 사건 도메인이름을 피고에게 이전등록을 명하여 줄 것을 요구하는 신청을 하였고, NAF는 2008. 10. 13. UDRP에 따라 원고에 대하여 이 사건 도메인이름을 피고에게 이전하라는 내용의 결정을 하였으며, 원고는 이에 불복하여 이 사건 소를 제기하였다. 원, 피고는 공히 UDRP의 등록이전요건 충족 여부를 놓고 다투었으며 피고는 보충적으로 미국의 반사이버스쿼팅 소비자보호법(Anticybersquatting Consumer Protection Act)과 한국의 인터넷주소자원에 관한 법률(이하 '인터넷주소법'이라 한다)상 자신에게 이 사건 도메인이름 등록이전 청구권이 있다고 주장하였다.

2. 판결의 요지

가. 원심판결(대구고등법원 2011. 6. 10. 선고 2010나6757 판결)

원심은 원고의 청구를 기각한 제1심판결[3]에 대한 원고의 항소를 기각하면서 제1심판결을 인용하였다. 도메인이름 분쟁해결과 관련한 중요한 쟁점으로서 지난번 판례백선(I)의 발간 이후 판례의 발전이 있었으나 이 판례백선(II)에서 별도로 평석대상 항목으로 포함되지 못한 것을 이 사건 1심 법원이 일부 다루고 있으므로 상고되지는 않은 부분을 포함하여 제1심판결을 살펴본다.

첫째, UDRP가 이 사건 도메인이름 사용금지청구와 이전등록청구에 대한 법원의 판단기준이 될 수 있는지 여부와 관련하여, UDRP는 도메인이름 등록기관과 도메인이름 등록인 사이에 합의된 등록약관의 내용에 편입되어 도메인이름 등록인과 상표 또는 서비스표에 관한 권리를 가진 자(이하 '제3자'라 한다) 사이에 도메인이름을 둘러싸고 분쟁이 발생한 경우 그 등록의 유지·취소·이전 등에 관한 판단을 신속히 내려 등록행정의 적정성을 향상시키기 위한 등록기관의 행정절차에 관한 규정으로서, 그 자체에 UDRP에 의한 의무적 행정절차의 개시 전 또는 종결 후는 물론 절차진행 중에도 국제재판관할권이 있는 법원이 도메인이름에 관한 분쟁을 최종적으로 해결할 것을 예정하고 있으므로,[4] 의무적 행정절차에서 도메인이름 등록기관과 그 등록인 및 제3자에 대하여 구속력을 가짐에 불과하고, 도메인이름 등록인과 제3자 사이에 이를 의무적 행정절차 외에서도 분쟁해결의 기준으로 삼기로 합의하는 등 특별한 사정이 없는 한 의무적 행정절차 외에서 도메인이름 등록인과 제3자를 규율하는 구속력을 가지는 것은 아니므로 도메인이름 등록인과 제3자 사이의 도메인이름에 관한 소송을 심리·판단하는 법원은 특별한 사정이 없는 한 UDRP에 의할 것이 아니라 당해 사건에 적용

---

3) 대구지방법원 2010. 8. 17. 선고 2009가합11550 판결.
4) UDRP 제4조 제k항, 분쟁해결정책규칙 제18조 제a항 참조.

가능한 법률에 의하여 당해 사건을 심리·판단하여야 한다는 ccfhsbc.com, hsbcccf.com에 관한 대법원 2008. 2. 1. 선고 2004다72457 판결을 재확인하였다.[5]

둘째, 미국 반사이버스쿼팅 소비자보호법(ACPA)이 피고의 이 사건 도메인이름 이전등록 청구권의 판단기준이 될 수 있는지 여부와 관련하여, 재판부는 먼저 이 사건에 국제적인 요소가 포함되어 있으므로 준거법을 결정할 필요가 있다고 보고, 국제사법 제24조에서 '지적재산권의 보호는 그 침해지법에 의한다.'고 규정하고 있으며 지적재산권의 보호를 인정하는 보호국에서만 침해가 인정될 수 있으므로 침해지법은 보호국법과 동일하고, 상표권에 기초한 도메인이름의 사용금지청구와 이전등록청구의 준거법은 당해 상표권이 등록된 국가의 법률이므로 이 사건의 경우 미국 법률이 준거법이 될 것으로 보았다. 따라서 이를 적용한다면 부정한 목적으로 타인의 상표와 유사한 도메인이름을 사용함으로써 미국의 상표권을 침해하는 행위에 대해서는 그 도메인이름이 우리나라의 등록기관에 등록되어 있다고 하더라도 우리나라의 영역 내에서 그 도메인이름의 등록의 말소나 이전등록을 구하는 청구가 용인될 여지가 있을 것이나, 우리나라는 상표권에 관해서 속지주의 원칙을 채용하고 있고, 그에 따르면 각국의 상표권은 해당국의 영역 내에서만 효력을 가짐에도 불구하고 이 사건 미국의 상표권에 기초하여 우리나라에서의 도메인이름의 등록말소나 이전등록을 인정하는 것은 미국 상표권의 효력을 미국 이외인 우리나라에 미치게 하는 것과 실질적으로 동일한 결과를 가져오게 되어 속지주의의 원칙에 반하며 우리나라와 미국 사이에서 서로 상대국의 상표권의 효력을 자국에 있어서도 인정하여야 하는 내용을 정한 조약도 존재하지 않으므로, 이 사건 미국 상표권의 침해행위에 대하여 ACPA를 적용한 결과 우리나라에서 그 효과로서 도메인이름의 사용금지의무나 이전의무를 인정하는 것은 우리나라의 상표법 질서의 기본이념에 비추어 받아들일 수 없고 이는 국제사법 제10조에서 말하는 우리나라의 사회질서에 반하는 것이라고 봄이 상당하므로 ACPA를 이 사건에 적용할 수는 없다고 판시했다.[6]

셋째, 인터넷주소법의 적용과 관련하여 재판부는 원고가 'NCA' 표지가 도메인이름으로 등록되어 있지 않음을 알고 이를 미리 선점하여 피고의 도메인이름 등록을 방해하거나 피고로부터 부당한 이득을 얻으려는 등의 부정한 목적으로 이 사건 도메인이름을 등록·보유 또는 사용하였음을 인정하였으며, NCA라는 표장은 국내에서 주지성을 취득하지 못했으므로, 피고는 인터넷주소법상의 정당한 권원이 있는 자가 아니라는 원고의 주장에 대하여 사이버

---

5) hpweb.com에 관한 대법원 2008. 4. 24. 선고 2005다75071 판결도 동지.

6) 이는 "myspce.com" 관련 서울중앙지법 2007. 8. 30 선고 2006가합53066 판결(확정)에서 개발되고 "hpweb.com" 관련 제2차 환송판결(대법원 2008. 4. 24. 선고 2005다75071 판결)에서 결론의 정당성을 인정받은 논리를 그대로 따른 것이다. 다만 "hpweb.com" 관련 대법원의 종국판결에서는 구 섭외사법 제5조(개정 국제사법 제10조)를 적용하지 않고 외국법을 준거법으로 확정한다(대법원 2011. 5. 26. 선고 2009다15596 판결). 필자의 사견으로는 현행 국제사법 하에서는 지식재산권의 보호에 관한 제24조의 보호국법주의가 적용되어 보호가 청구되는 국가인 한국법이 준거법이 될 것이다.

스쿼팅 규제를 위한 인터넷주소법 제12조의 제정 목적과 2009. 9. 10. 개정으로 그 적용범위를 대한민국의 국가코드에 따르는 도메인이름[7]에 국한하지 않고, 대한민국에서 등록, 보유 또는 사용되는 도메인이름에까지 확대한 취지를 종합하면, 인터넷주소법 제12조에 정한 등록말소 내지 등록이전청구권을 행사하려는 권리자가 반드시 국내에서 널리 인식된 표지를 보유하고 있어야만 한다고 볼 수 없다고 판시하였다.

이상에 의하여 재판부는 피고가 원고에 대하여 인터넷주소법 제12조 제2항에 의하여 이 사건 도메인이름의 등록말소 또는 등록이전을 청구할 권리가 있다고 하여 그와 같은 권리의 부존재 확인을 구하는 원고의 청구를 기각하였다.

나. 대법원판결

인터넷주소법 제12조는 정당한 권원이 있는 자의 도메인이름 등록을 방해하거나 그로부터 부당한 이득을 얻는 등 부정한 목적으로 도메인이름을 등록·보유 또는 사용한 자가 있으면 정당한 권원이 있는 자가 법원에 그 도메인이름의 등록말소 또는 등록이전을 청구할 수 있도록 규정하고 있다. 이때 도메인이름의 등록말소 또는 등록이전을 청구하는 이에게 '정당한 권원'이 있다고 인정하기 위한 요건으로 재판부는 "그 도메인이름과 동일 또는 유사한 성명, 상호, 상표, 서비스표 그 밖의 표지(이하 '대상표지'라 한다)를 타인이 도메인이름으로 등록하기 전에 국내 또는 국외에서 이미 등록하였거나 상당 기간 사용해오고 있는 등으로 그 도메인이름과 사이에 밀접한 연관관계를 형성하는 한편, 그 도메인이름을 대가의 지불 없이 말소하게 하거나 이전을 받는 것이 정의 관념에 비추어 합당하다고 인정할 수 있을 만큼 직접적 관련성이 있고 그에 대한 보호의 필요성도 충분하다는 사정이 존재"할 것을 요구하였다. 그리고 인터넷 공간에서 사용되는 도메인이름의 속성과 인터넷주소법 제12조의 입법 취지,[8] 인터넷주소법 제4조가 종전에는 '대한민국의 국가코드에 따르는 도메인이름 등의 인터넷주소자원'만을 법의 적용대상으로 규정하고 있었는데 2009년 개정되면서 그 적용대상을 '대한민국에서 등록·보유 또는 사용되는 도메인이름 등 인터넷주소자원'으로 확대한 점, 이와는 달리 부정경쟁방지 및 영업비밀보호에 관한 법률은 제2조 제1호 (아)목에서 정당한 권원이 없는 자가 '국내에 널리 인식된' 타인의 성명, 상호, 상표, 그 밖의 표지와 동일하거나 유사한 도메인이름을 등록·보유·이전 또는 사용하는 행위를 부정경쟁행위로 한정하여

---

7) '.kr', '.한국'이 그것이며 등록정책을 한국이 결정할 수 있다.
8) 재판부는 이 규정의 취지를 원칙적으로 도메인이름은 선착순으로 자유롭게 등록할 수 있지만 그 중복등록이 불가능함을 악용하여 부정한 목적으로 도메인이름을 선점하는 이른바 사이버스쿼팅 행위를 규제함으로써 정당한 권원이 있는 자의 도메인이름 등록 및 사용을 보장하고 인터넷 사용자들의 도메인이름에 대한 혼란을 방지하려는 데에서 찾고 있다.

규정하고 있는 점 등에 비추어 보면, 도메인이름에 대한 정당한 권원을 인정하는 데에 그 대상표지가 반드시 국내에서 널리 인식되어 있음을 요하는 것은 아니라고 판시하였다.[9]

3. 해설

가. 인터넷주소법상 도메인이름 분쟁해결의 구조

한국에서는 도메인이름 분쟁의 법원을 통한 해결과 소송외적인 조정을 통한 해결의 근거 규정이 인터넷주소법 제12조와 제18조 이하에 각각 존재한다. 과거 상표법과 부정경쟁방지 및 영업비밀보호에 관한 법률에 근거하여 소송이 제기되기도 하였으나 이들 법제 하에서 도메인이름 등록이전 청구가 인정하지 않음에 비하여 현행 인터넷주소법은 등록이전 청구를 허용하였으며 앞에서 언급된 대로 대한민국에서 등록·보유 또는 사용되는 도메인이름 등의 인터넷주소자원으로 법의 적용범위가 확장됨에 따라 현재는 대부분의 분쟁사건에서 표지권자는 인터넷주소법을 근거로 조정신청 또는 소송을 제기하는 추세이다.[10] 한편, 인터넷주소법 제18조의2가 조정부의 판단기준을 상세히 규정함에 비하여 제12조는 이를 추상적, 우회적으로 규정할 뿐이기에 법원이 이를 어떻게 적용할 것인지 주목되어왔다.

나. 대상판결 이전의 '정당한 권원'에 관한 판례동향

"caselogic.co.kr" 사건에서 법원은 국가코드 최상위도메인은 등록기관이 국가단위로 나뉘지고, ICANN은 통상 해당국가의 등록기관에 등록업무를 위임하여 수행하도록 하며, 그 주된 이용자가 해당 국가의 국민에 한정된다는 점을 이유로 이에 관하여 정당한 권원을 가진 자를 해당 국가에서 정당한 권원을 가진 자로 좁게 해석하였으나[11] 국가코드 최상위도메인도 전 세계적으로 이용되는 점을 간과하고 도메인이름 등록인의 항변사유를 상표권자의 등록인에게 정당한 권원이 있는지 여부를 판단하는 단계에서 성급하게 고려하였다는 점에서 비판을 받았다.[12] 이에 뒤따른 "celluarsouth.com" 사건에서는 인터넷주소법 제12조의 사용

9) 한편 재판부는 인터넷주소법 제12조의 '부정한 목적'과 관련하여 이전 판례의 판단기준(대법원 2013. 4. 26. 선고 2011다64836 판결)을 재확인하였다.

10) 인터넷주소법 제18조에 의한 분쟁조정은 대한민국의 국가코드에 따르는 도메인이름에 한정하여 이용 가능하지만 인터넷주소분쟁조정위원회는 ADNDRC 서울사무소로서 일반최상위도메인과 관련한 분쟁조정도 제공한다.

11) 서울중앙지방법원 2009. 11. 13. 선고 2008가합126340 판결(확정).

12) 김태영, "'사이버스쿼팅' 관련 도메인이름 분쟁해결에 있어 '정당한 권원이 있는 자'의 해석: 하급심 판례를 중심으로", 제10회 인터넷주소분쟁조정위원회 세미나 자료집, 2013. 9. 25. 10-13면.

금지, 등록말소 내지 등록이전청구권을 행사하려는 권리자가 국내 상표권자이거나 국내에서 널리 인식된 표지를 보유하고 있을 필요는 없다고 판시하였다.[13] 그 이후 "addidas.com" 사건에서는 상표권자가 다른 사건에서 도메인이름 이전결정을 받고도 이전등록을 하지 아니한 사실로는 이 사건 도메인이름에 대하여 권리포기를 하였다거나 그에 관한 권리를 주장하는 것이 권리남용에 해당하거나 신의칙에 반한다고 할 수 없다고 판시함으로써 정당한 권원을 가진 자를 유연하게 파악하였다. 그러나 "citycard.com" 사건에서는[14] '정당한 권원이 있는 자'란 상표법, 부정경쟁방지 및 영업비밀보호에 관한 법률 등 관련 법령의 규정과 취지에 비추어 타인이 비용을 지출하고 등록한 도메인이름을 대가 없이 이전시켜야 할 만큼 자신의 권리와 도메인 이름 사이에 직접적인 관련성과 정당성이 있는 자를 말한다고 설시한 후 이 사건 도메인 이름과 등록 서비스표가 유사하다는 이유만으로 도메인이름의 이전을 구할 권리를 인정할 수 없다며 제12조의 도메인이름에 대한 정당한 권원이 있는 자를 엄격하게 파악하였다. 그러나 다시 "amway.co.kr" 사건에서는[15] 도메인이름 이전청구권을 가지는지 여부 판단 시에 정당한 권원의 존부, 부정한 목적의 등록에 의한 이 권원의 침해여부, 도메인이름 등록인이 그 사용에 정당한 권리나 이익을 가지는지 여부 등을 종합적으로 검토하여야 한다고 판시함으로써 표지권자의 정당한 권원을 넓게 볼 수 있는 여지를 만들었다. 그 이후 법원은 이전신청인의 정당한 권원 여부의 판단을 우회하는 태도를 보였으나 "xstrataglencore.com" 등과 관련된 사건에서 도메인이름 등록인이 이 개념이 불확정적이라는 이유로 헌법위반을 주장한바 이를 정면으로 다루게 된다. 즉, 법원은 사이버스쿼팅 규제를 위한 인터넷주소법 제12조의 제정 목적과 2009년 개정으로 그 적용범위를 대한민국에서 등록, 보유 또는 사용되는 도메인이름으로 확대한 취지를 종합하면, 정당한 권원이 있는가를 따짐에 있어 국내 상표권의 보유여부 및 국내에서의 주지성 취득이 요구되지 않는다고 판시하고, 나아가 인터넷 주소법의 관련 규정의 취지 및 내용과 인터넷주소법 제12조 자체의 문언에 비추어 보면 '정당한 권원이 있는 자'란 자신의 상표, 영업표지, 상호 등의 표시에 일정한 단어나 문구를 포함하고 있고, 상대방이 보유하고 있는 도메인이름의 식별력 있는 요부가 위 단어나 문구와 동일하거나 유사하며, 위 단어나 문구가 특정 개인이나 단체에 귀속되는 것이 상표법 등 지적재산권법의 취지나 공익에 반하지 아니한 자를 말하므로 '정당한 권원이 있는 자'의 개념이 추상적이고 불확정한 개념이어서 헌법에 반한다는 원고의 주장은 이유 없다고 설시하였다.[16]

---

13) 청주지방법원 영동지원 2010. 4. 21. 선고 2009가합132 판결(확정).

14) 서울중앙지방법원 2012. 9. 21. 선고 2011가합98322 판결(확정).

15) 서울중앙지방법원 2012. 9. 26. 선고 2012가합10121 판결(확정).

16) 서울중앙지방법원 2013. 4. 18. 선고 2012가합71096 판결(확정). 아래 각주 21)에서 보듯이 이 판시는 헌법재판소에 의해 지지되었다.

한편 "iptime.com" 사건에서 대구고등법원은 정당한 권원과 부정한 목적의 등록·보유를 등록이전 등 청구의 두 가지 독립요건으로 보고 국내에서의 주지성 여부는 이 두 가지 요건의 충족에 결정적 요소가 아니라고 판시하였다.[17]

다. 대상판결 이후의 판례동향

이후 도메인이름과 관련된 거의 모든 판결이[18] 대상판결에 설시된 법리를 그대로 따르고 있다. 하지만, 밀접한 연관관계, 직접적 연관성, 보호의 필요성이란 다소간 엄격한 표현에도 불구하고 실제로 그 요건의 충족이 불인정되는 경우[19]는 드물고 세 가지 요건의 충족을 개별적으로 보기보다는 통합적으로 충족여부를 판단하고 있다.[20]

4. 판결의 의의

UDRP가 도메인이름과 동일 또는 혼동을 일으킬 정도로 유사한 상표 또는 서비스표에 대한 권리자에 해당 도메인이름의 말소 또는 이전청구권을 한정하였음에 비하여 인터넷주소법 제12조는 '정당한 권원이 있는 자'라고만 규정하여 '정당한 권원'의 범위를 놓고 이견이 있어 왔다. 대상판결은 다수의 하급심 판결을 통하여 진화하여온 인터넷주소법상 '정당한 권원이 있는 자'의 개념을 종합하여 설시함으로써 이후 판례의 일관성 확보에 기여하고 있다. 그럼에도 불구하고 현실에서는 미등록·미주지 표지이지만 도메인이름 등록인이 그 표지의 존재를 알고서 선제적으로 등록한 정황이 인정되는 경우와 같이 보호의 필요성은 있지만 대상표지와 도메인이름과 사이에 밀접한 연관관계를 형성하는 경로로 대상판결이 예시한 중에는 정확히 들어맞지 않는 사안들이 발생하고 있다. 따라서 도메인이름에 대한 이전청구 등에 있어 인터넷주소법상 정당한 권원의 개념이 헌법상 명확성의 원칙에 반하지는 않는다는

---

17) 대구고등법원 2012. 9. 25. 선고 2012나5804(본소), 2012나5811(반소) 판결(항소기각).

18) "twitter.co.kr" 관련 서울중앙지방법원 2014. 2. 20. 선고 2013가합537227 판결; 서울고등법원 2014. 9. 25. 선고 2014나2008453 판결; "sonjabee.com" 관련 대전지방법원 2014. 4. 24. 선고 2013가합9837(본소), 2014가합196(반소) 판결; "windowgame.com" 등 관련 서울중앙지방법원 2014. 5. 16. 선고 2013가합87838(본소), 2014가합1497(반소) 판결; 서울고등법원 2014. 9. 18. 선고 2014나2018184(본소), 2014나2018191(반소) 판결; 'waffleuniversity.co.kr' 관련 서울중앙지방법원 2015. 2. 13. 선고 2014가합35933 판결 등.

19) "imediway.com" 관련 서울동부지방법원 2014. 7. 16. 선고 2014가합2943 판결.

20) 예컨대. "…점 등을 종합해 보면, 피고와 이 사건 각 도메인이름 사이에는 밀접한 연관관계가 형성되어 있고, 피고가 이 사건 각 도메인이름을 대가의 지불 없이 이전을 받는 것이 정의 관념에 비추어 합당하다고 인정할 수 있을 만큼 직접적인 관련성이 있으며, 그에 대한 보호의 필요성도 충분하다고 할 것이다", "windowgame.com" 등 관련 서울중앙지방법원 2014. 5. 16. 선고 2013가합87838(본소), 2014가합1497(반소) 판결.

헌법재판소의 합헌결정이 있기는 하였으나[21] 정당한 권원의 법리가 대상판결로 진화의 종착역에 도달한 것이 아니라 향후에도 진화를 거듭할 것이 예상된다. 장기적으로는 본안 전 단계에서 요구되는 제소적격으로서의 표지에 대한 정당한 권원과 본안에서 승소하기 위한 요건으로서 해당 도메인이름에 대한 정당한 권원을 구별하여 법리의 체계를 정립하는 것이 적절해 보인다. 생각건대 대상판결이 설시한 도메인이름과 사이에 밀접한 연관관계의 존재를 도메인이름과 객관적 유사성을 갖는 표지에 대한 정당한 권원의 증명을 요구하는 것으로, 직접적 관련성과 보호의 필요성을 승소요건으로서 해당 도메인이름 등록에 의한 손해의 존재와 등록인의 항변사유의 부존재에[22] 대한 일응의 입증을 요구하는 것으로 이해한다면 대상판결은 이러한 법리체계화에 요긴한 디딤돌이 될 수 있을 것이다.

---

21) 헌법재판소 2013. 10. 24 선고 2011헌바138 결정. "제12조에 규정된 '정당한 권원이 있는 자'의 개념이 다소 추상적일 수 있지만, 그 문언적 의미, 관련규정, 법원의 해석 등을 종합적으로 고려할 때 이 사건 법률조항의 수규자로서는 '정당한 권원이 있는 자'의 의미를 충분히 예측할 수 있다 할 것이고, 개별적인 사안에서 '정당한 권원이 있는 자'의 구체적인 범위는 인터넷주소자원법의 목적 및 위 조항의 취지, 도메인이름등과 그 대상표지의 관계, 도메인이름 등의 등록말소·이전 필요성 및 그 당위성 등을 고려하여 법관의 법 보충작용을 통한 판례에 의하여 합리적으로 결정될 수 있을 것이기에 법을 해석·집행하는 기관으로 하여금 그 의미를 개의 사안에서 자의적으로 해석하거나 집행하게 할 염려가 있다고 하기 어려우므로 이 사건 법률조항이 명확성원칙에 위배된다고 볼 수 없다."
22) 도메인이름 등록인의 항변사유를 제12조 제3항으로 규정하자는 입법론(김태영, "'사이버스쿼팅' 관련 도메인이름 분쟁해결에 있어 '정당한 권원이 있는 자'의 해석: 하급심 판례를 중심으로"(주 12), 32-34면)은 표지권자의 정당한 권원에 관한 대한 대상판결의 다소간 엄격한 입장을 완화하여 등록말소 및 이전청구의 제1단계 심사기준으로 자리매김하는 데에 기여할 것이다.

52 도메인이름의 무단점유와 부정한 목적

대법원 2013. 4. 26. 선고 2011다64836 판결
이대희(고려대학교 법학전문대학원 교수)

1. 사안의 개요

대상판결은 도메인이름의 무단점유(cybersquatting)에 따른 도메인이름의 등록말소 또는 등록이전을 청구함에 있어서 '부정한 목적'의 의미에 대한 판단기준을 제시한 판결이다. 원고는 '이 사건 도메인이름'인 'k2.co.kr(이하 '이 사건 도메인이름'이라 한다)'을 2000. 1. 28. 등록하여 보유하고 있고, 피고는 '이 사건 상표(문자형태로는 모두 'K2'로서 약간 디자인을 달리한 2개의 상표, 이하 '대상상표'라 한다)'의 상표권자이다. 피고는 1972.경부터 대상상표를 등산화 등의 상품과 이에 관한 광고에 사용해 왔는데, 2003. 4.경 피고의 상품은 국내 등산화의 약 40% 및 안전화 시장의 80%를 차지하였다. 피고가 대상상표를 본격적으로 사용한 것은 2002.경이고, 피고는 2004. 8. 28. 및 2007. 5. 8.에 지정상품 제25류에 대하여 상표등록출원 하였고, 이에 대하여 2008. 6. 2. 및 2009. 1. 6.에 각각 상표등록되었다.

피고는 2009. 12. 14. 원고를 상대로 인터넷주소분쟁조정위원회(이하 '분쟁조정위원회'라 한다)에 분쟁조정을 신청하였다. 분쟁조정위원회는 2010. 2. 18. 원고에 의한 이 사건 도메인이름의 등록·보유가 국내외에서 널리 인식된 신청인의 인용상표를 인터넷주소로 등록하는 것을 방해하기 위한 것으로 판단하여, 이 사건 도메인이름 등록을 피고에게 이전하라는 결정을 하였다.[1]

원고는 이 사건 도메인이름을 등록한 후 웹사이트를 개설하여 산과 관련한 홈페이지와 컴퓨터 및 오이재배기술 등을 위한 정보공유 사이트로 사용하였는데, 2008년경부터 피고가 웹사이트를 폐쇄하고 사용하지 않고 있다.

---

1) 인터넷주소분쟁조정위원회, 결정 D2009-0020(2010. 2. 28).

2. 판결의 요지

가. 쟁점

누구든지 정당한 권원이 있는 자의 도메인이름 등록을 방해하거나 정당한 권원이 있는 자로부터 부당한 이득을 얻는 등 부정한 목적으로 도메인이름을 등록·보유 또는 사용하는 것이 금지되며, 정당한 권원이 있는 자는 이를 위반하여 도메인이름을 등록·보유 또는 사용한 자에 대하여 도메인이름의 등록말소 또는 등록이전을 청구할 수 있다[인터넷주소자원에 관한 법률(이하 '인터넷주소법'이라 한다) 제12조]. 이 사건에서 원고는 피고의 대상상표를 이용하여 도메인이름을 등록하여 웹사이트를 개설하여 사용하였는데, 이와 같이 이 사건 도메인이름을 사용함에 있어서 원고에게 '부정한 목적'이 있는지 여부가 쟁점이었다.

나. 사건의 경과

피고는 분쟁조정위원회에 도메인이름의 무단점유를 근거로 이 사건 도메인이름을 피고 자신에게 이전하도록 조정신청을 하였다(인터넷주소법 제18조, 제18조의2 제2항).[2] 분쟁조정위원회는 원고가 이 사건 도메인이름을 등록만 해 놓았을 뿐 실제 사용하지 않고 있다는 것, 피고의 상표가 국내에서 널리 알려진 표장이라는 것, 원고가 이 사건 도메인이름을 등록할 당시에 피고 상표의 주지저명성에 대하여 인식하고 있었다고 추론할 수 있다는 것 등을 근거로, 원고에 의한 이 사건 도메인이름의 등록이 정당한 권원이 있는 자의 인터넷주소 등록 및 사용을 방해하기 위한 것에 해당한다고 판단하여, 등록을 이전하도록 결정하였다. 조정안을 송달받은 원고가 송달일로부터 15일 이내에 법원에 이의를 제기하면 피고는 조정내용(등록의 이전)의 실행을 신청할 수 없게 된다(제20조 제2항). 원고는 원고가 생산한 농산물을 홍보하고 판매할 목적으로 이 사건 도메인이름을 등록·보유하고 있는 것이지 부정한 목적이 있는 것

---

2) 제18조(분쟁의 조정)
① 인터넷주소의 등록·보유 또는 사용과 관련된 분쟁의 조정을 원하는 자는 분쟁조정위원회에 조정을 신청할 수 있다.
제18조의2(판단기준)
① 피신청인이 등록한 인터넷주소의 사용이 다음 각 호의 어느 하나에 해당하는 경우에는 조정부는 피신청인의 인터넷주소를 신청인에게 이전하도록 하거나 말소하는 조정결정을 할 수 있다. …
② 피신청인의 인터넷주소의 등록·보유 또는 사용이 정당한 권원이 있는 자의 인터넷주소의 등록 또는 사용을 방해하거나 성명, 명칭, 표장 또는 상호 등에 대하여 정당한 권한이 있는 자에게 판매·대여하려는 등 부당한 이득을 얻으려는 목적으로 행하여진 경우에도 조정부는 제1항과 같은 결정을 할 수 있다.

이 아니라고 주장하면서, 이 사건 도메인이름에 관하여 피고에게 원고 자신에 대한 이전등
록청구권이 존재하지 아니함을 확인하는 소를 제기하였다.

제1심과 항소심 법원[3]은 첫째, 피고가 대상상표를 장기간 사용해왔다는 것 등을 근거
로 대상상표가 식별력과 주지성을 취득하였고, 피고가 이 사건 도메인이름에 대한 정당한
권원이 있는 자에 해당한다는 것을 인정하였다. 둘째, 원고에게 부정한 목적이 있는지 여부
와 관련하여, 피고가 대상상표를 장기간 사용해 왔다는 것을 고려하면 원고가 이 사건 도메
인이름을 등록한 시점까지 대상상표가 사용되어 왔다는 것을 알고 있었고, 원고가 산과 관
련된 홈페이지를 개설하고, 이 사이트에 등록된 글이 소수이고, 분쟁조정신청을 한 시점 1년
여 전부터는 웹사이트를 폐쇄하고 있었다는 것 등을 고려하면, 이 사건 도메인이름에 대한
별다른 이익이 없는 원고가 이를 계속 보유하는 것은 정당한 권원이 있는 피고의 도메인이름
등록을 방해하는 셈이 되어 부정한 목적이 있다는 것을 근거로, 원고의 청구를 기각하였다.

다. 대법원판결

대법원은 먼저 인주법 제12조의 취지에 대하여 "도메인이름은 선착순으로 자유롭게 등
록할 수 있는 것이 원칙이나 그 중복 등록이 불가능함을 악용하여 부정한 목적으로 도메인
이름을 선점하는 이른바 사이버스쿼팅(cybersquatting) 행위를 규제함으로써 정당한 권원이 있
는 이의 도메인이름 등록 및 사용을 보장하고 도메인이름에 관한 인터넷 사용자들의 혼동
등을 방지"하려는 것으로 설명하였다.

이 사건의 쟁점인 '부정한 목적'이 있는지 여부를 판단함에 있어서는 ① 정당한 권원이
있는 이의 성명·상호·상표·서비스표 그 밖의 표지의 인식도 또는 창작성의 정도, ② 도메
인이름과 대상표지의 동일·유사성의 정도, ③ 도메인이름을 등록·보유 또는 사용하는 이가
대상표지를 알고 있었는지 여부 및 도메인이름을 판매·대여하여 경제적 이익을 얻고자 한
전력의 유무, ④ 도메인이름에 의한 웹사이트의 개설 및 그 웹사이트의 실질적인 운영 여부,
⑤ 그 웹사이트상의 상품 또는 서비스업 등과 대상표지가 사용된 상품 또는 서비스업 등과
의 동일·유사성 내지는 경제적 견련관계 유무, ⑥ 대상표지에 화체되어 있는 신용과 고객흡
인력으로 인하여 인터넷 사용자들이 그 웹사이트로 유인되는지 여부, ⑦ 그 밖에 도메인이
름의 등록·보유 또는 사용을 둘러싼 제반 사정을 종합적으로 고려할 것을 제시하였다. 이에
따라 대법원은 ① 피고가 대상상표를 1972년경부터 사용해 왔고 원고가 이를 알고 있었다는
것, ② 피고의 대상상표가 2004년 무렵에 등산용품 등에 관하여 주지성을 취득하였다는 것,

---

3) 서울중앙지방법원 2010. 9. 17. 선고 2010가합43684 판결; 서울고등법원 2011. 6. 30. 선고 2010나106353
   판결.

③ 대상상표가 주지성을 획득하였고 이 사건 도메인이름에 의하여 개설된 웹사이트가 제대로 운영되지 아니하였다는 것 등을 근거로 원고의 부정한 목적을 인정한 원심 판단을 그대로 인용하였다.[4]

3. 해설

가. 도메인이름에 대한 분쟁해결

도메인이름에 대한 분쟁은 조정이나 중재 등 소송외적 방법이나 소송에 의하여 해결될 수 있다. 도메인이름에 대한 분쟁은 국제적인 성격을 가질 수밖에 없어 소송에 의한 분쟁해결은 적합하지 않다. 따라서 소송에 의하지 않는 방법에 의하여 분쟁을 해결하는 것이 적절한데, 상표권자와 도메인이름 등록인간에 중재계약 내지 중재합의는 기대하기 어려우므로 중재보다는 조정에 의하여 분쟁을 해결하는 것이 일반적이다.

현재 .kr 국가도메인에 대한 분쟁해결은 분쟁조정위원회에 의하여 이루어지고, .com 등 gTLD(generic Top Level Domain)에 대한 조정에 의한 분쟁해결은 WIPO 중재·조정센터 등 5개 기관에 의한다. 분쟁조정위원회는 위 5개 기관 중의 하나인 ADNDRC(Asian Domain Name Dispute Resolution Centre)의 서울사무소로서 분쟁을 해결하고 있으므로, gTLD 및 .kr 도메인에 대한 분쟁을 모두 해결하고 있다. '조정'에 의한 분쟁해결이라고 하지만, 여기에서의 조정은 일반적인 의미의 조정과 달리 당사자가 송달받은 조정안에 대하여 법원 등에 이의를 제기하지 않으면 조정내용이 확정되는 것으로서, 이의를 제기하는 부분만 제외하면 사실상 강제력이 있는 것이다.

나. 분쟁해결의 근거 및 이의제기

인터넷주소법에 의한 조정은 ① 도메인이름의 무단점유 금지, ② 상표권 침해, ③ 부정경쟁, ④ 희석을 근거로 이루어진다(인터넷주소법 제18조의2 제1항·제2항). 이에 반하여 gTLD 분쟁에 대해서는 통일도메인이름분쟁해결정책(UDRP, Uniform Domain Name Dispute Resolution Policy)이 적용되는데, UDRP의 적용범위는 도메인이름의 무단점유에 한정되어 있다.

소송에 의하여 분쟁을 해결할 수 있는 근거도 조정과 동일한데, 바로 ① 상표권 침해(상표법 제66조 제1항), ② 부정경쟁[부정경쟁방지 및 영업비밀보호에 관한 법률(이하 '부경법'이라 한다)

---

4) 대법원판결에 대하여 좀 더 상세한 것은 유영선, "인터넷주소자원에 관한 법률 제12조가 정한 '부정한 목적'의 판단 기준", 대법원 판례해설 제96호(2013 상) 참조.

제1조 제1호 가목·나목], 희석(부경법 제1조 제1호 다목), ③ 무단점유의 금지(인터넷주소법 제12조 제4항, 부경법 제1조 제1호 아목)가 그것이다. 정당한 권원이 있는 자는 자신의 도메인이름 등의 등록을 방해하거나 정당한 권원이 있는 자로부터 부당한 이득을 얻는 등 부정한 목적으로 도메인이름을 등록·보유 또는 사용한 자에 대하여 도메인이름의 등록말소나 등록이전을 청구할 수 있다(인터넷주소법 제12조). 또한 정당한 권원이 없는 자가 ① 상표 등 표지에 대하여 정당한 권원이 있는 자 또는 제3자에게 판매하거나 대여할 목적이나 ② 정당한 권원이 있는 자의 도메인이름의 등록 및 사용을 방해할 목적 또는 ③ 그 밖에 상업적 이익을 얻을 목적으로 국내에 널리 인식된 타인의 성명, 상호, 상표, 그 밖의 표지와 동일하거나 유사한 도메인이름을 등록·보유·이전 또는 사용하는 경우 도메인이름의 등록말소를 청구할 수 있다(부경법 제4조 제2항 제3호).

이 사건에서 원고는 등록이전 결정이 이루어진 조정에 대하여 인터넷주소법 제12조에 따라 피고에게 원고 자신에 대한 도메인이름 이전등록청구권이 존재하지 않는다는 확인을 구함으로써 조정절차에 이의를 제기한 것이다. 제1심법원이 밝히고 있다시피, 대상상표는 주지상표에 해당하므로 피고는 부경법상의 부정경쟁행위인 무단점유에 해당한다고 주장하면서 이 사건 도메인이름의 등록말소를 청구할 수도 있을 것이다.

다. 부정한 목적

도메인이름을 등록한 자의 '부정한 목적'은 도메인이름에 대한 무단점유를 구성하는 핵심적 요소이다. 인터넷주소법은 도메인이름의 등록말소 또는 등록이전을 청구할 수 있는 근거인 무단점유에 대하여 '정당한 권원이 있는 자의 도메인이름 등의 등록을 방해하거나 정당한 권원이 있는 자로부터 부당한 이득을 얻는 등 부정한 목적'을 규정하고 있다(제12조 제1항). 이와 달리 부경법상의 무단점유와 인터넷주소법상의 조정을 위한 무단점유는 부정한 목적이라는 개념을 사용하고 있지는 않으나(부경법 제2조 제1호 아목, 인터넷주소법 제18조 제2항), 모두 무단점유에 관한 것으로서 부정한 목적을 전제로 규정하는 것이라 할 수 있다. 곧 인터넷주소법과 부경법은 무단점유행위의 구성요소로서, ① 정당한 권원이 있는 자에 의한 등록·사용 방해, ② 정당한 권원이 있는 자 또는 제3자에 대한 도메인이름의 판매·대여 등 부당한 이득을 얻는 행위, ③ 기타 상업적 이익을 얻을 목적 등을 예시하고 있는데, 이들 무단점유의 핵심적인 구성요소는 부정한 목적이라 할 수 있다. gTLD 도메인이름의 무단점유에 적용되는 UDRP도 무단점유의 구성요소로서 악의를 규정하면서 악의를 판단하는 증거를 예시적으로 규정하고 있고(UDRP §4b), 미국 연방상표법도 무단점유에 기하여 책임을 묻기 위한 핵심요소인 '상표로부터 이익을 얻기 위한 악의의 의도'를 판단하는 요소들을 예시적으로 규정하고 있다[§1125(d)(1)(B)(i)]. 이상에서 볼 수 있다시피 '부정한 목적'은 분쟁을 해결하는 근거가 되는 무단점유를 구성하는 핵심적 구성요소인데, 법률이나 조정에 적용되는 규범이 이를 약간 달리 표현하거나 부정한 목적에 해당하는 예를 달리 규정하고 있는 것에 불과하다.

4. 판결의 의미

　　대법원의 대상판결은 인터넷주소법상 도메인이름 등록의 말소나 이전을 인정하는 근거인 무단점유 규정(제12조)의 취지를 밝히고, 이에 기초하여 무단점유의 핵심적인 요소인 '부정한 목적'을 판단하기 위한 기준을 정립한 최초의 대법원판결이라는 데 중요한 의미가 있다. 또한 대상판결은 인터넷주소법상의 무단점유 규정(제12조)뿐만 아니라, 무단점유에 근거하여 조정을 신청할 수 있도록 하는 인터넷주소법상의 규정(인터넷주소법 제18조의2 제2항)과 도메인이름 등록의 말소를 청구할 수 있도록 하는 부경법상의 규정(제2조 제1호 아목, 제4조 제2항 제3호)에 적용되는 것으로서, 무단점유에 관한 한국의 법규범에 전반적으로 적용될 부정한 목적의 판단기준을 제시하였다는 의미를 가진다. 대상판결이 가장 흔한 형태의 도메인이름 분쟁의 원인이 되는 무단점유라는 개념에서 '부정한 목적'이라는 요소에 대한 기준을 정립한 이후, 부정한 목적 이외의 구성요소인 '정당한 권원'에 대한 대법원판결까지 나옴으로써,[5] 한국에서는 무단점유를 판단할 수 있는 기준이 정립되었다고 할 수 있다.

　　무단점유의 구성요소에 대하여 한국의 법규범은 정당한 권원이 도메인이름 등록·사용이 방해받고 있는지 여부나 도메인이름의 판매·대여 등과 관련된 상업적 이익 등 정당한 권원이 있는 자가 받는 피해와 무단점유자가 얻는 이익의 측면에서 부정한 목적을 예시하고 있고, 부정한 목적에 대하여 판시한 지금까지의 하급심 판결들도 이에 대하여 판단해 왔다. 그런데 대상판결은 도메인이름의 판매·대여와 관련된 상업적 이익만을 예시하고, 정당한 권원이 있는 자의 도메인이름 등록·사용에 대한 방해를 예시하지 않고 있으며, 대신 ① 표지에 관한 사항, ② 표지 및 도메인이름의 관계, ③ 도메인이름 등록인의 표지에 대한 인지, ④ 웹사이트 개설·운영, 웹사이트를 통하여 제공되는 상품과 대상표지가 사용된 상품의 관계, 대상표지에 화체된 신용과 고객흡인력과 웹사이트로의 유인 등 웹사이트 관련 사항들을 예시하고 있는 점에서, 법규범이나 기존의 하급법원의 판시사항과는 다른 기준을 제시하고 있다. 물론 이러한 기준들은 예시적인 것에 불과하지만, 대상판결이 제시한 기준은 미국 연방상표법이 8가지의 예시적 요소를 대체로 ① 도메인이름에 대하여 존재하고 있었던 이익, ② 도메인이름으로부터 이익을 얻고자 하는 동기의 예시, ③ 도메인이름에 대한 정당한 이

---

5) 대법원 2013. 9. 12. 선고 2011다57661 판결(도메인이름이전·사용금지권리부존재확인).

익의 결여를 나타내는 등록행위 등으로 예시하고 있는 것과 유사하다고 할 수 있다. 또한 대상판결은 통일도메인이름 분쟁해결규정이 악의를 판단하기 위한 요소 중의 하나로서 나열하고 있는 '상업적인 이익을 얻기 위하여 혼동가능성을 야기함으로써 인터넷 이용자들을 등록인의 웹사이트로 의도적으로 끌어오는 행위(UDRP §4b)'도 포함시킨 것이라 할 수 있다.

　　한국 법제는 무단점유를 판단하기 위한 요소를 구체적으로 열거하기보다는 해석에 맡겨두는 대륙법적 방식을 취하고 있다. 대상판결은 '부정한 목적'이라는 포괄적인 의미를 판단하기 위한 기준을 예시함으로써 앞으로 이를 해석하는 데 중요한 지침을 제공한 것이라 할 수 있다. 그러나 법원이 제시한 요소는 어디까지나 예시에 불과한 것으로서 부정한 목적에 해당하는지 여부에 관한 모든 상황을 판단할 기준을 제시하는 것은 아니다. 예컨대 분쟁 대상 도메인이름을 이용하여 개설된 웹페이지에서 그 도메인이름과 그 도메인이름에 포함된 상표와 서로 관련이 없다고 부인문언(disclaimer)을 제시하는 경우, 상표권자에게 도메인이름을 판매하거나 상표권자와 접촉하지 않으려 했더라도 웹사이트를 개설하는 것과 같이 도메인이름을 적극적으로 사용하지 않는 경우, 도메인이름 등록인이 신원을 감추는 경우, 도메인이름 분쟁해결과정에서 도메인이름을 판매하려는 제안을 했을 경우, 도메인이름 등록을 갱신하였을 경우, 등록인의 정확한 신원을 은닉하여 등록하거나 대리업자 명의로 등록시켜주는 서비스를 이용하는 경우 등 부정한 목적이 있는지 여부는 앞으로도 계속 문제될 것으로 보인다.

제 2 편

통신 IT 분야

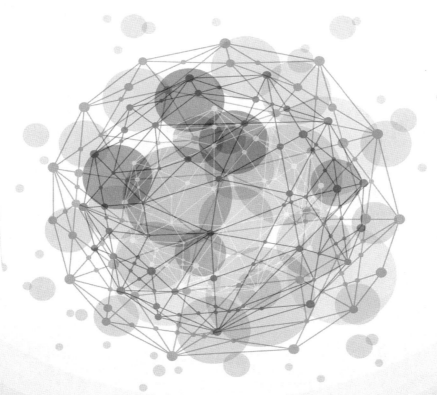

대법원 2013. 3. 28. 선고 2010도14607 판결[1]

주민철(대검찰청 검찰연구관)

1. 사안의 개요

피고인 1은 꽃배달업체의 대표, 피고인 2는 인터넷 광고대행사의 대표이다.[2]

피고인들은 공모하여, 2007. 5.경부터 컴퓨터가 작동되어 있는 동안 사용자가 인식하지 못한 상태에서 원격으로 네이버 등에서 특정 검색어를 검색한 후 나오는 결과 화면에서 특정 링크를 클릭하는 기능, 특정 URL을 차례로 방문하는 기능 등을 수행하는 'eWeb.exe'라는 프로그램(이하 '이 사건 프로그램'이라 한다)을 개발, 2007. 10.경부터 포털 사이트에서 인기 검색어인 'P2P', 'edonkey' 등을 검색하면 피고인 2가 대표이사로 있는 공소외 회사 1의 www.p2pbox.com 사이트가 나타나게 사이트 검색 순위를 조작, 이용자들이 그 사이트에 들어와 해당 무료 프로그램을 다운로드받을 경우, 사용자의 동의를 받지 않고, 필수적으로

---

1) [참조 및 관련 판례] 대법원 2005. 9. 15. 선고 2005도4866 판결; 대법원 2011. 7. 28. 선고 2011도5299 판결; 대법원 2009. 4. 9. 선고 2008도11978 판결; 대법원 2006. 4. 13. 선고 2006도1719 판결.
   [관련 평석 및 문헌] 이희선, "정보통신망의 안전보안을 위한 법제도적 대응방안의 연구", 정보통신학술연구과제(1996); 한국정보보호센터, "정보통신망 안전운영 기술지침서−실무자를 위한 해킹·컴퓨터바이러스 예방 및 방지지침", 한국정보보호센터(1999); 양근원·임종인, "사이버범죄 분석과 법률적 대응방안", 과학사상 2권(2004); 권영준, "인터넷상 정보에 대한 접근 및 취득행위의 위법성", 한국비교사법학회 14권 3호(통권 38호); 최호진, "새로운 해킹기법과 관련된 형법적용의 흠결과 해결방안", 형사정책연구 18권 4호(72호. 2007 겨울호), 한국형사정책연구원(2007. 12); 이정훈, "컴퓨터등사용사기죄−이론과 적용", 한국학술정보(2006); 김병식, "로봇 프로그램의 유포 및 이를 이용한 연관검색어 또는 자동완성어의 생성 등과 정보통신망법위반죄", 사법 제26호(2013. 12.), 사법발전재단, 2013; 김일수·배종대·이상돈, "정보화사회에 대비한 형사법적 대응", 비교형사법연구 3권 2호; 강동범, "정보통신망법상 사이버범죄처벌규정의 검토", 인터넷법률 통권 39호(2007. 7.); 박훤일, "정보통신의 보안강화 방안", 경영법무 통권 115호, 한국경영법무연구소(2003); 전지연, "사이버의 신종범죄 DDoS 공격에 대한 형사법적 책임", 비교형사법연구 11권 2호.
2) 이 글과 관련이 있는 범죄사실만 요약한 것인데, 이 외에도 '경쟁업체의 스폰서링크 부정클릭 행위'를 저질러 형법 제314조 제2항 컴퓨터등장애업무방해죄, 형법 제347조의2 컴퓨터등사용사기죄로도 기소되었고, 법원은 모두 유죄를 모두 인정하였다.

이 사건 프로그램이 몰래 숨겨진 'ActiveX'가 설치되도록 유도하는 방법으로 약 50,000여 대의 컴퓨터에 이 사건 프로그램을 설치하였다.

피고인 1은 광고 효과를 극대화하기 위하여 연관검색어 생성, 자동완성어 생성을 하기로 마음 먹고, 2006. 1.경부터 2006. 6.경까지 '꽃배달'과 관련 있는 관련 검색어가 1분에 1회씩 검색된 것처럼 조작하는 프로그램을 스스로 사용하여 자신이 운영하는 꽃배달업체와 관련된 '연관검색어 생성' 내지 '검색어 자동완성' 작업을 실시하였다.

피고인들은 공모하여 2006. 7.경부터 피고인 2가 자체 개발한 이 사건 프로그램을 약 50,000여 대의 타인 컴퓨터에 몰래 설치한 후, 이에 감염된 컴퓨터들에 명령을 실행하면 자동적으로 해당 검색어를 검색하는 것처럼 실행되게 하여 해당 검색어의 검색량을 늘리는 방법으로, 피고인 1이 운영하는 꽃배달업체와 관련된 '빼빼로데이', '선물 너무 좋은거', '여자친구 선물' 등 연관검색어 생성 내지 자동완성어 생성 작업을 실시하였다.[3]

대법원은 피고인들의 상고이유 중 정보통신망침해죄, 악성프로그램유포죄, 컴퓨터등장애업무방해죄에 대한 상고이유를 배척, 정보통신망장애죄에 대해서만 원심판결을 파기환송하였다.

2. 판결의 요지

가. 원심판결(서울중앙지방법원 2010. 10. 14. 선고 2010노750 판결)

검사는 피고인들의 악성프로그램 배포 행위 등을 구 정보통신망 이용촉진 및 정보보호 등에 관한 법률(2008. 6. 13. 법률 제9119호로 일부 개정되기 전의 것, 이하 '정보통신망법'이라 한다) 제48조 제1항 위반죄(이하 '정보통신망침입죄'라 한다), 정보통신망법 제48조 제2항 위반죄(이하 '악성프로그램유포죄'라 한다)의 실체적 경합범으로, 나.항의 자동완성어 생성 등의 행위를 정보

---

[3] 다음, 네이버 등 포털사이트의 검색엔진에 검색어를 입력하면, 스폰서링크 등 상위에 광고주의 웹사이트를 검색되도록 하는 '키워드광고'(=검색어 광고)는 배너광고, 팝업광고 등에 비해 가격이 저렴하고 특정한 소비자를 대상으로 한다는 장점 때문에 중소기업 등이 선호하여 왔고, 키워드광고의 광고비는 '소비자들의 광고주 웹사이트에 대한 클릭 수 × 클릭당 낙찰가'로 산출되는바, 광고주로서는 낮은 비용으로 광고효과를 높이고자, ① 자주 사용하는 키워드는 광고 경쟁이 치열하여 낙찰가가 높으므로, 경쟁이 치열하지 않은 키워드를 낮은 가격에 낙찰받고, 낙찰받은 키워드를 연관검색어나 자동완성어 목록에 생성하고 그 순위를 높임으로써 소비자의 선택 가능성을 높이거나, ② 경쟁이 치열한 키워드에 대하여는 낮은 순위를 낮은 가격으로 낙찰받은 후, 높은 순위를 낙찰받은 경쟁자의 웹사이트에 대하여 물품구매의사 없이 클릭 수만 높이는 부정클릭을 실행하여 경쟁자로 하여금 광고비만 지출하게 함과 동시에(계약된 광고비가 모두 소진되면 계약된 순위에서 제외되는 구조임) 낮은 순위의 자신의 웹사이트에 대한 소비자의 선택가능성을 높이는 방법이 사용된 경우가 있었다. 고용된 아르바이트생을 이용하거나, 로봇(Clickbot, Botnet, 컴퓨터 프로그램)을 인터넷 이용자들의 컴퓨터에 유포한 후 그 프로그램을 이용하여 행하여지는데, 후자에 대한 형사적 평가가 대상판결의 쟁점이다.

통신망법 제48조 제3항 위반죄(이하 '정보통신망장애죄'라 한다)와 형법 제314조 제2항 컴퓨터등
장애업무방해죄의 상상적 경합범으로 기소하였다.

제1심은 위 4개의 죄 모두에 대하여 유죄를 인정하였고, 이에 피고인 1은 양형부당을
이유로, 피고인 2는 양형부당 및 법리오해 등을 이유로 항소했으나, 원심은 피고인들의 항소
를 모두 기각하였다.

나. 대법원판결

(1) 구 정보통신망 이용촉진 및 정보보호 등에 관한 법률(2008. 6. 13. 법률 제9119호로 개
정되기 전의 것) 제48조 제3항 및 제71조 제5호는 정보통신망의 안정적 운영을 방해할 목적으
로 대량의 신호 또는 정보자료를 보내거나 부정한 명령을 처리하도록 하는 등의 방법으로
정보통신망에 장애가 발생하게 한 자를 처벌하도록 정하고 있으므로, 위 정보통신망 장애
행위로 처벌하기 위해서는 정보통신망의 안정적 운영을 방해하는 장애가 발생되어야 한다.
정보통신망은 전기통신기본법 제2조 제2호의 규정에 따른 전기통신설비를 이용하거나 전기
통신설비와 컴퓨터 및 컴퓨터의 이용기술을 활용하여 정보를 수집·가공·저장·검색·송신
또는 수신하는 정보통신체제를 말하므로, 정보통신망의 안정적 운영을 방해하는 장애는 정
보통신망에서 정보를 수집·가공·저장·검색·송신 또는 수신하는 기능을 물리적으로 수행
하지 못하게 하거나 그 기능 수행을 저해하는 것을 의미한다고 보인다. 따라서 위 규정들에
서 정하고 있는 '부정한 명령'은 '대량의 신호 또는 정보자료'를 보내는 것과 마찬가지로 정
보통신망의 안정적 운영을 방해하는 장애가 발생될 수 있는 방법의 하나로서 그에 해당하는
명령이라고 해석하여야 하므로, 정보통신망의 운영을 방해할 수 있도록 정보통신망을 구성
하는 컴퓨터시스템에 그 시스템의 목적상 예정하고 있지 않은 프로그램을 실행하게 하거나
그 시스템의 프로그램을 구성하는 개개의 명령을 부정하게 변경, 삭제, 추가하거나 프로그램
전체를 변경하게 하는 것이 이에 해당한다.

(2) 허위의 정보자료를 처리하게 하였다고 하더라도 그것이 정보통신망에서 처리가 예
정된 종류의 정보자료인 이상 구 정보통신망 이용촉진 및 정보보호 등에 관한 법률 제48조
제3항 및 제71조 제5호에서 정한 '부정한 명령'을 처리하게 한 것이라 할 수 없고, 나아가
그와 같이 허위의 자료를 처리하게 함으로써 정보통신망의 관리자나 이용자의 주관적 입장
에서 보아 진실에 반하는 정보처리 결과를 만들어 내었다고 하더라도 정보통신망에서 정보
를 수집·가공·저장·검색·송신 또는 수신하는 기능을 물리적으로 수행하지 못하게 하거나
그 기능 수행을 저해하지는 아니하는 이상 형법에서 정한 '정보처리 장애'에 해당하여 컴퓨
터등장애업무방해죄가 성립될 수 있음은 별론으로 하고 위 규정들에서 정한 '정보통신망 장

애'에 해당한다고 할 수 없으므로, 이를 정보통신망 장애에 의한 정보통신망법 위반죄로 처벌할 수는 없다.

　　(3) 공소외 회사 1의 대표이사인 피고인이, 컴퓨터 사용자들의 컴퓨터에 설치된 악성프로그램이 자동으로 위 회사의 서버 컴퓨터로부터 내려받은 작업 리스트에 따라 인터넷 포털사이트 '네이버'의 검색창에 지시된 검색어를 입력하고 그 검색 결과에서 지시된 업체의 웹사이트를 클릭하도록 하여 해당 업체와 관련된 검색어에 대하여 '연관검색어', '자동완성어'를 생성하거나 해당 웹사이트 순위를 향상시킴으로써 네이버의 정보통신망에 장애를 발생하게 하였다고 하여 구 정보통신망 이용촉진 및 정보보호 등에 관한 법률 위반으로 기소된 사안에서, 피고인이 네이버의 관련 시스템 서버에 마치 컴퓨터 사용자들이 실제로 네이버의 검색창에 검색어를 입력하였거나 해당 업체의 웹사이트를 클릭한 것처럼 사실과 다른 정보자료를 보냈다고 하더라도 그것이 네이버의 관련 시스템에서 통상적인 처리가 예정된 종류의 정보자료여서 정보통신망의 안정적 운영을 방해하는 장애가 발생될 수 있는 방법이 사용되었다고 보기 어려우므로 정보통신망법 제48조 제3항 및 제71조 제5호에서 정한 '부정한 명령'을 처리하게 한 것은 아니고, 나아가 피고인의 위 행위로 네이버의 관련 시스템에서 정보를 수집·가공·저장·검색·송신 또는 수신하는 기능을 물리적으로 수행하지 못하게 되거나 그 기능 수행이 저해되었다고 할 수 없어 '정보통신망 장애'가 발생되었다고 할 수 없으므로 정보통신망 장애에 의한 정보통신망법 위반죄가 성립된다고 할 수 없다.

3. 해설

가. 정보통신망법에 의한 사이버범죄에 대한 대응

　　통상 정보통신망에 대한 침해 행위는 정보통신망에 침입, 정보통신망을 구성하는 컴퓨터에 악성프로그램을 설치, 그 악성프로그램을 작동시켜 정보통신망의 장애를 발생시키는 방법으로 이루어진다. 이러한 침해행위의 양태를 반영하여, 정보통신망법은 제48조 제1항에서 정보통신망에 무단으로 침입하는 행위를, 제2항에서 악성프로그램을 전달 및 유포하는 행위를, 제3항에서 정보통신망에 장애를 일으키는 행위를 금지하고 있고, 정보통신망법 제71조에서 그 처벌규정을 두고 있다.[4] 이하에서는 정보통신망법에서 규정하는 정보통신망침입죄, 악성프로그램유포죄, 정보통신망장애죄의 입법취지 및 개요를 간략히 살펴보고, 대상

---

4) 현행 법률(2015. 4. 21. 시행 법률 제13014호)은 제48조 제1항 위반 행위를 제72조 제1항 제1호에서, 제48조 제2항 위반 행위를 제71조 제9호에서, 제48조 제3항 위반 행위를 제71조 제10호에서 각 처벌하고 있고 그 내용은 구법과 동일하다.

판결에서 그 의미를 명확하게 판시한 정보통신망장애죄를 구체적으로 검토한다.

(1) 정보통신망법 제48조의 입법 취지

1990년대 우리나라의 정보통신망이 급속히 발전하고, 해커들에 의한 전산망을 이용한 부정접근, 자료와 정보의 파괴와 누설, 시스템에 대한 위해행위 등이 발생하기 시작하자 이에 대응하기 위하여 해커를 처벌하는 법률이 필요하다는 주장이 제기되었고,[5] 이러한 논의에 따라 외국 입법례 등을 참조하여 정보통신망법 제48조가 입법되었다.

정보통신망법 제48조의 입법 취지에 대하여는, "제6장의 규정(제48조 포함)들은 최근에 정보통신서비스 제공자의 서비스제공과 관련하여 정보통신망의 안정성과 신뢰성을 저해하는 사례가 빈발하고 있음에 비추어 그러한 저해행위의 유형을 입법적으로 열거하여 구체화하고 정보보호 관리체계를 확립하여 건전한 정보이용기반을 조성하기 위한 합당한 규정 설정으로 이해된다"[6]고 하거나, "정보통신망법 제48조가 정보통신망의 안정적 운용과 이용을 저해하는 해킹, 컴퓨터바이러스 등 악성프로그램의 전달·유포 등 침해행위를 규제하기 위한 규정으로, 악성프로그램의 전달·유포와 최근 크게 문제 되고 있는 서비스거부 공격행위의 금지 조항을 신설한 것"[7]이라고 설명되고 있다.

결국 정보통신망법 제48조는 사이버범죄 중 사이버테러형 범죄, 즉 정보보호 내지 정보보안(information security)의 세 가지 목표인 ① 정보의 기밀성(정보는 인가된 사람에게만 접근이 허용되어야 한다는 것)(Confidentiality), ② 무결성(정보가 인가받은 사람에게 인가받은 방법에 의해서만 변경되어야 한다는 것)(Integrity), ③ 가용성(정보는 인가된 사람에게 접근 가능하여야 한다는 것)(Availability)을 침해하는 범죄를 처벌하기 위한 입법이라고 할 것이다.[8]

(2) 정보통신망침입죄

본죄의 보호법익은 이용자의 신뢰 내지 그의 이익을 보호하기 위한 규정이 아니라 정보통신망 자체의 안정성과 그 정보의 신뢰성을 보호하기 위한 것이라고 판시되고 있다.[9] "정보통신망에 정당한 권한 없이 또는 허용된 접근 권한을 넘어 침입"하는 것이 이 죄의 구성 요건인데, 접근권한을 부여하거나 허용되는 범위를 설정하는 주체는 정보통신서비스 제공자

5) 이희선, "정보통신망의 안전보안을 위한 법제도적 대응방안의 연구", 정보통신학술연구과제(1996), 114-119면.
6) 국회 과학기술정보통신위원회의 심사보고서; 2000. 12. 정보통신망법의 제안경위 및 주요 골자, 국회 홈페이지 참조.
7) 한국정보보호센터, "정보통신망 안전운영 기술지침서-실무자를 위한 해킹·컴퓨터바이러스 예방 및 방지 지침", 한국정보보호센터(1999).
8) 양근원·임종인, "사이버범죄 분석과 법률적 대응방안", 과학사상 2권(2004), 87면.
9) 대법원 2005. 11. 25. 선고 2005도870 판결.

라고 해석되는 것이 일반적이고, '침입'의 의미에 대하여 학설의 대립이 있는데, ① 정보통신망에 접근하는 행위 중 반사회성이 있는 것을 침입이라고 보는 견해와, ② 정보통신망의 자원을 임의대로 사용할 수 있는 상태가 되었을 때 침입이 된다는 견해로 나뉜다.

①설은 정보통신망 자체가 관념적인 것이고 그 침입도 관념적인 것이므로, 정보통신망에 접근하는 행위 중 침입이 무엇인지는 행위 태양에 나타난 반사회성을 통해 판단하는 수밖에 없는데, 이 반사회성을 판단함에 있어서는 행위 당시의 관행이나 사회통념을 고려해야 한다고 한다.[10] ②설은 컴퓨터 시스템에 접근할 권한이 없는 자가 부당하게 그 컴퓨터 시스템의 관리자 권한을 획득하거나 그 시스템을 이용할 수 있는 계정상 권한을 획득하여 시스템상 프로그램을 실행하거나 데이터를 취득, 변경할 수 있는 상태에 이를 때 침입이 이루어진 것으로 보아야 한다고 한다.[11]

한편 해킹(Hacking)은 넓게는 타인의 컴퓨터 시스템에 부당하게 침입한 후 그 컴퓨터 내부에 존재하는 각종 파일 등을 변조하거나 파괴하여 컴퓨터시스템의 장애를 초래하는 행위까지를 의미하기도 하지만, 통상 해킹은, 단순 해킹(가장 넓게 보면 '타인의 정보통신망에의 부정접속 내지 부정 접근'이라고 할 수도 있고, 좀더 제한적으로 파악하면 '타인의 정보통신망에의 불법침입 내지 부정침입'이라고 볼 수 있고, 가장 협의로 보면 '정보통신망 관리자가 설치해 놓은 보호조치에 대한 침해 내지 무력화'로 볼 수 있다),[12] 해킹에 의한 비밀침해, 해킹에 의한 자료변경·자료삭제 및 업무방해, 해킹에 의한 재산취득행위 등으로 분류할 수 있다.

정보통신망침입죄는 '정보통신망을 침입'함으로써 성립하므로 해킹 중 단순해킹만으로도 정보통신망침입죄가 성립한다.[13]

(3) 악성프로그램유포죄

본죄는 정보통신망을 구성하는 정보통신시스템, 데이터 또는 프로그램 등의 효용을 보호하기 위한 죄로서, 정당한 사유 없이 정보통신 시스템, 데이터 또는 프로그램 등을 훼손·멸실·변경·위조하거나 그 운용을 방해할 수 있는 프로그램(이하 '악성프로그램'이라 한다)을 전달 또는 유포하는 것을 그 구성요건으로 한다.

'훼손·멸실·변경·위조'하는 프로그램이란, 정보통신망의 구성요소인 정보통신시스템, 데이터 또는 프로그램 등을 훼손하는 등으로 비정상적으로 만드는 프로그램을 의미한다. 훼

---

10) 권영준, 앞의 글(주 1), 281－285면.
11) 최호진, 앞의 글(주 1), 304－305면.
12) 김병식, 앞의 글(주 1), 9면.
13) 단순해킹의 처벌에 대하여는 그 자체로서는 구성요건적 침해행위가 수반되지 않기 때문에 결과형법의 법리에 의하면 단순한 예비행위에 불과하여 처벌할 필요성이 없다고 하는 견해가 있다. 김일수·배종대·이상돈, 앞의 글(주 1), 42면.

손은 정보통신시스템, 데이터 또는 프로그램 등의 정보 내용이나 무결성을 부정적으로 변경하는 것을 말하고, 멸실이란 물리적인 파괴에 상응하는 개념이며, 변경이란 기존의 것을 수정하는 것을 말하고, 위조란 권한 없이 새로운 데이터나 프로그램을 만드는 것을 말한다.[14]

　　본죄는 악성프로그램의 전달이나 유포로써 성립하며, 그로 인해 실제로 정보통신시스템, 데이터 또는 프로그램 등의 훼손·멸실·변경·위조 또는 그 운용을 방해하는 결과가 발생할 것을 요하지 않는다.

나. 정보통신망장애죄의 의미

(1) 보호법익

　　본죄의 보호법익에 대하여는 '정보통신망의 가용성'이라는 견해,[15] '컴퓨터의 정상적인 작동'이라는 견해[16]로 나뉜다. 주되게는 서비스거부(Dos) 공격행위를 금지하기 위해 목적범의 형태로 마련한 규정이다.

(2) 구성요건상 쟁점

1) '정보통신망의 안정적 운영을 방해할 목적': 목적범

　　'정보통신망의 안정적 운영을 방해할 목적'은 정보통신망에 장애를 일으킴으로써 정보통신망을 안정적으로 운영되지 못하게 한다는 인식만 있으면 충분하고, 그 결과발생을 적극적으로 의욕하거나 희망하는 것일 필요는 없다.

2) '대량의 신호 또는 데이터를 보내거나'

　　대량의 신호 또는 데이터를 보내야 하므로, 그 반대해석으로 '정보통신망이 처리할 수 있을 정도의 소량의 신호 또는 데이터를 보내는 것'은 실행행위로 충분하지 않다. 대량의 신호 또는 데이터를 보내는 것으로는, 전자우편폭탄(E-mail Bomb)[17]과 같은 서비스거부(Dos, Denial of Service)공격,[18] 분산서비스거부(DDos, Distributed Denial Of Service)공격[19]을 예로 들

---

14) 김병식, 앞의 글(주 1), 10면.

15) 김일수·배종대·이상돈, 앞의 글(주 1), 48면.

16) 강동범, "정보통신망법상 사이버범죄처벌규정의 검토", 인터넷법률 통권 39호(2007. 7.), 7면.

17) 메일폭탄은 수신인의 컴퓨터 시스템을 마비시키거나 파괴할 의도로 발송된 전자우편, 제어문자의 특수한 배열로 단말기를 폐쇄하기도 하며, 첨부파일에 바이러스나 트로이 목마를 포함시키거나 우편의 용량을 지나치게 크게 함으로써 전자우편함의 한계용량을 초과시켜 결국 시스템을 마비시킨다고 한다. 박훤일, 앞의 글(주 1), 49면.

18) 서비스거부공격은 의도적으로 대량의 접속을 유발해 해당 시스템 또는 서비스자원을 소모시켜 시스템을 마비시킴으로써 정상적인 서비스를 제공하지 못하도록 방해하는 행위를 말한다. 이 공격은 목표사이트에 접속하여 지속적으로 Reload버튼을 클릭함으로써 한 명 또는 그 이상의 사용자가 시스템의 리소스를 독점함으로써 다른 이용자의 정상적인 접속을 방해하는 단순하고 원시적인 형태이다. 전지연, 앞의 글(주 1), 4면.

수 있다.

3) '부정한 명령을 처리하도록 하는 등의 방법으로'

형법 제347조의2 컴퓨터등사용사기죄의 '부정한 명령' 해석을 참조하면, 본죄에서 '부정한 명령을 처리하도록 한다'는 것은, 정보통신망을 구성하는 컴퓨터 시스템의 목적상 예정하고 있지 않은 프로그램을 실행하게 하거나 그 시스템의 프로그램을 구성하는 개개의 명령을 부정하게 변경, 삭제, 추가하거나 프로그램 전체를 변경하게 하는 것을 말한다.[20]

부정한 명령을 처리하게 하도록 하는 대표적인 예로 '논리폭탄(Logic Bomb)'이 있는데, 이는 트로이 목마의 일종으로 독립적인 형태로 기능하거나, 시스템 개발자나 프로그래머가 의도적으로 프로그램에 오류를 발생시키는 프로그램 루틴을 무단으로 삽입한 것인바, 특정 조건의 성취 또는 특정 데이터의 입력을 계기로 하여 프로그램이 전혀 예상치 못한 파국적인 오류를 범하도록 컴퓨터 시스템을 실행시키는 악성 코드이다.[21]

4) '정보통신망에 장애가 발생': 행위결과

본죄에서 '정보통신망 장애'라 함은 '정보통신망 즉 정보를 수집·가공·저장·검색·송신 또는 수신하는 정보통신체제가 거치적거리게 하거나 충분한 기능을 하지 못하게 되는 것'을 말한다고[22] 할 수 있고, 대상판결의 핵심적인 쟁점도 그 의미에 대한 것이라고 하겠다.

즉 '장애'는 서비스거부 공격행위 등과 같은 행위로 생긴 정보통신망의 장애, 즉 '정보통신망이 정보를 수집·가공·저장·검색·송신 또는 수신하는 기능을 수행하는 것이 물리적으로 마비되거나 충분하게 기능하지 못하게 되는 것'만을 말하는 것이지, '정보통신망에서 처리가 예정된 종류의 데이터를 처리함으로써 정보통신망의 관리자나 이용자의 주관적 입장에서 보아 진실에 반하는 정보처리결과를 만들어 내는 것'까지 포함하는 것은 아니다.[23]

---

19) 분산 서비스거부공격이라 함은 공격자를 분산하여 배치하여 놓은 다음 특정한 시간대에 여러 대의 컴퓨터를 일제히 동작하게 하여 특정사이트나 시스템을 공격하는 방식이다. DoS 공격은 소수에 의해서 이루어지는 경우이므로 해당되는 공격자 몇 명만 출입하지 못하도록 함으로써 손쉽게 방어하는 것이 가능하나, DDoS 공격의 경우에는 불특정 다수에 의해서 동시다발적으로 공격이 이루어지므로 누가 정상적인 고객이고 누가 공격자인지 쉽게 판별할 수 없는 상황이 되어 방어하기 쉽지 않다. 전지연, 앞의 글(주 1), 5면.
20) 이정훈, 앞의 글(주 1), 218면.
21) 박훤일, 앞의 글(주 1), 49면.
22) 김병식, 앞의 글(주 1), 15면.
23) 본죄의 행위 태양으로 '허위의 정보를 입력하는 행위'까지 포함된다는 견해도 있을 수 있으나, 본죄가 주되게 서비스거부공격행위(DDos)를 처벌하기 위한 입법취지를 갖는 점, 정보보안의 세 가지 목표 중 가용성(Availability)을 보호하기 위한 죄인 점, 본죄가 그 행위 태양을 '대량의 신호 또는 데이터를 보내거나 부정한 명령을 처리하도록 하는 등의 방법'으로 한정하고 있어 그 반대해석상 정보통신망이 처리할 수 있을 정도의 소량의 신호 또는 데이터를 보내는 것(허위의 것까지 포함하여)은 금지된 행위로 보기 어려운 점 등에 비추어 타당하지 않다는 견해가 있고, 대상판결도 이 입장에 기반하는 것으로 보인다. 김병식, 앞의 글(주 1), 15면.

(3) 컴퓨터등관련업무방해죄와 비교

한편 컴퓨터등관련업무방해죄에서의 ‘정보처리의 장애’의 개념은 본죄의 ‘정보통신망 장애’의 개념보다 더 넓은 개념이다. 컴퓨터등관련업무방해죄의 행위 태양에는 본죄에는 없는 ‘손괴’와 ‘허위의 정보 입력’이 규정되어 있으므로, 그와 같은 실행행위로 일어나는 결과 또한 본죄보다 넓을 수밖에 없다. 본죄의 ‘정보통신망’은 ‘서버’, ‘통신회선’, ‘단말장치’로 이루어져 ‘정보를 수집 · 가공 · 저장 · 검색 · 송신 또는 수신하는 정보통신체제’임에 비하여, 컴퓨터등관련업무방해죄의 ‘컴퓨터 등 정보처리장치’는 정보통신체제를 구성하지 않더라도 사람의 업무처리에 이용되는 컴퓨터 등 정보처리장치라면 모두 포함되므로, 그 장애 발생의 대상 또한 훨씬 더 넓다.

여기서 ‘허위의 정보’란 ‘객관적으로 진실에 반하는 내용의 정보’를 말하고, ‘부정한 명령’이란 ‘소유자나 관리자가 정보처리장치를 운영하는 본래의 목적과 상이한 프로그램이나 명령 또는 사무처리과정에 있어 본래 예상하고 있지 않은 명령’을 말한다.[24] 대법원은 이 사건과 거의 동일한 사안에서 “포털사이트 운영회사의 통계집계시스템 서버에 허위의 클릭정보를 전송한 피고인의 행위는 허위의 정보 또는 부정한 명령을 입력한 것에 해당한다”고 하여 허위의 정보 역시 당연히 이 죄의 성립에 있어 하나의 행위태양임을 판시하고 있다.[25]

다. 이 사건의 경우

피고인들은 이 사건 프로그램이 설치된 좀비 pc들을 통하여 네이버의 검색창에 특정 검색어를 입력하게 하고 검색결과에서 특정 링크를 클릭하게 하였다. 네이버가 관리하는 시스템의 입장에서 보면 특정 검색어의 입력이나 특정 링크를 클릭하는 것은 그 시스템에 예정된 데이터 입력에 해당하므로, 정보통신망장애죄의 ‘부정한 명령’에 해당한다고 볼 수 없다는 것을 명확하게 한 것이 대상판결의 취지이다. 그리고 피고인들이 계획한 대로 자동완성어 생성, 연관검색어 작업 등이 이루어졌다고 하더라도, 관리자나 이용자들에 의한 정보통신망 이용이 불가능해지거나 지장이 초래된 바 없으므로, 정보통신망장애죄의 ‘정보통신망의 장애’가 발생한 것도 아니라는 것이 대상판결의 내용이다.

---

24) 박재윤 편집대표, 주석형법 각칙(5)(4판), 한국사법행정학회(2006), 107면.
25) 대법원 2009. 4. 9. 선고 2008도11978 판결.

4. 판결의 의의

　　대상판결은 '정보통신망의 장애'의 개념을 명확히 한 점에서 의의가 있다. 즉 정보통신망의 관리자나 이용자의 주관적 입장에서 보아 진실에 반하는 정보처리결과를 만들어 내었다고 하더라도, 그것이 정보통신망에서 처리가 예정된 종류의 정보자료인 이상 정보를 수집·가공·저장·검색·송신 또는 수신하는 기능을 수행하는 정보통신망의 기능이 물리적으로 마비되거나 충분하게 기능하지 못하게 되는 것은 아니라고 판단한 것이다.

　　대상판결은 정보통신망 자체를 보호법익으로 하고 있는 정보통신망법 제48조 제3항 구성요건이 체계적 검토를 통해 새로운 유형으로 변화하는 사이버범죄에 대응하기 위하여 정보통신망법에 규정된 '정보통신망장애죄'의 구성요건을 분설하고, 특히 형법상 컴퓨터등장애업무방해죄와 구별 지점을 구체화하고 있다는 점에서 의미가 크다고 생각된다.

54 정보통신망법상의 비밀누설 및 악성프로그램 유포 해당 여부

대법원 2012. 1. 12. 선고 2010도2212 판결[1]

김성천(중앙대학교 법학전문대학원 교수)

1. 사안의 개요

피고인들은 싸이월드(도메인 이름 'www.cyworld.com')의 미니홈피(가입자 홈페이지)에 방문하는 사람의 정보를 추적사이트의 서버로 유출할 수 있는 프로그램을 개발한 후 '방문자 추적서비스'를 개통하고 유료로 가입자를 모집하였다. 이에 다수의 싸이월드 회원이 이 서비스에 가입하였고 피고인들은 유료회원 미니홈피 방문자의 싸이월드 고유 아이디, 방문 일시, 접속 IP, 이름, 그 전에 방문한 미니홈피의 운영자 이름 등을 수집하여 제공하였다. 피고인들이 유료회원들에게 제공한 방문자 접속기록은 싸이월드에서 제공하지 않는 정보로서 일반 회원들은 알 수 없는 것이었다.

한편, 피고인들이 추적 프로그램을 설치하고 서비스를 제공하기 시작한 후에도 싸이월드 미니홈피의 운용이나 이용은 정상적으로 이루어졌고, 문제의 방문자 추적프로그램으로 인하여 싸이월드 서버의 접속이 지연되는 등 정보통신시스템의 운용이 방해를 받은 바는 없었다.

이에 대하여 원심과 대법원은 정보통신망법상의 비밀누설에 대하여는 유죄로, 악성프로그램의 유포로 인한 정보통신망법 위반의 점에 대하여는 무죄를 선고하였다.

---

1) [참조 및 관련 판례] 대법원 2006. 3. 24. 선고 2005도7309 판결; 대법원 2007. 4. 26. 선고 2005도9259 판결; 대법원 2007. 6. 28. 선고 2006도6389 판결; 대법원 2015. 1. 15. 선고 2013도15457 판결 등.
[관련 평석 및 문헌] 박진환, "정보통신망 이용촉진 및 정보보호 등에 관한 법률 제71조 제11호, 제49조에 규정된 '정보통신망에 의하여 처리·보관 또는 전송되는 타인의 비밀누설'의 의미", 대법원 판례해설 제94호, 법원도서관, 2012년 하; 김병식, "로봇 프로그램의 유포 및 이를 이용한 연관검색어 또는 자동완성어의 생성 등과 정보통신망법위반죄", 사법 제26호, 사법발전재단, 2013. 12.

2. 판결의 요지

가. 원심판결(서울중앙지방법원 2010. 1. 22. 선고 2009노3284 판결)

원심은, 피고인들이 유포한 각 방문자 추적프로그램은 피고인들에게 방문자 추적서비스를 신청한 유료회원들의 싸이월드 가입자 홈페이지에 설치되어 해당 미니홈피 방문자의 정보를 피고인들이 운영하는 각 방문자 추적사이트의 서버로 유출할 수 있도록 하는 프로그램인데, 그 설치 후에도 싸이월드 미니홈피의 운용이나 이용이 정상적으로 이루어지고, 위 각 방문자 추적프로그램으로 인하여 싸이월드 서버의 접속을 지연시키는 등 정보통신시스템의 운용을 방해하였다고 볼 만한 증거도 없으므로, 정보통신망법 제48조 제2항이 정한 정보통신시스템의 운용을 방해할 수 있는 악성프로그램에 해당한다고 볼 수 없다고 판단하여, 피고인들의 악성프로그램 유포로 인한 정보통신망법 위반의 점에 대하여 무죄를 선고하였다.

유료회원 미니홈피 방문자의 싸이월드 고유 아이디(tid), 방문 일시, 접속 IP, 이름, 그 전에 방문한 미니홈피의 운영자 이름 등 피고인 2가 유료회원들에게 제공한 방문자 접속기록은 싸이월드에서 제공하지 않는 정보로서 그 일반회원들은 알 수 없는 것이고, 단순한 방문자의 확인 차원을 넘어선 개인적인 신상정보에 해당하는 것들로서 미니홈피 방문자들의 경우 이러한 정보가 공개되지 않을 것을 전제로 자유롭게 미니홈피를 방문하기 때문에 이를 다른 사람에게 알리지 않는 것이 방문자들에게 이익이므로, 위 방문자 접속기록은 정보통신망법 제49조의 '타인의 비밀'에 해당한다고 판단하여, 피고인 2의 비밀침해로 인한 정보통신망법 위반의 점에 관한 공소사실에 대하여 유죄를 선고하였다.

나. 대법원판결

피고인들이 유료회원들에게 제공한 방문자 접속기록은 단순한 방문자의 확인 차원을 넘어선 개인적인 신상정보에 해당하는 것들로서, 미니홈피 방문자들의 경우 이러한 정보가 공개되지 않을 것을 전제로 자유롭게 미니홈피를 방문하기 때문에 이를 다른 사람에게 알리지 않는 것이 방문자들에게 이익이 되므로, 이들 방문자 접속기록은 정보통신망법 제49조의 '타인의 비밀'에 해당한다. 따라서 피고인들의 행위를 비밀침해로 인한 정보통신망법 위반으로 보고 유죄를 선고한 원심판결은 타당하다.

그러나 피고인들이 설치한 추적 프로그램으로 인하여 정보통신시스템의 운용이 방해되지 않았으므로 이를 악성프로그램 유포로 인한 정보통신망법 위반이라고 볼 수는 없다.

3. 해설

가. 비밀누설

정보통신망 이용촉진 및 정보보호 등에 관한 법률(이하 '정보통신망법'이라 한다) 제49조는 "누구든지 정보통신망에 의하여 처리·보관 또는 전송되는 타인의 정보를 훼손하거나 타인의 비밀을 침해·도용 또는 누설하여서는 아니 된다."고 규정하고 있다(처벌규정 제71조 제11호). 대상판례에서 첫 번째로 문제된 것은 피고인들이 유료회원들에게 제공한 접속자 정보가 타인의 비밀에 해당하는가 하는 점이다.

일반적으로 비밀이라고 할 수 있기 위해서는 다음 두 가지 조건이 갖추어져야 한다. 첫째, 제한된 범위의 사람들에게만 알려져 있어야 한다. 그리고 둘째, 이를 다른 사람이 모르게 유지하는 것이 본인에게 이익이 되는 사실이어야 한다.[2] 나아가 누설이란 '그 비밀에 대하여 모르거나 어렴풋이는 알아도 확실하게는 모르는 사람에게 알리는 것'을 말한다.[3] 이들 판단 기준에 따라 대상판례에서 적시하고 있는 피고인들의 접속자 관련 정보 제공행위가 정보통신망법 제49조에서 금지하고 있는 '비밀누설'에 해당하는가에 대하여 검토해 보기로 하겠다.

(1) 정보에 대한 제한적 접근가능성

비밀로 인정하기 위한 첫 번째 요건인 '제한된 범위의 사람들에게만 알려져 있다'는 점이 비밀로서는 당연한 조건인 것처럼 보이기는 한다. 그러나 과거에 간첩죄와 관련하여 판례가 언론보도 등을 통해서 널리 알려진 이른바 '공지의 사실'이더라도 적국이나 반국가단체에 유리한 자료가 될 때에는 기밀에 포함된다는 입장[4]이었기 때문에 이에 대하여 짚고 넘어가야 할 것으로 생각된다.

종래의 판례는 신문, 잡지, TV, 라디오 등에 보도되어 잘 알려진 공지의 사실도 비밀이 될 수 있다는 입장이어서 예를 들어 국내 대형서점에서 구입이 가능하고 일부가 해외에 배포되기도 하는 군사관련 잡지에서 탐지·수집한 정보도 국가기밀로 인정한 바 있다.[5] 이 판례는 국내에서 공지의 사실이라면 국가기밀이라고 볼 수 없다고 하는 전원합의체 판결[6]보다

---

2) 김성천·김형준, 형법각론, 도서출판 소진, 2015, 284면.
3) 김성천·김형준, 위의 책, 286면.
4) 대법원 1984. 10. 10. 선고 84도1796 판결; 대법원 1991. 3. 12. 선고 91도3 판결; 대법원 1991. 12. 24. 선고 91도2495 판결; 대법원 1993. 10. 8. 선고 93도1951 판결; 대법원 1995. 9. 26. 선고 95도1624 판결.
5) 대법원 1998. 4. 10. 선고 98도82 판결.
6) 대법원 1997. 7. 16. 선고 97도985 전원합의체 판결: "반국가단체의 지령을 받고 국내 일간지와 잡지, 방송 등을 통하거나 재야 운동단체 사무실을 통해서 입수한 자료들을 종합하여 국내 정세와 재야 운동단체

나중에 나온 것으로서 아직도 판례가 비밀의 일종인 국가기밀[7]의 범위를 매우 넓게 인정하고 있는 것으로 보인다.

대상판례는 피고인들이 유료회원들에게 제공한 정보가 비밀에 해당하는가와 관련하여 "싸이월드에서 제공하지 않는 정보로서 일반회원들은 알 수 없는 것이었다."고 하고 있다. 피고인들이 유료회원들에게 제공한 정보인 미니홈피 방문자의 싸이월드 고유 아이디, 방문일시, 접속 IP, 이름, 그 전에 방문한 미니홈피의 운영자 이름 등은 싸이월드 홈페이지 서버에 저장되어 있는 정보로서 관리자 권한을 가진 사람만 접근 가능한 정보이다. 따라서 '제한된 범위의 사람들에게만 알려져 있는' 정보가 당연하다고 할 수 있다. 이에 비밀로 인정되기 위한 첫 번째 요건은 충족되는 것이고 이 부분 대상판례의 판단은 적절하였다고 판단된다.

(2) 정보보호에 따른 정보주체의 이익

두 번째로 '다른 사람이 모르게 유지하는 것이 본인에게 이익이 되는 사실'인가를 판단하는 기준에 대해서는 다음과 같은 입장 차이가 있을 수 있다.

우선 주관설은 '본인이 비밀로 하기를 원하기만 하면 비밀로 볼 수 있다'는 입장이다.

반면 객관설은 '객관적으로 보호되어야 할 가치가 인정되어야 비밀로 볼 수 있다'고 한다.

그리고 절충설은 '본인이 비밀로 하기를 원하고 객관적으로 보아도 다른 사람이 모르게 유지되는 것이 본인에게 이익이 되는 것이어야 비밀이라고 할 수 있다'는 입장이다.[8]

이들 세 가지 견해 가운데 절충설이 국내에서 통설이다. 나머지 두 견해를 지지하는 입장은 찾아보기 힘들다. 객관적으로 비밀로서의 가치가 없음에도 본인이 비밀로 하기를 원하기만 하면 비밀이라고 보기도 어렵고, 반대로 본인이 원하지도 않는데 객관적 보호가치가 있다고 하는 점만을 근거로 비밀이라고 보기도 어렵다는 측면 때문에 이견이 표출되지 않는 것으로 생각된다.

들의 활동, 범민련 남측본부 인사들의 구속 및 재판과정 등에 관한 내용을 전달한 경우 이들 자료는 더 이상 탐지·수집이나 확인·확증의 필요가 없는 것이라고 판단되는 공지의 사실에 해당하므로 국가기밀이라고 보기 어렵다."

7) 국가기밀은 여러 가지 비밀 가운데 정보자기결정권의 주체가 개인이 아닌 국가일 경우에 사용하는 표현으로서 '① 대한민국 내의 제한된 범위의 사람들에게만 알려져 있고, ② 적국이나 반국가단체가 모르게 유지하는 것이 대한민국에게 이익이 되는 사실'(김성천·김형준, 형법각론(주 2), 787면)이라는 점에서 비밀의 일종으로서 특수한 유형에 해당한다고 할 수 있다.

8) 김일수·서보학, 형법각론, 제4판, 박영사, 2001, 232－233면; 박상기, 형법각론, 전정판, 박영사, 2008, 228면; 배종대, 형법각론, 제3판, 홍문사, 2008, 320면; 오영근, 형법각론, 박영사, 2009, 265면; 이재상, 형법각론, 제4판, 박영사, 2010, 229면; 이정원, 형법각론, 법지사, 1999, 272면; 이형국, 형법각론연구 (Ⅰ), 법문사, 1997, 354면; 임웅, 형법각론(상), 법문사, 2009, 239면; 진계호, 형법각론, 제3판, 대왕사, 1996, 236면.

절충설에 의하면 비밀이라고 하기 위해서는 일단 '본인이 비밀로 하기를 원'하여야 한다. 대상판례가 이와 관련하여 싸이월드 미니홈피의 이용자들에게 자신의 개별 홈페이지 방문 사실을 비밀로 하기를 원하고 있는지 확인하지는 않았다. 그냥 별다른 설명 없이 "미니홈피 방문자들의 경우 그러한 정보가 공개되지 않을 것을 전제로 자유롭게 미니홈피를 방문하"고 있음을 인정하였다.

만약 "미니홈피 방문자들의 경우 그러한 정보가 공개되지 않을 것을 전제로 자유롭게 미니홈피를 방문하"고 있음이 불요증사실이라면 법원이 별도의 증거에 의해서 이를 인정할 필요가 없을 것이다. 불요증사실에는 ① 공지의 사실, ② 법원에 현저한 사실 그리고 ③ 법률상 추정된 사실 등 세 가지가 있다.[9]

이 가운데 공지의 사실이란 "보통의 지식이나 경험을 가지고 있는 사람이면 누구나 인정하는 사실"을 말한다.[10] 예를 들자면 판례에 의하면 "북한이 대남적화통일을 기본목표로 설정하고 …… 한국의 역사를 지배계급에 대한 피지배계급의 계급투쟁으로 규정하고 있으며, 대남민족해방과 인민민주주의 혁명전략의 목적을 달성하기 위한 전술로 남한이 미제국주의에 종속된 식민지이고 남한정권이 반동적 파쇼정권이라고 매도하면서 남한의 노동자, 농민을 혁명의 주력군으로, 지식인, 청년 학생, 도시 소시민 등에 이르는 각계각층을 그 보조군으로 삼아서 반미, 반정부통일전선을 형성하여 폭력, 비폭력, 합법, 반합법, 비합법 등의 모든 수단을 써서 미제국주의와 군사파쇼독재정부 및 매판자본가를 타도하여야 한다고 선전, 선동하고 통일방안으로 이른바 고려연방제를 제의하면서 그 선결조건으로 남한에서의 반공정권 퇴진, 반공정책과 국가보안법 폐지, 미국과 북한간의 평화협정체결 및 주한미군철수 등을 내세우고 있는 외에 제3국의 공작거점 및 해외 반한교민단체를 전위조직으로 하여 위장평화 공세를 전개함과 아울러 국내 반정부인사 및 운동권학생을 입북시켜 … 통일전선을 구축하고자 획책하고 있음"은 공지의 사실이다.[11]

그렇다면 미니홈피 방문자들의 경우에 자신이 어느 곳을 방문하는지를 다른 사람들이 모르게 유지되도록 하기를 원하면서 방문활동을 한다는 것이 공지의 사실인가에 대한 판단이 필요하다. 일반적으로 사람들은 자신의 행동이 다른 사람에게 노출되지 않을 때 스스로 원하는 대로 거리낌 없이 행동을 한다. 그렇기 때문에 인터넷 공간에서도 익명성이 철저하게 보장될수록 더욱 활발하고 자유로운 글쓰기가 가능해진다. 많은 사람들이 인터넷실명제를 반대하는 것도 그 이유 때문이다. 이 논리를 조금 확장시키면 누가 어느 웹페이지를 방문하는가 하는 사실도 그것이 다른 사람들에게 공개되지 않을 때 자유로운 웹페이지 방문이

---

9) 신동운, 형사소송법, 법문사, 2007, 776면 이하.
10) 신동운, 위의 책, 776면.
11) 대법원 1993. 9. 28. 선고 93도1730 판결.

가능해진다고 할 수 있다. 누가 어느 웹페이지를 방문하는가 하는 점을 알게 되면 그 사람의 관심사가 무엇인가를 알 수 있게 되고, 그렇게 되면 그 사람의 성향이 어느 정도 파악될 수 있을 것이다. 그와 같은 사생활 영역의 사실이 공개되지 않기를 원하는 것은 우리 사회 구성원들의 일반적인 공통점이라고 할 수 있을 것이다. 따라서 "미니홈피 방문자들의 경우 그러한 정보가 공개되지 않을 것을 전제로 자유롭게 미니홈피를 방문"고 있음은 누구나 인정하는 사실로서 공지의 사실이라고 할 수 있다. 이는 결국 불요증사실에 속한다.

피고인들이 유료회원들에게 제공한 방문자 접속정보는 그것이 다른 사람에게 알려지지 않는 것이 방문자들에게 이익이 되는 사실이므로 비밀로 인정하기 위한 두 번째 요건도 충족된다. 이 부분에 대한 대상판례의 판단도 적절하였다고 생각된다.

(3) 누설

누설이란 '그 비밀에 대하여 모르거나 어렴풋이는 알아도 확실하게는 모르는 사람에게 알리는 것'을 말한다.[12] 대상판례의 경우 방문자 추적서비스의 유료회원이었던 미니홈피 가입자들은 방문자가 자신의 미니홈피에 기록을 남기기 전에는 누가 방문을 했는지 모르고 있었다. 따라서 비밀에 해당하는 방문자 접속기록을 이에 대하여 모르는 사람에게 알려준 것으로서 누설에 해당한다.

정보통신망법 제49조는 "누구든지 정보통신망에 의하여 처리·보관 또는 전송되는 타인의 정보를 훼손하거나 타인의 비밀을 침해·도용 또는 누설하여서는 아니 된다."고 규정하고 있으며 대상판례에서 문제되는 접속기록 제공행위는 이 가운데 '비밀누설'에 해당한다. 대상판례가 비록 비밀누설이 아니라 '비밀침해'라는 표현을 사용하고 있기는 하지만 그 부분이 큰 문제라고 생각되지는 않는다. 이 부분 대상판례의 판단도 적절하다고 할 수 있다.

나. 정보통신망 침입

정보통신망법 제48조 제2항은 "누구든지 정당한 사유 없이 정보통신시스템, 데이터 또는 프로그램 등을 훼손·멸실·변경·위조하거나 그 운용을 방해할 수 있는 프로그램(이하 '악성프로그램'이라 한다)을 전달 또는 유포하여서는 아니 된다."고 규정하고 있다(처벌규정 제71조 제9호).

"컴퓨터 및 인터넷 정보망을 이용해서 수집·가공·저장·검색·송신 또는 수신되는 정보를 훼손·변조 또는 유출하는 행위로부터 정보의 안전(Datensicherheit / Information Security)

---

12) 김성천·김형준, 형법각론(주 2), 286면.

을 지키는 일"을 정보보호, 정보보안 또는 사이버보안이라고 부른다.13) 사이버보안을 침해하는 행위의 유형은 ① 정보통신망 침입행위, ② 정보손괴행위, ③ 정보변조행위 그리고 ④ 정보유출행위 등 네 가지로 분류할 수 있다.14)

이 가운데 대상판례가 해당 여부를 먼저 검토한 것은 정보유출행위이다. 이에 대해서는 앞에서 살펴본 것처럼 정보유출행위에 해당하여 정보통신망법 제49조 위반(처벌규정 제71조 제11호)임을 확인하였다. 다음으로 검토한 것은 정보통신망에 침입하여 그 운용을 방해할 수 있게 해주는 악성프로그램 유포 여부이다.

그런데 이 사건에서 피고인들은 어떠한 프로그램도 유포한 바가 없다. 이들은 방문자 정보를 자신들이 관리하는 추적사이트 서버로 유출할 수 있는 프로그램을 개발하였고 그 프로그램은 이들만 보유하고 있었다. 추적 프로그램을 유포한 것이 아니라 스스로 그 프로그램을 사용하여 정보를 추출해서 유료로 이를 희망자들에게 제공한 것이다. 따라서 대상판례가 악성프로그램 유포 여부를 검토한 것은 애초에 방향이 잘못된 일이라고 생각된다.

그보다는 정보통신망법 제48조 제1항에서 금지하고 있는바 "정당한 접근권한 없이 또는 허용된 접근권한을 넘어 정보통신망에 침입"한 것에 해당하는가를 검토하였어야 한다고 본다(처벌규정 제72조 제1항 제1호). 이 사건 피고인들의 행위가 이에 해당하는지 검토해보기로 하겠다.

정보통신망 침입죄의 행위객체는 정보통신망이며 정보통신망법 제2조 제1항 제1호에서 그 개념을 "전기통신설비를 이용하거나 전기통신설비와 컴퓨터 및 컴퓨터의 이용기술을 활용하여 정보를 수집·가공·저장·검색·송신 또는 수신하는 정보통신체제"로 정하고 있다. 여기서 전기통신설비란 "전기통신을 하기 위한 기계·기구·선로 또는 그 밖에 전기통신에 필요한 설비를 말한다." 또한 전기통신은 "유선·무선·광선 또는 그 밖의 전자적 방식으로 부호·문언·음향 또는 영상을 송신하거나 수신하는 것"을 의미한다.

싸이월드는 이용자가 서버에 접속해서 전자적 방식으로 부호·문언·음향 또는 영상을 송신하거나 수신하도록 기회를 제공하였으며, 이러한 서비스를 제공하기 위해서 인터넷 통신망과 그와 같은 통신을 가능하게 해주는 컴퓨터 등 각종 설비를 사용하고 있었다. 따라서 싸이월드가 사용한 인터넷 통신망은 전기통신설비를 활용한 정보 수집·가공·저장·검색·송신 및 수신이 가능하게 해주는 것으로서 정보통신망법에서 말하는 정보통신망에 해당한다. 이로써 행위객체라는 요건은 충족된다.

다음으로 문제되는 것이 '침입'이다. 사이버공간에서의 침입도 물리적 공간에서의 침입

---

13) 김성천·김형준, 형법각론(주 2), 312면.
14) 김성천·김형준, 형법각론(주 2), 323면 이하.

과 마찬가지로 '관리자의 의사에 반하여 들어가는 것'으로 정의할 수 있을 것이다.[15) 서버의 관리자는 최고관리자, 중간관리자, 정회원, 준회원, 1촌 등으로 사용자를 분류하여 각각 등급을 부여하고 각 등급에 따라 접근할 수 있는 정보의 종류 및 범위 그리고 정보에 대한 이용·변경·삭제 권한을 부여하는 것이 일반적이다. 이를 통해서 관리자는 여러 사람이 함께 이용하는 정보통신망 안에서 누가 어느 영역까지 들어갈 수 있는지를 명확하게 획정하고 있다.

그런데 피고인들이 추적 프로그램을 이용해서 접근한 정보인 미니홈피 방문자의 싸이월드 고유 아이디, 방문 일시, 접속 IP, 이름, 그 전에 방문한 미니홈피의 운영자 이름 등은 싸이월드 홈페이지 서버에 저장되어 있는 정보로서 관리자 권한을 가진 사람에게만 접근이 허용되는 정보였다. 이러한 정보에 대하여 관리자의 어떠한 동의도 없이 접근하였으므로 피고인들의 행위는 '관리자의 의사에 반하여 들어가는 것'으로서 침입에 해당한다.

정보통신망 침입죄는 추상적 위험범으로서 그와 같은 행위만 있게 되면 곧바로 범죄가 성립된다.[16) 그러한 측면에서 대상판례의 판단처럼 피고인들이 설치한 추적 프로그램으로 인하여 정보통신시스템의 운용이 방해되지 않았으므로 이를 정보통신망법 위반이라고 볼 수는 없다고 할 일은 아니다. 접근권한 없는 자가 관리자의 의사에 반하여 정보통신망에 들어가는 행위는 그 자체로서 매우 위험하기 때문에 업무방해와 같은 특정 결과가 발생하지 않더라도 그 단계에서 행위를 차단하고 처벌대상으로 삼는 것이라고 이해하는 것이 타당하다.

물론 검찰에서 정보통신망법 제48조 제1항·제72조 제1항 제1호(정보통신망 침입)로 기소하지 않고, 정보통신망법 제48조 제2항·제71조 제9호(악성프로그램 유포)로 공소제기를 하였기 때문에 그와 같은 결론에 이른 것이겠지만, 그렇다고 하더라도 법원에서 자체적으로 정보통신망 침입행위에 대한 검토를 하는 것이 옳지 않았겠는가 생각한다. 그와 같은 면에서 이 부분 대상판례의 판단은 다소 납득하기가 어렵다.

형사소송법 제298조 제2항에 따라 "법원은 심리의 경과에 비추어 상당하다고 인정할 때에는 공소사실 또는 적용법조의 추가 또는 변경을 요구하여야 한다." 이에 따라 검찰이 공소장에 기재한 적용법조가 적절하지 않다고 판단되면 법원이 공소장 변경을 요구하였어야 할 것이다.

4. 판결의 의의

대상판결은 정보통신망법상의 통신비밀 침해죄와 정보통신망 침입죄에 관련된 흔하지

---

15) 김성천·김형준, 형법각론(주 2), 323면.
16) 김성천·김형준, 형법각론(주 2), 323면.

않은 사건을 다루고 있다. 이를 통해서 대상판례는 자세하고 구체적인 이론전개를 하지는 않았지만 방문자 접속기록이 비밀로서의 요건을 갖추고 있는가 하는 점에 대하여 정확한 결론을 내리고 있다. 이 과정에서 기존의 판례와 학설에 의해서 정립된 비밀의 요건인 ① 제한된 범위의 사람들에게만 알려져 있을 것 그리고 ② 이를 다른 사람이 모르게 유지하는 것이 본인에게 이익이 되는 사실일 것 등 두 가지를 분명히 짚어주고 있다. 판결문의 내용이 다소 직관적인 측면을 가지고 있기는 하지만 비밀 여부를 판단한 부분은 매우 적절하였다고 평가된다.

반면 피고인들이 추적 프로그램을 개발하고 이를 이용하여 싸이월드 서버상의 방문자 접속기록에 접근한 행위에 대한 판단 부분에서는 조금 아쉬운 면이 발견된다. 검찰이 판단하여 공소장에 기재한 악성프로그램 유포 행위가 성립되지 않는다는 점은 이해할 수 있다. 문제의 추적 프로그램이 서버의 접속을 지연시키는 등 정보통신시스템 운용을 방해한 바가 없기 때문이다.

그러나 피고인들이 싸이월드 서버에 저장되어 있는 방문자 접속기록에 접근한 행위는 정보통신망 침입행위에 해당한다. 악성프로그램 유포죄의 경우와는 달리 정보통신망 침입죄는 "정보통신시스템, 데이터 또는 프로그램 등을 훼손·멸실·변경·위조하거나 그 운용을 방해"하는 속성을 갖춘 행위이어야 성립되는 범죄가 아니다. 접근권한 없는 자가 관리자의 의사에 반하여 제한된 정보에 접근하는 것 자체로서 성립되는 범죄이다. 이 부분에 대한 검토를 하지 않았다는 점에서 대상판례는 다소 아쉬움을 남기고 있다.

55 정보통신윤리위원회의 청소년유해매체물 결정의 처분성 여부

대법원 2007. 6. 14. 선고 2005두4397 판결[1]

김재광(선문대학교 경찰행정법학과·법학과 교수)

1. 사안의 개요

원고는 2002년 8월경부터 인터넷사이트(이하 '본건 인터넷사이트'라 한다)를 개설하여 운영하고 있었다. 피고(정보통신윤리위원회)는 2003년 4월 15일 본건 인터넷사이트에서 제공하는 관련 정보가 청소년의 건전한 인격 성장과 생활 태도에 부정적인 영향을 끼칠 수 있다는 이유로 본건 인터넷사이트를 청소년유해매체물로 결정하였다. 피고는 2003년 4월 16일 이 사건 결정을 원고에게 통보하였고 그 통보서에는 이 사건 결정에 이의가 있을 경우에 피고(정보통신윤리위원회)에게 결정취소를 요청하도록 하는 취지가 기재되어 있었다. 동시에 청소년보호위원회[2]에 이 사건의 결정의 고시를 요청하였고, 이에 2003년 5월 1일 청소년보호위원회가 본건 인터넷사이트를 청소년유해매체물로 고시하였다. 원고는 피고의 결정취소를 구하는 재심을 신청하였으나 기각되었다. 이에 원고는 해당 결정(본건 인터넷사이트의 청소년유해매체물 결정)에 불복하여 그 취소를 구하는 소를 제기하였다. 이 사건에 대하여 서울고등법원 2005. 3. 31. 선고 2004누3283 판결은 해당 결정의 처분성을 부정하여 소를 각하하였으나, 이와 달리 대법원은 그 처분성을 인정하여 원심판결을 파기하였다.

---

1) [참조 및 관련 판례] 대법원 1992. 1. 17. 선고 91누1714 판결; 대법원 1993. 12. 10. 선고 93누12619 판결; 대법원 2001. 7. 27. 선고 99두9490 판결; 대법원 2001. 1. 19. 선고 99두9674 판결; 대법원 2007. 6. 14. 선고 2004두619 판결 등.
   [관련 평석 및 문헌] 김창조, "처분성의 판단기준", 행정판례평선(한국행정판례연구회), 박영사, 2011; 정남철, "쟁송법상 처분 개념의 확정에 관한 판단", 고시계(2007. 12); 이민영, "청소년유해정보의 규제구조에 관한 행정법적 고찰", 인터넷법률(통권 제36호), 법무부, 2006. 10. 등.
2) 이 사건에서 처분청인 청소년보호위원회는 합의제행정청으로서 청소년유해매체물 고시처분을 하였다. 그런데 2008년 정부조직법 개정으로 청소년보호위원회는 행정청이 아닌 합의제행정기관(의결기관)으로 되었고, 청소년유해매체물 결정·고시처분의 처분청은 여성가족부장관으로 되었다(청소년보호법 참조). 박균성, 행정법강의(제12판)(박영사, 2015), 706면 참조.

2. 판결의 요지

가. 원심판결

[본문] "피고의 이 사건 결정이 있음으로써 바로 청소년유해매체물이 되어 청소년보호법상의 의무가 생기는 등 권리관계에 변동이 초래되는 것이 아니라, 청소년보호위원회의 고시가 있어야 비로소 청소년유해매체물이 됨으로써 청소년보호법상의 표시의무, 포장의무, 판매금지의무 등 각종 법률상의 의무가 생기고 그와 같은 의무의 이행을 확보하기 위한 수단으로 청소년보호위원회의 수거·파기명령, 시정명령 등이 가능하며 청소년보호법상의 의무위반자에 대하여 형사처벌을 하도록 되어 있는 점에 비추어 심의기관인 피고의 이 사건 결정 자체만으로 본건 인터넷사이트가 청소년유해매체물이 되고 그에 따라 원고에게 청소년유해물 표시의무 등 청소년보호법상의 각종 의무가 생긴다든가 그 밖에 원고의 권리의무에 직접적인 법률상의 변동이 초래되는 것이 아니므로 이 사건 결정은 항고소송의 대상이 되는 행정처분이라고 볼 수 없다."

나. 대법원판결

대법원은 구 청소년보호법(2004. 1. 29. 법률 제7161호로 개정되기 전의 것) 제7조에 따른 매체물의 윤리성·건전성의 심의를 할 수 있는 기관(이른바 "심의기관"이라 한다)의 '결정'을 행정처분으로 판단하면서, 이 사건 결정이 피고 명의로 외부에 표시되고 이의가 있는 때에는 피고에게 결정취소를 구하도록 통보하고 있어 객관적으로 이를 행정처분으로 인식할 정도의 외형을 갖추고 있는 점, 피고의 결정에 이은 고시요청에 기하여 청소년보호위원회는 실질적 심사 없이 청소년유해매체물로 고시하여야 하고 이에 따라 당해 매체물에 관하여 구 청소년보호법상의 각종 의무가 발생하는 점, 피고는 이 사건 결정을 취소함으로써 구 청소년보호법상의 각종 의무를 소멸시킬 수 있는 권한도 보유하고 있다는 점 등 관련 법령의 내용 및 취지와 사실관계에 비추어 볼 때, 피고의 이 사건 결정은 항고소송의 대상이 되는 행정처분에 해당한다고 판시하고 있다.

또한 대법원은 항고소송의 대상이 되는 행정처분의 판단기준에 대하여, "행정청의 어떤 행위를 행정처분으로 볼 것인가의 문제는 추상적·일반적으로 결정할 수 없고 구체적인 경우 행정처분은 행정청이 공권력의 주체로서 행하는 구체적 사실에 관한 법집행으로서 국민의 권리의무에 직접적으로 영향을 미치는 행위라는 점을 염두에 두고 관련 법령의 내용 및 취지와 그 행위가 주체·내용·형식·절차 등에 있어서 어느 정도로 행정처분으로서의 성립 내지 효력요건을 충족하고 있는지 여부, 그 행위와 상대방 등 이해관계인이 입는 불이익과 의 실질적 견련성, 그리고 법치행정의 원리와 당해 행위에 관련한 행정청 및 이해관계인의 태도 등을 참작하여 개별적으로 결정하여야 할 것이다"라고 보고 있다.

3. 해설

가. 처분개념 검토

행정소송법상의 처분개념이 실체법적 개념인 학문상의 행정행위 개념과 동일한지에 관 하여 이를 동일하다고 보는 실체법적 개념설(일원설)과 동일하지 않고 전자가 후자보다 넓다 고 보는 견해(이원설)가 대립하고 있다.[3]

실체법적 개념설은 행정소송법상의 처분 개념을 학문상 행정행위와 동일한 것으로 보 는 견해이다. 따라서 전통적인 행정행위 개념은 오토 마이어의 견해를 받아들여 "행정주체 가 구체적인 사안의 법적 규율을 위하여 외부에 대하여 직접적인 법적 효과를 발생하게 하 는 권력적·단독적 공법행위"로 정의될 수 있다. 그러므로 행정소송법에 규정된 "공권력의 행사"와 "이에 준하는 행정작용"은 고작해야 독일식의 일반처분이나 물적 행정행위를 의미 한다고 본다.[4]

행정소송법상 처분개념을 실체법상 행정행위개념과 구별하고, 전자를 후자보다 넓게 보 는 견해로는 형식적 행정행위론과 쟁송법적 개념설이 있다. 통상 이원설은 취소소송 중심주 의하에서 취소소송의 대상인 처분개념을 확대함으로써 권리구제를 확대하기 위해 주장된다.

형식적 행정행위론은 실체법상 행정행위뿐만 아니라 형식적 행정행위를 항고소송의 대 상으로 보는 견해이다. 형식적 행정행위란 '행정행위가 아니지만 국민의 권익에 사실상의 지 배력을 미치는 행위'를 말한다. 이 견해에서는 행정소송법 제2조상의 처분 중 '그 밖에 이에 준하는 행정작용'은 형식적 행정행위에 해당한다고 본다. 생각건대, 형식적 행정행위설을 쟁 송법적 개념설로 보는 것은 타당하지 않고, 실체법상 개념설의 변형으로 보는 것이 타당하다.

쟁송법적 개념설은 행정행위뿐만 아니라 권력적 사실행위, 비권력적 행위라도 국민의

---

3) 박균성·김재광, 경찰행정법(제2판)(박영사, 2011), 590−591면 참조; 행정소송법상의 처분 개념의 범위에 관한 학설의 입장을 개념범주적 접근론(실체적 행정처분론)과 기능적 접근론(쟁송법적 행정처분론)으로 구별 하여 논의하는 학자도 있다. 김창조, "처분성의 판단기준"(주 1), 654−656면 참조.
4) 김성수, 일반행정법(제7판)(홍문사, 2015), 872면. 독일 연방행정절차법 제35조는 "일반처분"이란 일반적 표지에 의하여 확정되거나 확정될 수 있는 범위의 사람에 대한 행정행위, 또는 물건의 공법적 성질에 관 한 행정행위, 또는 공중에 의한 그러한 물건의 이용에 관한 행정행위를 말한다"라고 규정하고 있다.

권익에 사실상의 지배력을 미치는 행위, 처분적 명령 등을 처분으로 본다.

　쟁송법적 의미에서 행정행위의 개념은 실체법적 의미의 행정행위와는 달리 "개인의 권리와 의무에 직접적·구체적으로 변동을 초래하는 일체의 행정작용으로서 취소소송의 관할에 속하는 행정청의 공권력 행사"로 정의될 수 있다고 보는 견해가 있다.5) 그러므로 현행 행정소송법상의 처분 개념 중에서 "공권력의 행사 또는 그 거부" 또는 "이에 준하는 행정작용"에는 좁은 의미의 행정행위를 포함하여 구속적 행정계획, 처분적 법규명령, 권력적 사실행위 등을 포함하는 광의로 해석할 수 있다고 한다.

　일원설과 이원설은 그 근본적인 목적이 권리구제의 확대라는 점에서는 공통된다. 다만 그 수단에 있어서 서로 차이가 있을 뿐이다.6) 즉, 행정행위의 개념을 실체법적인 것으로 이해할 것인가 또는 쟁송법적으로 재구성할 것인가 하는 입장의 차이는 행정법이론체계를 더 중시할 것인가 혹은 국민의 권익구제에 더 큰 비중을 둘 것인가 하는 법적 가치관의 차이에서 비롯된다고 보는 견해도 있다. 따라서 항고소송의 원활화라는 대의명분에 대하여 이의제기를 할 수는 없지만 현행법의 해석론으로서는 실체법적 의미의 행정행위 개념이 더 설득력이 있다는 것을 부인하기 어렵기 때문에 쟁송법적 행정행위 개념에 가담할 수 없다는 견해도 있다.7)

　생각건대, 실체법적 개념설은 이론적인 논의 또는 입법론으로라면 몰라도 현행 행정소송법의 해석론으로는 타당하지 않다. ① 현행 행정소송법상 처분 개념의 정의규정의 문언이나 입법취지에 비추어 볼 때 현행 행정소송법상 처분을 행정행위보다 넓은 개념으로 보는 쟁송법적 개념설이 타당하다. ② 사실행위나 비권력적 행위에 대한 권리구제제도가 불비한 현재의 상황하에서는 처분 개념을 확대하여 취소소송에 의해 국민의 권리구제의 기회를 확대하여 줄 필요성이 있다.8)

　한편 우리 판례는 행정소송법상 처분을 "행정청이 공권력주체로서 행하는 구체적 사실에 관한 법집행으로서 국민의 권리의무에 직접적으로 영향을 미치는 행위"로 정의하여(대법원 2007. 10. 11. 선고 2007두1316 판결), 쟁송법적 개념설을 취하고 있다.

　판례는 아직 처분개념을 넓게 인정하고 있지는 않지만, 점차 처분개념을 확대해 가고 있다.9) 가평군 두밀분교의 폐지를 규정한 조례의 처분성(＝처분적 법규명령)(대법원 1996. 9. 20. 선고 95누8003 판결), 행정계획(대법원 1982. 3. 9. 선고 80누105 판결), 사전결정(대법원 2004. 11. 26. 선고 2003두10251, 10268 판결), 공시지가결정(대법원 1995. 3. 28. 선고 94누12920 판결) 등이 그

---

　5) 김성수, 일반행정법(주 4), 873면.

　6) 김남철, 행정법강론(박영사, 2014), 124면.

　7) 김성수, 일반행정법(주 4), 874면; 同旨 김남철, 행정법강론(주 6), 124면.

　8) 박균성·김재광, 경찰행정법(주 3), 593면.

　9) 박균성·김재광, 경찰행정법(주 3), 592면.

것이다.

나. 대상판례 검토

대상판결의 쟁점은 첫째, 심의기관인 정보통신윤리위원회의 청소년유해매체물 결정이 행정처분인지 여부의 판단 기준과 둘째, 행정행위 고지의 한 가지 방법으로서 고시를 이용할 경우 해당 행정처분의 성립시기를 언제로 볼 것인가의 문제와 규범적 성격의 고시의 처분성 인정 여부 등이다.[10]

(1) 청소년유해매체물 결정이 행정처분인지 여부의 판단 기준

청소년유해정보에 대한 규제라는 국가사무는 청소년유해매체물 결정이 핵심이 되는 것이지만 이는 자기완결적 행정작용이 아니라 청소년보호위원회의 고시처분으로써 효력을 발생하는 것이며, 따라서 유해성 여부에 대한 판단은 유해정보의 결정에서 이루어진다는 점에 비추어 그 전체적 구조를 파악할 수 있다는 견해가 있다. 즉, 유해정보의 결정 자체로 효력이 발생하지 않지만 유해정보로서 권리제한의 조건이 구비되는 실질적 판단이 이루어진 사항에 대하여 형식적 외부행위와의 분리를 강조하고 후자만이 처분성을 갖추는 것으로 이해하는 것은 쟁송법적 개념설을 취하고 있는 현행법의 태도를 오해한 것이라고 본다.[11]

대법원은 대상판결에서 "행정청의 어떤 행위를 행정처분으로 볼 것인가의 문제는 추상적·일반적으로 결정할 수 없고 구체적인 경우 행정처분은 행정청이 공권력의 주체로서 행하는 구체적 사실에 관한 법집행으로서 국민의 권리의무에 직접적으로 영향을 미치는 행위라는 점을 염두에 두고 관련 법령의 내용 및 취지와 그 행위가 주체·내용·형식·절차 등에 있어서 어느 정도로 행정처분으로서의 성립 내지 효력요건을 충족하고 있는지 여부, 그 행위와 상대방 등 이해관계인이 입는 불이익과의 실질적 견련성, 그리고 법치행정의 원리와 당해 행위에 관련한 행정청 및 이해관계인의 태도 등을 참작하여 개별적으로 결정하여야 할 것"이라고 판시하여, 처분성판단의 기본적 틀은 행정행위에 대한 개념요소의 구비 여부를 확인함으로써 처분성 존부를 확정하는 판례법상 정립된 일반적 기준에 입각하고 있다. 이러한 대상판결에 대해 구체적으로 처분성 존부를 판단함에 있어서 해당 "결정은 피고 명의로 외부에 표시되고 이의가 있는 때에는 피고에게 결정취소를 구하도록 통보하고 있어 객관적으로 이를 행정처분으로 인식할 정도의 외형을 갖추고 있는 점" 등을 아울러 고려함으로써 엄격한 개념범주적 접근방법(실체적 행정처분론)에 한정하지 않고 사인의 권리구제의 확장이라

---

10) 김창조, "처분성의 판단기준"(주 1), 653면.
11) 이민영, "청소년유해정보의 규제구조에 관한 행정법적 고찰"(주 1), 124면.

는 점에서 유연하게 처분성을 판단하고 있다고 보는 견해가 있다.12) 반면 대상판결이 "쟁송법상의 처분의 개념적 요소를 구체적이고 명확하게 제시하고 않고, 단지 행정행위(행정처분)의 외형, 형식적·실질적 요건 그리고 상대방에 대한 불이익(침해) 여부 등에 의하여 판단할 수 있다고 설명하고 있을 뿐이며 부분적으로 쟁송법상의 처분개념을 '원고적격'과 혼동한 것으로 보이는 부분도 있는바, 쟁송법상의 처분과 강학상의 행정행위의 2원설이 압도적인 다수를 차지하고 있지만, 처분개념을 제대로 확정하기 위해서는 실정법을 근거로 하여 그 개념적 징표를 제시하는 것이 선행되어야 한다"고 비판하는 견해와13) 대상판결은 "청소년유해매체물 결정 및 고시처분은 원고와 같은 당해 유해매체물의 소유자 등 특정인만을 대상으로 한 행정처분이 아니라, 일반 불특정 다수인을 상대방으로 하여 일률적으로 표시의무, 포장의무, 청소년에 대한 판매·대여 등의 금지의무 등 각종 의무를 발생시키는 행정처분"이라고 하여 '일반 불특정 다수인'을 상대로 한 명령을 행정처분으로 보았다. 따라서 이 경우에 처분성에 대한 인정은 구체성은 문제되지 않고, 권리·의무관계에 대한 직접성만을 문제삼았다는 비판이 있다.14)

(2) 규범적 성격의 고시의 처분성 여부

이 사건에서는 고시 자체가 쟁점이 된 것이 아니고 고시할 것인가의 여부를 결정하는 것이 그 전제가 되어 행정작용의 처분성이 문제가 된 것이다. 대상판결에서 대법원이 정보통신윤리위원회의 청소년유해매체물 '결정'과 청소년보호위원회의 '고시'를 구별하여, 전자에 대해서만 쟁송법상의 처분을 인정한 것은 취소소송의 조기의 권리보호 또는 기성사실발생의 방지기능 측면을 고려한 것으로 보인다.

일반적으로 고시가 행정사무의 처리기준이 되는 일반적·추상적 규범의 성질을 갖는 경우 행정규칙으로 보는데, 이 행정규칙인 고시는 행정기관이 일정한 사항을 불특정 다수인에게 통지하는 방법인 고시와 구별되어야 한다.15) 그런데 고시가 일반적·구체적 성질을 가질 때에는 '일반처분'에 해당한다.16) 다만, 행정기관의 행정규칙으로의 도피를 선호하는 관행의 일반화 가능성 때문에 '고시'를 바로 처분으로 보는 것은 타당하지 않고 보는 견해가 있다.17)

---

12) 김창조, "처분성의 판단기준"(주 1), 659면.
13) 정남철, "쟁송법상 처분 개념의 확정에 관한 판단"(주 1), 38면.
14) 이광윤, "2007년 분야별 중요판례분석(9) 행정법", 고시계, 2007. 12 참조.
15) 박균성·김재광, 경찰행정법(주 3), 209면.
16) 박균성, 행정법강의(주 2), 156면.
17) 정남철, "쟁송법상 처분 개념의 확정에 관한 판단"(주 1), 43면.

고시의 처분성 여부와 관련한 문제 중 첫 번째는 행정행위 고지의 한 가지 방법으로서 고시를 이용할 경우 해당 행정처분의 성립시기를 언제로 볼 것인가의 문제이다. 대상판결은 청소년유해매체물 결정은 이해관계인이 고시가 있었음을 알았는지 여부에 관계없이 관보에 고시됨으로써 효력이 발생하고, 그가 위 결정을 통지받지 못하였다는 것이 제소기간을 준수하지 못한 것에 대한 정당한 사유가 될 수 없다고 보았다. 둘째로 고시의 처분성 인정 기준 문제이다. 판례는 규범적 성격의 고시의 처분성 인정 여부와 관련하여 "어떠한 고시가 일반적·추상적 성격을 가질 때에는 법규명령 또는 행정규칙에 해당할 것이지만, 다른 집행행위의 매개 없이 그 자체로서 직접 국민의 구체적인 권리의무나 법률관계를 규율하는 성격을 가질 때에는 행정처분에 해당한다고 할 것이다"라고 판시하여 행정처분의 인정기준으로 '다른 집행행위의 매개 없이 그 자체로서 직접 국민의 구체적인 권리의무나 법률관계를 규율하는 성격을 가질 때'를 제시하고 있다(대법원 2001. 1. 19. 선고 99두9674 판결). 이 사건에서는 고시 자체가 법적 쟁점이 된 것이 아니다. 셋째로 청소년유해매체물 결정 고시의 처분성 인정 여부이다. 대법원은 대상판결과 동일한 날에 선고한 다른 사건(청소년유해매체물결정 및 고시처분무효확인사건)[18]에서 청소년유해매체물에 관한 정보통신윤리위원회의 결정뿐만 아니라 이에 따라 청소년보호위원회가 한 '고시'도 당연히 처분으로 판시하고 있다. 생각건대, 구 청소년보호법 제22조 제1항이 "청소년보호를 위하여 필요하다고 인정할 경우, 청소년보호위원회는 제8조 제1항 본문 및 제3항과 제12조에 따라 결정 또는 확인한 매체물에 대하여는 이를 청소년유해매체물로 고시하여야 한다"고 규정한 점과 대상판결이 "고시된 당해 매체물에 관하여 구 청소년보호법상의 청소년유해표시의무, 포장의무, 청소년에 대한 판매·이용제공 등의 금지의무, 구분·격리의무 등 각종 법률상 의무가 생기며"라고 판시하고 있는데, 이는 "다른 집행행위의 매개 없이 그 자체로서 직접 국민의 구체적인 권리의무나 법률관계를 규율하는 성격을 가질 때"에 해당한다고 볼 수 있는 점을 감안할 때 고시의 처분성을 인정할 수 있다고 본다.

4. 판결의 의의

대상판결의 의의에 대해서는 세 가지 점에서 평가할 수 있다. 첫째, 실무적으로 항고소송의 대상인 처분을 확정하는 것이 대단히 중요하지만, 구체적 사안에 있어서 처분의 확정이 쉽지 않음을 확인시켜 주면서 동시에 처분성 판단기준에 대한 본격적 논의의 계기가 되었다는 점을 들 수 있다. 둘째, 대상판결은 서로 다른 행정작용 — 청소년유해매체물 '결정'

---

18) 대법원 2007. 6. 14. 선고 2004두619 판결. 참고로 이 사건의 근거법률은 2001. 5. 24. 법률 제6479호로 개정되기 전의 구 청소년보호법이다.

과 청소년보호위원회의 '고시' ― 이 결합하여 하나의 행정과정을 구성하고 있을 때 어느 단계의 행정작용을 포착하여 취소소송을 제기할 것인가와 관련된 사건으로 이러한 문제에 관하여 충분한 판례의 축적이 없는 관계로 대상판결은 관련문제의 선례로서 중요한 의미를 가질 수 있다.19) 셋째, 대법원이 이 사건에서 정보통신윤리위원회의 청소년유해매체물 '결정'과 청소년보호위원회의 '고시'를 구별하여, 전자에 대해서만 쟁송법상의 처분을 인정함으로써 후자의 처분성 여부에 대한 논의를 남겨두었다는 점이다. 대법원이 전자에 대해서만 처분을 인정한 것은 취소소송의 조기의 권리보호 또는 기성사실발생의 방지기능 측면을 고려한 것으로 보인다. 다만, 대법원이 대상판결과 동일한 날에 선고한 다른 사건(청소년유해매체물결정 및 고시처분무효확인사건)20)에서 정보통신윤리위원회의 결정뿐만 아니라 이에 따라 청소년보호위원회가 한 '고시'도 처분으로 판시하면서, 고시의 처분성 인정기준을 "다른 집행행위의 매개 없이 그 자체로서 직접 국민의 구체적인 권리의무나 법률관계를 규율하는 성격을 가질 때"로 한정하였다. 이는 고시의 처분성 남용현상이 불명확한 처분개념 파악에서 비롯된다는 비판21)이 있음을 감안할 때 앞으로 정치한 논증의 필요성을 말해주고 있다.

19) 김창조, "처분성의 판단기준"(주 1), 660면 참조.
20) 대법원 2007. 6. 14. 선고 2004두619 판결.
21) 정남철, "쟁송법상 처분 개념의 확정에 관한 판단"(주 1), 45면 참조.

56 불법정보유통금지를 위한 웹호스팅 중단 명령 인정 여부

대법원 2015. 3. 26. 선고 2012두26432 판결[1]

박병삼(주식회사 KT 전무, 변호사)

1. 사안의 개요

원고는 진보넷(http://jinbo.net)이라는 인터넷 사이트를 개설한 뒤 회원들에게 이메일 계정 및 인터넷 홈페이지를 구축할 수 있는 웹호스팅 서비스[2]를 제공하는 업체이고, 피고는 방송통신위원회이다.

한국대학총학생회연합(이하 '한총련'이라 한다)은 원고로부터 계정과 서버 공간을 제공받아 http://hcy.jinbo.net (이하 '이 사건 사이트'라 한다)을 개설한 다음 게시판 등을 통해 회원들에게 북한정권에 대한 정보 등을 제공하여 왔다. 피고는 5차례에 걸쳐서 70여 건의 이적표현물에 관하여 삭제명령을 하였으나, 한총련은 이에 불응하였고, 그 이후에도 유사 정보가 지속적으로 게재되었다. 경찰청은 피고에게 이 사건 사이트의 폐쇄 조치를 요청하였고, 이에 피고는 방송통신심의위원회에 이 사건 사이트에 관한 심의를 요청하였으며, 방송통신심의위원회는 이 사건 사이트의 이용해지를 내용으로 하는 시정요구를 하였다.

그러나 위 시정요구에도 불구하고 이 사건 사이트에 관한 원고의 차단조치가 이루어지지 아니하자, 피고는 원고에게 「정보통신망 이용촉진 및 정보보호 등에 관한 법률」(이하 '정보통신망법'이라 한다) 제44조의7 제3항(이하 '이 사건 처분 조항'이라 한다)에 따른 취급 거부로서 이 사건 사이트의 이용을 해지(사이트 폐쇄)[3]할 것을 통보하였다.

---

1) [참조 및 관련 판례] 대법원 2005. 1. 27. 선고 2004도7488 판결; 대법원 2009. 5. 14. 선고 2009도329 판결; 대법원 2011. 5. 13. 선고 2008도10116 판결; 헌법재판소 2002. 6. 27. 선고 99헌마480 결정; 헌법재판소 2012. 2. 23. 선고 2011헌가13 결정; 헌법재판소 2014. 9. 25. 선고 2012헌바325 결정; 헌법재판소 2015. 10. 21. 선고 2012헌바415 결정 등.

2) 웹호스팅이란, 인터넷 홈페이지를 대신 운영해 주는 서비스업을 말한다. 대형 통신업체나 전문회사가 자신의 인터넷 서버를 고객에게 할당해 주고, 고객이 직접 홈페이지를 운영하는 것과 같은 효과를 제공하는 서비스이다(두산백과 참조).

3) 이용해지는 ID 삭제와 같이 당해 정보를 게시한 이용자에 대한 해지를 의미하는 것으로 대인적 처분이라

이에 원고는 이 사건 처분 조항에서 규정하고 있는 취급 거부·정지 또는 제한에 이용해지가 포함되는 것으로 해석할 경우 명확성의 원칙, 과잉금지원칙에 위배되며, 이용해지, 사이트 폐쇄를 명한 이 사건 처분은 헌법상 과잉금지원칙에 반한다는 등의 이유로 이 사건 소송을 제기하였다.

2. 판결의 요지

가. 구 정보통신망법(2013. 3. 23. 법률 제11690호로 개정되기 전의 것)상 정보, 정보통신, 정보통신서비스 등의 의미 및 정보통신서비스 제공자 등에 대한 '국가보안법에서 금지하는 행위를 수행하는 내용의 정보' 등의 취급 거부·정지 또는 제한 명령에 관한 제2조 제1항 제1호, 제2호, 제2항, 제44조의7 제1항 제8호, 제3항의 형식 및 내용과 아울러, 웹사이트(website)는 제작자 또는 운영자가 웹프로그래밍 등 전자적·기술적 방식을 기반으로 개설 목적에 맞는 이용자들의 유인 등 특정한 제작 의도에 따라 다수 개별 정보들을 체계적으로 분류하고 유기적으로 통합시킨 것으로서 그 자체가 구 정보통신망법상 정보에 해당한다고 볼 수 있는 점, '정보통신망'의 의미에 비추어 정보통신망에서 '정보의 취급'이란 정보의 제공 또는 제공을 매개하기 위하여 전기통신설비와 컴퓨터 등을 이용하여 정보를 수집·가공·저장·검색·송신 또는 수신하는 등의 행위를 뜻한다고 보이는 점, 웹호스팅은 정보통신망에 웹사이트를 구축하고자 하는 고객을 위하여, 자신의 서버를 임대하고 서버의 운영·관리 및 정보통신망 연결 등을 대행함으로써 고객이 독자적인 설비를 갖추지 않더라도 웹사이트를 운영할 수 있도록 해주는 역무이므로, 이러한 웹호스팅 서비스도 정보 제공의 매개를 목적으로 자신의 전기통신설비 등을 이용하여 정보를 수집·가공·저장·검색·송신 또는 수신하는 등의 '정보의 취급'에 해당한다고 보아야 하는 점, 구 정보통신망법 제44조의7 제1항 제8호가 정한 '국가보안법에서 금지하는 행위를 수행하는 내용의 정보'에는 국가보안법에서 금지하는 행위에 해당하는 정보는 물론, 국가보안법에서 금지하는 행위의 직접적인 수단이거나 국가보안법 제7조 제5항이 정한 이적표현물에 해당하는 등 금지행위의 객체에 해당하는 경우 등도 포함된다고 보이는 점 등을 종합적으로 고려하면, 특정 웹사이트가 국가보안법에서 금지하는 행위를 수행하는 내용의 정보에 해당하고, 구 정보통신망 법 제44조의7 제3항이 정한 나머지 요건을 충족하는 경우, 방송통신위원회는 '해당 정보에 대한 취급 거부'로서 해당 웹사이트에 대한 웹호스팅 서비스를 제공하는 자를 상대로 해당 웹사이트의 웹호스팅

할 수 있는 반면, 웹호스팅 중단은 해당 웹사이트를 인터넷 상에서 사라지게 만드는 것으로 대물적 처분으로 볼 수 있어 양자는 구분된다. 다만, 대법원은 "원심에서 구 정보통신망법 제44조의7 제3항의 정보의 취급 거부에 '이용해지(웹사이트 폐쇄)'가 포함되는 것으로 해석하더라도 위헌이 아니라고 본 것은 취급 거부의 내용으로 웹호스팅 중단이 허용된다는 의미로 이해할 수 있다"고 판시하고 있다.

서비스를 중단할 것을 명할 수 있다.

나. 개별 정보의 집합체인 웹사이트(website)자체를 대상으로 삼아 구 정보통신망법 제44조의7 제3항에 따라 취급 거부 등을 명하기 위하여는, 취급 거부의 대상이 '제1항 제7호 내지 제9호에 해당하는 정보'로 정해져 있는 점 등에 비추어, 원칙적으로 웹사이트 내에 존재하는 개별 정보 전체가 제1항 제8호의 유통이 금지된 정보에 해당하여야 하나, 웹사이트 내에 존재하는 개별 정보 중 일부가 이에 해당한다 하더라도 해당 웹사이트의 제작 의도, 웹사이트 운영자와 게시물 작성자의 관계, 웹사이트의 체계, 게시물의 내용 및 게시물 중 위법한 정보가 차지하는 비중 등 제반 사정을 고려하여, 전체 웹사이트를 구 정보통신망법 제44조의7 제1항 제8호에 위반하는 정보로 평가할 수 있고 그에 대한 웹호스팅 중단이 불가피한 경우에는 예외적으로 해당 웹사이트에 대한 웹호스팅 중단을 명할 수 있다.

3. 해설

가. 문제의 소재

이 사건의 쟁점은, ① 웹사이트가 '국가보안법에서 금지하는 행위를 수행하는 내용의 정보'에 해당하고 이 사건 처분 조항이 정한 나머지 요건을 충족하는 경우, 방송통신위원회가 '해당 정보에 대한 취급 거부'로서 웹사이트의 웹호스팅 서비스 중단을 명할 수 있는지 여부와 ② 개별 정보의 집합체인 웹사이트 자체를 대상으로 삼아 이 사건 처분 조항에 따라 취급 거부 등을 명하기 위한 요건이라 할 수 있다.

나. 관련 법률

(1) 구 정보통신망법

제2조(정의)

① 이 법에서 사용하는 용어의 뜻은 다음과 같다.

1. "정보통신망"이란 「전기통신사업법」 제2조 제2호에 따른 전기통신설비를 이용하거나 전기통신설비와 컴퓨터 및 컴퓨터의 이용기술을 활용하여 정보를 수집·가공·저장·검색·송신 또는 수신하는 정보통신체제를 말한다.

2. "정보통신서비스"란 「전기통신사업법」 제2조 제6호에 따른 전기통신역무와 이를 이용하여 정보를 제공하거나 정보의 제공을 매개하는 것을 말한다.

9. "게시판"이란 그 명칭과 관계없이 정보통신망을 이용하여 일반에게 공개할 목적으로 부호·문자·음성·음향·화상·동영상 등의 정보를 이용자가 게재할 수 있는 컴퓨터프로그

램이나 기술적 장치를 말한다.

② 이 법에서 사용하는 용어의 뜻은 제1항에서 정하는 것 외에는 「정보화촉진기본법」으로 정하는 바에 따른다.

제44조의7(불법정보의 유통금지 등)

① 누구든지 정보통신망을 통하여 다음 각 호의 어느 하나에 해당하는 정보를 유통하여서는 아니 된다.

8. 「국가보안법」에서 금지하는 행위를 수행하는 내용의 정보

③ 방송통신위원회는 제1항 제7호부터 제9호까지의 정보가 다음 각 호의 모두에 해당하는 경우에는 정보통신서비스 제공자 또는 게시판 관리·운영자에게 해당 정보의 취급을 거부·정지 또는 제한하도록 명하여야 한다.

1. 관계 중앙행정기관의 장의 요청이 있었을 것
2. 제1호의 요청을 받은 날부터 7일 이내에 심의위원회의 심의를 거친 후 「방송통신위원회의 설치 및 운영에 관한 법률」 제21조 제4호에 따른 시정 요구를 하였을 것
3. 정보통신서비스 제공자나 게시판 관리·운영자가 시정 요구에 따르지 아니하였을 것

(2) 구 정보화촉진기본법(2009. 5. 22. 국가정보화기본법으로 전부 개정되기 전의 것, 이하 '구 정보화촉진기본법'이라 한다)

제2조(정의)

이 법에서 사용하는 용어의 정의는 다음과 같다.

1. "정보"라 함은 자연인 또는 법인이 특정 목적을 위하여 광 또는 전자적 방식으로 처리하여 부호·문자·음성·음향 및 영상 등으로 표현한 모든 종류의 자료 또는 지식을 말한다.

다. 웹호스팅 서비스 중단을 명할 수 있는지 여부

(1) 웹사이트는 정보인가?

이 사건 처분 조항은 정보통신망법 제44조의7 제1항 제7호부터 제9호까지의 정보에 해당하여야 적용할 수 있는바,[4] "인터넷에서 사용자들이 정보가 필요할 때 언제든지 그것을 제공할 수 있도록 웹서버에 정보를 저장해 놓은 집합체"를 뜻하는 웹사이트(web site)를[5] 웹

---

4) 당해 사건의 경우 이중 제8호의 적용 여부가 쟁점이 되는데, 제8호에는 "국가보안법에서 금지하는 행위를 수행하는 내용의 정보"라고 규정하고 있다. 여기서, 국가보안법에서 금지하는 행위를 수행하는 내용의 정보란, "국가보안법 제3조 내지 제12조에서 규정하고 있는 범죄구성요건을 충족하는 행위를 수행하는 내용의 정보를 말하고, 당해 정보의 내용이 범죄구성요건인 행위의 수단 또는 객체이거나 행위 그 자체에 해당하는 경우 등을 말한다(헌법재판소 2014. 9. 25. 선고 2012헌바325 결정 참조)."

서버에 저장해 놓은 내용(contents)과 구분하여 별개의 정보로 볼 수 있는지가 문제가 된다.

살피건대, 구 정보통신망법에는 정보 자체에 대한 정의 규정을 두고 있지 않다. 다만, 제2조 제2항에서 구 정보화촉진기본법을 준용하고 있고, 구 정보화촉진기본법 제2조 제1호에서 "정보란, 자연인 또는 법인이 특정 목적을 위하여 광 또는 전자적 방식으로 처리하여 부호·문자·음성·음향 및 영상 등으로 표현된 모든 종류의 자료 또는 지식을 말한다."고 규정하고 있다.[6] 따라서 구 정보통신망법상 정보란 위 정보에 관한 정의 규정이 그대로 적용된다고 할 수 있다.[7]

위 정의 규정의 해석과 관련하여, 먼저 '자료 또는 지식'에 중점을 두어, 정보란 개별적인 자료 또는 지식 즉 컨텐츠(contents)만이 해당하고, 이러한 정보를 저장해 놓은 집합체에 불과한 웹사이트는 정보가 아니라는 견해가 있을 수 있다. 헌법재판소 2015. 10. 21. 선고 2012헌바415 결정에서 재판관 이정미, 재판관 김이수는 반대의견을 통해 "이 사건 처분조항에서 취급 거부·정지·제한의 대상이 되는 것은 '해당 정보'에 한정하고 있으므로, 이 사건 처분조항의 문언해석상 취급거부의 대상은 어디까지나 '해당' 불법 정보 그 자체이지 해당 불법정보가 게재된 웹사이트 전체를 취급거부의 대상이 되는 해당 정보라고 보기는 어렵다."고 판시하여 부정설의 입장을 견지하고 있다.[8]

그러나 부정설의 경우, 웹사이트는 인터넷에서 사용자들이 정보가 필요할 때 언제든지 그것을 볼 수 있도록 웹 서버에 저장해 둔 개별 정보의 집합체로서 개별 정보를 단순히 수집, 저장하는 기능만 하는 것이 아니라, 웹사이트 운영자가 특정한 의도를 가지고 수집된 정보를 분류하고, 배치함으로써 웹사이트 자체에서 일정한 정보를 전달하려고 하고 있는 현실을 도외시한 것으로 타당하지 않다. 또한 구 정보화촉진기본법 및 전면 개정된 국가정보화기본법에서도 정보를 '모든 종류의 자료 또는 지식'으로 규정하여 그 개념을 폭넓게 정의하고 있는 점 등을 고려하면 웹 사이트 자체를 정보로 보는 것이 바람직하다.

---

5) 두산백과 참조. 인터넷에 들어가는 관문으로 간략히 사이트라고도 하며, 흔히 홈페이지 주소로 되어 있다. 주제별로 원하는 사이트 목록들을 나열한 사이트들이 많은데 이를 인터넷 포털사이트(portal site)라고 한다.

6) 전면 개정된 국가정보화 기본법 제3조 제1호에서 같은 내용을 규정하고 있다.

7) 대법원 2011. 5. 13. 선고 2008도10116 판결 참조.

8) 한편 정보통신망법 제2조 제9호에는 게시판을 "그 명칭과 관계없이 정보통신망을 이용하여 일반에게 공개할 목적으로 부호·문자·음성·음향·화상·동영상 등의 정보를 이용자가 게재할 수 있는 컴퓨터 프로그램이나 기술적 장치를 말한다"고 규정하여 일반에게 공개할 목적을 가진 부호·문자·음성·음향·화상·동영상 등의 개별적인 정보와 그 정보를 게재할 수 있는 컴퓨터 프로그램, 기술적 장치를 명확히 구분하고 있는바, 웹사이트는 개별적인 정보라기보다는 그 정보를 게재할 수 있는 컴퓨터 프로그램이나 기술적 장치에 더 가깝다는 점에서도, 정보에 해당하지 않는다는 주장이 가능할 수 있을 것이다.

(2) 정보에 대한 취급 거부 등에 웹호스팅 서비스 중단이 포함되는지 여부

다음으로 이 사건 처분 조항에 따라 웹호스팅 서비스 중단 명령이 가능한지에 관하여 본다. 웹호스팅 서비스를 중단하는 경우 결국 해당 웹사이트를 인터넷상에서 폐쇄시키는 결과를 초래하는바, 개별 정보의 삭제나 그 게시자에 대한 이용 정지 등을 명하는 것과는 달리 해당 웹사이트에 존재하는 적법한 다른 정보의 유통까지 제한하고, 위법한 정보를 게시한 이용자뿐 아니라 해당 웹사이트를 이용하는 다른 이용자들의 표현의 자유도 제한함으로써 표현의 자유를 침해할 우려가 있기 때문에, 그 판단을 함에 있어서 신중한 고려가 필요하다.

먼저, 부정설의 경우, 불법 정보에 대한 삭제나 열람 제한 조치(블라인드 처리) 등으로 이 사건 규정의 입법 목적을 달성할 수 있으므로, 웹사이트의 폐쇄를 가져오는 웹호스팅 중단은 불가능하다는 입장이다. 앞서 본 바와 같이 해당 정보를 개별 컨텐츠만으로 이해하는 입장에서도 같은 결론에 이른다. 헌법재판소는 2002. 6. 27. 선고 99헌바480 결정에서 구 전기통신법 제53조 제3항의 위헌을 선언하면서 "위 취급 거부, 정지, 제한에 이용자명(ID)의 사용금지 또는 사이트 폐쇄까지 포함하는 것으로 해석한다면 이용자가 당해 사이트를 통하여 다른 적법한 정보를 유통하는 것까지 불가능하게 한다는 점에서 과잉금지 원칙에 위반될 소지가 많음을 지적하여 둔다."고 밝히고 있는바, 비록 같은 법률 조항에 관한 결정은 아니지만, 부정설의 입장과 유사하다고 할 수 있다.9)

그런데 정보통신망법에서 "정보통신망이란, 전기통신사업법 제2조 제2호에 따른 전기통신설비를 이용하거나 전기통신설비와 컴퓨터 및 컴퓨터의 이용기술을 활용하여 정보를 수집·가공·저장·검색·송신 또는 수신하는 정보통신체제를 말하고(제2조 제1항 제1호), 정보통신서비스는 전기통신사업법 제2조 제6호에 따른 전기통신역무와 이를 이용하여 정보를 제공하거나 정보의 제공을 매개하는 것을 말한다(제2조 제1항 제2호)"고 규정하고 있다. 위 규정에 따르면, 정보통신망법상 정보의 취급이란 전기통신설비와 컴퓨터 등을 이용하여 정보를 수집·가공·저장·검색·송신 또는 수신하는 등의 행위를 뜻한다고 볼 수 있는바, 웹호스팅 서비스는 정보통신망에 웹사이트를 구축하고자 하는 고객을 위하여 자신의 서버를 임대하고 서버의 운영 관리 및 정보통신망 연결 등을 대행함으로써 고객이 독자적인 설비를 갖추지 않더라도 웹사이트를 운영할 수 있도록 해주는 역무이므로, 이러한 웹호스팅 서비스도 위에서 본 정보통신망법상 정보의 취급에 해당한다고 봄이 상당하다. 그렇다면, 정보의 취급 거

---

9) 헌법재판소 2015. 10. 21. 선고 2012헌바415 결정에서 재판관 이정미, 재판관 김이수는 반대의견에서 "취급 거부 명령 여부는 해당 정보의 '내용'에 따라 결정되어야 할 터인데, 웹사이트에 있는 정보의 대부분이 불법정보이고 그러한 불법정보가 계속적으로 제공되고 있다는 이유만으로 정보제공매개자로 하여금 웹호스팅 서비스를 중단하도록 명하는 것은 이 사건 법률조항의 취지에 부합한다고 볼 수 없다."고 판시하여 부정설의 입장임을 밝히고 있다.

부에는 웹호스팅 서비스 중단, 즉 웹사이트 폐쇄도 포함된다고 해석하는 것이 문리 해석에 더 부합한다고 보인다.

아울러, 인터넷을 통해 유통되는 정보는 종전의 고전적인 통신수단과는 비교할 수 없을 정도의 복제성, 확장성, 신속성을 가지고 유통되기 때문에 불법 정보에 대하여 신속하게 적절한 조치를 취하지 않으면 그로 인해 발생할 수 있는 개인적 피해와 사회적 혼란 등을 사후적으로 회복하기란 사실상 불가능에 가까운데(헌법재판소 2012. 2. 23. 선고 2011헌가13 결정 참조), 불법 정보를 제공한 이용자가 삭제나 시정요구를 받은 상태에도 불구하고 반복적으로 동일하거나 유사한 내용의 불법 정보를 게시하는 것이 가능하여 사이트 폐쇄 명령 이외에는 달리 적절한 방법을 상정하기 어렵고, 정보의 게시자나 이용자의 입장에서는 사이트 폐쇄에도 불구하고 다른 웹사이트의 이용에 대하여는 아무런 제한을 받지 않아 게시자나 이용자가 입게 되는 피해가 사이트 폐쇄를 함으로써 얻게 되는 공익에 비해 더 크다고 할 수 없는 점 등을 종합적으로 고려할 때 이 사건 처분 조항에는 웹호스팅 서비스 중단도 포함된다고 해석하는 것이 타당하다.

라. 웹호스팅 중단명령을 하기 위한 요건

웹호스팅 서비스 중단을 이 사건 처분 조항에 따른 정보의 취급 거부에 포섭시킬 수 있다고 하더라도, 이 사건 처분 조항은 표현의 자유를 크게 위축시킬 수 있는 규정이므로 그 적용을 함에 있어서 엄격한 해석이 필요하다. 이에 대하여 대상판결은 다음과 같이 그 요건을 밝히고 있다.

개별 정보의 집합체인 웹사이트 자체를 대상으로 삼아 이 사건 처분 규정에 따라 그 취급 거부 등을 명하기 위하여는, 원칙적으로 웹사이트의 개별 정보 전체가 위법한 경우여야 한다. 다만, 웹사이트 내에 존재하는 개별 정보 중 일부가 이에 해당하더라도 해당 웹사이트의 제작 의도, 웹사이트 운영자와 게시물 작성자의 관계, 웹사이트의 체계, 게시물의 내용 및 게시물 중 위법한 정보가 차지하는 비중 등 제반 사정을 고려하여, 전체 웹사이트를 구 정보통신망법 제44조의7 제1항 제8호에 위반하는 정보로 평가할 수 있고, 그에 대한 웹호스팅 중단이 불가피한 경우에는 예외적으로 해당 웹사이트에 대한 웹호스팅 중단을 명할 수 있다고 보아야 한다.

4. 판결의 의의

대상판결은, 웹사이트 자체를 정보로 보아, 이 사건 처분 조항에 따라 웹호스팅 서비스 중단을 명할 수 있다는 점을 판시한 최초의 판결로써 그 의미가 있다. 대상판결은 대법원에서 이미 여러 차례 이적 단체임을 확인한 한총련의 웹사이트에 대한 것으로, 이 사건 사이트에 정보를 게시한 자는 모두 한총련 또는 그 하부기구이고, 게시물의 대다수는 국가보안법에서 금지하는 행위를 수행하는 내용의 정보로 이루어져 있으며, 개별적인 정보 삭제 명령을 받고도 그 삭제가 전혀 이행되지 않은 채, 지속적으로 불법적인 정보가 게시되고 있는 등으로 웹호스팅 서비스 중단 명령에 구체적 타당성이 있다고 할 수 있다.

그러나 대상판결을 일반화하여 다른 유사 사건에 적용함에 있어서는 신중한 검토가 필요하다. 대상판결은 인터넷상의 표현의 자유를 크게 위축시키는 결과를 가져올 수 있기 때문이다.

민주주의 사회에서 표현의 자유가 차지하는 기능을 고려한다면 표현의 자유를 제한하는 입법은 명확하게 규정되어야 하고, 목적 달성에 필요한 범위를 넘어 과도하게 표현의 자유를 제한하여서도 아니 된다. 또한 다의적인 법률을 해석함에 있어서도 헌법에 합치되는 해석을 하여야 한다. 따라서 대상판결에서 밝히고 있는 바와 같이 웹호스팅 서비스 중단 명령은 원칙적으로 웹사이트 개별 정보 전체가 위법한 경우에 한하여 가능하고, 예외적으로 개별 정보 중 일부가 이에 해당한다 하더라도 웹사이트 제작, 개설 의도, 운영 목적, 게시물 중 위법한 정보가 차지하는 비중 등 제반 사정을 고려하여 전체 웹사이트를 이 사건 처분 조항상 정보로 판단할 수 있고, 웹호스팅 중단이 불가피한 예외적인 사정이 있는 경우에 한하여 적용할 수 있는 것으로 엄격하게 해석하여야 할 것이다.

서울고등법원 2012. 5. 3. 선고 2010누9428 판결(확정)[1]

이민영(가톨릭대학교 법학전공 부교수)

1. 사안의 개요

원고는 포털사이트인 구(舊) 주식회사 다음커뮤니케이션의 블로그(http://blog.daum.net/ cbs5012, 이하 '이 사건 블로그'라 한다)에 국내산 시멘트에 관하여 [별지] 게시글 제목 및 주요 내용란의 기재와 같은 글(이하 '이 사건 게시글'이라 한다)을 게재하였다.[2]

피고 방송통신심의위원회는 한국양회공업협회 등으로부터의 이 사건 게시글에 대한 심

---

1) [참조 및 관련 판례] 대법원 2007. 6. 14. 선고 2005두4397 판결; 대법원 2008. 2. 14. 선고 2007두13203 판결; 대법원 2009. 2. 26. 선고 2008두18663 판결; 헌법재판소 2012. 2. 23.자 2008헌마500 결정; 헌법재 판소 2012. 2. 23.자 2011헌가13 결정 등.

[관련 평석 및 문헌] 채우석, "인터넷상의 유해물에 대한 규제법제의 현황과 과제", 토지공법연구 제63집, 한국토지공법학회, 2013; 정계선, "방송통신위원회의 설치 및 운영에 관한 법률 제21조 제4호 위헌제청: 방송통신위원회의 시정요구 근거조항이 헌법에 위반되는지 여부", 2012 헌법재판소결정 해설집, 헌법재판 소, 2013; 송백현, "정보통신망법상 정보에 대한 임시조치 및 행정규제에 관한 연구", 정보법학 제16권 제 1호, 한국정보법학회, 2012; 황창근, "행정상 내용규제체계 개선방향에 대한 일고: 통신 내용규제를 중심 으로", 홍익법학 제13권 제2호, 홍익대학교 법학연구소, 2012; 이민영, "방송통신심의의 성질에 관한 법적 연구", 성균관법학 제21권 제1호, 성균관대학교 법학연구소, 2009 등.

2) 1심판결(서울행정법원 2010. 2. 11. 선고 2009구합35924 판결) [별지]에 기재된 그 내용은 다음과 같다.

제목 (게시일자)	주요 내용
중국산보다 발암물질 많은 쓰레기 시멘트 (2007. 10. 31.)	"국내시멘트에는 발암물질인 6가크롬이 다량 포함되어 있지만 중국산 시멘트에는 발암물질이 전혀 검출되지 않았습니다. 쓰레기로 만든 발암시멘트의 생산 중단을 위한 서명을 받고 있습니다."
환경부 장관님 대답해주세요 (2008. 11. 10.)	"쓰레기시멘트로 인한 쓰레기 처리비용 1,740억 원이 우리 아이들의 아토피를 감수하며 발암시멘트를 만들어야 하는 큰 돈일까요? 발암시멘트를 만들어 국민을 질병과 죽음으로 몰고 간 것입니다. 국민들이 쓰레기로 만든 발암시멘트에 갇혀 사는 고통을 겪어야 합니다."
폐유독물로 시멘트 만들려는 환경부 (2008. 7. 15.)	(주)○○화학의 운반차량 정지영상과 함께 "어떤 유독성 지정폐기물을 실은 것일까요? 화학공장에서 나온 알 수도 없는 지정폐기물이 시멘트공장으로 향하고 있습니다. 오늘도 수많은 유독물질이 시멘트공장으로 들어가고 시멘트로 만들어지고 있습니다."

의신청에 따라 이를 심의했으며, 이 사건 게시글이 「정보통신망 이용촉진 및 정보보호 등에 관한 법률」 제44조의7 제1항 제2호에 따른 '불법정보(비방 목적의 명예훼손 정보)'에 해당한다는 이유로 2009. 4. 24. 위 주식회사에 대하여 해당정보의 삭제를 요구(이하 '이 사건 시정요구'라 한다)하였다.

이에 원고는 이의신청을 제기하였는데, 피고는 2009. 6. 23. 이 사건 게시글의 기각 이유란의 기재와 같은 이유로 이 사건 게시글에 대한 원고의 이의신청을 기각하였다(당초에는 "쓰레기 발암시멘트, 과연 안전한가"라는 제목의 게시글도 함께 위와 같은 시정요구를 받았으나, 위 게시글에 대하여는 피고가 2009. 9. 11. 원고의 이의신청을 받아들여 그 시정요구를 취소하였다).[3]

이 사건 시정요구에 대한 피고의 이의신청 기각이 있자 원심법원에 이 사건 시정요구의 취소를 구하는 제소를 하였는바, 피고는 "민간인으로 구성된 독립기구의 성격을 지니고 있을 뿐 행정청에 해당하지 아니하고, 설령 행정청이라고 본다고 하더라도 「방송통신위원회의 설치 및 운영에 관한 법률」상 정보통신서비스제공자 등이 피고의 시정요구에 응할 의무가 없으므로, 이 사건 시정요구는 단순히 권고적 효력만을 가지는 비권력적 사실행위인 행정지도에 불과하여 항고소송의 대상이 되는 행정처분이라고 볼 수 없다."라고 주장하였다.

이러한 피고의 항변에도 불구하고 이 사건 시정요구를 행정처분으로 보아 "이 사건 게시글이 「정보통신망 이용촉진 및 정보보호 등에 관한 법률」 제44조의7 제1항 제2호의 불법정보에 해당함을 전제로 한 이 사건 시정요구는 위법하다."라고 판단한 제1심판결에 대하여 피고는 이 사건 소의 각하를 주위적으로 하고 원고 청구의 기각을 예비적으로 하는 항소를 제기하였다.

---

3) 위 게시글의 주요 내용의 명예훼손 해당성 여부에 대하여 원고가 제기한 이의신청을 피고가 기각한 이유는 다음과 같다.

제목 (게시일자)	이의신청 기각이유
중국산보다 발암물질 많은 쓰레기 시멘트 (2007. 10. 31.)	국내 시멘트에서 발암물질인 6가크롬 성분이 검출된다 하더라도 6가크롬 성분이 포함된 시멘트가 암을 유발한다는 구체적인 증거 없이 '발암시멘트'라는 표현을 단정적, 반복적으로 사용하고 있는바, 이는 진실이라고 믿을 만한 상당한 이유가 없거나 허위의 사실로서 신고자의 명예를 훼손하는 내용에 해당함.
환경부 장관님 대답해주세요 (2008. 11. 10.)	위와 같음
폐유독물로 시멘트 만들려는 환경부 (2008. 7. 15.)	폐기물 소각장으로 가는 차량을 시멘트 공장으로 향하는 차량이라고 적시하고, 유해성이 큰 폐기물이 시멘트 제조과정에 사용되는 것처럼 적시하고 있는바, 이는 진실이라고 믿을 만한 상당한 이유가 없거나 허위의 사실로서 신고자의 명예를 훼손하는 내용에 해당함.

2. 판결의 요지

가. 1심판결(서울행정법원 2010. 2. 11. 선고 2009구합35924 판결)

(1) 방송통신심의위원회는 대통령이 위촉하는 9인으로 구성되고 위원들은 국가공무원 법상 결격사유가 없어야 하고 그 신분이 보장되며, 국가로부터 운영에 필요한 경비를 지급 받을 수 있고 그 규칙이 제정·개정·폐지될 경우 관보에 게재·공표되는 등의 사정에 비추 어 행정청에 해당하고, 인터넷 포털사이트 등에 대한 방송통신심의위원회의 게시물의 삭제 등의 시정요구는 단순히 비권력적 사실행위인 행정지도에 불과한 것이 아니라 의무의 부담 을 명하거나 기타 법률상 효과를 발생하게 하는 것으로서 항고소송의 대상이 되는 행정처분 에 해당한다.

(2) 「정보통신망 이용촉진 및 정보보호 등에 관한 법률」 제44조의7 제1항 제2호의 '사 람을 비방할 목적'이란 「형법」 제309조 제1항의 '사람을 비방할 목적'과 마찬가지로 가해의 의사 내지 목적을 요하는 것으로서 공공의 이익을 위한 것과는 행위자의 주관적 의도의 방 향에 있어 서로 상반되는 관계에 있다고 할 것이므로, 적시한 사실이 공공의 이익에 관한 것 인 경우에는 특별한 사정이 없는 한 비방할 목적은 부인된다고 봄이 상당하다. 여기에서 '적 시한 사실이 공공의 이익에 관한 경우'란 적시된 사실이 객관적으로 볼 때 공공의 이익에 관 한 것으로서 행위자도 주관적으로 공공의 이익을 위하여 그 사실을 적시한 것이어야 하는데, 그 해당 여부는 당해 명예훼손적 표현으로 인한 피해자가 공무원 내지 공적 인물과 같은 공 인인지 아니면 사인에 불과한지 여부, 그 표현이 객관적으로 국민이 알아야 할 공공성·사회 성을 갖춘 공적 관심 사안에 관한 것으로 사회의 여론형성 내지 공개토론에 기여하는 것인 지 아니면 순수한 사적인 영역에 속하는 것인지 여부, 피해자가 그와 같은 명예훼손적 표현 의 위험을 자초한 것인지 여부, 그리고 그 표현에 의하여 훼손되는 명예의 성격과 그 침해의 정도, 그 표현의 방법과 동기 등 제반 사정을 고려하여 판단하여야 한다.

(3) 환경운동가로서 재활용 폐기물로 생산된 국내산 시멘트의 유해성을 공론화할 의도 로 몇몇 연구소들에 국내외 시멘트 제품에 대한 시험을 의뢰한 후 그 결과를 바탕으로 하여 글을 게시한 점 등에 비추어, 인터넷 포털사이트의 블로그에 재활용 폐기물로 생산된 국내 산 시멘트의 유해성에 관한 글을 게시한 것은 공공의 이익을 위한 것으로 거기에 비방의 목 적이 있다고 볼 수 없으므로, 이를 「정보통신망 이용촉진 및 정보보호 등에 관한 법률」 제 44조의7 제1항 제2호의 불법정보로 보아 게시글의 삭제를 요구한 방송통신심의위원회의 시 정요구는 위법하다.

나. 항소심판결(서울고등법원 2012. 5. 3. 선고 2010누9428 판결)[4]

(1) ① 이 사건 시정요구 당시에 시행되던 「방송통신위원회의 설치 및 운영에 관한 법률」에 따른 피고의 설립, 운영, 직무에 관한 내용을 종합하면, 피고는 공권력 행사의 주체인 국가행정기관이라고 봄이 타당하다고 할 것인 점, ② 위와 같이 국가행정기관으로 볼 수 있는 피고가 「방송통신위원회의 설치 및 운영에 관한 법률」과 관계법규에 따라 행하는 시정요구는 정보통신서비스제공자 등에게 조치결과 통지의무를 부과하고 있고, 정보통신서비스제공자 등이 피고의 시정요구에 따르지 아니하는 경우 피고는 방송통신위원회에 정보통신서비스제공자 등으로 하여금 불법정보의 취급거부·정지 또는 제한을 하도록 하는 명령을 하여 줄 것을 요청할 수 있는 점, ③ 비록 이 사건 시정요구는 행정지도 내지 권고의 외관을 띠고 있지만 정보의 삭제 등 시정이 정보게시자의 의사나 동의에 의해서가 아니라 행정기관의 개입과 이에 따르는 정보통신서비스제공자 등의 이행에 의하여 이루어질 가능성이 있다고 할 것인 점, ④ 피고의 시정요구는 그 대상이 되는 정보의 삭제 또는 접속차단을 넘어 이용자에 대한 이용정지 또는 이용해지에까지 이를 수 있으므로 정보통신망 이용자의 표현의 자유를 위축시켜 스스로 표현행위를 자제하게 만드는 위축효과가 작다고만 할 수 없고, 피고로서도 그 시정요구를 통하여 표현의 자유를 제한하게 되는 결과의 발생을 의도하거나 적어도 예상은 할 수 있다고 볼 것인 점 등을 제1심판결이 판시한 여러 사정과 종합해 볼 때, 이 사건 시정요구는 단순한 행정지도로서의 한계를 넘어 규제적·구속적 성격을 갖는 것으로서 항고소송의 대상이 되는 공권력의 행사로서 '처분'에 해당한다고 봄이 상당하다.[5]

(2) 행정처분의 직접 상대방이 아닌 제3자라고 하더라도 당해 행정처분으로 인하여 법률상 보호되는 이익을 침해당한 경우에는 취소소송을 제기하여 그 당부의 판단을 받을 자격이 있다고 할 것인데,[6] 피고의 시정요구에 대하여 정보통신서비스제공자 등 외에 원고와 같은 이용자도 법 시행령 제8조 제5항에 따라 피고의 시정요구를 받은 날부터 15일 이내에 일정한 사항이 적힌 문서를 피고에게 제출하여 이의신청을 할 수 있도록 규정하고 있을 뿐만 아니라, 원고는 이 사건 시정요구를 통하여 원고가 작성한 이 사건 게시글이 삭제당하는 직접적인 피해를 입게 되었으므로 원고에게는 이 사건 시정요구의 취소를 청구할 법률상의 이익이 있다고 봄이 상당하다.

(3) 살피건대, ① 원고 등이 이 사건 게시글과 같은 내용의 글을 새로이 작성하여 이

---

4) 방송통신심의위원회의 항소를 기각하는 이 항소심판결은 이후 확정되었기에 판례평석 역시 위 2심판결을 대상으로 한다.

5) 헌법재판소 2012. 2. 23. 선고 2011헌가13 결정 참조.

6) 대법원 2009. 2. 26. 선고 2006두16243 판결; 대법원 2010. 5. 13. 선고 2009두19168 판결 등 참조.

사건 블로그에 다시 게재하는 조치는 충분히 가능할 것으로 보여 이 사건 시정요구가 취소되어도 그 때문에 발생한 위법상태를 배제하여 원상으로 회복시키는 것이 불가능한 경우에 해당한다고 단정하기는 어려운 점,[7] ② 이 사건 시정요구가 위법하다는 이유로 취소될 경우에는 이 사건 시정요구에 따라 침해된 원고의 법률상 이익에 대한 구제가 좀 더 쉽게 이루어지는 등 원고에 대한 권리구제에 도움이 되는 측면이 분명히 존재할 것이므로 설령 이 사건 게시글 자체의 원상회복이 가능하지 않게 되었더라도 원고가 이 사건 시정요구의 취소를 구할 이익은 있다고 볼 것인 점,[8] ③ 법원이 이 사건 시정요구의 취소를 구할 법률상 이익을 긍정하여 그 위법성 내지 하자의 존부를 판결로 명확하게 확인하여 준다면 원고에 대한 반복적인 권리침해의 위험을 방지할 수 있게 되는 점 등을 앞서 본 법리와 종합해 볼 때, 원고에게는 이 사건 시정요구의 취소를 구할 법률상 이익이 여전히 남아 있다고 봄이 타당하다.

3. 해설

가. 시정요구의 법적 성질과 처분성

방송통신심의위원회의 직무를 열거하고 있는 「방송통신위원회의 설치 및 운영에 관한 법률」 제21조는 제4호로 '전기통신회선을 통하여 일반에게 공개되어 유통되는 정보 중 건전한 통신윤리의 함양을 위하여 필요한 사항으로서 대통령령이 정하는 정보의 심의 및 시정요구'를 명시하고 있다. 또한 이를 구체화하고 있는 같은 법 시행령 제8조는 제1항에서 "법 제21조 제4호에서 '대통령령이 정하는 정보'란 정보통신망을 통하여 유통되는 정보 중 「정보통신망 이용촉진 및 정보보호 등에 관한 법률」 제44조의7에 따른 불법정보 및 청소년에게 유해한 정보 등 심의가 필요하다고 인정되는 정보를 말한다."라고 규정하고 있으며, 같은 조 제2항은 시정요구의 종류를 ① 해당 정보의 삭제 또는 접속차단, ② 이용자에 대한 이용정지 또는 이용해지, ③ 청소년유해정보의 표시의무 이행 또는 표시방법 변경 등과 그 밖에 필요하다고 인정하는 사항 등으로 나열하고 있다.

여기서 법령상 시정요구의 의미를 되새겨볼 필요가 있다. 평석대상판결에서 소송요건 가운데 하나인 취소소송의 대상적격에 관한 물음의 핵심이 되는 시정요구는 '방송통신심의'의 의사결정 내용 중 하나이자 행위에 해당한다. 방송통신심의와 관련하여 심의(審議; delib-eration)란 심리(審理; hearing)와 의결(議決; resolution)의 연속적 결합행위를 지칭하는 합성개념이라 할 것이며, 방송통신심의란 정보매체로서 방송 및 정보통신에 있어서의 내용규제적 검

7) 대법원 2005. 9. 9. 선고 2003두5402, 5419 판결; 대법원 2009. 1. 30. 선고 2007두13487 판결 등 참조.
8) 대법원 2007. 7. 19. 선고 2006두19297 전원합의체 판결; 대법원 2008. 2. 14. 선고 2007두13203 판결 참조.

토과정인 심의를 함께 묶어 표현한 용어라 할 수 있다. 정보매체에 대한 규제 가운데 정보내용의 실질과 편성에 관한 내용규제에 있어서 규제기준에 의거하여 내용물인 콘텐츠에 대하여 행하는 검토과정인 방송통신심의에 있어서는 법령에 근거를 두어 이른바 정보통신서비스제공자 등에 대하여 시정요구를 하도록 하는 의사결정을 행할 수 있겠고 평석대상판결에서는 이와 같은 사안에 대하여 그 적법성 여부에 관한 판단에서 해당 시정요구의 취소를 구하는 소 제기를 받아들여야 하는지를 다투고 있다.

위 시행령이 규율하고 있는 '해당 정보의 삭제 또는 접속차단' 및 '이용자에 대한 이용정지 또는 이용해지' 그리고 '청소년유해정보의 표시의무 이행 또는 표시방법 변경' 등과 같은 상태로 바로잡을 것을 정보통신서비스제공자 등에게 유도하고 조언하는 그 요청이 당해 정보통신서비스의 위법성을 심리하고 의결하는 절차로 이루어져 권고하는 방식으로 전달되는 경우, 이 같은 심사결과로서 심의와 그 판정을 행하는 방송통신심의위원회의 작용이 행정상 종국적인 권익구제수단으로 불복이 가능할 것인지에 관한 논란이 평석대상판결에서 다루어진 것이다. 다만, 평석대상판결의 사안은 피고 방송통신심의위원회의 제1심판결 패소 이후 평석대상판결인 항소심 이후 확정된 것이기에 그 실질적 중요성에 비추어 재조명되어야 할 것으로 판단된다.

유념할 것은 기존의 방송과 통신의 경계가 허물어지고 융합(convergence)[9]하는 정보환경에 관한 논의가 방송통신심의의 제도적 기반에 결부되어 있다는 점이다. 종래 통신과 방송의 각 영역으로 분산하여 내용규제적 검토과정인 심의를 구(舊) 정보통신윤리위원회와 방송위원회가 분장하여 담당해온 과거의 체제에 대응하여 융합환경에서 새롭게 등장하는 매체(media)와 역무(service)에 대한 심의를 전담케 함으로써 해당 내용물이 방송프로그램인지 정보통신 콘텐츠인지를 분별하게 하고 그 경계영역의 것이라 할지라도 내용규제적 심사와 종국적 의사결정이 이행될 수 있는 구조적 장치가 바로 방송통신심의라 할 수 있다. 이러한 방송통신심의는 행정법상 준법률행위적 행정행위로 확인(確認)에 해당한다. 준법률행위적 행정행위의 한 유형으로서 확인은 특정한 사실 또는 법률관계에 관하여 의문이나 다툼이 있는 경우에 공권적으로 그 존부(存否) 또는 정부(正否)를 판단·확정하는 행위를 말하며, 법선언적 행위이자 준사법적 행위(quasi-judicial act)가 될 수 있다.

그런데 현행 「행정소송법」 제2조 제1항 제1호는 '처분 등'을 '행정청이 행하는 구체적 사실에 관한 법집행으로서의 공권력의 행사 또는 그 거부와 그 밖에 이에 준하는 행정작용

---

9) 사전적 의미에서의 융합은 서로 다른 방향으로부터 같은 지점으로 접근하거나 서로 교차하는 것을 의미하며 나아가 연합(union) 및 공통적인 결론(common conclusion)을 향하여 움직이는 것을 뜻한다. 이 용어가 커뮤니케이션 분야에 적용될 때에는 서로 다른 매체체제나 조직형태가 결합하고 교차하는 것을 말한다. E. E. Dennis & J. V. Pavlik, The coming of convergence and its consequences, in: Demystifying Media Technology, Mountain View, CA: Mayfield, 1993, p.2.

(이하 '처분'이라 한다) 및 행정심판에 대한 재결'로 새기고 있으며, 이는 곧 쟁송법상의 처분에 해당하여야만 본안심리가 이루어질 수 있는 소송요건으로서 처분으로서의 성질, 즉 처분성의 인정에 있어서 행정소송의 권익구제기능을 중시하여 쟁송법상 처분개념을 실체법상 행정행위 개념과 별개의 관념으로 파악하고 행정행위뿐 아니라 권력적 사실행위 및 공권력행사의 실체는 갖추고 있지 않으나 지속적으로 사실상의 지배력을 행사하는 행정작용도 처분으로 이해하는 것으로 볼 수 있다.[10] 생각건대, 방송통신심의에서 방송통신심의위원회가 결정한 사항에 기속하여 방송통신위원회가 제재조치를 명하므로 방송통신심의위원회의 심의는 "행정청의 어떤 행위를 행정처분으로 볼 것이냐의 문제는 추상적·일반적으로 결정할 수 없고, 구체적인 경우 행정처분은 행정청이 공권력의 주체로서 행하는 구체적 사실에 관한 법집행으로서 국민의 권리의무에 직접적으로 영향을 미치는 행위라는 점을 염두에 두고, 관련 법령의 내용 및 취지와 그 행위가 주체·내용·형식·절차 등에 있어서 어느 정도로 행정처분으로서의 성립 내지 효력요건을 충족하고 있는지 여부, 그 행위와 상대방 등 이해관계인이 입는 불이익과의 실질적 견련성 그리고 법치행정의 원리와 당해 행위에 관련한 행정청 및 이해관계인의 태도 등을 참작하여 개별적으로 결정하여야 할 것이다."라는 판례의 태도를 염두에 둘 때 쟁송법상 처분으로 보아야 할 것이다.[11]

나. 방송통신심의위원회와 시정요구

지난 2008년 6월 26일 헌법재판소 전원재판부는 2005헌마506사건에 있어서 재판관 의견 8:1로 텔레비전 방송광고에 관하여 사전에 심의를 받도록 규정하고 있던 구(舊)「방송법」제32조 제2항·제3항,「방송법시행령」제21조의2 본문 중 '텔레비전방송광고' 부분,「방송심의에 관한 규정」제59조,「방송법」제32조 제2항·제3항은 헌법에 위반된다고 결정하였다. 특히「방송법」개정으로 방송광고 사전심의의 주체가 된 방송통신심의위원회의 사전심의 역시 사전검열에 해당한다면 구「방송법」규정만을 위헌으로 결정하여서는 방송광고 사전심의와 관련한 위헌상태는 계속될 것이므로 헌법재판소는 법질서의 정합성과 소송경제의 측면을 고려하여 개정된 규정도 심판대상에 포함시켰는바, "방송위원회의 구성방법이나 업무내용 그리고 업무처리 방식 등을 살펴볼 때, 방송위원회는 행정주체에 해당한다. …(중략)… 이상

---

10) 강학상 행정심판과 행정소송을 아우르는 개념으로 행정쟁송(行政爭訟)이란 용어가 채택되는바, 행정상 법률관계에서 분쟁이 발생한 경우 당사자의 발의에 의하여 권한 있는 국가기관이 심리·판단하는 절차로서 행정쟁송은 법령상의 용어도 아닐 뿐만 아니라, 행정법령해석의 도구 개념으로 기능하는 것도 아니다. 이 낱말은 글자 그대로 '행정'과 '쟁송'의 복합어인바, 여기에서 쟁송이란 '분쟁(紛爭)'에 관하여 옳고 그름을 다툼[訟 : 공정하고 공평한지 여부를 따져 말함]'을 뜻한다.
11) 대법원 2007. 6. 14. 선고 2005두4397 판결.

에서 본 바와 같이 방송광고 사전심의는 자율심의기구가 담당하고 있지만 그 실질은 방송위원회가 위탁이라는 방법으로 그 업무의 범위를 확장하고 있는 것에 지나지 않는다 할 것이고, 따라서 자율심의기구가 행하는 이 사건 방송광고 사전심의는 행정기관에 의한 사전검열로서 헌법에서 금지하고 있는 사전검열에 해당하여 청구인의 표현의 자유를 침해한다고 할 것이다. 한편, 구 방송법 제32조는 2008년 2월 29일 법률 제8867호로 개정되어 방송광고사전심의의 주체를 방송통신심의위원회로 변경하였다. 그런데 방송통신심의위원회의 구성이나 업무, 업무처리 방식 등은 구 방송위원회의 그것과 다르지 않다. …(중략)… 구 방송법 규정과 함께 개정된 방송법 제32조 제2항·제3항에 대해서도 위헌을 선언하기로 한다.”라고 판단하였다.

그런데 평석대상판결에서는 방송통신심의위원회를 ‘공권력 행사의 주체인 국가행정기관’으로 보고 있으며,12) 같은 사안에 대한 제1심판결에서는 ‘행정청’으로 표현하고 있다. 방송광고 사전심의 위헌결정에서 헌법재판소가 방송통신심의위원회를 ‘행정주체’로 보는 것과는 용례상 비교된다. 일반적으로 행정주체라 함은 공법상 법인으로서 ‘행정권의 보유자’이자 ‘행정에 관한 권리·의무의 귀속주체’라고 이해할 수 있는바,13) 행정주체에 귀속되는 행정상 법률관계를 담당하여 처리하는 조직체로서 ‘행정권의 담당자’나 ‘행정을 행하는 자’인 행정기관과 구별되는 관념이라는 관점에서는 판례의 태도를 유의하여 읽어야 한다고 본다.14) 환원하자면, 평석대상판결의 ‘국가행정기관’은 시정요구라는 취소소송의 대상으로서 처분성 있는 공권력 행사의 주체로서 쟁송법상 그 기능을 발휘하는 작용법상 행정청을 뜻하며, 「행정소송법」 제2조 제1항에 따라 ‘구체적 사실에 관한 법집행으로서의 공권력의 행사 또는 그 거부와 그 밖에 이에 준하는 행정작용’을 행하는 ‘행정청’이 바로 그것이다. 따라서 조직법적 행정관청의 뜻으로 국가의 구조요소인 국가행정기관이라 칭하는 관례상 평석대상판결에서는 쟁송법상의 행정청을 가리키는 것으로 보아야 할 것이며,15) 이 같은 쟁송법상의 행정

---

12) 평석대상 재판 계속 중 제기된 「방송통신위원회의 설치 및 운영에 관한 법률」 제21조 제4호에 대한 위헌법률심판제청사건(서울고등법원 2011. 2. 7.자 2010아189 결정)을 다룬 헌법재판소 2012. 2. 23. 2011헌가13 결정 역시 ‘행정기관’이라 하고 있다.

13) 행정에 관한 권리·의무의 귀속주체인 행정주체가 되기 위해서는, 자연인이나 사법상의 법인은 행정주체로부터 행정권을 위임받아 행사할 수는 있어도 그 자체가 본래적으로 행정권을 가질 수는 없으므로, 공법상 법인이어야 함이 원칙이다.

14) 우리 헌법 제66조 제4항은 “행정권은 대통령을 수반으로 하는 정부에 속한다.”라고 규정한다. 이에 의하면 행정권의 주체는 대통령 또는 정부라고 할 수 있다. 그러나 행정법학에서 쓰이는 행정주체의 개념은 대통령이나 정부를 염두에 둔 것은 아니다. 헌법은 국가권력의 일종인 행정권이 어떠한 국가기관에 귀속하는가라는 차원에서 규정된 것이지, 행정권이 시원적으로 누구의 것인가라는 시각에서 규율된 것은 아니기 때문이다.

15) 국가를 위하여 행정에 관한 일정한 관장사무에 대하여 스스로 국가 의사를 결정하고 이를 외부에 표시하는 권한을 갖는 행정기관을 행정관청(行政官廳)이라 하고 지방의 그것을 행정청이라고 하며, 양자(兩者)를 통칭해 행정청(行政廳)이라고도 한다.

청에는 「행정소송법」 제2조 제2항에 의거해 법령에 의하여 행정권한의 위임 또는 위탁을 받은 행정기관, 공공단체 및 그 기관 또는 사인이 포함된다. 항고소송이 갖는 권익 구제의 목적이 구현될 수 있도록 조직법상 행정관청은 아니지만 처분성 있는 시정요구를 행하는 작용법적·쟁송법적 의미의 행정청으로서 방송통신심의위원회를 설정하여야만 또 다른 소송요건인 피고적격이 인정되어 평석대상판결에서 헤아려본 원고적격이 충족된다면 비로소 본안 판단이 가능한 것도 바로 이 때문이다.

시정요구를 포함하는 방송통신심의는 준사법적 판단작용으로서 준법률행위적 행정행위인 확인에 해당하고 방송통신위원회의 제재조치의 처분이 기속되어 있으므로 그 판단활동의 중립성이 관철될 수 있도록 제도적 보완이 요청되며, 그 방향성은 국가의 후견적 감독이 방송통신심의위원회의 독립성 및 자율적 운영 보장을 위하여 일정하게 제약되어야 한다는 점에 놓일 것이다. 따라서 행정권한을 보유하고 행정작용을 수행하는 방송통신심의위원회는 비록 국가행정기관은 아니지만 사무적 권한분권에 따른 공적 임무를 수행하는 것이다. 평석대상판결의 사안에서 문제된 시정요구는 관련법규의 입법의도에 따라 강제적·제재적 수단이 수반된 상태의 것이라면 단순한 사실행위의 행정지도가 아니라 고권적·권력적 법집행행위로서 처분에 해당한다고 보아야 하며,[16] 다만 그 수단적 적절성에 관한 헌법적 판단이 선행되어야만 헌법합치 여부를 가늠할 수 있을 것이다.

4. 판결의 의의

평석대상판결은 취소소송의 대상적격을 판단함에 있어 쟁송법상 처분성 인정에 관한 실질적 고려를 통하여 권익구제의 기능과 효과에 집중하고 있다는 점에서 시정요구를 포함한 방송통신심의제도 관련 분쟁의 해결에 중대한 표지가 된다고 여겨진다. 이른바 '권력적 사실행위'에 관한 논의로 '구체적 사실에 관한 법집행으로서의 공권력의 행사에 준하는 행정작용'이 행정청인 방송통신심의위원회에 의하여 행해짐을 풀이하고 관계법령의 해석에 대한 규준을 정립하였기 때문이다.

특히 "원고가 민사상 손해배상청구의 방법 이외에 위 시정요구의 적법성에 대하여도 바로 항고소송으로 다툴 수 있게 하는 것이 직접적인 권리구제 수단이 되고 결과적으로 개인의 온라인상 표현의 자유 등을 두텁게 보호할 수 있는 방법이 된다."라고 함으로써 소송제도적 시점에 머물지 않고 기본적 인권 보장의 시야로 폭을 넓혀 조망한 제1심판결의 입장은

---

16) 「방송통신위원회의 설립 및 운영에 관한 법률」 제25조 제2항 본문이 특히 시정요구를 정하려는 경우에도 미리 당사자 또는 그 대리인에게 의견진술기회의 부여토록 명문화하고 있는 대목은 그 처분성을 재확인케 한다.

정보법 연구의 지향에 관한 의미 있는 지적이라고 본다.17) 또한 "한편, 피고의 주장과 같이 이 사건 시정요구의 취소에 따른 원상회복이 불가능하다는 이유만으로 그 취소를 구할 소의 이익이 없다고 보게 되면 이 사건 시정요구가 위법하다고 주장하는 원고가 이 사건 게시글과 같은 내용의 글을 다시 이 사건 블로그 등에 게재할 경우에 이 사건 시정요구가 적법하다고 주장하는 피고로서도 이 사건 시정요구와 같은 처분을 다시 할 가능성이 존재하는 이상 법원이 이 사건 시정요구의 취소를 구할 법률상 이익을 긍정하여 그 위법성 내지 하자의 존부를 판결로 명확하게 확인하여 준다면 원고에 대한 반복적인 권리 침해의 위험을 방지할 수 있게 되는 점 등을 앞서 본 법리와 종합해 볼 때, 원고에게는 이 사건 시정요구의 취소를 구할 법률상 이익이 여전히 남아 있다고 봄이 타당하다."라는 항소심판결의 추론은 협의의 소익을 포함한 원고적격의 문제를 겨냥하면서도 시정요구에 관한 법제도적 구조개선의 함축을 던지는 정보법 이론에 맞닿아 있다.

하지만 방송통신심의위원회의 법적 좌표가 그 조직과 작용에 관하여 충분히 법리적 천착으로 논의되지 않은 까닭에 시정요구를 포함하여 '국가행정기관'인 방송통신위원회가 행하는 제재조치 등 방송통신심의제도의 전반에 대한 정보법적 탐색을 이끌어내는 데는 다소 미흡함이 없지 않다. 「방송통신위원회의 설치 및 운영에 관한 법률」 및 「방송법」·「정보통신망 이용촉진 및 정보보호 등에 관한 법률」 등의 입법적 목적을 실현하는 규범적 도구로서 「정보통신에 관한 심의규정」과 「방송심의에 관한 규정」의 법적 성격을 탐구함에 있어서는 방송통신심의위원회에 대한 평석대상판결의 '국가행정기관' 표현은 오히려 걸림돌이 될 우려도 있기 때문이다.

---

17) 방송통신심의위원회가 방송통신에 관한 내용규제적 제한으로서 방송통신심의를 행하고 이어 방송통신위원회가 제재조치를 행하게 하는 이원적 구조를 채택한 것은 방송통신심의 중립성과 공정성이 독립적 위상에서 발현되도록 한 것인데, 제재조치는 그 성격상 이를 국가행정기관에서 담당함이 적절하고 이 같은 국가사무가 수행되기 전에 독립적 판단이 이루어질 때에도 방송통신심의의 부적법성을 밝혀내어 권익구제의 실효성을 확보하려는 데 연유한다는 구조적 기능론에 터 잡은 관견에서 그러하다.

인터넷 포털 사이트의 기사 및 게시물로 명예가 훼손된 자에 대한 불법행위책임의 판단기준

대법원 2009. 4. 16. 선고 2008다53812 판결[1]

최경진(가천대학교 법과대학 교수)

1. 사안의 개요

가. 사실관계

피고들은 인터넷 포털사이트인 "네이버", "다음", "네이트"와 "싸이월드", "야후"를 각각 운영하고 있는 엔에이치엔(이하 'NHN'이라 한다), 다음커뮤니케이션(이하 'Daum'이라 한다), 에스케이커뮤니케이션즈(이하 'SK'라 한다), 야후코리아(이하 'Yahoo'라 한다)이다. 원고는 A(女)와 1년간 교제하다가 헤어질 것을 요구하였고, 그 과정에서 A의 어머니 B는 원고가 임신한 상태인 A를 학대하고 버리려 한다는 이유로 원고의 뺨을 세 차례 때리고 원고의 회사와 대

---

1) [참조 및 관련 판례] 대법원 2010. 3. 11. 선고 2009다4343 판결; 대법원 2010. 3. 11. 선고 2009다5643 판결; 대법원 2010. 3. 11. 선고 2009다80637 판결; 대법원 2012. 12. 4.자 2010마817 결정.

[관련 평석 및 문헌] 최성준, "뉴스서비스와 관련된 포털사업자의 명예훼손 책임", LAW & TECHNOLOGY, 제4권 제1호(2008. 1), 서울대학교 기술과법센터, 2008; 우지숙, "명예훼손에 대한 인터넷서비스제공자(ISP) 책임 기준의 현실적 타당성과 함의: 대법원 2009.4.16. 선고 2008다53812 판결에 대한 비판적 검토", LAW & TECHNOLOGY, 제5권 제4호(2009. 7), 서울대학교 기술과법센터, 2009; 김보라미, "네트워크화된 공론장인 인터넷의 특성에 따른 명예훼손성립에 대한 검토", LAW & TECHNOLOGY, 제5권 제4호(2009. 7), 서울대학교 기술과법센터, 2009; 시진국, "인터넷 종합 정보제공 사업자의 명예훼손에 대한 불법행위책임", 저스티스, 114호(2009. 12), 한국법학원, 2009; 이헌숙, "뉴스서비스와 제3자 게시물로 인한 포털의 책임 여부", 사법 9호, 사법발전재단, 2011; 박원근, "타인의 명예를 훼손하는 뉴스기사 제3자의 게시물에 대한 포털사업자의 책임", 판례연구 22집, 부산판례연구회, 2011; 이헌숙, "뉴스 및 제3자 게시물에 대한 인터넷 종합 정보제공 사업자의 책임", 정의로운 사법: 이용훈대법원장재임기념, 사법발전재단, 2011; 하헌우, "인터넷 게시물에 대한 포털(Portal)의 민사책임", 재판과 판례 제21집(김수학 대구고등법원장 퇴임기념), 대구판례연구회, 2012; 권태상, "인터넷상 명예훼손에 대한 인터넷 서비스 제공자의 민사책임", 법학논집 제17권 제2호, 이화여자대학교 법학연구소, 2012; 이규홍, "제3자 게시 명예훼손물에 관한 포털사업자의 책임 법리", 헌법판례해설 I, 사법발전재단, 2010, 414면 등.

학 생활에 위해를 가할 것이라고 협박하였으며, 원고의 신고로 경찰조사를 받던 중 쓰러져 병원에서 치료를 받기도 하였다. A는 유서를 남기고 자살하였는데, B는 원심 공동피고인 SK 가 운영하고 있는 커뮤니티 사이트의 미니홈페이지에 A의 자살에 관한 글을 게시하면서 "원 고가 딸의 장례식장에서 학교와 회사를 그만둔다는 취지로 작성한 각서를 꼭 지킬 수 있도 록 많은 분들이 도와 달라"고 하는 글을 올렸고, 원고가 다니던 대학교의 인터넷 게시판에 'A의 미니홈페이지를 방문해 줄 것'과 'A의 사연을 널리 퍼뜨려 줄 것'을 호소하는 글을 게 재하였다. 이후 A의 미니홈페이지 방문자수가 급증하면서 A의 명복을 빌고 원고를 비방하는 글이 많이 게시되었다. 그러던 중 원고의 실명, 학교와 회사의 명칭, 전화번호 등 신상정보 를 적시하는 글들이 나타나게 되었고(소위 '신상털기'), A의 미니홈페이지를 방문한 사람들에 의하여 전파되었다.

피고들이 운영하는 뉴스서비스에서 A의 미니홈페이지 게시물과 그에 대한 인터넷 이용 자들의 반응을 보도하는 기사가 검색되었다(네이버 뉴스서비스의 경우 2005. 5. 11.부터 같은 달 14.까지 4개의 기사, 미디어다음 뉴스서비스의 경우 2005. 5. 8.부터 같은 달 12.까지 5개의 기사가 검색되 었음). 또한 원고 관련 게시물이 네이버 뉴스서비스에서 검색된 기사 중 두 개의 기사 댓글로 3개, 네이버 지식검색서비스의 답변으로 4개, 원고의 실명을 검색어로 하여 통합검색한 결과 나타나는 블로그·카페 서비스에 3개가 각각 검색되었다. Daum의 경우에도 원고 관련 게시 물이 원고의 실명을 검색어로 하여 통합검색한 결과 나타나는 블로그·카페 서비스에 12개, 커뮤니티서비스에 2개가 각각 검색되었다. 피고들은 이 사건 게시물의 일부를 자진 삭제하 기도 하였지만, 원고 관련 정보의 전면적 차단 및 그 삭제 요청에 대하여는 게시물 특정이 어렵다는 이유로 적극적으로 응하지 않았다. 원고가 기자회견을 열어서 피고들에 대한 소제 기 의사를 밝힌 후 피고들은 금칙어 설정에 의한 검색 차단, 커뮤니티 서비스 공간에 대한 모니터링 실시 등의 방법으로 원고의 신상정보 및 게시물을 삭제하였다.

나. 소송경과

원고는 피고들을 상대로 5억 원의 손해배상청구소송을 제기하였고, 제1심판결(서울중앙 지방법원 2007. 5. 18. 선고 2005가합64571 판결)에서 법원은 원고 관련 기사 게재 및 게시물 등의 방치에 따른 불법행위책임을 인정하여 위자료로 NHN에게 5백만 원, Daum 및 Yahoo에게 4백만 원, SK에게 3백만 원의 지급을 명하였다. 원고와 피고들은 모두 항소하였고, 원심법원 은 아래와 같은 이유로 피고들의 원고 관련 기사 게재 및 게시물 등의 방치에 따른 불법행 위책임을 인정하여 NHN에게 1천만 원, SK에게 8백만 원, Daum에게 7백만 원, Yahoo에게 5백만 원의 지급을 명하였다. NHN, Daum, Yahoo는 상고하였고, 대법원은 상고를 모두 기각하는 취지의 대상판결을 선고하였다.

2. 판결의 요지

가. 원심판결(서울고등법원 2008. 7. 2. 선고 2007나60990 판결)

원고 관련 게시물은 높은 조회 수를 기록하여 피고들 검색어 순위에서 상위에 오르고 엄청나게 많은 댓글이 달렸고, 이러한 현상에 대하여 우려하는 내용의 언론보도도 있었으므로, 피고들로서는 쉽게 불법적인 표현물의 존재 및 부작용을 알았거나 알 수 있었을 것임에도 삭제 또는 검색 차단 조치를 취하지 않고, 뉴스 기사나 검색 서비스 등을 통하여 네티즌들이 그러한 표현물의 위치를 쉽게 알 수 있도록 함으로써 원고의 명예를 훼손하거나 사생활의 비밀을 침해하는 내용의 표현물들이 신속하고 광범위하게 유포되도록 방치하거나 일정 부분 기여하였는바, 이러한 행위는 소외 3 등 원고 관련 게시물의 작성자의 원고에 대한 불법행위를 방조한 경우에 해당하고, 따라서 피고들은 민법 제766조 제3항에 따라 위 원고 관련 게시물 작성자와 공동불법행위자로서 원고가 입은 손해를 배상할 책임이 있다.

나. 대법원판결

(1) 인터넷 종합 정보제공 사업자가 보도매체가 작성·보관하는 기사에 대한 인터넷 이용자의 검색·접근에 관한 창구 역할을 넘어서서, 보도매체로부터 기사를 전송받아 자신의 자료저장 컴퓨터 설비에 보관하면서 스스로 그 기사 가운데 일부를 선별하여 자신이 직접 관리하는 뉴스 게시공간에 게재하였고 그 게재된 기사가 타인의 명예를 훼손하는 내용을 담고 있다면, 이는 단순히 보도매체의 기사에 대한 검색·접근 기능을 제공하는 경우와는 달리 인터넷 종합 정보제공 사업자가 보도매체의 특정한 명예훼손적 기사 내용을 인식하고 이를 적극적으로 선택하여 전파한 행위에 해당하므로, 달리 특별한 사정이 없는 이상 위 사업자는 명예훼손적 기사를 보도한 보도매체와 마찬가지로 그로 인하여 명예가 훼손된 피해자에 대하여 불법행위로 인한 손해배상책임을 진다.

(2) [다수의견] 명예훼손적 게시물이 게시된 목적, 내용, 게시 기간과 방법, 그로 인한 피해의 정도, 게시자와 피해자의 관계, 반론 또는 삭제 요구의 유무 등 게시에 관련한 쌍방의 대응태도 등에 비추어, 인터넷 종합 정보제공 사업자가 제공하는 인터넷 게시공간에 게시된 명예훼손적 게시물의 불법성이 명백하고, 위 사업자가 위와 같은 게시물로 인하여 명예를 훼손당한 피해자로부터 구체적·개별적인 게시물의 삭제 및 차단 요구를 받은 경우는

물론, 피해자로부터 직접적인 요구를 받지 않은 경우라 하더라도 그 게시물이 게시된 사정을 구체적으로 인식하고 있었거나 그 게시물의 존재를 인식할 수 있었음이 외관상 명백히 드러나며, 또한 기술적·경제적으로 그 게시물에 대한 관리·통제가 가능한 경우에는, 위 사업자에게 그 게시물을 삭제하고 향후 같은 인터넷 게시공간에 유사한 내용의 게시물이 게시되지 않도록 차단할 주의의무가 있고, 그 게시물 삭제 등의 처리를 위하여 필요한 상당한 기간이 지나도록 그 처리를 하지 아니함으로써 타인에게 손해가 발생한 경우에는 부작위에 의한 불법행위책임이 성립한다.

　　[대법관 박시환, 김지형, 전수안의 별개의견] 인터넷 종합 정보제공 사업자의 명예훼손 게시물에 대한 삭제의무는 특별한 사정이 없는 한 위 사업자가 피해자로부터 명예훼손의 내용이 담긴 게시물을 '구체적·개별적으로 특정'하여 '삭제하여 달라는 요구'를 받았고, 나아가 그 게시물에 명예훼손의 불법성이 '현존'하는 것을 '명백'히 인식하였으며, 그러한 삭제 등의 조치를 하는 것이 '기술적·경제적으로 가능'한 경우로 제한하는 것이 합리적이고 타당하다.

　　(3) 인터넷 종합 정보제공 장소는 특정 기사에 대한 댓글들, 지식검색란에서의 특정 질문에 대한 답변들, 특정 사적 인터넷 게시공간 등과 같이 일정한 주제나 운영 주체에 따라 정보를 게시할 수 있는 개별 인터넷 게시공간으로 나누어져서 그 각 개별 인터넷 게시공간별로 운영 및 관리가 이루어지고 있고, 위와 같은 개별 인터넷 게시공간 내에서의 게시물들은 서로 관련을 맺고 게시되므로, 불법 게시물의 삭제 및 차단 의무는 위 개별 인터넷 게시공간별로 그 의무의 발생 당시 대상으로 된 불법 게시물뿐만 아니라 그 후 이와 관련되어 게시되는 불법 게시물에 대하여도 함께 문제될 수 있다. 따라서 그 의무 위반으로 인한 불법행위책임은 개별 인터넷 게시공간별로 포괄적으로 평가될 수 있다.

3. 해설

가. 인터넷 종합 정보제공 사업자의 '기사 선별 및 게재행위'로 인한 책임

　　인터넷 종합 정보제공 사업자가 운영하는 소위 '포털사이트'에서 유통되는 각종 정보에 대하여 해당 사업자에게 어느 정도의 책임을 부과할 것인지에 대하여 표현의 자유, 사적 검열, 인터넷 산업의 발전, 피해자의 구제, 인터넷 서비스의 사회적·경제적 영향력 등 다양한 관점에서 논의가 이루어져 왔지만, 이 사건을 둘러싸고 그 법적 책임에 대한 논란이 더욱 커졌다. 그중 첫 번째 쟁점은 인터넷 종합 정보제공 사업자가 제3자인 언론사가 제공한 기사를 전달·매개하여 배포하는 과정에서 해당 기사에 대하여 언론사와 동일하거나 유사한 책임을 인정할 수 있을 것인가 하는 점이었다. 원심판결에서는 "통상 언론매체는 취재, 편집 및 배포의 3가지 기능을 그 핵심적인 요소로 하므로, 뉴스 서비스를 제공하는 인터넷 포털사이트인 피고들이 언론매체에 해당하는지 여부를 판단함에 있어서도 우선 위 3가지 기능의 충족 여부를 살펴보아야" 한다고 판시하면서, 피고들은 월등한 배포 기능을 가지고 있으며, 피고들이 원고에 대한 명예훼손성 기사를 송고받은 대로 데이터베이스에 보관하여 검색 가능한 상태로 두지 않고 기사를 분류하거나 취사선택하여 배치하거나, 제목을 변경하거나 기사를 적극적으로 특정 영역에 배치하는 등의 행위를 한 점에서 편집 기능을 수행한 것이라고 판단하였다. 또한 유사취재기능도 수행한다고 보아 해당 언론사들과 함께 공동불법행위자로서 손해배상책임을 부담한다고 판시하였다. 이에 대해 대법원은 인터넷 종합 정보제공 사업자도 언론매체로 볼 수 있는가의 여부에 대하여는 별도로 판단하지 않은 반면, 불법행위책임의 인정여부라는 관점에서 단순한 창구 역할을 넘어서 보도매체로부터 전송받은 기사를 선별하여 직접 관리하는 뉴스 게시공간에 게재한 경우에는 명예훼손적 기사 내용을 인식하고 이를 적극적으로 선택하여 전파한 행위에 해당하기 때문에 다른 특별한 사정이 없는 이상 보도매체와 마찬가지로 불법행위책임을 부담한다고 하여, 인터넷 종합 정보제공 사업자가 언론 매체인지의 여부에 대한 논란은 피하면서도 적극적 기사 배포 행위의 주체로서의 책임을 인정할 근거를 제시하였다.

나. 인터넷 종합 정보제공 사업자의 '제3자의 명예훼손적 게시물'에 대한 책임

인터넷 종합 정보제공 사업자가 제3자의 명예훼손성 게시물에 대하여 어느 정도의 책임을 지는가에 대하여는 우선 인터넷 종합 정보제공 사업자에게 명예훼손성 게시물을 삭제·차단할 의무를 인정할 수 있는가라는 점에서부터 출발하여야 한다. 이에 대하여 대법원 판결의 다수의견은 명예훼손적 게시물의 게시 목적, 내용, 기간 및 방법과 그로 인한 피해의 정도, 게시자와 피해자의 관계, 반론 또는 삭제 요구의 유무 등 게시와 관련한 쌍방의 대응 태도 등에 비추어서 게시물의 불법성이 명백하고, 명시적 차단요구가 없더라도 게시물이 게시된 사정을 구체적으로 인식하고 있었거나 게시물의 존재를 인식할 수 있었음이 외관상 명백한 경우로서 기술적·경제적으로 해당 게시물의 관리·통제가 가능한 경우에는 게시물의 삭제·차단 의무가 존재한다고 하여 불법적 게시물에 대한 주의의무를 종합적으로 판단하는 입장을 취하였다.[2] 아울러 인터넷 종합 정보제공 장소의 특성상 각 개별 인터넷 게시공간별

---

2) 대법원은 이전 판결에서도 이와 마찬가지로 종합적으로 판단하는 입장을 취하였지만, 대상판결과 달리 "특별한 사정이 없다면 단지 정보통신서비스제공자가 운영하는 공간에 다른 사람에 의하여 제3자의 명예를 훼손하는 글이 게시되고 그 정보통신서비스제공자가 이를 알았거나 알 수 있었다는 사정만으로 항상 정보통신서비스제공자가 그 글을 즉시 삭제하거나 검색을 차단할 의무를 지게 된다고 단정할 수는 없다"고 하

로 불법 게시물의 삭제·차단의무 발생 당시 대상이 된 게시물뿐만 아니라 그 이후 이와 관련된 불법 게시물에 대하여도 함께 평가될 수 있다고 하여 최초의 게시물뿐만 아니라 명예훼손성 댓글에 대하여도 함께 삭제·차단의무 위반으로 인한 불법행위책임을 인정할 수 있다고 점을 명확히 하였다.

　　한편, 대법원의 별개의견은 삭제·차단의무의 인정 요건으로서 명예훼손성 게시물의 특정, 특정된 게시물의 삭제 요구, 해당 게시물의 불법성이 현존하고 이를 명백히 인식할 것, 해당 게시물의 삭제 등의 조치가 기술적·경제적으로 가능할 것을 요구하여 다수의견에 비하여 삭제·차단의무의 인정 범위를 제한하고자 하였다.[3]

다. 인터넷 종합 정보제공 사업자의 불법행위 책임에 대한 검토

(1) 해외의 사례

　　인터넷 종합 정보제공 사업자와 같은 온라인서비스제공자(OSP) 혹은 인터넷서비스제공자(ISP)[4]의 정보 제공·매개에 대한 책임을 어느 정도로 인정할 것인지에 대하여 미국의 경우에는 기본적으로 보통법 하에서 명예훼손성 정보의 유통에 대하여 편집 및 통제 권한이 있는지의 여부에 따라서 출판자 혹은 발행인(publisher)이라면 게재자와 마찬가지의 책임을 부담하고 단순한 배포자(distributor)라면 명예훼손을 알았거나 알아야 할 합리적인 이유가 있는 경우에 한하여 책임을 지고, 단순매개자인 공중통신사업자(common carrier)는 어떠한 책임도 부담하지 않는다.[5] 이러한 입장은 "쌍방향컴퓨터서비스 제공자나 이용자는 제3자 정보제공자에 의하여 제공되는 어떠한 정보에 관해서도 해당 정보의 출판자(publisher) 또는 화자(speaker)로 취급되지 아니한다"고 규정한 통신품위법(Communications Decency Act) 제230조

여 정보통신서비스제공자의 의무를 제한적으로 해석하는 입장을 취하였다. 대법원 2003. 6. 27. 선고 2002다72194 판결.

3) 별개의견에 대하여는 "별개의견은 인터넷 종합 정보제공 사업자의 삭제의무가 제한되는 근거로 표현의 자유를 제시한 후 이에 기초하여 피해자가 삭제요구를 할 정도의 위험이 현존하여야 하고 이를 위 사업자가 인식하여야 하므로 피해자의 삭제요구가 필요하다는 논리를 전개하고 있지만 위에서 살펴본 바와 같이 그 논거가 충분하다고 보기 어려우며, 또한 삭제요구가 필요하다고 하면서 주장된 논리와는 달리 삭제요구의 방식에 관하여는 그 특정성을 완화하고 오히려 인터넷 종합 정보제공 사업자 스스로의 인식 가능성에 기초하여 삭제의무를 인정함으로써 현실적인 운영의 면에서도 위와 같은 논리를 그대로 유지하는 것에 한계가 있음을 보이고 있으므로, 별개의견은 타당하지 아니함을 지적"한 다수의견의 보충의견이 있다; 별개의견의 헌법적 평가는 이규홍, "제3자 게시 명예훼손물에 관한 포털사업자의 책임 법리"(주 1), 418 이하 참조.

4) OSP나 ISP의 개념 및 범위와 관련하여 논자마다 다른 시각을 가지고 있지만, 이 글에서는 인터넷 혹은 온라인 상에서 정보를 매개하는 자를 총칭하는 개념으로 이해한다.

5) 권영준, "인터넷상에서 행해진 제3자의 불법행위에 대한 온라인서비스 제공자의 책임", 인터넷과 법률(남효순·정상조 편), 법문사, 2002, 557−558면.

(c)(1)에서도 그대로 받아들여졌다. 통신품위법 제230조(c)(1)과 관련한 Zeran 판결6)을 시작으로 하여 그 이후의 판결에서도 동일한 입장이 유지되고 있는 것으로 보인다.

일본의 경우에는 특정전기통신역무제공자의 손해배상책임의 제한 및 발신자정보의 개시에 관한 법률(特定電氣通信役務提供者の損害賠償責任の制限及び發信者情報の開示に關する法律)을 제정하여 일정한 요건하에서 불법정보의 유통에 대한 특정전기통신역무제공자의 책임을 면제하고 있다. 면책을 위한 요건으로는 침해정보의 송신방지조치가 기술적으로 가능하여야 하고, 권리침해사실의 인식가능성이 존재하여야 한다. 이러한 특정전기통신역무제공자의 손해배상책임의 제한은 모든 불법행위책임에 적용된다.7)

(2) 대법원판결에 나타난 인터넷 종합 정보제공 사업자의 책임 인정기준을 둘러싼 논의

인터넷 종합 정보제공 사업자의 책임 인정기준과 관련한 논의의 핵심은 인터넷 종합 정보제공 사업자가 언론매체의 기사를 매개·배포하는 행위를 어떻게 파악할 것인가에 달려있다. 만일 인터넷 종합 정보제공 사업자의 행위가 적극적인 개입 혹은 배포행위라면, 독자적인 책임을 부담하여야겠지만, 인터넷 종합 정보제공 사업자의 지위 혹은 행위를 단순한 전송 매개에 불과한 것으로 본다면 독자적인 책임을 인정하기 어렵다. 해외의 사례를 살펴보면, 미국은 표현의 자유를 강조하여 단순히 정보를 매개한 자에 대하여는 원칙적으로 책임을 인정하지 않고, 일본의 경우에는 특정전기통신역무제공자의 경우에 권리침해사실의 인식가능성과 기술적 기대 가능성을 요건으로 하여 책임을 면제하고 있다. 이들 사례에서 보면, 면책을 인정하기 위해서는 사업자 혹은 해당 사업자가 제공하는 서비스가 단순한 정보의 매개·전달에 불과한 역할을 하는 것을 전제로 하고 있고, 적어도 책임을 인정할 수 없거나 기대할 수 없는 사정이 존재하여야 한다. 다만, 우리와의 차이점은 미국이나 일본은 OSP의 면책에 대한 명문의 규정을 두고 있다는 점이다. 그러나 우리 법제가 OSP의 일반적인 책임 제한에 대한 명문의 규정이 없다고 하더라도, 일반적·포괄적인 입법형식을 취하는 우리의 불법행위책임 규정의 해석에 의하여 책임의 범위를 합리적으로 설정할 수 있다.

대상판결을 둘러싸고 OSP의 책임범위의 설정에 관하여 다양한 의견이 주장되었다. 대상판결의 입장을 긍정적으로 평가하는 측에서는 외국의 경우와 달리 한국의 포털사이트는 기사를 자신의 편집에 의하여 자신의 서비스로 제공하기 때문에 이는 인터넷 상의 재공표

---

6) 이 판결에서 연방항소법원은 통신품위법 제230조(c)(1)에 따라 전자게시판을 운영하는 AOL이 제3자가 게시한 정보로 인하여 명예훼손 책임을 부담하지 않는다고 판시하였다. Kenneth M. Zeran v. America On-Line Inc. 판결[129 F. 2d 327(4th Cir. 1997)].

7) OSP의 민사책임에 관한 판례의 동향과 외국의 입법례에 대하여는 최경진, "OSP의 민사 책임에 관한 판례 연구", 경기법조 제15호, 수원지방변호사회, 2008, 343-380면 참조.

또는 전파에 해당하여 인식있는 전파자로서의 책임을 인정할 수 있다고 주장하거나[8] 타인이 작성한 정보를 선별·배치하여 뉴스서비스로 제공하는 경우에는 신문이나 방송매체와 유사한 역할을 하게 되어 발행인 또는 편집자로서의 책임을 부담한다[9]고 주장한다. 반면, 부정적으로 평가하는 측에서는 포털사이트의 뉴스서비스에 배치하기 전에 타인의 명예훼손의 가능성이 있는 모든 기사의 진실 여부를 다시 확인하여야 할 주의의무를 인정하는 결과가 되는데 이는 불가능을 요구하는 것[10]이라고 비판하거나 대상판결은 "과도한 모니터링으로 인한 표현의 자유 및 이용자의 권리 침해 문제를 더욱 증폭시킬 수 있는 것으로 보인다"[11]고 주장한다.

4. 판결의 의의

대상판결은 기본권의 보장, 인터넷 산업의 발전 등 중요한 이익이 충돌하는 영역으로 인식되어 많은 논의가 이루어진 인터넷 종합 정보제공 사업자의 책임의 인정기준을 보다 구체화하였다는 점에서 의미가 있다. 즉, 인터넷 종합 정보제공 사업자의 정보제공에 대한 책임에 대하여 제3자의 기사를 취사선택, 배열하여 제공하는 경우와 제3자가 게시한 명예훼손성 게시글의 경우를 구분하여 전자에 대하여는 해당 명예훼손성 기사의 보도매체와 마찬가지의 책임을 부담시킨 반면, 후자의 경우에는 게시물의 명백한 불법성, 인식가능성, 기술적·경제적 관리·통제 가능성 등을 종합적으로 고려하여 삭제·차단할 주의의무의 존재 여부를 판단하도록 기준을 제시하였다. 이는 미국법 상의 발행자와 배포자 사이의 책임의 차이와 비슷한 체계를 채택한 것으로 보인다. 또한 제3자의 게시글에 대한 종합적 판단 기준의 설정은 시대의 변화에 따라 유연하게 적용할 수 있는 탄력적이고 합리적인 기준으로 보인다. 그러나 구체적인 결론을 도출함에 있어서는 기존 대법원판결(대법원 2003. 6. 27. 선고 2002다72194 판결)보다 책임의 인정범위를 넓힌 것으로 보이고, 대상판결로 인하여 인터넷 종합 정보제공 사업자는 기사의 선별이나 배치 전에 모든 기사의 불법성을 검토하거나 제3자의 게시글을 모니터링 해야 할 의무가 부여된 것처럼 비쳐질 수 있다는 점이다. 우리의 경우에 미국이나 일본과 달리 명예훼손성 정보에 대한 인터넷 종합 정보제공 사업자의 책임을 제한하거나 면제하는 규정이 없기 때문에 사업자는 책임을 회피하기 위하여 가능한 보수적으로 활

---

8) 박용상, 명예훼손법, 현암사, 2008, 1433-1434면. 다만, 이는 1심판결에 대하여 평가한 것이다.

9) 문재완, "인터넷상의 명예훼손과 인터넷포털사이트의 법적 책임" 공법연구 제38집 제1호 제2권, 한국공법학회, 2009, 79면.

10) 최성준, "뉴스서비스와 관련된 포털사업자의 명예훼손 책임"(주 1), 138면. 다만, 이 글은 원심인 항소심판결을 대상으로 한 것이다.

11) 우지숙, "명예훼손에 대한 인터넷서비스제공자(ISP) 책임 기준의 현실적 타당성과 함의: 대법원 2009. 4. 16. 선고 2008다53812 판결에 대한 비판적 검토"(주 1), 96면.

동할 수 있고 대상판결과 같은 책임을 피하기 위한 조치를 취함으로써 대상판결이 보호하고
자 하는 명예훼손 피해자의 이익의 보호의 반대편에 있는 표현의 자유를 비롯한 또 다른 이
익이 침해되거나 제한될 가능성도 무시할 수 없다. 인터넷 종합 정보제공 사업자와 같은
OSP의 책임범위를 명확히 설정해야 한다는 점은 지속적으로 지적되어 왔지만, 대상판결이
충분한 해결책을 제시하였는지는 의문이다. 그럼에도 대상판결을 통하여 발행자와 배포자
사이의 책임의 차이를 확인한 것은 의미있는 진전이라고 할 수 있으며, 대상판결이 제3자의
불법적 게시글에 대한 책임의 인정과 관련하여 제시한 종합적인 판단기준을 기초로 하여 실
제 사업자가 준수하여야 할 구체적인 주의의무의 기준과 범위를 설정하는 다각적인 노력12)
을 하여야 한다.

---

12) 대상판결이 제시한 기준은 원래는 저작권침해판단시 등장한 방조책임론의 영향을 받은 것인데, 역으로 대
　　상판결의 판시와 기준이 저작권침해사건(대법원 2010. 3. 11. 선고 2009다4343 판결)에 그대로 적용되고
　　있다. 상세는 박준석, "온란인서비스제공자의 책임", 인터넷, 그 길을 묻다, 중앙books(한국정보법학회),
　　2012, 445면.

59 온라인 게임머니의 재물성과 재화의 공급

대법원 2012. 4. 13. 선고 2011두30281 판결[1]

장재옥(중앙대학교 법학전문대학원 교수)

1. 사안의 개요

원고는 2004년 부가가치세 과세기간 동안 사업자등록을 하지 아니한 채 아이템 A 등 게임아이템 중개업체의 인터넷사이트를 통하여 온라인 게임인 '리니지'에 필요한 사이버 화폐인 게임머니[2]를 게임제공업체나 다른 게임이용자로부터 매수한 다음, 이를 또 다른 게임이용자에게 수백 번에 걸쳐 매도하고, 그 게임이용자로부터 2004년 제1기에 397,250,920원, 2004년 제2기에 269,950,600원 상당의 대금을 중개업체를 경유하여 현금으로 지급받았다. 이에 대해, 피고(남대구세무서장)는 원고가 구 부가가치세법의 납세의무자인 사업자(업태: 소매업, 종목: 전자상거래)로서 위 기간 동안 게임아이템을 판매하면서도 이에 대한 매출신고를 누락하였다는 이유로, 원고의 주소지를 사업장으로 직권 등록한 다음, 관련 세액을 산출하여 부가가치세 및 종합소득세 부과처분을 하였다.

---

1) [참조 및 관련 판례] 대법원 1989. 2. 14. 선고 88누5754 판결; 대법원 2010. 9. 9. 선고 2010두8430 판결. [관련 평석 및 문헌] 조명연·권오현, "게임아이템의 거래가 부가가치세법상 과세거래에 해당되는지 여부", 조세법연구 제17권 제3호, 2011, 287-309면; 최선집, "게임머니 환전행위에 대한 부가가치세 과세대상 여부", 국세 제545호, 2012, 47-51면; 장재옥, "온라인게임아이템 현금거래의 법률관계", 중앙법학 제9집 제2호, 2007, 393-421면.

2) 넓은 의미의 '게임 머니 또는 사이버 머니'란 인터넷과 같은 전체 컴퓨터 네트워크에서 지불수단으로 인정된 화폐부호를 의미한다. 싸이월드의 도토리나 포인트 등도 그 한 예이고, 온라인게임에서의 게임 머니는 아이템의 한 형태로 게임 상에서 무기나 방어수단 등 개별 아이템이 갖는 가치를 평가하고 교환을 가능케 하는 단위 내지 지불 수단을 의미한다. 게임머니는 게임 참여자가 게임 진행 과정에서 획득할 수 있으며, 획득된 게임머니는 게임 참여자 스스로 사용하거나 타인에게 실제 현금을 대가로 판매되기도 한다. 송재도·최성락, "게임머니 거래에서 발생하는 거래비용의 실증 분석", 경영학연구 제42권 제2호, 2013, 411면.

2. 판결의 요지

가. 원심판결(대구고등법원 2011. 10. 14. 선고 2011누1277 판결)

(1) '재화'에 해당하는지 여부

　　구 부가가치세법(2008. 12. 26. 법률 제9268호로 개정되기 전의 것, 이하 '구 부가가치세법'이라 한다) 제1조 제2항3)에서는 재화나 용역의 공급을 과세대상으로서 규정하면서, '재화'란 '재산적 가치가 있는 모든 유체물과 무체물'을 의미하는데, 무체물에는 '동력·열과 기타 관리할 수 있는 자연력 및 권리 등으로서 재산적 가치가 있는 유체물 이외의 모든 것'을 포함한다고 규정하고 있다(법 제1조 제1항 제1호, 제2항, 같은 법 시행령 제1조 제1항·제2항). 한편 '관리할 수 있다'는 의미는 사람이 이를 지배할 수 있다는 의미로서, 이러한 배타적 지배가능성 및 관리 가능성은 시대에 따라 변천하는 상대적인 것이다. 이 사건의 경우, 원고는 다른 게임이용자 등으로부터 대가를 지급하고 매수한 게임머니를 지배·관리하면서, 또 다른 게임이용자에게 보다 높은 가격에 게임머니를 판매함으로써 이윤을 남기고 매도한 이상, 위 게임머니는 재산적 가치가 있는 거래의 객체로서 온라인 게임서비스 상의 게임 등을 이용할 수 있는 권리 내지 기타 재산적 가치가 있는 무체물로서 구 부가가치세법상 재화에 해당한다고 할 것이다.

(2) 재화의 '공급'에 해당하는지 여부

　　부가가치세의 과세거래인 재화의 '공급'은 '계약상 또는 법률상의 모든 원인에 의하여 재화를 인도 또는 양도하는 것'을 의미하는데(법 제6조 제1항), 이 사건의 경우, 원고가 다른 게임이용자 등으로부터 매수한 게임머니를 관리하면서, 또 다른 게임이용자에게 온라인상 계정으로 그 게임머니를 이전하는 방법으로 매도하면, 이전받은 게임이용자는 이를 온라인 게임서비스 상의 게임에서 이용할 수 있으므로, 원고의 게임머니 매도거래는 재화의 '공급'에 해당한다고 할 것이다.

---

3) 제1조(과세대상)
　① 부가가치세는 다음 각호의 거래에 대하여 부과한다.
　　1. 재화 또는 용역의 공급,
　　2. 재화의 수입
　② 제1항에서 재화라 함은 재산적 가치가 있는 모든 유체물과 무체물을 말한다.
　③ 제1항에서 용역이라 함은 재화 이외의 재산적 가치가 있는 모든 역무 및 기타 행위를 말한다.
　④ 주된 거래인 재화의 공급에 필수적으로 부수되는 재화 또는 용역의 공급은 주된 거래인 재화의 공급에 포함되고 주된 거래인 용역의 공급에 필수적으로 부수되는 재화 또는 용역의 공급은 주된 거래인 용역의 공급에 포함되는 것으로 본다.
　⑤ 제1항의 재화와 용역의 범위에 관하여 필요한 사항은 대통령령으로 정한다.

나. 대법원판결

과세관청이, 게임아이템 중개업체의 인터넷 사이트를 통해 온라인 게임 '리니지'에 필요한 게임머니를 게임제공업체나 게임이용자에게서 매수한 후 다른 게임이용자에게 매도하고 대금을 중개업체를 경유하여 지급받은 갑이 사업자로서 게임머니를 판매하면서도 매출신고를 누락하였다는 이유로 갑에게 부가가치세 부과처분을 한 사안에서, 게임머니는 구 부가가치세법상의 '재화'에 해당하고, 갑의 게임머니 매도거래는 재화의 '공급'에 해당하며, 갑은 부가가치를 창출해 낼 수 있는 정도의 사업형태를 갖추고 계속적이고 반복적인 의사로 재화인 게임머니를 게임이용자에게 공급하였다고 봄이 타당하므로 구 부가가치세법상의 '사업자'에 해당한다고 보아 부가가치세 부과처분이 적법하다고 한 원심판단을 수긍하였다.

3. 해설

가. 게임머니가 '재화'에 해당되는지 여부

가상머니[4] 및 아이템의 세법상 취급에 대한 고찰의 경우, 그 논의의 출발점이 되는 것은 가상머니가 거래에 이용 또는 환전 가능한 '경제적 가치를 갖는다는 사실'이다. 가상화폐의 거래에 관하여 세법상 적용을 하려면, 일반적으로 우선, 그 거래의 민법상 법률관계를 명확히 한 후, 그 과세 관계가 결정된다. 다만, 과세에 관련한 세법은 민법의 특별법 위치에 있기 때문에 세법이 우선 적용된다. 부가가치세법은 재화 또는 용역 공급의 거래에 대하여 과세대상으로 규정하면서, '재화'란 '재산적 가치가 있는 모든 유체물과 무체물'을 의미하는데, 무체물에는 '동력·열과 기타 관리할 수 있는 자연력 및 권리 등으로서 재산적 가치가 있는 유체물 이외의 모든 것'을 포함한다고 규정하고 있다(구 부가가치세법 제1조 제1항 제1호, 제2항,

---

4) 이와 관련하여, 가상화폐로 실제 거래되는 것으로 비트코인이 있다. 이 전자화폐는 쉽게 말해 싸이월드 '도토리'나, '네이버 캐쉬'와 같이 실제 돈은 아니지만 물건을 사거나 서비스 이용료를 결제할 수 있는 돈이다. 그렇다고 현금처럼 손에 쥘 수 있는 물건은 아니고, 온라인에서 움직이는 코드일 뿐이다. 다만, 전 세계의 주요 비트코인 거래소를 통해서 거래 서비스를 이용할 수 있다[<https://www.bithumb.com/>(최종방문 2016. 1. 20.)]. 또한, 전 세계적으로 비트코인의 법적 취급에 관하여는 Law library of Congress, Regulation of Bitcoin in Selected Jurisdictions, pp.1−25(Jan. 2014), available at <http://www.loc.gov/law/help/bitcoin−survey/regulation−of−bitcoin.pdf>(최종방문 2016. 1. 20.) 참조; Bitcoin의 데이터 소실과 거래소 부도의 문제는 최근 온라인상에서 새로이 발생하는 여러 문제 가운데 하나로 이슈화 되고 있다. 이 문제에 관하여 자세한 내용은, Karl−Friedrich Lenz, "Legal Issues of the New Internet Currency Bitcoin in EU Law and German Law", Legal Practice Research Association Aoyama Gakuin University Law School, Vol.7(2013), pp.1−20 참조.

같은 법 시행령 제1조 제1항·제2항).5)

　　한편 "관리할 수 있다"는 의미는 사람이 이를 지배할 수 있다는 의미로서, 이러한 배타적 지배가능성 및 관리가능성은 시대에 따라 변천하는 상대적인 의미를 가지는 것이다.6)

　　우리나라의 경우, 1996년 4월 정식 서비스 이후 널리 보급된 MMORPG7)(다중접속온라인역할수행게임)에서 온라인게임 이용자들은 게임프로그램에서 제공되는 아바타를 통해서 게임에 참여하게 되고, 게임머니는 이와 같은 게임아이템을 현금으로 구매하거나 베팅하는 도구로 사용된다. 이러한 아이템 거래들 중에서 가장 규모가 크고, 고액으로 문제되는 것은 MMORPG의 게임아이템이다. MMORPG 게임의 아이템은 게이머가 직접 생산하거나 소유하고 있는 것을 거래하는데, 이러한 게임아이템을 레어 아이템(rare item)8)이라 한다. 이러한 레어 아이템은 10만원에서 수백만원까지 거래되고 있다. 온라인 게임아이템의 현금거래는 게임프로그램 제공회사와 게임이용자 사이에 체결된 약관에 의하여 금지되고 게임상에서 이용자들이 임의로 교환하는 것이 허용될 뿐이나, 이와 같은 게임아이템의 현금거래는 아이템베이와 같은 중개사이트9) 또는 본건과 같은 직접 거래에 의하여 사실상 이루어지고 있다.10)

---

5) 구 부가가치세법 시행령 제1조 제1, 2항에 구체적으로 규정된 "유체물과 무체물"은 무체물 중 권리 등을 제외하면 사실상 민법의 물건의 범위와 같다고 볼 수 있으나, 그 의미가 불분명하여 개정된 현행법(제2조 제1호)에서는 유체물과 무체물 대신 물건과 권리로 재화를 규정하고 있다.

6) 민법상 물권의 객체가 되는 물건은 '유체물 및 전기 기타 관리할 수 있는 자연력'이다(민법 제98조). 물건은 유체물과 무체물로 분류되는데 특정인에 의해 관리 가능한 경우에만 권리의 객체로 될 수 있다. 이러한 물건의 요건으로서, 첫째, 물건은 유체물 또는 전기 기타 관리할 수 있는 자연력이어야 한다. 둘째, 누구나 자유롭게 지배하거나 또는 지배할 수 없는 것은 물건이 되지 못한다. 셋째, 사람이 아닌 외계의 일부이어야 한다. 넷째, 배타적인 지배와의 관계상 독립성을 가져야 한다. 독립성의 유무는 물리적으로 결정되는 것이 아니라 사회통념에 따라 정해진다. 따라서 아이템에 물건성을 인정하는 것이 일견 아이템의 법적 성질을 쉽게 풀어갈 수 있을 듯이 보이기도 한다. 그러나 서버상의 정보인 아이템에 물건성을 인정할 경우 그 소유권은 누구에게 귀속하는가? 서버는 온라인게임사의 소유이고 서버내에 내재하여 있는 정보(서버 소유자가 이미 만든 정보)는 타인의 소유로 인정할 근거가 무엇인가? 서버가 이전되면 주·종물이론에 의하여 그에 내재한 정보는 당연히 같이 처분된다고 보아야 하는가? 하는 등의 문제가 제기된다(양재모, "온라인아이템의 물건성과 법률관계", 법과 정책연구 제1집(창간호), 2001, 275면).

7) Massive Multiplayer Online Role Playing Game, 한편, 이 사건 리니지게임의 게임머니(아덴)의 환전이 게임산업진흥에 관한 법률 제32조 제1항 제7호에서 금지하는 불법게임물의 유통에 해당하는지 여부에 관하여, 대법원 2009. 12. 24. 선고 2009도7237, 7238 판결은 위 규정은 사행성 있는 게임머니의 환전을 금지하자는 취지에서 도입된 것으로, 도박성, 사행성 게임과는 무관한 개인의 노력이나 실력 등에 좌우되는 것이라는 이유로, 무죄로 판결한 바 있다.

8) 게임 내에서 캐릭터가 직접 생산하는 아이템을 말한다.

9) 중개 사이트에서 거래가 이루어지는 경우에는 중개사이트 내에서 매매 협상을 하고, 구매자는 먼저 중개사이트에 현금을 송금한다. 판매자는 구매자에게 아이템을 넘겨주고, 구매자가 거래가 완전히 이루어졌다는 것을 중개 사이트에 확인을 해주면, 중개 사이트는 판매자에게 현금을 송부한다. 즉, 중개 사이트는 가장 중요한 현금 이동 부분을 대행하면서 매매액의 5% 정도를 수수료로 챙긴다(아이템베이 서비스 이용약관 제30조(수수료의 내용). itembay의 이용약관의 더 자세한 것은, <http://trade.itembay.com/member/terms/ articleContents>(2016. 1. 20. 방문) 참조.

10) 윤현석, "온라인게임아이템거래의 과세문제", 인터넷법률 제37호, 2007, 102-103면; 최선집, 논점 조세법,

이 경우, 원고와 같이 다른 게임이용자로부터 대가를 지급하고 매수한 게임머니를 높은 가격에 판매함으로써 이윤이 발생할 경우, 재산적 가치가 있다는 점은 부인할 수 없다. 다만, 과세거래로 이론 구성하는 법적 방법론이 문제이다.

　　게임머니를 포함하는 게임아이템[11] 양도거래 내지 아이템 현금거래의 법적 구성[12]에 관하여는 종래 ① 매매계약설(현금거래의 객체가 아이템 자체), ② 이용권 양도설(게임이용자가 게임사에 대해 가지는 이용권 즉 지명채권의 일부 양도로 해석), ③ 권리금 양도설(이용자 간 권리금 양수도 거래로 이해)이 주장되고 있다.

　　① 매매계약설을 주장하는 견해는 거래대상으로서 게임아이템이 가능하다고 보고, 아이템을 물건으로 이해하거나 또는 물건이 아니더라도, 물건만이 권리의 객체 내지는 대상이 되는 것은 아니며, 지적재산권이나 채권과 같은 재산상의 지위 역시 거래의 목적이 되고 양도의 대상이 될 수 있다고 본다.[13] 즉 개별화된 재산적 가치 있는 객체는 권리의 목적이 될 수 있는 것이며, 이에 대해서는 권리의 행사가 가능한 것이라고 하는 것이다. 이러한 원리는 아이템과 같은 가상물(virtuelle Gegenstände)에 대해서도 그대로 적용된다. 게임아이템은 물론 게임프로그램의 구성성분을 이루기는 하지만, 그렇다고 해서 지적산물로서의 독립단위가 부정되지는 않는다.[14] 게임아이템은 온라인 게임상에서만 존재하긴 하지만, 즉 현실세계에서는 실현될 수 없고 단지 게임에서만 의미를 가지기는 하지만, 아이템은 게임프로그램 전체와는 개별화되기 때문이다.[15] 따라서 게임이용자는 아이템을 취할 수 있으며, 이를 이용할 수도 있고, 타인의 침해를 배제할 수 있는 지위에 있으며, 이러한 지위에 대해서는 재산적 가치가 인정되고, 양도될 수 있는 것으로 본다.[16] 이 견해에 의하면, 아이템과 같은 가상물은 물건은 아니지만, 정신적 산물에 속하며, 비록 아이템과 같은 가상물이 온라인세계에 의존적인 객체라고 하더라도 이와는 구별되는 양도 가능한 대상물에 해당하는 것으로 보아야 한다고 한다.[17]

(주)영화조세통람, 2012, 493-494면 참조.

11) 게임산업진흥에관한 법률 제32조 제1항 제7호에 의하면, 게임머니도 게임아이템과 마찬가지로 게임물의 이용을 통하여 획득한 유·무형의 결과물로 동일하게 취급되고 있다.

12) 장재옥, "온라인게임아이템 현금거래의 법률관계"(주 2), 393-421면.

13) 임건면, "온라인게임 이용약관의 법적 문제", 법학논문집 제29집 제2호, 중앙대학교 법학연구소, 2005, 17면 참조.

14) 이에 반하여 부정설은 아이템은 게임프로그래머가 만든 가상세계에서만 존재하며 게임사업자가 계속해서 게임프로그램을 제공한다는 것을 전제로 하기 때문에 게임프로그램에 의존적이며 게임사업자에 의하여 제한을 받을 수밖에 없다는 점을 근거로 독립된 거래의 객체가 될 수 없다고 한다(정해상, "인터넷 게임아이템 거래에 관한 법리", 중앙법학 제5집 제3호, 2003, 263면 참조).

15) Lober/Weber, Money for Nothing? Der Handel mit virtuellen Gegenständen und Charakteren, MMR 2005, 653, 655 참조.

16) 임건면, "온라인게임 이용약관의 법적 문제"(주 13), 17면.

17) 임건면, 위의 글, 18면.

② 이용권 양도설을 주장하는 견해는 게이머들은 게임 회사와의 계약을 통하여 게임서비스를 이용할 수 있으며, 이 이용 권한 내에서 아이템 사용 및 이용권한을 갖게 된다. 이러한 견해를 취하는 입장에서도 아이템 현금거래 금지 약관의 적법성에 대해서는 입장이 나뉘어진다. 현금거래 금지 약관이 유효하다고 보는 견해는 아이템에 대하여 저작권 등 시원적 권리를 보유한 MMORPG 개발운영사가 사용허락자로서 사적 자치에 따라 그 사용 조건을 부여할 수 있고, 게임성 유지, 파생되는 제반 문제 예방의 필요성과 같은 아이템 현금거래를 막아야 할 합리적 사유가 있다는 것을 근거로 들고 있다. 현금거래 금지 약관을 무효로 보는 견해는 게임업체가 스스로 게임내용에서 게이머 간의 아이템거래를 허용하면서도 현실적으로 금전이 교부되었다고 하여 게이머의 이용제한을 가하는 것은 오히려 게이머의 사적자치를 해한다는 것을 근거로 들고 있다.[18]

미국의 경우 2000년대 초에 보고된 한 연구를 계기로 가상 재산(virtual property)의 소유권 이익(property interest)[19]에 관한 법적 보호가 더욱 주장되었다. 이 연구는 온라인 게임 서비스를 이용하는 유저 간 아이템 현금거래(Real Money Trade: RMT)의 경제 규모가 한 나라의 그것과 비견할 만한 것이라는 것을 실증하는 것이었다.[20] 경제적 규모가 폭발적으로 커지는 RMT에 대한 소유권 이익의 문제에 대해서 사업자 측은 지적재산권의 관점에서 이를 통제하려고 생각했다. 그러나 게임아이템 거래 내지 게임머니 거래 그 자체는 지적 재산권 침해에 해당하지 않는 경우가 많기 때문에 이른바 이용 규약(Terms of Service)이나 사용권 동의(End User License Agreement)를 매개로 한 계약법의 규율에 의해서, 유저 권리의 제한이 널리 행해지고 있다.[21]

---

18) 정해상, "인터넷 게임아이템 거래에 관한 법리"(주 14), 272면.

19) Property라는 용어가 분명하게 사용되지는 않는다. '물건 그 자체'를 의미하기도 하고, '그 물건에 대하여 사람이 가지는 권리(a person's or entity's rights in property)'를 가리키기도 한다(Peter Birks, English Private Law, Oxford University Press, 2000, p.204). 이 글에서는, Property interest는 권리에 대한 본질적인 의미로서 소유권 이익이라는 표현을 사용하였다.

20) Edward Castronova, Virtual Worlds: a First—Hand Account of Market and Society on the Cyberian Frontier, pp.2—39.(Ctr. for Econ. Studies & Inst. for Econ. Research, Working Paper No. 618, 2001) available at <http://papers.ssrn.com/sol3/papers.cfm?abstract_id=294828>(최종방문 2016. 1. 20.).

21) 이 문제와 관련하여, 지적 재산법에 의한 규제는 한계가 있어 이용 규약 등을 매개로 한 계약법에 의한 규율도 필요함을 주장하는 것으로서 Daniel C. Miller, Determining Ownership in Virtual Worlds: Copyright and Law Agreements, 22 Rev. Litig. 435(2003). 실제로 가상 재산의 법적 보호 여부가 쟁점이 된 사안 Bragg v. Linden Research, Inc(2002)에서, 어떤 온라인 게임 서비스 내의 가상의 부동산(Cyber House)의 귀속을 놓고 전 사용자 X가 운영 회사 Y및 그 대표자 Z를 상대로 소를 제기한 것이다. 이 건에서 Y는 X가 부동산을 부정한 방법으로 입수했다며 X의 ID를 정지하고 부동산 등을 '몰수'했다. 그래서 X는 Y에 의한 ID의 이용 정지는 부동산의 소유를 침해하는 행위라고 하며, 그 배상을 요구했다. 반면 Y는 본 서비스 사용자는 가상 부동산을 '소유'하는 것이 아니라 부동산의 데이터를 보유하는 서버에 접속할 수 있는 라이선스를 받는 데 불과하다고 주장했다. 또한, Y는 운영 회사와 사용자 간 분쟁에 대해서 중재 절차에 의해서 해결하도록 강제하는 조항을 포함한 이용 규약에 X가 동의했던 점을 근거로 소송을 각하하

③ 권리금 양도설은 아이템 현금거래에서 수수되는 금원의 성격을 기존의 게임아이템 이용권 양도에서 찾는 입장에 벗어나서 게임플레이로 발생하는 무형의 가치의 양도에 따른 권리금의 성격을 가진다고 본다.[22] 계정비를 지급하고 게임을 하면서 획득한 아이템을 현금으로 거래할 수 있는 것은 그 과정에서 잉여가치가 생성되었기 때문이며 그 가치에 해당하는 것이 아이템을 획득하기 위해 게이머가 들인 시간과 노력이라는 것이다. 이런 점이 권리금과 비슷하다는 데 착안하여, 아이템 현금거래를 권리금 제도를 들어 설명한다.[23] 이 견해에 따르면 거래의 객체는 아이템 사용권을 취득할 수 있는 자격, 더 큰 즐거움을 느낄 수 있는 상위 레벨에 접근할 수 있는 자격으로 표상되는 '플레이 가치'이고 금원의 성격은 권리금이 된다.

위 어느 견해에 의하더라도, 게임머니는 재산적 가치가 있는 거래의 객체로서 온라인 게임서비스 상의 게임 등을 이용할 수 있는 권리 내지 기타 재산적 가치가 있는 무체물로서 부가가치세법상 재화에 해당된다는 점을 부인하기는 어렵다. 즉, 위 견해 대립에 따라 거래 대상을 아이템 자체(매매계약설) 또는 게임머니가 표상하고 있는 디지털콘텐츠의 이용권(이용권 양도설 또는 권리금 양도설)으로 보든 이들은 모두 부가가치세 과세 대상인 재화 중 권리 또는 재산적 가치 있는 무체물에 해당된다.

나. '재화의 공급'에 해당되는지 여부

게임머니 자체를 재화로 본다고 하더라도, 이는 게임제공업체의 소유이고, 게임이용자 간에 게임머니에 대하여 거래를 하여도 소유권의 변동이 일어나지 않기 때문에, 게임머니를 제공한 행위가 재화의 공급이 아니라는 주장은 일견 가능한 해석으로 보인다. 하지만 재화의 배타적 지배·관리가능성은 온라인게임과 같은 가상현실에서는 유동적이고 상대적인 의미를 갖는 것이라는 점을 고려하면, 원고가 다른 게임이용자 등으로부터 대가를 지급하고 매수한 게임머니를 지배·관리하면서, 또 다른 게임이용자에게 보다 높은 가격에 게임머니를 판매함으로써 이윤을 남기고 매도한 이상, 위 게임머니 거래는 재산적 가치가 있는 온라인 게임 서비스 상의 게임 등을 이용할 수 있는 권리를 이전(이용권의 양도)한 것으로서, 재화의 '공급'으로 볼 수 있다.[24] 온라인 게임이용자는 게임머니를 매수하여 게임아이템을 취득할

여야 한다고 주장하였다. 그러나 법원은 그 주장을 인정하지 않고 본건 중재 조항이 비양심성의 법리에 따른 무효라고 판시했다. 그리고 그 후, Y가 X의 계정 정지를 해제하고 가상 부동산을 복구시키는 내용의 화해 합의가 성립했다. 이 사안에서 가상 재산의 법적 보호에 관한 법원의 견해가 명시적으로 나오기를 기대하고 있었지만, 그 쟁점에 대해서는 최종적으로 화해로 종결되어 버렸다. 그래서 지금도 본 문제에 대한 미국의 판례 태도는 분명치 않다.

22) 윤웅기, MMORPG 게임아이템 현금 거래에 대한 법정책적 고찰, 게임문화연구회, 2005, 22면.

23) 윤웅기, 위의 책, 33면.

24) 대법원 2010. 9. 9. 선고 2010두8430 판결.

경우 이용권을 기초로 그 아이템에 대해 배타적인 이용·관리할 수 있게 되기 때문이다.[25]

4. 판결의 의의

　게임아이템 내지 게임머니는 온라인게임 내에 존재하는 사이버상의 물건으로 게임을 플레이하기 위해 활용되는 여러 가지 유형의 물품 항목을 의미한다.[26] 이러한 게임아이템 등은 게임 내에서만 그 가치가 인정되지만, 현실의 경제구조와 유사하게 아이템은 독립성을 가지고 게임 이용자는 자신 소유의 물건 내지 화폐로 게임아이템 내지 게임머니를 온라인 게임 내에서뿐만 아니라 게임 밖에서도 거래를 하고 있다.

　특히, 20세기 후반부터 21세기까지 우리사회에서는 정보 사회의 고도화, 인터넷 인프라화(化)가 뚜렷해지고 있으며, 정보나 디지털 데이터 등 무체재(無體財)의 중요성이 날로 더해지고 있다. 그래서 이러한 새로운 무체재산 내지 거래유형의 사법상 보호 내지 그 적절한 보호를 위한 새로운 민법 이론의 필요성이 전부터 주장되어 왔다. 이러한 움직임은 현대 법의 기초가 된 토지 등 유체물의 사적 소유의 형태에 대응하는 것이다. 이런 상황에서 사람들의 이용 및 거래가 활발해지고 있는 인터넷 서버 상의 디지털 데이터의 민법적 보호와 관련하여 특히 요즘 "가상 재산"으로 불리는 데이터의 법적 보호가 문제되고 있다.

　현재 게임아이템에 대한 현금 거래가 활발하게 이루어지고 있음에도 불구하고 재산적 성질의 인정 여부에 대하여 그 논거가 명확하지 않다. 게임아이템 내지 게임머니에 관한 그간의 연구를 민사법적으로 살펴보면 게임머니 또는 게임아이템의 재산권의 객체인 물건성에 대해서 물건개념의 확장논의로서 물건성을 인정하거나 물건에 대한 전통적인 시각에서 배타적 관리가능성의 부재로 물건에 해당하지 않기 때문에 소유권의 대상이 아니라는 정도의 관념적인 수준에 머물러 있다. 이는 급속한 정보화의 산물로 생성된 새로운 재화의 문제에 대하여 법적 정당화(규범적 정당화)의 원론적인 논의 및 준비과정이 부족했기 때문이라고 본다.[27] 본 판결도 디지털콘텐츠인 게임아이템의 구입을 위한 게임머니의 매도거래에 있어 현

---

25) 최선집, 논점 조세법(주 10), 493−494면 참조.

26) 정해상, "인터넷 게임아이템 거래에 관한 법리"(주 14), 262면.

27) 미국에서는 가상재산 인정의 규범적 정당화 이론으로 공리주의, 노동이론, 인격이론의 법적 정당화 근거가 주장되고 있다. 먼저 사회의 행복을 최대화하는 데 기여하는 형태로 소유권을 부여하는 벤담의 공리주의에 따른 정당화이론은 유저에 의한 자유 거래를 허용하는 데 따른 이점으로 사회 행복의 최대화로 이어지는 것을 강조한다. 두 번째로, 노동을 행한 사람에게 소유권을 인정하는 로크의 노동이론에 따른 정당화이론은 서비스를 운영하는 사업자가 1차적으로 가상재산을 원시취득하고, 그 위에서 유저의 노력으로 승계취득하는 것을 강조한다. 마지막으로, 인격이론은 인격의 연장으로서 사용자의 엄청난 시간 투자로 인한 재산의 취득에 사용자의 자아가 녹아들어 간 것을 강조한다. 이에 대한 자세한 설명과 각 이론의 비판에 대해서는, Christopher J. Cifrino, Virtual Property, Virtual Rights: Why Contract Law, Not Property Law, Must be the Governing Paradigm in the Law of Virtual Worlds, Boston College Law Review,

실적인 부분을 재화의 공급으로 보면서도, 온라인 게임 서비스 가상재산의 법적 위치 내지 성격 및 그에 대한 법적·이론적 근거를 명확하게 제시하지 않고 있다. 온라인 게임 서비스 내에서 일어나고 있는 문제는 재산적인 문제에 국한되지 않는바, 명예훼손적 표현 행위, 인격의 침해(사생활 침해) 문제 등의 다양한 문제에 대하여 법적으로 대처하기 위해서도 그 이론적 체계가 상세히 논의되어야 할 것이다.28)

Vol. 55, Issue1(2014), pp.235-264.

28) 온라인 게임 서비스에 있어 가상재산에 대한 법적 보호의 필요성을 일찍이 주장했던 F. Gregory Lastowka와 Dan Hunter는 다음과 같은 세 가지 이유를 제시하고 있다. 첫째, 가상세계가 그 안에서 일어나는 사회적 관계를 중요시하는 많은 사람들을 매료시키고 있다는 점, 둘째로, 가상 세계와 현실의 경제적 경계가 명확하지 않다는 점, 마지막으로, 사회적 규제의 새로운 모델로 위치할 수 있는 가상 세계의 법은 현존하는 법 제도에 평행하는 대체 수단으로 제공된다는 점이 그것이다[F. Gregory Lastowka & Dan Hunter, The Laws of Virtual Worlds, 92 Cal. L. Rev. 1(2004), pp.8-11].

대법원 2012. 2. 1.자 2012무2 결정[1]

김봉식(정보통신정책연구원 국제협력연구실 부연구위원)

1. 사안의 개요

가. 사실관계

기간통신사업자인 피신청인보조참가인(이하 '참가인'이라 한다) C는 자사 홈페이지에 "2011년 6월 30일부로 2G 서비스를 종료할 예정입니다"라는 내용을 공지한 후 2011. 4. 18. 피신청인인 방송통신위원회(B)에게 2011. 6. 30.을 예정일로 하여 PCS 사업폐지 승인 신청을 하였다. 이에 피신청인인 B는 2011. 6. 24. 현재 PCS 이용자 수가 많고 이용자들에 대한 통지기간(2011. 3. 28.~2011. 6. 24.)이 충분하지 않다는 이유로 승인을 유보하였다.

이에 참가인 C는 피신청인 B에게 사업폐지 예정일을 2011. 9. 30.로 하여 PCS 사업폐지 승인신청을 하였고, B는 2011. 9. 19. 사업폐지 예정일을 2011. 9. 30.로 한 부분을 제외한 나머지 신청부분을 접수하고 2011. 11. 23. 참가인 C에 대하여 전기통신사업법 제19조에 근거하여 PCS 사업폐지 승인을 하면서 승인 조건을 부가하였다. 승인 조건은 참가인 C가 1) 승인 이후 14일이 경과한 후부터 망 철거 등 PCS 사업폐지 절차를 진행할 수 있고, 승인 즉시 망 철거 등에 따라 중지되는 서비스 내용, 지역 등에 대해 이용자에게 우편 안내를 포함한 최소 2가지 이상의 방법을 활용하여 적극적으로 알려야 하며, 2) 사업폐지절차를 진행함에 있어 이용자의 불편을 최소화하는 방법으로 진행하여야 한다는 것이었다.

이에 참가인 C와 PCS 서비스 이용계약을 체결한 이용자들인 신청인 A는 피신청인 B의 사업폐지 승인 처분이 위법하다고 주장하여 그 취소를 구하는 본안소송을 제기하였고, 2011. 12. 8.부터 사업폐지 절차에 들어갈 예정이므로 당장 자신들의 서비스 이용이 중단되어 회복

---

1) [참조 및 관련 판례] 대법원 1986. 3. 21.자 86두5 결정; 대법원 2010. 5. 14.자 2010무48 결정; 대법원 2011. 4. 21.자 2010무111 전원합의체 결정; 헌법재판소 2013. 7. 25. 2011헌마63 결정 등.

하기 어려운 손해가 발생하고, 처분을 정지시켜야 할 긴급한 필요도 있다고 주장하여 행정소송법 제23조의 규정에 의한 집행정지 신청을 하였다. 기간통신사업자인 C는 피신청인 B를 돕기 위하여 보조참가신청을 하였다.

나. 소송경과

제1심 법원은 신청인 A의 집행정지신청을 받아들이는 결정을 하였고, 피신청인 B는 이에 불복하여 원심법원에 항고를 제기하였다.

이에 원심법원은 피신청인 B의 항고를 받아들여 제1심결정을 취소하고 신청인들의 신청을 기각하는 결정을 하였고, 이에 신청인 A는 대법원에 재항고를 제기하였다.

대법원은 신청인들의 재항고가 이유없다고 하여 재항고를 기각하는 결정(이하 '대상결정'이라 한다)을 하였다.

2. 판결의 요지

가. 1심결정(서울행정법원 2011. 12. 7.자 2011아3795 결정)

(1) 전기통신사업법 제19조 규정의 취지는 전기통신사업이 그 이용자들의 생활에 직접적인 영향을 미치는 필수공익사업에 해당하는 점을 감안하여, 기간통신사업의 휴지 또는 폐지로 인하여 해당 통신사업자의 이용자들에게 발생할 피해와 혼란을 최대한 방지하고자 하는 개별적 이익까지도 보호함에 있으므로, 신청인들이 이 사건 승인처분과 관련하여 갖고 있는 위와 같은 이익은 이 사건 승인처분의 근거 법규인 전기통신사업법에 의하여 직접적·구체적으로 보호되는 이익으로서 신청인들에게는 이 사건 승인처분의 집행정지를 구할 신청인 적격이 인정된다.

(2) 사건 기록과 심문 전체의 취지에 의하면, 참가인은 2011. 12. 8. 00:00부터 이 사건 승인처분에 근거하여 PCS 통신망을 철거하는 등 사업폐지 절차에 들어갈 예정에 있으므로, 이 사건 승인처분으로 인하여 신청인들을 포함한 참가인의 PCS 이용가입자 약 15만 9,000명에게 회복하기 어려운 손해가 발생할 우려가 있고, 이를 예방하기 위하여 처분의 효력을 정지할 긴급한 필요가 있다고 인정되며, 그 효력정지로 인하여 공공복리에 중대한 영향을 미칠 우려가 있는 때에 해당한다고 인정할 자료도 없고 나아가 신청인들이 주장하는 바와 같이 이 사건 승인처분이 이루어지는 과정에서 전기통신사업법 제19조 제1항 소정의 절차적·실체적 위법이 있다고 볼 여지도 없지 않은바, 이는 궁극적으로 본안재판에서 심리를 거쳐

판단함이 적절하다 할 것이므로 피신청인이 2011. 11. 23. 피신청인보조참가인에 대하여 한 PCS 사업폐지 승인처분은 이 법원 2011구합40608 케이티에 대한 PCS 사업폐지승인처분취소 사건의 판결 선고시까지 그 효력을 정지한다.

나. 원심결정(서울고등법원 2011. 12. 26.자 2011루349 결정)

(1) 전기통신사업법의 목적과 이 사건 처분의 근거가 된 전기통신사업법 제19조의 규정 취지에 비추어 이 사건 처분으로 인하여 신청인들의 이동통신서비스 이용이 제한되는 것은 전기통신사업법에 의하여 직접적·구체적으로 보호되는 구체적 이해관계로서 법률상 이익에 해당된다고 할 것이고 신청인 적격이 인정된다.

(2) ① 2G 기반 서비스를 제공받지 못하는 손해는 기존 서비스 계약의 해지와 그에 수반되는 손해배상청구권의 행사를 통하여 보상될 수 있고, 더불어 다른 2G 사업자나 참가인과의 3G 서비스 이용계약 체결을 통하여 그 손해를 최소화할 수도 있으므로 이 손해를 금전보상이 불가능하거나 현저히 곤란한 경우라고 할 수 없고, 따라서 회복하기 어려운 손해라고 하기 어렵다.

010번호가 아닌 다른 번호의 경우 2G사업자를 전환하는 경우 2018년까지, 참가인의 3G 서비스로 전환하는 때에는 2013년도까지만 동일한 번호를 계속 유지할 수 없다는 취지로 주장하나 이는 피신청인의 전기통신사업법 제58조에 터 잡아 이루어지고 있는 010 번호 통합정책에 따른 결과로서 이 사건 처분에 의하여 발생하는 직접적인 불이익 내지 손해라고 보기 어려울 뿐 아니라, 금전보상이 불가능한 손해라고 할 수 없고, 따라서 회복하기 어려운 손해라고 하기는 어렵다.

② 이 사건 처분으로 서비스가 중단됨으로써 긴급한 전화를 받지 못하거나 위기상황에 처해 있을 때 구조요청을 하지 못할 위험에 처함으로써 생기는 손해는 신청인들이 사업자 전환 및 서비스 전환을 통하여 이를 회피할 수 있고 이러한 전환에 필요한 신청인들의 노력은 수인한도 내에 해당한다고 할 것이며, 더불어 참가인이 수행한 2G 서비스 중단을 알리는 고지활동의 정도와 참가인의 2G 가입자 수 현황, 참가인이 수립한 이용자 보호계획의 구체적 내용 및 제1심결정 후 전환신청을 거부하는 신청인들의 통신두절을 예방하기 위하여 추가로 수립한 보호계획의 내용, 신청인들이 전환신청을 하는 데 들여야 하는 노력의 정도나 전환신청을 하지 않았을 때 발생할 불이익에 대한 인식의 정도 등을 종합하면, 위 손해를 이 사건 처분에 의하여 발생한 손해라고 보기 어려울 뿐 아니라, 금전보상이 불가능한 손해라고 할 수도 없으므로, 회복하기 어려운 손해라고 하기는 어렵다.

(3) 설령 신청인들에게 회복하기 어려운 손해가 인정된다고 하더라도 이 사건 처분의

집행정지가 가져올 공공복리에 대한 중대한 영향이 그보다 우위에 있다고 할 것이므로 집행정지의 요건을 갖추지 못하였다.

(4) 신청인들이 본안청구에서 이 사건 처분의 위법성의 근거로 삼고 있는 사유들도 그 근거가 뚜렷하지 않으므로, 이 점에서도 집행정지의 필요성을 인정하기 어렵다.

다. 대법원결정

(1) 집행정지의 요건인 '회복하기 어려운 손해'라 함은 특별한 사정이 없는 한 금전으로 보상할 수 없는 손해로서, 금전보상이 불능인 경우 내지는 금전보상으로는 사회관념상 행정처분을 받고 있는 당사자가 참고 견딜 수 없거나 또는 참고 견디기가 현저히 곤란한 경우의 유형, 무형의 손해를 말한다.

(2) 이 사건 처분으로 인하여 신청인들이 참가인으로부터 2G서비스에 의한 이동통신서비스를 제공받지 못하는 손해, 010 번호가 아닌 번호의 경우 3G 서비스로 전환하면 2013년까지만 유지할 수밖에 없는 손해, 2G 서비스가 폐지됨으로 인하여 신청인들이 긴급한 전화를 받지 못하거나 위기상황에 처할 때 구조요청을 하지 못하게 되는 손해 모두 회복하기 어려운 손해가 인정되지 않는다는 원심의 판단은 정당하다고 수긍할 수 있고, 거기에 재항고 이유로 주장하는 것과 같은 행정소송법 제23조 제2항에 규정된 '회복하기 어려운 손해'에 관한 법리오해의 위법이 없다.

(3) 집행정지 요건인 '회복하기 어려운 손해'가 인정되지 않는다는 원심의 판단이 정당한 이상, 집행정지가 공공복리에 중대한 영향을 미칠 우려 여부나 본안 청구가 이유 없음이 명백하지 않은지 여부 등에 관한 나머지 재항고 이유는 이 사건 집행정지 신청을 받아들이지 아니하는 이 사건 결론에 영향을 줄 수 없으므로 더 나아가 판단할 필요 없이 이유 없다.

3. 해설

가. 쟁점의 정리

우리나라는 독일과 달리 행정소송이 제기된 경우 집행부정지를 원칙으로 한다. 즉 취소소송의 제기로 처분 등의 효력이나 절차의 속행에 영향을 주지 아니한다(행정소송법 제23조 제1항). 행정소송법은 예외적으로 집행정지를 예정하고 있는데, 취소소송이 제기된 경우 처분 등이나 그 집행 또는 절차의 속행으로 인하여 생길 회복하기 어려운 손해를 예방하기 위하여 긴급한 필요가 있다고 인정할 때 법원은 당사자의 신청이나 직권에 의하여 집행정지결정을 할 수 있다. 이러한 집행정지 제도는 집행부정지 원칙을 채택하고 있는 행정소송법의 임시구제절차로서 중요한 의미를 가지고 있다. 집행부정지 원칙은 국민의 권리보호보다 행정작용의 계속적인 수행에 더 많은 무게를 두고 있는바, 집행부정지의 원칙을 강조하여 집행정지의 요건을 해석·적용함에 있어서 엄격한 기준을 제시한다면 그것은 결과적으로 집행정지제도가 국민의 권리구제수단으로서의 기능을 발휘하게 못하는 요인이 될 것이다.[2]

집행정지의 요건으로 1) 집행정지 대상인 처분의 존재, 2) 적법한 본안소송의 계속, 3) 회복하기 어려운 손해발생의 가능성, 4) 긴급한 필요, 5) 공공복리에 중대한 영향을 미칠 우려가 없을 것이 일반적으로 제시되며, 6) 명문의 규정이 없지만 본안청구가 이유 없음이 명백하지 아니할 것이라는 요건도 일반적으로 인정되고 있다(대법원 1992. 8. 7.자 92두30 결정). 원심결정의 결정 이유에서 판단한 사항은 신청적격의 판단(2)요건), 회복하기 어려운 손해의 판단(3)요건), 공공복리에 중대한 영향을 미칠 우려에 대한 판단(5)요건), 본안청구가 이유 없음이 명백하지 않은지에 대한 판단(6)요건)이다.

대상결정에서는 특히 세 번째 요건인 '회복하기 어려운 손해의 발생가능성'을 판단하고 있는바 원심결정에서 판단한 사항을 3가지로 나누어 판단하였고 이를 바탕으로 회복하기 어려운 손해가 인정되지 않아 다른 요건에 대한 검토가 필요 없이 집행정지가 인정되지 않는다고 하면서 재항고를 기각하였다. PCS 사업폐지로 인하여 발생하는 이용자에 대한 손해에 대해서 1심인 서울행정법원의 결정에서는 원심결정과 대상결정과 달리 회복하기 어려운 손해를 인정하였던바, 이에 대해서는 논의의 여지가 있으므로 회복하기 어려운 손해에 해당하는지 판단하도록 한다.

나. 회복하기 어려운 손해

(1) '회복하기 어려운 손해'에 대한 판례의 태도

'회복하기 어려운 손해'라고 함은 집행부정지의 원칙을 계속 관철할 경우 당사자의 권리구제의 정도가 심각하게 훼손되어 본안판결에 의한 권리구제가 무색하기 되는 정도를 말한다.[3] 회복하기 어려운 손해의 의미에 대해 판례는 '회복하기 어려운 손해'라 함은 특별한 사정이 없는 한 금전으로 보상할 수 없는 손해로서 이는 금전보상이 불능인 경우 내지는 금전보상으로는 사회관념상 행정처분을 받은 당사자가 참고 견딜 수 없거나 또는 참고 견디기가 현저히 곤란한 경우의 유형, 무형의 손해를 의미한다고 본다.[4] 여기서 말하는 손해는 현

---

2) 김연태, "행정소송법상 집행정지", 공법연구 제33집 제1호, 2004. 11, 한국공법학회, 626면.
3) 하명호, 행정쟁송법, 2013, 박영사, 280면.
4) 대법원 1986. 3. 21.자 86두5 결정; 대법원 1999. 12. 20.자 99무42 결정 등.

재 발생한 것뿐 아니라 장차 발생할 가능성이 있는 것도 포함하며, 이러한 손해를 판단함에 있어 그 규모가 현저하게 클 것은 요구하지 않는다. 그리고 이때의 손해를 판단함에 있어서는 처분으로 인해 침해되는 개인의 이익으로 고려할 것이지, 제3자의 손해나 공공의 손해가 포함되지는 않는다.

대상결정 전에 회복하기 어려운 손해에 대해 판단한 최근 판례는 대법원 2011. 4. 21.자 2010무111 전원합의체 결정(부정), 대법원 2010. 5. 14.자 2010무48 결정(부정), 대법원 2008. 12. 29.자 2008무107 결정(부정), 대법원 2004. 5. 17.자 2004무6 결정(인정), 대법원 2004. 5. 12.자 2003무41 결정(인정), 대법원 2003. 10. 9.자 2003무23 결정(부정), 대법원 2003. 4. 25.자 2003무2 결정(부정), 대법원 2001. 10. 10.자 2001무29 결정(인정), 대법원 1999. 12. 20.자 99무42 결정(부정) 등이 있다.

(2) 2G 서비스에 의한 이동통신 서비스를 제공받지 못하는 손해

판례는 금전보상이 불가능한 경우 회복하기 어려운 손해를 인정하면서 금전보상이 가능하다 하더라도 당사자에게 수인가능성이 없는 경우 회복하기 어려운 손해를 인정한다. 사안에서 피신청인의 처분에 근거하여 참가인이 PCS통신망을 철거하는 등 사업폐지 절차에 들어갈 예정에 있으므로, 신청인들이 기존에 사용하던 2G기반의 서비스를 이용하지 못하는 것이 금전보상이 가능한 것이 아니어서 회복하기 어려운 손해에 해당하지 않는지 문제된다.

하지만 원심결정에서 판단하는 바와 같이 처분으로 인하여 신청인들이 기존에 참가인으로부터 제공받던 2G 서비스를 제공받지 못하게 되는 사실은 인정되나, 이러한 손해는 기존에 서비스계약의 해지와 그에 수반되는 손해배상청구권의 행사를 통해 보상될 수 있다고 보아야 한다. 금전적으로 보상된다고 하더라도 사회관념상 당사자가 참고 견딜 수 없거나 참고 견디기 현저히 곤란한 경우 회복하기 어려운 손해가 발생할 수 있는데, 판례가 이러한 경우로 판단한 것은 과대한 과징금의 납부로 경영상의 중대한 위기가 초래할 수 있는 경우 등(대법원 2001. 10. 10.자 2001무29 결정) 극히 예외적인 경우에만 해당한다. 사안에서는 손해배상으로 충분히 손해가 보전될 수 있고, 또한 다른 사업자와 2G 서비스 이용계약을 체결하거나, 참가인과 3G 서비스 이용계약을 체결하여 계속해서 이동통신을 사용할 수 있으므로 이에 대해 수인가능성이 초과하였다고 볼 수는 없다.

따라서 2G 서비스에 의한 이동통신 서비스를 제공받지 못하는 손해는 회복하기 어려운 손해에 해당하지 않는다는 대상결정은 타당하다.

(3) 010번호 외의 번호를 유지할 수 없는 손해

신청인들이 자신들이 사용하여 온 PCS 휴대전화번호 중 010번호가 아닌 다른 번호의 경우, 사업자를 변경하여 2G 이용계약을 체결하는 경우 2018년까지인데, 참가인의 3G 서비스로 전환하는 경우 2013년까지만 유지할 수 있을 뿐이다. 대상결정은 이는 전기통신사업법 제58조에 의하여 2018년 번호통합 완료를 목표로 2002년부터 시행하고 있는 010 번호통합 정책에 따른 결과로서 이 사건 처분으로 인하여 발생하는 직접적인 불이익이라거나 금전보상이 불가능한 손해라고 볼 수 없다고 판단하였다.

이에 대해서는 우선적으로 PCS의 번호를 유지할 수 있는 권리가 신청인들에게 인정되어 이를 유지할 수 없는 것이 '손해'인지 여부부터 판단하여야 할 것이다. 이동전화번호를 구성하는 숫자가 개인의 인격 내지 인간의 존엄과 관련성을 갖는다고 보기 어렵고, 이동전화번호는 유한한 국가자원으로 번호이용은 사업자와의 서비스 이용계약관계에 의한 것일 뿐이라는 헌법재판소의 입장(2013. 7. 25. 2011헌마63 결정)에 따르면 PCS의 번호를 유지할 수 없는 것이 인격권, 개인정보자기결정권 내지 재산권을 침해하는 손해라고 단정지을 수 없을 것이다. 따라서 이러한 입장에서 보면 010이외의 번호를 유지할 수 없는 것이 손해에 해당한다고 볼 수 없다. 다만 이에 대해 권리를 인정한다고 하더라도 대상결정에서 판시한 바와 같이 이는 010 번호통합정책에 따른 결과이지 피청구인의 사업폐지 승인 처분에 의하여 발생하는 불이익이 아니므로 '회복하기 어려운 손해'에 해당한다고 볼 수 없다. 따라서 이 점에 대해서도 대상결정은 타당하다.

(4) 긴급한 전화사용 불능으로 인한 손해

이 사건 처분으로 인해 서비스가 중단되어 긴급한 전화를 받지 못하거나 위기상황에 처해있을 때 구조요청을 하지 못할 위험에 처함으로써 손해가 생길 수 있다. 신청인들이 다른 사업자와 2G 서비스 이용계약을 체결하거나, 참가인과 3G 서비스 이용계약을 체결하지 않는 이상 참가인의 사업폐지로 인하여 서비스가 중단될 것이고 이에 따라 신청인들이 긴급한 전화를 못 받거나 위기상황에서 구조요청을 할 수 없는 위험에 처할 수 있는 손해가 발생할 수 있는 것이다. ·

이에 대해 대상결정은 참가인이 수행한 2G 서비스 중단을 알리는 고지활동의 내용, 참가인의 2G 가입자 수 감소 현황, 참가인이 수립한 이용자 보호계획의 구체적 내용, 제1심결정 후 이용자의 선택기회를 확대하고 불편을 최소화하기 위해 추가로 수립한 보호계획의 내용, 위에서 본 다른 통신 서비스로의 전환 및 발신시의 기존 전화번호 표시 서비스나 수신시의 착신전환 서비스를 통한 기존 전화번호의 계속적인 이용 가능성, 참가인의 2G 서비스 폐지 및 다른 통신 서비스로 전환하지 않을 경우에 발생할 불이익에 대한 신청인들의 사전 인식 등에 관하여 원심이 판시한 여러 사정들에 비추어 볼 때, 이러한 손해는 사업자 전환 및 서비스 전환을 통하여 회피할 수 있다고 볼 수 있으며 이러한 전환에 필요한 신청인들의 노력은 수인한도 내에 해당한다고 하였다. 따라서 이를 금전보상이 불가능한 손해라 할 수 없다는 이유를 들어 신청인들에게 이 사건 처분으로 인한 '회복하기 어려운 손해'가 인정되지 않는다고 하였다.

긴급한 전화를 사용할 수 없거나 위급상황에서 구조요청을 하지 못할 위험은 손해에 해당한다. 하지만 원심결정에서 판단한 것과 같이 1) 참가인은 광범위하게 안내활동을 전개하였고, 2) 이에 따라 2G 가입자가 급감하고 있으며, 3) PCS 이용자들이 사업자나 서비스를 전환하는 경우 보상지원을 시행하는 등 이용자 보호계획을 수립·시행하고 있으며, 4) 기존 전화번호의 유지 및 기존 번호표시 서비스, 착신전환 서비스를 제공하고 있다. 이러한 서비스들은 기존의 이용자들이 다른 사업자나 3G서비스로의 전환을 전제로 하고 있으나 신청인들이 PCS 서비스가 중단됨에 따라 자신들이 사업자나 서비스를 전환하지 않는 이상 기존의 휴대전화서비스를 받을 수 없음을 충분히 인지하고 있다고 볼 수 있다. 따라서 이러한 손해는 회피할 수 있는 손해로서 회피에 들이는 노력 역시 대상결정에서 판단한 것과 같이 수인한도 내라고 보는 것이 타당하다. 그리고 손해를 회피하기 위해 들이는 노력에 대한 보상이 이루어지고 있는바, 이는 금전보상이 불가능한 손해라고 볼 수 없고, 회복하기 어려운 손해에 해당하지 않는다고 할 것이다.

4. 판결의 의의

대상결정은 '회복하기 어려운 손해'에 대해 기존의 판례를 확인하고 있다. 다만 이 판례에서는 손해가 발생할 것이 예견되는 경우(위 (4)번) 손해에 대해 사전적으로 인식할 수 있는지와 그 손해를 회피하기 위한 노력의 정도를 판단하여 '회복하기 어려운 손해'가 인정되는지 여부를 판단하고 있는 점은 특이한 점으로 볼 수 있다. 대상결정에서 2G서비스 사업자를 바꾼다거나 3G서비스 이용계약을 체결하는 것은 손해를 회피하기 위한 노력이고 이러한 노력은 수인한도 내에 있으므로 2G서비스가 중단됨으로 인해 긴급통화 등을 할 수 없는 손해를 '회복하기 어려운 손해'라고 볼 수 없다는 것이다. 대법원의 이러한 결정에 비추어 보면, 어떤 손해의 발생이 예견되어 있을 때 손해발생 및 회피에 대한 고지와 회피에 대한 적정한 보상이 있게 되면 '회복하기 어려운 손해'에 해당하지 않는다고 판단할 수 있을 것이다. 다만 집행부정지원칙을 채택하고 있는 우리나라의 행정소송에서 '회복하기 어려운 손해'에 대해 너무 엄격한 잣대를 제시한다면 국민의 권리보호에 소홀할 수 있다는 점을 고려할 때, 회피노력에 수인가능성이 있는지 여부에 대한 판단은 엄격하게 하는 것이 타당할 것이다.

또한 대상결정은 통신서비스의 패러다임이 변하는 경우(2G(CDMA방식)에서 3G(WCDMA방식)으로) 통신사업자가 원활하게 서비스를 제공할 수 있는 단초를 제시했다고 볼 수 있다. 특히 원심결정에서 '공공복리에 중대한 영향을 미칠 우려'를 판단함에 있어 전파자원의 공평하고 효율적인 이용이라는 측면에서 기술방식을 전환해야 함에도 이를 시행하지 않거나 지체할 경우 공익에 반하는 결과를 초래할 수 있다고 판시하고 있는바, 통신서비스의 전환에 따라 사업폐지를 함에 있어 이러한 점이 고려될 수 있고, 사업자는 고지와 보상정책을 통해 집행정지를 당하지 않고 원활한 사업의 전환을 꾀할 수 있을 것이다.

한편 원심 및 대상결정은 번호의 소유권이나 이용권에 직접 관련된 사안은 아니지만, 의미적으로는 행정주체의 정책 일관성과 정당성을 인정함으로써 번호관리에 대한 배타적 권한이 행정주체인 정책당국에 있음을 일부 인정한 사안으로 볼 수 있어 위에서 제시한 헌법재판소 결정과 더불어 향후 번호관련 기본권 사안에 중요한 결정 사례로서 의의가 크다. 번호는 음성통신서비스 제공에 필수적으로 요구되는 자원으로 통신요금 등에 대한 정보를 포함하고 있어 번호의 변경은 이용자 혼란 등 사회적 비용을 초래하게 된다. 또한 통신서비스 이용자는 번호를 자신의 소유로 인식하는 경향이 있어 가입자번호의 강제적 변경은 이용자의 강한 저항에 노출되기도 한다. 현행법인 전기통신사업법 제48조와 하위 고시인 전기통신번호관리세칙 제1조는 번호가 국가자원으로 행정주체인 국가가 직접적인 행정목적 달성을 위해 관리한다는 점을 명기하고 있는바, 행정법상 공물에 해당한다고 볼 수 있을 것이고, 이로 인해 사업자나 이용자는 일시적인 이용 권리를 부여받았다고 보는 것이 일견 타당해 보인다.

더불어 일각에서는 번호를 공물의 사용관계에서 전적으로 행정주체의 재량으로 보아야 한다는 의견도 있는바, 본 판례의 판시내용인 행정주체의 정책일관성과 그에 따른 이용자 보호조치가 인정될 시 번호이용자의 이용 권리에 따른 '회복하기 어려운 손해'는 해당 없다는 결정은 번호의 사용관계에 대한 방향을 설정했다는 점에서도 그 의의를 찾을 수 있을 것이다. 다만, 번호의 소유권과 관련해서는 공물이론 중 다수설인 '수정된 사소유권설'[5]처럼 공물을 반드시 국가의 소유를 전제로 하지 않는 사례도 있으므로 이와 관련해서는 지속적인 법제도적 검토가 필요해 보인다.

---

5) 이 이론에 따르면 공물도 물건인 이상 사법적 규율에서 배제되지 않고 사법적 소유권의 대상이 되며, 단지 공용지정에 의하여 공법적인 이용에의 제공의 형태로 당해 물건에 대해 지배권이 미치는 한도에서만 사권의 행사가 제약을 받게 된다고 보는 것이다(류지태, "공물법 체계의 재검토", 고려법학 Vol.37, 2001, 71면).

61 음란의 개념 및 판단기준

대법원 2008. 3. 13. 선고 2006도3558 판결[1]

안정민(한림대학교 국제학부 교수)

1. 사안의 개요

일본 성인영화의 판권을 소유하고 있는 피고인은 영상물등급위원회로부터 '18세 관람가' 등급분류를 받은 동영상을 편집·변경함이 없이 그대로 인터넷 포털 사이트의 VOD 성인페이지에 게시하였으나, 정보통신망을 통하여 음란한 영상을 배포·공연히 전시하였다는 공소사실로 기소되었다. 영상들은 주로 남녀 간의 성교나 여성의 자위 장면 또는 여성에 대한 애무 장면 등을 묘사한 것이었다. 남녀 성기나 음모의 직접적인 노출은 없고 여성의 가슴을 애무하거나 팬티 안이나 팬티 위로 성기를 자극하는 장면을 가까이에서 촬영한 것을 보여주는 것이었다. 피고는 음란성의 개념이 시대에 따라 달라진다는 주장과 영상물등급위원회의 등급분류결정을 받았음을 이유로 본 게시물은 더 이상 음란성 심사대상이 될 수 없다고 주장하였다.

2. 판결의 요지

가. 원심판결(서울중앙지방법원 2006. 5. 16. 선고 2006노435 판결)

'음란'이라 함은 사회통념상 일반 보통인의 성욕을 자극하여 성적 흥분을 유발하고 정

---

1) [참조 및 관련 판례] 대법원 2006. 4. 28. 선고 2003도4128 판결; 대법원 2008. 6. 12. 선고 2006도4067 판결; 대법원 1995. 2. 10. 선고 94도2266 판결.
[관련 평석 및 문헌] 박이규, "정보통신망 이용촉진 및 정보보호 등에 관한 법률상 음란의 의미 및 그 판단 기준", 대법원 판례해설 76호(2008 상), 법원도서관, 2009; 박길성, 「정보통신망 이용촉진 및 정보보호 등에 관한 법률」 소정의 '음란'의 개념 등", 사법 5호(2008. 9), 사법연구지원재단, 2008; 문재완, "음란과 헌법상 표현의 자유의 보호영역", 언론과 법 제8권 제2호(2009) 등; 황창근, "정보사회의 음란물 규제체계 개편에 대한 일고", 법학논문집 제35집 제2호, 중앙대학교 법학연구원, 2011.

상적인 성적 수치심을 해하여 성적 도의관념에 반하는 것을 말한다. 그리고 영상물등급위원회가 등급분류 과정에서 음란성 여부에 관한 판단을 하였다 하더라도 영등위의 등급분류 또는 등급분류 보류에 관한 결정에 대하여 이의를 신청하거나 행정소송을 제기할 수 있는 점에 비추어 그 판단은 중간적인 것에 불과하고, 음란성 판단의 최종적인 주체는 어디까지나 당해 사건을 담당하는 법관이라 할 것이므로, 음반·비디오물 및 게임물에 관한 법률상 영등위가 18세관람가로 등급분류를 하였다 하여 무조건 음란성이 부정되는 것은 아니고, 법관은 음란성을 별도로 판단할 수 있는 것이다.

그런데 이 사건 동영상이 유형물에 고정된 비디오물로 제작되어 청소년이 아닌 자에게 제공되었다면 음반·비디오물 및 게임물에 관한 법률상 영등위의 심사 결과를 존중하여 음란성을 부정할 여지가 있으나 (청소년에게 제공하면 음반·비디오물 및 게임물에 관한 법률상 5천만원 이하의 과태료에 해당한다), 정보통신망에 배포·공연 전시하는 행위는 정보통신망을 건전하게 이용할 수 있는 환경을 침해한 것으로서 정보통신망 이용촉진 및 정보보호 등에 관한 법률의 목적에 반하기 때문에(성인인증절차를 요구하더라도 성인의 주민등록번호만 알면 쉽게 접속할 수 있으므로, 아동이나 청소년을 유해한 환경에 빠뜨릴 위험성이 크다), 비디오물로 제공하는 것과 달리 정보통신망을 통하여 제공하는 것은 그 시청환경을 감안하여 보다 엄격한 기준에 의하여 음란성 여부를 판단하여야 할 것이다.

다시 말하면, 영등위의 심사를 받아 비디오물로 제작·출시하는 것은 일정한 연령대에 속해 있는 사람들을 대상으로 시청을 제한하는 것이 가능하기 때문에 영등위의 심사 결과를 존중하여 음란성 인정에 보다 신중을 기하여야 할 것이나, 인터넷을 통하여 유포하는 것은 그 시청자의 범위를 제한하는 것이 용이하지 아니하므로, 같은 내용의 동영상이라 하더라도 제한된 연령대의 사람만 시청이 가능하도록 비디오로 제작·출시하느냐, 혹은 연령에 제한 없이 비교적 자유로운 시청이 가능하도록 인터넷에 공개하느냐에 따라 음란성의 판단기준을 달리 할 수 있는 것이다.

그런데 이 사건 동영상은 주로 호색적 흥미를 돋우기 위한 것으로 보일 뿐 예술로서의 성격을 전혀 가지고 있지 아니하여 예술성에 의하여 음란성이 완화된다고 보기 어렵고, 인터넷에 공연전시되는 경우 사회통념상 일반 보통인의 성욕을 자극하여 성적 흥분을 유발하고 정상적인 성적 수치심을 해하여 성적도의관념에 반할 뿐만 아니라, 성적으로 미숙한 아동과 청소년이 시청하는 경우 건전한 성도덕을 크게 해칠 것으로 여겨지므로, 음란성을 부정할 수 없다.

나. 대법원판결

(1) '음란'이라는 개념은 사회와 시대적 변화에 따라 변동하는 상대적이고도 유동적인 것이고, 그 시대에 있어서 사회의 풍속, 윤리, 종교 등과도 밀접한 관계를 가지는 추상적인 것이므로, 구체적인 판단에 있어서는 사회통념상 일반 보통인의 정서를 그 판단의 기준으로 삼을 수밖에 없다고 할지라도, 이는 일정한 가치판단에 기초하여 정립할 수 있는 규범적인 개념이므로, '음란'이라는 개념을 정립하는 것은 물론 구체적인 표현물의 음란성 여부도 종국적으로는 법원이 이를 판단하여야 한다.

(2) 영화나 비디오물 등에 관한 영상물등급위원회의 등급분류는 관람자의 연령을 고려하여 영화나 비디오물 등의 시청등급을 분류하는 것일 뿐 그 음란성 여부에 대하여 심사하여 판단하는 것이 아니므로, 법원이 영화나 비디오물 등의 음란성 여부를 판단하는 과정에서 영상물등급위원회의 등급분류를 참작사유로 삼을 수는 있겠지만, 영상물등급위원회에서 18세 관람가로 등급분류하였다는 사정만으로 그 영화나 비디오물 등의 음란성이 당연히 부정된다거나 영상물등급위원회의 판단에 법원이 기속된다고 볼 수는 없다.

(3) 형사법이 도덕이나 윤리 문제에 함부로 관여하는 것은 바람직하지 않고, 특히 개인의 사생활 영역에 속하는 내밀한 성적 문제에 개입하는 것은 필요 최소한의 범위 내로 제한함으로써 개인의 성적 자기결정권 또는 행복추구권이 부당하게 제한되지 않도록 해야 한다는 점, 개인의 다양한 개성과 독창적인 가치 실현을 존중하는 오늘날 우리 사회에서의 음란물에 대한 규제 필요성은 사회의 성윤리나 성도덕의 보호라는 측면을 넘어서 미성년자 보호 또는 성인의 원하지 않는 음란물에 접하지 않을 자유의 측면을 더욱 중점적으로 고려하여야 한다는 점 등에 비추어 볼 때, 구 정보통신망 이용촉진 및 정보보호 등에 관한 법률(2007. 12. 21. 법률 제8778호로 개정되기 전의 것) 제65조 제1항 제2호에서 규정하고 있는 '음란'이라 함은 사회통념상 일반 보통인의 성욕을 자극하여 성적 흥분을 유발하고 정상적인 성적 수치심을 해하여 성적 도의관념에 반하는 것으로서, 표현물을 전체적으로 관찰·평가해 볼 때 단순히 저속하다거나 문란한 느낌을 준다는 정도를 넘어서서 존중·보호되어야 할 인격을 갖춘 존재인 사람의 존엄성과 가치를 심각하게 훼손·왜곡하였다고 평가할 수 있을 정도로, 노골적인 방법에 의하여 성적 부위나 행위를 적나라하게 표현 또는 묘사한 것으로서, 사회통념에 비추어 전적으로 또는 지배적으로 성적 흥미에만 호소하고 하등의 문학적·예술적·사상적·과학적·의학적·교육적 가치를 지니지 아니하는 것을 뜻한다고 볼 것이고, 표현물의 음란 여부를 판단함에 있어서는 표현물 제작자의 주관적 의도가 아니라 그 사회의 평균인의 입장에서 그 시대의 건전한 사회통념에 따라 객관적이고 규범적으로 평가하여야 한다.

(4) 영상물등급위원회로부터 18세 관람가로 등급분류 받은 비디오물을 편집·변경함이 없이 그대로 옮겨 제작한 동영상을 정보통신망을 통하여 제공한 사안에서, 정보통신망을 통하여 제공한다는 시청환경 때문에 보다 엄격한 기준으로 음란 여부를 판단할 것은 아니다.

3. 해설

가. 음란의 개념

음란물이나 음란행위는 형법이나 정보통신망법, 풍속영업의 규제에 관한 법률 등에 의하여 규제되고 있다. 음란의 개념은 법률로 명확하게 정의되어 있지 않으나, 그동안 대법원은 일관되게 음란을 '일반 보통인의 성욕을 자극하여 성적 흥분을 유발하고 정상적인 성적 수치심을 해하여 성적 도의관념에 반하는 것'으로 정의해 왔다. '저속성'[2]의 개념과는 달리 헌법재판소와 대법원은 음란의 개념은 표현의 명확성에 대해 문제가 없다고 보고 있다.[3] 그러나 이러한 일관된 정의에도 불구하고 그 개념에 내포된 추상성으로 인하여 음란의 의미는 상대적이고 사회와 시대에 따라 가변적일 수밖에 없어 끊임없이 논쟁의 대상이 되고 있다. 대법원에서 2008년 8월 13일 선고된 2006도3558 판결도 이전까지의 대법원이 제시했던 음란성 판단기준을 달리하고 있어 이러한 음란 개념에 내포된 가변성을 보여주고 있다.

나. 음란의 판단 기준

(1) 종래 대법원의 입장

대법원은 1975. 12. 9. 74도976 판결에서 소설작품 『반노』의 음란성을 부정하면서 '표현에 있어 과도하게 성욕을 자극시키거나 또는 정상적인 성적 정서를 크게 해칠 정도로 노

---

2) 헌법재판소 1998. 4. 30. 선고 95헌가16 결정: "음란"의 개념과는 달리 "저속"의 개념은 그 적용범위가 매우 광범위할 뿐만 아니라 법관의 보충적인 해석에 의한다 하더라도 그 의미내용을 확정하기 어려울 정도로 매우 추상적이다. 이 "저속"의 개념에는 출판사등록이 취소되는 성적 표현의 하한이 열려 있을 뿐만 아니라 폭력성이나 잔인성 및 천한 정도도 그 하한이 모두 열려 있기 때문에 출판을 하고자 하는 자는 어느 정도로 자신의 표현내용을 조절해야 되는지를 도저히 알 수 없도록 되어 있어 명확성의 원칙 및 과도한 광범성의 원칙에 반한다.

3) 대법원 1995. 6. 16. 선고 94도2413 판결: 일반적으로 법규는 그 규정의 문언에 표현력의 한계가 있을 뿐만 아니라 그 성질상 어느 정도의 추상성을 가지는 것은 불가피하고, 형법 제243조, 제244조에서 규정하는 "음란"은 평가적, 정서적 판단을 요하는 규범적 구성요건 요소이고, "음란"이란 개념이 일반 보통인의 성욕을 자극하여 성적 흥분을 유발하고 정상적인 성적 수치심을 해하여 성적 도의관념에 반하는 것이라고 풀이되고 있으므로 이를 불명확하다고 볼 수 없기 때문에, 형법 제243조와 제244조의 규정이 죄형법정주의에 반하는 것이라고 할 수 없다.

골적이고 구체적인 묘사'라는 기준을 제시했다. 2006. 4. 28. 2003도4128 판결에서도 표현물의 음란 여부를 판단함에 있어서는 당해 표현물의 성에 관한 노골적이고 상세한 묘사·서술의 정도와 그 수법, 묘사·서술이 그 표현물 전체에서 차지하는 비중, 거기에 표현된 사상등과 묘사·서술의 관련성, 표현물의 구성이나 전개 또는 예술성·사상성 등에 의한 성적 자극의 완화 정도, 이들의 관점으로부터 당해 표현물을 전체로서 보았을 때 주로 그 표현물을보는 사람들의 호색적 흥미를 돋우느냐의 여부 등 여러 점을 고려하여야 한다고 보았다. 그외에도 표현물의 음란성에 대해서 여러 건의 대법원의 판결이 있었으나[4] 대법원은 일관되게'성에 대한 노골적인 묘사'와 '일반 보통인의 호색적인 흥미를 유발'을 음란성 판단기준으로제시해 왔었다.

이 판단기준에 따라 1995년 당시 사회전체에 뜨거운 논란을 불러왔던 마광수의 소설『즐거운 사라』에 대한 판단도 그 묘사방법이 적나라하고 선정적이며, 묘사부분이 전체 소설의 중추를 차지하고 있을 뿐만 아니라 그 구성이나 전개에 있어서 문예성, 예술성 등에 의한성적 자극 완화의 정도가 별로 크지 아니하여 음란한 문서에 해당된다고 보았다.[5] 이와 같이 대법원은 "문학성 내지 예술성과 음란성은 차원을 달리하는 관념이므로 어느 문학작품이나 예술작품에 문학성 내지 예술성이 있다고 하여 그 작품의 음란성이 당연히 부정되는 것은 아니고, 다만 그 작품의 문학적·예술적 가치, 주제와 성적 표현의 관련성 정도 등에 따라서 그 음란성이 완화될 뿐이라는 입장이었다.[6]

(2) 대법원의 새로운 판단기준

본 판결에서 대법원은 '음란'이라 함은 사회통념상 일반 보통인의 성욕을 자극하여 성적 흥분을 유발하고 정상적인 성적 수치심을 해하여 성적 도의관념에 반하는 것이라는 종전의 음란 개념을 재확인하였다. 그러나 개인의 성적결정권에 해당되는 문제에 대한 국가의개입은 필요 최소한의 범위로 제한하여야 한다는 것을 강조하면서, 기존의 음란성 판단기준과 더불어 '표현물을 전체적으로 관찰·평가해 볼 때 단순히 저속하다거나 문란한 느낌을 준다는 정도를 넘어서서 존중·보호되어야 할 인격을 갖춘 존재인 사람의 존엄성과 가치를 심각하게 훼손·왜곡하였다고 평가할 수 있을 정도'라는 기준을 새롭게 추가하여 제시하였다.대법원이 새롭게 제시한 '인간의 존엄성과 가치'라는 음란성 판단기준은 예술성을 띠고 있는표현물을 음란의 영역에서 벗어나게 할 수 있는 길을 열었다는 점에서 사회적 의미를 가지고 있다.[7]

---

4) 대법원 1995. 2. 10. 선고 94도2266 판결; 대법원 1997. 8. 22. 선고 97도937 판결.
5) 대법원 1995. 6. 16. 선고 94도2413 판결.
6) 대법원 2000. 10. 27. 선고 98도679 판결.
7) 대법원 2012. 10. 25. 선고 2011도16580 판결.

다. 음란의 판단 주체

대법원은 '음란'이라는 개념 자체가 사회와 시대적 변화에 따라 변동하는 상대적이고도 유동적인 것이고, 그 시대에 있어서 사회의 풍속, 윤리, 종교 등과도 밀접한 관계를 가지는 추상적인 것이기 때문에 일반 보통인의 정서를 기준으로 판단하여야 하고, 이러한 판단은 법관이 자신의 정서가 아닌 일반 보통인의 정서를 기준으로 하여 내릴 수 있는 규범적 개념 이므로 구체적인 음란성 여부도 종국적으로 법관이 판단하여야 한다고 보고 있다.

음란성의 판단기준이 되는 '사회통념상 일반 보통인', '정상적인 수치심', '성적 도의관 념', 표현물의 '전체적인' 관찰·평가, '저속', '문란', '사람의 존엄성과 가치' 등은 사람마다 의 가치관이나 윤리관에 따라 달라지는 주관적 개념이라는 것을 고려한다면 이 사안에서 문 제되었던 영화나 비디오물 등에 관한 영상물등급위원회의 등급분류는 주관적인 판단에 해당 될 뿐이어서 영상물등급위원회의 음란에 대한 판단을 최종적으로 법관을 통해서 확인한 것 은 타당하다.

그러나 이때 법관은 자신의 정서가 아닌 일반인이 생각하는 성적자기결정권과 행복추 구권의 관점에서 음란성과 예술성을 판단하여야 한다. 이러한 관점에서 표현물에 대해 엄격 한 잣대를 적용하여 음란성이 있는 것으로 판단된다 하더라도 그것이 어떤 사회적 의미를 가진다면 예술작품으로서의 가치를 띨 수 있다는 점을 충분히 고려할 필요가 있다.

4. 판결의 의의

본 판결은 인간의 존엄 내지 인간성을 왜곡하는지, 전체적으로 보아 예술성을 가지고 있는지도 고려하고 있다는 점에서 대법원의 새로운 판시는 변화하고 있는 현대 사회의 인식 에 조금 더 부합하여 음란을 제한적으로 해석하고 표현물이 가지는 사회적 가치를 포용하려 는 노력으로 볼 수 있다. 실제로 그 이후 2012. 10. 25. 선고한 2011도16580 판결은 강간, 미성년자와의 성행위, 인척 간의 성행위 등의 노골적인 표현에 대해서는 문학적·예술적·사 상적·과학적·의학적·교육적 가치가 없어 인간의 존엄성과 가치를 심각하게 훼손·왜곡하 여 '음란한 문언'에 해당한다고 본 반면, 표현물이 저속하고 문란한 느낌을 준다 하더라도 인간의 존엄성과 가치를 심각하게 훼손·왜곡하고 사회적으로 유해하다고 단정할 수 없는 것이라면 음란물로 보지 않았다. 여기에서 비록 노골적인 표현물이라 하더라도 인간의 존엄 성과 가치의 훼손여부는 예술적·문학적 등 가치가 판단기준으로 자리 잡았음을 알 수 있다.

이 판결은 음란에 관한 죄를 개인의 성적 자기결정권 또는 행복추구권의 관점에서 접근하여 그에 대한 국가형벌권의 개입을 최소화하고자 시도하였다는 점에서 큰 의미를 가진다. 이후의 판결에서는 비록 법원이 음란성 여부에 대한 최종적인 판단을 하지만 그 심사에 있어서는 전문위원회의 심사결과를 존중하는 모습을 엿볼 수 있어,8) 본 판결은 음란 개념을 보다 구체적으로 재정립하여 그 범위를 축소시켰다는 점에서 의미를 갖는다.

---

8) 대법원 2012. 10. 25. 선고 2011도16580 판결에서는 문제되는 영상의 대부분이 영상물등급위원회의 등급 분류 심의를 거친 영상물이라는 점도 음란물로 보지 않는 논거의 하나로 제시하고 있다.

62 소비자가 게시한 글의 '비방할 목적' 판단

대법원 2012. 11. 29. 선고 2012도10392 판결[1]

이인석(서울고등법원 고법판사)

1. 사안의 개요

가. 공소사실의 요지

피고인은 피해자 갑이 운영하는 산후조리원에서 산후조리를 하였던 산모이다. 피고인은 유명 산모카페인 인터넷 네이버 카페 "맘스홀릭베이비"[2] 인터넷 사이트에 접속하여, "○○ 산후조리원측의 막장대응"이라는 제목하에 "250만 원이 정당한 요구의 청구인가를 물어보니 막장으로 소리지르고 난리도 아니네요 이러면 제가 겪은 사실 모두 후기에 다 올리겠다 했더니 '해볼 테면 해봐라' 오히려 저에게 '손해배상을 청구하겠다'고 합니다."라는 글을 게시하여 정보통신망을 통하여 공공연하게 사실을 드러내어 ○○산후조리원 및 원장인 피해자 갑의 명예를 훼손한 것을 비롯하여 총 9회에 걸쳐 네이버 카페 "맘스홀릭베이비" 인터넷 사이트에 글을 게시하여 ○○산후조리원 및 원장인 피해자 갑의 명예를 훼손하였다.

나. 쟁점

산후조리원을 이용한 후 불편 사항을 이용 후기 형태로 인터넷 카페 등에 게시한 피고인의 행위에 정보통신망 이용촉진 및 정보보호 등에 관한 법률(이하 '정보통신망법'이라 한다)

---

1) [참조 및 관련 판례] 대법원 2009. 5. 28. 선고 2008도8812 판결; 대법원 2010. 11. 25. 선고 2009도12132 판결; 대법원 2012. 1. 26. 선고 2010도8143 판결; 대법원 2005. 10. 14. 선고 2005도5068 판결; 대법원 2011. 11. 24. 선고 2010도10864 판결.
[관련 평석 및 문헌] 황성기, "전자미디어와 명예훼손법," 언론중재 통권 74호, 2000. 3; 윤종행, "사이버 명예훼손죄에 있어서 비방의 목적과 공익 관련성", 형사정책 제18권 제1호(2006. 6).
2) <http//cafe.naver.com/imsanbu> 임신, 출산, 육아에 관한 정보 교환을 목적으로 네이버에 개설된 인터넷 카페로 2011년 네이버 대표카페로 선정되었다.

제70조 제1항에서 정한 '사람을 비방할 목적'이 인정되는지 여부이다.

다. 관련 규정

[정보통신망법]

제70조(벌칙)

① 사람을 비방할 목적으로 정보통신망을 통하여 공연히 사실을 적시하여 타인의 명예를 훼손한 자는 3년 이하의 징역이나 금고 또는 2천만원 이하의 벌금에 처한다.

② 사람을 비방할 목적으로 정보통신망을 통하여 공공연하게 거짓의 사실을 드러내어 다른 사람의 명예를 훼손한 자는 7년 이하의 징역, 10년 이하의 자격정지 또는 5천만원 이하의 벌금에 처한다.

[형법]

제309조(출판물 등에 의한 명예훼손)

① 사람을 비방할 목적으로 신문, 잡지 또는 라디오 기타 출판물에 의하여 제307조 제1항의 죄를 범한 자는 3년 이하의 징역이나 금고 또는 700만원 이하의 벌금에 처한다.

② 제1항의 방법으로 제307조 제2항의 죄를 범한 자는 7년 이하의 징역, 10년 이하의 자격정지 또는 1천500만원 이하의 벌금에 처한다.

[헌법]

제124조

국가는 건전한 소비행위를 계도하고 생산품의 품질향상을 촉구하기 위한 소비자보호운동을 법률이 정하는 바에 의하여 보장한다.

[소비자기본법]

제4조(소비자의 기본적 권리)

소비자는 다음 각 호의 기본적 권리를 가진다.

2. 물품 등을 선택함에 있어서 필요한 지식 및 정보를 제공받을 권리

4. 소비생활에 영향을 주는 국가 및 지방자치단체의 정책과 사업자의 사업활동 등에 대하여 의견을 반영시킬 권리

2. 판결의 요지

가. 원심의 판단(서울북부지방법원 2012. 8. 9. 선고 2012노729 판결(2심), 서울북부지방법원 2012. 6. 7. 선고 2012고단710 판결(1심))

피고인은 공소사실 기재의 표현물들을 게시한 것은 사실이나, 이는 공공의 이익을 위한 것으로서 비방할 목적이 있다고 할 수 없다고 주장하였다.

원심은, ① "맘스홀릭베이비" 카페는 회원수가 20,000명이 넘는 점, ② 이 사건 각 게시물 내용은 피해자가 운영하는 산후조리원에 대한 정보제공차원을 넘어 피고인의 불만제기에 대응하는 피해자 갑의 태도와 언행을 인격적으로 비난하는 표현이 다수 포함되어 있는 점, ③ 피해자 갑이 피고인의 환불요구를 거절한 직후 게시물 및 댓글을 계속적, 중복적으로 게재한 점 등 이 사건 각 게시물을 게재하게 된 경위, 구체적인 표현내용과 표현방법 등에 비추어 보면, 다수인을 상대로 영리목적의 서비스를 제공하는 갑의 입장에서는 고객들의 불만의 의사표현을 어느 정도 감내하여야 할 것이라는 점을 고려하더라도, 피고인이 객관적으로 볼 때 주로 공공의 이익에 관하여 사실을 적시하였다고 볼 수 없으므로 피고인은 피해자 갑을 비방하기 위하여 위 글들을 게재하였다고 인정하였다.

나. 대법원판결

(1) 국가는 건전한 소비행위를 계도하고 생산품의 품질향상을 촉구하기 위한 소비자보호운동을 법률이 정하는 바에 따라 보장하여야 하며(헌법 제124조), 소비자는 물품 또는 용역을 선택하는 데 필요한 지식 및 정보를 제공받을 권리와 사업자의 사업활동 등에 대하여 소비자의 의견을 반영시킬 권리가 있고(소비자기본법 제4조), 공급자 중심의 시장 환경이 소비자 중심으로 이전되면서 사업자와 소비자의 정보 격차를 줄이기 위해 인터넷을 통한 물품 또는 용역에 대한 정보 및 의견 제공과 교환의 필요성이 증대되므로, 실제로 물품을 사용하거나 용역을 이용한 소비자가 인터넷에 자신이 겪은 객관적 사실을 바탕으로 사업자에게 불리한 내용의 글을 게시하는 행위에 비방의 목적이 있는지는 해당 적시 사실의 내용과 성질, 해당 사실의 공표가 이루어진 상대방의 범위, 표현의 방법 등 표현 자체에 관한 제반 사정을 두루 심사하여 더욱 신중하게 판단하여야 한다.

(2) ① 피고인이 인터넷 카페 게시판 등에 올린 글은 피고인이 이 사건 산후조리원을 실제 이용한 소비자로서 겪은 일과 이에 대한 주관적 평가를 담은 이용 후기인 점, ② 이 사건 글에 '피해자의 막장 대응' 등과 같이 다소 과장된 표현이 사용되기도 했지만, 이는 출산으로 몸과 마음 모두 급격하고 예민한 변화를 겪는 피고인이 제기한 불만에 대응하는 피해자 태도의 문제점을 지적하는 것이고, 인터넷 게시글에 적시된 주요 내용은 객관적 사실에 부합하는 점, ③ 산후조리원에 관한 정보는 출산을 앞둔 임산부들의 관심과 이익에 관한 것으로, 피고인은 자신도 이용 후기를 보고 이 사건 산후조리원을 선택한 것처럼 산후조리원을 이용하려는 임산부의 신중한 선택에 도움을 주기 위해 인터넷에 이 사건 글을 게시하게 됐다고 동기를 밝힌 점, ④ 피고인이 같은 내용의 글을 반복하여 게시하였지만, 이는 자신의 글이 피해자 측의 요청 등으로 인터넷에서 삭제되거나 게시가 중단된 것에서 기인한 것으로

볼 수 있는 점, ⑤ 피고인이 게시한 글의 공표 상대방은 인터넷 카페 회원이나 산후조리원 정보를 검색하는 인터넷 사용자들에 한정되고 그렇지 않은 인터넷 사용자들에게 무분별하게 노출되는 것이라고 보기 어려운 점, ⑥ 산후조리원을 이용한 모든 산모가 만족할 수는 없으므로 영리 목적으로 산후조리 서비스를 제공하는 피해자로서는 불만이 있는 산모들의 자유로운 의사 표명을 어느 정도 수인하여야 하는 점, ⑦ 산후조리원 이용에 불편을 겪었다는 내용의 글로 피해자의 사회적 평가가 저하한 정도는 인터넷 이용자들의 자유로운 정보 및 의견 교환에 따른 이익에 비해 더 크다고 보기 어려운 점 등의 제반 사정을 앞서 본 법리에 비추어 보면, 피고인이 적시한 사실은 산후조리원에 대한 정보를 구하고자 하는 임산부의 의사결정에 도움이 되는 정보 및 의견 제공이라는 공공의 이익에 관한 것이라고 봄이 타당하고, 이처럼 피고인의 주요한 동기나 목적이 공공의 이익을 위한 것이라면 부수적으로 산후조리원 이용대금 환불과 같은 다른 사익적 목적이나 동기가 내포되어 있더라도 그러한 사정만으로 피고인에게 비방할 목적이 있다고 보기는 어렵다.

3. 해설

가. 사이버 명예훼손죄와 표현의 자유, 소비자의 권리

(1) 사이버 명예훼손죄

정보통신망법 제70조의 사람을 비방할 목적으로 정보통신망을 통하여 공연히 사실 또는 허위사실을 적시하여 타인의 명예를 훼손하는 죄를 이른바 '사이버 명예훼손죄'라고 한다. 사이버 명예훼손죄의 구성요건은 ① 사람을 비방할 목적으로, ② 정보통신망을 통하여, ③ 공연히, ④ 사실을 적시하여, ⑤ 타인의 명예를 훼손하는 것이다. "공연히"를 추가한 것과 벌금형의 상한을 높인 것을 제외하고는 출판물에 의한 명예훼손죄와 내용이 같다. 여기서 '비방할 목적'은 출판물에 의한 명예훼손죄와 그 내용이 같다. 판례도 양자를 구별하지 않고 있다.[3]

(2) 사이버공간에서 표현의 자유

헌법은 '모든 국민은 언론·출판의 자유와 집회·결사의 자유를 가지고, 언론·출판에 대한 허가는 인정되지 아니한다.'고 규정하여 표현의 자유를 보장(제21조 제1항·제2항)하면서도 '언론·출판은 타인의 명예를 침해하여서는 아니 된다.'고 규정(제21조 제4항)하고 있다. 이러한 헌법규정을 비롯한 관련 법률 규정의 해석에서 사이버공간이라는 특수성이 어떻게 고

---

3) 대법원 2009. 5. 28. 선고 2008도8812 판결 등.

려되어야 하는지는 중요한 과제이다.

사이버공간은 오프라인과 비교하여 여러 가지 면에서 차이가 있다. 첫째 의사소통방식의 면에 있어서 기존 매체는 일방향인 반면 인터넷은 쌍방향매체라는 점, 둘째 정보의 생산 및 흐름에 있어 정보통제자(gatekeeper)가 존재하지 않아 '탈중앙통제적'이고 '개방적 매체'라는 점, 셋째 다수의 정보생산자가 존재할 뿐만 아니라 정보수용자는 과거 매체의 수동적 수용자를 벗어나 능동적인 '이용자'가 된다는 점, 넷째 경제적 약자에게도 접근이 매우 용이(easily accessible)하다는 점, 다섯째 정보의 내용은 물론 정보의 형식에 있어서도 다양성을 추구한다는 점 등이다.[4] 이러한 사이버 공간의 특성에 따라 오프라인에서의 명예훼손 법리를 사이버공간에 그대로 적용하는 것은 곤란하고 사이버공간에서의 표현의 자유가 오프라인에서의 표현의 자유보다 더 중요시된다거나 반대로 개인의 명예를 보호할 필요성이 더 크다는 주장이 제기된다. 이러한 '매체특성론적 접근방법'은 "매스미디어와 쌍방향미디어는 서로 다른 특성을 지니고 있으므로, 매스미디어와 쌍방향미디어에 적용되는 명예훼손 법리도 달라야 한다."는 가설에서 출발한다.[5] 생각건대, 사이버 공간의 특수성은 표현의 자유와 명예훼손 관련 법리의 근간을 바꾸는 것이 아니라 구체적 사안에서 '비방할 목적'이나 '공공의 이익' 등을 판단하는 데에 그 특수성을 고려하는 방식으로 해결하여야 할 것이다. 출판물에 의한 명예훼손과 사이버 명예훼손의 '비방할 목적'을 같은 법리로 해결하는 판례의 태도도 같은 입장이라고 생각된다. 미국, 독일, 일본 등의 판례와 학설에서도 기본적으로 사이버 명예훼손죄에도 일반명예훼손의 법리가 그대로 적용된다고 받아들여지고 있다.[6] 따라서 매체특성론적 접근방법에서 중점적으로 말하는 '자신의 명예를 훼손하는 표현에 대한 반박이 매스미디어에 비해서 상당히 용이하므로, 훼손된 명예에 대한 회복을 기존의 법적 수단에 의해 실현할 필요성이 실제로 적어진다.'는 점 등은 사이버 명예훼손죄에서 '비방할 목적'이나 '공공의 이익' 등을 판단하는 중요한 고려요소가 될 것이다.

(3) 소비자의 권리

소비자는 물품 및 용역을 선택함에 있어서 필요한 지식과 정보를 제공받을 권리를 가진다(소비자기본법 제4조 제2호). 즉 소비자는 그의 합리적인 선택을 보장받기 위해서 사업자에 대하여 정확한 정보의 제공을 요구할 수 있는 권리를 가진다. 또한, 소비자는 소비생활에 영향을 주는 국가 및 지방자치단체의 정책과 사업자의 사업활동에 대하여 의견을 반영시킬 권리를 가진다(소비자기본법 제4조 제4호). 위와 같이 소비자의 합리적 선택을 보장하고, 소비자

---

4) 황성기, "전자미디어와 명예훼손법," 언론중재 통권 74호, 2000. 3, 26-29면.
5) 위의 글, 22면.
6) 윤종행, "사이버명예훼손죄에 있어서 비방의 목적과 공익 관련성", 형사정책 제18권 제1호, 2006. 6, 291면.

의 의견이 사업활동에 반영되기 위해서는 소비자의 표현의 자유가 보장되어야 하고 그러한 표현에는 사업자가 제공하는 물품 및 용역에 대한 비판적인 내용이 포함되는 것은 필연적이다. 이러한 소비자의 권리는 사이버 공간에 사업자에게 비판적인 내용의 글을 게시한 소비자의 '비방할 목적'을 판단하는 중요한 고려요소가 된다.

나. 비방할 목적의 체계적 지위

사이버 명예훼손죄는 출판물에 의한 명예훼손죄와 마찬가지로 비방의 목적을 요한다. 따라서 비방의 목적이 없으면 단순히 제307조의 명예훼손죄가 성립할 수 있을 뿐이다. 일반적으로 비방의 목적은 고의 이외의 초과주관적 구성요건요소로서 '사람을 비방할 목적'이란 가해의 의사 내지 목적을 요하는 것으로 이해된다.[7]

형법 제309조 제1항 소정의 '사람을 비방할 목적'이란 가해의 의사 내지 목적을 요하는 것으로서 공공의 이익을 위한 것과는 행위자의 주관적 의도의 방향에 있어 서로 상반되는 관계에 있다고 할 것이므로, 형법 제310조의 공공의 이익에 관한 때에는 처벌하지 아니한다는 규정은 사람을 비방할 목적이 있어야 하는 형법 제309조 제1항 소정의 행위에 대하여는 적용되지 아니하고 그 목적을 필요로 하지 않는 형법 제307조 제1항의 행위에 한하여 적용되는 것이고, 반면에 적시한 사실이 공공의 이익에 관한 것인 경우에는 특별한 사정이 없는 한 비방 목적은 부인된다고 봄이 상당하므로 이와 같은 경우에는 형법 제307조 제1항 소정의 명예훼손죄의 성립 여부가 문제될 수 있고 이에 대하여는 다시 형법 제310조에 의한 위법성 조각 여부가 문제가 될 수 있다.[8]

한편 공공의 이익이란 국가, 사회, 기타 일반 다수인의 이익뿐만 아니라 특정 사회집단의 관심과 이익에 관한 것도 포함하고, 주된 목적이 공공의 이익을 위한 것인 경우 부수적으로 사익적 목적이 포함됐더라도 '비방할 목적'은 부정된다.[9]

판례는 구성요건요소로서 '비방할 목적'과 위법성조각사유로서 '공공의 이익' 판단이 다소 중복되는 듯한 표현을 사용하고 있다. 그러나 엄밀하게 말하면 '공공의 이익'은 '비방할 목적'이 부정되어 사이버 명예훼손죄의 구성요건에 해당하지는 않으나 형법 제307조 제1항의 일반명예훼손죄의 구성요건에 해당할 경우 사실의 진실성과 함께 위법성조각사유로 검토되어야 한다.

---

7) 대법원 2014. 5. 29. 선고 2013도3517 판결.
8) 대법원 2003. 12. 26. 선고 2003도6036 판결.
9) 대법원 2012. 1. 26. 선고 2010도8143 판결.

다. '비방할 목적' 판단 방법

(1) '비방'의 사전적 의미는 '남을 비웃고 헐뜯어서 말하는 것'[10]인데 그 판단은 고의의 유무와 마찬가지로 내심의 의사를 포함하는 것이어서 쉽지 않다. 판례에 나타난 '비방할 목적'의 판단 기준은 다음과 같다.

(2) 정보통신망법 제70조 제1항에서 정한 '사람을 비방할 목적'이란 가해의 의사나 목적을 필요로 하는 것으로서, 사람을 비방할 목적이 있는지는 해당 적시 사실의 내용과 성질, 해당 사실의 공표가 이루어진 상대방의 범위, 그 표현의 방법 등 그 표현 자체에 관한 제반 사정을 고려함과 동시에 그 표현으로 훼손되거나 훼손될 수 있는 명예의 침해 정도 등을 비교·고려하여 결정하여야 한다.[11]

적시된 사실이 이러한 공공의 이익에 관한 것인지는 그 표현이 객관적으로 국민이 알아야 할 공공성·사회성을 갖춘 공적 관심 사안에 관한 것으로 사회의 여론 형성이나 공개토론에 기여하는 것인지 아니면 순수한 사적인 영역에 속하는 것인지 여부, 피해자가 그와 같은 명예훼손적 표현의 위험을 자초한 것인지 여부, 그리고 그 표현으로 훼손되는 명예의 성격과 그 침해의 정도, 그 표현의 방법과 동기 등 제반 사정을 고려하여 판단하여야 하고, 행위자의 주요한 동기나 목적이 공공의 이익을 위한 것이라면 부수적으로 다른 사익적 목적이나 동기가 내포되어 있더라도 비방할 목적이 있다고 보기는 어렵다.[12]

라. 대상판결에 대한 검토

(1) '비방할 목적'을 인정하는 근거

이 사안에서 원심과 같이 비방할 목적을 인정한다면 다음과 같은 점을 근거로 할 수 있을 것이다. ① 피고인이 게시한 내용이 객관적 사실에 부합하더라도 나쁜 사정만을 과장하여 지적하고 있다면 이러한 행위는 정보의 제공이라기보다는 사용 후기를 빙자하여 자신의 사익을 추구한 것으로 산후조리원에 대한 비난에 진정한 의도가 있다고 보이는 점, ② 공공의 이익과 사익적 목적이 혼재된 경우라도 행위자의 주요한 동기가 사익적 목적에 있다면 비방의 목적을 인정할 수 있는데, 이 사건에서 피고인의 주요한 동기를 공공의 이익으로 보기는 어렵다는 점 등이다.

---

10) 국립국어원 표준국어대사전.
11) 대법원 2009. 5. 28. 선고 2008도8812 판결; 대법원 2010. 11. 25. 선고 2009도12132 판결; 대법원 2012. 1. 26. 선고 2010도8143 판결 등 참조.
12) 대법원 2005. 10. 14. 선고 2005도5068 판결; 대법원 2011. 11. 24. 선고 2010도10864 판결 등 참조.

(2) '비방할 목적'을 부정하는 근거

이 사안에서 비방할 목적을 부정한다면 다음과 같은 점을 근거로 할 수 있을 것이다. ① 게시글의 내용 자체가 직접 겪은 일에 관한 것으로서 사실에 부합하고, 게시의 목적도 산후조리원에 관한 정보 및 의견 제공이라는 점, ② 게시의 장소와 대상이 카페 및 그 회원들에 한정된 점, ③ 설사 피고인이 환불을 요구하였다고 하여도 만족하지 못한 서비스에 대한 환불요구 자체가 정당하지 않다고 단정할 수는 없는 점, ④ 다른 사람에 대해서 비판하는 것을 모두 가해의 의사가 있다고 본다면 표현의 자유를 인정한 헌법 정신에 반할 여지가 있는 점 등이다.

(3) 검토

이 사안에서는 앞서든 부정설의 논거 이외에도 다음과 같은 소비자의 권리보장과 사이버공간을 특수성에 비추어 볼 때 비방할 목적을 부정하는 것이 타당하다고 본다.

① 사업자에 대한 비판의 글을 게시한 경우에 '비방 목적'을 쉽게 인정하여 국가 형벌권을 행사하는 것은 소비자보호운동을 보장할 국가의 헌법상 책무(헌법 제124조)에도 반하며, 소비자가 인터넷에 자신의 불만 사항을 게시하는 것은 일종의 소비자 권리행사에 해당하므로 그 내용이 사업자에게 불리하다고 하여 '비방 목적'을 쉽게 인정한다면 소비자의 정당한 비판활동이 위축되는 효과(Chilling Effect)가 나타날 것이다. ② 사업자와 소비자의 정보 격차를 줄이고 소비자의 비판의견이 기업활동에 반영되도록 하기 위한 정보 및 의견 제공·교환의 필요성이 증대되고 있으므로 소비자의 사용 후기는 그 필요성의 관점에서도 두텁게 보장되어야 한다. ③ 실제로 산후조리원을 이용하는 소비자는 사용 후기를 참고하여 장단점을 비교 평가한 다음 어느 산후조리원을 이용할지를 결정하는 경우가 많으므로, 소비자에게 정보를 제공하는 차원에서 사용 후기가 필요한데 피고인 역시 정보 제공 및 서비스 개선을 위해 후기를 올린다는 점을 명백히 밝히고 있다. ④ 사용 후기에 좋은 평가만 올리도록 하는 것은 사업자의 광고와 다를 바 없고, 사업자로서는 사이버 공간에서 자신에게 불리한 글의 내용에 관하여 쉽게 반박하는 내용을 글을 게시할 수 있으므로, 객관적인 자료를 제공하는 방법으로 건전한 의견교환을 통해 서비스의 품질향상과 소비자보호를 달성할 수 있다.

4. 판결의 의의

대상판결은 정보통신망법 제70조 제1항에서 정한 '사람을 비방할 목적'에 관한 기존의 판례이론을 소비자가 인터넷에 게시한 이용 후기의 특수성을 고려하여 판단한 최초의 사례이다.

대상판결은 소비자의 권리행사로서 사용자에게 불리한 이용 후기를 올리는 행위에서 '비방할 목적'은 신중히 인정하여야 한다는 내용을 처음으로 판시하였다. 이용 후기로 인한 피해자의 사회적 평가가 저하된 정도와 인터넷 이용자들의 자유로운 정보 및 의견 교환에 따른 이익을 비교 형량하면서 특히 소비자의 권리를 중요한 고려요소로 참작한 것이다. 소비자의 권리를 보장하는 이유는 소비자를 보호하려는 데에만 있는 것이 아니라 소비자의 권익 보장을 통해 기업은 경쟁력을 확보하여 경제발전에 이바지하게 된다는 점에서 대상판결의 판단 기준은 소비자 주권 시대에 걸맞은 해석론이다.

대상판결이 '인터넷 이용자들의 자유로운 정보 및 의견 교환'을 강조한 것은 매체특성론적 접근방식을 '사람을 비방할 목적' 판단에 있어서 중요한 고려요소로 삼는 방식으로 수용한 것으로 볼 수 있다. 대상판결에서 직접적으로 설시하지는 않았지만, 산후조리원 측의 용이한 반박 가능성도 고려한 것으로 보인다.

63 인터넷상 사실적시 명예훼손죄의 위헌 여부

헌법재판소 2016. 2. 25. 선고 2013헌바105 등 결정[1]

장철준(단국대학교 법과대학 교수)

1. 사안의 개요

대상결정은 2013헌바105 사건과 2015헌바234 사건이 병합·선고된 것이다. 전자의 사건에서 청구인은 컴퓨터를 이용하여 자신이 거주하는 아파트 홈페이지 내 입주민 공간 자유게시판에 "입에 담지 못할 욕설 그리고 폭행"이라는 제목의 글을 게시하였다. 이에 1심 법원은 피해자들을 비방할 목적으로 정보통신망을 통하여 공공연하게 사실을 드러내어 명예를 훼손하였다는 범죄사실을 받아들여 청구인에게 벌금 50만 원을 선고하였다. 청구인은 상고절차 계속 중, 구 정보통신망법 제70조 제1항에 대하여 위헌법률심판제청신청을 하였으나기각되자 헌법소원을 청구하였다.

후자의 사건에서 청구인은 피해자가 운영하는 회사에 자금을 투자하였으나 이를 회수하지 못하자 불만을 품고 총 16회에 걸쳐 인터넷 사이트 게시판에 피해자에 대한 글을 게시하였다. 역시 법원은 청구인에게 피해자를 비방할 목적으로 정보통신망을 통하여 공연히 사실을 적시하여 피해자의 명예를 훼손하였다는 범죄사실을 인용하여 벌금 150만 원을 선고하

---

1) [참조 및 관련 판례] 헌법재판소 2009. 5. 28. 선고 2006헌바109등 결정; 헌법재판소 2013. 6. 27. 선고 2012헌바37등 결정; 헌법재판소 1999. 6. 24. 선고 97헌마265 결정; 헌법재판소 2010. 3. 25. 선고 2008헌바84 결정; 헌법재판소 2012. 5. 31. 선고 2010헌마88 결정; 헌법재판소 2013. 12. 26. 선고 2009헌마747 결정.
   [관련 평석 및 문헌] 조국, "사실적시 명예훼손죄 및 모욕죄의 재구성", 형사정책 제25권 제3호, 2013; 박지현, "명예훼손 또는 사실공표 행위의 면책을 위한 '진실이라 믿을 만한 상당한 이유' 기준에 대한 재해석", 민주법학 제57호, 2015; 정태호·김훈집, "영국의 명예훼손죄 폐지와 그 교훈", 경희법학 제50권 제1호, 2015; 주승희, "인터넷상 명예훼손죄의 비범죄화 주장 검토", 형사법연구 제25호, 2006; 박경신, "진실적시에 의한 명예훼손 처벌제도의 위헌성", 세계헌법연구 제16권 제4호, 2010; 이원상, "허위사실유포 관련 범죄에 대한 고찰", 형사정책연구 제24권 제3호, 2013; 박경신, "허위사실유포죄의 위헌성에 대한 비교법적인 분석", 법학연구 제12권 제1호, 2009; 문재완, 허위사실의 표현과 표현의 자유: 한국과 미국의 판례 비교를 중심으로, 공법연구 제39집 제3호, 2011; 손태규, 형법상 명예훼손죄의 폐지, 공법연구 제41집 제2호, 2012; 신평, 새로운 명예훼손법 체계의 구축에 관한 시도, 공법연구 제31집 제3호, 2003 등.

였다. 청구인은 항소심 계속 중 같은 법 같은 조항에 대해 위헌법률심판제청신청을 하였으나 기각되자 헌법소원을 청구하였다.

2. 대상결정의 요지

가. 쟁점

비방할 목적으로 정보통신망을 이용하여 공공연하게 사실을 드러내어 다른 사람의 명예를 훼손한 자를 처벌하고 있는 구 정보통신망법 제70조 제1항이 명확성원칙에 위배되는지 여부, 표현의 자유를 침해하는지 여부 등이 주된 쟁점이었다.[2]

나. 합헌의견

(1) 심판대상조항의 '비방할 목적'은 고의 외에 추가로 요구되는 주관적 구성요건요소로서 사람의 명예에 대한 가해의 의사나 목적을 의미한다. '비방'이나 '목적'이라는 용어는 정보통신망법에서만 사용되는 고유한 개념이 아니고, 일반인이 일상적으로 사용하거나 다른 법령들에서도 사용되는 일반적인 용어로서, 특별한 경우를 제외하고는 법관의 보충적 해석작용 없이도 일반인들이 그 대강의 의미를 이해할 수 있는 표현이다. 심판대상조항에서 사용되는 의미 또한 일반적으로 사용되는 의미범위를 넘지 않고 있으므로, '비방할 목적'이 불명확하다고 보기 어렵다.

또한, '비방할 목적'과 공공의 이익을 위하여 사물의 옳고 그름에 대한 판단을 표현하는 '비판할 목적'은 서로 구별되는 개념이고, 대법원도 적시한 사실이 공공의 이익에 관한 것일 때에는 특별한 사정이 없는 한 비방할 목적은 부인된다고 판시하여, 비방할 목적과 공공의 이익에 대한 판단기준을 분명하게 제시하고 있다.

따라서 심판대상조항은 명확성원칙에 위배되지 아니한다.

(2) 우리나라는 현재 인터넷 이용이 상당히 보편화됨에 따라 정보통신망을 이용한 명예훼손범죄가 급증하는 추세에 있고, 인터넷 등 정보통신망을 이용하여 사실에 기초하더라도 왜곡된 의혹을 제기하거나 편파적인 의견이나 평가를 추가로 적시함으로써 실제로는 허위의 사실을 적시하여 다른 사람의 명예를 훼손하는 경우와 다를 바 없거나 적어도 다른 사람의 사회적 평가를 심대하게 훼손하는 경우가 적지 않게 발생하고 있고, 이로 인한 사회적 피해

---

2) 구 정보통신망법 제70조 제1항(벌칙) "사람을 비방할 목적으로 정보통신망을 통하여 공공연하게 사실을 드러내어 다른 사람의 명예를 훼손한 자는 3년 이하의 징역이나 금고 또는 2천만 원 이하의 벌금에 처한다."

는 심각한 상황이다. 따라서 이러한 명예훼손적인 표현을 규제함으로써 인격권을 보호해야
할 필요성은 매우 크다.

심판대상조항은 이러한 명예훼손적 표현을 규제하면서도 '비방할 목적'이라는 초과 주
관적 구성요건을 추가로 요구하여 그 규제 범위를 최소한도로 하고 있고, 헌법재판소와 대
법원은 정부 또는 국가기관의 정책결정이나 업무수행과 관련된 사항에 관하여는 표현의 자
유를 최대한 보장함으로써 정보통신망에서의 명예보호가 표현의 자유에 대한 지나친 위축효
과로 이어지지 않도록 하고 있다. 또한, 민사상 손해배상 등 명예훼손 구제에 관한 다른 제
도들이 형사처벌을 대체하여 인터넷 등 정보통신망에서의 악의적이고 공격적인 명예훼손행
위를 방지하기에 충분한 덜 제약적인 수단이라고 보기 어렵다.

다. 반대의견

심판대상조항은 진실한 사실을 적시하고자 하는 사람에게 스스로 표현행위를 자제하게
되는 위축효과를 야기한다. 진실한 사실을 적시하여 사람의 명예를 훼손하는 경우에는 '비방
할 목적'과 공공의 이익을 위한 '비판할 목적'의 구별이 항상 명확한 것은 아니다. 따라서 심
판대상조항에서 '비방할 목적'이라는 초과 주관적 구성요건이 존재한다고 하여 진실한 사실
을 적시한 표현행위에 대한 처벌가능성이 제한되거나, 표현의 자유에 대한 위축효과가 완화
된다고 보기 어렵다.

또한, 인터넷 등 정보통신망에서 비방할 목적으로 이루어지는 명예훼손행위를 규제할
필요가 있다고 하더라도 반박문 게재 등 형사처벌 외에 다른 덜 제약적인 명예훼손 구제에
관한 제도들이 존재한다.

심판대상조항은 허위의 명예나 과장된 명예를 보호하기 위하여 표현의 자유에 대한
심대한 위축효과를 발생하는 형사처벌을 하도록 규정하고 있으므로 법익균형성원칙에 위
배된다.

따라서 심판대상조항은 과잉금지원칙을 위반하여 표현의 자유를 침해한다.

3. 해설

가. 정보통신망법상의 명예훼손죄

(1) 명예훼손에 대한 법적 대응구조

우리 법체계에서 명예훼손을 다루는 방식은 일반 대륙법계 국가들과 비슷하다. 그러나

민사상 불법행위책임에 더 큰 비중을 두는 서양의 경우와 달리 명예훼손죄의 형사처벌이 상대적으로 강력하여 더욱 선호되는 의율체계로 볼 수 있다. 보통법(Common Law)의 오랜 역사를 거치는 동안 주로 불법행위법(torts) 영역에서 명예훼손의 규제 체계가 발달하였던 영국의 예에서나, 이를 계수·발전시켜 징벌적 손해배상(punitive damages) 등 공고한 불법행위책임 체계를 구축한 미국법과는 매우 큰 차이를 보인다. 민사나 형사 규율이 각기 장·단점을 지니고 있겠지만, 명예훼손에 대한 규율이 표현의 자유라는 기본권 침해와도 직접적 연관성이 있기 때문에 최근 국가권력에 의한 처벌에 비판이 따르고 있는 것이 사실이다.[3] 또한 명예 훼손의 가중적 처벌요건인 '비방의 목적', 위법성 조각사유인 '공공의 이익' 등의 개념에 헌법의 명확성의 원칙상 논란이 야기될 가능성이 상존하고 있어, 향후 명예훼손죄의 존재의의와 규율 형태를 두고 더 깊은 논의가 필요하다고 본다.

(2) 정보통신망법상 명예훼손죄의 의의

이 와중에 정보통신망법 규정은 정보통신망이라는 공간에서 발생하는 명예훼손의 결과에 더욱 무거운 처벌을 가하는 규율 방식을 취하였다. 구성요건 측면에서도, 사실을 적시하여 명예를 훼손한 자를 처벌하는 형법상 명예훼손죄에 비하여, '비방할 목적'으로 '정보통신망을 통하여' '공공연하게' 사실을 드러내어 명예를 훼손할 때로 요건을 확장하였다. 이러한 구조로 입법이 된 이유는 헌법재판소 결정에 드러난 바와 같이, "정보통신망에서 정보의 확산 속도가 매우 빠르고 그 범위를 예측하기 어려우며 정보의 반복 재생산으로 인하여 이미 유포된 정보의 삭제가 매우 어렵다는 측면에서" 일반 명예훼손행위에 비해 피해가 더 크다는 점을 우려하였기 때문이라고 한다.

결국 이러한 모습은 명예훼손에 대한 기존의 규제 모형을 그대로 유지하면서, 정보통신기술 발전의 이면에 등장할 수 있는 명예훼손의 침해 가능성을 적극적으로 예방함으로써 이용자의 인격권을 보호하겠다는 입법적 의지로 읽을 수 있다. 그러나 정보화를 누리는 주체가 가질 수 있는 가장 큰 혜택을 애초부터 제약하겠다는 의도로 해석할 수도 있다. 정보에 대한 보편적 접근성(universal access)은 표현의 자유 주체인 개인에게 막대한 기본권 향유 기회의 향상을 제공하였지만, 이것이 과거에는 생각하지 못하였던 새로운 권리와 이익의 침해를 야기하는 것 또한 주지의 사실이다. 그러나 이러한 변화된 환경은 우리에게 더 이상 선택

---

3) 대표적으로 신평은 사실적시 명예훼손죄가 위헌임을 주장한다. 소위 "허명(虛名)"을 보호할 필요가 없다는 이유에서이다. 신평, "헌법적 관점에서 본 명예훼손 연구", 영남대 박사학위논문, 2002, 194면. 조국은 기본적으로 사실적시 명예훼손죄의 위헌성을 인정하면서도 이것의 완전한 폐지에는 반대한다. 프라이버시에 해당하는 병력, 성적 지향 등에 대한 표명의 명예훼손 가능성이 여전히 존재하기 때문이다. 조국 앞의 글(주 1), 23-24면. 박경신 역시 위헌론에 찬성한다. 특히 프라이버시와 명예훼손 간에 보호법익이 다름을 이유로, 프라이버시에 대한 보호 규정을 별도로 두고 사실적시 명예훼손은 폐지하자고 한다. 박경신, "진실적시에 의한 명예훼손 처벌제도의 위헌성"(주 1), 52-53면.

의 문제가 아닌 숙명의 태세로 다가오고 있다. 향후 우리의 경제적 생존 방식과도 직결되어 있기 때문이다. 적어도 국가 차원에서 정보화의 물결을 홀로 거부한 채 과거의 산업 양상을 고집할 수는 없게 되었다. 근래 우리의 경제 정책 또한 어김없이 정보화 역량의 향상에 집중되었던 것 또한 우연이 아닌 것이다.

기술적으로 강화된 정보통신망 내부에서 표현의 자유를 어떻게 제한할 것인가, 인격권을 어떻게 보호할 것인가의 문제는 규제 당국이 정보기술과 사이버 공간을 어떻게 바라보고 있느냐 하는 기본 철학과 맞닿아 있다. 정보기술의 윤리성에 최소한의 신뢰를 보낼 것인지 철저한 의심으로부터 시작할 것인지는 규제의 형태와 정도를 결정짓는 가장 중요한 요인이다.[4] 이 사건 대상인 정보통신망법상 명예훼손죄 규정의 내용과 이에 대한 헌법재판소의 해석은 후자의 태도를 취한 결과인 듯하다. 기술이 지배하는 세상에서 끝까지 인간성의 가치를 수호하고 기술권력의 남용을 제어하겠다는 의지의 구현으로 선해할 수도 있겠다. 그러나 우리가 경험하는 기술 발전의 양상과 속도를 고려할 때 온라인이 과연 현실적으로 완전한 규제가 가능한 대상인지에 대해 더 깊은 성찰이 필요하다. 판례의 태도는 온라인 고유의 속성을 있는 그대로 인정하지 않고 정보사회에서 자연스럽게 재정의되는 개인의 삶과 권리의 모습 또한 외면하겠다는 '의도'에서 출발한 것이 아닌지를 돌아보아야 한다. 변화된 사회 환경 속 개인의 가치 또한 변화된다는 사실을 받아들이지 못하는 순간, 국가권력의 불합리한(결국에는 성공하지 못할) 확장의 시도에 그럴듯한 명분을 제공하게 될 수 있기 때문이다. 그 결과가 더욱 심한 기본권 침해로 나타날 것임은 분명하다. 이른바 소탐대실(小貪大失)의 전형적 모습인 것이다. 아래에서는 이러한 관점에 근거하여 대상판례의 구체적 문제점을 검토한다.

나. 판례 검토

(1) '비방할 목적'과 명확성 원칙

기본권 침해 법률은 명확하게 규정되어 있어야 한다는 기본권 제한의 일반 원칙상 명확성 원칙이 이 사건의 주된 쟁점을 이루고 있다. 특히 법에서 규정된 '비방할 목적'이라는 초과 주관적 구성요건은 형법상 명예훼손죄로부터 본 죄를 구분하는 주요 표지임에도 불구하고, 그 용어의 추상성 때문에 명확성 원칙 위반의 혐의를 받기에 충분하다. 다수의견에서는 다행히도 비방 목적에 대하여 기존에 대법원이 확립하여 온 실정법상 해석 내용(statutory interpretation)을 그대로 따르기만 하면 명확성의 원칙에 문제가 없다고 한다. 즉 "행위자의 주관적 의도의 방향에서 공공의 이익을 위한 것과 상반 관계에 있는" 비방할 목적의 성질에

---

4) 황경식, "정보기술의 사회윤리적 함축과 전망", 철학사상 제16권 제5호, 2003 참조.

비추어, "적시한 사실이 공공의 이익에 관한 것인 경우에는 특별한 사정이 없는 한 비방할 목적이 부인"된다는 것이다.[5] 이에 덧붙여 공공의 이익은 전국가적 이익일 필요는 없고, 범위를 좁힌 "특정 사회집단이나 구성원"의 관심과 이익 사항이어도 무방하고,[6] 표현이 객관적으로 "공적 관심 사항"에 속하는지 여부와 피해자가 표현 발생의 "위험을 자초하였는지" 여부, 그리고 표현으로 "훼손되는 명예의 성격과 침해 정도, 표현 방법과 동기" 등 여러 사정을 고려하여 공익성을 판단하여야 한다는 기준들까지 인용하면, 명확성 원칙 위반의 의혹은 해소된다고 한다.[7]

반면 반대의견에서는 비방할 목적과 비판할 목적이 사전적 개념상 구분될 수는 있지만, 진실한 사실을 적시하여 명예를 훼손하는 경우 그것의 실제 목적이 비방인지 비판인지 구별하기 모호할 수 있다는 점을 지적한다. 공공의 이익을 목적으로 하기도 하지만 행위자에 대한 비난 혹은 비판의 목적도 수반될 수 있는데 비난이 주된 목적인지 비판이 주된 것인지 구별하기 쉽지 않기 때문이다. 따라서 공공의 이익과 비난의 목적이 동시에 커지는 경우가 있다는 취약점을 인정하여야 한다고 주장한다.

(2) 정보통신망과 표현의 자유

다음으로 정보통신망에서 자행되기 쉬운 명예훼손을 더 강하게 규제하여야 한다는 다수의견의 핵심적 논제에서는, 정보통신망과 그 안에서 활동하는 개인들의 윤리적 가능성을 기본적으로 낮게 평가한다. 표현의 주체들은 대폭 넓어진 발언의 기회와 공론장 속에서 넘치는 자유를 주체하지 못하고 언제든 함부로 타인의 명예를 심대하게 훼손할 가능성의 소유자들이고, 정보통신망은 스스로의 자정 능력을 상실한 채 이들의 권리 남용 앞에 무력한 모습으로 존재할 뿐이다(다수의견의 "정보통신망에서의 정보는 신속하고 광범위하게 반복 재생산되며 확대되기 때문에…" 대목). 이런 관점에서 돌이킬 수 없는 개인들의 명예에 대한 침해를 최대한 억제하기 위해서는 국가가 일반적 명예훼손보다 더욱 강한 규제로 대응하여야 한다. 이는 규제 목적의 정당성과 수단의 적합성, 그리고 법익의 균형성을 모두 충족하는 근거 역할을 하게 된다.

반면 반대의견에서는 정보통신망을 개방성, 상호작용성, 탈중앙통제성, 접근의 용이성, 다양성 등을 기본으로 하는 사상의 자유시장에 가장 근접한 매체로 보고 있다. 이 안에서 표현 주체들은 반박과 삭제요청, 민사상 손해배상, 명예훼손 조정, 각종 언론중재제도 등을 적극 활용하여 교정 및 자정활동을 하게 된다. 이러한 배경에서, 가중된 형사처벌로 규율하는

---

5) 대법원 2011. 11. 24. 선고 2010도10864 판결.
6) 대법원 2012. 1. 26. 선고 2010도8143 판결.
7) 대법원 2005. 10. 14. 선고 2005도5068 판결.

본 규정이 과잉금지원칙에 위반된다는 결론은 당연한 것이다.

다. 소위 '사이버 명예훼손죄'의 위헌성에 관한 논의

(1) 비방할 목적과 공익성

다수의견이 '비방할 목적'의 명확성의 원칙 충족 여부에 천착하는 이유는, 이것으로 정보통신망을 이용한 명예훼손에의 가중된 형사처벌을 정당화 할 수 있는 간접적 근거를 마련할 수 있기 때문이다. 즉, 이 초과 주관적 구성요건을 가미함으로써 본 법에 의한 처벌 가능성이 낮아지게 된다는 것이다. 이로 인하여 법 규정 전체가 표현의 자유에 대한 '필요 최소한의 제한'이라는 정당성을 획득하고, 과잉금지 원칙 중 피해의 최소성을 충족하게 된다. 범죄성립에 대한 더욱 신중한 판단 과정이 무거운 처벌을 납득시킬 수 있는 보완기제로 작용하는 것이다.

문제는 비방할 목적에 대한 헌법적 판단을 대법원의 기존 형법 규정 해석(statutory interpretation)을 통해 확립된 명예훼손 법리에 전적으로 의존하고 있다는 점이다. 이 구도에서 '공익 추구'에 반대되는 개념으로 제시되는 '비방 목적'은 합리적이지도 못할뿐더러 그 자체로 헌법적 사고라고도 할 수 없다. 공익을 추구하는 사실의 표명에 비방의 목적이 있을 수 없다는 명제는 논리적 오류를 안고 있다. 반대의견의 지적대로, 사실 표현을 통해 공익을 추구하면서도 상대를 비방하고자 하는 의도를 가질 수 있기 때문이다. 비방할 목적이라는 감정적 요소를 해석하는데 왜 공익이라는 요소만이 판단의 근거로 사용되어야 하는지에 대해 명쾌한 설명이 없다. 아마도 이것은 명예와 관련된 법원 판결에서 입증의 문제를 해결하기 위한 법원의 노력의 산물이었을 것이다.

이러한 논리적 단절성은 정보통신망법상 명예훼손에 가해지는 가중처벌에 대한 헌법적 평가의 논거로 사용되기에 충분치 못하다. 다수의견은 공적 인물의 공적 활동 또는 공적 관심사에 대한 명예훼손적 표현에 현실적으로 입증 부담을 대폭 완화하고 있어,[8] '공익 추구'와 '비방 목적' 판단의 엄격성이 제고되었다는 점을 제시한다. 물론 과거에 비하여 공적 인물에 대한 명예훼손의 판단이 많이 유연해진 것은 사실이지만, 사실적시 명예훼손죄의 비범죄화까지 논의되고 있는 마당에 비교법적으로도 표현의 자유 보호에 크게 진전된 모습이라고 할 수는 없다.[9] 오히려 이러한 현실을 들어 피해의 최소성이라는 헌법적 기준을 충족하

---

8) 헌법재판소 1999. 6. 24. 선고 97헌마265 결정; 대법원 2011. 9. 2. 선고 2010도17327 판결 등.

9) 반대의견이 제시하는 미국, 독일, 유럽평의회 등의 비범죄화 동향을 주목할 필요가 있다. 특히 공적 인물을 입체적으로 이해하고, 공적 사안에 현실적 악의(actual malice) 이론을 적용하여 입증책임을 완전히 전환시키고 있는 미국법의 태도 또한 주목된다. Gertz v. Robert Welch, Inc., 418 U.S. 323 (1974); New York Times v. Sullivan, 376 U.S. 254 (1964).

였다는 결론 도출의 과정이 완벽하지 못하다는 점을 지적하고 싶다. 반대의견이 제시하듯, 비슷한 효과를 예측할 수 있는 다른 규제 방식이 여전히 남아있을 뿐만 아니라, 표현의 자유에 대한 위축효과의 발생이라는 중요한 헌법적 논제가 해결되지 못하고 있기 때문이다. 이제 정보통신망에 사실을 표현하는 개인은 비방할 목적이 없더라도 가중 처벌이 두려워 법원에서 자신의 표현이 공익에 해당한다는 판단을 받을 수 있을지를 먼저 확인하고 고민하여야한다. 이것은 표현의 자유에 대한 위축효과가 발생하는 전형적 모습이다.

(2) 정보기술과 표현의 자유에 대한 관점의 합의를 위하여

다수의견과 반대의견이 결정적으로 차이를 보이는 지점은 정보통신망을 이해하는 관점이다. 범위를 더 넓히자면, 정보사회에 대한 철학과 태도에서 극명한 대립을 보이고 있다. 물론 다수의견의 관점에서 기술의 홍수 속에서도 인간의 존엄과 가치를 지키려는 헌법적 노력을 높이 평가할 수도 있다. 하지만 정보통신기술과 더불어 살아가는 현재의 우리들에게 형법전이 만들어지던 시절 '명예' 관념을 변함없이 적용하라는 것은 무언가 어색한 느낌이다. 문제는 이것이 느낌의 차원을 넘어 표현의 자유라는 기본권을 실질적으로 제약하는 결과를 낳고 있다는 점이다. 정보통신망을 불신하는 입장에서 보기에 인터넷은 명예훼손의 불법이 활개를 칠 위험한 장소이지만, 폐쇄와 단절의 시대에 음지에서 횡행하였던 구습들이 이제 자유롭게 드러나면서 삶의 형태를 바꿀 수 있도록 하는 동인(動因)의 공간이 되기도 한다.[10]

이제 헌법을 비롯한 사법 영역에서도 정보사회와 기술의 의미에 대한 깊은 성찰과 토론이 이루어져야 할 것이다. 단순히 기존에 수립된 권리 개념들의 다툼으로만 사안을 보는 것이 아니라, 변화된 사회와 환경에서 우리가 보호받아야 할 '명예'의 개념 또한 달라질 수 있다는 점을 받아들여야 한다. 발전된 기술 환경에서 국가 권력의 힘을 빌리지 않고 기술 내적으로 먼저 부작용을 치유할 수 있는 방식이 있다면 적극 활용하여야 한다. 권리와 환경 변화의 실질을 읽지 못하고 국가의 역할만 강조하는 것은 자칫 정보권력의 부당한 비대화만 초래할 수도 있음을 유의하여야 한다.

4. 대상결정의 의의

대상결정은 그동안 첨예하게 대립하였던 사실적시 명예훼손죄의 위헌성 논의를 한층 심화시키는 역할을 할 것이다. 비록 이 주제에 대한 기존의 사법적 태도에서 진전된 결론을 도출하지는 못하였지만, 워낙 사회적 관심을 많이 받아 왔던 사안인 만큼, 대상결정의 찬반 논거들은 앞으로도 명예훼손과 표현의 자유에 대한 유익한 토론의 단초를 제공할 것이다.

---

10) 최근 대학가를 중심으로 인터넷을 통해 적나라하게 고발되고 있는 '신입생 길들이기'의 폐습을 상기해보라.

여기에 정보통신망에 대한 국가의 규제 태도 문제까지 돌아볼 수 있는 기회를 주었다. 정보 사회를 넘어 인공지능의 시대로 향하는 우리의 현실과 미래 환경에서 수많은 사법적 문제제기가 있을 것이다. 여기에 답해야 할 우리의 준비가 그 어느 때보다 절실한 상황임은 더 언급할 필요가 없다.

64 인터넷상 "불건전정보" 시정요구제도와 표현의 자유

헌법재판소 2012. 2. 23. 선고 2011헌가13 결정[1]

박경신(고려대학교 법학전문대학원 교수)

1. 사안의 개요

헌법재판소는 지난 2002년 불온통신에 대한 정보통신부장관의 취급거부·정지·제한명령제도(이하 '불온통신 시정명령제도'라 한다)를 규정하고 있던 전기통신사업법 제53조와 동법 시행령 제16조에 대해서 위헌결정을 내렸다.[2] 당시 위헌결정은 인터넷 등 온라인매체에 대한 행정기관의 내용적 규제에 있어서 "공공의 안녕질서와 미풍양속을 해하는"이라는 광범위하고 애매한 기준으로 온라인의 게시물을 삭제 또는 차단하는 것은 명확성의 원칙을 위반하고 표현의 자유를 과잉하게 침해하여 위헌이라고 판시하였다.

이후 국회는 헌법재판소가 위헌이라고 지적한 부분을 해소하기 위해 2002. 11. 명령의 대상을 음란물, 명예훼손 등 9개 유형의 불법정보에 국한하고 정보통신부장관의 취급거부·정지·제한명령제도를 존치시키는 방식으로 전기통신사업법을 개정하였다. 이렇게 탄생한 제도(이하 '불법정보 취급제한명령제도'라 한다)는 처음부터 위헌성을 제대로 치유했는가에 대한 논란이 제기되었지만 그로부터 5년 후인 2007년에 전기통신사업법의 관련 규정들이 정보통신망 이용촉진 및 정보보호 등에 관한 법률(이하 '정보통신망법'이라 한다)에 그대로 계수된 후 다시 이듬해 2008. 2. 제정된 방송통신위원회의 설치 및 운영에 관한 법률(이하 '방통위법'이라

---

1) [참조 및 관련 판례] 헌법재판소 2002. 6. 27. 선고 99헌마480 결정.
[관련 평석 및 문헌] 정연부, "규범통제 관점에서 방송통신심의위원회 직무규정 분석 – 문제점과 개선방안 도출을 중심으로", 원광법학 제31집 제1호(2015. 3.); 장여경·정민경, "방송통신심의위원회 통신심의소위 원회 심의 분석", 언론인권센터 등 주최 '방송통신심의위원회 통신심의, 무엇이 문제인가' 토론회 발표논문(2010); 양선희·김재영 "통신심의 실태에 관한 비판적 고찰", 한국언론정보학보(2011); 국가인권위원회 2010. 9. 30.자 정보통신심의제도에 대한 개선권고 결정문; UN 표현의 자유 특별보고관 프랭크 라뤼의 한국보고서(Report of the Special Rapporteur on the promotion and protection of the right to freedom of opinion and expression, Frank La Rue. A/HRC/17/27/Add.2), 2011. 3.
2) 헌법재판소 2002. 6. 27. 선고 99헌마480 결정(전기통신사업법 제53조 등 위헌확인).

한다)에 따라 명령의 주체를 정보통신부에서 방송통신심의위원회로 이전할 때 관련 규정들 역시 같이 이전되어 현재의 정보통신망법 제44조의7의 형태를 갖추게 되었다.

그런데 이 불법정보 취급제한명령제도와는 별도로 제2의 심의제도가 이미 2002년 위헌결정 당시부터 존재하고 있었는데 바로 정보통신윤리위원회의 직무규정에 언급된 "시정요구"제도로서 문언상으로는 법적 구속력이 불분명하던 제도였다. 그리고 불법정보 취급제한명령제도의 관련 조항들이 위에 설명한 바와 같이 2007년에 전기통신사업법에서 정보통신망법으로 계수되는 과정에서 관련 직무규정 역시 그대로 계수되었고 이후 방통위법에 따라 정보통신윤리위원회의 업무 전체가 방송통신심의위원회로 이전될 때 역시 같이 이전되면서 "건전한 통신윤리 함양을 위하여 필요한 사항"이라는 요건이 추가되어 현재의 제도(이하 '불건전정보 시정요구제도'라 한다)로 완성되었다.[3]

2008년에 시작한 방송통신심의위원회의 인터넷 게시물 심의기능은 6년 동안 양적으로 거의 10배로 팽창하게 되는데,[4] 이 심의기능은 거의 전적으로 제2의 심의제도인 불건전정보 시정요구제도를 통하여 이루어지게 되었고 2002년 불온통신 위헌결정에 대응하여 공들여 만들어진 불법정보 취급제한명령제도는 거의 아무런 기능을 하지 않게 되었다.

결과적으로 대한민국 인터넷게시물 단속은 정보의 불법여부를 기준으로 이루어질 것이라는 대중적인 기대와는 달리 "건전한 통신윤리 함양을 위해 필요한 사항"이라는 기준으로 진행되어 왔으므로, 2002년 "공공의 안녕질서와 미풍양속을 해하는"이라는 단속기준에 대한 위헌결정에 비추어볼 때 "건전한 통신윤리 함양을 위해 필요한"이라는 새로운 단속 기준에 대한 헌법적 판단이 요구되고 있었는데[5] 마침내 제기된 헌법소원에서 헌법재판소는 2012. 2. 불건전정보 시정요구제도에 대해 대상결정에 이르게 되었다.

---

3) 방송통신위원회 설치 및 운영에 관한 법률 제21조(심의위원회의 직무) 심의위원회의 직무는 다음 각 호와 같다. (중략)
   3. 「정보통신망 이용촉진 및 정보보호 등에 관한 법률」 제44조의7에 규정된 사항의 심의
   4. 전기통신회선을 통하여 일반에게 공개되어 유통되는 정보 중 건전한 통신윤리의 함양을 위하여 필요한 사항으로서 대통령령이 정하는 정보의 심의 및 시정요구(이하 생략)
   방송통신위원회 설치 및 운영에 관한 법률 시행령 제8조(심의위원회의 심의대상 정보 등)
   ① 법 제21조제4호에서 "대통령령이 정하는 정보"란 정보통신망을 통하여 유통되는 정보 중 「정보통신망 이용촉진 및 정보보호 등에 관한 법률」 제44조의7에 따른 불법정보 및 청소년에게 유해한 정보 등 심의가 필요하다고 인정되는 정보를 말한다.

4) 2008년 15,004건에서 2014년 132,884건으로 증가. 방송통신심의위원회 1기 백서, 2기 백서.

5) 외국의 한 논자는 "건전한 통신윤리의 함양을 위하여 필요한 사항(what is necessary for nurturing sound communication ethics로 번역됨)" 기준은 "나치상(Nazi Award)"을 받을 만하다고 논평하였다. 2015년 3월 RightsCON의 International Principles for Intermediary Liability(www.manilaprinciples.org)에 대한 세션에 참가한 위키미디어재단(Wikimedia Foundation)의 아사프 바르토프(Asaf Bartov)의 논평.

2. 결정의 요지

(1) 헌법재판소는 명확성의 원칙 및 포괄위임입법금지 원칙 등과 같은 형식적인 부분에 대해서는 주로 다음과 같은 이유로 합헌을 선언하였다.

"이 사건 법률조항 중 '건전한 통신윤리'라는 개념은 다소 추상적이기는 하나 … 정보통신망의 이용을 촉진하고 정보통신서비스를 이용하는 자의 개인정보를 보호함과 아울러 정보통신망을 건전하고 안전하게 이용할 수 있는 환경을 조성하여 국민생활의 향상과 공공복리의 증진에 이바지함을 목적으로 하는(정보통신망법 제1조) 정보통신망법은 음란·폭력정보 등 청소년에게 해로운 정보를 규제하고 있고(제41조 내지 제43조), 사생활 침해 또는 명예훼손 등 타인의 권리를 침해하는 정보의 규제에 관한 자세한 규정을 두고 있으며(제44조 내지 제44조의3), 특히 제44조의7에서는 정보통신망을 통하여 유통하여서는 아니 되는 정보의 범위를 구체적으로 나열하면서 방송통신위원회가 정보통신서비스 제공자 등에게 정보의 취급을 거부하는 등의 조치를 명하는 전제조건으로 심의위원회의 심의 또는 시정요구를 명시하고 있다(제44조의7 제1 내지 3항). 결국 위와 같은 관련 법조항을 유기적·체계적으로 종합하면, 심의 및 시정요구의 대상으로 대통령령에 규정될 불건전정보란 위 정보통신망법 조항들에 의해 금지되거나 규제되는 정보 내지 이와 유사한 정보가 될 것임을 누구나 예측할 수 있다고 할 것이다. 따라서 이 사건 법률조항은 포괄위임입법금지 원칙에 위배된다고 할 수 없다."

(2) 헌법재판소는 과잉금지원칙 위배 여부에 대해서는 주로 다음과 같은 이유로 합헌을 선언하였다.

"(3) 침해의 최소성
… 정보통신서비스제공자 등에게 시정요구를 따라야 할 의무를 부과하는 규정이나 그 불이행에 대한 제재규정도 없다. … 시정요구의 불이행만으로 곧바로 … 명령을 받게 되는 것은 아니다…

(4) 법익 균형성
전기통신회선을 통해 유통되는 정보, 특히 인터넷을 통해 유통되는 정보는 종전의 고전적인 통신수단과는 비교할 수 없을 정도의 복제성, 확장성, 신속성을 가지고 유통되기 때문에 불법정보에 대하여 신속하게 적절한 조치를 취하지 않으면 그로 인해 발생할 수 있는 개인적 피해와 사회적 혼란 등을 사후적으로 회복하기란 사실상 불가능에 가깝다…

반면, … 해당 정보가 삭제된 경우에도 정보게시자는 동일한 내용의 정보를 아무런 제한 없이 반복하여 게시할 수 있고, 시정요구는 당해 정보통신서비스제공자 또는 게시판 관리·운영자가 운영하는 통신망에 한정되므로 이용자에 대한 이용정지나 이용해지가 내려진 경우에도 해당 불법정보게시자는 다른 통신망을 이용하여 동일한 내용의 정보를 게시할 수 있…다."

3. 해설

가. 불온통신 시정명령제도와의 비교

대상결정을 2002년 불온통신 결정과 견주어 볼 필요가 있다. 왜냐하면 2002년 불온통신규제 위헌결정의 대상은 "공공의 안녕질서 또는 미풍양속을 해하는 내용의 통신"으로서 대통령령으로 정한 것에 대하여 정보통신부장관이 유통제한을 명할 수 있다는 제도였고, 2012년 합헌 결정의 대상은 "건전한 통신윤리의 함양을 위하여 필요한 사항으로서 대통령령으로 정한 것"에 대하여 방송통신심의위원회가 유통을 제한하는 시정요구를 할 수 있는 제도로서 다음 표와 같이 명징한 유사성을 가지고 있기 때문이다.

	불온통신 시정명령제도 (2002년 이전)	불건전정보 시정요구제도 (2007년 이후)	불법정보 취급제한 명령제도 (2002년 위헌 결정 이후 전기통신사업법에 처음 명시되었음)
기준	공공의 안녕질서 또는 미풍양속	건전한 통신윤리의 함양	정보통신망법 제44조의7 제1항의 제1호부터 제9호
위임에 의한 구체화	대통령령	대통령령	위임 없음
행위주체	정보통신부장관	방송통신심의위원회	방송통신심의위원회 및 방송통신위원회
행위형식	시정명령	시정요구	명령
이용	실제로 이용됨	실제로 이용됨	전혀 이용되지 않음

이와 같이 일대일 대응을 이룰 정도로 비슷한 구조이므로 2002년 결정과 2012년 결정에 차이가 있다면 세심한 논증이 필요할 것이다.

나. 명확성의 원칙, 포괄위임금지의 원칙, 법률유보의 원칙

헌법재판소는 2002년 "공공의 안녕질서 또는 미풍양속"에 대하여서는 다음과 같은 이유로 명확성의 원칙에 위반한다고 판단하였다.[6]

"공공의 안녕질서", "미풍양속"이라는 것은 매우 추상적인 개념이어서 어떠한 표현행위가 과연 "공공의 안녕질서"나 "미풍양속"을 해하는 것인지, 아닌지에 관한 판단은 사람마다의 가치관, 윤리관에 따라 크게 달라질 수밖에 없고, 법집행자의 통상적 해석을 통하여 그 의미내용을 객관적으로 확정하기도 어렵다.

위와 같이 불명확한 불온통신의 개념은, 비록 같은 조 제2항에서 그 대상 등을 대통령령으로 정하도록 규정하고 있어 시행령에 의하여 구체화될 것이 예정되어 있다고 하더라도 어떤 내용들이 대통령령에 정하여질지 예상할 수 없어, 수범자인 국민으로 하여금 어떤 내용의 통신이 금지되는 것인지 고지하여 주지 못하고 있다. "공공의 안녕질서"나 "미풍양속"에 관하여 어렴풋한 추측마저 전혀 불가능한 것은 아니라 할지라도, 그것은 각자마다 다른 대단히 주관적인 것일 수밖에 없다.

그렇다면 '건전한 통신윤리함양'이 '공공의 안녕질서 또는 미풍양속'보다 더 명확성이 높은 기준인가? 일견 그렇지 않아 보인다. 그런데 2012년 헌법재판소는 2002년 결정 이후 제정된 정보통신망법이 '건전한 통신윤리의 함양'의 뜻을 정보통신망법 제41조에서 제44조 (이하 '정보통신망법 내용규제 조항'이라 한다)가 규제하는 정보 내지 그와 유사한 정보로 구체화 하였기 때문에 헌법적으로 타당하다고 보고 있다. 과연 이런 해석이 가능한지 살펴보자.

(1) 결과론적 해석

첫째, '건전한 통신윤리의 함양'이라는 불명확한 법조문이 정보통신망법 내용규제조항에 비추어 보면 충분히 구체화되었다는 것이 헌법재판소의 판시인데 정보통신망법 내용규제 조항과 해당 법조문을 연계해주는 것은 정보통신망법 제44조의7을 언급한 방통위법 시행령 제8조 제1항이다. 그런데 이렇게 법조문이 만들어진 후에서야 제정된 시행령을 참고로 해서 법조문의 헌법적 정당성을 따지는 것은 결과론적이다. 2002년 불온통신규제 결정에서 헌법재판소는 이와 같은 결과론적 해석을 배척하며 "비록 같은 조 제2항에서 그 대상 등을 대통령령으로 정하도록 규정하고 있어 시행령에 의하여 구체화될 것이 예정되어 있다고 하더라도 어떤 내용들이 대통령령에 정하여질지 예상할 수 없어" 위헌을 선언하였었다.

---

6) 헌법재판소 2002. 6. 27. 선고 99헌마480 결정.

'불건전정보'가 정보통신망법 제44조의7을 포함한 정보통신망법조항이 금지 및 규제하는 정보에 해당한다는 결과론적 해석도 일견 가능하기는 하나 그와 반대되는 해석도 가능한 상황이다. 법률의 명확성 여부 자체가 다투어지는 상황에서 합헌적 해석이 가능하다고 해서 그 반대의 해석이 가능함에도 추가논증 없이 합헌선언을 하는 것이 적절한 결정방식인지 의구심이 든다. 특히 법률의 불명확성이 표현의 자유와 같이 본질적인 기본권을 위축시킬 위험이 있는 경우에 말이다. 명확성을 충족시키는 법률해석과 명확성을 충족시키지 않는 법률해석이 동등하게 가능하다면 이는 명확성 부재의 증거가 되는 것이지 명확성의 증거가 되는 것이 아니지 않을까.

(2) 합헌적 법률해석인가

물론, 헌법재판소는 합헌적 법률해석을 따르려고 했을지도 모른다. 즉 위에서 상충하는 두 가지 해석 중에서 명확성을 충족시킨 것으로 간주하는 법률해석을 선택했을 수도 있다. 합헌적 법률해석이란 실제로 합헌적 해석의 여지를 조금이라도 가지고 있는 법률의 효력을 지속시킨다는 소극적 의미뿐 아니라 헌법정신에 맞도록 법률의 내용을 제한, 보충 또는 새로 형성한다는 적극적 의미도 가진다. 즉 "불건전정보란 위 정보통신망법 조항들에 의해 금지되거나 규제되는 정보 내지 이와 유사한 정보가 될 것임을 누구나 예측할 수 있다"라는 판시는 실제로 방통위법 제21조 제4호의 '건전한 통신윤리의 함양을 위하여 필요한 사항'이라는 애매한 문구에 대하여 '위 정보통신망법 조항들에 금지되거나 규제되는 정보 내지 이와 유사한 정보'로 축소해석하라는 적극적인 주문을 한 것으로 해석할 수 있다.

그런데 관련 정보통신망법 내용규제 조항들을 살펴보건대 위와 같은 합헌적 법률해석으로 보기에 어렵다. 우선 제41조는 규제조항이 아니라 청소년 보호를 위한 시책을 마련하라는 진흥조항이다. 그러므로 이 조항이 '건전한 통신윤리' 개념을 구체화하는 가이드라인이 되기는 어렵다.

제42조 및 제43조는 청소년유해매체물 표시의무, 광고금지, 스트리밍사업자 보관의무에 대한 것이지만 시정요구를 통한 삭제차단을 정당화할 수는 없고 유해성표시, 광고금지, 스트리밍시 정보보관 등의 제한적인 규제만을 정당화할 수 있다.

대상결정에서 헌법재판소는 제41조에서 제43조의 합법적인 정보들도 시정요구의 범위에 포함하여 결정의 선명도를 떨어뜨렸다고 볼 수 있다. 특히 "이와 유사한 것들"이라는 문구의 추가는 더욱 그렇다.

(3) 정보통신망법의 제정 연혁 — 시정요구는 '불법정보'를 겨냥했을까?

실제로 정보통신망법의 제정연혁을 보면 1999. 7. 정보통신망이용촉진등에관한법률이라는 일종의 진흥법으로 탄생하였을 때는 내용규제라고 할 만한 것으로는 벌칙도 없는 선언적인 조항만 있었고 그마저도 2001년에 정보통신망이용촉진및정보보호등에관한법률로 전부 개정되면서 없어졌다가 2002년 불온통신규제 위헌결정이 내려진 후 첫 법개정인 2003년 법에서 내용규제조항들이 선을 보이게 되고 여기에 헌법재판소가 언급한 규정들 즉 "음란, 폭력", "명예훼손 및 사생활 침해" 규정들이 나타나게 된다. 이와 비슷한 시기에 전기통신사업법 역시 개정되어 불법정보를 9개의 유형으로 국한한 규정이 나타난 것은 위에서 설명한 바와 같다. '건전한 통신윤리의 함양'이라는 문구는 2007년에야 방통위법에 등장하게 되는데 위의 불법정보 규정들이 만들어지고 4년 후에나 만들어진 것이다.

입법자의 의도에 따른 해석에 입각하여 본다면, 2007년에 만든 '건전한 통신윤리의 함양을 위하여 필요한 사항'이라는 문구가 4년 전에 새롭게 만들어졌던 내용규제 조항(9개 유형)들을 염두에 둔 것이었다면 과연 현재의 형식을 취하였을까? 제21조 제3호에서는 정보통신망법 제44조의7을 그대로 명시했다면 왜 제21조 제4호에서는 염두에 두었던 다른 내용규제 조항들을 언급하지 않았을까? 기능적으로 비슷한 법조문 A와 B에서 A는 X를 적용대상으로 언급하고 B는 X를 적용대상으로 언급하지 않았다면 B는 X를 적용대상으로 삼지 않았다고 보는 것이 더 합리적이지 않을까?

(4) 체계적 해석의 한계

하나의 법이 다른 법의 도움을 얻어 명확성의 원칙 등 헌법 상의 요건을 충족한다는 것 즉 방통위법 상의 불건전정보의 의미가 전혀 다른 법인 정보통신망법에서 도출될 수 있으니 명확성, 포괄위임금지 등의 요건을 충족한다는 이론도 매우 이례적인 해석이다. 왜냐하면 명확성, 포괄위임금지 등은 법률의 내용적 실질보다는 표피적 형식을 보고 충분히 수범자들이 표피적 형식으로부터 내용적 실질을 도출할 수 있는가를 다루는 헌법원리이기 때문이다. 이와 같은 해석은 관련 논문을 통틀어 보더라도 어떤 전문가도 하지 않았던 것으로 어떻게 일반인들이 할 수 있을지 의심스럽다. 과연 입법자는 '건전한 통신윤리의 함양'이라는 문구를 정보통신망법의 내용규제 조항들을 염두에 두고 포함시켰을까? 도리어 "방통위법에 심의사항에 대한 '위임의 근거 규정'은 있으나 심의사항의 '내용에 관한 구체적인 규정'은 없게 된다"는 견해에 귀기울일 필요가 있다.[7]

---

7) 정연부, "규범통제 관점에서 방송통신심의위원회 직무규정 분석 – 문제점과 개선방안 도출을 중심으로" (주 1), 7–36면.

다. 과잉금지의 원칙

(1) 시정요구의 실질적 구속력

헌법재판소는 대상결정에서 과잉금지원칙 심사에 있어서는 시정요구의 법적 구속력이 없다는 부분을 가장 핵심적으로 지적하고 있다. 실제로 2002년 위헌결정을 받은 불온통신 시정명령제도는 법적 구속력을 띄고 있었다는 면에서 시정요구제도와 조문상으로는 명백히 다르다.

그러나 실제로 사업자들의 준수율은 100%에 가깝고 기본권의 주체인 이용자의 입장에서 보기에는 사업자와 행정심의기구 사이에 이루어지는 삭제차단은 강제라고 볼 수밖에 없다.

특히 미연방대법원은 Bantam Books v. Sullivan 사건[8])에서 아무런 강제권한이 없는 주지사 임명기구가 시중에 나와 있는 서적들을 심의하여, 단순히 서적유통업자에게 청소년 유해물 지정통지를 보내는 제도에 대해 서적출판사들의 표현의 자유를 제한한다고 하였다.

특히 2002년 헌법재판소가 불온통신 규제 결정에서 국가-사업자-이용자의 삼각구도 속에서 이루어지는 불온통신차단명령은 사업자가 이용자에 대해 상시적인 검열을 하도록 만든다는 지적을 한 바 있는데 2012년 헌법재판소는 시정요구의 법적 구속력이 없다 하더라도 개별 게시물을 방어할 동기가 없는 사업자는 실질적으로 100%의 준수율을 보여 시정요구제도는 이용자에게 법적 구속력을 갖는 것과 다름없다는 것을 간과하였다고 볼 수밖에 없다.[9]) 이 사건의 전제가 되었던 재판에서 법원은 대상결정 1년 전에 시정요구가 법적으로 구속력이 없어도 행정처분에 해당한다[10])고 판단하였고 이에 따라 정보통신서비스제공자들은 더욱 충실하게 시정요구를 준수하였던 현실을 고려하면 안타까운 일이다.[11])

(2) 인터넷에 대한 차등적인 해석

이번 헌법재판소의 해석에는 인터넷을 차등적으로 다루고자 하는 시각이 배어 있다. 즉 다른 표현의 규제 조항에 대해서 요구하던 명확성이나 구체성을 인터넷규제에 대해서는 요구하지 않고 있는데 결국 대상결정에서 언급한, 인터넷이 가진 "복제성, 확장성, 신속성"과

---

8) 372 U.S. 58 (1963).

9) 이 평석의 저자 역시 2011년 5월 방송통신심의위원회의 특별위원이었던 전응휘 위원으로부터 사사를 받아 알게 된 것으로서 외부에서는 그 차이를 알기 어렵다.

10) 서울고등법원 2011. 2. 1.자 2010아189 위헌법률심판제청결정.

11) 물론 행정법원 판결의 취지는, 시정요구가 행정소송의 대상이 될 수 있을 정도로 실질적 구속력을 갖추고 있다는 것이지 정보통신서비스제공자들이 시정요구를 준수해야 할 법적 의무가 있다는 것은 아니었는데 정보통신서비스제공자들은 이를 오독한 것이다.

같은 특징 때문이라고 볼 수 있다. 이에 대해서 우리는 2002년 불온통신규제 결정이 "자신이 행하고자 하는 표현이 규제의 대상이 아니라는 확신이 없는 기본권주체는 대체로 규제를 받을 것을 우려해서 표현행위를 스스로 억제하게 될 가능성이 높은 것이다"라고 판시했던 것을 떠올리지 않을 수 없다.

이에 비하면 2012년 헌법재판소는 인터넷 내용규제에 대해서는 위축효과가 없다고 믿는 듯하다. 그러나, 이는 현실과 다르다. 방송통신심의위원회에 의해 한 번 삭제를 당하게 되면 일반인들은 불건전한 행위를 했다기보다는 불법적인 행위를 한 것으로 오인하는 경우가 많다. 실제로 신문광고주불매운동 사건에서는 방송통신심의위원회의 결정이 있은 후에 검찰이 방송통신심의위원회의 결정문의 논거를 채택하여 게시판 운영자들을 업무방해죄로 구속수사하였고 구속영장에서도 "방송통신위원회(심의위원회의 오기이다)의 결정"으로부터 피의자들이 충분히 불법성을 인식했다는 것을 구속사유 중의 하나로 검찰이 언급할 만큼 사회 전체적으로 심의위원회의 결정은 일반인들에게 위협적일 수 있다.[12]

라. 소결

결론적으로, 대상결정은 ① 하위법령인 시행령에 비추어 법률적용의 대상을 획정하는 결과론적 해석의 우를 범하였고, ② 합헌적 법률해석을 위해 다른 정보통신망법조항들을 끌어들여 이 사건 대상조항을 축소해석했다고 보기에는 원용된 정보통신망법조항들(제41조에서 제44조의7)이 충분히 제한적이지 않으며, ③ 관련 정보통신망법 내용규제조항들의 제정연혁을 보더라도 입법자가 '시정요구'의 대상으로 정보통신망법규제조항의 적용대상들을 염두에 두었다고 보기 어렵고, ④ 명확성 원칙 심사는 일반수범자의 입장에서 형식의 완결성을 보아야 하나 이례적으로 타 정보통신망법조항들을 근거로 방통위법 조항을 해석한다는 일반인으로 예측하기 어려운 해석을 하였으며, ⑤ 정작 형식보다는 실질을 보아야 할 과잉금지의 원칙 심사에서는 시정요구가 법적 구속력이 없기 때문에 침해의 최소성을 만족한다는 지극히 형식적인 심사에 그쳤고, ⑥ 법익의 균형성에 있어서도 2002년 불온통신규제에서 보여준, 인터넷이 갖는 특성과 중요성에 대해 정반대의 태도를 보여주고 있다.

이렇게 보았을 때 더욱 설득력있는 것은 다음과 같은 김종대, 송두환, 이정미의 반대의견이다.

방송통신위원회의 취급거부·정지·제한명령제도(정보통신망법 제44조의7 제3항)라는 기존의 규제제도 외에 이 사건 법률조항에 의해 심의위원회의 시정요구라는 또 하나의 표현의 내용 규제제도를 창설하면서, '건전한 통신윤리의 함양을 위하여 필요한 사항'이라는 모호하

---

12) 서울중앙지방검찰청 2008. 8. 19. 발부 구속영장청구서 사건번호 2008형제78889호.

고도 추상적인 기준을 제시함으로써, 이미 헌법재판소에서 위헌이라고 판단되었던 '불온통신'이 '불건전정보'라는 모습으로 되살아난 것이다.

4. 결정의 의의 ― '불온통신'이 '불건전정보'로 되살아나

방송통신심의위원회의 인터넷 심의는 2008년 출범 이후 양적 확장을 계속 거쳤는데 2008. 7. 친정부성향의 신문에 대한 소비자광고불매운동 사이트에 대한 시정요구[13]와 2009. 4. 환경운동가가 "쓰레기시멘트"를 언급한 카페글에 대한 시정요구[14]에 대해 시정요구 자체를 취소[15]하거나 시정요구의 취지에 반하는 법원판결[16]이 잇따르면서 방송통신심의위원회가 국민들이 기업이나 정부에 대해 건전한 비판을 할 수 있는 인터넷공간을 억제하는 것이 아니냐는 비판이 빗발쳤다.[17] 이에 따라 국가인권위원회도 2010년 국가에 의한 인터넷내용심의기능을 폐지하고 자율규제로 전환할 것을 권고하였고[18] 2010년 한국을 방문한 UN인권이사회 소속 표현의 자유 특별보고관 역시 "쓰레기시멘트"사건과 신문사광고주불매운동 사건을 언급하며 '정치적, 경제적, 또는 다른 부당한 영향력으로부터 자유로운' 더욱 독립적인 심의기구를 만들어낼 것을 권고하였다.[19]

이 사건에서의 가장 큰 쟁점은 2002년 당시 불온통신규제가 '공공의 안녕질서' 및 '미풍양속'이라는 게시물단속기준이 너무 애매하고 과잉이라는 헌법재판소 판례에 비추어 볼 때 불건전정보 시정요구제도의 '건전한 통신윤리 함양'과 같은 기준에 대한 헌법적 평가였다. 대상결정에서 헌법재판소는 핵심적으로 조문상의 '불건전성'은 실질적으로는 '불법성'으로 축소해석될 수 있기 때문에 합헌이라고 하였지만 방통심의위원회의 실제 심의의 기준이 되는 심의규정 및 심의사례를 보면 '불건전성'을 '불법성'으로 축소해석하고 있지 않다. 그렇

13) 2008. 7. 1. 방송통신심의위원회 전체회의.
14) 2009. 4. 24. 방송통신심의위원회 전체회의.
15) 서울행정법원 2010. 2. 11. 선고 2009구합35924 판결. 이 판결은 헌법재판소 결정이 내려진 이후에 고등법원에서 인용되고(서울고등법원 2012. 5. 3. 선고 2010누9428 판결) 방송통신심의위원회가 상고를 포기함으로써 확정된다.
16) 서울중앙지방법원 2009. 2. 19. 선고 2008고단5024 판결. "인터넷 사이트에 광고주 리스트를 게재하거나 게재된 광고주 리스트를 보고 소비자로서의 불매의사를 고지하는 등 각종 방법에 의한 호소로 설득활동을 벌이는 것은 구독이나 광고게재 여부의 결정을 상대방의 자유로운 판단에 맡기는 한 허용된다."
17) 장여경·정민경, "방송통신심의위원회 통신심의소위원회 심의 분석", 언론인권센터 등 주최 '방송통신심의위원회 통신심의, 무엇이 문제인가' 토론회 발표논문; 양선희·김재영 "통신심의 실태에 관한 비판적 고찰", 한국언론정보학보(2011), 33-49면.
18) 국가인권위원회 2010. 9. 30.자 정보통신심의제도에 대한 개선권고 결정문.
19) UN 표현의 자유 특별보고관 프랭크 라뤼의 한국보고서(Report of the Special Rapporteur on the promotion and protection of the right to freedom of opinion and expression, Frank La Rue. A/HRC/17/27/Add.2), 2011년 3월. 93문.

다면 앞으로도 방만한 심의규정에 따라 불법성이 없는 게시물에 대한 삭제차단 시정요구가
계속 나오면서 제2, 제3의 신문사광고주불매운동 사건, "쓰레기시멘트" 사건 등이 나타날 여
지가 상존하고 있는 것이다.

65 정보통신망법상 권리침해정보에 대한 임시조치의 위헌성

헌법재판소 2012. 5. 31. 선고 2010헌마88 결정[1]

정경오(법무법인 한중 변호사)

1. 사안의 개요

A는 2010. 2. 1. 포털사이트 '다음'의 '○○ 피해자 가족 연대' 카페에 회원으로 가입하여, 위 카페의 자유게시판에 "이○헌의 구도의 과정, ○○와 선불교"라는 글을 게시하였다. 포털사이트 다음은 2010. 2. 8. 주식회사 ○○로부터, 이 게시물에 주식회사 ○○의 명예를 훼손하는 내용이 포함되어 있으므로 이 게시물을 삭제해 달라는 요청을 받고, 요청을 받은 날부터 30일간 이 게시물에 대한 접근을 임시적으로 차단하는 조치(이하 '임시조치'라 한다)를 하였다. 이에 A는 2010. 2. 12. 이 사건 임시조치의 근거가 된 「정보통신망 이용촉진 및 정보보호 등에 관한 법률」(이하 '정보통신망법'이라 한다) 제44조의2 제2항이 자신의 표현의 자유를 침해한다고 주장하면서 이 사건 헌법소원심판을 헌법재판소에 청구하였다.

2. 결정의 요지

이 사건 법률조항은 사생활을 침해하거나 명예를 훼손하는 등 타인의 권리를 침해하는 정보가 정보통신망을 통해 무분별하게 유통되는 것을 방지하기 위하여 권리침해 주장자의 삭제요청과 침해사실에 대한 소명에 의하여 정보통신서비스 제공자로 하여금 임시조치를 취하도록 함으로써 정보의 유통 및 확산을 일시적으로 차단하려는 것이므로, 그 입법목적이

---

1) [참조 및 관련 판례] 헌법재판소 2011. 11. 24. 선고 2010헌바353 결정.
  [관련 평석 및 문헌] 황성기, "[인터넷상의 표현의 자유 관련 판례 10선]−여섯 번째 판례: 임시조치 사건−", <http://opennet.or.kr/10116>, 2015. 9. 24.자; 황창근, "정보통신망법상 임시조치의 문제점과 개선과제", 정보법학 제13권 제3호, 한국정보법학회, 2009. 9.; 박경신, "인터넷임시조치제도의 위헌성−남이 싫어하는 말은 30일 후에 하라", 중앙법학 제11집 제3호, 중앙법학회, 2009. 10.; 심우민, "임시조치 합헌결정의 입법학적 검토", 사이버커뮤니케이션 학보 제31권 제1호, 사이버커뮤니케이션학회, 2014. 3.

정당하고 수단 또한 적절하다.

'사생활'이란 이를 공개하는 것 자체로 침해가 발생하고, '명예' 역시 타인의 명예를 훼손할 만한 사실이 적시되어 불특정 또는 다수인이 인식할 수 있는 상태에 놓임으로써 침해가 발생하게 되므로, 글이나 사진, 동영상 등의 다양한 방법으로 정보통신망에 게재되는 사생활이나 명예에 관한 정보에 대해서는 반론과 토론을 통한 자정작용이 사실상 무의미한 경우가 적지 않고, 빠른 전파가능성으로 말미암아 사후적인 손해배상이나 형사처벌로는 회복하기 힘들 정도의 인격 파괴가 이루어질 수도 있어, 정보의 공개 그 자체를 잠정적으로 차단하는 것 외에 반박내용의 게재, 링크 또는 퍼나르기 금지, 검색기능 차단 등의 방법으로는 이 사건 법률조항의 입법목적을 효과적으로 달성할 수 없다.

게다가, 이 사건 법률조항에 기한 임시조치를 하기 위해서는 권리침해 주장자의 '소명'이 요구되므로 정보통신서비스 제공자로 하여금 많은 이용자를 확보하려는 영리적 목적과 사인의 사생활, 명예, 기타 권리의 침해 가능성이 있는 정보를 차단하는 공익적 목적 사이에서 해당 침해주장이 설득력이 있는지를 스스로 판단하도록 하고 있다는 점, '30일 이내'라는 비교적 짧은 기간 동안의 정보 접근만을 차단할 뿐이라는 점, 임시조치 후 '30일 이내'에 정보게재자의 재게시청구가 있을 경우라든가 임시조치기간이 종료한 경우 등 향후의 분쟁해결절차에 관하여는 정보통신서비스 제공자의 자율에 맡김으로써 정보의 불법성을 보다 정확히 확인하는 동시에 권리침해 주장자와 정보게재자 간의 자율적 분쟁 해결을 도모할 시간적 여유를 제공한다는 점 등에 비추어 볼 때, 이 사건 법률조항이 규정하고 있는 임시조치의 절차적 요건과 내용 역시 정보게재자의 표현의 자유를 필요최소한으로 제한하도록 설정되어 있다고 할 수 있다.

타인의 명예나 권리를 표현의 자유가 갖는 구체적 한계로까지 규정하여 보호하고 있는 헌법 제21조 제4항의 취지 등에 비추어 볼 때, 사생활 침해, 명예훼손 등 타인의 권리를 침해할 만한 정보가 무분별하게 유통됨으로써 타인의 인격적 법익 기타 권리에 대한 침해가 돌이킬 수 없는 상황에 이르게 될 가능성을 미연에 차단하려는 공익은 매우 절실한 반면, 이 사건 법률조항으로 말미암아 침해되는 정보게재자의 사익은 그리 크지 않으므로, 법익균형성 요건도 충족한다.

3. 해설

가. 임시조치의 요건 및 효과

(1) 임시조치의 요건

임시조치는 정보통신망을 통하여 일반에게 공개를 목적으로 제공된 정보로 인하여 사생활의 침해 또는 명예훼손 등 권리를 침해받은 피해자가 정보통신서비스제공자에게 침해사실을 소명하여 당해 정보의 삭제 또는 반박내용의 게재를 요청하고 이러한 요청을 받은 정보통신서비스 제공자는 지체 없이 삭제, 임시조치 등의 필요한 조치를 취하도록 한 제도를 말한다.

정보통신서비스 제공자가 임시조치를 하기 위해서는 다음과 같은 요건을 갖추어야 한다.

첫째, 해당 정보가 '사생활, 명예 등 타인의 권리'를 침해하는 경우라야 한다. 따라서 특정인의 사생활이나 명예 등과 무관하게 정부의 정책 또는 국가기관의 직무수행을 비판하고 있다는 이유로 임시조치가 이루어질 수는 없다.

둘째, 권리침해 주장자의 '삭제 등 요청'과 '소명'이 있어야 한다. 정보통신서비스 제공자 스스로의 판단에 따라 임의로 임시조치를 할 수 있는 근거는 따로 마련되어 있다(정보통신망법 제44조의3 참조). '삭제 등 요청'이란 삭제 또는 반박내용의 게재에 관한 요청을 의미하지만(제44조의2 제1항 참조) 반박내용의 게재만 요청하였음에도 정보통신서비스 제공자가 그보다 효과가 더 큰 임시조치까지 하는 것은 허용되지 아니한다고 보아야 하므로 결국 실제적으로 '삭제요청'을 의미한다. 그리고 '소명'이란 증명보다는 낮은 정도의 개연성으로 일응 확실할 것이라는 추측을 얻게 한 상태 또는 그와 같은 상태에 이르도록 증거를 제출하는 당사자의 노력을 말하는바, '사생활 침해', '명예훼손'에 있어서는 권리침해 여부가 해당 정보의 내용에 달려 있는 경우가 대부분이므로, 권리침해 주장자와 권리주체가 동일인임을 확인시켜 주는 것 이상의 의미를 가지기 어려우나, '기타 권리의 침해'에 있어서는 권리침해 주장자가 정보통신서비스 제공자에게 해당 권리의 내용과 주체, 해당 정보와 권리침해 사이의 인과관계 등을 구체적으로 밝히고 이를 어느 정도 납득시켜야 한다는 의미를 가진다.

셋째, 적어도 '타인의 권리침해 여부를 판단하기 어렵거나 이해당사자 간에 다툼이 예상되는 경우'라야 한다. '타인의 권리를 침해한다고 인정되는 경우'에는 해당 정보를 아예 삭제하는 것이 보통일 것이므로, '타인의 권리침해 여부를 판단하기 어렵거나 이해당사자 간에 다툼이 예상되는 경우'에 주로 임시조치가 취해지게 된다.

(2) 임시조치의 효과

위와 같은 요건이 모두 갖추어진 경우 정보통신서비스 제공자는 지체 없이 임시조치를 하여야 한다. 임시조치의 내용은 '30일 이내'의 기간 동안 '해당 정보에 대한 접근을 임시적으로 차단'하는 것인데, 구체적인 기간은 정보통신서비스 제공자가 30일의 범위 내에서 임의로 정할 수 있다. 정보통신서비스 제공자는 임시조치를 취했다는 사실을 권리침해 주장자 및 정보게재자에게 알려야 하고, 이용자도 알 수 있도록 해당 게시판에 공시하는 등의 조치를 취하여야 한다.

다만, 위와 같이 임시조치가 이루어진 이후에 정보게재자가 이의를 제기하면서 '재게시 청구'를 해 올 경우 정보통신서비스 제공자가 어떠한 조치를 취해야 하는지, 최장 30일의 임시조치 기간이 지난 후에는 해당 정보에 대해서 어떠한 조치를 취해야 하는지 등에 관해서는 이 사건 법률조항이 명확하게 규율하지 않고 있는바, 이 부분은 정보통신서비스 제공자와 이용자들 사이의 자율에 맡겨져 있다.

한편, 정보통신서비스 제공자가 자신의 정보통신망에 유통되는 정보에 대하여 이 사건 법률조항에 의거한 임시조치를 하게 되면 위 정보로 인한 배상책임을 줄이거나 면제받을 수 있다(정보통신망법 제44조의2 제6항).

나. 정보게재자의 절차적 권리

(1) 적법절차의 원칙

적법절차란 영국과 미국에서 유래한 것으로 입법·행정·사법 등 모든 국가작용은 정당한 법률을 근거로 하고 정당한 절차에 따라 발동되어야 한다는 헌법원리를 말한다.

우리나라 헌법 제12조 제1항은 "누구든지 법률에 의하지 아니하고는 체포·구속·압수·수색 또는 심문을 받지 아니하며, 법률과 적법한 절차에 의하지 아니하고는 처벌·보안처분 또는 강제노역을 받지 아니한다"고 규정하고 있고, 제12조 제3항은 "체포·구속·압수 또는 수색을 할 때에는 적법한 절차에 따라 검사의 신청에 의하여 법관이 발부한 영장을 제시하여야 한다"고 규정하여 처벌, 보안처분, 강제노역 및 영장주의와 관련하여 각각 적법절차의 원칙을 명시하고 있다.

헌법재판소도 헌법 제12조 제3항 본문은 동조 제1항과 함께 적법절차원리의 일반조항에 해당하는 것으로서, 형사절차상의 영역에 한정되지 않고 입법·행정 등 국가의 모든 공권력의 작용에는 절차상의 적법성뿐만 아니라 법률의 실체적 내용도 합리성과 정당성을 갖춘 실체적인 적법성이 있어야 한다는 적법절차의 원칙을 헌법의 기본원리로 명시한 것으로 보

고 있다.[2]

적법절차의 원칙은 개인의 자유·재산 등을 박탈하는 국가기관의 모든 행위에 적용되는 원리라고 할 것이다. 헌법 제12조 제1항 및 제3항에서는 적법절차의 원칙의 적용대상을 영장의 집행·처벌·보안처분 또는 강제노역으로 한정적으로 열거하고 있으나, 헌법 제12조 제1항 및 제3항은 적법절차의 원칙의 적용대상을 한정적으로 열거하고 있는 것이 아니라 예시한 것에 불과하다고 해석하는 것이 통설적 견해이다.

헌법재판소도 적법절차의 원칙을 헌법조항에 규정된 형사절차상의 제한된 범위 내에서만 적용되는 것이 아니라 국가작용으로서 기본권제한과 관련되든 관련되지 않든 모든 입법작용 및 행정작용[3]에도 광범위하게 적용된다고 해석하여야 할 것이고, 나아가 형사소송절차와 관련시켜 적용함에 있어서는 형벌권의 실행절차인 형사소송의 전반을 규율하는 기본원리로 이해하여야 하는 것으로 보고 있다.[4]

(2) 정보게재자의 절차적 권리

헌법재판소는 형사절차에서 효과적인 권리구제절차는 피의자·피고인을 형사절차의 단순한 객체로 삼는 것을 금지할 뿐만 아니라, 평등원칙을 그 지도이념으로 하여 절차상 무기 대등의 원칙에 따라 권리구제절차가 구성될 것을 요구한다. 이에 따라 헌법과 현행 형사법은 '무기 대등의 원칙'을 실현하기 위하여 피의자·피고인으로 하여금 절차의 주체로서 자신의 권리를 적극적으로 행사하게 함으로써 국가권력의 형벌권행사에 대하여 적절하게 방어할 수 있는 여러 가지 수단과 기회를 보장하고 있으며, 그중 가장 실질적이고 효과적인 수단이 변호인의 조력을 받을 권리이다. 그런데 변호인의 조력을 받을 권리의 가장 기초적인 구성부분은 변호인선임권이라고 할 것인데, 이는 구속 여부를 떠나 모든 피의자·피고인에게 인정되어야 함은 법치국가원리, 적법절차원칙에 비추어 당연하다고 보고 있다.[5]

절차적 권리는 국가의 공권력이 행사되는 절차에서 당사자에게 인정되는 절차적인 권

2) 헌법재판소 1992. 12. 24. 선고 92헌가8 결정.
3) 법무부장관의 일방적 명령에 의하여 변호사 업무를 정지시키는 것은 당해 변호사가 자기에게 유리한 사실을 진술하거나 필요한 증거를 제출할 수 있는 청문의 기회가 보장되지 아니하여 적법절차를 존중하지 아니한 것이 된다(헌법재판소 1990. 11. 19. 선고 90헌가48 결정). 관세법상 몰수할 것으로 인정되는 물품을 압수한 경우에 있어서 범인이 당해관서에 출두하지 아니하거나 또는 범인이 도주하여 그 물품을 압수한 날로부터 4월을 경과한 때에는 당해 물품은 별도의 재판이나 처분없이 국고에 귀속한다고 규정하고 있는 이 사건 법률조항은 재판이나 청문의 절차도 밟지 아니하고 압수한 물건에 대한 피의자의 재산권을 박탈하여 국고귀속시킴으로써 그 실질은 몰수형을 집행한 것과 같은 효과를 발생하게 하는 것이므로 헌법상의 적법절차의 원칙과 무죄추정의 원칙에 위배된다(헌법재판소 1997. 5.29. 선고 96헌가17 결정).
4) 헌법재판소 1992. 12. 24. 선고 92헌가8 결정.
5) 헌법재판소 2004. 9. 23. 선고 2000헌마138 결정.

리를 의미하며, 절차적 권리는 적법절차의 원리에서 파생되는 권리이다.[6] 그러므로 적법절차의 원칙은 모든 국가작용에 적용되는 헌법원리이고, 적법절차의 원칙에 파생되는 절차적 권리 또한 모든 국가작용에서 인정되어야 할 것이다. 모든 국가작용은 평등원칙을 이념으로 절차상 무기 대등의 원칙에 따라 절차가 구성되어야 하고 당사자는 절차의 주체로서 자신의 권리를 적극적으로 행사하게 함으로써 국가작용 행사에 대하여 적절하게 방어할 수 있는 여러 가지 수단과 기회를 보장하여야 한다. 그러므로 임시조치를 실행하는 절차에서도 이러한 절차상 무기대등의 원칙에 따라 피해자의 정보 삭제요구권 등에 대응하여 정보게재자에게도 자신의 권리를 적절하게 방어할 수 있는 수단으로서 이의제기권 또는 정보재게시요구권 등이 인정되어야 할 것이다.

다. 정보게재자의 절차적 권리와 임시조치의 위헌성

임시조치에 대해서는 위헌성 여부에 대한 찬반 논란이 끊이지 않았다. 위헌성을 주장하는 견해에 따르면 임시조치제도는 '피해자에 의한 남용'으로 인하여 피해자의 인격권과 사생활 v. 표현의 자유 간의 조화로운 균형이라고 하는 기본취지가 몰각된 채, 오히려 표현의 자유를 과도하게 제약하는 수단으로 전락되고 있고, 국가나 정부권력, 사회적 권력에 대한 정당한 비판 내지 정치적 표현을 억압하는 수단으로 악용되고 있으며, 임시조치의 요건충족 여부에 대한 실체적 판단의 부담을 개별 포털사업자가 안게 되는 문제점이 존재한다고 한다.

그리고, 임시조치제도는 제도의 성격상 정보게재자의 표현의 자유가 침해될 가능성이 본질적으로 열려 있다고 한다. 그 이유로서 명예훼손인지 여부에 대한 종국적인 판단권은 법원이 갖고 있으며, 법원의 종국적인 판단이 있기 전까지는 명예훼손의 '주장'만 있을 뿐인데, 피해자의 권리의 신속한 구제 및 피해확산의 방지를 위하여 '잠정적'으로 일방의 주장을 받아들여서 표현의 자유에 제한을 가하는 것이다. 임시조치제도는 정보게재자의 이의제기

---

6) 한편 적법절차원칙에서 도출할 수 있는 가장 중요한 절차적 요청 중의 하나로, 당사자에 대한 적절한 고지와 의견 및 자료 제출의 기회를 부여할 것을 들 수 있다(헌법재판소 2003. 7. 24. 2001헌가25 결정). 헌법과 형사소송법은 특히 국가형벌권의 행사를 통하여 국민의 자유와 권리에 대한 중대한 제한을 가져오게 되는 형사사법절차에 있어 그와 같은 절차적 보장에 관한 상세한 규정을 두고 있는바, 그러한 절차적 규정 중 하나로서 형사소송법 제121조와 제122조는 압수수색이라는 국가의 강제처분에 있어 적법절차원칙에서 도출되는 절차적 요청 즉 '적절한 고지와 의견 제출의 기회제공'을 압수수색의 사전 통지와 그 집행에 관한 참여권의 형태로 구체화하고 있는 것이라고 할 수 있다. 즉 형사소송법 제122조 본문에 정한 사전통지는 전자우편상의 정보주체가 국가의 부당한 정보수집과 탐지 또는 추가적인 권익 침해를 예방하고 압수수색 후에 그 정보의 삭제 등을 요구할 수 있는 기초가 되는 것으로서, 이러한 고지는 헌법 제12조 제1항과 제3항에 의한 적법절차원칙에서 요청되는 중요한 절차적 권리의 하나이다. 나아가 통신의 비밀의 침해가 당사자에 대한 통지 없이 은밀하게 이루어지는 경우 그 침해의 강도가 비약적으로 커진다는 점을 고려하여 보면, 전자우편에 대한 강제수사와 관련한 통지절차는 실체적 기본권인 통신의 비밀의 실질적인 보장을 위해서도 중요한 의미를 갖는 것이다(헌법재판소 2012. 12. 27. 선고 2011헌바225 결정).

및 재게시 청구권이 보장되어 있지 않은 관계로, 정보게재자의 표현의 자유가 침해될 가능성이 많다는 것이다.[7)]

즉, 현행 정보통신망법 제44조의2에서는 임시조치에 있어서 정보게재자의 절차적 권리로서 이의제기 및 재게시 청구권은 보장되어 있지 않으며, 이는 임시조치의 위헌성 주장에 있어 가장 중요한 근거가 되고 있음을 확인할 수 있다.

4. 결정의 의의

헌법재판소의 이 사건 결정은 임시조치에 대하여 합헌임을 확인함으로써 그동안 임시조치를 둘러싼 위헌성 시비에 대하여 종지부를 찍었다는 점에 중요한 의의가 있다. 즉, 임시조치로 인하여 정보게재자의 표현의 자유 침해보다 인터넷의 속성상 사생활 침해, 명예훼손 등 타인의 권리를 침해할 만한 정보가 무분별하게 유통됨으로써 타인의 인격적 법익 기타 권리에 대한 침해가 돌이킬 수 없는 상황에 이르게 될 가능성을 미연에 차단하려는 공익이 더 보호할 가치가 있다고 본 것이다.

그런데 헌법재판소는 이 사건 결정에서 임시조치의 위헌성 논란의 중심이 된 정보게재자의 이의제기 및 재게시 청구권에 대해서는 자율적 분쟁해결 영역의 권리로 보고 있다. 과거 헌법재판소는 전기통신사업법 제53조 위헌확인 사건[8)]에서 "인터넷은 위와 같은 방송의 특성이 없으며, 오히려 진입장벽이 낮고, 표현의 쌍방향성이 보장되며, 그 이용에 적극적이고 계획적인 행동이 필요하다는 특성을 지닌다. 오늘날 가장 거대하고, 주요한 표현매체의 하나로 자리를 굳힌 인터넷상의 표현에 대하여 질서위주의 사고만으로 규제하려고 할 경우 표현의 자유의 발전에 큰 장애를 초래할 수 있다. 표현매체에 관한 기술의 발달은 표현의 자유의 장을 넓히고 질적 변화를 야기하고 있으므로 계속 변화하는 이 분야에서 규제의 수단 또한 헌법의 틀 내에서 다채롭고 새롭게 강구되어야 할 것이다."라고 하여 필요한 경우에는 적극적인 의견을 개진한 바 있는데, 정보게재자의 절차적 권리의 보장에 대해서는 적극적인 입장 표명을 자제한 것으로 보인다.

방송통신위원회가 국회에 제출한 자료에 따르면, 인터넷 포털사의 임시조치 건수는 해마다 증가하고 있다. 2010년 145,112건에 달하던 임시조치 건수는 2014년에는 454,826건으로 3배 이상 증가하였다.

---

7) 황성기, "[인터넷상의 표현의 자유 관련 판례 10선]－여섯 번째 판례: 임시조치 사건－", <http://opennet.or.kr/10116>, 2015. 9. 24.자.

8) 헌법재판소 2002. 6. 27. 99헌마480 결정.

〈인터넷포털 임시조치 건수〉 (출처: 방송통신위원회)

구분	네이버	다음	SK컴즈	합계
2010	85,573	58,186	1,353	145,112
2011	123,079	97,104	3,504	223,687
2012	155,161	67,342	7,664	230,167
2013	277,146	88,634	9,196	374,976
2014	337,923	116,261	642	454,826
합계	978,882	427,527	22,359	1,428,768

　　　이러한 임시조치 건수의 증가는 피해자의 권리보호 외에 정보게재자의 절차적 권리도 보장해야 함을 역설적으로 주장하고 있는 것이다. 정보게재자의 절차적 권리를 단순히 자율적 영역에서만 인정할 것이 아니라 정보통신망법에서 제도적으로 인정해야 할 필요성이 있음을 의미하는 것이다.

　　　정부가 2014. 12. 29. 발의한 정보통신망법 개정안에서는 임시조치 개선방안으로 정보통신서비스 제공자의 임시조치에 대한 정보게재자의 절차적 권리로서 이의제기권을 명문으로 보장하고 있다.9) 이번 정보통신망법 개정안은 그동안 자율적인 영역에서 인정되었던 정보게재자의 절차적 권리를 법적인 권리로 인정하는 것으로 임시조치의 합헌성을 강화하는 조치라고 할 것이다. 그런 점에서 이 사건 결정에서 헌법재판소가 정보게재자의 절차적 권리 보장을 위한 적극적인 입장 표명을 했더라면 하는 아쉬움이 있다.

---

9) 정보통신망법 개정안 제44조의2(임시조치 등) ① ～ ④ 생략
　　⑤ 정보게재자는 제4항 본문에 따른 임시조치의 기간 내에 임시조치에 대하여 이의를 제기할 수 있다. 이 경우 정보통신서비스 제공자는 다음 각 호의 사항을 권리주장자에게 지체 없이 통지하여야 한다.
　　1. 정보게재자의 이의제기 사실
　　2. 직권조정절차에 회부된다는 사실
　　3. 직권조정결정의 절차

헌법재판소 2012. 8. 23. 선고 2010헌마47 등 결정[1]

권헌영(고려대학교 정보보호대학원 교수)

1. 사안의 개요

가. 사실관계

2010헌마47 사건의 청구인들은 특정 인터넷 사이트 게시판에 익명으로 댓글 등을 게시하려고 하였으나, 해당 인터넷 사이트의 운영자는 '정보통신망 이용 촉진 및 정보보호 등에 관한 법률(이하 '정보통신망법'이라 한다)'에 따라 게시자의 본인확인 절차를 거쳐야만 댓글 등을 작성할 수 있도록 조치해 놓았다. 이에 청구인들은 해당 인터넷 게시판을 운영하는 정보통신서비스 제공자에게 게시판 이용자가 본인임을 확인할 조치 의무를 정한 정보통신망법

---

1) [참조 및 관련 판례] 헌법재판소 2010. 2. 25. 선고 2008헌마324 결정; 헌법재판소 2010. 5. 27. 선고 2008헌마663 결정 등.

[관련 평석 및 문헌] 성낙인, "인터넷과 표현의 자유", 언론과 법 제8권 제1호, 한국언론법학회, 2009; 박경신, "인터넷실명제의 위헌성", 헌법학연구 제15권 제3호, 한국헌법학회, 2009; 조소영, "인터넷 실명제의 의의와 한계", 언론과 법 제10권 제2호, 한국언론법학회, 2011; 김기창, "정통망법상 본인확인제도의 한계와 문제점", 안암법학 제35집, 안암법학회, 2011; 임규철, "정보통신망법의 인터넷 실명제에 관한 비판적 고찰", 법학연구 제47집, 한국법학회, 2012; 이규홍, "이른바 '인터넷 실명제'와 익명표현의 자유에 관한 소고−헌법재판소 2010. 2. 25. 선고 2008헌마324등 결정과 2012. 8. 23. 선고 2010헌마47등 결정에 대하여−", 형산 김종대 재판관 퇴임 기념문집−상생의 길 위에 서서, 나남출판, 2012; 이상경, "인터넷 언론의 선거보도 및 인터넷 실명제의 헌법적 평가", 언론과 법 제11권 제2호, 한국언론법학회, 2012; 김종세, "인터넷 실명제의 헌법적 의미와 과제", 법학연구 제50집, 한국법학회, 2013; 조재현·지성우, "인터넷실명제 위헌결정과 공동체 자율규제에 관한 헌법적 고찰", 토지공법연구 제61집, 한국토지공법학회, 2013; 정필운, "사이버공간에서 표현의 자유의 제한과 그 한계: 헌법재판소 2012. 8. 23. 2010헌마47, 252(병합) 결정과 후속 논의에 대한 비판적 검토", 연세법학연구 제23권 제4호 통권 제60호, 연세대학교 법학연구원, 2013; 김송옥, "인터넷실명제에 대한 헌법적 평가와 전망: 제한적 본인확인제 사건에 관한 판례평석을 겸하여", 공법학연구 제14권 제1호, 한국비교공법학회, 2013; 김민호, "제한적 본인확인제 위헌결정에 따른 대안모색", 토지공법연구 제61집, 한국토지공법학회, 2013; 황창근, "제한적 본인확인제 위헌 결정과 인터넷윤리 법제에서의 시사점", 정보처리학회지 제20권 제2호, 한국정보처리학회, 2013 등.

제44조의5 제1항 제2호, 동법 시행령 제30조 제1항이 표현의 자유 등을 침해한다고 주장하면서 헌법소원심판을 청구하였다.

한편, 2010헌마252 사건은 인터넷 언론사를 운영하고 있는 대표자가 방송통신위원회의 본인확인조치의무대상자 공시(2010. 2. 2.)로 인해 본인확인조치 의무를 부담하게 되자, 본인확인조치 의무의 부과 및 위반시 제재를 규정한 정보통신망법 제44조의5 제1항 제2호, 제2항, 제76조 제1항 제6호 및 동법 시행령 제29조, 제30조 제1항이 본인의 기본권을 침해한다고 주장하면서 헌법소원심판을 청구한 사안이다. 헌법재판소는 두 사안이 공히 정보통신망법상 본인확인제의 위헌여부를 다투고 있으므로 이를 병합하여 판단하였다.[2]

나. 결정의 요지

헌법재판소는 재판관 8인 전원일치로 정보통신망법상 본인확인제 대상 조항이 헌법상 표현의 자유 및 언론의 자유를 침해하는 위헌조항이라고 판단하였으며, 이에 따라 게시판이용자의 본인 확인제를 규정하고 있는 정보통신망법 제44조의5 제1항 제2호 및 관련 시행령은 선고일(2012. 8. 23.)부로 효력을 상실하게 되었다.

2. 인터넷 게시판 본인확인제의 의의와 쟁점

가. 본인확인제의 의의

본인확인제는 그 용어에서 유추할 수 있듯이 이용자가 게시판에 정보를 게재하는 과정에서 해당 게시판의 관리·운영자가 게시판 이용자 본인 여부를 확인하는 절차를 법으로 의무화한 것을 말한다. 여기서 게시판이란 명칭과 관계없이 정보통신망을 이용하여 정보를 타인에게 공개할 목적으로 부호·문자·음성·음향·화상·동영상 등을 이용하여 게재하려는 컴퓨터 프로그램 또는 기술적 장치를 의미하며, 게시판에 정보를 게재하지 않으려는 이용자의 경우에는 본인확인을 거칠 필요가 없다.

본인확인제의 도입취지는 2000년 이후 인터넷 이용자 수가 급격하게 증가함에 따라 인터넷상에서의 언어폭력, 명예훼손, 불법정보의 유통 등 역기능에 대한 사전 예방조치가 필요하다는 취지에서 도입된 것이다. 당시 정부와 입법부는 익명성에 기초한 자기 점검 및 책임

---

2) 헌법재판소는 2010헌마252 사건의 청구인 회사가 정보통신망법 제44조의5 제2항 및 동법 시행령 제76조 제1항 제6호에 따른 제재를 받은 사실이 없고, 해당 법률조항들에 대한 고유의 위헌성에 관한 주장을 하고 있지 아니하므로, 심판 대상은 정보통신망법(2008. 6. 13. 법률 제9119호로 개정된 것) 제44조의5 제1항 제2호, 정보통신망법 시행령 제29조, 제30조 제1항으로 하였다.

의식의 결여로 인해 인터넷상의 해악적 표현행위가 증가한다고 보았고, 본인확인 절차 의무
화를 대응책으로 정하여 2007년 정보통신망법 개정 시에 반영한 것이다. 처음 본인확인제가
도입되던 당시 본인확인조치의무를 부담하는 대상자는 정보통신서비스 제공자 중 일일 평균
이용자 수 30만 명 이상의 포털서비스 제공자 및 전문손수제작물매개서비스(UCC) 제공자,
일일 평균 이용자 수 20만 명 이상의 인터넷언론서비스 제공자에 그쳤으나, 2009년 정보통
신망법 시행령 제30조 제1항의 개정으로 그 대상자는 서비스 유형에 관계없이 일일 평균 이
용자 수 10만 명 이상인 정보통신서비스 제공자로 확대되었다.[3]

　　정보통신망법 시행령 제29조에서 정하고 있는 본인확인조치의 구체적인 내용은 공인인
증기관, 그밖에 본인확인서비스를 제공하는 제3자 또는 행정기관에 의뢰하거나 모사전송·
대면확인 등을 통하여 게시판 이용자가 본인임을 확인할 수 있는 수단(제1호) 및 본인확인정
보의 유출방지기술(제2호)을 각기 마련하고, 6개월간 본인확인의 정보를 보관(제3호)하는 것
이었다. 이러한 의무를 이행하지 않으면 관할 행정청의 시정명령이 가능하며, 불응 시 3천만
원 이하의 과태료를 부과할 수 있도록 하였다.

나. 본인확인제의 쟁점

　　본인확인제는 그 적용의 실효성과 함께 합헌성에 대한 지속적 논란이 있었다. 해외 선
진국에서 유사한 제도를 찾아보기 어려워 글로벌 스탠다드에 반한다는 지적이 꾸준히 제기
되었고, 표현의 자유 및 최소침해 원칙의 위배 등을 이유로 학계를 비롯하여 국가인권위원
회의 반대표명도 있었다. 또한 현실적으로 해외사업자에게 제도를 적용하기 어려웠으므로
국내사업자에 대한 역차별 문제도 지속적으로 제기되었다.

　　헌법재판소는 본인확인제와 관련한 기본권에 대해 정보통신서비스 이용자의 표현의 자
유, 개인정보자기결정권, 정보통신서비스제공자의 언론의 자유 등을 거론하면서, 이 기본권
을 제한하는 본인확인제가 헌법상 과잉금지 원칙에 반하는지를 주요 쟁점으로 삼아 판단하
였다.

(1) 입법 목적의 정당성과 수단의 적합성

　　헌법재판소는 인터넷게시판에 불법정보의 게시를 억제하고 불법정보 게시로 피해가 발
생한 경우 가해자를 특정할 수 있는 기초자료를 확보함으로써 건전한 인터넷문화를 조정하

---

3) 방송통신위원회는 매년 본인확인제의 적용대상을 홈페이지에 공시해왔는데, 적용대상 정보통신서비스 제공
　자의 웹사이트 수는 2007년 35개, 2008년 37개였던 것이 2009년 153개, 2010년 167개, 2011년 146개,
　2012년 131개로 확대되었다.

기 위한 목적으로 본인확인제를 시행하는 것에 대해 긍정적으로 판단하고, 목적의 정당성도
인정하였다. 또한 이용자들로 하여금 불법정보의 게시로 인하여 형사처벌 또는 손해배상책
임을 부담할 수 있다는 점을 인식시켜 표현의 내용에 신중을 기하고 불법정보 등의 게시를
스스로 자제하도록 하는 측면과, 불법정보 게시 등으로 인하여 구체적인 피해가 발생한 경
우 피해자 구제를 위해 가해자를 특정할 수 있는 기초자료를 확보할 수 있다는 점에서 방법
(수단)의 적절성도 인정된다고 판단하였다.

(2) 침해의 최소성

그러나 헌법재판소는 침해의 최소성에 대해서는 의문을 제기하였다. 통상 가해자의 특
정은 인터넷 주소 등의 추적 및 확인을 통해서도 충분히 가능하며, 불법정보가 게시된 경우
사후적으로 정보통신서비스 제공자의 규제[4]로 제한이 가능한 점, 다른 나라의 입법례와 비
교하여 미국이나 유럽의 경우 자율규제를 기초로 민관 협력 등을 통해 불법정보의 유통을
제한하고, 본인확인제와 같은 제도를 실시하고 있는 않은 점 등을 고려하여 본인확인제 외
에 다른 규제수단도 활용할 수 있다는 점을 지적하였다. 또한, 게시판 이용자에는 정보를 게
시하는 사람 외에 정보를 단순 열람하는 사람도 포함되어 있는데, 정보 열람자의 경우 불법
정보를 게시할 가능성이 없으므로 본인확인조치를 취할 필요가 없으며, 이용자수 산정에 있
어서도 법집행자의 자의성이 개입될 여지가 있는 점[5]등을 이유로 목적달성에 필요한 범위를
넘는 과도한 규제라는 평가를 하였다.

마지막으로 정보통신서비스 제공자가 본인확인 정보(개인정보)를 보관하여야 하는 기간
이 정보의 게시가 종료된 후 6개월이 경과하는 날까지이므로, 정보를 삭제하거나 게시판이
폐쇄 되는 등 게시를 종료하지 않는 한 해당 본인확인 정보는 지속적으로 정보통신서비스
제공자에게 보관되어 개인정보가 유출될 위험에 놓이게 되어, 결국 목적 달성에 필요한 범
위를 벗어난 과도한 제한으로 침해의 최소성이 인정되지 않는다고 하였다.

(3) 법익의 균형성

표현의 자유를 제한하기 위해서는 기본권 제한으로 인한 공익 효과가 명백하여야 함에
도 불구하고 본인확인제 실시 이후 명예훼손이나 모욕, 비방의 정보게시가 의미있게 감소한

---

4) 정보통신서비스 제공자에 의한 당해 정보의 삭제·임시조치(정보통신망법 제44조의2 제1항·제2항), 게시
   판 관리·운영자에 대한 불법정보 취급의 거부·정지 또는 제한명령(정보통신망법 제44조의7 제2항·제3
   항) 등으로 불법정보의 유통 및 확산을 차단하거나 사후적으로 손해배상 또는 형사처벌 등을 통하여 충분
   히 할 수 있다.
5) 타국에 소재하는 한국인, 한 게시판에 여러 번 접속한 동일인 등의 경우 이용자 수 산정방법이 어떻게 적
   용될 것인지 명확한 기준이 부재한 점 등.

객관적인 증거가 없다는 점도 헌법재판소의 주된 판단논거로 작용하였다. 더불어 국내 인터넷 이용자들의 해외 사이트로의 도피, 국내 사업자와 해외 사업자 사이의 차별과 자의적 법집행의 시비로 인한 집행 곤란의 문제의 발생 등은 결과적으로 공익을 실질적으로 달성하는 것으로 보기 어려워 법익의 균형성이 맞지 않는 것으로 평가하였다.

한편, 본인확인제의 적용을 받지 않는 모바일 게시판, 소셜네트워크 서비스 등 새로운 의사소통수단의 등장으로 본인확인제는 그 공익을 인터넷 공간의 아주 제한된 범위에서만 실현하게 되었다는 점, 본인확인제로 인하여 인터넷 이용자는 자신의 신원 노출에 따른 규제나 처벌 등을 염려하여 표현 자체를 포기할 가능성이 높고, 외국인이나 주민등록번호가 없는 재외국민은 인터넷게시판의 이용이 봉쇄된다. 또한 새롭게 등장한 정보통신망상의 의사소통수단과 경쟁하여야 하는 게시판 운영자는 업무상 불리한 제한을 당하고, 본인확인정보 보관으로 인하여 게시판 이용자의 개인정보가 외부로 유출되거나 부당하게 이용될 가능성이 증가하게 되었다는 점 등도 헌법재판소가 거론한 과잉금지원칙에 위배의 주된 이유이다. 결국 헌법재판소는 본인확인제가 게시판 이용자의 표현의 자유, 개인정보자기결정권, 정보통신서비스 제공자의 언론의 자유 등 기본권을 침해하였다고 판단하였다.

3. 본인확인제의 위헌판결의 의의와 과제

헌법재판소의 제한적 본인확인제에 대한 위헌 결정은 표현의 자유에 관한 기본권이 결과적으로 민주주의의 발전과 공론의 시장을 활성화함으로써 더 큰 헌법적 공익에 기여한다는 점을 인정한 판례로서 검열금지, 공적 내용규제의 문제를 지적해 온 헌법재판소의 일련의 판례[국정교과서 위헌결정(89헌마88), 음반제작자등록제 위헌결정(91헌마17), 음란저속출판사등록취소 위헌결정(95헌가16), 불온통신 위헌결정(99헌마480), 허위통신죄 위헌결정(2008헌바157), 음란표현에 대한 헌법상 표현의 자유 범주인정(2006헌바109) 등]와 궤를 같이하고 있다.

민주사회의 근간을 이루는 표현의 자유는 그 제한에 있어서 엄격한 기준을 갖추어야 한다. 다양한 의견의 개진과 사상의 교류가 민주사회 발전의 초석이 될 수 있기 때문이다. 특히 권력의 자의성이 개입할 수 있는 형태의 규제를 통한 표현의 자유 제한이 이루어질 경우, 자유로운 의사소통이라는 기본적인 민주질서가 훼손될 수 있는 만큼 목적과 수단에 대한 철저한 평가가 있어야 한다. 인터넷, 특히 인터넷게시판 역시 공론의 장(場)으로서의 기능을 수행하고 있다고 볼 수 있는데, 인터넷게시판에서의 익명성을 규제하려는 시도는 공론장의 형성 자체를 방해하거나 상당히 위축시키는 방향으로 흘러갈 가능성이 농후한 것이다.[6] 표현

---

6) 김송옥, "인터넷실명제에 대한 헌법적 평가와 전망: 제한적 본인확인제 사건에 관한 판례평석을 겸하여", 공법학연구 제14권 제1호, 한국비교공법학회, 2013, 167－168면.

행위자가 누구인가의 문제는 표현내용에 대한 청자의 신뢰 여부나 영향력에 있어서 중요한 사항으로 기능하기 때문에, 표현행위자의 신분노출은 내용과 밀접한 관련성을 갖는 내용적 사항이라고도 볼 수 있다.[7] 게시자의 신분을 확인하도록 하는 제도가 자칫 표현의 자유의 사전억제효과를 동반한다면 오히려 민주사회의 건전한 여론형성에 악영향을 미칠 수 있기 때문에 민주주의의 생명선인 표현의 자유를 위축시키는 법제의 정립에는 앞으로도 매우 신중한 접근과 사회적 합의 도출이 필요할 것이다.[8]

법적인 관점에서 볼 때 사실 본인확인제는 그 입법목적과 수단 간의 논리적 상관성이 존재하지 아니하고, 인터넷이라고 하는 매체의 특성과 사물의 본성에 전혀 부합하지 않는 시스템이라는 지적이 꾸준히 제기되어 왔다. 또한 본인확인제가 도입된 배경의 하나로 소위 '익명성'과 '명예훼손 등의 불법정보 게시' 간에 논리적 상관성에 관하여는 헌법재판소의 결정과정에서 객관적인 증거(본인확인조치로 인한 역기능 방지 효과)가 부족하다는 점 등이 확인되었다.

헌법재판소가 재판관 전원일치의 의견으로 본인확인제를 위헌 결정한 것은 이 제도가 표현행위에 대한 책임성을 보장하는 유일한 제도가 아니며, 오히려 실효성보다는 부작용이 더 큰 제도라는 데 그 원인이 있는 것으로 판단된다. 결과적으로 개인정보자기결정권의 과도한 제한, 표현행위에 대한 위축효과, 규제목적 달성의 실효적 증거 부재 등 순기능보다 역기능이 크기 때문이다. 헌법재판소는 인터넷에 관한 최초의 판결인 불온통신사건에서부터 인터넷을 "가장 표현촉진적인 매체"로 인식하고 있으며 이번 사건에서도 이러한 인터넷의 특성을 강조하였다. 헌법재판소의 판단은 대중의 자유로운 의사표현과 여론형성이 가능한 공론의 장(場)으로서 인터넷을 바라보고, 인터넷이 가지는 고유한 특성에 비추어 규제의 정당화 요건을 제시하였다는 점에서 그 의의가 크다. 인터넷 등 온라인 매체를 "가장 표현촉진적인 매체", "참여적인 시장"으로 인정함으로써 그 특성에 맞는 규제체계를 갖출 것을 입법자에게 요구하고 있기 때문이다.

향후 인터넷과 관련한 판결에서 매체특성을 고려하고 있는 헌법재판소의 입장은 계속 견지될 것으로 전망된다. 따라서 앞으로의 규제형성의 방향과 방법, 가치에 대해서도 정부와 입법부는 보다 심도 깊은 고민이 필요하게 되었다. 기본권 보장을 촉진하는 인터넷의 긍정적인 기능을 최대한 보장하면서도, 그 역기능을 제한하고자 하는 경우에는 인터넷 서비스의 발전 속도와 성숙 정도에 부합할 수 있도록 과학적인 근거를 갖추는 것이 요구될 것이다.[9] 또한 인터넷의 주요 특징 중 하나인 공간적 및 시간적 경계 파괴라는 측면의 고려는 반드시

---

7) 조소영, "인터넷 실명제의 의의와 한계", 언론과 법 제10권 제2호, 한국언론법학회, 2011, 68–70면.
8) 성낙인, "인터넷과 표현의 자유", 언론과 법 제8권 제1호, 한국언론법학회, 2009, 124면.
9) 황창근, "제한적 본인확인제 위헌 결정과 인터넷윤리 법제에서의 시사점", 16면.

필요하다. 정보통신서비스 제공자가 범세계적으로 인터넷 서비스를 제공하고 있으므로, 인터넷을 한 국가 내에서 규제하는 것은 한계를 가질 수밖에 없다. 따라서 경계가 없는 서비스 환경에서 인터넷 규제를 설정하기 위해서는 국내외 이용자 및 사업자들 간의 규제 형평성 문제와 글로벌 스탠더드를 반드시 고려해야 할 것이다.[10]

---

10) 김종세, "인터넷 실명제의 헌법적 의미와 과제", 법학연구 제50집, 한국법학회, 2013, 204면.

67 공직선거법상 인터넷언론사 게시판 실명확인의 위헌 여부

헌법재판소 2010. 2. 25. 선고 2008헌마324등 결정[1]

조소영(부산대학교 법학전문대학원 교수)

1. 사안의 개요

이 헌법소원심판은 두 개의 개별 사건이 병합된 것으로, 2008년 제18대 국회의원선거의 선거운동기간 중 인터넷언론에 정당·후보자에 대한 지지·반대 의견을 게시하고자 하였으나, 인터넷언론사들이 선거기간 중이라는 이유와 먼저 실명확인 절차를 거치지 아니하였다는 이유로 글의 게시조차 막는 바람에 의견을 게시하지 못한 개인이 동 조항이 본인에게 보장된 헌법 제21조의 표현의 자유 등을 침해하였다며 헌법소원심판을 청구한 사건(2008헌마 324 사건)과 인터넷신문을 발행하는 사단법인이 2007년 제17대 대통령선거에서 관할 선거관리위원회 위원장으로부터 당사의 '민중언론 ○○' 홈페이지에 관하여 구 공직선거법 제82조의6 제1항이 정하는 실명확인의 기술적 조치를 하라는 명령을 받았지만 정해진 기한까지 동명령을 이행하지 아니하여 공직선거법 제82조의6 제1항, 제261조 제1항을 위반하였다는 이

---

1) [참조 및 관련 판례] 헌법재판소 1994. 7. 29. 선고 93헌가4등 결정; 헌법재판소 2001. 8. 30. 선고 2000 헌마121등 결정; 헌법재판소 1996. 10. 4. 선고 93헌가13 결정; 헌법재판소 1989. 9. 4. 선고 88헌마22 결정; 헌법재판소 1992. 11. 12. 선고 89헌마88 결정; 헌법재판소 1993. 5. 13. 선고 91헌바17 결정; 헌법재판소 2005. 5. 26. 선고 99헌마513등 결정.

[관련 평석 및 문헌] 조소영, "인터넷 실명제의 의의와 한계", 언론과 법 제10권 제2호, 2011; 최용호, "공직선거법 제82조의6 제1항 등 위헌확인", 결정해설집 9집, 헌법재판소, 2010; 박경신, "인터넷 실명제의 위헌성", 헌법학연구 제15권 제3호, 2009; 임규철, "정보통신망법의 인터넷 실명제에 관한 비판적 고찰", 법학연구 제47권, 한국법학회, 2012; 조재현·지성우, "인터넷실명제 위헌결정과 공동체 자율규제에 관한 헌법적 고찰", 토지공법연구 제61권, 2013; 이준복, "인터넷에서 표현의 자유 보장을 위한 헌법적 고찰 ─<인터넷 실명제를 중심으로>─", 홍익법학 제14권 제2호, 2013; 황성기, "한국에서의 인터넷 규제와 표현의 자유 : 포털 규제의 문제점을 중심으로", Law & Technology 제4권 제2호, 서울대학교 기술과법센터, 2008; 황창근, 인터넷의 법률관계, 홍익대학교 출판부, 2009; 임규철, (21세기) 인터넷 정책과 법, 북포유, 2013; 이규홍, 소위 인터넷 실명제와 익명표현의 자유에 관한 소고: 구 공직선거법 제82조의6 제1항 등에 관한 헌법재판소 2010. 2. 25. 선고 2008헌마324 등 결정을 중심으로(김종대재판관퇴임기념논문집), 나남, 2012 등.

유로 1,000만 원의 과태료처분을 받고 법원에 이의신청을 하였고 동 재판에서 구 공직선거
법 제82조의6 제1항, 제3항 내지 제7항, 제261조 제1항에 대하여 위헌심판제청신청(2008카기
681)을 하였으나 기각결정을 받자, 2009. 2. 26. 헌법재판소법 제68조 제2항에 따른 규범통
제형 헌법소원심판을 청구한 사건(2009헌바31 사건)이 그것이다.

2. 결정의 요지

가. 쟁점

인터넷언론사의 범위 확정과 지지 · 반대의 글에 해당되는가에 대한 명확성 원칙 위배
여부, 동 법률조항의 사전검열금지 원칙 위배 여부, 동 법률조항의 과잉금지원칙 위배 여부,
인터넷언론사의 공개된 게시판 · 대화방에서 정당 · 후보자에 대한 지지 · 반대의 글을 게시하
는 행위가 양심의 자유나 사생활 비밀의 자유에 의하여 보호되는 영역인지 여부, 실명인증
자료의 보관 및 제출의무가 개인정보자기결정권에 대한 제한에 해당하는지 여부 등에 대한
헌법재판소의 판단이 주된 쟁점이었다.

나. 합헌의견

(1) 관계법령이 구체적으로 인터넷언론사의 범위에 관하여 규정하고 있고 독립된 헌법
기관인 중앙선거관리위원회가 설치 · 운영하는 인터넷선거보도심의위원회가 결정 · 게시하는
이상, 해당 인터넷언론사가 자신이 실명확인 확인 조치의무를 지는지 여부에 관하여 확신이
없는 상태에 빠지는 경우를 상정할 수 없고, 건전한 상식과 통상적인 법감정을 가진 사람이
면 자신의 글이 '지지 · 반대의 글'에 해당하는지를 충분히 알 수 있다고 할 것이므로 명확성
의 원칙에 위배된다고 할 수 없다.

(2) 인터넷이용자로서는 스스로의 판단에 따라 실명확인 절차를 거치거나 거치지 아니
하고 자신의 글을 게시할 수 있으므로 사전검열금지의 원칙에 위배된다고도 할 수 없다.

(3) 이 법률조항은 소수에 의한 여론 왜곡으로 선거의 평온과 공정이 위협받아 발생하
는 사회경제적 손실과 부작용을 방지하고 선거의 공정성을 확보하기 위한 것이므로 목적의
정당성이 인정되고 수단의 적합성도 인정되며, 인터넷의 특성상 흑색선전이나 허위사실이
빠르게 유포되어 정보의 왜곡이 쉬운 점, 짧은 선거운동기간 중 이를 치유하기 불가능한 점,
인터넷이용자의 실명이 표출되지 않고 다만 '실명확인' 표시만이 나타나는 점을 고려하면,
피해를 최소화하기 위한 요건도 갖추었다.

(4) 인터넷언론사의 공개된 게시판·대화방에서 스스로의 의사에 의하여 정당·후보자에 대한 지지·반대의 글을 게시하는 행위가 양심의 자유나 사생활 비밀의 자유에 의하여 보호되는 영역이라고 할 수 없다.

(5) 실명인증자료의 보관 및 제출의무는 개인의 인적정보를 수집할 목적으로 규정된 조항이 아니므로 개인정보를 대상으로 한 개인정보자기결정권에 대한 제한이 아니다.

다. 반대의견

이 법률조항은, 의사표현 자체를 위축시켜 민주주의의 근간을 이루는 자유로운 여론 형성을 방해하며 유익한 익명표현까지 사전적이고 포괄적으로 규제하여 오히려 선거의 공정이라는 입법목적 달성에 장애가 된다. '인터넷 언론사'의 범위에 관한 공직선거법 제8조의5 제1항에 의하더라도 사실상 모든 웹사이트들이 인터넷 언론사에 해당될 수 있을 뿐만 아니라 규제대상이 무한정 확대될 우려가 있고, 지지·반대의 글이 게시될 '가능성'만 인정되면 모두 규제대상이 될 수 있도록 하고 있으므로 규제의 공간적 범위가 지나치게 광범위하다. 특히 후보자 등에 대한 '지지의 글'은 비방이나 명예훼손의 우려가 적음에도 불구하고, 반대의 글과 마찬가지로 실명인증을 요구하는 것은 비방이나 명예훼손 등의 선거범죄를 예방하고자 하는 입법목적에도 부합하지 않을 뿐 아니라, 익명표현의 자유를 과잉제한하는 것이다.

또한 인터넷 게시판을 실명방과 비실명방으로 구분하여 유형화하여 비실명방의 경우 경고문을 게재하는 등의 방법이 있고, 명예훼손죄나 후보자 비방죄 등의 제재수단을 이미 마련해 놓고 있으며, 사후적으로 게시물 표현자의 신원을 확인할 방법이 있음에도 불구하고, 수사편의 및 선거관리의 효율성이라는 기술적 편리성에만 치우쳐 사전적·예방적 규제를 하는 것은 국민을 잠재적 범죄자로 취급하고, 이에 따라 익명에 의한 표현 자체를 제한하는 것이므로 최소침해성에도 위반된다.

나아가 선거운동기간이 정치적 표현의 자유를 행사함에 있어 가장 긴요한 기간으로 볼 수 있다는 점과, 표현의 자유 보장이 민주주의의 근간이 되는 중요한 헌법적 가치라는 점을 고려한다면, 익명표현의 자유가 제한됨으로써 받는 불이익이 선거의 공정성 유지라는 공익보다 결코 더 작다고 할 수 없어 법익의 균형성도 인정되기 어렵다. 따라서 이 사건 법률조항은 과잉금지원칙에 위반하여 표현의 자유를 침해하는 것으로서 헌법에 위반된다.

3. 해설

가. 공직선거법상의 인터넷 실명제

(1) 인터넷 실명제의 일반적 개념

인터넷 실명제는 일반적으로 '온라인상에서 성명, 주소, 주민등록번호 등의 개인정보 입력을 통하여 실명인증과정을 거친 후 실명이 확인된 경우에만 인터넷 게시판에 글을 올릴 수 있도록 하는 방식'이다. 이는 '실명확인실명제'와 '실명노출실명제'로 나눌 수 있는데, 전자는 이용자가 해당게시판을 운영하는 관리시스템에 성명·주민등록번호 등 주요인적사항을 확인받고 회원 가입하여 실명을 인증한 뒤 자유롭게 ID(필명)로 글을 쓰는 제도로 일반네티즌은 글쓴이가 누구인지 알 수 없으나 홈페이지 관리자는 알 수 있는 반면 후자는 ID 대신 실명을 쓰는 제도이므로 누구든지 글쓴이를 알 수 있다.

(2) 공직선거법상의 인터넷 실명제의 의의

공직선거법 상의 인터넷 실명제는 이른바 '실명확인제' 유형이다. 구공직선거법 제82조의6은 실명확인 또는 실명인증의 의미를 '의견게시를 하고자 하는 자가 기입하는 성명과 주민등록번호의 일치 여부를 확인한 후 일치하는 경우에 한하여 의견게시를 할 수 있도록 하는 기술적 조치'로 규정했었고, 이는 이용자가 입력한 성명과 주민등록번호와 일치하는 성명·주민등록번호의 조합이 주민등록전산자료나 신용정보업자가 자체적으로 확보한 데이터베이스에 존재하는지 여부를 확인한다는 의미였다. 즉 이 조치는 이용자가 입력한 성명이 허무인의 성명이 아니라 주민등록번호를 부여받은 적이 있는 어떤 사람의 실명이라는 점을 확인하는 것일 뿐, 해당 성명과 주민등록번호를 입력한 이용자가 바로 그 사람인가를 확인하는 본인확인 시스템은 아니라는 점에서 정보통신망법상의 '본인확인제'와는 다른 '실명확인 또는 실명인증제'인 것이다.[2]

나. 판례 검토

(1) 제한된 기본권의 내용

헌법 제21조가 보장하는 표현의 자유는 전통적으로는 사상 또는 의견의 자유로운 표명과 그것을 전파할 자유를 의미하는 것으로서, 자신의 신원을 누구에게도 밝히지 아니한 채

---

2) 김기창, 정통망법상 본인확인제도의 한계와 문제점－기술과 법의 갈등－, 안암법학 제35호, 2011, 377면.

익명 또는 가명으로 자신의 사상이나 견해를 표명하고 전파할 익명표현의 자유도 그 보호영역에 포함된다. 따라서 이 사건에서 제한된 권리는 구체적으로 정치적 표현에 있어서의 익명표현의 자유이다.

(2) 과잉금지원칙의 적용

1) 목적의 정당성과 수단의 적합성

선거기간 중 인터넷홈페이지의 게시판·대화방 등에서 후보자에 대한 인신공격과 흑색선전이 난무하면서 부당한 선거운동이나 소수에 의한 여론 왜곡으로 선거의 평온과 공정이 위협받을 가능성이 있기 때문에, 이로 인한 사회경제적 손실과 부작용을 방지하고 선거의 공정성을 확보하기 위한 목적으로서의 당해 규정의 정당성은 인정된다. 왜냐하면 인터넷을 이용하는 유권자들의 선거의 자유 못지않게, 유권자들의 올바른 선택을 보장하고 의사왜곡을 방지함으로써 지켜내야 하는 공정한 선거 보장도 우리 헌법질서 속에서 중요한 가치이기 때문이다.

선거의 공정성 등을 보장하기 위한 노력으로서의 목적이 정당하다는 전제 하에 그러한 정당한 목적을 달성하기 위한 수단적 측면에서의 선거기간 중 인터넷 게시판 이용자에 대한 실명확인 요구는 수단으로서 적합하다. 물론 실제로 이러한 실명인증 시스템의 도입으로 악의적인 비방이나 허위 정보들이 얼마나 줄어들었는가에 대해서는 회의적인 통계치나 분석들이 있다. 그럼에도 불구하고 정당한 목적을 달성하기 위한 적합한 수단이라 함은 최선의 방법이나 유일한 수단일 것을 요하지 않기 때문에,[3] 일반적으로 전혀 부적합한 것으로 판단되는 수단이 아닌 이상 수단의 적합성을 인정하는 데에는 이 사건에서도 별 어려움이 없다.

2) 침해의 최소성과 법익의 균형성

그러나 반대의견을 제시한 재판관들의 판시내용에서도 보여주듯이, 인터넷 게시판 등에서 이루어지는 정치적 익명표현을 규제하는 경우, 정치적 보복을 당할 우려 때문에 일반 국민은 자기검열 하에서 비판적 표현을 자제하게 될 것이므로 적어도 표현의 실제적 측면에서는 사전적 자기검열제도가 되는 것이고 결국엔 자유로운 여론 형성을 전제로 하는 선거과정에서 민주주의에 대한 중대한 제한으로 결과되어 질 수 있기 때문이다. 입법자가 공정한 선거 실현을 위해 방지하고자 했던 선거후보자 등에 대한 흑색선전은 단순한 후보자 비판의 문제가 아니라, 치밀한 사전계획에 입각하여 조직적으로 이루어지는 것이 일반적이므로 인터넷 실명제 실시로 방지되기 어려운 활동인 것이며, 정당한 익명표현과 해악적 익명표현의 구분을 위한 해악의 범위를 가늠할 수 있는 명확한 사회적 합의 도출도 어려운 상황에서, 책임 있는 의견이 개진되거나 위법한 표현행위가 감소될 것이라는 추상적인 가능성만으로 해

---

3) 황치연, 憲法裁判의 審査尺度로서의 過剰禁止原則에 관한 硏究, 연세대 박사학위논문, 1996 참조.

악적 익명표현뿐만 아니라 유익한 익명표현까지 사전적이고 포괄적으로 규제하는 것은 구분 없이 정치적 의사표현을 위축시킴에 불과할 뿐이다. 한편 반대의견의 판시내용처럼 공선법 상의 실명 확인제가 표방하는 선거의 공정성이라는 목적은 인터넷 게시판을 실명방과 비실 명방으로 구분하여 유형화하는 방법을 도입하는 등의 덜 과잉적인 방법을 통해서도 실현될 수 있는 것임에, 인터넷을 이용하여 선거기간 중에 자신의 정치적 의견을 게시판에 게시하고자 하는 이용자들의 익명표현의 자유를 최소한으로 침해하는 것이라고 볼 수 없다.

다. 인터넷 실명제의 위헌성에 관한 논의

(1) 익명표현의 헌법적 가치

익명표현이 보호되어야 하는 이유는 공론장에서 수단으로서의(instrumental) 유효성에 기인한다. 왜냐하면 익명성을 보호하게 되면 그렇지 않은 경우에 비해서 쟁점에 관련된 다양한 정보들이 가림 없이 공론장에 유입될 수 있는 촉진제의 역할을 수행하기 때문이다. 즉 공동체 구성원들의 익명 표현을 보장하는 것은, 더 많은, 더 다양한 공동체 구성원들이 보복이나 복수에 대한 두려움 없이, 자신의 발언으로 인한 사회적 매장을 피하고 싶은 바램과 사생활을 지키고 싶은 희망을 간직한 채로, 모두가 알아야 하지만 잘 알지 못하거나 반드시 다루어야만 하는 가치 있는 논쟁점들에 대한 각자의 표현들을 꺼내 놓을 수 있도록 만들어 주는 기능을 한다.

(2) 표현내용에 대한 규제로서의 실명강제

표현의 내용을 이유로 하여 해당 표현을 제한하거나 금지하는 입법은 그 위헌성을 탈피하기 어려우며, 사법심사에 있어서도 엄격한 심사기준이 적용된다.[4] 그렇다면 표현행위자의 신분을 밝히는 문제가 표현의 내용에 속한다고 볼 수 있을 것인가. 표현행위자가 자신의 실제 신분 공개 여부를 결정하는 것은 자유이고 저자로서의 자율성(authorial autonomy)의 영역이기 때문에,[5] 실명강제는 저자에게 논쟁점에 대해 자신이 생각하는 내용을 공개하도록 강요하는 것과 같다고 볼 수 있다. 표현물의 본질에 있어서, 자신의 주장만을 표현하고 반대견해를 생략한다거나 문장부호들을 임의로 추가·생략하는 것과 같이 자신의 실명을 생략할 것인가의 여부도 표현행위자 자신의 판단문제로 평가할 수 있기 때문이다. 이처럼 표현행위자의 실명이 '내용'에 해당되는 것으로 보게 되면, 논리적으로 실명표시의 강제는 표현행위

---

4) Turner Broad. Sys. v. F.C.C., 512 U.S. 622, 642(1994); Richard H. Fallon, Jr., Strict Judicial Scrutiny, 54 UCLA L. Rev. 1267, 1313(2007); 문재완, "익명표현의 자유에 관한 연구", 언론과 법 제4권 제2호, 2005, 156면.

5) McIntyre v. Ohio Election Commission, 514 U.S. 334, 341(1995).

자에 대해서 특별한 내용을 요구하는 것이 되고, 더군다나 법률 적용대상이 투표나 선거입
후보자와 관련된 표현물인 특정 주제를 다루고 있는 표현물에 한정되므로,[6] 그만큼 위헌성
극복과 관련된 엄격한 책임이 입법자에게 인정된다.

(3) 익명적 표현행위자 개인적 측면: 불이익의 강요

표현행위를 통해서 자신이 속한 공동체 구성원들에게 제공하는 정보의 가치가 공익적
차원의 이익이라면, 그러한 이익의 실현을 위해 정보를 제공한 자에 대한 보복의 위험성은
표현행위자의 개인적 불이익의 측면이다.[7] 때문에 사회구조 속에서 상대적으로 약자의 지위
에 처해 있거나 보호의 필요성이 있는 익명 표현행위자들에 대한 실명의 강제는 결과적으로
공익을 위해 용기를 낸 자들에 대하여 자신의 용기에 대한 개인적인 책임의 감내와 수용을
강요하는 결과가 될 수도 있다. 표현행위자는 순전히 자신의 책임만으로 용기를 내야 하며,
용단으로 내보인 자신의 표현에 대한 강자와 다수의 대응조치에 대해서는 또 홀로 감당하도
록 구조화하는 것이 될 수도 있다.

(4) 실명확인에 관한 기술적 측면: 개인정보 차원의 위험성

선거게시판 실명제나 일반 인터넷 게시판 등의 본인확인제는 인터넷을 대상으로 하는
특성상 개념적으로 기술적 방법에 의한 실명확인 또는 본인확인을 전제할 수 밖에 없는데,
현재까지 이용되어 온 가장 일반적인 방법은 주민등록번호를 이용하는 것이었다. 그런데 행
정자치부가 구축하고 있는 주민등록전산망을 활용하는 방법은 본질적인 개인정보를 정부차
원에서 그들의 기준으로 개방하는 것이어서, '개인정보로서의 민감성'이 매우 높은 개개인의
정보에 대한 국민들의 동의를 기본적으로 구할 수 있을 것인가에 대한 실질적인 공감대 형
성이 어렵다. 게다가 현실적으로 빈번히 인터넷 상에서 문제가 되고 있는 타인의 주민등록
번호의 도용문제와 같은 보안상의 정보보호 상황에 대한 각별한 방어벽이 선제되어야 할 것
인데, 이 또한 기술적으로 완벽하지 않아서 제도적으로 실제 현실적으로 엄청난 파장을 가
져온다. 또한 개인정보 보안을 위해 현재 사용되고 있는 방법으로 공인인증서를 활용하는
것이 있지만, 공인인증서의 발급과 사용이 특정 세대나 일부의 사용가능한 자들에게만 이용
되고 있는 현실적 측면을 감안할 때 이 방법 역시 분명한 차별적 요소로 역기능할 수 있는
위험성을 가진다고 할 수 있다.[8]

---

6) McIntyre v. Ohio Election Commission, 514 U.S. 334, 338, n. 3(1995).
7) McIntyre v. Ohio Election Commission, 514 U.S. 334, 338, n. 3(1995).
8) 황성기, "인터넷 실명제에 관한 헌법학적 연구", 한양대학교 법학논총 제25집 제1호, 2008, 19면.

4. 결정의 의의

본 결정은 일반적인 인터넷실명제 중 '선거게시판 실명확인제'에 한정된 판단이었다. 이는 적용목적(선거의 공정성), 적용대상, 적용기간 및 운영방법 등이 한정된 선거실명제 규정에 대한 결정이었기 때문에, 이 사건을 통해 헌법재판소가 인터넷실명제 전반에 대한 위헌성을 심리·판단하였다고 할 수는 없다. 헌법재판소는 이후 2015년 7월 동조항에 대한 헌법소원심판에서 동일한 법정의견으로 다시 합헌결정을 하였다.9)

그러나 일반적 인터넷실명제에 대해서 헌법재판소는 2012년 8월, 인터넷게시판을 설치·운영하는 정보통신서비스 제공자에게 본인확인조치의무를 부과하여 게시판 이용자로 하여금 본인확인절차를 거쳐야만 게시판을 이용할 수 있도록 하는 본인확인제를 규정한 '정보통신망 이용촉진 및 정보보호 등에 관한 법률' 제44조의5 제1항 제2호, 같은 법 시행령 제29조, 제30조 제1항이 과잉금지원칙에 위배하여 인터넷게시판 이용자의 표현의 자유, 개인정보자기결정권 및 인터넷게시판을 운영하는 정보통신서비스 제공자의 언론의 자유를 침해한다는 결정을 내렸다.10)

---

9) 헌법재판소 2015. 7. 30. 선고 2012헌마734 결정(그러나 2012년의 결정에서보다 위헌의견을 개진한 재판관의 수가 4인으로 확대).

10) 헌법재판소 2012. 8. 23. 선고 2010헌마47 등 결정.

68 인터넷게임 강제적 셧다운제의 위헌성 여부

헌법재판소 2014. 4. 24. 선고 2011헌마659 등 결정[1]

황창근(홍익대학교 법과대학 교수)

1. 사안의 개요

이건 사안은 헌법재판소가 인터넷게임의 강제적 셧다운제(이하 '이 제도'라 한다)가 헌법상 기본권을 침해하는 위헌인지 여부에 대하여 합헌을 선고한 사건이다. 이 제도는 2011. 5. 19. 청소년보호법 개정시 도입되었는데 도입 당시부터 청소년, 학부모, 인터넷게임업체 등의 기본권 침해 논란이 있어 왔다.

첫째 사건은 인터넷게임을 즐겨하는 16세 미만의 청소년 또는 16세 미만의 청소년을 자녀로 둔 부모들이 청구한 사건이다. 청구인들은 이 사건 조항들이 청소년의 일반적 행동자유권, 부모의 자녀교육권 등을 침해한다고 주장하면서 2011. 10. 28. 그 위헌확인을 구하는 이 사건 헌법소원심판을 청구하였다(2011헌마659 사건).

둘째 사건은 인터넷게임의 개발 및 제공 업체가 청구한 사건이다. 이 사건조항들이 인터넷게임 제공자의 직업의 자유 등을 침해한다고 주장하면서 2011. 11. 4. 그 위헌확인을 구하는 이 사건 헌법소원심판을 청구하였다(2011헌마683 사건).

헌법재판소는 이 사건 금지조항의 명확성원칙 위배 여부, 과잉금지원칙 위배 여부, 평등권 침해 여부에 대하여 합헌을 결정하였다.

---

1) [관련 평석 및 문헌] 김명엽, "게임 셧다운제의 문제점과 개선에 관한 연구", 입법정책 제6권 제1호, 한국입법정책학회, 2012; 박종현, "청소년 보호를 목적으로 하는 인터넷 규제의 의의와 한계: 최근의 소위 셧다운제 도입문제를 중심으로", 언론과 법 제10권 제2호, 한국언론법학회, 2011; 이덕주, 셧다운제 규제의 경제적 효과분석, 정책연구 15−11, 한국경제연구원, 2015. 7; 이준복, "청소년보호법 상 셧다운제에 관한 헌법적 연구", 서울법학 제21권 제3호, 2014; 조형근, "게임 셧다운제의 도입과 향후 정책 방향", 현안보고서 vol.118, 국회입법조사처, 2011. 5. 27.; 조형근, "게임시간선택제의 시행과 향후 과제", 이슈와 논점 제513호, 국회입법조사처, 2012. 8. 16.; 홍승진, "「청소년보호법」에 따른 인터넷게임 강제적 셧다운제도의 법제적 문제점과 개선방안", 법제, 법제처, 2014; 황성기, "스마트 시대의 콘텐츠 규제의 동향과 문제점 − 청소년보호를 위한 인터넷 및 게임 규제를 중심으로−", 언론과 법 제12권 제1호, 2013; 황창근, "청소년보호와 인터넷규제", 홍익법학 16권 2호, 홍익대학교 법학연구소, 2015 등.

2. 결정의 요지

가. 청소년보호법상 '인터넷게임'은 '게임산업진흥에 관한 법률'에 따른 게임물 중 정보통신망을 통하여 실시간으로 제공되는 게임물이라고 정의되어 있다. 따라서 게임의 시작 및 실행을 위하여 인터넷이나 네트워크 등 정보통신망에의 접속이 필요한 게임이라면 기기나 종류를 불문하고 모두 인터넷게임에 해당하고, … 이 사건 금지조항에서 '인터넷게임'의 의미는 명확하다. 한편, 청소년보호법 부칙 및 여성가족부고시(제2013−9호)에서, 스마트폰 등 모바일기기를 이용하는 인터넷게임에 대하여 강제적 셧다운제의 적용을 유예하고 있는데, 이로 인하여 이 사건 금지조항에서 정한 '인터넷게임'의 의미가 불명확해진다고 보기는 어려우므로, 이 사건 금지조항은 죄형법정주의의 명확성원칙에 위반되지 않는다.

나. 이 사건 금지조항은 …우리나라 청소년의 높은 인터넷게임 이용률, 인터넷게임에 과몰입되거나 중독될 경우에 나타나는 부정적 결과 및 자발적 중단이 쉽지 않은 인터넷게임의 특성 등을 고려할 때, 16세 미만의 청소년에 한하여 오전 0시부터 오전 6시까지만 인터넷게임을 금지하는 것이 과도한 규제라고 보기 어렵다. 여성가족부장관으로 하여금 2년마다 적절성 여부를 평가하도록 하고, 시험용 또는 교육용 게임물에 대해서 그 적용을 배제하는 등 피해를 최소화하는 장치도 마련되어 있으며, … 게임산업법상 선택적 셧다운제는 그 이용률이 지극히 저조한 점 등에 비추어 대체수단이 되기에는 부족하므로 침해최소성 요건도 충족한다. 나아가 청소년의 건강 보호 및 인터넷게임 중독 예방이라는 공익의 중대성을 고려할 때 법익균형성도 유지하고 있으므로, 이 사건 금지조항이 인터넷게임 제공자의 직업수행의 자유, 여가와 오락 활동에 관한 청소년의 일반적 행동자유권 및 부모의 자녀교육권을 침해한다고 볼 수 없다.

다. 인터넷게임은 주로 동시 접속자와의 상호교류를 통한 게임 방식을 취하고 있어 중독성이 강한 편이고, 정보통신망서비스가 제공되는 곳이면 언제나 쉽게 접속하여 장시간 이용으로 이어질 가능성이 크다는 점에서, 인터넷게임에 대해서만 강제적 셧다운제를 적용하는 것에는 합리적 이유가 있다. 또한 전기통신사업법에 따라 부가통신사업자로 신고하고 게임법상 등급분류를 받아 정상적인 방법으로 제공되는 인터넷게임물에 대해서는 그 제공업체가 국내 업체인지 해외 업체인지를 불문하고 강제적 셧다운제가 적용되므로, … 해외 업체에 비하여 국내 업체만을 차별취급한다고 볼 수는 없다.

라. 재판관 김창종, 재판관 조용호의 반대의견

'인터넷게임'의 의미와 범위는 … 부칙 등에서 심각한 중독의 우려가 없는 인터넷게임물에 대하여 적용을 유예하도록 하면서 그 판단기준 등이 불명확하여, … 이 사건 금지조항은 죄형법정주의의 명확성원칙에 반한다.

또한 이 사건 금지조항의 입법목적 중 '청소년의 수면시간 확보'가 기본권 제한을 정당화할 수 있는 사유인지 의심스럽고, 기본적으로 인터넷게임을 유해하고 무가치한 것으로 보는 시각을 전제로 하고 있으므로 수단의 적절성도 인정하기 어렵다. 나아가 청소년이용가능 게임이 실질적으로 그 적용대상임에도 예외 없이 전면적으로 금지하고 있고, 게임산업법상 '선택적 셧다운제'가 이미 마련되어 있으므로 침해최소성에도 반한다. 나아가 청소년의 심야시간대 인터넷게임 이용률이 원래 높지 않았고, 타인명의로 접속하는 경우 통제방법이 없다는 점에서 제도의 실효성이 적은 반면, 과도한 규제로 인한 기본권 침해 및 국내 인터넷게임 시장의 위축 가능성 등을 고려하면 법익균형성도 갖추고 있다고 보기 어려우므로, 과잉금지원칙에 위반된다.

인터넷게임과 다른 게임 사이에 중독성에 있어 본질적인 차이가 있다고 보기 어려움에도 인터넷게임만 규제하고 있고, 사실상 국내 게임업체가 주로 규율대상에 해당한다는 점에서 국내 인터넷게임 제공자들의 평등권도 침해한다.

3. 해설

가. 인터넷게임 강제적 셧다운제의 도입 경과

이 사건의 심판대상이 되는 법률은 구 청소년보호법(2011. 5. 19. 법률 제10659호로 개정된 것)으로서, 인터넷게임의 제공자는 16세 미만의 청소년에게 오전 0시부터 오전 6시까지 인터넷게임의 제공을 하여서는 아니 되고(제23조의3), 위 의무를 위반한 경우에는 2년 이하의 징역 또는 1천만원 이하의 벌금에 처하며(제51조), 대통령령으로 심각한 인터넷게임 중독의 우려가 없는 기기를 이용한 인터넷게임을 정하여 2년간 적용을 유예하는 것으로 규정하고 있다(부칙 제1항). 이에 따라 동시행령에서 이통통신단말기, 휴대용 정보단말기기 등을 해당 기기로 규정하고 있다(제42조). 이는 2011. 9. 15. 청소년보호법 전부개정시 조문 변경(제26조)이 있었으나 내용은 동일하다.

이 제도의 도입 논거는 청소년보호 차원에서 인터넷게임의 중독성을 전제로 강제적인 이용제한이 불가피하다는 것이고, 반대측 논거는 인터넷게임 이용에 대한 강제적인 이용 제한은 청소년보호 목적이라고 하더라도 게임제공업체의 직업의 자유 및 해당 청소년과 학부모의 자유권을 침해하는 것으로서 과잉규제이고 다른 게임이나 유희에 비한 차별적 취급으로서 평등권 침해가 있다는 것이다. 이 제도에 대하여는 해외에서도 사례를 찾아보기 어렵다. 태국에서 2003년 7월경 시행하였다가 청소년이 다른 사람의 신분으로 접속하는 등 실효를 거두지 못하자 2년만에 그만두었고, 베트남에서도 2011년 3월 임시적으로 시행한 사례가 있을 뿐이다. 오히려 대부분의 국가에서는 게임업계의 자율에 의하여 청소년의 과몰입 방지를 하고 있을 뿐이다.[2] 이 제도는 청소년보호를 위한 게임규제의 한 내용이다. 게임은 다른 매체와 달리 중복적인 규제[3]의 대상이 된다. 청소년보호를 위하여 이미 게임의 연령등급제를 시행하여 청소년관람불가 등급의 게임에 대하여는 청소년은 이용이 불가하다. 거기에 이건 셧다운제와 같은 이용시간의 규제가 중복되어 존재하는 특징을 가진다.

나. 강제적 셧다운제가 어떤 기본권을 침해하는가

(1) 청소년의 일반적 행동자유권 및 부모의 자녀교육권 침해

청소년이 미성숙한 존재이긴 하지만 범죄나 비도덕한 것이 아닌 한 스포츠, 음악, 미술, 게임, 공부 등 활동을 선택할 자유를 가지고 이는 행복추구권으로 보장된다. 인터넷게임의 과도한 이용이 유해하다면, 학업 등 다른 활동의 과도함도 역시 문제가 되는 것이다. 하물며 공부를 잠을 줄이면서 심야에 몰두하는 경우 그 유해성을 부인하기 어렵다. 이 제도는 청소년을 훈육과 지도의 대상으로 보는 어른의 시각이 들어난 것이다.

청소년에 대한 교육권은 교육의무의 다른 표현으로서, 가정 내외에서 청소년에 대한 교육상의 권리와 의무는 학부모의 전속적인 사항에 해당한다.[4] 특히 학교 교육시간을 벗어난 심야시간대의 교육에 대한 학부모의 책임을 인터넷게임의 제공자 또는 국가가 대신할 수 있는 것이 아니다. 자녀에 대한 교육은 가정의 자율적인 결정과 활동에 의하여야 하고 국가권력에 의한 강제적인 '교육방식'은 본질적으로 '교육적'이지 않다는 점이 이 제도의 근본적인 한계라고 할 것이다.

(2) 부적절한 책임체계를 통한 인터넷게임 제공자의 영업의 자유의 침해

첫째, 입법목적이 청소년의 과도한 게임이용의 제한이라면 해당 청소년에게 그 의무를 부과하고 그 위반에 대한 책임을 묻는 것이 행위와 책임의 상응 원칙에 부합된다고 할 것이므로 사업자에게 책임을 부과하는 이건 수단은 합리적인 규제방식이라고 하기 어렵다.[5] 이는 인터넷의 이용자 보다 온라인서비스제공자를 그 규제의 대상으로 하는 최근의 인터넷규제방식과 동일한 흐름인데, 규제의 합목적성 내지 합리성 보다는 규제의 편의성에 치중하고

---

2) 해외사례에 대하여는 조형근, 게임 셧다운제의 도입과 향후 정책 방향(주 1), 9-11면.
3) 게임에 대한 주된 규제로는 게임물등급분류제, 강제적 셧다운제, 선택적 셧다운제, 쿨링오프제(논의중)가 있다.
4) 헌법재판소 2009. 10. 29. 2008헌마635 결정.
5) 황창근, "청소년보호와 인터넷규제"(주 1), 236면.

있는 것으로 보인다.

둘째, 이 제도는 청소년이 아닌 인터넷게임 제공자에게 게임 셧다운의 행정상 의무를 부과하고 있을 뿐만 아니라, 그 의무위반에 대하여 행정질서벌이 아닌 형벌까지 부과하는 과잉 규제를 하고 있다. 만일 인터넷게임 제공자가 셧다운의 의무를 부과하는 근거가 영리를 추구하는 사업자로서 영리에 대한 책임을 부과하는 것이라고 이해한다면, 그 위반책임은 '영리행위'를 중심으로 설계하는 것이 합당하다. 다시 말하면 인터넷게임 제공업자가 해당 셧다운의무를 위반함으로써 불법적으로 취득한 수익이 있다면 그 수익에 대하여 과징금을 부과하는 것이 타당한 실효적인 수단이라는 것이다.[6]

셋째, 이와 같은 규제방식으로 인하여 인터넷게임 사업 전반에 역효과가 발생되고 있다는 점을 무시할 수 없다. 최근의 연구결과에 의하면 2014년까지 셧다운제 시행 이후 국내 게임산업의 내수시장을 1조 1,600억원, 수출시장을 1,600억원을 위축시켰는데 이는 게임시장 전체의 10%를 넘는 상당한 수준이라고 밝히고 있다.[7]

다. 과잉금지원칙의 위배 여부

(1) 입법목적이 정당한가

헌법재판소는 청소년의 적절한 수면시간 보장과 인터넷게임의 중복 방지를 통한 청소년보호와 사회적 문제를 예방하는 것으로서 입법목적이 정당하다고 판시하고 있다. 동법의 제안이유를 보더라도 인터넷게임의 중독을 가정과 학교의 자율적인 대처만으로 해결이 어려우므로 법적인 조치를 취할 수밖에 없다는 것으로 정리되어 있다.[8] 청소년보호와 인터넷게임 중독 예방을 위한 입법목적의 정당성을 정면으로 부인하기 어려우나, 수단의 적합성 내지 침해의 최소성 견지에서 불합리하다면 과연 목적의 정당성이 어떤 의미가 있는지도 의문이다.[9]

(2) 수단의 적정성 및 침해의 최소성에 부합하는가

헌법재판소는 이건 제도는 심야시간대에 16세미만의 청소년에게만 이를 제한하는 것이므로 수단의 적정성이 인정되고, 인터넷게임에 대한 어느 정도의 규제의 필요성이 인정되고

6) 황창근, 위의 논문, 237면.
7) 이덕주, 셧다운제 규제의 경제적 효과분석(주 1), 43−54면.
8) 국회 여성가족위원장, 청소년보호법 일부개정법률안(대안)(의안11597) 대안의 제안이유 참조.
9) 헌법재판소가 과잉금지원칙의 하나로 목적의 정당성을 들고 있는 것은 과잉금지원칙의 핵심이 '수단의 통제'에 있다는 점에서 논리적이지 않다는 견해가 있다. 황치연, "우리 헌법재판소 판례에 있어서의 과잉금지원칙의 문제점", 고시연구(97. 3), 180면.

그 규제방식으로서 시간적 규제가 과도하다고 보이지 아니하고, 제한대상 게임물에 대한 적정한 규율을 하는 등의 피해를 최소화하는 조치도 취하고 있으며, 선택적 셧다운제는 이용률이 미미하여 적절한 대안이 되기는 부족하므로 결국 최소침해의 원칙에 반하지 아니하며, 심야 6시간 동안 16세 미만의 청소년에게 적용함으로써 제한으로 얻을 수 있는 공익과의 균형을 유지하고 있다고 판시하고 있다. 그러나 헌법재판소의 결정은 다음과 같은 이유에서 동의하기 어렵다.

1) 인터넷게임의 유해성에 대한 객관적이고 과학적인 근거의 부재

헌법재판소는 인터넷게임이 중독성이 강하고 특히 모바일게임 등 다른 게임과 비교하여 보더라도 상대적으로 심각한 중독의 우려가 있다는 것을 전제로 하지만 객관적인 근거가 충분한지 의문이다. 단지 중독성의 상당한 개연성이 있다는 것만으로는 사전규제의 근거로 삼기는 부족하다.

청소년보호법은 인터넷게임중독을 "일상생활에서 쉽게 회복할 수 없는 신체적·정신적·사회적 기능 손상을 입는 것"이라고 정의하고 있는데(제27조), 여기서 이러한 신체적·정신적·사회적 기능 손상이 무엇인지 사실 분명하지 아니하므로 이에 대한 적용은 엄격하여야 하는 것이다. 이는 사실 청소년이 게임을 하게 되면 그 동안 시간을 죽이게 되고 뿐만 아니라 학습시간을 죽인다[10]는 가정하에서 인터넷게임의 중독성을 우려하는 것으로 보인다. 그러나 인터넷게임이 다른 오락이나 다른 게임에 비하여 중독성이 강하다는 전제는 아무런 실증적·과학적 근거를 가지는 것도 아니다.[11] 이런 가정이라면 이용자에 따라 영화감상이나 독서, 스포츠활동도 중독성이 매우 강한 활동이라고 아니할 수 없는 것이다. 이러한 전제는 인터넷게임을 독서나 체육 등 다른 활동에 비하여 유해하거나 무익한 것으로 취급하는 기성세대의 선입견이 작용한 것이 아닌가 생각한다.

2) 총량규제나 선택적 셧다운제 등 덜 침해적인 방식의 존재

또한, 인터넷게임의 중독성을 완화시키기 위한 시간규제의 방식에서 심야시간대를 정하는 것이 적절한 방법이거나 최소침해의 원칙이라고 하기 어렵다. 중독성을 완화하기 위하여는 야간시간의 통제보다는 전체 이용시간을 통제하는 것이 보다 효율적이라고 보는 것이 일반적이다. 심야시간대이면 가정내에 있으니 부모의 통제가 가능하다는 것을 전제로 하는 것으로 보인다. 그런 가정이라면 강제적 셧다운이 아니라 부모의 교육활동 차원의 통제방법을 고안하여야 하는 것이다. 그런 점에서 수단의 적절성을 침해하였다.

---

10) 배영, "청소년과 인터넷, 그리고 사회적 인식", 인터넷환경과 청소년정책 개선을 위한 세미나 발표자료, 2013. 12. 19.

11) 황창근, "제한적 본인확인제 위헌 결정과 인터넷윤리법제에서의 시사점", 정보처리학회지 제20권 제2호 (2013. 3) 참조.

다음, 헌법재판소는 게임산업법 소정의 선택적 셧다운제(제12조의3 제5항, 제45조 제1호)는 그 이용이 미미하여 대안이 될 수 없으므로 최소침해의 원칙을 침해한 것이 아니라는 입장이나, 연구결과에 의하면 강제적 셧다운제 보다 5배 이상의 실효성을 가진 것으로 보고되고 있다.[12] 설사 시간규제를 통한 인터넷게임 규제의 필요성이 있다고 하더라도, 이처럼 기본권을 덜 침해할 수 있는 대안이 있는 한 이건 강제적 셧다운제는 최소침해원칙을 침해한 것이다.

(3) 법익의 균형성에 부합하는가

헌법재판소는 이 제도가 심야시간대에 16세 미만의 청소년에 대하여만 적용됨으로써 발생되는 피해가 인터넷게임중독의 예방이라는 공익보다 크지 않다고 판시하고 있다. 이는 결국 16세 미만의 청소년의 건전한 성장이라는 공익을 위하여 16세 미만의 청소년, 학부모, 인터넷게임제공업체 등의 기본권의 침해 정도가 크지 않다는 것을 의미한다. 그러나 이러한 이익비교형량의 상당성의 근거를 찾기 어렵다. 오히려 최근 연구결과에 의하면 이 제도의 시행으로 인터넷게임 시장이 10% 이상의 축소 효과가 나타나고 있는 것으로 보고되고 있다.[13] 이는 결국 이건 제도가 달성하려는 공익보다 기본권 주체의 사익이 침해되지 않았다는 판단이 오류가 있음을 알 수 있는 것이다.

라. 명확성의 원칙 위배 여부

헌법재판소는 인터넷게임의 개념을 쉽게 파악할 수 있고, 부칙에 따라 인터넷게임의 적용유예를 한 것은 적용의 축소이므로 해당 법령의 규정은 기본권을 침해하는 요소가 없다는 취지로 판시하고 있다. 그러나 부칙에서 적용유예를 규정하고 있다는 것을 축소로만 보고 기본권침해가 없다고 이해하는 것은 형식적인 논리라고 할 것이다. 오히려 부칙이 정한 '심각한 인터넷중독의 우려가 없는 것'의 범위를 대통령령에 위임한 것은 포괄적인 위임으로서 구체적인 사항을 정하여 위임토록 한 헌법규정에 위반된다고 할 것이다.

---

12) 이덕주의 연구결과에 의하면 셧다운제 실시로 게임 과몰입 어린이·청소년의 비율은 6.51%에서 2.07%로 4.44%p 감소되어 어느 정도 제도의 실효성이 있는 것으로 보이지만, 다만 이러한 셧다운제의 효과는 선택적 셧다운제가 강제적 셧다운제 보다 효과가 5배 정도 높은 것으로 분석하고 있다. 이덕주, 셧다운제 규제의 경제적 효과분석(주 1), 56면.

13) 이덕주, 셧다운제 규제의 경제적 효과분석(주 1) 참조.

마. 평등의 원칙 위배 여부

헌법재판소는 네트워크 기능을 이용한 인터넷게임이 다른 접속자와의 상호교류를 통하여 장시간 이용의 가능성이나 중독의 가능성이 높다고 하지만 이는 실증적 근거가 없는 논리에 불과하다. 네트워크 기능이 가지고 오는 또래문화의 소통과 교류의 장점은 도외시한 채 부작용만 강조한 것이다. 또한 모바일기기의 인터넷게임은 적용하지 않은 것이 아니라 적용유예라고 하여 평등권을 침해한 것이 아니라고 판시하고 있으나, 장래 적용유예가 변경될 수 있다는 사정만으로 적용되지 않은 것이 아니라는 논리는 형식적이라고 할 것이다.[14] 이 제도에서 정보통신망을 이용한 인터넷게임에 대하여만 규제의 대상으로 삼은 근본적인 이유는 중독성의 문제라기보다는 정보통신망을 통한 규제의 가능성에 따른 행정편의적인 선택에 불과하다고 보이므로 그 차별에 합리성을 찾기는 어렵다고 할 것이다. 다만 해외 게임업체에 대하여 차별이 있는지 여부를 보면 국내에서 게임을 제공하기 위하여는 게임산업법에 따라 등급분류를 받아야 하는 만큼 이미 관련법에 따른 규제가 선행되고 있으므로 이 제도 자체에 의한 차별이 있다고 보기는 어렵다는 점에서 법정의견이 타당하다.

4. 결정의 의의

이건 판례는 도입 당시부터 많은 논란이 있었던 인터넷게임 셧다운제에 대한 합헌 결정이다. 이 제도는 인터넷게임을 유해한 매체로만 보고 산업적, 문화적 관점이 전혀 반영되지 않은 오류의 결과물이다. 인터넷게임은 중독성이 강한 게임이라는 오류와 그에 따른 규제편의성의 합작품이다. 또한 이 제도는 청소년을 인격의 주체가 아닌 보호의 대상으로만 보려고 하는 어른의 인식이 반영된 것이고, 보호를 위하여는 타율적인 수단도 무방하다는 인식이 나타난 것이다. 마치 예전에 당구장이나 만화를 청소년에게 유해한 것으로 취급하고 규제하던 그런 시각이 연상된다. 반대의견은 이러한 상황을 '전근대적이고 국가주의적이며 행정편의적인 발상'이라거나 '21세기 문명의 시대에 새로운 전체주의의 단초'라는 표현을 하고 있는데 거친 지적이긴 하나 강제적 셧다운제의 처지를 잘 나타내고 있다고 본다.

사실 이 결정은 법적 쟁점인 과잉금지원칙, 평등의 원칙, 명확성의 원칙에 대한 법리논쟁이라기보다는 단순히 인터넷게임을 바라보는 인식의 차이가 훨씬 크다고 보인다. 다시 말

---

14) 헌법재판소 결정 이후 2015. 5. 1. 고시가 개정되어 적용유예기간이 2017. 5. 19.까지 2년 연장되었는바 이를 가지고 적용의 유예라고 보기는 사실상 어렵다.

하면 이러한 합헌 결정은 상황이 바뀌면 언제든지 쉽게 뒤바뀔 수 있다는 것을 의미한다. 이 결정은 이 제도가 가지고 있는 근본적이고 태생적인 결함, 그로 인한 위헌 논란을 속시원히 잠재우지 못한 한계를 가지고 있다. 이 결정 이후의 비판이나,[15] 정부의 반응[16]을 보더라도 이 제도의 문제점이 시정되었다기 보다는 게임규제 논의가 이제 막 시작되었다는 점이 더 강하게 느껴진다.

---

15) 한국콘텐츠진흥원, 2014 대한민국 게임백서, 2015, 1014－1024면 참조.

16) 최근 정부에서도 부모 요청시에는 셧다운제의 적용을 배제하는 방향으로 규제를 개선하겠다는 발표가 있었다. 아이뉴스, 2016. 2. 24. 보도기사＜http://news.inews24.com/php/news_view.php?g_serial＝944339&g_menu＝020500&rrf＝nv＞.

69 전기통신기본법상 허위통신 처벌규정의 위헌성

헌법재판소 2010. 12. 28. 선고 2008헌바157등 결정[1]

정필운(한국교원대학교 일반사회교육과 교수)

1. 사안의 개요[2]

청구인 박모 씨는 인터넷포털사이트 다음(Daum)의 '아고라' 경제토론방에 '미네르바'라는 필명으로 경제동향 분석 및 예측글을 게시하였다. 검찰에 따르면 박모씨는 2008년 7월 30일경 '드디어 외환보유고가 터지는구나'라는 제목 하에 외환보유고가 고갈되어 외화예산 환전 업무가 중단된 것처럼 허위 내용의 글을 작성, 게시하여 수만 명이 열람하도록 함으로

---

1) [참조 및 관련 판례] 헌법재판소 1996. 12. 26. 93헌바65 결정; 헌법재판소 1998. 4. 30. 95헌가16 결정; 서울중앙지방법원 2009. 4. 20. 선고 2009초기258 판결.

[관련 평석 및 문헌] 헌법적 관점에서 이 결정 이전 문헌으로는 송기춘, "이른바 '허위사실유포죄'는 없다 −전기통신기본법 제47조 제1항의 해석 및 위헌론−", 민주법학 제39호, 2009. 3., 47−92면; 황성기, "헌법적 관점에서 본 미네르바 판결: 소위 '허위사실유포죄'의 헌법적 문제점을 중심으로", 인권과 정의 제395호, 2009. 7., 6−29면; 박경신, "허위사실유포죄의 위헌성에 대한 비교법적인 분석", 법학연구 제12권 제1호, 인하대학교 법학연구소, 2009. 4., 1−44면; 장용근, "인터넷상의 표현의 자유의 보호영역과 사상의 자유시장과 한계−전기통신기본법 47조 1항의 위헌성을 중심으로−", 헌법판례학회 월례발표회 발표문, 연세대학교 법학전문대학원, 2010. 4. 17., 1−17면; 정필운, "사이버공간에서 공익에 근거한 표현의 자유의 제한의 한계: 전기통신기본법 제47조 제1항 위헌론", 토지공법연구 제49집, 2010.5., 501−530면. 형사법적 관점에서 이 결정 이전 문헌으로는 김혜경, "전기통신기본법상 형사처벌규정의 검토", 법학연구 제18권 제3호, 연세대학교 법학연구원, 2008, 221−248면; 이정훈, "전기통신기본법상 허위통신죄 규정의 연혁 및 의미", 비교형사법연구 제11권 제1호, 2009, 245−278면. 헌법적 관점에서 이 결정 이후 문헌으로는 최경옥, "사이버 공간과 공권력의 관계: 미네르바 판결(2009헌바88)과 관련하여", 미국헌법연구 제22권 제2호, 미국헌법학회, 2011, 309−350면; 서보건, "기본권의 보호범위와 인터넷상 표현의 자유", 유럽헌법연구 제10권, 유럽헌법학회, 2011, 313−339면; 고시면, "'미네르바'(인터넷 논객 박대성씨) 사건 등에 있어서 '공익을 해할 목적'(전기통신기본법 제47조 제1항) 등이 명확성의 원칙과 과잉금지의 원칙에 반한다고 본 헌법재판소의 위헌결정−'헌재결 2010. 12. 28, 2008헌바 157[위헌]'을 중심으로", 사법행정 제52권 제2호, 2011, 14−26면. 형사법적 관점에서 이 결정 이후 문헌으로는 이원상, "허위사실유포 관련 범죄에 대한 고찰", 형사정책연구, 한국형사정책연구원, 2013, 57−84면.

2) 이 부분은 헌법재판소 2010. 12. 28. 선고 2008헌바157, 2009헌바88(병합) 결정(이하 '대상결정'이라 줄이기도 하였다) 중 2009헌바88 사건의 개요에서 가져온 것으로 필자의 창작성이 없다. 대상결정은 두 사건에 대한 병합 결정인데, 이 글에서는 이른바 '미네르바 판결'로 널리 알려진 2009헌바88 사건만을 다룬다.

써 정부의 외환정책 및 대외지급능력에 대한 신뢰도, 우리나라 경제의 대외신인도를 저하시키는 등 공익을 해할 목적으로 전기통신설비에 의하여 공연히 허위의 통신을 하였다. 그리고 2008. 12. 29. 위 토론방에 '대정부 긴급 공문 발송 −1보'라는 제목 하에 주요 7대 금융기관 및 수출입 관련 주요기업에게 달러 매수를 금지할 것을 긴급 공문 전송했다는 취지의 허위 내용의 글을 작성, 게시하여 약 10만 명 이상이 열람하도록 함으로써 정부의 환율정책 수행을 방해하고 우리나라 대외신인도를 저하시키는 등 공익을 해할 목적으로 전기통신설비에 의하여 공연히 허위의 통신을 하였다. 검찰은 이와 같은 이유로 전기통신기본법 제47조 제1항 위반 혐의로 기소하였고, 박모씨는 1심 재판(서울중앙지방법원 2008고단304) 계속 중 위 법률조항에 대하여 헌법재판소법 제68조 제1항에 의한 위헌법률심판제청신청을 하였다(서울중앙지방법원 2009초기258). 법원은 2009년 4월 20일 위 청구인에 대하여 무죄판결을 선고하면서 위 신청을 기각하였는데, 검사가 이에 불복하여 항소하자(서울중앙지방법원 2009노1203), 위 청구인은 2009년 5월 14일 헌법재판소법 제68조 제2항에 의한 위헌확인을 구하는 이 사건 헌법소원심판을 청구하였다.

　이 심판의 대상 조항은 "전기통신기본법(1996. 12. 30. 법률 제5219호로 개정된 것) 제47조(벌칙) ① 공익을 해할 목적으로 전기통신설비에 의하여 공연히 허위의 통신을 한 자는 5년 이하의 징역 또는 5천만 원 이하의 벌금에 처한다"이다.

2. 판결의 요지[3]

　헌법재판소 재판관 9인 중 이강국, 이공현, 조대현, 김희옥, 김종대, 민형기, 송두환 7인은 대상조항이 명확성의 원칙에 반하여 위헌이라고 결정하였다(법정의견). 그중 조대현, 김희옥, 김종대, 송두환 4인은 '허위의 통신' 부분도 명확성의 원칙에 위반된다는 추가적 판단을(보충의견 1), 이강국, 이공현, 조대현, 김종대, 송두환 5인은 대상 조항이 과잉금지원칙에 위반된다는 추가적 판단을 하였다(보충의견 2). 한편, 이동흡, 목영준 2인은 대상 조항이 명확성의 원칙, 과잉금지의 원칙에 반하지 않으므로 위헌이 아니라고 판단하였다(반대의견). 다음은 법정의견과 반대의견의 요지이다.

가. 법정의견

　대상 조항은 표현의 자유에 대한 제한입법이며 형벌조항에 해당하므로, 엄격한 의미의 명확성원칙이 적용된다. 그런데 대상 조항은 "공익을 해할 목적"의 허위의 통신을 금지하고

---

3) 이 부분은 대상결정에서 가져온 것으로 필자의 창작성이 없다.

있는데 여기서의 "공익"은 형벌조항의 구성요건으로서 구체적인 표지를 정하고 있는 것이 아니라, 헌법상 기본권 제한에 필요한 최소한의 요건 또는 헌법상 언론·출판의 자유의 한계를 그대로 법률에 옮겨 놓은 것에 불과할 정도로 그 의미가 불명확하고 추상적이다. 따라서 어떠한 표현행위가 "공익"을 해하는 것인지, 아닌지에 관한 판단은 사람마다의 가치관, 윤리관에 따라 크게 달라질 수밖에 없으며, 이는 판단주체가 법전문가라 하여도 마찬가지이고, 법집행자의 통상적 해석을 통하여 그 의미내용이 객관적으로 확정될 수 있다고 보기 어렵다. 나아가 현재의 다원적이고 가치상대적인 사회구조 하에서 구체적으로 어떤 행위상황이 문제되었을 때에 문제되는 공익은 하나로 수렴되지 않는 경우가 대부분인바, 공익을 해할 목적이 있는지 여부를 판단하기 위한 공익간 형량의 결과가 언제나 객관적으로 명백한 것도 아니다. 결국, 대상 조항은 수범자인 국민에 대하여 일반적으로 허용되는 '허위의 통신' 가운데 어떤 목적의 통신이 금지되는 것인지 고지하여 주지 못하고 있으므로 표현의 자유에서 요구하는 명확성의 요청 및 죄형법정주의의 명확성원칙에 위배하여 헌법에 위반된다.

나. 반대의견

(1) 대상 조항은 "공익을 해할 목적"이라는 초과주관적 구성요건을 추가하여 '허위의 통신' 가운데 구성요건해당성이 인정되는 행위의 범위를 대폭 축소시키고 있는바, 초과주관적 구성요건 부분에 대하여 객관적 구성요건 행위와 같은 정도의 명확성을 요구할 것은 아니다. 한편 법률상 '공익' 개념은 '대한민국에서 공동으로 사회생활을 영위하는 국민 전체 내지 대다수 국민과 그들의 구성체인 국가사회의 이익'을 의미하고, 공익을 '해할 목적'은 행위의 주요 목적이 공익을 해하는 것인 때를 의미하는바, 그 의미가 불명확하다고 보기 어렵다. 다음으로 "허위의 통신" 부분에 관하여 살펴보면, 일반적인 '허위'의 관념은 내용의 거짓과 명의의 거짓을 모두 포괄하는 점 및 다른 형사처벌 규정에서의 '허위' 개념의 용례에 비추어 볼 때, 대상 조항의 "허위의 통신"에서 '내용이 거짓인 통신'이 배제된다는 해석은 불가능하다. 한편 '내용의 허위'란 내용이 진실에 부합하지 않는 것으로서, 전체적으로 보아 '의견 표명'이나 '제안'이라고 볼 수 있는 경우는 이에 해당하지 아니한다. 결국 대상 조항의 "허위의 통신"은 그 의미가 명확하고, 죄형법정주의의 명확성원칙에 위배되지 않는다.

(2) 허위사실의 표현이 표현의 자유의 보호영역에서 배제되는 것은 아니지만, 이는 원론적으로 사상이나 지식에 관한 정치적·시민적 표현행위라고 볼 수 없으므로, 그에 대한 규제를 심사함에 있어서는 엄격한 비례의 원칙을 적용하는 것보다는 '피해의 최소성' 원칙에서 일부 완화된 심사를 함이 상당하다. 대상 조항은, 허위사실의 유포에 의한 공중도덕이나 사회윤리의 침해 등을 방지하고 국민의 올바른 정보획득권을 보호하는 것으로서, 정당한 입법

목적 달성에 기여하는 적합한 수단에 해당한다. 한편 전기통신설비에 의한 허위사실의 유포는 강한 파급력을 가진 점, 명백한 허위의 사실이라도 통신이용자들에 의하여 자율적으로 신속하게 교정되기가 매우 어려운 점, 허위사실을 둘러싼 장시간의 논쟁에 막대한 사회적 비용이 소모될 수 있는 점 등을 참작하면, 지금 우리의 현실에서 일정한 범위의 명백한 허위 통신에 대하여는 통상의 표현행위보다 엄격한 규제를 할 필요성이 있다. 더구나 대상 조항은 공연히 전기통신설비에 의하여 허위의 통신을 하는 것을 전적으로 금지하고 처벌하는 것이 아니라 그러한 행위 중 '공익을 훼손할 목적'이 있다고 인정된 행위에 한하여 처벌하고 있는 것이다. 따라서 대상 조항은 침해의 최소성원칙에 반하지 않는다. 나아가 대상 조항에 의하여 제한되는 기본권은 객관적 및 주관적으로 명백한 허위사실을 공익을 해할 목적으로 전파할 자유라는 점에서 보호되는 공익과 제한되는 기본권 사이에 현저한 불균형이 있다고 보기도 어렵다. 결국 대상 조항은 과잉금지원칙에 위배하여 표현의 자유를 침해하지 않는다.

3. 해설[4]

가. 입법목적의 정당성 여부

대상 조항은 메이지(明治) 33년(1900년) 제정되어 조선에도 시행된 「(의용) 전신법(傳信法)」 제33조 제1항[5]에 기원한 것으로, 1962년 이 법을 대체하여 제정된 「전기통신법」은 제89조,[6] 1984년 전기통신기본법 제39조,[7] 1996년 전기통신기본법 제47조를 거쳐 현재와 같은 모습을 가지게 되었다.[8] 이 조항은 입법연혁의 추적을 통해서는 입법목적을 정확히 알 수 없다. 이러한 이유로 그 입법목적에 대하여 '허위의 통신'을 어떻게 이해할 것인가를 중심으

---

4) 이 부분의 서술은 정필운, 앞의 글(주 1), 508-528면을 요약하며 수정하고 보완하였다.
5) (의용) 전신법(傳信法) 제33조
  ① 자기 또는 타인에게 이익을 주거나 타인에게 손해를 가할 목적으로 전신 또는 전화에 의하여 허위의 통신을 발한 자는 2년 이하의 징역 또는 500원 이하의 벌금에 처한다.
  ② 전항의 경우 전신위체에 필요한 전보에 관계된 경우에는 7년 이하의 징역에 처한다.
6) 전기통신법 제89조
  ① 공익을 해할 목적으로 전기통신설비에 의하여 허위의 통신을 발한 자는 5년 이하의 징역 또는 50만환 이하의 벌금에 처한다.
  ② 자기 또는 타인에게 이익을 주거나 타인에게 손해를 가할 목적으로 전기통신설비에 의하여 허위의 통신을 발한 자는 3년 이하의 징역 또는 30만환 이하의 벌금에 처한다.
7) 전기통신기본법 제39조
  ① 공익을 해할 목적으로 전기통신설비에 의하여 공연히 허위의 통신을 한 자는 5년 이하의 징역 또는 2천만원 이하의 벌금에 처한다.
  ② 자기 또는 타인에게 이익을 주거나 타인에게 손해를 가할 목적으로 전기통신설비에 의하여 공연히 허위의 통신을 한 자는 3년 이하의 징역 또는 1천만원 이하의 벌금에 처한다.
8) 이에 대해 자세한 것은 이정훈, 앞의 글(주 1), 247-275면; 송기춘, 앞의 글(주 1), 53-59면 참고.

로 견해의 대립을 보여왔다.

송기춘은 "명의의 허위만을 의미하는 것이며 명의가 진정한 것인 이상 통신내용의 허위는 그것이 전기통신수단에 의한 것이라 하여 별도로 처벌되거나 또는 가중처벌될 수 없다"고 주장하고,[9] A의 위헌심사청구를 기각한 서울중앙지방법원[10]과 김혜경,[11] 장용근[12]은 대상 조항에서 처벌하고 하는 행위 유형은 통신내용의 허위만을 의미하는 것으로 이해하고 있다. 황성기는 대상 조항이 명의의 허위만을 의미하는 것이거나, 명의의 허위에다 통신내용의 허위를 포함하는 것이더라도 여기서 통신내용의 허위는 통신의 착발신지, 통신일시, 통신횟수, 통신방법 등의 허위를 의미하는 것이지, 허위사실유포가 상정하고 있는 통신내용의 허위를 포함하는 것은 아니라고 주장한다.[13] 필자는 1984년 법개정 이전에 이 조항이 처벌하고자 하였던 행위 유형은 통신명의를 허위로 하는 것이었으며, 1984년 개정법을 시초로 이 조항이 처벌하고자 하였던 행위 유형은 통신명의를 허위로 하는 행위뿐 아니라, 통신내용의 허위를 하는 행위까지 포함하여 처벌하고자 하는 것이라고 해석하였다.[14] 그러나 여기서 통신내용의 허위는 헌법 제18조에서 상정하고 있는 통신수단 중 전기통신설비에 의하여 격지자 간의 의사전달을 하는 경우, 그 내용에 대한 허위를 말하는 것이므로, 이 사례와 같이 통신의 용도가 아닌 서비스인 게시판을 이용하여 공연히 허위의 내용을 송수신한 자는 여기에 해당하지 않는다고 이해하는 것이 타당하다고 생각한다. 따라서 대상 조항의 입법목적은 전기통신의 공공성의 확보와 공정한 이용에 대한 사회적 신뢰를 보호하기 위한 것이다.[15]

대상 조항은 오랜 역사 동안 존재는 하였으나 그 입법목적을 정확히 기술한 자료는 없고, 실제 50년 가까이 적용되지 않던 '법전 속에 잠자던 조항'이었다.[16] 이와 같이 모호한 입법목적 자체가 대상 조항의 위헌성을 간접적으로 증명하는 것이라 할 수 있다. 입법목적의 정당성이라는 측면에서 보았을 때, 대상 조항은 목적의 정당성을 심사하기 위한 입법목적 자체가 불분명하다.

---

9) 송기춘, 앞의 글(주 1), 72면.
10) 서울중앙지방법원 2009. 4. 20 선고 2009초기258 판결.
11) 김혜경, 앞의 글(주 1), 231면.
12) 장용근, 앞의 글(주 1), 12면.
13) 황성기, 앞의 글(주 1), 17−21면.
14) 정필운, 앞의 글(주 1), 509−510면.
15) 이정훈, 앞의 글(주 1), 274−275면.
16) 이정훈, 앞의 글(주 1), 246면.

나. 표현의 자유의 침해 여부

(1) 명확성의 원칙 위반 여부 검토

표현의 자유는 민주주의를 실현하기 위해서 필수적인 질서로서의 성격을 가지기 때문에, 표현의 자유를 제한하는 명확하지 않은 법률은 이른바 위축효과를 가져와서 이와 같은 질서로서의 성격을 발현할 수 없도록 하므로, 표현의 자유를 제한하는 법률은 제한되는 표현의 개념을 세밀하고 명확하게 규정할 것이 헌법적으로 요구된다. 따라서 표현을 제한하는 경우는 일반적인 경우보다 명확성의 원칙이 좀 더 강화된다. 특히 대상 조항은 표현의 내용에 대한 제한이므로, 표현의 방법이나 수단을 제한하는 경우보다 더욱 제한의 요건을 명확하게 규정했어야 했다.[17]

명확성의 원칙의 관점에서 보았을 때 대상 조항은 두 가지 관점에서 검토를 요한다. 우선 당해 조항에서 '공익을 해할 목적으로'라는 문구가 명확성의 원칙에 위배되었는지이다. 학계의 다수견해와 이 결정의 법정의견은 이 문구가 너무 불명확하고, 막연하여 위헌이라고 판단하였다.[18]

둘째, 당해 조항에서 '허위의 통신'이라는 문구도 명확성의 원칙에 위배되었는지이다. 학계의 다수견해[19]와 이 결정의 보충의견 1은 여기서 허위의 통신은 명의를 허위로 하여 통신을 하는 것을 의미하는 것인데 대상 조항의 해석상 통신내용의 허위도 이에 해당한다고 해석할 수 있으므로 명확성의 원칙에 반한다고 판단하였다. 한편 학계의 소수견해와 이 결정의 반대의견은 제한해석이 가능하다거나[20] 입법목적이 확장되어 통신내용의 허위도 포함하고 있다[21]는 이유로 명확성의 원칙에 위배되는 것은 아니라는 반론도 있다.

(2) 과잉금지원칙의 위반 여부

이 결정의 법정의견은 대상 조항이 과잉금지의 원칙에 위반하고 있는지 판단하고 있지 않지만, 학계의 다수견해와 이 결정의 보충의견 2는 '공익' 개념이 모호하여 규제하지 않아야 할 행위까지 규제하는 결과를 가져오고 '위축효과(chilling effect)'를 가져오며 입법목적을 달성하기 위하여 표현의 자유를 제한하는 근접성과 정도를 초과한 점 등을 이유로 대상 조

---

17) 헌법재판소 2002. 6. 27. 선고 99헌가480 결정.
18) 송기춘, 앞의 글(주 1), 81−84면; 황성기, 앞의 글(주 1), 27−28면; 박경신, 앞의 글(주 1), 18−19면; 정필운, 앞의 글(주 1), 518−520면. 고시면, 앞의 글(주 1), 23면. 반대 견해: 장용근, 앞의 글(주 1), 11−12면.
19) 송기춘, 앞의 글(주 1), 53−86면; 황성기, 앞의 글(주 1), 27−28면; 박경신, 앞의 글(주 1), 18−19면; 고시면, 앞의 글(주 1), 23면.
20) 장용근, 앞의 글(주 1), 12면.
21) 정필운, 앞의 글(주 1), 520면.

항이 과잉금지원칙을 위반했다고 판단하고 있다.22) 한편 학계의 소수견해와 이 결정의 반대
의견은 이와 다른 판단을 하고 있다.23)

다. 죄형법정주의 위반 여부

우리 헌법은 제12조 제1항 2문에서 "… 법률과 적법한 절차에 의하지 아니하고는 처
벌·보안처분 또는 강제노역을 받지 아니한다"고 규정하고, 제13조 제1항 전단에서 "모든 국
민은 행위시의 법률에 의하여 범죄를 구성하지 아니하는 행위로 소추되지 아니하며 … "라고
규정하여 죄형법정주의를 신체의 자유를 제한하는 데 지켜야 할 명시적인 원칙으로 인정하고
있다. 죄형법정주의는 형벌법규의 성문법주의 및 관습형법의 금지, 소급효력의 금지, 유추해
석의 금지, 절대적 부정기형의 금지, 불명확한 구성요건의 금지 등을 그 내용으로 한다.24)
여기서 불명확한 구성요건의 금지 또는 명확성의 원칙은 누구나 법률이 처벌하고자 하
는 행위가 무엇이며 그에 대한 형벌이 어떠한 것인지를 예견할 수 있고 그에 따라 자신의
행위를 결정 지울 수 있도록 구성요건이 명확할 것을 의미한다. 명확성의 원칙은 우리 헌법
제37조 제2항에 근거하여 기본권을 제한하는 모든 법률이 준수하여야 할 헌법상 원칙이다.
그런데 구체적인 명확성의 판단은 기본권을 제한하는 당해 법률의 성격에 따라 정도가 다르
다. 일반적으로 부담적 효과를 가지는 법률은 수익적 효과를 가지는 법률보다 더 엄격한 명
확성이 요청된다. 특히 신체의 자유를 제한하거나 조세를 부담하는 법률은 죄형법정주의의
세부원칙인 불명확한 구성요건의 금지 및 조세법률주의의 내용에 속하는 과세명확주의에 의
하여 더욱 엄격한 명확성이 요청된다.25) 이러한 의미에서 죄형법정주의의 세부내용인 불명
확한 구성요건의 금지는 헌법 제37조 제2항에 근거한 명확성의 원칙의 구체적 적용례라고
할 수 있다. 한편, 유추해석금지의 원칙이란 법률에 규정이 없는 사항에 관해 그것과 유사한
성질을 가지는 사항에 관한 법률 또는 법률조항을 적용하는 것을 말한다. 유추해석을 허용
할 경우 형벌법규의 명확성의 원칙이 무의미해지고 자의적인 적용을 허용하는 결과를 초래
하므로 헌법은 이를 금지한다.26)

22) 황성기, 앞의 글(주 1), 21-22면; 박경신, 앞의 글(주 1), 18-19면; 정필운, 앞의 글(주 1), 521-524면;
고시면, 앞의 글(주 1), 23면.
23) 장용근, 앞의 글(주 1), 14-15면; 이 결정의 반대의견.
24) 권영성, 헌법학원론, 법문사, 2009, 492면; 이승우, 헌법학, 두남, 2009, 576면; 장영수, 헌법학, 홍문사,
2010, 605면; 전광석, 한국헌법론, 법문사, 2010, 303면; 정종섭, 헌법학원론, 박영사, 2010, 501면; 허영,
한국헌법론, 박영사, 2008, 353면.
25) 전광석, 위의 책, 222-223면; 헌법재판소 1990. 4. 2. 선고 89헌마113 결정; 헌법재판소 1998. 4. 30. 선
고 95헌마55 결정.
26) 권영성, 앞의 책(주 24), 420면.

이미 설명하였던 것처럼 학계의 다수견해와 이 결정의 법정의견은 이 문구가 너무 불명확하고, 막연하여 위헌이라고 판단하였다.

한편, 이 결정은 유추해석금지의 원칙의 관점에서는 그 위헌 여부를 판단하지 않았다. 그러나 필자와 같이 대상 조항이 처벌하고자 하였던 행위 유형을 통신명의를 허위로 하는 행위뿐 아니라, 통신내용의 허위를 하는 행위까지 포함하는 것이라고 해석하면서도, 여기서 통신내용의 허위는 헌법 제18조에서 상정하고 있는 통신수단 중 전기통신설비에 의하여 격지자 간의 의사전달을 하는 경우 그 내용에 대한 허위를 말하는 것이라고 이해한다면, 처음부터 통신의 용도가 아닌 서비스인 게시판이나 인터넷방송을 이용하여 공연히 허위의 내용을 송수신한 자를 대상 조항을 위반한 것으로 처벌할 수는 없으므로 대상 조항을 이와 같은 경우에 적용한다면 그것은 죄형법정주의가 금지하는 유추해석금지의 원칙에도 반하여 위헌이다.

4. 결정의 의의

이 결정은 인터넷에서 표현의 자유를 크게 신장시킨 헌법재판소의 대표 결정 중 하나로, 시민과 학계의 큰 지지를 받았다. 대상 조항은 입법목적이 불분명하고 우리 헌법상 표현의 자유의 제한 법리 중 명확성의 원칙 및 과잉금지의 원칙에 반하며, 나아가 죄형법정주의 중 불명확한 구성요건의 금지의 원칙 및 유추해석금지의 원칙에도 위반된다.[27] 이와 같이 한 조항이 여러 쟁점에서 위헌일 경우 헌법재판소는 흔히 가장 명쾌하고 입증하기 쉬운 쟁점에 기대서 위헌 결정을 하기 쉽다. 그러나 가능하면 위헌의 근거가 되는 여러 쟁점을 판단하고 이에 기대어 위헌 결정을 하는 것이 좋다. 위헌 결정의 논증은 그 결정 이후 대체입법을 하는 데 시금석이 되기 때문이다. 이 결정 이후에 대체입법 논의에서도 이 점이 확인되었다.[28]

이 결정의 결과 사이버공간에서 허위의 표현이 범람하여 공익이 저해될 것을 우려하는 견해도 있다. 그러나 대상 조항이 없다고 하여 사이버공간에서 허위의 표현을 하는 것이 무제한으로 허용되는 것은 아니다. 또한 대상 조항의 입법 연혁을 보면 알 수 있듯이 대상 조항은 불특정다수인을 대상으로 허위의 표현을 한 사람을 처벌하려는 것이 아니다. 무엇보다 이 결정의 계기가 된 미네르바 사건에서 알 수 있듯이 이와 같은 유형의 조항은 권력자의 자의적이고 선별적인 법집행을 통하여 정치적으로 이용된다는 현실적 문제를 안고 있다. 이러한 점에 비추어 대상결정은 헌법재판소가 시민의 기본권 수호자라는 헌법상 지위를 새삼스럽게 일깨운 현명한 결정이라고 할 수 있다.

---

27) 지난 2015년 12월 22일 전기통신기본법 개정(법률 제13586호)을 통하여 대상 조항은 삭제되었다.
28) 대상 조항의 대체입법논의에 관해서는 고시면, 앞의 글(주 1), 24 - 26면 참고.

제 3 편

정보 분야

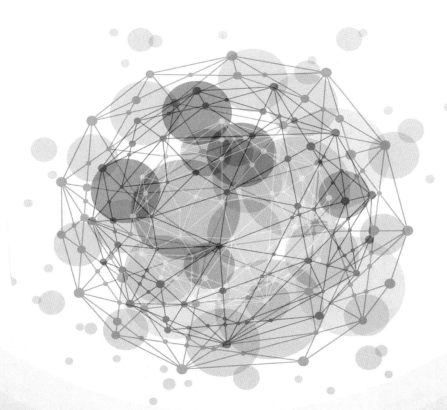

70 개인정보의 의미

대법원 2014. 7. 24. 선고 2012다49933 판결[1]

김민호(성균관대학교 교수)

1. 사안의 개요

국회의원 A(피고1)가 국정감사 자료를 수집하는 과정에서 취득한 초·중등학교 교원의 노동조합 가입 현황을 자신의 인터넷 홈페이지를 통하여 공개하였다. 공개된 노조 가입 현황자료에는 교원의 이름과 소속 학교가 나열되어 있었다. 한편 언론사 B(피고2)는 피고 1로부터 이 사건 정보의 전산파일을 제공받아 자사 인터넷 홈페이지를 통하여 이 사건 정보를 공개하였다.

이에 전국교직원노동조합(이하 '전교조'라 한다)(원고)들은, 피고들이 개인정보인 이 사건 정보를 자신들의 각 인터넷 홈페이지에 게시하여 원고들 및 별지 선정자 목록 기재 선정자들의 사생활의 비밀과 자유 또는 단결권을 침해하였으므로, 피고들은 불법행위에 기한 손해배상금의 일부로서 피고별로 각 원고들 및 선정자들에 대하여 각 100,000원 및 이에 대한 지연손해금을 지급할 것을 구하는 소송을 제기하였다.

2. 판결의 요지

가. 원심심결[2]

헌법상의 기본권은 제1차적으로 개인의 자유로운 영역을 공권력의 침해로부터 보호하기 위한 방어적 권리이지만 다른 한편으로 헌법의 기본적인 결단인 객관적인 가치질서를 구

---

1) [참조판례] 헌법재판소 2005. 7. 21. 선고 2003헌마282, 425 전원재판부 결정. [따름판례] 서울행정법원 2014. 11. 6. 선고 2014구합57867 판결(확정).
2) 서울고등법원 2012. 5. 18. 선고 2011나67097 판결.

체화한 것으로서, 사법을 포함한 모든 법 영역에 그 영향을 미치는 것이므로 사인간의 사적인 법률관계도 헌법상의 기본권 규정에 적합하게 규율되어야 한다.[3]

개인정보자기결정권은 자신에 관한 정보가 언제 누구에게 어느 범위까지 알려지고 또이용되도록 할 것인지를 그 정보주체가 스스로 결정할 수 있는 권리로서, 헌법 제10조 제1문에서 도출되는 일반적 인격권 및 헌법 제17조의 사생활의 비밀과 자유에 의하여 보장된다. 이와 같이 개인정보의 공개와 이용에 관하여 정보주체 스스로가 결정할 권리인 개인정보자기결정권의 보호대상이 되는 개인정보는 개인의 신체, 신념, 사회적 지위, 신분 등과 같이 개인의 인격주체성을 특징짓는 사항으로서 그 개인의 동일성을 식별할 수 있게 하는 일체의 정보라고 할 수 있다. 또한, 그러한 개인정보를 대상으로 한 조사·수집·보관·처리·이용 등의 행위는 모두 원칙적으로 개인정보자기결정권에 대한 제한에 해당한다.[4]

한편, 「공공기관의 개인정보보호에 관한 법률」[5] 제2조 제2호는 위 법에 의하여 보호되는 개인정보를 생존하는 개인에 관한 정보로서 당해 정보에 포함되어 있는 성명·주민등록번호 및 화상 등의 사항에 의하여 당해 개인을 식별할 수 있는 정보(당해정보만으로는 특정개인을 식별할 수 없더라도 다른 정보와 용이하게 결합하여 식별할 수 있는 것을 포함한다)로 규정하고 있다.

이 사건 정보는 기관(학교)명, 교사명, 담당교과, 교원단체 및 노동조합 가입 현황을 담고 있어 그 정보에 의하여 특정 개인을 식별하기에 충분한 정보를 담고 있다. 또한, 정치·경제·사회·문화적으로 정체성을 인식케 하는 개인의 직·간접적인 모든 정보는 개인정보의 범주에 포함되는바, 이 사건 정보는 교원단체 및 노동조합 가입자 개인의 조합원 신분을 인식케 하는 데 충분한 정보를 담고 있다. 따라서 이 사건 정보는 개인정보자기결정권의 보호대상이 되는 개인정보에 해당하므로, 이 사건 정보를 일반대중에 공개하는 행위는 정보주체에 해당하는 교원들의 동의가 있거나, 개인정보자기결정권이 적절한 보호대책이 있는 다른 법률에 의하여 제한되거나, 보다 더 우월한 기본권의 보장을 위한 것이 아닌 한, 교원들의 개인정보자기결정권을 침해하는 것으로서 그들에 대한 불법행위를 구성한다.

나. 대법원판결

인간의 존엄과 가치, 행복추구권을 규정한 헌법 제10조 제1문에서 도출되는 일반적 인

---

3) 대법원 2010. 4. 22. 선고 2008다38288 전원합의체 판결 참조.
4) 헌법재판소 2005. 7. 21. 선고 2003헌마282 결정; 헌법재판소 2010. 9. 30. 선고 2008헌바132 전원재판부 결정 참조.
5) 「개인정보보호법」의 시행에 따라 2011. 9. 30. 폐지되었다. 하지만 이 사건은 2010. 4. 19.~5. 4.에 발생하였기에 당시 적용법은 「공공기관의 개인정보보호에 관한 법률」이었다.

격권 및 헌법 제17조의 사생활의 비밀과 자유에 의하여 보장되는 개인정보자기결정권은 자신에 관한 정보가 언제 누구에게 어느 범위까지 알려지고 또 이용되도록 할 것인지를 정보주체가 스스로 결정할 수 있는 권리이다. 개인정보자기결정권의 보호대상이 되는 개인정보는 개인의 신체, 신념, 사회적 지위, 신분 등과 같이 개인의 인격주체성을 특징짓는 사항으로서 개인의 동일성을 식별할 수 있게 하는 일체의 정보라고 할 수 있고, 반드시 개인의 내밀한 영역에 속하는 정보에 국한되지 않고 공적 생활에서 형성되었거나 이미 공개된 개인정보까지 포함한다. 또한 그러한 개인정보를 대상으로 한 조사·수집·보관·처리·이용 등의 행위는 모두 원칙적으로 개인정보자기결정권에 대한 제한에 해당한다.

정보주체의 동의 없이 개인정보를 공개함으로써 침해되는 인격적 법익과 정보주체의 동의 없이 자유롭게 개인정보를 공개하는 표현행위로써 보호받을 수 있는 법적 이익이 하나의 법률관계를 둘러싸고 충돌하는 경우에는, 개인이 공적인 존재인지 여부, 개인정보의 공공성과 공익성, 개인정보 수집의 목적·절차·이용형태의 상당성, 개인정보 이용의 필요성, 개인정보 이용으로 인해 침해되는 이익의 성질과 내용 등 여러 사정을 종합적으로 고려하여, 개인정보에 관한 인격권 보호에 의하여 얻을 수 있는 이익(비공개 이익)과 표현행위에 의하여 얻을 수 있는 이익(공개 이익)을 구체적으로 비교 형량하여, 어느 쪽 이익이 더 우월한 것으로 평가할 수 있는지에 따라 그 행위의 최종적인 위법성 여부를 판단하여야 한다.

3. 해설

가. 문제의 소재

법원은 이 사건 정보는 '개인정보자기결정권의 대상이 되는 개인정보'에 해당한다고 보았고, 다만 이러한 개인정보를 '공개하는 행위'가 학생의 학습권, 학부모의 교육권 및 국민의 알 권리 등에 의하여 그 위법성이 조각될 수 있는지를 쟁점으로 하였다.

대법원은 개인정보에 관한 인격권 보호에 의하여 얻을 수 있는 이익(비공개 이익)과 표현행위에 의하여 얻을 수 있는 이익(공개 이익)을 구체적으로 비교 형량한 결과, 이 사건 정보의 공개행위는 손해배상책임을 성립시키는 '불법행위'에 해당한다고 판단하였다. 이러한 판단의 적절성 또는 타당성에 대해서는 검토를 생략한다.

이 판례를 통하여 논의하고자 하는 핵심 쟁점은 '개인정보'의 의미에 관한 것이다. 이 판례 이후 「개인정보보호법」이 제정·시행 중이다. 이 사건 당시와 사정이 달라진 것이다. 그럼에도 불구하고 이 판례가 '개인정보'의 의미에 관한 리딩케이스로 자리매김하는 것 같아 매우 우려스럽다. 물론 현행 「개인정보보호법」 시행 전에도 「공공기관의 개인정보보호에 관한 법률」, 「정보통신망 이용촉진 및 정보보호 등에 관한 법률」 등에서 '개인정보'에 대한 정의를 하고 있었고, 이러한 정의가 현행 「개인정보보호법」과 크게 다르지 않기 때문에 사정이 크게 달라진 바 없으므로 이 판례가 리딩케이스로 인식되어도 크게 문제될 것이 없다는 반론도 가능하다.

하지만 이 판례에서의 '개인정보'의 의미는 불법행위에 의한 손해배상책임의 성립 여부에 관한 것으로서 「개인정보보호법」의 보호대상이 되는 '개인정보'의 정의와 동일하게 평가될 수 없다. 이 사건의 제1심판결부터 원심 및 대법원판결까지 '개인정보의 침해'라는 표현을 사용하는 것에 대한 부담을 느낀 탓인지 '개인정보자기결정권의 침해'라는 표현을 쓰고 있는 점도 주의 깊게 볼 대목이다.

지금 개인정보보호법을 연구하는 학자들마저도 '프라이버시', '개인정보자기결정권', '개인정보보호법, 정보통신망법 등 현행법상 개인정보'를 구분하지 아니하고 혼용하는 경우가 있다. 일반인들 입장에서는 매우 혼란스러울 수밖에 없다.

이하에서는 프라이버시, 개인정보자기결정권, 개인정보에 대한 각각의 의미와 그 상호관계에 대해 규명하고자 한다. 특히 현행 「개인정보보호법」상의 '개인정보'의 의미에 관하여 고찰한다.

나. 프라이버시와 개인정보자기결정권

(1) 프라이버시

프라이버시(privacy)란 미국 연방대법원장 워런(Sammuel D. Warren)과 연방대법관 브랜다이스(Louis D. Brandeis)가 청년시절인 1890년 하버드 로스쿨의 Law Review에 기고한 'The Right to Privacy'라는 논문[6]에서 처음 등장한 개념이다.

당시 미국의 옐로저널리즘이 유명인사의 사생활을 폭로하는 기사를 자주 게재해도 종래의 명예훼손 법리만으로는 그 구제가 곤란한 경우가 많아 새로이 프라이버시권을 인정할 필요가 있다는 주장을 제기하면서, 프라이버시란 '타인의 방해를 받지 않고 개인의 사적인 영역(personal space)을 유지하고자 하는 이익 또는 권리'라고 설명하였다.

이후 프라이버시에 대한 정의는 미국의 판례와 학자들에 의해 계속 진화·발전되어졌다. 어떠한 환경이든 개인의 신체나 태도 및 행위를 타인에게 얼마나 노출할 것인지 자신이 자유롭게 선택할 수 있는 권리라는 견해,[7] 인격권으로서 인격침해로부터 개인의 자주성·존

---

6) Warren and Brandeis, "THE RIGHT TO PRIVACY", Harvard Law Review. Vol. IV No. 5, December 15, 1890.
7) Alan F. Westin, Privacy and Freedom, Atheneum(N .Y.), 1967, p.7.

엄성·완전성을 보호할 수 있는 권리라는 견해,[8] 비밀·익명성·고립성 등 세 요소를 가지며 그것이 자신의 의사나 타인의 행위에 의하여 상실될 수 있는 상태라는 견해[9] 등이 대표적이다.[10] 로젠바움(Rosenbaum)은 프라이버시 개념의 이 같은 다의성을 세 가지 범주, 즉 공간적 프라이버시(Territorial Privacy), 개인적 프라이버시(Personal Privacy), 그리고 정보프라이버시(Information Privacy)로 나누어 파악하였다.[11]

　　미국 연방대법원은 헌법상의 프라이버시권이 두 가지 내용의 보호법익을 가지고 있는 것으로 판시하였다. 그 하나가 "사적인 사항이 공개되는 것을 원치 않는 이익(interest in avoiding disclosure of personal matters)"이며, 다른 하나는 "자신의 중요한 문제에 대하여 자율적이고 독자적으로 결정을 내리고자 하는 이익(interest in independence in making certain kinds of important decisions)"이다.[12]

　　국내 헌법학자들은 전자를 소극적 침해배제권이라 할 수 있는 이른바 '프라이버시권'으로, 후자를 적극적 보호형성권으로서 이른바 '개인정보자기결정권'으로 각각 설명하고 있다. 헌법 제17조의 "모든 국민은 사생활의 비밀과 자유를 침해받지 아니한다."의 규정을 전단과 후단으로 나누어, 전단의 "비밀 침해배제"는 프라이버시권을 후단의 "자유 침해배제"는 개인정보자기결정권을 각각 보장하는 헌법적 근거라고 설명한다.[13]

(2) 개인정보자기결정권

　　이 판례에서 법원은 개인정보자기결정권을 "자신에 관한 정보가 언제 누구에게 어느 범위까지 알려지고 또 이용되도록 할 것인지를 정보주체가 스스로 결정할 수 있는 권리"라고 설명하면서, 인간의 존엄과 가치, 행복추구권을 규정한 헌법 제10조 제1문에서 도출되는 일반적 인격권 및 헌법 제17조의 사생활의 비밀과 자유에 의하여 보장되는 권리라고 하였다.

　　개인정보자기결정권은 사적 정보의 통제를 정보주체 스스로가 '결정'할 수 있다는 적극적 의미의 프라이버시권이라 할 수 있다. 결국 프라이버시와 개인정보자기결정권의 관계는 '프라이버시' 의미의 광협에 따라 달라진다. 프라이버시를 좁게 해석하여 '비밀 보호'라는 소극적 방해배제의 권리로 이해한다면 '자유 결정'이라는 적극적 보호형성권인 개인정보자기

---

8) Edward Bloustine, "Privacy as an aspect of human dignity", 39 New York Univ. Law Review(1964), p.971.

9) Ruth Gavison, "Privacy and the Limits of Law", 89 Yale Law Journal 42 1(1980), p.428.

10) 노동일·정완, "사이버공간상 프라이버시 개념의 변화와 그에 대한 법적 대응", 경희법학 제45권 제14호, 2010, 185면.

11) Joseph I. Rosenbaum, "Privacy on the Internet: Whose Information is it Anyway?", 38 Jurimetrics p.565, pp.566－567 (1998); 김현경, "개인정보보호제도의 본질과 보호법익의 재검토", 성균관법학 제26권 제4호, 2014. 12, 272면 재인용.

12) Whalen v. Roe, 429 U.S.589, 599－600, 1977.

13) 강경근, "프라이버시 보호와 진료정보", 헌법학연구 제10권 제2호, 2004, 187면.

결정권과 구별적 개념이 될 것이며, 프라이버시를 넓게 해석하여 '사생활의 비밀 및 자유'를 방해받지 않을 뿐만 아니라 정보주체가 스스로 침해배제를 위한 결정권을 행사할 수 있는 것으로 해석한다면 프라이버시는 개인정보자기결정권을 포함하는 상위의 개념이 된다.

하지만 이들 관계를 굳이 구별할 실익이 없다. 양자 모두 헌법적 가치이며 헌법상 보장되는 기본권이므로 헌법소원이나 불법행위에 의한 손해배상청구소송 등에서 다르게 취급되지 않기 때문이다.

다. 현행법상 개인정보의 의미

현행 「개인정보보호법」은 개인정보를 "살아 있는 개인에 관한 정보로서 성명, 주민등록번호 및 영상 등을 통하여 개인을 알아볼 수 있는 정보(해당 정보만으로는 특정 개인을 알아볼 수 없더라도 다른 정보와 쉽게 결합하여 알아볼 수 있는 것을 포함한다)를 말한다."라고 규정하고 있다.

그런데 이러한 정의는 (1) 어느 정도가 되어야 특정 개인을 식별할 수 있다고 할 수 있는 것인지, (2) 특정한 개인을 식별하는 주체는 누구인지, (3) 다른 정보와 용이하게 결합하여 특정한 개인을 식별할 수 있다고 하더라도 정보를 결합하는 주체는 누구이고 결합이 용이하다고 볼 수 있는 기준은 무엇인지 등과 관련하여 상당한 해석론상 어려움이 존재하므로 법적 안정성의 측면이나 예측가능성의 측면에서 부적절하다.[14] 하지만 이에 대한 논의는 다른 기회에 하기로 하고 여기서는 현행법상의 개인정보의 의미만을 검토한다.

현행법상 개인정보는 (1) 생존하는 개인의 정보 중에서 (2) 그 개인을 식별할 수 있는 정보를 의미한다. 물론 당장에 개인을 식별할 수 없어도 다른 정보와 결합하여 개인을 식별할 가능성이 있는 정보도 개인정보에 포함된다. 따라서 현행법상 개인정보의 의미는 '개인에 관한 모든 정보'가 아니라 '개인에 관한 정보이면서 또한 개인을 식별 또는 식별가능하게 하는 정보'를 말한다.

라. '개인정보'의 다의적 의미

(1) 개요

개인정보의 의미는 (1) 프라이버시 또는 개인정보자기결정권의 대상으로서의 개인정보와 (2) 개인정보보호법의 보호대상으로서의 개인정보가 반드시 일치하는 것은 아니다. 프라이버시 또는 개인정보자기결정권 등과 같은 기본권적 의미로서의 개인정보는 손해배상청구소송에서 불법행위책임의 구성요소로서의 위법성 판단에 있어 '침해의 대상'의 관점에서 주

---

14) 김현경, "개인정보의 개념에 대한 논의와 법적 과제", 미국헌법연구 제25권 2호, 2014, 142면.

로 논의되는 의미이다.

　　불법행위법은 '가해행위'나 '위법성' 요건을 통해 기본권의 효력이나 영향이 매우 직접적·전면적으로 투입되는 구조이다. 우리나라의 불법행위사건 재판에서 기본권에 대한 고려는 일상적 일이 되었다. 이는 공법상 법률관계뿐 아니라 사인들 사이에서도 기본권적 가치를 인식하고 그 위상에 맞게 보호함으로써 시대정신의 투영이자 공·사 영역을 불문하는 법질서의 기초에 놓여있는 기본권적 가치의 보호를 완성해가는 당연하고도 바람직한 움직임이라고 한다.15) 이처럼 불법행위책임의 성립요건으로서 침해의 대상이 되는 '개인정보'의 의미는 헌법상 기본권으로서의 프라이버시 또는 개인정보자기결정권 등의 대상이 되는 개인정보를 의미한다.

　　반면에 개인정보보호법의 보호대상으로서의 개인정보는 (1) 법위반 행위에 대한 제재나 (2) 개인정보보호법에 특별히 규정된 입증책임의 전환, 법정손해배상 등과 같은 손해배상의 특칙을 적용할 때 주로 논의되는 개념이다.

(2) 불법행위법상 침해대상으로서의 개인정보

　　법원은 "개인정보자기결정권의 보호대상이 되는 개인정보는 개인의 신체, 신념, 사회적 지위, 신분 등과 같이 개인의 인격주체성을 특징짓는 사항으로서 개인의 동일성을 식별할 수 있게 하는 일체의 정보라고 할 수 있고, 반드시 개인의 내밀한 영역에 속하는 정보에 국한되지 않고 공적 생활에서 형성되었거나 이미 공개된 개인정보까지 포함한다."라고 판시하였다.

　　이에 따르면 개인정보자기결정권의 보호대상이 되는 개인정보는 (1) 개인의 인격주체성을 특징짓는 사항과 (2) 개인의 동일성을 식별할 수 있는 정보라는 2가지 요건을 모두 갖추어야 한다. 다시 말해서 개인의 인격적 정보 모두가 개인정보가 되는 것이 아니라 그중에서 특정 개인을 식별할 수 있는 정보만이 개인정보에 해당하는 것이다. 만약 전교조 가입자 명단이 공개되었으나 지역 또는 소속 학교 등이 함께 공개되지 않았다면 개인에 대한 식별이 용이하지 않으므로 개인정보에 해당하지 않을 수도 있다. 물론 특이한 이름의 경우 식별 가능성이 상대적으로 높기 때문에 개인정보에 해당할 수도 있다. 이처럼 식별성 또는 식별가능성의 판단은 매우 임의적이고 상대적일 수밖에 없다.

　　그런데 불법행위법에서 위법성의 구성요소로서 '침해'의 대상이 되는 것은 노출을 원하지 않는 개인의 인격적 정보가 알려지거나 알려질 가능성이 있는 상태에 놓여있다는 것이다. 따라서 불법행위법상 침해 대상으로서의 개인정보는 현행법령의 보호대상으로서 개인정보보다 '식별성 또는 식별가능성'을 비교적 넓게 인정하여도 무방할 것으로 보인다.

---

15) 윤영미, "불법행위법의 보호대상인 기본권적 법익", 세계헌법연구 제18권 제2호, 2012, 147면.

(3) 개인정보보호법의 보호대상으로서의 개인정보

현행법의 보호대상으로서의 개인정보는 법문언에 충실한 해석이 필요하다. 현행법의 법문언은 개인의 인격주체성보다는 개인의 식별성에 무게중심을 두고 있다. 「개인정보보호법」은 사상·신념, 노동조합·정당의 가입·탈퇴, 정치적 견해, 건강, 성생활 등에 관한 정보 등을 민감정보라 하여 원칙적 처리 금지를 규정하고 있다.16) 여기서 민감정보는 개인에 대한 모든 민감한 정보를 의미하는 것이 아니라 당연히 개인정보의 범주에 속하는 정보 중에서 특히 민감한 정보를 말한다.

따라서 만약 민감정보가 유출되었으나 개인에 대한 식별성 판단이 애매한 경우 불법행위법과 개인정보보호법의 판단이 다를 수 있다. 다소 식별성이 낮아 개인정보보호법의 적용이 배제되더라도 손해배상책임은 면책되지 않을 수 있다.

하지만 현행 「개인정보보호법」 제39조 제1항의 손해배상책임에 있어 입증책임의 전환이나 제39조의2 제1항의 법정손해배상의 청구 등은 불법행위법의 특칙규정으로서 이때에 개인정보의 의미는 일반 불법행위법적 의미의 개인정보가 아닌 개인정보보호법상의 개인정보가 적용되어야 한다. 향후 재판에서 법원이 이에 대한 법리의 오해가 없기를 바란다.

4. 판결의 의의

이 판결은 현행 「개인정보보호법」이 시행되기 이전의 사건을 다루었다. 뿐만 아니라 개인정보보호법의 보호대상으로서의 개인정보의 의미를 규명하기보다는 불법행위법상 위법성 판단의 근거로서 이른바 개인정보자기결정권과 그 대상이 되는 개인정보의 의미를 밝히고 있다.

프라이버시 또는 개인정보자기결정권의 대상으로서 개인정보와 현행법의 보호대상으로서 개인정보의 의미가 완전히 일치하지는 않음은 이미 고찰하였다. 따라서 이 판결에서 규명된 개인정보의 의미를 자칫 현행법상 보호대상으로서 개인정보로 오해하는 일이 없어야 할 것이다.

---

16) 「개인정보보호법」 제23조.

인맥지수 및 승소율 등의 변호사 정보 제공과 인격권 침해의
판단기준

대법원 2011. 9. 2. 선고 2008다42430 전원합의체 판결[1]

최경진(가천대학교 법과대학 교수)

1. 사안의 개요

가. 사실관계

원고들은 변호사들이고, 피고는 "lawmarket.co.kr"라는 인터넷 홈페이지를 운영하는 회사로서 변호사들의 이름, 출생지, 성별, 사법시험 합격년도, 연수원 기수, 출신학교, 법원·검찰 근무 경력 등의 정보를 수집하였다. 피고는 수집한 정보를 이용해서 특정 법조인 사이의 개인정보나 경력이 일치하는 경우에 일정한 점수를 부여하는 방식으로 인맥지수를 산출하여 피고의 인터넷 홈페이지에서 제공하였다. 한편, 피고는 1993년부터 2005년까지 대법원 홈페이지를 통해서 약 3,500만건의 사건정보(사건번호, 사건명, 소송대리인, 종국 결과 등의 정보)를 수집한 후, 이를 이용하여 변호사별로 승소율과 전문성 지수를 산출하여 피고의 인터넷 홈페이지에서 제공하였다.

---

1) [참조 및 관련 판례] 대법원 1998. 7. 24. 선고 96다42789 판결; 대법원 2010. 4. 22. 선고 2008다38288 전원합의체 판결; 헌법재판소 2010. 7. 29. 선고 2006헌바75 전원재판부 결정; 헌법재판소 1991. 5. 13. 선고 90헌마133 전원재판부 결정.
  [관련 평석 및 문헌] 이인호, "변호사의 직업적 개인정보에 대한 이용과 보호의 법리: 로마켓 변호사평가 정보 사건(2008다42430)에 대한 평석을 겸하여", 언론과 법 제11권 제2호, 한국언론법학회, 2012; 이수영, "로마켓의 변호사정보 제공의 위법 여부", 정의로운 사법: 이용훈대법원장재임기념, 사법발전재단, 2011; 오영두, "변호사의 개인정보 제공에 대한 위법성 검토", 판례연구 24집(2013. 2), 부산판례연구회, 2013; 임규철, "변호사의 인맥·승소율·전문성 지수정보에 대한 처리의 한계 - 대법원 2011. 9. 2. 선고 2008다 42430 판결을 중심으로", 법학연구 제54권 제4호, 부산대학교 법학연구소, 2013 등.

나. 소송경과

원고들은 위와 같은 정보가 자기정보통제권의 대상이 되는 정보에 해당함에도 피고가 원고들로부터 동의를 받지 않고 수집하여 자의적으로 재처리한 후 불특정다수인에게 제공함으로써 원고들의 인격권 및 개인정보자기결정권을 침해하였다고 주장하며, 이 사건 인맥지수 서비스 및 승소율, 전문성 지수 등의 서비스 중단을 구하며 서울중앙지방법원에 소를 제기하였다(위자료 청구도 하였지만, 제1심(서울중앙지방법원 2007. 7. 6. 선고 2006가합22413 판결) 및 원심에서 기각되고 상고되지 않았다). 제1심과 원심은 인맥지수 서비스에 관한 금지청구를 기각한 반면, 승소율 및 전문성 지수 등 서비스에 관한 금지청구는 인용하였다. 원고들과 피고는 각각 패소 부분에 대하여 상고하였다.

2. 판결의 요지

가. 원심판결(서울고등법원 2008. 4. 16. 선고 2007나74937 판결)

이 사건 사건정보는 원고들에 대한 개인정보로서 원칙적으로 원고들의 동의 없이 이용하는 것은 허용되지 아니하는 점, 대법원이 사건검색 서비스를 통하여 정보를 공개하는 것은 정당한 이해관계인에 한하여 정보를 제공하고자 함에 근본 취지가 있는 것이지 누구에게나 제한없이 공개함을 그 취지로 하고 있지는 않는 등 피고가 위 정보를 수집하는 과정에 위법성이 인정되는 점, 피고가 위 정보를 이용하여 산출한 승소율이나 전문성 지수 등은 원천 자료 차원 및 산정방식 등에서 정보 왜곡의 가능성을 내포하고 있을 뿐만 아니라 위 승소율 등의 산출에 반영될 소송사건 정보를 추가 수집하지 못함으로써 국민의 알 권리를 충족하는 정보로서의 역할을 더 이상 하지 못하고 있는 점 등을 종합적으로 고려할 때, 피고가 이 사건 사건정보를 제공하거나 그에 기반하여 승소율이나 전문성 지수 등을 제공하는 서비스는 원고들의 자기정보통제권을 침해하는 것으로서 허용될 수 없는 것으로 판단된다.

나. 대법원판결

(1) 정보주체의 동의 없이 개인정보를 공개함으로써 침해되는 인격적 법익과 정보주체의 동의 없이 자유롭게 개인정보를 공개하는 표현행위로서 보호받을 수 있는 법적 이익이 하나의 법률관계를 둘러싸고 충돌하는 경우에는, 개인이 공적인 존재인지 여부, 개인정보의

공공성 및 공익성, 개인정보 수집의 목적·절차·이용형태의 상당성, 개인정보 이용의 필요성, 개인정보 이용으로 인해 침해되는 이익의 성질 및 내용 등 여러 사정을 종합적으로 고려하여, 개인정보에 관한 인격권 보호에 의하여 얻을 수 있는 이익(비공개 이익)과 표현행위에 의하여 얻을 수 있는 이익(공개 이익)을 구체적으로 비교 형량하여, 어느 쪽 이익이 더욱 우월한 것으로 평가할 수 있는지에 따라 그 행위의 최종적인 위법성 여부를 판단하여야 한다.

(2) [다수의견] 변호사 정보 제공 웹사이트 운영자가 변호사들의 개인신상정보를 기반으로 변호사들의 인맥지수를 산출하여 공개하는 서비스를 제공한 사안에서, 인맥지수의 사적·인격적 성격, 산출과정에서 왜곡 가능성, 인맥지수 이용으로 인한 변호사들의 이익 침해와 공적 폐해의 우려, 그에 반하여 이용으로 달성될 공적인 가치의 보호 필요성 정도 등을 종합적으로 고려하면, 운영자가 변호사들의 개인신상정보를 기반으로 한 인맥지수를 공개하는 표현행위에 의하여 얻을 수 있는 법적 이익이 이를 공개하지 않음으로써 보호받을 수 있는 변호사들의 인격적 법익에 비하여 우월하다고 볼 수 없어, 결국 운영자의 인맥지수 서비스 제공행위는 변호사들의 개인정보에 관한 인격권을 침해하는 위법한 것이다.

[대법관 박시환, 대법관 김능환, 대법관 양창수, 대법관 박병대의 반대의견] 인맥지수 산출에 사용된 변호사들의 개인신상정보의 성격, 인맥지수 산출방법의 합리성 정도, 인맥지수 이용의 필요성과 그 이용으로 달성될 공적인 가치의 보호 필요성 정도, 이용으로 인한 변호사들의 이익 침해와 공적 폐해의 우려 정도 등을 종합적으로 고려하면, 변호사들의 개인신상정보를 기반으로 한 인맥지수 서비스 제공이 변호사들의 개인정보에 관한 인격적 이익을 침해하는 위법한 행위라고 평가하기는 어렵다.

(3) 변호사 정보 제공 웹사이트 운영자가 대법원 홈페이지에서 제공하는 '나의 사건검색' 서비스를 통해 수집한 사건정보를 이용하여 변호사들의 승소율이나 전문성 지수 등을 제공하는 서비스를 한 사안에서, 공적 존재인 변호사들의 지위, 사건정보의 공공성 및 공익성, 사건정보를 이용한 승소율이나 전문성 지수 등 산출 방법의 합리성 정도, 승소율이나 전문성 지수 등의 이용 필요성, 이용으로 인하여 변호사들 이익이 침해될 우려의 정도 등을 종합적으로 고려하면, 웹사이트 운영자가 사건정보를 이용하여 승소율이나 전문성 지수 등을 제공하는 서비스를 하는 행위는 그에 의하여 얻을 수 있는 법적 이익이 이를 공개하지 않음으로써 얻을 수 있는 정보주체의 인격적 법익에 비하여 우월한 것으로 보여 변호사들의 개인정보에 관한 인격권을 침해하는 위법한 행위로 평가할 수 없다.

3. 해설

가. 개인정보의 보호와 인격권

대상판결은 개인정보보호법이 제정되기 이전의 분쟁에 관한 사건으로서 개인정보보호법에 따른 개인정보에 대한 독자적인 법적 보호 내지 독립적인 법익과는 무관하다. 때문에 이 사건에서 대법원은 개인정보에 대한 독자적인 권리 인정 여부를 논하지 않고, 개인정보의 성격상 보호수단으로 활용할 수 있는 인격권을 그 법적 근거로 제시하였다. 헌법재판소가 개인정보자기결정권이라는 독자적인 개념을 인정하는 결정2)을 한 것과는 달리 대법원은 기존의 인격권의 보호대상에 개인정보를 포함시키는 방법으로 개인정보에 대한 보호를 시도하였다.3) 이러한 접근방식을 취함으로써 자연히 기존의 인격권에 의하여 보호되는 범위와 다른 권리와의 균형 혹은 그로 인한 제한은 그대로 개인정보에 관한 인격권에도 유효하게 되었다. 따라서 개인정보에 관한 인격권은 무제한 보호받게 되는 것은 아니고 충돌하는 다른 이익과의 조화가 필요하다.

나. 개인정보에 관한 인격권과 이익형량

개인정보에 관한 인격권으로서 보호하는 입장을 취하게 됨으로써 다른 법익과의 조화가 필요한데, 대상판결에서 대법원은 비교형량이라는 수단을 활용하고자 하였다. 즉, "정보주체의 동의 없이 개인정보를 공개함으로써 침해되는 인격적 법익과 정보주체의 동의 없이 자유롭게 개인정보를 공개하는 표현행위로서 보호받을 수 있는 법적 이익이 하나의 법률관계를 둘러싸고 충돌하는 경우에는, 개인이 공적인 존재인지 여부, 개인정보의 공공성 및 공익성, 개인정보 수집의 목적·절차·이용형태의 상당성, 개인정보 이용의 필요성, 개인정보 이용으로 인해 침해되는 이익의 성질 및 내용 등의 여러 사정을 종합적으로 고려하여, 개인정보에 관한 인격권의 보호에 의하여 얻을 수 있는 이익(비공개 이익)과 표현행위에 의하여 얻을 수 있는 이익(공개 이익)을 구체적으로 비교 형량하여, 어느 쪽의 이익이 더욱 우월한 것으로 평가할 수 있는지에 따라 그 행위의 최종적인 위법성 여부를 판단하여야 한다"는 것이다.4) 개인정

---

2) 헌법재판소 2005. 5. 26. 99헌마513 결정.

3) 이인호, "변호사의 직업적 개인정보에 대한 이용과 보호의 법리: 로마켓 변호사평가정보 사건(2008다42430)에 대한 평석을 겸하여"(주 1), 135－139면은 1·2심 판결이 근거로 삼은 자기정보통제권에 대하여 법원이 오해하고 있다고 비판한다.

4) 대법원 2014. 7. 24. 선고 2012다49933 판결에서도 개인정보자기결정권의 보호대상이 되는 개인정보에는

보는 보호의 대상이기도 하지만, 활용의 대상이기 도 하기 때문에 개인정보에 관한 보호를 꾀하는 개인정보보호법 등의 개인정보보호 관련 법제 하에서도 이러한 이익형량은 유용한 수단이 될 수 있다.5) 그런데 대법원은 대상판결에서 이익형량이라는 하나의 수단을 활용함에 있어서 판단대상이 된 2개의 서비스, 즉 인맥지수 서비스와 승소율·전문성 지수 서비스에 대하여 상이한 결론에 다다랐다. 공개된 사건정보로부터 변호사들의 승소율이나 전문성 지수 등을 제공하는 것에 대하여는 위와 같은 종합적인 판단기준을 통한 비교형량을 하면 웹사이트 운영자가 사건정보를 이용하여 승소율이나 전문성 지수 등을 제공하는 서비스를 하는 행위는 그에 의하여 얻을 수 있는 법적 이익이 이를 공개하지 않음으로써 얻을 수 있는 정보주체의 인격적 법익에 비하여 우월하다고 하여 인격권을 침해하지 않는다고 판단하였다.

인맥지수 서비스에 대해서는 다수의견은 동일한 판단방법을 활용하였음에도 "운영자가 변호사들의 개인신상정보를 기반으로 한 인맥지수를 공개하는 표현행위에 의하여 얻을 수 있는 법적 이익이 이를 공개하지 않음으로써 보호받을 수 있는 변호사들의 인격적 법익에 비하여 우월하다고 볼 수 없"다고 하여 인격권 침해로서 위법하다고 판단하였다. 반면, 4인의 반대의견에 의하면, 인격권침해에 해당하지 않는다고 판단하였다. 이처럼 결론이 달라진 이유는 인맥지수의 산출방법에 대한 시각의 차이에서 비롯된 것으로 보인다. 즉, 인맥지수의

공적 생활에서 형성되었거나 이미 공개된 개인정보도 포함된다고 보면서, 그러한 개인정보의 공개와 개인정보의 보호에 관한 이익을 비교형량하여 개인정보자기결정권 침해여부를 판단하였다. 이와 관련한 가처분 사건인 대법원 2011. 5. 24.자 2011마319 결정에서도, 하나의 법률관계를 둘러싸고 두 기본권이 충돌하는 경우에는 구체적인 사안에서의 사정을 종합적으로 고려한 이익형량과 함께 양 기본권 사이의 실제적인 조화를 꾀하는 해석 등을 통하여 이를 해결하여야 하고, 그 결과에 따라 정해지는 양 기본권 행사의 한계 등을 감안하여 그 행위의 최종적인 위법성 여부를 판단하여야 하며(대법원 2010. 4. 22. 선고 2008다38288 전원합의체 판결 참조), 이러한 이익형량과정에서, 첫째 침해행위의 영역에 속하는 고려요소로는 침해행위로 달성하려는 이익의 내용 및 그 중대성, 침해행위의 필요성과 효과성, 침해행위의 보충성과 긴급성, 침해방법의 상당성 등이 있고, 둘째 피해이익의 영역에 속하는 고려요소로는 피해법익의 내용과 중대성 및 침해행위로 인하여 피해자가 입는 피해의 정도, 피해이익의 보호가치 등이 있으며, 일단 권리의 보호영역을 침범함으로써 불법행위를 구성한다고 평가된 행위가 위법하지 않다는 점은 이를 주장하는 사람이 증명하여야 한다(대법원 2006. 10. 13. 선고 2004다16280 판결 참조)는 기존의 대법원 입장을 바탕으로 하여, 국회의원이 '각급학교 교원의 교원단체 및 교원노조 가입현황 실명자료'를 인터넷을 통하여 공개한 사안에서, 위 정보 공개 행위가 개인정보자기결정권 및 단결권에 대한 침해를 정당화할 정도로 학생의 학습권이나 학부모의 교육권 및 교육의 선택권 내지는 알권리를 위하여 반드시 필요하거나 허용되어야 하는 행위라고 단정할 수 없고, 보전의 필요성도 소명된다는 이유로 정보공개금지 가처분신청을 인용하였다.

5) 이러한 접근방식에 대하여 이인호, "변호사의 직업적 개인정보에 대한 이용과 보호의 법리: 로마켓 변호사 평가정보 사건(2008다42430)에 대한 평석을 겸하여"(주 1), 129–131면은 "사인간의 권리분쟁을 모두 기본권충돌의 문제로 환원하게 되면, 법적 불안정성이 심화될 것"이라고 하면서 "사인간의 권리분쟁이 다투어진 본 사안에서 원고의 인격적 법익을 보호하기 위하여 피고의 정보제공행위를 명시적 혹은 묵시적으로 제한하는 민법 혹은 다른 법률의 규정을 구체적으로 확인하지 않고서, 바로 헌법상의 기본권규정에 의거하여 기본권충돌의 문제로 접근하는 분석틀은 마치 기본권의 직접적 대사인효를 인정하는 것 같은 메시지를 학계나 하급심법원에게 던지는 인상을 준다"는 비판적 견해를 피력한다.

산출방법을 통해 도출된 인맥지수 결과값이 내밀한 사적인 영역에 있는 것으로서 보호가 필요하다는 것이 다수의견인 반면, 반대의견은 인맥지수 산출과 표현방법이 표현의 자유의 보장범위를 넘어설 정도로 합리성을 잃었다고 볼 수 없고 오히려 배점기준 등의 인맥지수 산출방법은 피고의 개인적 의견에 가까우므로 의사표현의 자유의 영역으로 두텁게 보호되어야 한다는 것이다.

4. 판결의 의의

이 대상판결은 개인정보보호법이 제정·시행된 이후의 사건에 관한 판결은 아니지만, 일반적인 인격권에서 개인정보 보호의 근거를 찾고 현대 사회에서 중요한 의미를 가지는 개인정보에 대한 보호를 꾀하였다는 점에서 그 의의가 있다. 더 나아가 대상판결은 개인정보를 단순히 보호의 대상으로만 보지 않고, 그 활용이라는 측면도 고려하여 균형을 꾀하려는 시도를 하였다는 점에서 더 큰 의의를 찾을 수 있다. 즉, 인격권으로 보호받는 개인정보에 대하여 표현의 자유나 알권리 등 다른 권리와의 관계에서 이익형량을 통한 법익의 균형을 꾀하였다는 것은 해석론적 측면에서 개인정보보호를 규정한 법령의 해석을 엄격하게 하여온 종래의 흐름과 개인정보에 대한 보호를 강화하는 방향으로 입법이 이루어져 온 최근의 흐름에 상당한 시사점을 준다. 개인정보에 대한 다양한 보호 수단을 규정한 개인정보보호법 등 관련 법률의 해석에 있어서도 대상판결의 입장과 같은 이익형량 및 종합판단의 접근방식을 활용하여 개인정보 보호라고 하는 본래의 목적을 실질적으로 달성할 수 있도록 보장하면서도 충돌하는 다른 권리와의 관계에서 합리적인 조화를 꾀하는 방향으로의 패러다임의 전환이 필요하다.

대법원 2012. 12. 26. 선고 2011다59834, 59841, 59858 판결[1]

권영준(서울대학교 교수)

1. 사안의 개요

원고들은 피고 지에스칼텍스 주식회사(이하 '피고 1'이라 한다)의 주유 보너스 카드 회원들이다. 피고 1은 피고 지에스넥스테이션 주식회사(이하 '피고 2'라 한다)에게 고객서비스 센터 운영 및 관련 장비의 유지와 보수 업무를 위탁하였다. 한편 피고 1은 주유 보너스 카드 회원들의 개인정보를 피고 2가 운영하는 고객서비스 센터 데이터베이스에 저장하였다.

피고 2의 직원인 소외 1은 위 데이터베이스에 접근할 권한이 있었는데, 직장 동료인 소외 2와 함께 위 데이터베이스에서 고객정보를 빼내어 시중에 판매하거나 집단소송을 의뢰받을 변호사에게 판매하기로 모의하였다. 그 후 소외 1은 주유 보너스카드 회원 1,151만 명의 성명, 주민등록번호, 주소, 전화번호, 전자우편 주소 등 고객정보를 데이터베이스로부터 전송받아 엑셀파일 형태로 저장하였다. 소외 1, 2는 이를 CD, DVD, USB 등의 매체에 저장하여 그 판매처를 물색하기로 한 공범들에게 전달하였고, 정보 유출 사실이 언론에 보도되어 사회 문제가 되어야 이로 인한 집단소송에서 고객정보를 활용할 수 있다는 생각 아래 위 저장매체들을 기자들에게도 전달하였다.

그 과정에서 "서울 도심 한복판 쓰레기 더미에서 1,100만 명이 넘는 개인정보가 담긴 'GS칼텍스 고객명단'이라고 적힌 CD가 발견되었다"는 내용이 언론에 보도되었다. 그 직후 수사기관에 의해 소외 1, 2와 공범들이 검거되고, 이들과 언론관계자들이 소지하던 CD, DVD, USB 등 고객정보가 담긴 저장매체들은 모두 회수 또는 폐기되었다.

원고들은 피고 1에게 제공한 개인정보를 피고 2의 직원인 소외 1이 빼내어 이를 열람하

---

1) [관련 문헌] 정상조·권영준, "개인정보보호와 민사적 구제수단", 법조 제630호, 2009; 이원우, "개인정보 보호를 위한 공법적 규제와 손해배상책임: 개인정보 누출을 중심으로", 행정법연구 제30호, 2011; 권영준·이동진, "개인정보 유출에 대한 과실 및 손해 판단기준", 개인정보 보호의 법과 정책, 박영사, 2014; 고홍석, "개인정보 유출로 인하여 위자료로 배상할 만한 정신적 손해의 발생 여부", BFL 제68호, 2014.

고 이를 다른 공범들에게 공개함으로써 원고들의 자기정보 통제관리권을 침해하였으므로, 피고 2는 소외 1, 2의 사용자로서, 피고 1은 피고 2에게 고객서비스 센터 운영 등 업무를 위탁하고 이를 실질적으로 지휘·감독한 피고 2의 사용자로서 각각 원고들이 입은 정신적 손해를 배상하여야 한다고 주장하며, 위자료로 100만 원씩을 지급하라고 청구하였다.

2. 판결의 요지

가. 제1심판결(서울중앙지방법원 2010. 9. 16. 선고 2008가합111003, 2009가합26041, 2009가합121922 판결)

제1심판결은 위와 같은 사실만으로는 "원고들의 개인정보가 누출됨으로써 불법행위자인 소외 1 등 이외의 불특정 다수에게 공개되어 이를 열람할 수 있는 상태 또는 원고들의 의사에 반하여 원고들의 개인정보가 수집·이용될 수 있는 상태에 이르러 원고들의 개인정보자기결정권이 침해되었거나 침해될 상당한 위험성이 발생하여 원고들에게 정신적 손해가 발생하였다는 점을 인정하기 어렵다."라고 판시하며 원고들의 청구를 기각하였다.

나. 원심판결(서울고등법원 2011. 6. 24. 선고 2010나111478, 2010나111485, 2010나111492 판결)

원심판결은 제1심판결 이유를 인용하면서 "개인정보가 유출되어 자기정보결정권이 침해되기에 이르렀다는 사실만으로 곧바로 그 개인에게 '정신적 손해'가 발생하였다고 할 수는 없고, 개인정보의 유출로 인하여 그 개인에게 정신적 손해가 발생하였는지는 그 유출된 개인정보의 종류와 성격, 개인정보와 개인정보 주체와의 관계, 유출의 정도 및 이에 따라 예상되는 위험성, 정보수집주체가 유출된 개인정보를 이용한 방식과 규모 등 여러 요소를 고려하여 개별적, 구체적으로 판단되어야 한다."라는 판시를 추가한 뒤, 이 사건의 제반 사정을 고려할 때 원고들에게 정신적 손해가 발생하였다고 보기는 어렵다고 하여 원고들의 항소를 기각하였다.

다. 대법원판결

대법원판결은 원심의 결론을 유지하면서 원고들의 상고를 기각하였다. 요지는 다음과 같다.

(1) 개인정보를 처리하는 자가 수집한 개인정보를 피용자가 정보주체의 의사에 반하여

유출한 경우, 그로 인하여 정보주체에게 위자료로 배상할 만한 정신적 손해가 발생하였는지는 유출된 개인정보의 종류와 성격이 무엇인지, 개인정보 유출로 정보주체를 식별할 가능성이 발생하였는지, 제3자가 유출된 개인정보를 열람하였는지 또는 제3자의 열람 여부가 밝혀지지 않았다면 제3자의 열람 가능성이 있었거나 앞으로 열람 가능성이 있는지, 유출된 개인정보가 어느 범위까지 확산되었는지, 개인정보 유출로 추가적인 법익침해 가능성이 발생하였는지, 개인정보를 처리하는 자가 개인정보를 관리해온 실태와 개인정보가 유출된 구체적인 경위는 어떠한지, 개인정보 유출로 인한 피해 발생 및 확산을 방지하기 위하여 어떠한 조치가 취하여졌는지 등 여러 사정을 종합적으로 고려하여 구체적 사건에 따라 개별적으로 판단하여야 한다.

(2) … ① 이 사건 개인정보는 소외 1에 의하여 유출된 후 편집과정을 거쳐 판매처 물색 부탁을 위한 목적으로 공범들과 소외 5에게 CD, DVD, USB, 외장형 하드디스크 등 저장매체에 저장된 상태로 전달 또는 복제되었고, 이후 집단소송을 위한 사전작업으로서 언론제보 명목으로 언론관계자 등에게 유출되었지만, 언론보도 직후 이 사건 개인정보가 저장된 저장매체 등을 소지하고 있던 사건 관련자들로부터 그 저장매체와 편집 작업 등에 사용된 컴퓨터 등이 모두 압수, 임의제출되거나 폐기된 점, ② 이 사건 범행을 공모한 소외 1 등이 이 사건 개인정보를 시중에 또는 변호사에게 판매할 것을 계획하고 이를 위한 사전작업을 하는 과정에서 위와 같이 한정된 범위의 사람들에게 이 사건 개인정보가 전달 또는 복제된 상태에서 이 사건 범행이 발각되어 이 사건 개인정보가 수록된 저장매체들이 모두 회수되거나 폐기되었고, 그 밖에 이 사건 개인정보가 유출된 흔적도 보이지 아니하여 위에서 열거한 사람들 외의 제3자가 이 사건 개인정보를 열람하거나 이용할 수는 없어 보이는 점, ③ 이 사건 개인정보가 저장된 저장매체가 유출되었다가 회수되거나 폐기되기까지 소외 1 등 개인정보를 유출한 범인들이나 언론관계자들이 이 사건 개인정보 중 일부를 열람한 적은 있으나, 범인들의 열람은 이 사건 개인정보를 저장·편집·복사하는 과정에서 이루어진 것으로서 그들 스스로 이 사건 개인정보의 내용을 지득하거나 이용할 의사가 있었다고 보기 어렵고, 언론관계자들도 언론보도를 위한 취재 및 보도과정에서 이 사건 개인정보의 존재 자체와 규모, 그 정확성을 확인할 목적으로 열람한 것이어서 이 사건 개인정보의 구체적 내용을 인식한 것으로는 보이지 아니하며, 이 사건 개인정보의 종류 및 규모에 비추어 위와 같은 열람만으로 특정한 개인정보를 식별하거나 알아내는 것은 매우 어려울 것으로 보이는 점, ④ 이 사건 개인정보 유출로 인하여 원고들에게 신원확인, 명의도용이나 추가적인 개인정보 유출 등 후속 피해가 발생하였음을 추지할 만한 상황이 발견되지 아니하는 점 등의 사정이 인정되고, 이러한 제반 사정을 앞서 본 법리에 비추어 보면 이 사건 개인정보의 유출로 인하여 원고들에게 위자료로 배상할 만한 정신적 손해가 발생하였다고 보기는 어렵다고 할 것이다.

3. 해설

가. 침해와 손해의 구별

개인정보자기결정권은 개인정보 주체가 그 정보를 자율적으로 통제할 수 있는 적극적 권리이다.[2] 헌법재판소는 개인정보자기결정권을 "자신에 관한 정보가 언제 누구에게 어느 범위까지 알려지고 또 이용되도록 할 것인지를 그 정보주체가 스스로 결정할 수 있는 권리", 즉 "정보주체가 개인정보의 공개와 이용에 관하여 스스로 결정할 권리"라고 판시하는데,[3] 이 역시 같은 취지이다. 개인정보자기결정권은 헌법 제10조에서 규정하는 인간의 존엄과 가치, 행복추구권, 제17조에서 규정하는 사생활의 비밀과 자유로부터 발생하는 것으로서 인격권의 일종이다.

고의 또는 과실로 타인의 개인정보자기결정권을 위법하게 침해하여 손해를 입히면, 개인정보 주체는 이러한 불법행위를 이유로 가해자에게 손해배상청구권을 행사할 수 있다. 이러한 개인정보침해는 동의 또는 법적 근거 없는 개인정보의 수집, 개인정보의 유출이나 변경, 개인정보의 무단 제공 또는 공유, 목적을 달성한 개인정보의 미파기 등 다양한 형태로 나타난다.

그런데 불법행위로 인한 손해배상청구권은 현실적으로 손해가 발생하였을 것을 요한다. 현실적으로 손해가 발생하였는지는 사회통념에 비추어 객관적이고 합리적으로 판단하여야 한다.[4] 여기에서 유의할 것은 권리침해와 손해를 구별해야 한다는 점이다. 따라서 개인정보자기결정권이 침해되었다고 하여 당연히 손해가 발생하는 것은 아니다. 상표권의 침해행위에도 불구하고 상표권자에게 손해의 발생이 없다는 점이 밝혀지면 침해자는 손해배상책임을 부담하지 않는다는 일련의 판례들은 이처럼 침해와 손해를 구별하는 예이다.[5]

침해와 손해를 구별하는 태도는 외국의 예에서도 찾아볼 수 있다. 독일 연방정보보호법 제8조 제2항은 중대한 인격권 침해에 한하여 개인정보침해로 인한 비재산적 손해배상을 인정한다. 이는 모든 인격권 침해가 곧바로 위자료 배상으로 이어지지 않는다는 점을 전제하는 것이다. 미국 판례는 개인정보 유출로 인한 손해배상이 허용되려면 실질적인 손해가 증명되어야 하고,[6] 단지 개인정보가 위태로워졌거나 장차 신분도용이 발생할 위험이 증가하였

---

2) 대법원 1998. 7. 24. 선고 96다42789 판결.
3) 헌법재판소 2005. 7. 21. 선고 2003헌마282, 425 결정.
4) 대법원 1997. 9. 12. 선고 96다43119 판결; 대법원 2002. 10. 11. 선고 2002다33175 판결; 대법원 2004. 11. 26. 선고 2003다58959 판결.
5) 대법원 2004. 7. 22. 선고 2003다62910 판결.

다는 정도만으로는 정신적 손해를 입었다고 할 수 없다고 한다.[7] 영국에서도 1998년 데이터 보호법 제13조에 따라 개인정보침해에 대한 정신적 손해배상이 허용되지만, 여기에서의 손해는 실질적인 손해를 의미한다고 새긴다.[8]

나. 정신적 손해의 발생 판단 등

개인정보자기결정권 침해로 정신적 손해가 발생하였는지는 여러 가지 사정들을 종합적으로 고려하여 판단하여야 한다. 개인정보 유출사건에서는 일반적으로 개인정보가 민감한 내용을 담고 있을수록, 공개되지 않았을수록, 개인정보주체의 식별 가능성이 높을수록, 제3자가 개인정보를 실제로 열람하였을수록, 유출 경위에 비난 가능성이 높을수록, 유출기간이 길수록, 확산 범위가 넓을수록, 후속 피해의 정도가 클수록, 유출 후 후속 조치가 허술할수록 정신적 손해가 발생할 가능성이 높아진다.

참고로 일단 정신적 손해가 발생하였다면 이에 대한 위자료 액수를 정하여야 하는데, 위에서 열거한 요소들은 위자료 액수 산정에도 고려될 수 있다. 이와 관련하여 가해자나 피해자의 재산상태, 피해자의 숫자, 피해자가 실제로 침해행위를 인식하였는지 여부가 고려되어야 하는가가 논란의 여지가 있으나 부정하는 것이 타당하다. 한편 개인정보침해사건에 대한 판결들을 보면 이른바 위자료의 정액화 현상이 발견되는데, 각자 겪는 정신적 고통의 크기가 다른데도 이처럼 피해자들의 위자료를 정액화하는 현상에 대해서도 논란의 여지가 있다. 그러나 정신적 고통의 크기는 객관적이고 규범적으로 파악하여야 한다는 점, 위자료의 정액화는 동종 사건의 효율적 처리를 위한 사법 비용의 감소, 법관의 자의적 판단 여지의 축소, 원고의 증명책임 완화를 통한 피해자 구제 강화, 불법행위법의 예방 기능 수행이라는 면에서도 긍정적이라는 점 등에 비추어 보면 이러한 정액화는 정당화될 수 있다. 다만 피해자들을 유형화하는 범주화(範疇化)의 노력도 함께 경주되어야 한다.

다. 이 사건의 경우

이 사건에서는 원고들의 개인정보가 유출됨으로써 원고들의 개인정보자기결정권이 침해되었다. 개인정보의 유출은 개인정보가 법령 또는 개인정보처리자의 의사에 기하지 않고 개인정보처리자의 관리·통제권을 벗어나 제3자에게 제공되거나 제3자가 접근할 수 있게 된

---

6) Paul v. Providence Health System—Oregon, 273 P.3d 106(Or. 2012).

7) Pisciotta v. Old National Bancorp., 499 F.3d 629(7th Cir. 2007).

8) 이원우, "개인정보 보호를 위한 공법적 규제와 손해배상책임: 개인정보 누출을 중심으로"(주 1), 254−256면 참조.

상태를 말한다. 일반적으로 개인정보가 유출되어 개인정보자기결정권이 침해되면 정신적 손해가 발생할 가능성이 크다. 그렇다고 하여 개인정보자기결정권 침해가 곧 정신적 손해의 발생을 초래한다는 일반적인 경험칙을 인정하기는 어렵다. 그러므로 정신적 손해가 발생하였는지는 각 사건의 개별적 사정들을 종합적으로 고려하여 판단해야 한다.

이 사건의 경우 잠재적 피해자인 개인정보 주체의 숫자가 약 1,151만 명으로 매우 많았다는 점, 피고 2의 직원이 개인정보 유출에 관여되었다는 점, 이는 피고들의 개인정보 관리체계가 부실하였을 가능성을 보여주는 점, 개인정보의 중요성과 보호 필요성이 높아지고 이에 대한 사회적 관심도 커지고 있어 이러한 대규모 개인정보 유출사고에 대해서는 경각심을 불러일으킬 필요도 있었다는 점 등 피고들에게 손해배상책임 가능성을 높일 수 있는 사정들이 있었다. 그런데 엄밀히 말하면 이러한 사정들이 정신적 손해의 발생 여부를 직접적으로 좌우한다고 보기는 어렵다. 가령 잠재적 피해자의 숫자가 많다거나 피고 2의 직원이 개인정보 유출에 관여하였다는 사정은 정신적 손해의 발생 여부를 판단하는 데에 별 의미를 가지지 않는다.

오히려 이 사건에는 개인정보자기결정권 침해로 인하여 과연 정신적 손해까지 발생한 것인가를 의심하게 하는 다른 사정들도 있었다. 첫째, 개인정보가 내부 직원을 포함한 이 사건 범인들과 소수의 언론관계자들에게만 제공되어 유출범위가 매우 제한적이었다. 둘째, 언론보도 직후 이 사건 개인정보가 저장된 저장매체와 컴퓨터 등이 관련자들로부터 모두 압수, 임의 제출되거나 폐기되었다. 셋째, 이러한 제한된 범위의 관련자들 외에는 제3자가 개인정보를 열람하거나 이용할 수 없는 상태였다. 넷째, 관련자들이 개인정보 일부를 열람한 적은 있으나, 이는 개인정보의 내용을 알아보거나 이용하기 위한 것이 아니라 개인정보의 존재 자체와 규모, 그 정확성을 확인하기 위한 것이었다. 더구나 1,151만 명이라는 엄청난 숫자의 정보주체들을 고려하면 개개인의 정보를 의미 있게 열람하기도 어려운 상황이었다. 다섯째, 실제로 이 사건 개인정보와 관련하여 신원확인, 명의도용이나 추가적인 개인정보 유출 등 후속 피해가 발생하지 않았다. 이러한 점들은 이 사건이 일반적인 개인정보 유출사고와는 구별되는 뚜렷한 특징을 가지고 있음을 보여준다.

개인정보 유출에 따른 정신적 손해는 대체로 자신의 개인정보가 제3자에게 열람되었다는 정신적 고통으로부터 비롯된다. 그런데 이 사건에서는 관련자들 외의 제3자에게는 개인정보가 열람되지 않았고 관련자들 역시 현실적으로 그 내용을 제대로 살펴보지 못한 채 개인정보 저장매체가 모두 회수 또는 폐기되었다. 이로써 제3자가 향후 개인정보를 열람할 가능성도 사라졌다. 이러한 상황이라면 개인정보 보호의 중요성을 고려하더라도 피해자들에게 정신적 손해가 발생하였다고 보기는 어렵다. 불법행위법에는 예방적 또는 제재적 기능도 있으므로 피고들에게 손해배상책임을 인정해야 한다는 입론도 있을 수 있으나, 피고들의 잘못은 행정적 또는 형사적 제재에 의해서도 시정될 수 있다. 결국 피고들의 손해배상책임을 부정한 대상판결의 태도가 타당하다고 생각한다.

4. 판결의 의의

우리나라 재판실무에는 정신적 손해를 느슨하게 인정하되 위자료 액수는 그다지 높게 책정하지 않는 경향이 존재한다. 하지만 정신적 손해와 같이 증명하기 어렵고 무정형한 손해를 너무 손쉽게 인정하는 것은 단순한 불안감 또는 불쾌감과 법적 손해의 경계를 모호하게 하여 법적 안정성을 해칠 뿐만 아니라, 법관의 자의적 판단이 개입할 여지를 넓힌다. 정신적 손해 발생 여부에 대한 판단 기준은 지금보다 구체적이고 꼼꼼하게 세워나가야 하고, 일단 정신적 손해가 인정되면 국민들이 수긍할 수 있는 정도로 위자료를 현실화하여야 한다. 대상판결은 개인정보침해사건에 있어서 전자의 과제, 즉 정신적 손해의 발생 여부에 대한 판단기준을 제시한 최초의 대법원판결로서 중요한 의미를 가진다.

73 학교교육에서의 시험에 관한 정보의 공개 여부의 판단기준

대법원 2010. 2. 25. 선고 2007두9877 판결[1]

황창근(홍익대학교 법과대학 교수)

1. 사안의 개요

가. 사실관계

원고들은 경제학과 교수, 역사교육과 조교수, 소외 주식회사 대표이사인바 2005. 5. 12. 우리나라의 교육실태를 연구하기 위한 목적으로 국가수준 학업성취도평가 자료(이하 '[정보1]' 이라 한다) 및 대학수학능력시험 자료(이하 '[정보2]'라 한다)에 관한 정보공개를 피고 교육인적 자원부장관에게 청구하였다. 피고는 2005. 5. 21. [정보1]에 대하여, 2005. 5. 25. [정보2]에 대하여 각 공개를 거부하였는데(이하 '이 사건 처분'이라 한다), 그 비공개사유는 다음과 같다. [정보1]에 대한 비공개사유는, ① 국가수준 학업성취도평가는 개인, 학교, 시·도교육청별 자료를 산출하지 않는다는 것을 전제로(학업성취도평가계획: 방침, 교육인적자원부장관 결재) 표집 평가(약 1%)를 시행하고 있음, ② 이는 개인간, 학교간, 시·도교육청간 비교나 서열정보 등 이 공개될 경우 전국의 서열화로 인한 과열경쟁, 사교육조장, 교육과정 정상운영저해 등 교

---

1) [참조 및 관련 판례] 대법원 2010. 2. 11. 선고 2009두6001 판결; 대법원 2007. 7. 13. 선고 2005두8733 판결; 대법원 2003. 3. 14. 선고 2000두6114 판결; 대법원 2007. 6. 15. 선고 2006두15936 판결.
[관련 평석 및 문헌] 김기수, "공공기관의 정보공개에 관한 법률의 적용 대상 정보", 재판실무연구, 서울 남부지방법원, 2010; 신광렬, "알 권리와 정보공개청구권", 헌법판례해설 I, 사법발전재단, 2010; 엄상필, "학생의 학습권과 교원의 수업거부 자유와 책임 그리고 동행: 안대희 대법관 재임기념", 사법발전재단, 2012; 이일세, "공공기관의 정보공개에 관한 판례분석 - 공개·비공개사유를 중심으로 -, 강원법학, 제45권, 2015. 6.; 진상범, "피검금융기관이 금융감독기관의 종합검사과정에서 제출한 정보의 비공개대상정보 여 부", 대법원 판례해설 제101호(2014년 하), 법원도서관, 2015; 김용섭, "2010년 행정법 중요 판례", 인권과 정의 415호(2011. 3), 대한변호사협회, 2011; 표성수, "정보공개법 소정의 제외사유(비공개정보)에 관한 연 구", 법조, 2008. 7.; 하명호, "가. 시험정보에 대한 공개청구에 있어서 '업무의 공정한 수행이나 연구·개 발에 현저한 지장을 초래할 상당한 이유'의 판단방법, 나. 문제은행 출제방식으로 치러지는 객관식 시험인 치과의사 국가시험의 문제지와 정답지의 공개 여부", 대법원 판례해설 68호(2007 상반기)(2007. 12), 법원 도서관, 2008 등.

육적 부작용을 우려해서임, ③ 이와 같은 시행당시의 방침(약속)을 무시하고 표집에 참여한 학교의 성적을 공개(제공)할 경우, 향후 학교 및 시·도교육청의 협조를 받아 시행하는 국가수준 학업성취도 평가업무 수행에도 차질을 줄 것으로 판단함, ④ 원고들이 청구한 연구자용 분석자료에는 이러한 개인, 학교, 시·도교육청 정보가 포함되어 공개하기 어렵다는 것이다. [정보2]에 대한 비공개사유는 ① 원고들이 요구한 대학수학능력시험 자료는 피고가 보유하지 않고 있음, ② 대학수학능력시험은 대학입학전형을 위한 자료로 개인별 자료만 산출하고, 학교, 시·도교육청별 자료를 산출하지 않음, ③ 이는 개인간, 학교간, 시·도교육청간 비교나 서열정보 등이 공개될 경우 전국의 서열화로 인한 과열경쟁, 사교육조장, 교육과정 정상운영저해 등 교육적 부작용을 우려해서임, ④ 원고들이 청구한 자료에는 이러한 개인, 학교, 시·도교육청 정보가 포함되어 공개하기 어렵다는 것이다.

나. 소송경과

원고들은 이 사건 처분에 대한 취소청구소송을 제기하였고 1심 법원은(서울행정법원 2006. 9. 6. 선고 2005구합20825 판결) 원고 일부 승소판결을 선고하였고, 항소심은 이 사건 처분 중 1심에서 원고들이 패소한 [정보1]에 대한 처분 중에서 학생 개인을 특정할 수 있는 ① 학생고유번호, ② 학생의 번호, ③ 이름을 제외한 원자료에 대한 부분을 취소하는 것으로 변경하고 [정보2]에 관한 처분에 대한 취소판결을 유지하였다.[2] 대법원은 원심의 [정보1]에 대한 비공개결정을 취소한 판결을 파기하고 [정보2]에 대하여는 원심을 유지하였다.

2. 판결의 요지

가. 원심판결(서울고등법원 2007. 4. 27. 선고 2006누23588 판결)

[정보1], [정보2]는 비공개에 의하여 보호되는 피고의 업무수행의 공정성 등의 이익보다는 공개에 의하여 보호되는 국민의 알권리의 보장과 교육정책에 대한 국민의 참여 및 교육정책의 투명성 확보 등의 이익이 더 크다고 할 것이므로, 피고가 정보공개법 제9조 제1항 제5호를 이유로 이를 공개하지 않는 것은 위법하다.

---

2) 판결 중 기관이 아닌 개인이 타인에 관한 정보의 공개를 청구하는 경우에 관한 판단은 평석의 주된 쟁점이 아니므로 생략하기로 함.

나. 대법원판결

(1) 공공기관의 정보공개에 관한 법률 제9조 제1항 제5호는 시험에 관한 사항으로서 공개될 경우 업무의 공정한 수행에 현저한 지장을 초래한다고 인정할 만한 상당한 이유가 있는 정보는 공개하지 아니한다고 규정하고 있는바, 여기에서 규정하고 있는 '공개될 경우 업무의 공정한 수행에 현저한 지장을 초래한다고 인정할 만한 상당한 이유가 있는 경우'란 공개될 경우 업무의 공정한 수행이 객관적으로 현저하게 지장을 받을 것이라는 고도의 개연성이 존재하는 경우를 의미한다.

(2) 알 권리와 학생의 학습권, 부모의 자녀교육권의 성격 등에 비추어 볼 때, 학교교육에서의 시험에 관한 정보로서 공개될 경우 업무의 공정한 수행에 현저한 지장을 초래하는지 여부는 공공기관의 정보공개에 관한 법률의 목적 및 시험정보를 공개하지 아니할 수 있도록 하고 있는 입법 취지, 당해 시험 및 그에 대한 평가행위의 성격과 내용, 공개의 내용과 공개로 인한 업무의 증가, 공개로 인한 파급효과 등을 종합하여, 비공개에 의하여 보호되는 업무수행의 공정성 등의 이익과 공개에 의하여 보호되는 국민의 알 권리와 학생의 학습권 및 부모의 자녀교육권의 보장, 학교교육에 대한 국민의 참여 및 교육행정의 투명성 확보 등의 이익을 비교·교량하여 구체적인 사안에 따라 신중하게 판단하여야 한다.

(3) '2002년도 및 2003년도 국가 수준 학업성취도평가 자료'는 표본조사 방식으로 이루어졌을 뿐만 아니라 학교식별정보 등도 포함되어 있어서 그 원자료 전부가 그대로 공개될 경우 학업성취도평가 업무의 공정한 수행이 객관적으로 현저하게 지장을 받을 것이라는 고도의 개연성이 존재한다고 볼 여지가 있어 공공기관의 정보공개에 관한 법률 제9조 제1항 제5호에서 정한 비공개대상정보에 해당하는 부분이 있으나, '2002학년도부터 2005학년도까지의 대학수학능력시험 원데이터'는 연구 목적으로 그 정보의 공개를 청구하는 경우, 공개로 인하여 초래될 부작용이 공개로 얻을 수 있는 이익보다 더 클 것이라고 단정하기 어려우므로 그 공개로 대학수학능력시험 업무의 공정한 수행이 객관적으로 현저하게 지장을 받을 것이라는 고도의 개연성이 존재한다고 볼 수 없어 위 조항의 비공개대상정보에 해당하지 않는다.

3. 해설

가. 정보공개법 제9조 제1항 제5호 소정의 '공개될 경우 업무의 공정한 수행에 현저한 지장을 초래한다고 인정할 만한 상당한 이유가 있는 경우'의 의미

「공공기관의 정보공개에 관한 법률」(이하 '정보공개법'이라 한다)은 공공기관이 보유하고 있는 정보의 공개를 원칙으로 하고 비공개가 필요한 경우를 예외로 하여 구체적인 사유를 한정적으로 열거하고 있다(동법 제9조 제1항). 이에 따라 공공기관에서는 정보공개의 신청에 대하여 비공개를 할 경우 정보공개법 제9조 제1항 각호를 비공개사유를 내세우고 있어서, 해당 처분의 비공개사유로 삼은 같은 조 제1항 각호의 해석과 적용이 중요한 쟁점이 되고 있다.

동법 제9조 제1항 제5호는 "감사·감독·검사·시험·규제·입찰계약·기술개발·인사관리에 관한 사항이나 의사결정 과정 또는 내부검토 과정에 있는 사항 등으로서 공개될 경우 업무의 공정한 수행이나 연구·개발에 현저한 지장을 초래한다고 인정할 만한 상당한 이유가 있는 정보. 다만, 의사결정 과정 또는 내부검토 과정을 이유로 비공개할 경우에는 의사결정 과정 및 내부검토 과정이 종료되면 제10조에 따른 청구인에게 이를 통지하여야 한다."라고 규정하여 공공기관의 감사, 감독 등 특정 행정에 관한 정보와 의사결정과정 또는 내부검토과정에 있는 정보를 비공개사유를 규정하고 있다.

제5호의 입법취지는 일반 행정 업무 중에서 공개될 경우 업무의 공정한 수행 등에 현저한 지장을 초래할 것이 예상되는 경우를 비공개사유로 정하는 것이 목적이다.[3] 여기서 업무의 공정성에 현저한 지장을 초래한다는 의미는 추상적인 의미로 족하지 않고, 구체적이고 실질적인 것으로 판단하여야 하며, 그 판단은 공개될 경우에 초래되는 현저한 지장뿐만 아니라 공개될 경우의 이익도 함께 고려되어야 한다.[4]

대법원은 이미 공개될 경우 업무의 공정한 수행에 현저한 지장을 초래한다고 인정할 만한 상당한 이유가 있는 경우라 함은 "공개될 경우 업무 공정한 수행이 객관적으로 현저하게 지장을 받을 것이라는 고도의 개연성이 존재하는 경우를 의미한다"고 판시하여,[5] 공개로 인하여 현저한 지장을 받을 것이라는 고도의 개연성을 필요로 하는 것이므로 단순히 추상적인

---

3) "공공기관이 수행하고 있는 다양한 업무의 집행과정에서 작성 또는 취득한 정보가 공개되면 당해 업무에 많은 영향을 미치거나 또는 공정하고 효율적인 업무의 운영이 현저히 곤란하게 될 우려가 있는 정보를 보호하기 위한 것이다." 김중양, 정보공개법, 법문사, 2000, 226면.

4) 宇賀克也(서정범 역), 신 정보공개법의 축조해설, 세창출판사, 2012, 136면.

5) 대법원 2007. 7. 13. 선고 2005두8733 판결.

위험 정도에서 인정될 수는 없는 것이고 엄격한 해석을 요한다는 것이다. 이 대상판결은 그 와 같은 대법원판결을 확인하고 특히 시험의 공정한 업무수행의 판단기준을 제시한 것이다.

그런데 일본의 입법례는 우리나라와 다르다. 일본은 우리나라 법의 제5호의 사유와 같 은 일반사무를 5개 그룹으로 나누어 각 그룹별로 공개로 인한 업무 지장의 예를 구체적으로 규정하고 있다. 이를테면 시험의 경우에는 정확한 사실의 파악을 곤란하게 할 우려 또는 위 법 혹은 부당한 행위를 용이하게 하거나 그 발견을 곤란하게 할 우려가 있어야 하고, 인사관 리에 관한 사무에 관하여는 공정하고 원활한 인사의 확보에 지장을 미칠 우려가 있는 것 등 을 사유로 규정하고 있어 업무의 사안별로 매우 구체적으로 규정하고 있다.[6] 이와 같은 규 정방식은 비공개의 요건을 명확하게 규정하여 사람들이 쉽게 이해하도록 하는 장점이 있 다.[7] 다만 각 항목은 한정적 열거가 아니라 예시에 불과한 것이므로 각 항목이 규정한 사무 가 아닌 사무에도 해당이 되고 지장의 예도 전형적인 것을 표현하는 것에 그친다고 보고 있 어서[8] 결과적으로 보면 우리나라 입법과 큰 차이가 있다고 하기는 어렵다.

나. 학교교육에서의 시험에 관한 정보의 공개 여부의 판단 기준

(1) 시험에 관한 정보의 공개 기준

이 건 판결의 대상이 되는 처분은 학교의 국가수준 학업성취도 평가자료와 대학입학을 위한 수학능력시험 자료인바 정보공개법 소정의 비공개사유 제5호가 규정하고 있는 시험에 관한 사항이다. 시험에 관한 정보에 대하여는 그동안 사법시험 등 국가고시와 관련하여 판 례가 나타나고 있다.[9] 이들 사건에서 대법원은 시험에 관한 사항으로서 공개될 경우 업무의

---

6) 行政機関の保有する情報の公開に関する法律
   第五条(行政文書の開示義務) 行政機関の長は、開示請求があったときは、開示請求に係る行政文書に次の 各号に掲げる情報(以下 '不開示情報'という。) のいずれかが記録されている場合を除き、開示請求者に対 し、当該行政文書を開示しなければならない。
   　六　　国の機関、独立行政法人等、地方公共団体又は地方独立行政法人が行う事務又は事業に関する情 報であって、公にすることにより、次に掲げるおそれその他当該事務又は事業の性質上、当該事務又は事業 の適正な遂行に支障を及ぼすおそれがあるもの
   　　イ　　監査、検査、取締り、試験又は租税の賦課若しくは徴収に係る事務に関し、正確な事実の把握を困難 にするおそれ又は違法若しくは不当な行為を容易にし、若しくはその発見を困難にするおそれ
   　　ロ　　契約、交渉又は争訟に係る事務に関し、国、独立行政法人等、地方公共団体又は地方独立行政法人の 財産上の利益又は当事者としての地位を不当に害するおそれ
   　　ハ　　調査研究に係る事務に関し、その公正かつ能率的な遂行を不当に阻害するおそれ
   　　ニ　　人事管理に係る事務に関し、公正かつ円滑な人事の確保に支障を及ぼすおそれ
   　　ホ　　独立行政法人等、地方公共団体が経営する企業又は地方独立行政法人に係る事業に関し、その企業 経営上の正当な利益を害するおそれ
7) 宇賀克也(서정범 역), 신 정보공개법의 축조해설(주 4), 135면.
8) 宇賀克也(서정범 역), 위의 책, 136면.

공정한 수행에 현저한 지장을 초래한다고 인정할 만한 상당한 이유가 있는 정보는 공개하지 아니할 수 있도록 하고 있는 의미에 대하여, "시험정보로서 공개될 경우 업무의 공정한 수행에 현저한 지장을 초래하는지 여부는 법 및 시험정보를 공개하지 아니할 수 있도록 하고 있는 입법취지, 당해 시험 및 그에 대한 평가행위의 성격과 내용, 공개의 내용과 공개로 인한 업무의 증가, 공개로 인한 파급효과 등을 종합하여 개별적으로 판단되어야 할 것이다."라고 판시한 바 있다.10)

(2) 교육관련기관의 정보 공개 기준

이 건 대상판결은 위와 같은 국가고시 또는 국가자격시험과 달리 학교교육 현장에서의 시험에 관한 정보에 관한 사건이다. 이 분야는 시험 관련 정보의 공개가 단순히 시험 업무의 공정성을 해치는 것인지 여부에 더하여, 교육 관련 당사자의 권리 보호 문제와 학교교육제도의 정상성 보장이라는 다차원적인 이해관계가 대립되는 영역이다. 교육관련기관의 정보공개에 관하여는 정보공개법 이외에 특별법으로 「교육관련기관의 정보공개에 관한 특례법」(이하 '교육기관정보공개법'이라 한다)이 2007. 5. 25. 제정되어 시행되고 있기 때문에 동법이 우선적으로 적용되게 된다.11) 따라서 대상판결의 사안은 교육관기관정보공개법의 시행 이전에 작성된 교육정보에 대한 공개신청이기 때문에 정보공개법의 해석에 관한 문제라고 할 것이다.

대법원은 시험업무의 공정한 수행에 현저한 지장을 초래하는지에 대한 판단기준을 구체적으로 설정하고 있다. 즉 "…공개될 경우 업무의 공정한 수행에 현저한 지장을 초래하는지 여부는 공공기관의 정보공개에 관한 법률의 목적 및 시험정보를 공개하지 아니할 수 있도록 하고 있는 입법 취지, 당해 시험 및 그에 대한 평가행위의 성격과 내용, 공개의 내용과 공개로 인한 업무의 증가, 공개로 인한 파급효과 등을 종합하여, 비공개에 의하여 보호되는 업무수행의 공정성 등의 이익과 공개에 의하여 보호되는 국민의 알 권리…등의 이익을 비교·교량하여 구체적인 사안에 따라 신중하게 판단하여야 한다."고 판시하고 있다. 그러나 이 판시방식은 새롭다기 보다는 기존의 판례를 재확인한 것이라고 할 것이다.

오히려 눈에 띄는 것은 위와 같은 판단기준에 따라 학업성취도평가에 관한 정보와 수능

---

9) 사법시험 2차 시험의 논술형 답안지의 열람은 허용되고 시험문항에 대한 채점위원별 채점 결과의 열람은 허용하지 않은 사례(대법원 2003. 3. 14. 선고 2000두6114 판결), 문제은행 방식을 채택하고 있는 치과의사 국가시험의 문제지 및 정답지는 비공개대상정보에 해당된다는 사례(대법원 2007. 6. 15. 선고 2006두15936 판결).

10) 대법원 2003. 3. 14. 선고 2000두6114 판결; 대법원 2007. 6. 15. 선고 2006두15936 판결.

11) 동법은 제4조에서 "정보의 공개 등에 관하여 이 법에서 규정하지 아니한 사항에 대하여는 「공공기관의 정보공개에 관한 법률」을 적용한다."라고 규정하여 정보공개법에 대한 특별법관계임을 명시하고 있다. 따라서 이 법이 시행된 이후에 이와 같은 정보공개 청구가 있는 경우에는 특례법을 적용하게 된다.

시험정보에 대한 공개여부를 판단하고 있는 사실이다. 2002년도와 2003년도의 학업성취도평가에 관한 정보에 대하여는 이 건 학업성취도평가가 표본조사 방식으로 시행됨에 따라 이것이 공개될 경우 차후 학업성취도평가에 대한 원활한 진행이 어렵게 되는 등 업무의 공정한 수행이 객관적으로 현저하게 지장을 받을 것이라는 고도의 개연성이 존재한다는 이유로 원심의 공개결정을 파기하고 있다. 이와 비교하여, 수능시험정보는 그것이 공개될 경우 학교간 서열화 및 사교육에 대한 심화 등 부작용이 예상되지만 그 부작용은 이를 연구목적으로 활용할 경우에는 교육정책 수립, 학생 및 학부모의 학교선택, 효율적인 학교 모형의 환산 계기, 학교의 책무성 제고 등의 이익도 기대할 수 있다는 점에서 그 공개로 인하여 초래될 부작용이 더 클 것이라는 고도의 개연성이 존재한다고 볼 수 없다는 이유로 비공개의 이 사건 처분이 정당하다고 판시하였다.[12]

　　이처럼 대법원은 동일한 판단기준을 적용하여, 수능시험정보와 학업성취도평가정보의 공개여부를 달리 판단하고 있는 점은 주목된다. 이 정보들의 공개여부의 쟁점은 대학교수인 원고들이 주장하는 연구목적을 위하여 공개가 타당한지, 또는 이건 정보의 공개로 학교의 시험관련 업무의 공정성이 현저하게 지장을 받을 것이라는 피고의 주장이 타당한지 여부로서, 결국 연구목적이라는 정보공개의 이익과 공개시의 시험업무의 부작용의 비교형량의 문제로 귀결된다고 할 것이다. 대법원은 수능정보에 대하여 연구목적이라는 공개의 필요성을 인정하는 반면에, 학업성취도평가정보에 대하여도 연구목적의 중요성보다는 공개시의 학교 시험업무의 공정성의 침해문제를 보다 중요하게 판단하였다. 대법원은 이러한 판단의 차이점을 양 정보의 성격의 차이에서 발견하고 있다. 학업성취도평가정보는 초등학교 6학년, 중학교 3학년, 고등학교 3학년 학생의 1%를 각 학교별로는 1개 학급을 표본으로 하여 조사한 결과로서 전체학생을 대표하기 어려워 과연 연구목적을 달성하기에 적합한 정보인지 의문을 가진 것으로 보이고 반면 공개할 경우의 평소의 학업성취도를 측정하는 표본조사가 왜곡될 우려가 크다는 점을 인식하고 있다. 이에 비교하여 수능시험정보는 표본조사가 아니라 전체 응시생에 관한 정보로서 정보의 왜곡이 발생되지 아니하고, 공개시의 학교간 학력격차 및 사교육에 대한 과도한 의존 심화현상은 이미 발생되고 있는 사정으로 공개로 인한 부작용이라고 하기 어렵고 오히려 공개로 인하여 교육정책이나 학교선택의 정보제공 등의 순기능이 크다고 보고 있는 것이다. 대법원은 이미 대학수학능력시험 정보에 대하여는 원점수정보 등에 대한 공개청구를 행정청이 거부한 사안에서 제6호에 따라 수험생의 인적사항을 제외하고

---

12) 이 사건에서 원래 피고는 원고가 정보공개청구한 수능시험정보에 대한 원데이터를 보유하고 있지 않다는 이유로 비공개결정을 하여 해당 정보의 보유 여부도 쟁점이 되었다. 이에 대하여 대법원은 공공기관의 정보 보유 여부에 대한 입증책임은 원칙적으로 공개청구자에게 있지만, 그 정보를 공공기관이 보유·관리하였으나 후에 폐기되어 존재하지 않게 된 것이라면 그 점에 대한 입증책임은 공공기관에게 있다고 보는 것이 상당하다는 이유에서 피고가 수능시험 원데이타를 보유하고 있다고 봄이 상당하다고 판시하였다.

공개하는 것이 타당하다는 입장[13])을 취하고 있는 연장선상이라고 할 것이다.

4. 판결의 의의

　이 대상판결은 학교의 시험에 관한 사항을 공개할지 여부를 판단하는 데 중요한 판단기준을 제시한 것으로 생각된다. 첫째, 일반적인 시험에 관한 정보의 공개 여부의 판단기준에 관한 것이다. 대법원은 업무의 공정성에 현저한 지장을 초래할 상당한 이유라는 것은 업무의 공정한 수행이 객관적으로 지장을 받을 것이라는 고도의 개연성이 존재하는 경우의 의미를 수차례 천명하였는데, 이 판결에서도 이를 재확인하였다. 둘째, 시험에 관한 사항 중 학교교육과 관련된 자료의 공개여부에 대한 판단기준을 제시하고 있다는 점이다. 학교와 관련된 시험관련 자료는 국민의 일반적인 알권리의 보장 차원뿐만 아니라 교육에 관한 학생, 학부모, 국민의 권리를 보장하기 위한 필수불가결한 조건이라는 점에서 비공개에 의하여 담보되는 업무 수행의 공정성의 이익과 충실한 비교 형량이 필요하다는 점을 판시하고 있다. 이 건에서 문제가 된 학업성취도 평가정보와 수능시험정보를 그와 같은 견지에서 구체적으로 판단하였다. 학업성취도평가정보에 대하여는 해당 정보가 표본으로 선정된 학생들의 표본결과에 불과하여 그 정보에 공개로 인하여 향후 학업성취도 평가업무를 저해할 수 있을 개연성이 있다는 점에서 공개를 거부한 처분을 인정하였고, 수능시험정보에 대하여는 앞서 선고한 2009두6001 판결과 같이 비공개대상정보가 아니라는 점을 확인한 것이다. 특히 수능시험정보가 공개로 인하여 발생되는 학교간 학력격차 및 사교육의 심화 현상은 공개로 인하여 발생되는 부작용이 아니라 현실적으로 존재하는 것인만큼 오히려 공개를 통하여 교육현실을 개선하는 것이 보다 바람직하다는 판단을 한 점이 의미가 있다고 할 것이다.

---

13) 대법원 2010. 2. 11. 선고 2009두6001 판결.

74 비공개대상정보로서 개인에 관한 사항의 의미와 범위

대법원 2012. 6. 18 선고 2011두2361 판결[1)]

김일환(성균관대학교 법학전문대학원 교수)

1. 사안의 개요

원고는 2010. 1. 22. 피고(서울서부지방검찰청검사장)에게 원고가 고소하여 증거불충분으로 혐의없음처분이 확정된 피의자 1과 2에 대한 피의사건기록의 각 피의자신문조서(대질신문부분 포함), 참고인 진술조서, 기록목록, 사건송치서 중 개인의 인적사항을 제외한 부분(이하 '공개청구정보'라 한다)에 관하여 정보공개청구를 하였다. 이에 대하여 피고는 2010. 1. 28. 원고에 대하여, 공개청구정보 중 기록목록, 사건송치서 부분을 공개하되, 나머지 부분에 관하여는 검찰보존사무규칙 제20조의2 제3호, 제22조 제1항 제2호에 따라 고소인은 본인의 진술이 기재된 서류와 본인이 제출한 서류에 대하여만 열람·등사를 청구할 수 있고, 비공개정보중 개인의 인적 사항을 뺀 기록의 공개는 사건관계인의 명예나 사생활의 비밀 또는 생명·신체의 안전이나 생활의 평온을 현저히 해칠 우려가 있는 경우에 해당한다는 이유로 정보공개거부처분을 하였다.

2. 판결의 요지

가. 원심심결

서울행정법원과 서울고등법원은 비공개정보는 공공기관이 보유·관리하는 정보로서 특별한 사정이 없는 한 정보공개법 제9조 제1항의 규정에 의하여 공개대상이 된다고 하면서,

---

1) [관련 평석 및 문헌] 김용섭, 검사의 불기소사건기록에 대한 정보공개를 둘러싼 법적 쟁점―대법원 2012. 6. 18. 선고 2011두2361 전원합의체 판결―, 행정법연구 제35호, 2013; 이완희, 공개될 경우 개인의 사생활의 비밀 또는 자유를 침해할 우려가 있는 정보의 의미와 범위, 양승태 대법원장 재임 3년 주요 판례 평석, 사법발전재단, 2015.

비공개정보 중 제1 기록의 피의자신문조서에는 피의자의 이름, 주민등록번호, 직업, 주거, 본적, 전과 및 검찰 처분, 상훈·연금, 병역, 교육, 경력, 가족, 재산 및 월 수입, 종교, 정당·사회단체가입, 건강상태 등과 대질한 참고인의 이름, 주민등록번호, 주거, 연락처 등, 참고인진술조서에는 참고인의 이름, 주민등록번호, 직업, 전화, 주소 등의 각 개인에 관한 정보가 포함되어 있고, 제2 기록의 피의자신문조서에는 피의자의 이름, 주민등록번호, 직업, 주거, 연락처, 가족관계, 건강상태 등, 참고인진술조서에는 참고인의 이름, 주민등록번호, 직업, 주소(주거 또는 직장주소), 연락처 등의 각 개인에 관한 정보가 포함되어 있는 사실을 인정할 수 있는바, 그중 관련자들의 이름은 수사기록의 공개를 구하는 필요성이나 유용성, 개인의 권리구제라는 관점에서 특별한 사정이 없는 한 원칙적으로 공개되어야 할 것이나, 나머지는 특별한 사정이 없는 한 원고의 권리구제를 위하여 필요하다고 볼 수 없거나 공개될 경우 악용될 가능성이나 사생활이 침해될 가능성이 높아 비공개됨이 상당하다. 따라서 비공개정보 중 개인에 관한 정보(관련자들의 이름 제외)를 뺀 나머지 부분은 정보공개법 제9조 제1항에 의하여 공개대상이 되고, 위 법 조항에 따라 앞서 본 정보를 공개하는 것이 헌법상 사생활의 비밀과 자유를 침해한다고 볼 수 없다.

나. 대법원판결

[다수의견] 공공기관의 정보공개에 관한 법률(이하 '정보공개법'이라 한다)의 개정 연혁, 내용 및 취지 등에 헌법상 보장되는 사생활의 비밀 및 자유의 내용을 보태어 보면, 정보공개법 제9조 제1항 제6호 본문의 규정에 따라 비공개대상이 되는 정보에는 구 공공기관의 정보공개에 관한 법률(2004. 1. 29. 법률 제7127호로 전부 개정되기 전의 것, 이하 같다)의 이름·주민등록번호 등 정보 형식이나 유형을 기준으로 비공개대상정보에 해당하는지를 판단하는 '개인식별정보'뿐만 아니라 그 외에 정보의 내용을 구체적으로 살펴 '개인에 관한 사항의 공개로 개인의 내밀한 내용의 비밀 등이 알려지게 되고, 그 결과 인격적·정신적 내면생활에 지장을 초래하거나 자유로운 사생활을 영위할 수 없게 될 위험성이 있는 정보'도 포함된다고 새겨야 한다. 따라서 불기소처분 기록 중 피의자신문조서 등에 기재된 피의자 등의 인적사항 이외의 진술내용 역시 개인의 사생활의 비밀 또는 자유를 침해할 우려가 인정되는 경우 정보공개법 제9조 제1항 제6호 본문 소정의 비공개대상에 해당한다.

[별개의견] 정보공개법 제9조 제1항 제6호 본문 소정의 '당해 정보에 포함되어 있는 이름·주민등록번호 등 개인에 관한 사항으로서 공개될 경우 개인의 사생활의 비밀 또는 자유를 침해할 우려가 있다고 인정되는 정보'의 의미와 범위는, 구 공공기관의 정보공개에 관한 법률 제7조 제1항 제6호 본문 소정의 '당해 정보에 포함되어 있는 이름·주민등록번호 등에

의하여 특정인을 식별할 수 있는 개인에 관한 정보'와 다르지 않다고 새기는 것이 정보공개
법의 문언뿐 아니라 개정 경위 및 취지, 종래 대법원 판례가 취한 견해, 관련 법령과의 조화
로운 해석에 두루 부합하면서 국민의 알권리를 두텁게 보호하는 합리적인 해석이다.

　　[다수의견에 대한 보충의견] 정보공개법 제9조 제1항 제6호 본문의 문언 및 취지 등에
비추어 보면, 정보공개법 제9조 제1항 제6호 본문의 비공개대상정보에는 종래 '개인식별정
보'뿐만 아니라 그 외에도 해당 정보만으로는 특정 개인의 동일성을 식별할 수는 없다고 하
더라도 그 정보가 공개될 경우 개인의 사생활의 비밀 또는 자유를 침해할 우려가 있는 정보
까지 포함하는 것으로 해석하는 것이 합리적이다.

　　따라서 피의자신문조서나 진술조서의 내용 중 피의자나 참고인 등(이하 '피의자 등'이라
한다)의 이름·주민등록번호·주거·연락처·직업·나이 등의 인적사항 이외의 진술내용 역시
개인에 관한 사항에 속한다면, 이러한 정보가 개인의 사생활의 비밀 또는 자유를 침해할 우
려가 인정되는 경우에는 정보공개법 제9조 제1항 제6호 본문 소정의 비공개대상정보에 해당
한다고 보아야 한다.

3. 해설

가. 헌법상 개인정보의 보호와 공개간 관계

　　개인정보자기결정권은 원칙적으로 자기의 개인정보를 공개하고 이용하는 것에 관하여
스스로 결정할 개개인의 권리를 뜻한다.[2] 그러나 이러한 개인정보자기결정권은 자기의 정보
에 관한 절대적인 지배권을 개인에게 부여하지는 않는다. 표현의 자유와 학문의 자유 등을
행사하기 위해서는 불가피하게 다른 사람의 개인정보를 처리하여야 한다. 곧 일정한 개인정
보의 처리는 이러한 자유들을 행사하기 위한 전제조건이다. 이와 관련하여 국민의 적극적인
참여가 없다면 민주적 의사형성을 통하여 국가를 조정, 안내, 통제하려는 어떤 노력도 의미
없을 것이다. 결국 국민이 그들에게 부여된 정치적 자유 등을 적극적으로 행사하기 위해서
는 정당, 여론매체, 시민단체 등을 통하여 언론, 출판의 자유가 보장됨과 동시에 국가가 행
하고 있거나, 행하고자 하는 일들에 대하여 잘 알고 있어야만 한다. 그 목표는 행정의 공개
와 투명성을 높임으로써 국민들이 현실문제에 관한 독자적 판단을 가능하게 하며 정치생활
에 능동적이고 책임감 있게 참여하는 것이다. 결국 이렇게 국가의 투명성을 보장함으로써

---

2) "개인정보자기결정권은 자신에 관한 정보가 언제 누구에게 어느 범위까지 알려지고 또 이용되도록 할 것
　인지를 그 정보주체가 스스로 결정할 수 있는 권리이다. 즉 정보주체가 개인정보의 공개와 이용에 관하여
　스스로 결정할 권리를 말한다."(헌법재판소 2005. 5. 26. 99헌마513, 2004헌마190(병합)).

진정한 의미의 국민주권을 실현하고 민주주의가 꽃피울 수 있도록 하고자 하는 것이 알 권리와 정보공개의 기본취지이다. 이에 따라서 얼핏 보기에 개인정보자기결정권과 정보공개청구권을 동시에 보장하는 것이 모순된 것처럼 보일지도 모른다. 그러나 개인정보보호와 정보공개는 결코 서로 분리되거나 상호 대립되는 것이 아니라 국민의 의사소통능력과 민주사회의 기능을 촉진하기 위하여 모두 필요한 것이다. 개인정보자기결정권과 개인정보의 공개와 이용에 관한 권리들 간에 갈등이 있음은 물론 부인될 수는 없다. 그럼에도 불구하고 가능한 한 양자 모두 그 작용을 발현하고 한 권리가 다른 권리를 통하여 절대적으로 차단되지 않을 것이 요구된다. 다시 말하자면 개인정보자기결정권과 몇몇 기본권들 속에 담겨 있는 개인정보의 공개와 이용 모두 민주적 사회질서 속에서 개인의 다양한 의사소통과 경제생활 등을 위하여 포기할 수 없는 전제조건인 것이다. 따라서 이 양자 간에 존재하는 이러한 긴장관계를 조정하는 것은 우선적으로 입법자의 과제이다. 그리고 입법자가 이러한 과제를 충실히 수행한 경우에 개개 경우에 구체적으로 개인정보보호가 우선되는지 아니면 개인정보의 공개나 이용이 중요시되는지를 판단해야만 하는 것이다. 따라서 양자 간 충돌이 발생했을 경우에 둘 중 하나를 위하여 성급하게 결정하는 것이 필요한 것이 아니라 양자 모두를 존중하고 구체적으로 고려하고 조정해야만 한다.3) 이는 결국 이러한 긴장관계는 개인정보보호나 개인정보의 공개와 이용 어느 것을 더 우선시할 것인 지라는 이념적 논쟁을 통하여 해결되는 것이 아니라 관련영역의 명확한 구분 및 구체적인 해결시도를 통하여 해결하려고 노력해야만 한다는 것을 뜻한다.4)

---

3) 이에 관하여는 김일환, 개인정보의 보호와 이용법제의 분석을 위한 헌법상 고찰, 憲法學硏究 제17권 제2호, 2011, 353면 이하 참조.

4) "이 사건 법률조항은 공공기관이 보유·관리하는 개인정보를 공개하면 개인의 사생활의 비밀 또는 자유를 침해할 우려가 있다고 인정되는 경우에 이를 비공개대상으로 할 수 있도록 함으로써, 국민의 알권리(정보공개청구권)와 개인정보 주체의 사생활의 비밀과 자유가 서로 충돌하게 되는바, 위와 같은 기본권들이 충돌하는 경우에 기본권의 서열이나 법익의 형량을 통하여 어느 한쪽의 기본권을 우선시키고 다른 쪽의 기본권을 후퇴시킬 수는 없다. 정보공개청구권은 알권리의 당연한 내용이며, 알권리는 헌법 제21조의 표현의 자유에 당연히 포함되는 기본권으로서(헌법재판소 1989. 9. 4. 88헌마22 결정, 판례집 1, 176, 188) 개인의 자유권적 기본권에 해당하고, 헌법 제17조의 사생활의 비밀과 자유 또한 개인의 자유권적 기본권에 해당하므로 국민의 알권리(정보공개청구권)와 개인정보 주체의 사생활의 비밀과 자유 중 어느 하나를 상위 기본권이라고 하거나 어느 쪽이 우월하다고 할 수는 없을 것이기 때문이다. 따라서 이러한 경우에는 헌법의 통일성을 유지하기 위하여 상충하는 기본권 모두가 최대한으로 그 기능과 효력을 발휘할 수 있도록 조화로운 방법을 모색하되(규범조화적 해석), 법익형량의 원리, 입법에 의한 선택적 재량 등을 종합적으로 참작하여 심사하여야 한다(헌법재판소 1991. 9. 16. 선고 89헌마165 결정; 헌법재판소 2007. 10. 25. 선고 2005헌바96 결정)."

나. 비공개대상이 되는 정보에 대한 검토

공공기관의 정보공개에 관한 법률 제9조 제1항 제6호 본문에서 정한 '당해 정보에 포함되어 있는 이름·주민등록번호 등 개인에 관한 사항으로서 공개될 경우 개인의 사생활의 비밀 또는 자유를 침해할 우려가 있다고 인정되는 정보'의 의미와 범위에 대하여 다수의견은 '개인식별정보'뿐만 아니라 그 외에 정보의 내용을 구체적으로 살펴 '개인에 관한 사항의 공개로 개인의 내밀한 내용의 비밀 등이 알려지게 되고, 그 결과 인격적·정신적 내면생활에 지장을 초래하거나 자유로운 사생활을 영위할 수 없게 될 위험성이 있는 정보'도 포함된다고 넓게 해석하는 반면, 별개의견은 구 공공기관의 정보공개에 관한 법률 제7조 제1항 제6호 본문 소정의 '당해 정보에 포함되어 있는 이름·주민등록번호 등에 의하여 특정인을 식별할 수 있는 개인에 관한 정보'와 다르지 않다고 해석한다.

비공개 결정한 정보 중 개인에 관한 정보가 포함된 부분이 비공개대상정보에 해당한다고 본 원심판단을 수긍한 점에서는 다수의견과 별개의견 모두 동일하나, 그 인식과 논리를 달리하고 있는 것이다. 먼저 정보공개법상 비공개대상정보의 범위와 관련된 입법취지는 종전 비공개대상정보인 '특정인을 식별할 수 있는 개인에 관한 정보'를 '개인의 사생활의 비밀 또는 자유를 침해할 우려가 있는 정보'로 축소하는 등 비공개대상정보의 요건을 강화한다고 밝히고 있는바, 이는 개인의 사생활이나 개인정보자기결정권보다는 국민의 알 권리에 근거한 정보공개의 확대를 고려한 것으로 보인다. 이에 대하여 다수의견은 법규정의 문언해석상 비공개대상이 되는 개인정보의 범위를 넓게 보아 국민의 알 권리보다는 개인의 사생활 등을 두텁게 보호하는 반면, 별개의견은 개정된 조문의 비공개 대상 정보의 의미와 범위가 동일하다고 본 것이다.

결국 이 판결에서 다수의견과 별개의견간 쟁점의 핵심은 비공개대상인 개인정보의 범위가 확대되었다고 해석해야 하는지에 관한 것이다. 먼저 별개의견에 대하여 살펴보면 개정입법취지보다는 문언해석에 치중한 다수의견을 비판하면서도 정작 비공개대상이 되는 개인정보의 범위를 입법취지에 맞게 '개인의 사생활의 비밀 또는 자유를 침해할 우려가 있는 정보'로 축소하여 제한적으로 해석하지 않고, 구법상의 개인정보와 동일한 것으로 해석하여 별개의견 스스로 논리성을 담보하지 못하고 있다. 다음으로 다수의견을 보면 개정입법취지에 따라서 비공개대상이 되는 개인정보의 범위를 좁게 해석하되, 단서조항에 의한 이익형량을 해야 함에도 불구하고 본문의 문언해석에 치중하여 오히려 입법취지에 반하는 문언해석을 하였다고 판단된다.

이와 관련하여 헌법재판소는 주민등록법 제17조의8 등 위헌확인 등 사건에서 "개인정보자기결정권의 보호대상이 되는 개인정보는 개인의 신체, 신념, 사회적 지위, 신분 등과 같이 개인의 인격주체성을 특징짓는 사항으로서 그 개인의 동일성을 식별할 수 있게 하는 일체의 정보라고 할 수 있고, 반드시 개인의 내밀한 영역이나 사사(私事)의 영역에 속하는 정보에 국한되지 않고 공적 생활에서 형성되었거나 이미 공개된 개인정보까지 포함한다."5)고 하여 보호되는 개인정보의 범위를 넓게 인정한 다음에, 개인정보수집 등 위헌확인사건에서 "개인정보의 종류 및 성격, 수집목적, 이용형태, 정보처리방식 등에 따라 개인정보자기결정권의 제한이 인격권 또는 사생활의 자유에 미치는 영향이나 침해의 정도는 달라진다.6)고 하여 민감한 개인정보의 보호를 두텁게 인정하고 있음을 알 수 있다.

그렇다면 2011두2361 판결에서 다수의견과 별개의견 모두 문제가 되는 비공개대상 정보의 의미와 내용에 대하여 정보공개법의 개정입법취지를 반영한 충실한 해석을 하였다고 보기 어렵다.

4. 판결의 의의와 한계

비공개결정한 정보 중 개인에 관한 정보가 포함된 부분이 비공개대상정보에 해당한다고 본 이 판결은 정보사회에서 개인의 사생활이나 개인정보자기결정권을 보호한다는 점에서 평가할만한 부분은 있다. 위에서 설명한 것처럼 개인정보의 보호와 공개간에 존재하는 긴장관계를 조정하는 것은 우선적으로 입법자의 과제이다. 그런데 국민의 알 권리를 두텁게 보호하고자 하는 정보공개법의 개정입법취지에 따라 비공개대상이 되는 개인정보의 범위를 좁힌 입법자의 노력을 이 판결에서 다수의견과 별개의견 모두 충분히 반영하지 못하고 있다고 생각된다.

---

5) 헌법재판소 2005. 5. 26. 선고 99헌마513, 2004헌마190(병합) 결정.
6) 헌법재판소 2005. 7. 21. 선고 2003헌마282·425(병합) 결정.

75 정보통신서비스 제공자의 개인정보 보호의무

대법원 2015. 2. 12. 선고 2013다43994, 44003 판결[1]

이완희(서울고등법원 고법판사)

1. 사안의 개요

원고들은 피고 옥션이 제공하는 상품 중개서비스를 이용하기 위하여 서비스 이용계약을 체결하고 피고 옥션의 인터넷 오픈마켓 사이트(이하 '이 사건 사이트'라 한다)에 온라인 회원으로 가입하였다. 원고들은 피고 옥션의 이용약관 제8조에 따라 피고 옥션에 이름, 주민등록번호, 휴대전화번호, 이메일 주소 등을 제공하였다.

2008. 1. 초경 피고 옥션의 서버에 해킹사고가 발생하였다. 경찰수사결과에 따르면, 위 해킹사고는 중국인 해커로 추정되는 홍성 등이 2008. 1. 3. 피고 옥션의 웹 서버 중 하나인 이노믹스 서버에 설치된 웹 어플리케이션 서버인 톰캣 서버에 초기설정상태인 아이디와 비밀번호로 접속하여 위 톰캣 서버의 관리자 페이지에 'job.war'라는 백도어 프로그램을 올렸고, 각종 해킹기법을 통해 이노믹스 서버에 침입하고 데이터베이스 서버의 관리자 아이디와 암호화된 비밀번호를 알아낸 후 2008. 1. 4.부터 2008. 1. 8.까지 네 차례에 걸쳐 데이터베이스 서버에 저장되어 있던 회원의 이름, 주민등록번호 등 피고 옥션의 회원정보를 누출한 것으로 추정되었다.

즉 '① 침입대상 서버 IP 주소 획득 → ② 아이디·비밀번호 초기설정상태인 톰캣 서버(이노믹스 서버에 설치) 관련정보 획득 → ③ 톰캣 서버 침입 → ④ 방화벽 우회 + 네트워크

---

1) [참조 및 관련 판례] 대법원 2015. 2. 12. 선고 2013다16053 판결; 대법원 2015. 2. 12. 선고 2013다48715 판결; 대법원 2015. 2. 12. 선고 2013다64847 판결 등. 한편, 이 사건과 유사한 쟁점인 SK커뮤티케이션즈의 해킹사고로 인한 손해배상청구 사건으로 대법원 2014다203410, 대법원 2014다206785, 대법원 2014다206792, 대법원 2014다20905, 대법원 2014다214168, 대법원 2015다24904 등이 계속 중이다.
[관련 평석 및 문헌] 권영준, "해킹(hacking) 사고에 대한 개인정보처리자의 과실판단기준", 저스티스 132호(2012. 10.), 한국법학원; 최호진, "해킹에 의한 개인정보유출과 정보통신서비스 제공자에 대한 손해배상책임에 관한 고찰", 법조 689호(2014. 2.), 법조협회; 이미나, "해킹에 관한 법률적 대응", Law & technology 제6권 제4호(2010. 7.), 서울대학교 기술과법센터 등.

경로 획득 → ⑤ 데이터베이스 서버 아이디 및 비밀번호 획득(ARP Spoofing[2] 공격) → ⑥ 웹서버(이노믹스 서버) 기능인 DTS 툴을 통한 데이터 반출'이라는 일련의 과정을 거쳐 해킹이 이루어졌다.

원고들은 피고의 채무불이행 또는 불법행위에 따른 손해배상청구를 하였으나, 서울고등법원은 원고들의 청구를 기각하였고 대법원도 원고들의 상고를 기각하였다.

2. 판결의 요지

가. 원심판결(서울고등법원 2013. 5. 2. 선고 2010나31510, 31527 판결)[3]

피고 옥션이 취한 기술적·관리적 보호조치의 내용에 개인정보보호를 위한 주의의무를 위반한 것이 없고, 피고 옥션이 이 사건 해킹사고를 근본적으로 방지하기가 쉽지 않았으므로, 민법상의 채무불이행책임 또는 불법행위책임(민법 제750조, 제756조)을 부담하지 않는다. 또한 정보통신망법 제32조에 따른 손해배상청구의 경우 정보통신망법 제28조에서 요구하는 기술적·관리적 조치를 다하였고, 제29조의 파기의무를 위반한 사실도 없고, 전자금융거래법 제9조 등에 따른 손해배상청구의 경우 이 사건 해킹사고는 전자금융거래법 등에서 정한 사고에 해당하지 않으므로, 결국 원고들의 청구는 모두 이유 없다.

나. 대법원판결

(1) 정보통신서비스 제공자는 구 정보통신망 이용촉진 및 정보보호 등에 관한 법률 시행규칙[4] 제3조의3 제1항 각 호에서 정하고 있는 개인정보의 안전성 확보에 필요한 기술적·관리적 조치를 취하여야 할 법률상 의무를 부담한다. 나아가 정보통신서비스 제공자가 정보통신서비스를 이용하려는 이용자와 정보통신서비스 이용계약을 체결하면서, 이용자로 하여금 이용약관 등을 통해 개인정보 등 회원정보를 필수적으로 제공하도록 요청하여 이를 수집하였다면, 정보통신서비스 제공자는 위와 같이 수집한 이용자의 개인정보 등이 분실·도난·누출·변조 또는 훼손되지 않도록 개인정보 등의 안전성 확보에 필요한 보호조치를 취하여

---

2) ARP는 'Address Resolution Protocol'의 약자로 인터넷 통신을 위해 사용하는 IP 주소를 맥 어드레스로 바꿔 주는 프로토콜을 의미한다. ARP 정보를 조작하여 공격 대상 컴퓨터에서 다른 컴퓨터로 향하는 트래픽의 방향을 변경시키는 목적의 공격을 'ARP Spoofing'이라 하고, 이를 통하여 공격 대상 컴퓨터의 정보를 해커가 취득할 수 있게 된다.

3) 원고들은 정보통신서비스 제공자에 해당하는 옥션 이외에 옥션으로부터 보안 관제업무를 위탁받았던 인포섹을 상대로 청구하였으나, 논의의 편의상 피고 옥션에 대한 부분만을 다루기로 한다.

4) 2008. 9. 23. 행정안전부령 제34호로 전부 개정되기 전의 것.

야 할 정보통신서비스 이용계약상의 의무를 부담한다.

　　(2) 정보통신서비스가 '개방성'을 특징으로 하는 인터넷을 통하여 이루어지고 정보통신
서비스제공자가 구축한 네트워크나 시스템 및 운영체제 등은 불가피하게 내재적인 취약점을
내포하고 있어서 이른바 '해커' 등의 불법적인 침입행위에 노출될 수밖에 없고, 완벽한 보안
을 갖춘다는 것도 기술의 발전 속도나 사회 전체적인 거래비용 등을 고려할 때 기대하기 쉽
지 아니한 점, 해커 등은 여러 공격기법을 통해 정보통신서비스제공자가 취하고 있는 보안
조치를 우회하거나 무력화하는 방법으로 정보통신서비스제공자의 정보통신망 및 이와 관련
된 정보시스템에 침입하고, 해커의 침입행위를 방지하기 위한 보안기술은 해커의 새로운 공
격방법에 대하여 사후적으로 대응하여 이를 보완하는 방식으로 이루어지는 것이 일반적인
점 등의 특수한 사정이 있으므로, 정보통신서비스제공자가 구 정보통신망 이용촉진 및 정보
보호 등에 관한 법률[5] 제28조 제1항이나 정보통신서비스 이용계약에 따른 개인정보의 안전
성 확보에 필요한 보호조치를 취하여야 할 법률상 또는 계약상 의무를 위반하였는지 여부를
판단함에 있어서는 해킹 등 침해사고 당시 보편적으로 알려져 있는 정보보안의 기술 수준,
정보통신서비스 제공자의 업종·영업규모와 정보통신서비스 제공자가 취하고 있던 전체적인
보안조치의 내용, 정보보안에 필요한 경제적 비용 및 효용의 정도, 해킹기술의 수준과 정보
보안기술의 발전 정도에 따른 피해발생의 회피 가능성, 정보통신서비스 제공자가 수집한 개
인정보의 내용과 개인정보의 누출로 인하여 이용자가 입게 되는 피해의 정도 등의 사정을
종합적으로 고려하여 정보통신서비스 제공자가 해킹 등 침해사고 당시 사회통념상 합리적으
로 기대 가능한 정도의 보호조치를 다하였는지 여부를 기준으로 판단하여야 한다.

　　특히 구 정보통신망 이용촉진 및 정보보호 등에 관한 법률 시행규칙(2008. 9. 23. 행정안
전부령 제34호로 전부 개정되기 전의 것, 이하 '구 시행규칙'이라 한다) 제3조의3 제2항은 "정보통신
부장관은 제1항 각 호의 규정에 의한 보호조치의 구체적인 기준을 정하여 고시하여야 한다."
라고 규정하고 있고, 이에 따라 정보통신부장관이 마련한 '개인정보의 기술적·관리적 보호
조치 기준'(정보통신부 고시 제2005-18호 및 제2007-3호, 이하 '고시'라 한다)은 해킹 등 침해사고
당시의 기술수준 등을 고려하여 정보통신서비스 제공자가 구 정보통신망법 제28조 제1항에
따라 준수해야 할 기술적·관리적 보호조치를 구체적으로 규정하고 있으므로, 정보통신서비
스 제공자가 고시에서 정하고 있는 기술적·관리적 보호조치를 다하였다면, 특별한 사정이
없는 한, 정보통신서비스제공자가 개인정보의 안전성 확보에 필요한 보호조치를 취하여야
할 법률상 또는 계약상 의무를 위반하였다고 보기는 어렵다.

---

5) 2008. 2. 29. 법률 제8852호로 개정되기 전의 것, 이하 '구 정보통신망법'이라 한다.

3. 해설

가. 논의의 전제

인터넷은 개방적이고 복잡한 네트워크로 구성되어 있고 수많은 이용자들이 있어 정보통신서비스 제공자가 이를 통제하는 데 한계가 있다. 해커는 다양한 접속경로를 이용하여 이러한 인터넷이 가지는 취약점을 파악하고 공격하게 된다. 해킹기술은 신속하게 개발되어 전파되는 반면 이에 대응하는 솔루션의 개발은 대개 해킹사고 이후에 이루어질 수밖에 없기 때문에 해킹을 사전에 예측하고 완벽하게 방어하는 것은 사실상 불가능하다. 따라서 해킹사고가 발생한 경우 정보통신서비스 제공자의 책임을 논의함에 있어 위와 같은 인터넷과 해킹의 특징을 고려하여야 할 필요가 있다.

즉 정보통신서비스 이용자의 권리를 강조하는 입장에서는 해킹이 정보통신서비스 제공자가 취한 보호조치를 우회하거나 무력화하는 방법으로 이루어진다고 하더라도 이는 보호조치의 가장 취약한 부분을 공격하는 것이고 정보통신망법이 요구하는 기술적·관리적 보호조치에 미치지 못하였다고 보아 적극적으로 그 책임을 인정하고자 한다. 이러한 견해에 따르면 일단 해킹사고가 발생한 이상 정보통신서비스 제공자의 보호조치 위반을 인정하여 결과책임을 부담하게 된다. 반면 정보통신서비스 제공자의 환경이나 해킹의 특수성을 강조하는 입장에서는 정보통신서비스 제공자의 보호조치가 미흡한 부분이 있더라도 해커가 정보통신서비스 제공자가 막기 어려운 방법으로 그 보호조치를 무력화하여 정보통신망에 침입하였다면 정보통신서비스 제공자의 잘못과 개인정보유출사고와의 인과관계를 인정하기 어렵다고 본다.

나. 정보통신서비스 제공자의 책임의 근거

(1) 정보통신망법상 보호조치 위반

구 정보통신망법 제28조는 정보통신서비스 제공자의 기술적·관리적 보호조치 의무를 규정하고 있고, 구 시행규칙 제3조의3 제1항에서는 위 규정에 따른 기술적·관리적 보호조치를 상세하게 규정하면서 제2항에서 보호조치의 구체적인 기준을 고시하도록 규정하였다. 이에 따라 고시에서는 개인정보관리계획의 수립·시행, 접근통제, 접속기록의 위·변조 방지, 개인정보의 암호화, 출력·복사 시 보호조치 등 구체적인 기준을 규정하였다.

이처럼 정보통신망법과 시행규칙, 고시 등에서 정보통신서비스 제공자가 취하여야 할

기술적·관리적 보호조치를 상세하게 규정하고 있으므로, 정보통신서비스 제공자가 이러한 보호조치를 취한 이상 그 주의의무를 다한 것으로 평가할 수 있는지 여부가 문제된다.

(2) 서비스이용계약상 채무불이행 또는 불법행위

정보통신서비스 제공자는 이용자들과의 서비스 이용계약에 따른 개인정보를 제공받은 계약당사자이고 그 개인정보를 취급하는 자로서 이용자들의 개인정보가 분실·도난·누출·변조되지 않도록 보호·관리해야 할 주의의무가 있고, 그 주의의무를 위반할 경우 민법상 채무불이행책임 또는 불법행위책임을 부담한다.

이 사건의 경우 피고 옥션의 이용약관 제11조[6]에서는 피고 옥션의 고의 또는 과실로 인한 개인정보의 도난, 유출에 따른 손해배상책임을 명시하고 있다. 뿐만 아니라 피고 옥션은 원고들로부터 서비스 이용계약에 따른 개인정보를 제공받은 계약당사자로서, 원고들의 개인정보가 분실·도난·누출·변조되지 않도록 개인정보를 안전하게 보호해야 할 주의의무를 부담한다. 이러한 주의의무 위반에 따른 손해배상책임이 인정될 수 있다. 다만, 대상판결은 정보통신서비스 제공자가 고시에서 정하고 있는 기술적·관리적 보호조치를 다한 경우에는 특별한 사정이 없는 한, 필요한 보호조치를 할 계약상 의무 위반으로 보기 어렵다고 함으로써 위와 같은 책임을 인정하기는 쉽지 않다.

(3) 조리상 보호조치 위반

정보통신서비스 제공자가 준수해야 할 보호조치 또는 주의의무를 관련 법령이나 서비스 이용계약이 아닌 조리상 도출된다고 볼 수 있는지가 문제된다. 정보통신망법이나 개인정보보호법 등에서는 정보통신서비스 제공자가 준수해야할 보호조치에 관하여 포괄적이고 체계적으로 상세하게 규율하고 있다. 따라서 법령상의 보호조치 외에 추가적인 보호조치 또는 주의의무를 인정할 필요성은 크지 않다. 또한 위 관련법령은 개인정보보호를 위한 정책적, 행정적 규제에 그치는 것이 아니라 정보통신서비스 제공자와 이용자 사이의 사법상 권리의무관계를 상세하게 규율할 의도로 만들어진 규범이므로, 추가적인 보호조치 또는 주의의무를 인정하는 것이 바람직하지도 않다. 이 사건의 경우에도 원고들이 관련 법령 등에 명문으로 규정된 각종 의무 외에도 여러 주의의무 위반을 이유로 일반 민법상 불법행위책임이 성립한다고 주장하였으나 법원은 이를 받아들이지 않았다.

그러나 다른 한편, 법령의 규정 속도가 기술의 속도를 따라잡을 수 없어 법령에 필요한

---

6) 제11조(회원 정보의 수집과 보호)

　사. 회사는 회원 정보의 보호를 위하여 관리자를 최소한으로 한정하며, 회사의 고의 또는 과실로 인하여 회원 정보가 분실, 도난, 유출, 변조된 경우에는 그로 인한 손해에 대하여 모든 책임을 부담합니다.

안전조치에 관한 구체적인 내용을 전부 규정하기는 어렵고, 정보통신서비스 제공자가 형식적으로 법령상의 의무만을 이행하면 그 책임을 면한다고 한다면 피해자에게 가혹한 결과를 초래할 수 있으므로, 조리상 추가적인 보호조치 또는 주의의무를 인정해야 한다는 견해도 있다. 다만, 이러한 경우에는 이를 인정할 만한 특별한 사정, 즉 '법령이나 계약에는 누락되어 있으나 정보통신서비스 제공자가 마땅히 지켜야 한다고 일반적으로 쉽게 예상하고 기대할 수 있는 보호조치 또는 주의의무를 위반하였다는 사정'에 관하여 이를 주장하는 자가 증명하여야 할 것이다.

다. 합리적 기대가능성

해킹사고를 방지하기 위하여 정보통신서비스 보안을 강화하는 것은 개인정보 유출가능성을 줄이지만, 다른 한편 정보통신서비스 관련 비용을 높여 정보통신서비스 제공자에 부담을 줄 수 있고, 이러한 부담은 궁극적으로 정보통신서비스 이용자에게 전가될 가능성이 높다. 따라서 정보통신서비스 제공자가 어떠한 보안조치를 취하지 않았다는 것이 문제되면 그러한 보안조치를 취하는 것이 합리적으로 기대가능한지를 살펴보아야 한다. 즉, 정보통신망법 등 관련 법령에 정해진 주의의무의 외연을 끝없이 확장하여 나가는 것만이 능사가 아니라 일종의 비용·편익 분석(cost-benefit analysis)의 사고 등에 기초하여 합리적으로 기대할 수 있는 범위 내에서 주의의무의 한계를 정할 필요성이 있다.

같은 맥락에서 정보통신서비스 제공자가 설치한 하드웨어 또는 소프트웨어의 기능을 활용하지 않았고, 그 기능을 활용하였더라면 해킹을 충분히 막을 수 있었다는 사유만으로 정보통신서비스 제공자가 기술적·관리적 보호조치를 다하지 못한 잘못이 있다고 추정할 수는 없다. 정보통신서비스 제공자가 설치한 하드웨어 또는 소프트웨어상의 특정한 기능을 기술적·관리적 보호조치로서 사용할 정보통신망 관련 법령상 또는 계약상 의무가 있었다는 점에 관하여 이를 주장하는 자가 증명하여야 한다.

라. 개인정보유출로 인한 손해배상액의 산정

해킹으로 개인정보가 유출된 경우 정보통신서비스 이용자가 재산상 손해를 입었다고 볼 것인가가 문제된다. 개인정보는 금전으로 가치를 산정하거나 거래대상으로 삼을 수 없다고 보아야 하므로 부정하는 것이 타당하다. 그러나 정보통신서비스 이용자는 개인정보 유출로 인한 정신적 손해를 입게 되는 경우 정보통신서비스 제공자에 대하여 위자료를 청구할 수 있다.

위자료를 산정함에 있어서는 유출된 개인정보가 ① 이름, 주민등록번호, 아이디 등 기본 인적사항인지, ② 주소, 전화번호 등 접촉이 가능한 사항인지, ③ 내밀한 사생활의 영역에 속하는 신상정보인지, ④ 계좌번호, 비밀번호 등 금융정보에 해당하는지에 따라서 제3자에 의한 악용가능성, 정보주체에게 발생할 위험의 정도가 달라질 것이다. 또한 정보통신서비스 제공자가 이용자로 하여금 서비스를 무료로 이용하도록 하면서 이용자의 개인정보를 수집하는 것인지, 해당 개인정보를 이용하여 마케팅이나 영업을 하는지, 일정한 대가를 지급받고 개인정보를 제공하는 것인지 등의 태양을 구체적으로 살펴보아야 한다.

한편, 정보통신서비스 이용자는 단순히 그 개인정보가 유출되었다는 점만으로 정신적 손해를 입었다고 단정하기는 어렵다. 더 나아가 개인정보가 유출되어 다량의 스팸메일을 수신하는 경우와 같이 제3자가 이를 열람하거나 이용하였음이 확인되었다거나, 자신의 개인정보 오남용을 방지하기 위하여 비용을 지출하거나 추가적인 조치를 취하는 등 구체적인 손해의 발생 사실을 증명하여야 한다.

4. 판결의 의의

대상판결은 해킹 사고에 따른 정보통신서비스 제공자의 형사책임은 물론 민사상 손해배상책임 여부를 논함에 있어서도 관련 법령상에서 명문으로 규정된 의무(특히 관련 고시상의 의무)를 이행하였는지 여부만을 기준으로 판단하여야 한다고 보았다. 이는 정책적인 측면에서 정보통신서비스 제공자도 해킹의 피해자라고 볼 수 있어 과도한 주의의무를 부담시키는 것이 부적절하고, 그 책임을 쉽게 인정할 경우 재정상 어려움에 빠질 수 있다는 점을 고려한 것으로 보인다. 이에 대하여는 정보통신서비스 제공자는 자신의 필요에 따라 방대한 개인정보를 수집하여 영업하면서 업무의 효율성만을 강조하여 정보보안에 대한 투자나 개인정보보호를 위한 시설을 갖추지 못하는 경우가 많으므로, 오히려 정책적으로 그 책임을 적극적으로 인정하여야 한다는 비판이 있다.

나아가 대상판결은 인터넷이 가지는 개방성, 기술발전 속도 등의 특징과 사회전체적인 거래비용에 주목하여 정보통신서비스 제공자가 해킹 등 침해사고 당시 사회통념상 합리적으로 기대 가능한 정도의 보호조치를 다하였는지 여부를 기준으로 판단하여야 한다고 하면서, 구체적인 판단기준으로 해킹 등 침해사고 당시 보편적으로 알려져 있는 정보보안의 기술 수준, 정보통신서비스 제공자의 업종·영업규모와 정보통신서비스제공자가 취하고 있던 전체적인 보안조치의 내용, 정보보안에 필요한 경제적 비용 및 효용의 정도, 해킹기술의 수준과 정보보안기술의 발전 정도에 따른 피해발생의 회피 가능성, 정보통신서비스 제공자가 수집한 개인정보의 내용과 개인정보의 누출로 인하여 이용자가 입게 되는 피해의 정도 등을 제시하였다는 점에서 그 의의가 있다.

76 개인정보 유출 또는 누출의 의미

대법원 2014. 5. 16. 선고 2011다24555, 24562 판결[1)

김진환(김·장 법률사무소 변호사)

1. 사안의 개요

통신회사인 피고1은 2G 서버를, 학교법인인 피고2는 본건 사이트를, 각각 운용하면서, 소외인으로 하여금 2G서버와 본건 사이트의 시스템이 제대로 연동하는지를 점검하도록 하여 그에 필요한 아이디와 비밀번호를 임시로 부여하였다. 소외인은 위와 같은 점검이 끝났음에도 위 임시 아이디와 비밀번호를 삭제하지 아니하여 본건 사이트와 2G 서버가 계속 연동되도록 하였다. 본건 사이트와 2G 서버의 연동은 본건 사이트의 '폰정보 조회' 페이지에 특정 휴대폰번호를 입력한 다음, 이를 2G 서버로 전송하면 위 휴대폰번호 가입자의 주민등록번호, 가입일, 휴대폰 기종, 통신사 등의 개인정보가 2G 서버로부터 본건 사이트로 전송되는 방식으로 이루어지고, 그중 주민등록번호, 가입일 등의 개인정보는 피고1의 2G 서버로부터 본건 사이트의 '폰정보 조회' 페이지로 암호화되지 않은 채 전송되는 URL을 분석하면 알수 있었다. 한편 다른 소외인은 이러한 사실을 발견하고 자신이 운영하는 별도 웹사이트에 휴대폰번호 입력이 가능한 조회창을 개설하여 피고1의 가입자 583명의 주민등록번호가 조회되도록 하였다.

원고들은 모두 피고1의 가입자인데, 원고들 중 두 명만이 위 583명에 해당할 뿐, 나머지 원고들의 경우에는 그 휴대폰번호가 입력되어 피고1의 2G 서버로부터 위와 같은 개인정보가 전송되지는 않았다. 원고들은, 피고들이 고객 개인정보의 기술적·관리적 보호조치 의

---

1) [관련 문헌] 허성욱, "개인정보 유출소송의 현황과 법적 과제", 저스티스 제110호, 한국법학원, 2009. 4; 이원우, "개인정보 보호를 위한 공법적 규제와 손해배상책임 – 개인정보 누출을 중심으로", 행정법연구 제30호, 2011. 8; 권영준·이동진, "개인정보 유출에 대한 과실 및 손해 판단기준, 개인정보 보호의 법과 정책", 박영사, 2014; 박정제, "개인정보보호법과 개인정보 유출에 대한 개인정보처리자의 법적 책임", Law & Technology 제10권 제4호, 2014. 7; 송혜정, "개인정보 유출로 인한 손해배상책임", 민사판례연구 제37권, 박영사, 2015.

무를 이행하지 아니하여 누구라도 본건 사이트에 접속하여 자신들의 개인정보를 알 수 있는 상태에 이르게 하였으므로, 개인정보를 누출하였음을 이유로 위자료를 지급할 의무가 있다고 주장하며 소를 제기하였다.

2. 판결의 요지

가. 원심판결

정보통신망 이용촉진 및 정보보호에 관한 법률(이하 '정보통신망법'이라 한다)상 개인정보의 누출이라 함은 개인정보가 정보통신서비스제공자 및 이용자의 개인정보 관리·통제권의 범위를 벗어나 당해 개인정보를 모르는 제3자가 그 내용을 알 수 있는 상태에 이르는 것을 의미한다고 봄이 상당하므로, 본건의 경우에는 일반인이 아닌 컴퓨터프로그래머 등 컴퓨터에 관하여 일정한 지식을 가진 전문가에 의하여 URL을 분석해야 개인정보가 전송되는 것을 알 수 있는 것이므로 개인정보를 URL에 그대로 붙여 평문으로 전송한다는 사정만으로는 원고들의 개인정보가 피고1의 관리·통제권을 벗어나 제3자가 알 수 있는 상태에 이르렀다고 볼 수 없어 개인정보 누출이 발생하지 않았다.[2]

나. 대법원판결

개인정보의 누출이란 개인정보가 해당 정보통신서비스 제공자의 관리·통제권을 벗어나 제3자가 그 내용을 알 수 있는 상태에 이르게 된 것을 의미하는바, 어느 개인정보가 정보통신서비스 제공자의 관리·통제하에 있고 그 개인정보가 제3자에게 실제 열람되거나 접근되지 아니한 상태라면, 정보통신서비스 제공자의 기술적·관리적 보호조치에 미흡한 점이 있어서 제3자가 인터넷상 특정 사이트를 통해 정보통신서비스 제공자가 보관하고 있는 개인정보에 접근할 수 있는 상태에 놓여 있었다고 하더라도 그것만으로 바로 개인정보가 정보통신서비스 제공자의 관리·통제권을 벗어나 제3자가 그 내용을 알 수 있는 상태에 있다고 할 수는 없으므로, '폰정보 조회' 페이지에 원고들의 휴대폰번호를 입력하여야만 비로소 2G 서버로부터 개인정보가 전송되어 누출되는 것이고 휴대폰번호를 입력하기 전에는 개인정보는 2G

---

2) 이외에도 원심판결은 실제 개인정보가 실제로 검색되지 않은 대다수 원고들의 경우에는 개인정보가 검색될 수 있는 상태에 있다는 사정만으로는 금전으로 위자할 정도의 정신적 고통이 있었다고 볼 수 없고, 실제 개인정보가 검색된 2명의 원고의 경우에는 자신의 의사에 반하여 개인정보가 조회된 적이 없는 점 등에 비추어 금전으로 위자할 정도의 정신적 고통을 받았다고 보이지 않는다고 보아 결국 원고들 청구 전부를 기각하였다.

서버에 그대로 보관된 채 아무런 접근이 이루어지지 않아 단순히 본건 사이트와 2G 서버가 연동하고 있었다고 해도 이를 가리켜 누출이라고 할 수는 없다.

3. 해설

가. 개인정보의 유출 또는 누출의 사전적 의미

정보통신망법은 개인정보 '누출'(제27조의2, 제28조, 제32조의2 등)이라는 표현을, 개인정보 보호법은 개인정보 '유출'(제24조, 제25조, 제26조, 제29조, 제31조, 제34조 등)이라는 표현을 각각 사용한다. 한편, 사전적 의미로서 유출(流出)은 "밖으로 흘러 나가거나 흘려 내보냄, 귀중한 물품이나 정보 따위가 불법적으로 나라나 조직의 밖으로 나가 버림", 누출(漏出)은 "액체나 기체가 밖으로 새어 나옴 또는 그렇게 함, 비밀이나 정보 따위가 밖으로 새어 나감"으로 각각 설명되는데,[3] 통상적·어의적인 관점에서 양자 간에 본질적인 차이는 없는 것으로 보인다.[4] 결국, 위에서 살펴본 '유출'과 '누출'의 용례는 그 규범적 의미에서 어떠한 차이를 의도하였다기보다는 용어기술상(用語記述上) 입법시에 어느 용어를 선호하였는지를 보여주는 의미 밖에 없다고 이해함이 상당하지 않을까 한다.

나. 개인정보의 유출 또는 누출에 관한 기존 주요 판결·해석례

(1) 리니지 사건: 대법원 2008. 8. 21. 선고 2007다17888 판결, 서울고등법원 2007. 1. 26. 선고 2006나12182 판결

이 사건은 온라인게임 회사 직원의 실수로 온라인게임 사이트 접속시 이용된 PC 내 설치된 하드디스크 드라이브에 생성된 로그파일에 이용자들의 아이디와 비밀번호가 기록된 사안으로, 1심(서울지방법원 2006. 4. 28. 선고 2005가단240057 판결)은 PC방 소재 컴퓨터이든 순수한 개인이 관리하는 개인용 컴퓨터이든 가리지 않고 모두 누출로 본 반면, 2심과 대법원은 일반 다중이 이용할 수 있는 컴퓨터가 아닌 개인용 컴퓨터를 이용해서 게임에 접속했던 원고 2명에 대해서는 원고들의 개인정보가 개인정보 관리·통제권의 범위를 벗어나서 제3자가 그 내용을 알 수 있는 상태에 이르렀다고 보기 어려우므로 이들 원고들의 개인정보는 누출되지 않았다고 보았고, 다른 한편, PC방 소재 컴퓨터를 이용해서 게임에 접속한 원고 3명에

---

3) 국립국어원 표준국어대사전(http://stdweb2.korean.go.kr) 참조.
4) 같은 취지로는 이동진, "개정 정보통신망법 제32조의2의 법정손해배상", 법학 제55권 제4호, 서울대학교, 2014. 12., 373면.

대해서는 누출을 인정하였다.

(2) LG전자 입사지원사이트 사건: 서울고등법원 2008. 11. 25. 선고 2008나25888 판결(확정)

비밀번호 입력 등 어떠한 조치도 없이 피고의 입사지원사이트에 바로 들어갈 수 있는 링크파일이 취업정보 공유 사이트를 통하여 유포되어 실제 3천여 명의 지원자의 개인정보가 열람되었는데,[5] 판결은 원고들 중 실제 상세한 개인정보가 열람된 자들에 대해서는 피고의 손해배상책임을 인정하되, 그렇지 않은 나머지 원고들에 대해서는 사진이나 다른 개인정보 가 유출되었음을 인정할 증거가 없고, 가사 사진이 유출되었다고 하더라도 성명 등 다른 식 별정보 없이 한 화면에 50명의 증명사진이 표시되는 형태에 불과하여, 화면에 나타난 개별 사진의 크기나 전체 사진의 개수에 비추어 보면, 해당 화면을 열람한 사람이라도 그 화면에 표시된 사진을 기억하거나 이로부터 위 원고들을 식별할 수 있을 것으로는 보이지 아니하므 로, 이로 인하여 위 원고들이 금전으로 위자할 만한 정신적 손해를 입었다고 볼 수 없다고 판단하였다.

(3) GS칼텍스 사건: 대법원 2012. 12. 26. 선고 2011다59834, 59858, 59841 판결

고객들의 개인정보를 DVD, CD에 담아 불법적으로 외부로 반출한 사안에 관해, 판결은 개인정보 누출은 당연히 인정되는 것으로 보고, 개인정보 누출로 인한 손해배상책임을 지우 기 위한 요건 등에 관하여만 주로 판단하였다.

(4) 산와대부 사건: 서울중앙지방법원 2014. 5. 2. 선고 2013노2144 판결, 같은 법 원 2013. 6. 13. 선고 2012고단6164 판결(확정)

이 사안은 해커가 웹서버를 통하여 침입하여 고객명, 주민등록번호, 휴대전화번호 등 개인정보를 조회하는 바람에 소정의 보호조치를 다하지 않아 개인정보가 유출되었다는 이유 로 인터넷 사이트를 운영한 회사를 정보통신망법 위반으로 기소한 사건인데, 1, 2심 판결은 모두 개인정보 누출이란 개인정보가 피고인의 지배영역을 떠나 외부로 새어나갔거나 또는 개인정보가 불특정 다수에게 공개되어 이를 전문적 기술 없이도 열람할 수 있는 상태를 의 미한다고 전제한 후, 1심의 경우에는 단순히 개인정보를 '조회'한 것만으로는 누출이 있었다 고 할 수 없고 피고인의 지배영역 밖에 '저장'된 사실까지 인정되어야 하나 조회 이외에 저

---

5) 좀더 구체적으로는 해당 링크파일을 클릭하면 입사지원자들의 작은 사진이 한 화면에 50매씩 나타나고 이 작은 사진을 개별적으로 클릭하면 인적사항과 자기소개 등의 상세한 개인정보를 열람할 수 있었다. 원고 들의 일부는 실제 이러한 과정을 거쳐 상세한 개인정보가 열람되었고, 나머지 원고들은 실제 사진이 클릭 되었는지에 대해 증거 자체가 존재하지 않는 상태였다.

장까지 하였음을 검사가 입증하지 못하는 이상 정보통신망법 위반에 해당하지 않는다고 판단하였고, 2심의 경우에는 해커가 개인정보DB들의 존재만을 확인하였을 뿐 조회나 열람 등을 통해 구체적으로 그 내용을 인식하지 않았음을 이유로 누출이 없었다고 판단하였다.

(5) 행정자치부의 표준 개인정보 보호지침(2011. 9.)

표준 개인정보 보호지침 제26조는 아래와 같은 개인정보의 유출에 관한 규정을 두고 있다.

제26조(개인정보의 유출)
개인정보의 유출이라 함은 법령이나 개인정보처리자의 자유로운 의사에 의하지 않고, 정보주체의 개인정보에 대하여 개인정보처리자가 통제를 상실하거나 또는 권한 없는 자의 접근을 허용한 것으로서, 다음 각 호의 어느 하나에 해당하는 경우를 말한다.
1. 개인정보가 포함된 서면, 이동식 저장장치, 휴대용 컴퓨터 등을 분실하거나 도난당한 경우
2. 개인정보가 저장된 데이터베이스 등 개인정보처리시스템에 정상적인 권한이 없는 자가 접근한 경우
3. 개인정보처리자의 고의 또는 과실로 인해 개인정보가 포함된 파일 또는 종이문서, 기타 저장매체가 권한이 없는 자에게 잘못 전달된 경우
4. 기타 권한이 없는 자에게 개인정보가 전달되거나 개인정보처리시스템 등에 접근 가능하게 된 경우

위 규정은 국내에서 개인정보 유출에 관하여 가장 상세한 내용을 담고 있는 것인데, 기본적으로 유출이란 개인정보처리자가 통제를 상실하거나 또는 권한 없는 자의 접근을 허용한 것이라고 정의하고 있다. 다만, 각 호의 규정에 의하면 대상판결 사안과 같이 실제 접근이 이루어지 않은 경우에는 유출에 해당하지 않는다고 볼 수도 있고(위 제2호 참조), 그렇지 않다고 볼 여지도 있어서(위 제4호) 다소 논란의 여지가 있지만, 위 규정 본문이 '통제를 상실'하거나 '접근을 허용한' 것을 전제하므로 단순한 접근 가능성만으로는 유출이라고 보지 않는 입장으로 이해해도 무방하지 않을까 하나, 향후 개정 등을 통해 보다 명확히 하는 것이 바람직할 것이다.

(6) 방송통신위원회의 해설서(2012. 9.)

방송통신위원회가 발간한 정보통신서비스 제공자를 위한 개인정보보호 법령 해설서는 "누출 등의 범위는 이용자의 개인정보에 대하여 개인정보취급자가 통제를 상실하는 경우 등을 말합니다" 또는 "개인정보보호법의 유출과 정보통신망법의 누출의 사전적 의미는 물품·정보·비밀 등이 불법적으로 국가나 조직의 밖으로 새어나가 버린다는 뜻으로 같음" 등의

해석을 제시하고 있다. 이 역시 다소 애매하기는 하지만, 문언상의 표현을 감안하면 단순한 유출 가능성만으로 누출로 인정하기에 부족하다는 취지를 내포하는 것으로 보인다.

다. 개인정보의 유출 또는 누출의 규범적 의미와 요건

개인정보의 유출이나 누출 과정을 통상의 진행경과에 따라 정리하면 아래와 같다.

(1단계) 개인정보에의 권한 없는 접근(access)이 가능한 경로나 수단 확보: 접근 가능성
(2단계) 개인정보에의 실제 접근: 접근 완료 및 인지 가능성
(3단계) 접근 이후 조회, 열람 등을 통하여 개인정보 실제 인지: 인지 완료 및 물리적 외부 반출 가능성
(4단계) 개인정보의 외부 전송: 물리적 외부 반출 가능성
(5단계) 개인정보의 외부 저장: 물리적 외부 반출 완료

한편, 누출이나 유출이라는 문언상의 의미에 주목하면 적어도 개인정보의 누출이나 유출로 볼 수 있기 위해서는 개인정보 처리 주체와 정보주체의 개인정보에 대한 '관리·통제권의 상실'과 '외부 반출'을 요한다고 생각된다.[6] 개인정보에 대한 관리·통제권의 상실은 통상 개인정보에의 접근 완료, 내용 인지 등을 통해 발생하고, 외부 반출은 물리적인 의미의 외부 이전[7]과 권한 없는 자에 의한 인지 완료 이후 언제든지 필요에 따라 외부에서 재현될 수 있는 상태를 포함한다. 따라서 권한 없는 자가 개인정보 처리 주체 몰래 그가 보관하고 있는 개인정보의 내용을 암기하여 외부로 나온다고 하더라도 외부 반출이 되었다고 보아야 한다. 따라서 해킹과 같은 대규모 개인정보가 관련된 사건에서는 원칙적으로 위 5단계에서, 상대적으로 소규모 개인정보가 연관되어 실제 인지 완료 후 재현 가능성이 있는 사건에서는 위 3단계 또는 5단계에서 각각 외부 반출을 수반한 개인정보의 누출이나 유출이 발생하였다

---

6) 견해에 따라서는 누출이나 유출의 개념을 문언이 갖는 의미를 넘어 규범적 관점에서 재해석할 수 있으며 따라서 누출이나 유출이 인정되기 위해서는 관리·통제권의 상실로 족하고 추가적으로 외부 반출을 반드시 그 요건으로 할 것은 아니라고 할 수도 있다. 그러나, 개인정보의 누출이나 유출은 형사처벌이나 각종 행정재제의 전제 개념이므로, 별도 규정을 두어 다른 의미로 정의하지 않는 한 엄격해석의 원칙상 그 용어가 갖는 통상의 의미를 벗어나는 해석은 부당하다고 생각된다. 대상판결을 비롯하여 여러 판결들이 그 동안 여러 차례에 걸쳐 누출이나 유출의 개념에 관해 논하면서, 관리·통제권의 상실 이외에도 "당해 개인정보를 모르는 제3자가 그 내용을 알 수 있는 상태에 이르는 것"을 요구한 것도 같은 맥락으로 이해된다.
7) 개인정보가 컴퓨터 파일과 같은 전자적 형태의 기록물로 존재하는 경우, 이를 애초의 형식 그대로 외부에 저장하는 것이 원칙이되, 임시 파일(temporary file) 형태의 저장도 그것이 외부에서 이루어지고 개인정보의 내용을 적절한 전자적 수단을 이용하여 재현할 수 있는 이상 물리적인 의미의 외부 이전으로 인정하여야 할 것이다.

고 보아야 하는 경우가 많을 것이다.

참고로, 앞서 본 리니지 사건에서 PC방 소재 컴퓨터에 기록된 개인정보는 위 1단계에,[8] LG전자 입사지원사이트 사건의 원고들 중 상세한 개인정보가 실제 열람된 경우나 가정적 판단하에 작은 사진만이 열람되었을 수도 있는 경우[9]에는 모두 위 5단계에, GS칼텍스 사건의 경우는 위 5단계에, 산와대부 사건의 경우에는 위 2단계 또는 3단계에, 각각 해당하는 것으로 보이는바, 관리·통제권의 상실과 외부 반출을 누출이나 유출의 요건으로 삼는다면 리니지 사건은 누출이나 유출의 범위를 다소 넓게 상정한 것으로 생각되고 나머지 사건들의 경우에는 적정히 판단한 것으로 보인다.

한편, 행정자치부의 표준 개인정보 보호지침 제26조의 입장과 방송통신위원회의 해설서의 입장은 다소 불분명하기는 하지만 위 2단계 정도에 해당하면 누출이나 유출로 보아야 한다는 입장에 가까운 것 같으나, 앞서 본 논의에 따르면 누출이나 유출의 문언상의 의미를 넘어선 것으로 지나치게 광의로 새긴 결과가 아닌가 한다.

4. 판결의 의의와 고려사항

대상판결에서의 사안은 2G 서버와 문제된 본건 사이트 간에 개인정보DB가 연동되도록 실수로 내버려둔 상황에서 소외인이 이를 이용하여 583명의 이용자 개인정보를 조회의 방법으로 외부로 실제 반출되도록 하였으나 그 외의 이용자들의 경우에는 소정의 조회창에 휴대폰번호를 입력하기만 하면 조회가 가능한 상태에 있었을 뿐 실제로는 개인정보가 외부로 반출되지 않은 것인바, 대부분의 원고들의 경우에는 앞서 본 진행경과상 위 1단계 혹은 2단계에 해당하는 상황에 해당한다.

이에 대해 대상판결은 개인정보의 누출이란 개인정보가 해당 정보통신서비스 제공자의 관리·통제권을 벗어나 제3자가 그 내용을 알 수 있는 상태에 이르게 된 것을 의미한다고 하면서, 어느 개인정보가 정보통신서비스 제공자의 관리·통제하에 있고 그 개인정보가 제3자에게 실제 열람되거나 접근되지 아니한 상태라면, 기술적·관리적 보호조치에 미흡한 점이 있어서 제3자가 특정 사이트를 통해 정보통신서비스 제공자가 보관하고 있는 개인정보에 접근할 수 있는 상태에 놓여 있었다고 하더라도 그것만으로 바로 개인정보가 정보통신서비스

---

8) 한편, 개인용 컴퓨터에 기록된 개인정보는 사실상 타인의 접근 가능성도 없다고 보인다.
9) 이미 살펴본 바와 같이 LG전자 입사지원사이트 사건 판결은 작은 사진들이 실제로 열람되었음을 인정할 증거가 없어서 누출되지 않았다고 판단하면서도 가정적으로 작은 사진들이 열람되었다고 하더라도 해당 화면을 열람한 사람이 그 화면에 표시된 작은 사진을 기억하거나 이로부터 위 원고들을 식별할 수 있을 것으로는 보이지 아니한다고 보아 원고들이 금전으로 위자할 만한 정신적 손해를 입었다고 볼 수 없다고 판단하였다.

제공자의 관리·통제권을 벗어나 제3자가 그 내용을 알 수 있는 상태에 있었던 것은 아니라는 이유로 누출의 발생을 부정하였다.

이러한 대상판결의 설시를 자세히 살펴보면, 개인정보의 누출은 개인정보를 처리하는 주체의 관리·통제권을 벗어나는 것과 그 결과 제3자가 그 내용을 알 수 있는 상태에 이를 것을 요하는 것으로 이해된다. 대상판결이 개인정보의 누출이 발생하지 않았다고 본 결론에는 동의하나, 대상판결이 관리·통제권의 상실 이외에 제3자의 내용 인지(또는 그 가능성)를 누출 여부의 판단 요소로 삼은 것은, 객관적 요소인 누출 또는 유출의 개념을 정의하기 위하여 제3자의 주관적 표지(標識)를 빌려 온 것으로 다소 부적절한 면이 있다고 생각한다. 또한 '제3자가 그 내용을 알 수 있는 상태에 이를 것을 요한다'고 할 때 과연 그 제3자는 누구를 기준으로 할 것이며,[10] 제3자가 그 내용을 알 수 있는 가능성만으로 족한지 아니면 그 내용을 확실히 인지할 것까지 요하는지 등에 대해서 결론이 매우 불분명한 추가적인 논의가 필요하게 되는데, 사실 이러한 논의는 누출이나 유출이 갖는 애초의 사전적 의미를 상당히 벗어나는 범주에 속하는 것임을 부정할 수 없어 문제이다.

모름지기 개인정보의 누출이나 유출은 개인정보 처리 주체의 관리·통제권의 상실과 개인정보의 외부 반출(실제 물리적 외부 반출이 없다고 하더라도 개인정보 처리 주체와 정보주체 이외의 자의 인지 완료를 통한 외부 재현 가능성을 포함)이라는 객관적 요소들이 모두 성취되었을 때 인정되는 것이 합당하고, 제3자가 그 내용을 인지하였는지 또는 인지할 가능성이 있는지 여부 등은 정보주체의 정신적 손해의 발생 여부를 위한 여러 판단 요소 중의 하나로서 고려하는 것이 합리적일 것으로 보인다.[11] 실제 앞서 본 LG전자 입사지원사이트 사건 판결은 작은 사진이 열람되었다고 가정한 경우 해당 화면을 열람한 사람이라도 화면에 표시된 사진을 일일이 기억하거나 이를 통해 원고들을 식별할 수 있을 것으로는 보이지 않는다고 하면서 개인정보의 누출을 부정한 것이 아니라, (누출을 전제로) 금전으로 위자할 만한 정신적 손해를 부정하는 판단을 하였다.

5. 보론(補論)

이상 개인정보의 누출 혹은 유출의 개념에 대해 주로 그동안 문제되었던 관점들을 중심

---

10) 대상판결은 이에 대해 별 다른 언급이 없으나, 위 GS칼텍스 사건 판결에서는 '불특정 다수'라는 설시를 하였는바, 과연 개인정보 누출이나 유출에 있어서 불특정 다수가 이를 알 수 있는 상태에 있다고 보아야 하는 것이 타당한지, 아니면 개인정보 처리자와 정보주체 이외의 어떠한 제3자라도 알 수 있으면 족하다고 보아야 하는지 등이 문제된다.

11) 이러한 의미에서 개인정보의 유출이나 누출이 있게 되면 바로 정신적 손해가 발생하였다고 보는 것도 매우 부적절하다. 이에 관한 상세는 김진환, "개인정보 보호의 규범적 의의와 한계", 저스티스 제144호, 한국법학원, 2014. 10., 72−81면 참조.

으로 살펴보았다. 그런데, 실상 개인정보의 누출 혹은 유출의 개념과 관련해서는 이러한 문제 이외에도 해결되어야 할 적지 않은 쟁점들이 존재하여 추가적인 연구와 논의를 요하는 상황이다. 여기서는 그동안 실무를 처리하면서 고민하였던 각종 쟁점들을 문제 제기 차원에서 간략히 정리해본다.

첫째, 관련 법령들은 개인정보의 누출이나 유출 이외에도 개인정보의 누설[12]이나 개인정보의 분실·도난·훼손·위조·변조 등 여러 가지 개념들도 규정하고 있는데, 역시 이들에 대해서도 정의규정이 존재하지 않고, 체계적인 해석 또한 이루어진 적이 없다. 이 개념들 간의 관계나 법적 효과에 대해 어려운 문제들이 내포되어 있어 그 정의에 관하여도 심도 깊은 연구가 필요하다.

둘째, 개인정보의 누출이나 유출을 정의할 때, 개인정보 처리 주체가 개인정보에 대한 관리·통제권의 상실을 스스로 의도한 경우도 포함하는지, 아니면 그의 자유로운 의사에 기하지 않은 경우만을 누출이나 유출로 볼 것인지에 대해 실무상 논의가 있는바(행정자치부의 표준 개인정보 보호지침에 따르면 후자의 경우에만 유출로 보고 이에 동조하는 견해가 적지 않으나, 그렇지 않은 일부의 견해도 존재한다), 누출이나 유출에 따른 각종 의무 이행 요부나 법정손해배상책임, 징벌적 손해배상책임 적용 등에 결정적인 영향을 주는 매우 중요한 문제라고 하겠다.

셋째, 개인정보에 관한 각종 보호조치를 제대로 취하지 않아 개인정보가 누출 혹은 유출된 경우 형사처벌이 가능하도록 되어 있는데, 이러한 처벌규정이 고의범에 대한 것인지 과실범에 대한 것인지도 시급히 정리되어야 할 문제이다. 이에 관하여는 법 집행기관인 검찰에서 최근 입장을 수정한 것으로 알려지기도 하였으나, 그 이유는 잘 알려지지 않은 상태이다.

---

12) 특히 개정 신용정보의 이용 및 보호에 관한 법률은 보호조치 등에 관한 규정에서는 정보통신망법과 같이 '누출'이라는 용어를 쓰면서도, 정보주체에의 통지와 기관에의 신고는 '누설'이라는 용어를 사용하는 등 종전에 사용되어 오던 누출이나 유출과 구별되는 개념으로서의 누설을 염두에 둔 것으로 비추어질 수 있는 입법태도를 취하고 있어서 향후 해석 추이가 주목된다.

77 타인의 아이디어·비밀번호의 사용과 정보통신망법상 '정당한 접근권한'의 의미

대법원 2005. 11. 25. 선고 2005도870 판결[1]

강태욱(법무법인(유) 태평양 변호사)

1. 사안의 개요

피고인의 직속상관인 A소령이 업무상 필요에 의하여 자신의 아이디와 비밀번호를 공지시킴에 따라 피고인도 이를 알게 되었음을 기화로, 2회에 걸쳐 피고인의 컴퓨터로 A소령의 아이디와 비밀번호를 입력하여 육군웹메일과 핸드오피스 시스템에 접속한 후 A소령 명의로 대장인 1군사령관에게 "군사령관 보아라. 네놈이 감히 최대위(피고인을 지칭)를 징계하려고 했던 것에 피가 거꾸로 솟구친다. 장성 하나쯤 인사처리하는 것은 문제도 아니다. 몸조심해라"라는 취지의 이메일을 보냄으로써 정보통신망인 A소령의 육군웹메일 및 핸드오피스 계정에 각 침입하였다는 취지로 정보통신망 이용촉진 및 정보보호 등에 관한 법률 제48조 제1항 위반으로 기소되었다.

---

1) [참조 및 관련 판례] 대법원 2002. 2. 21. 선고 2001도2819 전원합의체 판결; 대법원 2013. 10. 24. 선고 2012도7558 판결; 대법원 2010. 7. 22. 선고 2010도63 판결; 대법원 2010. 7. 22. 선고 2009도14619 판결; 대법원 2013. 3. 14. 선고 2010도410 판결 등.
 [관련 평석] 이범균, "가. 정보통신망 이용촉진 및 정보보호 등에 관한 법률 제48조 제1항에 의하여 금지되는 행위의 범위 및 '정당한 접근권한'의 판단기준 나. 정보통신망 이용자가 자신의 아이디와 비밀번호를 알려주며 사용을 승낙하여 제3자로 하여금 정보통신망을 사용하도록 한 경우, 그 제3자에게 정당한 접근권한이 있는지 여부(2005. 11. 25. 선고 2005도870 판결: 공2006, 71), 대법원 판례해설 통권 제59호, 2006.

2. 판결의 요지

가. 원심판결(고등군사법원 2005. 1. 11. 선고 2004노125 판결)

일반적으로 정보통신망에 침입하는 소위 해킹이란 용어는 컴퓨터를 이용하여 다른 사람의 정보처리장치 또는 정보처리조직에 침입하거나 기술적인 방법으로 다른 사람의 정보처리장치가 수행하는 기능이나 전자기록에 함부로 간섭하는 일체의 행위를 가리키며, 해킹행위 자체는 이와 같이 부정하게 침투하는 것만 의미할 뿐 컴퓨터시스템에 자애를 초래하는 행위는 아니지만 그 시스템을 운영하는 자의 입장에서는 무단침입행위만으로도 당해 시스템 및 정보통신망의 안정성에 큰 위협이 되는 것으로 판단된다.

또한, 구 전산망보급및확장과이용촉진에관한법률 제22조 제1항, 제2항, 제30조와 구 정보통신망이용촉진등에관한법률 제19조 제3항 및 화물유통촉진법 제54조의4에서는 정보통신망의 보호조치를 침해하거나 훼손할 것을 그 구성요건으로 하고 있음에 반하여 정보통신망이용촉진및정보보호등에관한법률 제63조 제1항 제1호 및 제48조 제1항에서는 보호조치 침해 또는 훼손을 요건으로 하고 있지 않고, 정보통신망에 부정하게 침입하는 행위가 있으면 처벌하도록 규정하여 단순한 정보통신망의 부정한 접속행위의 가벌성을 인정하고 있으며 이는 오늘날 해킹기술의 발전에 따라 정보통신망의 보호조치에 대한 침해나 훼손행위가 수반되지 않는 해킹범죄에 대응하기 위하여 보호조치에 대한 침해를 그 구성요건으로 하지 않는 것으로서, 이때의 침입의 행위유형은 타인의 식별부호(아이디와 비밀번호)를 입력하거나, 식별부호가 아닌 부정한 명령을 입력하는 방법으로 침입하는 모든 행위를 포함한다고 해석하는 것이 타당하다.

따라서 정보통신망이용촉진및정보보호등에관한법률 제48조 제1항을 정보통신망의 운영자의 권한을 취득하여 안정적인 전산망운영을 위협하는 행위만을 규율하고자 하는 규정으로 볼 수 없고, 정당한 접근권한없이 또는 허용된 접근권한을 초과하여 타인의 아이디와 비밀번호를 이용하여 타인의 정보통신망에 침입하는 행위도 포함된다고 해석하는 것이 위 규정의 입법취지와 목적에 부합한다.

나. 대법원판결

(1) 정보통신망 이용촉진 및 정보보호 등에 관한 법률 제48조 제1항은 구 전산망 보급 확장과 이용촉진 등에 관한 법률 제22조 제2항 및 구 정보통신망 이용촉진 등에 관한 법률

제19조 제3항과 달리 정보통신망에 대한 보호조치를 침해하거나 훼손할 것을 구성요건으로 하지 않고 '정당한 접근권한 없이 또는 허용된 접근권한을 초과하여 정보통신망에 침입'하는 행위를 금지하고 있으므로, 정보통신망 이용촉진 및 정보보호 등에 관한 법률은 그 보호조치에 대한 침해나 훼손이 수반되지 않더라도 부정한 방법으로 타인의 식별부호(아이디와 비밀번호)를 이용하거나 보호조치에 따른 제한을 면할 수 있게 하는 부정한 명령을 입력하는 등의 방법으로 침입하는 행위도 금지하고 있다고 보아야 한다.

(2) 정보통신망 이용촉진 및 정보보호 등에 관한 법률 제48조 제1항은 이용자의 신뢰 내지 그의 이익을 보호하기 위한 규정이 아니라 정보통신망 자체의 안정성과 그 정보의 신뢰성을 보호하기 위한 것이라고 할 것이므로, 위 규정에서 접근권한을 부여하거나 허용되는 범위를 설정하는 주체는 서비스제공자라 할 것이고, 따라서 서비스제공자로부터 권한을 부여받은 이용자가 아닌 제3자가 정보통신망에 접속한 경우 그에게 접근권한이 있는지 여부는 서비스제공자가 부여한 접근권한을 기준으로 판단하여야 한다.

(3) 이용자가 자신의 아이디와 비밀번호를 알려주며 사용을 승낙하여 제3자로 하여금 정보통신망을 사용하도록 한 경우라고 하더라도, 그 제3자의 사용이 이용자의 사자(使者) 내지 사실행위를 대행하는 자에 불과할 뿐 이용자의 의도에 따라 이용자의 이익을 위하여 사용되는 경우와 같이 사회통념상 이용자가 직접 사용하는 것에 불과하거나, 서비스제공자가 이용자에게 제3자로 하여금 사용할 수 있도록 승낙하는 권한을 부여하였다고 볼 수 있거나 또는 서비스제공자에게 제3자로 하여금 사용하도록 한 사정을 고지하였다면 서비스제공자도 동의하였으리라고 추인되는 경우 등을 제외하고는, 원칙적으로 그 제3자에게는 정당한 접근권한이 없다고 봄이 상당하다.

(4) 피고인이 업무상 알게 된 직속상관의 아이디와 비밀번호를 이용하여 직속상관이 모르는 사이에 군 내부전산망 등에 접속하여 직속상관의 명의로 군사령관에게 이메일을 보낸 사안에서, 정보통신망 이용촉진 및 정보보호 등에 관한 법률 제48조 제1항에 규정한 정당한 접근권한 없이 정보통신망에 침입하는 행위에 해당한다고 한 사례이다.

3. 해설

가. 정보통신망법 제48조 제1항의 의미

(1) 관련 조항과 그 적용 범위

정보통신망 이용촉진 및 정보보호 등에 관한 법률(이하 '정보통신망법'이라 한다) 제48조 제1항(이하 '본건 조항'이라 한다)은 '정보통신망 침해행위 등의 금지'라는 제하에 '누구든지 정당한 접근권한 없이 또는 허용된 접근권한을 초과하여 정보통신망에 침입하여서는 아니 된다'라고 규정하고, 그 위반 시 구 정보통신망법 제63조 제1항에 따라 3년 이하의 징역 또는 3천만원 이하의 벌금에 처하여질 수 있다.

(2) 본건의 쟁점

이와 관련하여 원심은, 이 규정의 적용 범위, 즉 '정당한 접근권한 없이 또는 허용된 접근권한을 초과하여 침입'에 해당하는 범위에 '타인의 식별부호를 입력하거나, 식별부호가 아닌 부정한 명령을 입력하는 방법으로 침입하는 경우'도 모두 포함된다고 해석하면서, 따라서 본건에 있어서도 역시 위 범죄구성요건에 포함된다고 해석하였다.

이와 관련하여 피고인은 상고이유에서, ① 본건 조항은 정보통신망의 접근권한을 부정한 방법으로 얻는 경우에 처벌하는 규정이므로, 이용자 본인이 아이디와 비밀번호를 알려주면서 사용하라고 지시하였는데 이를 다른 목적으로 사용한 경우에는 적용되지 않고, ② 본건 조항에서 '권한'은 정보통신서비스제공자가 부여한 권한을 의미하는 것이지, 서비스 제공자로부터 사용권을 부여받은 이용자가 부여하는 권한이 아니므로, 본 건과 같은 경우 서비스제공자의 입장에서 보면 자기가 부여한 권한 범위 내의 사용행위에 불과하며, ③ 설령 이용자가 권한을 다시 부여할 수 있다고 하더라도 권한의 '남용'과 '초과'는 전혀 다른 의미인데, 이용자로부터 아이디 사용을 지시받은 자가 그 지시와 다른 목적으로 사용하는 것은 부여받은 권한 범위 내에서 권한을 '남용'하였다고는 볼 수 있어도 그 권한을 '초과'하였다고 볼 수 없다고 주장하였다.

즉, 본 건에서의 쟁점은, 본건 조항의 적용범위가 '부정한 방법으로 접근권한을 얻는 경우'로 한정되는 것인지, '권한없이 또는 허용된 권한을 초과하여'의 문언에서 '권한'의 판단기준을 서비스제공자로 볼 것인지 아니면 이용자 개인으로 볼 것인지, 이용자가 아이디 사용을 승낙한 경우에도 본 조항의 적용 대상이 되는지의 문제로 정리하여 볼 수 있다.

나. 각 쟁점별 검토

(1) 본건 조항의 적용 범위가 '부정한 방법으로 접근권한을 얻는 경우'로 한정되는지 여부

해킹과 관련하여 최초 규정된 구 전산망 보급확장과 이용촉진에 관한 법률(1986. 5. 12. 제정) 제22조 제2항에서는 '누구든지 불법 또는 부당한 방법으로 제1항의 규정에 의한 <u>보호조치를 침해하거나 훼손하여서는 아니 된다</u>.'라고 규정하고 구 정보통신망 이용촉진 등에 관한 법률 제19조 제3항에서도 거의 동일하게 규정하고 있는 반면, 구 정보통신망법의 전면개정과정에서 제19조 제3항이 변경된 정보통신망법 제48조 제1항의 경우에는 '보호조치의 침해 또는 훼손'을 그 요건으로 하지 않고 '권한없이 또는 허용된 권한을 초과하여 침입'한 경우로 규정하고 있는바, '보호조치의 침해 또는 훼손행위를 수반하지 아니하는 경우의 무권한자의 접속행위'를 규제하고자 하는 것인지에 대하여는 논란이 있을 수 있다.

이와 관련하여, 본건 조항은 정보통신망의 안정적 운용과 이용을 저해하는 해킹, 컴퓨터바이러스 등 악성프로그램의 전달, 유포와 최근 크게 문제되고 있는 서비스거부공격 행위의 금지조항을 신설한 것이라고 보아 해킹과 같은 '보호조치의 침해 또는 훼손'이 있는 경우만 본 조항이 적용된다는 보는 견해[2]가 있는 반면, 대법원은 하여 문언적 해석에 충실하여 '보호조치의 침해나 훼손'으로 한정하지 아니하고 '부정한 방법으로 아이디를 이용하는 경우'도 위 규정의 구성요건 해당성이 인정된다고 판단하였다. 이와 같이 구 정보통신망법보다 구성요건을 넓게 해석하는 경우, 보호조치가 되어 있지 아니한 정보통신망에 무단으로 접속하는 경우에도 본 죄가 구성요건해당성을 충족하게 된다[3].

본건 조항의 해석과 관련하여 이후에 판시한 대법원 2013. 3. 28. 선고 2010도14607 판결은, 피고인이 운영하는 웹사이트에서 이용자들이 무료프로그램을 다운로드받을 경우, 악성프로그램이 몰래 숨겨진 ActiveX를 필수적으로 설치하도록 유도하는 방법으로 프로그램이 설치되게 한 사안에서, 만약 이용자들이 위 프로그램의 목적, 기능에 비추어 정확한 정보를 제공받았더라면 이를 설치하지 않았을 것으로 보이므로, "키워드 프로그램을 설치하겠습니까"라는 공지사항을 확인한 후 'ActiveX'를 설치하였다고 하더라도 그것만으로 이 사건 프로그램의 설치에 동의한 것으로 볼 수 없다고 판단하고, 정당한 접근권한 없이 또는 허용된 접근권한을 초과하여 피해 컴퓨터 이용자들이 사용하는 정보통신망을 침입한 사실을 인정할 수 있다고 판시하였다[4].

또한, 대법원 2007. 10. 12. 선고 2007도4450 판결에서는, 갑이 A에게 자신의 아이디와 비밀번호를 알려주면서 갑이 A에게 남긴 이메일을 읽어볼 수 있도록 허용하였는데 이후 갑

---

2) 한국정보보호센터, 정보통신망법 개정안 해설서, 7면, 이범균, 판례해설(주 1), 613−614면에서 재인용. 최호진, "새로운 해킹기법과 관련된 형법적용의 흠결과 해결방안", 형사정책연구 통권 제72호, 2007, 9면에서는 정보통신망법 제48조 제1항의 입법취지와 관련하여 '정보통신망의 보호조치를 침해하지 않으면서도 침입할 수 있는 새로운 형태의 공격기법이 등장함에 따라 종래 보호조치를 침해하지 않고 침입할 수 있는 것을 예정하여 법률을 개정한 것이라고 설명하고 있다.

3) 김병식, "로봇 프로그램의 유포 및 이를 이용한 연관검색어 또는 자동완성어의 생성 등과 정보통신망법위반죄", 사법 26호, 2013, 311면; 전지연, "인터넷 피싱의 형사법적 책임", 형사정책연구 제20권 제4호, 2009, 116면.

4) 김병식, 위의 글, 334면에서는 정보통신망침해행위는 작위범이므로 피고인의 실행행위가 존재하여야 하는데, 실제 피고인들의 행위는 서버에 올려놓고 이용자들이 파일을 다운로드받도록 하는 행위에 불과하여 정보통신망 침입에 해당하지 아니한다는 견해가 있을 수 있다고 한다. 다만, 이 부분 견해 대립은 '접근권한'의 범위에 대한 해석과는 무관한 것으로 보인다.

이 아이디와 비밀번호를 변경하여 A의 접속을 막은 이후에도, A가 우연히 조합하여 알게 된 비밀번호로 메일에 접속하여 갑의 이메일을 읽어 본 사안에서 A의 행위는 정보통신망법 제 48조 제1항이 규정하고 있는 정당한 접근권한 없이 또는 허용된 접근권한을 초과하여 정보통신망에 침입하는 행위에 해당한다고 판단한 바 있다.

한편, 대법원 2011. 7. 28. 선고 2011도5299 판결은 통신회사인 피해자 회사의 위탁대리점 계약자인 피고인이 요금수납 및 유심칩읽기를 위하여 그 허용된 목적을 넘어 휴대전화를 다량의 문자메시지 발송을 할 수 있는 상태로 조작하기 위하여 피해자 회사의 정보통신망에 접속한 경우에는 '허용된 접근권한을 초과한 경우'로 보았고, 대법원 2012. 4. 26. 선고 2011도16565 판결에서는 소프트웨어 유지보수사업을 위하여 접근권한을 부여받은 이용자가 학생들의 개인정보를 빼내기 위한 프로그램을 제작한 다음 위 시스템 DB서버에 접속하여 프로그램을 설치한 경우에 그 '허용된 접근권한을 초과한 경우'에 해당한다고 보았다.

(2) 본건 조항에서 '권한'의 판단 기준이 서비스제공자인지 아니면 이용자 개인인지 여부

피고인은 상고이유에서, 본건 조항에서의 '권한'은 서비스제공자가 부여한 것이고 이용자가 부여하는 권한이 아니므로, 이용권한을 부여받은 이용자가 타인에게 접속을 허용하였다면 이는 서비스제공자의 입장에서 보면 자기가 부여한 권한 범위 내의 사용행위에 불과하고 이용자가 타인에게 그 권한을 초과하여 사용행위를 하였는지 여부는 본건 조항에 있어서 '권한 없이' '침입'한 행위 여부를 판단하는 기준이 될 수 없다고 주장하였다.

이에 대하여 대법원은, '권한'의 존부와 관련하여 정보통신망법 제48조 제1항의 정보통신망침입죄의 보호법익은 개인 간의 신뢰 내지 그의 이익을 보호하기 위한 것이 아니라 정보통신망의 안전성과 그 정보의 신뢰성 확보를 위한 것이라고 하면서, '제3자에게 접근권한이 있는지 여부는 서비스제공자가 부여한 접근권한을 기준으로 판단하여야 한다'라고 판단하였다. 대법원의 판시는 상고이유의 그것과 기본 논리에서는 유사하나 구체적인 사안에서 적용된 결론은 전혀 상이한데, 즉 서비스제공자는 '이용자'에게만 접근권한을 부여한 것이므로 원칙적으로 제3자는 해당 서비스에 대한 접근권한이 없는 경우에 해당한다고 하여 그 접근 권한의 범위를 좁게 해석하였다. 결국 그 차이는 아래에서 보는 바와 같이 이용자의 '승낙'행위에 대한 해석의 문제와 관련된다.

(3) 이용자로부터 아이디 사용을 승낙받은 경우에도 본건 조항의 적용대상에 해당하는지 여부

피고인은 상고이유에서, 본건 조항에서의 '권한'은 서비스제공자가 부여한 것이고 이용자가 부여하는 것이 아님을 전제로, 본 건의 경우 이용자로부터 아이디를 사용하도록 지시받은 자가 그 지시의 다른 목적으로 사용한 경우에 해당하는데 이러한 경우는 '허용된 접근권한을 초과'한 경우에 해당하지 아니하므로 본건 조항의 구성요건에 해당하지 않는다고 주장하였다.

이에 대하여 대법원은, ㉠ 피고인이 이용자의 아이디와 비밀번호로 접속하여 이용자의 명의로 피고인의 이익을 위하여 이메일을 보낸 것은 사회통념상 서비스제공자가 이용자에게 부여한 접근권한을 이용자가 직접 사용한 경우와 동일시할 수 없고, ㉡ 서비스제공자가 이용자에게 자신의 식별부호를 타인으로 하여금 마음대로 사용할 수 있도록 하는 권한을 부여하였다고 보기도 어려우며, ㉢ 공소사실 기재와 같은 피고인의 사용 행위는 별개의 인격으로 새로운 이용자가 되어야 할 피고인이 자신의 이익을 위하여 이용자에게 부여된 접근권한을 함부로 사용한 것으로 이에 대하여 서비스제공자가 동의하였으리라 보이지도 아니한다고 판단하면서, 결국 '정당한 접근권한 없이 정보통신망에 침입하는 행위'에 해당한다고 판시하였다. 결국 본 사안과 같이 제3자가 이용자의 아이디와 비밀번호를 사용하도록 허락받은 경우라고 하더라도, 실제로 문제되는 행위가 이용자의 의사에 반하거나 피고인 자신의 이익을 위하여 사용한 것으로 인정되는 경우(제3자가 이용자로부터 아이디와 비밀번호를 사용하도록 허락받은 경우 중 형사상 문제되는 사안은 대부분 이러한 경우일 것이다)에는 대부분 본건 조항의 적용대상이 해당하게 될 것이다.

이용자의 제3자에 대한 승낙을 어떻게 판단할지 여부와 관련하여, 정당한 접근권한에 대하여 이용자가 서비스제공자의 승낙 여부와 상관없이 제3자에게 양도하거나 일시사용하게 할 수 있는가 여부는 서비스제공자가 일률적으로 정할 것이 아니라 제공되는 정보통신서비스의 구체적 성격에 따라 개별적으로 판단될 필요가 있고, 그에 따라 이용자 자신이 사용하든 타인이 사용하든 서비스제공자의 입장에서는 차이가 없는 경우에는 제3자의 접근은 원칙적으로 접근권한이 있다는 견해도 있다.[5]

이러한 견해들에 따를 때, 제3자가 이용자로부터 아이디/패스워드를 제공받아 접근에 허락을 받았다고 하더라도 그 구체적인 사용행태가 이용자의 의사에 반하는 경우에는 '정당한 접근권한'이 없었던 경우에 해당하게 되므로, 구성요건해당성 조각 내지 위법성 조각을 위해서는 제3자는 개별 행위별로 이용자의 허락 범위 내인지 여부를 미리 살펴보아야 하게 된다.

5) 최호진, "온라인게임 계정거래와 정보훼손죄 성립여부", 형사판례연구 제18권 제4호, 2007, 372면. 그러한 이 견해에 따르더라도 허용되는 경우는 과금이 이루어지지 않는 '무료 게임서비스'나 '부분유료화게임'의 경우를 예시하고 있고 '이메일 서비스나 고급정보제공서비스'의 경우에는 실제 사이버공간의 주체가 누구인지 문제가 되므로 서비스제공자가 양도를 승낙할 가능성이 없고, 따라서 제3자에게는 원칙적으로 접근권한이 없다는 결론을 제시하고 있다. 최호진, 위의 글, 372면 참조.

4. 판결의 의의

본 판결은, 본건 조항의 적용범위와 관련하여 보호조치의 훼손과 같은 전형적인 해킹의 경우뿐만 아니라 제3자가 정보통신망에 권한 없이 침입한 경우에도 적용된다는 점, 그 보호법익은 '정보통신망 자체의 안전성과 그 정보의 신뢰성을 보호'하기 위한 것으로서 접근권한 유무는 이용자가 아닌 서비스 이용자가 부여한 접근권한을 기준으로 판단하여야 한다는 점을 설시하였다. 나아가, 서비스서비스제공자와 의도와 무관하게 제3자가 이용자의 이름으로 정보통신망을 사용한 경우에도 원칙적으로 '권한없이 또는 허용된 권한을 초과하여' 정보통신망에 '침입'한 경우에 해당하며, 다만, ① 제3자가 이용자의 사자에 불과하여 사회통념상 이용자가 직접 사용하는 것과 동일하게 볼 수 있는 경우, ② 서비스제공자가 이용자에게 제3자로 하여금 사용할 수 있도록 승낙하는 권한을 부여하였다고 볼 수 있는 경우, ③ 서비스 이용자에게 제3자로 하여금 사용하도록 한 사정을 고지하였다면 서비스제공자도 동의하였으리라고 추인되는 경우에는 정당한 접근권한이 인정될 수 있다고 하면서 실제 사용된 행위를 따져 이용자의 의사에 반하는 것으로 볼 수 있는 경우에는 '정당한 접근권한'이 인정되지 않는다고 하여, '정당한 접근권한'에 대한 기준을 제시한 최초의 판례로서 의의가 있다.

78 '전기통신사업자가 수사기관 등 제3자에게 제공한 개인정보 현황'에 대한 공개요구권의 범위

대법원 2015. 2. 12. 선고 2011다76617 판결[1]

남상봉(주식회사 케이티 법무실장)

1. 사안의 개요

피고 주식회사 다음커뮤니케이션(2014. 10.경 주식회사 카카오와 합병한 후 현재는 '카카오'로 사명변경)은 전기통신사업법상 부가통신사업자 이자 정보통신망 이용촉진 및 정보보호 등에 관한 법률(이하 '정보통신망법'이라 한다) 상의 정보통신서비스 제공자로서 인터넷 포털사이트인 '다음'을 운영하고 있었으며, 원고들은 피고의 서비스 약관 및 개인정보 취급방침에 동의하고 위 '다음'에 가입한 회원들이다.

원고들은 2010. 3. 경 피고에게 '원고들의 개인정보를 전기통신사업법에 의한 통신자료 제공 요청 내지 형사소송법에 의한 이메일에 대한 압수수색영장의 집행에 따라 수사기관 등 제3자에게 제공한 현황'에 관하여 열람이나 제공을 요구하였으나, 피고로부터 이를 거절당하자, 본건 소송에 이르렀다.

본건 소송의 쟁점은, 피고가 수집·보유하고 있는 원고들의 개인정보를 ① 전기통사업법에 의한 통신자료제공요청에 따라 제3자에게 제공한 현황의 공개 의무와 ② 형사소송법에 의한 이메일에 대한 압수수색영장의 집행에 따라 제3자에게 제공한 현황의 공개 의무 부담 여부 및 ③ 위 각 의무 위반시 손해배상 책임 여부였다.

---

1) [참조 판례] 대법원 2012. 12. 27. 선고 2010다79206 판결.

2. 판결의 요지

가. 1심판결(서울중앙지방법원 2011. 1. 13. 선고 2010가합72880 판결)

전기통신사업법 제83조 제3항에 따라 전기통신사업자가 수사관서의 장 등에게 열람·제공하는 정보는 이용자의 성명, 주민등록번호, 주소, 전화번호, 아이디, 가입일 또는 해지일이고, 형사소송법 제215조에 의한 압수수색영장 집행에 따라 수사기관에 제공되는 이메일은 적어도 발신자와 수신자의 성명이나 아이디, 이메일 주소 등이 포함된다고 할 것인데, 이는 모두 다른 정보와 용이하게 결합할 경우 당해 개인을 알아볼 수 있는 정보이므로 정보통신망법 제2조 제1항 제6호의 개인정보에 해당한다고 전제한 후, 피고는 특별한 사정이 없는 한 정보통신망법 제30조 제2항 제2호, 제4항[2]에 따라 원고들에게 위 정보의 제3자 제공현황을 공개할 의무가 있다고 판단하였다.

그런데, 이메일에 대한 압수수색영장 집행의 경우 통신비밀보호법에서 피고에 대해 명시적으로 그 집행에 관한 비밀유지의무를 부과하고 있지는 아니하나, 통신제한조치, 통신사실 확인자료 제공 현황과 같이 수사진행중에 수사대상자에게 그 현황이 공개될 경우 수사상 어려움이 발생할 가능성이 크고, 검사 또는 사법경찰관이 통신비밀보호법 제9조의3[3]에 따라 종국처분을 한 날로부터 30일 이내에 그 대상자에게 집행사실을 통지하도록 한 취지에 비추어, 그와 같은 종국처분이 있기 전에는 피고가 그 집행현황을 공개하여서는 아니되는데 그와 같은 종국처분이 있었다는 증명이 없으므로 위 집행현황에 대한 공개가 금지된다고 판단하였다.[4]

---

2) 정보통신망법 제30조(이용자의 권리 등)
② 이용자는 정보통신서비스 제공자등에 대하여 본인에 관한 다음 각 호의 어느 하나의 사항에 대한 열람이나 제공을 요구할 수 있고 오류가 있는 경우에는 그 정정을 요구할 수 있다.
2. 정보통신서비스 제공자등이 이용자의 개인정보를 이용하거나 제3자에게 제공한 현황
④ 정보통신서비스 제공자등은 제2항에 따라 열람 또는 제공을 요구받으면 지체 없이 필요한 조치를 하여야 한다.

3) 통신비밀보호법 제9조의3(압수·수색·검증의 집행에 관한 통지)
① 검사는 송·수신이 완료된 전기통신에 대하여 압수·수색·검증을 집행한 경우 그 사건에 관하여 공소를 제기하거나 공소의 제기 또는 입건을 하지 아니하는 처분(기소중지결정을 제외한다)을 한 때에는 그 처분을 한 날부터 30일 이내에 수사대상이 된 가입자에게 압수·수색·검증을 집행한 사실을 서면으로 통지하여야 한다.
② 사법경찰관은 송·수신이 완료된 전기통신에 대하여 압수·수색·검증을 집행한 경우 그 사건에 관하여 검사로부터 공소를 제기하거나 제기하지 아니하는 처분의 통보를 받거나 내사사건에 관하여 입건하지 아니하는 처분을 한 때에는 그 날부터 30일 이내에 수사대상이 된 가입자에게 압수·수색·검증을 집행한 사실을 서면으로 통지하여야 한다.

4) 서울고등법원 2010. 9. 1. 선고 2009나103204 판결 참조. 이와 같은 논리는 주 1)의 참조판례인 대법원

손해배상책임 문제에 대하여는, ① 통신자료제공현황 공개거부와 관련하여 통신비밀보호법과 정보통신망법의 해석상 비밀유지의무와 통신사실자료제공은 일응 모순된다고 볼 여지가 있는 점, 피고는 구 정보통신부, 경찰청 등에 위 현황자료를 공개할 의무가 있는지에 대한 유권해석을 의뢰하여 그 답변에 따라 거절한 점, 피고가 제3자에게 원고들의 개인정보를 제공할 가능성이나 우려에 따른 불쾌감이나 불안감은 법령의 규정에 따라 발생하는 것이지 피고의 거절행위로 발생한 손해라고 보기 어려운 점 등을 이유로, ② 압수수색영장 집행현황의 공개거부와 관련해서는 피고에게 공개의무가 없으므로 위법성이 없다는 이유로 각 원고들에 대한 배상책임을 부정하였다.

결론적으로, 재판부는 전기통신사업법에 의한 통신사실자료제공 현황 공개청구만 인용하고 나머지는 모두 기각함에 따라 원고들은 승소 부분만 제외한 채 항소를 하였다.

나. 원심판결(서울고등법원 2011. 8. 26. 선고 2011나13717 판결)

원심은 기본적으로 1심의 결론와 이유를 그대로 인용하면서 통신자료제공현황 공개거부에서 야기된 손해배상으로서 위자료 청구부분에 한해 다음과 같은 보충의견을 제시하였다.

즉, 원고가 피고들에 대하여 통신자료제공현황의 공개거부로 인하여 원고들로서는 자신의 개인정보가 어떻게 수집·관리되고 있는지를 알 방법이 없어 어떤 정보통신서비스 제공자를 선택하거나 회원탈퇴를 할지 여부를 결정할 권리, 즉 개인정보자기결정권을 침해하였다고 볼 여지가 크다고 전제한 후, 이러한 원고들의 인적 이익에 침해에 대한 피고의 배상책임을 인정하려면 피고의 가해방법이나 가해태양이 현저히 공서양속에 반하는 고의에 의한 것이어서 위법성이 크다고 평가되고 원고들의 수인한도를 초과하여 피고가 금전으로 위자할 만한 구체적인 정신적 손해가 발생하였을 경우에 인정된다고 할 것인데, 1심에서 판시한 이유 외에도 원고들로서는 피고의 통신자료제공현황에 대한 공개거부시 피고 회원으로서의 탈퇴 여부 등을 결정할 자유를 여전히 가지고 있는 점, 전기통신사업법 제83조에 따른 통신자료제공이 공공목적을 지닌 것으로서 개인 신원 확인을 위해 필요한 정보에 그칠 뿐이어서 그 개인정보가 제3자에게 다시 유출되거나 원고들의 의사에 반하여 제3자에게 그 자료를 공유할 위험성이 희박해 보인다는 점 등을 종합하면 피고들이 막연한 '불안감'이나 '불쾌감'을 가지게 되었다 하더라도 이런 사정만으로 위와 같은 구체적인 정신적 손해가 발생하였다고

2010다79206 판결의 원심판결인 이 판결에서, 통신사실확인자료 제공에 관여한 통신기관의 비밀유지의무(통신비밀보호법 제13조의5, 제11조 제2항)는 같은 법 제13조3에 규정하는 수사기관의 종국처분 후 30일 이내 집행사실 통지를 해제조건으로 유지된다는 취지의 판결에 영향을 받은 것으로 보인다.

보기 힘들 뿐 아니라 공개거부로 인한 정신상 고통은 공개청구가 인용되어 승소한 것으로 회복이 된다는 이유로 피고의 위자료 배상책임을 부정하였다.

다. 대법원판결

기본적으로 원심판결의 결론과 이유를 그대로 인용하면서도, 피고에게 이메일에 대한 압수수색영장의 집행에 따라 제3자에게 제공한 현황의 공개 의무를 부정하는 논거를 달리하고 있다.

대법원 2010다79206 판결에서 설시한 바와 같이, 통신비밀보호법의 목적이 통신 및 대화의 비밀과 자유에 대한 제한 시 그 대상을 한정하고 엄격한 법적 절차를 거치도록 함으로써 통신비밀을 보호하고 통신의 자유를 신장하고자 하는 것인 점, 통신비밀보호법은 통신사실 확인자료5) 제공의 대상을 한정하고 그 사용용도를 일정한 경우로 제한하는 한편, 수사기관의 범죄수사를 위한 통신사실 확인자료 제공 등에 대한 통지의무 및 통신사실 확인자료 제공에 관여한 통신기관의 직원 등의 그 제공사항에 대한 비밀준수 의무를 규정하는 방법으로 전기통신 이용자의 통신비밀과 자유를 보호하고 있을 뿐, 더 나아가 전기통신 이용자에게 전기통신사업자를 상대로 통신사실 확인자료를 제3자에게 제공한 현황 등에 대한 열람 등을 청구할 권리를 인정하지 않는 점, 통신비밀보호법 제13조의3에서 규정한 통신사실 확인자료 제공의 집행사실에 관하여 수사기관이 통지를 할 무렵에는 통신비밀보호법 제13조의5[6)]에 의하여 준용되는 제11조 제2항[7)]의 통신기관 직원 등의 비밀준수의무가 해제된다고 볼 아무런 근거가 없는 점 등을 종합하면, 전기통신사업자는 수사종료 여부와 관계없이 통신비밀보호법 제13조의5, 제11조 제2항에 따라 전기통신 이용자를 포함한 외부에 대하여 통신사실 자료 제공 사항을 공개·누설하지 말아야 할 의무를 계속 부담하므로 이용자의 공개요구에도 응할 의무가 없다는 법리에 비추어 보면, 비록 송·수신이 완료된 전기통신에 대한 압수수색에 관해 위 통신비밀보호법 제11조 제2항이 직접 준용되지는 아니하나, 같은 법 제9

---

5) 통신사실확인자료는 통신비밀보호법 제2조 제11호에서 규정하고 있는바, 가입자의 전기통신일시, 전기통신 개시·종료시간, 발·착신 통신번호 등 상대방의 가입자번호, 사용도수, 컴퓨터통신 또는 인터넷의 사용자가 전기통신역무를 이용한 사실에 관한 컴퓨터통신 또는 인터넷의 로그기록자료, 정보통신망에 접속된 정보통신기기의 위치를 확인할 수 있는 발신기지국의 위치추적자료, 컴퓨터통신 또는 인터넷의 사용자가 정보통신망에 접속하기 위하여 사용하는 정보통신기기의 위치를 확인할 수 있는 접속지의 추적자료를 말한다.

6) 통신비밀보호법 제13조의5(비밀준수의무 및 자료의 사용 제한)
제11조 및 제12조의 규정은 제13조의 규정에 의한 통신사실 확인자료제공 및 제13조의4의 규정에 의한 통신사실 확인자료제공에 따른 비밀준수의무 및 통신사실확인자료의 사용제한에 관하여 이를 각각 준용한다.

7) 통신비밀보호법 제11조(비밀준수의 의무)
② 통신제한조치에 관여한 통신기관의 직원 또는 그 직에 있었던 자는 통신제한조치에 관한 사항을 외부에 공개하거나 누설하여서는 아니 된다.

조의3에서 전기통신에 대한 압수수색 집행사실의 가입자에 대한 통지에 관해 별도의 규정을
두어 그 통지의 주체 및 시기에 관해 한정하는 방법으로 압수수색 대상자의 알권리와 수사
상 기밀유지의 필요성을 함께 고려한 것으로 보이며 이런 입법목적을 달성하기 위해서는 같
은 법 제9조의3 이외의 다른 법률에 기해 수사기관 이외의 제3자가 전기통신에 대한 압수수
색 사항을 가입자에게 별도로 통지하는 것을 제한할 필요가 있는 점, 통신비밀보호법 제9조
의3은 제3자 정보제공 현황 공개의무를 규정한 정보통신망법 제30조의 2항 2호, 제4항의 특
칙에 해당되는 점, 전기통신에 대한 압수수색시 수사기관은 가입자의 전기통신 일시, 상대방
의 가입자번호, 사용도수 등 통신사실 확인자료에 해당하는 사항 또한 제공받게 되는 등 통
신사실 확인자료 제공과 불가분적으로 결합되어 있어 위 통신사실 확인자료 제공시 부담하
게 되는 통신기관 등의 비밀유지의무는 전기통신에 대한 압수수색 사항에 관해서도 부담한
다고 보아 원고들의 압수수색 사항의 열람·제공 요구에 응할 의무가 없다고 판단하였다.

3. 해설

전기통신사업자가 수사기관에 제공하는 정보는 수사대상자의 특정 및 확인에 활용되는
'통신자료', 그리고 범죄행위의 입증, 범인의 추적·검거에 활용되는 '통신사실 확인자료' 및
송·수신이 완료된 이메일, 문자메시지 등 '전기통신 관련 자료'(이하 '통신사실 확인자료'와 '전
기통신 관련 자료'는 '통신사실 확인자료 등'이라 한다)로 구별된다. 이 같은 자료는 수사기관의 입
장에서는 매우 유용하고 효과적인 자료이나 전기통신 이용자인 정보주체의 입장에서는 자신
의 개인정보가 수사기관과 전기통신사업자에 의해 오·남용될 우려와 위험을 걱정하지 않
을 수가 없게 되었다. 그런 이유로 그간의 입법 경향은 수사기관에 의한 통신 관련 자료 획
득에 대한 법적 통제를 강화하는 방향으로 진행되어 왔고, 다른 한편으로는, 정보주체의
개인정보 유통에 대한 자기 통제 문제가 전면에 등장하기에 이르렀는바, 본건 소송은 정보
주체, 수사기관, 전기통신사업자간의 갈등관계가 표면화된 상징적 사건이라 할 수 있을 것
이다.

결론적으로 대상판결은 정보주체가 전기통신사업자를 상대로 자신의 개인정보를 수사
기관에 제공된 현황의 공개요구를 할 수 있는 범위는 '통신자료'에 한정되고, '통신사실 확
인자료 등'에는 해당되지 않는 다는 사실을 최종 확인해 준 것이라 하겠다. '통신사실 확인
자료 등'의 획득에는 엄격한 법적 절차와 방법, 법원에 의한 심사라는 통제장치와 수사기관
에 의한 사후 통지라는 절차적 보완규정을 두었기에 정보통신망법 제30조 제2항 제2호, 제4
항에서 규정하는 '개인정보 제3자 제공현황 공개요구권'에 일정한 제약을 가하여 '수사의 필
요성'이라는 공익적 목적과 조화를 이룰 필요성이 인정되겠지만, '통신자료'의 제공은 전기

통신사업자의 재량적 판단에 따라 정보를 제공할 수 있을 뿐 아니라 법원의 의한 심사나 수사기관에 의한 사후 통지라는 보완규정이 없기에, 정보주체에게 위 공개요구권을 제한없이 보장하여 개인정보 유통에 대한 감시 및 통제를 해야 한다는 현실적인 필요성에 기인한 것으로 보여진다.

이하에서는, 대상판결에서 문제된 통신비밀보호법 제13조의5, 제11조 제2항에서 규정하고 있는 통신기관의 직원 등의 비밀유지 의무의 성격과 몇 가지 관련 문제들을 살펴보고자 한다.

가. 통신기관의 직원 등의 비밀유지의무의 성격

통신비밀보호법 제13조의5, 제11조 제2항에서는 범죄수사를 위해 통신사실 확인자료 제공에 관여한 통신기관의 직원 또는 그 직에 있었던 자는 통신제한조치에 관한 사항을 외부에 공개하거나 누설하여서는 아니 된다고 규정하여 통신기관의 직원 등에게 비밀유지 의무를 부과하고 있다.

1심 및 원심에서는 이 비밀유지의무가 수사가 종결되어 당사자에게 통지가 이루어지기까지 유효하고 그 이후에는 그 의무가 해제되어, 전기통신사업자로서는 정보통신망법 제30조 제2항 제2호, 제4항에 따라 '통신사실 확인자료의 수사기관 제공 현황'을 전기통신 이용자에게 공개할 의무를 진다고 판단하였다. 그러나 그와 같은 판단에는 다음과 같은 문제점들이 도사리고 있다.

첫째, 통신비밀보호법 제3조 제1항 및 전기통신사업법 제83조 제2항과의 충돌을 막을 수가 없다. 통신비밀보호법 제3조 제1항에서는 '누구든지 이 법과 …의하지 아니하고는 … 통신사실 확인자료의 제공을 … 하지 못한다'라고 규정하고 있고, 전기통신사업법 제83조 제2항에서는 '전기통신업무에 종사하는 자 또는 종사하였던 자는 그 재직 중에 통신에 관하여 알게 된 타인의 비밀을 누설하여서는 아니 된다'고 규정하면서, 이를 어기게 되면 형사처벌을 하도록 하고 있다. 그런데 통신비밀보호법 제13조의5, 제11조 제2항의 비밀유지의무 조항에서는 비밀유지의 대상이 될 상대방을 '외부'라고만 규정하고 있지 전기통신의 이용자 또는 정보주체로 한정하고 있지 아니하므로 위와같은 법리해석을 문언에 충실하게 적용해 본다면, 수사의 종결과 통지로 그 비밀유지의무가 해제되어 '외부'의 누구나에게 통신사실 확인자료 제공사실을 공개해도 된다는 결론에 이르는데, 이는 위 통신비밀보호법 제3조 제1항과 전기통신사업법 제83조 제2항에서 규정하고 있는 일반적 비밀유지의무를 정면으로 위반하게 되는 결론에 이르러, 동일법이나 관련법의 체계적 해석에 어려움이 따른다.

둘째, 통신비밀보호법 제13조의3[8])에서는 통신사실 확인자료를 제공받은 수사기관은 수사가 종료한 때로부터 30일내에 그 자료를 제공받은 사실과 제공요청기관 및 그 기간을 서면으로 통지하도록 규정하고 있다. 따라서 정보주체로서는 위와 같은 통지를 받은 후 그 구체적인 내용을 더 알고 싶은 경우 당해 수사기관을 상대로 공공기관의 정보공개청구나 수사기록의 열람, 검사가 보관하고 있는 서류 등의 열람·등사 청구를 통해 그 목적으로 달성할 수 있을 것이어서 구태여 전기통신사업자에게 '수사기관에 제공한 통신사실 확인자료'의 공개를 구해야 할 현실적인 필요성도 희박하다.

셋째, 통신비밀보호법은 전기통신사업자의 직원 등이 같은 법 제13조의5, 제11조 제2항의 규정에 위반하여 통신사실 확인자료 제공에 관한 사실을 누설할 경우 같은 법 제16조 제2항 제2호에 의하여 10년 이하의 징역에 처하도록 규정하고 있다. 그런데 이 의무가 해제되는 조건을 수사기관의 수사종료 통지라고 본다면, 통신사업자 입장에서는 수사기관이 언제 수사종료를 할지 알 수도 없을 뿐 아니라 같은 법 제13조의3 제2항에 의하여 준용되는 같은 법 제9조 제4항 제1호·제2호에는 '국가의 안전보장·공공의 안녕질서를 위태롭게 할 현저한 우려가 있을 때, 사람의 생명·신체에 중대한 위험을 초래할 염려가 현저할 때' 위와 같은 통지를 유예할 수 있도록 규정해 놓았기에 그 비밀준수의무가 해제되는 시기를 파악조차 불가능하므로,[9]) 이런 불확정한 조건에 의해 전기통신사업자를 형사처벌의 위험성에 노출시킨다는 것은 형사처벌 규정의 명확성의 법리에 비추어도 문제가 없다 할 수 없는 것이다.

나. 손해배상책임으로서 위자료 인정 여부

앞서 설명한 것과 같이, 대법원은, "원고들이 피고의 정보제공 사항 공개 거부를 인하여 피고가 원고들의 개인정보를 제3자에게 제공한 사실이 있는지를 확인할 수 없다는 막연한 '불안감'이나 '불쾌감'을 가지게 되었더라도 이러한 사정만으로 피고의 공개 거부로 인하여 원고들이 수인한도를 초과하여 금전으로 위자할 만한 구체적인 정신적 손해가 발생하였다고 단정하기 어렵다"는 이유로 원고들의 위자료 청구를 받아들이지 아니하였다.

원고들이 주장하는 막연한 '불안감'이나 '불쾌감'이 피고의 정보공개거부로 인한 것인지

---

8) 통신비밀보호법 제13조의3(범죄수사를 위한 통신사실 확인자료제공의 통지)
   ① 제13조의 규정에 의하여 통신사실 확인자료제공을 받은 사건에 관하여 공소를 제기하거나, 공소의 제기 또는 입건을 하지 아니하는 처분(기소중지결정을 제외한다)을 한 때에는 그 처분을 한 날부터 30일 이내에 통신사실 확인자료제공을 받은 사실과 제공요청기관 및 그 기간 등을 서면으로 통지하여야 한다.
   ② 제1항에 규정된 사항 외에 통신사실 확인자료제공을 받은 사실 등에 관하여는 제9조의2(동조 제3항을 제외한다)의 규정을 준용한다.
9) 김태준, "이동전화 이용자의 통신사에 대한 통신사실 확인자료 제공요청서 등의 열람·등사 청구권의 유무", 2013. 2. 19. 한국정보법학회 월례연구회 발표자료집<http://kafil.or.kr/?p=2583> 사이트 참조.

아니면 원고들의 개인정보를 제3자에게 제공할 수 있도록 규정한 법령에 기인한 것인지가 불분명할 뿐 아니라 그와 같은 불안감이나 불쾌감을 해소하려면 본건과 같이 법원의 공개명령을 구하거나 전기통신사업자의 감독관청인 미래창조과학부에 시정명령을 구할 수도 있을 것이며 이러한 조치로도 회복할 수 없는 정신적 손해는 특별손해라고 할 것인데, 과연 그러한 특별손해가 있을지도 의문이다. 법원의 대상판결 이유를 지지한다.

그런데, SKT 등 3대 통신사들을 상대로 이동통신가입자들이 '통신자료의 제3자 제공사실'을 거부하거나 지체하여 공개하였다는 이유로 공개명령 및 위자료청구 소송을 제기한 사건에서, 제1심 법원은(서울중앙지방법원 2014. 5. 20. 선고 2013가합517759 판결 참조) 대상판결의 논지와 마찬가지로 공개 지연 내지 거부로 인한 통신사들의 위자료 책임을 인정하지 않았는데, 항소심 법원은(서울고등법원 2015. 1. 19. 선고 2014나2020811 판결 참조) 공개 지연 내지 거부 자체가 불법행위를 성립한다고 보고 아무런 보충적 이유 설시 없이 바로 통신사들의 위자료 책임을 인정하였다. 사건의 내용을 살펴보면, 위 항소심판결은 대상판결과 결론과 이유를 달리할 아무런 이유가 없어 보이는데, 대상판결이 선고되기 전에 판결 선고된 측면을 고려한다면 위 사건의 상고심에서는 본건 대상판결과 결론을 같이 하지 않을까 조심스레 관측해 본다.

다. 전기통신사업자의 '통신자료제공'에 관한 실체적 심사의무 유무

'통신자료의 제3자 제공'과 관련하여, 본건과 같은 그 현황의 공개의무와는 달리 그 전단계인 '제공의 적법 유무'를 다투는 다음과 같은 소송이 제기되어 계속 중이다.

원고는 피고인 엔에치엔 주식회사가 운영하는 인터넷 포털사이트인 '네이버'의 "Mr. Kim's English Class^^"라는 카페회원인 자로서, 2010. 3.경 피겨선수인 김○○가 한국에 입국할 당시 유○○장관과 찍은 사진 중 어색한 장면에 대하여 패러디하여 올린 게시물을 다른 인터넷 사이트에서 스크랩하여 위 카페 게시판에 올린 사실로 인하여 수사를 받게 되었는바, 피고가 원고의 개인정보 보호의무를 태만히 하거나 망각한 채 원고의 네이버 아이디, 이름, 주민번호, 이메일, 휴대폰 번호, 네이버 가입일자를 제공한 위법을 저질렀으니 손해를 배상하라는 소송을 제기하였다.

전기통신사업법 제83조 제3항[10])(2010. 3. 22. 법률 제10166호로 전부 개정되기 전 구 전기통신

---

10) 전기통신사업법 제83조(통신비밀의 보호)
　　③ 전기통신사업자는 법원, 검사 또는 수사관서의 장(군 수사기관의 장, 국세청장 및 지방국세청장을 포함한다. 이하 같다), 정보수사기관의 장이 재판, 수사(「조세범 처벌법」 제10조제1항·제3항·제4항의 범죄 중 전화, 인터넷 등을 이용한 범칙사건의 조사를 포함한다), 형의 집행 또는 국가안전보장에 대한 위해를 방지하기 위한 정보수집을 위하여 다음 각 호의 자료의 열람이나 제출(이하 "통신자료제공"이라 한다)을 요청하면 그 요청에 따를 수 있다.
　　1. 이용자의 성명

사업법 제54조 제3항과 동일)에 의거 수사관서로부터 전기통신 이용자의 통신자료 제공을 요청 받을 경우, 전기통신사업자가 혐의가 있는 범죄사실 및 그러한 범죄사실과 요청 대상자와의 관련성 정도 등을 실체적으로 심사하여 범죄 혐의가 인정되지 않는다고 판단되는 경우 대상 자의 개인정보를 제공하지 않거나 성명만을 공개하는 등 그 범위를 제한하여 정보제공을 해 야 할 실체적 심사의무가 있는지 여부에 관해, 1심 법원은(서울중앙지방법원 2011. 1. 13. 선고 2010가합72873 판결 참조), 이런 판단은 사법영역의 판단으로서 고도의 경험과 전문적 지식이 요구되는 분야인 점, 위 규정에 의해 제공되는 정보는 개인신원 확인을 위해 필요한 정보에 그치는 점을 고려해 실체적 심사의무가 없다고 판단한 데 반하여, 항소심 법원은(서울고등법 원 2012. 10. 28. 선고 2011나19012 판결 참조) 피고의 사업목적 및 역할, 법령 및 이용약관의 규 정 취지 등에 비추어 피고는 원고의 개인정보 보호를 위해 최선을 다해야 할 뿐 아니라 위 규정이 일반적인 수사협조 의무를 확인하고 있을 뿐 수사기관의 개인정보 요청에 따라야 할 어떤 의무도 부담하고 있지 않은 점, 전기통신사업자가 응하지 않을 경우 영장주의 원칙으 로 돌아가 법관의 영장을 발부받으면 되는 점 등을 고려하면 피고에게 위와 같은 실체적 심 사의무가 있음을 인정하였다. 이러한 항소심판결의 취지를 그대로 받아들인다면 수사관행의 엄청난 변화를 겪게 될 것으로 보인다. 즉 전기통신사업자들로서 통신자료제공으로 인한 손 해배상 책임에서 자유로워지고자 그 제공요청을 거부하는 사례가 빈발할 것이고 그에 따라 수사기관으로서는 압수수색영장을 발부받을 수밖에 없으므로 그 영장청구의 급증이 예상되 며 국정감사 등에서 그 이유를 추궁당하는 일이 발생할 것으로 예상된다. 그러나 대법원은, 위와 같이 통신사업자에게 실체적 심사의무를 요구하는 것은 전기통신에 관한 다른 개인정 보와는 다르게 그 제공방법과 절차를 정한 구 전기통신사업법 제54조 제3항의 입법취지에도 부합하지 않을 뿐 아니라 수사기관의 권한남용에 대한 통제책임을 사인(私人)에게 전가시키 는 것에 다름없다는 등의 이유로 통신사업자의 실체적 심사의무를 인정하지 아니하였다(대법 원 2016. 3. 10. 선고 2012다105482 판결 참조).

4. 판결의 의의

대상판결은 개인정보 보호의 당위성과 수사의 필요성, 제공되는 정보의 종류와 효용성, 제공절차 등을 종합적으로 고려하여 합리적인 결론에 이른 것으로 판단된다. 특히 통신비밀

---

2. 이용자의 주민등록번호
3. 이용자의 주소
4. 이용자의 전화번호
5. 이용자의 아이디(컴퓨터시스템이나 통신망의 정당한 이용자임을 알아보기 위한 이용자 식별부호를 말한다)
6. 이용자의 가입일 또는 해지일

보호법 제9조의3의 수사기관 통지의무 규정을 정보통신망법 제30조 제2항 제2호, 제4항에 따른 이용자 권리규정의 특칙으로 본 것은 통신비밀보호법 제13조의5, 제11조 제2항의 비밀유지의무에 의하여 전적으로 제약될 수 있는 정보통신망법상 이용자 권리가 위 통지의무에 기해 어느 정도 충족된다고 판단하여 각 충돌하는 법익간의 합리적인 조정을 한 결과로 보인다. 다만, 이메일에 대한 압수수색이 통신사실 확인자료 제공을 수반되지 않는 경우가 있을 수 있고, 통신비밀보호법 제11조 2항에 대해서는 형사처벌 규정까지 있는 마당에 해석론적으로 이메일에 대한 압수수색의 모든 경우에 위 비밀유지의무를 지도록 하는 것은 신중을 기해야 할 것으로 보인다. 본건 대상판결에서도 밝히다시피 이메일에 대한 압수수색은 형사소송법 제219조 제122조 단서의 '급속을 요하는 때'에 해당된다고 보아 대상자의 참여권이 배제되는 경우가 많아 이메일 수·발신인에 대한 통지규정이 미비하다는 지적에 따라 2009. 5. 28. 통신비밀보호법 제9조의3이 신설되었는데, 이 당시 같은 법 제11조를 준용하는 규정을 두었다면 입법적으로 해결될 수 있는 문제였으므로 앞으로 이 점에 대한 보충입법이 필요할 것으로 보인다.

79 인터넷이용자 개인정보 제공의 법적 문제

대법원 2016. 3. 10. 선고 2012다105482 판결[1]

손형섭(경성대학교 법정대학 교수)

1. 사안의 개요

가. 사건 개요

피고는 인터넷 포털사이트이고, 해당 인터넷 포털사이트가 제공하는 각종 서비스를 이용하기 위해서는 피고가 정한 양식에 따른 가입신청을 하고 약관에 동의하여 회원가입을 하여야 하는데, 피고의 이용약관 및 개인정보취급방침에서는 개인정보보호에 관련된 내용을 게시하고 있다. 원고는 2004. 10. 10. 위 포털에 동의하고 회원으로 가입하여 피고와 서비스이용계약을 체결한 이후 포털에 개설된 카페의 회원으로 활동하였는데, 이 사건 카페는 영어 학원 강사가 수강생들을 대상으로 강의활용 목적으로 만든 것이어서 회원 수는 1,500명 정도이다. 원고는 2010. 3. 4.경 인터넷 검색을 하다 밴쿠버 동계올림픽 선수단 귀국 당시 소외1 장관이 금메달리스트인 소외2 선수를 환영하면서 두 손으로 어깨를 두드리자 소외2 선수가 이를 피하는 것 같은 장면을 편집한 사진이 게시되어 있는 것을 발견하고 이를 이 사건 카페의 유머게시판에 '퍼옴'이라고 표시하여 올렸다. 그 후 소외1 장관은 2010. 3. 5. 이 사건 게시물을 인터넷에 올린 사람들에 대해 명예훼손을 이유로 고소를 제기하였고, 이에 서울종로경찰서장은 2010. 3. 8. 피고에게 아래와 같이 원고 외 2명의 인적사항을 제공해 달라고 요청하였으며, 이때 서울종로경찰서장은 통신자료 제공요청서 이외에 어떠한 자료도

1) [참조 및 관련 판례] 원심판결: 서울중앙지방법원 2011. 1. 13. 선고 2010가합72873 판결. 관련결정: 헌법재판소 2012. 8. 23. 2010헌마439 결정. 참고: 대법원 1998. 7. 24. 선고 96다42789 판결; 헌법재판소 2005. 5. 26. 선고 99헌마513 결정 등; 대법원 2011. 9. 2. 선고 2008다42430 판결 등.
   [관련 평석 및 문헌] 임상혁, "서울고법 2011나19012판결", 법률뉴스 2013. 8. 1; 임규철, "전기통신사업자의 수사기관으로의 통신정보 제공 시 문제점과 개선방향", 헌법학연구 제19권 제3호, 2013.9; 박찬걸·강동욱, "전기통신사업법상 통신자료 제공제도의 문제점과 개선방안", 법과 정책연구 제14집 제1호, 2014. 3; 拙稿, "인터넷이용자 개인정보 제공에 관한 법적 연구", 공법연구 제42권 2호(2013. 10), 151-181면.

제공하지 않았다.

피고는 이틀 뒤 서울종로경찰서장에게 원고 외 2명의 '포털 ID, 이름, 주민번호, 이메일, 휴대폰 번호, 포털 가입일자'를 제공하였다. 이에 따라 서울종로경찰서장은 원고를 소환하여 명예훼손 혐의를 조사하였으나, 그 뒤 2010. 4. 28. 원고에 대한 고소가 취하되어 사건이 종결되었다. 한편 피고는 수사기관으로부터 연간 수십만 건의 이용자 개인정보 제공요청을 받고 있고, 통신비밀 전담기구로 이사 1명, 팀장급 직원 1명, 실무자 4명으로 구성된 개인정보보호팀을 설치하여 운영하고 있으나, 위 전담기구가 개별적인 통신자료 요청 건에 대해 별도의 점검회의 등을 하지는 않았다.

나. 판결 경과

(1) 제1심판결(서울중앙지방법원 2011. 1. 13. 선고 2010가합72873 판결)

이 사건 제1심 법원은 피고가 이용약관에서 개인정보보호의무를 규정하고 있다는 사유만으로는 피고에게 수사관서의 개인정보 제공요청에 대해 원고의 주장과 같은 실체적 심사의무가 있다고 인정하기에 부족하고, 달리 이를 인정할 만한 증거가 없으므로, 이를 전제로 한 원고의 위 주장은 이유 없다."고 원고 청구를 기각했다.

(2) 제2심판결(서울고등법원 2012. 10. 18. 선고 2011나19012 판결)

이 사건 제2심 법원에서는, ① 피고의 '개인정보 취급방침'에는 개인정보를 외부에 공개하지 않는 원칙의 예외로 "법령의 규정에 의하거나 수사 목적으로 법령에 정해진 절차와 방법에 따라 수사기관의 '요구'가 있는 경우"라고 기재되어 있어 있으나, 실제로는 구 전기통신사업법을 근거로 수사기관의 '요청'이 있기만 하면 언제나 예외 없이 이용자의 인적사항 일체를 수사기관에 제공하여온 점, 수사기관의 'ID와 인적사항일체'에 대한 요청에 대하여 '이메일 주소'까지 제공한 점, ③ 이 사건 게시물이 공적 인물을 대상으로 한 것으로 명예훼손에 해당하기 어렵고 급박하게 개인정보를 제공해야 할 특별한 사정이 없는 것 등으로 원고의 개인정보 자기결정권 내기 익명표현의 자유를 침해하고 이에 의해 정신적 고통을 받았을 것은 경험칙상 명백함으로 위자료 500,000원의 배상을 판결하였다.

2. 판결의 요지

가. 구 전기통신사업법 제54조 제3항·제4항은 검사 또는 수사관서의 장이 수사 등을 위하여 요청사유, 해당 이용자와의 연관성, 필요한 자료의 범위를 기재한 자료제공요청서로

통신자료의 제공을 요청하면 전기통신사업자는 이에 응할 수 있다고만 규정하고 있을 뿐, 전기통신사업자가 개별 사안의 구체적 내용을 살펴 그 제공 여부 등을 실질적으로 심사하도록 정하고 있지 않다. 현실적으로 사법기관도 아닌 전기통신사업자에게 수사기관에 통신자료가 제공됨으로써 해당 이용자가 입게 되는 기본권 침해 등의 피해법익과 통신자료 제공으로 달성하려는 보호법익 사이의 이익형량이나 사안의 중대성과 긴급성 등 개별 사안의 구체적인 내용에 대한 실질적인 심사를 요구하거나 기대하기는 어렵다. 오히려 전기통신사업자에 의하여 이러한 심사가 행해질 경우 그 과정에서 혐의사실의 누설이나 그 밖에 별도의 사생활 침해 등을 야기할 가능성이 더 크다.

　　나. 현재 또는 과거에 이루어진 전기통신의 내용이나 외형적 정보에 대하여는 법원의 허가나 법관의 영장에 의하여만 이를 제공받을 수 있도록 한 반면, 전기통신사업법 제54조 제3항, 제4항은 이용자의 인적사항에 관한 정보에 해당하는 통신자료에 대하여는 수사기관의 서면요청만으로도 전기통신사업자가 이를 제공할 수 있도록 하고 있는데, 이는 수사상 신속과 다른 범죄의 예방 등을 위하여 해당 개인정보의 내용과 성격 등에 따라 통신자료에 대하여는 법원의 허가나 법원의 영장 없이도 일정한 사항을 기재한 수사기관의 자료제공요청서라는 서면요청에 의해 통신자료를 제공하여 수사에 협조할 수 있도록 한 것이라고 볼 것이다. 따라서 이러한 형식적·절차적 요건 이외에 별도로 전기통신사업자에게 위와 같은 실질적 심사의무를 부과하는 것은 전기통신사업법 제54조의 입법취지에도 부합하지 않는다.

　　다. 전기통신사업법 제54조 제3항에서 수사기관의 요청에 의하면 전기통신사업자가 제공할 수 있는 이용자의 통신자료는 그 이용자의 인적사항에 관한 정보로서, 이는 주로 수사의 초기단계에서 범죄의 피의자와 피해자를 특정하기 위하여 가장 기초적이고 신속하게 확인하여야 할 정보에 해당하는데, 위 규정에 의한 전기통신사업자의 통신 자료 제공으로 범죄에 대한 신속한 대처 등의 중요한 공익을 달성할 수 있음에 비하여, 통신자료가 제공됨으로써 제한되는 사익은 해당 이용자의 인적사항에 한정된다. 그리고 수사기관은 형사소송법 제198조 제2항 등에 의해 수사기관에 제공됨으로 인한 사익의 침해 정도가 상대적으로 크지 않다고 할 수 있다. 따라서 전기통신사업자로서는 수사기관이 형식적·절차적 요건을 갖추어 통신자료 제공을 요청할 경우 원칙적으로 이에 응하는 것이 타당하다.

　　라. 물론 전기통신사업자가 수사기관의 통신자료 제공 요청에 따라 통신자료를 제공함에 있어서, 수사기관이 그 제공 요청권한을 남용하는 경우에는 이용자의 인적사항에 관한 정보가 수사기관에 제공됨으로 인하여 해당 이용자의 개인정보와 관련된 기본권 등이 부당하게 침해될 가능성도 있다. 그러나 수사기관의 권한 남용에 대한 통제는 국가나 해당 수사기관에 대하여 직접 이루어져야 함이 원칙이다. 수사기관이 통신자료 제공을 요청하는 경우에도 전기통신사업자에게 실질적 심사의무를 인정하여 일반적으로 그 제공으로 인한 책임을

지게 하는 것은 국가나 해당 수사기관의 부담하여야 할 책임을 사인(私人)에게 전가시키는 것과 다름없다. 따라서 수사기관의 권한 남용에 의해 통신자료가 제공되어 해당 이용자의 개인정보에 관한 기본권 등이 침해되었다면 그 책임은 이를 제공한 전기통신사업자가 아니라, 이를 요청하여 제공받은 국가나 해당 수사기관에 직접 추궁하는 것이 타당하다.

　　마. 이 사건에서 전기통신사업법 제54조 제3항·제4항에 따라 전기통신사업자인 피고에게 이 사건 게시물에 관한 통신자료의 제공을 요청하자, 피고가 위 규정에서 정한 요건과 절차에 따라 종로경찰서장에게 원고의 이메일 주소도 제공하였으나 그 이메일 주소는 원고의 네이버 아이디에 '@naver.com'이 붙어있는 것이어서 원고의 네이버 아이디와 별개의 개인정보를 담고 있다고 평가하기 어려워 전기통신사업법 제54조 제3항에서 정한 제공의 범위를 초과하였다고 볼 수 없으며, 달리 종로경찰서장이 그 권한을 남용하여 통신자료 제공을 요청하는 것임이 객관적으로 명백하였다거나 그로 인하여 원고의 이익을 부당하게 침해할 우려가 있었다는 등의 특별한 사정을 찾을 수 없다.

　　바. 그럼에도 원심은 피고가 원고의 개인정보자기결정권 및 익명표현의 자유를 위법하게 침해하였다고 판단하여 피고의 원고에 대한 손해배상책임을 인정하였으므로, 이러한 원심의 판단에는 전기통신사업법 제54조 제3항에 따른 전기통신사업자의 통신자료 제공을 위한 심사의 범위, 손해배상책임의 성립요건 등에 관한 법리를 오해하여 판결에 영향을 미친 위법이 있다. 그러므로 원심판결 중 피고 패소 부분을 파기하고, 이 부분 사건을 서울고등법원에 환송한다.

3. 해설

가. 이메일과 휴대폰번호

　　개인정보자기통제권[2]과 익명표현의 자유는 헌법상의 기본권이다. 그러나 기본권 침해가 즉시 손해배상을 인정하고 위자료를 산출하지 않는다. 이 기본권을 피고가 침해하여 손해배상의무를 지고 위자료를 책정하기 위해서는 몇 가지 논증작업이 필요하다. 또한 개인정보를 보호를 하는 방법으로는 개인정보보호법과 같은 특유의 법제를 통하는 방법과 민법과 같은 일반법을 통하는 방법이 있다.

　　'정보통신망 이용촉진 및 정보보호 등에 관한 법률' 제2조 제1항 제6호에서 "개인정보란 생존하는 개인에 관한 정보로서 성명·주민등록번호 등에 의하여 특정한 개인을 알아볼 수 있는 부호·문자·음성·음향 및 영상 등의 정보(해당 정보만으로는 특정 개인을 알아볼 수 없

---

2) 대법원 1998. 7. 24. 선고 96다42789 판결; 헌법재판소 2005. 5. 26. 선고 99헌마513 등 결정.

어도 다른 정보와 쉽게 결합하여 알아볼 수 있는 경우에는 그 정보를 포함한다)를 말한다."고 정의하고 있다. 한편 이 사건 이후 2011년 제정된 '개인정보보호법'[3] 제2조 제1호에서, "개인정보란 살아 있는 개인에 관한 정보로서 성명, 주민등록번호 및 영상 등을 통하여 개인을 알아볼 수 있는 정보(해당 정보만으로는 특정 개인을 알아볼 수 없더라도 다른 정보와 쉽게 결합하여 알아볼 수 있는 것을 포함한다)를 말한다."고 정의하고 있다.[4] 동법에 따르면 이름은 개인정보에 해당하고, 개인을 고유하게 구별하기 위하여 부여된 식별정보인 "고유식별정보"(동법 제24조 제1항)는 대통령령 제19조에서 주민등록번호, 여권번호, 운전 면허번호, 외국인등록번호로 정하고 있다.[5]

이 사건에서 피고 정보통신사업자는 이틀 뒤 서울종로경찰서장에게 원고 외 2명의 '네이버 ID, 이름, 주민번호, 이메일, 휴대폰 번호, 네이버 가입일자'를 제공하였다. 따라서 위 제공 정보 중 이름은 개인정보에 해당하고 주민번호는 고유식별정보이고 나머지 네이버 ID, 이메일, 휴대폰 번호, 네이버 가입일자는 개인정보에 해당하지 않는다. 이메일과 휴대폰 번호는 이 사건에서 예외적으로 다른 정보와 쉽게 결합하여 알아볼 수 있는 것으로서 이 사건에서는 개인정보로 인정될 수 있다.[6]

나. 통신자료 제공의 심사여지

(1) 통신비밀보호법에서 통신사실확인자료는 영장이 아닌 '법원이 허가'를 통해 수사기관이 취득 가능하도록 하고 있다. 통신사실확인자료에 대한 '법원의 허가'를 법원실무는 대법원 규칙에 따라 영장을 담당하는 법관이 이를 처리하고 있어 사실상 일반영장과 구별이 힘들다. 따라서 법원의 허가를 현실적으로 영장주의에 준해서 해석해도 무리가 없다는 의견도 있다.[7]

전기통신사업법 규정은 통신자료에 대해 '수사기관의 요청'을 통해 수사기관이 취득 가능하도록 하고 있다. 종래의 견해에 따르면, 전기통신사업자에게 통신사실확인자료의 제공은 통신비밀보호법에 따라 법원의 허가를 거쳐 의무적으로 제공되나, 통신자료 제공은 수사기

---

3) 법률 제11990호 일부개정 2013. 8. 6.
4) 김주영·손형섭, 개인정보보호법의 이해, 법문사, 2012, 160면 이하.
5) 고유식별정보에는 그 사람에게 고유한 정보로 개인을 식별할 수 있게 하는 정보로서 이외에 유전자 정보도 거론된다. 하지만 고유식별정보는 법령에 따라 개인을 고유하게 구별하기 위하여 부여되는 식별정보이므로 위 대통령령으로 정하는 정보에 한하여 특별히 그 처리를 제한하고 있다(동 시행령 제18조 제2항). 이창범, 개인정보보호법, 법문사, 2012, 220면 참조.
6) 기타 개인정보 부정 수집에 관한 참고할 만한 하급법원 사건으로는 서울중앙지방법원 2011. 2. 23. 선고 2010고단5343 판결(정보통신망 이용촉진 및 정보보호 등에 관한 법률 위반) 사건이 있다. 이 사건에서는 스마트폰 증권시세 애플리케이션을 통하여 스마트폰 이용자의 imel(국제모바일 단말기 인증번호)과 usim 일련번호의 조합' 정보를 읽어 오는 등의 방법으로 개인정보를 수집한 사건으로 피고인 등에게 벌금 700만 원 등에 처하였다.
7) 임규철, 앞의 논문(주 1), 282면. 실제로 법원의 허가에 대하여 실무상 영장이라는 표현을 쓰기도 한다.

관의 요청에 의하여 재량적으로 제공할 수 있도록 하고 있다.[8] 이 사건 원심(서울고등법원)의 판결은 이런 해석과 일치한다. 고법 판결에 따르면, 전기통신사업자는 수사기관의 개인정보 제공 요청에 대하여 이용자에게 개인정보 제공의 동의를 받거나, 개인정보보호 담당자 혹은 담당 팀에서 개인정보제공에 대한 타당성 점검회의 및 그 검토 사실에 대한 결과 유지하고 이용자에게 사전·사후 통지한다면, 민법 제390조에 의한 계약책임은 배제될 수 있고, 나아가 제750조의 불법행위 책임도 면책될 수 있다고 본다. 또한 이 과정에서 무분별한 통신자료 제공에 대한 제한도 이루어질 수 있다.

반면, 대법원의 판결에 따르면 "통신자료에 대하여는 수사기관의 서면요청만으로도 전기통신사업자가 이를 제공할 수 있도록 하고 있는데, 이는 수사상 신속과 다른 범죄의 예방 등을 위하여 해당 개인정보의 내용과 성격 등에 따라 통신자료에 대하여는 법원의 허가나 법원의 영장 없이도 일정한 사항을 기재한 수사기관의 자료제공요청서라는 서면요청에 의해 통신자료를 제공하여 수사에 협조할 수 있도록 한 것이라고 볼 것이다. 따라서 이러한 형식적·절차적 요건 이외에 별도로 전기통신사업자에게 위와 같은 실질적 심사의무를 부과하는 것은 전기통신사업법 제54조의 입법취지에도 부합하지 않는다."고 판시한 것이다.

(2) 그러나, 이미 헌법재판소는 이 법률조항이 "전기통신사업자에게 이용자에 관한 통신자료를 수사관서의 장의 요청에 응하여 합법적으로 제공할 수 있는 권한을 부여하고 있을 뿐이지 어떠한 의무도 부과하고 있지 않다. 따라서 전기통신사업자는 수사관서의 장의 요청이 있더라도 이에 응하지 아니할 수 있고, 이 경우 아무런 제재도 받지 아니한다."(헌법재판소 2012. 8. 23. 2010헌마439 결정, 판례집 24-2상, 641)고 판단하며 이 규정이 임의규정이라는 결정을 한 바 있으나, 이 대법원 판결은 헌법재판소의 다수의견에 반하는 판결을 한 것이다.

결국 국민은 통신자료 제공에 관하여 개인정보의 제공에 대한 부당성 문제를 헌법재판소로부터도 대법원으로부터도 보호받지 못하고 그저 수인할 수밖에 없는 상황이 되었다. 대법원의 판결에 따라 "수사기관이 이 제공 요청권한을 남용하여 개인정보와 관련된 기본권

---

8) 통신사실 확인자료와 통신자료의 법적 구분

근거 법률	통신비밀보호법	전기통신사업법
제공 범위	통신사실 확인자료(제13조 등) 상대방 전화번호, 통화 일시 및 시간, 발·착신번호, 접속자자료, 인터넷 로그기록, 기지국 위치 추적 정보	통신자료(제83조 등) 이용자 인적사항 성명, 주민번호, 주소, 전화번호, 아이디, 가입·해지일자
요청 기관	검사, 경찰, 정보수사기관장, 법원	검사, 수사기관장, 정보수사기관장, 법원
요청 절차	관할법원 및 지원의 허가	4급 이상 공무원(수사관서장) 결재
당사자에게 자료 제공받은 사실 통지 여부	공소 및 입건을 하지 아니하는 처분이 있은 후 30일 내 자료를 제공받은 사실 통지	해당 없음
위반시 벌칙	5년 이하의 징역 또는 3천만 원 이하의 벌금	5년 이하의 징역 또는 2억원 이하의 벌금

등이 부당하게 침해될 그러한 남용에 대한 통제는 국가나 해당 수사기관에 대하여 직접 추궁"해야만 한다는 것이다.

(3) 2011년 시행된 '개인정보보호법'에서는 개인정보의 제3자 제공은 동법 제17조(개인정보의 제공)에 의해 ① 정보주체의 동의를 받은 경우, ② 법률에 특별한 규정이 있거나 법령상 의무를 준수하기 위하여 불가피한 경우, ③ 공공기관이 법령 등에서 정하는 소관 업무의 수행을 위하여 불가피한 경우, ④ 정보주체 또는 그 법정대리인이 의사표시를 할 수 없는 상태에 있거나 주소불명 등으로 사전 동의를 받을 수 없는 경우로서 명백히 정보주체 또는 제3자의 급박한 생명, 신체, 재산의 이익을 위하여 필요하다고 인정되는 경우의 어느 하나에 해당되는 경우에 정보주체의 개인정보를 제공할 수 있다. 여기에 정보주체와 계약의 체결 및 이행을 위하여 불가피하게 필요한 경우(동법 제15조의 제4호)는 제외되어 있다. 따라서 '개인정보보호법' 시행 이후부터 ISP가 정보를 제3자에게 제공할 때에는 위의 조건을 갖추었는지 검토하고 기록을 유지해야 한다. 그런데 전기통신사업법에서의 통신자료 제공은 위에서 법률의 특별한 규정이 있는 경우로 전기통신사업자에게 제공의무를 규정한 강제수사규정이라는 해석에는 의문이 있다. 오늘날 수사기관으로 통신정보의 과다제공 등으로 인한 오남용을 막기 위해서는 헌법이 규정하고 있는 영장주의와 적법절차의 원리가 더욱 강하게 준수되어야[9] 하는 것이 아닌지 의문이다.

4. 판결의 의의

가. 이 사건 대법원판결은 고등법원 판결에 비하여, 피고인 포털사업자의 개인정보 제공 책임을 면제하는 데 초점을 맞춘 판결로 평가된다. 따라서 수사기관의 요구에 따라 정보통신사업자는 심사 없이 제공하라는 결론에 이르게 되어, 정작 일반 국민의 개인정보 제공에 대하여 보호할 기회를 박탈하고 있다. 인권을 보호하고 영장의 발부를 통해 수사기관을 견제해야 할 법원이 스스로 그 견제 여지를 부정하고 있다. 오히려 대법원판결은 국민이 직접 국가나 수사기관에 직접 추궁하도록 하여, 국민의 자기정보에 대한 보호 여지를 부인했다.

대법원의 판결에 따르면, ① 구 전기통신사업법 제54조 제3항은 이는 수사기관에 대한 정보통신사업자에 대한 개인정보 제공에 대한 강제규정으로 해석되거나 ② 강제수사가 아니라고 하더라도 전기통신사업자는 통신사실 제공에 대하여 심사의무와 책임이 없다는 해석이다. 따라서 수사기관의 통신자료 요청에 대하여 해당 포털은 통신사실 요구에 대한 심사의무 없이 제공만 하면 된다는 것이다.

이동통신사들은 여전히 통신자료제공에 응하고 있고 2014년 통신사는 검찰과 경찰 국

---

9) 同旨 임규철, 앞의 논문(주 1), 270면.

정원에 국회의원과 노동단체 실무자, 기자, 대학생 등 일반 시민의 1,274만개의 개인정보를 제공했고(미래부 집계), 수사기관 스스로의 검열한 것을 포함하면 더 많은 국민의 통신자료를 검열한 것이 된다.

앞으로 통신사업자는 통신자료 제공 여부에 대한 이용자의 문의에 답을 할 책임도 없게 되었다. 이 판결로 국민은 자신의 통신자료가 언제 어떻게 수사기관의 검토를 받았는지도 모르게 되었다. 현행 전기통신사업법 제83조 제6항에 통신자료제공 현황을 연 2회 미래부 장관에 보고하여 점검받는 것이 전부가 된다. 대법관들도 사건에 관여된다면 본인도 모르는 사이에 자신의 통신자료가 조회될 것이고 이를 통제하려면 판결에서와 같이 직접 국가와 수사기관에게 따져야 한다.

이 판결에서 승소해서 유사 소송의 제기를 걱정하던 해당 포털사업자도 승소의 기쁨을 만끽할 수 없다. 오히려 판결 이후 바로, 그 판결 취지와 달리, "사회적 합의가 형성될 때까지 이 법에 의한 통신자료 제공 요구에는 응하지 않을 예정"이라는 모순된 입장을 밝혔다 (2016. 3. 14. 중앙일보 기사). 그러나 이 사건 대법원판결에 따르면, 앞으로 포털 사업자는 수사기관의 통신사실 확인 요구에는 조건 없이 응해야 하며 위의 발표는 대법원판결을 통한 이 법률조항의 해석에 대한 논란을 해결한 것으로 보기 힘들다.

포털사업자는 수사기관 등의 통신자료 요청에 대하여 검토와 법적 부담 없이 그를 제공하면 편할 것 같지만, 오히려 글로벌 시대에 구글, 텔레그램 등 외국 인터넷서비스제공사업자들과의 경쟁에서 국내 기업들만 개인정보를 보호하지 않는 기업으로 평가되어 사용자의 유출 현상을 걱정해야 할 입장에 놓이게 될 우려가 높다. 이 대법원판결은 그 수혜자가 누구인지 다시금 생각하지 않을 수 없다.

나. 이미 영장주의 원칙을 고수하면서 디지털 증거의 특성에 따라 형사소송법 등 다양한 법개정 논의가 제기되었다.[10] 영장주의의 본질은 영장을 요하는 수사상 강제처분의 허용 여부에 대한 사법적 판단을 법관에게 전속하고 있다.[11] 따라서 필자는 영장주의에 부합하면서도 개인정보의 최소한, 효율적 제공을 실현할 수 있는 정책적 방안으로, 필자는 형사사법포털시스템(KICS)[12]과 모바일 앱(모바일 형사사법포털)을 이용하여 전자영장 신청과 발부를 통한 통신정보에 대한 법원의 통제가능성을 제시한 바 있다.[13]

미국에서는 법집행기관이 구하는 정보가 커뮤니케이션의 '내용(content)'인가 아니면 '비내용(non-content)'인가에 따라 헌법적 보호가 달라진다. 즉 법원은 커뮤니케이션의 내용에

---

10) 노명선, 2012년디지털증거압수수색에관한개정법률안공청회 발표자료, 한국포렌식학회, 2012, 3면.
11) 김선택, 영장청구권 관련 헌법 규정 연구, 고려대산학협력단, 2008, 7면.
12) <http://www.kics.go.kr> 참조.
13) 손형섭, "인터넷이용자 개인정보 제공에 관한 법적 연구", 공법연구 제42권 2호(2013. 10), 151-181면, 173-176면 참조.

해당하는 인터넷 커뮤니케이션에 법집행기관에 접근하는 것인 영장(warrnat)이 요구되는 수색(search)에 해당한다는 것이다. 반면, 이메일의 송수신 주소나 IP주소와 같이 비내용적 성격의 정보에 접근하는 경우는 보다 완화된 접근이 허용된다.[14] 그러나 이것도 익명의 피고인들의 신원을 요구하는 경우 제출명령영장(subpoena)을 심사하여 그 신청이 정당하고, 당해 신원정보가 사건 판단에 핵심적이어야 한다.[15] 즉, 통신내용과 관련 없는 통신기록도, 완화될지라도, 영장주의를 적용하고 있다.[16]

다소 다른 범위의 예지만, 독일연방대법원은 2014. 7. 1. 인터넷상의 의사(醫師) 평가 포털사이트에 게시된 부정적 평가로 인격권이 침해된 경우, 의사가 포털운영자에게 대하여 제기한 정보청구권에 기한 정보게시자의 개인정보에 대한 공개청구를 인정하지 않은 판결도 있다.[17]

일본은 인터넷 게시판의 명예훼손 피해자는 ISP에게 게재자 정보를 조회요구하거나 경찰의 임의수사를 할 수 있다. 그 정보를 강제하기 위해서는 피해자가 판결을 통하여 문서제출명령을 신청하거나 수사기관은 영장에 의해 수사가 가능하다.

다. 이 사건은 2010년에 발생 이후 대법원판결까지 6년이 걸렸다. 그 사이 2011년부터 '개인정보보호법'이 제정되어 개인정보를 제3자에게 제공할 때에 본인의 동의나 법에 의한 근거를 요구한다. 여기서 법에 의한 제공에는 영장에 의한 정보 제공을 포함한다.

하지만 수사기관은 영장제도를 통한 정보제공에 대하여 그 신속성과 효율성에 의문이라고 하며 전기통신사업법에서의 통신자료 제공을 간편하게 활용할 것이다. 수사기관이 통신자료 제공을 요청하고 포털사업자로부터 이를 검토 없이 받아도, 본인에 통지도 하지 않는다. 우리는 이러한 수사관행에 대하여 다시 적절한 통제 수단을 입법적·사법적으로 검토해야 할 과제 앞에 놓이게 되었다.

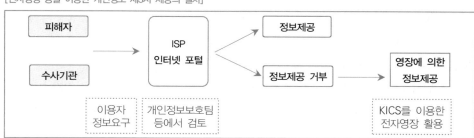

[전자영장 등을 이용한 개인정보 제3자 제공의 절차]

14) 이인호 외4명, 정보통신기술의 발전과 기본권에 관한 연구, 헌법재판연구 제25권, 2014, 103-104면.
15) 이인호 외4명, 위의 책, 169면.
16) 손형섭, 앞의 논문(주 13), 170면; 조석영, "디지털 정보의 수사방법과 규제원칙", 형사정책연구 제22권 제10호, 2010. 6, 85면.
17) 이인호 외4명, 앞의 책(주 14), 162면.

서울중앙지방법원 2014. 11. 4. 선고 2013나49885 판결[1]

이창범(김·장 법률사무소 위원, 법학박사)

1. 사안의 개요

가. 사실관계

원고 Z은 1990년부터 현재까지 경기지역에 소재한 모(某) 대학교 법과대학 법학과 교수로 재직 중이다. 피고 A, B, C, D, E는 모두 인터넷 인물정보 서비스를 제공하는 사업자들이다. A와 B는 국내 인물들의 성명, 직업, 직장, 학력, 경력 등의 개인정보를 수집해 데이터베이스로 구축하여 언론사의 인터넷사이트를 통해 제3자에게 유료로 제공하는 인물정보 데이터베이스 사업자이고, C와 D는 다른 인물정보 제공 사이트를 운영하는 회사와 업무제휴를 맺고 그 인물정보 제공 사이트의 인물정보 데이터베이스 상의 개인정보에 대한 메타정보(성명, 성별, 직업 등의 기본적인 인물정보와 상세 정보의 유무 등)를 제공받아 이를 자신이 운영하는 포털사이트 내의 '인물검색' 항목에서 불특정 다수의 제3자에게 제공하면서 보다 상세한 정보는 제휴사가 이를 유료로 제공하고 있다는 취지를 안내함과 아울러 제휴사 사이트의 링크를 제공하는 인터넷 포털사이트 운영자이며, E는 종합법률정보 제공 사이트를 운영하면서 법률신문사로부터 제공받은 법조인 데이터베이스 상의 개인정보와 자체적으로 수집하여 데

---

1) [참조 및 관련 판례] 서울중앙지방법원 2013. 8. 29. 선고 2012가단133614 판결; 헌법재판소 2005. 5. 26. 선고 99헌마513, 2004헌마190(병합) 전원재판부 결정; 헌법재판소 2009. 10. 29. 선고 2008헌마257 전원재판부 결정; 헌법재판소 2003. 10. 30. 선고 2002헌마518 전원재판부 결정; 대법원 2011. 9. 2. 선고 2008다42430 전원합의체 판결; 대법원 2009. 9. 10. 선고 2007다71 판결; 대법원 2013. 6. 27. 선고 2012 다31628 판결; 대법원 2013. 6. 27. 선고 2012다31628 판결; 대법원 2011. 9. 2. 선고 2008다42430 전원합의체 판결; 대법원 2003. 4. 8. 선고 2000다53038 판결; 대법원 2012. 6. 18. 선고 2011두2361 전원합의체 판결 참조; 대법원 2010. 4. 22. 선고 2008다38288 전원합의체 판결 등.
[관련 평석 및 문헌] 이지선, "인물 정보 서비스와 개인정보 자기결정권", 뉴스레터 지식재산권 제14호 판결 소개, 한결, 2015.12.15.

이터베이스로 구축한 국내 법과대학 교수들의 개인정보를 유료로 제공하는 법조인 인물정보 서비스 사업자이다. 피고들이 인물정보 제공 사이트를 통해서 제공하는 정보 중에서 성명, 성별, 직업, 이메일 주소, 학력, 경력 등의 개인정보는 Z가 재직 중인 대학교의 홈페이지에 공개되어 있는 정보이지만, 생년월일은 한정된 사람들에게만 비매품으로 배포되는 사립대학 교원명부 또는 교수요람 등에만 게재되어 있다. 이에 원고는 A, B, C, D, E가 자신의 동의 없이 자신에 관한 정보를 무단으로 수집해 제공하는 것은 불법행위라고 주장하며 자신이 입은 정신적 고통에 대한 위자료(손해배상)을 요구하는 소송을 제기하였다.

나. 소송경과

원고는 2012년 6월 경 서울중앙지방법원에 성명권, 초상권, 사생활의 비밀과 자유, 개인정보자기결권 등의 침해를 이유로 이 건 소송을 제기하였으나 1심 법원은 피고들에 대한 원고의 손해배상청구권이 인정된다고 하더라도 시효가 소멸되었다는 이유로 원고 패소판결을 선고하였다(서울중앙지방법원 2013. 8. 29. 선고 2012가단133614 판결). 이에 원고는 항소하였다. 항소심은 정보주체의 동의를 받지 않고 직접 공개된 개인정보 등을 수집해 인물정보 DB를 구축하여 불특정 다수에게 개인정보를 유료로 제공한 A, B, E(인물정보 데이터베이스 사업자)에 대하여는 개인정보자기결정권 등의 침해를 이유로 불법행위를 인정하였고, 인터넷 인물정보 DB 사업자로부터 원고의 개인정보에 관한 메타정보를 제공받아 불특정 다수에게 제공한 C, D(인터넷 포털사이트 운영자)에 대하여는 해당 인터넷 인물정보 데이터베이스 사업자와 함께 공동불법행위를 인정하였으나, A, B, C, D에 대하여는 원심과 마찬가지로 소멸시효의 완성을 이유로 항소를 기각하였고, E에 대해서는 소멸시효가 지나지 않았다는 이유로 손해배상책임을 인정하였다.

2. 판결의 요지

가. 제1심판결(서울중앙지방법원 2013. 8. 29. 선고 2012가단133614 판결)

원고는 피고들의 불법행위가 있었음을 알고도 그로부터 3년이 경과한 후에 이 사건 소를 제기하였음이 기록상 명백하므로 가사 피고들에 대한 원고의 손해배상청구권이 인정된다고 하더라도 그 손해배상청구권은 시효로 소멸하였다.

나. 항소심판결(대상판결)

(1) 정보통신망 이용촉진 및 정보보호등에 관한 법률(이하 '정보통신망법'이라 한다)은 정보통신서비스 제공자가 이용자의 동의 없이 이용자의 개인정보를 수집하여 이를 제3자에게 제공하는 행위를 규제하고 있는바, 이 경우 '이용자'란 당해 정보통신서비스 제공자가 제공하는 정보통신서비스를 이용하는 자를 말한다. 그런데 피고들은 정보통신서비스 제공자 대 이용자의 관계에서 원고에게 서비스를 제공하기 위해 개인정보를 수집한 것이 아니라 불특정 다수의 제3자에게 서비스를 제공하기 위해 수집한 것이므로 이 사건 피고들에게는 정보통신망법이 적용되지 아니한다.

(2) 개인정보보호법 시행 전에는 정보통신망법을 비롯하여 다수의 개별 법률에 개인정보를 보호하는 규정들이 산재하였을 뿐 일반법은 존재하지 아니하므로 개인정보의 보호에 관한 법리는 전적으로 학설과 판례에 맡겨져 있다. 정보주체의 동의 없이 개인정보를 수집하여 이를 제3자에게 제공하는 행위가 정보주체의 개인정보자기결정권을 부당하게 침해하는 불법행위에 해당하는지 여부에 관하여 대법원은 "개인이 공적인 존재인지 여부, 개인정보의 공공성 및 공익성, 개인정보 수집의 목적·절차·이용형태의 상당성, 개인정보 이용의 필요성, 개인정보 이용으로 인해 침해되는 이익의 성질 및 내용 등의 여러 사정을 종합적으로 고려하여, 개인정보에 관한 인격권의 보호에 의하여 얻을 수 있는 이익(비공개 이익)과 표현행위에 의하여 얻을 수 있는 이익(공개 이익)을 구체적으로 비교형량하여, 어느 쪽의 이익이 더욱 우월한 것으로 평가할 수 있는지에 따라 그 행위의 최종적인 위법성 여부를 판단하여야 한다."고 판시하고 있다.[2]

(3) 따라서 위 판례가 제시한 적법성 판단기준에 의하면 영리 목적으로(특히 개인정보를 불특정 다수의 제3자에게 제공하는 것 자체를 영업으로 하는 자가 그 영업으로서) 공개된 개인정보를 수집하여 이를 제3자에게 제공하는 행위를 정보주체의 동의 없이 한 경우에는 설령 정보주체가 공적인 존재라 하더라도 다른 특별한 사정이 없는 한 원칙적으로 위법하다. 다만 영리 목적으로 공개된 개인정보를 제3자에게 제공하더라도 언론사가 특정한 공적인 관심 사안과 관련하여 취재하여 관련 기사나 방송과 함께 또는 그 연관성 하에서 시의성 있는 보도 차원에서 개인정보를 제3자에게 제공하는 것과 같이 언론 고유의 목적을 달성하기 위하여 이루어진 경우라면 다른 특별한 사정이 없는 한 적법한 행위라고 할 수 있다.

(4) 개인정보보호법 제정 당시의 부칙 제4조는 '개인정보보호법 시행 전에 다른 법령에 따라 적법하게 처리된 개인정보는 이 법에 따라 처리된 것으로 본다'고 규정하고 있으나, 위

---

2) 대법원 2011. 9. 2. 선고 2008다42430 전원합의체 판결.

부칙에서 말하는 '다른 법령에 따라 적법하게 처리된 개인정보'는 가령 구 공공기관의 개인정보 보호에 관한 법률(2011. 3. 29. 법률 제10465호로 폐지)에 따라 적법하게 처리된 개인정보와 같이 특정의 법령에 따라 적법하게 처리된 개인정보를 말하는 것이므로, 개인정보를 특정의 법령에 따라 적법하게 처리하지 않고 오히려 개인정보보호법 시행 전에 영업으로서 개인정보를 제3자에게 유료로 제공한 행위는 불법행위에 해당하므로 개인정보보호법에 따라 적법하게 처리된 것으로 볼 수 없다.

  (5) 따라서 개인정보보호법 시행 전 또는 후에 정보주체의 동의 없이 공개된 개인정보 등을 영업으로서 수집하여 불특정 다수의 제3자에게 제공하는 것은 특별한 사정이 없는 한 불법행위에 해당하고, 이로 인하여 원고가 정신적 고통을 겪었을 것임은 경험칙상 명백하므로 피고들은 원고에게 위자료를 지급할 의무가 있다 할 것이나, 그 불법행위를 알고도 3년 이내에 소를 제기하지 않았다면 시효의 소멸로 손해배상을 청구할 수 없다.

3. 해설

가. 정보통신망법 적용 요건으로 이용자 관계의 요부

  정보통신망법은 정보통신서비스 제공자가 이용자의 동의 없이 이용자의 개인정보를 수집하여 이를 제3자에게 제공하는 행위를 규제하고 있다. 이 경우 '이용자'란 당해 정보통신서비스 제공자가 제공하는 정보통신서비스를 이용하는 자를 말하는 것으로, 예를 들어 정보통신서비스 제공자가 그 이용자의 회원가입을 받을 때에 그 정보통신서비스의 제공에 관한 계약을 이행할 목적으로 그 이용자의 개인정보를 수집하는 경우를 상정한 것이라고 할 수 있다. 그런데 피고들은 정보통신서비스 제공자이기는 하나 원고에게 자신의 서비스를 제공하기 위해 개인정보를 수집한 것이 아니므로, 원고는 피고들이 제공하는 인터넷 인물정보서비스의 이용자는 아니다. 따라서 항소심이 피고들에게 정보통신망법을 적용하지 않은 것은 정당하다.

나. 공개된 개인정보의 처리에 관한 적법성 판단기준

(1) 처리 범위 또는 공개 대상이 명시적으로 허용되거나 제한된 공개정보의 수집·제공

  개인정보자기결정권은 헌법상의 기본권 중 하나이므로 헌법 제37조 제2항에 따라 국가 안전 보장, 질서유지 또는 공공복리를 위하여 필요한 경우에 한하여 법률로써만 제한할 수 있다. 그런데 우리 법제상 공개된 개인정보의 경우 이를 제한 없이 처리할 수 있다는 취지의 법률 조항은 존재하지 않는다. 개인정보보호법은 법률 전체에 걸쳐 공개된 개인정보와 비공개된 개인정보를 구분하고 있지 아니하며, 그 밖의 다른 법률에서도 공개된 개인정보의 경우 이를 제한 없이 처리할 수 있다는 취지의 조항은 발견되지 아니한다. 따라서 항소심이 우리나라 법제상 공개된 개인정보에 대해서도 정보주체의 통제권이 상실되지 않는 것으로 본 것은 정당하다. 헌법재판소도 "개인정보자기결정권의 보호대상이 되는 개인정보는 반드시 내밀한 영역이나 사사(私事)의 영역에 속하는 정보에 국한되지 않고 공적 생활에서 형성되었거나 이미 공개된 개인정보까지 포함된다"고 한다.[3]

그렇다면 공개된 정보는 항상 수집·제공이 금지되는 것인가? 그렇지는 않다. 정보주체가 직접 또는 정보주체가 아니더라도 정당한 권한이 있는 자가 명시적으로 공개된 개인정보의 수집, 이용 및 제공을 인정하거나 허용한 경우에는 그 범위 내에서는 공개된 개인정보를 처리할 수 있다. 즉, 정보주체에 의하여 직접 또는 정보주체가 아니더라도 정당한 권한이 있는 자에 의하여 적법하게 공개가 되고, 그 공개의 출처가 되는 자료 등에 그 처리 범위 내지 공개 대상이 명시적으로 제한되어 있는 개인정보는 그 제한된 범위 내에서 공개된 정보를 수집·제공할 수 있고, 정보주체에 의하여 직접 또는 정보주체가 아니더라도 정당한 권한이 있는 자에 의하여 그 처리 범위와 공개 대상에 아무런 제한이 없음이 명시적으로 표시된 경우에는 특별한 사정이 없는 한 공개된 개인정보를 아무런 제한 없이 수집·제공할 수 있다. 그러므로 항소심이 한정된 사람들에 대해서만 비매품으로 배포된 교원명부와 교수요람에 포함된 개인정보(생년월일)를 공개된 개인정보로 보지 않거나 설령 공개된 개인정보에 해당한다고 하더라도 그 공개의 범위가 제한적이어서 이를 수집하여 불특정 다수의 제3자에게 제공하는 것은 공개된 목적을 초과하는 것으로 보는 것은 타당하다.

(2) 처리 범위 또는 공개 대상이 명시되어 있지 아니한 공개정보의 수집·제공

정보주체에 의하여 직접 또는 정보주체가 아니더라도 정당한 권한이 있는 자에 의하여 공개는 되었으나 그 처리 범위에 관하여 명시적인 표시가 전혀 없는 경우에는 문제가 생긴다. 정보주체의 의사표시가 없기 때문이다. 이런 경우 공개된 자료의 성질이나 공개 당시의 상황에 비추어 정보주체의 동의 의사가 있었다고 인정되는 범위 내에서만 처리할 수 있다고 보는 것이 다수설이지만,[4] 이 경우 정보주체의 동의 의사를 판단할 수 있는 기준은 명확하지 않다. 항소심은 적법하게 공개는 되었지만 처리 범위에 관하여 명시적인 표시가 전혀 없는 개인정보에 대해서 영리와 비영리로 나누어서 판단 기준을 달리 적용하고 있다.

---

3) 헌법재판소 2005. 5. 26. 선고 99헌마513, 2004헌마190(병합) 전원재판부 결정; 헌법재판소 2009. 10. 29. 선고 2008헌마257 전원재판부 결정.

4) 이창범, 개인정보보호법, 법문사, 2012, 22면의 각주 22), 119–120면; 행정안전부, 개인정보 보호 법령 및 지침·고시 해설, 104면 및 117면.

1) 공개된 개인정보를 비영리 목적으로 처리하는 경우

공개된 개인정보의 경우, 공개된 자료의 성질이나 공개 당시의 상황에 비추어 정보주체의 동의 의사가 있었다고 인정되는 범위 내에서 비영리 목적으로 이를 수집하여 제3자에게 제공하는 행위는 특별한 사정이 없는 한 적법하다고 볼 것이다. 하지만 비영리 목적으로 이루어졌다고 하더라도 정보주체의 동의 의사가 있었다고 인정되는 범위를 초과하여 공개된 개인정보를 수집·제공하는 행위는 정보주체가 공적 존재이고, 개인정보의 내용이 공공성 내지 공익성을 가지고 있으며, 그 수집 및 제공방법이 부당한 것이 아니라는 등의 특별한 사정이 없는 한 위법하다고 할 수 있다. 또한 공개된 개인정보라 하더라도 이를 부정한 목적으로 수집하여 제3자에게 제공하는 행위는 이에 대한 정보주체의 동의 의사가 있었다고 보기 어려울 것이다. 항소심의 이와 같은 판단은 수긍이 가는 부분이나, 어떤 사람이 공적인 존재이고, 개인정보의 내용이 공공성 내지 공익성을 가지고 있으며, 그 수집 및 제공 방법이 부당하지 않다면 공개된 개인정보는 무조건 수집·제공할 수 있다는 것으로 해석될 우려가 있다. 따라서 수집·제공 행위가 비영리적인지 여부와 함께, 그 정보의 본래의 공개의도, 공개장소, 공개방법, 처리방식 등까지 고려해서 케이스 바이 케이스로 충실히 파악하여야 할 것이다. 예컨대 대학의 홈페이지에 공개된 교수의 성명, 직업, 학력, 경력 등에 관한 정보는 원고를 의뢰하고 자문을 구하기 위해 개별적으로 수집·이용하거나 검색사이트에서 검색이 가능하게 하는 것은 허용되나, 이를 취합하여 DB를 구축해 누구든지 어떤 목적으로나 이용이 가능하게 하는 것은 비록 비영리적이라고 하더라도(비영리재단의 기부권유 등) 허용된 범위 이내라고 보기 어려울 것이다.

2) 공개된 개인정보를 영리 목적으로 처리하는 경우

정보주체의 동의 없이 영리 목적으로 공개된 개인정보를 수집하여 이를 제3자에게 제공한 경우 특히 개인정보를 불특정 다수의 제3자에게 제공하는 것 자체를 영업으로 하는 자가 그 영업으로서 공개된 개인정보를 수집하여 이를 제3자에게 제공하는 행위를 정보주체의 동의 없이 한 경우에는 설령 정보주체가 공적인 존재라 하더라도 다른 특별한 사정이 없는 한 위법하다고 보아야 한다고 한다. 이에 따라 항소심은 대학교 홈페이지에 이미 공개되어 있는 개인정보라도 원고의 동의 없이 영리를 목적으로 이를 수집·제공한 행위는 위법하다고 보고 있다. 항소심이 공개된 개인정보를 영리 목적으로 이용하는 행위를 위법한 것으로 본 이유는 아래의 7가지 사유에서이다.

첫째, 재산적 가치로 환원될 수 없는 고유의 인격적 법익을 내포하는 개인정보를 정보주체의 동의 없이 상업적으로 이용하는 것은 그 자체가 개인정보 오·남용에 해당하고, 재산적 가치가 있는 인격적 법익이 내포된 개인정보를 정보주체의 동의 없이 영리 목적으로 이용하는 것은 정보주체의 재산적 이익을 침해하는 행위가 된다. 둘째, 공개된 개인정보라 하더라도 사회통념상 정보주체가 그 개인정보를 영리 목적에 이용하는 것에 대하여까지 동의한 것으로 보기는 어렵다. 가령 정보주체가 자신의 SNS 매체에 그 개인정보를 스스로 공개한 경우 이는 다른 인터넷 유저와 교호적 관계를 형성하고 의사소통을 하기 위하여 이루어진 것이지 그 개인정보를 그 교호적 관계 내지 의사소통과는 전혀 무관한 제3자에게, 그것도 영리 목적으로 제공하는 것까지 용인하는 차원에서 이루어진 것으로 보기는 힘들다. 셋째, 공개된 개인정보를 영리 목적으로 수집하여 제3자에게 제공하는 행위의 경우, 다른 특별한 사정이 없는 한, 정보주체의 이익보다 우선하는 정당한 이익이 있다고 보기 어렵다. 넷째, 영리 목적으로 제공하는 개인정보는 이를 제공받는 소비자 입장에서 볼 때 인터넷에 산재해 있는 다른 무료 정보들과는 달리 정보주체의 동의를 거친 정확한 정보로 인식할 개연성이 높고, 같은 맥락에서 영리 목적으로 제공하는 개인정보에 허위 내지 오류가 개재되어 있을 경우 정보주체가 상당한 피해를 입을 수 있기 때문에 소비자의 이익을 위해서든 정보주체의 이익을 위해서든 영리 목적으로 제공하는 개인정보에 대하여는 정보주체의 동의와 확인을 거치는 것이 적절하다. 다섯째, 공적인 존재의 경우 일반인에 비하여 그 개인정보 자체에 재산적 가치가 있을 수 있는 개연성이 오히려 높기 때문에 공적인 존재의 공개된 개인정보라 하더라도 그 동의 없이 영리 목적으로 이를 수집하여 제3자에게 제공하는 것은 그 정당성을 인정받기 어렵다. 여섯째, 고위공직자 내지 고위공직자가 되려는 공적인 존재라 하더라도 언론 고유의 목적을 달성하기 위한 것이 아니라 단순히 영리 목적으로 그 공개된 개인정보를 제3자에게 제공하는 것을 허용할 만한 특별한 필요가 있다고 보기도 어렵다. 일곱째, 영리 목적으로 공개된 개인정보를 수집하여 이를 제3자에게 제공하는 행위를 정보주체의 동의 없이 하더라도 이를 적법한 것으로 볼 경우, 개인정보의 무분별한 수집 및 제3자 제공이 만연하여 정보주체의 개인정보자기결정권이 침해되는 사례가 빈발할 가능성이 있다는 것이다.

그러나 공개된 개인정보를 영리 목적으로 처리하는 것을 획일적으로 위법한 행위로 보는 것이 타당한 것인지에 대해서는 의구심이 든다. 공개된 정보를 수집해서 자사의 마케팅 목적으로 이용하거나 제3자에게 유료로 판매하더라도 정보주체의 이익이나 의사에 반하지 않는 경우가 충분히 있을 수 있기 때문이다. 공개된 개인정보의 처리 행위의 적법성 여부를 판단할 때에는 영리 또는 비영리를 기계적으로 적용하기 보다는 공개의 목적, 업계 관행, 정보주체의 인식, 사생활 침해 가능성 등까지 종합적으로 고려해서 적법성 여부를 판단하는 것이 보다 합리적인 것으로 보인다. 예컨대 공개된 개인정보를 수집해서 이를 영리 목적으로 제공하더라도 해당 정보를 구입할 수 있는 자의 범위가 엄격히 제한되어 있고 이용 목적도 엄격히 통제되고 있어 구입자가 당초 공개의 목적 범위 내에서만 이용할 수 있다면 이와 같은 영리적 처리행위까지 모두 불법으로 취급할 필요는 없어 보인다. 영리 목적의 수집·제공 행위를 모두 정보주체의 의사 또는 정보 공개자의 의도에 반하는 것으로 간주하면 명쾌하기는 하나 상거래 관계에서 업무목적으로 공개된 개인정보를 수집·제공하는 것이 모두 금지되어 경제활동을 크게 위축시킬 우려가 있다.

다. 공적인 존재의 개인정보 처리

공적인 존재는 공공의 이익 차원에서 자신에 관한 개인정보가 수집, 이용 및 제공되는 것을 일정한 범위 내에서 수인할 의무가 있다. 항소심도 공개된 개인정보의 내용이 원고의 명예를 훼손할 만한 것이나 민감정보 내지 고유식별정보에 해당하는 것이 없고, 대체적으로 공적인 존재인 원고의 교수로서의 직업적 정보(대학교 홈페이지에 공개되지 아니한 생년월일은 제외)에 해당하는 것이라면 다른 사람이 이를 '비영리 목적으로' 불특정 다수의 제3자에게 제공하더라도 원고는 공적인 존재로서 공공의 이익 차원에서 이를 수인할 의무가 있음을 인정하고 있다. 그러나 어떤 사람이 공적인 존재이고 그 수집·제공 목적이 비영리적이라는 이유만으로 일단 어딘가에 적법하게 공개된 개인정보는 무조건 수집·제공할 수 있는 것으로 해석되어서는 안 된다는 것은 앞에서 지적한 바와 같다. 원칙적으로 본래의 공개 장소, 공개 의도 등을 고려해 그 목적으로만 수집·이용이 가능하고, 그 이외의 목적으로 수집·이용되는 것은 법률의 규정 및 법령상 의무 이행, 중대한 생명·신체 및 재산상 이익 보호, 개인정보처리자의 우월적인 정당한 이익 추구 등의 목적으로만 이용이 가능하다고 보아야 한다. 즉 개인정보 보호 및 이용에 있어서는 공인과 사인을 차별해서는 안 되고, 오로지 언론보도 등 국민의 알권리 범위 내에서만 차별적 보호와 이용이 가능하다고 하여야 한다. 따라서 개인정보의 수집·이용 및 제공에 있어서는 어떤 사람이 공적인 존재에 해당하는지 여부는 그다지 중요하지 않다고 할 수 있다.

4. 판결의 의의

이 판결은 공개된 개인정보의 수집·제공 사례를 다루고 있는바, 개인정보보호법과 정보통신망법이 둘 다 공개된 개인정보의 수집·제공에 대해서는 아무런 언급이 없기 때문에 공개된 개인정보의 수집·제공에 관한 적법성 판단의 기준을 제시했다는 점에서 중요한 의미를 갖는다. 첫째, 정보통신서비스 제공자이기는 하나 정보통신서비스 제공자 대 이용자의 관계에서 개인정보를 수집한 것이 아니면 정보통신망법이 적용되지 않는다는 점을 확인하였다. 그동안 학설과 실무에서 인정해온 것을 재확인한 것이라고 할 수 있다.[5] 둘째, 공개된 개인정보의 경우 공개된 자료의 성질이나 공개 당시의 상황에 비추어 정보주체의 동의 의사

---

5) 방송통신위원회·한국인터넷진흥원, 정보통신서비스 제공자를 위한 개인정보보호 법령 해설서, 2012. 9., 16면.

가 있었다고 인정되는 범위 내에서 이를 수집·제공할 수 있다는 점을 확인하고 있다. 이 역시 그동안 학설과 실무에서 인정해온 주장이다.6) 다만 공개된 정보를 영리적으로 수집·제공한 경우에는 이를 획일적으로 정보주체의 의사에 반하는 것으로 보고 있어 정보주체의 진의를 왜곡할 수 있다는 비판을 받을 수 있을 것으로 보인다. 셋째, 공적인 존재에 관한 개인정보의 수집·제공의 기준을 제시하였다는 점이다. 정보주체가 공적인 존재인 경우 그 개인정보가 공중의 정당한 관심의 대상이 되는 것으로서 이를 공개하는 것이 공공에게 이익이 됨이 명백한 경우에는 정보주체의 동의 없이 수집·제공할 수 있다는 것이다. 앞에서 설명한 바와 같이 대법원도 표현의 자유와 개인정보에 관한 인격권이 충돌하는 경우에는 그 개인이 공적인 존재인지 여부, 개인정보의 공공성 및 공익성, 개인정보 수집의 목적·절차·이용형태의 상당성, 개인정보 이용의 필요성, 개인정보 이용으로 인해 침해되는 이익의 성질 및 내용 등을 개인정보 공개 행위의 위법성 여부를 판단할 때 고려해야 할 기준으로 제시하고 있다.7) 그러나 언론기관의 취재·보도 활동은 별론으로 하고, 원칙적으로 공인이라고 해서 사인과 개인정보보호에 있어서 차별을 받아서는 안 될 것이다.

결론적으로 공개된 개인정보든 비공개 개인정보이든 또는 공적 존재에 관한 개인정보든 일반인에 관한 개인정보이든 개인정보의 수집·이용 및 제공 행위의 적법성 판단의 기준은 개인정보보호법 제15조 제1항 및 제18조 제2항 또는 정보통신망법 제22조 및 제24조 각 호가 되어야 하고, 공개된 개인정보의 이용목적의 영리성 유무 및 정보주체의 공인 여부는 이들 기준을 적용함에 있어서 참고하는 것에 그쳐야 한다. 다만 언론의 취재·보도 목적의 개인정보 수집·이용에 대해서는 이들 규정의 적용이 면제될 수 있다(제58조 제1항 제4호). 그런 의미에서 본 판결이 공개된 개인정보의 영리적 활용의 필요성과 가능성을 전혀 고려하지 않은 점, 공적인 존재의 개인정보 수집·제공과 관련하여 언론기관의 취재·보도 행위와 인터넷사업자(이 건의 피고들)의 상행위를 구분하지 않은 점은 문제가 있다고 생각한다. 필자도 저서에서 공개된 개인정보는 공개자가 명시적으로 수집·이용에 동의한 경우에는 그 범위 내에서 수집·이용할 수 있으나 공개자의 의사가 불분명한 경우에는 사회통념상 동의의사가 있었다고 인정되는 범위 내에서만 수집·이용이 가능하다고 하면서도, 사회통념상 블로그 등에 공개된 정보를 선전·광고, 마케팅 등에 이용하도록 허용했다고 보는 것은 상식에 반하므로 특별한 사정이 없는 한 블로그 등에 공개된 정보를 마케팅 등에 이용하는 것은 신중해야 한다고 기술하고 있지만,8) 이는 블로그, SNS 등과 같이 개인 간의 소통공간에 공개된 개인정보에 관한 것이며 기업, 학교, 병원, 공공기관 등의 홈페이지에 공개된 구성원의 개인정보

6) 앞의 각주 4) 참조.
7) 대법원 2011. 9. 2. 선고 2008다42430 전원합의체 판결.
8) 이창범, 개인정보보호법, 법문사, 2012, 119-120면.

는 공개 목적 또는 공개 의사에 반하지 않는 범위 내에서 영리 목적으로도 수집·이용하거나 공개할 수 있다고 보는 것이 타당할 것이다. 공개된 개인정보를 수집해서 제3자에게 판매하는 행위까지 허용할 것인지 여부는 좀 더 진지한 연구가 필요해 보이나, 판매 대상인 제3자(제공받은 자)의 한정 여부, 제3자의 이용 목적 제한 여부 등(즉 제3자가 당초의 공개 목적 범위 내에서만 이용하도록 제한되어 있는지 여부)을 고려해 케이스 바이 케이스로 판단할 수 있을 것으로 본다. 다만 본 건의 경우에는 피고들이 공개된 개인정보를 목적별로 구분해서 수집·제공하고 있지 않고, 제공을 받을 수 있는 자의 자격 제한도 없으며, 제공받는 자의 목적 외 이용을 제한할 수 있는 통제시스템도 존재하지 않는다는 점에서 영리 목적 수집·제공행위의 정당성을 주장하기는 어려울 것으로 보인다.

온라인게임 이용자 실명정보 확인의무

대법원 2009. 5. 14. 선고 2008다75676, 75683 판결[1]

이완희(서울고등법원 고법판사)

1. 사안의 개요

피고 회사는 1998. 9.경 다중접속 온라인 롤플레잉게임(MMORPG[2]) 리니지Ⅰ, 리니지Ⅱ
를 개발하여 상용서비스를 개시하였고, 2005년 현재 국내 이용자수가 약 170만 명, 동시 접
속자수가 약 12만 명에 이른다. 위 게임은 다수 이용자들이 피고 회사의 컴퓨터 서버에 실시
간으로 동시에 접속하여 가상의 게임공간 내에서 캐릭터를 선택하여 전투 등 경쟁과 상호
작용을 주고받으면서 자신의 캐릭터를 성장시켜 나가는 방식이다.

'아이템'은 캐릭터의 생명력을 강화시키거나 전투력을 증진시키는 효과가 있는데, 원래
괴물을 사냥하거나 전투경험을 쌓음으로써 취득하게 되고, 게임 내에서 캐릭터 사이에 아이
템의 거래나 교환도 가능하다. 아이템의 축적·활용이 승패·우위를 좌우하는 중요한 요소가
되자, 게임을 통해서가 아니라 다른 이용자가 축적한 아이템을 현금으로 구입하려는 수요가
생겨났다. 이처럼 판매 목적으로 아이템을 취득하기 위하여 게임에 참여하는 이른바 '작업
장'과 이용자들 사이에서 아이템 거래를 중개하는 중개업자도 등장하였다.

피고 회사는 실명확인제를 실시하여 1명의 실명가입자에게 5개 계정까지 제공하고, 1개
계정에서 4개 캐릭터의 생성이 가능하므로, 총 20개 캐릭터만 생성·운용할 수 있게 되었다.
이처럼 실명확인제로 운용 캐릭터에 제한이 생기자, 불법으로 확보한 주민등록번호 등 개인
정보를 이용하여 대규모 명의도용에 따른 온라인 회원 가입을 한 후 계정 등록하고 캐릭터
를 운용하는 일이 발생하였다.

---

1) [관련 평석 및 문헌] 권순형, "온라인게임서비스 제공자의 이용자 실명정보 확인의무", 민사재판의 제문제
   19권(2010. 12), 한국사법행정학회 2010; 박준석, "온라인서비스 제공자의 저작권 침해책임에 관한 한국에
   서의 입법 및 판례 분석", 창작과 권리 63호(2011. 여름), 세창출판사 2011; 김기창, "정통망법상 본인확
   인제도의 한계와 문제점-기술과 법의 갈등-", 안암법학 제35호(2011) 등.
2) Massively Multiplayer Online Role Piayulg Game의 약자이다.

한편, 2005년 기준 게임아이템 거래규모는 약 1조 원 상당에 이르고, 그 중 약 95% 상당이 중국 내 작업장에서 생산된 것으로 추정된다. 2005. 8.경 국내 아이템 중개업자들이 중국에서 아이템을 대량구입하고 거액의 대가를 중국에 송금하려다가 외국환거래법위반으로 적발되었다. 그 수사에서 중국내 작업장에서 대규모 한국인 실명정보 도용사실이 발견되었다. 이에 피고 회사는 2005. 8. 22. 수사기관으로부터 통보받은 자료를 토대로 명의도용이 의심되는 계정에 대해 이용금지조치를 취하였다.

원고들은 피고 회사가 명의도용에 의한 회원가입을 방지해야 할 본인확인의무가 있음에도, 형식적 실명확인제 외에 휴대폰 본인인증제 등 보다 확실한 본인확인절차를 거치지 않은 채 고의 또는 과실로 명의도용에 의한 회원가입을 묵인, 방치하였으므로 이에 따른 정신적 손해 등을 배상해야 한다고 주장하였다. 원심은 피고 회사가 본인확인의무를 부담하지 않는다고 보아 원고들의 청구를 기각하였다. 그러나 대법원은 본인확인의무를 전혀 부담하지 않는다는 판단은 잘못이지만 피고 회사가 실명정보 확인의무를 다하였다고 보아 원고들의 상고를 기각하였다.

2. 판결의 요지

가. 원심판결(서울고등법원 2008. 8. 29. 선고 2007나62538, 62545 판결)3)

원심판결은 다음과 같은 이유로 원고들의 청구를 모두 기각하였다. ① 피고 회사는 법령, 이용약관, 조리상 본인확인의무를 부담한다고 볼 수 없어, 이를 전제로 한 주장은 이유 없다. ② 피고 회사가 아이템 중개업자 등과 유착되었다고 볼 증거가 없으므로 고의에 의하여 명의도용행위를 묵인하거나 방치하였다는 주장도 이유 없다. ③ 피고 회사가 이 사건 발생 당시 명의도용 사실을 알았거나 알 수 있었고 이를 회피할 수 있었음을 인정할 증거가 없고, 오히려 명의도용을 예방하기 위한 상당한 노력을 기울인 사실이 인정된다.

나. 대법원판결

온라인서비스 제공자인 피고 회사로서는 이 사건의 온라인 회원가입절차에서 이용신청자가 실제 본인인지를 확인할 주의의무, 즉 실명정보의 확인의무를 부담한다.

온라인게임서비스 제공자가 자신이 제공하는 게임 서비스에 명의도용자가 회원으로 가

---

3) 원고들은 피고 회사의 대표이사 개인의 불법행위책임도 주장하였으나, 논의의 편의상 피고 회사에 대한 부분만을 다룬다.

입하는 것을 허용하고 이를 방치하였을 때 피모용자들에 대해 불법행위로 인한 손해배상책임을 지게 하기 위해서, 실명정보의 확인의무를 부담하는 온라인서비스 제공자가 이러한 확인의무를 위반함으로써 부당하게 가입한 온라인 회원이 게임서비스를 이용하는 것을 방치한 경우여야 한다. 온라인서비스 제공자가 실명정보의 확인의무를 위반하였는지는 온라인 게임 서비스의 제공이 인터넷을 통해 수시로 또한 대규모로 이루어지는 비대면 거래로서 서비스 제공자의 입장에서는 이용자 각각의 서비스 이용 실태를 개별적으로 파악하여 그중 명의도용에 의한 회원가입 내지 이용행위인지 여부를 식별해 내는 것이 용이하지 않다는 점을 고려하여 볼 때, 관련 인터넷 기술의 발전 수준, 해당 게임의 특성, 운영 주체로서의 서비스 제공자의 영리적 성격·규모, 기술적 수단의 도입에 따른 일반 이용자에 대한 이익과 불이익 및 이에 따른 경제적 비용, 명의도용행위로 인한 피해의 정도, 가해자와 피해자의 관계 등을 종합하여 판단하여야 한다.

3. 해설

가. 온라인서비스 제공자의 책임의 근거[4]

정보통신망 이용촉진 및 정보보호 등에 관한 법률(이하 '정보통신망법'이라 한다)상의 온라인서비스 제공자는 이용자들과의 서비스 이용계약에 따른 개인정보를 제공받은 계약당사자이고 그 개인정보를 취급하는 자로서 이용자들의 개인정보가 분실·도난·누출·변조되지 않도록 보호·관리해야 할 주의의무가 있고, 그 주의의무를 위반할 경우 민법상 채무불이행책임 또는 불법행위책임을 부담한다고 볼 것이다.

온라인서비스 제공자가 준수해야 할 보호조치 또는 주의의무를 관련 법령이나 서비스 이용계약이 아닌 조리상 도출된다고 볼 수 있는지 문제된다. 정보통신망법이나 개인정보보호법 등에서는 온라인서비스 제공자가 준수해야 할 보호조치에 관하여 포괄적이고 체계적으로 상세하게 규율하고 있으므로, 법령상의 보호조치 외에 추가적인 보호조치 또는 주의의무를 인정할 필요성은 크지 않고, 바람직하지도 않다.

---

4) 온라인게임서비스는 정보통신망법상의 정보통신서비스의 하나이다. 정보통신서비스 제공자의 책임의 근거와 관련한 자세한 논의는 '정보통신서비스 제공자의 개인정보 보호의무'의 해당 부분을 참조.

나. 실명정보 확인의 필요성

정보통신망법 제44조의5는 공공기관 등에게 게시판을 설치·운영하려면 그 게시판 이용자의 본인 확인을 위한 방법 및 절차의 마련 등 필요한 조치(본인확인조치)를 실시하도록 규정하고 있다. 공직선거법 제82조의6은 인터넷언론사가 선거운동기간 중 게시판·대화방 등에 정당·후보자에 대한 지지·반대의 문자·음성·화상 또는 동영상 등의 정보를 게시할 수 있도록 하는 경우 실명확인조치를 취하도록 규정하고 있다.

실명확인조치는 이용자가 입력한 성명과 주민등록번호와 일치하는 자료가 신용평가업자가 자체적으로 확보한 데이터베이스에 존재하는지를 확인하는 것을 의미한다. 이에 비하여 본인확인조치는 오프라인에서 직접 대면하여 게시판 작성자 본인을 확인하거나, 공인인증서 또는 그 밖에 본인확인 서비스를 제공하는 제3자 또는 행정기관에 의뢰하여 공개된 게시판에 글을 작성하는 자가 본인이 맞는지 여부를 확인하는 방식(정보통신망법 시행령 제29조)으로 실명확인조치와는 다르다.

이른바 인터넷 실명제로 논란이 되었던 인터넷에서의 제한적 본인확인제에 관한 정보통신망법 제44조의5 제1항 제2호는 과잉금지원칙에 위배하여 인터넷게시판 이용자의 표현의 자유, 개인정보자기결정권 및 인터넷게시판을 운영하는 정보통신서비스 제공자의 언론의 자유를 침해한다는 이유로 위헌판결을 받았다.[5] 그러나 위 공직선거법 제82조의6 제1항, 청소년에 대한 심야시간 인터넷 게임제공 제한(이른바 게임셧다운제)에 관한 청소년보호법 제26조, 게임물 이용자의 회원가입 시 실명·연령 확인 및 본인 인증을 규정한 게임산업진흥에 관한 법률(이하 '게임산업법'이라 한다) 제12조의3 등은 합헌결정을 받았다.[6]

따라서 인터넷게임서비스 제공자의 이용자에 대한 실명확인 또는 본인확인조치는 여전히 중요한 문제로 남아 있다. 위 각 법령의 내용과 취지에 비추어 보면, 인터넷 게임 서비스에 있어서는 게임 이용자, 그중 특히 청소년에 대한 게임제공을 규제하기 위하여 실명확인조치가 필요하고, 타인의 개인정보를 이용하여 게임 서비스를 이용함에 따른 위험을 방지하기 위하여도 실명확인제도를 둘 필요성이 있다. 이에 대하여는 실명확인제도가 사상의 자유와 표현의 자유를 제한하고 이용자의 프라이버시를 침해하여 문제가 있다는 지적이 있다.

---

5) 헌법재판소 2012. 8. 23. 선고 2010헌마47 결정.
6) 헌법재판소 2014. 4. 24. 선고 2011헌마659 결정; 헌법재판소 2015. 3. 26. 선고 2013헌마354 결정; 헌법재판소 2015. 3. 26. 선고 2013헌마517 결정 등 참조.

다. 실명정보 확인의무 인정 여부

정보통신서비스 제공자에게 이용자의 실명정보를 확인할 의무가 있는지에 관하여는 원심판결과 같이 이를 부정하는 견해와 대상판결과 같이 이를 긍정하는 견해가 있다. 이 사건에 관하여 그 논거를 살펴보면 아래와 같다.

(1) 부정설(= 원심판결)

정보통신망법 제3조, 제22조 및 정보통신부 제정의 개인정보보호지침은 모두 피고 회사가 이용자로부터 개인정보를 수집하는 경우의 정보보호에 관한 것이다. 이를 이용자에 대한 관계에서 피고 회사의 본인확인의무를 부담시키는 규정으로 해석할 수는 없다.

피고 회사의 이용약관 제7조[7]는 피고 회사가 회원가입신청을 받는 과정에서 어떠한 경로로든 명의도용이나 실명정보에 의하지 아니한 이용신청행위임을 적발하게 된 경우에는 그 신청에 대한 승인을 거부할 권한을 갖는다는 취지일 뿐, 피고 회사에게 실명확인 의무를 부과하는 것은 아니다.

이 사건 명의도용은 제3자의 불법행위 및 관련 사이트의 부실한 실명정보 관리로 인해 발생한 것으로, 피고 회사로서는 간접적·제3자적으로 개입되어 있을 뿐이어서 조리상 본인확인의무를 부담한다고 볼 수도 없다.

(2) 긍정설(= 대법원판결)

정보통신망법 제3조,[8] 피고 회사 이용약관 제7조, 제14조[9]의 각 규정 내용과 취지에 의하면, 피고 회사는 가입자가 제공한 실명정보의 허위 여부를 확인하는 등의 방법으로 가

---

7) 제7조(이용신청에 대한 승인 여부)
　① 회사는 회사가 이용자에게 요구하는 정보에 대해 이용자가 실명 및 실제 정보를 정확히 기재하여 이용신청을 한 경우에 이용신청을 승인합니다.
　② 회사는 다음의 각 호에 해당하는 이용신청에 대해서는 승인을 하지 않거나 추후 확인 시에 승인을 취소 또는 계약을 해지할 수 있습니다.
　1. 실명이 아닌 경우
　2. 타인의 명의를 이용 또는 도용하여 신청한 경우
8) 제3조(정보통신서비스제공자 및 이용자의 책무)
　① 정보통신서비스제공자는 이용자의 개인정보를 보호하고 건전하고 안전한 정보통신서비스를 제공함으로써 이용자의 권익보호와 정보이용능력의 향상에 이바지하여야 한다.
9) 제14조(이용자의 의무)
　① 이용자는 서비스 이용신청을 함에 있어서 계정 등록시 이용자의 실명으로 모든 사항을 사실에 근거하여 작성하여야 하며 허위정보를 제공해서는 안 됩니다. 허위정보 또는 타인의 정보로 이용신청을 하여 비실명 계정이 등록된 경우 회사로부터 어떠한 보호조치도 받을 수 없습니다.

입신청자가 본인인지를 확인할 의무를 부담한다고 보는 것이 타당하다.[10)

또한 피고 회사는 2003. 8. 8.부터 리니지 Ⅱ, 2004. 10. 6.부터 리니지 Ⅰ에 대해 회원가입 시 실명확인절차를 두었다. 그 확인방법은 이용신청자가 입력한 성명과 주민번호를 피고 회사와 연계된 신용정보제공회사 등이 보유한 실명자료 DB와 실시간 검색·비교하는 것이었다. 그렇다면 피고 회사는 적어도 가입신청자가 제공한 실명정보에 대해 당시 기술수준, 경제여건 등에 비추어 통상 요구되는 방법에 의한 확인절차를 거칠 조리상의 의무를 부담한다고 볼 수도 있다.

라. 실명정보 확인의무의 내용

(1) 주의의무의 내용

명의도용사건에서 인터넷서비스 제공자의 본인확인의무 위반에 따른 불법행위책임은 결국 과실에 의한 불법행위 방조책임과 그 실질이 동일하다.[11) 과실에 의한 방조책임이 인정되려면 먼저 불법행위에 도움을 주지 않아야 할 주의의무가 인정되어야 한다. 명의도용사건의 경우 그 주의의무 내용의 핵심은 바로 피고 회사가 실명정보의 확인절차를 통해 명의도용자가 회원으로 가입되지 않도록 주의하는 의무, 즉 본인확인의무이다.

(2) 과실의 판단기준

대상판결은 온라인서비스 제공자가 실명정보의 확인의무를 위반하였는지 여부를 판단하는 기준으로 구체적인 항목을 제시하고 있으므로 이에 따라 이 사건을 분석해본다.

먼저 ① 관련 인터넷 기술의 발전 수준과 관련하여, 가상사설망(virtual private network, VPN)이나 프록시서버(Proxy server) 서비스를 이용한 우회 접속을 미리 차단하는 방안은 국내에서 VPN 서비스 등을 제공하는 다른 업체들의 협조를 구하는 것이 가능한지가 불분명하

---

10) 대상판결의 선고 이후인 2011. 7. 21. 게임산업법 제12조의3(게임과몰입·중독 예방조치 등)이 신설되었다. 위 조항에 따라 게임물 관련사업자는 과도한 게임물 이용방지조치를 취하여야 하는데, 그중 하나로 '게임물 이용자의 회원가입 시 실명·연령확인 및 본인 인증'이 규정되어 있다. 따라서 온라인게임서비스 제공자의 경우에는 위 조항에 따라 본인확인의무를 부담하게 되었다.

11) 민법 제760조 제3항은 교사자나 방조자는 공동행위자로 본다고 규정하여 교사자나 방조자에게 공동불법행위자로서 책임을 부담시키고 있는데, 방조라 함은 불법행위를 용이하게 하는 직접, 간접의 모든 행위를 가리키는 것으로서 작위에 의한 경우뿐만 아니라 작위의무 있는 자가 그것을 방지하여야 할 제반 조치를 취하지 아니하는 부작위로 인하여 불법행위자의 실행행위를 용이하게 하는 경우도 포함하는 것이고, 손해의 전보를 목적으로 하여 과실을 원칙적으로 고의와 동일시하는 민사법의 영역에서는 과실에 의한 방조도 가능한데, 이 경우의 과실의 내용은 불법행위에 도움을 주지 않아야 할 주의의무가 있음을 전제로 하여 이 의무에 위반하는 것을 말하고, 방조자에게 공동불법행위자로서의 책임을 지우기 위하여는 방조행위와 피방조자의 불법행위 사이에 상당인과관계가 있어야 한다(대법원 2012. 11. 15. 선고 2010다92346 판결 등 참조).

다. 피고 회사는 부정한 게임서비스 이용행위를 방지하기 위해 'Game Guard' 등 보안프로그램을 도입하고, 게임 내에서 캐릭터의 비정상적인 활동을 감시·규제하기 위한 감시팀 (Game Master)을 상시로 운영하였다.

② 해당 게임의 특성과 관련하여, 아이템 중개업자 등의 접속차단을 위해 IP당 접속 계정수를 제한하는 방안은 인증서버에 지나친 부하를 초래하여 이 사건 게임 서비스의 원활한 제공에 장애가 될 수 있는 반면, 접속 시마다 IP를 변경하거나 유동 IP를 사용하는 방식으로 용이하게 회피할 수도 있어 실효성이 적었다.

③ 운영 주체로서의 서비스 제공자의 영리적 성격·규모과 관련하여, 2005년 현재 국내 이용자 수만 약 170만 명에 이르고 수시로 상당한 신규가입 및 탈퇴가 이루어지는 상황에서 이용자별로 회원가입정보를 분석하여 명의도용에 의한 회원가입 여부를 식별해 내기는 용이하지 않았다.

④ 기술적 수단의 도입에 따른 일반 이용자에 대한 이익과 불이익 및 이에 따른 경제적 비용과 관련하여, 원고들이 주장하는 휴대폰인증제, 오프라인에서 주민등록증, 주민등록등본에 의한 본인 확인 등 여러 방안들에 대해서는 다수의 일반 이용자들이 불편하게 여길 수 있었고, 온라인 게임 이용자와 금융기관 이용자 사이에는 개인정보의 보안관리에 대한 요구 수준에 큰 차이가 있었다.

⑤ 명의도용행위로 인한 피해의 정도, 가해자와 피해자의 관계와 관련하여, 피고 회사는 경찰청 통보에 따라 2005. 6.경부터 2006. 1.경까지 명의도용의 우려가 큰 약 21만 개의 계정에 대해 압류 등 조치를 취하였다. 피고 회사가 여러 대응방안을 모색하던 중 2006. 1.경부터 휴대폰인증제의 도입을 검토·준비하여 게임서비스업계에서는 처음으로 2006. 2. 23.경부터 전격적으로 이를 시행하여 추가적인 피해방지를 위해 노력하였다.

따라서 위와 같은 여러 사정을 고려하면, 피고 회사가 이 사건 당시 가입신청자의 실명정보를 실명자료 데이터베이스와 실시간으로 검색·비교하는 방법으로 확인절차를 거친 것으로 인터넷서비스 제공자로서의 실명정보 확인의무를 다한 것으로 평가할 수 있다.

4. 판결의 의의

대상판결 이후 정보통신망법의 제한적 본인확인제에 대한 위헌판결이 있었으나, 그 후 공직선거법의 인터넷 언론사 실명확인제, 청소년보호법의 게임셧다운제, 게임산업법의 실명확인제 등에 대하여 합헌판결이 잇따랐다. 결국 실제 생활에서도 각종 법령상 실명확인 또는 본인확인 제도가 정착된 것으로 보이고, 이에 대응하여 온라인서비스 제공자의 입장에서도 실명확인의무를 부담하는 것이 명확해졌다.

대상판결은, 인터넷 사용이 일상화되고 각종 법령에 인터넷 실명제를 도입하는 과정에서 찬반 논란이 벌어지던 시기에 온라인서비스 제공자의 실명정보 확인의무를 인정하면서, 온라인서비스 제공자가 실명정보의 확인의무를 위반하였는지 여부에 대한 구체적인 판단기준을 최초로 제시하였다는 점에서 그 의의가 크다.

82 정보통신망법상 악성프로그램 유포와 비밀침해

대법원 2012. 1. 12. 선고 2010도2212 판결[1]

윤종수(법무법인 광장 변호사)

1. 사안의 개요

가. 피고인들은 싸이월드(http://www.cyworld.com) 가입자 홈페이지(이하 '미니홈피'라 한다)의 방문자를 추적해주는 사이트인 cydisk(http://index.cydisk.net)를 운영하였다. 방문자 추적을 원하는 미니홈피의 가입자들이 유료회원으로 등록하면 그들의 미니홈피에는 방문자의 쿠키를 조작하여 방문자의 싸이월드 고유번호(tid), 이름, 방문 일시, 접속 IP 주소, 유료회원 미니홈피 방문 이전에 방문한 미니홈피 소유자 이름 등의 방문자 접속기록을 cydisk 서버에 유출하는 기능을 가진 추적프로그램이 설치되었다. 피고인들은 그러한 추적프로그램을 이용하여 아무런 고지나 동의 없이 불특정 방문자의 위 방문자 접속기록과 함께 접속 IP의 실제 소재지 정보인 예상접속지역정보를 회원들에게 제공하였다.

나. 위 추적프로그램으로 수집된 방문자 접속기록은 싸이월드에서는 제공하지 않는 정보로서 그 일반회원들은 알 수 없는 것이었다. 위 추적프로그램의 설치 후에도 싸이월드 미니홈피의 운용이나 이용은 정상적으로 이루어졌다.

다. 피고인들은 정당한 사유 없이 정보통신시스템의 정상적인 운용을 방해할 수 있는 악성프로그램을 유포하고, 정보통신망에 의해 처리·보관·전송되는 타인의 비밀을 침해하였다는 이유로 정보통신망이용촉진 및 정보보호 등에 관한 법률 제71조 제9호, 제48조 제2항(악성프로그램 유포) 및 같은 법률 제71조 제11호, 제49조(비밀침해)로 공소제기 되었다.

---

1) [참조 및 관련 판례] 대법원 2015. 1. 15. 선고 2013도15457 판결; 대법원 2006. 3. 24. 선고 2005도7309 판결; 대법원 2007. 4. 26. 선고 2005도9259 판결; 대법원 2007. 6. 28. 선고 2006도6389 판결.
   [관련 평석 및 문헌] 박진환, "정보통신망 이용촉진 및 정보보호 등에 관한 법률 제71조 제11호, 제49조에 규정된 '정보통신망에 의하여 처리·보관 또는 전송되는 타인의 비밀누설'의 의미", 대법원 판례해설 제94호(2012년 하), 법원도서관, 2012, 1010−1051면.

2. 판결의 요지

가. 원심판결

1심 법원은 피고인들의 악성프로그램 유포와 비밀침해의 공소사실을 모두 인정하여 유죄판결을 하였다. 피고인들의 항소로 계속된 항소심에서 2심 법원은 피고인들이 위 방문자 접속기록을 방문자 추적 사이트 서버로 유출하고 방문자 접속기록과 예상접속지역정보를 유료회원들에게 제공해 준 사실을 인정한 후, 이러한 방문자 접속기록은 싸이월드에서 제공되지 않는 정보로서 싸이월드의 일반회원들은 알 수 없는 것이고, 싸이월드 미니홈피에 방문하는 자들로서도 이러한 접속기록이 공개되지 않는다는 것을 전제로 미니홈피 방문을 제한 없이 자유로이 하고 있는 점, 제공한 방문접속기록은 방문자의 아이디뿐만 아니라 이름, 접속IP, 이전에 방문한 미니홈피 등으로 방문자의 매우 개인적인 신상정보에 해당하는 것들로서 단순한 방문자의 확인 차원을 넘어선 것이라고 볼 수 있는 점 등에 비추어 보면 피고인들이 이 사건 방문자 추적 프로그램을 통해 유출하여 유료회원들에게 제공한 방문자 접속기록은 단순히 개인의 사생활의 비밀 내지 평온에 그치는 것이 아니라 이를 다른 사람에게 알리지 않는 것이 그들에게 이익이 있는 것으로서 타인의 비밀에 해당한다는 이유로 비밀침해의 공소사실에 대해서는 유죄를 인정하였다. 그러나 악성프로그램 유포에 대해서는, 이 사건 방문자 추적 프로그램은 방문자 추적 서비스를 신청한 유료회원들의 싸이월드 미니홈피에 설치되어 해당 미니홈피 방문자의 정보를 방문자 추적 사이트의 서버로 유출시키는 프로그램으로서 싸이월드가 제공하지 않는 정보를 수집하여 제공하는 것일 뿐이어서 싸이월드 미니홈피의 운용이나 이용은 방문자 추적 프로그램 설치 이전과 마찬가지로 정상적으로 이루어지는 점, 싸이월드는 이 사건 방문자 추적 프로그램이 시스템 해킹과 무관한 것이라고 공지하였고, 이 프로그램이 싸이월드의 서버를 점거하여 접속을 지연시키는 등 서버 장애를 일으켰다고 볼 만한 증거도 없는 점 등에 비추어 보면, 이 사건 방문자 추적프로그램이 정보통신망이용촉진및정보보호등에관한법률 제48조 제2항의 정보통신시스템의 운용을 방해할 수 있는 악성프로그램에 해당한다고 보기 어렵다는 이유로 원심과 달리 무죄로 판단하였다.

나. 대법원판결

대법원은 피고인들에 대한 공소사실 중 비밀침해의 점에 대해서는 유죄를 선고하고 악성프로그램 유포의 점에 대해서는 무죄를 선고한 원심법원의 판단이 정당하다고 하면서 원심판결을 유지하였다.

3. 해설

가. 정보통신망 침해행위 등에 대한 법률적 대응

(1) 관련 법제의 현황과 연혁

현대 정보화 사회에 있어서 정보통신의 사회적 역할과 그에 대한 일상생활의 의존도가 커짐에 따라 정보통신망의 안정성과 정보의 신뢰성의 보호가 중요한 이슈가 되었다. 이를 위해 형법은 전자기록 등 특수매체기록을 손괴, 은닉 또는 기타 방법으로 그 효용을 해하는 행위(형법 제141조 제1항, 제366조), 전자기록 등 특수매체기록을 위작 또는 변작하는 행위(형법 제227조의2, 제232조의2), 비밀장치한 전자기록 등 특수매체기록의 내용을 기술적 수단을 이용하여 알아낸 행위(형법 제316조 제2항), 컴퓨터 등 정보처리장치 또는 전자기록 등 특수매체기록을 손괴하거나 정보처리장치에 허위의 정보 또는 부정한 명령을 입력하거나 기타 방법으로 정보처리에 장애를 발생하게 하여 사람의 업무를 방해하는 행위(형법 제314조 제2항), 컴퓨터 등 정보처리장치에 허위의 정보 또는 부정한 명령을 입력하거나 권한 없이 정보를 입력, 변경하여 정보처리를 하게 함으로써 재산상의 이익을 취득하거나 제3자로 하여금 취득하게 한 행위(형법 제347조의 2)를 처벌하는 규정을 두고 있고, 통신비밀보호법은 전기통신의 감청을 금지하고 이를 위반하는 경우 처벌하고 있다(동법 제16조 제1항 제1호, 제3조).

그러나 위 규정들은 특수매체기록이나 전기통신내용에 대한 보호나 정보처리 장애를 이용한 업무방해 내지 사기행위에 국한하여 침해행위를 규율하고 있어 그것만으로는 정보통신망 내지 정보시스템의 안정성을 도모하기에는 부족하다고 할 수 있다. 이에 정보통신망의 안정성을 확보하여 정보통신망의 이용을 촉진하고자 1986. 5. 12. '전산망보급확장과이용촉진에관한법률'이 제정되었다. 이 법률은 1999. 2. 8. '정보통신망이용촉진등에관한법률'로 전부개정되었다가 2001. 1. 16. 다시 '정보통신망이용촉진및정보보호등에관한법률(이하 '정보통신망법'이라 한다)'로 전부개정되어 현재에 이르고 있다. 당초 정보통신망법으로 전부개정 되기 전 구법에서는 불법 또는 부당한 방법으로 정보통신망의 안정성 및 정보의 신뢰성을 확보하기 위한 보호조치에 대한 침해나 훼손을 금지하는 규정을 둠으로써 정보통신망의 안정성 등을 보호하고자 하였다(구 전산망보급확장과이용촉진에관한법률 제22조 제2항, 구 정보통신망이용촉진등에관한법률 제19조 제2항). 그러나 기술의 발전에 따라 보호조치에 대한 침해나 훼손 없이 정보통신망을 침해하는 행위들이 발생하는 등 정보통신망 침해행위에 대한 법률적 대응에 공백이 생기자 이를 보완하기 위하여 정보통신망법에서는 이러한 보호조치 침해, 훼손

금지규정 대신 좀 더 포괄적인 정보통신망 침해행위 금지규정을 마련하였다.

(2) 정보통신망법상 정보통신망 침해행위와 비밀침해행위

정보통신망법은 정보통신망의 '침해사고'를 해킹, 컴퓨터바이러스, 논리폭탄, 메일폭탄, 서비스 거부 또는 고출력 전자기파 등의 방법으로 정보통신망 또는 이와 관련된 정보시스템을 공격하는 행위를 하여 발생한 사태로 정의(동법 제2조 제1항 제7호)하는 한편, 제48조에서 정당한 접근권한 없이 또는 허용된 접근권한을 초과하여 정보통신망에 침입하는 행위(동조 제1항), 정당한 사유 없이 정보통신시스템, 데이터 또는 프로그램 등을 훼손·멸실·변경·위조 또는 그 운용을 방해할 수 있는 프로그램(이하 '악성프로그램'이라 한다)을 전달 또는 유포하는 행위(동조 제2항), 정보통신망의 안정적 운영을 방해할 목적으로 대량의 신호 또는 데이터를 보내거나 부정한 명령을 처리하도록 하는 등의 방법으로 정보통신망에 장애를 발생하게 하는 행위(동조 제3항)를 금지하고 있다. 개정 전 법률과 비교할 때 정보통신망에 대한 침해행위를 보호조치의 침해나 훼손에 한정하지 않고 정당한 접근권한 없이 또는 허용된 접근권한을 초과하여 정보통신망에 침입하는 행위로 확대함과 아울러 컴퓨터바이러스를 전달·유포하거나 타인의 정보통신망의 안정적 운영을 방해할 목적으로 대량의 정보를 전송하는 등의 행위에 대한 처벌근거를 마련함으로써 좀 더 효율적으로 정보통신망 침해행위 등에 대응할 수 있게 되었다.

한편 정보통신망에 의하여 처리·보관 또는 전송되는 타인의 정보를 훼손하거나 타인의 비밀을 침해·도용 또는 누설하는 경우는 정보통신망법 제49조 위반행위로 처벌을 받게 된다. 정보통신망의 안정성과 함께 정보의 신뢰성을 확보하기 위한 규정이라 할 수 있다.

나. 정보통신망법 제48조 제2항의 악성프로그램 유포

(1) 악성프로그램의 의미

본조에서 정하는 악성프로그램은 '정보통신시스템, 데이터 또는 프로그램 등을 훼손·멸실·변경·위조 또는 그 운용을 방해할 수 있는 프로그램'을 말한다. 협의의 컴퓨터 바이러스(virus),[2] 웜(worm),[3] 트로이 목마(trojan horse)[4] 등이 이에 해당하는 것은 별다른 의문이

---

2) 프로그램, 실행 가능한 어느 일부분 혹은 데이터에 자기 자신 혹은 변형된 자신을 복사하는 명령어들의 조합이다. 감염대상 프로그램 혹은 코드를 변형해 바이러스 코드 혹은 일부 코드를 복제해 감염시키고 다른 대상을 감염시킴으로써 확산된다. 두산백과 <http://goo.gl/1vMYrs> 2016. 4. 25. 검색.

3) 다른 프로그램의 감염 없이 자신 혹은 변형된 자신을 복사하는 명령어들의 조합으로서, 기억장소에 코드 형태로 존재하거나 혹은 실행파일로 존재하며 실행되면 파일이나 코드 자체를 다른 시스템으로 복사한다. 두산백과 <http://goo.gl/1vMYrs> 2016. 4. 25. 검색.

4) 프로그래머가 사용자는 알 수 없도록 컴퓨터의 프로그램 내에 고의로 포함시킨 자기 자신을 복사하지 않

없다.[5] 그러나 스파이웨어(spyware)에 대해서는 견해들이 엇갈리고 있다. 스파이웨어는 초기에 사용자의 인지나 동의 없이 설치되어 비밀리에 작동하는 소프트웨어를 말하는데, 광고목적의 애드웨어나 그레이웨어의 악의적인 사용증가와 함께 기존의 안티－바이러스 업체와 안티－스파이업체의 상업적 경쟁으로 개념의 혼란을 가져온 것[6]으로 보인다. 따라서 스파이웨어의 경우는 악성프로그램 해당 여부를 일률적으로 논할 것이 아니라 정보통신시스템, 데이터, 프로그램의 훼손·멸실·변경·위조를 야기하는지 또는 그 운용을 방해하는지에 따라 판단되어야 한다. 악성프로그램에 해당하지 않은 스파이웨어의 경우에도 사안에 따라서는 후술하는 정보통신망법상 비밀침해에 해당할 수 있다. 그밖에 정보통신시스템 등의 운용을 방해하는 악성프로그램으로는 악성 봇(bot)[7]이나 키보드 움직임을 탐지해 개인의 중요한 정보를 빼가는 키로거(keylogger) 등이 있다.

(2) 관련 사례

1) 악성프로그램으로 인정된 사례

① 스팸메일 필터링 회피 목적으로 스팸메일의 전송출처를 은폐하기 위하여 사용된 프락시 프로그램으로서 사용자 모르게 설치되어 윈도우 레지스트리를 변경하고 정보의 전송 및 프로그램의 실행 속도를 떨어뜨리는 프로그램(대법원 2006. 11. 24. 선고 2006도6985 판결)

② 대리운전 통신시스템 업체의 서버와 단말기 사이의 통신전문을 복제 분석하고 그 시스템 프로그램을 변경하여 보다 빠른 갱신주기, 자동차 배차기능 등을 추가한 프로그램(대법원 2011. 4. 28. 선고 2010도18132 판결)

③ 사용자 모르게 특정서버에 접속되어 설치되는 것으로 사용자가 쇼핑몰에 직접 접속하거나 다른 광고업자의 광고를 클릭하여 접속하더라도 항상 피고인들의 광고를 클릭하여 접속한 것처럼 사용자의 컴퓨터 시스템 프로그램을 변경하는 프로그램(대법원 2011. 4. 28. 선고 2010도17802 판결)

④ 컴퓨터 사용자들이 다운받는 무료프로그램에 액티브엑스를 숨겨 설치되도록 한 후 사용자가 인식하지 못하는 상태에서 추가적인 명령 없이 자동으로 실행되면서 피고인 운영의 서버 컴퓨터와 주기적으로 통신을 하다가 그 서버 컴퓨터의 작업지시에 따라 네이버에서

는 명령어들의 조합으로서 자신을 복사하지 않는다는 점에서 바이러스나 웜과 다르다. 두산백과 <http://goo.gl/1vMYrs> 2016. 4. 25. 검색.

5) 김병식, "로봇 프로그램의 유포 및 이를 이용한 연관검색어 또는 자동완성어의 생성 등과 정보통신망법위반죄", 사법 26호, 2013, 320면.

6) 남길현·원동호, 정보시스템 보안론, 도서출판 그린, 2011, 149면.

7) 윈도우 시스템의 취약점, 윈도우 공유폴더, 기타 다른 웜바이러스가 사용하는 백도어 등을 이용하여 전파되는데, 악성 봇에 감염된 시스템은 유포자가 지정한 특정서버에 접속되며 유포자의 명령에 따라 타 시스템의 추가공격 및 사용자 정보를 유출한다. 남길현·원동호, 위의 책, 151면.

특정 검색어를 검색하거나 검색 후 나오는 결과 화면에서 특정 링크를 클릭한 것처럼 네이버 시스템에 허위의 신호를 발송하는 등의 작업을 하여 피해 컴퓨터의 CPU나 네트워크의 점유율을 높여 컴퓨터의 성능 및 인터넷 속도를 저하시키는 프로그램(대법원 2013. 3. 28. 선고 2010도14607 판결)

2) 악성프로그램으로 인정되지 않은 사례

① 게임사이트의 포커게임에서 마우스를 클릭하거나 키보드를 누르는 것을 자동화하여 일부러 게임을 지도록 만든 프로그램: 게임사이트의 보안 프로그램에 적발되지 않았다고 하여 그러한 보안프로그램 및 포커게임 프로그램을 훼손·멸실·변경·위조 또는 그 운용을 방해한 것으로 보기 어렵다고 판단(대법원 2009. 10. 15. 선고 2007도9334 판결).

② 인터넷 사용자의 동의하에 설치되는 프로그램으로 포털사이트인 네이버에 접속하는 경우 네이버가 제공하는 광고 대신 프로그램 제작자가 제공하는 광고가 개재되게 하는 프로그램: 채권자의 정보통신시스템, 데이터 또는 프로그램 등을 훼손·멸실·변경·위조 또는 그 운용을 방해하는 악성프로그램이라고 단정하기 어렵다고 판단(대법원 2010. 8. 25.자 2008마1541 결정).

③ 레미콘 자동생산제어시스템에 설치되어 배합비율과 생산실적을 조작하고 허위의 배치리스트출력을 가능하게 하는 프로그램: 운용자의 선택에 따른 프로그램의 설치여서 그로 인해 제어시스템의 운용이 방해된 것으로 볼 수 없다고 판단(대법원 2011. 7. 28. 선고 2010도4183 판결).

(3) 본 사안의 판단

정보통신망법 제48조 제2항에서 규정하는 악성프로그램에 해당되기 위해서는 정보통신시스템, 데이터 또는 프로그램 등을 훼손·멸실·변경·위조해야 하고 만약 그에 해당하지 않으면 최소한 그 운용을 방해하는 프로그램이어야 한다. 이 사건 방문자 추적프로그램은 미니홈피의 가입자 모르게 설치되는 프로그램이 아니라 가입자 스스로 방문자 추적서비스를 신청하여 가입자의 미니홈피에 설치되는 것이므로 정보통신시스템, 데이터 또는 프로그램 등을 훼손·멸실·변경·위조하는 것으로 보기 어렵다. 또한 이 사건 방문자 추적 프로그램으로 인해 뒤에서 보는 바와 같이 해당 미니홈피의 방문자 입장에서는 비밀에 해당하는 자신의 정보가 유출되는 피해를 입게 된다고 하더라도 싸이월드 미니홈피의 운용이나 이용에는 아무런 장애를 주지 않는 것이고 달리 이 프로그램으로 인해 싸이월드의 접속이 지연되는 등 서버장애가 있었다는 사실이 입증되지 않으므로 정보통신시스템, 데이터 또는 프로그램의 운용을 방해한다고도 할 수 없다. 따라서 이 사건 방문자 추적프로그램은 정보통신망법 제48조 제2항이 규정하는 악성프로그램에 해당하지 않는다고 판단되었다.

다. 정보통신망법 제49조의 비밀침해

(1) 비밀침해의 의미

정보통신망법 제49조는 정보통신망에 의하여 처리·보관 또는 전송되는 타인의 비밀을 침해·도용 또는 누설하는 행위를 금지하고 있는데, 여기서 '타인의 비밀'이란 '일반적으로 알려지지 않은 사실로서 이를 다른 사람에게 알리지 않는 것이 본인에게 이익이 있는 것'을 의미한다(대법원 2006. 3. 24. 선고 2005도7309 판결 참조). 본 조항은 형법 제316조 제2항의 규정과 같은 비밀장치의 존재를 요구하지 않아 전혀 차단조치가 없는 경우에도 본 조항의 비밀침해가 성립된다는 주장이 있으나 비밀은 외부의 인식이나 접근으로부터 차단되는 최소한의 조치라도 있어야 그 비밀성이 인정된다고 할 것이므로 타당하지 않은 주장으로 보인다. 대법원도 형벌법규의 해석 법리, 정보통신망법의 입법 목적과 규정 체제, 이 사건 조항의 입법 취지, 비밀누설행위에 대한 형사법의 전반적 규율 체계와의 균형 및 개인정보 누설행위에 대한 정보통신망법 제28조의2 제1항과의 관계 등 여러 사정에 비추어 볼 때, 본 조항에서 규정하고 있는 '정보통신망에 의하여 처리·보관 또는 전송되는 타인의 비밀누설'이란 타인의 비밀에 관한 일체의 누설행위를 의미하는 것이 아니라, 정보통신망에 의하여 처리·보관 또는 전송되는 타인의 비밀을 정보통신망에 침입하는 등의 부정한 수단 또는 방법으로 취득한 사람이나, 그 비밀이 위와 같은 방법으로 취득된 것임을 알고 있는 사람이 그 비밀을 아직 알지 못하는 타인에게 이를 알려주는 행위만을 의미하는 것으로 제한하여 해석(대법원 2012. 12. 13. 선고 2010도10576 판결 참조)하여 같은 입장을 취하고 있는 것으로 보인다.

(2) 관련 사례

1) 피고인이 자신이 운영하는 인터넷 사이트 카페에 개인정보가 담겨 있는 '특정 종교 교인 명단' 파일을 업로드하여 이에 접속하는 다른 회원들로 하여금 이를 다운로드받아 볼 수 있게 함으로써 정보통신망에 의하여 처리·보관 또는 전송되는 타인의 비밀을 침해·도용 또는 누설하였다는 내용으로 기소된 사안에서, 공소사실에 위 명단의 작성자나 그 취득 경위가 적시되어 있지 않고, 위 명단은 피고인이 성명 불상의 대학동창으로부터 이메일로 전달받은 것일 뿐이며, 설령 위 명단이 타인의 비밀에 해당하여 보호를 받을 필요성이 인정된다 하더라도 위 명단이 원래 정보통신망에 의하여 처리·보관 또는 전송되던 것을 정보통신망을 침해하는 방법 등으로 이 사건 명단의 작성자나 관리자의 승낙 없이 취득한 것이라는 점을 인정할 증거가 없는 이상, 피고인의 행위가 정보통신망법 제49조에 규정된 정보통신망에 의하여 처리·보관 또는 전송되는 타인의 비밀을 침해·도용 또는 누설한 경우에 해당한

다고 볼 수 없다고 판단하였다(대법원 2012. 12. 13. 선고 2010도10576 판결).

2) 피고인이 타인의 급여번호와 비밀번호를 무단히 이용하여 학교법인의 정보통신망에 보관중인 급여명세서를 열람·출력하여 소송계속 중인 사건에 증거자료로 제출한 사안에서 급여명세는 단순히 개인의 사생활의 비밀 내지 평온에 그치는 것이 아니라 이를 다른 사람에게 알리지 않는 것이 그들에게 이익이 있는 것으로서 타인의 비밀에 해당하고, 피고인이 위 급여명세서를 소송계속 중인 사건에 증거자료로 제출한 것은 비밀보유자 이외의 제3자에게 그 내용을 알려주는 것으로서 비밀의 누설에 해당한다고 판단하였다(대법원 2007. 6. 28. 선고 2006도6389 판결).

(3) 본 사안의 판단

미니홈피 운영자는 방문자가 방명록 등에 글을 남기지 않으면 방문자의 정보를 전혀 알 수가 없는 것이므로 본 사안에서 미니홈피 방문자 접속기록과 예상접속지역정보는 싸이월드에서 제공되지 않는 정보로서 일반인들은 알 수 없는 것으로 외부의 인식이나 접근으로부터 차단된 정보라고 할 수 있고, 통상 방문자들은 그러한 정보들이 공개되지 않는 것을 전제로 자유롭게 타인의 미니홈피를 방문하고 있는 것으로 보이므로, 위 방문자 접속기록 등은 '일반적으로 알려지지 않은 사실로서 이를 다른 사람에게 알리지 않는 것이 본인에게 이익이 있는 것'으로 판단하기에 어려움이 없다. 비록 본건 방문자 추적 프로그램이 싸이월드의 정보통신시스템, 데이터 또는 프로그램 등을 훼손·멸실·변경·위조하거나 그 운용을 방해하는 프로그램으로 보기 어려워 정보통신망법 제48조가 규정한 정보통신망 침해행위 등에 해당하지는 않더라도, 방문자 접속기록 등의 귀속 주체인 타인의 입장에서는 부정한 수단으로 자신의 비밀을 취득한 것에 해당한다.

4. 판결의 의의

대상판결은 정보통신망을 침해하는 악성프로그램의 해당 여부 판단기준과 비밀성의 판단 기준을 다시 한번 확인하는 한편, 싸이월드라는 정보통신시스템을 기준으로 볼 때 악성프로그램 유포에 해당하지 않은 행위가 비밀의 귀속주체인 다른 이용자의 비밀을 침해하는 위법행위가 될 수 있음을 판시하고 있다. 정보통신망법상 정보통신망 침해행위 등에 해당하지 않는 경우에도 정보통신망의 안정성 내지 정보의 신뢰성을 해치는 일탈행위를 규율할 수 있는 정보통신망법 제49조의 의의를 잘 보여준 판결이다.

83 신용정보 조회와 사전동의 원칙의 적용

대법원 2015. 5. 14. 선고 2015다1178 판결

고학수(서울대학교 법학전문대학원 교수)

1. 사안의 개요

금융기관으로부터 대출을 원하는 개인 신용정보주체에 대해, 금융기관이 실제로 대출계약을 체결할 것인지 그리고 체결할 경우에 이자율이나 만기 등 주요 조건을 어떻게 정할 것인지에 대한 판단을 함에 있어서는 해당 신용정보주체의 신용도에 대한 평가가 당연한 선결요건이 된다. 그리고 금융기관에서 행해지는 신용도 평가에 있어서는 해당 신용정보주체의 신용평점 등 개인신용정보가 매우 중요한 요소로 작용한다. 따라서 금융기관은 개별 대출계약에 대한 판단에 앞서 흔히 신용조회회사로부터 신용평가정보를 제공받게 된다.

그런데 개별 금융기관과 개인 신용정보주체 사이의 금융거래 관계는 일회적이지 않고 오히려 그 반대로 오랜 기간 유지되면서 그 구체적인 내용에 약간씩의 변화가 지속적으로 나타나는 경우를 어렵지 않게 볼 수 있다. 그러한 경우에, 개별 계약이 체결될 때마다 금융기관이 신용정보를 제공받기에 앞서 신용정보주체로부터 매번 신용정보의 수집이나 제공에 관해 동의를 받아야 하는 것인지, 아니면 동일한 금융거래 관계의 유지·관리를 위한 목적으로 신용정보를 제공받으려 하는 경우라면 추가적인 별도의 동의를 받지 않아도 될 것인지 여부가 문제가 될 수 있다.

대상판결은 이에 관해, 애초에 대출계약을 체결하면서 신용정보 수집에 대해 동의서를 한 번 받았다면 향후 동일한 금융거래 관계가 유지·관리되는 맥락에서는 추가적인 별도의 동의를 받을 필요 없이 신용정보를 조회할 수 있다고 판시하였다.

2. 판결의 요지

가. 원심심결(대구고등법원 2014. 11. 25. 선고 2013나6224 판결)

원심에서는 주로 아래와 같은 두 가지 사안이 문제가 되었다.[1]

(1) '대출/채무보증 조회표'의 등재 오기

원고는 피고 금융회사와의 사이에 2006년 3월에 대출계약을 체결하고 3억 6,550만원의 대출을 받았다. 그 이후 2010년에 대출금 변제기 연장 등을 위해서 수차례에 걸쳐 피고 금융기관과 변경대출약정을 체결하였고, 그 과정에서 최초의 대출금은 상환하고 그와 동시에 동일한 금액의 채무를 새로이 발생시키게 되었다. 그런데 피고 금융회사의 담당직원은 변경대출약정을 실행하는 당시에, 최초의 대출금 3억 6,550만 원 전액이 변제되지 않은 채 남아 있는 상태에서 새로이 3억 6,550만 원의 채무가 발생된 것처럼 전국은행연합회에 보고함으로써, 원고에 관한 '대출/채무보증 조회표'에 원고의 대출금 총액이 7억 3,100만 원인 것으로 잘못 등재되게 하였다. 원고가 사후적으로 이에 관해 알게 되면서 피고 금융회사에 수정 등재를 요구하였고, 수정 등재가 될 때까지 2개월 정도의 기간 동안 잘못된 내용이 대출/채무보증 조회표에 등재된 상태로 남아있었다.

이 등재 오기에 관하여, 원심은 피고 금융회사의 담당직원이 원고의 신용을 보호해야 할 주의의무를 소홀히 한 것으로 보고, 피고 금융회사에 불법행위 책임이 있다고 판결하였다. 특히, 법원은 대출/채무보증 조회표에 기재된 내역은 신용평가의 기초가 되는 중요한 정보로서, 대상자 개인은 물론 금융기관을 위해서도 중요한 역할을 하는 것임에 주목하여 정확한 보고가 중요함을 강조하였다.

(2) 피고 금융회사의 원고에 대한 신용정보 조회: 동의의 문제

피고 금융회사의 담당직원은 2011. 7. 15.에 원고로부터 별도의 동의를 받지 않고 원고의 신용정보를 조회하였다. 그런데 신용정보의 이용 및 보호에 관한 법률(2009. 4. 1. 법률 제9617호로 전부개정되어 2009. 10. 2. 시행된 것, 이하 '2009 개정 신용정보법'이라 한다) 제32조 제2항에 의하면 "신용조회회사 등으로부터 개인신용정보를 제공받으려고 하는 자는 해당 개인으로부터 법이 정하는 방식으로 동의를 받아야 하고, 개인신용정보를 제공받으려는 자는 해당

---

1) 피고 금융회사가 원고에 대하여 수차례에 걸쳐 불법 대출을 실행하였는지 여부도 문제가 되었으나, 이 글에서는 다루지 않는다.

개인에게 개인신용정보 조회 시 신용등급이 하락될 수 있음을 고지하여야 한다"고 규정되어
있어서, 피고 금융회사가 신용정보를 조회할 때에는 원고로부터 사전동의를 받아야 함이 명
시되어 있었다. 이에 관하여 피고 금융회사는, 2006. 3. 21. 원고와 최초로 대출거래약정을
체결하는 과정에서 '개인신용정보의 제공활용 동의서'에 원고가 서명한 바 있고, 이를 통해
원고는 피고 금융회사의 신용정보 조회에 사전 서면동의를 한 것이라고 주장하였다.

　　법원은 이 동의서 내용이 원고에 관한 신용정보를 다른 신용정보업자 등에게 제공하는
것에 동의한 것이기는 하지만, 동의서를 통해 피고가 원고의 신용정보를 조회하여 이를 제
공받는 것에도 동의한 것으로 볼 수는 없다고 판단하였다. 또한, 원고가 이 동의서를 통하여
최초의 동의가 발생한 후 5년 이상의 시간이 경과한 뒤에 이루어진 변경 대출약정 시에까지
도 별도의 동의나 고지 절차를 거칠 필요 없이 원고에 대한 신용정보 조회를 할 수 있도록
허용하는 무제한적이고 포괄적인 동의를 제공한 것이라고 인정할 수는 없다고 판단하였다.
따라서 피고 금융회사의 동의 없는 신용정보 조회행위가 원고에 대한 관계에서 불법행위를
구성한다고 판단하였다.

(3) 손해배상

　　우선 재산상의 손해에 관하여, 법원은 이 사건 대출/채무보증 조회표에 대출금 총액이
잘못 기재된 약 2개월의 기간 동안 원고가 잘못된 기재로 인하여 대출을 받지 못한 사례가
있었는지 여부에 관하여 살펴본 후, 이 기간 동안 부실등재로 인하여 원고가 다른 금융기관
에서 대출을 받지 못하는 손해를 입었다고 볼 수는 없다고 판단하였다. 다만, 부실등재로 인
하여 원고의 신용이 훼손된 점은 인정하고 이를 위자료의 산정에 반영하였다. 위자료에 관
하여, 법원은 부실등재로 인한 신용훼손 및 동의 없이 이루어진 신용정보 조회에 대해 각각
300만 원을 인정하여, 총 600만 원의 손해배상을 인정하였다.

나. 대법원판결

　　대법원판결에서 주된 쟁점이 된 것은 피고 금융기관이 원고의 신용정보를 조회함에 있
어 요구되는 동의에 관한 것이었다.[2] 우선 법령의 내용을 살펴보면, 구 신용정보의 이용 및
보호에 관한 법률(2009. 4. 1. 법률 제9617호로 전부개정되기 전의 것, 이하 '구 신용정보법'이라 한다)
제23조 제1항에 의하면, 신용정보제공ㆍ이용자는 개인신용정보를 신용정보업자등에게 제공

---

2) 대법원판결에서는, 피고 금융기관이 "부실등재로 인한 위자료 청구 부분에 대하여도 상고를 제기하였으나,
　 상고장에 이유의 기재가 없고 상고이유서에도 이에 관한 불복 이유의 기재를 찾을 수 없다"고 하고, 채권
　 액수 부실등재와 관련된 부분에 관하여는 별도로 판단하지 아니하였다.

하고자 하는 경우에는 개인으로부터 서면 등의 방식에 의한 동의를 얻어야 하도록 규정되어 있었다. 한편 2009 개정 신용정보법에서는 이를 개정하여, ① 신용정보제공·이용자가 대출, 보증에 관한 정보 등 개인신용정보를 타인에게 제공하려는 경우에는 해당 개인으로부터 서면 등의 방식으로 미리 동의를 받아야 하고(제32조 제1항), ② 신용조회회사 또는 신용정보집중기관으로부터 개인신용정보를 제공받으려는 자도 해당 개인으로부터 서면 등의 방식으로 동의를 받아야 하며 이때 개인신용정보를 제공받으려는 자는 해당 개인에게 개인신용정보의 조회 시 신용등급이 하락할 수 있음을 고지하여야 한다(제32조 제2항)고 규정되어 있었다.

대법원은 구 신용정보법 및 2009 개정 신용정보법의 규정을 종합할 때, 구 신용정보법에 기초하여 개인신용정보를 신용정보업자등에게 제공하기 위한 목적으로 이에 관해 개인신용정보주체의 동의를 받아 해당 개인과 금융거래 등 상거래관계를 일단 설정하였다면, 2009 개정 신용정보법이 시행된 이후에 그 상거래관계의 유지·관리를 위한 목적으로 해당 개인신용정보주체에 관한 개인신용정보를 제공받을 필요가 있는 경우에는 개정된 법에 따른 동의를 추가로 받지 않아도 되는 것으로 보아야 한다고 판단하였다. 즉, 문언상 ① 구 신용정보법의 동의규정은 개인신용정보의 제공에 관하여 규정하고 있고 ② 2009년 개정 신용정보법의 동의규정은 개인신용정보를 제공하는 상황과 제공받는 상황을 구분하여 규정하고 있는 상황에서, 2011년에 피고 금융기관이 원고에 대한 개인신용정보를 제공받은 것은 당사자 사이의 상거래 관계의 연속성을 고려할 때 추가적 동의를 필요로 하지 않는 것으로 보았다.

대법원은 피고 금융회사가 2011. 7. 15.에 원고에 대한 신용정보 조회를 한 것은, 2010년에 체결된 변경대출약정의 변제기가 2011. 7. 25.에 도래함에 따라 그 대출금의 변제기를 다시 연장할 것인지에 관하여 심사하기 위한 것이었음에 주목하고, 해당 변경대출약정을 통한 거래관계는 2006년에 피고 금융회사가 원고와 최초 대출거래약정을 체결하면서 설정된 거래관계의 연속으로 보아야 한다고 판단하였다. 따라서 변경대출약정에 따른 대출금의 변제기를 연장할 것인지에 관해 심사하기 위한 목적으로 신용정보를 조회하는 경우에는 원고의 동의를 별도로 받을 필요가 없다고 보았고, 이 사건에서 원고의 동의 없이 신용정보를 조회하였다고 해서 이로 인하여 원고에 대한 불법행위가 성립하지는 않는다고 판단하였다.

결론적으로, 대법원은 대출채권의 액수를 부실등재한 것으로 인한 불법행위에 관하여 300만 원의 위자료를 인정한 원심의 판결은 정당하지만 별도의 동의 없이 신용정보를 조회한 것에 관하여는 불법행위가 성립되지 않고 따라서 위자료 또한 인정될 수 없다고 판시하였다.3)

---

3) 이 사건은 파기환송되어, 대구고등법원 2015나1544 사건으로 재개되었고 법원의 화해권고결정 이후 2015. 9. 19. 확정되었다.

3. 해설

개별 경제주체에 대한 정확하고 시의적절한 신용도 평가는 현대 신용사회를 유지할 수 있게 해주는 중요한 근간이 된다. 그런데 개인의 신용에 관해서는 오랜 기간에 걸친 다양한 금융활동의 결과를 총체적으로 종합하여 판단해야 할 필요가 있다. 그에 따라, 우리나라 신용정보법 체계에서는 '신용정보집중기관'의 개념을 도입하여 운영하고 있다. 신용정보집중기관은 개별 신용정보주체에 관한 신용정보를 집중하여 관리·활용하는 것을 주요한 기능으로 한다.4) 이를 위해, 신용정보주체의 신용도 판단에 도움이 될 수 있는 여러 유형의 신용정보가 신용정보집중기관에 집중될 수 있도록 각종 금융기관 등에 법적 의무와 규제가 적용된다.

신용정보집중기관이 제 역할을 하기 위한 기본적인 전제조건은 개별 신용주체에 관하여 정확한 정보가 집중되는 것이라 할 것이다. 정확하지 않은 정보에 기초하여 내려진 신용도 평가는 당연히 부정확한 것이 될뿐더러, 이는 신용정보 이용자로서의 금융기관의 판단에 왜곡을 초래하고 개별 신용주체의 금융활동에 있어 심각한 장애요소로 작용할 가능성도 있다. 더 나아가 부실등재로 인한 오류가 반복되면 이는 신용경제의 근간을 흔드는 심각한 문제를 야기할 수도 있는 것이어서, 등재오류로 인한 문제의 발생을 강력하게 억제할 필요가 있다. 원심에서 채권액수 부실등재에 대해 불법행위를 인정한 것은 신용정보집중기관의 운영을 기반으로 하여 신용경제 체제를 구축하고 있는 우리나라 금융시스템의 구조를 고려할 때 매우 중요한 것이라 할 수 있다.

다른 한편, 신용정보의 법적 성격에 관해 생각해 보면 신용정보, 특히 개인신용정보는 적지 않은 경우에 개인정보에도 해당될 것임을 알 수 있다. 개인정보에 관해서는 일반적으로 그 수집·활용에 앞서 정보주체의 동의가 요구되는데, 신용정보법에서는 이 원칙을 명문화하여 개인신용정보를 신용정보집중기관 등 타인에게 제공하려는 경우에 해당 개인으로부터 미리 동의를 받도록 하고 있고(제32조 제1항), 또한 신용조회회사나 신용정보집중기관으로부터 개인신용정보를 제공받는 경우에도 동의를 받도록 하고 있다(제32조 제1항).

정보주체로부터 동의를 받도록 하는 것은, 이를 통해 '개인정보 자기결정권'이 구현될 수 있도록 한다는 정책적 이념을 그 배경으로 하는 것으로 이해할 수 있다. 그런데 동의제도

---

4) 신용정보의 이용 및 보호에 관한 법률(2015. 3. 11. 개정된 것, 이하 '2015 개정 신용정보법') 제25조 제1항. 2015년에 신용정보법이 개정됨에 따라 새로운 신용정보집중기관으로 "한국신용정보원"이 2016년에 새로이 출범하였다. 2015 개정 신용정보법 체제 이전에는 종합신용정보집중기관과 개별신용정보집중기관을 구분하여, 이 중 종합신용정보집중기관의 역할은 전국은행연합회가 그리고 개별신용정보집중기관의 역할은 생명보험협회, 손해보험협회, 여신금융협회, 금융투자협회, 한국정보통신진흥협회 등의 5개 기관이 수행하였다. 원심판결에서 전국은행연합회를 통한 채권액수 등재에 관해 언급한 것은, 전국은행연합회가 수행한 종합신용정보집중기관으로서의 역할을 설명한 것으로 보인다.

의 실효성에 대해서는 많은 논란이 존재하고 있고, 또한 동의제도의 이행과 관련된 여러 구체적인 사항들에 대해서도 논의의 여지가 적지 않다. 그중 하나는 요구되는 동의의 빈도에 관한 것이다. 개인정보주체가 기업 또는 금융기관과 맺게 되는 장기적 계약관계를 생각해 보면, 계약관계의 내용이 변화함에 따라 매번 개인정보주체로부터 새로이 동의를 받을 필요가 있을 것인지, 아니면 근본적으로 동일한 계약관계의 유지가 전제된다면 계약관계의 내용에 일부 변화가 생기더라도 새로이 동의를 요구할 필요는 없을 것인지에 관해 문제가 될 수 있다.

요구되는 동의의 빈도를 어떻게 정하는 것이 타당할 것인지에 관해서는 다양한 견해가 있을 수 있다. 이는 실무상으로도 중요한 문제이지만 개인정보보호의 기본 이념과도 연결되는 중대한 문제이기도 하다. 정보주체와의 거래관계에 있어 얼마나 자주 동의를 받도록 요구할 것인지는, 궁극적으로는 어떻게 하는 것이 정보주체가 개인정보 자기결정권을 제대로 실현할 수 있도록 해주고 최적 수준의 개인정보 보호를 확보할 수 있을 것인가 하는 질문을 통해 판단기준을 도출해야 할 것이다. 그런데 이에 관해서 개인정보보호 법령이나 신용정보법(구 신용정보법 및 2009 개정 신용정보법) 등에 구체적인 지침이 제시되어 있지는 않다.

법정책적으로 생각하면, 동의의 빈도는 절차적으로 (비록 형식적일수도 있지만) 개인정보 자기결정권을 최대한 보장할 필요성, 그 과정에서 정보주체에 대한 불이익이 발생할 가능성, 거래비용 증가여부, 정보주체의 불편 증가여부 등 여러 요소를 비교 형량하여 결정할 필요가 있을 것이다. 이때 비교 형량의 과정에서 고려해야 할 것 중 하나는, 요구되는 동의의 빈도를 높이는 것이 반드시 정보주체의 이익에 부합되는 것이 아니고, 오히려 그 반대로 정보주체의 이익에 반할 가능성도 있다는 점이다.5) 동의를 가급적 자주 받는 방식을 통해서 개인정보 자기결정권에 관한 절차적 정당성을 상대적으로 수월하게 확보할 수는 있겠지만, 다른 한편 지나치게 빈번하게 동의를 요구하는 것은 동의제도를 통해 정보주체가 동의를 하는 내용에 대한 이해도를 높이고 스스로 자주적이고 합리적인 의사결정을 하도록 한다는(소위 'informed decision') 동의제도의 기본이념을 형해화하는 결과를 초래할 수도 있기 때문이다.

이러한 맥락에서 보면, 대법원의 판시는 동의의 빈도를 결정함에 있어 거래관계의 연속성 여부를 중요한 기준으로 고려해야 한다는 점을 명확하게 했다는 점에서 매우 중요한 의의를 지닌다고 할 수 있다. 특히 이 사건의 사실관계를 고려해 보면, 애초 상거래관계가 형성된 후 5년의 기간이 지났다고 하는 점이 새로이 동의를 받을 필요가 있는지 여부를 결정

---

5) 지나치게 폭넓은 내용을 한꺼번에 제시하여 동의를 받을 경우 정보주체로 하여금 그 내용을 이해하기 어렵게 만드는 부작용이 있는 반면에, 지나치게 빈번하게 동의를 받도록 하는 것은 동의의 내용에 관하여 정보주체를 오히려 혼란에 빠트리고 서비스 제공자에 대한 신뢰도를 떨어트리는 부작용이 있을 수 있다는 지적도 있다. OECD, "The Evolving Privacy Landscape: 30 Years After the OECD Privacy Guidelines", DSTI/ICCP/REG(2010)6/FINAL(2011), at 23-24.

하는 데에 있어 중요하지 않고, 또한 동의가 요구되는 상황에 관한 구 신용정보법의 조항과 2009 개정 신용정보법 조항 사이의 차이도 그 자체로 당연히 새로운 동의를 요구하는 것은 아니라는 점을 알 수 있다. 즉, 동일한 상거래관계를 전제로 하면 새로운 계약의 상황에서도 개인신용정보 수집·활용 등에 관해 반드시 별도의 동의를 받아야 하는 것은 아니라 할 것이고, 다른 한편으로는 ① 당초 계약관계가 형성된 후 상당한 기간이 경과하였다는 사실이나 ② 동의와 관련된 법 조항이 개정되었다는 사실 등이 그 자체로 새로운 동의를 요구하는 것은 아니라 할 수 있다.

4. 판결의 의의

대상판결의 가장 중요한 의의는, 거래나 계약관계의 상대방에 관한 개인신용정보를 조회함에 있어 요구되는 사전동의와 관련하여, 요구되는 동의의 빈도에 관한 중요한 원칙으로 '거래관계의 연속성 여부'를 제시했다는 것에 있다. 즉, 금융기관이 개인신용정보의 제공 등에 관한 동의를 받고 특정 개인과 금융거래 등 상거래관계를 설정하였다면, 그 상거래관계의 유지·관리를 위한 목적으로 해당 신용정보주체에 관한 개인신용정보를 신용조회회사 등 타인으로부터 제공받으려 하는 경우에 추가적인 별도의 동의를 받을 필요가 없다는 것이다.

다만, 대법원이 제시한 이 원칙은 2015. 3. 11. 신용정보법 개정으로 인해 실무적 중요성은 줄어들게 되었다. 2015 개정 신용정보법에 따르면, 신용정보제공·이용자가 개인신용정보를 타인에게 제공하려는 경우에는 제공할 때마다 미리 개별적으로 신용정보주체로부터 동의를 받아야 하고(제32조 제1항), 개인신용정보를 제공받을 때에도 제공받을 때마다 개별적으로 동의를 받아야 하기 때문이다(제32조 제2항).[6]

5. 보론

금융기관이 개인신용주체의 신용도를 평가하고 대출여부를 결정하는 과정에서 현실적으로 매우 중요한 역할을 하는 것은 개인신용평점 등 신용조회회사들이 준비하게 되는 신용평가의 내용이다.[7] 신용조회회사들은 신용정보집중기관이 제공하는 정보를 포함하여 다양한 경로를 통해 신용정보를 수집한 뒤, 이를 종합하여 평가하는 모형을 구축·적용하여 개인신용주체들에 대한 평점을 부여하는 등 신용평가를 하게 된다. 개인신용평가 모형을 통해 개

---

6) 다만, 기존에 동의한 목적 또는 이용 범위에서 개인신용정보의 정확성·최신성을 유지하기 위한 경우에는 동의를 받을 필요가 없다. 2015 개정 신용정보법 제32조 제1항 및 제2항.

7) 국내 신용조회회사 중 국내 시장에서 가장 중요한 역할을 하는 것은 나이스평가정보와 코리아크레딧뷰로이다.

인신용주체에 대한 신용평점을 부여함에 있어 중요하게 고려되는 요소는 상환이력정보, 현재부채수준, 신용거래기간, 신용형태정보, 신용조회정보 등이다.[8)]

　　대상사건의 원심판결을 보면, 원고의 대출금에 대하여 대출/채무보증 조회표에 등재 오기가 발생한 후 2개월 정도 후에 "수정·등재"가 되었다고 하고, 이 기간 동안 원고가 다른 금융기관에서 대출을 받지 못한 사례가 있었는지 여부를 살펴봄으로써 재산상의 손해 여부에 관해 판단을 하였다. 그런데 원심판결을 통해 명확하게 파악되지 않는 것은, ① "수정·등재"를 하는 경우와 ② 애초에 오류 없이 등재가 되는 경우 사이에 신용평점 등 신용평가에 어떤 차이가 나타나게 되는지에 관한 것이다. 설사 사후적으로 오류를 바로잡는다고 하더라고 만일 애초에 발생한 오류에 의해 신용평점 자체에 부정적인 영향이 나타나 2개월 이상 지속된다면, 등재 오류가 있었던 2개월 정도의 기간 동안 대출에 있어 불이익이 있었는지 살펴보는 것만으로는 원고의 손해에 대하여 정확히 파악하는 것이 어려울 것이다. 따라서, 신용조회회사에서 이용하는 신용평점 부여 모형의 기본적인 구조를 파악하고, 2개월 정도 동안의 등재 오류가 신용평점 부여에 있어 어떤 영향을 미쳤을 것인지 좀 더 상세하게 살펴보는 것이 손해 발생 여부에 대한 정확한 판단에 도움이 되었을 것이다.

---

8) 나이스평가정보 홈페이지(http://www.niceinfo.co.kr/creditrating/cb_score_1_4_1.nice) 및 코리아크레딧뷰로 홈페이지(http://www.allcredit.co.kr/ADFCommonSvl?SCRN_ID=s04043729847) 참조. 이상의 요소 중 신용조회정보는 신용평점의 산출과정에서 실제로는 반영되지 않는 것으로 보인다.

대법원 2015. 7. 16.자 2011모1839 전원합의체 결정[1]

김성천(중앙대학교 교수)

1. 사안의 개요

수원지방검찰청 강력부는 2011년 4월 종근당 회장의 배임 혐의와 관련하여 종근당 사무실을 압수·수색하였다. 그 과정에서 검찰은 컴퓨터 저장매체에 범죄혐의 사실 유관정보와 무관정보가 혼재된 것으로 판단하고, 피압수자의 동의를 받아 해당 저장매체를 봉인한 후 반출해서 대검 디지털포렌식센터로 가져가 피압수자의 참여 아래 저장매체에 저장된 정보 전체를 이미징 방식으로 복제(제1 처분)한 후 저장매체를 피압수자의 회사에 반환하였다. 이후 담당 검사는 이미징한 복제본을 자신이 소지한 외장하드에 재복제(제2 처분)하였다. 그리고 그 외장하드에서 유관정보를 탐색하면서 유관정보는 물론 약사법 위반·조세범처벌법 위반 혐의와 관련된 별건 혐의 정보 등 무관정보까지 함께 출력(제3 처분)하였다.

수원지검 강력부는 첫 번째 압수·수색을 통해서 우연히 발견된 별건 혐의 정보를 같은 지검 특별수사부에 통보하였다. 이에 수원지검 특수부는 2011년 5월에 수원지방법원으로부터 별도의 영장을 발부받아, 종근당이 의약품을 구입한 대가로 의사나 약사 등에게 금품을 제공하면서 회계장부를 조작하였다는 혐의와 관련하여, 강력부 검사의 외장 하드에서 별건 정보를 탐색·출력하는 방식으로 압수·수색을 하였다. 이 과정에서 특수부 검사는 피압수자 측에 압수·수색 과정에 참여할 수 있는 기회를 부여하지 않았으며 압수한 전자정보 목록도 교부하지 않았다.

---

1) [참조 및 관련 판례] 대법원 2011. 5. 26.자 2009모1190 결정.
   [관련 평석 및 문헌] 김성룡, 전자정보에 대한 이른바 '별건 압수·수색', 형사법의 신동향(대검찰청) 통권 제49호(2015. 12.); 정승혜, 전자정보에 대한 압수·수색 영장 집행과정에 존재하는 위법의 중대성 판단 및 일부 처분에 존재하는 위법이 전체 압수·수색 과정에 미치는 영향, 재판과 판례(대구판례연구회) 제24집(2015. 12.); 조광훈, 전자정보의 압수수색절차에서 참여권의 범위와 한계, 법조(법조협회) 통권 제711호(2015. 12).

2. 판결의 요지

가. 원칙

전자정보에 대한 압수·수색은 원칙적으로 영장 발부의 사유로 된 범죄 혐의사실과 관련된 부분만을 문서 출력물로 수집하거나 수사기관이 휴대한 저장매체에 해당 파일을 복제하는 방식으로 이루어져야 한다. 이와 달리 저장매체 자체를 직접 반출하거나 저장매체에 들어 있는 전자파일 전부를 하드카피나 이미징 등 복제본의 형태로 반출하는 방식으로 압수·수색하는 것은 현장의 사정이나 전자정보의 대량성으로 관련 정보 획득에 긴 시간이 소요되거나 전문 인력에 의한 기술적 조치가 필요한 경우 등 범위를 정하여 출력 또는 복제하는 방법이 불가능하거나 압수의 목적을 달성하기에 현저히 곤란하다고 인정되는 때에 한하여 예외적으로 허용될 수 있을 뿐이다.

전자정보에 대한 압수·수색 과정에서 이루어진 현장에서의 저장매체 압수·이미징·탐색·복제 및 출력 등 일련의 처분은 하나의 영장에 의한 압수·수색 과정에서 이루어지는 하나의 처분이다. 그러한 일련의 행위가 모두 진행되어 압수·수색이 종료된 이후에는 특정단계의 처분만 취소하고 나머지 부분은 인정한다는 것을 상정할 수 없어서, 수사기관으로 하여금 압수·수색의 결과물을 보유하도록 허용할 것인지가 문제 될 뿐이다.

그러므로 피압수자가 전체 압수·수색 과정을 단계적·개별적으로 구분하여 각 단계별 개별 처분의 취소를 구하더라도 법원으로서는 특별한 사정이 없는 한 그 구분된 개별 처분의 위법이나 취소 여부를 판단할 것이 아니라 당해 압수·수색 과정 전체를 하나의 절차로 파악하여 그 과정에서 나타난 위법이 압수·수색 절차 전체를 위법하게 할 정도로 중대한지 여부에 따라 전체적으로 그 압수·수색 처분을 취소할 것인지를 판단하여야 한다. 여기서 위법의 중대성은 ① 위반한 절차조항의 취지, ② 전체과정 중에서 위반행위가 발생한 과정의 중요도, ③ 위반사항에 의한 법익침해 가능성의 경중 등을 종합하여 판단하여야 한다.

나. 제1 처분의 적법성

수원지방법원이 2011년 4월에 발부한 영장에는 압수의 방법으로 "컴퓨터 전자장치에 저장된 정보 중 범죄사실과 직접 관련된 전자정보와 직접 관련되지 않은 전자정보가 혼재된 전자정보장치는 피의자나 그 소유자, 소지자 또는 간수자가 동의하지 않는 한 그 전부를 사본하거나 이미징하여 압수할 수 없고, … 해당 컴퓨터 저장장치가 몰수 대상물이거나 하드카피·이미징 또는 문서의 출력을 할 수 없거나 상당히 곤란한 경우에는 컴퓨터 저장장치 자체를 압수할 수 있고, 이 경우에는 수사에 필요한 상당한 기간이 경과한 후 지체 없이 반환하여야 함"이라고 기재되어 있었다. 이를 기준으로 판단해 보면 담당 검사가 저장매체 자체를 봉인하여 자신의 사무실로 반출한 조치는 영장이 예외적으로 허용한 부득이한 사유에 따라 피압수자의 동의 아래 이루어진 것이었으며, 나아가 대검 디지털포렌식센터의 원격디지털공조시스템에 복제되는 과정을 피압수자가 참관하기도 하였으므로 적법한 처분이다.

다. 제2·3 처분의 위법성

제1 처분 후 피압수자에게 계속적인 참여권을 보장하는 등의 조치가 이루어지지 아니한 채 영장 기재 혐의사실과 관련된 정보는 물론 그와 무관한 정보까지 재복제·출력한 제2·3 처분은 영장이 허용한 범위를 벗어난 조치로서 적법절차를 위반한 위법한 처분이다.

라. 제2 영장에 의한 압수수색의 위법성

제2 영장 청구 당시 압수할 물건으로 삼은 정보는 제1 영장의 피압수자에게 참여의 기회를 부여하지 않은 상태에서 임의로 재복제한 외장 하드디스크에 저장된 정보로서, 그 자체가 위법한 압수물이어서 약사법 위반·조세범처벌법 위반 혐의 관련 별건 정보에 대한 영장청구 요건을 충족하지 못한 것이므로, 비록 제2 영장이 발부되었다고 하더라도 그 압수·수색은 영장주의의 원칙에 반하는 것으로서 위법한 처분이다.

마. 종합적 판단의 필요성

이 사건 제1 영장에 의한 제2·3 처분에 해당하는 전자정보의 복제·출력 과정은 증거물을 획득하는 행위로서 압수·수색의 목적에 해당하는 중요한 과정인바, 이 과정에서 혐의사실과 무관한 정보가 수사기관에 남겨지게 되면 피압수자의 다른 법익이 침해될 가능성이 커지게 되기 때문에, 피압수자에게 참여권을 보장하는 것이 그러한 위험을 방지하기 위한 핵심절차임에도 그 과정에 참여권을 보장하지 않은 위법이 있다. 더구나 혐의사실과 무관한 정보까지 출력한 점 등 위법의 중대성에 비추어 볼 때, 비록 제1 처분까지의 압수·수색 과정이 적법하다고 하더라도 전체적으로 제1 영장에 기한 압수·수색은 취소되어야 할 것이다.

따라서 제1 영장에 의한 압수·수색을 처분 단계별로 각각 모두 취소한 원심의 판단은 전체적으로 압수·수색의 위법성을 판단하여 취소하지 않았다는 점에서 부당하다. 그러나 원심의 판단은 결국 제1 영장에 기한 압수·수색을 전체적으로 취소한 것과 결과적으로 동일한 결론에 이르는 것이기 때문에 정당한 것으로 수긍할 수 있다. 그러한 맥락에서 원심의 판단에 압수·수색 방법의 적법성이나 영장주의의 적용 범위에 관한 법리를 오해한 위법이 있다고 할 수는 없다.

3. 해설

가. 디지털 증거의 압수 방법

형사소송법 제106조 제3항은 디지털 증거의 압수와 관련하여 "법원은 압수의 목적물이 컴퓨터용 디스크, 그 밖에 이와 비슷한 정보저장매체인 경우에는 기억된 정보의 범위를 정하여 출력하거나 복제하여 제출받아야 한다. 다만, 범위를 정하여 출력 또는 복제하는 방법이 불가능하거나 압수의 목적을 달성하기에 현저히 곤란하다고 인정되는 때에는 정보저장매체 등을 압수할 수 있다."고 하고 있다.

일반적인 물건과 달리 전자정보는 증거물의 내용을 사람이 직접 육안으로 보고 확인할 수가 없다. 내용을 확인하는 방법은 모니터를 통해서 사람이 인식할 수 있는 형태로 변환된 영상을 보거나 출력기기를 통해서 사람이 인식할 수 있는 형태로 출력된 결과물을 보는 것 외에는 없다. 따라서 압수대상 정보가 정확하게 어디에 어떠한 파일명으로 저장되어 있는지를 미리 알고 영장을 집행하지 않는 한, 피압수자의 하드디스크를 검색해서 유관정보와 무관정보를 분류하는 작업 자체만 해도 수십 시간씩 소요될 수밖에 없는 것이 현실이다.

이처럼 혐의사실을 입증할 정보가 정보저장매체의 어느 부분에 어떠한 형태로 보관되어 있는지 모르는 상황일 때에는 현실적으로 "범위를 정하여 출력 또는 복제하는 방법이 불가능하거나 압수의 목적을 달성하기에 현저히 곤란하다고 인정되는 때"에 해당한다고 보는 것이 타당하다. 결국 대부분의 경우 컴퓨터 저장기록에 대한 압수·수색은 저장매체 자체를 압수하는 방식으로 이루어질 수밖에 없어 보인다.

법원에서 발부한 이 사건 영장의 내용을 보면 이에서 조금 더 나아가 유관정보와 무관정보가 혼재된 전자정보장치는 피의자 등이 동의하지 않는 한 그 전부를 이미징하여 압수하지 못하도록 하고 있는데, 범죄혐의와 무관한 정보가 무작위로 수사기관에 공개되는 것을 방지하기 위한 조치로 이해된다. 이 사건의 경우에는 피압수자가 저장매체 자체를 봉인해서 반출해 가는 것에 동의하였으므로 문제가 되지 않았지만, 만약 피의자 등이 동의하지 않았다면 사법경찰관에 의해서 유관정보와 무관정보의 분류가 마쳐질 때까지 수십 시간 동안 압수·수색이 계속되었어야 할 것이다.

그럴 경우 피압수자의 업무를 장시간 마비시킬 것이므로 수사기관이나 피의자 모두에게 바람직하지 않을 것으로 보인다. 업무에 지장이 초래되기는 컴퓨터 하드디스크 자체가 사라졌을 때에도 마찬가지이기 때문에 이미징 작업이 마쳐지면 곧바로 반환되는 것이 타당한 조치이고 이 사건 영장에는 이 점이 명시되어 있었다.

나. 피압수자의 참여권

디지털 정보는 일반 증거물과 비교해 볼 때 조작하기가 훨씬 쉽다. 피의자가 파일명을 내용과 전혀 무관하게 붙여두면 수사기관에서는 그 모든 파일을 다 열어보기 전에는 유관정보가 어디에 있는지 아는 것이 불가능하다. 그래서 정보를 분류하는 데에만 수십 시간이 걸리기 마련이다. 마찬가지로 디지털 정보는 수사기관에 의해서도 얼마든지 내용 변경이 가능하며 흔적도 남지 않는다.

따라서 압수된 디지털 정보는 처음 압수 당시의 상태와 전혀 다르지 않다는 점이 인증되지 않는 한 신뢰할 수 있는 증거로 사용될 수 없다. 이러한 측면에서 본래 무분별하고 광범위한 압수·수색으로 인한 부당한 권리침해를 방지하기 위해 마련된 제도인 피의자(피압수자)의 참여권[2]이 무결성을 담보하기 위한 중요한 기능을 할 수도 있을 것으로 판단된다. 피압수자가 참여하지 않은 상태에서 정보가 검색 및 출력된 경우 그러한 정보에 대한 압수는 위법하므로 취소되어야 한다는 것이 대상판례의 입장이다.

다만 대상판례가 피의자의 참여권을 보장하지 않은 상태에서 수집된 전자정보를 위법수집증거로 보고 증거능력을 인정하지 않는 이유가 그렇지 않을 경우 정보의 무결성에 문제의 소지가 있기 때문인 것은 아닌 것으로 보인다. 그보다는 전자정보의 경우 수사기관에서 범죄혐의와 무관한 정보를 마구잡이로 출력하더라도 아무런 흔적도 남지 않기 때문에 그와 같은 남용을 방지하기 위해서 반드시 필요한 제도라고 보기 때문인 것으로 생각된다.

---

2) 이와 관련하여 대상판례의 반대의견은 "피압수자 측의 참여권이 보장되지 않을 경우 수사기관으로서는 내부적으로 무관정보까지 임의로 탐색·복제·출력하고도 법원에는 유관정보만 증거로 제출하면 그만이고, 실제로 그와 같은 행위가 수사기관 내부에서 발생하는지 여부를 확인할 방법이 없으므로, 피압수자 측에게 압수·수색에 참여할 권리를 부여하여, 이들로 하여금 수사기관이 전자정보에 대한 압수·수색을 함에 있어 영장에서 허용된 범위를 넘어 무관정보를 임의로 복제 또는 출력하는지를 감시할 수 있도록 함으로써, 범죄혐의와 관계가 있다고 인정할 수 있는 것에 한정하여 압수를 허용하는 형사소송법 제219조, 제215조, 제106조 제1항의 규범력을 실효적으로 확보하고자 하는 절차적 보장 규정이 바로 형사소송법 제219조, 제121조가 규정하고 있는 피의자나 변호인의 참여권이다."라고 한다.

다. 우연히 발견된 별건 정보의 압수와 증거능력

이 사건에서 종근당의 약사법 위반 및 조세범처벌법 위반 혐의를 발견한 것은 수원지검 강력부 검사였다. 하지만 담당 검사는 그 발견된 증거를 스스로 사용하지 않았다. 그 대신 인지한 혐의사실을 같은 수원지검의 특수부 검사에게 통보하였을 뿐이다. 이에 통보를 받은 특수부 검사는 법원에서 영장을 발부받아 강력부 검사가 소지하고 있던 복제 하드디스크에서 관련 내용을 탐색·출력하는 방식으로 혐의정보를 수집하였다.

종근당 제약의 약사법 위반 및 조세범처벌법 위반 혐의 관련 정보는 강력부 검사가 2011년 4월에 발부받았던 이 사건 제1 영장을 기준으로 해서 볼 때는 무관정보임이 명백하다. 그러나 특수부 검사가 2011년 5월에 발부받았던바 이 사건 제2 영장을 기준으로 하면 영장기재 혐의사실을 입증할 자료이었으므로 분명히 유관정보이다.

압수·수색영장을 집행하던 중에 우연히 발견된 영장기재 혐의사실과 무관한 별건 범죄에 대한 증거를 그대로 증거로 사용할 수 있는가에 대하여 판례는 명백하게 아니라고 하고 있다.[3] 별도의 영장을 발부받아 압수하여야만 적법하게 수집된 증거가 되는 것이다.

그런데 이 사건 특수부 검사는 강력부 검사의 통보를 받고 나서 실제로 별도의 영장을 발부받아 디지털 증거를 압수하였다. 다만 그 영장을 집행하는 과정에서 피의자의 참여권을 전혀 보장하지 않는 절차적 위법을 범하고 말았다. 그리고 대상판례에 의하면 강력부 검사가 재복제한 외장하드의 내용물은 이미 그 자체가 위법수집증거이기 때문에, 아무리 별도의 영장을 발부받아 다시 이를 압수한다고 하더라도 위법한 압수물이 적법한 압수물로 전환되지는 않는다고 한다.[4]

---

3) 대법원 2014. 1. 16. 선고 2013도7101 판결. "이 사건 영장에 기재된 '피의자'인 피고인 2가 이 사건 녹음 파일에 의하여 의심되는 혐의사실과 무관한 이상, 수사기관이 별도의 압수·수색영장을 발부받지 아니한 채 압수된 이 사건 녹음파일은 형사소송법 제219조에 의하여 수사기관의 압수에 준용되는 형사소송법 제106조 제1항이 규정하는 '피고사건' 내지 같은 법 제215조 제1항이 규정하는 '해당 사건'과 '관계가 있다고 인정할 수 있는 것'에 해당한다고 할 수 없으며, 이와 같은 압수에는 헌법 제12조 제1항 후문, 제3항 본문이 규정하는 헌법상 영장주의에 위반한 절차적 위법이 있다고 할 것이다. 따라서 이 사건 녹음파일은 형사소송법 제308조의2에서 정한 '적법한 절차에 따르지 아니하고 수집한 증거'로서 이를 증거로 쓸 수 없다고 할 것이고, 그와 같은 절차적 위법은 헌법상 규정된 영장주의 내지 적법절차의 실질적 내용을 침해하는 중대한 위법에 해당하는 이상 예외적으로 그 증거능력을 인정할 수 있는 경우로 볼 수도 없다."
김성룡, 전자정보에 대한 이른바 '별건 압수·수색', 형사법의 신동향(대검찰청) 통권 제49호(2015. 12.), 111면 이하; 정대희·이상미, 디지털 증거 압수·수색절차에서의 '관련성'의 문제, 형사정책연구 제26권 제2호(2015), 122면 이하.

4) 제2 영장은 영장청구 요건을 충족하지 못하는 영장이었다고 보고 있는데, 우선 범죄혐의가 존재하여야 하는데 피의자의 참여권이 보장되지 않는 상태에서 수집한 증거는 인정할 수 없으므로 범죄혐의가 소명되지 않는 경우에 해당한다는 취지로 이해된다. 나아가 범죄사실이 증거를 통해 인정될 수 없기 때문에 압수대상물과 범죄사실 사이의 관련성도 인정할 수 없다는 것으로 보인다.

이미 위법하게 압수된 증거물에 대해서는 다시 영장을 발부하여 적법절차에 따라서 재차 압수를 진행하더라도 절차 위반이 결코 치유될 수 없다는 취지로 이해된다. 이와 관련하여 "절차 조항에 따르지 않는 수사기관의 압수수색을 억제하고 재발을 방지하는 가장 효과적이고 확실한 대응책은 이를 통하여 수집한 증거는 물론 이를 기초로 하여 획득한 2차적 증거를 유죄 인정의 증거로 삼을 수 없도록 하는 것이다."라고 하는 대법원 판례가 눈에 띈다.[5] 하지만 이 사건 제2 영장을 통해 수집한 증거는 이른바 '독수독과 이론'에서 말하는 2차적 증거라고 하기 어렵다. 그보다는 전자정보라는 측면에서 사실상 원본증거에 해당한다고 볼 수 있다. 다만 그것이 복제되는 과정에서 피의자 참여권이 보장되지 않아서 문제일 뿐이다.

전자정보는 아무리 복사를 하더라도 원본 정보와 달라지지 않는다는 면에서 이와 같은 판단은 쉽게 이해되지 않는다. 대검 디지털포렌식센터에서 이미징 방식으로 복제한 저장매체의 내용과 이를 다시 담당 검사의 외장하드로 옮긴 저장매체의 내용은 모두 완벽하게 동일하다. 따라서 똑같은 정보인데 영장이 허용하는 압수·수색의 범위와 관련하여 유관정보와 무관정보로 서로 분류가 달라질 뿐이다.

이 사건 제2 영장에 의해서 압수된 전자정보는 영장에 기재된 혐의사실에 관한 정보(유관정보)이므로, 제1 영장에 의한 압수·수색의 경우와는 달리 영장에서 허용한 범위를 벗어난 무관정보라고 할 수 없다. 종근당 제약의 약사법 위반 및 조세범처벌법 위반 혐의 관련 정보가 제1 영장을 기준으로는 무관정보이지만, 제2 영장을 기준으로는 유관정보인 것이다. 그렇게 되면 제1 영장의 집행이나 제2 영장의 집행이 모두 공통적으로 범하고 있는 참여권 침해라는 점 외에는 제2 영장 집행에 대해서 위법을 인정할 근거가 없게 된다.

이 사건의 가장 핵심적인 쟁점은 바로 이 부분에 있다. 참여권 보장의 결여가 중대한 절차적 위반으로서 압수된 증거의 증거능력을 부인하여야 할 사유인가 하는 점이다. 이에 대하여 대상판례의 다수의견은 참여권이 보장되지 않은 상태에서 압수된 증거물은 위법수집증거로서 증거능력이 부정되어야 한다는 입장이다.

반면 반대의견은 피의자 또는 변호인의 참여권을 침해하는 것을 영장주의 원칙에 대한 본질적인 침해로 보거나, 참여권 그 자체에 대하여 강력한 독자적인 적법절차로서의 지위를 부여하는 것에 동의할 수 없다는 주장이다. 참여권을 보장해야 하는 주된 이유는 무관정보가 영장 없이 임의로 복제·출력되는 것을 방지하기 위해서인데, 참여권이 보장되지 않았음을 이유로 무관정보에 대한 압수·수색을 취소하는 것은 모르겠으나, 이에서 더 나아가 유관정보에 대한 압수·수색까지 취소해야 한다고 보아야 할 근거는 형사소송법 어디에도 없다는 것이다. 그렇게 될 경우 적법절차의 원칙과 함께 추구되어야 하는 또 다른 형사소송의 이

---

5) 대법원 2007. 11. 15. 선고 2007도3061 전원합의체 판결.

념인 실체적 진실 규명을 실질적으로 포기하는 결과에 이르게 된다는 취지이다.

이 문제는 검찰이 법원의 영장을 발부받아 그 영장이 허용하는 범위 내에서 증거를 수집하였지만 피의자의 참여권을 침해한 경우, 그와 같은 참여권 침해가 당해 압수·수색 처분 자체를 취소할 만큼 중대한 위법인가에 대한 판단에 따라 해결하여야 할 것으로 생각된다. 중대한 위법 여부에 대한 판단기준으로 대상판례가 제시하고 있는 것은 ① 위반한 절차조항의 취지, ② 전체과정 중에서 위반행위가 발생한 과정의 중요도, ③ 위반사항에 의한 법익침해 가능성의 경중 등 세 가지이다.

이와 같은 기준에 따라 판단해 보았을 때 무엇보다도 위반한 절차조항의 취지가 주로 무관정보가 영장 없이 임의로 복제·출력되는 것을 방지하기 위함에 있다고 한다면, 이 사건 제2 영장에 의한 압수·수색의 경우처럼 유관정보만 수집된 상황에서 대상판례의 다수의견이 내린 결론을 그대로 수긍하기는 어려울 수도 있다고 생각된다.[6]

4. 판결의 의의

형사소송법 제106조 제3항은 일반 물건의 경우에 압수할 물건을 한정하여 영장을 발부하는 것과 마찬가지로, 전자정보의 경우에도 압수할 정보의 범위를 영장에서 제한할 것을 요구하고 있다. 그러면서도 단서에서 범위를 정해서 압수하는 것이 불가능하거나 현저하게 곤란할 경우에는 정보저장장치 자체를 압수할 수 있도록 예외를 인정하고 있다. 그런데 법에서 정하고 있는 예외는 혐의 유관정보와 무관정보를 분류하는 작업만을 위해서도 수십 시간의 검색이 필요한 현실에서 실질적으로는 오히려 일반적인 경우에 해당한다. 대상판례는 이처럼 정보저장장치 자체를 압수할 예외적인 경우에 해당하는가에 대하여 별다른 검토 없이 이를 인정함으로써 법적 예외가 현실적으로는 일반적인 경우임을 인정하였다는 점에서 우선 의미가 있다.

또한 대상판례는 압수·수색 과정에서 우연히 발견된 별건 혐의 정보는 별도의 영장에 의해서 압수되지 않는 한 증거능력이 인정될 수 없다는 기존 판례[7]의 입장을 다시 확인하고 있다는 점에서 의미가 있다. 영장이 압수를 허용하고 있는 범위를 벗어나는 부분에서 수집된 증거를 사용하는 것은 영장주의 원칙에 대한 본질적인 침해라는 것이다.

나아가 대상판례는 별건 혐의 정보와 관련하여 별도의 영장이 발부되어 이를 통해서 증거가 수집되었다고 하더라도, 그 영장 집행과정에서 피의자의 참여권이 보장되지 않았다면

---

6) 참고로 독일형사소송법은 피의자 또는 변호인의 참여권을 규정하고 있던 제110조 규정을 2004년에 삭제하였다. 압수·수색 과정의 참여권 보장이 영장주의 원칙의 본질적인 내용은 아니라고 보는 입법례도 실제로 존재하는 셈이다.

7) 대법원 2014. 1. 16. 선고 2013도7101 판결.

위법수집증거로서 증거능력이 배제된다는 입장이다. 피의자의 참여권 침해도 영장주의 원칙에 대한 본질적인 침해로 보는 매우 강력한 입장이라고 할 수 있다.[8]

---

8) 이 사건 제2 영장에 의한 특수부 검사의 압수가 적법하기 위해서는 대검 디지털포렌식센터의 원격디지털 공조시스템에 복제되어 있던 피압수자의 전자정보를 피의자 또는 변호인이 참여한 상태에서 다시 압수하였어야만 했다.

85 컴퓨터 기술을 이용한 근로자 모니터링의 법리

대법원 2009. 12. 24. 선고 2007도6243 판결[1]

김진환(김·장 법률사무소 변호사)

1. 사안의 개요

피고인은 컴퓨터 관련 솔루션 개발업체(이하 'A회사'라 한다)의 대표이사인데 같은 회사 소속 영업차장으로 근무하던 피해자가 회사의 이익을 빼돌린다는 소문을 듣고 이를 확인할 목적으로 비밀번호가 설정되어 있는 전자기록인 피해자가 사용하던 컴퓨터의 본체를 뜯어내 그 안에 들어 있던 하드디스크를 떼어낸 뒤, 이를 다른 컴퓨터에 연결하여 하드디스크에 저장되어 있는 파일들 중 '어헤드윈'이란 검색어를 이용하여 피해자의 메신저 대화 내용과 이메일 등을 찾아내 출력함으로써 그 내용을 알아냈고, 그 결과 형법 제316조 제2항에 정한 전자기록 등 내용탐지죄로 기소되었다.

한편 '어헤드윈'은 3주 전 퇴직한 A회사의 전임(前任) 시스템 사업부장이 설립한 경쟁관계에 있는 업체의 회사명이었고, 피해자는 피고인이 하드디스크의 내용을 살펴보기 전 10여일 전부터 피고인에게 '어헤드윈'으로의 이직 의사를 밝힘과 아울러, A회사의 고객들에게 A회사가 사업을 철수하고 기존에 추진하던 사업을 '어헤드윈'에게 양도하여 주기로 했다고 하면서 A회사가 추진하여 온 계약을 '어헤드윈'과 체결하도록 유도하기도 하였다.

---

1) [참조 및 관련 판례] 대법원 2000. 4. 25. 선고 98도2389 판결; 대법원 2004. 6. 10. 선고 2001도5380 판결.

2. 판결의 요지

가. 원심판결[2]

비밀번호를 설정하여 둔 컴퓨터의 하드디스크가 형법 제316조 제2항에 정한 '비밀장치한 전자기록'에 해당하기는 하나, 피해자의 업무상배임 혐의가 구체적이고 합리적으로 의심되는 상황이어서 이를 긴급히 확인할 필요가 있었고, 검색의 범위를 배임 혐의에 관한 것으로 한정하였으며, 대표이사가 부하직원에 대한 감독자로서 가지는 권한의 내용 및 범위를 고려하였을 때, 대표이사인 피고인의 행위는 정당행위에 해당하여 위법성이 조각된다.

나. 대법원판결

(1) 형법 제20조의 '사회상규에 위배되지 아니하는 행위'라 함은 법질서 전체의 정신이나 그 배후에 놓여 있는 사회윤리 내지 사회통념에 비추어 용인될 수 있는 행위를 말하고, 어떠한 행위가 사회상규에 위배되지 아니하는 정당한 행위로서 위법성이 조각되는 것인지는 구체적인 사정 아래서 합목적적·합리적으로 고찰하여 개별적으로 판단하여야 할 것이다.

(2) '회사의 직원이 회사의 이익을 빼돌린다'는 소문을 확인할 목적으로, 비밀번호를 설정함으로써 비밀장치를 한 전자기록인 피해자가 사용하던 '개인용 컴퓨터의 하드디스크'를 떼어내어 다른 컴퓨터에 연결한 다음 의심이 드는 단어로 파일을 검색하여 메신저 대화 내용, 이메일 등을 출력한 사안에서, 피해자의 범죄 혐의를 구체적이고 합리적으로 의심할 수 있는 상황에서 피고인이 긴급히 확인하고 대처할 필요가 있었고, 그 열람의 범위를 범죄 혐의와 관련된 범위로 제한하였으며, 피해자가 입사시 회사 소유의 컴퓨터를 무단 사용하지 않고 업무 관련 결과물을 모두 회사에 귀속시키겠다고 약정하였고, 검색 결과 범죄행위를 확인할 수 있는 여러 자료가 발견된 사정 등에 비추어, 피고인의 그러한 행위는 사회통념상 허용될 수 있는 상당성이 있는 행위로서 형법 제20조의 '정당행위'라고 본 원심의 판단을 수긍하였다.

---

2) 1심판결(서울동부지방법원 2007. 3. 28. 선고 2007고정220 판결)은 공소사실을 그대로 인정하여 벌금 100만원을 선고하였다.

3. 해설

가. 컴퓨터 기술을 이용한 근로자 모니터링 수단의 발전과 다양성

근로자의 효율적인 업무 수행을 위해 매우 다양한 종류의 컴퓨터 기술이 하루가 다르게 도입되고 있고, 이처럼 다양한 컴퓨터 기술이 도입됨에 따라 사용자 또한 근로자가 근무시간에 업무를 제대로 수행하고 있는지, 사업체의 각종 영업비밀이나 중요 노하우가 사외로 유출되는 것은 아닌지, 근로자가 회사 업무 수행과 관련하여 법률이나 회사의 규정을 준수하고 있는지 등을 확인하기 위한 모니터링의 필요성이 증대되었으며, 그 수단 역시 극적으로 발전하고 있는 중이다.3)

이러한 과정에서 근로자의 사생활의 비밀과 자유 혹은 프라이버시권이 실제로 침해되거나 침해될 우려가 점증되고 있는데, 이러한 침해행위에 대한 대표적인 규제 법령들에 대해서는 항을 바꾸어 살펴본다.

나. 컴퓨터 기술을 이용한 근로자 모니터링이 갖는 규범적 함의(含意)

(1) 통신비밀보호법상 감청

통신비밀보호법 제3조 제1항은 "누구든지 이 법과 형사소송법 또는 군사법원법의 규정에 의하지 아니하고는 우편물의 검열, 전기통신의 감청 또는 통신사실확인자료의 제공을 하거나 공개되지 아니한 타인간의 대화를 녹음 또는 청취하지 못한다"고 규정하고 있는데, 이 중에서 컴퓨터 기술을 이용한 근로자 모니터링에 주로 문제가 되는 것은 '전기통신의 감청'에 해당한다. 다만, 여기서의 감청은 이메일 또는 메신저 프로그램을 '실시간으로 모니터링'하는 경우에 한정되고, 이미 수신이 완료된 전기통신의 내용을 지득하는 등의 행위는 포함되지 않는 것으로 이해되고 있다.4)

---

3) 컴퓨터 기술을 이용한 근로자 모니터링 수단으로 대표적인 것으로 DLP(Data Loss Protection) 솔루션을 들 수 있으나, 메신저 및 이메일 모니터링, 프린팅 모니터링, 외부사이트 접속이력 모니터링 등도 일반화되어 가고, 나아가 키보드 입력 기록, 스크린샷 히스토리 기록, 애플리케이션 실행 모니터링 등도 점차 이용이 증가하고 있다. 실제 시판되는 근로자 모니터링 솔루션 사례에 대한 설명은 <http://kr.refog.com/employee-monitoring/keyfeatures.html> 2015. 9. 30.자 참조.
4) 대법원 2012. 10. 25. 선고 2012도4644 판결.

(2) 형법상 전자기록 등 내용탐지

형법 제316조 제2항은 "봉함 기타 비밀장치한 사람의 편지, 문서, 도화 또는 전자기록 등 특수매체기록을 기술적 수단을 이용하여 그 내용을 알아낸 자"를 3년 이하의 징역 등에 처하도록 하고 있다. 이때 전자기록 등 특수매체기록에는 전기적 기록과 자기적 기록은 물론 광기술이나 레이저 기술을 이용한 기록도 포함되어[5] 대부분의 컴퓨터 기술을 이용한 근로자 모니터링 대상이 이에 해당한다.

(3) 정보통신망 이용촉진 및 정보 보호에 관한 법률상 비밀침해

정보통신망 이용촉진 및 정보 보호에 관한 법률(이하 '정보통신망법'이라 한다) 제49조는 "누구든지 정보통신망에 의하여 처리, 보관 또는 전송되는 타인의 정보를 훼손하거나 타인의 비밀을 침해, 도용 또는 누설하여서는 아니 된다"고 규정하고 있는바, 본 규정 역시 컴퓨터 기술을 이용한 근로자 모니터링에 적용될 수 있다.[6]

(4) 개인정보보호법상 개인정보의 수집·이용 및 제공

근로자가 그 업무를 수행하기 위하여 각종 컴퓨터 기술 수단을 이용하여 생성된 정보는 특별한 사정이 없는 한 개인정보보호법상 개인정보에 해당한다고 보는 것이 그 정의 규정에 비추어 타당하다.[7] 이와 같이 컴퓨터 기술 수단을 이용하여 생성된 정보(예컨대, 이메일 내용,

---

5) 박순상, 주석 형법 형법각칙(5), 한국사법행정학회, 2006. 4, 132면.

6) 다만, 이에 해당하기 위하여는, 일반적으로 알려져 있지 않은 사실로서 이를 다른 사람에게 알리지 않는 것이 본인에게 이익이 되는 '타인의 비밀'을 대상으로 하여야 하고, 정보통신망에 의하여 처리·보관 또는 전송되는 타인의 비밀을 정보통신망에 침입하는 등 '부정한 수단 또는 방법으로' 취득하여야 한다(대법원 2015. 1. 15. 선고 2013도15457 판결 등 참조). 한편, 대법원 2006. 3. 24. 선고 2005도7309 판결은 "만약 개인의 사생활의 비밀 내지 평온에 속하는 사항은 그 내용에 상관없이 모두 타인의 비밀에 해당한다고 본다면 이는 결국, 개인의 이메일 등 정보통신망에 의하여 보관되어 있는 모든 정보가 타인의 비밀에 해당한다는 것과 다름 아닌 결과가 되고, 따라서 타인의 이메일에 함부로 접속하여 그 내용을 읽어보는 것 자체만으로도 정보통신망 침입죄뿐만 아니라 비밀 침해죄를 구성할 수 있는 등 정보통신망 침입행위와 비밀 침해·누설행위의 구분이 모호해지게 될 뿐만 아니라, 양자에 대하여 법정형에 차등을 두고 있는 법의 취지에도 반하게 되는 점 등에 비추어 보면, 같은 법 제49조에서 말하는 타인의 비밀이란 일반적으로 알려져 있지 않은 사실로서 이를 다른 사람에게 알리지 않는 것이 본인에게 이익이 있는 것을 의미한다고 제한적으로 해석함이 상당하다"고 하여 이메일의 내용을 지득하는 것만으로 부족하고 나아가 그 이메일 내용에 비밀성이 인정되어야 본죄의 성립을 인정하는 태도를 취하고 있다.

7) 개인정보보호법 제2조 제1호에 따르면, 개인정보란 "살아 있는 개인에 관한 정보로서 성명, 주민등록번호 및 영상 등을 통하여 개인을 알아볼 수 있는 정보(해당 정보만으로는 특정 개인을 알아볼 수 없더라도 다른 정보와 쉽게 결합하여 알아볼 수 있는 것을 포함한다)"를 말하며, 한편, 행정자치부와 고용노동부는 공동으로 발간한 가이드라인에서 근로자의 통화내역, 인터넷 접속내역, 이메일, 문자메시지, CCTV 등 영상매체를 통해 수집된 화상정보 등이 개인정보보호법상 개인정보에 해당한다고 설명하고 있다. 행정자치부·고용노동부, 개인정보 가이드라인 [인사·노무편], 2012. 8., 6면.

메신저나 채팅 대화 내역, 아래아 한글이나 MS 워드 파일, ID카드나 지문을 이용한 입출입 내역, 외부 사이트 접속이력, CCTV 영상자료 등)가 개인정보에 해당하고 법령상 예외사유에 해당하지 않는 이상 그 수집·이용 및 제공 시에 정보주체에 해당하는 근로자의 동의를 받아야 한다. 만일 이에 위반하는 경우, 과태료나 형사처벌이 과해질 수 있다(개인정보보호법 제15조, 제17조, 제18조, 제71조, 제75조 참조).

(5) 기타: 근로자 감시 설비

한편, 사용자가 컴퓨터 기술을 이용하여 근로자의 행위 등을 모니터링하는 것이 근로자 참여 및 협력 증진에 관한 법률상 '사업장 내 근로자 감시 설비'에 해당하는 경우 그 제20조 제1항 제14호에 따라 그 설치에 관하여 노사협의회에서의 협의가 필요하다.

다. 컴퓨터 기술을 이용한 근로자 모니터링과 근로자의 동의 그리고 그 한계

앞서 살펴본 바와 같이 근로자의 사생활의 비밀과 자유 혹은 개인정보자기결정권 나아가 프라이버시권을 보호하기 위한 각종 법령들이 존재하고 있는 상황에서 근로자 모니터링 행위는 외견상 해당 법령 위반에 해당한다고 볼 수 있는 경우가 대부분이다. 따라서 근로자 모니터링이 합법적인 것으로 되기 위해서는 통상 근로자의 동의를 요한다. 여기서 근로자의 동의는 피해자의 승낙, 프라이버시권 등의 권리 포기 등으로 이해될 수 있겠는데, 이러한 동의가 있게 되면 외견상 해당 법령 위반 또는 구성요건이 충족된다고 하더라도 위법성이 조각된다고 보아야 할 것이다.

다만, 이러한 컴퓨터 기술을 이용한 근로자 모니터링과 관련된 동의를 통하여 위법성이 조각된다고 보기 위해서는 형식적으로 동의를 하였다는 사정만을 고려할 것이 아니라, 근로자가 스스로 동의한 범주에 대한 실질적인 인지 가능성 또한 충분히 고려되어야 한다. 예컨대, 근로자가 동의서에 단순히 '이메일'에 대한 모니터링으로 기재된 것에 동의를 하였는데, 사용자가 이를 기초로 근로자에게 부여한 회사 이메일 계정 이외에 근로자가 사적으로 활용하는 개인 이메일 계정(예컨대, 한메일, G메일 등)을 통해 교환되는 이메일 내용도 열람하려 할 경우, 과연 근로자가 위와 같은 동의서를 통해 개인 이메일 계정상의 이메일 내용에 대해서도 동의를 한 것인지 신중히 검토하여야 한다는 것이다. 결국, 동의 당시의 컴퓨터 기술의 발전 정도, 열람되는 이메일의 범위에 대한 사회 평균적 인식, 해당 근로자가 맡고 있는 업무의 중요성 등을 아울러 고려하여 정하여야 하겠는바, 향후 변화 가능성에 비추어 달리 볼 여지가 전혀 없는 것은 아니지만, 적어도 현재로서는 개인 이메일 계정에 대한 열람을 명시적으로 언급하여 그 동의를 받지 않은 이상 개인 이메일 계정상의 이메일 내용까지 포함하여 동의한 것은 아니라고 해석함이 상당하리라 생각한다.

나아가 비록 근로자가 모니터링에 관한 동의를 하였다고 하더라도, 근로자로서의 불리한 지위에 기하여 동의가 강제되지는 않았는지에 대한 검토(동의 효력 자체의 부정)나 모니터링의 필요성과 합리성 등을 참작하여 적절한 범위 내로 동의의 효력을 제한적으로 해석하는 노력도 필요할 것이다(동의 효력 범위의 합리적인 축소 해석).

한편, 통신비밀보호법, 형법 그리고 정보통신망법의 경우에는 컴퓨터 기술을 이용한 모니터링 사실과 (필요한 경우) 그 수단이나 방법을 고지하고 동의를 받는 것 이외에 특별한 고려사항은 없으나, 개인정보보호법의 경우에는 수집·이용하거나 제3자 제공하는 개인정보 항목, 수집·이용이나 제3자 제공의 목적, 개인정보의 보유기간, 동의 거부권과 거부 시의 불이익을 고지하고 동의를 받도록 되어 있으므로(제15조, 제17조, 제18조), 이러한 동의 요건도 아울러 충족할 필요가 있다.

라. 근로자의 동의 없는 모니터링을 위한 정당화 요소: 정당행위

앞서 근로자의 동의가 있는 경우에 관하여 살펴보았는데, 이러한 근로자의 동의가 없는 경우 언제나 컴퓨터 기술을 이용한 근로자 모니터링이 불가능하다고 해석하는 것 또한 부적절하다. 왜냐하면 컴퓨터 기술을 통해 근로자가 과거에 비해 훨씬 효율적으로 업무를 수행할 수 있게 된 것에 반하여, ① 근로자로서는 회사로부터 제공받은 각종 컴퓨터 관련 설비나 자원(resources)을 업무 용도가 아닌 사적인 용도를 위하여 활용할 유인이 많아져 사용자는 이를 적절한 수준에서 방지할 필요가 있고(예를 들어, 지나치게 빈번한 사적인 이메일이나 메시징 교환, 단순한 재미를 위한 웹서핑, 온라인 게임이나 만화 이용 등), ② 경우에 따라서는 근로자가 단독으로 혹은 외부와 연계하여 회사의 영업비밀이나 중요한 노하우 등을 외부에 유출하는 데 컴퓨터 기술 수단이 손쉽게 사용될 수 있음을 감안하여 사용자로서는 이를 효과적으로 방어할 동인이 있으며, ③ 나아가 사용자로서는 근로자들이 업무 수행과 관련하여 각종 법령과 회사 내부 규정을 준수하는지 확인함으로써 사용자로서의 각종 관리·감독 의무를 충분히 이행하여야 할 필요가 있기 때문이다. 이러한 관점에서 보면, 비록 근로자의 동의가 존재하지 않는다고 하더라도 사용자로서는 일정 정도 컴퓨터 기술을 이용하여 근로자의 각종 행위를 모니터링할 정당한 이익을 갖는다고 봄이 상당하다.

한편, 아무리 사용자가 근로자를 모니터링할 정당한 이익을 갖는다고 하더라도, 근로자의 본질적인 인권을 침해하거나, 합리적인 목적이나 필요를 벗어난 과잉 모니터링 행위는 정당화될 수 없다. 결국 사용자의 정당한 이익과 근로자의 프라이버시권 등에 대한 침해 간에 규범적인 관점에서의 비교형량이 반드시 필요하다고 할 것인데, 이러한 필요는 종래의 전통적인 정당행위에 관한 논의를 현대 첨단기술 사회에서 어떻게 적용하고 보완할 것인가 하는 과제를 부여하게 되었고, 본건 대상판결이 그 기준을 최초로 제시한 셈이다.

4. 대상판결의 의의

가. 전통적인 정당행위 요건과의 비교

종래 정당행위는 "어떤 행위가 형식적으로는 범죄구성요건에 해당한다고 보이는 경우에도 국법질서 전체의 이념에 비추어 용인될 수 있는 것이라면 이를 정당행위로 보아 처벌하지 아니한다는 것으로서 어느 행위가 정당행위에 해당한다고 인정할 수 있기 위하여서는 첫째, 그 행위의 동기나 목적의 정당성, 둘째, 행위의 수단이나 방법의 상당성, 셋째, 보호법익과 침해법익과의 법익 균형성, 넷째, 긴급성, 다섯째, 그 행위 외에 다른 수단이나 방법이 없다는 보충성 등의 요건이 갖추어야 할 것"으로 이해되고 있다.[8]

비록 대상판결은 이상과 같은 전통적인 정당행위의 요건들을 일일이 맞추어 평가하는 태도를 취하지는 않았으나, 그 판시에 비추어 보면 목적의 정당성("회사의 무형자산이나 거래처를 빼돌리고 있는지 확인하고 대처할 목적" 또는 "회사의 유지·존속 및 손해방지 등을 위한 목적"), 수단이나 방법의 상당성("컴퓨터에 피해자의 혐의와 관련된 자료가 저장되어 있을 개연성"), 보호법익과 침해법익과의 법익 균형성("적절한 검색어 선정과 조사·열람 범위의 제한을 통한 사생활 침해 최소화" 또는 "회사 소유 컴퓨터를 무단으로 사용하지 않고 업무와 관련된 결과물을 회사에 귀속시키겠다는 약정의 존재"), 긴급성("업무상 배임 혐의가 의심되는 상황에서 긴급히 대처할 필요성")에 대하여는 명시적으로 판단한 것으로 보이나, 보충성에 대한 명시적 판단은 이루어지지 않은 것으로 보인다. 그러나, 대상판결의 사안에 비추어 보면 피해자가 자신의 혐의를 부인하고 이직(移職)을 고지하는 상황에서 그의 하드디스크 내의 자료들을 살펴보는 것 이외에 달리 효과적인 대안이 없었음은 상황상 분명해 보이기는 한다.

대신 대상판결은 검색 결과 실제 고객들을 빼돌릴 목적으로 작성되거나 생성된 자료들이 발견된 점을 정당행위 판단 근거의 하나로 열거하고 있으나, 엄밀히 말하여 이는 모니터링이나 열람 행위가 종료된 이후의 사정에 관한 것으로 정당행위 해당성 여부를 판단하기 위한 요건으로 이해하기에 다소 무리가 따른다. 다만, 전반적인 관점에서 대상판결의 입장은 컴퓨터 기술을 이용한 모니터링이 정당행위인지에 대한 판단을 행함에 있어서 종전 정당행위의 요건을 대체적으로 답습하는 입장을 취한 것으로 이해함이 상당하다고 보인다.

또한, 비록 대상판결이 형법상 전자기록 등 내용탐지죄에 대한 것이기는 하나, 앞서 본

---

8) 대법원 1986. 9. 23. 선고 86도1547 판결; 대법원 1986. 10. 28. 선고 86도1764 판결 등 다수.

통신비밀보호법, 정보통신망법 및 개인정보보호법의 각 위반행위에 대해서도 동일한 취지가 적용될 수 있다고 보아야 할 것이다.

나. 컴퓨터 기술을 이용한 모니터링의 특징을 고려한 세밀한 요건 정립의 필요성

이상 살펴본 대상판결의 결론은 매우 합리적이고도 타당한 것으로서 동의하는 바이나, 대상판결이 그러한 결론에 이르기 위해 취한 분석방법이나 논리구성에 있어서는 컴퓨터 기술이 갖는 특징 등을 고려하여 좀 더 치밀하였으면 하는 아쉬움이 남는다. 모름지기 컴퓨터 기술을 이용한 근로자 모니터링의 특징은 자동화 및 사전성(事前性, 조건 설정 이후 기계적으로 자동 수행하며, 방지하고자 하는 특정 사건 발생 이전부터 모니터링을 수행), 대규모성(특정 임직원을 대상으로 하는 경우보다는 모든 임직원을 대상으로 일률적으로 수행하는 것이 일반), 전수성(全數性, 어떠한 특정 이벤트만을 대상으로 수행하는 경우도 있으나, 대체적으로 일단 모든 행위를 감시대상으로 포함하여 기록) 등을 특징으로 한다.

이러한 특징에 비추어 컴퓨터 기술을 이용한 근로자 모니터링의 정당행위 여부 판단에 있어서는 다음과 같은 점들이 심도 있게 검토되고 고려되어야 할 것이다.

첫째, 정당행위를 위한 목적의 정당성과 수단·방법의 상당성은 종래 판단기준과 비교하여 크게 달라질 것은 아니라고 생각된다. 다만, 종래 회사 내 컴퓨터 자원의 효율적 이용이나 영업비밀과 노하우 등 회사의 유무형 자산 보호와 같은 목적이 주를 이루었으나, 컴퓨터 기술을 이용한 모니터링의 대규모화나 전수성을 고려할 때 향후로는 각종 법령과 회사 내부 규정 준수 확인이라는 준법(準法) 목적이나 사용자로서의 각종 관리·감독 의무의 이행이라는 목적 또한 매우 중요한 요소로 인정될 필요가 있다.

둘째, 보호법익과 침해법익과의 법익 균형성은 컴퓨터 기술을 이용한 모니터링을 수행함에 있어서 종래 전통적인 관점보다 좀더 엄격한 방향으로 해석되어야 할 것이다. 이는 모니터링이 자동화됨에 따라 관련 자료나 정보의 사전적 수집이나 전수조사의 성격이 강화되어 근로자의 사생활의 비밀이나 자유 또는 프라이버시권에 대한 침해가 상시화(常時化)될 우려가 존재하기 때문이다. 따라서 사용자는 자신의 처한 상황(이는 객관적 기술 수준뿐만 아니라 주관적으로 관련 기술을 도입할 수 있는 경제적 여건까지 포함한다)에서 근로자의 프라이버시권 등의 침해를 최소화할 수 있는 기술적 수단이나 방법을 도입함으로써 근로자에 대한 법익 침해를 최소화할 적극적 의무를 진다고 보는 것이 타당하지 않을까 한다.

셋째, 긴급성이나 보충성은 컴퓨터 기술을 이용한 모니터링의 사전성, 전수성 등의 특징과 그러한 모니터링의 효과나 효율 측면을 고려할 때 기존과 비교하여 좀 더 상대적으로 완화하여 해석할 필요가 있다. 이러한 해석의 완화로 오는 느슨함은 이미 살펴본 법익 균형성, 특히 침해 최소화의 요건을 보다 엄격하게 새김으로써 합리적인 견지에서 보완될 수 있을 것으로 보인다.[9]

다. 향후 고려하여야 할 사항

끝으로, 컴퓨터 기술을 이용한 근로자 모니터링과 관련해서는, 이러한 업무 수행의 전부 또는 일부를 외부인이나 외부업체에 위임하는 경우의 문제, 근로자 모니터링 결과를 제3자에게 제공하는 경우의 문제, 근로자 퇴직시 기존 모니터링 자료의 보관 혹은 폐기 문제, 근로자의 요구 시 모니터링 결과를 해당 근로자에게 제공하는 경우의 문제, 모니터링 결과 자료를 해당 근로자의 징계절차나 관련 소송과정에서 증거로 이용하거나 타에 제공하는 문제, GPS를 이용하여 근로자의 위치를 추적하는 경우의 문제 등 여러 가지 새로운 쟁점들이 나타나고 있거나 나타날 것으로 예상되는바, 이러한 새로운 쟁점들에 대한 균형 잡힌 해석을 위하여는 앞서 살펴본 여러 사항들이 함께 고려되어야 할 것으로 생각한다.

---

9) 관련하여, 비교적 최신의 입법으로 평가할 수 있는 개인정보보호법은 정보주체의 동의 없이 개인정보를 수집·이용할 수 있는 예외적인 경우로서, "개인정보처리자의 정당한 이익을 달성하기 위하여 필요한 경우로서 명백하게 정보주체의 권리보다 우선하는 경우. 이 경우 개인정보처리자의 정당한 이익과 상당한 관련이 있고 합리적인 범위를 초과하지 아니하는 경우에 한한다"라고 규정하여 명시적으로 긴급성과 보충성을 요건으로 하지 않는 대신 법익 균형성을 보다 강화한 형태로 예외 규정을 두고 있는데, 이는 컴퓨터 기술의 발전을 정당행위 요소와 조화롭게 규정하는 입장과 무관하지 않다고 보인다.

86 통신비밀보호법상 "감청"의 의미와 감청영장의 적용범위

대법원 2012. 10. 25. 선고 2012도4644 판결

구태언(테크앤로 대표, 변호사)

1. 사안의 개요

피고인은 2008. 6. 1.경 전기통신사업법상 부가통신사업자인 A주식회사와 자신이 운영하는 B회사의 공용 컴퓨터 서버를 통해 고객들의 휴대폰으로 문자메시지 등을 전달하거나 전달받을 수 있도록 하는 내용의 통합메시지서비스계약을 체결하였고, 그 이후 B회사 컴퓨터를 통해 고객들에게 문자메시지를 보냈다. 그런데 2009. 1.경 제3자가 위 서버 관리 프로그램을 해킹한 후 광고 문자메시지를 대량으로 발송하였고, 이로 인해 위 문자메시지 서비스 제공이 중단되었다. 피고인은 피고인 쪽에서 위 문자메시지를 보낸 것이 아니라는 것을 확인하기 위하여 2009. 2.경 서울 종로구 종로6가에 있는 B회사 사무실에서, <u>송·수신 당사자의 동의 없이 B회사 컴퓨터 서버에 저장되어 있는 개인의 휴대전화 문자메시지 28,811건에 대한 파일을 피고인의 USB에 저장한 후 피고인의 개인용 컴퓨터에서 위 휴대전화 문자메시지 28,811건을 열람하여 그 내용을 지득하였다.</u>

2. 판결의 요지

가. 제1심판결(서울중앙지방법원 2011. 10. 19. 선고 2011고단3294 판결)

통신비밀보호법 제2조 제7호는 "감청"이라 함은 전기통신에 대하여 당사자의 동의없이 전자장치·기계장치 등을 사용하여 통신의 음향·문언·부호·영상을 청취·공독하여 그 내용을 지득 또는 채록하거나 전기통신의 송·수신을 방해하는 것을 말한다고 규정하고, 제3조 제1항은 누구든지 이 법과 형사소송법 또는 군사법원법의 규정에 의하지 아니하고는 전기통신의 감청을 하지 못한다고 규정하고 있는바, 이에 따르면 전기통신의 감청은 제3자가 전기

통신의 당사자인 송신인과 수신인의 동의를 받지 아니하고 전기통신 내용을 지득하는 등의 행위를 하는 것을 말한다(대법원 2010. 10. 14. 선고 2010도9016 판결 등 참조).

즉 감청은 그 대상에 있어서는 전기통신에 국한되고, 그 방법에 있어서는 당사자의 동의없이 이루어지며, 그 수단에 있어 일정한 장치, 즉 전자장치·기계장치 등이 사용되고, 그 내용으로서 통신의 음향을 청취하여 그 내용을 지득하는 것 등을 말하는 것이지, 반드시 법 제2조 제8호에서 정한 '감청설비'를 사용하여야 하는 것은 아니다.

또한 기록에 의하면, 피고인은 해킹 여부를 확인한다고 하면서도 이를 수사 기관에 신고하는 등 적법한 절차를 따르지 아니하고 별도로 고객들의 문자메시지를 개인의 usb를 이용하여 백업받아, 개인용 컴퓨터에 별도의 파일을 만들어 계속 보관하였는데, 이러한 사정 등을 고려하면, 위 피고인은 해킹여부를 알기 위해 고객들의 문자메시지를 확인하는 과정에서 고객들의 동의 없이 통신의 내용을 지득할 수 있다는 인식 즉 적어도 <u>감청의 미필적 고의가 있었다고 봄이</u> 상당하다.

나. 제2심판결(서울중앙지방법원 2012. 4. 5. 선고 2011노3910 판결)

(1) <u>통신비밀보호법 제2조 제7호·제3호 의 각 규정을 종합하면, 위 법상 '감청'은 통신 행위와 동시에 이루어지는 현재성이 요구되므로, 송·수신이 완료된 전기통신의 내용을 지득·채록하는 것은 감청에 해당하지 않는다.</u> 또한 감청이란 '몰래 엿들음'을 의미한다는 사전적 정의에 비추어 살펴보면, 통신비밀보호법 제2조 제7호에서 정의하고 있는 감청은 '몰래 엿듣는' 행위를 기본관념으로 하여 엿듣는 대상은 '전기통신'으로 국한하고, 엿듣는 수단으로는 '전자장치, 기계장치 등' 일정한 장치를 사용하는 것으로 한정하며, 엿듣는 구체적 내용을 '통신의 음향을 청취하여 내용을 지득하는 것'으로 표현하고 있다. 이러한 법리는 통신비밀보호법 제2조 제3호에서 정한 전기통신에 해당하는 '문자메시지'에도 그대로 적용되므로, <u>수신하기 전의 문자메시지는 감청의 대상에 해당하지만, 문자메시지가 이미 수신자의 휴대폰에 도달·보관되어 언제든지 열람할 수 있는 상태에 있다면 문자메시지의 송·수신이 완료된 것으로 볼 수 있으므로 현재성이 없어 감청의 대상이 되지 않는다.</u>

(2) 피고인이 회사 컴퓨터 서버를 통해 고객들의 휴대폰으로 문자메시지 등을 전달하거나 전달받는 영업을 하던 중 컴퓨터 서버에 저장되어 있던 문자메시지 28,811건에 대한 파일을 열람하여 내용을 지득함으로써 전기통신을 감청하였다고 하여 통신비밀보호법 위반으로 기소된 사안에서, <u>피고인이 열람한 문자메시지는 문자메시지가 발송된 서버에 저장·보관되어 있던 것으로 송신자가 송신한 이후 수신자가 수신할 수 있는 상태에 있어 통신비밀보호법상 송·수신이 완료된 전기통신에 해당하여 감청의 대상이 아니므로, 피고인의 행위가</u>

통신비밀보호법 제3조 제1항, 제2조 제7호에서 정한 감청을 구성하지 아니한다는 이유로, 이와 달리 보아 유죄를 인정한 제1심판결에 법리오해의 위법이 있다고 하여 직권파기하고 무죄를 선고하였다.

다. 대법원 판결

통신비밀보호법 제2조 제3호 및 제7호에 의하면 같은 법상의 "감청"은 전자적 방식에 의하여 모든 종류의 음향·문언·부호 또는 영상을 송신하거나 수신하는 전기통신에 대하여 당사자의 동의 없이 전자장치·기계장치 등을 사용하여 통신의 음향·문언·부호·영상을 청취·공독하여 그 내용을 지득 또는 채록하거나 전기통신의 송·수신을 방해하는 것을 말하는 것이다. 그런데 <u>해당 규정의 문언이 송신하거나 수신하는 전기통신 행위를 감청의 대상으로 규정하고 있을 뿐 송·수신이 완료되어 보관 중인 전기통신 내용은 그 대상으로 규정하지 않은 점, 일반적으로 감청은 다른 사람의 대화나 통신 내용을 몰래 엿듣는 행위를 의미하는 점 등을 고려하여 보면, 통신비밀보호법상의 "감청"이란 그 대상이 되는 전기통신의 송·수신과 동시에 이루어지는 경우만을 의미하고, 이미 수신이 완료된 전기통신의 내용을 지득하는 등의 행위는 포함되지 않는다</u>(대법원 2012. 7. 26. 선고 2011도12407 판결 참조).

같은 취지에서 원심이 송·수신이 완료된 전기통신의 내용을 청취·공독하여 지득 또는 채록하는 것은 통신비밀보호법상의 "감청"에 해당하지 아니한다고 판단하여 피고인에 대한 이 사건 공소사실을 무죄로 판단한 조치는 정당하고, 거기에 상고이유의 주장과 같은 법리오해의 위법이 없다.

3. 해설

1심에서는 통신비밀보호법 제2조 제7호의 "감청"의 의미에 대하여 ① 그 대상에 있어서는 전기통신에 국한되고, ② 그 방법에 있어서는 당사자의 동의없이 이루어지며, ③ 그 수단에 있어 일정한 장치, 즉 전자장치·기계장치 등이 사용되고, ④ 그 내용으로서 통신의 음향을 청취하여 그 내용을 지득하는 것으로 나누어 설시하였다. 이러한 요건에 의할 경우, 피고인이 송수신 중인 메시지에 대해 열람하여 그 내용을 지득한 것이 아니라 이미 컴퓨터 서버에 저장된 메시지를 열람하였더라도 감청의 요건에 해당하므로, 피고인에 대하여 유죄가 선고되었다.

2심에서는 이러한 "감청"의 요건에 ⑤ "현재성"을 더하여 판단하였다. 즉, 통신비밀보호법 제2조 제7호·제3호 의 각 규정[1])을 종합하여 볼 때 통신비밀보호법 제2조 제7호의 "감

---

1) 통신비밀보호법 제2조(정의) 이 법에서 사용하는 용어의 정의는 다음과 같다.

청"의 대상은 "전기통신"에 국한되는데, 통신비밀보호법 제2조 제3호에서 규정하는 "전기통신"은 문언이 송신하거나 수신 '중'임을 전제로 하므로 위 법상 "감청"은 통신행위와 동시에 이루어지는 현재성이 요구된다고 판단하였다. 또한, 송·수신 완료의 시점에 대해서도 판시하였는바, 문자메시지가 이미 수신자의 휴대폰에 도달·보관되어 언제든지 열람할 수 있는 상태에 있다면 문자메시지의 송·수신이 완료된 것으로 보았다. 이에 따라, 피고인이 열람한 문자메시지는 통신비밀보호법상 송·수신이 완료된 전기통신에 해당하여 감청에 해당하지 않는다고 보아 1심과 결론을 달리하여 피고인에 대하여 무죄를 선고하였다.

대법원 역시 2심과 그 결론을 같이하여 피고인의 행위는 감청에 해당하지 않는다고 보아 무죄를 선고하였다.

4. 판결의 의의

가. 통신비밀보호법상 "감청"의 의미에 대하여 구체적·제한적으로 해석

감청이란, 통신비밀보호법 제2조 제3호 및 제7호에 의하면 모든 종류의 전기통신에 대하여 당사자의 동의 없이 통신내용을 획득하는 것을 의미한다. 그리고 이러한 감청의 의미에 대하여 대법원이 이를 더욱 구체적 그리고 제한적으로 해석하여, 발신자와 수신자가 대화를 주고받는 '동시에' 다른 곳에서 같은 내용을 볼 수 있어야 감청이 된다고 보았다. 즉, 감청의 요건으로 '현재성'이 추가적으로 요구되는 것이다. 이에 따라 수신 완료된 전기통신의 내용을 지득하는 행위는 감청에 해당하지 않게 된다.

나. 전기통신의 수신 완료의 시점: 서버를 매개로 송수신되는 '서버저장형' 전기통신의 경우

전화와 같은 이른바 '즉시소멸형' 전기통신의 경우에는 수신 완료 여부를 즉각 확인할 수 있어 큰 문제가 없으나, 서버를 매개로 송수신되는 '서버저장형' 전기통신의 경우 어느 경우에 수신 완료로 보아야 할 것인지에 대해 논란이 있을 수 있다. 이에 대하여 대법원이

---

3. "전기통신"이라 함은 전화·전자우편·회원제정보서비스·모사전송·무선호출 등과 같이 유선·무선·광선 및 기타의 전자적 방식에 의하여 모든 종류의 음향·문언·부호 또는 영상을 송신하거나 수신하는 것을 말한다.

7. "감청"이라 함은 전기통신에 대하여 당사자의 동의없이 전자장치·기계장치등을 사용하여 통신의 음향·문언·부호·영상을 청취·공독하여 그 내용을 지득 또는 채록하거나 전기통신의 송·수신을 방해하는 것을 말한다.

전기통신의 수신 완료의 시점에 대하여도 설시하였는바, 수신자가 내용을 열람할 수 있는 상태가 되었을 때, 즉 수신자가 내용을 구체적으로 지득하지 않았더라도 내용을 열람할 수 있는 상태가 되었다면 수신 완료된 것으로 보아야 한다고 판시하였다.

다. 감청영장의 적용범위 — 이른바 '카카오 감청영장 불응 사태'에 대한 해석을 중심으로

(1) 문제제기

2014년 카카오가 감청영장이 집행되면 그 시점부터 일정 기간 서버에 보관되어 있는 통신내용을 수집해 검찰에 제공해 왔던 관행이 밝혀지면서 위법성 논란이 불거진 바 있다. 서버에 저장됨으로써 사실상 과거가 된 특정 기간 간격의 기록을 수집하기 때문에 이는 압수수색영장에 의하여야 함에도 불구하고, 실시간 감청이 불가능한 상황에서 감청영장을 압수수색영장과 같이 우회적으로 활용하여 서버에 보관되어 있는 통신자료를 수집한 것이라는 것이 비판의 주된 요지였고, 그 근거로서 위 판례가 적극 활용되었다. 이에 카카오는 검찰의 감청영장 집행에 불응한다는 입장을 밝히기도 하였다.[2] 그러나 이하에서 논의하는 바와 같이 결론적으로 이러한 입장은 타당하지 않다.

(2) 논의의 전제로서 감청영장(통신제한조치)과 압수수색영장의 차이

통신비밀보호법에서는 통신제한조치를 규정하고 있다. 통신제한조치 및 압수수색의 의미, 그리고 제9조의3과의 연관해석에 의하면, 통신제한조치는 '장래'의 통신사실에 대한 감청 등을 허가하는 조치로서 향후 통신에 대하여 하는 감청행위에 대한 적법성을 담보하는 법원의 결정이며, 압수수색은 이미 '완료'된, 즉 과거의 통신사실에 대한 것임을 알 수 있다.

수사지휘 실무[3]에서도 통신제한조치와 압수수색영장 대상의 구별기준은 '동시성 또는 현재성'이라고 하고 있으므로, ① 이미 수신이 끝난 과거의 우편물, 이메일 및 휴대전화의 문자·음성메시지 등의 전기통신 내용을 지득·채록하는 행위, ② 우편물 또는 전기통신의 '내용'이 아닌, 과거의 '존재사실' 여부 자체 및 '앞으로 이루어질' 우편물 또는 전기통신의 '존재사실' 여부 자체만을 알아내는 행위는 모두 동시성이 결여된 행위로서 통신제한조치의

---

2) 카카오가 종래의 입장을 변경하여 검찰의 감청영장 집행에 협조한다는 입장을 밝히면서, 관련 법령이나 판례의 입장의 변화가 없음에도 불구하고 종래의 입장을 변경한다는 것은 타당하지 않다는 논란이 일고 있는 상황이다. 이와 관련하여 "전병헌 '카톡 감청 대상 아니라는 판례 불구, 카카오 적극 협조'", 아시아경제 인터넷신문, 2014. 10. 13.자 기사 참조. <http://www.asiae.co.kr/news/view.htm?idxno=2014101310225 505280>.
3) 법무연수원, 수사지휘 실무, 623면.

대상이 아니다.

위 수사지휘 실무의 설명은, 통신제한조치는 '장래'의 통신 '내용'에 대한 감청 등 행위에 대한 법적 근거를, 일반 압수·수색영장은 모두 '과거'의 통신 '내용'이나, 장래 또는 과거의 우편물 전기통신의 '존재사실'에 대한 법적 근거이다. 따라서 통신제한조치가 있으면, '장래'의 통신 '내용'에 대한 감청 등 행위가 허용된다는 것이다.

(3) 감청영장의 적용범위

문제는, 2014년 카카오가 감청영장이 집행되면 그 시점부터 일정 기간 서버에 보관되어 있는 통신내용을 수집해 검찰에 제공해 왔던바, 서버에 저장됨으로써 사실상 '과거'가 된 특정 기간 간격의 기록을 '장래'의 통신내용에 대한 감청을 허용하는 감청영장에 의해 수집하는 것이 타당한지 여부이다.

감청영장은 기본적으로 장래에 대한 통신내용을 감청할 수 있도록 하는 통신제한조치임을 고려해 볼 때, 감청영장 집행 이후 일정 기간 동안에 서버에 저장된 내용을 가져오는 것은 가능한 조치이다. 위 판결에서 송·수신이 완료된 문자메시지에 대하여는 압수수색 영장만이 가능하다고 하고 있으나, 이는 문자메시지가 송·수신이 완료된 이후에 영장이 발부되는 경우를 의미하는 것이고, 영장 발부 시에 아직 발생하지 않은 데이터에 대한 영장은 기간을 정한 통신제한조치로써 가능하다. 따라서 통신제한조치가 있는 경우에는 그 이후에 발생하는 데이터에 관하여 지득 및 채록이 가능하다.

또한, 통신비밀보호법에 의한 통신제한조치의 집행방식에 대해 규정하는 대검예규는 '통신비밀보호법 통지·통보 업무 처리지침'이 있고, 미래창조과학부 지침으로는 '통신비밀보호법 시행에 관한 미래창조과학부 규정'이 있는데, 위 규정 및 통신비밀보호법에서는 영장을 집행한 후 어떠한 방식으로 자료를 제공받아야 하는지에 대해 규정하고 있지 않으므로, 감청의 본질적인 방식에 따라 그 가능 여부를 판단하여야 할 것이다.

감청의 정의에 따른 '동시성 또는 현재성'이라는 성격에 의하면, 감청의 방식은 통신'내용'을 '실시간'으로 '데이터화'[4]하는 것이다. 즉, 그 '감청의 결과물을 데이터화하는 행위 자체'가 감청행위가 되며, 그 이후에 그 데이터를 수사기관에 제공하는 방식은 이미 감청행위가 종료된 이상 감청행위 자체와는 관계가 없는 것으로, 데이터 제공방식에 대한 제한은 없다고 볼 수 있다.

---

4) 데이터화의 방식은 디지털 매체에 저장하는 방식이 될 수도 있고, 즉시 출력이 되는 경우도 있을 수 있는 등 그 방식은 불문한다.

제 4 편

방송 분야

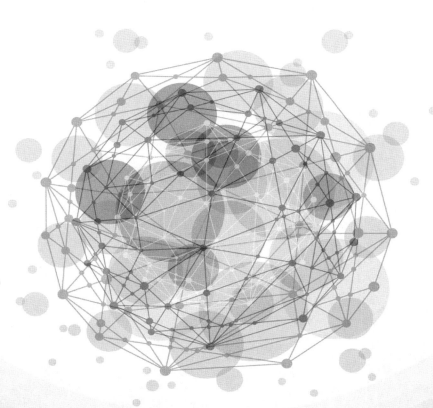

헌법재판소 2015. 4. 30. 선고 2012헌바358 결정[1]

지성우(성균관대학교 법학전문대학원 교수)

1. 사안의 개요

청구인은 합병 전 ○○방송 주식회사(이하 '○○방송'이라 한다) 발행 주식 중 5%를 보유하고 있는 주주이다. ○○방송과 합병 전 □□방송 주식회사(이하 '□□방송'이라 한다)의 겸임 대표이사인 김○국은 2010. 7. 21. 양 사를 대표하여 □□방송이 ○○방송을 흡수합병하여 □□방송은 존속하고 ○○방송은 해산하며, □□방송과 ○○방송의 합병비율은 1:0.3809로 하는 내용의 합병계약을 체결하였다.

이후 ○○방송은 2010. 9. 10. 위 합병계약의 승인을 위한 임시주주총회를 열고, 청구인을 포함한 주주 17명이 모두 참석한 가운데 발행주식 160,000주 중 109,752주(68.595%)를 보유한 주주인 주식회사 △△방송(이하 '△△방송'이라 한다)의 찬성으로 ○○방송과 □□방송의 합병을 승인하는 결의를 하였다. 이후 ○○방송은 2011. 9. 1. □□방송에 흡수합병되었

---

1) [참조 및 관련 판례] 헌법재판소 1999. 5. 27. 선고 98헌바70 결정(한국방송공사법 제35조 수신료 위헌확인); 헌법재판소 2006. 6. 29. 선고 2005헌마165 결정(신문등의자유와기능보장에관한법률 제16조 등 위헌확인); 헌법재판소 2013. 9. 26. 선고 2012헌마271 결정(방송광고판매대행 등에 관한 법률 제5조 제2항 위헌확인).

[관련 문헌] H. Jarras/ B. Pieroth, Grundgesetz für die Bundesrepublik Deutschland, C. H. Beck. Art. 5, 2005; D. McQuail, "Western European Media: The Mixed Model under Threat", J. Downing/ A. Mohammadi/ A. Sreberny－Mohamadi(eds.), Questioning Media: A critical Introduction, Sage, 1995; 방송제도연구위원회, 2,000년대를 향한 한국방송의 좌표, 나남, 1990; 공영방송 발전방안 연구위원회, 공영방송 발전방안 연구보고서, 방송위원회, 1994; 공보처, 선진방송 5개년계획(안)－1995년~1999년－, 공보처, 1995; 방송위원회, 방송개혁의 방향과 과제(방송개혁위원회 최종보고서), 방송위원회, 1999; 방송위원회, 방송개혁위원회 활동 백서, 방송개혁위원회, 1999; 방송위원회, 방송정책기획위원회 종합보고서, 방송위원회, 2001; 방송위원회, 방송통신법제 정비위원회 종합보고서, 방송위원회, 2003; 방송위원회, 중장기방송발전연구위원회 종합보고서, 방송위원회, 2005; 강형철, 공영방송론, 나남, 2005; 지성우, "법학적 의미에서의 공익개념에 대한 고찰", 성균관법학 제18권 제3호, 2006; 지성우, "방통융합시대의 국가기간방송의 운영체계: 다공영 대 일공영의 비교", 언론과 법 제7권 제1호, 2008.

고, 합병 후 존속회사인 □□방송은 주식회사 ○○경남으로 상호변경등기를 하였다.

청구인은 2011. 10. 24. 주식회사 ○○경남을 상대로 합병무효의 소(창원지방법원 진주지원 2011가합2800)를 제기하였고, 그 소송 계속 중 방송문화진흥회가 최다출자자인 지상파방송사업자의 경우 계열회사 관계에 있는 다른 지상파방송사의 주식이나 지분을 예외적으로 취득할 수 있도록 허용한 방송법 제8조 제8항 단서에 대하여 평등원칙 위반 등을 들어 위헌법률심판제청을 신청하였으나(창원지방법원 진주지원 2012카기44), 2012. 8. 22. 위 합병무효의 소와 함께 기각되었다. 이에 청구인은 2012. 9. 28. 이 사건 헌법소원심판을 청구하였다.

2. 결정의 요지

가. 심판의 대상

이 사건 심판대상은 방송법(2009. 7. 31 법률 제9786호로 개정된 것) 제8조 제8항 단서(이하 '심판대상조항'이라 한다)가 헌법에 위반되는지 여부이다.

방송법(2009. 7. 31 법률 제9786호로 개정된 것) 제8조(소유제한 등) 제8항은 "지상파방송사업자·종합유선방송사업자 또는 위성방송사업자는 시장점유율 또는 사업자수 등을 고려하여 대통령령이 정하는 범위를 초과하여 지상파방송사업자는 다른 지상파방송사업, 종합유선방송사업자는 다른 종합유선방송사업, 위성방송사업자는 다른 위성방송사업을 겸영하거나 그 주식 또는 지분을 소유할 수 없다. 다만, 「방송문화진흥회법」에 따라 설립된 방송문화진흥회가 최다출자자인 지상파방송사업자가 이 법 시행 당시 계열회사 관계에 있는 다른 지상파방송사업자의 주식 또는 지분을 소유하는 경우에는 그러하지 아니하다."고 규정하고 있다.

나. 헌법재판소 결정

(1) 평등원칙 위배 여부

△△방송과 지역△△방송에 대해 방송법 제8조 제8항 본문이 규정하고 있는 지분 또는 주식소유의 제한원칙을 그대로 적용한다면, △△방송은 기존에 보유하고 있던 지역△△방송 주식의 상당량을 처분해야 하는데, 이 경우 △△방송의 지휘아래 유기적이고 통합적으로 운영되던 지역△△방송에 대한 관리, 감독이 어려워지게 되고, 결국 지역△△방송은 시장동향에 민감한 민영방송으로 조직의 성격이 변하여 공영방송으로서의 역할을 다 하지 못하게 될 위험이 있다.

또한 각 지역△△방송은 일정 비율의 지역 밀착형 자체 제작프로그램을 제작하고 편성하여 해당 지역의 이익을 대변하고, 문화적 가치를 보존하고 계승하는 지역공영방송으로서의 역할도 충실히 수행하고 있으므로, △△방송이 지역△△방송의 주식을 제한 없이 소유한다고 해서 그로 인해 여론의 독과점을 조장하거나 방송의 다양성이나 공정성, 독립성을 훼손한다고 볼 수도 없고, 심판대상조항은 △△방송이 기존 계열사 관계에 있는 지역△△방송의 주식 또는 지분을 소유하는 것만을 예외로 인정한 것일 뿐이지 모든 지상파방송사업자의 주식을 제한 없이 취득할 것을 허용한 것은 아니다. 따라서 심판대상조항은 평등원칙에 위배된다고 볼 수 없다.

(2) 지역시청자들의 자기결정권 침해여부

심판대상조항은 △△방송이 법 시행 당시 계열회사 관계에 있는 지역△△방송의 주식 또는 지분을 소유하는 것을 허용하고 있을 뿐 언론기관의 합병을 조장하는 것과는 아무런 연관이 없으므로 이로 인해 지역시청자들의 표현의 자유 중 언론매체접근권이 제한될 여지가 없으며, 설령 합병으로 인해 ○○방송이 사라졌다 하더라도 여전히 ○○경남을 통해 진주지역에서 △△방송을 시청할 수 있으므로 지역시청자들의 자기결정권을 침해한다고 볼 수 없다.

3. 해설

가. 방송법 제8조의 방송사업자의 소유·겸영규정의 의의

지상파방송이란 지상의 무선국을 통해 전파를 송출하는 방송을 말하며, 방송법 제2조 제2항에서는 지상파방송사업을 '방송을 목적으로 하는 지상의 무선국을 관리, 운영하며 이를 이용해 방송을 행하는 사업'으로 정의하고 있다.

지상파방송사업을 하기 위해서는 전파법이 정하는 바에 따라 방송통신위원회의 허가를 받아야 하므로 희소성이 있고 공공재적 성격을 가지며, 용이한 접근성으로 인한 사회문화적 영향력이 크다. 이러한 특징으로 인해 지상파방송은 다양성과 독립성을 확보하는 것이 중요한데, 이를 위해서는 특정 사업자가 방송영역을 지배하여 여론을 독과점하는 것을 막고 다양한 매체의 균형 있는 발전을 도모해야 하므로, 방송 산업의 독점을 사전에 방지하는 차원에서 방송 산업의 소유와 겸영에 대한 규제가 필요하다. 이에 입법자는 전파의 공공재적 성격, 불특정다수에게 미치는 광범위한 영향력 등을 고려하여, 지상파방송을 통한 여론의 독과점을 방지하고 방송의 다양성·공공성을 확보하며 시청자의 권익을 보호하기 위해 방송법 제8조 제8항 본문을 제정하여 지상파방송사업자간의 겸영과 주식 및 지분의 소유를 대통령령2)이 정하는 비율 이하로 제한하는 원칙을 두고 있다.

나. △△방송의 특수한 지위와 예외 규정 허용의 필요성

(1) △△방송의 법적 지위

△△방송은 상법에 의해 설립된 주식회사로 정부의 재정지원 없이 운영에 필요한 대부분의 재원을 광고수익으로 조달하고 있다는 점에서 상업방송의 외양을 가지고 있지만, 자본의 소유구조면에서 볼 때 공법상 영조물법인인 방송문화진흥회가 70%를, 비영리 재단법인인 ○○장학회가 30%를 투자한 방식에 의해 설립된 특수한 성격의 법인이다.

한편 △△방송의 대주주인 방송문화진흥회는 방송문화진흥회법에 의해 설립된 법인으로, 방송문화진흥회법은 방송문화진흥회가 최다출자자인 방송사업자의 공적 책임을 실현하고, 민주적이며 공정하고 건전한 방송문화의 진흥과 공공복지향상에 이바지함을 목적으로 제정되었다(제1조). △△방송은 방송문화진흥회법 제5조 제2호에 따라 그 경영에 관하여 방송문화진흥회의 관리·감독을 받고 있으며, 방송문화진흥회는 △△방송의 공적 책임, 기본운영계획, 결산 승인, 경영평가, 정관변경 승인, 사장 추천 등에 관한 사항을 이사회를 통해 심의·의결함으로써(제10조) △△방송을 실질적으로 지배하고 있다. 한편, 방송문화진흥회의 임원인 이사 및 감사는 정부기관인 방송통신위원회에 의하여 임명되며(제6조 제4항 및 제5항), 이사장은 국회에 출석하여 △△방송에 대한 관리, 감독을 포함한 방송문화진흥회 소관 사무에

---

2) 방송법시행령 제4조 제7항에서는 방송법 제8조 제8항에서 규정하는 방송사의 소유·겸영의 구체적인 제한 범위에 대해 다음과 같이 규정하고 있다.
방송법시행령 제4조
⑦ 법 제8조 제8항 본문에서 "대통령령이 정하는 범위를 초과"하는 경우란 다음 각 호의 어느 하나에 해당하는 경우를 말한다.
  1. 지상파텔레비전방송사업자 또는 지상파라디오방송사업자가 다음 각 목의 어느 하나에 해당하는 경우
  가. 다른 지상파텔레비전방송사업자 또는 지상파라디오방송사업자의 주식 또는 지분의 100분의 7 이상을 소유하는 경우
  나. 자신의 주식 또는 지분을 소유하고 있는 다른 지상파텔레비전방송사업자 또는 지상파라디오방송사업자의 주식 또는 지분의 100분의 5 이상을 소유하는 경우
  다. 전체 지상파방송사업자수의 10분의 1을 초과하여 다른 지상파방송사업자(지상파이동멀티미디어방송사업자는 제외한다)의 주식 또는 지분을 소유하는 경우
  2. 지상파텔레비전방송사업자 또는 지상파라디오방송사업자가 지상파이동멀티미디어방송사업을 행하는 경우에는 방송통신위원회가 행정구역 및 방송구역을 고려하여 고시하는 방송권역별로 다음 각 목의 어느 하나에 해당하는 경우
  가. 방송권역별 지상파이동멀티미디어방송사업자수가 3 이상 6 미만인 경우에는 방송권역별 전체 지상파이동멀티미디어방송사업자수의 3분의 1을 초과하여 경영하는 경우
  나. 방송권역별 지상파이동멀티미디어방송사업자수가 6 이상인 경우에는 방송권역별 전체 지상파이동멀티미디어방송사업자수의 5분의 1을 초과하여 경영하는 경우

관하여 의견을 진술하고, 국회가 요구하는 경우 출석하여 보고하거나 답변하여야 한다(제7조). 이러한 점들에 비추어 볼 때 △△방송은 방송문화진흥회를 매개로 국가의 관리 감독을 받고 있는 공적기관의 성격을 지니고 있다.

　　또한 △△방송은 공직선거법 및 정당법상에서도 공영방송으로서 특별한 권한과 책임을 부여받고 있다. 공직선거법 제8조의7 제2항 제1호에서는 ○○방송공사와 더불어 방송문화진흥회가 최다출자자인 방송사(△△방송)를 공영방송사로 인정하고 있으며, 이에 따라 △△방송은 중앙선거방송토론위원회, 시·도 선거방송토론위원회 위원 추천권을 가지며, 자신의 비용으로 대통령선거 등의 대담·토론회를 텔레비전방송을 통하여 중계하여야 하고(공직선거법 제82조의2 제10항), 국회에 교섭단체를 구성한 정당이 공영방송사를 이용해 정강 정책을 알리기 위한 방송연설을 하는 경우 월 1회의 방송연설비용을 부담하여야 한다(공직선거법 제137조의2 제4항). 정당법에서도 ○○방송공사와 △△방송을 공영방송사로 규정하고 있으며, 이들에게 공영방송사로서 정책토론회를 중계방송하고 그 비용을 부담할 의무를 부과하고 있다(정당법 제39조 제2항).

　　이와 같이 △△방송은 재원의 조달방법은 민영이지만 기관의 성격과 기능은 공적인 것으로서 방송법상 국가기간방송인 한국방송공사(KBS)와 더불어 특별한 지위가 부여되어 있다.

(2) △△방송의 계열사 체제

　　현재 △△방송 네트워크는 서울의 △△방송 본사와 17개의 지역△△방송이 계열사 체제를 구축하고 있다. 지역△△방송의 경우 각 지역별로 △△방송이 적게는 51%에서 많게는 100%의 주식을 소유하는 대주주이며, 이 외의 나머지 지분은 개인 또는 단체가 소유하고 있다. 각 지역△△방송은 법적으로 경영의 자율성과 책임성을 가진 독립 법인체로 등록되어 있지만 소유구조상 본사인 △△방송이 주식 지분의 51% 이상을 가지고 있으므로, 지역△△방송의 경영권, 인사권, 편성권에 대해 △△방송이 강력한 영향력을 행사하고 있다.

　　지역△△방송은 계열사 체제인 △△방송 네트워크를 통해 △△방송과 대내적·대외적으로 통일적인 시스템 하에서 기능하여 △△방송의 공영방송으로서의 성격을 이어받고 있는 동시에, 지역뉴스와 일부 자체방송의 제작과 편성을 통해 해당 지역을 대표하는 지역중심방송으로서의 역할을 하고 있다.

다. 심판대상조항의 위헌 여부 판단

(1) 심판대상조항의 평등원칙 위반 여부

심판대상조항이 다른 지상파방송업자와는 다르게 △△방송만이 계열회사 관계에 있는 다른 지상파방송사업자의 주식 또는 지분을 법령에 규정된 범위를 초과하여 소유할 수 있도록 한 것이 평등원칙에 위반되는지 여부가 문제된다.

그런데 심판대상조항으로 인해 발생된 △△방송과 다른 지상파방송사업자 간의 차별 문제는 헌법에서 특별히 평등을 요구하고 있는 경우이거나 차별적 취급으로 인하여 관련 기본권에 중대한 제한을 초래하는 경우라고 할 수 없고, 또한 방송사업자의 겸영, 주식 및 지분 소유의 규제정책에 대해서는 입법자의 입법형성권이 넓게 인정된다고 볼 수 있으므로, △△방송과 다른 지상파방송사업자 간에 존재하는 동종사업자 간 주식 또는 지분의 소유 제한의 범위에 관한 차별취급이 합리적인지 여부를 중심으로 살펴보아야 한다.

1) 차별적 취급의 존재 여부

방송법 제8조 제8항 본문에 의해 원칙적으로 모든 지상파방송사업자는 대통령령이 정하는 범위를 초과하여 다른 지상파방송사업자의 주식 또는 지분을 소유할 수 없지만, 심판대상조항은 예외적으로 방송문화진흥회법에 따라서 설립된 방송문화진흥회가 최다출자자인 지상파방송사업자, 즉 △△방송이 이 법 시행당시 계열관계에 있는 다른 지상파방송사업자, 즉 지역△△방송의 주식 또는 지분을 소유하는 경우에는 이러한 소유 제한의 범위를 적용하지 않도록 규정하고 있다. 따라서 심판대상조항은 지상파방송사업이라는 공통된 방송사업을 영위하는 자들 중에서 △△방송만을 다르게 취급하고 있는 것으로, 근본적으로 동일한 것을 다르게 취급하는 차별취급이 존재한다.

2) 차별적 취급에 대한 헌법적 판단

다만, 심판대상조항은 이러한 원칙의 예외로서 △△방송과 그 계열사 관계에 있는 지상파방송사업자인 지역△△방송의 경우에 한해서만 주식 또는 지분의 소유를 제한하지 않도록 하였는데, 이는 △△방송과 지역△△방송이 가지는 구조적 특징과 공영방송[3]으로서의 공적 기능을 고려한 것이라 할 수 있다.

△△방송은 상법에 의해 설립된 주식회사로서 상업방송의 외양을 하고 있지만 실제로는 소유구조상 비영리단체인 방송문화진흥회와 ○○장학회가 각각 70%와 30%의 주식을 보유하고 있는 공영방송이며, 법률상으로도 ○○방송공사나 □□방송공사와 같은 공영방송사로 취급받고 있다. 지역△△방송의 경우 법률상 독립된 주식회사 형태로 운영되기는 하지만, 실제로는 △△방송이 17개의 지역△△방송 지분의 대부분을 소유하여 계열회사 체제를 유지하고 있다. 또한 △△방송 네트워크라는 하나의 유기적이고 수직적인 조직 하에서 통일적인 전국방송망을 구축하고 있어, 시청자와 사회의 관점에서 볼 때 △△방송과 지역△△방송은 동일한 편성과 가치를 공유하는 하나의 방송으로 인식되고 있다.

---

3) 공영방송의 개념과 기능에 대해서는 방송제도연구위원회, 2,000년대를 향한 한국방송의 좌표(주 1) 등 주 1) 기재 문헌 참조.

각 지역△△방송은 △△방송의 공적 성격을 이어받아 지역기반의 공영방송으로서의 역할 역시 수행하고 있는데, 국민의 의견을 널리 수렴하여 정당한 여론을 형성하고 올바른 정보를 제공하여 효과적인 의사소통을 통해 건강한 사회를 만들어야 할 공적책임을 가진 공영방송의 중요성을 고려해 볼 때, 지역△△방송의 경우에도 경영주체에 대한 제한과 이에 대한 관리, 감독이 요구된다. 이러한 관점에서 방송문화진흥회는 △△방송의 최다출자자로서 △△방송을 통해 지역△△방송의 주식이나 지분을 소유하는 방식을 취함으로써 지역△△방송의 공적 책임 역시 실현하고 있는 것이다.

그런데 만약 △△방송과 지역△△방송에 대해 방송법 제8조 제8항 본문이 규정하고 있는 지분 또는 주식소유의 제한원칙을 그대로 적용하게 된다면, △△방송은 기존에 보유하고 있던 지역△△방송 주식의 상당량을 처분해야 한다. 이 경우 △△방송의 지휘아래 유기적이고 통합적으로 운영되던 지역△△방송에 대한 관리, 감독 자체가 어려워지게 되고, 결국 지역△△방송은 시장동향에 민감한 민영방송으로 조직의 성격이 변하여 공영방송으로서의 역할을 다 하지 못하게 될 위험이 있으므로, 이러한 위험을 방지하기 위해 심판대상조항이 제정된 것이다.

나아가 △△방송이 심판대상조항에 의해 지역△△방송의 주식이나 지분을 법령에서 정한 비율 이상 소유한다고 해서 그로 인해 여론의 독과점을 조장하거나 방송의 다양성이나 공정성, 독립성을 훼손한다고 볼 수도 없다. 각 지역△△방송은 △△방송 네트워크라는 조직에 속해 있지만, 한편으로는 일정 비율의 지역 밀착형 자체 제작프로그램을 제작하고 편성하여 해당 지역의 이익을 대변하고, 문화적 가치를 보존하고 계승하는 지역공영방송으로서의 역할도 충실히 수행하고 있기 때문이다.

그리고 심판대상조항은 △△방송이 이 법 시행 당시 기존에 계열사 관계에 있는 지역△△방송의 주식 또는 지분을 소유하는 것만을 예외로 규정한 것일 뿐, △△방송으로 하여금 다른 모든 지상파방송사업자의 주식을 제한 없이 취득할 것을 허용한 것이 아니다.

결론적으로 헌법재판소는 △△방송 및 지역△△방송의 공영방송으로서의 성격, △△방송과 계열관계에 있는 지역△△방송 사이의 특수한 지분관계 및 이들 간의 유기적·통합적 구조, 공영방송 운영주체에 대한 관리 감독의 필요성 등을 고려해 볼 때, △△방송의 계열사 주식소유에 대한 예외를 인정한 심판대상조항에 의한 차별 취급에는 합리성이 인정되고, 따라서 심판대상조항은 평등원칙에 위반된다고 볼 수 없다고 판단한 것이다.

(2) 심판대상조항의 자기결정권 침해여부

헌법재판소는 심판대상조항은 △△방송이 법 시행 당시 계열회사 관계에 있는 지역△△방송의 주식 또는 지분을 소유하는 것을 허용하고 있을 뿐 언론기관의 합병을 조장하는 것과는 아무런 연관이 없어 이로 인해 지역시청자들의 표현의 자유 중 언론매체접근권이 제한될 여지가 없으며, 설령 합병으로 인해 ○○방송이 사라졌다 하더라도 여전히 ○○경남을 통해 진주지역에서 △△방송을 시청할 수 있으므로 지역시청자들의 자기결정권이 침해되었다고 볼 수 없다고 결정하였다.

4. 대상결정의 의의와 고려사항

대상결정에서는 먼저 공영방송의 의의와 △△방송이 공영방송인지에 대해 결정하고 있다. 일반적으로 공영방송은 그 운영재원을 모든 시청자들이 납부하는 '텔레비전방송수신료'로 함으로써 권력과 자본으로부터의 독립성과 자율성을 확보하고, 공정성과 공익성을 추구하면서 소외계층과 소수의 이익을 배려하는 사회적 책임을 가장 잘 구현할 수 있는 제도이다. 이 기준에 의하면 △△방송은 수신료에 의하여 운영되므로 공영방송이 아니라고 보아야 한다. 그럼에도 불구하고 대상결정에서 헌법재판소는 △△방송이 공영방송인지에 대해서는 확실히 규명하지 않고 있으나,[4] 지상파방송으로서 공영적 성격을 가지는 방송이라고 함으로써 다른 방송사에 비해 특별한 보호와 제한을 할 수 있는 근거를 마련하고 있다.

둘째, 대상결정은 방송, 그중에서도 특히 지상파방송에 대한 특별한 규제의 필요성에 대한 헌법적 근거를 지상파방송의 공공성에서 찾고 있다.

언론·출판의 자유는 의사형성 내지 의사표현에 대한 국가적인 영향으로부터 자유스러운 '주관적 공권'으로서의 성격과 아울러 의사표현과 여론형성 및 정보의 전달을 통해서 국민의 정치적 공감대에 바탕을 둔 민주정치를 실현하는 '객관적 규범질서'로서의 성격을 가진다.[5]

특히 방송은 헌법적으로 보장된 의사형성과정의 매개체이며, 그 자체가 의사형성의 요소가 되는데,[6] 그중 공영방송은 디지털 기술의 발전에 따른 다매체·다채널 시대에 급증하는 매체 간의 경쟁으로부터 자유롭게 선정성과 상업성을 배제하고 국민들에게 양질의 정보를 제공함으로써 '사회적 공론의 장'을 조성하는 기능을 하기 때문에 방송의 공정성과 자율성을 확보하면서 공익 추구[7]라는 기본이념을 가장 효과적으로 실현하기 위한 수단이다.

---

4) 당해 결정에서는 △△방송이 공영방송인지의 여부에 대해서는 직접적으로 밝히지 않고 있으며, 다만 "△△방송은 재원의 조달방법은 민영이지만 기관의 성격과 기능은 공적인 것으로서 방송법상 국가기간방송인 한국방송공사(KBS)와 더불어 특별한 지위가 부여되어 있다."고 표현하고 있다. 이는 △△방송이 수신료에 의해 운영되지 않고 대부분의 재원을 시장에서 광고를 통해 조달하고 있는 점을 고려한 것으로 보인다.

5) H. Jarras/ B. Pieroth, Grundgesetz für die Bundesrepublik Deutschland(주 1), Art. 5.

6) BVerfGE 12, 205(260).

7) 법학에 있어서의 '공익'개념에 대해서는 지성우, "법학적 의미에서의 공익개념에 대한 고찰"(주 1), 211－233면.

따라서 공영방송은 인터넷 등 다른 의사전달 수단이나 민영방송에 비해서도 소유·겸영, 내용, 운영 등의 측면에서 특별한 제한을 받아야 한다. 그중에서도 소유·겸영 규제를 통하여 지나친 상업화와 자본에의 종속을 미연에 방지하고 있다. 당해 결정에서는 지상파방송의 특성과 기능을 고려하여 다른 민영방송보다 더욱 강한 소유·겸영 규제를 하는 근거와 필요성을 명시적으로 인정하고 있다는 데 큰 의의가 있다.

마지막으로 공영방송에 대한 소유·겸영규제를 강화하면서 예외적으로 △△방송에 대해서만 그 계열사 관계에 있는 지역△△방송의 주식 또는 지분의 소유를 제한하지 않는 것은 △△방송의 경우에 한해서만 주식 또는 지분의 소유를 제한하지 않도록 하였는데, 이는 △△방송과 지역△△방송이 가지는 구조적 특징과 공영방송으로서의 공적기능을 고려한 입법자의 재량형성 범위에 속하는 합리적인 규정이라고 판시함으로써 (공영)방송의 공공성과 아울러 구체적의 제한규정에 있어서의 형평성과 한국 방송의 구조적 문제를 모두 고려한 결정을 한 것으로 보인다.

대법원 2014. 5. 29. 선고 2011다31225 판결[1]

손금주(국회의원, 변호사)

1. 사안의 개요

가. 텔레비전을 통한 광고서비스사업 등을 하는 회사인 피고는 방송법상 종합유선방송사업 허가를 받은 방송구역에서 종합유선방송을 하고 있는 종합유선방송사업자들인 원고들의 종합유선방송 가입자 가운데 음식점, 찜질방 등 불특정 다수의 고객을 상대하는 업체를 회원으로 모집하여 해당 회원들이 보유한 개별 텔레비전 수상기와 원고들 소유의 '케이블방송수신용 셋톱박스'(이하 '셋톱박스'라 한다)와 사이에 피고 소유의 광고영상송출기기(이하 'CF박스'라 한다)를 연결한 후, 개별 텔레비전 수상기 화면에 원고들이 방송과정에서 전송한 방송프로그램 화면의 종횡비율을 조정하여 그 화면 하단에 일정 부분의 공간을 형성하고 여기에 피고가 별도 모집한 광고주들로부터 의뢰받아 위 박스에 저장해 둔 자막광고(이하 '이 사건 자막광고'라 한다)를 함께 내보내고, 그 광고주들로부터 대가를 지급받는 방식으로 영업을 하였다.

나. 피고는 제3자와 지점계약을 체결하고, 지점사업자는 음식점, 찜질방 등(이하 '설치업체'라 한다)과 이 사건 자막광고 서비스에 관한 계약을 체결하여, 이에 따라 지점사업자들은 설치업체에 CF박스를 무상으로 설치해 주고, 설치업체 상호 간의 자막광고를 무상으로 제공하였다.

다. 원고들은 이 사건 청구원인으로, 피고가 원고들의 동의 없이 원고들 소유의 셋톱박스에 피고의 CF박스를 연결하여 원고들의 방송신호를 가공·변조한 것은 원고들의 방송권을 침해한 것으로서 불법행위에 해당한다는 전제 아래 그 침해행위의 배제를 구하였다.

---

1) [관련 평석] 이상주, "개별 TV 수상기와 케이블방송수신용 셋톱박스 사이에 광고영상 송출기기를 연결하여 TV 화면 하단에 자막광고를 한 것이 방송편성의 자유나 종합유선방송사업자의 광고영업 이익을 침해한 행위에 해당하는지 여부 및 부작위채무에 관한 집행권원 성립을 위한 판결절차에서 간접강제를 명하기 위한 요건", 대법원 판례해설 제99호(2014년 상), 법원도서관 2014.

2. 판결의 요지[2]

가. 원심판결(서울고등법원 2011. 3. 18. 선고 2010나67991 판결)

　　원심은 허가를 받은 종합유선방송사업자의 사업상 이익은 단순한 반사적 이익에 그치는 것이 아니라 방송법에 의하여 보호되는 법률상 이익이라고 보아야 할 것이고,[3] 방송법이 규정하는 방송편성의 자유와 독립은 방송프로그램의 내용에 대하여 간섭 내지 침해를 받지 아니할 자유를 포함한다고 할 것이므로, 방송신호의 가공·변조 등으로 방송프로그램의 내용이 방송사업자의 의도와 다르게 왜곡되어 방송되는 정도에 이른 경우에는 방송법에서 보장하고 있는 방송내용에 대한 자유가 침해된다는 전제 아래, 이 사건에서 피고가 사용하고 있는 CF박스는 피고의 주장과 같이 단순히 방송프로그램 화면의 종횡비율만 조정하는 것이 아니라, CF박스에 원고들의 방송신호가 입력되면 그 입력된 방송신호에 이 사건 자막광고의 데이터를 삽입하여 하나의 합성된 영상신호를 만들고, 이를 텔레비전 수상기로 보냄으로써 위와 같이 방송프로그램 화면의 종횡비율이 조정되도록 하는 사실, 이와 같이 종횡비율이 조정된 본래 방송프로그램은 화면 윗부분에 방송되고, 그 아래 화면 하단의 일정 부분에는 지속적으로 피고의 자막광고가 나타나는 사실을 인정할 수 있는바, 원고들이 전송한 방송신호는 피고의 CF박스를 통하여 가공·변조된다고 봄이 상당하고, 이와 같은 가공·변조에 의하여 원고들의 방송프로그램이 종합유선방송가입자들에게 방송되는 기회에 원고들의 고객을 포함한 불특정 다수인이 피고가 제공하는 자막광고를 함께 시청할 수밖에 없는 상태가 되어 원고들이 편성한 방송프로그램의 내용이 방송사업자인 원고들의 의도와 달리 왜곡되어 방송됨으로써 원고들이 가지는 방송내용에 대한 자유가 침해되었다 할 것이므로, 그 침해배제를 위하여 원고들은 피고에 대하여 피고가 위와 같이 방송신호를 가공·변조하는 행위의 금지를 구할 권리가 있다고 판단하였다.

　　또한 피고의 위와 같은 광고행위는 원고들이 제공하는 방송서비스의 품질을 저하시키고, 원고들이 방송법상의 규제에 따라 제한적으로 허용받아 송신하는 자막광고 등 방송화면을 이용한 광고영업활동을 침해할 뿐 아니라, 종합유선방송 분야에서 원고들이 상당한 노력

---

2) 이 사건에서는 피고의 이 사건 자막광고가 종합유선방송사업자의 방송편성의 자유나 광고영업이익을 침해한 행위에 해당하는지 여부 외에도 부작위채무에 관한 집행권원 성립을 위한 판결절차에서 장차 채무자가 채무를 불이행할 경우에 대비하여 간접강제를 명하기 위한 요건이 판결의 주요 쟁점이 되었으나, 본 평석에서는 간접강제와 관련한 부분은 논의의 범주에 포함시키지 않으므로 판결의 요지를 정리함에 있어서도 제외하였다.
3) 대법원 2007. 5. 11. 선고 2004다11162 판결.

과 투자에 의하여 구축한 설비를 상도덕이나 공정한 경쟁질서에 반하여 자신의 영업을 위하여 무단으로 이용하는 것으로서, 방송법에 의하여 보호되는 법률상 이익인 종합유선방송사업자로서의 원고들의 사업상 이익을 침해하는 불법행위에 해당한다고 판단하였다.

나. 대법원판결

대법원은, 방송법 제1조, 제2조 제1호·제15호·제17호, 제4조 제1항·제2항의 입법 취지와 내용 등을 종합하여 보면, 방송의 자유를 구체화한 방송편성의 자유에는 방송사업자가 방송프로그램을 기획·편성 또는 제작하는 데에 간섭을 받지 않을 자유뿐만 아니라, 방송사업자가 공중에게 방송프로그램을 송신하는 과정에서 내용에 변경이 가해지는 등의 간섭을 받지 않을 자유도 포함된다는 전제 아래, 이 사건에서 원고들의 방송프로그램은 송신된 후 전송 과정에서 아무런 조작이나 변경이 없고, 다만 피고의 CF박스가 설치된 TV 화면에서만 원고들이 전송한 화면의 가로·세로 비율이 조정되면서 그 하단에 자막광고가 나오게 되며, 원고들의 다른 종합유선방송 가입자들의 TV 화면에는 아무런 영향을 미치지 않으므로, 원고들의 종합유선방송 가입자가 방송프로그램을 수신한 후에 이를 시청하는 과정에서 비로소 위와 같은 화면조작이 이루어진 것으로 볼 수 있을 뿐, 원고들이 공중에게 방송프로그램을 송신하는 과정에서 위와 같은 화면조작이 이루어진 것으로 볼 수 없다고 판단한 후, 피고의 위와 같은 CF박스 설치로 인하여 원고들이 공중에게 방송프로그램을 송신하는 과정에서 그 내용에 변경이 가해지는 등 간섭을 받았다고 보기는 어려우므로, 종합유선방송사업자인 원고들의 방송편성의 자유가 침해되었다고 볼 수 없다고 판단하였다.

한편, 경쟁자가 상당한 노력과 투자에 의하여 구축한 성과물을 상도덕이나 공정한 경쟁질서에 반하여 자신의 영업을 위하여 무단으로 이용함으로써 경쟁자의 노력과 투자에 편승하여 부당하게 이익을 얻고 경쟁자의 법률상 보호할 가치가 있는 이익을 침해하는 행위는 부정한 경쟁행위로서 민법상 불법행위에 해당하고, 이때 위와 같은 무단이용 상태가 계속되어 금전배상을 명하는 것만으로는 피해자 구제의 실효성을 기대하기 어려우며 무단이용의 금지로 인하여 보호되는 피해자의 이익과 그로 인한 가해자의 불이익을 비교·교량할 때 피해자의 이익이 더 큰 경우에는 그 행위의 금지 또는 예방을 청구할 수 있다[4]는 전제 아래, 피고의 위와 같은 광고행위는 방송을 이용한 광고영업 분야에서 서로 경쟁자의 관계에 있는 원고들이 상당한 노력과 투자에 의하여 구축한 방송설비와 방송프로그램을 상도덕이나 공정한 경쟁질서에 반하여 자신의 영업을 위해 무단으로 이용함으로써, 원고들의 노력과 투자에 편승하여 부당하게 이익을 얻는 한편 법률상 보호할 가치가 있는 이익인 원고들의 광고영업

---

4) 대법원 2010. 8. 25.자 2008마1541 결정.

이익을 침해하는 부정한 경쟁행위로서 민법상 불법행위에 해당하고, 나아가 이 사건 자막광고가 가입자들이 이를 수신한 후에 행하여져 방송의 자유를 침해하는 것은 아니라 하더라도, 원고들은 피고가 불법행위에 해당하는 위와 같은 행위를 하는 것과 제3자로 하여금 이를 하게 하는 것의 금지를 청구할 수 있다고 판단하였다.

3. 해설

가. 방송편성의 자유

(1) 방송과 방송사업의 개념

방송법 제2조 제1호는 "방송"을 "방송프로그램을 기획·편성 또는 제작하여 이를 공중(개별계약에 의한 수신자를 포함하며, 이하 '시청자'라 한다)에게 전기통신설비에 의하여 송신하는 것"으로 정의하고, 텔레비전방송, 라디오방송, 데이터방송, 이동멀티미디어방송으로 분류하고 있다. 한편 동조 제2호와 제3호는 "방송" 개념과 별도로 "지상파방송사업", "종합유선방송사업", "위성방송사업", "방송채널사용사업"으로 방송사업을 분류하고, 동법 제9조에 의하여 이러한 방송사업을 하기 위하여 허가를 받은 자를 "지상파방송사업자", "종합유선방송사업자", "위성방송사업자", "방송채널사용사업자" 등 방송사업자로 분류하고 있다.

(2) 방송편성의 자유의 법적 근거

대법원은 방송편성의 자유의 법적 근거를 언론·출판의 자유를 규정한 헌법 제21조 제1항에서 찾고 있다. 대법원은 한국방송공사에 대한 정보공개청구권 행사가 쟁점이 된 사안에서,[5] "헌법 제21조 제1항에 의하여 보장되는 언론·출판의 자유에는 방송의 자유가 포함되고, 방송의 자유는 주관적인 자유권으로서의 특성을 가질 뿐만 아니라, 다양한 정보와 견해의 교환을 가능하게 함으로써 민주주의의 존립·발전을 위한 기초가 되는 언론의 자유의 실질적 보장에 기여한다는 특성을 가지고 있으며, (중략) 언론 자유의 주체로서 방송의 자유를 제대로 향유하기 위해서는 방송주체로서의 존립과 활동이 국가권력의 간섭으로부터 독립하여야 함은 물론 방송의 자유를 침해하는 사회의 다양한 세력들로부터도 자유로울 것이 요청"된다고 판시한 바 있다. 즉 대법원은 방송의 자유를 헌법상 기본권으로써 '주관적 권리로서의 성격과 함께 자유로운 의견형성이나 여론형성을 위해 필수적인 기능을 행하는 객관적 규범질서로서 제도적 보장의 성격'을 갖는다고 판단한 헌법재판소[6]와 입장을 같이한다고 볼

---

5) 대법원 2010. 12. 23. 선고 2008두13101 판결.
6) 헌법재판소 2003. 12. 18. 선고 2002헌바49 결정.

수 있다.

그리고 방송법은 "방송의 자유와 독립을 보장하고 방송의 공적 책임을 높임으로써 시청자의 권익보호와 민주적 여론형성 및 국민문화의 향상을 도모하고 방송의 발전과 공공복리의 증진에 이바지함을 목적으로" 하는바(제1조), 헌법상 기본권인 방송의 자유를 구체화하면서 제4조에서 방송편성의 자유와 독립은 보장되고(제1항), 누구든지 방송편성에 관하여 이 법 또는 다른 법률에 의하지 아니하고는 어떠한 규제나 간섭도 할 수 없다(제2항)고 규정하고 있다.

그런데 대법원과 원심은 방송사업자의 방송편성의 자유를 인정하면서도 이를 추론해내는 과정에서 다소간의 차이를 보이고 있다. 대상판결에서 원심은 방송법 제9조 제2항에 의한 종합유선방송사업허가를 통해 원고들이 취득한 사업권의 범주에서 구체적인 근거를 찾는 반면,[7] 대법원은 헌법상 기본권이 구체화된 방송법 제1조, 제2조 및 제4조 제1항·제2항의 방송법 총칙 규정들에서 그 근거를 구성하고 있다. 이 사건에서는 원고들의 종합유선방송사업권이 피고의 이 사건 자막광고로 인해서 침해를 받고 있다고 볼 수 있고, 이를 전제로 대법원은 방송편성의 자유 침해와 별도로 방송사업자의 사업상 이익 침해를 이유로 부정경쟁방지 및 영업비밀보호에 관한 법률을 통해 침해금지청구의 근거를 제시하고 있다.

방송편성의 자유 침해 여부를 판단함에 있어서는 원심과 같이 단순히 사업권의 관점에서 그 보호 근거를 찾는 것은 타당하지 않다고 본다. 특히 방송법 제4조 제1항과 제2항은 방송편성의 자유와 독립 보장을 선언한 후, 누구든지 방송편성에 관하여 이 법 또는 다른 법률에 의하지 아니하고는 어떠한 규제나 간섭도 할 수 없도록 규정하고 있는바, 헌법적 기본권의 관점에서 방송편성의 자유에는 방송사업자가 방송프로그램을 기획·편성 또는 제작하는 데에 간섭을 받지 않을 자유뿐만 아니라, 방송사업자가 공중에게 방송프로그램을 송신하는 과정에서 그 내용에 변경이 가해지는 등의 간섭을 받지 않을 자유도 포함된다고 보는 것이 타당하다.

---

7) 서울고등법원 2011. 3. 18. 선고 2010나67991 판결 "방송법의 각 규정에 의하면, 방송법은 방송의 자유와 독립의 보장을 그 목적으로 하고 있고(제1조), 방송편성의 자유와 독립의 보장을 규정하고 있으며(제4조), 종합유선방송사업을 하고자 하는 자는 일정한 시설과 기술을 갖추어 방송통신위원회의 허가를 받아야 하고(제9조 제2항), 방송통신위원회는 종합유선방송사업을 허가할 때에 일정한 방송구역 안에서 사업을 운영하는 권리(이하 '지역사업권'이라 한다)를 부여할 수 있도록 하고 있는바(제12조 제1항), 이러한 규정을 종합하여 보면, 방송법은 종합유선방송사업의 허가요건, 기준, 절차에 관하여 엄격하게 규정함으로써 종합유선방송사업의 합리적인 관리를 통하여 종합유선방송사업의 건전한 발전과 이용의 효율화를 기함으로써 공공복리를 증진하려는 목적과 함께 엄격한 요건을 통과한 사업자에 대하여는 사실상 독점적 지위에서 영업할 수 있는 지역사업권을 부여하여 무허가업자의 경영이나 허가를 받은 업자간 과당경쟁으로 인한 종합유선방송사업 경영의 불합리를 방지함으로써 사익을 보호하려는 목적도 있다고 할 것이므로, 허가를 받은 종합유선방송사업자의 사업상 이익은 단순한 반사적 이익에 그치는 것이 아니라 방송법에 의하여 보호되는 법률상 이익이라고 보아야 할 것이고 (중략) 원고들은 방송법 제9조 제2항에 따른 종합유선방송허가를 받은 자로서 방송법상 방송내용에 대한 자유를 보장받는다고 할 것이다."

나. 방송편성의 자유의 보호범위와 침해금지청구 가부

(1) 방송편성의 자유의 보호범위

방송의 자유를 구체화한 방송편성의 자유에는 방송사업자가 방송프로그램을 기획·편성 또는 제작하는 데에 간섭을 받지 않을 자유뿐만 아니라, 방송사업자가 공중에게 방송프로그램을 송신하는 과정에서 그 내용에 변경이 가해지는 등의 간섭을 받지 않을 자유도 포함된다고 봄이 타당하다. 따라서 방송신호의 가공·변조 등으로 방송프로그램의 내용이 방송사업자의 의도와 다르게 왜곡되어 방송되는 정도에 이른 경우에는 방송법에서 보장하고 있는 방송내용에 대한 자유가 침해되었다고 볼 수 있다. 대법원판결과 원심판결은 방송편성의 자유의 보호범위와 관련하여 위와 같이 해석, 적용하는 데 이견이 있다고 보기 어렵다.

다만 이 사건 자막광고에 대하여 사실관계를 인정함에 있어서, 대법원은 ① 원고들의 종합유선방송가입자가 셋톱박스를 통해 방송프로그램 신호를 수신한 후에 비로소 방송프로그램 신호에 영향을 미치는 것이기 때문에 다른 종합유선방송가입자들의 방송프로그램 수신에는 아무런 영향이 없고 오직 CF박스를 설치한 종합유선방송가입자에게만 영향을 미친다는 점, ② CF박스로 인해서 원고들이 전송한 방송프로그램이 내용 자체가 변경되지 아니하고, TV 화면에서 원고들이 전송한 방송프로그램 화면의 종횡비율을 조정하는 것은 시청자의 처분권한에 속한다는 점 등을 근거로 이 사건 자막광고가 원고들의 방송프로그램 송신과정에서 어떠한 영향을 미쳤다고 볼 수 없다고 판단하였다. 이에 반해서 원심은 ① CF박스에 원고들의 방송신호가 입력되면 그 입력된 방송신호에 이 사건 자막광고의 데이터를 삽입하여 하나의 합성된 영상신호를 만들고 이를 텔레비전 수상기로 보냄으로써 위와 같이 방송프로그램 화면의 종횡비율이 조정되도록 하는 점, ② 이와 같이 종횡비율이 조정된 본래 방송프로그램은 화면 윗부분에 방송되고, 그 아래 화면 하단의 일정 부분에는 지속적으로 피고의 자막광고가 나타나는 점을 근거로 원고들이 전송한 방송신호가 피고의 CF박스를 통하여 가공·변조된다고 봄이 상당하다고 판단하였다.

원고들이 전송한 방송프로그램의 신호는 원고들 종합유선방송가입자의 셋탑박스에 수신된 후 개별 단말기에 전달됨으로써 시청자들에게 시청될 수 있다. 여기서 방송프로그램 송신이 개별 가입자의 셋탑박스에 수신됨으로써 종료되는지 아니면 개별 단말기에 전달되어 화면으로 구체화되는 것까지를 포함하는지에 관하여 논란의 여지가 있다. 그런데 대법원의 논리는 종합유선방송가입자들이 셋탑박스를 관리, 통제할 수 있어야 하고, 방송프로그램이 셋탑박스로부터 개별 단말기로 전송되는 과정이 단순하고 가입자의 의사에 반하여 제3자가 개입할 여지가 적다는 전제가 선행되어야 한다.

　　그러나 실제 지상파방송 또는 유료방송의 수신과정에서 안테나 또는 셋탑박스를 통해 개별 단말기에 방송프로그램이 전달되고 방송되는 과정은 단순하지 않다. 시청자들이 셋탑박스를 통해 방송신호를 수신한 후에도 자신의 단말기를 통해 방송프로그램이 방송되기 전까지 자신의 의사와 상관없이 제3자에 의하여 방송프로그램의 내용이나 구성이 변질될 여지가 적지 않다. 특히 IPTV와 같이 IP망을 통해 방송프로그램이 제공되는 경우에는 셋탑박스에 설치된 앱을 통해서 이 사건 자막광고를 넘어서는 추가적인 가공이나 변경이 가능하다. 물론 대부분의 경우 IPTV사업자가 앱을 관리, 통제할 수 있을 것이나 그렇지 않은 경우 또한 배제하기 어렵다. 이에 더하여 우리나라의 경우 아파트와 같은 공동주택의 경우 공청시설을 통해 지상파 또는 유료방송의 방송프로그램을 수신한 후 공동주택의 개별세대의 단말기로 이를 전달하여 방송하도록 하는 구조가 일반화되어 있는바, 이러한 경우에는 더더욱 단순히 셋탑박스를 통해 방송프로그램이 수신된 것만으로 방송사업자의 방송프로그램 송신이 마쳐졌다고 보기는 어렵다. 더욱이 이 사건의 경우 원고들의 방송프로그램이 종합유선방송가입자들에게 방송되는 기회에 원고들의 고객을 포함한 불특정 다수인이 피고가 제공하는 이 사건 자막광고를 함께 시청할 수밖에 없는 상태가 된다.

　　따라서 원고들이 편성한 방송프로그램의 내용이 방송사업자인 원고들의 의도와 달리 왜곡되어 방송됨으로써 원고들이 가지는 방송내용에 대한 자유가 침해되었다 본 원심의 견해를 되새겨 볼 여지가 있다고 생각한다. 다만 대법원의 이러한 판단의 저변에는 이 사건 자막광고와 같이 단순히 방송프로그램 화면의 종횡비율을 변경하는 것만으로는 방송프로그램의 내용 자체가 변경되었다거나 원고들의 종합유선방송의 편성 자체가 침해되었다고 보기 어렵다는 입장이 깔려있다고 볼 수 있다.

(2) 방송법 위반을 근거로 한 침해금지 청구의 가부

　　원심판결은 "방송편성의 자유와 독립은 방송프로그램의 내용에 대하여 간섭 내지 침해를 받지 아니할 자유를 포함한다고 할 것이므로, 이러한 경우 그 침해를 당한 자는 침해배제를 위하여 방송신호의 가공 · 변조행위의 금지를 청구할 권리가 있다"는 전제 아래, "원고들이 가지는 방송내용에 대한 자유가 침해되었다 할 것이므로, 그 침해배제를 위하여 원고들은 피고에 대하여 피고가 위와 같이 방송신호를 가공 · 변조하는 행위의 금지를 구할 권리가 있다"고 판시하였다.

　　그러나 대법원은 헌법상 기본권으로써 방송의 자유에 기초한 방송편성의 자유 침해 여부와 종합유선방송사업권에 기초한 사업상 이익 침해 여부를 구분하고 있는바, 대법원과 같은 입장에서 살펴보면, 헌법상 기본권 침해에 따른 사적 효과로서 그 침해행위가 민법상 불법행위를 구성하여 기본권 주체의 손해배상청구권이 발생할 수 있는 것과 별도로 직접 침해행위의 금지를 청구할 법적 권원이 발생한다고 보기는 어렵다. 이러한 이유로 이 사건에서 대법원은 원고들의 권리 구제의 필요성 자체는 인정한다는 취지에서 원고들이 종합유선방송사업자로서 얻을 수 있는 사업상 이익이 침해되었다는 점을 들어서 부정경쟁방지 및 영업비밀보호에 관한 법률을 통해 침해금지청구권을 허용하고 있다고 볼 수 있다.

4. 판결의 의의

대상판결은 방송편성의 자유에 대한 법적 근거와 그 보호범위가 어디까지인지, 그리고 그 효과로서 방송사업자가 제기할 수 있는 청구권원 및 구제수단이 무엇인지를 제시하였다. IPTV를 비롯해서 방송과 통신이 융합된 새로운 방송서비스들이 등장하고, OTT(Over The Top)와 같이 기존 유료방송과 구별되는 인터넷 기반 방송 유사 서비스들이 속속 등장하면서 상호 경쟁하는 방송환경에서, 방송법상 방송의 개념과 포섭범위, 방송편성의 자유의 보호범위를 둘러싼 분쟁이 빈번하게 발생할 것으로 보인다. 이러한 분쟁이 규제기관인 방송통신위원회나 미래창조과학부 등 행정기관에 의하여 완전히 해결될 수 있다고 기대하는 것은 무리이고, 관련 법령의 해석기준이나 적용범위 등에 대하여 사법부의 적극적인 판단이 개입될 필요가 있다.

대상판결은 기술의 발전과 더불어 급격하게 변화하는 방송시장에서 향후 새로운 서비스를 출시하는 사업자들뿐만 아니라 방송법상 방송사업허가에 기반한 기존 방송사업자들에게 방송사업자로서 행위규범과 보호규범을 제시하는 중요한 판결이다.

89 방송광고판매대행 등에 관한 법률 제5조 제2항 위헌 확인 등

헌법재판소 2013. 9. 26. 선고 2012헌마271 결정[1)

함석천(서울북부지방법원 부장판사)

1. 사안의 개요

가. 논의의 배경

방송을 하려면 재정과 수익이 있어야 한다. 지금의 방송국 운영 형태를 기준으로 방송 사업 영위를 위해 재원을 마련하는 모습은 크게 두 가지로 나눌 수 있다. 방송이란 재화를 생산하는 경제 주체로서 경쟁 시장에서 재원을 마련하는 모습이 그 하나다. 자본주의 사회에서 이 모습이 가장 전형이라고 할 수 있고, 이때 수익의 재원은 주로 광고 매출이 될 것이다. 1970년대에는 방송사업자들이 광고주들을 직접 상대하였고, 당시의 재원 마련 형태가 이 모습에 가까웠다고 할 수 있다. 또 하나의 형태는 방송의 공공성, 공익성을 내세워 정부, 공공단체가 재원을 후원하거나, 법률에 의해 강제되는 수신료로 재원을 마련하는 것이다. 한국방송공사가 운영하는 KBS1 방송이 그 전형이고, 그 설립과 운영 근거는 방송법 제4장에 마련되어 있다.

이처럼 분류해 놓고 보면, 방송은 시청자의 인식을 기준으로 '광고를 하는 방송'과 '광고를 하지 않는 방송'으로 간단하게 구분할 수 있다. 그런데 '광고를 하는 방송'이라고 해도 특정 지상파 방송사업자(MBC)는 정부가 자본금을 전액 출자한 특정한 법인이 판매 대행 또는 위탁하는 방송 광고만 할 수 있다. 이 사건의 판단 대상이 바로 지상파 방송사업자에 대한 방송광고판매법 규정이다. 방송광고 판매대행을 할 수 있는 특수법인은 한국방송광고공사(이하 '구 공사'라 한다)였다가, 2012년 방송광고판매대행법이 제정되면서 그 이름이 한국방송광고진흥공사(이하 '신 공사'라 한다)로 바뀌었다.

---

1) [참고 및 관련판례] 헌법재판소 2009. 9. 24. 선고 2007헌마1345 결정; 헌법재판소 2012. 6. 27. 선고 2011헌마288 결정; 헌법재판소 2015. 7. 30. 선고 2014헌가7 결정 등.

광고 판매, 판매대행이나 위탁은 사적 자치에 따라 경제 주체가 상대방과 자유롭게 교섭해서 그 내용을 정할 수 있어야 한다. 이런 모습이 시장 경제 원리에 부합한다. 그런데 우리는 방송 광고에 대해 여러 제한을 가해왔다. 그 배경에는 우리가 걸어 온 현대사의 모습이 다양한 형태로 투영되어 있다. 사실 방송을 바라보는 시각, 그 중에서도 한정된 자원인 주파수 대역을 나눠서 사용하는 지상파방송을 바라보는 시각은 각국마다 일정하지 않다. 유럽의 여러 나라는 언론의 사회적 책임을 강조하는 편이고, 미국은 언론 영역에도 시장의 원리를 중시하는 편이다. 언론, 방송의 공공성과 공익성, 사회적 책임을 어느 정도 강조하느냐에 따라 그 운영을 제어하는 강도에도 차이가 날 수밖에 없다. 그래서 언론, 특히 방송을 바라보면서 그 변화를 이야기할 때에는 무엇보다 시대의 목소리를 잘 들어야 한다. 이런 의미에서 우리가 그동안 걸어온 길을 되짚어 보면 이 글에서 다루려고 하는 헌법재판소 결정을 이해하는 데 더 도움이 될 것이다.

나. 심판대상조항

대상결정의 판단대상은 방송광고판매대행 등에 관한 법률(2012. 2. 22. 법률 제11373호로 제정된 것, 이하 '방송광고판매대행법'이라 한다) 제5조(방송광고의 판매대행) 제2항이다. 이 규정은 "제1항 본문에도 불구하고 방송법에 따른 한국방송공사, 방송문화진흥회법에 따라 설립된 방송문화진흥회가 최다출자자인 방송사업자 및 한국교육방송공사법에 따른 한국교육방송공사는 제24조에 따른 한국방송광고진흥공사가 위탁하는 방송광고에 한정하여 방송광고를 할 수 있다."고 규정하고 있다.

2. 해설

가. 방송 환경의 변화 과정

우리는 지난 수십 년간 언론, 그 중에서도 방송 분야에서 급격한 변화 과정을 목격해 왔다. 그 시작은 1980년 언론기본법 제정이었다. 1980년대 들어 유래를 찾기 어려운 언론 통폐합이라는 강권 조치가 이루어졌고, 그 때문에 여러 언론사가 강제 폐간되거나 통폐합되는 절차를 밟았다. 이 과정에서 한국방송공사는 1980년 12월에 5개 민영 방송사를 인수하였다. 지금과 같은 지상파방송의 방송광고 판매대행이 이때 생겼고, 구 공사 역시 1980년 언론 통폐합 과정에서 제정된 한국방송광고공사법에 의해 설립되었다.

1988년 서울올림픽을 맞아 각국에서 기자단이 출입하고 방송을 통해 올림픽 소식을 전

세계에 알려야 하는 시기가 다가오면서, 언론 현실에 대한 비판이 일기 시작했다. 1987년 대통령직선제 개헌에 이어 정권이 바뀌고, 1988년 서울올림픽을 앞두고 개방과 국제화 물결이 넘치면서 언론 관련 법률을 정비하기 시작했다. 언론기본법을 폐지하고, 1987년 방송, 유선방송과 정기간행물을 매체별로 분리해서 언론 관련 법률을 제정하기에 이른다. 1990년대 들어서도 방송의 영향력은 계속 커졌고, 경제 발전과 함께 광고 시장도 커졌으며, 유선방송의 시청권이 확대되는 가운데, 인터넷이 등장하면서 전파 송출을 넘어서 보다 폭넓은 의미의 방송 개념을 확립할 필요가 생기게 되었다. 이런 환경 변화에 따라 2000년대 들어 당시 시행 중이던 방송법, 종합유선방송법, 한국방송공사법, 유선방송관리법을 합쳐서 2000. 1. 12. 방송법을 제정하게 된다. 2000년의 방송법은 기존 방송법의 개정이 아닌 제정 법률이었고, 이처럼 여러 법률이 합쳐져 제정되다 보니 그 이름도 '통합 방송법'으로 불렸다.

2000년대 들어 방송을 포함한 언론에 나타난 가장 두드러진 특징은 '인터넷'이다. 인터넷 신문이 종이 신문을 대신하면서 구독률, 도달률 등으로 점쳐지던 신문의 영향력에 지각변동이 생겼다. TV 역시 기존 TV 수상기뿐만 아니고, 인터넷방송, DMB, IPTV 등 방송 신호 송출이 아닌, 통신을 기반으로 하는 매체 영역이 생겨나면서 활동 분야가 다양해지기 시작한다. 디지털 기술의 발달과 인터넷 확산에 따른 방송과 통신의 융합 현상에 대응하기 위한 조처로 2008년 종전 방송위원회와 정보통신부를 합쳐서 현재의 방송통신위원회가 탄생한다. 이처럼 매체의 변화와 혼합 현상이 생기고, 2012. 12. 31.을 끝으로 지상파 방송에서 아날로그 신호 송출을 중단한 후로 언론 시장의 관심은 매체의 융합에 쏠리게 된다. 종합편성채널사업자 선정 과정에서의 논의는 이러한 현상을 반영한다. 한편 광고 시장은 이와 같이 다양하고 넓은 변화를 재정적으로 뒷받침하는 역할을 해왔다.

방송, 인쇄, 온라인, 옥외광고와 기타 광고를 포함한 전체 광고비는 2014년 기준으로 10조 7,959천억 원으로 알려진다. 이 가운데 방송 분야 광고비는 4조 2,281억 원으로 추산되고, 이 가운데 지상파방송의 광고비는 2조 616억 원으로 추산된다. 말하자면 전체 광고 시장 가운데 방송 광고 비중이 반 가까이 되고, 방송 광고 매출 가운데 지상파방송의 매출이 반을 넘는다는 의미다.[2] 1980년대 이후 현재까지 광고 시장의 성장률은 대체로 GDP 성장률과 비슷한 패턴을 그리고 있다.[3] 광고 시장 역시 우리의 급속한 경제 성장과 함께 지금은 큰 시장으로 성장한 셈이다.

지난 30년 남짓한 시간 동안 방송 분야에 이처럼 많은 변화가 있었다. 1980년대부터 지금까지 엄청난 경제 성장과 기업의 성장이 있었고, 그에 비례해 광고 시장의 규모 역시 급속하게 커졌다. 그런데 지상파방송사업자가 광고주들로부터 광고를 수주하는 형태는 언론기본

---

2) 위 통계 자료는 신 공사의 홈페이지 방송통신광고통계시스템 중 '2014년 방송통신광고비 조사보고서', 40면.
3) 위의 자료, 39면.

법 제정 후 지금까지 거의 변화가 없었다. 아직까지 주류의 지상파 방송사업자는 정부가 전액 출자한 공사를 통해서만 방송 광고를 수주할 수 있다. 구 공사 또는 신 공사의 지상파 방송광고 판매대행에 대해 끊임없이 비판이 제기되었는데, 그 핵심은 자유 시장 경제 체제와 어울리지 않는 독점 체제 유지에 대한 비판이었다.

시대 변화에 따라 방송광고 판매대행에 대한 논의 필요성이 대두함에 따라 헌법재판소는 관련 법률 규정에 대해 제기된 쟁점에 대해 두 차례 결정을 하게 된다. 그 하나가 이 글에서 다루는 헌법재판소 2013. 9. 26. 선고 2012헌마271 결정이고, 다른 하나는 그 전에 이 사건 결정의 모태가 되었던 헌법재판소 2008. 11. 27. 선고 2006헌마352 결정이다. 시간 순서에 따라 두 결정의 주요 요지에 대해 설명한다.

나. 선행 결정: 헌법재판소 2008. 11. 27. 선고 2006헌마352 결정

다수의견은 법률에 기반해서 방송광고 판매대행(media representative, 미디어렙)의 독점 체제가 형성되는 것은 헌법의 기본권 가운데 직업 수행의 자유를 침해한 것이고 평등권을 침해한 것이라는 결론에 이르렀다. 이 사건의 결론(주문)은 이렇다.

1. 방송법 제73조 제5항(2000. 1. 12. 법률 제6139호로 폐지·제정되고, 2007. 1. 26. 법률 제8301호로 일부 개정되기 전의 것) 및 방송법시행령 제59조 제3항(2000. 3. 13. 대통령령 제16751호로 폐지·제정되고, 2007. 8. 7. 대통령령 제20219호로 개정되기 전의 것)은 헌법에 합치되지 아니한다.
2. 방송법 제73조 제5항(2007. 1. 26. 법률 제8301호로 개정된 것) 및 '방송법 시행령' 제59조 제5항(2007. 8. 7. 대통령령 제20219호로 개정된 것)은 헌법에 합치되지 아니한다.
3. 위 제2항 규정들은 2009. 12. 31.을 시한으로 개정될 때까지 계속 적용된다.

시한을 정해 입법을 촉구하면서 헌법불합치결정을 한 이유에 대해 헌법재판소는 "단순위헌결정을 하여 당장 그 효력을 상실시킬 경우에는 지상파 방송광고 판매대행을 규제하는 근거 규정이 사라져 방송광고 판매대행사업자가 난립함으로써 지상파 방송광고 판매대행 시장을 무질서한 상태에 빠뜨리게 될 것"이기 때문이라고 설명했다. 이러한 결론 외에 단순위헌의견, 전부위헌의견과 기타 의견이 있었다.

방송 광고 시장에는 서두에 설명한 바와 같은 상반되는 두 가지 시각이 교차한다. 자유와 규제라는 상반되는 두 가지 틀 안에서 현상에 대한 설명이 가능할 것이다. 지상파방송에 대한 방송광고 판매대행 제도는 규제 관점에 그 기반을 두고 있다. 그리고 규제 관점의 출발점은 방송의 특수성에 두고 있다. 이에 대해 헌법재판소는 다음과 같이 설명한다.

　　"방송 광고도 판매자와 구매자 사이에 거래되는 사적 재화이다. 그러나 시장에서 유통되는 일반적인 사적 재화들과는 다른 특성을 지닌다. 방송 광고는 그 수명이 한시적이라서 방영시간이 지나면 제품의 가치가 소멸하기 때문에 어떤 가격에라도 팔아야 하고, 공급량이 상당히 제한된 상품이라서 광고 물량이 증가하더라도 방송 광고 시간을 늘릴 수 없으며, 요금의 상승이나 하락에도 그 수요가 거의 영향을 받지 않는다. 상품으로서의 위와 같은 특성으로 인해 방송 광고는 시장적 접근에 있어 상당히 유리한 위치를 점하고 있다. 그런데 방송 광고는 시장적 접근을 배제하고 정부 개입 내지 규제를 정당화하는 특성도 지니고 있다. 그것은 바로 방송 광고를 거래하는 매개 수단인 방송의 공공재적 성격 때문이다. 방송 전파는 무한정 생산되는 생산재가 아니라 전 국민이 공유하는 한정된 자원이기 때문에 방송 전파에 의존하는 방송에는 공공성과 공익성이 요구되고, 방송의 주요 재원 역할을 하는 방송 광고 역시 방송 전파에 의존하여야 한다는 점에서 방송과 같이 공공성과 공익성이 요구된다."

　　방송 전파는 한정된 자원으로 공공재의 성격을 가지고, 그 자원을 분배받은 사업자는 공공성, 공익성을 위해 적절한 규제를 따라야 한다는 논리다. 아날로그 TV에서 디지털 TV 시대로 접어든 지금에 와서도 하나의 주파수 대역에 몇 개의 채널 배분이 가능한지에 관한 문제는 남아 있지만 여전히 방송 전파가 한정된 자원이라는 점에 변화는 없다. 방송이 한정된 자원을 배분받아 사용한다는 특성은 방송사업자에 대해 설립 인가라든가, 재허가라든가, 각종 심의 준수라든가, 편성 비율 유지라든가, 다른 사업의 겸영 제한과 같은 각종 규제의 기반 근거로 작용한다.
　　이 사건에서 헌법재판소는 방송의 기본 특성을 잘 설명했고, 이런 방송의 공공성 때문에 방송광고 판매대행이 필요하다고 지적하면서도, 방송광고 판매대행과 관련해 구 공사라는 하나의 창구만을 거치도록 법령이 독점 체계를 구축해 주는 것은 직업 수행의 자유와 평등권을 침해하는 것으로 헌법에 위반한다고 판단한 것이다. 2000년 1월 방송법 및 방송법시행령을 개정해서 구 공사 외에 구 공사가 출자한 회사로서 구 공사 아닌 다른 회사도 방송광고 판매대행을 할 수 있도록 규정을 손보기도 했다. 약간의 경쟁 체제로 바꿀 수 있도록 규정에 변화를 준 것이다. 하지만 구 공사는 경영상의 판단을 이유로 민영회사에 대한 출자를 하지 않았고, 이 헌법재판소 결정이 있던 때까지도 구 공사만이 유일한 지상파 방송광고 판매대행사로 활동하고 있었다. 이에 따라 헌법재판소는 지상파 방송광고 판매대행 시장에서의 제한적 경쟁체제는 여전히 이루어지지 않고 있어 결론에 지장이 없다는 취지로 판단하고 헌법 불합치 결정을 했다.
　　이처럼 헌법재판소가 입법의 시한을 제시하고 헌법 불합치 결정을 했지만, 국회는 그 시한을 넘기고 2012. 2. 22.이 되어서야 지상파 방송사업자에 대한 방송광고 판매대행에 관

한 방송법 규정을 폐지하고 방송광고판매대행 등에 관한 법률을 제정하면서 이 사건 판단
대상인 법률 조항을 신설하기에 이르렀다.

다. 대상결정: 헌법재판소 2013. 9. 26. 선고 2012헌마271 결정

이 사건의 청구인은 대표적인 지상파 방송사업자의 하나인 주식회사 문화방송(이하 '청
구인'이라 한다)이다. 먼저 헌법불합치결정에 이어 방송법 개정과 방송광고판매대행법이 제정
되었는데도 청구인이 위헌확인심판을 제기한 이유는 다음과 같다.

"헌법불합치결정에 따라 제정된 방송광고판매법에서는 기존의 공영미디어렙 이외에 민
영미디어렙도 방송광고 판매대행을 할 수 있도록 하는 제한 경쟁체제를 도입하고 있다. 방
송광고판매법은 지상파방송사업자, 지상파방송채널사용사업자 또는 종편사업자와 같은 방송
사업자의 경우 민영미디어렙이 위탁하는 방송광고를 할 수 있도록 하고 있는 것이다. 그렇
다면 이 사건 규정이 독점의 위헌성을 지적하였던 종전 헌법불합치결정의 기속력에 반한다
고는 볼 수 없다. 이에 대하여 청구인은 이 사건 규정이 제한적 경쟁체제를 도입하고 있다고
하더라도 청구인의 경우에는 여전히 공영미디어렙인 신 공사를 통해서만 방송광고 판매를
할 수 있도록 하고 있다는 점에서 위 헌법불합치결정에서 지적한 위헌성을 완전히 제거한
것은 아니라고 주장한다."

법률 규정 자체로는 제한적 경쟁체제를 도입한 것으로 보이지만, 청구인의 경우 공영방
송이라는 전제 아래 한국방송공사와 마찬가지로 공영미디어렙만 허용하고 있는 것은 헌법
에 위반한다는 취지다. 헌법재판소는 위에서 본 것처럼 먼저 방송광고 판매대행에 관한 방
송광고판매대행법 제5조 제2항 규정이 선행하는 헌법 불합치 결정의 기속력에 반하지 않는
다고 밝혔다. 그 다음으로 헌법재판소는 청구인의 구체적인 상황과 관련해 다음과 같이 판
단하였다.

"청구인은 비록 민영 방송사로 출발하였으나, 위에서 본 바와 같이 5. 16 장학회라는
재단법인을 거쳐 국가에 반납된 주식 70%가 1988년 방송문화진흥회에 출연된 것이 계기가
되어 공영 방송사로서 국가의 관리 감독을 받게 된 것으로, 방송문화진흥회법은 2000년 개
정에서 방송문화진흥회가 최다출자자인 방송사업자의 공적 책임과 이에 대한 방송문화진흥
회의 관리 감독권을 명시하여 청구인에 대한 공영성과 경영의 투명성을 확보할 수 있도록
하였는바, 국가 재정 투입을 계기로 보다 높은 공영성을 요구받게 된 청구인에 대해 그 규제

가 비교적 덜한 독자적 미디어렙이나 민영미디어렙이 아닌 공영미디어렙을 통해 방송 광고
를 판매하도록 하였다 하여 이것이 과도한 것이라 할 수 없다. 위와 같은 사정이 아니더라도
국가의 재원이 70%나 투입되어 국가의 관리 감독을 받는 청구인의 대주주인 방송문화진흥
회는 국민 전체의 이익을 대변하여 주주권을 행사하여야 할 것이므로 그 주주권 행사는 공
익적 관점을 떠나서는 상정할 수 없을 것인바, 그럼에도 불구하고 민영미디어렙을 통해 경
제적 이익 창출을 극대화하는 방법으로 방송 광고를 판매할 수 있도록 하면 그 공익성을 해
할 수 있다는 점에서 이를 방지하기 위해서라도 공영미디어렙을 이용하도록 하여 그 규제를
강화시킬 수밖에 없을 것이다. 물론 현행법은 민영미디어렙에 대해서도 미디어렙허가제도,
결합판매 의무제도, 허가취소제도, 겸영금지제도 등을 통해 일정 수준의 공공성을 담보하는
제도적 장치를 마련하고 있지만, 민영미디어렙은 기본적으로 민간의 출자에 의해 설립되는
회사이므로 방송의 공공성 보장을 위한 최소한의 조치 이외에 더 높은 수준의 부담을 기대
하기 어렵고, 더구나 민영미디어렙에 대한 소유 지분 상한 40%는 특정 방송사 또는 특정인
이 미디어렙을 충분히 지배할 수 있도록 하는 지분 구조라는 점에서 청구인과 같은 공영방
송사가 그 방송광고 판매와 관련하여 공적 책임을 다하도록 하려면 공영미디어렙을 이용하
게 하는 것이 불가피하다.”

　　이 사건에서는 청구인에 대한 지난 지배 구조의 변천 과정을 되짚어 가면서 여러 각도
에서 청구인이 운영하는 방송사의 공공성과 공익성 유지를 위해 청구인의 위헌 주장은 받아
들일 수 없다고 판단했다.

　　이 판단을 보면서, 청구인 방송사의 지배 구조와 운영에 결정서에 기술된 내용이 타당
하다고 해도, 민영미디어렙을 세워서 운영하는 또 다른 지상파 방송사업자가 존재하는 마당
에 둘 사이에 과연 어떤 차이가 있는지에 대한 판단까지 했다면 어땠을까 하는 생각을 했다.
구체적으로 말하자면, 국가의 재원이 70%나 투입되어 국가의 관리 감독을 받는 청구인의 대
주주인 방송문화진흥회가 국민의 이익을 대변하여 주주권을 행사한다는 차이가 있기는 하지
만, 실제 방송을 대하는 국민의 인식은 청구인의 방송과 민영 지상파 방송 사이에 차이를 느
끼지 못하고 있는데, 그렇다면 혹시 지배 구조라는 처분적 성격을 가진 현상을 추상적인 법
률로 통제하는 것이 타당한지에 대한 고찰까지 함께 하였으면 어땠을까 하는 점이다.

　　이 사건에서 헌법재판소는 관여한 재판관 전원의 일치된 의견으로 “이 사건 규정이 과
잉금지원칙을 위반하여 청구인의 직업수행의 자유를 지나치게 침해한다고는 볼 수 없다.”고
결론지었다.

3. 결정의 의의

언론, 그중에서도 방송의 현대사는 복잡 미묘한 여러 논쟁거리를 안고 있다. 미디어렙 논쟁이 표면상으로는 방송 광고 시장의 판매 형태를 어떻게 정할 것인지에 관한 정책 결정의 문제로 보일지 모르나, 사실은 우리가 걸어온 언론과 방송의 발자취가 그 안에 고스란히 담겨있다.

우리 언론과 언론 제도에 대해 줄곧 관심을 가져오면서 느낀 점은, 참 변화가 많고, 그런데도 적응 능력이 탁월하며, 세계 어느 지역에서도 찾아보기 어려운, 말하자면 선례를 찾기 어려운 논쟁이 이 땅에서 벌어지고 있다는 사실이다. 언론중재위원회는 우리나라에만 존재하는 기관이고, 반론보도청구권을 미국에 가서 이야기하면 그곳 사람들이 고개를 갸우뚱거리며, 현실적 악의론을 언급한 대법원 판례를 유럽에 가서 이야기하면 이번에는 그들이 고개를 갸우뚱 거린다. 미디어렙 또는 미디어 레프리젠터티브(media representative)이라는 말 역시 외국에서 보편적으로 쓰이는 용어는 아니다.

앞으로도 방송사업과 그 제도에 관한 논의는 계속될 것이다. 한 가지 명백하게 인식해야 할 것은, 방송 역시 언론이며, 언론 중에서도 아직까지는 방송이 가장 영향력 있는 언론이라는 사실이다. 방송통신위원회 산하 미디어다양성위원회가 매년 산출하는 영향력지수를 보면, 방송은 신문보다 영향력이 2배 이상 센 것으로 나타난다. 언론으로서 영향력 있는 자리를 차지하고 있는 방송을 바라볼 때에, 방송의 공공성과 공익성에서 유래하는 규제 시각도 필요하지만, 보다 근본의 문제로 국민의 기본권 향상과 알 권리를 보장하기 위해 방송이 언론의 자유를 충분히 누릴 수 있도록 배려하는 정책을 입안해야 한다.

90 시청자에 대한 방송사 사과명령의 위헌성

헌법재판소 2012. 8. 23. 선고 2009헌가27 결정[1]
황성기(한양대학교 법학전문대학원 교수, 전 헌법재판소 헌법연구원)

1. 사안의 개요

가. 사건의 개요

방송통신위원회는 2009. 4. 6. 주식회사 문화방송(이하 '문화방송'이라 한다)에 대하여 2008. 12. 20.자 '뉴스 후' 프로그램이 사실을 정확하고 객관적인 방법으로 다루도록 규정한 '방송심의에 관한 규정'(이하 '심의규정'이라 한다) 제14조를 위반하였고, 2009. 1. 3.자 '뉴스 후' 프로그램이 사회적 쟁점이나 이해관계가 첨예하게 대립된 사안을 다룰 때에는 공정성과 균형성을 유지하고 관련 당사자의 의견을 균형있게 반영하도록 규정한 심의규정 제9조 제2항을 위반하였다는 이유로 구 방송법(2009. 7. 31. 법률 제9786호로 개정되기 전의 것, 이하 '구 방송법'이라 한다) 제100조 제1항 제1호 및 제4항에 따라 '시청자에 대한 사과'의 제재조치(이하 '이 사건 사과명령'이라 한다)를 하였다. 문화방송은 이 사건 사과명령에 대한 취소소송을 제기하였고(서울행정법원 2009구합15968호), 위 법원은 2009. 11. 13. 직권으로 구 방송법 제100조 제1항 제1호에 대하여 위헌법률심판제청결정을 하였다.

나. 심판의 대상

이 사건 심판의 대상은 구 방송법 제100조 제1항 제1호 중 '방송사업자가 제33조의 심

---

1) [참조 및 관련 판례] 헌법재판소 1991. 4. 1. 선고 89헌마160 결정(민법 제764조의 위헌여부에 관한 헌법소원).
[관련 평석 및 문헌] 우승아, "방송법 제100조 제1항 제1호 위헌제청 – 구 방송법 제100조 제1항 제1호 중 '방송사업자가 제33조의 심의규정을 위반한 경우'에 관한 부분이 방송사업자의 인격권을 침해하는지 여부", 헌법재판소결정해설집(2012년), 헌법재판소, 2013.

의규정을 위반한 경우'에 관한 부분(이하 '이 사건 구법조항'이라 한다)의 위헌 여부이다. 한편, 방송법이 2009. 7. 31. 법률 제9786호로 개정되었지만, 이 사건 구법조항에 해당하는 부분은 개정 없이 현재에 이르고 있으므로, 현행 방송법(2009. 7. 31. 법률 제9786호로 개정된 것) 제100조 제1항 제1호 중 '방송사업자가 제33조의 심의규정을 위반한 경우'에 관한 부분(이하 '이 사건 현행법조항'이라 한다)은 그 위헌 여부에 관하여 이 사건 구법조항과 결론을 같이할 것이므로 법질서의 정합성과 소송경제를 위하여 이 사건 현행법조항도 이 사건 심판의 대상에 포함시켰다(이하 '이 사건 구법조항'과 '이 사건 현행법조항'을 합하여 '이 사건 심판대상조항'이라 한다).

결국 이 사건 심판대상조항의 내용은 방송사업자가 방송법 제33조의 심의규정에 위반한 경우 방송통신위원회가 방송사업자에게 명할 수 있는 제재조치의 한 종류인 '시청자에 대한 사과'명령이 위헌인지 여부이다.

2. 결정의 요지

이 사건에서 헌법재판소의 의견은 8 : 1로 나뉘어졌는데, 다수의견인 법정의견은 위헌결정을 내리면서 다음과 같이 판시하였다.

첫째, 법인도 법인의 목적과 사회적 기능에 비추어 볼 때 그 성질에 반하지 않는 범위 내에서 인격권의 한 내용인 사회적 신용이나 명예 등의 주체가 될 수 있고 법인이 이러한 사회적 신용이나 명예 유지 내지 법인격의 자유로운 발현을 위하여 의사결정이나 행동을 어떻게 할 것인지를 자율적으로 결정하는 것도 법인의 인격권의 한 내용을 이룬다고 보았다. 따라서 이 사건 심판대상조항은 방송사업자의 의사에 반한 사과행위를 강제함으로써 방송사업자의 인격권을 제한하는 것으로 파악하였다.

둘째, 이 사건 심판대상조항은 시청자의 권익보호와 민주적 여론 형성 및 국민문화의 향상을 도모하고 방송의 발전에 이바지하기 위하여, 공정하고 객관적인 보도를 할 책무를 부담하는 방송사업자가 심의규정을 위반한 경우 방송통신위원회로 하여금 전문성과 독립성을 갖춘 방송통신심의위원회의 심의를 거쳐 '시청자에 대한 사과'를 명할 수 있도록 규정한 것이므로, 입법목적의 정당성이 인정되고, 이러한 제재수단을 통해 방송의 공적 책임을 높이는 등 입법목적에 기여하는 점을 인정할 수 있으므로 방법의 적절성도 인정된다고 보았다.

셋째, 하지만 심의규정을 위반한 방송사업자에게 '주의 또는 경고'만으로도 반성을 촉구하고 언론사로서의 공적 책무에 대한 인식을 제고시킬 수 있고, 위 조치만으로도 심의규정에 위반하여 '주의 또는 경고'의 제재조치를 받은 사실을 공표하게 되어 이를 다른 방송사업자나 일반 국민에게 알리게 됨으로써 여론의 왜곡 형성 등을 방지하는 한편, 해당 방송사업자에게는 해당 프로그램의 신뢰도 하락에 따른 시청률 하락 등의 불이익을 줄 수 있다고 지적하였다. 또한, 심의규정을 위반한 방송사업자에 대한 제재수단으로, 방송사업자로 하여금 방송통신위원회로부터 심의규정을 위반하였다는 판정을 받았다는 사실을 구체적으로 공표하도록 하는 방법을 상정해 볼 수 있고, 이러한 심의규정을 위반하였다는 판정을 받은 사실의 공표에 더하여 '시청자에 대한 사과'에 대하여는 '명령'이 아닌 '권고'의 형태를 취할수도 있다고 보았다. 따라서 이와 같이 기본권을 보다 덜 제한하는 다른 수단에 의하더라도 이 사건 심판대상조항이 추구하는 목적을 달성할 수 있으므로 이 사건 심판대상조항은 침해의 최소성원칙에 위배된다고 보았다.

넷째, 또한 이 사건 심판대상조항은 시청자 등 국민들로 하여금 방송사업자가 객관성이나 공정성 등 저버린 방송을 했다는 점을 스스로 인정한 것으로 생각하게 만듦으로써 방송에 대한 신뢰가 무엇보다 중요한 방송사업자에 대하여 그 사회적 신용이나 명예를 저하시키고 법인격의 자유로운 발현을 저해하는 것인바, 방송사업자의 인격권에 대한 제한의 정도가이 사건 심판대상조항이 추구하는 공익에 비해 결코 작다고 할 수 없으므로 이 사건 심판대상조항은 법익의 균형성원칙에도 위배된다고 보았다.

한편 1인의 재판관은 반대의견을 제시하였는바, 법인은 결사의 자유를 바탕으로 하여 법률에 의해 비로소 창설된 법인격의 주체여서 관념상 결사의 자유에 앞서 존재하는 인간으로서의 존엄과 가치를 가진다 할 수 없고, 그 행동영역도 법률에 의해 형성될 뿐이며, 기본권의 성질상 법인에게 적용될 수 있는 경우에 한하여 해당 기본권의 주체가 될 수 있다고 전제하였다. 따라서 인간의 존엄과 가치에서 유래하는 인격권은 자연적 생명체로서 개인의 존재를 전제로 하는 기본권으로서 그 성질상 법인에게는 적용될 수 없고, 결국 이 사건 심판대상조항은 법인의 인격권을 제한하지 않으므로 헌법에 위반된다고 할 수 없다는 의견을 제시하였다.

3. 해설

가. 양심의 자유가 아닌 인격권 침해

이 사건에서의 첫 번째 쟁점은 이 사건 심판대상조항이 법인인 방송사업자에 대하여 그 의사에 반하여 시청자에 대한 사과를 할 것을 강제하고 있는바 이로 인해 제한되는 기본권이 무엇인가다.

헌법재판소는 이 사건 심판대상조항에 의한 '시청자에 대한 사과'는 사과여부 및 사과의 구체적인 내용이 방송통신위원회라는 행정기관에 의해 결정됨에도 불구하고 마치 방송사업자 스스로의 결정에 의한 사과인 것처럼 그 이름으로 대외적으로 표명되고, 이는 시청자 등 국민들로 하여금 방송사업자가 객관성이나 공정성 등을 저버린 방송을 했다는 점을 스스로 인정한 것으로 생각하게 만듦으로써 방송에 대한 신뢰가 무엇보다 중요한 방송사업자의 사회적 신용이나 명예를 저하시키고 법인격의 자유로운 발현을 저해한다는 차원에서 '인격권' 제한의 문제로 접근하였다.

　　이러한 '인격권' 접근방법과 관련하여, 이 사건과 대비되는 헌법재판소의 결정이 바로 민법 제764조(1958. 2. 22. 법률 제471호)의 '명예회복에 적당한 처분'에 사죄광고를 포함시키는 것은 헌법에 위반된다고 한정위헌결정을 내렸던 사죄광고사건[2]이다. 사죄광고사건에서 헌법 재판소는 "…사죄광고의 강제는 양심도 아닌 것이 양심인 것처럼 표현할 것의 강제로 인간 양심의 왜곡·굴절이고 겉과 속이 다른 이중인격형성의 강요인 것으로서 침묵의 자유의 파 생인 양심에 반하는 행위의 강제금지에 저촉되는 것이며 따라서 우리 헌법이 보호하고자 하 는 정신적 기본권의 하나인 양심의 자유의 제약(법인의 경우라면 그 대표자에게 양심표명의 강제를 요구하는 결과가 된다)이라고 보지 않을 수 없다…"고 판시함으로써, 명예훼손과 관련한 법원 의 사죄광고명령이 언론사의 및 대표자의 양심의 자유를 제한하는 것이라고 하는 '양심의 자유' 접근방법을 취하였던 것이다.

　　하지만 사죄광고사건에서 헌법재판소가 취하였던 '양심의 자유' 접근방법에 대해서는 학계의 비판이 많았다. 예컨대 양심의 자유가 아니라 언론의 자유의 제한문제로 접근했어야 했다는 비판[3]이 대표적이다. 이러한 차원에서 본다면, 이 사건에서 헌법재판소가 '양심의 자유' 접근방법 대신에 '인격권' 접근방법을 취한 것은 나름대로 논리적으로는 진일보하였다는 긍정적인 평가가 가능할 수 있다. 하지만 여전히 문제는 남는다. 즉 '방송의 자유'에 대한 제 한의 문제로 접근하지 않았다는 점에서 여전히 문제가 제기될 수 있는 것이다.[4] 이러한 문 제제기는 나름대로 설득력이 있다. 왜냐하면 '인격권' 접근방법을 취하는 경우에는, 다른 종

---

2) 헌법재판소 1991. 4. 1. 선고 89헌마160 결정(민법 제764조의 위헌여부에 관한 헌법소원).

3) 예컨대 한수웅, 헌법학(제4판), 법문사, 2014, 700면 각주 3) 참조. 한수웅 교수는 다음과 같이 주장하고 있다. "사죄광고명령에 의하여 양심의 자유가 침해되는지에 대해서는 의문이 제기된다. 양심의 자유가 보 장하고자 하는 것이 고유한 인격의 정체성 유지라는 점에 비추어 볼 때, 언론기관에 대한 사죄광고 명령 은 언론의 공적 과제의 이행을 위한 보도활동의 범주 내에서 이루어지는 것으로서, 신문사의 사죄광고 게 재로 인하여 그 기사를 작성한 언론인의 윤리적 정체성이 진지하게 위협받을 가능성은 없다. 사죄광고가 법인인 신문사의 이름으로 게재되며 사죄광고의 실질적 주체도 타인의 명예를 훼손하는 기사를 작성한 언 론인이 아니라 신문사라는 점도 사죄광고의 문제가 개인적 양심의 문제가 아니라는 것을 뒷받침한다. 사 죄광고의 게재에 있어서 문제되는 것은 언론의 자유로운 보도활동을 위축시킨다는 점에서 언론기관과 언 론인의 언론의 자유에 대한 제한이 문제이지, 개인적 양심의 문제가 아닌 것이다. 이러한 관점에서 볼 때, 헌법재판소는 사죄광고 사건에서 양심의 자유가 아니라, 언론의 자유를 침해된 기본권으로서 판단하는 것 이 타당하였다고 생각된다."

4) 예컨대 한수웅 교수는 "이 사건에서 인격권도 제한된 기본권으로 고려될 수 있으나, 위 규정이 방송사업 자의 자유로운 방송활동(프로그램 편성의 자유)을 위축시킨다는 점에서 '방송의 자유'가 보다 사안에 인접 한 기본권은 아닌지 의문이 제기된다."고 평가하고 있다. 한수웅, 위의 책, 700면 각주 4) 참조.

류의 제재조치인 '해당 방송프로그램 또는 해당 방송광고의 정정·수정 또는 중지'(방송법 제100조 제1항 제2호), '방송편성책임자·해당 방송프로그램 또는 해당 방송광고의 관계자에 대한 징계'(방송법 제100조 제1항 제3호), '주의 또는 경고'(방송법 제100조 제1항 제4호)의 위헌 여부를 판단할 때, 심사기준이 일관되게 적용될 수 없는 문제점이 발생하기 때문이다. 따라서 방송사업자가 방송법 제33조의 심의규정에 위반한 경우 방송통신위원회가 방송사업자에게 명할 수 있는 제재조치의 위헌 여부를 판단함에 있어서는, 결국 방송통신위원회의 제재조치제도가 방송사업자의 방송의 자유를 제한하는 것이 궁극적인 목적이기 때문에 '방송의 자유'의 제한 문제로 접근하는 것이 타당하다. 이러한 측면에서 본다면, 인격권의 제한 문제는 '시청자에 대한 사과'명령에 대해서만 적용될 수 있는 특유한 문제일 뿐만 아니라, '시청자에 대한 사과'명령이 갖고 있는 부수적인 기본권 제한 효과라고 할 수 있다.

나. 인격권에 대한 법인의 기본권 주체성

헌법재판소는 이 사건 심판대상조항이 법인인 방송사업자에 대하여 그 의사에 반하여 시청자에 대한 사과를 할 것을 강제하고 있고, 이로 인해 제한되는 기본권은 인격권이라고 전제하면서, 법인도 법인의 목적과 사회적 기능에 비추어 볼 때 그 성질에 반하지 않는 범위 내에서 인격권의 한 내용인 사회적 신용이나 명예 등의 주체가 될 수 있고 법인이 이러한 사회적 신용이나 명예 유지 내지 법인격의 자유로운 발현을 위하여 의사결정이나 행동을 어떻게 할 것인지를 자율적으로 결정하는 것도 법인의 인격권의 한 내용을 이룬다고 보았다.

우리 헌법은 법인 내지 단체의 기본권 향유능력에 대하여 명문의 규정을 두고 있지는 않지만 본래 자연인에게 적용되는 기본권이라도 그 성질상 법인이 누릴 수 있는 기본권은 법인에게도 적용된다는 것은 헌법학계의 통설이자 헌법재판소의 확고한 입장이기도 하다. 다만 어떠한 종류의 기본권이 법인에게도 그 주체성이 인정되는지에 대해서 견해의 차이가 있을 뿐이다.[5]

---

5) 법인에게도 자연인의 육체적 특성에서 유래하는 기본권(신체의 자유 등)이나 심리적·정신적 특성에서 유래하는 기본권(신앙의 자유나 양심의 자유 등)을 제외하고는 그 일반적·추상적 기본권 주체성을 인정하되, 법인의 개별적·구체적 기본권 주체성 유무의 문제는 당해 법인의 기능과 목적 그리고 그 활동의 유형에 비추어 개별적·구체적으로 판단할 수밖에 없다는 견해[권영성, 헌법학원론(개정판), 법문사, 2010, 324면], 기본권의 성질상 평등권, 직업선택의 자유, 거주·이전의 자유, 주거의 자유, 통신의 자유, 언론·출판·집회·결사의 자유, 재산권, 재판청구권, 국가배상청구권 등은 법인에게 기본권 주체성을 인정할 수 있지만, 인간의 존엄과 가치·행복추구권, 신체의 자유, 정신적 자유, 정치적 기본권, 사회권 등에 대하여는 법인의 기본권 주체성을 인정하기 어렵다는 견해[성낙인, 헌법학(제15판), 법문사, 2015, 922면], 인간의 존엄과 가치, 행복추구권, 성별·가문·출신 등 인적 요소와 결합된 차별금지, 생명권, 정신적 자유권, 내심의 자유, 혼인의 순결, 인신의 자유, 교육을 받을 권리, 참정권 등 천부적인 자연권이나 인적 요소에 결부된 기본권은 법인의 기본권 주체성이 부인되지만, 정신적 기본권이라는 포괄적인 개념에 해당하더라

이와 관련하여 과연 인격권에 대해서 법인의 기본권 주체성을 인정할 수 있는가의 문제
가 제기될 수 있다. 왜냐하면 인격권이라 함은 기본적으로 '인격적 이익'의 보호를 목적으로
하는 기본권으로서, 과연 법인에 대해서 인격을 인정할 수 있는지가 여전히 논란이 될 수 있
기 때문이다. 따라서 인격권에 대해서 법인의 기본권 주체성을 인정할 수 있는가라는 관점
에서도, 이 사건에서 헌법재판소가 채택한 '인격권' 접근방법에 대해서는 비판의 여지가 존
재한다. 이러한 차원에서 본다면, 이 사건에서 "인간의 존엄과 가치에서 유래하는 인격권은
자연적 생명체로서 개인의 존재를 전제로 하는 기본권으로서 그 성질상 법인에게는 적용될
수 없다"는 반대의견은 나름대로 설득력이 있다고 할 것이다.

물론 헌법재판소는 인격권의 '포괄성'을 전제로 하여, 인격권의 내용 중 '사회적 신용이나
명예 유지에 관한 것'과 '법인격의 자유로운 발현을 위하여 의사결정이나 행동을 어떻게 할 것
인지를 자율적으로 결정하는 것'에 대해서만 국한해서 법인의 기본권 주체성을 인정함으로써,
나름대로 법인의 주체성이 인정되는 인격권의 내용적 범위를 제한하고 있기는 하다.[6]

따라서 이 사건에서 헌법재판소가 인격권 일반에 대해서 법인의 기본권 주체성을 인정
한 것이 아니라, 인격권의 내용 중 사회적 신용이나 명예 유지에 관한 것'과 '법인격의 자유
로운 발현을 위하여 의사결정이나 행동을 어떻게 할 것인지를 자율적으로 결정하는 것'에
대해서만 국한해서 법인의 기본권 주체성을 인정했다는 점을 주의할 필요가 있다.[7]

다. 방송심의규정 위반에 대한 방송통신위원회의 제재조치의 한계

헌법재판소는 이 사건 심판대상조항이 법인인 방송사업자의 인격권을 제한하고 있다는
전제 하에, '시청자에 대한 사과'명령의 위헌성 여부를 판단하였다.

그런데 우선적으로 주목을 요하는 것은 이 사건에서 헌법재판소는 방송심의규정 위반

도 예컨대 신문사의 표현의 자유, 대학의 학문의 자유, 종교단체의 종교활동의 자유 등과 같이 그 개별적
인 내용이 순전히 자연인의 인적인 요소에만 결부되어 있지 아니한 경우에는 법인이나 단체에게도 인정된
다는 견해[정종섭, 헌법학원론(제9판), 박영사, 2014, 325면] 등이 존재한다.
6) 사생활의 비밀과 자유는 인간의 존엄성존중과 인간의 인격적 가치를 보호하려는 것이므로, 법인이나 단체
등은 원칙적으로 그 주체가 될 수 없지만, 법인 등도 명예의 주체가 될 수 있으므로 명예가 훼손되거나
명칭·상호 등이 타인에 의하여 영리적 목적으로 이용당하는 경우에는 권리의 침해가 성립될 수 있다는
견해(권영성, 앞의 책, 454면), 법인도 명예, 성명과 초상에 관한 권리 등 일반적 인격권을 가진다는 견해
(한수웅, 앞의 책, 390면) 등이 존재한다.
7) 자연인에게 헌법상 기본권으로서 인격권이 인정된다면, 물론 그 인정 범위가 자연인만큼 포괄적일 수는
없겠지만 적어도 법인의 성질에 어긋나지 않는 범위 내에서 한정적이나마 법인의 인격권을 인정하는 것이
필요하고 부정할 이유가 없다는 점에서, 법인에 대하여 그 법인의 의사에 반하는 사과방송을 강제하는 것
은 법인의 명예가 훼손되는 등 법인의 헌법상의 인격권을 침해하는 것이라는 견해가 있다. 우승아, "방송
법 제100조 제1항 제1호 위헌제청-구 방송법 제100조 제1항 제1호 중 '방송사업자가 제33조의 심의규정
을 위반한 경우'에 관한 부분이 방송사업자의 인격권을 침해하는지 여부"(주 1), 263-264면.

에 대한 방송통신위원회의 제재조치의 가능성은 인정하였다는 점이다. 즉, 균형있는 다양성을 보장해야 하는 방송의 공적 책임을 실현하기 위하여 공정하고 객관적인 보도를 할 책무를 부담하는 방송사업자가 심의규정을 위반한 경우, 방송통신위원회로 하여금 전문성과 독립성을 갖춘 방송통신심의위원회의 심의를 거쳐 일정한 제재조치를 취할 수는 있다고 보았다.

따라서 이 사건에서의 헌법재판소의 위헌결정은 방송사업자가 방송법 제33조의 심의규정에 위반한 경우 방송통신위원회가 방송사업자에게 명할 수 있는 제재조치제도 자체를 대상으로 한 것이 아니라, 그러한 제재조치의 한 종류인 '시청자에 대한 사과'명령에 국한한 것임을 유의할 필요가 있다.

그렇다면 다른 종류의 제재조치인 '해당 방송프로그램 또는 해당 방송광고의 정정 · 수정 또는 중지'(방송법 제100조 제1항 제2호), '방송편성책임자 · 해당 방송프로그램 또는 해당 방송광고의 관계자에 대한 징계'(방송법 제100조 제1항 제3호), '주의 또는 경고'(방송법 제100조 제1항 제4호)의 위헌 여부 문제는 여전히 남아 있게 된다.[8] 왜냐하면 이들 제재조치에 대해서는 아직 헌법재판소의 판단이 이루어진 적이 없기 때문이다. 이러한 차원에서 본다면, 이 사건에서 '시청자에 대한 사과'명령에 대한 헌법재판소의 위헌결정이 다른 제재조치들의 합헌결정으로 이해해서는 곤란하다. 다만 헌법재판소가 이 사건에서 침해의 최소성원칙 부분에 대한 판단에 있어서 심의규정을 위반한 방송사업자에게 '주의 또는 경고'만으로도 충분할 수 있다는 논리를 취함으로써, '주의 또는 경고'에 대해서는 어느 정도 합헌성을 인정했다는 취지로 이해하는 것은 가능할 수 있다.

하지만 심의규정을 위반한 방송사업자에 대한 제재수단과 관련하여, 방송사업자로 하여금 방송통신위원회로부터 심의규정 위반 판정을 받았다는 사실을 구체적으로 공표하도록 하는 방법이라든지 '시청자에 대한 사과'에 대한 '명령'이 아닌 '권고'의 형태가 가능하다는 점을 설시함으로써, 헌법재판소는 '시청자에 대한 사과'명령 이외의 제재조치들의 적정성 여부에 관한 논의의 여지를 여전히 남겨 놓았다고 할 수 있다.

4. 결정의 의의

이 사건에서 헌법재판소의 위헌결정의 의의는 다음과 같이 정리될 수 있을 것이다.

첫째, 이 사건에서 헌법재판소가 '양심의 자유' 접근방법 대신에 '인격권' 접근방법을 취하였다는 점이다. 이러한 방법론에 대해서는 기존의 사죄광고사건에 비해서 논리적으로

---

8) 예컨대 '시청자에 대한 사과'명령 이외의 제재조치들의 문제점에 관해서는 황성기, "방송의 공정성 확보를 위한 제도적 개선방안에 관한 연구", 법학논총 제31집 제1호, 한양대학교 법학연구소, 2014, 104 – 105면 참조.

진일보하였다는 긍정적인 평가가 가능할 수 있다. 하지만 '방송의 자유'에 대한 제한의 문제로 접근하지 않았다는 점에서 여전히 문제가 제기될 수는 있다.

둘째, 법인도 법인의 목적과 사회적 기능에 비추어 볼 때 그 성질에 반하지 않는 범위 내에서 인격권의 한 내용인 사회적 신용이나 명예 등의 주체가 될 수 있고 법인이 이러한 사회적 신용이나 명예 유지 내지 법인격의 자유로운 발현을 위하여 의사결정이나 행동을 어떻게 할 것인지를 자율적으로 결정하는 것도 법인의 인격권의 한 내용을 이룬다고 본 점이다. 즉 법인에 대해서도 일정한 부분에 대해서는 인격권의 주체성을 인정한 것이다. 하지만 인격권이라 함은 '인격적 이익'의 보호를 목적으로 기본권으로서, 과연 법인에 대해서 인격을 인정할 수 있는지가 여전히 논란이 될 수 있다.

셋째, 균형있는 다양성을 보장해야 하는 방송의 공적 책임을 실현하기 위하여 공정하고 객관적인 보도를 할 책무를 부담하는 방송사업자가 심의규정을 위반한 경우, 방송통신위원회로 하여금 전문성과 독립성을 갖춘 방송통신심의위원회의 심의를 거쳐 일정한 제재조치를 취할 수는 있다고 본 점이다. 즉 방송심의규정 위반에 대한 방송통신위원회의 제재조치의 가능성은 인정하였다는 점에서 주목을 요한다. 다만 방송심의규정 위반에 대한 방송통신위원회의 제재조치의 한계도 분명히 존재하기 때문에, 방송사업자의 방송의 자유 v. 방송의 공적 책임 확보를 위한 국가의 규제 간의 조화를 구체적으로 어떠한 방식과 기준에 따라, 그리고 어느 정도 수준의 수단을 통해서 해야 할지에 대해서는 향후 지속적으로 고민을 해야 할 여지를 남겨 놓았다는 점에서도 중요한 의의를 발견할 수 있다.

91 정정보도청구권의 제문제

대법원 2011. 9. 2. 선고 2009다52649 전원합의체 판결[1]

임상혁(법무법인 세종 변호사)

1. 사안의 개요

가. 보도의 배경

대한민국 정부와 미국 정부는 한미 FTA와 관련하여 미국산 쇠고기 수입위생조건에 관한 협상을 진행하여 2008. 4. 28. 협상이 타결되었다. 협상의 주요 내용은 30개월령 미만 소의 뼈를 포함하여 쇠고기 수입을 허용하고, 미국 사료 금지조치가 강화될 때 30개월령 이상의 쇠고기도 수입을 허용하면서, 30개월령 미만 소의 부위 중 수입이 금지되는 특정위험물질의 범위를 축소하는 것이었다. 원고(농림수산식품부)는 위 협상에서 주도적인 역할을 하였다.

피고(주식회사 문화방송)는 2008. 4. 29. "PD수첩" 프로그램에서 "미국산 쇠고기, 광우병에서 안전한가?"라는 제목으로 광우병에 걸린 미국산 쇠고기가 최근 개정된 미국산 쇠고기 수입위생조건으로 인하여 국내에 수입될 수 있고 이로 인하여 국민의 생명과 건강이 위협받고 있다는 취지의 방송(이하 '이 사건 방송'이라 한다)을 하였다. 이후 피고는 2008. 5. 13. "미국산 쇠고기, 광우병에서 안전한가? 2"라는 제목의 방송을, 2008. 7. 15. "피디수첩 진실을 왜곡했는가?"라는 제목의 방송을 하였다(이하 '이 사건 후속보도'라 한다).

---

1) [관련 및 참조판례] 대법원 2002. 1. 22. 선고 2000다37524, 37531 판결; 대법원 2004. 2. 26. 선고 99도 5190 판결; 대법원 2005. 7. 22. 선고 2005도2627 판결; 대법원 2007. 9. 6. 선고2007다2275 판결; 대법원 1997. 10. 28. 선고 97다28803 판결; 대법원 2006. 2. 10. 선고 2002다49040 판결; 헌법재판소 2006. 6. 29. 선고 2005헌마165, 314, 555, 807, 2006헌가3 결정 등.

나. 피고의 방송보도 내용

이 사건 방송 내용 중 피고의 상고이유에 포함된 부분은, (i) 한국인 중 약 94%가 엠엠(MM)형 유전자를 가지고 있어 한국인이 광우병에 걸린 쇠고기를 섭취할 경우 인간광우병이 발병할 확률이 94%에 이르고, 이는 영국인보다 3배, 미국인보다 2배 높은 수치라는 취지의 내용을 보도한 부분(이하 '이 사건 제④보도'라 한다), (ii) 개정된 미국산 쇠고기 수입위생조건에 의하면, 미국에서 인간광우병이 발생하더라도 우리 정부가 독자적으로 어떤 조치를 취할 수 없고 미국 정부와 협의를 거쳐야 한다는 취지의 내용을 보도한 부분(이하 '이 사건 제⑤보도'라 한다), (iii) 우리 정부가 미국산 쇠고기 수입위생조건 협상 당시 미국의 도축시스템에 대한 실태를 파악하고 있었는지 의문이라는 취지의 내용을 보도한 부분(이하 '이 사건 제⑦보도'라 한다)이다.

2. 판결의 요지

가. 언론중재법 제14조의 '사실적 주장에 관한 언론보도가 진실하지 아니함으로 인하여 피해를 입은 자'의 의미 및 정정보도청구권을 행사할 수 있는 피해자로서 '보도내용과 개별적인 연관성이 있음이 명백히 인정되는 자'에 해당하는지에 관한 판단 기준

구 언론중재 및 피해구제 등에 관한 법률(2009. 2. 6. 법률 제9425호로 개정되기 전의 것) 제14조에서 정하는 '사실적 주장에 관한 언론보도가 진실하지 아니함으로 인하여 피해를 입은 자'라고 함은 그 보도내용에서 지명되거나 그 보도내용과 개별적인 연관성이 있음이 명백히 인정되는 자로서 보도내용이 진실하지 아니함으로 인하여 자기의 인격적 법익이 침해되었음을 이유로 그 보도내용에 대한 정정보도를 제기할 이익이 있는 자를 가리킨다. 여기서 '보도내용과 개별적인 연관성이 있음이 명백히 인정되는 자'에 해당하는지 여부를 판단함에 있어서 그 보도 이후에 이루어진 다른 방송이나 신문 등의 보도내용까지 종합하여 이를 판단하여서는 아니 되나, 정정보도청구권이 가지는 의미에 비추어 보면, 비록 그 보도내용에서 성명이나 초상 등을 통하여 특정되지 아니하였고 또한 사전 지식을 가지고 있는 사람이 아니라면 보도내용 자체로써는 보도의 대상이 되고 있는 사람이 누구인지를 알 수 없는 경우에도, 언론기관이 당해보도를 하기 위하여 취재한 내용 등과 당해 보도의 내용을 대조하여 객관적으로 판단할 때에 당해 보도가 그 사람에 관한 것으로 명백히 인정되는 사람 또는 당해 보도를 한 언론기관에서 보도내용이 그 사람에 관한 것임을 인정하는 사람 등은 보도내용과 개별적인 연관성이 있음이 명백히 인정되는 자에 해당된다.

나. 피해자의 정정보도청구권 행사에 정당한 이익이 없다고 볼 수 있을 정도로 후속 정정보도가 이루어졌는지에 관한 판단 기준

[다수의견] 정정보도청구권은 진실에 반하는 보도로 인하여 피해를 입은 피해자의 권리를 구제한다는 주관적인 의미와 진실에 반하는 보도로 인한 객관적 피해상태의 교정이라는 객관적 제도로서의 의미를 아울러 가지고 있는 것으로 문제된 보도가 허위임을 동일한 매체를 통하여 동일한 비중으로 보도·전파하도록 하는 것이므로, 충분한 정정보도가 이루어져서 피해자의 정정보도청구권의 행사에 정당한 이익이 없다고 보기 위하여는 후속 정정보도를 통하여 진실에 반하는 원보도로 인한 객관적 피해상태가 교정될 정도에 이르러야 한다. 그러므로 단순히 후속 정정보도에서 정정보도청구로 구하는 내용과 일부 유사한 표현이 있었다는 정도이거나 또는 언론사가 잘못된 보도에 대해 추후 자체적으로 정정보도를 했다고 하더라도 그 보도가 형식적인 측면에서 원보도의 그것과 균형을 이루지 못한 경우에는 진실에 반하는 원보도의 사실적 주장으로 인한 피해를 입은 피해자는 여전히 정정보도청구에 정당한 이익이 있다고 보아야 한다.

[대법관 박시환, 대법관 김지형, 대법관 전수안, 대법관 이인복, 대법관 이상훈, 대법관 박병대의 반대의견] 언론사가 원보도의 내용을 정정하는 후속보도를 한 경우에 후속보도에 의하여 원보도로 인한 피해상태가 교정됨으로써 언론중재법 제15조 제4항 제1호에서 언론사가 정정보도청구를 거부할 수 있는 사유로 규정하고 있는 '피해자가 정정보도청구권을 행사할 정당한 이익이 없는 때'에 해당하는지를 판단할 때에도 정정보도의 대상이 지나치게 확장되는 부작용이 생기지 않도록 유의하여야 한다.

다. 언론 보도에 의하여 주장된 과학적 사실의 진실 여부가 현재 과학수준으로 완전히 밝혀지지 않은 단계에서 법원이 과학적 사실의 진실성을 심리·판단하는 방법

[다수의견] 현재까지의 과학수준이나 연구 성과에 의하여 논쟁적인 과학적 사실의 진위가 어느 쪽으로든 증명되지 아니한 상태에 있음이 분명하고, 아직 그러한 상태에 있다는 것이 학계에서 일반적·보편적으로 받아들여지고 있는 경우, 언론이 논쟁적인 주제에 관한 과학적 연구에 근거하여 그 과학적 연구의 한계나 아직 진위가 밝혀지지 아니한 상태라는 점

에 관한 언급 없이 그 과학적 연구에서 주장된 바를 과학적 사실로서 단정적으로 보도하였다면 그 과학적 사실에 관한 언론보도는 진실하지 아니한 것이라고 할 것이다. 따라서 그 언론보도의 내용에 관한 정정보도를 청구하는 피해자로서는 그 과학적 사실이 틀렸다는 점을 적극적으로 증명할 필요 없이 위와 같이 그 과학적 사실의 진위가 아직 밝혀지지 않은 상태에 있다는 점을 증명함으로써 언론보도가 진실하지 아니하다는 데에 대한 증명을 다하였다고 보아야 한다.

[대법관 박시환, 대법관 김지형, 대법관 전수안의 반대의견] 진위 여부가 미확정 상태인 사실을 단정적인 사실로 보도하였다는 이유로 이를 허위보도라고 하기 위해서는, 보도내용에 그 사실이 진위 여부 미확정 상태에 있는 것이 아니라 진정한 사실로 확인된 것이라는 뜻까지 포함되어 있어, 독자(시청자)들에게 사실 여부의 미확정 상태와 사실로 확인된 상태 양자의 대비 관계에서 후자에 속한다는 취지를 전달하거나, 보도된 사실이 의심의 여지가 전혀 없는 사실이라는 의미를 전달하는 정도에 이를 것을 요구한다고 보아야 한다.

라. 정정보도청구의 대상으로 삼은 원보도가 사실적 주장에 관한 것인지 단순한 의견표명인지에 관한 판단 기준

사실적 주장이란 가치판단이나 평가를 내용으로 하는 의견표명에 대치되는 개념으로서 증거에 의하여 그 존재 여부를 판단할 수 있는 사실관계에 관한 주장을 말한다. 언론보도는 대개 사실적 주장과 의견표명이 혼재하는 형식으로 이루어지는 것이어서 구별기준 자체가 일의적이라고 할 수 없고, 양자를 구별할 때에는 당해 원보도의 객관적인 내용과 아울러 일반의 시청자가 보통의 주의로 원보도를 접하는 방법을 전제로, 사용된 어휘의 통상적인 의미, 전체적인 흐름, 문구의 연결방법뿐만 아니라 당해 원보도가 게재한 문맥의 보다 넓은 의미나 배경이 되는 사회적 흐름 및 시청자에게 주는 전체적인 인상도 함께 고려하여야 한다.

3. 해설

가. 언론보도로 인한 피해에 대한 구제방법

형사적 구제방법으로는 명예훼손죄(형법 제307조 내지 제310조, 정보통신망법 제70조) 또는 모욕죄(형법 제311조)에 관한 형사고소가 가능하다. 현행법상 법정형에 차이는 있으나, 허위사실적시 명예훼손은 물론 사실(진실)적시 명예훼손의 경우도 형사처벌의 대상이 될 수 있다.

민사적 구제방법으로는 민법에 근거한 손해배상청구(민법 제750조, 제751조)나 명예회복에 적당한 처분(민법 제764조, 사죄광고 제외)이 가능하며, 언론중재 및 피해자구제 등에 관한 법률(이하 '언론중재법'이라 한다)에 따른 정정보도청구(제14조, 제15조), 반론보도청구(제16조), 추후보도청구(제17조) 및 보도금지청구 등(제30조 제3항, 제4항)도 가능하다.2) 판례에 따르면 인격권 침해를 이유로 한 방해배제청구권으로서의 기사삭제청구권도 인정된다(대법원 2013. 3. 28. 선고 2010다60950 판결). 정정보도·기사삭제·반론보도 및 추후보도청구는 모두 언론사 등의 고의·과실 또는 위법성을 요하지 않는다.

아래에서는 위 구제방법 중 정정보도청구권을 중심으로 대상판결을 살펴보도록 한다.

나. 정정보도청구의 요건

정정보도청구권은 "사실적 주장에 관한 언론보도 등이 진실하지 아니함으로 인하여 피해를 입은 자"가 행사할 수 있고(언론중재법 제14조 제1항), '보도내용이 진실하지 아니할 것'이 요구된다는 점에서, 반론보도청구권이나 추후보도청구권("사실적 주장에 관한 언론보도로 인하여 피해를 입은 자")과 차이가 있다.

정정보도청구권을 행사할 수 있는 피해자라 함은 그 보도내용에서 지명되거나 그 보도내용과 개별적인 연관성이 있음이 명백히 인정되는 자로서 보도내용이 진실하지 아니함으로 인하여 자기의 인격적 법익이 침해되었음을 이유로 그 보도내용에 대한 정정보도를 제기할 이익이 있는 자를 가리킨다(대법원 1996. 12. 23. 선고 95다37278 판결 등).

대상판결은 이 사건 제④보도에서 농림수산식품부가 직접적으로 지명되어 있지는 않지만, 방송의 전체적인 취지, 내용, 구조, 당사자의 지위 등을 고려하면 그 보도내용은 농림수산식품부가 주도한 미국산 쇠고기 수입협상조건에 관한 비판의 근거로 삼기 위하여 광우병의 위험성에 관한 사실적 주장을 한 것이 명백하다고 보고, 농림수산식품부가 위 방송내용과 개별적인 연관성이 있으므로 정정보도청구권을 행사할 이익이 있다고 판단하였다.

다. 언론사 등이 정정보도청구를 거부할 수 있는 경우

그런데 일정한 경우에는 언론사 등이 정정보도청구를 거부할 수 있는바, ① 피해자가 정정보도청구권을 행사할 정당한 이익이 없는 경우, ② 청구된 정정보도의 내용이 명백히 사실과 다른 경우, ③ 청구된 정정보도의 내용이 명백히 위법한 내용인 경우, ④ 정정보도의 청구가 상업적인 광고만을 목적으로 하는 경우, ⑤ 청구된 정정보도의 내용이 국가·지방자치단체 또는 공공단체의 공개회의와 법원의 공개재판절차의 사실보도에 관한 것인 경우가

---

2) 언론중재법에도 손해배상청구권(제30조 제1항)과 명예회복에 적당한 처분(제31조)이 규정되어 있다.

이에 해당한다(언론중재법 제15조 제4항). 이 규정은 반론보도·추후보도청구권에서도 준용되고 있다(동법 제16조 제3항, 제17조 제3항).

이는 정정보도·반론보도·추후보도청구를 넓게 인정할 경우 위축될 수 있는 언론의 자유를 보호하기 위한 규정으로, 서로 충돌하는 두 헌법적 이익이 최적으로 실현될 수 있는 경계획정을 통하여 조화롭게 해결하기 위하여 도입된 것이다(대법원 2006. 11. 23. 선고 2004다50747 판결). 위 ② 내지 ④는 위 ①의 '정당한 이익'으로 포괄될 수 있는 내용을 별도의 명문으로 구체화한 것이며,3) '정당한 이익'의 존재 여부는 청구 당시를 기준으로 판단되고, 그 증명책임은 그 부존재를 주장하는 자(주로 언론사)가 부담한다. '피해자가 정정보도청구권의 행사에 정당한 이익이 없는 경우'라고 함은 피해자가 구하는 정정보도의 내용에 관하여 원보도를 방송한 당해 언론매체를 통하여 이미 원보도와 같은 비중으로 이미 충분한 정정보도가 이루어져서 정정보도 청구의 목적이 달성된 경우, 또는 정정보도를 구하는 내용이 원보도에 보도된 내용의 본질적인 핵심에 관련되지 못하고 지엽말단적인 사소한 것에만 관련되어 있을 뿐이어서 이의 시정이 올바른 여론형성이라는 본래의 목적에 기여하는 바가 전혀 없는 경우 등을 포함한다(대법원 1997. 10. 28. 선고 97다28803 판결 등).

대상판결의 사안에서는 이 사건 후속보도에 의하여 이 사건 제④보도에 관한 정정보도권을 행사할 '정당한 이익'이 없어졌는지 여부가 문제되었다. 대상판결(다수의견)은 정정보도청구권의 피해자 권리구제 기능을 언급하면서 이 사건 후속보도가 그 방송분량, 방송에서의 위치, 원보도와 대비한 화면과 내용 등을 고려할 때 형식적인 측면에서 이 사건 제④보도에 관한 정정보도로서의 균형을 이루었다고 볼 수 없고, 내용적인 측면에서도 이 사건 제④보도의 허위성을 교정함에 필요하고도 적절한 수준의 정정보도라고 볼 수 없어, 정정보도청구권 행사의 정당한 이익이 있다고 판단하였다(대법관 6인의 반대의견은 정정보도청구권을 과도하게 인정할 경우 언론의 자유가 억제될 수 있음을 지적하면서, 이 사건 제④보도에 관한 정정보도청구권 행사의 정당한 이익이 없다고 보았다).

라. 보도의 허위성에 관한 증명책임 및 방법

정정보도청구를 하는 피해자는 그 언론보도 등이 진실하지 아니하다는 데 대한 증명책임을 부담한다. 한편 어떠한 사실관계의 부존재를 적극적으로 증명하는 것은 이른바 '악마의 증명(devil's proof)'으로서 사실상 불가능한 것으로 여겨지고 있으며, 민사소송에서는 증명책임 분배의 일반원칙이 부당한 결과를 가져오는 일정한 경우 증명책임의 전환 또는 완화를 인정하고 있다.

---

3) 신평, 한국의 언론법(2011), 297-298면.

　　대상판결의 사안은 현재의 과학수준으로 그 진실 여부가 완전히 밝혀지지 않은 단계에 있는 과학적 사실에 관하여 그러한 언급 없이 단정적으로 언론보도가 이루어진 경우로, 이러한 상황에서도 피해자가 그 과학적 사실의 허위성을 적극적으로 엄격하게 증명하여야 하는 것인지 문제되었다.

　　대상판결(다수의견)은 위와 같은 언론보도는 그 과학적 연구의 한계나 아직 진위가 밝혀지지 아니한 상태라는 점에 관한 언급 없이 이루어졌다는 점만으로도 그 자체로 진실하지 않은 허위보도라고 보고, 피해자는 그 과학적 사실의 진위가 아직 밝혀지지 않은 상태에 있다는 점만 증명하면 족하다고 판단하였다(대법관 3인의 반대의견은 보도내용상 그 사실이 의심의 여지가 전혀 없는, 확인된 진정한 사실이라는 의미를 전달하는 정도에 이르지 않는 한 이를 허위보도라고 할 수 없다고 보았다).

마. 사실적 주장과 의견표명의 구별 기준

　　명예훼손이나 인격권 침해는 본질적으로 언론의 자유에 대한 한계로 작용해 왔다. 이에 인간의 표현행위를 '사실의 진술'과 '의견의 표명'으로 나누어 의견표명에 해당하는 행위를 폭넓게 보장하고자 이른바 '의견과 사실 이분론'(dichotomy of opinion and fact)이 논의되어 왔고, 우리 대법원도 이를 수용하기에 이른다(대법원 1996. 11. 22. 선고 96도1741 판결, 대법원 2000. 2. 25. 선고 99다4757 판결 등).[4] 정정보도 · 기사삭제 · 반론보도청구권도 '사실적 주장'에 관한 경우에만 인정될 수 있고 '의견표명'에 관하여서는 인정될 수 없는바, 이러한 점에서도 사실적 주장과 의견표명의 구별은 매우 중요하다.

　　대상판결은 사실적 주장과 의견표명의 구별 기준에 관하여서는 견해의 대립이 없었으나, 이 사건 제⑤, ⑦보도가 사실적 주장인지 의견표명인지에 대하여서는 의견이 갈리었다.

　　이 사건 제⑤보도에 관하여, 대상판결(다수의견)은 이 보도가 우리 정부의 미국산 쇠고기에 대한 수입 중단 조치 가능성이 수입위생조건의 개정 전후로 달라졌다는 차이점을 평가하고 이를 비판하는 의견을 표명한 것으로서 사실적 주장이 아니라고 판단하였다(대법관 6인의 반대의견은 표현내용이 일반 평균적인 시청자의 이해에 따라 객관적 설명과 입증이 가능하고 그 표현으로부터 증거에 의해 접근 가능한 사실관계를 찾을 수 있다면 비록 그 표현이 평가적인 요소로 윤색된 경우라 할지라도 이는 사실적 주장이라고 하면서, 위 보도가 그 문언, 방송 이전부터 수입재개 반대와 시위가 잇따르고 있었던 사회적 배경 및 방송의 전체적인 취지를 고려할 때, 사실적 주장에 대한 보도에 해당한다고 보았다).

　　이 사건 제⑦보도에 관하여, 대상판결(다수의견)은 위 보도를 우리 정부가 미국산 쇠고

---

4) 신평, 위의 책, 399－402면.

기 수입위생조건 협상에 필요한 만큼 미국 도축시스템의 실태를 제대로 알지 못하였다는 주관적 평가를 내린 것이라고 보아야 하고, 이를 사실적 주장과 비판의견의 표명이 결합되어 있는 것으로 볼 여지가 있더라도, 양자를 구분하여 사실적 주장에 해당하는 부분만을 대상으로 허위 여부를 판단하고 나아가 그것을 허위로 판단하여 그에 대한 정정보도청구를 받아들인다면, 그로 인하여 위 보도의 전체적인 의미가 그 자체로 부당한 것으로 왜곡될 수 있다는 점에서도 위 보도는 전체를 정정보도청구의 대상이 되지 아니하는 의견표명으로 보아야 한다고 판단하였다(대법관 4인의 반대의견은, 보도와 이에 대하여 게재를 구하는 정정보도문이 서로 다른 구체적인 경과를 알리거나 상황을 묘사하는 내용의 것이라면 보도는 일응 사실적 주장이라고 하면서, 이를 사실적 주장과 의견 표명이 혼재된 것으로 보더라도 거기에 전제된 사실의 내용이 달라지면 의견 표현의 의미도 달라지므로 객관적인 진실과 다른 사실을 전제로 하는 의견의 표명은 다른 특별한 사정이 없는 한 정정보도청구의 대상이 되는 사실적 주장이 포함된 것이라고 보아야 하며, 정정보도청구제도의 취지상 그 전제된 사실이 허위라면 사실이 왜곡되어 있는 바까지도 의견 표명의 자유로서 보호되어야 한다고 할 수 없으므로, 위 보도는 사실적 주장에 해당한다고 보았다).

4. 판결의 의의

대상판결은, ① 피해자의 정정보도청구권 행사에 정당한 이익이 없다고 볼 수 있을 정도로 후속 정정보도가 이루어졌는지에 관한 판단 기준과, ② 언론 보도에 의하여 주장된 과학적 사실의 진실 여부가 현재 과학수준으로 완전히 밝혀지지 않은 단계에서 법원이 과학적 사실의 진실성을 심리·판단하는 방법을 처음으로 자세히 설시한 대법원 전원합의체 판결로, 전체적으로 보아 공적 사안에 관한 언론 보도의 한계를 일응 확장하였다는 평가를 받고 있다. 한편 다수의견과 반대의견이 사실적 주장과 의견표명의 구별기준에 관하여서는 일치하여 기존 대법원 판례 입장을 재확인하였음에도 결론에 있어서는 서로 다른 판단을 하였다는 점에서, 대상판결은 앞으로 더 구체적인 구별기준이 제시되어야 한다는 과제를 던져주고 있기도 하다.

92 방송시장에서의 공정거래법 위반(판매목표강제) 해당 요건

대법원 2011. 5. 13. 선고 2009두24108 판결[1]

이상직(법무법인(유한) 태평양 변호사)

1. 사안의 개요

주식회사 A(이하 '원고'라 한다)는 방송통신위원회의 허가를 받은 종합유선방송사업자로서 이 사건 당시에 전국 11개 지역에서 종합유선방송사업자(이하 'SO'라 한다)를 보유하고 있었다. 그 중 경남 내 6개 지역에서 종합유선방송사업을 영위하고 있던 주식회사 B는 주식회사 C 등 4개사(이하 '협력업체들'이라 한다)에게 B가 시청자에게 제공하는 케이블방송 및 인터넷 서비스 개통, 장애처리 및 임대장비의 관리와 유지, 철거업무, 수금 및 별도로 지정하는 업무를 위탁하고 있었다. 원고는 B로 하여금 협력업체들에게 2007. 6.부터 12월까지 매월 디지털방송 700건, 인터넷 300건의 신규가입자 유치를 영업목표로 확정하고 영업실적이 월간 목표에 미달할 경우에 그 미달 비율에 따라 영업수수료를 감액하여 지급하였다. 이에 대하여 공정거래위원회는 2009. 1. 5. 원고가 판매목표강제 등 거래상 지위를 남용하였다는 이유로 시정명령, 공표명령 및 과징금납부명령을 하였다. 이에 원고는 불복하여 서울고등법원에 그 취소를 구하는 행정소송을 제기하였으나 2009. 11. 12. 청구기각(패소)판결을 받았고, 대법원도 2011. 5. 13. 원고의 상고를 기각함에 따라 패소판결이 확정되었다.

---

1) [참조 및 관련 판례] 대법원 2000. 6. 9. 선고 97누19427 판결; 대법원 2002. 1. 25. 선고 2000두9359 판결; 대법원 2011. 6. 9. 선고 2008두13811 판결 등.
   [관련 평석 및 문헌] 강정희, 거래상 지위의 남용행위의 거래상대방에 따른 위법성 판단기준, 경쟁법연구 24권, 2012, 229−259면; 김형석, 불공정거래행위의 하나인 판매목표강제행위의 판단기준, 대법원 판례해설 87호, 2011 상반기, 631−646면.

2. 판결의 요지

가. 원심판결(서울고등법원 2009. 11. 12. 선고 2009누4748 판결)

원심은 원고가 앞서 본 바와 같이 전국 11개 지역에서 소속 SO를 보유한 대기업이고, 소속 SO 중 B는 경상남도 6개 지역에서 독점사업자의 지위에 있는 반면에 위 협력업체들은 전적으로 B의 업무를 위탁받아 운영하는 지역 중소기업들임을 인정하였다. 또한, 위 협력업체들은 위탁수수료를 지급받는 대가로 B의 포괄적인 지도, 감독을 받아 그 상호, 상표를 사용하여 B의 업무를 수행하고, 영업목표 달성 여부에 따라 지급받는 수수료가 감액되거나 위탁계약이 해지될 수 있으므로 원고에게 독점규제 및 공정거래에 관한 법률(이하 '공정거래법'이라 한다)에 따른 거래상의 우월한 지위가 있다고 보았다.

나아가, B가 디지털방송 700건, 인터넷 300건의 신규가입자 유치를 영업목표로 확정하고 매월 협력업체를 평가하여 수수료를 감액하여 불이익을 주는 방법으로 협력업체의 자유로운 의사결정을 저해하거나 불이익을 강요함으로써 공정한 경쟁을 저해하는 행위를 하였다고 인정하였다.

한편, 원고는 원고의 수수료 지급방식이 일정한 판매실적에 이르면 건당 수수료 금액이 높아지는 차등적·누진적 인센티브제로서 합리적인 영업촉진수단의 범주에 속한다고 주장하였다. 그러나 원심은 원고가 건당 수수료에 유치실적을 곱하여 산출한 수수료액수를 그대로 지급하지 아니한 채 당초 설정한 신규가입자 유치의 월간목표를 달성하지 못한 경우에는 30점 만점인 영업점수를 그대로 감점하고 이에 비례하여 위 수수료를 감액한 차액만을 지급했으므로 합리적인 영업촉진수단이나 격려, 독려의 범위를 넘어서는 위법한 판매목표강제에 해당한다고 판단했다.

나. 대법원판결

대법원은 판매목표강제행위를 판단함에 있어 전제가 되는 거래상의 지위는 일방이 상대적으로 우월한 지위 또는 상대방의 거래활동에 상당한 영향을 미칠 수 있는 지위를 갖고 있으면 인정할 수 있고, 당사자가 처한 시장의 상황, 당사자 간의 전체적 사업능력의 격차, 거래의 대상인 상품이나 용역의 특성 등을 고려하여 판단해야 한다고 보았다.

또한, 판매목표강제에 해당하는지는 당해 행위의 의도와 목적, 효과와 영향 등과 같은 구체적 태양과 상품의 특성, 거래의 상황, 해당 사업자의 시장에서 우월적 지위의 정도 및 상대방이 받게 되는 불이익의 내용과 정도 등에 비추어 정상적인 거래관행을 벗어난 것으로서 공정한 거래를 저해할 우려가 있는지를 판단하여 결정해야 한다고 판단하였다. 이와 관련하여, 목표를 제시하고 강제하는 행위에는 상대방이 목표를 달성하지 않을 수 없는 객관적인 상황을 만들어 내는 것을 포함하고 사업자가 일방적으로 상대방에게 목표를 제시하고 이를 달성하도록 강제하는 경우만이 아니라 계약의 형식으로 목표가 설정되는 경우를 포함한다고 보았다.

대법원은 위와 같은 판단 하에 원고가 B를 통해 협력업체들을 상대로 케이블방송 및 인터넷의 신규가입자 유치목표를 설정하고, 이를 달성하지 못한 경우 지급할 업무위탁수수료를 감액하는 불이익을 줌으로써 그들의 자유로운 의사결정을 저해하게 한 것은 판매목표 강제에 해당한다고 봄으로써 원심판단을 그대로 받아들였다.

3. 해설

가. 거래상 우월한 지위에 있었는지 여부

대법원판결은 거래상의 지위가 인정되는지 여부를 결정하는 판단기준에 관하여 일방이 상대적으로 우월한 지위 또는 상대방의 거래활동에 상당한 영향을 미칠 수 있는 지위를 가지고 있으면 인정할 수 있고, 그 과정에서 당사자가 처한 시장의 상황, 당사자 간의 전체적 사업능력의 격차, 거래의 대상인 상품이나 용역의 특성 등을 고려해야 한다는 것이므로 원칙적으로 이견이 있을 수 없다.[2][3]

다만, 위와 같은 판단기준에 의하더라도, 법원이 이 사건에서 위와 같은 거래상의 지위를 판단함에 있어서는 원고가 위성방송(주식회사 케이티스카이라이프가 운영하는 유료방송으로서 위성을 이용하여 SO가 제공하는 것과 동일 또는 동종 유사의 방송프로그램을 전국에 송출하는 사업) 등을 포함하는 전체 유료방송시장에서 차지하는 지위, 유료방송시장에 인터넷멀티미디어방송사업(이하 'IPTV'라 한다) 등 새로운 유력 경쟁자가 등장할 가능성이 이 사건이 발생할 당시에 있었거나 근접하여 예견되었는지 여부, 원고가 B를 통제할 수 있는 수단과 방법이 온전히 유지되고 있는지, 경남 내 6개 지역을 제외한 다른 지역에서도 원고 소속의 SO들이 동종 유사의 행위를 하였는지, 협력업체들이 B 이외에 케이티스카이라이프 등의 위성방송업무나 통신

---

2) 참고로, 원심판결에 기재되어 있는 협력업체 중 주식회사 C와의 계약을 예로 들면, 2007년 1월 2일 체결되었고 계약기간이 2007년 12월 31일까지인데 B의 필요에 의해 일정기간을 연장할 수 있으며 협력업체는 이를 무조건 따른다고 되어 있는바 거래상의 지위를 인정할 수 있는 유력한 증빙의 하나라고 할 수 있다.

3) 신동권, 독점규제법, 박영사, 2011, 640-652면; 홍대식 외, 독점규제법(4판), 법문사, 2015, 257-258면; 이호영, 독점규제법(5판), 2015, 328-331면.

사업자의 통신서비스업무 중 개통, 유지보수, 수금 등 업무의 수탁자로 전환할 기회가 없었는지 여부 등에 대해서도 면밀히 살펴볼 필요가 있었을 것이다.

그럼에도 불구하고 원심은 위와 같은 요소를 고려하지 아니한 채, 다채널 유료방송시장이 공공적 특성 및 규모의 경제가 작용하는 산업적 특성으로 인하여 복수사업자간의 경쟁이 전송망의 중복투자 등 비효율성을 초래할 염려가 있어 SO별 지역독점이 허용되고 있다고 보고, 그러한 전제하에 원고 소속인 B가 경상남도 내 6개 지역에서 거래상의 지위가 있는지 여부를 논하고 있고, 대법원도 법률심이라는 한계에서인지 원심과 같은 전제를 버리지 않고 법적 판단을 하고 있다.

그러나 유료방송시장을 조금 더 구체적으로 보면, 과거 공공적 특성 및 규모의 경제가 작용하는 산업적 특성은 크게 위축되고 유료방송 플랫폼 사업자(위성방송사업자, IPTV사업자 등)와 시장경쟁을 통해 시청자의 편익을 증진하는 측면이 오히려 강조되기 시작한 것이 그 당시 현실이다. SO들은 유료방송 운용에 필요한 방송망을 전송망사업자로 대변되는 기간통신사업자로부터 공급을 받아 왔으니 치열한 경쟁으로 인해 독자적인 방송망을 구축한 지 오래되었다.

이와 관련하여, 원심은 다채널 유료방송 서비스를 제공하는 사업자에 SO 외에 주식회사 케이티스카이라이프가 운영하는 위성방송사업자가 있다는 사실을 적시하고 있으면서도 그 경쟁관계가 시장에 미치는 영향에 대해서는 침묵하고 있다. 또한, 2008년 1월 17일 제정되어 그로부터 3개월 뒤에 시행된 인터넷멀티미디어 방송 사업법에 따른 IPTV사업자와의 경쟁이 다채널 유료방송시장에 미치는 영향[4])에 대해서도 별다른 언급이 없다. 현재 IPTV는 가입자가 대략 1500만명에 이르는 등 성장세를 이어가고 있고, 이동통신사업자가 제공하는 이동전화와의 결합판매 등을 통해 시장지배력을 높이고 있는 상황임에도 그에 대해서도 논의하지 않고 있다. 아울러, 원고의 우월한 지위를 판단함에 있어서 협력업체들이 경쟁관계에 있는 위성방송사업자(전국사업자)의 유지 보수 협력업체로 이전할 수 있는 가능성이 있는지, 더 나아가 주식회사 케이티, 에스케이텔레콤 주식회사 등 통신업체의 유지보수 업체로 이전하는 것은 어려웠는지에 대해서도 언급이 없다. 협력업체들의 사업 관할이 경상남도 내 6개 지역에만 국한되어 있는지, 그 외 전국의 다른 지역에서 동종 유사 사업을 수행하고 있지는 않은지에 대해서도 사실관계를 확정하고 판단할 필요도 있었다고 할 것이다.

아울러, 이 사건의 구조가 '원고－B－협력업체'의 3당사자 구조를 취하고 있으므로 원고가 B에 대하여 어떻게 통제력을 행사하였는지 보유 주식지분의 비율, 계약서 등 서면약정의 존재, 원고 주요 임원의 지시 등을 통해 확정하고, 그에 따라 B의 협력업체에 대한 거래상의 지위를 논했어야 하는데, 대법원과 원심은 전자 보다는 주로 후자에 치우쳐 판단하고

---

4) 전자신문, 2007. 12. 31.자.

있는 듯하다.

물론, 위와 같은 점을 충분히 고려한다고 하더라도 원고에게 거래상의 지위가 있음을 인정한 대법원, 원심의 판단과 다른 결론을 내리기는 선뜻 쉽지 않을 수 있다. 다만, 앞서 언급한 점에 대해 충분한 논박이 있었다면 판결의 설득력을 더욱 높이는 기회가 될 수 있었으리라 생각한다.

나. 판매목표강제에 해당하는지 여부

공정거래법상 금지되는 판매목표강제는 사업자가 자기가 공급하는 상품 또는 용역과 관련하여 거래상대방에게 거래에 관한 목표를 제시하고 이를 달성하도록 강제하는 행위이다.

대법원은 판매목표강제에 해당하는지의 판단기준에 관하여 당해 행위의 의도와 목적, 효과와 영향 등과 같은 구체적 태양과 상품이나 용역의 특성, 거래의 상황, 해당 사업자의 시장에서 우월적 지위의 정도 및 상대방이 받게 되는 불이익의 내용과 정도 등에 비추어 정상적인 거래관행을 벗어난 것으로서 공정한 거래를 저해할 우려가 있는지를 판단하여 결정해야 한다고 보고 있다.

또한, 목표를 제시하고 강제하는 행위에는 상대방이 목표를 달성하지 않을 수 없는 객관적인 상황을 만들어 내는 것을 포함하고 사업자가 일방적으로 상대방에게 목표를 제시하고 이를 달성하도록 강제하는 경우만이 아니라 계약의 형식으로 목표가 설정되는 경우를 포함한다고 판시한 것은 반론을 허용하지 않는다고 할 것이다.[5]

나아가 판매목표 달성을 강제하였는지에 관하여 법원은, 단지 자기가 공급하는 상품 또는 용역의 구매자 확대를 위하여 노력하도록 거래상대방에게 촉구 또는 독려하는 것만으로는 부족하고,[6] 대리점계약의 해지나 판매수수료의 미지급 등 불이익을 부여한다면 판매목표의 달성에 강제성이 있다고 할 것이고, 목표가 과다한 수준인지 여부, 실제 거래상대방이 목표를 달성하였는지 여부, 목표불이행이 있는 경우에 제재수단이 실제로 사용되었는지 여부는 강제성 인정에 영향을 미치지 않는다고 보고 있다. 거래상대방에게 장려금을 지급하는 등 자발적인 협력을 위한 수단으로 판매목표가 사용되는 경우는 원칙적으로 강제성이 인정되지 않지만, 판매장려금이 정상적인 유통마진을 대체하는 효과가 있어 사실상 판매목표를 강제하는 효과를 가지게 되는 경우에는 강제성이 인정된다는 것이다.

---

5) 신동권, 독점규제법(주 4), 658-660면; 홍대식 외, 독점규제법(주 4), 261면, 이호영, 독점규제법(주 4), 342면.
6) 대법원 2011. 6. 9. 선고 2008두13811 판결.

이 사건 협력업체 중 C와의 계약서 제26조 등을 보면, B는 협력업체의 위탁업무 수행과 관련하여 서면통지로써 이 사건 계약을 해지할 수 있는데, 그 사유로 협력업체의 업무수행실적이 B가 정한 협력업체 평가기준표에 의한 평가에서 월별 종합 평가 결과 3회 이상 하위 협력업체, 분기별 종합 평가 하위 협력업체로 되어 지속적인 업무위탁 수행이 어렵다고 판단되는 경우를 들고 있다. 또한 B가 2007년 6월부터 12월까지 기간 동안 협력업체에게 매월 디지털방송 700건, 인터넷 300건의 신규가입자 유치를 영업목표로 확정하고 매월 말경 협력업체 회의를 소집하여 월간 목표를 부여하고, 2007년 6월부터 12월까지 사이에 협력업체 평가를 실시한 후 평가결과에 따라 벌칙을 적용하여 업무위탁 수수료를 감액 지급하였다. 그렇다면 원고는 B를 통하여 판매목표를 제시하고 달성하지 못하는 경우 수수료 감액 및 해지 등의 불이익을 줄 수 있다는 점에서 판매목표강제를 하였다고 할 것이다.

한편, 대법원, 원심에 의하면 거래상의 지위를 판단하는 기준과 판매목표를 강제하는 기준이 다소 중복되는 경향을 보이고 있다. 거래의 대상인 상품의 특성, 해당 사업자의 우월적 지위의 정도 등을 거래상의 지위 판단과 판매목표강제에서 모두 고려하는 것이 그것이다. 거래상의 지위를 남용한 판매목표강제라는 공정거래법 구성요건에 충실하게 접근한다면 거래상의 지위는 순수하게 원고, B와 협력업체의 종속, 통제 여부를 가지고 판단하고, 판매목표강제 여부는 판매목표가 제시되고, 협력업체의 의사와 무관하게 강제되었는지 여부만을 기준으로 판단하는 것이 합리적이라고 해석된다.

이와 같은 관점에서 본다면 원고는 B로 하여금 협력업체들에게 판매목표를 제시하게 했고, 협력업체들이 거래상의 지위로 인하여 따를 수밖에 없었으며, 원고 등이 독려, 격려의 수준을 넘어 위탁수수료 감액, 서면 계약 등을 통해 해지의 위험을 알리는 등의 조치를 취한 것이라면 판매목표강제의 법적 요건은 성립되었다고 보는 것이 합리적이다.

4. 판결의 의의

앞에서 보았듯이 대상판결과 원심판결은 방송기술의 발전 및 치열한 경쟁으로 급변하는 다채널 유료방송시장에 대한 폭넓은 이해에 바탕을 두고 있다고 보기는 어렵다. 나아가, 기존의 판결과 다를 바 없이 거래상의 지위에 대한 판단기준과 판매목표강제에 관한 판단기준을 혼용하고 있는 점도 아쉽다고 할 것이다. 그럼에도 불구하고, 원심 및 대상판결은 공정거래법 위반행위인 판매목표강제를 일반론의 시각에서 접근하여 그 원칙을 다시 확인하였다는 점에서 의미를 부여할 수 있다.

시장에서 활동하는 사업자의 지위는 모두 다른 것이 일반적이고 그러한 차이가 교섭력의 차이로 이어져 거래결과가 일방당사자에게 불리하게 나타났다고 하여 바로 공정거래에 반한다고 보기는 어렵다. 그러나 거래상의 지위 차이가 일방당사자의 자유로운 의사결정을 구속하거나 방해할 수 있는 단계에 이르고, 그러한 상황을 악용하거나 남용하여 불리한 지위에 있는 일방당사자에게 불이익을 주는 경우에는 공정한 경쟁기반이 저해될 수 있으므로 공정거래위원회의 규제대상이 된다고 할 것인바, 대상판결은 그러한 점을 분명히 한 것에도 의미가 있다고 판단된다.

　　다만, 상품이나 용역의 종류를 가릴 것 없이 경기침체, 포화형태를 보이는 국내 시장 상황에서 특히 그러한 경향이 강한 방송, 통신시장은 향후 판매목표강제 등에 관한 위험성이 더욱 증가할 것으로 예상되는바, 앞으로 그 판단기준도 더욱 구체화하고 정치화할 필요가 있다고 할 것이다.

범죄사실의 익명보도 원칙 및 그 예외에 대한 판례의 경향

대법원 2009. 9. 10. 선고 2007다71 판결[1]

박준용(법무법인(유한) 태평양 변호사)

1. 사안의 개요

지상파 방송사인 피고는 2001. 7. 4. '죽음을 부른 사금고 ××원 횡령사건'이라는 제목의 시사 고발 프로그램(이하 '이 사건 프로그램'이라 한다)을 방영하였는데, 이 사건 프로그램의 주요 내용은 사금고인 ○○상조회가 한센병 환자들의 정착촌을 중심으로 사회적 약자인 한센병 환자 등을 상대로 불법적으로 여수신행위를 해 오면서, 그 임직원들의 거액의 배임·횡령 및 부실대출, 예금기장 누락과 예금잔고 소진 등으로 말미암아 정착촌 주민들이 예금을 찾지 못하게 되어 심각한 분쟁이 발생하였고, 그 과정에서 ○○상조회 회원 및 임직원 등 3명이 자살을 기도하여 2명이 사망하는 등 사회적인 문제로 비화되었다는 것이다.

이 사건 프로그램에서 담당 프로듀서가 직접 원고의 성명을 언급하거나 원고의 얼굴이 직접 방영되지는 않았으나, 피해자들이 원고에 대한 엄정한 수사를 촉구하며 시위하는 장면 등이 방영되는 과정에서 원고의 실명이 간접적으로 공개되었다. 이 사건 프로그램 방영 후 원고는 유사수신행위의규제에관한법률위반죄와 업무상횡령죄 등으로 유죄의 확정판결을 받았고, 다른 ○○상조회 직원 2명도 업무상횡령죄 또는 업무상배임죄 등으로 유죄의 확정판결을 받았다.

---

1) [참조 및 관련 판례] 대법원 1999. 1. 26. 선고 97다10125, 10222 판결; 대법원 1998. 7. 14. 선고 96다17257 판결; 대법원 2002. 5. 10. 선고 2000다50213 판결; 대법원 2007. 12. 27. 선고 2007다29379 판결 등.
[관련 평석 및 문헌] 오영준, "범죄 관련 보도에서 실명 공개가 허용되기 위한 요건 및 판단기준", 대법원 판례해설 제81호(2010, 대상판결에 대한 대법원 판례해설임); 백태균, "언론기관의 범죄보도에 있어 피의자의 실명보도가 허용되기 위한 요건-대법원 2009. 9. 10. 선고 2007다71 판결", 판례연구 제22집(부산 판례연구회, 2011); 강동욱, "범죄보도에 있어서 피의자 신원공개에 관한 법리적 검토", 언론중재 2012. 가을호(2012); 김재협, "언론규범 설정 등에 관한 사법부의 역할과 법적 의의", 언론중재 2010. 가을호(2010); 이연갑, "실명보도와 불법행위책임", 법조(통권 제633호, 2009).

2. 판결의 요지

가. 1심판결(광주지방법원 2005. 9. 28. 선고 2004가단45689 판결)

이 사건 프로그램의 내용은 공공성이 있고, 진실한 것이거나 진실하다고 믿을만한 상당한 이유가 있다고 할 것이므로 피고들의 명예훼손 행위는 그 위법성이 조각된다(청구기각).

나. 원심판결(광주고등법원 2006. 12. 7. 선고 2005나9561 판결)

이 사건 프로그램이 ○○상조회의 전임 이사장이었던 원고의 실명이 나타난 영상 등을 방영함으로써 원고를 특정하여 원고에 대한 사회적 평가를 저하시킬 만한 구체적인 사실을 방영하였지만, 이 사건 프로그램은 공익성이 있고 오로지 공공의 이익을 위하여 방영한 것이었으며 그 내용이 진실하거나 진실이라고 믿은 데 상당한 이유가 있으므로 위법성이 조각된다(항소기각).

다. 대법원판결(대법원 2009. 9. 10. 선고 2007다71 판결)

대법원은 범죄사실의 보도와 함께 피의자의 실명을 공개하기 위해서는 피의자의 실명을 보도함으로써 얻어지는 공공의 정보에 대한 이익과 피의자의 명예나 사생활의 비밀이 유지됨으로써 얻어지는 이익을 비교형량한 후 전자의 이익이 후자의 이익보다 더 우월하다고 인정되어야 할 것이고, 전자의 이익이 더 우월하다고 판단되더라도 그 보도의 내용이 진실과 다를 경우 실명이 보도된 피의자에 대한 법익침해의 정도는 그렇지 아니한 경우보다 더욱 커지므로, 언론기관이 피의자의 실명을 공개하여 범죄사실을 보도할 경우에는 그 보도내용이 진실인지 여부를 확인할 주의의무는 더 높아진다고 보았다.

또한 대법원은 어떠한 경우에 피의자의 실명보도를 허용할 수 있을 정도로 공공의 정보에 관한 이익이 더 우월하다고 보아야 할 것인지는 일률적으로 정할 수는 없고, 범죄사실의 내용 및 태양, 범죄 발생 당시의 정치·사회·경제·문화적 배경과 그 범죄가 정치·사회·경제·문화에 미치는 영향력, 피의자의 직업, 사회적 지위·활동 내지 공적 인물로서의 성격 여부, 범죄사건 보도에 피의자의 특정이 필요한 정도, 개별 법률에 피의자의 실명 공개를 금지하는 규정이 있는지 여부, 피의자의 실명을 공개함으로써 침해되는 이익 및 당해 사실의 공표가 이루어진 상대방의 범위의 광협 등을 종합·참작하여 정하여야 할 것이라며 기준을 제시하였다.

즉, 사회적으로 고도의 해악성을 가진 중대한 범죄에 관한 것이거나 사안의 중대성이 그보다 다소 떨어지더라도 정치·사회·경제·문화적 측면에서 비범성을 갖고 있어 공공에게 중요성을 가지거나 공공의 이익과 연관성을 갖는 경우 또는 피의자가 갖는 공적 인물로서의 특성과 그 업무 내지 활동과의 연관성 때문에 일반 범죄로서의 평범한 수준을 넘어서서 공공에 중요성을 갖게 되는 등 시사성이 인정되는 경우 등에는, 개별 법률에 달리 정함이 있다거나 그 밖에 다른 특별한 사정이 없는 한 공공의 정보에 관한 이익이 더 우월하다고 보아 피의자의 실명을 공개하여 보도하는 것도 허용될 수 있다고 설시하였다(상고기각).

3. 해설

가. 범죄사실 보도의 공공성

사생활에 관한 각종 부정적 요소를 소재로 한 언론의 보도행위는 사생활의 비밀에 대한 위법한 침해행위를 구성할 수 있으나, 비록 사생활에 관한 사항이라 하더라도 공공의 이해와 관련된 공중의 정당한 관심의 대상인 경우 그에 대한 보도행위가 공공의 이익을 위한 목적에서 이루어진 상당한 방식의 표현인 때에는 위법성이 조각될 수 있다는 점은 널리 인정되고 있는 법리이다.[2] 이러한 "공공의 이해와 관련된 공중의 정당한 관심의 대상"으로 인정되어 온 대표적인 항목이 바로 범죄사실에 대한 보도이며, 대상판결 역시 "일반적으로 대중 매체의 범죄사실의 보도는 범죄 행태를 비판적으로 조명하고, 사회 규범이 어떠한 내용이고 그것을 위반하는 경우 그에 대한 법적 제재가 어떻게, 어떠한 내용으로 실현되는가를 알리고, 나아가 범죄의 사회·문화적 여건을 밝히고 그에 대한 사회적 대책을 강구하는 등 여론 형성에 필요한 정보를 제공하는 등의 역할을 하는 것으로 믿어진다. 따라서 대중 매체의 범죄사건 보도는 일반적으로 공공성이 있는 것으로 취급할 수 있으며,"라고 판시하여 범죄사건 보도의 공공성을 인정하여 온 기존 판례의 입장을 재차 확인하고 있다.

나. 익명보도의 원칙

비록 범죄사실에 대한 보도에 공공의 이해 내지 공공성이 인정된다 하더라도 실명보도 내지 이에 준하는 방법으로 범인 내지 범죄피의자의 신원을 공개하는 것까지도 동일한 공공성을 인정할 것인지는 또 다른 문제이며, 대법원은 범인 내지 범죄피의자의 신원 공개는 원

---

2) 대법원 1996. 4. 12. 선고 94도3309 판결; 대법원 1998. 9. 4. 선고 96다11327 판결 등.

칙적으로 허용되어서는 안 된다는 익명보도의 원칙을 견지하여 왔다. 가령, 대법원 1998. 7. 14. 선고 96다17257 판결은 "대중매체의 범죄사건 보도는 공공성이 있는 것으로 취급할 수 있으나, 범죄 자체를 보도하기 위하여 반드시 범인이나 범죄혐의자에 대한 보도가 반드시 범죄 자체의 보도와 같은 공공성을 가진다고 볼 수 없다."고 판시하여 범인 등의 실명보도는 원칙적으로 허용될 수 없음을 밝힌 바 있다.

이러한 익명보도의 원칙에 대해, 언론은 범죄사실을 있는 그대로 전달할 의무가 있다는 등의 이유로 피의사실과 함께 피의자의 신원공개를 허용하여야 한다는 입장이 있으나,3) 다수의 학설은 익명보도의 원칙에 찬성하는 입장을 취하고 있다.

다. 익명보도의 원칙에 대한 예외의 기준

다만, 이러한 익명보도의 원칙에 대하여는 판례상 일정 범위의 예외가 인정되어 왔는데, 이러한 예외의 인정 기준 내지 범위에 대하여 대법원의 입장은 그간 다소간의 변화를 보여 왔다.

(1) 초기의 판례: 공적 인물의 이론

초기의 대법원 판례는 소위 공적 인물의 이론에 입각하여 익명보도 원칙의 예외를 인정하여 왔다. 가령, 소위 "이혼소송주부 청부폭력 오보 사건"4)을 다룬 대법원 1998. 7. 14. 선고 96다17257 판결은 남편과 이혼소송 중이던 한 가정주부가 폭력배를 교사하여 남편을 폭행하도록 하였다는 범죄피의사실이 피의자의 실명과 함께 보도되었다가 그 후 무죄판결이 확정된 사안에서 "원고는 평범한 시민으로서 어떠한 의미에서도 공적인 인물이 아닌 이상 일반 국민들로서는 피고 언론 각사가 적시한 범죄에 대하여는 이를 알아야 할 정당한 이익이 있다 하더라도 그 범인이 바로 원고라고 하는 것까지 알아야 할 정당한 이익이 있다고 보이지 않는다."고 판시하였다. 즉, 이 판결에서 대법원은 범인이 공적인 인물인 경우에는 그 신원을 아는 데 대한 정당한 이익 내지 공공성이 인정될 수 있음을 간접적으로 인정하였다.

이처럼 공적 인물 여부를 실명보도의 적법성 판단 기준으로 삼는 입장에 대해서는 여러 다양한 종류의 인물을 공인과 사인으로 유형화하는 것은 현실적으로 어려울 뿐 아니라, 구체적인 행위의 내용이 공익성 판단에 충분히 반영되지 않을 위험성이 있다는 비판이 있다.5)

---

3) 이상현, "체포된 형사피의자의 초상권의 제한된 보호범위: 미국법과의 비교분석", 법학논총 제24집(숭실대학교 법학연구소, 2010), 134면(강동욱, "범죄보도에 있어서 피의자 신원공개에 관한 법리적 검토"(주 1), 30면 이하에서 재인용).

4) 각 판례의 명명은 오영준, 앞의 글(주 1), 587면 등의 예를 따랐다.

(2) 비교형량에 입각한 판례의 변화

그 후 대법원 1999. 1. 26. 선고 97다10215 등 판결(소위 "회사기밀 누설 보도 사건")에 이르러서 판례는 "피의사실을 보도함에 있어 언론기관으로서는 보도에 앞서 피의사실의 진실성을 뒷받침할 적절하고도 충분한 취재를 하여야 함은 물론이고, 보도 내용 도한 객관적이고도 공정하여야 할 뿐만 아니라, 무죄추정의 원칙에 입각하여 보도의 형식 여하를 불문하고 혐의에 불과한 사실에 대하여 유죄를 암시하거나 독자들로 하여금 유죄의 인상을 줄 수 있는 용어나 표현을 사용하여서는 아니 되며, 특히 공적 인물이 아닌 사인의 경우 가급적 익명을 사용하는 등 피의자의 신원이 노출되지 아니하도록 주의하지 아니하면 안 된다."고 판시함으로써 공적 인물이 아닌 사인의 경우 익명보도 원칙이 적용됨을 설시하였는데, 이에 대하여는 익명보도의 문제가 기본적으로 여러 가지 사정을 종합한 '비교형량'의 문제임을 밝힌 판례로서 위 대법원 1998. 7. 14. 선고 96다17257 판결보다 다소 유연한 입장을 취하였다는 평가가 있다.[6)]

대법원 2007. 7. 12. 선고 2006다65620 판결은 정신과 의사가 무자격자인 직원을 시켜 마약류로 분류되는 약을 조제하도록 한 혐의사실을 보도하면서 해당 의사가 운영하는 병원의 실명 등을 언급한 사안에서 "피고는 평범한 정신과 의사에 불과하여 공적인 인물이라 할 수 없는 점, 그 범죄의 내용이나 성격에 비추어도 일반 국민들이 피고들이 적시한 범죄에 대하여는 이를 알아야 할 정당한 이익이 있더라도, 그 범인이 바로 원고라는 것까지 알아야 할 정당한 이익이 있다고는 보이지 아니하는 점 등에 비추어 보면, 피고들이 원고가 저지른 범죄를 보도하면서 명시한 원고의 신원에 관한 사항은 공공의 이해에 관한 사항이라 할 수 없으므로, 피고들의 위 각 보도행위가 원고에 대한 명예훼손행위로서의 위법성이 조각된다고 볼 수는 없"다고 판시하였다. 이 판결은 원고가 평범한 정신과 의사에 불과하여 공적인 인물로 볼 수 없다는 사정을 설시하면서도, 곧바로 익명보도의 원칙이 적용된다는 결론에 나아간 것이 아니라 여타의 사정, 즉 범죄의 내용이나 성격 등을 종합적으로 고려하여 실명보도의 적법성 여부를 판단함으로써 기존의 공적 인물이라는 일원적 기준을 보다 다양화하려는 시도를 한 의의가 있다고 생각된다. 또한 이 판결은 범죄의 내용이나 성격 등에 비추어 해당 범죄피의자의 신원 정보에 대한 공공의 이익이 인정된다면 사적 인물의 경우에도 실명보도가 가능하다는 입장을 간접적으로 밝힘으로써 실명보도의 확대 가능성을 제시한 것으로도 이해할 수 있다.

---

5) 이연갑, 앞의 글(주 1), 346면 이하. 이러한 관점에서 같은 글, 350면 이하는 해당 인물이 공인인지 여부는 이익형량에서 고려할 하나의 요소에 불과하다는 입장을 취하고 있다.

6) 오영준, 앞의 글(주 1), 589면.

4. 판결의 의의

가. 익명보도 원칙 및 비교형량 이론의 본격화

　　대상판결은 "언론기관이 범죄사실을 보도하면서 피의자를 가명(假名)이나 두문자(頭文字) 내지 이니셜 등으로 특정하는 경우에는 그 보도 대상자의 주변 사람들만이 제한적 범위에서 피의자의 범죄사실을 알게 될 것이지만, 피의자의 실명을 공개하여 범죄사실을 보도하는 경우에는 피의자의 범죄사실을 알게 되는 사람들의 범위가 훨씬 확대되고 피의자를 더 쉽게 기억하게 되어 그에 따라 피의자에 대한 법익침해의 정도 역시 훨씬 커질 것"임을 근거로 범죄사실에 대한 보도에서 피의자의 실명을 공개하기 위해서는 엄격한 요건을 충족하여야 한다는 기존의 익명보도 원칙을 고수하고 있다.

　　나아가 대상판결은 "범죄사실의 보도와 함께 피의자의 실명을 공개하기 위해서는 피의자의 실명을 보도함으로써 얻어지는 공공의 정보에 대한 이익과 피의자의 명예나 사생활의 비밀이 유지됨으로써 얻어지는 이익을 비교형량한 후 전자의 이익이 후자의 이익보다 더 우월하다고 인정되어야 할 것이다."고 판시함으로써 익명보도 원칙의 예외를 인정하기 위해서는 비교형량에 의하여 공적 이익의 우월성이 인정되어야 함을 선언하였는바, 이는 기존의 공적 인물의 이론에 입각한 기준에 비해 진일보한 입장으로 평가된다.

나. 비교형량의 구체적인 방법 제시

　　대상판결 이전의 일부 학설은 보도 대상자의 공인 해당 여부와 해당 범죄사실의 공적 관심 해당 여부라는 두 가지 기준으로 사안을 네 가지로 유형화하여 이익형량의 방법에 의해 위법성 여부를 판단하여야 한다는 방법론을 제시한 바 있는데,[7] 대상판결은 보다 정교하고 구체적인 방식의 이익형량을 통해 익명보도의 예외 인정 여부를 판단하고 있다.

　　즉, 대상판결은 비교형량시 고려되어야 할 요소들로서 "범죄사실의 내용 및 태양, 범죄 발생 당시의 정치·사회·경제·문화적 배경과 그 범죄가 정치·사회·경제·문화에 미치는 영향력, 피의자의 직업, 사회적 지위·활동 내지 공적 인물로서의 성격 여부, 범죄사건 보도에 피의자의 특정이 필요한 정도, 개별 법률에 피의자의 실명 공개를 금지하는 규정이 있는지 여부, 피의자의 실명을 공개함으로써 침해되는 이익 및 당해 사실의 공표가 이루어진 상대방의 범위의 광협 등"의 세부내용을 상세히 제시하였다.

---

7) 이연갑, 앞의 글(주 1), 349면 이하.

나아가, 이러한 비교형량의 결과 ① 고도의 해악성을 가진 중대한 범죄, ② 정치·사회·경제·문화적 측면에서 비범성을 갖는 범죄, ③ 공공의 이익과 연관성을 갖는 범죄, 또는 ④ 피의자가 갖는 공적 인물로서의 특성과 그 업무 내지 활동과의 연관성 때문에 공공에 중요성을 갖게 되는 범죄 등의 경우에는 공공의 정보에 관한 이익에 우월성이 인정되므로 피의자의 실명보도가 허용될 수 있음을 밝히고 있다.

다. 관련 학설의 입장

범죄보도의 익명성 원칙 및 그 예외에 대한 판례의 입장에 대하여, 실명보도가 최소화되어야 한다는 입장에서는 다음과 같은 비판론이 제기되고 있다. 즉, 범죄피의자의 신원을 공개한다고 하여 시민들에게 범죄에 대한 어떠한 예방적·경고적 효과를 기대하기는 어려운 반면, 실명에 의한 범죄보도는 그 대상자의 인권에 심각한 침해가 되고 죄형법정주의 원칙에 위반되는 경우도 많으므로, 단지 범죄의 잔혹성, 다발성 및 피해의 중대성 등을 이유로 사적 인물에 대해서까지 폭넓게 익명보도 원칙의 예외를 인정하는 것은 적절하지 않고 범죄 피의사실을 규명하기 위해 부득이 필요하거나 추가적 피해방지 또는 범인의 체포를 위해 불가피한 경우 등에 국한하여 실명보도가 허용되어야 한다는 것이다.[8]

이에 반해, 대상판결의 태도를 옹호하는 입장에서는 사인의 경우에도 중대한 범죄사건이나 사회·경제·문화적으로 이슈가 되는 범죄사건을 저질러 사회적 파장과 공적 관심을 불러일으킨 경우에는 그에 상응하여 실명공개 등의 불이익을 상당 정도 수인하여야 함이 타당하며, 무죄추정의 원칙 또한 형사소송절차에서 적용되는 것일 뿐이어서 실명보도가 이에 어긋난다고 보기도 어려우므로, 대상판결이 설시하고 있는 기준에 따른 비교형량 기준에 부합하는 경우에는 실명보도가 허용된다고 볼 것이나, 다만 이 경우에도 언론기관은 범죄의 혐의가 상당 정도 증명된 경우에 한하여 보도가 가능하다는 입장을 밝히고 있다.[9]

---

8) 강동욱, 앞의 글(주 1), 35면 이하.
9) 오영준, 앞의 글(주 1), 619면 이하.

94 TV수신료의 세법상 취급

대법원 2000. 2. 25. 선고 98다47184 판결[1]

박종수(고려대학교 법학전문대학원 교수)

1. 사안의 개요

원고(KBS)는 방송시설의 설치, 운영 및 관리, 라디오와 텔레비전 방송실시 등의 업무를 수행하기 위하여 「한국방송공사법」에 따라 설립된 법인으로서, 1989. 7. 25.부터 1994. 4. 25.까지 부가가치세를 납부하면서 총매출세액 금 170,844,831,503원에서 광고방송분에 대한 매입세액 금 64,561,280,404원만 공제하고 일반방송분에 대한 매입세액 금 11,620,816,370원은 공제하지 않은 채 합계금 106,283,551,099원의 부가가치세를 납부하였다. 원고는 광고방송에 관한 수입과 지출을 일반방송분과 구분하여 경리하지 아니함으로써 광고방송에 해당하는 매입세액을 가려낼 수 없어서 원고의 총수입액 중 수신료 수입이 차지하는 비율을 산정하여 원고의 총매입세액 중 그 비율에 상당하는 만큼은 공제하지 아니하였다. 이는 일반방송에 대해서는 당시 「부가가치세법」 제12조 제1항 제7호에 따라 부가가치세가 면제되므로 동법 제17조 제2항 제4호에 따라 일반방송분에 대한 매입세액도 총매출세액에서 공제할 수 없다는 관할세무서의 세무행정지도에 따른 것이었다. 한편 원고는 1990. 7. 30.부터 1994. 6. 28.까지 법인세 14,569,674,240원과 그 법인세액을 과세표준으로 한 방위세 2,257,902,930원, 원고에게 지급되는 이자 등에 대하여 원천징수된 법인세 2,347,471,110원 및 그에 관한 방위세 35,010,630원, 원고의 부동산 양도차익에 관한 특별부가세 587,475,830원을 자진신고하여 납부하였다.

---

1) [참조 및 관련 판례] 대법원 2006. 10. 27. 선고 2004두13288 판결; 대법원 2011. 9. 8. 선고 2009두16268 판결 등.
   [관련 평석 및 문헌] 김용섭, "텔레비전 방송수신료에 관한 행정법적 논의, 인권과 정의 Vol. 363, 2006. 11., 112면; 이춘구, "공영방송 수신료의 입법정책 고찰", 전북대학교 법학연구소 법학연구 통권 제40집 (2013. 12.), 143면; 김석환, "부가가치세법상 비과세 사업관련 매입세액공제에 관한 고찰", 홍익법학 제14권 제1호(2013), 867면; 박재영, 공통매입세액의 안분계산에 관한 소고, 행정재판실무연구 IV, 제125집, 법원도서관 2013, 153면.

원고는 ① 원고가 제공하는 방송은 무상용역으로서 부가가치세의 과세대상이 아님에도 불구하고 일반방송분에 대한 매입세액이 당시「부가가치세법」제17조 제2항 제4호 소정의 매입세액 불공제대상에 해당하는 것으로 보아 총매출세액에서 일반방송분에 대한 매입세액 상당을 공제하지 않고 부가가치세를 납부한 것은 결국 납세의무가 없는 부가가치세를 납부한 셈이어서 피고 대한민국은 원고가 납부한 일반방송분에 대한 매입세액 상당을 부당이득으로서 원고에게 반환하여야 하며, ② 원고는 비영리법인으로서 아무런 수익사업을 한 바가 없음에도 불구하고 위와 같이 법인세와 방위세(원천징수분 포함), 특별부가세 등의 국세를 납부하였으므로 피고 대한민국은 법인세와 방위세(원천징수분 포함), 특별부가세 상당액을 부당이득으로서 원고에게 반환하여야 한다고 주장하였다.

2. 판결의 요지

가. 원심판결(서울고등법원 1998. 8. 21. 선고 97나43552 판결)

부가가치세와 관련하여 원심은 원고가 제공하는 방송은 일반시청자에 대한 관계에서 무상용역의 공급에 해당하므로(일반시청자들로부터 징수하는 수신료는 방송용역제공의 대가로 볼 수 없으므로) 구「부가가치세법」제7조 제3항에 의하여 비과세대상이지만, 비과세대상으로서 매출부가가치세를 거래징수하지 않는 경우 매입부가가치세는 과세사업에 사용된 재화나 용역에 대한 세액이 아니므로 이를 공제할 수 없는 것이며, 반면 원고가 광고주에 대하여 제공하는 광고용역은 구「부가가치세법」제7조 제1항, 제12조 제1항 제7호 단서에 따라 부가가치세의 과세대상이고, 이에 대한 부가가치세의 납부는 광고용역의 공급에 대한 매출세액에서 그 광고를 위하여 사용되었거나 사용될 재화나 용역의 공급에 대한 매입세액을 공제한 금액으로 할 것인바(구「부가가치세법」제7조 제1항), 원고가 방송제작을 위하여 지출한 비용 중 광고와 관련된 부분, 즉 광고방송분에 대한 매입세액만을 총매출세액에서 공제하고 일반방송분에 대한 매입세액을 공제하지 않은 것은 어떠한 하자가 있다고 할 수 없고, 나아가 원고가 광고방송분 매입세액을 계산하면서 광고방송분 매입세액과 일반방송분 매입세액의 실지귀속을 구분할 수 없어 매입세액 중에서 총수입(광고료와 수신료 등을 모두 합친 수입)에 대한 광고료 수입의 비율에 따라 광고방송분 매입세액을 안분계산한 조치는 구「부가가치세법시행령」제61조 제1항을 유추적용한 것2)으로서 정당하다고 판시하였다.

한편 법인세와 관련하여 원심은 구「법인세법」제1조 제1항 단서는 비영리내국법인에 대하여는 그 법인의 정관 또는 규칙상의 사업목적에 불구하고 다음 각호에 게기하는 수익사

---

2) 1심판결(서울지방법원 1997. 8. 14. 선고 94가합97445 판결)에서는 "적용 또는 유추적용"이라고 표현하였다.

업 또는 수입에서 생긴 소득에 대하여만 법인세를 부과한다고 규정하고 제1호 내지 제7호에서 법인세 부과대상이 되는 수익사업 또는 수입을 열거하고 있으므로, 소득이 생기는 수익사업 또는 수입이 위 단서 제1호 내지 제7호에 해당하는 한 그것이 비영리법인의 고유목적을 달성하기 위한 것인가의 여부를 불문하고 그로부터 생기는 소득은 모두 법인세의 과세대상이 된다고 전제하고, 원고의 방송업은 무상의 용역제공이므로 그 자체로 원고의 수익사업으로 볼 수 없으나, 광고업은 구 「법인세법」 제1조 제1항 제1호는 법인세 부과대상이 되는 비영리법인의 수익사업으로 축산업, 임업 및 수산업, 광업, 제조업, 전기·가스 및 수도사업, 건설업, 도매업, 소매업 및 음식·숙박업, 운수·창고 및 통신업, 금융·보험업, 부동산 및 사업서비스업과 사회 및 개인서비스업으로 대통령령이 정하는 것으로 규정하고, 동 시행령 제2조 제1항은 위 법 제1조 제1항 제1호에 규정하는 사업의 범위는 구 「소득세법시행령」 제29조 내지 제37조의 규정에 의한 사업과 부동산 임대업으로 규정하고 있는바, 원고가 영위하는 수익사업인 광고업은 구 「소득세법시행령」 제36조 제4호의 '사업서비스업' 중 라항의 '광고업과 신문지국경영업'에 해당함이 명백하므로 원고의 주장은 이유고, 따라서 원고는 공고료 수입, 전파료 수입, 교향악단 수입 등의 수입에 대하여는 법인세 납세의무가 있으나 수신료는 방송관계법 관련 규정을 종합할 때 공영방송인 원고의 유지, 운영을 위하여 그 부담능력이 있는 일정한 범위의 텔레비전 수상기 소지자들로부터 징수하는 공적 부담금의 성격을 가진 것이라고 보여지므로 법인세 과세물건이라고 보기 어렵다고 판시하였다.

아울러 사인의 공법행위인 법인세 등 신고행위는 당연무효임을 전제로 해서만 그 납부된 세액이 국가의 부당이득이 될 것이지만 이 사건에서는 신고행위의 하자가 중대하기는 하지만 명백하다고는 볼 수 없어 당연무효는 아니라고 보아 위 부가가치세 및 법인세 쟁점과 더불어 원고의 주장을 모두 기각하였다.

나. 대법원판결

부가가치세 부분에 관하여 대법원은 수신료는 텔레비전방송의 수신을 목적으로 텔레비전수상기를 소지한 자에 대하여 징수하며, 수신료의 금액은 원고의 이사회가 결정하고, 원고가 공보처장관의 승인을 얻어 부과·징수하며, 텔레비전의 등록을 하지 아니하거나 수신료를 연체한 자에 대해서는 원고가 추징금 또는 가산금을 징수하며, 이를 체납한 자에 대해서는 국세체납처분의 예에 따라 징수할 수 있는바, 이에 비추어 보면 수신료는 공영방송사업이라는 특정한 공익사업의 경비조달에 충당하기 위하여 수상기를 소지한 특정집단에 대하여 부과되는 특별부담금에 해당한다고 할 것이므로, 이를 원고의 서비스에 대한 대가로서 지불하는 수수료로 볼 수 없고, 따라서 원고가 제공하는 방송 중 수신료 수입에만 의하여 이루어지

는 방송은 광고방송과 관련성이 인정되는 등 대가관계를 인정할 수 있는 다른 특별한 사정
이 없는 이상 일반시청자에 대한 관계에서 무상용역의 공급에 해당한다고 볼 것이므로 이는
구「부가가치세법」제7조 제3항의 부가가치세 비과세대상이라 할 것이고, 이를 사업상 영위
하는 방송업 또한 부가가치세 과세사업에 해당한다고 볼 수는 없는 반면, 같은 법 제12조 제
1항 제7호가 방송은 부가가치세 면세대상으로 규정하면서도 광고는 여기서 제외하고 있으므
로 광고료 수입에 의하여 이루어지는 원고의 광고방송은 위에서 본 방송과는 달리 부가가치
세 과세대상에 해당하고, 이를 사업상 영위하는 광고업 또한 부가가치세 과세사업에 해당한
다. 이렇게 보는 이상 원고가 실제 영위하고 있는 방송업은 부가가치세 과세사업은 물론 면
세사업에도 해당되지 않아「부가가치세법」상으로는 원고는 과세사업인 광고업만을 영위하는
것과 같은 결과가 되므로 원고의 부가가치세액에서 공제되어야 할 매입세액을 산정함에 있
어서도 방송업과 광고업에 공통으로 사용되어 실지귀속을 구분할 수 없는 매입세액을 계산
하는 경우에 과세사업과 면세사업을 겸영하는 경우에 관한 구「부가가치세법시행령」제61조
제1항 본문은 이에 적용될 수 없고, 원고의 수신료수입에 의한 방송용역의 공급은 원칙적으
로 무상용역의 공급으로서 그 공급가액을 확정할 수 없으므로 위 제61조 제1항 본문에 규정
된 산식을 유추적용할 수도 없다 할 것이고, 구「부가가치세법」제17조에 의하여 과세사업
인 광고업을 위하여 사용되었거나 사용될 재화 또는 용역의 공급 등에 대한 세액(제1항)으로
제2항의 예외사유에 해당하지 않는 것에 한하여 매입세액으로서 공제될 수 있다고 판시하였
다. 따라서 원고가 광고방송분 매입세액을 계산하면서 광고업과의 관련성이 인정되는 부분
을 구분, 확정함이 없이 원고의 총매입세액 중에서 총수입(광고료와 수신료 등을 모두 합친 수입)
에 대한 광고료 수입의 비율에 따라 광고방송분 매입세액을 안분계산한 뒤 이를 공제하여
산출한 부가가치세액을 신고한 행위는 위법하다할 것이므로 원심이 이를 구「부가가치세법
시행령」제61조 제1항을 유추적용한 것으로서 정당하다고 판단한 것은 적절하지 않으나, 이
러한 신고행위는 위법하기는 하여도 당연무효라고는 볼 수 없어 납부된 세액이 국가의 부당
이득으로서 반환되어야 한다는 원고의 상고주장은 이유 없으므로 원심의 잘못이 판결 결과
에 영향이 없어 원심의 결론을 유지하였다.

　　한편 법인세와 관련하여서는 원심의 판단을 그대로 받아들여 원고가 영위하는 수익사
업인 광고업은 사업서비스업 중 광고업과 신문지국경영업에 해당함이 명백하므로 원고는 광
고료 수입, 전파료 수입, 교향악단 수입 등의 수입에 대하여 법인세를 납부할 의무가 있다고
판단하였고, 고유목적사업으로서 단일한 방송업만을 영위할 뿐 광고업을 영위한 바 없음을
전제로 구「법인세법」제1조 단서 각 호 소정의 별도의 수익사업을 영위한 경우에 해당하지
않는다는 취지로 주장하는 원고의 상고이유를 배척하였다.

3. 해설

가. 수신료 수입의 과세대상 여부

(1) 수신료의 법적 성질

수신료란 「방송법」에 따라 지상파 공영방송의 재원마련을 위하여 TV수상기를 소지한 자를 대상으로 부과·징수되는 공법상의 금전급부의무이다. 수신료 수입이 과세대상인지 여부에 대하여 검토하기 위해서는 먼저 수신료의 법적 성질이 무엇인지에서 출발하여야 한다. 공법상 금전급부의무로서의 수신료의 법적 성질에 대해서는 이를 조세의 일종으로 보는 견해(조세설),[3] KBS가 제공하는 서비스에 대한 대가로서의 수수료라고 보는 견해(수수료설), 방송용역의 대가로서의 사용료적 성질이라는 견해(사용료설), 일정범위의 사람을 대상으로 공법상의 특별한 목적을 위하여 부과되는 특별부담금이라는 견해(특별부담금설)[4] 등 다양한 견해가 주장되고 있다. 수수료설과 사용료설은 방송용역에 대한 대가적 성격이 있다고 주장하는 이 사건 KBS의 주장이며, 조세설이나 특별부담금설과 비교하면 용역 제공에 대한 대가적 성격이 있는지에 차이를 가진다.

생각건대 수신료는 방송용역에 대한 대가로서 일반 시청자들에게 폭넓게 부과·징수하는 것이 아니고 구체적인 대가관계 없이 수상기를 소지한 일정 범위의 사람에게만 부과되는 점, 공영방송의 재원마련이라는 특별한 목적을 위한 용도로 사용되는 점 등 일반 조세와는 그 성격이 다르다고 보아야 하고 조세나 사용료·수수료와는 구별되는 특별부담금의 일종으로 보는 것이 타당하다고 본다.

(2) 부가가치세 과세 관련

부가가치세와 관련해서는 이러한 수신료 수입에 의한 방송용역이 부가가치세 과세대상인지 여부가 중요하다. 사실 그간 방송의 부가가치세법상 취급에 대하여 근거규정은 혼란한 상태를 보여왔다. 즉, 부가가치세법 제정 당시부터는 '방송으로서 대통령령으로 정하는 것'은 면세로 규정하면서 시행령에서 방송의 개념에 대하여 관계법령의 상황에 따라 방송법상 또는 언론기본법상의 방송과 유료방송인 종합유선방송이나 중계유선방송 등이 함께 열거되어 규정되어 오고 있었다. 즉, 마치 유료방송뿐 아니라 지상파 방송도 포함하여 면세사업으

---

3) 박선영, "TV수신료의 법적 성격과 공영방송재원조달에 관한 연구", 서울대학교법학 제43권 제1호, 394면 이하.
4) 헌법재판소 1999. 5. 27. 선고 98헌바70 결정.

로 규정한 것처럼 읽혀왔었다.

개정일자	부가가치세법시행령 관련 규정
1976. 12. 31., 제정	제32조 ③ 법 제12조 제1항 제7호에 규정하는 방송은 방송법에 의한 방송으로 한다.
1978. 12. 30., 일부개정	제32조 ③ 법 제12조 제1항 제7호에 규정하는 방송은 방송법에 의한 방송과 유선방송수신관리법에 의한 텔레비전난시청지구에서의 중계방송으로 한다.
1981. 12. 31., 일부개정	제32조 ④ 법 제12조 제1항 제7호에 규정하는 방송은 언론기본법에 의한 방송과 유선방송수신관리법에 의한 텔레비전난시청지구에서의 중계방송으로 한다.
1988. 6. 9., 일부개정	제32조 ④ 법 제12조 제1항 제7호에 규정하는 방송은 방송법에 의한 방송과 유선방송관리법에 의한 텔레비전중계유선방송으로 한다.
1995. 12. 30., 일부개정	제32조 ④ 법 제12조 제1항 제7호에 규정하는 방송은 방송법에 의한 방송과 종합유선방송법에 의한 종합유선방송 및 유선방송관리법에 의한 텔레비전중계유선방송으로 한다.
2000. 3. 13., 일부개정	제32조 ④ 법 제12조 제1항 제7호에 규정하는 방송은 방송법에 의한 방송 및 중계유선방송으로 한다.
2001. 12. 31., 일부개정	삭제(유료방송 과세전환)

　그러나 대상판결을 통해서 법원은 수신료의 법적 성질에서 방송 용역에 대한 대가라는 성질을 인정할 수 없다고 명확히 선을 그었고, 그에 따라 지상파 수신료 수입에 의한 방송은 무상의 용역제공으로서 「부가가치세법」상 과세대상이 아닌 것으로 명확히 성질지워지게 되었고 이후 법원의 일관된 입장으로 정착되었다.

　그 결과 「부가가치세법」의 내적·외적 체계에 의하면 부가가치세의 과세대상이 되는 재화나 용역에 한하여 그 부가가치에 대하여 과세가 되며, 비과세대상은 부가가치세법의 적용대상에서 원천적으로 배제되게 된다. 그리고 과세가능 대상 중에서 국민의 생활필수품 등 일정한 정책적 목적에서 부가가치세를 면제하여 소비자의 부담을 덜어주는 조치를 가하게 된다. 그렇다면 부가가치세법상 면세조항에 명기되어 있는 '방송', 즉 면세를 적용받는 방송은 개념적으로 지상파를 제외한 유료방송만을 의미하게 된다.

　그러나 실정법 규정에서는 본 대상판결이 나온 같은 해 2000. 3.에 개정된 「부가가치세법시행령」 제32조 제4항만 보더라도 여전히 면세되는 방송의 개념을 "방송법에 의한 방송 및 중계유선방송"이라고 규정하고 있어서 혼란을 계속하고 있었다. 그러던 중 2001. 12. 31. 「부가가치세법시행령」 제32조에서 방송 관련 조항이 전격 삭제되었다. 모법의 면세조항에는 방송이 면세임을 계속 유지했지만 시행령 규정만 삭제한 조치이고, 그 개정이유는 과세형평의 차원에서 상업방송, 즉 유료방송의 수신료를 과세로 전환하기 위함이라고 하였다. 지상파 방송의 수신료의 법적 성질에 대해서는 이미 판례가 확고한 상태에서 유료방송만을 과세로 전환한 것이고, 그 결과는 고스란히 시청자의 부담으로 전가되어 시청자 불만 등 논란이 일어나기도 하였다. 이러한 법적 상태는 현재까지 유지되고 있다.

결론적으로 부가가치세와 관련하여 KBS가 제공하는 방송 중 수신료 수입에만 의하여 이루어지는 방송은 광고방송과 관련성이 인정되는 등 대가관계를 인정할 수 있는 다른 특별한 사정이 없는 한 일반 시청자에 대한 관계에서 무상용역의 공급에 해당하고, 이는 구 「부가가치세법」 제7조 제3항의 부가가치세 비과세대상이라고 할 것이고, 이를 사업상 영위하는 방송업 또한 부가가치세 과세사업에 해당한다고 볼 수 없다. 이러한 법리는 방송용역이 국고보조금 또는 방송발전기금에 의하여 이루어진 경우에도 동일하다 할 것이다.[5]

(3) 법인세 과세 관련

수신료 수입의 법인세 과세문제와 관련하여 대상판결은 원심이, 구 「법인세법」(1994. 12. 22. 법률 제4804호로 개정되기 전의 것, 이하 같다) 제1조 제1항 단서는 비영리 내국법인에 대하여는 그 법인의 정관 또는 규칙상의 사업목적에 불구하고 다음 각 호에 게기하는 수익사업 또는 수입에서 생긴 소득에 대하여만 법인세를 부과한다고 규정하고, 제1호 내지 제7호에서 법인세 부과대상이 되는 수익사업 또는 수입을 열거하고 있으므로, 소득이 생기는 수익사업 또는 수입이 위 단서 제1호 내지 제7호에 해당하는 한 그것이 비영리법인의 고유 목적을 달성하기 위한 것인가의 여부를 불문하고 그로부터 생기는 소득은 모두 법인세의 과세대상이 된다고 전제한 뒤, 방송업은 무상의 용역제공이므로 그 자체로 원고의 수익사업으로 볼 수 없으나, 광고업에 관하여 보면 위 구 법인세법 제1조 제1항 제1호는 법인세 부과대상이 되는 비영리법인의 수익사업으로 축산업, 임업 및 수산업, 광업, 제조업, 전기·가스 및 수도사업, 건설업, 도매업, 소매업 및 음식·숙박업, 운수·창고 및 통신업, 금융·보험업, 부동산 및 사업서비스업과 사회 및 개인서비스업으로 대통령령이 정하는 것으로 규정하고 있고, 구 「법인세법시행령」(1994. 12. 31. 대통령령 제14468호로 개정되기 전의 것) 제2조 제1항은 위 법 제1조 제1항 제1호에 규정하는 사업의 범위는 소득세법시행령 제29조 내지 제37조의 규정에 의한 사업과 부동산 임대업으로 규정하고 있으므로, 원고가 영위하는 수익사업인 광고업은 구 「소득세법시행령」(1994. 12. 31. 대통령령 제14467호로 개정되기 전의 것) 제36조 제4호의 '사업서비스업'(1990. 12. 31. 대통령령 제13194호로 개정되기 전에는 '용역업'으로 규정되어 있었다) 중 (라)목의 '광고업과 신문지국경영업'에 해당함이 명백하므로 원고는 광고료 수입, 전파료 수입, 교향악단 수입 등의 수입에 대하여 법인세를 납부할 의무가 있다고 판단한 것에 대하여 이는 정당하다고 하여 추인하였다.

이러한 결론은 KBS가 법인세법상 비영리내국법인에 해당한다는 전제위에 방송업은 무

---

5) 서울행정법원 2008. 12. 17. 선고 2006구합45401 판결.

상의 용역제공이므로 그 자체로 법상 열거된 KBS의 수익사업으로 볼 수 없다는 것에 근거한 것이다. 소송에 앞서 제기된 심판청구절차에서 구 국세심판원은 KBS를 「법인세법」상 비영리내국법인으로 볼 수 없고, 수신료 수입이 비과세라는 명문의 규정도 법인세법상 찾아볼 수 없다는 점에서 수신료 수입은 법인세 과세대상이 된다고 보았었다.[6]

생각건대 KBS는 구성원에 대한 수익의 분배를 전제로 하지 않는다는 점에서 「법인세법」상 비영리내국법인으로 보는 것이 타당하며, 비영리법인인 이상 열거된 수익사업에 한하여 법인세 과세대상 소득으로 보는 것이 옳다고 본다. 따라서 광고수입 이외에 순수 수신료 수입에 의하는 방송용역의 제공은 법인세 부과대상이 아니라고 본 대상판결의 결론에 찬동한다.

나. 공통매입세액의 안분 규정 적용 문제

수신료와 관련한 문제 중 빼놓을 수 없는 중요한 논점은, 부가가치세에 있어서 KBS의 비과세사업인 방송업과 과세사업인 광고업에 공통으로 사용된 매입세액이 있을 때 부가가치세액에서 공제되어야 할 매입세액을 산정함에 있어서 방송업분과 광고업분이 명확하게 구분경리되어 있지 않다면 과·면세 겸영사업자의 경우를 규정한 구「부가가치세법시행령」제61조 제1항 소정의 안분규정을 유추적용하여 매입세액을 산정할 수 있는지의 문제이다. 이에 대해서는 명문의 규정이 없는 상황에서 긍정설과 부정설이 대립한다. 긍정설에서는 비과세사업과 면세사업은 비록 법적인 평가는 다르지만 양자 모두 공제대상 매입세액에 해당하지 않는다는 경제적 효익면에서는 유사성이 있고, 따라서 시행령 제61조 제1항 소정의 안분규정을 직접은 아니어도 최소한 유추적용하여 비과세사업과 과세사업을 겸영한 사업자의 매입세액공제를 합리적으로 결론지을 수 있다고 보게 된다.[7] 반면에 부정설에서는 과세사업과 비과세사업을 동시에 겸영하게 되면 「부가가치세법」적으로는 과세사업만을 영위하는 것과 같은 결과가 되고, 법규정의 유추적용이 가능하기 위해서는 두 대상이 유사성이 인정되어야 하는데 비과세사업과 면세사업은 본질적인 존재의 평면을 달리하는 것으로서 대상면에서 유사하다고 판단하기 어렵고, 더욱이 조세법률주의의 원칙상 세법규정의 유추적용은 원칙적으로 허용되지 않는 것이고 더욱이 개별적인 경우 유추를 통하여 납세자에게 더 불리한 결과를 가져오게 하는 것은 타당하지 않다는 점에 근거를 두게 될 것이다.[8]

대상판결은 이 중 부정설의 입장에 서있다. 즉, 대법원은 수신료는 특별부담금으로서

---

6) 국심1998서2939, 2000. 4. 19.; 국심2000서0445, 2000. 6. 17.
7) 이동철, "부가가치세법 시행령 제61조가 동일한 사업자가 부가가치세 과세사업과 비과세사업을 겸영하는 경우에도 적용되는지 여부", 대법원 판례해설 65호(2006 하반기), 법원도서관, 140면 이하.
8) 김두천, 부가가치세법의 이론과 실제, 1998, 269면.

KBS의 서비스에 대한 대가로 지불하는 수수료로 볼 수 없어 KBS가 영위하고 있는 방송업은 부가가치세 과세사업은 물론 면세사업에도 해당하지 않아 「부가가치세법」상으로는 과세사업인 광고업만을 영위하는 것과 같은 결과가 되므로 동 시행령 제61조 제1항 본문은 이에 (직접) 적용될 수 없고, KBS의 수신료 수입에 의한 방송용역의 공급은 원칙적으로 무상용역의 공급으로서 그 공급가액을 확정할 수 없으므로 구「부가가치세법시행령」 제61조 제1항 본문에 규정된 산식을 유추적용할 수도 없다고 보았다. 따라서 구「부가가치세법」 제17조에 의하여 과세사업인 광고업을 위하여 사용되었거나 사용될 재화 또는 용역의 공급 등에 대한 세액(제1항)으로 제2항의 예외사유에 해당하지 않는 것에 한하여 매입세액으로서 공제될 수 있다고 판시하였다.[9]

그런데 대법원은 카지노사업의 부가가치세 과세가 문제된 사안[10]에서 카지노사업의 수입은 고객으로부터 카지노시설의 입장의 대가로 받는 입장료수입과 고객이 도박을 위하여 건 돈에서 고객이 받아간 돈을 제외한 도박수입으로 구성되는바, 전자는 과세사업임에 반하여 후자는 부가가치를 창출하는 것이 아니어서 과세사업과 비과세사업을 겸영하는 경우에 해당하는데, 이 경우에 사업자가 구분경리를 하지 않아 실지귀속을 알 수 없는 상황에서 비과세사업에서의 관련 매입세액은 관련 매출세액에서 공제할 수 없다는 점은 면세사업의 경우와 동일하므로 공통매입세액의 안분규정인 구「부가가치세법시행령」 제61조 제1항 및 제4항은 이 경우에도 적용된다고 판시하였다.

이렇게 외견상 엇갈려 보이는 대법원의 두 판례의 입장이 양립 및 조화될 수 있는 것인가 아니면 상반된 것인가에 대하여 의문이 제기될 수 있다. 그러나 개인적으로 대상판결에서 수신료의 법적 성질을 밝히면서 대법원이 밝힌 바와 같이 수신료는 방송용역의 공급에 대한 대가적 성격이 없다는 점에 주목하여야 한다고 본다. 부가가치세의 비과세대상 사업에는 공급가액 자체가 없는 무상용역의 공급의 경우도 있지만, 카지노사업에서의 도박수입처럼 제공한 용역에 대한 대가로서의 성격을 가지지만 부가가치의 개념논리에서 과세대상에서 제외되는 것이 있을 수 있다. 전자의 경우는 용역과의 대가성이 없어 공급가액 자체를 원천적으로 상정할 수 없는 점에서 시행령 제61조의 적용 또는 유추적용이 안 되지만, 후자의 경우는 제공된 용역에 대한 대가로서의 성격을 인정할 수 있어 도박수입의 경우는 공급가액으로 인정할 수 있다는 점에서 시행령 제61조의 유추적용이 가능하다고 할 것이다.

이렇듯 관련 수입금액에 용역의 공급에 대한 대가로서의 성격이 존재하는지 여부를 기

---

9) 따라서 KBS가 광고방송분 매입세액을 계산하면서 광고업과의 관련성이 인정되는 부분을 구분, 확정함이 없이 총매입세액 중에서 총수입(광고료와 수신료 등을 모두 합친 수입)에 대한 광고료 수입의 비율에 따라 광고방송분 매입세액을 안분계산한 뒤 이를 공제하여 산출한 부가가치세액을 신고한 행위는 위법하다고 보았다.

10) 대법원 2006. 10. 27. 선고 2004두13288 판결.

준으로 하는 한 대상판결과 2004두13288 판결은 양립가능하다고 할 것이다.[11] 이러한 취지는 EBS의 부가가치세경정거부처분취소소송[12]에서 대법원이 위 두 개의 판결을 동시에 원용하면서도 결론에 있어서 대상판결과 동일한 결론을 냄으로써 재차 확인해주었다.

4. 판결의 의의

　대상판결은 동일한 사업자가 부가가치세의 과세사업과 비과세사업을 겸영하는 경우에도 과세사업과 면세사업의 공통매입세액 안분규정인 구「부가가치세법시행령」제61조 제1항(및 제4항)을 적용할 수 있는지에 관하여 최초로 판시한 사례로서, 부가가치세 비과세사업의 본질과 공통매입세액의 안분에 관한 합리적 해석론을 펼칠 수 있는 중요한 계기가 되었다는 점에서 높이 평가할 수 있다. 현재 지상파의 경우 수신료에 의한 일반방송 부분은 확립된 대법원의 판례에 의하여 부가가치세와 법인세에서 제외되고 광고방송 등에 의한 수입에 대하여만 부가가치세 및 법인세가 과세되고 있는데, 이와 비교하여 한 가지 아쉬운 것은「부가가치세법시행령」제32조의 개정연혁에서도 알 수 있는 바와 같이「부가가치세법」이 제정된 이후 2001년까지 24년 이상 면세로 다루어져 왔던 유료방송의 수신료가 모법의 면세규정에 '방송'을 열거한 것은 그대로 둔 채 시행령 규정에서만 유료방송 관련 부분을 삭제하는 방법으로 과세로 전환되었다는 점이다. 결국 유료방송은 수신료도 과세로 전환되고 광고방송도 과세가 되는 모습이 된 것이다. 입법방법론적으로 타당하지 않음은 차치하고라도, 오늘날 국민의 기초생활 필수 서비스로 정착되고 있는 유료방송 부문을 면세범위의 축소 및 통신과의 과세형평성이라는 명목하에 과세로 전환하는 것은 문제라고 보인다. 최소한 프리미엄서비스를 제외한 기본요금 부분은 국민 기초생활 서비스라는 점에서 면세로 유지하는 것이 타당하다고 생각된다. 이명박 정부시절 구 방송통신위원회는 방송통신 요금의 부가가치세 면제 및 연말정산시 소득공제 도입을 추진한 바 있다. 유료방송 수신료의 과세전환은 요금에 10%의 부가가치세가 인상되면서 그 부담이 고스란히 이용자에게 전가된 것을 보면 가계통신비 완화와 요금인하의 추세와는 역행하는 처사라고 평가할 수 있다. 향후 지상파 수신료를 포함하여 방송통신 요금과 관련한 행정적, 입법적 개선에 관한 노력이 함께 경주되기를 기대해 본다.

---

11) 같은 취지: 박재영, 앞의 글(주 1), 189면; 김석환, 앞의 글(주 1), 883면.
12) 대법원 2011. 9. 8. 선고 2009두16268 판결.

95 TV수신료 부과·징수의 법률관계와 쟁송방법

대법원 2008. 7. 24. 선고 2007다25261 판결[1]

박종수(고려대학교 법학전문대학원 교수)

1. 사안의 개요

이 사건의 원고들은 텔레비전방송을 수신하기 위하여 텔레비전수상기(이하 '수상기'라 한다)를 소지한 자이고, 피고 한국전력공사는 원고들과 전기공급계약을 체결한 자로서, 구 방송법 제67조 제2항에 기하여 피고 보조참가인인 한국방송공사와 텔레비전방송수신료(이하 '수신료'라 한다) 징수업무 위·수탁 계약을 체결하고, 1994. 10. 1부터 방송법 시행령 제43조 제2항에 의하여 수상기를 소지하는 자들에게 전기요금납부고지서에 수신료를 병기하여 고지하는 방식으로 수신료를 징수(이하 '통합고지, 징수'라 한다)하여 왔다. 원고들은 피고 한국전력공사에 의한 수신료의 통합징수는 법률유보원칙에 위배되고, 과잉금지원칙 및 부당결부금지원칙에 위배되며, 위임입법의 한계를 일탈하여 위법이라고 주장하였고, 원심은 이 사건 소가 사법상 법률관계에 관한 민사소송에 해당한다는 이유로 본안에 들어가 원고의 청구를 배척하였으나, 대법원은 행정처분 또는 공법상 당사자소송에 관한 법리를 오해하여 전속관할에 관한 규정을 위반한 위법이 있다고 인정하여 원심을 파기함과 동시에 제1심판결을 취소하였고 직권으로 사건을 관할법원인 서울행정법원으로 이송하였다.[2]

---

1) [참조 및 관련 판례] 대법원 1997. 5. 30. 선고 95다28960 판결; 대법원 2009. 9. 17. 선고 2007다2428 전원합의체 판결; 대법원 2009. 9. 24. 선고 2008다60568 판결; 대법원 2013. 4. 26. 선고 2012다203522 판결; 서울고등법원 2010. 3. 18. 선고 2009나85412 판결.
  [관련 평석 및 문헌] 서울행정법원 조세소송실무 2012; 전영준, 조세환급금 청구와 당사자소송, 변호사 제44집(2013), 서울지방변호사회, 2013; 장재형, "2009년 민사소송법 중요 판례", 인권과 정의 405호(2010. 5), 대한변호사협회, 2010; 유병현, "2009년도 민사소송법 학계의 회고와 법률 및 판례의 동향", 고시계 55권 2호(636호), 국가고시학회, 2010.
2) 해당 사건은 서울행정법원 2008구합31208 사건으로 배당되어 같은 취지로 원고 패소하고, 서울고등법원 2009누3622 사건으로 항소기각된 이후, 대법원 2009두19885 판결로 상고기각(심리불속행)되었다.

2. 판결의 요지

가. 원심판결(서울고등법원 2007. 3. 22. 선고 2006나89895 판결)

원심은 제1심판결(인천지방법원 2006. 8. 23. 선고 2005가합16863 판결)의 판시이유를 그대로 인용하여, 본안전 항변3)에 대해서는 ① 재판청구권의 행사도 상대방의 보호 및 사법기능의 확보를 위하여 신의성실의 원칙에 의하여 규제된다고 볼 것이므로 소의 제기가 상대방을 괴롭히는 결과가 되고 나아가 사법 인력을 불필요하게 소모시키는 결과가 된다면 그러한 제소는 신의성실의 원칙에 위배하여 소권을 남용하는 것으로서 허용될 수 없다고 할 것이나, 이 사건 소에서 확인을 구하는 것은 피고의 통합고지, 징수 권한의 유무로서 기왕에 판단된 수신료 자체의 합헌성·적법성과는 그 내용이 달라 별도로 판단될 가치가 있는 문제라 할 것이고, 달리 이 사건 제소가 단지 상대방을 괴롭히고 사법 인력을 불필요하게 소모시키는 결과를 초래한다고 볼 만한 사정을 발견할 수도 없는 점, ② 원고들은 피고가 통합고지, 징수 권한에 관하여 적법하게 위탁받지 못하여 공무수탁사인이 아니라 전기공급계약의 당사자에 불과함을 전제로 이 사건 소를 제기한 것이고 원고들의 공법상 수신료 납부 의무 자체의 존부를 다투는 것이 아니므로 이는 민사소송절차에 의하여야 할 것이고, 피고가 피고 보조참가인을 위하여 원고들로부터 수신료를 징수할 적법한 권한이 있는지 여부는 본안에서 판단할 문제인 점, ③ 피고에게 통합고지, 징수 권한이 존재하지 않음을 확인함으로써 피고의 통합고지, 징수와 관련하여 발생하는 분쟁을 일회적, 근본적으로 해결할 수 있다는 점에서 확인의 이익이 인정된다 할 것이고, 이 사건 청구취지는 결국 원고들에게 피고의 통합고지, 징수에 응할 의무가 존재하지 아니함의 확인을 구하는 것으로 선해되므로 구체적인 권리보호자격도 인정된다 할 것인 점을 이유로 원고의 소제기는 적법하다고 보았다.

한편, 본안에 대해서는 ① 수신료는 텔레비전방송의 수신을 위하여 수상기를 소지하는 특정집단에 대하여 부과 징수하는 금전적 부담이고 피고 보조참가인이 수행하는 공영방송사업과 수신료 납부의무자인 수상기 소지자 집단 사이에는 수신료라는 금전부담을 지울 만한 특별하고 긴밀한 관계가 성립된다고 할 것이며 징수된 수신료는 국가의 일반적 과제가 아니라 피고 보조참가인이 수행하는 텔레비전방송 등의 특정 공익사업의 재정에 충당되며 독립채산방식에 의하여 별도로 관리된다는 점에서, 공영방송사업이라는 특정한 공익사업의 경비

---

3) 피고 및 피고 보조참가인은 ① 이 사건 소제기가 소권의 남용에 해당하는 점, ② 수신료의 부과, 징수는 공법상 법률관계이므로 민사소송으로 다툴 수 없는 점, ③ 이 사건 통합고지, 징수 권한의 부존재 확인을 구할 이익이 없는 점을 본안전 항변으로 주장하였다.

조달에 충당하기 위하여 수상기를 소지한 특정집단에 대하여 부과되는 특별부담금에 해당하는 점, ② 방송법 시행령 제43조 제2항의 취지상 피고가 그 고유업무와 관련된 고지행위와 결합하여 행할 수 있는 수신료 징수업무는 수신료의 납부통지일 뿐이고 그 외의 징수업무, 특히 수신료 체납의 경우 행할 수 있는 강제징수업무는 피고의 고유업무와 결합하여 행사할 수는 없다 할 것이고, 관련규정4)에 의하면 피고는 피고 보조참가인으로부터 단순한 수신료 징수업무만을 위임받았을 뿐 수신료 등의 강제징수업무는 위임받은 바 없다 할 것이므로, 법령상 피고가 수신료 체납을 이유로 한 강제징수로서 자신의 고유업무와 결합하여 전기공급을 거부하는 것은 허용되지 아니한다고 할 것인 점, ③ 수신료 징수절차의 중요하고도 본질적인 사항은 이미 형식적인 법률에 의하여 규율하고 있다고 보아야 할 것이고, 시행령 43조 제2항은 법 제67조 제2항에서 규정한 사항을 집행하기 위한 사항을 정한 것으로 보아야 할 것이며, 법 제67조 제2항에서 피고 보조참가인이 수신료 징수업무를 위탁하고 있다고 규정하고 있는 이상 일반인으로서도 경우에 따라서는 징수업무가 위탁받은 자의 업무와 결합되어 이루어질 수 있음을 당연히 예상할 수 있다 할 것이므로, 피고의 이 사건 통합고지, 징수 권한의 근거가 되는 시행령 제43조 제2항이 의회유보원칙에 반하거나 위임입법의 한계를 일탈하여 법률유보원칙에 위반된 것은 아닌 점, ④ 시행령 제43조 제2항에 의한 이 사건 통합고지, 징수는 공영방송의 유지·발전을 위해 수신료를 보다 효율적이고 공평하게 징수하기 위한 것으로서 실제로 위 제도가 도입되기 이전보다 징수율이 현저히 향상되고 징수비용은 절감되는 효과가 발생하였다는 점에서 목적의 정당성 및 방법의 적정성이 인정된다 할 것이고, 앞서 본 바와 같이 법령상 피고에게 수신료 체납을 이유로 하여 전기공급을 거부하는 것이 허용되지 아니함을 고려한다면 피고의 통합고지, 징수로 인하여 원고들에게 추가로 부가되는 재산권 제한은 거의 없는 반면 오히려 수신료를 납부하기 위해 별도의 고지서를 발급받아 납부하여야 하는 불편이 해소된다 할 것이고, 설령 피고의 통합고지, 징수 자체로 재산권의 제한이 발생한다 하더라도 징수되는 수신료의 금액이 월 2500원인 점, 피고 보조참가인과 피고 사이에 체결된 수신료 징수업무 위·수탁계약 제3조에 의하면 수신료를 전기요금에 병과하여 징수하는 것을 원칙으로 하되 부담과중을 이유로 분리고지를 요청하는 경우에는 별도 협의하여 정한다고 규정하여 예외적으로 분리고지를 허용하고 있는 점, 시행령 제44조 제1항에서는 국민기초생활보장수급자 등 수신료를 면제할만한 정당한 사유가 있는 경우에는 수신료를 면제하고 있는 점 등에 비추어 볼 때 그러한 재산권의 제한이 공익적 서비

---

4) 방송법 제67조 제1항·제2항에서는 피고 보조참가인이 위탁할 수 있는 업무를 법 제66조의 규정에 의한 징수업무와 수상기의 등록업무 및 수신료의 징수업무로 구분하여, 법 제66조의 규정에 의한 징수업무 즉, 수신료, 가산금, 추징금 등이 체납된 경우 피고 보조참가인의 국세체납의 예에 따른 강제징수업무에 관하여는 시·도지사에게, 단순한 수상기 등록업무 및 수신료 징수업무에 관하여는 피고 보조참가인이 지정하는 자에게 위탁할 수 있다고 규정하고 있다.

스 실현, 방송수신환경 개선, 방송문화발전, 공영방송의 안정적 재원 확보 등 효율적 수신료 징수를 통해 얻어지는 이익보다 더 크다고 보기도 어려워 피해의 최소성 및 법익균형성의 요청도 충족한다 할 것이므로 피고의 통합고지, 징수가 과잉금지원칙에 위반되는 것은 아닌 점, ⑤ 시행령 제43조 제2항의 규정취지상 피고가 수신료 체납을 이유로 하여 전기공급을 거절하는 것은 허용되지 않아 부당결부금지원칙에 위배되지 않는 점, ⑥ 시행령을 통해 독자적 행정주체인 피고 보조참가인에게 법이 부여한 범위를 초과하여 국민의 기본권을 제한할 권한을 부여하는 것은 허용되지 아니한다 할 것이나, 법 제66조 제3항에서는 명시적으로 피고 보조참가인의 강제징수권한 및 그 절차를 규정하고 있고, 시행령 제43조 제2항에 의하더라도 피고가 수신료 체납을 이유로 전기공급을 거절하는 것이 허용되지 아니하며, 피고는 피고 보조참가인으로부터 이 사건 수신료 징수업무를 위탁받음으로써 위탁징수수수료를 지급받고 있으며, 법인의 권리능력은 법인의 설립근거가 된 법률과 정관상의 목적에 의하여 제한되나 그 목적범위 내의 행위라 함은 법률이나 정관에 명시된 목적 자체에 국한되는 것이 아니라 그 목적을 수행하는 데 있어 직접, 간접으로 필요한 행위는 모두 포함되는 것인 점 등에 비추어 볼 때, 피고가 피고 보조참가인으로부터 위탁받아 수신료를 고지, 징수하는 것은 한국전력공사법 제13조 제1항 제2호에서 정한 사업 또는 적어도 그 사업을 수행하는 데 필요한 행위라 할 것인 점에서 원고의 주장은 이유없다고 판시하였다.

나. 대법원판결

대법원은 TV수신료의 법적 성질에 대하여, 공영방송사업이라는 특정한 공익사업의 경비조달에 충당하기 위하여 텔레비전수상기를 소지한 특정 집단에 대하여 부과되는 특별부담금에 해당한다고 전제한 후, 피고 보조참가인은 자신이 지정하는 자에게 수신료의 징수업무를 위탁할 수 있고(방송법 제67조 제2항), 지정받은 자가 수신료를 징수하는 때에는 지정받은 자의 고유업무와 관련된 고지행위와 결합하여 이를 행할 수 있다(방송법 시행령 제43조 제2항)고 판단하였다. 원고들은 피고가 원고들에 대하여 전기요금고지서에 수신료를 통합하여 고지·징수할 권한이 없음의 확인을 민사소송절차를 통하여 구하고 있지만, 수신료의 법적 성격, 피고 보조참가인의 수신료 강제징수권의 내용[구 방송법(2008. 2. 29. 법률 제8867호로 개정되기 전의 것) 제66조 제3항] 등에 비추어 보면 수신료 부과행위는 공권력의 행사에 해당하므로, 피고가 피고 보조참가인으로부터 수신료의 징수업무를 위탁받아 자신의 고유업무와 관련된 고지행위와 결합하여 수신료를 징수할 권한이 있는지 여부를 다투는 이 사건 쟁송은 민사소송이 아니라 공법상의 법률관계를 대상으로 하는 것으로서 행정소송법 제3조 제2호에 규정된 당사자소송에 의하여야 한다고 대법원은 판시하였다. 따라서 원심이 이 사건 소가 사법상 법률관계에 관한 민사소송에 해당한다는 이유로 본안에 들어가 판단한 제1심판결을 그대로 유지한 것은 행정처분 또는 공법상 당사자소송에 관한 법리를 오해하여 전속관할에 관한 규정을 위반한 위법이 있다고 인정하고 원심을 파기함과 동시에 제1심판결을 취소하였고, 동시에 행정소송법 제7조는 원고의 고의 또는 중대한 과실 없이 행정소송이 심급을 달리하는 법원에 잘못 제기된 경우에 민사소송법 제34조 제1항을 적용하여 이를 관할 법원에 이송하도록 규정하고 있을 뿐 아니라, 관할 위반의 소를 부적법하다고 하여 각하하는 것보다 관할 법원에 이송하는 것이 당사자의 권리구제나 소송경제의 측면에서 바람직하므로, 원고가 고의 또는 중대한 과실 없이 행정소송으로 제기하여야 할 사건을 민사소송으로 잘못 제기한 경우, 수소법원으로서는 그 행정소송에 대한 관할을 가지고 있지 아니하다면 당해 소송이 이미 행정소송으로서의 전심절차 및 제소기간을 도과하였거나 행정소송의 대상이 되는 처분 등이 존재하지도 아니한 상태에 있는 등 행정소송으로서의 소송요건을 결하고 있음이 명백하여 행정소송으로 제기되었더라도 어차피 부적법하게 되는 경우가 아닌 이상 이를 부적법한 소라고 하여 각하할 것이 아니라 관할 법원에 이송하여야 한다는 종래의 대법원의 일관된 종래의 판례입장에 따라 이 사건을 관할이 있는 행정법원으로 이송하도록 판결하였다.

3. 해설[5]

가. TV수신료의 법적 성질

대상판결에서는 수신료 징수와 관련한 법률관계의 성질이 공법관계라는 것을 논증하는 전제로 헌법재판소의 1999. 5. 27. 선고 98헌바70 결정, 2008. 2. 28. 선고 2006헌바70 결정을 인용하면서 수신료의 법적 성질을 마찬가지로 '특별부담금'으로 규정짓고 있다. 수신료의 법적 성질에 관하여 학설에서는 기존에 조세설,[6] 수수료설, 수익자부담금설[7] 및 특별부담금설이 주장되고 있었고, 헌법재판소는 이 중 특별부담금설을 취하고 있다. 수신료는 공영방송사업이라는 특정한 공익사업의 소요경비를 충당하기 위한 것으로서 일반 재정수입을 목적으로 하는 조세와 다르고, 텔레비전 방송을 수신하기 위하여 수상기를 소지한 자에게만 부과되어 공영방송의 시청가능성이 있는 이해관계인에게만 부과된다는 점에서도 일반 국민, 주민을 대상으로 하는 조세와 차이가 있으며, 또한 '공사의 텔레비전 방송을 수신하는 자'가

---

5) 원심에서 논의된 사항 중 상고이유가 되지 못한 점들에 대해서는 특별히 논의할 필요가 없어 보이고, 이하에서는 대상판결에서 판시한 두 가지 큰 쟁점과 관련해서만 그 의미와 취지를 살펴보기로 한다.

6) 박선영, "TV수신료의 법적 성격과 공영방송재원조달에 관한 연구", 서울대학교법학 제43권 제1호, 394면 이하.

7) 김용섭, "텔레비전 방송수신료에 관한 행정법적 논의", 인권과 정의 Vol. 363, 124면 이하.

아니라 '텔레비전 방송을 수신하기 위하여 수상기를 소지한 자'가 부과대상이므로 실제 방송 시청 여부와 관계없이 부과된다는 점, 그 금액이 공사의 텔레비전 방송의 수신 정도와 관계없이 정액으로정해져 있는 점 등을 감안할 때 이를 공사의 서비스에 대한 대가나 수익자부담금으로 보기도 어렵다는 것이 헌법재판소의 입장이다.

생각건대, 조세설에서는 수신료를 유도적·조정적 성격의 조세로서 목적세의 성격을 지니는 준조세라고 보고 오늘날 텔레비전 수상기가 전국적으로 널리 보급되어 있다는 점에서 특정 집단이 아닌 일반 국민에 대하여 부과되는 것이고, 이를 체납하는 경우에는 국세체납징수의 예에 따라 징수되는 점에서 실질적 의미의 조세에 해당한다고 주장한다. 그러나 수상기의 보급 정도를 확대해석하여 일반 국민이 부과대상이라고 보는 것도 해석상 무리이고, 강제징수의 수단으로 국세체납처분 규정을 준용하는 것에서 바로 수신료의 법적 성질이 조세라고 추론하는 것도 논리의 비약이라고 본다. 준조세라는 것도 경제학적인 의미에서 사용하는 용어에 불과하고 국세기본법을 정점으로 개별세법에서 규정하고 있는 조세에 해당한다는 논거로서는 사뭇 부족하다고 여겨진다. 한편 수수료 또는 사용료로 보는 견해와 관련해서는 지상파 방송의 수신 내지 시청과 이에 대한 수신료의 납부가 정확히 대가관계에 있는지 검토해보아야 하고, 수신료의 수입이 비용충당(Kostendeckung)의 원리하에 사용되고 있는지의 측면을 보아야 하는데, 수신료 수입이 공여방송의 비용충당에 온전히 대응할 만큼 여유 있는 재원은 아니고 광고수입에 의한 재원마련이 아니면 오늘날 공영방송의 유지는 어렵다는 점에서, 어느 면에서 보아도 수신료는 일반적인 서비스에 대한 대가로서의 수수료 내지 사용료로 보기에는 마땅하지 않다. 마지막으로 인적 공용부담으로서의 수익자부담금으로 보는 견해에 대해서는 공영방송이 추구하는 방송의 목적이 일정한 공익적 지향성이 있다는 점에서는 공감하지만 '수익자'의 범위가 과연 '수상기를 소지하는 자'의 범위와 정확히 일치하는지를 생각해보면 지상파 방송을 시청함으로써 수익을 얻는 자의 범위가 자칫 불특정할 수 있다는 점에서 수익자부담금이 수신료의 개념과 정확히 일치하는 관념은 아니라는 생각이다. 이러한 점에서 현행 공영방송 TV수신료는 헌법재판소와 대법원이 보는 바와 같이 특별부담금(Sonderabgabe)라고 보는 것이 일응 타당하다고 생각한다.

특별부담금은 다시 재정조달목적 특별부담금과 유도적·조정적 목적의 특별부담금으로 나누어 볼 수 있는데, 수신료는 이 중 재정조달목적의 특별부담금으로 볼 것이다. 수익자부담금설의 입장에서 특별부담금설을 비판하는 견해에서는 특별부담금이 되려면 한국방송공사가 수행하는 지상파 방송사업과 수상기를 소지한 자 사이에 특별하고 긴밀한 관계가 성립될 것을 전제로 하는데 오늘날 텔레비전 수상기가 널리 보급되어 있는 상황에서 수상기를 소지하지 않더라도 얼마든지 KBS 채널의 프로그램을 시청할 수 있기 때문에 텔레비전 수상기를 소지한 자에 대해서만 정액의 수신료를 부과하는 것이 정당한지 의문을 제기하고, 또 수상기를 소지한 자를 그렇지 아니한 자와 대비하여 특별한 집단이라고 볼 수 있는지에 대해서도 의문을 제기한다.[8] 그러나 법에서는 분명하게 '수상기를 소지한 자'를 부과대상자로 규정하여 그렇지 아니한 자와 분명하게 구별하는 점에서 충분히 특별한 집단이라고 볼 수 있고, 오히려 '수익자'의 개념에는 수상기를 소지하지 아니하고도 시청할 수 있는 사람이 포람되어 있어 수익자부담금이라는 개념이 과연 법에서 정하는 수신료 개념을 정확히 대변해주는가는 의문이라고 생각된다.

이러한 점에서 개인적으로는 수신료의 법적 성질을 특별부담금이라고 보는 대법원 및 헌법재판소의 입장이 타당하다고 생각한다. 다만 현재 부담금에 대해서는 기획재정부가 부담금관리기본법에 근거하여 이 법에 의하여 설치할 수 있는 부담금을 열거하여 관리하고 있는데, 수신료는 여기에서 제외되어 있다. 판례가 수신료를 특별부담금이라고 성질을 규명한 이상 부담금관리기본법 별표를 개정하여 이 법에 의한 관리대상이 되는 부담금으로 명확히 규정해주는 것도 필요할 수 있다고 사료된다.

나. 당사자소송의 활성화

대상판결에서는 수신료의 부과 및 징수와 관련한 법률관계를 수신료가 특별부담금인 공법상 금전급부의무라는 전제위에 공법적 성질의 법률관계로 보았고, 그러한 전제에서 출발하여 한국전력공사가 위탁받아 수신료를 고지·징수할 수 있는 권한이 없음의 확인을 구하는 소송은 행정소송법상 당사자소송으로 할 것이라고 판시하고 있다. 이는 당사자소송의 기능과 목적 및 소송제도상의 의미를 전향적으로 보게하는 중요한 판시사항으로서 향후 당사자소송의 활성화를 염원하는 측면에서 매우 반길만한 판례라고 평가하고 싶다.

1984. 12. 15. 행정소송법이 전면개정되어 당사자소송이 정식으로 도입되었음에도 불구하고 종전 2심제로 행정소송이 운영되던 시절 권리구제에 미흡하다는 점에서 공법상 법률관계에 관한 소송을 민사소송으로 운용한 실무상의 관행을 버리지 못하고 이어옴으로써 당사자소송 규정이 사실상 사문화될 정도의 상황이 지속되어 왔었다. 이러한 관행 때문에 종래 대법원은 공법상 금전급부청구소송을 그 권리의 공권 또는 사권 여부에 상관 없이 일률적으로 민사소송으로 처리하여 왔었다. 그러나 다수의 행정법학자들은 이를 비판하고 행정상 손해배상, 행정상 손실보상, 공법상 부당이득반환청구 등 공법상 금전급부의무와 관련한 소송은 민사소송이 아닌 당사자소송으로 할 것을 지속적으로 주장해오고 있다. 그러한 취지는 최근까지 진행된 행정소송법개정(안) 마련을 위한 작업에서도 반영되어 당사자소송을 적극적으로 활용할 것을 선언하는 규정을 마련하는 등 가시적인 노력도 기울여지고 있다. 대법원

8) 김용섭, 위의 글(주 7), 124면 이하.

도 여러 판결들에서 조금씩 종전 민사소송으로 처리해오던 사안을 당사자소송으로 하여야 함을 확인해줌으로써 당사자소송의 활용 범위는 향후 점차로 더 늘어날 것으로 기대한다.

4. 판결의 의의

대상판결은 수신료의 법적 성질이 공법상 특별부담금임을 명확히 하였고, 본래 한국방송공사가 가지는 수신료 부과 권한이 적법하게 한국전력공사에 위탁되었고 그에 따라 한국전력공사가 수신료를 고지하는 것은 적법한 행정권한을 위탁받아 행사하는 것으로서 이를 다투는 당사자 간의 다툼은 공법상 분쟁이므로 행정소송법상 당사자소송에 의하여야 함을 명확히 한 점에서 그 의미를 찾을 수 있다. 이처럼 수신료의 법적 성질이 명확해진 이상 이를 바탕으로 향후 수신료제도의 개선을 논의함에 있어서는 그 재원마련의 필요성과 한계 등에 관한 합리적인 논의과정을 통하여 수신료제도가 제대로 자리매김하고 공영방송이 안정적으로 재원마련을 함으로써 공영방송의 기능과 역할을 온전히 유지할 수 있으면서도 시청자의 이익의 향상에 기여할 수 있기를 기대해본다.

통신비밀의 보호와 언론의 자유의 한계

대법원 2011. 3. 17. 선고 2006도8839 전원합의체 판결[1])
김종근(창원지방검찰청 통영지청 부장검사)

1. 사안의 개요

A방송사 보도국 기자였던 피고인은 2004. 12.경 한 재미교포로부터 전 국가안전기획부 직원들이 1997. 4.경부터 1997. 10.경까지 사이에 3회에 걸쳐 삼성그룹 회장비서실장과 B일보 사장이 1997년 대선을 앞두고 삼성그룹측의 정치자금 지원 문제 및 정치인과 검찰 고위 관계자에 대한 이른바 추석 떡값 지원 문제 등을 논의한 대화를 불법으로 녹음한 녹음테이프 복사본을 입수하였다. 위 녹음테이프 복사본은 국가안전기획부의 미림팀장으로 있던 사람이 임의로 반출하여 개인적으로 보관하다가 그것을 위 재미교포에게 넘겨주었고, 피고인은 미국에서 위 재미교포를 만나 사례비조로 1,000달러를 제공하고 추가로 1만 달러를 더 제공하기로 약속한 다음 위 녹음테이프 복사본을 제공받았다.

피고인은 자문 변호사들로부터 위 대화 내용을 방송하는 것이 통신비밀보호법에 위반될 수 있다는 답변을 듣고 방송을 보류하고 있었다. 그런데 서울남부지방법원은 2005. 7. 21. A방송사에 대하여 "위 녹음테이프 원음을 직접 방송하거나 녹음테이프에 나타난 대화 내용을 그대로 인용하거나 실명을 직접 거론하는 등의 방법으로 방송하지 말 것"을 내용으로 하는 가처분결정을 하였다.

---

1) [참조 및 관련 판례] 대법원 2003. 9. 26. 선고 2003도3000 판결; 대법원 2004. 6. 25. 선고 2003도4934 판결; 대법원 2006. 4. 27. 선고 2003도4151 판결; 대법원 2010. 5. 27. 선고 2010도2680 판결; 대법원 2011. 5. 13. 선고 2009도14442 판결 등.
  [관련 평석 및 문헌] 오영근, "2011년 형법 중요 판례", 인권과 정의 제424호, 2012; 조국, "삼성 X파일 보도 및 공개사건 판결 비판", 형사법연구 제24권 제1호, 한국형사법학회, 2012; 하태훈, "대법원 형사판결의 흐름과 변화 분석", 이용훈대법원장재임기념, 사법발전재단, 2011; 이미선, "불법 감청·녹음 등에 관여하지 아니한 언론기관의 보도에 의한 통신비밀 공개행위가 정당행위로 인정되기 위한 요건", 이용훈대법원장재임기념, 사법발전재단, 2011; 허순철, "언론의 자유와 통신비밀", 헌법학 연구 제13권 3호, 한국헌법학회, 2007; 박선영, "언론기관의 자유와 통신비밀", 공법학연구 14(3), 한국비교공법학회, 2013.

피고인은 그럼에도 불구하고 2005. 7. 22.경부터 3일 동안 17회에 걸쳐 위 도청자료 입수 경위, 그 대화내용을 대선자금 제공, 여야 로비, 검찰 고위인사 관리 등으로 세분하여 상세히 보도하면서 대화당사자와 대화에 등장하는 정치인들의 실명을 공개하였다.

검사는 피고인이 통신비밀보호법에 규정된 절차에 의하지 아니하고 지득한 공개되지 아니한 타인 간의 대화 내용을 공개하였다는 이유로 통신비밀보호법 제16조 제1항 제2호, 제1호, 제3조 제1항을 적용하여 피고인을 불구속 기소하였다.

2. 판결의 요지

가. 다수의견

대법원은 불법 감청·녹음 등에 관여하지 아니한 언론기관이 그 통신 또는 대화의 내용이 불법 감청·녹음 등에 의하여 수집된 것이라는 사정을 알면서도 그것이 공적인 관심사항에 해당한다고 판단하여 이를 보도하는 행위가 사회상규에 위배되지 아니하는 정당행위로 인정되기 위한 구체적인 요건을 제시하였다. 그 요건은 다음과 같다.

첫째, 그 보도의 목적이 불법 감청·녹음 등의 범죄가 저질러졌다는 사실 자체를 고발하기 위한 것으로 그 과정에서 불가피하게 통신 또는 대화의 내용을 공개할 수밖에 없는 경우이거나, 불법 감청·녹음 등에 의하여 수집된 통신 또는 대화의 내용이 이를 공개하지 아니하면 공중의 생명·신체·재산 기타 공익에 대한 중대한 침해가 발생할 가능성이 현저한 경우 등과 같이 비상한 공적 관심의 대상이 되는 경우에 해당하여야 한다(이하 '목적의 정당성 요건'이라 한다).

둘째, 언론기관이 불법 감청·녹음 등의 결과물을 취득함에 있어 위법한 방법을 사용하거나 적극적·주도적으로 관여하여서는 아니 된다(이하 '자료취득 방법의 상당성 요건'이라 한다).

셋째, 그 보도가 불법 감청·녹음 등의 사실을 고발하거나 비상한 공적 관심사항을 알리기 위한 목적을 달성하는 데 필요한 부분에 한정되는 등 통신비밀의 침해를 최소화하는 방법으로 이루어져야 한다(이하 '수단과 방법의 상당성 요건'이라 한다).

넷째, 언론이 그 내용을 보도함으로써 얻어지는 이익 및 가치가 통신비밀의 보호에 의하여 달성되는 이익 및 가치를 초과하여야 한다(이하 '보호법익과 침해법익의 균형성 요건'이라 한다).

다수의견은 위와 같은 요건에 따라 사안을 검토한 뒤, 이 사건 보도는 위 요건을 모두 충족하지 못하므로 형법 제20조의 사회상규에 위배되지 아니하는 행위에 해당되지 않는다고 판시하였다.

나. 반대의견

반대의견은 불법 감청·녹음 등에 관여하지 아니한 언론기관이 이를 보도하는 경우에 있어서, 그 보도를 통하여 공개되는 통신비밀의 내용이 중대한 공공의 이익과 관련되어 공중의 정당한 관심과 여론의 형성을 요구할 만한 중요성을 갖고 있고, 언론기관이 범죄행위나 선량한 풍속 기타 사회질서에 반하는 위법한 방법에 의하여 통신비밀을 취득한 경우에 해당하지 아니하며, 보도의 방법에서도 공적 관심사항의 범위에 한정함으로써 그 상당성을 잃지 않는 등 그 내용을 보도하여 얻어지는 이익 및 가치가 통신비밀의 보호에 의하여 달성되는 이익 및 가치를 초과한다고 평가할 수 있는 경우에는 형법 제20조 소정의 정당행위에 해당한다고 본다. 이처럼 반대의견은 다수의견보다 한결 완화된 정당행위 요건을 제시한 후 이 사건 보도는 형법 제20조의 사회상규에 위배되지 아니하는 정당행위에 해당하여 위법성이 조각된다고 판단하였다.

3. 해설

가. 통신비밀의 보호와 언론의 자유의 조화문제

헌법 제18조는 모든 국민은 통신의 비밀을 침해받지 아니한다고 규정하고 있다. 이에 따라 통신비밀보호법 제3조는 누구든지 통신비밀보호법과 형사소송법 또는 군사법원법의 규정에 의하지 아니하고는 공개되지 아니한 타인 간의 대화를 녹음 또는 청취하지 못한다고 규정하고 있고, 같은 법 제16조 제1항 제2호(이하 '이 사건 처벌조항'이라 한다)는 공개되지 아니한 타인 간의 대화를 불법으로 녹음 또는 청취하여 지득한 내용을 공개하거나 누설한 자를 불법 감청·녹음 등을 한 자와 동일한 형으로 처벌하도록 규정하고 있다. 이 사건 처벌조항은 통신비밀의 보호를 위한 것이지만 한편으로는 불법 감청·녹음된 대화 내용을 보도하는 자의 언론의 자유를 제한하므로 이로 인하여 통신비밀의 보호와 언론의 자유라는 두 개의 기본권이 충돌하게 된다. 이렇게 두 개의 기본권이 서로 충돌하는 경우에는 각 기본권이 모두 최대한으로 그 기능과 효력을 발휘할 수 있도록 규범조화적인 해석이 모색되어야 한다.[2]

명예훼손죄에 대해서는 형법 제310조의 위법성 조각사유가 개인의 명예와 언론의 자유

---

[2] 대법원 2010. 4. 22. 선고 2008다38288 전원합의체 판결, 오영근, "2011년 형법 중요 판례"(주 1), 67-68면은 이 사건 처벌조항의 보호법익은 주로 대화에 등장하는 개인의 명예라고 할 수 있는데 명예훼손죄 외에 이 사건 처벌조항을 별도로 둘 필요가 있는 것인지 의문을 제기하면서 이 사건 처벌조항은 정당성이 별로 없는 형벌규정이므로 엄격하게 해석해야 한다는 입장이다.

라는 상충되는 기본권을 조화롭게 보장해 주는 기능을 한다. 이에 반하여 통신비밀보호법은 통신비밀의 보호와 이와 상충되는 언론의 자유를 조화롭게 조정해 줄 위법성 조각사유를 별도로 규정하고 있지는 않다. 하지만 형법 제20조(정당행위) 소정의 일반적인 위법성 조각사유가 이 사건 처벌조항에도 적용되므로 이것이 통신비밀의 보호와 언론의 자유를 조화롭게 보장하는 기준으로서 기능할 수 있다.

　　이에 대하여 명예훼손에 대한 위법성조각사유인 형법 제310조를 유추적용하여 이 사건 처벌조항에 대한 위법성 조각사유의 범위를 결정해야 한다는 견해도 있다.[3] 이 견해에 의하면, 통신비밀 등에 대한 침해가 진실한 사실로서 오로지 공공의 이익을 위한 것이라면, 그 경우에는 명예훼손죄에 있어서 형법 제310조를 규정하여 표현의 자유 보장과의 충돌을 비교·조정하려고 한 경우와 동일한 법리가 적용될 수 있을 것이므로 불법 감청·녹음된 정보를 불법의 개입없이 합법적으로 취득한 자가 진실한 사실로서 오로지 공공의 이익을 위해 그 내용을 공개하거나 누설한 경우 위법성을 조각할 수 있다고 한다.[4]

나. 불법 감청·녹음자료를 취득하여 보도하는 행위에 대한 정당행위 요건과 판단

　　대상판결은 불법 감청·녹음 등에 관여하지 아니한 언론기관이 그 통신 또는 대화의 내용이 불법 감청·녹음 등에 의하여 수집된 것이라는 사정을 알면서도 이를 보도하는 행위에 대한 새로운 정당행위 요건을 정립하였다. 이에 관한 상세한 내용은 제2의 가항에서 기술하였다. 대상판결은 본건의 사실관계가 위 정당행위 요건을 충족하는지 여부를 아래와 같이 검토하였다.

　　첫째, 목적의 정당성 요건 중 고발의 목적과 관련하여, 대상판결은 피고인이 녹음과정 및 실명공개의 위법성을 알고도 그 수록 내용을 실명으로 보도하기까지의 제반경위와 사정에 비추어 보면 이 사건 보도는 국가기관에 의해 불법 녹음이 저질러졌다는 사실 자체를 고발하기 위하여 불가피하게 대화 내용을 공개한 것이라고 볼 수 없다고 판단하였다. 그리고 목적의 정당성 요건 중 비상한 공적 관심사항을 보도할 목적과 관련하여, 이 사건 대화 내용

---

3) 헌법재판소 2011. 8. 30. 선고 2009헌바42 결정에서의 이강국 재판관의 한정위헌의견 부분 참조. 이 견해에 의하면 불법 감청·녹음 등의 방지라는 입법목적은 불법적으로 이를 행한 자를 철저하게 처벌하는 것으로 달성하는 것이 맞고, 단지 불법 감청·녹음 등을 조장할 이유가 있다는 이유만으로 진실과 공익을 위한 언론의 헌법적·사회적 소임을 막아서는 안 된다고 한다.

4) 이와 비슷한 견해로서 조국, "삼성 X파일 보도 및 공개사건 판결 비판"(주 1), 282면 이하는 명예훼손죄나 통신비밀보호법위반죄의 보호법익은 모두 인격권에 속하고, 법익침해의 주체가 언론일 경우 침해되는 법익과 언론의 자유 사이의 형량이 문제된다는 공통점이 있으므로, 형법 제310조의 법리를 참조하여 불법 감청·녹음에 관여하지 아니한 언론기관이 그 대화 내용을 보도하는 것에 대한 위법성 조각의 범위를 넓힐 필요가 있다고 한다.

은 앞으로 제공할 정치자금 내지 추석 떡값을 상의한 것일 뿐 실제로 금품을 제공했다는 것
이 아니고, 이는 약 8년 전의 사건이며, 제15대 대통령 선거 당시 기업들의 정치자금 제공에
관하여는 이 사건 보도 이전에 이미 수사가 이루어졌다는 등의 사정을 고려하면 위 대화 내
용의 진실 여부의 확인 등을 위한 심층·기획 취재를 통해 밝혀진 사실 및 그 불법 녹음 사
실을 보도하여 각 행위의 불법성에 대한 여론을 환기함으로써 장차 그와 유사한 사태가 재
발하지 않도록 할 수 있음은 별론으로 하더라도, 그러한 사실확인 작업도 없이 곧바로 불법
녹음된 대화 내용 자체를 실명과 함께 그대로 공개하여야 할 만큼 위 대화 내용이 공익에
대한 중대한 침해가 발생할 가능성이 현저한 경우로서 비상한 공적 관심의 대상이 되는 경
우에 해당한다고 보기는 어렵다고 판단하였다.

　　이에 대하여 반대의견은 통신비밀의 공개행위는 주로 과거에 이루어진 통신 또는 대화
의 내용을 그 대상으로 하는 이상 긴급성과 보충성을 충족할 여지가 거의 없게 되므로 통신
비밀의 공개행위에 대해서는 다른 범죄행위에서보다 긴급성과 보충성 요건을 완화하여 적용
하거나 그 의미를 달리 이해하여야 한다고 한다. 그런데 다수의견이 제시한 목적의 정당성
요건은 구체적이고 임박한 위험을 예방하기 위하여 공개가 불가피한 경우에만 충족될 수 있
는 것으로서, 오히려 긴급성과 보충성을 엄격하게 적용할 것을 요구하고 있어 부당하다는
취지로 비판한다.[5] 헌법재판소도 관련 헌법소원 사건에서 유사한 취지로 판시한 바 있다.[6]

　　둘째, 자료취득 방법의 상당성 요건에 대하여, 대상판결은 피고인이 이 사건 도청자료
가 불법 녹음이라는 범죄행위의 결과물이라는 사실을 알면서도 녹음테이프를 입수하기 위하
여 미국으로 건너가 녹음테이프의 소지인을 만나 취재 사례비 명목의 돈으로 1,000달러를
제공하고 앞으로 1만 달러를 추가로 제공하겠다는 의사를 밝힌 것은, 단순히 국가기관에 의
한 불법 녹음의 범행을 고발하기 위한 것이 아니라 처음부터 불법 녹음된 대화의 당사자나
내용의 공적 관심도에 착안하여 그 내용을 공개하고자 하는 목적으로 그 자료의 취득에 적
극적·주도적으로 관여한 것으로 봄이 상당하다고 판단하였다.

　　이에 반하여 반대의견은 취득과정에 위법한 방법이 게재되지 않았다면 적극적, 주도적
으로 취득에 관여하였다는 사정만으로는 그 보도행위의 위법성 조각을 바로 부인하는 것은
부당하고, 불법 감청·녹음 자료를 언론에 제공하는 자가 감수하여야 할 위험이나 그 결과물
의 중대성 등 구체적인 사정의 고려 없이 대가를 지급하였다는 점만을 들어 그 취득과정의

---

5) 조국, "삼성 X파일 보도 및 공개사건 판결 비판"(주 1), 280면 이하는 긴급성 및 보충성 요건과 관련하여
　　반대의견과 대체로 동일한 입장을 취하면서, 정당행위의 긴급성은 정당방위가 요구하는 엄격한 현재성이
　　아니라 긴급피난이 요구하는 느슨한 현재성과 유사하게 이해되어야 한다고 전제하고 긴급피난에서는 지속
　　적 위험, 즉 과거부터 계속된 침해가 앞으로도 반복될 우려가 있는 상황이 인정되면 위난의 현재성이 인
　　정되므로 이러한 경우에는 정당행위의 긴급성도 인정된다는 취지로 기술하며 이 사건 보도가 긴급성 요건
　　을 충족한다고 본다.
6) 헌법재판소 2011. 8. 30. 선고 2009헌바42 결정.

정당성을 부인해서는 안 된다는 입장이다.7)

셋째, 수단과 방법의 상당성 요건에 대하여, 대상판결은 피고인이 국가기관이 재벌 경영진과 유력 언론사 사장 사이의 사적 대화를 불법 녹음한 일이 있었다는 것과 그 대화의 주요 내용을 비실명 요약 보도하는 것만으로도 국가기관의 조직적인 불법 녹음 사실 및 재계와 언론, 정치권 등의 유착관계를 고발할 수도 있었음에도 불구하고 대화 당사자 등의 실명과 대화의 상세한 내용까지 그대로 공개함으로써 그 수단이나 방법의 상당성을 일탈하였다고 보았다.

넷째, 침해법익과 보호법익의 균형성 요건에 대하여, 대상판결은 이 사건 보도가 국가기관의 불법 감청·녹음행위, 재계와 언론, 정치권 등과의 유착관계를 고발하는 공익적 측면이 있으나 그와 같은 공익적 효과는 비실명 요약보도의 형태로 충분히 달성할 수 있었고, 이 사건 대화 내용이 이를 공개하지 아니하면 공익에 중대한 침해가 발생할 가능성이 현저한 비상한 공적 관심의 대상이 되지도 않으므로 이 사건 대화 당사자들에 대하여 그 실명과 구체적인 대화 내용의 공개로 인한 불이익의 감수를 요구할 수 없고, 공적 인물이라 할지라도 지극히 사적인 영역에서 이루어지는 개인 간의 대화가 자신의 의사에 반하여 불법 감청 내지 녹음되고 공개될 것이라는 염려 없이 대화를 할 권리까지 쉽게 제한할 수 없다는 이유로 이 사건 보도에 의하여 얻어지는 이익 및 가치가 통신비밀이 유지됨으로써 얻어지는 이익 및 가치보다 결코 우월하다고 볼 수 없다고 판시하였다.

4. 판결의 의의

불법 감청·녹음 등8)에 관여하지 아니한 언론기관이 그 사정을 알면서도 공적관심사라고 하여 이를 보도하는 경우, 통신비밀의 보호와 언론의 자유가 충돌하게 된다. 이렇게 기본권이 충돌되는 상황에서는 두 기본권이 조화를 이루면서 모두 최대한 보장되도록 하는 기준을 정립할 필요가 있다. 통신비밀보호법상 처벌조항에 대한 일반적 위법성 조각사유인 형법

---

7) 조국, "삼성 X파일 보도 및 공개사건 판결 비판"(주 1), 280면 이하는 본건에서의 취재사례비 지급의 정당성을 인정하면서, 대상판결이 취재사례비에 주목한 것은 피고인이 범죄를 고발하는 공익이 아니라 특종을 하겠다는 사익이 있음을 강조하기 위함으로 보이나, 취재사례비는 언론계의 관행으로 불법이 아니며, 특종을 내겠다는 사적 동기와 목적이 있더라도 전체적으로 보아 공익적 동기와 목적이 지배적이라면 그 정당성이 인정되어야 한다는 의견이다. 이에 반하여 박선영, "언론기관의 자유와 통신의 비밀"(주 1), 11면 이하는 불법 감청·녹음 자료 제공자가 위 자료로 삼성그룹 회장 비서실장을 협박하여 5억 원을 갈취하려다가 실패하고, 위 자료를 피고인에게 제공한 동기도 삼성그룹과 B일보 사주를 공격하기 위한 것이었다는 사실에 비추어, 피고인이 미화 1,000달러를 제공하고 1만 달러라는 상당한 금액을 약속하고 위 자료를 매수한 것은 불법 감청·녹음 행위를 조장하는 등의 행위로서 용인될 수 없다는 취지의 견해이다.

8) 본 요건을 적용함에 있어서 불법 감청·녹음의 주체가 국가기관이든, 일반 사인이든 무관하다고 할 것이다. 대상판결에서도 불법 감청·녹음의 주체에 별다른 제한을 두고 있지 않다.

제20조 소정의 정당행위가 그러한 기준으로 기능할 수 있다. 대상판결은 통신비밀보호법상 처벌조항의 구성요건을 충족하는 위와 같은 보도행위가 언론의 자유에 기초한 형법 제20조 소정의 정당행위로서 위법성이 조각될 수 있는 기준을 제시한 최초의 판례이다.[9] 대상판결이 제시한 위 정당행위 요건은 목적의 정당성이 인정되는 범위가 극히 제한되어 있고 자료 취득 방법의 상당성까지 요구된다는 점에서 종래 대법원이 적용해 왔던 일반적인 정당행위 요건보다 훨씬 엄격하다. 이는 대법원이 위와 같은 보도행위가 허용되는지 여부를 판단함에 있어서 언론의 자유보다는 통신비밀의 보호를 우위에 두는 입장을 취한 것이라 할 수 있다.[10] 이에 대하여 일부 학자들은 통신비밀의 보호와 언론의 자유가 상충하는 영역에서 대법원이 통신비밀의 보호 쪽으로 강하게 치우친 정당행위 기준을 정립함으로써 언론의 자유를 과도하게 제한하였다는 취지의 비판을 제기한 바 있다.[11]

또한 대상판결은 언론기관 등이 불법 감청·녹음된 대화 내용을 보도하거나 공개하고자 하는 경우, 그 대화 내용이 범죄모의 등 직접적이고도 임박한 위험을 내용으로 하는 것이 아닌 한 비실명 요약보도 형태로 함이 상당하다는 가이드라인을 제시한 점에서도 의의가 있다.

---

9) 이러한 기준은 그 공개행위의 주체가 언론기관이나 그 종사자가 아닌 사람인 경우에도 마찬가지로 적용된다(대법원 2011. 5. 13. 선고 2009도14442 판결).

10) 허순철, "언론의 자유와 통신비밀"(주 1), 670면 이하에 의하면, 미국 연방대법원은 본건와 유사한 사례에서 언론의 자유를 우위에 둔 바 있다. 미국연방대법원은 신원불상자가 불법 도청한 녹음자료를 이에 관여하지 아니한 언론기관이 적법하게 취득하여 보도한 Bartnicki v. Vopper 사건(532. U.S. 514(2001))에서, 이러한 보도행위는 감청을 통해 취득한 정보를 누설하는 행위를 처벌하는 전자통신프라이버시법(Electronic Communications Privacy Act)에 위반되지만 미국연방수정헌법 제1조에 의해 보호되므로 위법하지 않다고 판시하였다.

11) 오영근, "2011년 형법 중요 판례"(주 1), 조국, "삼성 X파일 보도 및 공개사건 판결 비판"(주 1), 하태훈, "대법원 형사판결의 흐름과 변화 분석"(주 1) 등이 그러한 입장이다. 특히 오영근, "2011년 형법 중요 판례"(주 1), 68면 이하는 대상판결이 정당행위 요건을 위와 같이 엄격하게 요구하는 것의 타당성에 의문을 표시한다. 그리고 피고인이 불법 감청·녹음에 관여하지 아니하였으므로 불법 감청·녹음이라는 절차적 문제점을 중시할 것이 아니라 공개한 내용을 중요시했어야 할 것이라고 비판하며, 이 사건 대화 내용은 우리 사회의 기본적 정의를 침해하는 심각한 문제이고 이에 대한 국민의 관심이 여전히 지대하고 다른 방법에 의해 그 내용을 국민들에게 알릴 방법이 없는 상황에서 피고인의 행위는 정당행위라고 보아야 한다는 견해를 피력하고 있다.

외주제작프로그램에서의 방송사업자에 의한 공표거절권 침해
여부

대법원 2008. 1. 17. 선고 2007다59912 판결[1]

권동주(서울고등법원 고법판사)

1. 사안의 개요

가. 이 사건은 KBS 1TV 병원 24시 중 "1,000g 아가들의 전쟁 — 세쌍둥이 미숙아"편(이하 '이 사건 프로그램'이라 한다) 방송과 관련하여, 신생아인 원고 甲, 그의 母인 원고 乙, 父인 丙이 자신들의 명예가 훼손되었고 자신들의 초상권이 침해당하였다고 주장하면서 이 사건 프로그램의 외주제작사인 X와 그 연출자 Y 및 방송사업자인 KBS와 그 연출자 Z 등을 상대로 손해배상을 청구하는 사안이다.

나. 피고 KBS와 외주제작계약을 맺은 피고 X는 이 사건 프로그램을 제작하기로 결정하고, 피고 Y로 하여금 B 병원 신생아 중환자실에서 A와 그녀의 남편, 이들 부부의 세쌍둥이 미숙아 등에 대해 촬영을 하도록 하였다.

다. 피고 Y는 그 과정에서 아래와 같이 원고 甲, 乙에 대하여도 일부 촬영을 하였고, 그 촬영 장면이 담긴 이 사건 프로그램은 피고 KBS를 통하여 전국적으로 방영되었다.

라. 이 사건 프로그램은 A가 세쌍둥이 미숙아를 출산하고, 그로부터 약 보름간에 걸쳐 위 미숙아들이 신생아 중환자실에서 겪게 되는 여러 상황 및 A 부부의 생활모습 등을 중심으로 구성되어 있다.

마. 원고 甲, 乙에 대한 촬영 경위 및 이 사건 장면의 내용

(1) 피고 Y는 B 병원 신생아 중환자실에서 원고 甲의 父인 원고 丙으로부터 "원고 乙도 세쌍둥이를 출산하였으나 원고 甲을 제외한 2명이 죽었는데 주위에 그러한 사정이 알려지기를 원치 않으므로 원고들에 대한 촬영은 삼가달라."라는 요청을 받는 한편, 병원 측으로

---

1) [참조 및 관련 판례] 대법원 2006. 10. 13. 선고 2004다16280 판결.

부터도 다른 신생아 등의 촬영은 삼가도록 지시를 받았음에도, 원고들의 동의를 받거나 병원 측에 알리지 아니한 채, 성명불상의 간호사가 한 손으로 원고 甲의 얼굴을 감싸 쥐듯이 받치고, 다른 한 손으로 등을 두드려주는 장면(이하 '제1장면'이라 한다), 원고 甲이 수면상태에 빠져드는 장면(이하 '제2장면'이라 한다) 및 원고 乙이 원고 甲을 안은 채 젖병을 물리고 있는 장면(이하 '제3장면'이라 하고, 제1, 2장면과 통틀어 일컬을 때에는 '이 사건 장면'이라 한다)을 촬영하였다.

(2) 제1장면은 이 사건 프로그램의 24분 24 내지 30초까지 사이에, 제2장면은 24분 42 내지 53초까지 사이에 각 방영되었는데, 방영 당시 자장가와 함께 "오늘도 몇 번이나 힘든 고비를 넘나들며 매 순간 생존을 위해 싸우는 중환자실의 작은 아기들, 포근한 밤은 엄마의 뱃속처럼 따뜻하다."라는 내레이션이 삽입되었다. 제3장면은 이 사건 프로그램의 44분 6 내지 13, 19 내지 25, 31 내지 35초 사이에 각 방영되었는데, 여기에는 "아기를 안고 우유를 먹이는 모습에 엄마 A씨는 눈을 떼지 못한다."라는 내레이션과 A의 "아이 진짜 부러워. 부러워요. 저만큼만 커도 안아줄 수 있는데. 빨리 커, 빨리."라는 대사가 삽입되어 있다. 제3장면에서는 원고 乙이 안고 있는 아기의 머리 윗부분만 노출되어 있을 뿐이어서 그 아기가 원고 甲인지 여부를 식별하기 곤란하다.

2. 판결의 요지

가. 1심판결

(1) 원고들의 명예훼손 주장에 대한 판단

이 사건 장면이 원고들의 사회적 평가에 부정적 영향을 미쳤다고 보기 어렵다는 이유로 이를 배척하였다.

(2) 원고들의 초상권 침해 주장에 대한 판단

1) 원고 甲, 乙의 청구

① 외주제작사 피고 X, 그 연출자 피고 Y (인용): 피고 Y는 불법행위자 본인으로서, 피고 X는 피고 Y의 사용자로서 각자 원고 甲, 乙에게 위 원고들의 초상권(촬영거절권)을 침해한 위법행위로 인하여 위 원고들이 겪은 정신적 고통에 대한 위자료(각 300만 원)를 지급할 의무가 있다.

② 방송사업자인 피고 KBS, 그 연출자 피고 Z (기각): 이 사건 프로그램의 제작 주체는 엄연히 피고 X 측이고 피고 KBS 측은 단지 프로그램 기획에 대한 승인, 제작 관련 지시, 검

수 등을 할 수 있을 뿐이라 할 것인데(이 점에서 위 원고들의 공동 제작 주장은 받아들일 수 없다), 그러한 피고 KBS 측에게 제작자에 준하여 이 사건 프로그램의 제작이나 검수과정에서 그 프로그램에 나오는 모든 사람들에 대해 그들의 동의 없이 무단 촬영하는 등의 어떤 불법행위가 게재되어 있는 것은 아닌지 여부를 일일이 확인·점검할 의무가 있다고 보기는 어렵다는 이유로 피고 KBS, Z에 대한 청구를 기각하였다.

2) 원고 丙의 청구

이 사건 프로그램에 원고 甲, 乙이 촬영된 이 사건 장면만이 나올 뿐이고, 원고 丙이 촬영된 장면이 없다는 등의 이유로 원고 丙의 청구를 기각하였다.

나. 원심판결

(1) 원고 甲, 乙의 피고 KBS, Z에 대한 초상권 침해 주장에 관한 판단 부분(인용)

① 다음과 같은 이유로 1심의 기각 판단과 달리 이 부분 청구를 인용하였다. 즉 이 사건 제작계약의 내용에 의하면, 피고 KBS는 피고 X의 제작현장에 수시로 입회하는 등 병원 24시의 제작에 관여할 수 있고, 제작이 완료된 병원 24시를 검수하여 불충분한 사항에 대해서는 피고 X에 수정 또는 보완을 요구할 수 있으며, 병원 24시에 대한 방송권자 내지 방송의 주체로서 병원 24시에 대한 최종적인 편집권한이 있으므로, 피고 Z로서는 병원 24시의 프로듀서로서 병원 24시를 통하여 이 사건 프로그램을 방영하게 된 이상 이 사건 프로그램이 타인의 초상권을 침해하고 있는지 등에 대해 주의를 기울여야 할 의무가 있다고 할 것인데(따라서 이 사건 제작계약관계가 민법 소정의 통상의 도급관계에 불과하다는 피고 KBS, Z의 주장은 받아들이지 아니한다. 한편, 이 사건 제작계약에 의하면 병원 24시와 관련하여 피고 X의 귀책사유로 발생하는 모든 책임을 피고 X가 부담하도록 되어 있으나, 이는 피고 KBS 및 피고 X의 내부적인 구상관계를 정해둔 데 불과하다고 할 것이다), 이에 위반하여 만연히 이 사건 장면이 포함된 이 사건 프로그램을 방영한 잘못이 있으므로, 피고 Z와 그 사용자인 피고 KBS는 이로 인한 위 원고들의 초상권 침해에 대하여 피고 X, Y와 공동불법행위자로서의 손해배상책임을 면할 수 없다.

② 원심은 피고들의 책임 범위를 각 700만 원으로 인정하였다.

(2) 나머지 부분에 대한 판단은 1심 판단과 같다.

다. 대법원판결

다음과 같은 법리를 설시한 후 피고 KBS, Y, Z의 상고를 기각하였다.[2] 즉 방송법 제72

---

2) 피고 X는 자신의 패소 부분에 관하여 상고하지 않았다.

조 제1항 및 같은법시행령 제58조 제1항에 의하여 방송위원회가 고시하는 일정 비율 이상의 외주제작 방송프로그램 편성이 방송사업자에게 강제되고 이에 따라 방송사업자가 외주제작 사에 방송프로그램의 제작을 의뢰한 경우라고 하더라도 외주제작사와 체결한 제작계약에서 방송프로그램의 방송권이 방송사업자에게 귀속하고 납품된 방송프로그램의 최종적인 편집권 한이 방송사업자에게 유보된 사정 아래에서 방송사업자가 제작과정에서 외주제작사에 의하 여 무단촬영된 장면에 관하여 피촬영자로부터 그 방송의 승낙 여부를 확인하지 아니하고 나 아가 피촬영자의 식별을 곤란하게 하는 별도의 화면조작(이른바 모자이크 처리 등) 없이 그대로 방송하게 되면 외주제작사와 공동하여 피촬영자의 초상권을 침해한 불법행위의 책임을 면할 수 없다 할 것이고, 이러한 방송사업자의 책임은 그가 방송의 주체로서 자신의 독립적 판단 하에 외주제작 방송프로그램이 납품된 상태 그대로 방송한 데 기초한 것이므로 그 제작과 관련하여 방송사업자와 외주제작사 사이의 법률관계가 민법상의 도급인과 수급인의 관계인 지 또는 실질적으로 사용자와 피용자 관계인지 여하에 따라 그 책임관계가 달라지는 것은 아니다.

3. 해설

가. 초상권의 법리

(1) 초상권의 내용

초상권에는 ① 촬영·작성거절권{얼굴 기타 사회통념상 특정인임을 알 수 있는 신체적 특징(초상)을 함부로 촬영 또는 작성당하지 아니할 권리}, ② 공표거절권(촬영 또는 작성된 초상이 함부로 공표, 복제되지 아니할 권리), ③ 초상영리권(초상이 함부로 영리목적에 이용당하지 아니할 권리)이 포함된다.[3] 촬영·작성거절권은 초상권에 포함되지 않는다는 독일의 극소수 견해가 있으나, 우리나라 및 독일, 일본의 판례, 통설은 이를 포함시켜 이해하고, 공표 여부를 불문하고 초상을 촬영 또는 작성하였다는 자체만으로 이미 초상권을 침해하는 것이 된다.

(2) 관련 대법원 판례

대법원 2006. 10. 13. 선고 2004다16280 판결[4]에서 초상권의 개념과 관련 법리를 비교적 명확하게 판시하였다. 즉, 사람은 누구나 자신의 얼굴 기타 사회통념상 특정인임을 식별

---

3) 독일, 일본의 판례이고, 우리나라를 포함한 통설적 견해이다.
4) 보험회사 직원이 보험회사를 상대로 손해배상청구소송을 제기한 교통사고 피해자들의 장해 정도에 관한 증거자료를 수집할 목적으로 피해자들의 일상생활을 촬영한 행위가 초상권 및 사생활의 비밀과 자유를 침해하는 불법행위에 해당한다고 본 사례이다.

할 수 있는 신체적 특징에 관하여 함부로 촬영 또는 그림 묘사되거나 공표되지 아니하며 영리적으로 이용당하지 않을 권리를 가지는데, 이러한 초상권은 우리 헌법 제10조 제1문에 의하여 헌법적으로 보장되는 권리이다.

위 대법원판결 이전에도 대법원이나 헌법재판소 모두 거래현실에서 이미 초상권이 실체적인 권리로 인정되고 있음을 전제하고 있었다.[5][6]

나. 외주제작사인 피고 X의 원고 甲, 乙의 초상권(촬영거절권) 침해로 인한 방송사업자인 피고 KBS의 책임

원심은 간접적으로는 구체적 지휘·감독권이 피고 KBS에 유보되어 있음을 인정한 취지로도 보이나 사용자책임을 직접적으로 인정한 것은 아니고, 방송권자 내지 실제 방송의 주체로서 초상권(특히, 공표거절권)의 침해에 대한 KBS의 과실책임이 인정됨을 전제로 촬영거절권을 침해한 피고 X와 공동불법행위책임을 인정한 것이다.

그런데 이 사건 외주제작계약 조항에 따르면, 피고 KBS는 프로그램의 기획 단계에서 사전승인에 의한 결정, 제작과정의 협의시행, 수시 입회에 의한 제작상황 확인과 필요 지시, 제작완료 후 검수, 수정 또는 보완요구, 방송권의 보유, 납품 후에 직접 수정, 삭제 기타 편집 가능함이 명문으로 규정되어 있는바, 이와 같이 기획부터 납품시까지 모든 단계에서 피고 KBS가 개입하여 필요한 지시를 수시로 할 수 있는 지위라면 피고 KBS는 외주제작사에 대하여 그 프로그램 제작과 관련하여 전형적인 지휘·감독권을 보유한 것으로 보아야 할 것이다. 결국, 이 사건 외주제작계약에서는 외주제작사인 피고 X의 일의 진행 및 방법에 관하여 구체적인 지휘 감독권이 피고 KBS에 유보된 경우로서 피고 KBS와 피고 X는 실질적으로 사용자 및 피용자의 관계에 있다고 판단된다. 그러므로 피고 KBS는 외주제작사인 피고 X가 고용한 피고 Y의 초상권(특히 촬영거절권) 침해의 불법행위에 대하여 사용자책임도 인정될 수 있다.

---

5) 대법원 2002. 2. 26. 선고 99다40227 판결; 헌법재판소 2002. 5. 30. 선고 2001헌마881 결정.
6) ① 인격적 이익 및 초상권(초상영리권)의 존재를 전제로 대표이사 개인이 침해자가 되는지 여부를 판단한 사례(대법원 1996. 7. 12. 선고 94다45333 판결), ② 동의에 의한 사진촬영이므로 인격권과 초상권을 침해하는 것으로 볼 수 없다고 한 사례(대법원 1997. 9. 30. 선고 97도1230 판결), ③ 증빙자료를 남기기 위한 목적으로 사진을 촬영한 것이어서 정당행위에 해당한다는 피고의 항변을 배척한 사례(대법원 2003. 1. 10. 선고 2002다56628 판결), ④ 누구든지 자기의 얼굴 기타 모습을 함부로 촬영당하지 않을 자유(촬영거절권에 해당)를 가진다고 한 사례(대법원 1999. 9. 3. 선고 99도2317 판결).

다. 외주제작 프로그램에서 방송사업자인 피고 KBS의 초상권(공표거절권)의 침해 여부

(1) 방송사가 직접 제작하는 프로그램에 관해서는 관련 법령의 근거가 없더라도 초상권 침해의 일반 법리에 의하여 무단촬영된 장면을 그대로 방송한다면 방송사의 불법행위 인정에 별다른 어려움은 없을 것이다. 이 경우 촬영거절권 침해가 공표거절권 침해행위에 흡수되어 별도의 판단 자체가 실익이 없을 것이다.

(2) 이 사건과 같이 법령상 의무편성이 강제되는 외주제작 프로그램과 관련하여 그 제작과정에서 촬영거절권 침해행위가 있었던 경우에 촬영거절권의 침해의 사용자책임이 인정되지 않는 한, 방송사의 공표거절권의 침해에 근거가 되는 주의의무에 관해서는 다음과 같은 견해의 대립이 있다.

① 견해: 최종 편집권이 방송사에 유보되어 있는 한 자체 제작프로그램에 준하는 주의의무가 요구된다. 이에 따른다면 피촬영자에 대한 직접적, 개별적 동의 여부를 확인하여야 하는 수준이 될 것이다.[7] ㉠ 촬영공표권은 촬영거절과 별도의 권리이고, 최종 편집권이 방송사에 부여되어 있으며, 방송사업자의 초상권에 관한 권리침해 방지 의무는 법령에 의하여 직접적으로 명시되어 있는 점, ㉡ 초상권 침해 여부의 의문이 있는 장면은 KBS 방송강령에서와 같이 가급적 방송하지 않아야 하고, 방송에서 삭제하지 않는다면 모자이크 처리 등으로 침해 결과의 발생을 방지하여야 하며, 그러한 수단도 방송사에 유보되어 있었던 점, ㉢ 방송권이 방송사에 있었던 만큼 자체 제작 프로그램과 구별할 근거가 박약하고, 방송사의 공적 책임이 법령에 명시되어 있으며, 그 책임을 엄격히 하여 인권침해의 사전방지와 피해자의 두터운 보호가 가능하다는 점을 근거로 한다.

② 견해: 방송법 등 관련 법규에 의하여 의무적으로 편성하여야 하는 외주제작 프로그램에 대하여는, 일반인을 기준으로 본인의 승낙이 있었음을 의심하지 않을 정도의 수준에서 외주제작사를 통하여 상당한 방법으로 초상권 침해 여부를 확인할 주의의무를 인정하는 견해이다. 이에 따른다면 외주제작사를 통하여 동의서나 출연계약 등을 통하여 확인하면 주의의무를 다한 것으로 인정된다.[8] 그 근거는 다음과 같다. ㉠ 법령에 의하여 외주제작이 의무화되는 상황과 초상권의 근본적 침해원인이 촬영거절권의 침해에서 발생한 점 등을 종합하여 방송사의 주의의무 정도를 합리적으로 조정할 필요가 있다. ㉡ 방송사의 귀책사유는 촬

---

7) 물론 직접 제작하는 프로그램은 촬영 당시에 개별적, 직접적 확인을 통하여 방송(공표)에 관한 초상 본인의 의사가 확인될 것이므로 방송 단계의 동의 여부가 별도로 문제되지는 않을 것이다.

8) 예컨대, 동의서 등이 외주제작사 임의로 작성한 것이라도 특별히 의심할 만한 사정이 보이지 않는 경우이다.

영거절권 침해 여부를 확인하지 않은 과실책임이므로, 과실 인정의 일반 법리에 충실하게 주의의무를 요구하여야 한다.

③ 견해(피고 KBS의 입장): 관련 법령에 의한 의무편성비율 범위 내의 외주제작 프로그램에 대하여는, 방송사 스스로 초상권 침해사실을 알았거나 프로그램 자체만으로 그 침해 여부를 의심하게 할 사정이 없다면 별도의 주의의무를 요구할 수 없다. 이에 따른다면 의무편성 범위를 넘어 임의로 제작의뢰한 외주제작 프로그램에 대하여는 자체 제작 프로그램에 준하는 주의의무가 요구된다. 법령에 의하여 외주제작이 의무화된 프로그램에 관하여 직접적인 불법행위가 없음에도 확인 불이행을 이유로 책임을 인정하는 것은 부당하고, 한편 임의로 외주제작한 부분에 관해서는 피해자의 입장에서 보아서는 자체제작과 차이를 인정할 수 없으므로 ①설에 준하여 판단하여야 한다.

④ 견해: 외주제작 프로그램에 관해서는 방송사 스스로 초상권 침해사실을 알았거나 프로그램 자체만으로 그 침해 여부를 의심할 사정이 특별히 발견되지 않는 한, 별도의 주의의무가 요구되지 않는다는 견해이다.

(3) 살피건대, 이 사건 프로그램의 방송권과 최종적인 편집권이 피고 KBS에게 있다. 관련 법령에 의하여 의무편성되는 외주제작 방송프로그램이라고 하더라도 이와 같이 최종 편집권과 저작권을 보유한 방송사에 의한 프로그램의 방송은 그 실질에 있어 방송사업자가 직접 제작한 방송프로그램을 방송하는 것과 별다른 차이가 없다. 더구나 이 사건 계약내용에 따르면 기획 단계에서부터 제작과정 등에도 제한 없이 관여할 수 있는 지위가 보장되어 있었다. 따라서 방송사업자가 제작과정에서 외주제작사에 의하여 무단촬영된 장면이 포함된 방송프로그램에 관하여 피촬영자로부터 그 방영에 관한 승낙 여부를 확인하지 아니하고 나아가 피촬영자의 식별을 곤란하게 하는 별도의 조작(이른바 모자이크 처리 등) 없이 그대로 방송하였다면 방송사업자는 외주제작사와 공동하여 피촬영자의 초상권을 침해한 불법행위의 책임을 면할 수 없다. ① 견해가 타당하다.

그 밖에 피고 KBS는 방송주체의 공적 책임으로서 방송법(제5조 제3항 등)에 따른 일반적 권리보호의무를 지고 있을뿐더러, 자체 강령이나 심의기준에 의하여 초상권에 대한 보호의무가 엄격히 요구되고 있으며, 이러한 의무는 외주제작이라고 하여 달라지는 것은 아니고, 초상권의 침해로 인한 정신적 고통은 대부분 촬영보다는 방송에 의하여 발생하고 현실화되는 것이며, 이 사건 프로그램은 시사교양프로그램의 범주에 속하는 것으로서 언론보도와 같은 수준에서 초상권 침해를 정당화해 줄 수 있는 공익적 성격도 약하다. 이와 같은 수준의 주의의무를 요구한다면 그 이행이 불가능하다고 주장하나, 주요 출연진에 대하여는 출연계약이나 동의절차를 밟을 것이므로 실제로는 별다른 분쟁이 문제되지 않을 것이고, KBS 방송강령에서 보는 바와 같이 주요 출연진이 아닌 사람에 대하여는 승낙이나 동의 여부가 불분명하다면 최종 편집권에 기초하여 모자이크 처리 등을 통하여 초상권 침해를 방지할 수 있으므로 방송사에 과도한 주의의무를 요구하는 것이라고 보기 어렵다.

피고 KBS는 방송사로서 얼굴 등이 촬영된 피촬영자의 동의나 승낙 여부를 확인하지 않고, 모자이크 처리 등의 조치를 취하지 않은 채 방송하였다면 원고 甲, 乙의 공표거절권 침해에 대한 과실책임이 인정된다. 이와 같은 입장에서 대상판결은 타당하다.

4. 판결의 의의

앞서 본 바와 같이 직접적인 침해행위의 측면에서 보면, 피고 X는 원고 측의 초상권 중 촬영거절권을 침해하였고, 피고 KBS는 공표거절권을 침해한 것이나, 결국 위 피고들의 행위가 합쳐져서 그 상호기여하에 원고 측의 초상권이 실질적으로 침해된 것이다.

촬영거절권이 침해된 상태로 다시 공표거절권까지 침해되었다면 촬영거절권 부분은 별도로 관념할 필요할 없어 보이고, 초상권 침해를 구성하는 피고 KBS와 피고 X의 각 행위가 상호 밀접하게 연관되어 있어 객관적 관련공동성의 요건도 구비하였다고 할 것이므로, 공동불법행위의 성립에 별다른 의문은 없어 보인다. 다만 피고 KBS에게는 피고 X의 촬영거절권 침해 부분에 대하여도 구체적 지휘·감독권에 기초한 사용자로서의 책임도 인정할 수 있어 보이고, 이에 따른다면 엄밀하게는 공동불법행위관계를 인정하기 어려운 점도 있으나 그 법률효과로서는 결국 부진정연대채무가 되므로 실질적 의미는 없다.

대상판결은 촬영거절권 침해 부분에 관한 사용자책임 성립 여부에 관하여 그 판단을 하지 않았으나, 공표거절권과 관련하여 편집권과 방송권이 방송사에 유보된 외주제작 방송프로그램의 초상권 침해에 관한 주의의무의 기준을 명확히 한 점에서 의의가 있다.

98 협찬고지의 허용범위에 관한 방송법 제74조 합헌 결정

헌법재판소 2003. 12. 18. 선고 2002헌바49 결정[1]

김상순(방송통신위원회 정책보좌관, 변호사)

1. 사안의 개요

가. 청구인은 민영방송사업자로서, '문화유산을 지키자'라는 프로그램에서 담배 제조 판매업체인 구 한국담배인삼공사(2002. 12. '주식회사 케이티앤지'로 상호변경됨)를 협찬주로 고지한 내용을 2001. 6. 30.부터 같은 해 7. 21.까지 사이에 매일 2회씩 총 46회 방송하였다. 이에 방송위원회는 같은 해 8. 16. 위 협찬고지가 방송법 제74조 제1항("방송사업자는 대통령령[2][3]이 정하는 범위 안에서 협찬고지를 할 수 있다.")의 규정에 위반되었음을 사유로 청구인에게 방송법 제108조 제1항 제11호("제74조 제1항의 규정에 위반하여 협찬고지를 한 자는 2천만원 이하의 과태료에 처한다.")에 의하여 과태료 500만원을 부과하였다.

나. 청구인은 위 과태료 부과처분에 대하여 인천지방법원 2001과2369호로 이의신청(이하 '당해 사건'이라 한다)을 제기하였다. 청구인은 당해 사건 계속 중 위 법원에 방송법 제74조 등에 대하여 위헌제청신청을 하였으나, 기각되자 2002. 5. 25. 헌법재판소법 제68조 제2항에 따라 위 조항[4]의 위헌결정을 구하기 위하여 헌법소원심판청구를 하였다.

---

1) [참조 및 관련 판례] 헌법재판소 1998. 5. 28. 선고 96헌바83 결정; 헌법재판소 1996. 8. 29. 선고 95헌바36 결정; 헌법재판소 1997. 11. 27. 선고 97헌마10 결정; 헌법재판소 2001. 5. 31. 선고 2000헌바43 결정 등.
  [관련 평석 및 문헌] 이은애, "협찬고지의 허용범위에 대한 규제와 방송의 자유", 언론과 법 제3권 제1호, 2004.
2) 방송법시행령 제60조(협찬고지)
  ② 방송사업자는 제1항의 규정에 불구하고 다음 각호의 1에 해당하는 경우에는 협찬고지를 할 수 없다. 다만, 제2호의 경우로서 한국마사회법에 의한 한국마사회 등 법률의 규정에 의하여 설치된 공공기관이 제1항 제1호의 규정에 의한 공익성 캠페인을 협찬하는 경우에는 협찬주명만을 협찬고지할 수 있다.
  2. 법령 또는 방송위원회규칙에 의하여 방송광고가 금지된 상품이나 용역을 제조·판매 또는 제공하는 자가 협찬하는 경우
3) 방송광고심의에관한규정 제42조(방송광고의 금지)
  ② 다음에 해당하는 상품과 용역은 방송광고를 할 수 없다.
  7. 담배 및 흡연과 관련된 광고
4) 청구인은 방송법 제74조 전부에 대하여 위헌이라고 주장하면서 이 사건 심판청구를 하였으나, 헌법재판소

2. 결정의 요지

가. 포괄위임입법금지의 원칙에 위배되지 아니한다.[5]

방송법 제74조 제1항의 입법 경위와 목적, 방송법의 전반적 체제 및 협찬고지의 본질에 비추어 위 조항의 위임에 의하여 대통령령으로 정하여질 협찬고지의 내재적 허용범위는 실정법상 광고방송이 허용되는 범위 내에서 건전한 방송문화 및 광고질서 확립을 통하여 방송의 공정성과 공익성을 기하고 나아가 방송의 자유를 실질적으로 보장하는 데 기여할 수 있는 범위로 한정될 것이므로, 이 사건 법률조항은 입법자가 그 권한 범위 내에서 형성의 재량을 행사한 것으로서 위 조항의 수규자인 방송사업자는 당해사건의 협찬주인 구 한국담배인삼공사와 같이 방송광고가 금지된 담배 등의 상품이나 용역을 제조 판매 또는 제공하는 자로부터 협찬을 받거나 협찬고지할 수 없음을 충분히 예측할 수 있어 그 위임에 의하여 대통령령으로 정하여질 협찬고지의 허용 범위의 대강을 예측할 수 있으므로 위임의 구체성 명확성의 요건이 충족되었다고 볼 수 있다.

나. 방송의 자유를 침해하지 아니한다.[6]

이 사건 법률조항은 여타의 법익을 위한 방송의 자유에 대한 제한이 아니라 방송사업의 운영을 규율하는 형성법률의 한 내용으로서 협찬고지라는 광고방송의 한 형태를 규율함에 있어 헌법상 방송의 자유를 실질적으로 보장하기 위하여 필요한 규제로서 입법자의 형성의 범위 내에서 행해졌다고 볼 수 있어 헌법에 합치되며, 방송사업자인 청구인의 협찬고지에 관한 방송운영의 자유는 이 사건 법률조항의 형성을 통해서 비로소, 그리고 오로지 형성된

는 법 제74조 제2항은 당해 사건에 적용되지 아니하여 재판의 전제성이 없다고 보아 심판대상을 방송법 (2000. 1. 12. 법률 제6139호로 전문 개정된 것, 이하 같음) 제74조 제1항(이하 '이 사건 법률조항'이라 한다)으로 제한하였다.

5) '이 사건 법률조항은 입법권을 행정부에 위임하면서 행정부가 위임된 입법권을 행사함에 있어서 준수해야 할 기본방침을 전혀 제시하고 있지 않다. 방송법규정 전반을 고려하더라도 방송사업자의 입장에서는 어느 범위에서 어떠한 경우에 협찬고지가 허용되는지의 대강의 내용을 전혀 예측할 수 없다. 협찬고지가 허용되는 범위에 관하여 전적으로 행정부에 위임하는 것을 정당화하는 합리적인 사유를 발견할 수 없으므로, 이 사건 법률조항은 입법위임의 명확성을 요청하는 헌법 제75조에 위반되는 규정으로서 위헌이다.'라는 취지의 반대의견(김영일 재판관, 권성 재판관, 주선회 재판관)이 있었다.

6) '방송의 자유가 실현되기 위하여 입법자에 의한 구체적인 형성을 필요로 하고, 그 결과 방송의 자율르 규율함에 있어서 입법자의 광범위한 형성권이 인정된다는 사실은, 입법자가 구체적으로 형성한 결과인 이 사건 법률조항의 내용적 위헌성을 판단함에 있어서 고려해야 할 하나의 중요한 관점이 될 수 있으나, 이 사건에서 문제되는 바와 같이, 위임법률의 명확성 여부의 판단에 결정적으로 영향을 미치는 관점은 아니다. 즉, 방송의 자유가 입법자에 의한 형성을 필요로 한다는 문제와 입법자에 의한 위임이 명확해야 한다는 문제는 원칙적으로 별개의 문제인 것이다.'라는 취지의 반대의견(김영일 재판관, 권성 재판관, 주선회 재판관)이 있었다.

기준에 따라 성립되는 것이므로 기본권 제한이나 침해를 내포하지 않고, 따라서 또 다른 헌법적 정당화를 필요로 하지 아니한다.

　　다. 그 밖에 이 사건 법률조항은 죄형법정주의의 규율대상에 해당하지 아니하고,[7] 재산권을 침해하지 않았으며,[8] 평등권을 침해하지 않았다.[9]

3. 해설

가. 이 사건 법률조항의 개관

　　이 사건 법률조항은 문면상 협찬고지를 허용하되, 그 허용범위는 대통령령에 위임한다는 두 가지 내용을 규율하고 있다. 이 사건 법률조항에서 사용된 협찬(協贊)은, 방송사업자가 방송제작에 관여하지 않는 자로부터 방송프로그램의 제작에 직·간접적으로 필요한 경비·물품·용역·인력 또는 장소 등을 제공받는 것[방송위원회규칙 제24호(협찬고지에 관한 규칙, 제정 2000. 8. 28.) 제2조]을, 협찬고지(協贊告知)는, 위와 같이 협찬을 받고 그 협찬주의 명칭 또는 상호 등을 고지하는 것(방송법 제2조 제22호)을 뜻한다. 따라서 협찬고지의 허용범위를 규율하고 있는 이 사건 법률조항은 논리적으로 협찬의 허용범위를 규율하고 있다고 볼 수 있다. 또한 방송법체제상 이 사건 법률조항은, 과태료부과규정인 방송법 제108조 제1항 제11호와 결합하여 그 허용범위에서 벗어난 협찬고지 행위에 대하여 방송사업자에게 과태료를 부과할 수 있도록 규율하고 있다.

　　이 사건 법률조항의 입법경위를 살펴보면, 현행 방송법으로 통합, 폐지되기 전의 구 방송법이나 구 한국방송광고공사법 등 관련 법률에는 협찬고지에 관한 근거규정이 없었다. 단지 1994. 12. 방송사와의 합의를 통해 만들어진 자율기준이 협찬고지에 대한 유일한 기준으로 사용되어 왔다. 방송개혁위원회(1998. 12. 한시적으로 설치된 대통령자문기구)에서 협찬고지가 구 방송법상 근거규정 없이 방송위원회 규칙으로 허용되어 있던 상황에서 이를 양성화할 필요가 있다는 주장과 공식적으로 확대 허용할 경우 프로그램의 상업성을 부채질할 가능성

---

7) 죄형법정주의는 무엇이 범죄이며 그에 대한 형벌이 어떠한 것인가는 국민의 대표로 구성된 입법부가 제정한 법률로써 정하여야 한다는 원칙인데, 과태료는 행정상의 질서 유지를 위한 행정질서벌에 해당할 뿐 형벌이라고 할 수 없어 과태료 부과의 근거조항에 불과한 이 사건 법률조항은 죄형법정주의의 규율대상에 해당하지 아니한다.

8) 청구인이 주장하는 협찬계약을 통하여 얻을 수 있는 재산권의 실체는 결국 단순한 이익이나 재화의 획득에 관한 기회에 불과하여 우리 헌법상 재산권 보장의 대상이 아니다.

9) 이 사건 법률조항의 내용과 입법목적에 비추어 그 수규자인 방송사업자는 청구인이 비교집단으로 든 방송사업 외의 사업자집단과는 본질적으로 동일하다고 볼 수 없으므로 이 사건 법률조항이 방송사업자인 청구인을 방송사업 외의 사업자집단에 비하여 불합리하게 차별취급하여 청구인의 평등권을 침해한다고 볼 수 없다.

이 있다는 주장이 제시되었다. 이에 방송재정구조 개선방안의 일환으로 허용범위·대상은 현행 수준을 유지하되 위반시 처벌규정을 강화하는 것으로 근거규정을 명시하고, 구체적인 허용범위 등은 방송위원회 규칙으로 정하자는 방송개혁안을 제시하게 되었다. 신기남 의원 등 158인이 1999. 7. 3. 위 방송개혁안을 반영한 방송법안을 발의하여 소관 상임위원회에서 협찬고지의 허용범위는 대통령령으로 정하는 것으로 수정된 후 1999. 12. 28. 국회 본회의에서 가결되어 2000. 1. 12. 공포되었다.

이 사건 법률조항의 위 입법경위 및 문면에 비추어 보면 그 입법목적은 방송사업의 운영에 필수적인 재원을 조달하기 위하여 음성적으로 행해져온 협찬관행을 합법화하는 한편 그 허용범위는 종전 수준으로 제한하여 그 범위를 벗어난 협찬고지를 규제하는 근거규정을 입법함으로써 방만한 협찬으로 협찬주 등의 사적 이익이 방송프로그램 제작과정에 부당한 영향력을 행사하여 방송프로그램의 상업성을 부채질하거나 방송편성의 자유와 독립을 해할 우려를 방지하고, 방송광고로서 금지 내지 규제되는 사항을 우회적으로 달성하거나 한국방송광고공사를 통한 위탁광고제도를 비켜가기 위한 수단으로 협찬고지를 이용하는 것을 방지하여 건전한 방송문화 정착과 광고질서 확립을 통하여 방송의 공정성과 공익성을 기하고, 나아가 방송의 자유를 실질적으로 보장할 목적으로 입법된 것이다.

나. 방송의 자유의 성격

헌법 제21조 제1항은 "모든 국민은 언론·출판의 자유와 집회·결사의 자유를 가진다"고 규정하였다. 같은 규정에 의해 보장되는 언론·출판의 자유에는 방송의 자유가 포함된다. 방송의 자유는 주관적인 자유권으로서의 특성을 가질 뿐 아니라 다양한 정보와 견해의 교환을 가능하게 함으로써 민주주의의 존립·발전을 위한 기초가 되는 언론의 자유의 실질적 보장에 기여한다는 특성을 가지고 있다. 방송매체에 대한 규제의 필요성과 정당성을 논의함에 있어서 방송사업자의 자유와 권리뿐만 아니라 수신자(시청자)의 이익과 권리도 고려되어야 하는 것은 방송의 이와 같은 공적 기능 때문이다. 따라서 방송의 자유는 주관적 권리로서의 성격과 함께 신문의 자유와 마찬가지로 자유로운 의견형성이나 여론형성을 위해 필수적인 기능을 행하는 객관적 규범질서로서 제도적 보장의 성격을 함께 가진다.

이와 같이 방송의 자유의 보호영역에는, 단지 국가의 간섭을 배제함으로써 성취될 수 있는 방송프로그램에 의한 의견 및 정보를 표현, 전파하는 주관적인 자유권 영역 외에 그 자체만으로 실현될 수 없고 그 실현과 행사를 위해 실체적, 조직적, 절차적 형성 및 구체화를 필요로 하는 객관적 규범질서의 영역이 존재한다. 이에 관하여 헌법 제21조 제3항은 "통신·방송의 시설기준과 신문의 기능을 보장하기 위하여 필요한 사항은 법률로 정한다"고 규정하고 있다. 방송은 신문과 마찬가지로 여론형성에 참여하는 언론매체로서 그 기능이 같지만, 아직까지 그 기술적, 경제적 한계가 있어서 소수의 기업이 매체를 독점하고 정보의 유통을 제어하는 정보유통 통로의 유한성이 완전히 극복되었다고 할 수 없다. 또한, 누구나 쉽게 접근할 수 있는 방송매체는 음성과 영상을 통하여 동시에 직접적으로 전파되기 때문에 강한 호소력이 있고, 경우에 따라서는 대중조작이 가능하며, 방송매체에 대한 사회적 의존성이 증가하여 방송이 사회적으로 강한 영향력을 발휘하는 추세이므로 이러한 방송매체의 특수성을 고려하면 방송의 기능을 보장하기 위한 규율의 필요성은 신문 등 인쇄매체보다 높다. 그러므로 입법자는 자유민주주의를 기본원리로 하는 헌법의 요청에 따라 국민의 다양한 의견을 반영하고 국가권력이나 사회세력으로부터 독립된 방송을 실현할 수 있도록 광범위한 입법형성재량을 갖고 방송체제의 선택을 비롯하여, 방송의 설립 및 운영에 관한 조직적, 절차적 규율과 방송운영주체의 지위에 관하여 실체적인 규율을 행할 수 있다.

입법자가 방송법제의 형성을 통하여 민영방송을 허용하는 경우 민영방송사업자는 그 방송법제에서 기대되는 방송의 기능을 보장받으며 형성된 법률에 의해 주어진 범위 내에서 주관적 권리를 가지고 헌법적 보호를 받는다.

다. 협찬고지의 본질

협찬고지란, 방송사업자가 방송제작에 관여하지 않는 자로부터 방송프로그램의 제작에 직·간접적으로 필요한 경비·물품·용역·인력 또는 장소 등을 제공받고 그 협찬주의 명칭 또는 상호 등을 방송으로 고지하는 행위(방송법 제2조 제22호)이다. 그 본질은 협찬주가 협찬이라는 명목으로 협찬주의 명칭 또는 상호, 이미지 또는 상품을 홍보하기 위해 프로그램 등에 재원을 보조한다는 점에서 상업광고의 한 형태이다. 그 표현 방식과 내용이 방송프로그램에 삽입하는 음성, 자막, 화상 등의 형태로 협찬주의 명칭 또는 상호만을 고지하는 것이라는 점에서 방송광고와 구별되어 규율되고 있다.

즉, 현행 방송법은 방송광고에 대하여는 그 시간, 횟수 또는 방법 등에 관한 사항을 제한하고(방송법 제73조 제2항), 사전 심의를 의무화하고 있으며(방송법 제32조 제2항), 방송광고공사 등의 위탁이 있는 경우에 한하여 행할 수 있도록 규제하고 있다(방송법 제73조 제5항). 그러나 협찬고지에 대하여는 이러한 제한을 가하지 아니하는 대신 정의규정인 방송법 제2조 제22호에 의해 협찬고지의 방식을 협찬주의 명칭 또는 상호 등을 고지하는 것으로 제한하고, 이 사건 법률조항에 의해 그 허용범위 자체를 제한함으로써 그 규율에 갈음하고 있다.

따라서, 협찬고지는 그 본질상 방송매체를 통한 광고이므로 실정법상 광고방송이 허용되는 범위 내에서 이루어져야 한다. 또 협찬고지는 방송광고와 달리 방송프로그램과 구분되지 않은 채 방송프로그램에 삽입하는 문구나 메시지의 형태로 특정한 협찬주의 명칭 등을 고지한다. 뿐만 아니라, 협찬과정에서 방송프로그램 제작과정에 영향력을 행사하여 방송프로 그램의 상업성을 부채질할 가능성이 있다는 점에서 추가적으로 시청자의 권리와 이익을 위하여 이를 규제할 필요가 있다.

4. 결정의 의의

이 사건 결정은 첫째로, 방송의 자유의 법적 성격을 구명하고 언론의 자유의 보호영역을 설시하면서 형성입법과 관련하여 그 형성의 범위와 한계를 밝혔다는 점에서 의의가 있다.

둘째로, 수신료, 광고, 기타 수입 등에 이어 협찬이 방송사의 제4의 재원으로 사실상 기능하고 있다고 할 것인데, 현업 종사자는 협찬 유치의 압박으로부터 자유로울 수 없는 것이 현실[10]이다. 광고 매출이 점점 줄어드는 상황[11]에서는 더욱 그러하다. 이 사건 결정은 협찬고지의 본질이 광고라는 것을 명시적으로 선언하였다는 점에서 의의가 있다. 다만, 이 사건 결정 중 '3. 가. 이 사건 법률조항의 내용' 부분에서 "(전략) ~ 따라서 협찬고지의 허용범위를 규율하고 있는 이 사건 법률조항은 논리적으로 협찬의 허용범위를 규율하고 있다고 볼 수 있다. ~ (후략)"고 언급하는 바람에 '협찬의 허용범위와 협찬고지의 허용범위는 동일하므로, 협찬고지할 수 없다면 협찬받을 수도 없다는 것이 헌법재판소의 입장이다'라는 취지로 해석될 여지도 없지 않다. 그러나 협찬고지가 금지되는 경우라도 협찬까지 금지되는 것은 아니라는 것이 해당 방송법령의 해석에 관한 대체의 견해이다.

---

10) 이 사건 결정 당시 방송위원회가 개진하였던 '협찬고지의 허용범위 및 기준 등을 방송법에서 미리 상세히 정하는 것은 다양한 광고기법의 발전 등에 비추어 입법기술상 어려울 뿐만 아니라 시대상황 등에서 탄력적으로 정하여질 필요성이 있어서 이 사건 법률조항이 포괄위임입법금지의 원칙에 반하지 아니한다.'라는 취지의 의견 중 '시대상황 등에서 탄력적으로 정하여질 필요성' 부분이 이러한 현실의 행간을 잘 설명해준다.

11) 2015년 방송산업 실태조사보고서, 미래창조과학부, 2015, 77면에 등장하는 지상파 방송사업자(TV＋라디오＋DMB)의 매출현황을 일례로 살펴보면, 광고매출액은 줄어들고(2013년 2조 675억여원에서 2014년 1조 8975억여원으로) 협찬매출액은 증가하는(2013년 3315억여원에서 2014년 3641억여원으로) 경향을 보인다.

헌법재판소 2008. 6. 26. 선고 2005헌마506 결정[1]

이인호(중앙대학교 법학전문대학원 교수)

1. 사안의 개요

청구인은 A시에서 B건어물을 경영하는 자인데, 2005. 3. 25. C방송국에 B건어물의 방송광고를 청약하였다가 방송법의 규정에 의한 사전심의를 받지 않았다는 이유로 방송청약을 거절당하였다. 이에 청구인은 관련 법령규정들이 헌법 제21조가 보장하는 표현의 자유를 침해한다고 주장하며 2005. 5. 23. 이 사건 헌법소원심판을 청구하였다.

당시 방송법(2008. 2. 29. 법률 제8867호로 개정되기 전의 것) 제32조는 방송광고에 대해서 사전심의제도를 두고 있었다. 즉, 방송광고가 방송되기 전에 방송위원회가 그 내용을 심의하여 방송 여부를 결정하고(제2항), 방송사업자는 방송위원회의 결정을 받지 않은 방송광고 또는 결정내용과 다른 방송광고를 방송하지 못하도록 하였다(제3항). 이를 위반한 방송사업자는 3천만원 이하의 과태료에 처하여진다(제108조 제1항). 그런데 방송위원회는 권한의 위탁규정(제103조 제2항)에 따라 방송광고 사전심의 업무를 직접 수행하지 않고 2000년부터 민간기구인 '한국광고자율심의기구'에 위탁해 왔다. 한편, 심판 계속 중에 개정된 방송법(2008. 2. 29. 법률 제8867호로 개정된 것) 제32조는 사전심의의 주체를 방송위원회에서 방송통신심의위원회로 변경하였을 뿐 다른 내용은 달라진 것이 없었다.

이 사건의 쟁점은 (i) 방송광고에 대해서도 헌법 제21조 제2항의 검열금지의 원칙이 그대로 적용될 것인지 여부 (ii) 검열금지의 원칙이 적용되는 경우, 민간기구인 '한국광고자율심의기구'에 의한 사전심의가 '행정권에 의한 사전심의'라고 볼 수 있는지 여부였다. 종래

---

1) [참조 및 관련 판례] 헌법재판소 2008. 10. 30. 선고 2004헌가18 결정; 헌법재판소 2009. 9. 24. 선고 2007헌마949 결정; 헌법재판소 2010. 7. 29. 선고 2006헌바75 결정.
   [관련 평석 및 문헌] 지성수, "방송법 제32조 제2항 등 위헌확인", 결정해설집 제7집, 헌법재판소, 2009; 홍승기, "방송광고 사전심의 위헌 판단의 함의 – 헌법재판소 2005헌마506 사건을 중심으로 –", 行政法研究 제37호, 행정법이론실무학회, 2013.

헌법재판소는 1996년에 최초로 '영화 사전심의제도'에 대해 헌법 제21조 제2항이 금지하는 '검열'에 해당하여 위헌이라고 판시한 이래, 음반·비디오 등의 표현매체에 대한 사전심의제도를 모두 위 1996년의 위헌결정에서 내려진 검열금지의 법리를 적용하여 위헌으로 결정해 왔었다.

그러나 '방송광고'는 그 특수성 때문에, 즉 '광고'는 헌법의 보호가 약한 표현이고 또 '방송'은 가정에 바로 침투하여 청소년에게 직접 노출되는 특성이 있기 때문에 검열금지의 법리가 동일하게 적용될 수 있는가에 대해 의문이 제기되어 오던 중이었다. 그렇지만 본 평석대상결정에서 헌법재판소의 법정의견(7인 위헌)은 조금의 망설임 없이 종래의 검열금지의 법리를 방송광고에 그대로 적용하였다. 다만, 다른 2인의 재판관이 여기에 의문을 제기하였다. 이후 이 2인의 소수의견은 2년 후인 2010년에 건강기능식품 표시·광고에 대한 사전심의제도가 문제된 사건에서 오히려 상대적 다수를 형성하게 된다. 광고표현과 관련한 검열금지의 법리에 균열이 발생한 것이다.

2. 결정의 요지

헌법재판소는 7인(위헌) : 1(위헌) : 1(헌법불합치)로 견해가 갈렸다. 7인의 법정의견[2]은 방송광고에도 검열금지의 원칙이 그대로 적용되며, 나아가 이 사건 방송광고 사전심의제도는 헌법 제21조 제2항이 금지하는 검열의 요건을 모두 갖추어 위헌이라고 판단하였다. 이에 대해 1인의 위헌의견[3]은 방송광고를 '의견전달 방송광고'와 '상업적 방송광고'로 나누고 후자에게는 검열금지의 원칙이 적용되지 않는다는 의견을 피력하였다. 한편, 1인의 헌법불합치의견[4]도 상업광고에는 절대적인 검열금지의 원칙을 적용해서는 안 된다는 입장이다.

여기서는 7인의 법정의견의 요지를 정리하고, 2인의 각 소수의견에 대해서는 다음의 [3. 해설] 부분에서 소개하기로 한다.

가. 방송광고도 의사표현의 매개체이므로 검열금지의 원칙이 그대로 적용된다.

헌법 제21조 제1항이 보호하는 언론·출판의 자유는 의사표현을 보호하는 것이고 이러한 의사표현의 매개체는 어떠한 형태이건 그 제한이 없다(헌법재판소 1993. 5. 13. 91헌바17 결정). 광고도 사상·지식·정보 등을 불특정 다수인에게 전파하는 것으로서 언론·출판의 자유에 의한 보호를 받는 대상이며(헌법재판소 1998. 2. 27. 96헌바2 결정; 헌법재판소 2002. 12. 18.

---

2) 재판관 이강국, 이공현(주심), 김희옥, 김종대, 민형기, 이동흡, 송두환.
3) 재판관 조대현.
4) 재판관 목영준.

2000헌마764 결정; 헌법재판소 2005. 10. 27. 2003헌가3 결정), 따라서 이 사건 방송광고가 언론·출판의 자유의 보호대상임은 물론이다.

헌법 제21조 제2항은 언론·출판에 대한 허가나 검열은 인정되지 아니한다고 규정하고 있다. 여기서 말하는 검열은 그 명칭이나 형식과 관계없이 실질적으로 행정권이 주체가 되어 사상이나 의견 등이 발표되기 이전에 예방적 조치로서 그 내용을 심사, 선별하여 발표를 사전에 억제하는, 즉, 허가받지 아니한 것의 발표를 금지하는 제도를 뜻하고, 이러한 사전검열은 절대적으로 금지된다. 다만, 사전검열금지의 원칙이 모든 형태의 사전적인 규제를 금지하는 것은 아니고, 의사표현의 발표 여부가 오로지 행정권의 허가에 달려있는 사전심사만을 금지한다.

헌법재판소는 헌법이 금지하는 사전검열의 요건으로 다음의 네 가지를 제시해 오고 있다. 첫째, 일반적으로 허가를 받기 위한 표현물의 제출의무가 존재할 것, 둘째, 행정권이 주체가 된 사전심사절차가 존재할 것, 셋째, 허가를 받지 아니한 의사표현을 금지할 것, 넷째, 심사절차를 관철할 수 있는 강제수단이 존재할 것이 그것이다(헌법재판소 1996. 10. 4. 93헌가13 등 결정; 헌법재판소 1996. 10. 31. 94헌가6 결정; 헌법재판소 2001. 8. 30. 2000헌가9 결정).

나. 이 사건 방송광고 사전심의제도는 검열의 요건을 모두 충족하여 위헌이다.

방송법 제32조 제2항은 텔레비전 방송광고를 하고자 하는 자는 방송국에 이에 대한 청약을 하기 전에 먼저 방송위원회로부터 사전심의를 받도록 하고 있다. 이는 사전검열의 요건 중 일반적으로 허가를 받기 위한 표현물의 제출 의무를 부과한 것이다. 또한 제32조 제3항은 '방송사업자는 방송광고에 대해서 방송위원회의 심의·의결의 내용과 다르게 방송하거나 심의·의결을 받지 않은 방송광고를 방송하여서는 아니 된다'고 규정하고 있다. 이는 광고주가 사전심의를 받지 않은 방송광고를 청약하는 경우에는 방송할 수 없도록 하는 것으로서 허가받지 않은 의사 표현을 금지하는 것에 해당한다. 또한 방송법 제108조 제1항은 방송사업자가 사전심의를 받지 않은 광고물이나 사전심의 내용과 다른 광고물을 방송하는 경우 과태료 3,000만 원 이하에 처하도록 하여 방송사업자가 사전심의를 받지 않은 방송광고의 청약을 거절하도록 함으로써 광고주가 사전심의를 받을 수밖에 없도록 강제하고 있다. 위와 같은 과태료 처분은 사전심의절차를 관철시키기 위한 강제수단에 해당한다.

마지막으로, 방송광고 사전심의 업무를 민간기구인 '한국광고자율심의기구'에 위탁해서 수행하고 있지만, 이는 실질적으로 행정기관에 의한 사전심의에 해당한다. 한국광고자율심의기구는 민간이 주도가 되어 설립된 기구이기는 하나, 그 구성에 행정권이 개입하고 있고, 행정법상 공무수탁사인으로서 그 위탁받은 업무에 관하여 국가의 지휘·감독을 받고 있으며,

방송위원회는 텔레비전 방송광고의 심의 기준이 되는 방송광고 심의규정을 제정, 개정할 권한을 가지고 있고, 자율심의기구의 운영비나 사무실 유지비, 인건비 등을 지급하고 있다. 그렇다면 한국광고자율심의기구가 행하는 방송광고 사전심의는 방송위원회가 위탁이라는 방법에 의해 그 업무의 범위를 확장한 것에 지나지 않는다고 할 것이므로 한국광고자율심의기구가 행하는 이 사건 텔레비전 방송광고 사전심의는 행정기관에 의한 사전검열로서 헌법이 금지하는 사전검열에 해당한다.

3. 해설

가. 검열금지의 법리가 딛고 있는 이론적 기초: 사상의 자유시장론

헌법 제21조 제2항은 "言論·出版에 대한 許可나 檢閱…[은] 인정되지 아니한다."고 규정하고 있다. 이 법리가 딛고 있는 이론적 기초는 '사상의 자유시장론'이다. 이 이론은 1644년에 유럽에서 당시 인쇄매체에 대한 정부의 가혹한 검열체제에 맞서 싸웠던 존 밀턴(John Milton)에 의해 제시되었다. 그는 모든 사람으로 하여금 자유롭게 말하게 하여 진리와 허위가 대결하게 하면, 허위와 불건전은 思想의 公開市場(the open market place of ideas)에서 다투다가 마침내는 패배하게 될 것이니, 權力은 이러한 선악의 싸움에 개입해서는 안 된다고 주장하였다. 즉, 어떤 사상과 견해가 옳고 그른지, 또는 가치 있고 가치 없는 것인지는 국가나 정부에 의해서가 아니라 사상의 공개시장에서 국민에 의해서 평가되고 결정된다는 것이다. 설령 유해한 사상이나 표현이라 하더라도 그 害惡의 是正은 사상의 공개시장에서 대립되는 사상이나 표현의 競合을 통해 이루어져야 한다는 믿음이다. 따라서 국민 스스로에 의한 시정의 기회를 원천봉쇄하는 사전억제(prior restraint) 혹은 사전검열은 사상의 공개시장의 형성 자체를 가로막는 것이어서 언론자유의 보장에 가장 치명적인 것이다. 그렇기 때문에 언론자유가 보장되는 국가에서 사전검열은 원칙적으로 금지된다. 한국의 헌법 제21조 제2항도 같은 취지에서 마련되었다.

그런데 사전검열은 어떤 상황, 어떤 공익을 위해서도 헌법상 허용될 수 없는 '절대적인 금지'인가? 즉, 사상의 경쟁메커니즘이 제대로 작동하지 못하는 여건이나 상황에서 국가가 중대한 공익(전쟁수행, 청소년보호 등)을 위해 심각한 표현을 사전에 차단할 수는 없는 것인가? 이 논점에 대해 한국의 헌법재판소는 미국의 연방대법원과 약간 다른 접근방식을 보이고 있다. 미연방대법원은 행정부든 사법부든 국가기관에 의한 모든 사전억제(prior restraint)를 원칙적으로 허용하지 않으면서도 아주 예외적인 상황에서 이를 헌법적으로 용인하고 있다.

나. 헌법재판소의 접근방식: 행정권에 의한 사전검열의 절대적 금지

헌법재판소는 최초로 1996년에 9인 전원일치로 영화 사전심의제도가 헌법이 금지하는 검열에 해당하여 위헌이라고 결정5)한 이래 2008년의 본 평석대상결정에 이르기까지 '언론·출판'에 대한 검열금지의 법리를 일관되게 유지하여 왔다. 예컨대, 1996년의 음반 사전심의제도 위헌결정,6) 1998년의 비디오물 사전심의제도 위헌결정,7) 1999년의 제2차 비디오물 사전심의제도 위헌결정,8) 2000년의 제3차 비디오물 사전심의제도 위헌결정,9) 2001년의 영화등급분류 보류제도 위헌결정,10) 2005년의 외국비디오물 수입추천제도 위헌결정,11) 2008년의 방송광고 사전심의제도 위헌결정,12) 2008년의 비디오물등급분류 보류제도 위헌결정13)이 그것이다.

헌법재판소가 확립하고 있는 법리는 다음의 4가지이다. ① 영화를 비롯하여 의사표현의 매개체라면 그 형태에 관계없이 모두 검열금지의 헌법적 보호를 받는다. ② 금지되는 '검열'이란 행정권이 주체가 되어 사상이나 의견이 발표되기 이전에 그 내용을 심사·선별하여 발표를 사전에 억제하는 제도를 가리킨다. 따라서 법원의 가처분결정에 의한 사전억제는 헌법이 금지하는 '검열'에 해당하지 않는다. ③ 이러한 성격의 검열은 어떤 공익을 이유로 해서도 절대적으로 허용되지 않는다(절대적 금지).14) ④ 검열에 해당하기 위해서는 다음의 4가지 요건이 모두 충족되어야 한다. 첫째, 일반적으로 허가를 받기 위한 표현물의 제출의무가 존재할 것, 둘째, 행정권이 주체가 된 사전심사절차가 존재할 것, 셋째, 허가를 받지 아니한 의사표현을 금지할 것, 넷째, 심사절차를 관철할 수 있는 강제수단이 존재할 것이 그것이다.

5) 헌법재판소 1996. 10. 4. 선고 93헌가13등 결정(영화 사전심의제도 사건; 제1차 영화검열 사건) [9(위헌) : 0].
6) 헌법재판소 1996. 10. 31. 선고 94헌가6 결정(음반 사전심의제도 사건) [9(위헌) : 0].
7) 헌법재판소 1998. 12. 24. 선고 96헌가23 결정(비디오물 사전심의제도 사건) [9(위헌) : 0].
8) 헌법재판소 1999. 9. 16. 선고 99헌가1 결정(제2차 비디오물 사전심의제도 사건) [9(위헌) : 0].
9) 헌법재판소 2000. 2. 24. 선고 99헌가17 결정(제3차 비디오물 사전심의제도 사건) [9(위헌) : 0].
10) 헌법재판소 2001. 8. 30. 선고 2000헌가9 결정(영화 등급분류보류제도 사건; 제2차 영화검열 사건) [7(위헌) : 1(합헌) : 1(합헌)].
11) 헌법재판소 2005. 2. 3. 선고 2004헌가8 결정(외국비디오물 수입추천 사건) [8(위헌) : 1(합헌)].
12) 헌법재판소 2008. 6. 26. 선고 2005헌마506 결정(방송광고 사전심의제도 사건) [7(위헌) : 1(위헌) : 1(헌법불합치)].
13) 헌법재판소 2008. 10. 30. 선고 2004헌가18 결정(비디오물 등급분류보류제도 사건) [8(위헌) : 1(한정위헌)].
14) 헌법재판소 1996. 10. 4. 선고 93헌가13등 결정("헌법 제21조 제2항이 언론·출판에 대한 검열금지를 규정한 것은 비록 헌법 제37조 제2항이 국민의 자유와 권리를 국가안전보장·질서유지 또는 공공복리를 위하여 필요한 경우에 한하여 법률로써 제한할 수 있도록 규정하고 있다고 할지라도 언론·출판의 자유에 대하여는 검열을 수단으로 한 제한만은 법률로써도 허용되지 아니한다는 것을 밝힌 것이다. 물론 여기서 말하는 검열은 그 명칭이나 형식에 구애됨이 없이 실질적으로 위에서 밝힌 검열의 개념에 해당되는 모든 것을 그 대상으로 하는 것이다").

평석대상결정의 법정의견도 위 법리를 그대로 원용하고 있다.

법정의견이 다시 확인하고 있는 바와 같이, 헌법 제21조 제2항이 절대적으로 금지하는 검열에는 '행정권에 의한 사전검열'만이 해당하고, '법원에 의한 사전검열'은 그 대상이 아니다. 따라서 입법자가 언론·출판에 대한 사전제한조치를 법원의 재판을 통해서 하도록 한다면, 이는 제21조 제2항의 헌법문제는 없게 된다. 그렇지만 법원의 현행 가처분절차가 언론자유를 지나치게 제약할 수 있는 문제점은 여전히 남아 있다.[15]

다. 방송광고의 특수성에 대한 고려: 소수의견의 논리

2인의 소수의견은 7인의 법정의견이 고수하고 있는 '절대적 검열금지의 법리'를 모든 표현매체에 경직되게 적용할 경우 불합리한 결과가 발생하게 된다는 우려를 하고 있다. 즉, 방송광고처럼 가정에 바로 침투하여 청소년을 비롯한 시청자에게 직접 노출되는 허위·과장 광고로부터 청소년 등의 시청자를 보호하기 위한 사전억제(prior restraint)의 필요성을 인식한 것이다. 그러나 그 처방은 약간 다르게 내어 놓았다.

먼저, 조대현 재판관은 헌법 제21조 제1항 및 제2항이 보장하는 "언론·출판"의 개념범위를 제한적으로 해석하고 있다. 즉 "의견이나 사상을 말이나 글로 표현하여 민주사회의 다양한 의사의 하나로 불특정 또는 다수인에게 공표하고 전달하기 위한 것"만이 여기에 해당되고 그 밖의 표현행위는 제21조에서 보호하는 "언론·출판"이 아니라는 견해를 제시하였다. 그리하여 방송광고를 '의견전달 방송광고'와 '상업적 방송광고'로 나누고, 전자에게는 검열금지의 원칙이 적용되지만 후자의 경우에는 직업수행의 자유의 제한 문제로서 다루어야 한다는 입장이다.

한편, 목영준 재판관은 상업광고도 헌법 제21조 제1항의 언론·출판의 자유의 보호대상에 포함되기는 하나, 상업광고에는 검열금지의 원칙을 적용해서는 안 된다는 의견을 제시하였다. 그리하여 상업광고가 문제된 본 사안에서는 헌법 제21조 제2항의 검열금지의 원칙을 적용할 것이 아니라, 헌법 제37조 제2항의 과잉금지의 원칙을 적용하여 언론·출판의 자유에 대한 과도한 제한인지 여부를 판단하여야 한다는 것이다. 그 결과 목영준 재판관은 심판대상규정이 입법목적(허위·과장광고로부터 시청자의 예방적 보호)의 달성에 필요한 범위를 넘어서서 과도하게 표현의 자유를 제한하는 위헌성을 지니고 있다고 평가하였다. 즉, 한국광고자율심의기구의 구성과 운영에 지나치게 공권력이 개입하여 수단의 적절성을 갖추지 못하였

---

15) 이 논점은 2006년의 이른바 '정정보도청구절차 사건'에서 다루어졌다. 헌법재판소는 정정보도청구의 소를 민사집행법상의 가처분절차에 의하여 재판하도록 하는 법률조항(언론중재법 제26조 제6항)에 대해 6(위헌):3(합헌)의 의견으로 위헌결정을 내린 바 있다. 헌법재판소 2006. 6. 29. 선고 2005헌마165등 결정(신문법·언론중재법 사건) 참조.

고, 또 텔레비전 상업광고 전부를 일률적으로 사전심의의 대상에 포함시킴으로써 목적달성에 필요한 범위를 초과했다는 것이다. 다만 이러한 부분적 위헌성은 후속 입법에 의하여 시정되어야 한다는 헌법불합치의견을 제시하였다.

라. 대상결정 이후 광고표현에 대한 검열금지 법리의 변화: 소수의견의 득세

2008년의 평석대상결정 이후 2년이 갓 지난 시점에 헌법재판소는 검열금지의 원칙의 적용대상에 '상업광고'가 포함되는지 여부를 놓고 기존 입장에서 방향을 바꾸는 시도를 하게 된다. 즉, 2010년의 건강기능식품 표시·광고 사전심의제도 합헌결정16)에서 4인의 상대다수의견(합헌: 재판관 김희옥, 민형기, 이동흡, 목영준)은 '언론·출판에 대한 사전검열금지의 원칙은 상업광고 특히 건강기능식품의 표시·광고에는 적용되지 않는다.'는 의견을 개진하였다. 이 4인의 상대다수의견은 본 평석대상결정에서 1인 소수의견을 개진했던 목영준 재판관의 입장이었는데, 2010년의 이 사건에서 3인이 기존의 입장을 변경하여 이에 동조함으로써 주문을 형성하는 상대다수의견이 된 것이다. 그리하여 4인은 건강기능식품의 표시·광고가 언론·출판의 자유의 보호영역에 속하지만, 허위·과장광고를 예방하기 위한 정당한 목적을 위해 순수한 민간단체(건강기능식품협회)가 구체적인 심의기준에 따라 표시·광고 문안에 관하여 사전에 심사하고 심의결과에 대하여 불복절차를 두는 것은 목적달성에 필요한 범위 내의 규제여서 과잉금지의 원칙에 위배되지 않는다고 판시하였다.

반면, 평석대상결정에서 위헌의견이었던 2인(재판관 이강국, 송두환)은 상업광고에도 검열금지의 원칙이 적용된다는 기존 법리를 그대로 유지하면서도, 다만 이 사안에서는 검열요건 중 행정기관성 요건이 충족되지 않았다는 이유로 사전검열에 해당하지 않고, 나아가 4인 상대다수의견과 마찬가지로 과잉금지의 원칙에도 위배되지 않는다는 합헌의견을 내었다. 그러나 평석대상결정에서 위헌의견이었던 다른 2인(재판관 이공현, 김종대)은 상업광고에 검열금지의 원칙이 적용된다는 기존 법리를 재확인하면서 이 사안의 사전심의절차도 헌법이 금지하는 행정기관에 의한 사전검열이고 그 밖의 다른 검열 요건이 모두 충족되어 위헌이라는 의견을 개진하였다. 한편, 평석대상결정에서 의견전달 광고와 달리 상업광고는 헌법 제21조의 '언론·출판'에 해당하지 않아 검열금지의 원칙이 적용되지 않는다는 의견을 제시했던 다른 1인(재판관 조대현)은 이 사안에서도 같은 견해를 유지하면서, 4인 상대다수의견과 마찬가지로 과잉금지의 원칙에 위배되지 않는다는 합헌의견을 제시하였다.

이처럼 상업광고를 헌법 제21조 제2항의 검열금지의 보호대상에서 아예 제외하려는 시

---

16) 헌법재판소 2010. 7. 29. 선고 2006헌바75 결정(건강기능식품 표시·광고 사전심의제도 사건) [4(합헌) : 2(합헌) : 1(합헌) : 2(위헌)].

도를 하는 이유는 '검열은 절대적으로 금지된다'는 경직된 검열법리에 기인하고 있다. 상업광고의 경우에는 사전억제의 필요성이 높은데, 그러나 절대적 금지의 법리로 인해 상업광고에 대한 사전심의제도가 헌법재판소가 확립해 놓은 검열의 4가지 요건을 충족한다면 위헌을 선언할 수밖에 없기 때문이다.

4. 결정의 의의

대상결정으로 인해 구 방송법 제32조 제2항과 제3항에 따라 시행되던 방송광고 사전심의제도는 2008. 6. 26.자로 즉시 폐지되었다. 대신 방송광고도 방송프로그램처럼 방송통신심의위원회에 의한 사후심의체제로 전환되었다. 그러나 방송사업자의 위험부담을 최소화하기 위해 협회 차원에서의 자율적 사전심의가 이루어지고 있다. 지상파방송사를 회원으로 하는 한국방송협회는 한국방송광고공사의 방송광고 전자상거래 시스템(코바넷 KoBAnet)을 통해 33개 지상파 회원사의 청약 방송광고물을 사전에 심의하고 있고, 한국케이블TV방송협회도 방송광고심사위원회를 두고 케이블 방송광고를 사전에 심의하고 있다.

대상결정에 대한 평가는 엇갈린다. 한편에서는, 위헌결정으로 인해 방송광고에 대해 행정권이 개입된 사전심의가 사라지게 되어 "광고 표현에 있어서 표현과 창작의 자유가 최대한 보장될 수 있게 되었고, 방송광고의 자율성이 강화되었다."고 긍정적인 평가[17]가 있는 반면, 다른 한편에서는, 상업적 광고표현은 정치적 표현과 동일한 헌법적 보호를 할 필요가 없고 또 방송이라는 매체의 특수성을 고려했어야 하는데 헌법재판소가 "검열 도그마의 강박관념"에 사로잡혀 방송광고에 대한 사전심의의 필요성을 무시했다고 비판한다.[18]

앞에서 살핀 바와 같이, 평석대상결정에서도 2인의 소수의견이 '상업적 방송광고'에 대해서는 절대적 검열금지의 원칙이 적용되어서는 안 된다는 문제의식을 가지고 있었다. 이 문제의식은 그 2년 후인 2010년의 건강기능식품 표시·광고 사전심의제도 합헌결정에서 4인의 상대다수의견과 1인의 합헌의견 속에서 되살아나 오히려 다수를 점하였다. 그러나 이 문제의식은 제4기 재판부(2007. 1.~2013. 1.)에서 일시 득세를 하는 듯 했으나 결국 短命에 그치고 말았다.

새로운 제5기 재판부(2013. 4.~)는 최근에 선고한 2015년의 의료광고 사전심의제도 위헌결정[19]에서 8인의 법정의견[20]으로 헌법 제21조 제2항의 절대적 검열금지의 원칙은 상업광

17) 지성수, "방송법 제32조 제2항 등 위헌확인"(주 1), 292면.
18) 홍승기, "방송광고 사전심의 위헌 판단의 함의−헌법재판소 2005헌마506 사건을 중심으로−"(주 1), 73−75면 참조.
19) 헌법재판소 2015. 12. 23. 2015헌바75 결정(의료광고 사전심의제도 사건) [8(위헌) : 1(합헌)].
20) 재판관 박한철, 이정미, 김이수, 이진성, 김창종, 안창호, 강일원, 서기석.

고에도 적용된다고 다시 한번 명시적으로 선언하였다. 법정의견은 그 논거로서, '표현의 특성이나 규제의 필요성에 따라 검열금지의 원칙의 적용이 배제되는 영역을 따로 설정할 경우 그 기준에 대한 객관성을 담보할 수 없어 종국적으로는 집권자에게 불리한 내용의 표현을 사전에 억제할 가능성이 있다'는 점을 제시하였다. 그러면서 법정의견은 사전심의기구인 의사협회가 의료광고의 사전심의업무를 수행함에 있어서 보건복지부장관의 행정권의 영향 하에 있으므로 헌법이 금지하는 검열에 해당한다고 판단하였다. 반면에, 1인의 소수의견(재판관 조용호)은 의료광고에 대한 사전규제의 필요성을 강조하면서 검열금지의 원칙의 적용을 거부하고 있다.

요컨대, 2008년의 대상결정이 판시했던 기본법리('절대적 검열금지의 원칙은 상업광고에도 적용된다')는 한때 흔들리기도 했으나, 제5기 재판부에서 다시 확고한 법리로 자리 잡게 되었다.

100 방송법상 보편적 시청권 보장을 위한 금지행위 규정의 해석

서울고등법원 2012. 2. 17. 선고 2011누28402, 2011누24639 판결

안재형(SBS 사내변호사)

1. 사안의 개요

SBS는 자회사인 SBS International을 통하여 2006. 6. 16. 국제올림픽위원회(IOC)로부터 2010년부터 2016년까지 올림픽 4개 대회에 대한 중계방송권을 매수하였고, 같은 해 8. 25. 국제축구연맹(FIFA)으로부터 2010년 및 2014년 월드컵 2개 대회에 대한 중계방송권을 매수하였다.

그러자 KBS와 MBC는 2010. 1. 26. 방송통신위원회에게 SBS가 KBS와 MBC에 이 사건 각 중계방송권을 공정하고 합리적인 시장가격으로 차별 없이 제공할 의무를 위반하고 정당한 사유 없이 그 판매를 거부하거나 지연시키고 있다는 이유로 방송법 제76조 제4항에 의한 신고를 하였다.

이에 방송통신위원회는 2010. 4. 23. SBS가 KBS, MBC에 이 사건 각 중계방송권에 대한 구체적인 판매 희망가격을 제시하지 않은 채 협상의 선결조건을 내세우는 등 성실히 협상하지 아니하고 정당한 사유 없이 이 사건 각 중계방송권의 판매를 거부하거나 지연시킴으로써 방송법 제76조의3 제1항, 같은 법 시행령 제60조의3 제1항 제3호를 위반하였다는 이유로 방송법 제76조의3 제2항 및 시행령 제60조의4 제1항 제1호, 제3호에 근거하여 원고에게 다음과 같은 시정조치를 명하는 안건에 대해 심의 · 의결하였다.

1. SBS는 정당한 사유 없이 2010년부터 2016년까지 올림픽 3개 대회 및 2010년, 2014년 월드컵 2개 대회의 중계방송권의 판매를 거부하거나 지연시키는 행위를 즉시 중지하여야 한다.
2. 원고는 2010년 월드컵 중계방송권의 구체적인 판매 희망가격을 2010. 4. 26.(월)까지 KBS와 MBC에 상대방과 동시에 제시하고, 이를 토대로 같은 해 4. 30.(금)까지 협상을 최대한 성실하게 추진하여 그 결과를 같은 해 5. 3.(월)까지 방송통신위원회에 보고하여야 한다.
3. SBS는 2012년부터 2016년까지 올림픽 3개 대회 및 2014년 월드컵 중계방송권의 구체적인

판매 희망가격을 2010. 8. 31.(화)까지 KBS와 MBC에 상대방과 동시에 제시하고, 이를 토대로 협상을 최대한 성실하게 추진하여 그 결과를 같은 해 말까지 피고에게 보고하고, 같은 해 8월부터 매월 말 1회씩 진행상황을 보고하여야 한다.

이후 방송통신위원회는 2010. 8. 2. SBS에 대하여 SBS가 시정명령 제1항·제2항을 위반하였다는 이유로 19억 7천만원의 과징금 부과처분을 하였고, 이에 대해 SBS는 방송통신위원회를 상대로 2010. 7. 21, 같은 해 9. 2. 각 시정명령과 과징금부과처분의 취소를 구하는 소송을 제기하였다.

위 시정명령에 대한 취소소송은 청구가 일부인용되어 원, 피고 모두 항소하였는데, 2심은 원, 피고의 항소를 모두 기각하였다. 과징금처분에 대한 취소소송은 1심에서 청구가 인용되어 피고가 항소하였는데, 2심에서는 원고 청구를 기각하였다. 그리고 3심에서 원고는 소취하하였다.

위 각 소송에서 보편적 시청권 보장을 위한 금지행위를 규정한 방송법 시행령 제60조의3 제1항 제1호와 제3호가 중첩적으로 적용되는 것인지 여부가 쟁점이 되었다.

2. 판결의 요지

가. 원심판결

(1) 시정명령 취소 청구 사건(서울행정법원 2011. 6. 23. 선고 2010구합30000 판결)

방송법 시행령 제60조의3 위헌 여부에 대하여, 원심은 "… 시행령 제60조의3 제1항 제3호가 같은항 제1호와 별개로 존재 목적 및 효력을 갖고 있는 규정으로 해석되고 또한 위와 같이 해석하더라도 위 규정이 보편적 시청권의 실질적 보장이라는 공익에 비하여 원고의 중계방송권자로서의 방송의 자유, 기업 활동의 자유, 재산권, 계약의 자유 등을 지나치게 침해함으로써 법익의 균형성을 상실하여 위헌이라고 보기 어렵다."고 판단하였다.[1]

---

1) 방송통신위원회의 처분의 일탈·남용과 관련하여, 원심은 "이 사건 시정명령 제2항은 원고로 하여금 이 사건 시정명령의 효력이 발생한 바로 그 당일(2010. 4. 26.)까지 KBS, MBC에 남아공 월드컵 중계방송권의 구체적인 판매 희망가격을 제시하고 이를 토대로 협상을 추진하여 그 결과를 피고에게 보고할 것을 명한 것인바, 당시 남아공 월드컵의 개최일(2010. 6. 11.)까지 시간이 얼마 남지 않았던 사정을 고려하더라도 원고에게 허용된 단 하루의 가격제시 기한은 지나치게 짧은 것으로서 실질적으로 원고에게 이행이 불가능한 의무를 부과한 것과 다름이 없다는 점 등에 비추어 보면, 이 사건 시정명령 제2항은 재량을 일탈·남용하여 위법하다고 할 것이므로 원고의 이 부분 주장은 이유 있다."고 하면서, 결국 "이 사건 시정명령 중 제1항의 "원고는 정당한 사유 없이 2010년 월드컵 대회의 중계방송권의 판매를 거부하거나 지연시키는 행위를 즉시 중지하여야 한다"는 부분은 적법하나 이를 제외한 나머지 부분은 그 처분사유가 없거나 재량을 일탈·남용하여 위법하다."고 판단하고 원고의 청구를 일부 인용하였다.

(2) 과징금부과처분 취소 청구 사건(서울행정법원 2011. 7. 4. 선고 2010구합34897 판결)

원심은 "시행령 제60조의3 제1항 제3호는 국민관심행사에 대한 일반 국민의 보편적 시청권을 실질적으로 보장하기 위한 수단 중 하나이므로, 같은 시간대에 중복하여 여러 행사가 동시에 진행되어 하나의 방송채널만으로 모든 행사를 실시간으로 관람하는 것이 불가능한 경우처럼 제1호 요건의 충족만으로 일반 국민의 보편적 시청권이 실질적으로 보장될 수 없는 경우에 정당한 사유 없이 그 판매를 거부하거나 지연시키는 행위를 하지 못하도록 규정한 것이라고 제한하여 해석하는 한, 이로 인하여 원고와 같은 중계방송권자의 방송의 자유, 영업의 자유, 계약의 자유 그리고 재산권이 제한된다고 하더라도 위 규정을 통하여 얻는 공익적 성과와 비교하여 볼 때 그러한 제한은 감수할 만한 것으로 평가된다. 결국, 시행령 제60조3 제1항 제3호가 헌법이 보장하는 중계방송권자의 방송의 자유, 영업의 자유, 계약의 자유 그리고 재산권을 과도하게 침해하여 위헌이라고 보기 어렵다."며 제3호의 중첩적 적용을 제한적으로만 인정하였다.[2]

나. 항소심판결: 시정명령 취소 청구 사건(서울고등법원 2012. 2. 17. 선고 2011누24639 판결), 과징금부과처분 취소 청구 사건(서울고등법원 2012. 2. 17. 선고 2011누 28402 판결)[3]

시행령 제60조의3 제1호 · 제3호의 적용과 그 위헌 여부에 대해 대상판결은 "중계방송권자가 제1호를 준수하였다고 하여 제3호를 준수하지 않아도 된다는 취지로 규정되어 있지는 않다는 것"이며, "국민관심행사 등의 경우 최소한 국민 전체가구 수의 90%는 방송을 볼 수 있도록 보장하기 위한 규정으로서 그 규정의 존재의의가 있는 것이고, 이 규정에 따라 90%의 요건을 충족하였다고 하여 일반 국민의 보편적 시청권이 완전히 보장되었다고 볼 수는 없다. … 따라서 제3호는 나머지 최대 10%의 국민의 시청권을 보장하기 위해서라도 그

---

2) 이에 따라 원심은 "원고 역시 그 당시 시행령 제60조의3 제1항 제1호에 따라 국민 전체가구 수의 100분의 90 이상의 가구가 시청할 수 있는 방송수단을 확보한 사실에 대하여는 다툼이 없는데, 비록 그와 같은 사정만으로 당연히 원고에게 이 사건 월드컵 중계방송권의 판매를 거부 또는 지연한 데에 대한 정당한 사유가 존재한다고 볼 수 없을지언정 이는 '정당한 사유'의 존재 여부를 판단함에 있어 매우 중요한 요소이다."라고 보면서, "이 사건 월드컵 중계방송권의 판매가격을 제시하기 위해서는 그 전제로 구매자의 수, 대상경기 및 중계방법 등이 먼저 결정되어야 할 뿐만 아니라 가격에 반영될 다양한 요소에 대한 전문가의 객관적인 평가 및 분석이 선행되어야 하고, … 실제로 이러한 과정을 거쳐 구체적인 가격을 산정하는 데에는 상당한 시간이 소요된다. … 이 사건 시정명령 이전에 원고가 KBS, MBC에 구체적인 판매 희망가격을 제시하지 아니하였다고 하더라도 그 사실 자체로 원고가 이 사건 월드컵 중계방송권의 판매를 거부 또는 지연하였다고 단정하기는 어렵다."고 판단하면서 원고의 청구를 인용하였다.

3) 각 사건은 대법원에서 심리중이던 2014. 10. 16. 소취하 되었다.

독자적인 존재의의가 있는 것을 볼 수 있다."는 등을 근거로 "제1호의 요건을 충족한 중계방송권자가 제3호에 따른 판매거부 금지의무를 부담하는 것이 일반 국민의 보편적 시청권 보장이라는 공익에 비하여 원고의 기본권을 지나치게 침해함으로써 법익의 균형성을 상실하여 위헌이라고 보기는 어렵다."고 판단하였다.[4]

3. 해설

가. 보편적 시청권 보장 규정 도입 배경

보편적 시청권에 대한 논의는 1990년대 유료매체가 성장하면서 인기 스포츠중계권을 독점방송하게 되어 국민들이 추가 비용을 지불하지 않고서는 인기 스포츠를 시청하기 어려운 상황이 야기되면서 시작되었고, 유럽의 각 국가들은 시청자들이 무료 혹은 수신료만으로 인기 스포츠 등을 시청할 수 있는 권리를 법제화하게 되었다.[5]

우리나라에서는 2005년경 국내 한 스포츠마케팅 회사가 7년간의 AFC(아시아축구연맹) 주관 축구경기에 대한 국내 독점 중계방송권을 획득하게 된 것을 계기로 국회에서 '보편적 접근권' 규정의 도입이 논의된 이후,[6] 2007년 1월 방송법에 보편적 시청권에 관한 일반 조항이 신설되었고, 이를 시행하기 위한 방송법 시행령 및 고시가 각 2008년 2월, 8월에 신설되었다. 이러한 보편적 시청권 관련 규정은 스포츠중계방송권의 독점이 국민 통합적 공익기능을 가진 스포츠 경기에 대한 시청자의 자유로운 시청권을 제약하고 방송사업자간의 과당경쟁으로 인한 거액의 외화유출의 우려를 방지하고자 하는 목적이 있었다.

---

4) 이에 따라 처분사유의 존부와 관련하여 대상판결은 "2009. 12.경부터 이 사건 시정명령 발령 당시까지 원고가 남아공 월드컵 중계방송권을 판매할 의도가 있었는지 의심스러운바, 남아공 월드컵 중계방송권의 판매협상이 이루어지지 못한 데에는 KBS와 MBC보다는 원고에게 더 큰 귀책사유가 있는 것으로 보인다. 따라서 원고는 남아공 월드컵 중계방송권의 판매에 관하여 정당한 사유 없이 판매를 거부하거나 지연시켰다고 봄이 타당하므로, 이 부분 처분사유는 존재한다고 할 것이다."라고 보면서 "남아공 월드컵을 제외한 나머지 대회까지는 이 사건 시정명령 당시 짧게는 2년에서 길게는 6년의 기간이 남아 있었다. 그렇다면, 원고가 남아공 월드컵 중계방송권과 함께 일괄적으로 FIFA 등으로부터 중계방송권을 구매하였다고 하더라도, 대회 개최일까지 상당한 기간이 남아 있으므로 이러한 경우까지도 원고에게 중계방송권의 판매거부나 지연을 지적하면서 시정명령 등의 행정조치를 취한 것은 보편적 시청권 보장이라는 공익만을 위하여 원고의 중계방송권자로서의 영업상 권리 등을 지나치게 침해한 것으로 판단된다."며 나머지 중계방송권과 관련된 부분은 그 처분사유가 없다고 판단하였다.

5) 최은희, "스포츠이벤트의 독점중계와 보편적 시청권", 한국엔터테인먼트산업학회 학술대회 논문집, 한국엔터테인먼트산업학회, 2012. 11, 81면.

6) 방송법 일부개정법률안 검토보고서, 2006. 2, 44면.

나. 보편적 시청권 보장 규정의 의의

(1) 보편적 시청권의 개념과 내용

보편적 시청권은 실정법상의 권리로서 국민적 관심도가 큰 행사, 가령 올림픽, 월드컵과 같은 국제적인 스포츠 행사의 경우 무료지상파방송을 통한 일반국민의 시청권이 제한될 우려가 있으므로 이에 대한 접근권을 보장할 필요가 있다는 사회적 요구에 따라 구체화된 개념이다.[7] 방송법은 보편적 시청권을 "국민적 관심이 매우 큰 체육경기대회 그 밖에 주요 행사 등에 관한 방송을 일반 국민이 시청할 수 있는 권리"라고 규정하고 있다(방송법 제2조 제25호).

방송법은 국민의 보편적 시청권을 보장하기 위해 국민관심행사 등의 고시 등에 관한 업무의 원활한 수행을 위하여 방송통신위원회에 보편적 시청권 보장위원회를 두도록 하고 있으며(제76조의2), 방송통신위원회는 보편적 시청권 보장위원회의 심의를 거쳐 국민적 관심이 매우 큰 체육경기대회 그 밖의 주요 행사를 고시하도록 하고 있고(제76조 제2항),[8] 국민관심행사 등에 대한 중계방송권자 또는 그 대리인은 일반국민이 이를 시청할 수 있도록 중계방송권을 다른 방송사업자에게도 공정하고 합리적인 가격으로 차별 없이 제공하여야 하며(제76조 제3항), 방송사업자 및 중계방송권자등은 일반국민의 보편적 시청권을 보장하기 위하여 대통령령에서 정하는 금지행위 등 준수사항을 이행하여야 하고(제76조의3 제1항), 방송사업자 등이 이를 금지행위를 위반한 경우 방송통신위원회는 시정조치를 명령을 할 수 있으며(제76조의3 제2항), 시정조치를 이행하지 아니하는 때에는 과징금을 부과할 수 있도록 규정하고 있다(제76조의3 제4항).

(2) 보편적 시청권 보장을 위한 금지행위 규정의 해석상 쟁점

원래 보편적 시청권 보장의 취지는 유료매체가 국민관심행사 등에 대한 중계방송권을 독점적으로 확보하여 일반 국민이 무료 보편적인 방송수단인 지상파방송을 통해 시청할 수 없게 되는 것을 방지하기 위해서였다.

유럽연합은 1997년 "국경이 없는 텔레비전에 관한 지침(Television Without Frontiers Directive)" 개정을 통해 각국의 국민에게 중요한 이벤트에 대한 보편적 접근권을 보장하는

---

7) 윤혜선, "보편적 시청권 제도에 관한 소고", 행정법연구(28), 행정법이론실무학회, 2010. 12, 53면.
8) 현재 동·하계 올림픽과 국제축구연맹이 주관하는 월드컵(90% 이상), 그리고 아시안게임, 야구WBC(월드베이스볼클래식), 국가대표가 출전하는 축구 A매치(월드컵축구예선 포함)(75% 이상)가 국민적 관심이 큰 체육경기대회로 고시되어 있다. 국민적 관심이 큰 체육경기대회 및 그 밖의 주요행사, 방송통신위원회고시 제2009-32호.

조치를 마련하였는데, "EU의 각국 정부가 사회적으로 큰 중요성을 가졌다고 생각되는 스포츠 등 이벤트는 그 나라에 살고 있는 사람들에게 실질적인 부분이 무료텔레비전을 통해 전면적 혹은 부분적 생방송, 혹은 시차방송으로 시청할 수 있는 기회를 보장할 것"을 각국 정부에 의무화하였다.9)10)

영국의 보편적 시청권은 특별지정 행사로 분류된 사안들에 대한 중계방송의 경우, 적어도 인구의 95% 이상이 시청할 수 있는 무료 지상파 방송을 통해 중계하도록 의무화하고 있다.11) 독일은 보편적 시청권이 적용되는 주요 이벤트를 무료 지상파 방송으로 한정하고 있는 다른 유럽 국가들과 달리 독일 내에서 최소한 자유롭게 시청이 가능한 전체 가구의 3분의2 이상이 수신 가능한 방송사업자에 대해 보편적 시청권을 부여하고 있다.12) 프랑스는 "공중의 상당부분이 특정행사를 무료TV에서 생방송 또는 재방송을 지켜볼 수 있는 가능성을 박탈하게 되는 방식으로 독점 중계될 수 없"도록 규정하고 있다.13), 호주는 Anti−si−phoning rule이라는 반독점 규정을 통해 인기 있는 스포츠 종목을 중계함에 있어서 지상파 방송사에게 우선권을 주어 유료 방송사가 방송하는 것을 억제하고 있다.14)

이와 같이 대부분의 외국의 보편적 시청권 제도는 유료매체에 의한 인기 스포츠 등의 중계방송권 독점을 방지하고 시청자들이 무료 방송인 지상파방송을 통해 스포츠 등을 시청할 수 있도록 하는 것이다.

그런데 방송법은 제76조의3 제1항에 따라 동법 시행령 제60조의3 제1항은 국민의 보편적 시청권 보장을 위한 금지행위를 규정하면서 "중계방송권자로서 국민적 관심이 매우 큰 체육경기대회나 그 밖의 주요 행사의 종류 및 국민관심도 등을 고려하여 국민 전체가구 수의 100분의 60이상 100분의 75 이하의 범위에서 방송통신위원회가 고시하는 비율 이상(올림픽이나 국제축구연맹이 주관하는 월드컵의 경우에는 국민 전체가구 수의 100분의 90이상)의 가구가 시청할 수 있는 방송수단을 확보하지 아니하는 행위"(제1호)와 "정당한 사유 없이 중계방송권의 판매 또는 구매를 거부하거나 지연시키는 행위"(제3호)를 병렬적으로 규정하고 있다.

이와 같이 방송법 시행령 제60조의3 제1항에서 정한 금지행위 유형은 90% 또는 75% 이상의 가구가 시청할 수 있는 방송수단을 확보하지 아니하는 행위를 금지하는 것(제1호)과 별도로 정당한 사유 없이 중계방송권의 판매 또는 구매를 거부하거나 지연시키는 행위를 금

9) 최은희, 앞의 글(주 5), 83면.
10) 반면에, 미국에서는 보편적 접근권에 대한 실질적인 규제가 없다. 김원제 외, "방송중계권을 중심으로 보편적 시청권 보장제도 개선방안 연구", 방송통신위원회, 2010. 11, 16면.
11) 김기홍, "스포츠 방송의 중계권과 보편적 시청권−유럽과 호주 사례를 중심으로−", 사회과학연구 20(1), 동국대학교 사회과학연구원, 2013. 4, 24면.
12) 김기홍, 위의 글, 23면.
13) 김원제 외, 앞의 글(주 10), 27면.
14) 김원제 외, 앞의 글(주 10), 29면.

지하고 있다(제3호). 제3호에서 정한 금지행위는 직접적으로 시청자의 권리를 보장하기 보다는 방송사업자간 거래관계를 규율하는 것이어서, 유럽의 보편적 시청권 보장 제도와는 다른 체계를 가지고 있다.

이에 따라 보편적 시청권이 이미 90% 이상의 가시청가구수를 확보한 방송사업자가 보편적 시청권 보장을 위한 금지행위를 준수해야 하는지, 다른 방송사업자와 중계방송권 거래를 위한 협상의무가 발생하는 지 등에 대한 법적 검토가 필요했다.[15] 가령, 필요한 가시청가구수를 충족하고 있는 지상파방송사업자가 국민관심행사 등에 대한 중계방송권을 확보한 경우에도 다른 방송사업자가 구매를 요구하는 경우 당해 지상파방송사업자는 정당한 사유 없이 중계방송권의 판매를 거부할 수 없는 것인가 하는 것이 해석상 문제가 된 것이다.

(3) 각 1심 법원의 해석의 차이

방송법 시행령 제60조의3 제1항 제1호가 충족되었음에도 불구하고 제3호의 금지행위 규정이 중첩적으로 적용되는지와 관련하여 행정법원은 시정명령 취소 청구 사건과 과징금 부과처분 취소 사건에서 다른 해석을 하였다.

즉, 행정법원은 시정명령 취소 청구 사건에서는 "시행령 제60조의3 제1항 제3호가 같은 항 제1호와 별개로 존재 목적 및 효력을 갖고 있는 규정으로 해석"된다고 판단하였으나, 과징금부과처분 취소 청구 사건에서는 "같은 시간대에 중복하여 여러 행사가 동시에 진행되어 하나의 방송채널만으로 모든 행사를 실시간으로 관람하는 것이 불가능한 경우처럼 제1호 요건의 충족만으로 일반 국민의 보편적 시청권이 실질적으로 보장될 수 없는 경우에 정당한 사유 없이 그 판매를 거부하거나 지연시키는 행위를 하지 못하도록 규정한 것이라고 제한하여 해석"된다고 판단하였다. 후자의 판단에 따르면 특정 방송사업자가 모든 경기에 대해 제1호의 요건을 충족한 경우에는 다른 방송사업자에게 중계방송권의 판매를 거부 또는 지연하더라도 정당한 사유가 있다고 판단될 가능성이 크다는 것이다.

4. 판결의 의의

방송법 제60조의3 제1항 제1호와 제3호의 상호관계와 관련된 행정법원의 각기 다른 판단에 대해, 대상판결은 "시행령 제60조의3의 규정형식을 보면 위 규정은 금지행위를 4가지로 분류하여 병렬적으로 나열함으로써 중계방송권자는 위 금지행위 중 어느 하나에 해당하는 행위도 하여서는 아니 된다는 독립된 행위유형으로 규정되어 있"고 제1호에 따라 90%의 요건을 충족하였다고 하여 일반 국민의 보편적 시청권이 완전히 보장되었다고 볼 수 없기

---

15) 윤혜선, 앞의 글(주 7), 59면의 각주 28).

때문에 "제3호는 나머지 최대 10%의 국민의 시청권을 보장하기 위해서도 그 독자적인 존재의의가 있는 것으로 볼 수 있다."고 판단함으로써 제1호의 요건을 충족한 중계방송권자도 제3호에 따른 판매거부 금지의무를 부담한다고 보았다.

이에 따르면, 비록 방송법 시행령 제60조의3 제1항 제1호에서 정한 가시청가구 비율을 충족한 지상파방송사가 국민관심행사 등에 대한 중계방송권을 독점적으로 확보했다고 하더라도 다른 방송사업자가 그 중계방송권의 구매를 요구한 경우, 보다 두터운 국민의 보편적 시청권 보장을 위해 정당한 사유가 없는 한 판매를 거부하거나 지연하여서는 아니 된다는 것이다.

대상판결은 방송법에 도입된 국민의 보편적 시청권 보장 관련 규정과 보편적 시청권 보장을 위한 방송법 시행령 제60조의3 제1항에서 정한 금지행위 규정에 관한 최초의 판결로 국민의 보편적 시청권 보장을 위해 방송사업자 등의 권리를 어느 정도 범위까지 제한할 수 있는지에 대해 선례가 되는 판단을 하였다. 1심에서는 같은 사안에 대해 각기 다른 판단을 하였던 만큼 최초의 보편적 시청권 관련 규정의 해석이 명확하지 않았는데, 대상판결은 1심의 서로 다른 판단을 정리하여 향후 방송법상 보편적 시청권 관련 규정의 성격을 밝히고 그 해석의 기준을 제시하였다는 점에서 의의가 있다.

사항색인

판례색인

■ 헌법재판소

한국정보법학회

1996년 한국 인터넷 도입 초창기에 법과 IT 양쪽 분야에 관심이 많은 판사, 검사, 변호사, 교수, 행정부, 산업계 인사들이 주축이 되어 황찬현 판사(현 감사원장)를 초대 회장으로 출범하였다. 1997년 국제심포지엄을 개최한 것을 시작으로 현재 연 6회 사례연구회, 연 4회 정기학술세미나를 개최 중이며 학술진흥재단 등재지로 '정보법학' 학회지를 꾸준히 발간하고 있다. 2대 최성준(현 방송통신위원회 위원장), 방석호(홍익대학교 법과대학 교수) 공동회장, 3대 강민구(현 부산지방법원장), 김병일(한양대학교 법학전문대학원 교수) 공동회장에 이어 4대 김용대(서울중앙지방법원 민사수석부장판사), 이인호(중앙대학교 법학전문대학원 교수) 공동회장 체제로 운영 중이고, 2016년에는 '정보법의 미래: 인간 중심 ICT와 문화'라는 주제로 20주년 기념 국제세미나를 진행하였다. 법과 IT 양쪽 분야에 관심이 많은 판사, 검사, 변호사, 교수, 행정부, 산업계 인사들이 골고루 포진하고 있고 약 300명 가까운 회원을 두고 있다.

학회 홈페이지 http://kafil.or.kr/
학회 스탭 이메일 주소 staff@kafil.or.kr

정보법 판례백선(Ⅱ)

초판인쇄	2016년 6월 15일
초판발행	2016년 6월 24일
편저자	한국정보법학회 (회장: 김용대, 이인호)
펴낸이	안종만
편 집	문선미
기획/마케팅	조성호
표지디자인	권효진
제 작	우인도·고철민
펴낸곳	(주) **박영사** 서울특별시 종로구 새문안로3길 36, 1601 등록 1959. 3. 11. 제300-1959-1호(倫)
전 화	02)733-6771
f a x	02)736-4818
e-mail	pys@pybook.co.kr
homepage	www.pybook.co.kr
ISBN	979-11-303-2913-0 93360

copyright©한국정보법학회, 2016, Printed in Korea

정 가   58,000원